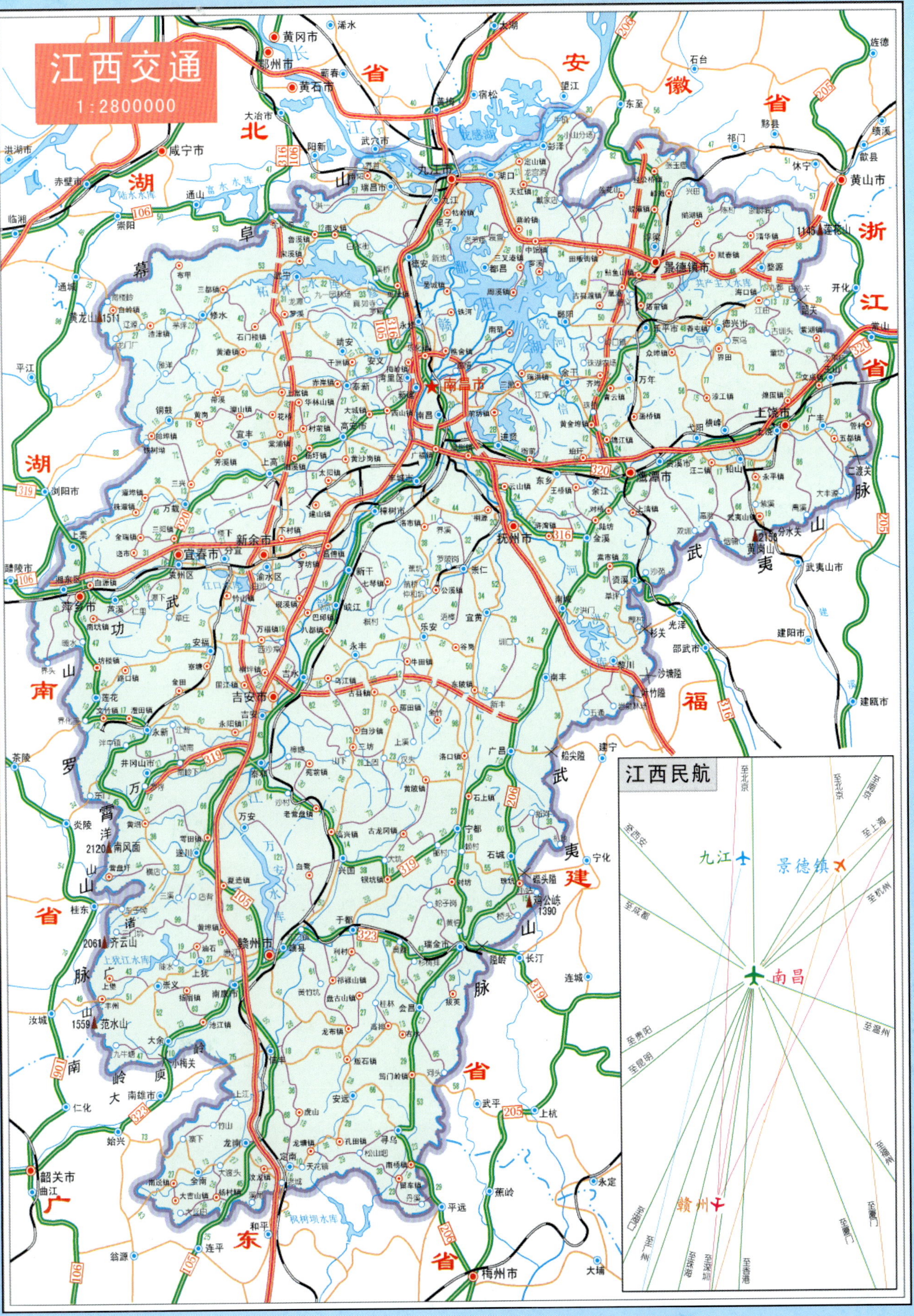

江西交通
1:2800000
江西民航
九江
景德镇
南昌
赣州
至北京
至上海
至杭州
至西安
至成都
至贵阳
至昆明
至温州
至厦门
至广州
至深圳
至香港
南昌市
九江市
景德镇市
上饶市
鹰潭市
抚州市
新余市
宜春市
萍乡市
吉安市
赣州市
湖北省
安徽省
浙江省
福建省
广东省
湖南省
黄山市
梅州市
韶关市
咸宁市
黄石市

中国年鉴全文数据库
收录年鉴

JIANGXIJIAOTONGNIANJIAN

江西交通年鉴

2009

江西省交通厅交通史志编审委员会

方志出版社

图书在版编目(CIP)数据

江西交通年鉴.2009/江西省交通厅交通史志编审委员会编.—北京:方志出版社,2009.12
ISBN 978-7-80238-703-4

Ⅰ.江… Ⅱ.江… Ⅲ.交通运输业-江西省-2009-年鉴 Ⅳ.F512.756-54

中国版本图书馆 CIP 数据核字(2009)第 226597 号

江西交通年鉴(2009)

编　　者: 江西省交通厅交通史志编审委员会
责任编辑: 陈　颖
版面设计: 江西政通文化传播有限公司

出 版 者: 方 志 出 版 社
(地址:北京市建国门内大街5号中国社会科学院科研大楼12层)
邮编　100732
网址　http://www.fzph.org
发　　行: 方志出版社发行部
(010)85195814　85196281
经　　销: 新华书店总店北京发行所
法律顾问: 北京市大禹律师事务所
印　　刷: 江西龙莹印务有限公司

开　　本: 889×1194 毫米　　1/16
印　　张: 33.25
字　　数: 966 千
版　　次: 2009 年 12 月第 1 版　　2009 年 12 月第 1 次印刷
印　　数: 0001—1200 册

ISBN 978-7-80238-703-4/F·38　　定价:200.00 元

江西省交通运输厅交通史志编审委员会

主任委员　邓经国

副主任委员　曹先扬　王江军　谢来发　谢元银

委　　员　邹竹民　宋志群　丁向东　王凯林　黄应友

于钦民　钟家毅　栾建平　王昭春　王金根

寇　平　刘维文　刘盖群　赵建歧　刘晓兰

严　允　熊华武　汪明彦　蔡建新　梁雅端

梁必康　袁望京　钟彦祯　秦小辉　易宗发

肖宪炳　糜向荣　贺一军　黄生平　李太元

杨　文　邓振胜　张兆平　何金宝

《江西交通年鉴》编辑部

主　　编　谢元银

副 主 编　杨　文　邓振胜

主　　任　杨　文

副 主 任　邓振胜

编　　辑　（按姓氏笔画排序）

邓振胜　龙艳兰　杨　文　陈明中　何战鏖

胡建国　徐郁芬　黄自强　彭益民

说明：2009年3月20日，江西省交通厅更名为江西省交通运输厅，因此，本书所述2008年内容仍用江西省交通厅。

《江西交通年鉴(2009)》编辑分工

特　　载	邓振胜
专　　记	邓振胜
便　　览	邓振胜　何战鏖
大 事 记	彭益民
交通基础设施建设	胡建国
运输生产	邓振胜
科技教育卫生	徐郁芬
交通管理	黄自强
党群工作	何战鏖
市、县交通	陈明中
交通统计资料	邓振胜
人物、先进集体	彭益民
文献文件	彭益民
附　　录	邓振胜
彩色图片	杨　文　张志鸿
索　　引	龙艳兰(女)
发　　行	陈明中　王小旭

《江西交通年鉴(2009)》提供资料单位主审名单

(以姓氏笔画为序)

王江军	王爱民	易宗发	刘水生	刘正元
吴伟明	吴宝诗	吴铭汉	宋志群	李　奇
陈　克	陈国凤(女)	邹竹民	汪明彦	肖宪炳
余力克	季希良	郑美银	张　洪	钟彦祯
钟家毅	高坝根	高锡祥	袁望京	袁瑞春
栾建平	谢元银	谢来发	谢赣健	黄应友
黄福初	秦小辉	彭家珉	简少华	廖贵星
熊慎文	糜向荣			

《江西交通年鉴(2009)》提供资料单位主笔

(以姓氏笔画为序)

王敏军	龙少华	刘文豪	朱　革(女)	朱国英
李　坪	李国峰	陈孝法	陈均培	陈星诚
陈根玲	来栋萍	吴　欣(女)	吴清明	吴泽水
余　俊	余明华	杨　辉	杨河良	杨淑芬(女)
周国祥	罗新民	倪文权	张　霞(女)	张兆平
张曙光	沈小敏	姜华荣	胡晓文	饶梅香(女)
徐　珍	徐才金	徐宏娇(女)	袁细斌	涂　强
唐小兵	龚仁平(女)	龚莉萍(女)	龚爱军	秦炜婷(女)
黄小翔	鲁德彪	雷　毅	虞德军	鲍丽娜(女)
廖晓锋	熊晓红	颜卫民		

编 辑 说 明

一、《江西交通年鉴(2009)》是江西省交通厅交通史志编审委员会主持编修的第13部省级交通年鉴。出版年鉴的目的是资治当今,垂范后世,为江西交通建设服务,为社会了解江西交通提供信息。

二、本年鉴以马列主义、毛泽东思想、邓小平理论和“三个代表”重要思想为指导,坚持科学发展观,坚持实事求是的思想路线。在充分反映成绩、经验的同时,对工作中的困难、问题和缺点也作了如实记述;同时注意时代特征、地方特色、行业特点;力求全面准确地展示交通系统广大干部职工在物质文明、政治文明、精神文明建设中的成果和风貌;充分发挥信息密集、多功能的作用,满足多方面、多层次读者的需要。

三、本年鉴的体例采用分类编辑法,以交通专业分工立目,内容由特载、专记、便览、大事记、交通基础设施建设、运输生产、科技教育卫生、交通管理、党群工作、市(县)交通、交通统计资料、人物及先进集体、文献文件、附录和索引构成,并附彩页。

四、本年鉴文稿由省交通厅机关各处室、厅直属各单位、各设区市及县交通局提供,并经领导审核。条目文后括号内的人名或单位名为撰稿者。

五、本年鉴选录的统计资料,主要依据江西省交通厅计划处编印的《2008年江西省交通统计年鉴》,部分由厅直属单位和设区市(县)交通局提供,统计口径不一的以厅计划处统计数字为准。

六、本年鉴对获省、部级以上奖励的先进个人设简介;对厅级以上的先进集体、先进个人列表记述。

七、本年鉴的计量单位、数字用法、语言文字等均依照国家现行有关规定执行。

2008年10月，省委书记苏荣在省委常委、省委秘书长赵智勇，省委常委、南昌市委书记余欣荣等陪同下，到南昌长途汽车总站检查节日交通运输情况

2008年1月，省长吴新雄出席庆祝江西高速公路通车里程突破2000千米文艺晚会

2008年7月，省委常委、常务副省长凌成兴考察高速公路工程建设施工现场和管理运营情况

2008年10月，副省长洪礼和考察农村改渡建桥项目

2008年4月，副省长孙刚考察江西交通职业技术学院

2008年10月，厅党委书记程受锭考察瑞赣高速公路建设情况

2008年9月，厅长马志武深入江西省交通设计院进行调研

2008年4月，副厅长席芳柏视察奥运火炬传递准备工作

2008年2月，副厅长孙茂刚深入抗冻保通现场指挥铲冰除雪

2008年9月，副厅长许润龙察看石吉高速公路建设工地

2008年2月，厅纪委书记江学功走访慰问困难职工

2008年2月，副厅长胡琳慰问抗冻保通一线职工

江西交通十大标兵

省委书记苏荣、省长吴新雄为受表彰的交通系统先进单位、集体、标兵颁奖

2008年，江西省交通基础设施建设投资完成180.61亿元，其中，公路建设投资完成178.36亿元，分别比上年减少7.3%和7.63%，超出计划数1.8个百分点。至年末，全省高速公路通车里程达2284千米，全年高速公路新增282千米。到2012年，江西省高速公路通车里程将突破4000千米。全省国、省道公路新改建1008千米，全部达国家二级以上标准。宜春至安福二级公路建成通车。围绕服务社会主义新农村建设，全省农村公路建设投资完成38.1亿元，另安排专项资金2亿元用于社会主义新农村示范点建设。全省农村公路路面硬化连续5年突破1万千米，新增通村砂石路2446千米。全省累计公路桥梁共21845座，总长815845.02延米，其中，新建公路桥梁249座，总长41669.09延米。

全省交通工作会议

高速公路建设

鹰潭至瑞金高速公路建设项目启动大会

石城至吉安高速公路建设项目启动大会

2008年，江西省高速公路建设里程933千米，其中，建成通车282千米，在建823千米；全线建成项目有：武吉高速公路，全长285.809千米，总投资131.577亿元；新开工在建项目有：鹰潭至瑞金、石城至吉安、九江至瑞昌、彭泽至湖口及赣州市绕城等5条高速公路，累计总长708千米，总概算2752亿元。续建项目有：赣瑞高速公路、萍洪高速公路。全省累计高速公路通车里程达2284千米。

九江至瑞昌高速公路建设项目启动大会

彭泽至湖口高速公路建设项目启动大会

武吉高速公路

武吉高速公路是国家高速公路"7918"网规划中的"纵五线"大庆至广州高速公路江西境内的北段，也是江西省高速公路"十纵十横"规划中的一个主要组成部分。项目北起赣、鄂两省交界武宁县，南至吉安市。途经九江市的武宁县、修水县，新余市的分宜县、渝水区、仙女湖区，吉安市的吉安县、安福县、吉州区，宜春市等4个设区（市）、11个县（区、市）、38个乡（镇、场）、150个行政村与赣粤高速公路相接。全线总长285.809千米，总资金投入131.577亿元。在省交通厅强有力的组织指挥下，在沿线各级政府和人民群众积极支持配合下，2007年底建成通车，创造了"外观形象更美、内在质量更优、科技含量更高、生态效益更佳、廉政建设更严、依法管理更实"的喜人成绩，实现了江西高速公路通车里程超越2200千米的新跨越。

武吉高速公路基本建成通车暨全省高速公路通里程突破2000千米庆典

气势磅礴的武吉高速公路

大(城)万(载)段一级公路改(扩)建工程

320国道大城至万载一级公路改（扩）建工程东起高安大城与省大一级公路对接处，西至万载与宜万一级公路对接处，途经高安、上高、宜丰、万载等1个设区市、3个县（市、区）、10个乡（镇）、3个工业园区，全线总长129.53千米。项目于2007年6月16日开工建设，2008年1月20日竣工建成通车，投资10.44亿元。该项目除高安、上高两县（市）工业园区共改线23.8千米外，基本仍以320国道原走向、标高、路基为基础，按照“比高速公路更方便进出，比一级公路更快速安全”的要求改建。采用沥青混凝土路面结构，路宽24.5米，设双向4条快车道、2条慢车道，并在快、慢车道之间设置隔离防护栏。全线路基土石方工程量266.86万立方米，沥青路面317.4万平方米，大、中、小桥共57座、1997.58延米，其中，新建上高锦江大桥1座、桥长517米；涵洞隧道437处、8928.8延米；路基防护及排水工程21.7万立方米。

大万一级公路改（扩）建工程建成通车庆典

320国道萍乡段一级公路改(扩)建工程

320国道萍乡段一级公路改(扩)建工程于2007年8月28日正式破土动工，全长63.88千米，投资5.358亿元。经历1年零3个月的奋战。工程于2008年11月竣工通车并开始收费。

宜春至安福二级公路建成通车

宜春至安福二级公路建设项目于2006年11月26日开工建设，2008年10月28日竣工通车，全长42千米，投资4.1亿元。该项目是全省首条实行设计施工总承包的二级公路建设项目。

以设计施工总承包模式成功完成建设的宜春至安福公路

农村公路建设

江西省农村公路建设质量年宣传月活动启动仪式

全省农村公路建设暨改渡建桥调度会

全省农村公路建设暨改渡建桥现场会议

2008年，江西省农村公路建设完成投资38.1亿元，在此基础上，安排专项资金2亿元，用于支持社会主义新农村示范点建设。全省农村公路路面硬化完成70000千米，连续5年突破1万千米。新建通村砂石公路2446千米，新建通水泥（油）路行政村府2438个、通公路行政村523个，全省行政村通水泥（油）路率和通公路率分别为83.3%和96.1%。全年农村公路改渡建桥在建129座，建成72座，累计完成156座。

农村公路运输网络化建设

2008年，江西省全面实施农村公路“路、站、运一体化”网络化建设，至年末，农村客运站开工建设238个，建成投产128个，累计建成349个；农村客运候车亭建成3250个，累计建成6195个。共开通农村客运班线327条，乡（镇）通车率100%，行政村通车率83.4%，通公路的行政村通车率在96%以上。全省农村客运车辆总数达9456辆。其中，中、大型客车近3300辆，中、高级客车近600辆。

全省农村公路建设质量再上新台阶

农村客运

繁荣的汽车客货运市场

航道水运建设

《江西省港口管理办法》学习贯彻会议

2008年，江西省加强航道水运建设，全年计划投资金额29282万元。新开工项目有：赣江石虎塘航电枢纽工程。续建项目有：赣江东河（南昌—瓠山）Ⅳ级航道整治工程、省水上搜救中心、鄱阳湖水上搜救分中心、吉安港石溪货运码头工程、新干港河西货运码头工程。已开始前期工作的项目有：赣江（南昌—湖口）Ⅱ级航道整治工程、南昌白水湖综合码头工程。建成项目有：九江港西港区国际集装箱码头（2008年12月27日竣工）。至年末，江西省南昌、九江、鄱阳湖、樟树、吉安、赣州等港区生产性码头泊位数达1709个；其中，年吞吐量在1万吨级以上港口63个，1000吨级以上港口110个。加快水运发展，全省拥有营运船舶4966艘、15013座客位，1432402总吨位。水运结构日趋优化，船舶运力持续增长。至年末，全省水运完成客运量339.8万吨，旅客周转量5506万人千米；完成货运量4739.9万吨，货物周转量96.5亿吨千米。完成港口货物吞吐量1.2亿吨，其中，集装箱量12.6万标箱。在遭受全球金融危机极其严峻的形势下，远洋运输营运收入同比增长15%。

繁忙的赣江航运

南昌港国际集装箱码头

道路运输

江西道路运政管理系统启动仪式

2008年全省高速公路联网工作会议

2008年，全省道路运输生产持续增长，服务江西经济社会发展能力进一步提高。全省拥有营运车辆186600辆，其中，客车26047辆、货车160553辆，同比分别增长15.1%、7.3%和16.5%，又其中，农村客车9815辆。全省道路运输从业人员48.9万人，其中，持证上岗人员40万人。全省共开通客运线路6067条，日均发班车4.6万班次，其中，开通农村客运班线3345条，乡（镇）班车通车率100%，行政村通车率达85.7%。全年道路客运量3.99亿人次，旅客周转量227.60亿人千米；货运量3.29亿吨，货物周转量263.7亿吨千米，同比分别增长3.3%、3.4%、10.2%、10.1%，在综合运输体系中继续保持主导地位。

全省治理车辆超限超载工作电视电话会议

全省高速公路服务区整治工作现场会

路政治超检查员正在进行车辆治超检测

江西省示范性驾校揭牌仪式

大余公路养护公司民主评议座谈会

2008年，全省有等级客运站493个（其中，累计建成投入营运的农村客运站345个、候车亭6213个），货运站（场）106个，汽车维修业户9716户，汽车综合性能检测站58家，驾驶员培训学校272家，客运、货运代办代理、物流服务1816家。运输企业日趋规模化，运输能力结构日趋合理化。全年全省共发放燃油补贴近1.3亿元。共征收运管费1.454亿元，同比增长11.84%。全省“清挂”工作基本完成，部、省道路运输信息系统联网试点工作通过验收，并于10月18日全面启动。科技兴安力度加大，全省一、二级客运车站配备安检仪84台，全省营运车辆安装GPS车载设备数由2006年的3000辆增加到2008年的9482辆。继续开展以打击道路非法经营为重点的整治活动，全年共查处各类非法经营车辆4200辆。安全监管工作成效明显，全省道路客运百车死亡率为0.44%，一次死亡3人以上较大事故同比下降37.5%，事故起数、死亡人数、受伤人员同比下降25.4%、22.6%、63.9%。

全省公路通行费收费窗口规范化会议

全省交通系统廉政工作会议

省交通厅党委理论中心组集中学习十七大报告

2008年，江西省交通系统深入开展学习实践科学发展观活动试点工作，开展民主评议政风行风活动，开展以“继续解放思想、推动科学发展”为主题的教育活动。纪检监察系统开展以“做党的忠诚卫士、当群众的贴心人”为主题的实践活动，基本达到了中央和省委提出的“干部受教育、发展上水平、群众得实惠”的目标。开展了全省交通行政执法大检查、清理和完善行政审批事项，制止、撤销违规收费的206国道会昌、于都长征大桥、樟树赣江大桥3个收费站。先后出台《江西省港口管理办法》、《江西省公路路政管理条例》。全系统党风、政风、行风和文明创建工作取得明显成效，省交通厅机关连续四届被评为省级文明单位，省航务管理局被评为全国交通文明行业，全省交通系统共有174个单位被授予“江西省第十一届文明单位”称号，一大批交通部门和个人进入各级先进行列。

省交通厅全面部署2008年民主评议政风行风工作

省交通厅开展深入学习实践科学发展观活动试点工作动员大会

金溪公路分局现场征询群众意见和建议

南康公路养护公司参加南康市民主评议政风行风暨机关效能建设征询群众意见活动大会

以熊文清为典范打造新亮点

鏖战风雪保畅通

铲雪除冰青年突击队

垫铺防滑编织袋

2008年年初，江西省经历了一场历史罕见的雨雪冰冻灾害的袭击与考验。全省交通系统按照省委、省政府“九保一平安”的要求，紧急动员，迅速部署，采取一切有效措施，集中专业机械设备，集中破冰除雪物资，集中交通专业队伍，变收费员为铲雪工，变收费站为服务站。自2月1日12时起至2月8日24时止，全省所有收费站一律免费放行，仅减免车辆通行费等各项政策就优惠群众4.2亿元。全力分流经广东北上和经湖北、安徽南下车辆，夺取了全省交通运输抗冻保通的胜利，为服务全省、服务全国大局提供了有力的交通保障。

众志成城 抗冻保通

抗冻救灾、汶川地震献爱心

江西省交通厅抗冻救灾献爱心捐款活动

抗冻救灾献爱心捐款活动

“5·12”四川汶川特大地震消息传来，全省交通系统迅速组织机械设备、工程技术人员做好支援灾区工作。向灾区捐赠10台红岩载重汽车等机械设备。积极组织募捐，广大党员交纳“特殊党费”466万元，全系统募集捐款1320万元，并派员参与江西省对口援建指挥部抗震救灾工作，援建小金县美沃至汗牛公路的现场管理。7月15日，江西省交通厅被授予“全国交通运输行业抗震救灾先进集体”称号。

江西省援建小金县美沃至汗牛农村公路贯通仪式

为北京奥运作贡献

2008年5月14日～16日，北京奥运会圣火进入江西省传递，在省组委会的统一指挥下，精心组织，周密安排，认真做好奥运圣火团队人员及物资运输等重大保障工作。以畅洁绿美的路容路貌，优良的车辆，细致入微、热情周到的接待服务，为奥运火炬传递活动做出了积极贡献。为此，江西省交通厅被北京奥组委授予"筹备工作突出贡献单位"称号，被省政府授予"2008年北京奥运会火炬接力江西境内传递活动优秀组织奖"称号。

江西交通模范熊文清将火炬交给老红军奥运火炬手代表

北京奥运会火炬江西境内传递人员转场运行保障视频会议

江西交通年鉴编审会代表合影

目　　录

特　　载

专　　记

便　览

大事记

交通基础设施建设

公路建设

一般公路建设

国道

省道

公路桥梁建设

公路养护与绿化

灾害防治

航道建设

港口建设

规划与勘察设计

站场（厂）房屋建设

运输生产

公路运输

公路货物运输

水路运输

水路运输企业

水路运输线路

附属工业

科技　教育　卫生

科　技

学术团体

教　育

卫　生

交通管理

交通建设管理

公路交通管理

治理车辆超限超载

路政管理

运政管理

稽查征费

安全管理

行政管理

组织与人事

财务审计与招商引资

法制工作

交通战备

社会治安综合治理

水路交通管理

水路安全管理

船舶检验

水路运政管理

规费征收

乡镇渡运管理

党群工作

党建工作

纪检监察工作

精神文明创建

行风建设

工会工作

共青团工作

老龄工作

扶贫救灾工作

市、县交通

交通统计资料

人物　先进集体

人物简介

2008 年度全省交通行业先进个人

2008 年度全省交通行业先进集体

2008 年度省交通厅直属单位取得高级专业技术职务任职资格人员

文献 文件

附 录

2008 年交通运输十大新闻

铁 路

民用航空

索　　引

交通风采

特　载

在2009年全省交通工作会议上的讲话*

常务副省长　凌成兴

（2009年2月20日）

2009年春节期间，中共中央总书记胡锦涛同志亲临江西省考察指导工作，同井冈山人民、同江西人民共度春节，这是对老区人民的亲切关怀，这是对江西工作的高度重视，这是对江西干群的殷切期望。总书记指示我们：要全力以赴保增长，要千方百计保民生，要加大力度保稳定，要弘扬井冈山精神。这“三保一弘扬”的重要指示高瞻远瞩、总揽全局、务实精辟，是2009年全省工作的总要求、总方针。全省交通战线的职工，要按照苏书记、吴省长“一个充分体现、四个全面落实”的总体部署，认真领会、认真研究、认真落实。

一、关于2008年交通工作的总体评价

2008年是极不寻常、极不平凡的一年。江西经受了年初低温雨雪冰冻灾害的严峻考验、经受了支援“5·12”四川汶川抗震救灾的严峻考验、经受了奥运火炬传递和奥运安保的严峻考验、正在经受世界金融危机波及蔓延的严峻考验，全省经济社会发展取得了重大成就。交通系统的职

* 这是江西省常务副省长凌成兴在全省交通工作会议上的讲话（摘录）。

工,围绕大局、坚定信心、顽强拼搏、共克时艰,谱写了壮丽凯歌、作出了突出贡献、取得了显著成绩。

一是全面落实"一个投资总额",实现了五年1000亿元交通投资总额的良好开局。2008年,完成交通建设投资180.6亿元,其中交通重点工程项目完成投资115亿元。特别是认真落实中央加大投入、扩大内需的重大决策和"出手要快、出拳要重、措施要准、工作要实"的总体要求,争取和用好中央下达江西省的国债投资35.68亿元,其中交通建设争取4亿元,带动新增投资量11.8亿元,成为全省加快建设的排头兵和主力军。受到了中央扩大内需督导检查组的表扬。

二是全面落实"三大基本任务",实现了高速公路建设、农村公路建设和改渡建桥任务的良好开局。

高速公路建设,全面建成武吉高速公路,新增高速公路110千米,全省高速公路总里程达到2316千米;新开工建设鹰潭至瑞金、石城至吉安、九江至瑞昌、彭泽至湖口、赣州绕城高速公路等5个项目708千米,加上续建的瑞赣高速公路等项目,2008年高速公路在建工程近1000千米,这在江西省历史上是前所未有的。

农村公路建设,完成路面硬化1.15万千米,新增通水泥路行政村2438个,行政村通水泥路率达到83.3%。继南昌、新余之后,2008年鹰潭、景德镇、萍乡基本实现村村通水泥路。

改渡建桥项目,2008年省政府专门下发9号文件,批转省交通厅关于加快全省农村改渡建桥实施意见。明确了目标任务、政策措施、组织领导和建设管理,大大加快了改渡建桥步伐。2008年建成桥梁72座,累计完成156座,在建129座,全省621座改渡建桥项目中,还有336座桥梁的前期工作正在有序展开。

三是全面落实"五项重大责任",实现了肩负加快交通建设的重大责任、打造现代物流的重大责任、节约环保的重大责任、保障安全的重大责任、培养交通人才的重大责任的良好开局。

第一,在项目申报上扎实主动。争取中央扩大内需项目,省交通厅及时申报了总投资20.3亿元、总规模3400千米的通乡油路建设项目。年初又在接到通知后一周内,就组织申报了2000余个项目5.1亿元中央补助的通村油路建设计划,行动迅速,工作扎实。

第二,在项目调度上扎实主动。省交通厅厅长亲自挂帅主抓前期工作,制定了工作节点,落实了筹建班子,一个项目一个项目推进,一个环节一个环节盯紧,一个难题一个难题协调。2008年11月中旬省政府召开重点工程调度会以后,省交通厅按照"业主出钱、价差共享、提前采购、省内优先"的要求,在不到两个月时间内就完成实物工作量和建材采购量91.7亿元。

第三,在资金筹措上扎实主动。2008年,厅本级筹措建设资金168.6亿元,其中征收规费48.5亿元、争取中央补助39.7亿元、银行融资80.4亿元。近日,又与省农行签订了全面合作框架协议,争取到200亿元授信额度和50亿元贷款资金。

第四,在安全监管上扎实主动。成功组织了处置水上突发事件综合应急演练,连续三年杜绝了一次死亡10人以上重特大交通安全事故的发生。

第五,在高速公路服务区整治上扎实主动。省交通厅以庐山、鄱阳、三清山3对中心服务区新建工作为重点,以点带面推进服务区硬件设施改造工作,提升服务区功能。这3对服务区规模大、功能全、标准高、设施好。就硬件设施而言,不比国内外先进服务区的水平低。

第六,在深入开展学习实践科学发展观活动上扎实主动。省交通厅党委紧贴"高举一面旗帜、突出一个主题、抓住一个重点、做到五个着力"的总体要求,加强领导,精心组织,有效解决了一批影响和制约科学发展的突出问题,从总体上实现了"干部受教育、发展上水平、群众得实惠"的预期目标。

这里,特别要表扬省交通稽征部门,是他们为发展江西交通事业筹措大笔资金,是他们为加强江西行风建设展示良好形象,又是他们为全国交通税费改革作出重大奉献,广大稽征干部和收费人员,支持改革、顾全大局、恪尽职守、听从指挥,做到了人心不散、队伍不乱、工作不松,非常令人敬佩。我提议,让我们向全省稽征收费干部职工致以崇高的敬意!

二、关于抢抓扩大内需的政策机遇

书记苏荣、省长吴新雄反复强调要把抓好项目放在经济工作重中之重的位置,更加放心、放胆、放手地扩大固定资产投资，抓好一批在建项目的提前竣工、抓好一批拟建项目的提前开工、抓好一批规划项目的提前启动。为此，全省重大项目建设要坚定"一个目标"：坚定全省固定资产投资"保三争四"的宏伟目标；紧抓"三大任务"：紧紧抓住重大基础设施的建设任务、紧紧抓住重大产业项目的建设任务、紧紧抓住事关社会大局的建设任务。

全省交通系统要带头落实省委、省政府的总体部署，按照坚定"一个目标"、紧抓"三大任务"的要求，全力以赴抓项目。通过抓项目，实现保增长；通过抓项目，实现保民生；通过抓项目，实现保稳定。做到"一个增加、三个支撑"。

"一个增加"：即到2012年高速公路通车里程由3500千米增加到4000千米，五年投资总额由1000亿元增加到1200亿元。围绕这一目标，今后4年建设高速公路项目28个、建设里程2372千米、概算投资1115亿元。其中建成23个项目，新增高速公路1843千米，全省高速公路通车里程达到4159千米。同时，全省规划的4650千米高速公路全部开工。到2015年，提前5年完成全省高速公路规划，实现县县通高速公路的宏伟目标。

"三个支撑"：

一是为拉动固定资产投资增长发挥支撑作用。2009年，全省全社会固定资产投资增长的预期目标是确保30%、力争40%，总量将超过6000亿元。从交通建设投资来看，据初步测算，到2012年，全省高速公路建设预计完成投资727亿元，农村公路和改渡建桥预计完成投资172亿元，国省道公路改造预计完成投资80亿元，水运建设预计完成投资27.8亿元，其他项目预计完成投资13亿元，总规模超过1000亿元。其中：2009年投资规模为205.5亿元。可以说，固定资产投资增长是全省生产总值增长的重要支撑，基础设施投资增长是全省固定资产投资增长的重要支撑，交通建设投资增长是全省基础设施投资增长的重要支撑。

二是为拉动建材行业发展发挥支撑作用。受金融危机冲击，2008年第四季度以来，江西省工业生产增长放缓，股市、楼市、车市低迷，能源原材料需求量和价格大幅下降，建材行业受到严重影响。据测算，近几年全省交通建设投资，可拉动钢材销售357万吨，拉动水泥销售2040万吨。其中，2009年可拉动钢材销售72万吨，拉动水泥销售410万吨。2008年11月份以来，钢材、水泥价格大幅回升，说明中央扩大内需的政策已见成效。

三是为拉动城乡劳动力就业发挥支撑作用。就业是民生之本。扩大就业，特别是帮助企业职工保饭碗、帮助返乡农民工找饭碗，是我们各级政府的当务之急。交通基础设施建设规模大、劳务需求大、时间跨度大、简单劳动多、相对收入多。据测算，2009年交通投资可拉动就业7175万个工日，大体上要支付劳务工资36亿元。若按月收入1500元折算，相当于为20多万人提供一年的稳定岗位。

三、关于全省交通建设的年度任务

2009年是新中国成立60周年的大庆之年，是实现"十一五"规划的关键一年。省委书记苏荣强调，做好2009年的工作，首要在信心、重点在"三保"、关键在作风，希望交通战线牢牢把握三大艰巨任务。

（一）牢牢把握交通重大项目建设的艰巨任务

一是高速公路建设，2009年将投资139亿元，建设18个项目，在建里程1600千米左右。开工项目10个：瑞金至寻乌、德兴至南昌、隘岭（赣闽界）至瑞金、九江长江公路大桥及连接线、永修至武宁（庐山西海）、上饶至武夷山、龙南至杨村（赣粤界）、南昌至奉新（靖安）、吉安至莲花、南昌南外环高速公路，新开工里程778千米；续建项目7个：鹰潭至瑞金、石城至吉安、九江至瑞昌、彭泽至湖口、赣州绕城、萍乡至洪口界、景德镇南环高速公路，续建里程706千米；建成项目1个：瑞金至赣州高速公路，新增通车里程117千米，使全省高速公路通车总里程达到2433千米。同时，加紧做好赣州至崇义、抚州至吉安、井冈山至睦村（赣湘省界）、九江绕城、上饶至德兴、浮梁至桃墅岭、奉新至铜鼓、吉安绕城8条高速公路前期工作。

二是农村公路建设，完成硬化里程1.1万千米，启动3433千米新增通乡油（水泥）路建设。同时，改造国省道800千米；抓好赣江石虎塘航电枢纽工程等8个重点水运建设项目。

三是改渡建桥工程，续建工程129座，开工建设306座，部分调整项目30座，务请将全省规划的改渡建桥项目年内全部开工。这是一件功德无量的民心工程,希望赣府发〔2008〕9号文件中有任务的市县区政府,不错失良机、不打退堂鼓、不能拖后腿,下决心再用两年时间消灭800个渡口,从根本上解决人民群众渡口安全。

面对交通建设的艰巨任务,要扎实抓好三件事:第一,争取国家核准。第二,落实征地拆迁。第三,协调几个难题。请省交通厅会同项目所在地市政府研究协调,在雨季结束前办好相关手续,7、8月份掀起施工高潮或年内开工建设。

(二)牢牢把握交通重大体制改革的艰巨任务

一是精心操作公路税费改革。要认真贯彻全省成品油价格和税费改革工作会议精神,做到"两个全部、三个确保"。

"两个全部",即在1989年已停征水运客货运附加费的基础上,从2009年元月1日起,全部取消公路养路费、公路运输管理费、公路客货运附加费、航道养护费和水路运输管理费等五费;经省政府研究并报国务院同意,江西省作为五个试点省之一,全部取消政府还贷二级公路收费,共取消83个收费站。同时,保留一级公路收费站27个、保留经营性公路收费站13个。

"三个确保",即确保稽征收费人员妥善安置,做到人人有饭碗、人人有事做、人人有工资;确保银行债务按期归还。初步匡算,涉及债务余额103亿元,要根据国家的部署,锁定债务余额、签订还款协议、落实还款资金;确保二级公路健康发展,有关二级公路建设和养护融资方案,由省交通厅会同省发改委、省财政厅提出意见,报省政府审定。

二是精心操作高速公路体制改革。要根据政府工作报告的总体要求,依托现有优质资产,发挥交通政策优势,整合高速公路资源,组建省高速公路投资集团公司,打造资产规模大、融资能力强、管理水平高、经济效益好的运作平台,实现高速公路的统一融资、统一建设、统一管理、统一经营。省政府正在审定交通厅上报的《江西省高速公路投资集团有限责任公司组建方案》,方案批复后,请抓紧落实方案,完成组建工作,促进交通发展。

三是精心操作交通运输机构改革。省委、省政府已于2月16日召开了省政府机构改革动员大会,部署经党中央、国务院批准的江西省政府机构改革方案的组织实施工作,书记苏荣、省长吴新雄作了重要讲话。方案规定:"组建省交通运输厅。将省交通厅的职责,省建设厅指导城市客运(含出租车行业管理)的职责,整合划入省交通运输厅。不再保留省交通厅。"省交通运输厅要在省编办的组织协调下,3月底前完成机构、职责和人员"三定"工作,确保有序运转;要积极推进交通运输部门转变职能,理顺职责关系,加强社会管理和公共服务;要研究加强城市公交的政策措施,积极推进城乡交通运输一体化,加快发展现代综合运输体系。

(三)牢牢把握交通机关效能建设的艰巨任务

一是以开展"机关效能年"活动为契机,提高交通机关工作效率。省委、省政府决定,在全省党政机关开展机关效能年活动。要求以"提高项目审批和建设效率"为重点,以"依法高效、创建最优发展环境"为目标,力求项目审批在中部地区乃至全国时间最短、效率最高。从操作层面讲,就是要下决心缩减三个30%,即现有行政许可事项至少缩减30%,投资项目审批事项至少缩减30%,行政审批时间在现有承诺的基础上至少缩减30%。前一阶段,省交通厅对投资项目审批事项进行了全面梳理,拟对通村油(水泥)路建设项目保留立项(与工可合并,下同),对100米以下的渡改桥项目保留立项,对100米以上的渡改桥项目保留立项、初设,其他环节全部下放给市县交通部门。省交通厅对上申报项目的任务重、环节多、数额大,对下审批项目的任务重、户头多、责任大,希望省交通厅在建设勤政、务实、服务、高效的行政机关中争先锋、当典范。

二是以加强廉政建设为重点,提高交通反腐倡廉水平。交通系统是人们羡慕的系统,交通系统是人们关注的系统,交通系统是人们"造角"的系统。交通建设投资规模大、开工项目多、建设里程长、廉政任务重。希望交通系统认真汲取近两年发生在自己身边的几起腐败案件的深刻教训,切实把好选人用人关、把好道德防线关、把好资金运行关、把好资质审查关、把好中标施工关、把好稽查审计关。希望交通系统的厅级干部、处级干部、党员干部、年轻干部不要被金钱所打倒、不要被包工头所打倒、不要被个体户所打倒、不要被情妇所打倒、不要被下海经商的家属子女所打倒。希望交通系统多修高速路、不出腐败案,切忌"满门贴告示，总有不识字"，这样必然落个身败名裂的可耻下场。

三是以高速公路服务区整治为抓手，提高交通运输服务水平。要坚定"一年争取全省达标，二年争取全国一流，三年争取全球典范"的整治目标，以庐山服务区、樟树服务区、丰城服务区和即将投运的三清山服务区为标杆，继续加快推进高速公路服务区整治工作。要抓住建设这个基础，加快省重点工程中11对服务区的改造扩建进度。要抓住管理这个关键，改革体制，理顺关系，落实"六保"任务，提升保障和服务水平；要抓住奖惩这个要害，实行行政监管同经济奖惩相结合、同投诉管理相结合、同检查评比相结合、同领导政绩考核相结合，加强检查、加强评比、加强通报、加强曝光，奖优罚差、严格问责。

同时，要加强客运车辆的管理，加强收费站所的管理，加强公路路政的管理，加强水运事业的管理等等，全面提高全省交通运输整体水平。

在2009年全省交通工作会议上的讲话*

省交通厅党委书记　程受锭

（2009年2月20日）

正确分析形势，准确把握交通发展定位

交通发展定位，是关系交通科学发展、统筹发展、和谐发展的战略性问题。准确把握交通发展定位，必须正确分析交通发展面临的新形势。当前，国际国内急剧变化的经济形势，既给交通发展带来不利因素，又为交通发展带来重大机遇。总体上看，机遇大于挑战，今后几年，江西交通将处于这样一个发展时期：

一是建设高潮的持续期。这次中央在应对国际金融危机过程中对交通寄予厚望，把加快交通基础设施建设摆在拉动内需的首要位置。从全国看，中央扩大内需的十项措施中有三项需要交通部门来落实，并在资金投入、政策支持、项目审批等方面予以倾斜。政策上，实施了积极的财政政策和适度宽松的货币政策，央行连续下调准备金率和贷款利率，取消商业银行的信贷额度，新增贷款4万多亿。投入上，2008年底先行增加中央投资1000亿元，其中安排交通100亿元；此外，中央还将继续加大投入，到2010年底，中央的投资安排可达1.18万亿元。在拉动内需政策的推动下，预计今明两年全国交通固定资产投资规模将年均达1万亿元，重点加快国家高速公路网、农村公路等建设步伐。从全省看，省委、省政府把交通投资作为拉动内需的重要领域，将原规划到2012年高速公路通车里程达到3500千米，调整为突破4000千米。到2015年，提前5年完成《江西省2020年高速公路网规划》中高速公路的建设。进一步加强国省道和农村公路建设，确保国省道每年改造800千米，农村公路每年硬化1万千米，继续加快水运基础设施建设。可以说，交通建设高潮期还将持续相当长时期。

二是交通服务的提升期。近年来，全球产业结构呈现出由"工业型经济"向"服务型经济"转型的总趋势，受金融危机的影响，这一趋势还将加速。顺应这一趋势，中央把发展服务业作为推动我国经济发展的重要增长点和提高整体国民经济效益的重要途径，并明确把交通运输作为服务业，放在服务业中优先发展的领域。与此同时，随着燃油税改革的实施，交通行业将发生根本性的变革。一方面，燃油税收入由中央财政通过转移支付分配给地方，以公共财政保障公共交通建设的理念得到制度性确立。交通设施作为公共产品、交通运输作为公共服务，交通的公共属性将逐步得到体现。另一方面，随着交通公共财政收付体

---

* 这是江西省交通厅党委书记程受锭在2009年全省交通工作会议上的讲话（摘录）。

制的逐步建立和完善,将有效改变过去重收费轻管理的倾向,更多地转向履行公共服务职责。这些都充分表明,交通已处在从传统产业向现代服务业转型的关键时期,大力推进交通由以生产增长为导向向以提升服务质量为导向的转变,不断提升交通行业公共服务水平,让广大人民群众共享交通发展成果,是摆在我们面前的一项迫切任务。

三是发展方式的转型期。转变交通发展方式,既是交通适应经济社会发展的必然要求,也是实现交通又好又快发展的重要途径。从经济社会发展要求看,交通与经济社会发展密不可分。不同的经济发展阶段的产业结构、生产力布局和人们的生活方式都决定了交通需求的数量和质量,决定了交通的发展方式。江西省正处于工业化、城市化、区域经济一体化和全球化加速发展阶段,全省经济加速转型升级,必然将对交通发展方式提出新的更高要求。从交通自身发展看,交通发展方式与一定的交通发展水平和发展阶段是相一致的。不同的交通发展阶段存在的主要矛盾不同,主要矛盾的解决方式、方法也不同,因而交通发展方式不同。目前,江西省交通发展虽已进入一个新的发展阶段,但供给能力不足、结构优化矛盾突出、体制机制改革滞后等问题依然存在。全省交通发展还是主要依靠土地、资源和高投入,对保护环境造成较大压力;交通运输的全要素生产率较低,发展方式粗放。要改变这些状况,关键在于推进交通发展方式转变,走全面、协调、可持续发展道路。

上述交通发展定位是我们根据当前的世情、国情、省情作出的分析,要实现这些发展目标,需要我们形成三个共识:

一是"先行官"的共识。这些年,江西交通建设步伐较快,全省已形成省内"四小时经济圈"和省际"八小时经济圈",有些同志可能会认为我们的工作做的差不多了,交通基础设施建设已到收官期。事实上还远没到这个时候,尽管现有的交通条件已基本适应全省经济社会发展需求,但这种适应是初步的、不稳定的,还没有达到"满足和超前"阶段。当前,我省正处于全面建设小康社会的攻坚阶段,更需要交通走向全面适应,争取适度超前,继续承担起先行官的使命。

二是"大民生"的共识。交通是民生,因为人民群众的日常生产生活离不开交通,人的四大基本需求"衣食住行"的"行"便是交通。交通是民生,因为发展交通是改善民生、促进社会和谐的重要保障。党的十七大提出"加快以民生为重点的社会建设",省委、省政府也把交通尤其是农村公路建设作为改善民生的重要内容。这些都要求我们在工作中坚持以人为本,牢固树立民生意识。

三是"善作为"的共识。为应对金融危机,中央出台了一系列拉动内需、促进经济平稳增长的措施。由于出口受制于国际环境,消费也不是快速能上来,保持经济平稳增长,短期内还是要靠投资拉动。投资里面,产业投资主要依靠社会成本,主动权不在政府,而基础设施投资政府可以有作为。交通行业的性质决定了交通可以有大作为、应该有大作为、必须有大作为。"有为才有位"。交通系统广大干部职工要继续保持努力拼搏、奋发有为的精神状态,聚精会神搞建设,一心一意谋发展,争取有更大作为、更大成效。

抢抓机遇　锐意创新
促进江西交通事业科学大发展*

省交通厅厅长　马志武

（2009 年 2 月 20 日）

2008 年是极不寻常、极不平凡的一年。在省委、省政府和交通运输部的坚强领导下，全省交通系统深入贯彻落实科学发展观，沉着应对各方面的严峻挑战和考验，奋力拼搏，扎实工作，圆满完成了交通工作各项任务，集中体现为“一保障、三增长、四提高”：

“一保障”：

为抗击严重自然灾害和奥运等重大交通运输提供了有力保障，在关键时刻发挥了关键作用。

面对 2008 年年初历史罕见的雨雪冰冻灾害，全省交通系统按照省委、省政府“九保一平安”的要求，紧急动员，迅速部署，采取一切有效措施，集中专业机械设备，集中破冰除雪物资，集中交通专业队伍，变收费员为铲雪工，变收费站为服务站，2 月 1 日 12 时至 2 月 8 日 24 时，全省所有收费站一律免费放行，仅减免车辆通行费等各项政策和措施就优惠群众 4.2 亿元，全力分流经广东北上和湖南南下车辆，打赢了交通运输抗冻保通这场硬仗，为服务全省、服务全国大局提供了有力的交通保障。

面对突如其来的 5·12 四川汶川特大地震，迅速组织机械设备、工程技术人员做好支援救灾准备，积极组织募捐，向灾区捐赠 10 台红岩载重汽车等机械设备，广大党员交纳“特殊党费”466 万元，厅共募集 1320 余万元捐款，并派员参与江西省对口援建指挥部抗震救灾工作和援建小金县美沃至汗牛公路的现场管理，为支援灾区做出了应有的贡献。

在全力支援四川灾区抗震救灾的关键时刻，适逢北京奥运圣火进入江西省传递，在省组委会的统一指挥下，省交通厅精心组织，周密安排，认真做好奥运圣火团队、物资运输和公路转场运行等重大保障工作，并接受了奥运焰火运输任务，以畅洁绿美的路容路貌、车况优良业务精湛的车辆运输保障、细致入微热情周到的接待服务为奥运火炬传递活动做出了积极贡献，省厅被奥组委授予筹备工作突出贡献单位称号，被省政府授予“2008 年北京奥运会火炬接力江西境内传递活动优秀组织奖”。

“三增长”：

一是交通基础设施建设投资持续增长，发挥了国民经济和社会发展中“交通先行”作用。全年交通基础设施建设投资完成 180.6 亿元，其中公路建设投资完成 178.36 亿元，超出计划数 1.8 个百分点。新开工鹰潭至瑞金、石城至吉安、九江至瑞昌、彭泽至湖口、赣州绕城 5 条高速公路，续建瑞金至赣州高速公路，武吉高速公路全线建成，全省高速公路新增 282 千米，在建达到 823 千米，通车里程达到 2284 千米。全省国省道公路新改建 1008 千米。宜春至安福二级公路建成通车。围绕服务社会主义新农村建设，进一步加快农村公路的路、站、运建设。2008 年，农村公路建设投资完成 38.1 亿元，在此基础上，安排专项资金 2 亿元，用于支持社会主义新农村示范点建设。农村公路路面硬化连续五年突破 1 万千米，新建通村砂石路 2446 千米，新增通油（水泥）路行政村 2438 个，通公路行政村 523 个，全省行政村通油（水泥）路率和通公路率分别达到 83.3% 和 96.1%。加快农村公路渡改桥项目建设，在建桥梁 129 座，建成 72 座，累计完成 156 座。开展为

* 这是江西省交通厅厅长马志武在 2009 年全省交通工作会议上的讲话（摘录）

期三年的"农村公路建设质量年"活动。农村客运站开工建设238个,竣工投产128个,累计建成349个。农村客运候车亭建成3250个,累计建成6195个。加强航道水运建设。新开工赣江石虎塘航电枢纽重点工程;续建赣江东河(南昌-瓢山)四级航道整治工程和省水上搜救中心、鄱阳湖分中心、吉安港石溪头货运码头、新干港河西货运码头。同时抓紧了赣江(南昌-湖口)二级航道整治工程、南昌白水湖综合码头工程的前期工作。特别是发生全球金融危机以来,省交通厅迅速贯彻落实中央和省委、省政府加大投入扩大内需的重大战略,调整江西省高速公路建设规划,增强交通重点项目建设投入,加大采购量拉动内需。迅速召集在建项目布置主要材料的采购,到2008年年底,47天内完成实物工程量和材料采购投资合计91.7亿元,拉动钢材需求27.9万吨、水泥58.9万吨、沥青6.7万吨。到2009年年底还可拉动钢材需求55.11万吨、水泥315万吨、燃料27.87万吨、沥青227万吨和地材1831.8万吨。

二是公路水路运输生产持续增长,在全省综合交通运输体系中继续发挥主导作用。道路运输完成客运量3.99亿人次、旅客周转量226.83亿人千米、货运量3.31亿吨、货物周转量264.74亿吨千米,比2007年都有平稳持续增长。水路运输完成客运量340万人次、旅客周转量5506万人千米、货运量4800万吨、货物周转量110.6亿吨千米,完成港口货物吞吐量1.2亿吨,其中集装箱量12.6万标箱。在国际国内航运业遭受全球金融危机极其严峻的形势下,远洋运输营运收入同比增长15%。

三是交通规费收入持续增长,确保了交通建设目标的实现。各地交通规费征收部门克服了重大灾害、规费减免、金融危机和成品油价格与税费改革影响等诸多不利因素,公路养路费征收同比增长5.51%,车辆通行费同比增长4.74%,包括水运规费在内,全省交通收费突破90亿元,达到90.66亿元,同比增长7.24%,为确保交通建设目标提供了资金保障。特别是全省交通稽征部门,积极应对成品油价格与税费改革,做好取消政府还贷二级公路收费的各项准备工作,严守纪律,扎实工作,确保了队伍稳定和工作稳定,超额完成了征收任务,继续发挥了交通建设筹资主力军作用,广大稽征人员以高度的事业心、责任感和使命感,为交通事业稳定发展作贡献,是一支讲政治、讲大局、讲奉献,经得起考验、素质高的队伍。

"四提高":

一是安全生产保障能力有了新提高。全省交通运输安全生产形势持续稳定。认真开展2008年安全生产"隐患治理年"、打击"三无"运输船舶、集中整治道路客运超员违规经营、百日督查和排查治理专项行动,51个水上交通安全重大隐患基本整改完毕。制定了高速公路交通突发事件应急处置预案,组织开展了处置水上突发事件综合应急演练。全面完成渡口渡船安全管理专项整治达标验收工作,是全国率先完成达标验收任务的8个省份之一。全省水上交通事故起数、沉船、直接经济损失比上年同期分别下降27.3%,28.6%,32.5%。道路旅客运输交通事故起数、死亡、受伤人数比上年同期分别下降25.4%、22.6%,63.9%,连续3年杜绝了一次死亡10人以上重特大交通安全事故的发生。重点工程安全生产起数和死亡人数大幅下降,同比分别下降25%、66.7%。

二是交通科技创新、节能减排与信息化建设有了新提高。2008年共安排科技项目46个,完成科技成果39项、省地方行业标准化研究成果2项、省科技支撑研究成果1项,获得省部级科技奖项2项,研究成果总量比2007年翻了一番。优先安排节能减排科研项目,积极开展节能减排示范工作,有3个项目被列为全国交通行业第二批节能示范工程。健全节能减排体系,推进了交通节能减排整体工作。以标准化研究为重点,大力开展地方技术标准的科技项目研究,推动江西省交通行业标准化建设。江西交通信息网站荣获全省十大优秀政务网站。全系统有89家单位实现了电子公文传输。累计建成47条ETC不停车自动收费车道,参与组织实施长三角区域高速公路ETC联网收费示范工程,实施船舶一卡通工程,积极推动船舶管理智能化,完善公众出行辅助查询系统,推进交通信息资源整合工程,续建高速公路智能交通系统,信息化建设进一步加强。成立了交通科技推广中心。推动交通工程集团公司申报国家特级施工资质。从破解资源分散与提高竞争力的矛盾入手,推进厅属交通企业改革。交通职业教育与培训取得新成绩。

三是高速公路服务区管理水平有了新提高。

认真贯彻落实省委、省政府的要求，狠抓高速公路服务区整治，在规划、设计、建设、管理上有了很大进展。初步形成了以公共服务为主导，以行业监管为手段，以安全便捷、卫生整洁、环境舒适、服务优质为目标的管理机制，制定了考核标准。从规划抓起，更新设计理念，新建庐山、鄱阳等4对中心服务区，改扩建三清山等7对普通服务区为中心服务区，庐山服务区硬件建设水平得到省领导的高度评价。认真落实省委、省政府提出的绿色生态江西建设目标，结合“一大四小”任务要求，提出了高速公路一年基本覆绿，二年提高完善，三年大见成效的工作目标，全面推进全省公路绿化和公路沿线通道绿化。

四是交通自身建设能力有了新提高。深入开展学习实践科学发展观活动试点工作、民主评议政风行风活动，“继续解放思想、推动科学发展”主题教育活动，纪检监察系统“做党的忠诚卫士，当群众的贴心人”主题实践活动，基本达到了中央和省委提出的“干部受教育、发展上水平、群众得实惠”的目标。加强领导干部作风建设，推行竞争上岗，建立健全惩治和预防腐败体系，在加强党风廉政教育、建立完善各项制度、落实党风廉政建设责任制、强化对权力运行的监督制约等方面取得了新进展。制止、撤销了到期仍违规收费的206国道会昌、于都长征大桥、樟树赣江大桥3个收费站。规范财务管理，加强审计监督。进一步改善了政风行风，促进了交通行业科学发展。交通依法行政能力得到进一步提高。先后出台了《江西省港口管理办法》、《江西省公路路政管理条例》。开展了全省交通行政执法大检查，进一步清理行政审批事项。治理车辆超限超载工作继续推进。加大先进典型宣传力度，营造了交通发展的良好氛围。昌九高速公路建成入选“江西改革开放30年十件大事”。深入开展和谐平安交通建设，加强了社会治安综合治理、信访、交通战备、老干部以及机关后勤服务工作。深入开展“学、树、创”活动，行业文明创建工作取得明显成效，省交通厅机关连续四届被评为省级文明单位，省航务管理局被评为全国交通文明行业，全省交通系统共有174个单位被评为“江西省第十一届文明单位”，一大批交通部门和个人进入各级先进行列。

专　记

把握机遇　规范管理
扎实做好交通系统安全工作*

省交通厅副厅长　胡　琳

(2009年2月21日)

2008年是极为不平凡的一年。一年来,全省各级交通部门以党的十七大精神为指针,努力实践“三个代表”重要思想,认真贯彻“安全第一、预防为主、综合治理”方针,以安全隐患治理年活动为平台,在“建立安全工作长效管理机制、完善安全监督体系、加强执法监督、深化专项整治、强化服务质量、提升应急救援能力、优化安全环境”等方面狠抓落实,做了大量艰苦细致的工作,取得了明显成效。

——水上交通安全形势平稳。全省共发生一般以上水上交通事故8起,死亡失踪12人,按省安监部门的统计口径,比上年同期分别下降33.33%,42.86%。水上交通事故死亡人数比2007年省安委会统计死亡人数少死亡9人,比省

* 这是江西省交通厅副厅长胡琳在2009年全省交通系统安全生产会议上的讲话(摘录)。

安委会下达的2008年考核控制指标少死亡5人。全年未发生渡运事故和远洋运输事故。

——道路旅客运输交通事故起数和死亡人数持续下降。营运客车共发生道路交通事故50起，事故造成死亡72人，受伤97人，比去年同期分别下降25.4%、22.6%、63.9%。其中：旅客死亡26人，受伤53人，比上年同期分别下降54.4%、71%。全省道路旅客运输发生5起一次死亡3人以上较大事故，下降37.5%。

——重点工程安全生产事故起数和伤亡人数大幅下降。全年共发生事故3起，死亡3人，比上年同期分别下降25%、66.7%，未发生较大以上安全生产事故。

2008年，全省交通系统连续第3年杜绝了一次死亡10人以上重特大交通安全事故的发生。尤其是在抗击雨雪冰冻灾害天气、第29届奥运会，以及春运、全国两会、“十一”等重要时段中，江西省未发生一起重大交通安全事故，取得这样的成绩来之不易。具体体现在以下六个方面：

（一）各级领导重视，安全工作力度不断加大

全省交通系统各级领导高度重视安全生产工作，把安全生产摆在突出的位置来抓，做到重心下移，关口前移，工作力度不断增强。厅安委会坚持每季度召开安全工作例会，认真学习贯彻上级有关安全工作的文件和会议精神，分析各重点时段的安全形势，研究交通安全管理重大问题，部署安全工作。在抗击雨雪冰冻灾害战斗中，厅党政主要领导不分昼夜指挥调度，主持制定各项应对措施，深入一线处置复杂情况。针对重点工程安全生产存在的问题，省厅及时召开现场会，对事故案例进行分析，制订安全施工防范事故的具体措施。奥运前夕，厅多次召开会议部署奥运会期间交通反恐安保工作，建立了24小时值班制度和零报告制度，加强了奥运会期间台风对交通影响的防范和应对措施。同时结合安全生产百日督查行动，组织7个督查组，先后对全省11个设区市的重点地区、重点领域和重点生产经营单位进行督查。

去年6月10日，抚州崇仁至南昌部分客车超员经营问题引起省政府领导的重视，省长吴新雄、副省长洪礼和相继作出了重要批示。厅领导非常重视，立即责成南昌市和抚州市交通局依法对相关企业和责任人进行处理。同时，省交通厅主动上门，会同省公安厅、省安监局共同商定具体治理措施，牵头制定了全省集中整治道路客运超员违规经营专项行动方案，以省政府文件形式下发各地市，并由省政府召开了全省打击道路客运超员经营专项整治工作电视电话会议，进一步将部门行动提升为政府行为。

（二）深化隐患治理，专项整治工作取得实效

全省各级交通部门认真贯彻落实2008年安全生产“隐患治理年”各项工作要求，结合江西省实际，以专项整治行动为手段，全面、深入、扎实地开展了安全生产隐患排查治理专项行动。全省共排查隐患8060项，已整改7602项，整改率达94.3%。省厅在2008年交通安全工作会上印发的51条全省水上交通安全重大隐患大部分已基本整改完毕，全面完成了全省渡口渡船安全管理专项整治达标验收，是在全国率先完成达标任务的8个省份之一，其他各项安全整治均取得明显效果。

一是水上交通安全专项整治得到进一步深化。各级海事部门按照“两防回头看”工作要求，建立完善了安全隐患数据库和安全隐患登记表，严格按照“四定”的要求，进行整改和“挂牌”督办；加强对采砂区通航秩序整治，积极督促河道采砂管理部门加强对采砂区域的审批，落实采砂施工作业和船舶装卸配载等方面监管责任，加大对采、运砂船舶的现场监管力度和巡查密度，严厉打击采砂船占据航道施工作业、乱采滥挖、超载运砂等违法行为；开展了打击水上运输超载和“三无”船舶非法运输整治，将492艘“三无”船舶逐步纳入规范管理，减载船舶7031艘次，减载货物55.09万吨，查缴船舶假证书37本，假海事业务印章10枚。

二是道路运输安全专项整治取得阶段性成果。交通部门会同公安、安监等部门联合相继开展了打击道路客运超员经营、汽车客运站、道路旅游客运、危货运输等四项安全管理专项整治活动。共查处客车超员1179起，卸客转运6884人，异地通报客车超员20%以上违法行为109起。制定并印发了地方标准《江西省汽车客运站出站车辆安全例行检查技术规范》，建立了企业质量信誉考核档案和各类台账。省运管局协助奥组委对企业运输方案、应急预案、车辆状况、驾驶员选派方面进行把关，对选派的驾驶员、押运员进行专门培训，帮助企业圆满完成了奥运焰火运输任务。奥

组委授予省交通厅“在北京奥运会、残奥会开闭幕式筹备工作中作出突出贡献纪念证书”。

三是交通重点工程建设安全生产监督管理工作进一步加强。全面开展了交通基础设施建设安全生产隐患排查治理,组织对在建7个高速公路安全专项督查共19次,下发整改通知书100余份,印发通报16次。督促完善了参建单位安全生产管理组织机构和运行机制,安全生产条件得到进一步改进和充实。实施了安全隐患编号及整改复查消号措施,提高了隐患整治排除的实效。责令撤换无安全生产考核合格证书的项目经理18名、总工51名、专职安全员80名。通报批评安全监理工作质量低下的监理机构5家,施工安全行为不规范的施工单位18家,有效促进了施工现场安全管理工作。

(三)加大安全投入,交通安全基础得到充实

认真开展路面的灾后恢复建设。各级公路管理部门在开展日常公路养护管理工作的同时,认真开展灾后路面和安全设施损毁调查和恢复工作。省高管局全年投入约计2.3亿元,对出现的路面坑槽、裂缝及车辙、边坡塌方等危及安全畅通的病害,积极采取预防性养护措施或实施维修加固,并成立了相关高速公路灾后养护工作课题研究组,深入研究灾后养护技术方案。公路开发公司对梨温高速公路共投入养护经费1200多万元,路损修复经费518万元,修复了坑槽10117平方米、隔离栅5700米、护栏板34355米、硬路肩18285米、处理了翻浆裂缝5013平方米、设置盲沟4673米、维修、更换交通标志标牌300块等。

继续深入推进交通安全基础建设。全省已完成“渡改桥”156座,在建129座;投入14267万元,完成了对121座危桥改造;投入3000多万元,安装GPS车载设备数达到9010辆,其中客运7200台,危货1810台;由省道协统一采购的33台安检仪已全部安装到位,到目前为止全省共有67个二级客运站完成了安检仪的配备安装工作;仙女湖CCTV视频系统已进入工程建设招标实施阶段,赣江(樟树—湖口)VHF系统已完成初步设计。各设区市交通部门也在推进安全保障方面加大投入。赣州市交通局建立了每年40万元安全专项经费,用于对渡船维修保养和渡口码头建设;浮梁县财政每年安排12万元用于对渡工工资补贴;上饶县在每年安排4.2万元渡工工资补贴资金基础上,建立了渡口安全渡运奖惩制度;九江市、宜春市部分县、区也均施行了渡口补贴政策等。

(四)强化行业管理,促进交通运输企业规范经营

全面启动了道路运输全行业的质量信誉考核。考核中安全管理方面作为重点项目,实行一票否决制。此次考核共评出AAA级客运企业14家、货运企业28家、维修企业92家、二级以上客运站27个、驾校38家;并评出B级客运企业4家、货运企业7家、维修企业44家、二级以上客运站1个、驾校12家。对B级企业整改后仍不符合条件要求的,将由原许可机关重新核定其经营类别或注销经营许可,并向社会公布。这些考核结果将纳入经营者今后能否扩大经营范围的重要依据,是建立经营者退出机制的重要手段之一。全面完成了道路运输企业“清挂”工作。2007年,南昌市、抚州市推进完成了客运企业“清理挂靠”工作,至此全省“清挂”工作基本完成。运管部门抓住“清挂”验收不合格的企业禁止新增客运班线和运力、部分经营车辆经营承包期限到期这一有利时机,对新增班线一律实行公车公营,对从事农村客运班线经营的业户积极引导其组建公司,在全省农村客运市场推行一线一公司、一片一公司等经营模式,全面落实了道路运输企业的安全生产主体责任,全面更新了营运车辆,全面促进运输企业提高安全管理水平,全面推进道路运输市场诚信体系建设。

全面开展国内水路运输经营者资质普查。各级港航管理部门以《国内水路运输经营资质管理规定》的颁布实施为契机,在全省范围内全面开展国内水路运输经营者资质普查,依法严格江西省国内水路运输市场准入管理,进一步强化经营资质动态监管。全省共普查省际水路运输企业146家,其中:液货危险品运输企业35家,省际客运企业2家,沿海和省际普通货运企业109家。整改专职管理人员不达标企业23家,取消经营资格不达标企业7家。同时对辖区内现有委托经营船舶进行了集中清理,重点检查委托经营船舶安全管理责任的落实情况。对不具备接受船舶委托经营条件的企业,不为其接受的委托经营船舶办理营运手续,进一步规范了水运市场的经营秩序。

（五）加强人命救助，提升交通应急救援能力

继续深化全省投保道路运输承运人责任险工作。一是保险费率进一步降低，2008 年的客运保险费率由 2007 年的 0.075% 降到 0.07%，下降幅度为 6.7%；危货运输保险费率由 0.9% 下降为 0.7%，下降幅度达 22.2%。二是赔偿责任限额进一步提高。2008 年客运、危货的赔偿额度在上年的基础上每个档次都提高了 5 万元。客运的医疗费赔偿限额翻了一番，死亡、残疾赔偿也有不同程度的提高，客运保险预付赔款基数降低，保险期限也有所延长。

积极推进路救体制改革。完成了全省高速公路交通事故排障施救管理交接工作。自今年 2 月 1 日起，全省高速公路交通事故排障施救管理工作正式移交省交通厅。我们将按照“畅通道路、服务群众”的要求，抓紧建立以“统一管理、统一布局、统一收费标准、市场运作”为基本框架的高速公路排障施救管理体制，并逐步将国省道排障施救工作纳入统一管理的范畴，积极维护交通安全畅通，维护人民群众利益。

加强应急救援队伍建设。一是加强了应急建设。省编委正式批准了省水上搜救中心和鄱阳湖分中心的机构和编制。目前，省水上搜救中心建设项目已封顶，鄱阳湖中心已开工建设。二是开展了应急演练。2008 年 10 月 21 日上午，“应急 2008”江西省处置水上突发事件综合应急演练在赣江东支南昌消防码头水域成功举办，副省长洪礼和亲临现场检阅。本次处置水上突发事件综合应急演练是江西省首次举办的大型水上综合搜救演练，来自交通、海事、消防、公安、环保、卫生、港航、广播电视、航运企业等 16 家单位、269 人、28 艘船艇和 5 台专业车辆参加，参演各部门在省处置水上突发事件演练指挥部的统一指挥下，团结协作，共同努力，圆满完成了“水上人命救助、船舶消防灭火、船舶救援、水域污染控制”四个科目的演练，得到了省政府领导以及 150 多位领导、专家的一致肯定。此外，在 2008 应急装备展示活动中，省交通厅派出交通应急指挥车、多功能养护车、平地机、桥梁检测车、大平板车与组合钢桥、130 吨公路汽车吊等六台展示设备和应急抢险队伍 30 人，较好地展示了交通系统的精神面貌，取得了满意的答卷。

（六）广泛宣传教育，安全培训工作上台阶

全省交通系统紧紧围绕“治理隐患，防范事故”为主题，加大宣传力度，有计划地开展了各种形式的安全教育活动。省交通工会组织开展了“安康杯”竞赛活动和交通部、中国海员工会在全国水运系统开展的船舶、班组安全竞赛活动。省地方海事局印制了 8000 份“江西省渡口安全生产简明须知”，进一步宣传渡口渡运安全生产知识。省航运局散发安全生产宣传单 6100 余份，开展咨询活动 32 次。省高管局九景管理处组织广大青年团员到收费亭发放安全生产知识宣传册 712 份，行车注意事项 2457 份。鹰潭市交通局印制 2000 份《交通从业人员普法小手册》发放到每位驾驶员手中。

全省各级海事部门加强船员培训、考试、发证管理，认真组织开展了船员适任证书资格考试和油船、高速客船、化学危险品运输船舶船员特殊培训考试，1327 人参加了船员适任证书考试，1022 人参加了航行长江干线三等及以上船舶船员理论统考，248 人参加了再有效审验考试，57 人参加各类船员特殊培训考试。港航管理部门举办各类安全生产知识培训班 16 期培训 465 人次。新余市交通局举办水上从业人员安全学习班 2 期培训 366 人次，举办渡运安全培训班 2 期培训 40 人次。在 2008 年“安全生产月”活动中，省交通厅被评为省直单位安全生产月活动优秀单位一等奖，江西新世纪汽运集团有限公司、公路开发总公司等单位组织编写的多篇论文分获“江西省第三届井冈山安全发展网上论坛”优秀论文一、二、三等奖。

扎实推进惩治和预防腐败体系建设 为实现江西交通科学发展提供有力保证*

省交通厅纪委书记　江学功

(2009年2月21日)

2008年从年初的奋战雨雪冰冻灾害,到支援“5·12”汶川大地震抗震救灾;从保障奥运火炬成功传递,到应对国际金融危机、扩大内需促进经济平稳较快增长,全省交通系统和纪检监察机构经受了严峻的考验。交通系统的党风廉政建设和反腐败工作在厅党委的高度重视和统一领导下,坚持以科学发展观为统领,紧紧围绕交通发展中心任务,按照改革创新、惩防并举、统筹推进、重在建设的基本要求,着力构建交通特色惩治和预防腐败体系,反腐倡廉建设取得了新进展、新成效。

(一)交通基础设施领域廉政工作持续深化

结合学习实践科学发展观试点活动,厅党委印发了《关于进一步加强交通重点项目党的建设意见》、《交通重点工程项目办公室党委议事规则和工作职责》,强化了党委抓党风廉政建设的主体作用。厅纪委针对工程建设中的突出问题和关键环节,加强调研,不断推出有针对性的预防对策。继续推行廉政合同制、重点工程纪检监察派驻制,在重点工程项目设置建设环境监测点和监督员,挂牌督办鹰瑞、石吉高速公路项目“十公开”,推广石吉项目廉洁工程“三做起”(从我做起、从小处做起、从现在做起)活动和“廉政保证金制度”。会同省监察厅对鹰瑞项目进行效能监察,组织4家厅属单位参加了优化发展环境监测工作。会同省检察院在鹰瑞项目开展“工程优质、干部优秀”活动。选派了118名项目管理施工单位基建部门负责人参加全国“公路施工企业项目管理廉政培训班”。加强工作检查,指导参与监督事项514人次,清退违规监理人员83人,通报批评了5家监理机构与18家承包商,限制56家履约信誉差的企业参与招标资格预审,节约物资设备材料采购资金约430万元,维护了国家的利益。

(二)服务交通科学发展惩防体系建设扎实推进

认真贯彻落实中央《工作规划》和省委《实施办法》,结合交通实际,厅党委印发了《贯彻落实〈建立健全惩治和预防腐败体系2008—2012年工作规划〉的实施意见》,并作了专题部署,明确了任务分工。注重加强廉政教育。以领导干部为主要对象,以树立正确的权力观利益观为主要目的,以警示教育为主要内容,采取开展廉政教育月活动、领导干部讲廉政党课、专题辅导、观看录像、现场参观等形式,深入开展理想信念、党风党纪、廉政勤政和艰苦奋斗教育。一年来,厅及直属单位党政主要领导、纪委书记讲廉政党课102次,受教育党员干部3300余人次。特别是针对厅直属单位发生的王大双等腐败案件,专题召开警示教育会进行剖析,并汇编成《以案为鉴警钟长鸣》教材下发各单位,深化教育效果。注重创新廉政制度。在原有交通系统廉政建设“六条禁令”的基础上,结合新形势、新任务,修改完善为“八条禁令”,加大了对领导干部的制约力度;修订、完善《中共江西省交通厅委员会工作规则(试行)》等项规则,制订《江西省交通厅行政工作规则》,进一步规范了领导机关履行职责的程序和纪律要求;建立了《江西省交通厅处级及以下领导职位竞争上岗实施办法(试行)》等7项制度;会同省监察厅、省发改委、省财政厅出台了《农村公路建设实施纪检监察巡查制的意见》,保障农村公路健康快速发展。注重强化监督制约。继续落实厅直属单位主要负责人不直接分管人事、财务等规定,进一步完善“三重一大”制度,认真落实领导干部“三谈两

* 这是江西省交通厅纪委书记江学功在2009年全省交通系统廉政工作会议上的讲话(摘录)。

述”、收入申报和个人重大事项报告等制度。各级纪委书记与下级主要负责人廉政谈话73人次，任前廉政谈话92人次，诫勉谈话11人次，领导干部述职述廉365人次，执行领导干部重大事项报告25人次，实行党风廉政建设责任追究1人，完成项目竣工结算审计2项，领导干部经济责任审计3项。加大了查办案件力度。全省交通系统纪检监察机构共受理信访举报311件，初核61件，立案24件，查结22件，给予党纪政纪处分26人。厅纪委直接查办违纪违规案件3起，其中处分处级干部2人，清理“小金库”2个，涉及金额22.2万元。通过查办案件，认真查找干部队伍作风、权力运行和资金使用管理等方面存在的问题，及时研究制定有效的防治措施，进一步健全制度、完善机制、加强监督，充分发挥了查办案件的治本功能。

（三）加强政风行风建设，群众满意度不断提升

保持治理公路“三乱”高压态势，领导干部带队上路检查63人次，严肃查处公路“三乱”问题11个，13人受到批评教育或清退处理。加大落实便民措施力度，撤销会昌湘江大桥等4个收费站，在南昌周边收费站建设了5个不停车电子收费车道，保障鲜活农产品流通“绿色通道"减免车辆通行费5.4亿元。进一步规范基层执法执收工作，组织执法人员岗前培训和在岗培训500余人次，组织水上执法检查18次，对基层所站作风整顿情况进行了全面验收。加大督促检查力度，督促落实农村客运站和候车亭建设资金到位1501万元，征地拆迁款4.9亿元，清欠民工工资520万元，工程款35万元。对群众提出的542条意见、建议，整改落实424条，维护了人民群众的根本利益。加强机关效能建设，压缩出国出境、组团31组，减少出访人员188人次。2008年，抚州市交通局、吉安市交通局、南昌市交通局被省政府授予“2008年全省民主评议政风行风工作先进单位”称号。

（四）领导干部廉洁自律工作深入开展

以签订《党风廉政建设责任书》、建立领导班子成员廉政档案等形式，进一步规范各级领导干部党风廉政建设工作责任和个人廉洁自律内容，加强对落实情况的平时督查和年终考核，做到抓廉洁自律工作常态化。落实省纪委办公厅《关于严禁个人通讯工具与单位办公电话捆绑使用的通知》要求，认真开展自查自纠和清理工作，整改纠正33人存在的问题。切实抓好元旦、春节等重大节日期间领导干部的廉洁自律工作，领导干部拒收礼金12.38万元。坚持以案促纠、惩前毖后的原则，对6名违法犯罪人的犯罪特点、思想根源和应吸取的教训，进行深入剖析，教育领导干部引以为戒。结合班子民主生活会、学习实践科学发展观试点活动，严格开展治理商业贿赂自查自纠，16人自觉上交钱款20.49万元，查处违反廉洁自律规定2人。针对施工企业资质租借、重点工程项目管理、执法执收、交通建设市场不规范、建设企业诚信度低等5个方面的问题，建立、完善了一系列监管制度，并从改革体制机制上提出了建设性的意见。

（五）纪检监察队伍自身建设切实加强

交通各级纪检监察机构按照“政治坚强、公正清廉、纪律严明、业务精通、作风优良"的要求，大力加强自身建设，切实履行纪检监察职能。厅纪委将学习实践科学发展观、“做党的忠诚卫士、当群众的贴心人”、“做公道正派之人，建公平正义之家”三项主题实践活动一并部署，一并落实，一并检查。以“做党的忠诚卫士、当群众的贴心人”为职责定位，以服务、保障、促进科学发展观的落实为主要目标，组织纪检监察干部认真学习，对照检查，落实整改。从教育、制度、监督、惩处四个方面整改突出问题7个，形成调研文章29篇。组织纪检监察干部认真学习中纪委、监察部编印的《新编纪检监察业务教材》，选派了9名干部到中纪委培训基地参加培训，选派了84名干部参加全国交通基础设施建设廉政培训，提高了队伍的履职能力。一年来，交通系统广大纪检监察干部在抗御雨凌冰冻灾害、保障公路干线安全通行和支援汶川地震抗灾等各项活动中，切实发挥好了表率和职能作用。

在充分肯定成绩的同时，我们必须清醒地看到，当前交通系统个别党员干部违纪违法问题仍然比较严重，一些案件涉案金额巨大，影响恶劣；损害群众利益的问题还时有发生，少数交通执法人员执法不规范、不公正、不廉洁的问题还没有从根本上得到解决；个别领导干部作风方面还存在一些突出问题；反腐倡廉建设仍然面临不少新情况，反腐败斗争形势仍然严峻。我们必须坚持反腐倡廉常抓不懈，拒腐防变警钟长鸣，以更加坚决的态度、更加有力的措施，把交通系统党风廉政建设和反腐败斗争不断引向深入。

便 览

历 史

据江西考古,距今四五万年前的旧石器时代,江西先民已在这块土地上繁衍生息。早在距今8000～7000年前,先民就利用山乡水域的自然条件"水行山处",从事渔猎活动。在距今5000～4000年,江西的生产开发地区广泛分布在樟树、万年、修水、九江、南昌、进贤、鄱阳、武宁、万载、于都、宜丰、高安、奉新、临川、景德镇、萍乡、永丰等市县,形成许多居民聚落点,足迹所到之处形成众多的人行小道。随着渔业、畜牧业、农业的出现,渐渐地出现兽驮车挽的乡间道路,和便于水上作业的独木舟、竹筏。江西饶州尧山下有平陵,传说尧南巡曾登此;万安县有舜祠,舜南巡于此,常奏九成之乐;传说夏禹治水,陆行乘车,山行乘檋(音局),水行乘舟,曾路过江西,在庐山的支上霄之南有禹刻石。

距今3000年前,赣江—鄱阳湖地域已有高度发达的青铜文化。据瑞昌铜岭矿冶遗址、樟树吴城遗址、新干大洋洲商代墓出土文物推断,江西商代晚期的采掘工具、装运用具、生产用具、生活用具都与中原不相上下,特别是大洋洲商墓出土的青铜器之多在全国居首位。樟树吴城出土的青铜器和鹰潭角山出土的陶器上有众多的符号和原始文字,有的符号是交通工具如独木舟、小木筏的形象。东周初(距今约2700年前),中国已建成以东都雒邑(今洛阳)为中心的道路交通网。东都豫章道(洛阳至今南昌市)是这个道路交通网的九大干道之一。春秋战国时期,江西为吴、楚、越接壤地区,吴楚越3国军队陆上交锋,水上争战,不仅使江西的道路交通得以拓展,而且江西的主要河道亦被广泛使用。沿江滨湖一些交通运输条件比较好的地区,开始成为物资集散要地。新干县界埠乡的战国粮仓即是例证。该遗址距赣江1.5千米,有便利的运输条件,残址长61.5米,宽11米,堆积的碳化米粒高达1.2米,证明在2000年前赣江已经成为江西粮食等物资运输的重要通渠。

秦征百越,开辟了攀越五岭的"通南越道",置横浦关于大庾岭。与此同时,江西东部山区的分水关(今铅山县境)、杉关(今黎川县境)等省际山道关隘也先后开通,从此北方通达东南沿海的几条水陆相间的要道大都取道江西:一条逆赣江,逾大庾岭下浈水而达今广州;一条溯信江,跨武夷山,再下闽江或瓯江而抵今福州或温州;一条循抚河谷地,溯盱江,越血木岭,进今福建宁化,再下沙溪水而达福州。在汉高祖十一年(前196年),陆贾出使南粤,与南越王赵佗商定开放贸易,汉以铁质农具和马、牛、羊换取南越以及海外诸国进入番禺(广州)的象齿、犀角、珠玑、玳瑁、翡翠等生活用品及奢侈品;汉武帝元鼎四年至五年(前112~前111年),伐吕嘉,讨余善,进军南粤、东闽时,均是沿着这几条路线运输。西汉时,吴王刘濞为了扩张势力,招纳天下亡人,利用豫章(江西)的铜矿铸钱,利用淮南的海水煮盐,他的船队航行于今南昌和扬州之间,是当时江西航运的一个组成部分。三国时,由于城市经济和商业贸易的发展,江西境内的浔阳、豫章(南昌)等城镇成为东吴的重要商业港埠,江西的水运路线已远达长江沿岸各港口。此时,江西的赣江与湘江、沔江(汉水)和三吴运河同为长江流域漕粮和贩运贸易的主要运道。

东晋、南朝时,中原人口大量南迁,全国经济重心南移,促进了江西经济的发展,尤其是江西的农业、陶瓷、纺织、造船发展更快。"土沃多粮,粒散荆扬",豫章、宜春、鄱阳、九江、临川、庐陵、南康"一年蚕四五熟",又兼交通便捷,漕运转输日益繁荣。南朝京城以外的大粮仓,有2/3设在江西。萧梁时(502~557年),设在江西的豫章仓(今南昌)、钩圻仓(今都昌县西南)和浙江的钱塘仓同是大型储备之处。浔阳(今九江)是荆、湘、郢三州粮食的积存地和转运口,钩圻是江西粮食从赣江外运的积存地和转运口。此时的南昌、南康(赣州)是很大的造船基地。

隋凿大运河,将江西航路进一步纳入了全国水运网之内,以江西为中枢的海上丝瓷之路逐渐替代了北方的陆上的丝绸之路。隋唐时期,江西8州37县,劳动力逐渐增加,户口由隋大业五年(609年)的8.56万户,增加到唐元和间(806~820年)29.31万户,土地垦种扩大,粮副产品丰盛,铜矿、银矿、铸钱、制瓷、造船等工矿业发达,水陆运输呈现繁忙景象。为了运输需要,唐玄宗开元四年(716年)十一月,左拾遗张九龄奉诏重新开凿大庾岭路,使该路成为唐时由京城长安通向岭南诸郡和对外贸易港口城市广州的重要孔道。唐中期,以洪州为中心、以各州为基点的道路交通网已经形成。各州、县间共有干道15条,长7030里;通往邻省接界各州、县道路有17条,长15014里;通过江西境内的驿路有4条:其一,京广驿道,途经江州(今九江),沿鄱阳湖和赣江南行,经洪州(今南昌)、吉(今吉安)、虔(今赣江)3州,越大庾岭至广州;其二,洪衢驿道,经洪州(今南昌)、余干、贵溪、弋阳、信州(今上饶)、玉山,出藻坪镇(今太平桥)往浙江衢州(此路在南昌与京广驿道相衔接);其三,信(州)江(州)驿道,从信州出发经鄱阳而达江州,北至京城长安;其四,江(州)宣(州)驿道,宣州(今安徽宣城)经江州进京的驿道,也是经江州沿长江过彭泽、今安庆往扬州的水陆要道。此时,8州之间的道路也已全部联通。与此同时,朝廷命江西大量造船,以满足漕运和对外用兵的需要,洪、饶、江等州是重要的造船基地。江西南昌成为唐时南北商货和漕粮汇聚的大都会,"弘舸巨舰,千舳万舻,交货往返,昧旦永日"。

五代江南分割成十国,关隘林立,交通封闭。宋全国统一后,东南一带生产发展,漕运量大。其中,江西每年漕运粮食北宋时为120万石,南宋时为200万石,分别占总额的1/5和1/3。北宋每年茶课2306万斤,其中1027万斤来自江南的15个州、军,而有10个州、军在江西境内。南宋时江西地区茶课为463万斤,占总数的26%,居全国之首。宋代江西食盐来自广南东路(广东)和淮南,每年约1600万斤(以元丰三年计算),广盐淮盐运输主要走水路。宋朝京师通往洪州(今南昌)的驿道,因京师迁到汴京而有所改变,汴京到广东的经行路线是取道蔡州(今河南汝南)、信阳而入江西江州。江西驿站共有113处,江西新增驿道主要有:洪州至杉关,接通了福建光泽至福州的驿道;清江至老关,接通了赣湘驿道;南城至赣县,沟通了赣东与赣南驿道;信州至分水关,永丰(今广丰)至浦城,接通了赣闽要道。宋代,江西建筑的桥梁不仅数量多,而且建造艺术高。据不完全的资料统计,主要的浮桥、石墩梁桥和石拱桥有110座。其中,现仍保存完好继续使用的石拱桥有:星子县观音桥、宜丰洞山逢渠桥(1098年建)、清江县鸣水桥(1111年建)等。

元代,江西建有站赤(驿站)154处。其中,马站85处,有马2165匹,轿25乘;水站69处,船685艘,形成了以隆兴路(今南昌市)为中心的联通省内、通向四邻各行省的道路网。江西每年运往大都漕粮115.8万石,约占全国总数的9.6%。

明代对外贸易实行“朝贡制”,朝贡经行路线称贡道。经江西的贡道有京广、京皖赣闽、京浙赣湘3条。浙、直、湖、湘等商人往广东过梅岭者不计其数,大庾岭上“商贾如云,货物如雨,万足践履,冬无寒土”。全省设巡司113所(其中沿鄱阳湖14所)。江西漕粮运输量居全国第三位,每年运输的正、改、副米有77万余石。明成化八年(1472年),额定江西正兑米40万石、改兑米17万石,占全国漕米总数的24.25%;副米再按正改兑米数量加53%。

清代,江西主要驿道、官路、和大路有8条,即省京、赣粤驿道和彭泽、信州、袁州、杉关、饶州、宁都大路,计长5000余里。全省有驿站47处,其中南昌5处、瑞州1处、袁州3处、临江4处、建昌4处、广信5处、吉安4处、抚州2处、饶州4处、南康3处、九江5处、南安3处、赣州3处、宁都1处,设铺935处,额设站夫2904人,增设站夫150名、铺兵2488名、马768匹。清雍正八年(1730年)驿归州县兼管。雍正十年(1732年),巡抚张理麟以德化、通远、德安、建昌4县驿为四通八达之区,共增差夫120人。江西(乾隆年间)南昌、瑞州、临江、吉安、抚州、建昌、广信、饶州、南康、赣州、宁都11府州,实征正兑正米、正兑副米、改兑正米、改兑副米合计约770309石,通过水运至京。江西茶商与山西茶帮、俄罗斯商人在武夷山经销茶叶,由铅山装船,经信江下鄱阳湖,出九江而入长江外运,每年(道光年间)运输量达30万普特(49.14万公斤)。

1840年鸦片战争,外国帝国主义用火炮轰开了闭关自守的清王朝大门。随着屈辱涌进来的是近现代的运输工具。1858年6月26日,中英天津条约签订,九江增辟为通商口岸。1861年3月25日,英国在九江港设海关征税。1862年美国旗昌洋行在九江建码头、趸船、货栈,这是侵入九江港的第一家外国轮船公司。1896年全省第一家轮船公司——福康轮船公司成立,有轮船6艘。1899年6月8日,江西省第一条铁路——萍(乡)安(源)铁路破土动工,于11月29日试行火车,全长14(华)里。1900年,安源建成江西最早的火车站,站房846平方米,站台长81.7米。1909年,江西省第一条公路(九江至莲花洞)兴建,次年竣工,全长13千米。

民国时期,1912年4月8日,南(昌)浔(九江)铁路自九江通车至德安。同年,株萍铁路开行我国自制的第一辆旅客列车。1915年,由张谋智创办的商营大同汽车运输所成立,是为江西省经营汽车运输业务之始,初办时有福特牌汽车4辆,经营九江—莲花洞运输。1928年5月,江西省由地方集资建设的第一条公路——常(山)玉(山)公路开工,次年11月建成通车,全长45.7千米。1931年12月,熊式辉就任江西省主席后,执行所谓“交通清共”政策,江西公路出现突起性发展,6年内新增公路里程6167.5千米,初步构成了全省公路网的框架。抗日战争期间,为适应军事需要,许多路被毁为田,至1945年8月,全省有公路1337千米。战后修复刚刚起步,国民党当局又发动内战,公路再一次遭受破坏。1949年8月,中共领导的中国人民解放军解放江西全省,其时可通车公路仅有647千米。

(凌景坡)

人　口

根据人口变动情况抽样调查统计,2008年末江西省总人口为4400.10万人,比上年末增加31.69万人。男性2258.41万人,占总人口比重51.33%,女性2141.69万人,占总人口比重48.67%。0~14岁986.06万人,占总人口比重22.41%,15~64岁3043.99万人,占总人口比重69.18%。65岁及以上370.05万人,占总人口比重8.41%,比上年提高0.06个百分点。全年出生人口61.03万人,出生率为13.92‰;死亡人口26.35万人,死亡率为6.01‰,自然增长率为7.91‰。其中,城镇人口1819.88万人,占总人口的41.36%,乡村人口2580.22万人,占总人口比重58.64%。

全年农民人均纯收入4697元,比上年增长14.6%;城镇居民人均可支配收入12866元,增长14.7%。城镇在岗职工平均工资21000元,增长14.1%。年末农村居民人均住房面积37.56平方米,城镇居民人均住房建筑面积37.24平方米,比上年末分别增加0.78平方米和0.65平方米。

全年研究生教育在校研究生1.53万人,比上年增长11.8%。普通高校在校生76.4万人。普通高中、初中、小学在校生分别达82.2万人、174.5万人和423.9万人。特殊教育在校生2.0万人。拥有幼儿园6620所,在园幼儿92.5万人。高等教育毛入学率达到23.2%,比上年提高0.08个百分点;初中毕业生升高中段的比例为93.0%,提高4.7个百分点;初中适龄人口入学率为97.8%,提高0.8个百分点;小学适龄儿童入学率为99.9%,提高0.1个百分点。各类民办学校616所,在校学生48.8万人,其中,民办普通高校13所。人才跨省流动进出比为1.15:1,继续呈进大于出的好势头。

经 济

初步核算,2008年全省生产总值6480.3亿元,比上年增长12.6%,连续6年实现12%以上增长。其中,第一产业增加值1060.4亿元,增长4.8%;第二产业增加值3414.9亿元,增长16.6%;第三产业增加值2005.0亿元,增长10.1%。非公有制经济快速发展,实现增加值3434.4亿元,增长15.5%,占GDP的比重达53.0%。

全年财政总收入突破800亿元,达816.8亿元,比上年增长22.8%,连续6年实现20%以上增长。其中,地方财政收入488.6亿元,增长25.3%。

工业生产快速增长。全年工业增加值2766.9亿元,比上年增长19.8%,占生产总值的比重达42.7%,提高1.3个百分点。其中,规模以上工业增加值2323.5亿元,增长21.9%,连续第六年实现20%以上增长。支柱产业保持较快发展。六大支柱产业完成工业增加值1345.2亿元,增长20.7%,对规模以上工业增长的贡献率为54.9%,拉动规模以上工业增长12.0个百分点。

主要工业产品产量有升有降。全年规模以上工业原煤产量2592.4万吨,增长7.7%;钢材1277.2万吨,下降4.8%;水泥5271.6万吨,增长6.9%;服装8.3亿件,增长14.1%;机制纸及纸板113.7万吨,增长8.8%;十种有色金属89.6万吨,增长31.8%。

重大项目建设成效显著。全年亿元及以上施工项目1143个,比上年增加511个。中兴南昌软件产业园、九江龙达年产30万吨粘胶短纤维、江西升阳1000兆瓦太阳能电池等一批重大项目开工建设;江西赛维LDK多晶硅片扩建三期、江西晶能光电30亿粒绿光LED芯片、江钨集团1000吨高比重硬质合金等一批重大项目建成投产。

基础设施建设取得重大进展。鹰潭至瑞金、石城至吉安等5条高速公路相继开工,武吉高速公路全线建成,全年新增高速公路110千米,通车总里程达2316千米。硬化农村公路1.15万千米,完成农村"渡改桥"72座,累计完成156座。铜九铁路建成通车,全年新增铁路营运里程95千米,总里程2549千米。新昌、井冈山电厂"上大压小"工程、天然气省网一期工程等项目开工建设,分宜电厂33万千瓦循环流化床机组、矾山湖风电20台风机、华能瑞金电厂2台35万千瓦机组并网发电,全年新增统调电力装机70万千瓦,总量达1053.4万千瓦。

农业形势良好。粮食连续五年实现增长,全年总产量达1958.1万吨,比上年增加53.9万吨,增长2.8%。农作物种植结构有所调整。全年粮食种植面积3578.1千公顷,比上年增长1.5%;油料种植面积658.8千公顷,增长12.9%;棉花种植面积66.6千公顷,减少2.6%;蔬菜种植面积512.9千公顷,增长2.5%。

林牧渔业稳定发展。全年完成造林面积267.0千公顷,比上年增长69.6%。全年肉类总产量261.6万吨,增长5.8%,其中,猪肉增长6.6%。生猪出栏2536.9万头,增长6.5%。年末生猪出存栏1530.6万头,增长7.8%。全年水产品产量204.6万吨,增长4.2%。

数字交通

△ 交通运输业稳步发展。2008年,各种运输方式完成货物运输周转量1059.3亿吨千米,比上年增长1.8%;完成旅客运输周转量773.9亿人千米,增长8.0%;机场旅客吞吐量375万人,增长11.3%,其中,昌北机场旅客吞吐量333万人,增长8.6%。

表1　**各种运输方式客货运输量及增长速度**

指标	单位	绝对数	比年增长%	指标	单位	绝对数	比年增长%
旅客运输量	万人	45563	4.1	货物运输量	万吨	43011	7.4
其中：铁路	万人	5214	13.2	其中：铁路	万吨	5389	-4.0
公路	万人	39875	3.2	公路	万吨	32949	9.7
水运	万人	305	-16.4	水运	万吨	4671	6.0
旅客周转量	亿人千米	773.9	8.0	货物周转量	亿吨千米	1059.3	1.8
其中：铁路	亿人千米	529.9	10.4	其中：铁路	亿吨千米	683.9	-1.4
公路	亿人千米	227.6	3.7	公路	亿吨千米	263.7	9.6
水运	亿人千米	0.5	-11.9	水运	亿吨千米	111.5	5.6

△　邮电通信能力较快增长。全年完成邮电业务总量494.4亿元，比上年增长20.7%。其中，邮政业务量26.8亿元，增长10.5%；电信业务量467.6亿元，增长21.3%。年末局用电话交换机总容量达到1229万门，固定电话用户达到846.9万户，其中，城市电话用户495.9万户，乡村电话用户351万户。新增移动电话用户94.9万户，年末达到1277.3万户，宽带网用户达180.5万户。

△　旅游业快速发展。全年共接待境外游客80.2万人次，比上年增长20.7%；完成旅游外汇收入2.52亿美元，增长28.7%。

交通机构及领导人名录

【2008年江西省交通厅党组织领导成员】

中共江西省交通厅委员会
书　记　程受锭
副书记　蒲日新(4.30免)
委　员　程受锭　席芳柏(7.20免)
　　　　孙茂刚　许润龙　江学功
　　　　胡　琳
办公室主任　严　允(12.19任)

中共江西省交通厅直属机关委员会(第三届)
书　记　席芳柏
副书记　严　允　李国峰(12.29免)
委　员　席芳柏　严　允　李国峰　王江军
　　　　李素华(女)　谢元银　汪明彦
　　　　蔡建新　黄生平

中共江西省交通厅纪律检查委员会
(省监察厅驻交通厅监察室)
书　记　江学功
副书记　汪明彦
监察室主任　汪明彦(兼)
副主任　龚敏玲(女)
委　员　蔡建新　宋志群
　　　　娄鸿雁　魏炳彦
　　　　李建华　纪怀珠

中共江西省交通厅直属机关纪律检查委员会(第三届)
书　记　李国峰
委　员　李国峰　龚敏玲(女)　姜健政
　　　　徐　峰　陈庆强　李宝康　王剑社

【2008年江西省交通厅行政领导成员】

一、厅级领导
厅　长　蒲日新(2.15免)
　　　　马志武(8.1任)
副厅长　席芳柏(8.13免)　孙茂刚

许润龙　胡　琳

巡视员　席芳柏(8.13 任)

副巡视员　邓经国

二、处室领导

办公室主　任　谢元银

副主任　熊华武

政策法规处处长　梁雅端

副处长　张建明

计划处处　长　梁必康

副处长　王继东

基建管理处处长　袁望京

副处长　縻向荣(12.29 免)

郭金根

财务审计处处长　钟彦祯

副处长　俞美娟(女)(12.25 免)

陈玉书

运输安全处处长　秦小辉

副处长　陈海明

组织人事处处长　蔡建新

副处长　项　军

科技教育处处长　喻雪峰(女)(3.14 退休)

科技教育处处长　易宗发(9.2 任)

副处长　刘鹭英(女)

宣传处处长　黄生平(正处级)

省交通战备办公室副主任(正处)　肖宪炳

省交通公安处处长　易宗发(9.2 免)

縻向荣(12.29 任)

老干部处处长　李太元

(王　硕)

表 2　**2008 年江西省交通厅直属机构及党政领导班子成员**

单位类别	单位名称	单位级别	党组织名称	党组织领导成员	行政领导成员
直属单位	省公路管理局	副厅	中共江西省公路管理局委员会	副书记　娄鸿雁 委　员　曹先扬　邹竹民　刘　凌 刘　理　娄鸿雁 任东红(女)　胡钊芳 王圣义 纪委书记　娄鸿雁	局　　长　曹先扬 副 局 长　邹竹民　刘　凌 刘　理　任东红(女) 王圣义(保留副师级待遇)(10.31 任) 总工程师　胡钊芳
直属单位	省交通稽查征费局	副厅	中共江西省交通稽查征费局委员会	书　记　王江军 副书记　宋志群 委　员　王江军　宋志群　刘锦生 燕　强　邱金女(女) 刘伯康 纪委书记　宋志群	副 局 长　刘锦生　燕　强 邱金女(女)　刘伯康
直属单位	省高等级公路管理局	副厅	中共江西省高等级公路管理局委员会	书　记　李素华(女) 副书记　谢来发 魏炳彦(保留副师级待遇) 委　员　李素华(女) 谢来发　丁向东　魏炳彦 彭发根　吴克海　邝宏柱 纪委书记　魏炳彦(保留副师级待遇)	局　　长　谢来发 副 局 长　丁向东　彭发根 吴克海 总工程师　邝宏柱
直属单位	省航务管理局(省船舶检验局、省地方海事局)	正处	中共江西省交通厅航务管理局委员会	书　记　王凯林 副书记　刘水生 委　员　王凯林　刘水生　李天碧 严春生(12.29 免) 胡敬党　杨礼生　李建华 纪委书记　李建华	局　　长　李天碧 副 局 长　胡敬党(保留正处级待遇) 严春生(12.29 免) 杨礼生

续表2

单位类别	单位名称	单位级别	党组织名称	党组织领导成员	行政领导成员
直属单位	省公路运输管理局	正处	中共江西省交通厅公路运输管理局委员会	书　记　杨冀东 副书记　姜健政 委　员　杨冀东　龙华明　黄应友 王赣军　唐晓鸣　姜健政 纪委书记　姜健政	局　长　龙华明 副局长　王赣军　黄应友 唐晓鸣
直属单位	省航运管理局	正处	中共江西省交通厅航运管理局委员会	书　记　熊海清 副书记　纪怀珠(12.29免) 何宪威(12.29任) 委　员　熊海清　纪怀珠　徐国荣 胡卫东 胡大根(12.25免) 徐　良 熊慎文(12.29任) 张国平(12.29任) 纪委书记　纪怀珠	局　长　于钦民(8.22任) 副局长　徐国荣(保留正处级待遇) 胡大根(12.25免) 胡卫东　徐　良 张国平(12.29任)
直属单位	省交通工程质量监督站	正处	中共江西省交通工程质量监督站支部委员会	书　记　陈合法 委　员　陈合法　栾建平	站　长　栾建平(8.22任) 副站长　刘学斌(12.29任) 彭东领(12.29任)
直属单位	省交通工程咨询监理中心	正处	中共江西省交通工程咨询监理中心委员会	书　记　黄以鸿 副书记　王剑社(9.8免) 委　员　黄以鸿 卢　山(4.11免) 王昭春(8.22任) 邹金苟 王剑社(9.8免) 张国琳(女) 纪委书记　王剑社(9.8免)	主　任　王昭春(8.22任) 副主任　邹金苟 张国琳(女) 徐世田(12.29任) 徐义标(12.29任)
直属单位	九江长江大桥(公路桥)管理局	正处		党委书记:桂炳荣(9.8退休) 党委副书记:陈　峻 纪委书记:陈　峻	局　长　桂炳荣(9.8退休) 户才淦(9.8任) 副局长　占盛中(12.29免)
直属单位	省交通科学研究院	正处	中共江西省交通科学研究院总支委员会	书　记　丁　青(女) 委　员　丁　青(女) 雷茂锦　肖武光 智　广(免6.23) 吴伟明　颜　青(女)	院　长　雷茂锦 副院长　肖武光　智　广 吴伟明 江祥林(12.29任)
直属单位	江西交通职业技术学院	正处	中共江西交通职业技术学院委员会	书　记　高锡祥 副书记　陈庆强(12.29免) 委　员　高锡祥　朱隆亮 陈庆强(12.29免) 黄晓敏　舒小平　江志强 刘　勇 纪委书记　陈庆强	院　长　朱隆亮 副院长　黄晓敏　舒小平 江志强　刘　勇
直属单位	省交通干部学校	正处	中共江西省交通干部学校委员会	书　记　李国峰(12.29任) 委　员　廖贵星　袁瑞春 刘晓兰(12.29任)	校　长　廖贵星 副校长　袁瑞春 刘晓兰(12.29任)

续表2

单位类别	单位名称	单位级别	党组织名称	党组织领导成员	行政领导成员
直属单位	规划办公室（省交通工程造价管理站）	正处	中共江西省交通厅规划办公室支部委员会	书　记　冯义卿 委　员　冯义卿　刘维文　潘志辉	主任（站长）　冯义卿 副主任（副站长）　刘维文　潘志辉
直属单位	对外经济联络办公室	正处	中共江西省交通厅对外经济联络办公室支部委员会	书　记　寇　平 委　员　寇　平　姜博平　王垒嘉　肖国华	主　　任　姜博平（2007.4.3 停职） 副主任　王垒嘉
直属单位	省高速公路联网收费结算管理中心	正处	中共江西省高速公路联网结算管理中心支部委员会	书　记　魏和利 委　员　魏和利　夏太胜	主　　任　夏太胜
直属单位	省交通工会	正处	中共江西省交通工会支部委员会	书　记　刘正元 委　员　刘正元　刘盖群　吴文琅　李　坪	主　　席　刘正元 副主席　刘盖群
直属企业	省交通设计院	正处	中共江西省交通设计院委员会	书　记　王金根 副书记　李宝康 委　员　王金根　吴宝诗　李宝康　聂复生　吴相金　赵卫楚　陈秋华（女）　张小明 纪委书记　李宝康	院　　长　吴宝诗 副院长　聂复生　吴相金　赵卫楚 总工程师　张小明
直属企业	江西远洋运输公司	正处	中共江西远洋运输公司委员会	书　记　于钦民（8.22 免） 副书记　方汉芳（12.29 任） 委　员　于钦民　赵建歧　周平科　徐业荣（12.29 免）　彭　韬　熊慎文（12.29 免）　聂友南（12.29 任）　姜志德（12.29 任）　方汉芳（12.29 任） 纪委书记：方汉芳（12.29 任）	经　　理　赵建歧 副经理　周平科　彭　韬　熊慎文（12.29 免）　余　峥　夏友南（12.29 任）　姜志德（12.29 任）
直属企业	江西公路开发总公司	正处	中共江西公路开发总公司委员会	书　记　傅春华 副书记　徐　锋（12.29 免）　刘楚有（12.29 任） 委　员　周院芳　傅春华　陈书全　邝启祥　颜杏生　黎　明　徐　锋（12.29 免）　叶香春　万保安 纪委书记　徐　锋（12.29 免）　刘楚有（12.29 任）	经　　理　周院芳 副经理　陈书全　邝启祥　黎　明 总工程师　万保安 总会计师　叶香春 总经济师　钟家毅
直属企业	江西交通工程监理公司（与省交通工程咨询监理中心合署）	正处			经　　理　王昭春（8.22 任） 副经理　邹金苟　张国琳（女）

续表 2

单位类别	单位名称	单位级别	党组织名称	党组织领导成员	行政领导成员
直管单位	厅机关后勤服务中心	正处	中共江西省交通厅机关后勤服务中心总支部委员会	书　记　杜一峰(9.1任) 委　员　杜一峰　徐振邦 熊华山(9.1任) 刘玉珠(9.1任) 王亲勇(9.1任)	主　　任　杜一峰(6.23任) 副主任　熊华山(6.23任) 刘玉珠(6.23任)
直管单位	省交通技工学校(总部设厅组织人事处)				
直管单位	厅信息中心	副处	中共江西省交通厅信息中心支部委员会	副书记　熊昌军 委　员　熊昌军　余力克　颜庆华	主　　任　余力克
直管单位	交通医院	副处	中共江西省交通医院支部委员会	书记　杜一峰(正处级)	院　　长　王亲勇

【市级交通机构】 全省11个设区市交通局、公路管理局(其中赣州、上饶归交通局管理),归所在市人民政府领导,业务上受省交通厅指导。

(王　硕)

表 3　**2008年各设区市交通局机构与党政领导成员**

单　位	党组织名称	党组织领导成员	行政领导成员
南昌市交通局	中共南昌市交通局委员会	书　　记　陈国凤(女) 委　　员　陈国凤(女)　卞玉信 吴毛俚　戢才金　彭孝福 闵小平　张　虎 纪委书记　闵小平	局　长　陈国凤(女) 副局长　吴毛俚　戢才金 彭孝福　张　虎 调研员　卞玉信 副调研员　严晓群(2007年12月任) 王　健(4月30日任)
景德镇市交通局	中共景德镇市交通局委员会	书　　记　凌长松 副书记　江小琴(女) 委　　员　凌长松　江小琴(女) 黄福初　陈和平　徐宗辉 叶宜民　周光镇 黄兴好　陈景明(4月任) 于德荣 纪委书记　周光镇	局　长　凌长松 副局长　陈和平　徐宗辉　叶宜民

续表 3

单　位	党组织名称	党组织领导成员	行政领导成员
萍乡市交通局	中共萍乡市交通局委员会	书　　记　刘建明 委　　员　刘建明　巫裕云　江祖球 贺志勇　李小勇 吴耀华(11 月免) 朱小东(12 月任) 巴颜林 纪委书记　吴耀华(11 月免) 朱小东(12 月任)	局　长　刘建明 副局长　巫裕云　江祖球　贺志勇 李小勇
九江市交通局	中共九江市交通局委员会	书　　记　黄　强 副 书 记　郑羡银 委　　员　黄　强　郑羡银　周启道 曹　辉　喻小明　胡梅记 刘赛喜 纪委书记　胡梅记	局　长　郑羡银 副局长　周启道　曹　辉 喻小明　刘赛喜
新余市交通局	中共新余市交通局委员会	书　　记　张向东 副 书 记　简少华　祁宁生 委　　员　张向东　简少华　祁宁生 罗志东　欧光宏　蔡晓颖 邓茂勇　樊国华　陈仕斌 纪委书记　蔡晓颖	局　长　简少华 副局长　张向东　祁宁生 罗志东　欧光宏 调研员　赵助民 副调研员　邓茂勇　陈仕斌
鹰潭市交通局	中共鹰潭市交通局委员会	书　　记　尹　宁 副 书 记　高坝根 委　　员　尹　宁　高坝根　宋立忠 詹志平　阮亦彬　廖乡兴 纪委书记　高坝根	局　长　尹　宁 副局长　宋立忠　徐文艺 副调研员　廖乡兴
赣州市交通局	中共赣州市交通局委员会	书　　记　严家春 副 书 记　谢赣健 委　　员　严家春　谢赣健　李永纯 陈爱东　刘昌民(2 月免) 吴慧让　尹善奎(2 月免) 宋冬如　朱洪波　彭炎明 欧阳光标(10 月任) 纪委书记　宋冬如	局　长　谢赣健 副局长　李永纯　陈爱东 刘昌民(5 月任调研员) 吴慧让　尹善奎(2 月免) 朱洪波　彭炎明 总工程师　钟成林 调研员　黄克富　唐茂西 张功池(12 月退休) 副调研员　傅广仁　胡瑞龄
吉安市交通局	中共吉安市交通局委员会	书　　记　彭家珉 副 书 记　张泽恩 委　　员　彭家珉　张泽思　龙林华 刘冬根　廖抗美 王跃平 纪委书记　王跃平	局　长　彭家珉 副局长　龙林华　刘冬根　廖抗美

续表 3

单　　位	党组织名称	党组织领导成员	行政领导成员
宜春市交通局	中共宜春市交通局委员会	书　　记　李　奇 副 书 记　朱宜民 委　　员　李　奇　朱宜民　曹幸军 梁　彦　王赣闽　董晓明 纪检组长　王赣闽	局　长　朱宜民 副局长　李　奇　曹幸军　梁　彦 调研员　洪英敏　徐根华 副调研员　卢浪牯　黄秉才　邹迪明 王玉洁(女)
抚州市交通局	中共抚州市交通局委员会	书　　记　孙玉英(女) 副 书 记　陈　克　郑英华 委　　员　孙玉英(女)　陈　克 郑英华　李勃绪　陈佐光 王爱民　徐天祥　赵水堂 纪委书记　徐天祥	局　长　陈　克 副局长　李勃绪　陈佐光 王爱民
上饶市交通局	中共上饶市交通局党组	书　　记　吴铭汉 副 书 记　张晓峰 成　　员　吴铭汉　张晓峰　姚佳水 刘　建　徐华兴　赖　勇 周全行　王德山　彭良善 刘秀明　彭芳德 纪检组长　姚佳水	局　长　吴铭汉 副局长　刘　建　徐华兴 赖　勇　周全行

(何战鏖)

大事记

2008年

1月

20日 武(宁)吉(安)高速公路基本建成通车暨全省高速公路里程突破2000千米庆典、320国道大城至万载一级公路改扩建工程基本通车庆典仪式在上高县举行。省委书记苏荣出席会议，并宣布武吉高速公路基本建成通车、大万一级公路改扩建工程建成通车、全省高速公路通车里程突破2206千米。省委副书记、省长吴新雄出席典礼仪式并讲话。

同日 省交通厅在南昌举办文艺晚会《龙腾赣鄱》，庆祝江西高速公路通车里程突破2000千米，慰问广大工程建设者。

同日 省交通厅2008年老干部交通形势报告会在南昌举行。省交通厅机关以及厅二级单位副厅级以上老干部共60余人参加报告会。

23日 省政府办公厅赣府厅抄字[2008]7号文抄告省交通厅、省财政厅，为表彰省交通厅在实现全省高速公路里程突破2000千米所作贡献，经省政府研究决定奖励省交通厅260万元，其中，书记、厅长各15万元。这是继2004年9月29日，全省高速公路突破1000千米，省政府奖励省交通厅200万元后的又一次奖励该厅。

31日 中共中央政治局常委、中央纪律检查委员会书记贺国强在省委书记苏荣、省长吴新雄和省委常委、政法委书记舒晓琴，省政协副主席、九江市委书记陈安众陪同下，到九江长江大桥视察抗击低温雨雪冰冻灾害情况。交通运输部纪检组长杨利民随同视察。

2月

1日 经中共江西省委、省人民政府研究决定,省交通厅发出紧急通知:因严重的雨雪冰冻灾害,从2月1日12时起至2月8日24时,全省高速公路、普通公路一律停止收取车辆通行费,对所有通行车辆全部免费放行。

3日 省委常委、常务副省长凌成兴和省政协副主席、九江市委书记陈安众,在省交通厅副厅长席芳柏、孙茂刚与九江市市长王萍陪同下,视察九江长江大桥抗击低温雨雪冰冻灾害情况,慰问抗灾救灾一线的武警官兵、公安干警和广大交通干部职工。

6日 国务院总理温家宝率领交通部部长李盛霖等国家部委办负责人到江西省抚州市农村走访慰问,带来了党中央、国务院对遭受历史罕见冰冻灾害的江西人民的深情厚意和党和政府的亲切关怀。

19日 济南至广州高速公路江西鹰潭至瑞金段建设项目(鹰瑞高速公路)征地拆迁动员大会在抚州市举行。省委常委、常务副省长凌成兴出席会议并讲话。

20日 全国农村公路工作电视电话会议在京召开。会议强调农村公路建设要深入贯彻落实科学发展观,按统筹城乡发展、区域发展、经济社会发展要求,量力而行,突出重点,全面提升农村公路建设质量,健全路站养运发展机制,推动城乡客运协调发展进程,实现农村公路交通又好又快发展,更好地服务社会主义新农村建设。

是月 江西因百年罕见的最为严重的雨雪冰冻灾害影响,全省自2008年1月27日至2月2日累计客运停班14465班,滞留旅客118164人(次)。灾害造成高速公路路面损坏580千米,损失2.9亿元;一般国省道公路路面损坏890千米,损失2.67亿元;公路绿化损失1500万元;交通设施损失600万元。公路损坏预计6.957亿元。截至2月4日,全省用于抗灾投入的各种工料费14512.5万元。这次灾害给全省交通运输行业造成的直接经济损失预计高达12.5亿元。

3月

1日 《江西省港口管理办法》自即日起施行。

2日 2008年度春运工作结束。此次春运自1月23日开始,为期40天。期间,全省道路旅客运送4740万人(次),较上年同比增长1.9%。

21日 省地方海事局举行全省船舶管理信息卡(简称船舶IC卡)首发式。局长李天碧将编号为3511000000的第一张船舶统一格式的IC卡发给江西远洋运输公司所属的"赣远11号"集装箱运输船。

24日 萍乡市芦溪—万龙山—武功山旅游公路开工建设。

26日 赣(州)瑞(金)高速公路第一阶段施工总结表彰暨第二阶段施工动员大会在赣州市召开。赣瑞高速公路于2007年2月8日开工建设,全长117.12千米。

27日 崇义县聂都乡竹洞畲族村通乡公路竣工通车典礼在崇义县聂都乡举行。省委常委、常务副省长凌成兴到会并宣布崇义县聂都乡竹洞畲族村通乡公路竣工通车。

29日 全省交通工作会议在南昌召开。省委书记苏荣与省委副书记、省长吴新雄出席会议,并为受表彰的先进单位、抗灾救灾先进集体和全省十大交通职工标兵颁奖。交通部副部长冯正霖,省委常委、常务副省长凌成兴分别讲话,副省长洪礼和主持会议。

30日 全省交通稽查工作会议在南昌召开。省委常委、常务副省长凌成兴,省政府副秘书长朱希,省交通厅党委书记程受锭,厅长蒲日新出席会议,并为受表彰的单位和个人颁奖,省交通厅副厅长孙茂刚出席会议并讲话。

4月

1日 自即日起,鄱阳湖全面禁止采砂,赣江中下游(樟树以下河段)实行限量采砂。

7日 省交通厅党委召开会议,专题研究开展深入学习实践践科学发展观活动试点工作。试点工作自2008年4月中旬开始,至2008年8月下旬基本结束。

8日 2008年全省公路工作会议在南昌召开。省委常委、常务副省长凌成兴出席会议,并为2007年度公路工作和抗灾救灾保通先进单位和个人颁奖。

9日 省政府副省长孙刚在省教育工委书记虞国庆,省交通厅副厅长席芳柏、厅纪委书记江学功、副厅长胡琳、副巡视员邓经国等陪同下,到江西交通职业技术学院考察调研。期间,先后视察了学院汽车实训大楼、机电信息楼、学生食堂、驾驶培训学校、测量实训场地,并在汽车实训大楼,观看学生技能比赛训练和丰田T-TEP学生实训情况。

同日 泉州—南宁高速公路江西石城—吉安高速公路建设征地拆迁动员大会在吉安市召开。石城—吉安高速公路起于石城县县城东南约10千米处的赣闽省界五里亭,终于泰和县县城以北约11千米处的石山乡,全长190.719千米,项目总投资约103亿元。

30日 省交通厅在南昌召开全省开展公路水路运输量专项调查和第三次港口普查工作会议,部署以上两项工作任务。

5月

12日 即日14时28分,四川省汶川县发生8.0级地震,全国许多省(市、区)均有震感。四川省受灾面积超过10万平方千米。地震造成了巨大的生命、财产损失,其强度之大、波及面之广为中国有史以来所罕见。次日,省交通厅组织机械手、技术干部等80余人的公路抢险队伍,并调集装载机、挖掘机等机械设备44台(套),随时听从上级调遣,奔赴四川地震灾区抢险救灾;全省广大交通干部职工以多种多样的方式捐款、捐物、献血、交纳"特殊党费"。截至5月23日,共募集救灾资金820万元、"特殊党费"466万元,支援四川抗震救灾。

14~16日 北京奥运火炬在江西瑞金、井冈山、南昌传递。省交通行业熊文清、任东红(女)、冯艳(女)、王迪明、潘皓、熊武勇6名火炬手参加传递。

27日 福州—银川国家高速公路九江长江大桥工程可行性研究报告审查会在南昌召开。交通运输部总工程师周海涛、部专家委员会主任凤懋润,省交通厅厅长马志武、副厅长许润龙等有关部门的领导和专家共80余人参加会议。

29~30日 全省农村公路建设暨改渡建桥现场会议在鹰潭市召开。省委常委、常务副省长凌成兴出席会议并讲话。

6月

6日 国务院副总理回良玉在省领导与萍乡市领导陪同下,到上栗县视察该县遭遇特大洪灾情况,指导抗灾救灾,慰问灾区人民。

23日 交通运输部下拨2008年第一批3600万元公路水毁抢修补助资金,对江西、湖南、广东、广西、贵州5省因持续强降雨造成公路损毁抢修经费予以补助。

26日 瑞(金)赣(州)高速公路峡山隧道顺利贯通。该隧道采用分离式隧道双线,全长合计4241米,于2007年3月开工建设。

30日 济南—广州高速公路江西鹰潭—瑞金段建设项目(鹰瑞高速公路)开工新闻发布会在南昌召开。省委书记苏荣出席会议并宣布鹰潭至瑞金高速公路开工。省长吴新雄出席会议并讲话。

7月

1日 抚(州)瑞(金)高速公路九江—瑞昌段建设项目(九瑞高速公路)开工新闻发布会在九江市召开。省委常委、常务副省长凌成兴下达开工令,副省长洪礼和出席会议并讲话。九瑞高速公路全长48.14千米,概算总投资19.8亿元。

31日 彭泽—湖口高速公路建设征地拆迁动员大会在九江市召开。省委常委、常务副省长凌成兴到会并讲话。彭泽至湖口高速公路北起于石城彭泽县的牛矶山,终于湖口县文桥乡均桥村,全长52.1千米。

8月

1日 省十一届人大常委会第四次会议第三

次全体会议通过《江西省公路路政管理条例》,自2008年9月1日起施行。

同日 江西省第十一届人大常委会第四次会议决定任命马志武担任省交通厅厅长。

16日 泉州—南宁高速公路江西石城至吉安段建设项目开工新闻发布会在南昌召开。省委书记苏荣出席会议并宣布石城至吉安高速公路开工。省委副书记、省长吴新雄出席会议并讲话。石吉高速公路始于石城县的五里亭,终于泰和县的石山乡,全长190.719千米,项目总投资101亿元。

21日 全国第一次公路水路交通环境保护调查工作总结会议在南昌召开。交通运输部环保办主任叶红军出席会议并讲话。副主任李树兵主持会议并介绍情况。省交通厅副厅长许润龙出席会议。

22日 省委常委、常务副省长凌成兴到省交通厅视察调研,并考察和指导厅信息中心工作。

28日 交通运输部党校井冈山革命传统教育基地开业典礼在井冈山市举行。省委常委、常务副省长凌成兴出席典礼并为基地揭牌,交通运输部办公厅副巡视员高波出席典礼并讲话。

9月

1日 《江西省公路路政管理条例》,自即日起施行。

9日 省委常委、常务副省长凌成兴在省政府副秘书长朱希、省交通厅厅长马志武、副厅长许润龙、省公安厅副厅长罗永银、省公路局局长曹先扬、省重点办主任刘明义等陪同下,考察鹰瑞高速公路抚州段施工现场,亲切慰问广大工程建设者。

同日 鹰潭至瑞金高速公路第一阶段施工动员大会在抚州市广昌县召开。省委常委、常务副省长凌成兴到会并讲话。鹰潭至瑞金高速公路北起余江县洪湖水库黄柏张家,南至瑞金市武阳乡,全长308.77千米。

10月

1日 交通运输部发布《公路桥梁加固施工设计规范》、《公路桥梁加固施工技术规范》,自即日起施行。

同日 省委书记苏荣在省委常委、省委秘书长赵智勇,省委常委、南昌市委书记余欣荣,省交通厅厅长马志武,南昌市市长胡宪,省公安厅副厅长罗永银等陪同下赴南昌长途汽车总站,视察国庆节期间交通运输情况,慰问节日期间交通行业坚守生产一线的广大干部职工。

8日 省道路运输管理局正式启动道路运政管理信息系统。省交通厅党委书记程受锭、厅长马志武,副厅长孙茂刚出席启动仪式,并同时点击启动系统。副厅长胡琳出席仪式并致辞。

9日 副省长洪礼和在省安监局局长张桃生、省政府办公厅副主任喻晓社、省交通厅巡视员席芳柏陪同下,到南昌、新建两县考察调研农村改渡建桥项目建设情况。

10日 自即日起,江西开征公路客运燃油附加费,并建立燃油附加与油价调整联动机制。燃油附加费的收取以2006年3月25日柴油价格4.26元/升为基数,燃油价格涨幅累计在10%以内不实行联动,不收取燃油附加费。燃油价格每上涨10%,运营里程在50千米以内的,票价外每票加收0.30元;运营里程在51~100千米的,票价外每票加收0.5元;运营里程在101~200千米的票价外每票加收1元;运营里程在201~300千米的,票价外加每票加收1.5元;运营里程在300以上的,票价外每票加收2元。当燃油价格回落时,燃油附加费按上述标准相应下调。

17日 省交通厅厅长马志武在厅机关有关处室负责人陪同下,到省道路运输管理局考察调研,指导该局工作。

18日 彭泽—湖口高速公路开工新闻发布会在南昌举行。省委常委、常务副省长凌成兴到会讲话并下达开工令。省政府副秘书长朱希主持会议,省交通厅党委书记程受锭出席会议,省交通厅厅长马志武、九江市市长王萍出席会议并讲话。彭(泽)湖(口)高速公路全长51.83千米,连接线约8.1千米,项目概算总投资16.6亿元。

28日 九江—瑞昌—码头沿江快速通道开工建设。此快速通道东起九江市城西港区,北至瑞昌市码头工业园,跨越九江市城西港区、九江县、瑞昌市,按一级公路标准修建,兼顾城市道路功能。通道全长40千米,建设总投资8.7亿元。

31日 省人大常委会副主任胡振鹏在省人

大、省政府有关部门负责人陪同下，到南昌保税物流中心视察和指导工作。

11 月

1 日 江西景鹰高速公路公司举行赣皖桃墅收费站开通仪式，以此同时，安徽省安景高速公路高速公路举行通车典礼。江西省交通厅厅长马志武应邀出席通车典礼。至此，赣皖两省高速公路连接贯通。

12 日 全省农村公路客运网络化建设工作会议在上饶市召开。省委常委、常务副省长凌成兴向大会发来贺信。省交通厅副厅长胡琳出席会议并讲话。

15 日 省政府“增强投入、扩大内需”调度会在南昌召开。会议及时调整了建设目标，其中，对原 2008 年～2012 年高速公路建设目标将原规划的 2012 年高速公路通车里程达到 3500 千米，调整为突破 4000 千米；《江西省 2020 年高速公路网规划》由原定 2020 年完成，调整为 2015 年完成。江西现有高速公路通车里程为 2316 千米，预计到 2012 年末达到 4374 千米，并打通 22 个出省通道，91 个县（市）将通高速公路，全省完成交通建设投资将超过 1000 亿元。

23 日 2008 年中国公路行业网站联盟年会暨公路行业网站建设管理研讨会在南昌召开。中国公路学会秘书长、中国公路杂志社社长刘文杰，江西省交通厅巡视员席芳柏出席会议并讲话。

是月中旬 国家发改委、交通运输部联合组织专家组到萍乡市莲花县考察吉安—莲花高速公路建设情况。专家组在考察期间审定了“莲花 1 方案”的线路走向。

29 日 省科技厅组织专家组在南昌召开科技成果鉴定会。会议对省科技厅 2003 年科技计划项目《公路隧道信息化施工和质量检测技术研究》进行了成果鉴定。由省交通科研院等单位完成的这一科研项目受到专家们的充分肯定。此成果不仅填补了省内空白，而且达到国内先进水平。

同日 福建省副省长张志南率福建省考察团一行，在江西省交通厅厅长马志武、副厅长胡琳陪同下，乘船考察赣江航道。考察前，副省长洪礼和会见了考察团一行。

12 月

18 日 即日，是中共中央召开十一届三中全会 30 周年纪念日。在“江西改革开放 30 年 10 件大事”中，九江港被批准为外贸港口入选“江西改革开放 30 年 10 件提名大事”；昌九高速公路建成入选“江西改革开放 30 年 10 件大事”之中。

24 日 彭泽—湖口高速公路第一阶段施工动员大会召开。省委常委、常务副省长凌成兴出席会议并讲话。

25 日 省委书记苏荣在省交通厅厅长马志武陪同下，到萍乡市莲花县考察调研公路建设情况。

26 日 海关总署、财政部、税务总局、国家外汇管理局联合发文，正式批准南昌设立保税物流中心（B 型）。这是江西首家保税物流中心。该中心坐落在南昌经济开发区白水湖工业园区，占地 18.6 公顷，建筑规模 8.6 万平方米，是集仓储、分拣、加工、配送、退货、转口、报关、保税为一体的专业化、国际型综合保税物流中心。

同日 连接景婺黄高速公路的黄搭桃段高速公路举行通车典礼。至此，景婺黄高速公路全线贯通，赣皖两省实现“无缝”对接。婺源至黄山车程缩短 89 千米。

27 日 九江港城西港区国际集装箱码头开港仪式在九江市举行。省委副书记、省长吴新雄下达开港令，并启动开港联动台。副省长洪礼和出席仪式并讲话。该码头一期工程新建 2 个 5000 吨级泊位，码头岸线 295 米，年设计通过能力 30 万标箱，项目总投资 4.47 亿元。

29 日 赣江石虎塘航电枢纽、江西华能井冈山电厂扩建、高安陶瓷铁路专用线项目开工新闻发布会同时在南昌举行。省委书记苏荣下达开工令。省委副书记、省长吴新雄出席并讲话。

是月 省交通厅组织专家组，在南昌召开科技成果鉴定会。会议先后分别对省科技厅 2005～2008 年度技术开发专项计划项目《江西省高速公路沥青路面修筑技术研究》与省交通厅重点科研项目《钢筋混凝土肋拱偏心增大系数研究》进行成果鉴定。由省交通科研院等单位共同完成的这两项科研项目，被鉴定为达到国内先进水平。

交通基础设施建设

公路建设

【概况】 2008 年,全省交通基础设施建设投资完成 180.6 亿元,其中公路建设投资完成 178.36 亿元,超出计划比率 1.8 个百分点。新开工鹰潭至瑞金、石城至吉安、九江至瑞昌、彭泽至湖口、赣州绕城 5 条高速公路,续建瑞金至赣州高速公路,武吉高速公路全线建成,全省高速公路新增 110 千米,在建达到 823 千米,通车里程达到 2316 千米。全省国省道公路新改建 1008 千米。宜春至安福二级公路建成通车。围绕服务社会主义新农村建设,进一步加快农村公路的路、站、运建设。2008 年,全省农村公路建设投资完成 38.1 亿元。农村公路路面硬化连续 5 年突破 10000 千米,新建通村砂石路 2446 千米,新增通油(水泥)路行政村 2438 个,通公路行政村 523 个,全省行政村通油(水泥)路率和通公路率分别达到 83.3% 和 96.1%。2008 年,进一步加快农村公路渡改桥项目建设,在建桥梁 129 座,建成 72 座,累计完成 156 座。2008 年,开展为期三年的"农村公路建设质量年"活动。全省农村客运站开工建设 238 个,竣工投产 128 个,累计建成 349 个。农村客运候车亭建成 3250 个,累计建成 6195 个。

(省交通年鉴编辑部)

高等级公路建设

【武吉高速公路和大万一级公路基本建成通车】

1月20日，武（宁）吉（安）高速公路基本建成通车暨全省高速公路通车里程突破2000千米庆典、320国道大城至万载一级公路改扩建工程基本建成通车庆典仪式在上高县隆重举行。省委书记苏荣出席典礼并宣布武吉高速公路基本建成通车、大万一级公路基本建成通车、全省高速公路通车里程实现2206千米。省委副书记、省长吴新雄讲话。

省领导王宪魁、傅克诚、彭宏松、董君舒、陈达恒、舒晓琴、赵智勇、余欣荣、弘强、王清葆、孙用和、张海如、万学文、蒋如铭、孙刚、史文清、刘运来、金异、雍忠诚、朱张才、曾页九、陈清华、何宏成出席典礼。苏荣、吴新雄给省交通厅颁发奖牌和奖金。省委常委、常务副省长凌成兴主持会议。副省长洪礼和宣读省政府关于对省交通厅的嘉奖令，省政府秘书长魏小琴宣读省政府关于对武吉项目办、大万项目办的嘉奖令，省发改委主任姚木根宣读对武吉、大万项目的表彰决定。

省交通厅党委书记程受锭出席通车典礼，厅长蒲日新讲话，副厅长席芳柏、孙茂刚、许润龙、厅纪委书记江学功、副厅长胡琳、厅副巡视员邓经国、省公路局局长曹先扬及省直有关部门、沿线各级政府负责人参加了典礼。

吴新雄代表省委、省政府对武吉高速公路、320国道大万一级公路基本建成通车表示热烈祝贺，向广大建设者表示亲切慰问，向大力支持公路建设的沿线群众表示衷心感谢。他说，武吉高速公路和320国道大万一级公路基本建成通车，是江西省经济社会发展中的一件大喜事。为建设好这两条公路，沿线各级党委、政府全力支持，主动服务，密切协作；沿线广大人民群众顾全大局，积极配合，无私奉献；广大公路建设者克服时间紧、任务重、要求高的困难，认真落实科学发展观，科学组织、精心施工、严格管理，实现了“外观形象更美、内在质量更优、科技含量更高、生态效应更好、廉政建设更严”的建设目标，将武吉高速公路和大万一级公路打造成为江西人民的幸福路、崛起路、希望路和生态路，使江西省公路建设水平又迈上了一个新台阶。他希望全省交通部门职工深入学习贯彻党的十七大和省委十二届四次全会精神，全面落实科学发展观，按照省委、省政府的部署要求，再接再厉，勇攀3000千米高速公路的新高峰，为开创江西省高速公路建设新局面，为实现江西崛起、富民兴赣的宏伟目标作出新的贡献。

蒲日新表示，站在新的起点上，全省交通部门职工将认真学习，深刻领会和全面落实苏书记1月13日对全省交通建设的重要批示，“十一五”后三年还将抓好瑞金至赣州、鹰潭至瑞金、石城至吉安、九江至瑞昌、隘岭至瑞金、萍乡至洪口界、景德镇南环、赣州绕城、武夷山至上饶高速公路建设，使高速公路通车里程突破3000千米，为构筑“三纵四横”高速公路主骨架，为推动全省经济社会又好又快发展，为实现江西崛起、促进富民兴赣作出新贡献。

典礼仪式上，省领导给武吉、大万项目的劳模、优秀项目经理和先进单位代表颁奖。

武吉高速公路是国家高速公路大庆至广州国家公路在江西省境内的北段。路线北起赣鄂省界武宁县，南至吉安市，与赣粤高速公路相接，贯穿赣西北与赣中西部地区，全长285.809千米，途经九江、宜春、新余、吉安共4个设区市、11个县（区）。工程于2006年4月28日开工建设，总投资131.577亿元。

320国道大城至万载一级公路改（扩）建工程东起高安大城至南昌省大一级公路对接，西至万载与宜万一级公路对接，途经高安、上高、宜丰、万载1市3县的10个乡镇和3个工业园区，全长129.53千米。

（省公路局）

【鹰潭至瑞金高速公路开工建设】 6月30日，济南至广州高速公路江西鹰潭至瑞金段建设项目开工新闻发布会在南昌召开。省委书记苏荣出席会议并宣布鹰潭至瑞金高速公路开工。省委副书记、省长吴新雄出席会议并作重要讲话。会议由省委常委、常务副省长凌成兴主持，省委常委、省委秘书长赵智勇，副省长洪礼和在主席台就座。

省交通厅党委书记程受锭出席会议并讲话，省政府副秘书长朱希、张桃生，省发改委主任姚木根、省国土资源厅副厅长许建斌、鹰潭市市长钟志生、抚州市市长甘良淼、赣州市市长王平以及省交通厅副厅长席芳柏、孙茂刚、许润龙、厅纪委书记江学功、副厅长胡琳、厅副巡视员邓经国等有关负责人参加会议。

吴新雄在讲话中指出，省委、省政府对鹰瑞项目建设非常重视，该项目既是国家高速公路网的重要组成部分,又是泛珠三角区域合作和促进中部地区崛起高速公路网的重要组成部分,也是江西省“三纵四横”高速公路主骨架的重要组成部分,对于加快完善全省高速公路网络,强化江西承东启西、连南应北的交通枢纽作用,促进江西经济又好又快发展具有重大意义。该项目是江西省目前一次性建设里程最长的高速公路,路线全长达到308千米,总投资达到130亿元,对于全省着力推进基础设施建设工程,全面实施重大项目带动战略,为当前和长远发展打下扎实基础具有重大意义。该项目连通鹰潭、抚州、赣州三市,连通安徽、江西、广东三省,对于促进沿线资源开发利用,推动赣东地区经济发展,增强中东部区域合作与互动,加速对接长珠闽、连接港澳台、融入全球化具有重大意义。

吴新雄强调,建设好鹰瑞项目意义重大、影响深远。他希望沿线各级党委、政府顾全大局、积极协同、大力支持,创造良好施工环境。省有关部门主动跟进、密切配合、优质服务,加快推进工程建设。省交通厅加强指挥调度,优化施工组织,创新管理模式,强化资金监督,提升建设水平,确保优质、高效、安全、廉洁地完成各项建设任务。鹰瑞项目广大筑路员工要继续发扬万众一心、众志成城的抗震救灾精神,按照“工程质量更优、外观形象更美、生态环境更佳、依法管理更严、安全廉洁更好”的要求,力争把鹰瑞项目建成济广国家高速公路上工程质量最好、生态环境最好、资源节约最好的一段高速公路,使之成为江西人民的崛起路、生态路、致富路、幸福路,为全省深入贯彻落实科学发展观,推动跨越发展、创新发展、集约发展、协调发展、和谐发展和可持续发展,实现江西在中部崛起、富民兴赣做出新的更大的贡献。

程受锭在讲话中指出,鹰瑞高速公路是济广国家高速公路的重要路段,是全省迄今为止一次性开工建设里程最长的项目。该项目的实施,对于到2010年基本建成全省“三纵四横”高速公路主骨架、高速公路通车里程突破3000千米具有十分重要的影响。程受锭表示,省交通厅决心以正在开展的学习实践科学发展观活动为契机,坚持把科学发展观落实到项目建设中,围绕建设速度要快、工程质量要优、发展水平要高、生态环境要美、资源节约要好、可持续发展能力要强的要求,努力把鹰瑞项目建成公路建设科学发展的示范路,为推动全省高速公路建设又好又快发展,为江西崛起、富民兴赣再立新功。

鹰瑞高速公路是国家规划的“7918”高速公路网中的第四纵——济南至广州高速公路在江西境内的中间段,也是全省高速公路“三纵四横”主骨架规划的组成部分。项目北起鹰潭市余江县洪湖水库黄柏张家,与已建成通车的景鹰高速公路相连,南至瑞金市武阳乡,与206国道相接,途经鹰潭市余江县、龙虎山风景管理区;抚州市金溪县、资溪县、南城县、南丰县、广昌县;赣州市石城县、宁都县、瑞金市。路线全长308.77千米,项目概算总投资130亿元。

会上,鹰瑞项目办的负责人介绍了项目概况,赣州市政府负责人及工程设计、施工、监理单位的代表作了发言。

(熊昌军　戴华君)

【常务副省长凌成兴考察鹰瑞高速公路并出席第一阶段施工动员大会】 9月9日,省委常委、常务副省长凌成兴在省政府副秘书长朱希、省交通厅厅长马志武、省交通厅副厅长许润龙、省公安厅副厅长罗永银、省公路局局长曹先扬、省重点办主任刘明义、省电力公司总工万晴嵩及沿线地方政府负责人的陪同下,考察鹰潭至瑞金高速公路施工现场,亲切慰问广大工程建设者,并在抚州市广昌县参加鹰潭至瑞金高速公路第一阶段施工动员大会。抚州市委书记钟利贵出席动员大会,鹰潭市副市长吴晓军、抚州市副市长周小平、赣州市副市长刘琮代表沿线市政府讲话。

鹰瑞高速公路全长308.777千米,是全省一次性开工建设里程最长的高速公路建设项目。经过各方面的共同努力,鹰瑞高速公路全线施工前的各项准备工作也基本就绪。

凌成兴一行,先后考察了鹰瑞高速公路A2—A5和B10、B11合同段。

在动员大会上,凌成兴用五个“卓有成效”充分肯定了鹰瑞项目前期工作的积极成效。他指出,在省政府有关部门、沿线各级政府和各参建单位的共同努力下,鹰瑞高速公路项目报批工作卓有成效、征地拆迁工作卓有成效、项目招标工作卓有成效、施工组织工作卓有成效、管理制度卓有成效。目前全线已基本拉开了大干、苦干的序幕,项目施工现场的火热氛围和建设职工的冲天干劲,令人精神振奋、令人鼓舞。

就如何圆满完成第一阶段的目标任务，凌成兴要求，必须坚定确保鹰瑞高速公路按期建成通车的总体目标不动摇，"明确一个总体要求，力争五个全部完成，确保四项进度过半"。明确一个总体目标要求，即：要完成第一阶段施工的总体要求，"顽强拼搏六个月，完成路基土石方"。力争五个全部完成，即：全部完成路基土石方，全部完成涵洞、通道，全部完成特大桥及大桥基础，全部完成中小桥下部构造并于年底实现半幅通车，全部完成白站建站和调试。确保四项进度过半，即：特大桥墩身的进度要过半，大桥下部构造及大梁预制的进度要过半，隧道开挖、初期支护及二次衬砌的进度要过半，路面备料的进度要过半。

为确保第一阶段施工任务顺利完成，凌成兴强调，当前要确保实现"五个良好开局"。一是要实现诚信履约的良好开局。各施工和监理单位必须做到"三个一致"，即：进场的施工和监理单位必须与招标资质一致，项目经理、监理代表和高级驻地必须与招标承诺一致，机械设备必须与合同约定一致。在建设过程中，施工单位要做到"五不准"，即：不准非法转包，不准违法分包，不准延误工期，不准拖欠民工工资，不准损害当地群众利益。二是要实现严格管理的良好开局。三是要实现施工环境的良好开局。四是要实现生态环保的良好开局。五是要实现质量、安全、廉洁的良好开局。要牢牢盯住"五个环节"，即转包分包环节，旁站监理环节，设计变更环节，计量支付环节，材料采购环节，防止因程序不到位，监理不严格，设计出差错等原因导致的各种问题发生，确保优质高效完成第一阶段施工任务，坚定按期建成鹰瑞高速公路的总体目标，为实现江西崛起新跨越做出新的更大的贡献。

马志武在讲话中强调，广大工程建设者要认真贯彻落实凌副省长讲话精神，按照鹰瑞项目"工程质量优、外观形象美、生态环境佳、依法管理严、安全廉洁好"的目标要求，讲安全，讲质量，讲廉政，讲环保，讲施工环境，按质按量全面完成好第一阶段的目标任务，为顺利实现鹰瑞高速公路建设目标奠定坚实基础、创造先决条件。

省政府办公厅、省交通厅、省公安厅、省重点办、省电力公司、省公路局和沿线地方政府及相关部门负责人，鹰瑞项目设计、监理、施工单位负责人及项目办各处(办)负责人共300余人参加了会议。

(练崇田　余明红)

【中央扩大内需检查组到鹰瑞高速公路检查指导工作】　12月8日，以中纪委驻新闻出版总署纪检组长王立英为组长的中央扩大内需促进经济增长政策落实检查组第11组一行在省委常委、常务副省长凌成兴，省政府副秘书长朱希的陪同下，到鹰瑞高速公路检查指导工作，并组织召开了鹰瑞高速公路增强投入、拉动内需工作情况汇报会。省交通厅厅长马志武、副厅长许润龙出席汇报会。

在听取了省交通厅鹰瑞项目办有关增强投入、拉动内需主要工作及措施的工作情况汇报后，检查组一行对鹰瑞高速拉动内需工作给予了充分肯定。随后，检查组一行还深入鹰瑞高速工程施工现场，了解工程施工进展情况，并亲切看望广大建设者。

鹰瑞项目办为贯彻落实好省政府、省交通厅有关"增强投入，拉动内需"的会议精神，迅速拟定了《鹰瑞项目工程材料提前采购实施方案》，成立了专项组织机构，并根据工程建设材料特点，制定了详细的材料采购计划和实施措施。至12月31日，鹰瑞项目全线需采购钢材、水泥、沥青总金额为22亿元。为确保采购的计划的顺利实现，项目办将对采购计划分阶段实施，其中2008年12月~2009年6月为第一期计划，预计完成投资金额约为19亿元；2009年6月~12月为第二期计划，全部完成剩余投资金额，以实际工程量的进展切实拉动内需。

(肖庚明)

【九江至瑞昌高速公路开工建设】　7月1日，杭瑞国家高速公路江西九江至瑞昌段开工。省委常委、常务副省长凌成兴下达开工令，副省长洪礼和出席会议并讲话。省政府副秘书长朱希主持会议，中交集团总裁孟凤朝、省政府副秘书长张桃生出席会议。省交通厅党委书记程受锭、九江市市长王萍出席会议并讲话，香港诚坤国际投资有限公司荣誉主席宋湘如以及省交通厅副厅长席芳柏、许润龙，厅纪委书记江学功等出席。

洪礼和在讲话中指出，九瑞高速公路是江西首批面向境外公开招标的高速公路项目之一，也是目前全省最大的BOT高速公路项目,这为江西高速公路建设资金筹措提供了有益探索。在省发改委、省交通厅以及九江沿线各级政府的大力支持下,项目业主科学高效运作,目前九瑞高速公路开工建设的各项准备工作已经就绪。他要求,省有关部门、九江市政府以及沿线各地政府要加强协调服务,积极营造良好的施工环境,及时协调解决项目建设中遇到的困难和问题,确保工程建设顺利进行。施工、设计、监理等参建单位要注重绿色环保,严把安全质量,精心组织施工,努力把九瑞高速公路建成一条生态、环保、安全、便捷的高速公路精品工程,使之成为外商投资江西高速公路建设的成功典范。

程受锭在讲话中指出,九瑞高速公路作为概算总投资达19.8亿元的招商引资项目,作为全省首批面向境外公开招标确定投资人的高速公路项目,它的成功运作,体现出江西省投资环境越来越好,体现出外商对江西投资信心越来越强,体现出全省实施大开放主战略的决心。当前,全省正处于实现崛起新跨越的重要阶段,交通系统继续奋勇前进,以交通重大项目为抓手,力争实现到2010年全省高速公路通车里程突破3000千米、2012年突破3500千米目标,为实现科学发展、加快崛起、富民兴赣的宏伟目标做出新的更大的贡献。

九江至瑞昌高速公路是国家高速公路"7918"规划网中杭州至瑞丽高速公路在江西省境内的一段,是江西省"三纵四横"公路主骨架网中第一横的组成部分。该项目起于昌九高速公路沙河互通以南的九江县曹家坳(与昌九高速公路相接),途经九江市庐山区、九江县、瑞昌市等3个县(市、区)、14个乡镇,路线终于赣鄂交界的界首,与湖北拟建中的阳新(鄂赣界)至通城高速公路对接。项目路线全长48.14千米,概算投资额为19.8亿元。

(余明华)

【石城至吉安高速公路开工建设】 8月16日,泉州至南宁高速公路江西石城至吉安段建设项目开工新闻发布会在南昌召开。省委书记苏荣出席会议并宣布石城至吉安高速公路开工。省委副书记、省长吴新雄出席会议并作重要讲话。省委常委、赣州市委书记潘逸阳,省委常委、省委秘书长赵智勇,省人大常委会副主任蒋如铭,省政协副主席李华栋在主席台就座。会议由省委常委、常务副省长凌成兴主持。

省交通厅党委书记程受锭出席会议,省交通厅厅长马志武讲话,吉安市市长曾庆红代表沿线政府作表态发言。参加会议的还有省重点办主任刘明义,吉安市副市长李庐琦,赣州市副市长刘琮,以及省交通厅副厅长孙茂刚、许润龙,厅纪委书记江学功,省公路局局长曹先扬,省高管局局长谢来发等有关负责人。

吴新雄在讲话中指出,省委、省政府对项目建设特别是重点交通项目建设高度重视、全力支持。加快建设石吉高速公路,对于完善国家高速公路网和区域高速公路网建设意义重大;对于构筑全省高速公路主骨架、完善江西公路网建设意义重大;对于加强沿海地区与内陆中西部地区的经济联系,改善革命老区落后的交通状况,带动沿线红色旅游资源的开发利用,促进区域经济快速发展意义重大;对于加速江西省实施"对接长珠闽、连接港澳台、融入全球化"的大开放主战略和强化江西承东启西、连南应北的交通枢纽作用意义重大。

吴新雄强调,石吉项目施工难度大、工程造价高、战略地位重要。他希望沿线各级党委、政府顾全大局、大力协同,积极支持、搞好服务,努力为工程顺利建设营造良好的施工环境;希望省直有关部门密切配合,加强土地、水保、环保等各项审批服务和跟踪落实,为工程建设创造有利条件;希望省交通厅加强指挥调度,优化施工组织,创新管理模式,强化资金监管,提升建设水平,优质、高效、安全、廉洁地完成各项建设任务;希望广大筑路员工继续弘扬抗震救灾精神,继续弘扬奥林匹克精神,精心组织、科学管理,力争石吉项目"工程质量更优、外观形象更美、生态环境更佳、依法管理更严、安全廉洁更好",使之成为江西的崛起路、生态路、致富路、幸福路,为全省深入贯彻落实科学发展观,推动跨越发展,实现江西在中部地区崛起、富民兴赣做出新的更大的贡献。

马志武在讲话指出,石城至吉安高速公路,是实现"十一五"全省高速公路突破3000千米目标的重要组成部分。项目桥梁隧道比例高达27.1%,施工难度很大。建设好石吉高速公路,事关全省高速公路2010年突破3000千米目标的大局。省交通厅将努力把石吉项目建成“金牌工程”,建成“优质、高效、安全、环保、廉洁”的全国公路典型示范工程。

石吉高速公路始于赣州市石城县的赣闽省界五里亭,途经宁都、兴国和泰和县,终于吉安市泰和县的石山乡,全长190.719千米,项目总投资约101亿元。

会上,石吉项目办的负责人介绍了项目概况,工程设计、施工、监理单位的代表作了发言。

(刘木根　巫过房　熊昌军　戴华君)

【常务副省长凌成兴考察石吉高速公路并出席第一阶段施工动员大会】 9月19日,常务副省长凌成兴在省政府副秘书长朱希、省交通厅厅长马志武、省重点办主任刘明义、省公安厅副厅长罗永银、省交通厅副厅长许润龙、省高管局局长谢来发、省电力公司副总经济师黄达初及沿线地方政府负责人的陪同下,考察石城至吉安高速公路施工现场并出席第一阶段施工动员大会。赣州市常务副市长骆炳峰、吉安市副市长李庐琦代表沿线市政府讲话。

凌成兴一行从泰和县出发,先后考察了石吉高速公路C4和B13合同段。在动员大会上,凌成兴用“五个进展顺利”肯定了石吉项目前期工作的显著成效。他指出,在省政府有关部门、沿线各级政府和各参建单位的共同努力下,石吉高速公路项目报批工作进展顺利、征地拆迁工作进展顺利、项目招标工作进展顺利、施工组织工作进展顺利、管理制度建设进展顺利。凌成兴要求,必须坚定确保石吉高速公路按期建成通车的总体目标不动摇,按照第一阶段的施工总体要求,即:拼搏十个月,打好第一仗,抢抓春节前,拿下土石方。具体要求是:“六个全部完成,五个基本到位”。六个全部完成,即:全部完成路基土石方;全部完成涵洞、通道;全部完成中小桥梁;全部完成特大桥及大桥下部构造并实现大桥半幅通车;全部完成中短隧道;全部完成白站、黑站的建站和调试。五个基本到位,即:路床交验基本到位;特大桥大梁预制基本到位;大桥大梁预制及安装基本到位;长大隧道开挖基本到位;路面基层备料基本到位。

石吉项目是全国第三批公路勘察设计典型示范工程,也是全省继景婺黄项目后第二个全国公路勘察设计典型示范工程。围绕建设典型示范工程这个目标,凌成兴要求在具体工作中务必做到六个狠下功夫。一是在保护生态环境上狠下功夫。二是在确保工程质量上狠下功夫。三是在严格工程管理上狠下功夫。四是在坚持诚信履约上狠下功夫。五是在优化施工环境上狠下功夫。六是在遵守安全廉洁规定上狠下功夫。确保优质高效完成第一阶段施工任务,确保2010年建成石吉高速公路,为实现全省经济社会又好又快发展做出新的更大贡献。

马志武在讲话中指出,按照省委、省政府确定的总体建设要求,石吉项目办把整个工程建设分成三个阶段实施。其中第一阶段,从9月22日到2009年7月22日,共计10个月。第一阶段是顺利实现总体建设目标的基础和关键。必须做到“狠抓六个不放松”:即,靠前指挥不放松、狠抓质量不放松、生态环保不放松、安全生产不放松、廉政建设不放松、优化环境不放松,为最终实现省委、省政府提出的总体建设目标起好步、开好局。

考察中,凌成兴为石城至吉安高速公路建设项目办揭牌。石吉项目办负责人介绍了项目进展情况,施工单位代表作了表态性发言。

(戴华君　陶光辉等)

【石吉项目办召开大干100天誓师大会】 10月10日上午,石吉项目办在兴国县召开大干100天誓师大会。项目办主任彭发根出席并讲话;项目办党委书记兼总工邝宏柱主持会议。大会宣读了“大干100天”劳动竞赛活动实施方案;B14标中铁十三局等6家施工单位、RCI江西交通工程监理中心等3家监理单位的代表发言;全线施工、监理单位当场签订或递交了目标责任状。

会议强调,加快石吉高速公路建设,事关全省高速公路网规划实施的大局,全体参建员工既要清楚地认识到加快石吉高速公路建设的重要性,又要清醒地看到,石吉项目桥隧比例高、单千米造价高、控制性关键工程多,施工难度大,工期紧,任务重等不利因素,各参建单位必须严格遵守合同,战胜各种困难,超常规地运作,才能取得胜利。大会宣布了“大干100天”的目标任务:土石方完成92%;小桥、涵洞、通道全部完成,其中涵洞、通道11月底之前完成;中桥下部构造全部完成,上部构造力争半幅架通;大桥、特大桥的基础工程全部完成(赣江特大桥完成85%);长大隧道洞身开挖完成25%,连拱和小净距隧道完成20%;路面备料完成25%。劳动竞赛将充分发挥奖励机制的杠杆调节作用,实行重奖重罚。

(陈玉龙)

【彭泽至湖口高速公路开工建设】 10月18日,彭泽至湖口高速公路开工新闻发布会在南昌召开。省委常委、常务副省长凌成兴讲话并下达开工令,省政府副秘书长朱希主持会议,省交通厅党委书记程受锭出席会议,省交通厅厅长马志武、九江市市长王萍出席会议并讲话,省重点办主任刘明义、省交通厅副厅长许润龙、省交通厅纪委书记江学功、省交通厅副巡视员邓经国、省稽征局党委书记王江军、省高管局党委书记李素华、省高管局局长谢来发等在主席台就座。

凌成兴在讲话中指出,彭湖高速公路是江西省路网规划的一条地方加密高速公路,是彭泽核电站工程的配套项目,是省内沿长江南岸东接安徽的出省主通道。项目前期,省交通厅等单位做了大量卓有成效的工作。该项目的开工建设,是省委、省政府贯彻落实科学发展观,全力推进重大项目建设的重要举措,对于加快建设全省公路网络布局,构建长江南岸高速公路通道;对于加快启动彭泽核电项目,促进鄱阳湖生态经济区建设;对于加快九江沿江开发,拉动县域经济快速发展都具有十分重要的意义。

凌成兴要求,九江市、湖口县、彭泽县人民政府要顾全大局、大力协同,在征地拆迁、杆线迁移、施工协调、治安管理等方面继续加大支持力度,做到组织到位、政策到位、服务到位,为彭湖高速公路建设营造良好的外部施工环境。省直有关部门要主动跟进、密切配合、优质服务,加快推进工程建设。省交通厅要加强指挥调度,优化施工组织,创新管理模式,强化资金监管,提升建设水平,确保优质、高效、安全、廉洁地完成各项建设任务。设计单位、施工单位、监理单位要大力弘扬抗震救灾和抗冻救灾精神,按照"工程质量更优、外观形象更美、生态环境更佳、依法管理更严、安全廉洁更好"的要求,精心组织,严格管理,科学施工,力争把彭湖高速公路建成一条崛起路、生态路、致富路、幸福路,为开创江西经济社会又好又快发展的新局面作出更大的贡献。

马志武指出,省交通厅按照省委、省政府提出的大项目发展战略,以大项目促进大发展,把抓好重大项目作为学习实践科学发展观的重要成果。2008年以来,全省先后开工建设了鹰潭至瑞金,石城至吉安高速公路。彭湖高速公路开工建设后,意味着全省2008年高速公路开工建设的里程达到550千米,总投资额245亿元。

彭泽至湖口高速公路位于江西省九江市湖口县和彭泽县境内,起点为彭泽县赣皖界鹰尖山(牛矶),终点与九景高速公路衔接。该项目按赣皖界鹰尖山(牛矶)至彭泽浪溪、彭泽浪溪至路线终点两个独立项目分期建设。一期工程为彭泽浪溪至路线终点段,起点为距赣皖省界12千米处的彭泽县浪溪镇猫山,途经彭泽县浪溪镇、太泊湖开发区,湖口县大垄乡、张青乡、马影镇,终于九景高速公路K28+780处。项目主线全长51.83千米,连接线8.1千米,项目概算16.6亿元。

(熊昌军 练崇田 巫过房)

【省政府召开彭(泽)湖(口)高速公路项目施工动员大会】 12月24日,省政府召开彭湖高速公路第一阶段施工动员大会,省委常委、常务副省长凌成兴出席会议并讲话。省交通厅党委书记程受锭、九江市市长王萍、省发改委副主任叶柏青、省交通厅纪委书记江学功、副巡视员邓经国、九江市副市长熊永强、省公安厅交警总队总队长郁耀平、省高管局党委书记李素华、局长谢来发等出席了会议。省重点办主任刘明义主持会议,项目办负责人作了第一阶段施工动员讲话。

在动员大会上,凌成兴用"六个进展顺利"、呈现"三大特点"肯定了彭湖高速前期工作的显著成效。他指出,在省政府有关部门、沿线各级政府和各参建单位的共同努力下,彭湖高速公路项目核准进展顺利,征地拆迁进展顺利,招标投标进展顺利,用地报批进展顺利,项目管理进展顺利、制度建设进展顺利,并呈现出"三大特点":一是进展特别快。彭湖高速是"依法高效的典范、密切配合的典范、特事特办的典范",在短短几个月的时间内,各参建单位克服困难、行动迅速、措施有力,目前,路基土石方已累计完成20%。工程施工进展非常顺利。二是环境非常好。全线纵向施工便道已基本拉通。为保证棉花采摘率达到85%以上,征地拆迁工作从12月18日的一万多平方米到12月23日的3.5万平方米,进展顺利,成效显著。三是队伍相当齐。七个路基标、两个路面标全是信誉好、实力强的施工队伍,非常整齐。

就如何确保完成第一阶段的目标任务,凌成兴要求,第一阶段从 2008 年 11 月至 2009 年 8 月。共计 10 个月,是整个项目建设的基础和关键,各参建单位要认真贯彻 11 月 15 日全省重点工程"增强投入、扩大内需"调度会会议精神,出手要快、出拳要重、措施要准、工作要实。坚定确保彭湖高速公路按期建成通车的总体目标不动摇。按照第一阶段的施工总体要求,拼搏十个月,紧紧抓住目前天气晴好的季节机遇,力争在春节前土石方完成 94%,确保第一阶段目标任务顺利完成。

彭湖高速公路是彭泽核电站的配套工程,建设意义重大。围绕建设的总体目标,凌成兴要求,在具体工作中要实现"五个良好开局":一是要实现诚信履约的良好开局;二是要实现严格管理的良好开局;三是要实现施工环境的良好开局;四是要实现生态环保路的良好开局;五是要实现质量安全廉洁的良好开局。凌成兴强调,要以科学发展观为统领,精心组织,顽强拼搏,强化质量意识,强化安全意识,强化廉洁意识,强化服务意识,强化协调意识。迅速掀起施工高潮,确保优质、高效完成第一阶段施工任务,为实现全省经济社会又好又快发展做出新的更大的贡献。

程受锭在讲话时指出,各参建单位要围绕第一阶段的目标任务,狠抓总体建设目标不动摇,抓住路基土石方、小型构造物和组织协调这三个关键,精心施工、周密安排,明确时间节点,确保"四个全部完成",即:路基土石方 100% 全部完成;涵洞通道 100% 全部完成;中小桥 100% 全部完成并实现双幅通车;大桥下部构造和梁板预制 100% 全部完成,实现半幅通车。

程受锭强调,各参建单位要把握工程重点、靠前指挥,在四个方面"狠下工夫":一是在质量监控上狠下工夫,二是在生态环保上狠下工夫,三是在安全生产和文明施工上狠下工夫,四是在廉政建设上狠下工夫。各参建单位务必认真贯彻落实《江西省交通系统廉政建设"八条禁令"》,警钟长鸣,时刻保持警醒,严肃违纪处理,全力实现工程优质、干部优秀的目标,保质保量如期完成第一阶段各项目标任务,为全省增强投入、拉动内需作出更多、更好、更大的贡献。

省政府有关部门、九江市人民政府、湖口县人民政府、彭泽县人民政府及各乡(镇、场)负责人参加了会议。省高管局有关处室、彭湖项目办、施工、监理、设计单位负责人参加了会议。会上,施工单位代表作了表态发言。

(陈林凤)

【世行代表团对瑞(金)赣(州)高速公路实施全面检查】 3 月 17 日 ~21 日,世行项目经理克里斯席·本纳特、移民安置专家刘哲夫、世行咨询专家让·马里·布朗和新任项目经理邓斐博士一行对瑞赣高速公路建设情况进行了一次全面检查,瑞赣项目办主任吴克海等全程陪同。

世行代表团察看了瑞赣高速公路的每一个施工标段,对所有的特大桥、大桥、长大隧道、大梁预制场等控制性工程进行了仔细察看。当了解到全线大部分路基土石方已经完工,桥梁下部构造、涵洞、通道基本完成,隧道开挖完成 57% 时,世行代表团比较满意。他们认为,项目建设者在恶劣的天气下仍能取得如此施工进展实属不易。世行代表团还重着考察了路面标的备料和场站建设情况,在 AP3 标黑站安装完毕的全新设备和 API 标堆积如山的基层、底基层材料前,感到非常惊讶,他们没有想到这项工作如此超前,认为项目办指挥得力、管理有方。世行专家深入峡山隧道、于都隧道、钟公隧道三座特长隧道检查施工进展、施工安全和人员健康保障措施,表示满意。

移民安置专家刘哲夫了解到所有拆迁人员都已搬进新建的房屋,所有土地补偿金已支付完毕时,非常高兴,赞扬瑞赣项目办移民安置工作做得非常成功。特别是在于都移民安置点,刘哲夫看到住房建设已与当前实施的社会主义新农村建设相配套,村庄的道路、供电和供水状况有了较大改善时,认为瑞赣项目移民安置工作既满足了世行的要求,也符合群众的利益,更考虑了居民长远生活的需要。

3 月 21 日,世行代表团与瑞赣项目办愉快地讨论和签署了检查备忘录。

(周文龙 薛建伟)

【瑞(金)赣(州)高速公路峡山隧道顺利贯通】 6 月 26 日,经过施工人员 468 个日日夜夜的奋力拼搏,4241米长的瑞(金)至赣(州)高速公路峡山隧道胜利贯通,成为瑞赣高速公路第一个贯通的长大隧道。峡山分离式隧道双线合计4241米,地处构造剥蚀低山丘陵地区,山体走向较紊乱,山间冲沟发育,多数冲沟发育成水溪,且常年有流水、水量较大,施工难度较大,是全线控制工程之一。自2007年3月开工以来,在施工期间遇到了一系列难题,掘进伊始发现隧道进口浅埋段处于偏压地段,开挖过程中多数路段地质结构复杂多变。2008年春季前后又遇南方罕见冰雪灾害天气,半个月外电供应不足,原材料价格一路攀升,但全体参建人员始终坚持"工程质量优、生态环境美、建设进度快、安全廉洁好"的要求,发扬"不畏艰难、勇于取胜、吃苦耐劳、顽强作战"的拼搏精神,以确保隧道结构和安全为原则,坚持采取雷达超前预报,认真实施"短进尺、弱爆破、强支护、快封闭"的新奥法工艺,探索采用"渗透双液注浆"技术处理隧道进口偏压和洞内大量涌水问题。施工至今,安全、质量都处于受控状态。

(转载自《江西交通》)

【瑞赣高速公路进入第三阶段施工】 10月9日,瑞赣高速公路第二阶段施工总结表彰暨第三阶段施工动员会议在赣州召开。省委常委、常务副省长凌成兴到会并讲话。省交通厅厅长马志武出席会议并讲话。省交通厅副厅长许润龙、赣州市常务副市长骆炳峰、省高管局局长谢来发出席会议。会议由省重点办主任刘明义主持。

瑞赣高速公路于2007年2月开工建设,经全体参建人员20个月的奋力拼搏,取得巨大成绩,截至2008年9月底,桥梁安装梁完成8479片,占总量的97%;隧道洞身掘进及初期支护完成15241米,占总量的88.53%;路面底基层、基层和沥青碎石层备料基本完成,路面中下面层备料完成过半;底基层摊铺完成70.6千米,占总量的80%;基层摊铺完成60%;沥青碎石层摊铺完成40%。房建、机电工程已全面开工,累计完成投资40.5亿元。

会议在听取瑞赣项目办负责人对第二阶段施工总结暨第三阶段施工安排情况的汇报后,凌成兴用发生了"四个根本变化"肯定了瑞赣高速公路第二阶段取得的成绩,即:路基工程发生了根本的变化,桥梁工程发生了根本的变化,隧道工程发生了根本的变化,路面备料发生了根本的变化。

凌成兴强调,第三阶段是项目的冲刺阶段,要"围绕一个中心、抓好三大工程、经受五个考验",力争明年全国"两会"前基本建成瑞赣路。围绕一个中心,即围绕路面摊铺这个中心,把好材料关、把好级配关、把好油温关,提高平整度,提高密实度。抓好三大工程,即抓好钟公隧道、白鹅贡水大桥、九岭一桥这三个制约工程,抓好房建、机电、交通等配套工程,抓好绿化工程。经受五个考验,即经受工程质量、安全生产、反腐倡廉、群众利益和生态环境的考验,确保优质高效按期建成瑞赣高速公路,为实现全省经济社会又好又快发展作出新的更大贡献。

马志武在讲话中指出,第三阶段是路面、房建、机电、绿化、交通工程大会战的高潮阶段,交叉作业频繁,技术含量高,施工任务重,他要求项目办和参建各方努力做到"三个确保",顺利完成第三阶段的各项目标任务。一要确保工程环保。二要确保工程廉洁。三要确保工程安全,全面推行安全生产责任制。

会上,对瑞赣高速公路第二阶段施工中取得优异成绩的先进单位进行了表彰,赣州市有关负责人以及参建单位代表作了发言。

会前,凌成兴察看了瑞赣高速公路AS6至AS16标段,其中包括路面、桥梁、隧道等多个建设工地。

(戴华君　陶光辉　薛建伟)

【常务副省长凌成兴会见瑞(金)寻(乌)高速公路项目评审专家】 受国家发改委委托,中国国际咨询公司于9月20日~25日对济南至广州国家高速公路江西瑞金至寻乌段工程可行性研究报告进行现场咨询评估。9月22日,省委常委、常务副省长凌成兴在南昌会见了到赣参加项目评审的中国国际咨询公司交通业务部主任余湘云及专家一行。省政府副秘书长朱希、省交通厅副厅长许润龙等参加了会见。凌成兴代表省政府对专家们的到来表示热烈欢迎。他说,瑞金至寻乌高速公路是实现国家高速公路路网规划的重要项目,是实现江西高速公路路网规划的重要项目,是江西高速公路建设5年决战、到2012年实现高速公路通车里程突破3500千米的重要项目。希望专家们给予项目关心和支持。力争这一项目2008年完成前期工作,2009 年开工建设。余湘云一行表示,瑞金到寻乌高速公路建设意义重大,前期准备工作扎实,中国国际咨询公司将加快推进评估工作,积极支持项目的开工建设。瑞金至寻乌高速公路是济南至广州国家高速公路在江西境内的最后一段,全长 119.692 千米,途经瑞金、会昌、寻乌,直接沟通广东省梅州市及汕头、汕尾两个港口城市。济南至广州国家高速公路在江西省境内路段全长 630 千米,共分三段,其中景德镇至鹰潭段已经建成通车,鹰潭至瑞金段正在建设之中。

(戴华君)

【常务副省长凌成兴会见吉(安)莲(花)高速公路项目评审专家】 9 月 18 日,受国家发改委委托的博拓公司评审团对吉安至莲花高速公路项目申请报告进行现场评估。9 月 19 日下午,省委常委、常务副省长凌成兴在吉安市会见了到赣参加项目审查会的博拓公司总裁戴日庸及专家一行。省政府副秘书长朱希、省交通厅厅长马志武、省重点办主任刘明义、省公安厅副厅长罗永银、省交通厅副厅长许润龙参加了会见。凌成兴代表省政府对戴日庸一行的到来表示欢迎,并简要介绍江西高速公路建设情况。他说,吉莲高速公路是国家高速公路路网规划中的重要项目,是江西高速公路路网规划中的重要项目,是江西省政府在 2012 年前要建成通车的重要项目,希望专家们给予该项目大力支持和帮助,使该项目 2009 年上半年获得国家核准,并力争开工。戴日庸一行表示,将针对江西正处于高速公路建设高潮时期的现状,加快推进吉莲高速公路项目申请报告现场评估工作,积极配合吉莲高速公路的开工建设。

泉州至南宁高速公路是交通运输部规划的国家高速公路网(简称“7918”网)中的第十五横,是连接福建、江西、湖南、广西四省的主通道。吉安至莲花(湘赣界)高速公路是泉州至南宁国家高速公路江西境内西段,是江西省“三纵四横”高速公路主骨架网的“第三横”的组成部分。路线起于吉安市泰和县石山乡,与已建成的大(庆)广(州)国家高速公路吉安至赣州段相交,接石城至吉安高速公路终点,途经吉安市泰和县、吉安县、永新县,萍乡市的莲花县等四个县区,终于莲花县坪里乡与湖南省茶陵县高垅镇交界处的界化垄附近。路线全长 107 千米,项目总投资为 47.8 亿元,采用双向四车道高速公路建设标准建设,设计速度为 100 千米/小时,路基宽 26 米。连接线 5 条,全长 12 千米,按二级公路标准建设。

(摘自《江西交通》)

【省交通厅党委书记程受锭察看武吉高速公路】

7 月 10 日,省交通厅党委书记程受锭在省公路局局长曹先扬及厅直属有关单位、厅机关有关处室负责人的陪同下,全线察看武吉高速公路工程建设施工现场和管理运营情况。

武吉高速公路建设项目是国家高速公路“7918”规划网中的“纵五线”——大庆至广州高速公路在江西的重要一段,是江西省“三纵四横”公路主骨架的重要组成部分。路线北起赣鄂省界武宁县,南至吉安市,与赣粤高速公路相接,贯穿赣西北与赣中西部地区,全长 285.8 千米。经过广大工程建设者的顽强拼搏,艰苦施工,2008 年 1 月 20 日,吉安至宜丰天宝互通以南段建成通车,实现全省高速公路通车里程突破 2000 千米,达到 2206 千米的新跨越。目前,全线各主体项目建设工程已基本完成,正在紧锣密鼓地进行扫尾阶段的施工作业。

考察中,程受锭察看了正在建设中的武宁收费站,了解相关硬件设施、水电配套设置和工作人员落实等情况。他指出,收费所站的建设要坚持以人为本、以车为本,兼顾经济效益和社会效益,要在抓紧完善硬件、软件设施配套工作的同时,抓好收费所站的美化、绿化、亮化工作,把武吉高速沿线收费所、站建设成质量好、环境美、服务优的高水平收费所、站。程受锭同时要求,项目办与管理处要做好建设、营运、管理三者的衔接工作,做到管理不留空白,不存盲区,确保建设、运营、管理三项工作有序衔接,努力提高高速公路运营管理水平,圆满实现把武吉高速公路建设成为一条崛起路、生态路、幸福路的目标。

在南石壁隧道,程受锭一行仔细察看隧道现场。他要求,武吉项目办要进一步细化责任,狠抓精细管理,安排专业技术人员,着力解决工程建设中存在的薄弱环节,切实提高工程质量,打造优质精品工程。在工程扫尾阶段,安全工作决不能麻痹大意,对施工人员要加强安全教育,加大安全设施投入,保障施工人员的人身安全,扎扎实实做好施工安全保障工作;要更加注重加强党风廉政建设,狠抓教育、制度和监督,在抓好工程建设的同时,努力培养一支素质高、能力强、作风正的干部队伍,为江西交通发展新跨越提供坚强的人才保证。

(山　宗)

【省交通厅厅长马志武考察鹰瑞、瑞赣、石吉高速公路】 12月9日,省交通厅厅长马志武和副厅长许润龙在厅机关有关处室、厅直有关单位负责人陪同下,深入鹰瑞高速公路建设项目施工一线检查指导工作。

马志武一行从C3合同段主线施工便道出发,至D1合同段施工终点,沿线察看了各合同段施工现场。实地查看结束后,马志武指出,鹰瑞项目自开工建设以来,在省委、省政府的高度重视和亲切关怀下,在沿线各级地方政府的大力支持以及全体参建人员的共同努力下,项目建设进展非常顺利,并取得了可喜的成绩。针对当前工作,马志武提出了四点要求:一是要加强协调与服务,精心组织,严格管理,科学安排,为各参建单位提供一个良好的施工环境和氛围。二是要进一步加强工程建设的质量控制与管理,规范施工,加强日常巡视与检查,确保工程质量的优质,努力建造精品示范工程。三是要注重安全生产,牢固树立"安全第一,预防为主"意识和宗旨。加强宣传教育与隐患排查,建立健全安全生产各项规章制度和监管体系,确保项目建设过程中无重大、特大安全责任事故。四是全体参建人员要继续发扬顽强拼搏、务实进取的精神面貌和工作作风,确保如期完成好工程建设各项目标任务。

12月10日,省交通厅厅长马志武在赣州市副市长刘琮等人的陪同下,考察了施工中的瑞赣高速公路、赣州环城高速公路。在察看瑞赣高速公路沿途,项目办负责人向马志武汇报了施工进展情况,马志武对当前项目办的有力措施表示满意,他要求,全体项目建设者一定要按照明年全国"两会"前基本建成瑞赣路的要求,充分抓住当前有利天气,精心组织、精心施工,扎扎实实往前赶,优质高效地完成好各项建设任务。

当日下午,马志武长途驱车来石吉高速公路建设工地,重点考察了石吉项目B11标、B12标、B14标、C7标等路、桥、隧施工点。在听取石吉全线工程进展情况汇报后,马志武对石吉项目开展"大干100天"劳动竞赛活动取得的成绩给予了充分肯定,并提出四点要求。一是要牢牢抓住机遇不放松,二是继续靠前指挥不放松,三是狠抓工程质量不放松,四是继续抓好安全生产不放松。要加大安全生产、文明施工的监管力度,越是大干,越要重视高空作业、涉水作业、爆破作业、带电作业等,杜绝安全事故发生。马志武强调,当前正处于全省增强投入扩大内需的最好机遇期和持续晴好的施工黄金季节,各参建单位务必牢牢抓住,在确保质量和安全的前提下加快施工进度,圆满完成"大干100天"目标任务,为如期实现第一阶段目标和总体目标奠定坚实的基础。

(肖庚明　戚江标等)

【省交通厅领导赴彭湖、鹰瑞、石吉高速公路建设项目考察】 12月1日,省交通厅副厅长许润龙在厅机关有关处室负责人和项目办负责人的陪同下,深入彭湖高速公路建设项目施工一线检查指导工作。从湖口马影互通枢纽到彭泽帽子山互通,许润龙全线察看了彭湖高速公路。考察结束后,许润龙在项目办驻地主持召开座谈会,对项目前期工作给予充分肯定。他强调,要切实掌握省委、省政府的部署要求,以实际行动贯彻落实好11月15日全省重点工程"增强投入、扩大内需"调度会精神。一是要迅速掀起施工高潮,切实推进项目建设拉动内需。要按照省委、省政府要求,尽快掀起施工高潮,围绕"抓施工承包人的投入、抓地方协调、抓材料采购"三个工作重点,根据现阶段、现时期工程的需要督促施工单位尽快落实劳务队伍和设备,尽可能为施工承包人创造良好的施工环境,切实控制工程成本,最大限度完成投资任务,为拉动内需作贡献。二是要强化质量监控,为工程优质打下坚实的基础。彭湖项目路基工程存在土质不理想、含水量大、地势低、地下水位高等问题,路基工程质量控制难度大,项目办要采取断然措施,落实个人责任,确保工程质量。三是要狠抓安全生产,确保不出现任何责任事故。要勤检查、严要求,严格对各标段进行督察,确保机构、责任、经费三到位,坚持安全生产,落实专人管理,层层把关,做到制度健全、措施完善。

12月6日~7日,许润龙还考察了鹰瑞、石吉高速公路建设工地,12月7日在石城县主持召开鹰瑞、石吉高速公路项目建设工作座谈会。

(李拥军　肖庚明　田长生)

【全省已建成通车的20条高速公路情况简介】

■昌九高速公路

昌九高速公路是北京至福州国道主干线的组成部分，北接九江，南连南昌，全长138千米。分三期建设，1996年1月28日全线建成通车，它的建成彻底改写了江西高速公路为零的历史。

■昌樟高速公路

昌樟高速公路是交通部和江西省“九五”规划的交通重点工程建设项目，起于南昌市新建县省庄，止于樟树市胡家坊，全长70.42千米，1997年12月31日建成通车。它是江西省第一条自己组织设计建设，一次性建成的全标准、全封闭、全立交高速公路。

■昌北机场高速公路

昌北机场高速公路是连接昌北机场和昌九高速公路的主要通道，主线全长4.18千米，1998年12月8日竣工通车。

■温厚高速公路

温厚高速公路是上海至瑞丽和北京至福州国道主干线在江西省境内的重合路段，起于进贤县温家圳，终于新建县厚田乡，路线全长35.5千米，1999年2月8日建成通车。

■九景高速公路

九景高速公路是杭州至兰州和宁波至西藏樟木国家干线公路在江西省境内的重要路段，起于九江市木家垄，止于景德镇市罗家滩，全长133.64千米，2000年11月18日全线建成通车。

■胡傅高速公路

胡傅高速公路是上海至瑞丽国道主干线江西省境内的一段，起于高安市八景镇胡家坊，止于樟树市昌傅镇，全长33千米，2001年1月1日建成通车。

■梨温高速公路

梨温高速公路是上海至瑞丽国道主干线在江西省境内的东段，东起玉山县梨园，西至进贤县温家圳，全长245千米，2002年12月28日建成通车。它是江西第一条出省大通道。

■昌泰高速公路

昌泰高速公路起于樟树市昌傅镇，止于吉安市泰和县马市镇，路线全长148千米，2003年6月28日建成通车。

■泰赣高速公路

泰赣高速公路起于泰和县马市镇，与昌泰高速公路相接，止于赣州市辖的南康市金鸡岭，路线长128千米，2004年1月16日建成通车。泰赣高速公路是江西省首条进入山区的高速公路。

■赣定高速公路

赣定高速公路是国家重点干线大庆至广州公路在江西省境内的一段，北起南康市龙岭镇，南至定南县老城镇，路线长126.258千米，2004年7月1日全线建成通车。赣定高速公路是江西第一条以地方为业主建设的高速公路。

■厦昆线赣州城西高速公路

厦昆线赣州城西高速公路是国家重点公路厦门至昆明高速公路在江西省境内的一段，路线全长11.7千米，2004年5月28日建成通车。

■温沙高速公路

温沙高速公路是京福高速公路在江西境内的南段，起于进贤县温家圳墨溪陈家，止于黎川县赣闽两省交界处熊村沙塘隘，路段全长178千米，2004年9月26日建成通车。

■昌金高速公路

昌金高速公路是沪瑞高速公路在江西省境内的西段，起于樟树市昌傅镇，止于萍乡市与湖南省醴陵市交界的金鱼石，路线全长168.3千米，2004年9月26日建成通车。温沙、昌金高速公路的建成，标志着江西出省主通道和省会至设区市主通道全部实现高速化，标志着江西“十五”新建1000千米高速公路的目标提前15个月实现。

■泰井高速公路

泰井高速公路始于吉安市泰和县南源垅，止于井冈山市厦坪镇，设连接线至茨坪。项目总长82.6千米，2005年3月31日正式通车。泰井高速公路是通达国家风景名胜区与革命圣地的高速公路。

■乐温高速公路

乐温高速公路是南昌绕城公路的东外环线，同时也是京福国道主干线的共用线。该工程起于新建县乐化镇昌九高速与机场高速公路交会处，止于墨溪陈家枢纽互通立交，路线全长71.8千米，是江西省第一条全封闭、全立交、双向六车道高速公路，2005年11月16日建成通车。

■南昌市西外环高速公路

国道主干线南昌市西外环高速公路（乐化至生米）建设项目，是江西第一条由地方政府筹资修建的全封闭、全立交、双向六车道高速公路。路线起于昌北机场高速公路与昌九高速公路交会处,止于新建县生米镇乌鸡口陈家,全长40.989千米,2007年1月16日建成通车。

■景婺黄(常)高速公路

景婺黄(常)高速公路建设项目是国家规划的重点公路,由景德镇至婺源(塔岭)高速公路和白沙关至婺源(塔岭)高速公路两个项目组成,两段路线呈Y字形,总长151.304千米,2006年11月19日建成通车。该项目是全国首批典型示范工程项目,对于形成赣浙皖沪旅游风光带和旅游经济圈、促进沿线经济发展具有重要作用。

■景鹰高速公路

景鹰高速公路是国家"7918"高速公路网规划中的"纵四线"——济南至广州公路在江西省境内的北段。该项目起于景德镇市浮梁县的桃墅店,终于鹰潭市余江县洪湖镇,全长202.633千米,2007年11月28日建成通车。

■赣州至大余高速公路

赣州至大余高速公路(三益至梅关段)起于南康市三益镇,止于赣粤两省交界的大梅关,路线全长56.645千米,2007年12月21日建成通车。

■武吉高速公路

武吉高速公路是国家"7918"高速公路网中的第五条纵线——大庆至广州高速公路在江西境内的一段,北起九江市武宁县的五里坳,南至吉安市吉洲区,路线全长285.809千米。该项目是江西一次性投资额最多、建设里程最长、施工难度最大的项目,结束了赣西北无高速公路的历史。

(转载自《江西交通》)

【泰井高速公路通过验收】 5月28日,江西省首条红色旅游高速公路泰和至井冈山高速公路(简称泰井高速公路)正式通过省交通厅验收小组委员会的验收,该项目被评为优良工程。

5月27~28日,省交通厅验收小组委员会对泰和至井冈山高速公路工程进行了竣工验收。按照交通部的《公路工程竣(交)工验收办法》的要求,对项目进行了严格的评议打分,最终评定综合得分为92.94分,被评为优良工程。在竣工验收工作会议上,省交通厅副厅长、验收小组委员会主任许润龙对接养单位——省高管局泰井管理处在泰井高速公路的初期养护工作给予充分的肯定,并对泰井高速公路绿化养护工作给予了高度的赞扬。就做好接养工作,许润龙提出了4点要求:一是尽快制定和完善泰井高速公路养护管理办法,以便采取相应的完善措施,更好地保证泰井高速公路的安全运营。二是管养单位要在近期内与泰井项目办等相关单位完成工程项目交接,为泰井高速公路的验收工作划上圆满的句号。三是作为接养单位的泰井管理处要继续摸索,不断创新山区高速公路养护新路子,节约养护成本,打造泰井高速公路养护新品牌。四是继续做好泰井高速公路的预防性养护工作,密切关注部分路段出现路基的不均匀沉降现象,并制定及时有效的相应措施,做到预防为主、防治结合。

会上,接养单位相关负责人发言,表示将坚持高起点、严要求,深入实践科学发展观,一如既往地做好泰井高速公路的管养工作,进一步实施绿色环保精品路工程,做到花常开、景常在、树常青。真正营造出"车在路上行,人在画中游"的优美舒适的行车环境,为加快富民兴赣、实现江西交通又好又快发展作出应有的贡献。

泰和至井冈山高速公路是江西省"十一五"期间重点工程建设项目之一,也是为中国井冈山干部学院配套的四大项目之一。它的建成,对于促进吉安革命老区的经济发展,对于提升井冈山的政治和旅游优势,对于贯彻落实党中央关于大规模培训干部的重大决策,都具有十分重要的意义。泰井高速公路是一条通达革命圣地和名胜风景区的高速公路,也是全省第一条绿色生态路,全长82.6千米,项目于2003年10月23日正式开工建设,2005年3月31日建成通车并投入运营。

(夏睿德)

【赣皖两省高速公路胜利贯通连接】 11月1日,江西景鹰高速公路公司在景鹰高速公路赣皖桃墅收费站举行热烈的赣皖桃墅收费站开通仪式。省交通厅厅长马志武来到刚刚开通营运的赣皖桃墅收费站考察工作,并勉励大家安心工作,勇于奉献,在交通系统这一广阔的舞台上建功立业,绽放光彩。之后,马志武一行一路由北向南,察看了景鹰高速公路全线。马志武指出,景鹰高速公路与安景高速公路的对接连通,对景鹰公司有着积极的意义,对两省的交通、交流有着重大意义,景鹰高速公路公司要以此为契机,内强素质,外树形象,规范内部管理,提升服务水平,树立江西高速良好形象；要加强与安景高速公路的沟通与合作，密切关系，共建两省平安、和谐高速路。

11 月 1 日，安徽省安景高速公路通车，直接与景鹰高速公路连通。

（李思诚　魏　翔）

【昌九高速公路建成入选“江西改革开放 30 年 10 件大事”】 12 月，“江西改革开放 30 年 10 件大事”评选结果揭晓。昌九高速公路建成入选“江西改革开放 30 年 10 件大事”。为全面回顾总结江西改革开放 30 年的伟大历程、辉煌成就和宝贵经验，教育引导全省广大干部群众进一步增强改革开放的信心，坚定加快发展的信念，在新的起点上实现江西崛起新跨越，江西省委宣传部、省发改委、江西日报社、省社科院联合组织开展了“江西改革开放 30 年 10 件大事”评选活动。经过群众投票和专家评审，评出了“江西改革开放 30 年 10 件大事”。昌九高速公路建成以第五位的名次入选“江西改革开放 30 年 10 件大事”。

改革开放以来，特别是进入新世纪以来，江西高速公路建设实现跨越式发展。1996 年 1 月 28 日，会省第一条高速公路——昌九高速公路建成通车，实现了江西高速公路建设零的突破。至 2007 年，景鹰、武吉高速公路建成通车，江西高速公路通车总里程突破 2000 千米，实现历史性跨越。2008 年 12 月，江西省已建成 20 条高速公路，通车里程达 2316 千米。

（省高管局）

【景鹰高速公路乐平连接线建成通车】 11 月 1 日，景鹰高速公路乐平连接线建成通车。该连接线起点接景鹰高速公路乐平互通，自西向东横穿乐港镇后接乐平市大连路，全线长 11.089 千米，按二级公路标准建设，总投资 3800 万元。该路段的建成，对促进乐平市新农村建设、加速地区经济社会发展具有重要意义。

（郑冬崽）

【武吉高速公路铜鼓连接线路面工程开工】 5 月 15 日，由铜鼓公路分局承建的武吉高速公路铜鼓连接线路面工程开工。武吉高速公路是铜鼓县境内的第一条高速公路，该连接线是连接铜鼓与高速公路的重要纽带。连接线总长 38.150 千米，按二级公路标准设计，采用部颁《公路工程技术标准》（部颁发 JTGB01 - 2003），路基宽 12 米，路面宽 9 米，路面结构形式采用 22 厘米水泥稳定土基层 +1 厘米下封层 +4 厘米沥青面层，工程总造价为 2602 万元。

（王文臻　郭　军）

【沪昆高速公路横峰连接线工程开工】 7 月，沪昆高速公路横峰连接线工程（东河线横铅段）开工，该路线全长 8.2 千米，工程总投资 3000 万元，按公路一级标准设计，是横峰县城通往高速公路的连接线。

（方　涛）

【景鹰高速公路鄱阳连接线交工验收】 7 月 15 日，景鹰高速鄱阳连接线交工验收。连接线全长 4.358 千米，南起景鹰高速鄱阳互通匝道收费站，贯穿鄱阳县鄱阳工业园（芦田）产业基地，北接芦田产业基地发展大道，通过鄱乐公路与鄱阳县城连接。该项目按城市次干道Ⅱ级标准建设，路基宽 40 米，路面宽 23.5 米，双向 6 车道，两侧置作了多层次、高规格的绿化和亮化，总投资 4100 万元，为近年来鄱阳县最大的交通建设项目。

（张新冬）

一般公路建设

国道

【2008 年全省公路工作会议在南昌召开】 4 月 8 日，2008 年全省公路工作会在南昌召开。会议全面贯彻落实党的十七大、全国“两会”和全国、全省交通工作会议精神，总结了 2007 年和过去 5 年来的公路工作，分析了当前公路发展形势，部署了今年的工作任务。省委常委、常务副省长凌成兴、省政府副秘书长朱希、省交通厅党委书记程受锭、副厅长席芳柏、许润龙出席会议并为 2007 年度公路工作和 2008 年抗灾保通先进单位颁奖。省公路局局长曹先扬作工作报告。

2007 年，在省委、省政府的关心支持和省交通厅的正确领导下，全省公路部门各项工作取得了显著的成绩。大广高速公路武宁至吉安段基本建成通车。鹰瑞高速公路建设项目前期工作完成,即将开工建设。全年国省道公路改造完成896.98千米,超额完成目标任务12%。其中,320国道大城至万载公路改造项目基本建成通车。105国道南昌境内18千米改造完成,320国道萍乡段、316国道九江段启动建设,宜(春)安(福)二级公路改造年末实现砂石路垫层通车。5年来,新、改建国省道公路6283千米,公路部门管养公路二级以上公路比例提高25.5%。农村公路建设取得新发展。全年完成农村公路改造硬化12700千米,超额完成目标任务27%,新建通村砂石路2900千米,完成渡改桥项目90个,项目开工率为77.27%,新增2231个行政村通油(水泥)路、844个行政村通公路。5年来,全省硬化农村公路5.6万千米,连续4年突破1万千米,硬化里程迈上6万千米重大台阶,行政村通油(水泥)路率和通公路率分别达到71.1%和93.5%,较2002年底分别提高18.1%、48%。农村公路建设"十一五"中期目标提前完成,少数民族地区通村公路建设提前3年完成。此外,在行业管理、公路法制、直属企业经营、公路服务、文明创建等方面都取得了较好成绩。

2008年,公路系统将继续加强公路基础设施建设:武吉高速公路实现全线建成通车并投入运营,新开工建设鹰潭至瑞金高速公路,完成瑞金至寻乌高速公路前期工作。国省道路网建设完成800千米以上,形成砂石路垫层通车800千米。农村公路建设改造硬化10000千米。启动3400千米县到乡公路建设,新增1900个左右的行政村通水泥路、油路,500个左右的行政村通公路,行政村通水泥路油路率和通公路率分别达到80%和96%。继续加强路网结构改造和复绿工程建设。进一步加大养护大中修实施力度,加快实施危桥改造、安保与复绿3项工程。年内改造危桥87座、实施安保工程163千米,新增绿化里程7219千米,国省道、高速公路绿化率与绿化成活率达90%以上,年均公路好路率达79.7%。为此,2008年,全省公路工作将做到六个"注重"、六个"强化",实现六个"全面推进":一是注重规范管理,强化体制机制创新,全面推进公路行业管理上新水平;二是注重发展质量,强化工程精细管理,全面推进建设质量上新台阶;三是注重服务保障,强化服务能力建设,全面推进公路服务有新跨越;四是注重优化结构,强化企业竞争核心,全面推进公路企业经营出新效益;五是注重开拓创新,强化执政能力建设,全面推进党的自身建设有新提升;六是注重行业文明,强化公路文化内涵,全面推进行业文明创建树新形象。

会议还表彰了2007年度全省公路系统先进集体和先进个人、全省农村公路工作先进集体和全省公路系统抗灾保通工作先进集体先进个人,命名了全省公路系统首批规范化收费所和标准化路政大(中)队。宜春市公路局、南昌市公路局、吉安市县乡公路管理处、省机械工程局、昌金管理处萍乡收费所、景德镇市公路局乐平分局等6个单位作了经验交流。

(王林水)

【320国道大万一级公路改(扩)建工程竣工】 1月20日,国道大城至万载一级公路改(扩)建工程竣工通车。项目于2007年6月16日开工建设。320国道大城至万载一级公路改(扩)建工程是自2003年全省公路管理体制改革后,全省第一个采取省市共建、委托融资的市场化运作模式,创新推进全省国省道改造步伐的省重点工程项目。由江西省交通工程集团公司会同江西高速公路投资发展(控股)有限公司、江西公路开发总公司、江西省交通设计院共同出资组建江西大万公路开发有限公司,并负责建设管理、收费还贷和营运管理,共投资10.44亿元。

项目除高安、上高两县市工业园区外,共计改线23.8千米外,基本上以320国道原有走向、标高、路基为基础,按照"比高速公路更加方便进出,比一级公路更加快速安全"的原则改建。路面宽24.5米,采用沥青混凝土路面结构,设双向4条快车道、2条慢车道,并在快车道与慢车道之间设置隔离防护栏。全线路基土石方工程量266.86万立方米,沥青路面31.74万平方米;大中小桥共57座计1997.58延米,其中新建上高锦江大桥1座长517米;涵洞通道437道共8928.8延米;路基防护及排水工程21.7万立方米。该工程的建成通车,对于积极探索并走出一条又省又好又快的国省道改造新路子,加快全省"十纵十横"干线公路网建设步伐;对于增强省会城市的辐射功能,发挥武吉高速公路的带动作用,打造江西比较发达的经济带都具重要意义。

(转载自《江西交通》2008年第2期)

【常务副省长凌成兴考察320国道大万一级公路】 7月29日，常务副省长凌成兴在省交通厅副厅长席芳柏、省公路局局长曹先扬等有关负责人的陪同下，考察320国道大万一级公路。320国道大城至万载一级公路改(扩)建工程东起高安大城至南昌与省大一级公路对接，西至万载与宜万一级公路对接，途经高安、上高、宜丰、万载1市3县的10个乡镇和3个工业园区，全长129.53千米，2008年1月20日基本建成通车。320国道大城至万载一级公路改(扩)建工程是自2003年全省公路管理体制改革后，全省第一个采取省市共建、委托融资的市场化运作模式，创新推进全省国省道改造步伐的省重点工程项目。

凌成兴在高安绕城改线处，向大万公路管理部负责人了解大万一级公路改造以后的运营管理情况，他指出，大万一级公路比高速公路更方便进出，比普通一级公路更安全快捷，管理部门要科学管理，兼顾经济效益和社会效益，充分发挥其对武吉高速公路的带动作用，促进县域经济的快速发展，把这条路建成崛起路、幸福路、小康路。

(黄生平　练崇田　孙承学)

【320国道上饶境内路面重建工程完工】 12月31日，320国道上饶段部分路面重建工程完工。重建公路全长7.5千米，桩号为(K615+500～K623+000)，路面结构形式为25厘米厚水泥混凝土面层，16厘米厚水稳沙砾基层，路面净宽11.5米。该重建工程主要包括破碎老路面88909平方米，水稳基层87987平方米，混凝土面层8609平方米，工程总投资996.9万元。该工程设计单位为上饶宏优公路勘察设计院，施工单位为上饶公路分局，监理单位为上饶赣东公路工程咨询公司。

(上饶市公路局)

【320国道芦溪县境内改建工程进展顺利】 320国道芦溪段改建工程全长10.654千米，工程总投资1.1亿元，征地32.6公顷，拆迁房屋87栋，31000平方米。2008年，通过建设单位、施工单位和监理单位多方协作，齐抓共管，科学组织，精心安排，在保证质量的前提下，工程进度进一步加快，至12月末，已全面完成路基工程，路面工程完成垫层9.5万平方米，累计完成水稳层6.45万平方米。

(芦溪县交通局)

【320国道上饶段路面重建工程开工】 320国道上饶境内路面重建工程，起于玉山县城K520+166，终于弋阳县流口桥K630+160，重建路全长68.46千米，按二级公路标准设计，行车速度80千米/小时，路基宽12米，路面宽9米，设计洪水频率为1/50，汽车荷载等级为公路—Ⅱ级，投资1.089亿元。该工程由上饶市交通局授权上饶市交通投资集团有限公司为业主单位。工程由江西际洲建设工程有限公司、上饶京宝路桥工程有限公司、江西省机械工业局、江西省现代路桥工程总公司中标建设，于8月16日开工。

(陈均培)

【316国道德安至武宁段垫层改造建成通车】 7月30日，316国道德安至武宁段垫层改造建成通车。316国道二级路改造是九江市重点项目，全线改造路段长59.767千米，标准为二级沥青路面，设计时速60千米，总投资为9000万元(含征地拆迁3000万元)。施工单位为九江市公路管理局。

(九江市公路局)

【316国道永修至艾城公路改造竣工通车】 10月18日，316国道永修县城至艾城段公路改造工程竣工通车。该路段是永修县城主要的出口路，全长9.07千米，工程总造价640万元，施工单位为九江公路局。该路段改造完工对永修县城经济发展、促进新农村建设都具有重要作用。

(九江市公路局)

【206国道会昌至寻乌段水泥路改造工程竣工】 8月，206国道会昌筠门岭至寻乌县大路下段二级水泥路改造工程竣工。该路段长48.108千米，按二级公路标准改造，路面宽9米，路基宽12米。该工程由会昌公路养护公司、赣州创新公路开发有限责任公司等8个单位施工，由赣州诚正公路工程监理有限公司监理，赣南公路勘察设计院设计，赣州宏泰公路建设投资有限责任公司担任业主。

(黄新明)

【206国道天禄至龙虎山一级公路改造工程完工】 10月15日,206国道天禄至龙虎山一级公路改造工程完工。该工程起于206国道天禄收费站,由北往南布线,经口上李家村,终于龙虎山景区广场大道,全长5.009千米,工程概算投资4300万元。工程按一级公路标准设计,路基宽23米,沥青混凝土路面,双向四车道,设计行车速度每小时80千米。该工程项目对增强鹰潭工业园区和旅游业的发展、优化区域内的交通环境和投资环境,具有重要意义。

(鹰潭市公路局)

【105国道吉水段一期工程顺利完工通车】 12月30日,105国道吉水段一期工程全面竣工通车。该路段起于吉水县城吉阳大道,终于县城南门大桥,全长2.91千米,建设单位为吉水县人民政府,施工单位为吉安市公路局吉水公路分局。工程按一级油路标准施工,于2008年初开工建设,项目投资总额为2900万元。

(吉安市公路局)

【105国道南昌县至丰城路面改建工程开工】 10月22日,105国道南昌县银三角立交桥至万家洲,与丰城交界处(K1731+669~K1756+816)路面改建工程开工。项目路线全长25.14千米,工程量为下基层281707平方米,上基层330689平方米,水泥混凝土面板51619平方米,沥青混凝土上面层273539平方米,下面层275620平方米。设计单位为江西省南昌公路科研设计所,施工单位为南昌市市政工程开发有限公司、江西省第二建筑工程公司及江西省水利电力建设有限公司。计划工期为10个月。投资7846万元。

(南昌市公路局)

【高胡一级公路基层实现右幅竣工通车】 5月6日,由高安公路分局承建的高(安)胡(家坊)一级公路基层铺筑工程,实现右幅路基竣工通车,比计划提前4天完成。高胡一级公路北起高安市区,南接昌樟高速公路,全长40.6千米,路基宽24.5米,路面宽23米。总投资4.4亿元。高安公路分局负责黄沙镇境内12.16千米基层施工,底基层厚22厘米,上基层厚20厘米,3月15日开始右幅基层摊铺。 (熊腾润 陶水莲)

省道

【省道S223线峡虹公路改善工程竣工】 2月20日,省道S223线峡江至虹桥公路改善工程全面完工,并顺利通过工程验收。该程段全长17.608千米,起点位于峡虹线赣粤高速公路立交桥,途经洲上、白塔、砚溪、虹桥等村镇,终点位于峡虹线与吉新公路连接处。工程按照二级公路标准设计,路基宽12米,路面宽9米,路面基层采用两层水稳结构,路面采用沥青碎石面层,设计行车速度为60千米/小时。

(吉安市公路局)

【省道赣丰线崇义至丰洲路面改造工程竣工】 1月,省道赣丰线崇义县城至丰洲二级沥青路面改造工程竣工。该工程由中国公路工程咨询监理总公司设计,江西科力咨询监理有限公司负责监理,江西省矿山隧道建设总公司、浙江省乐清市路桥有限公司、赣州博达公路有限公司、江西通威公路建设集团有限公司共4家施工企业施工,于2006年8月进场开工。该工程由赣州宏泰公路建设投资有限责任公司担任业主。全路长38.3千米,路基土石方212.14立方米,桥梁9座,计717.74米,涵洞130道,工程总投资10488万元。

(黄新明)

【省道上棠线二级公路改建工程开工】 3月18日,由宜丰公路分局负责施工的宜丰上棠线官桥至棠浦二级公路改建工程开工。该路原为等外砂石公路,全长9.61千米,桩号K20+970~K30+580,途经棠浦镇高家等9个行政村。现按平原微丘二级公路标准进行改建,路面宽9米,路基宽12米,整个工程总投资1600万元。

(郭祥峰)

【省道柯龙线公路改造工程开工】 5月13日,省道(S304、S305)柯垅至龙门镇公路及连接线公路改造工程开工。柯龙线是九江通往湖南、湖北的省际主干道。改造工程全长77.83千米,按国家二级公路标准设计,起点为武修线走马桥,终点与湖南省平江县龙门镇接壤。工程总价37365.2万元。施工单位为九江市公路管理局。该线的改造,不仅对当地县域经济发展县有重要作用,而且对赣湘、赣鄂公路运输业的发展,乃至对赣、湘、鄂

3省经济发展将起促进作用。

（九江市公路局）

【玉山苏怀线沥青路面工程完工】 8月20日，玉山苏怀线（苏村至樟村）沥青路面工程全面完工。该工程全长20千米，路面工程投资522万元，设计标准为山岭重丘四级，由玉山公路分局施工，上饶宏优设计院设计。该路基工程已于2006年12月完工。苏怀线是通往著名红色旅游风景区——怀玉山“清贫园”的一条重要公路。该工程的完工，将大大促进沿线经济和旅游业的发展。

（韩红辉）

【省道上万线上栗段路面改建工程完工】 8月30日，上栗县上（栗）万（载）公路上栗县段公路路面改建工程完工。上万线是萍乡通往南昌的另一交通要道，也是连接浏阳、萍乡、宜春3地的一条主动脉，路线全长18.5千米，由于受1月雨雪冰冻灾害天气的影响，上万线大部分路段损坏严重。为确保公路安全畅通，萍乡公路局投资500余万元，对严重破损路段（12.5千米）进行二级公路沥青混凝土路面改建，并对部分基础仍然较好只是出现了龟裂现象的路段进行刷油。该工程于6月25日开工。

（萍乡市公路局）

【省道丰乐线大中修工程竣工】 9月2日，由丰城公路分局承建的省道丰乐线（丰城至乐安）大中修工程开工。施工路线长15千米，投资1161万元。路基宽12米，路面按二级公路标准施工，宽9米，厚5+1厘米，热拌沥青碎石面层，基础厚25厘米水泥稳定沙砾结构。工程于12月1日完工。

（任慧民　熊安全）

【省道信分线路面改造工程完工】 9月，省道信丰县城至分水坳二级混凝土路面改造工程完工。该工程由赣南公路勘察设计院设计，线路长20.5千米，路面宽9米，路基宽12米，由赣州诚正公路工程监理有限公司监理。分别由江西通威公路建设集团有限公司等4家公司承建。

该路段是江西连接粤北地区的重要通道，改造后，不仅对县域经济发展起促进作用，而且对加强赣粤两省经济交流有重要作用。全路段累计土石方量402.636万立方米，桥梁3座，计68.42米，涵洞123道，总投资9090万元。

（黄新明）

【省道锦黄线黄庄至画桥段改造工程开工】 9月26日，省道锦（江）黄（庄）线余江黄庄至画桥段10千米水泥路面改造工程开工，按二级公路改造，总投资1000万元。锦黄线余江境内全长31千米，原为沥青路面，修建于2001年，长期以来，由于运输车辆尤其是超限超载车辆行驶，致使路面破损严重，影响车辆通行安全，制约了当地经济发展。鹰潭市公路局设法筹措资金，经上级主管部门支持，批准该路段改造工程，这对改快鹰潭市干线公路路网改造、促进该市经济发展具有重要意义。

（鹰潭市公路局）

【省道株铁线万载境内二级路面改造工程竣工】

10月13日，万载县株潭至湖南浏阳市铁山界段二级沥青路面改造工程竣工。省道株（潭）铁（山界）线是连接赣西和湖南省浏阳市的一条重要公路通道，全长17.3千米，按二级公路标准进行改建。该线路面铺筑工程于6月30日开工，万载公路分局职工顶烈日，冒酷暑，奋战110天，终于比计划提前10天完成了沥青混凝土路面铺筑任务，受到领导表扬。

（刘世亮　叶明）

【省道广建线广昌境内公路改善工程完工】 11月28日，省道广（昌）建（宁）公路改善工程竣工通车。该工程总里程32千米，按三级公路山岭重丘标准建设，路基宽8.5米，路面宽7米，总投资1450万元。广建线广昌县城至船顶隘公路改建工程，经省发改委批准建设，由抚州市公路局负责该工程建设管理，赣东公路设计院设计。经公开招标，由抚州远大路桥工程有限公司中标承建，抚州博信监理有限公司进行工程监理。该工程从7月16日开始施工，为了确保工程质量和进度，施工单位抓紧晴好天气有利时机，轮班作业，昼夜施工，做到人停机不停。设计和监理单位也密切协作，互相配合，按期保质完成了施工任务。

（魏纪军　李水生）

【安(福)茅(坪)二级公路改造工程全线通车】 安福至永新茅坪省道二级公路改造工程,于2006年8月动工建设,安福境内线路长43.05千米,路面宽10.5米,建设投资1.05亿元。经过建设单位和施工单位的共同努力,工程历时3年,于2008年11月30日全线通车。

(吉安市交通局)

【宜(春)安(福)二级公路新建工程竣工】 宜安二级公路新建工程全长42.05千米,安福境内里程长17.75千米,路基宽12米,路面平均宽度9米,工程总投资4.1亿元。线路由西向东自宜春市洪江镇进入安福县山庄乡双田村,于山庄乡早禾田村与省道分(宜)安(福)公路相衔接。工程于2006年11月破土动工,2008年10月28日建成通车。该路建成后,由安福县城至宜春市区内仅需30分钟,对加快安福经济发展将起到积极的促进作用。

(吉安市交通局)

【吉(安)莲(花)二级公路改造工程安福段开工】 吉莲线二级公路改造工程安福段全长52.36千米,设计路基宽12米,路面宽10.5米,建设总投资1.38亿元。工程于2008年8月开工建设,至12月底,已形成路面垫层通车,建设总工期为2年。

(吉安市交通局)

【省道黄东线路面改善工程开工】 黄东线(黄金埠至东乡)是东乡连接景德镇的省级公路,全长18.38千米,为1998年修建的9米宽柏油路。平时来往车辆较多,由于年久失修,路面早已经破损严重,多年来给当地居民的生产、生活带来诸多不便。东乡公路分局多次向抚州市公路局汇报,详细说明改建原因,受到抚州市政府和市交通局领导重视,同意将该线改建为水泥路面。经市公路局多方筹措,汇集资金1286万元,工程于2008年12月6日开始改建,预计工期6个月。

(童园珍)

【省道抚八、黄石、丰洛安保工程竣工】 12月15日,抚(州)八(都)、黄(祁)石(塘)、丰(城)洛(口)、石塘都(嘴凹)线安保工程竣工。乐安公路分局按照“安全第一,预防为主”的方针,积极向上级争取资金,加大公路安全隐患整治力度。在省道抚八线(S329)、黄石线(S330)、丰洛线(S221)等路段,公路急弯、临崖、陡坡、交叉口、高填方路堤及视距不良等险处实施安保工程,以消除公路交通安全隐患,减少交通事故,为人民群众安全出行营造良好的行车环境。该项目整治路段共32.5千米,设置示警桩、公路标线、减速带、警告标志牌等安全防护设施,为事故多发路段加上一道“安全屏障”,该项目于10月12日开工,工程总投资240万元。

(朱赣东)

【省道石宁线鄱阳段改建工程开工】 12月20日,省道石宁线(S208)鄱阳田畈街至游城段改建工程开工。石宁线(石门街至宁都)在鄱阳县境内是县城与九景高速公路及206国道的唯一通道,也是鄱阳县与外地区联系的纽带。经上饶市公路局批准,对石宁线田畈街至游城段公路路面进行改建。该工程全长14千米,按二级公路标准施工,路基宽18米,路面宽12米,总投资1700万元,计划工期9个月。该路线由上饶宏优公路设计院设计,上饶赣东公路工程咨询中心监理,江西现代路桥总公司、江西省建工集团公司施工。

(上饶市公路局)

【省道新东线玉山至必姆段改善工程开工】 11月4日,新东线玉山至必姆段改善工程开工。该工程项目属于省道新东线(德兴新营—广丰东阳)玉山至必姆的路面重建工程,系2008年交通部公路冰灾修复大中修项目。设计标准为公路平原微丘二级,路面厚22厘米,水泥混凝土路面,宽9米,总里程12千米,总投资1691万元,预计工期8个月。该项目经过公开招投标,由上饶京宝路桥工程有限公司中标。

(韩红辉)

【省道临(川)宁(都)线宜黄境内安全保障工程完工】 省道S218临宁线安全保障工程于2008年12月26日全面竣工。实施路段位为S218 K32+000~k96+000处,全长64千米,属山岭重丘三级公路,路段内弯道多且平曲线半径较小,傍山临崖路段较多,地势非常险要,既有桥梁、悬崖深沟,还有急弯、连续弯道、陡坡、视距不良等山区所属的种种安全隐患。此外,在部分路段由于地形关系常有冰霜、浓雾等不良气候条件,原交通工程设施不能满足实际行车的要求。为保障道路交通安全畅通,抚州市公路局对该路段实施安保工程,共完成SB级混凝土护栏2394.31立方米,交通标志72块,悬挂标志7块,标线56千米,示警桩2000根,减速带(振动标线)98.32平方米,棱镜3个,共计投资224万元。在施工过程中,抚州市公路局派出工作组现场监督指导,严把质量、安全生产及文明施工关,圆满完成该安保工程任务,受到县委、县政府及当地群众的一致好评。

(尚户兵)

【省道安定线安远至大围改建工程开工】 省道安定线安远县城至大围段改建工程路线起于安远县城南大道终点(K5+587.8),终于安远县孔田镇大围村(K24+924.61),路线全长19.34千米,按二级公路标准改建,路基宽12米,路面宽9米,土路肩每侧宽1.5米,路面为水泥路面,建设总投资8000万元。工程于2008年11月开工建设,计划工期13个月。

(杨河良)

【省道上乐公路上德段改建工程全线竣工】 12月28日,省道上(饶)乐(平)线上饶至德兴公路改建工程全线主体工程完成。该线起于上饶市三清山大道(320国道交叉口),途经上饶县、玉山县、德兴市9个乡(镇)29个行政村,终点与乐平相接,全长108.78千米,按二级公路标准建设,其中沥青混凝土路面440655平方米,水泥路面258328平方米,路基土石方239.7万立方米,大桥959延米/5座,中小桥872延米/19座,总投资2.54亿元。

(陈均培 刘剑波)

县乡公路

【2008年全省农村公路建设成绩斐然】 2008年,全省公路管理部门充分利用国家加强对农村公路建设投入的大好时机,开拓创新,科学安排,精心管理,落实措施,全省农村公路建设取得好成绩。截至12月31日,2008年全省农村公路建设完成投资38.12亿元,完成农村公路改造硬化11532千米,新增通油(水泥)路行政村2438个,行政村通油(水泥)路率达到83.27%,完成新建砂石公路2445千米,新增通路行政村523个,行政村通公路率达到96.1%;完成农村客运站建设349个、农村候车亭建设6195个;完成改渡建桥项目72座,累计完成改渡建桥项目156座,完成桥梁建设长度2.6万延米。

1. 进一步拓宽了全省农村公路建设资金筹措渠道,加大政府对农村公路建设资金的投入。充分利用全省交通部门的银行信誉向国家开发银行申请农村公路建设政策性长期贷款35亿元。积极出台相关政策,以保证农村公路建设资金的需求。2008年5月江西省出台的《关于加快全省农村渡口改渡建桥建设的实施意见》,对农村渡口改渡建桥建设资金,明确提出了要建立省、市、县三级补助机制,农村渡口改渡建桥的资金原则上按省50%、市20%、县20%安排三级补助。

2. 积极开展好农村公路建设质量年活动。①积极落实质量年活动实施方案。2008年4月,制定江西省农村公路建设质量年活动实施方案,明确组织领导机构,专门成立了活动领导小组,下设办公室。5月,各设区市交通局也都制定了地区具体方案,落实了责任单位,负责本辖区农村公路建设质量年活动的实施。②认真开展农村公路建设质量年宣传月活动。③加强对全省农村公路技术人员的培训,全面提高全省农村公路建设质量管理水平。

3. 进一步加强行业管理,确保全省农村公路建设质量。①积极按照农村公路建设管理办法的要求,推进全省农村公路建设项目管理体制改革。大部分农村公路建设项目均由相关乡镇、村委会或其他民间公益组织做项目业主。②积极在农村公路建设项目上推行工程招投标制。③积极在农村公路建设项目上推行工程监理制。④积极发挥交通质量监督机构的质量监督作用。

4. 进一步加快全省农村渡口改渡建桥建设,及时出台了改渡建桥政策。制定下发了《关于加快全省农村渡口改渡建桥建设的实施意见》。对各地的建设目标任务、责任主体、各级政府补助资金、奖励机制以及建设管理等内容均提出了明确要求。

5. 进一步推进农村公路养护管理体制改革向纵深发展。2007年6月,江西省下发了农村公路管理养护体制改革实施意见,明确了县政府为责任主体的农村公路管养体制,建立稳定的养护资金来源。全省各地也根据省农村公路管理养护体制改革实施要求,出台了农村公路养护管理规定和办法,做了积极有益的探索,创新了养护管理模式。

6. 进一步加快农村公路客运事业发展。农村公路客运与农村群众生产生活息息相关。农村公路客运事业是一项惠及广大农民群众的民生工程。2008 年 3 月,经省政府同意,由省交通厅、发展和改革委员会、财政厅、公安厅、建设厅、国土资源厅、地方税务局、安全生产监督管理局等 8 家单位联合下发了《关于加快农村公路客运事业发展的意见》。

(朱 敏)

【南昌市农村公路建设总投资达 3 亿元】 2008 年,南昌市交通局进一步加大对农村公路建设的投入,总投资达 3 亿元,全年完成农村公路建设 303.1 千米,完成林区公路和通重点水库及堤坝砂石公路改造 506 千米。新增 135 个自然村通达水泥公路,自然村硬化公路通达率 54.4%。对 589 个新农村建设试点自然村的进村道路、村内主干道、入户便道进行改造,总里程 1073 千米,受益村民 2.8 万户共 12 万余人。2008 年,南昌市交通局采取抓早、抓细、抓实等措施,精心制定农村公路建设规划,在落实建设资金的基础上,分片分级安排,把建设任务落实到基层,落实到人。市局及时进行现场察看检查,对存在困难的单位,从技术上、管理上给予支持帮助,必要时进行协调,较好地促进了农村公路建设任务的完成。

(南昌市交通局)

【安义县重点推进通水库、林区公路建设】 2008 年,安义县交通局会同县水务局、林业局,对全县通重点水库、堤坝公路、通重点林区公路进行实地勘察,确定第一批通胜利水库等 83 座水库公路 160.03 千米,通重点林区公路 77 项 172.5 千米建设工程立项报批。8 月,取得报批手续的通库区、林区公路开工建设。县交通局紧抓公路建设质量,为工程提供设计图纸,派出技术人员,提供现场技术指导,采取派员深入建设场地抽检、巡查等方式,监督工程质量,对不规范、不合格的施工坚决制止直至改正。至 12 月,全县通重点水库项目已完成 64 项 123.5 千米;通重点林区项目已完成 21 项 55.5 千米。这项目的完工,提高了重点库区、林区的通达能力,增强了它们防灾救灾功能。

(徐正柱 熊端霞)

【进贤县自然村公路水泥路建设一年突破 600 千米】 2008 年,进贤县政府抓住加大农村公路建设力度的机遇,制定《关于加快自然村公路建设意见》,确定用 3 年时间硬化自然村公路 1800 千米,力争实现自然村水泥路通达率达到 96% 以上的目标。县里成立农村公路建设办公室,负责自然村水泥路建设的指挥协调、督促检查工作,明确县交通局负责自然村公路建设质量监督,技术指导和设计文件的审批工作,并明确相关部门的工作职责。同时,明确规定农村公路建设的主体,实行领导责任制。在多渠道筹措建设资金的同时,县政府对自然村公路建设计划项目在当年完成并验收合格的除上级补贴资金外,县政府还每千米补助 4 万元。由于充分发挥乡镇和社会各界修路的积极性,2008 年全县共投入公路建设资金 1.4 亿元,启动建设通自然村水泥公路项目 597 个,年末已经全面竣工,占年计划的 111%,取得自然村公路建设一年突破 600 千米的佳绩。

(齐万玉)

【景德镇市启动农村公路建设质量年活动】 6 月 1 日,景德镇市农村公路建设质量年活动进入具体实施阶段,并将持续到 2010 年底。

经过几年的大规模建设和改造,景德镇市农村公路总里程已超过 3000 千米,不仅全市所有乡(镇)都通了沥青(水泥)路,而且行政村通沥青(水泥)路的比例也达到 90%。但由于建设资金不足,导致一些农村公路建设改造项目技术标准不高、质量监督把关不严、使用寿命达不到设计年限,在一定程度上影响着社会主义新农村建设的深入推进。为了进一步加强农村公路建设管理,确保建设质量,市交通局决定开展质量年活动。

“质量年活动”期间,全市农村公路新建改建工程、危桥改造工程和渡改桥工程均纳入活动范围。市、县(市、区)两级交通主管部门按照质量年活动方案,分解措施,落实制任,组织质量检查,公布质量状况，对质量年活动开展情况进行总结，对有关单位质量管理工作进行评价。质量监督机构，建设、设计、施工、监理、检测等相关单位作为质量年活动主体，按照质量年活动方案要求，以质量、安全管理为重点，强化源头控制；以路面和桥梁等隐蔽工程、关键工序、关键项目质量抽检为突破口，加强农村公路建设现场监督检查。

为确保“质量年活动”的顺利开展并取得成效，景德镇市交通局健全和完善8项制度，一是落实质量与安全责任制度，二是规范交通建设市场准入制度，三是健全农村公路建设招投标制度，四是严格开工审查制度，五是强化质量鉴定制度，六是实行质量缺陷责任期和质量保证金制度，七是建立质量奖惩制度，八是实行工程质量管理培训制度。要求通过“质量年活动”，农村公路建设质量水平明显提升、安全状况明显改善、群众满意度明显提高。

（涂　强）

【景德镇市提前两年实现全市行政村通油（水泥）路】 2008年，景德镇市全年完成129个农村公路建设改造项目，总里程为273千米，总投资达8200万元。这些项目建成通车后，解决了53个行政村通沥青（水泥）路问题，受惠群众逾5万人，提前两年实现全市行政村100%通沥青（水泥）路目标。随着社会主义新农村建设战略的实施，景德镇市各级交通主管部门和农村公路管理机构切实加大项目争取力度，全力推动农村公路建设发展。2006年，全市新建改造农村公路376千米，总投资9776万元，全市行政村通沥青（水泥）路率达82%；2007年，全市新建改造农村公路440千米，总投资11350万元，全市行政村通沥青（水泥）路率达90%；加上2008年建设改造的项目，在3年的时间里共建设改造农村公路1089千米，总投资达2.93亿元。农村建设改造项目的大规模实施，使该市农村公路的阶段性发展目标提前实现，到2008年末，与南昌、新余、鹰潭一道成为全省首批实现100%行政村通沥青（水泥）路的设区市。景德镇市各级政府和交通部门始终把修好农村公路作为一件爱民富民的实事，努力把实事办好，设计时尽量不占或少占耕地，同时做到方便群众出行。筹资时尽管各级财政十分困难，但坚持不搞摊派。加强质量管理，严格实行质量责任终身制，确保每一条公路的建设质量。

（涂　强）

【景德镇市农村公路建设促进新农村建设】 景德镇市经过近几年的大规模建设，截至2008年12月，全市县乡公路、村级公路总里程达3173千米，以高速公路、国省道干线为主骨架，以农村公路为支脉，连贯周边、辐射村镇的“半小时上高速、一小时到市区”交通经济圈已经形成。农村地区交通条件的改善，促进了新农村建设和农民增收致富。乐平市礼林镇以村村通公路工程的实施为契机，大力发展民营经济，便利的交通使得外商纷至沓来，多个外资项目的落户让许多村民在家门口就成了“工人”。浮梁县王港乡小塘坞村依托便捷的交通条件组建了一个有14辆农用车的运输队，开展农业生产资料和农产品的运输服务，插秧机、收割机也可以直接开到田里。昌江区月亮湖和杨湾风景区也是因为修通了公路后才得以逐渐升温，如今已成为许多市民休闲娱乐的必去之处。浮梁县蛟潭镇胡宅村通水泥路后，农民的袋料香菇现摘现卖，价钱好，大大激发了农民种植的积极性，全村仅种植袋料香菇一项农民就实现人均增收近500元。

（涂　强）

【乐（平）秧（畈）二级公路改建项目完工】 12月底，乐（平）秧（畈）二级公路改建项目主体工程完工。乐秧公路项目起自接渡镇邱家山，经东津坂、民兵水库、下湾、众埠、高桥，终于与弋阳县交界的秧畈村，建设里程28.01千米。全线按二级公路标准设计，设计时速60千米，路基宽10米，行车道宽2×3.5米；汽车荷载等级为公路—Ⅱ级；设计洪水频率：大中桥为1/100，小桥、路基及涵洞为1/50；乐安河通航等级为V—3级。项目概算9042万元。

（郑冬崽）

【景（德镇）瑶（里）二级公路一期改建工程竣工】 10月28日，景（德镇）瑶（里）二级公路一期改建工程竣工。一期工程起于浮梁县王港乡高沙，经马元坞、墩口、深渡、四桥、藏湾、鹅湖，止于东埠。路线全长30千米，全线采用二级公路标准建设,计算行车速度60千米/小时,路基宽10米,行车道宽度7米,汽车荷载为公路—Ⅱ级;设计洪水频率为大中桥为1/100,小桥涵及路基为1/50。

(曹 彬)

【萍乡市公路通达率进一步提高】 2008年,萍乡市进一步加快交通基础设施建设步伐,建设投资规模继续保持较高水平,公路总量继续增长,质量明显提升,公路通达深度和通达水平进一步提高,站场面貌明显改善。至12月末,全市公路总里程5473.31千米,硬化里程3840.96千米,公路密度为143千米/百平方千米,基本实现乡乡通三级以上公路,村村通油、水泥公路。其中,县道629.3千米,乡道992.11千米,专用公路13.6千米,村道3179.8千米。市交通局所管养的国省道、县乡道、专用公路、村道分别占全市相应等级公路里程的31.54%、86.82%、100%、100%。

(陈孝法)

【萍乡市芦溪—万龙山—武功山旅游公路开工】 3月24日,萍乡市芦溪—万龙山—武功山旅游公路开工。建设芦溪—万龙山—武功山的旅游公路,是芦溪县委、县政府实施“旅游旺县”战略,实现打造“全省旅游大县”目标的一项重大举措。该路的建设,对于推进武功山开发建设,促进全县经济社会发展具有重要意义。芦溪—万龙山—武功山旅游公路总投资2亿元,全长31千米,其中隧道1245米,途经芦溪镇、宣风镇、万龙山乡、新泉乡4个乡镇,按二级公路标准设计,沥青路面,设计行车速度40千米/小时。

(王 晰)

【莲花县农村公路建设实现历史性大突破】 改革开放前,莲花县农村公路通车里程只有350余千米,均为四级沙石路或等外路,40%的行政村不通车。改革开放后,特别是90年代以来,莲花县在国家以工代赈和扶贫政策的大力支持下,农村公路(桥梁)建设年年上台阶,三年一小变、五年一大变,农村交通状况日益改善。2008年,莲花县继续灵活有效地运用国家扶持政策,充分发挥国家补助资金的作用,多措并举,全力推进农村公路建设,取得了历史性大突破。至12月末,全县农村公路通车里程达1200千米,其中县道11条165千米、乡道60多条360千米、村道680千米,实现了乡乡通油(水泥)路,100%的行政村、70%的自然村通水泥路,全县农村公路网初步形成。

(莲花县交通局)

【芦溪县农村公路建设取得新成绩】 2008年,芦溪县委、县政府把农村公路建设列入为民办实事的重要工作。县交通局认真贯彻落实。该局在总结以往农村公路建设经验的基础上,调整工作思路,创新工作方式,加快全县农村公路建设进度,克服农村公路建设时间紧、任务重、资金压力大等不利因素,抽调精兵强将,分片包干,责任到人,搞好技术服务和质量监督,确保把每一条路都修成放心路、精品路。2008年,完成农村水泥路96千米,完成危桥改造4座。

(芦溪县交通局)

【萍乡市湘东区交通局抓好重点工程建设】 2008年,萍乡市湘东区交通局紧扣区委、区政府下达的目标任务,抓好关键环节,扎扎实实推进重点项目建设。一是加快建设工业园南大道。该路全长5.24千米,宽14米,至12月末完成泥沙路拓宽改造,完成投资900万元。二是加快推进320国道湘东段改造工程。该路段全长11千米,路面宽19米,为一级公路。前期工作共完成拆迁任务9.7万平方米,征用土地33.22公顷,安置拆迁户300余户。三是积极建设陶瓷产业基地铁路专用线。该铁路是省政府决定进行建设的。四是积极实施泉湖垅城区道路改造工程,改造旧水泥路面26332平方米,完成投资380万元。

(湘东区交通局)

【萍乡市湘东区超额完成农村公路建设任务】 2008年,萍乡市湘东区农村公路建设改造计划为69千米。湘东区交通局抓住加快经济发展的良好机遇,科学组织,精心安排,农村公路工程建设项目全面铺开,至12月末,完成农村公路建设132千米,比计划多91%,共完成投资4000万元,132个行政村的通达状况进一步得到了改善。同时,对12座农村公路危桥进行了改造,共完成投资200万元。全年开工建设的公路均为水泥路面,建设标准全面提升。

(湘东区交通局)

【上栗县农村公路建设取得新发展】 2008年,上栗县农村公路国家"千亿工程"项目建设计划共计69千米,实际完成水泥路面改造99千米,超额完成30千米,完成总投资2475万元。2008年度,农村公路建设项目经省交通厅检查验收,均为合格工程。上栗县交通局在农村公路建设中,一是抓住国家"千亿工程"建设机遇,积极抓好农村公路建设立项申报、计划调整、开工前期准备等工作;二是对所有在建项目单位加强业务指导,举办农村公路建设培训班,邀请市公路所技术骨干进行授课,并制定通俗易懂的《水泥混凝土路面建设程序及施工规范》;三是把工程建设质量作为重点来抓,经常上路检查监督工程建设质量,督促工程进度,发现问题,现场指正并下达整改通知书限期整改,从而保证了工程质量;四是狠抓落实农村公路建设任务,实行县、乡、村三级联动,层层落实目标责任,确保任务完成。

(上栗县交通局)

【九江市农村公路建设取得新成果】 九江市政府十分重视农村公路建设工作,制定"三年打胜公路建设翻身仗"战略,加强领导,积极筹措农村公路建设资金,在科学管理的基础上,充分发挥各级政府积极性,认真落实责任制,农村公路建设取得新成果,2008年,全年新建农村公路2283.58千米,实现了100%的乡(镇)通油(水泥)路,新增了310个行政村通油(水泥)路,124个行政村通公路;实现通达率97.4%,通畅率86%,浔阳区、开发区、德安县、星子县、庐山区和共青开发区通畅率实现100%,瑞昌市、湖口县、九江县、彭泽县、永修县的通畅率都达到92%以上。

(吴清明)

【九江沙阎线公路改善工程竣工】 12月30日,九江市沙阎线(沙河至阎家渡)公路改善工程完工。沙阎线公路是连接杭瑞高速和福银高速及九江市外贸码头出口的一条重要通道。改善工程起于九江县县城,终于阎家渡,全长12.772千米,设计标准为一级公路,行车速度为60千米/小时,路基宽20米,路面宽18米,路肩1.0米,工程建设总造价3000万元。该工程于6月3日开工,由九江市公路局承建。

(九江市公路局)

【新余市全面部署农村公路建设暨改渡建桥工作】 6月13日,新余市召开农村公路建设暨改渡建桥工作会议。会议传达了全省农村公路建设暨改渡建桥现场会议精神,研究部署全市农村公路和改渡建桥工作。会议要求,农村公路建设和改渡建桥工作在拉动经济增长、带动农民脱贫致富和实现城乡一体化中具有极其重要的意义。各单位要突出重点,加强领导,落实责任,加快进度,强化工程建设管理机制,全力以赴抓好改渡建桥工作,积极推动新余市农村公路建设再上新台阶。农村公路建设和改渡建桥工作任务艰巨,责任重大,各部门有关人员一定要坚持以科学发展观为统领,稳步推进农村公路建设,坚决打好改渡建桥攻坚战,为建设经济强市作出更大的贡献。

(姜正义)

【分宜县交通局狠抓公路重点工程建设】 2008年,分宜县交通局紧紧围绕县委、县政府的中心工作,积极为企业做好交通服务,为改善民生工程,狠抓公路建设。近年来,在解决"村村通"水泥路的基础上,正为"组组通"的方向发展,为"三农"建设提供交通保障。该局不等不靠,把交通工作往前做,狠抓重点工程建设,现已建成江锂大道,双林至洞村、海螺水泥厂至双林、分宜电厂西进厂道路改造工程正在建设中。这4条道路,总长27.53千米,总投资6300万元。同时,为确保各重点工程建设质量和进度,该局分别派出了3支过硬的骨干队伍抓道路建设,确保各项重点工程建设保质按期完成。

(黄和平)

【新余市渝水区创业大道开工建设】 1月19日,新余市渝水区创业大道开工建设。创业大道南起上新公路沪昆高速新余入口以北约100米处,北至欧下公路赛维园区西侧路段,线路全长5.33千米,占地面积约73.34公顷,概算总投资11362.1万元,是渝水区建区以来单个投资最大的公路建设项目。其中南起1.26千米为一级公路,双向四车道,路面宽36米;工业基地路段4.07千米为市政道路,双向六车道,路面宽45.5千米;全路有中型桥梁一座,桥长61.44米;设圆管涵17道1132米;盖板涵6道295米;箱涵5道344米。至12月,工程已累计完成投资4950万元。

(廖振峰 王志勇)

【新余市渝水区良山工业大道建成通车】 7月18日,新余市重点建设工程之一——渝水区良山工业大道顺利竣工通车。良山工业大道于2006年12月24日开工建设以来,通过施工建设者们18个月的全力奋战,在确保工程质量的前提下,提前2个月正式通车。良山工业大道属国家二级公路,总投资4034万元,全长6.865千米,公路路基宽12米,路面宽9米。该大道东起良山镇白沙村天工大道连接线,经库里、上黄家元、楼下、下木等自然村,西至周宇西山岭段。良山工业大道通车后,将解决良山集镇街道交通堵塞状况,降低集镇废气、灰尘、噪音的污染,将集镇面积从现有5平方千米扩大到10平方千米,将大大地改善和优化山镇投资环境。

(黄兵华)

【欧(里)新(余)公路改造工程开工】 10月20日,新余市渝水区境内的县道欧(里)新(余)公路改造工程开工,该线长14.285千米,按超二级平原微丘线型标准进行改建,投资额为1.17亿元,预计工期14个月。该工程由新余市渝水公路分局、省路桥工程局负责施工。该路的改造,将进一步缓解当地日益拥堵的公路"瓶颈"现象。

(新余市公路局)

【鹰潭市农村公路建设取得新成绩】 2008年,鹰潭市农村公路建设计划项目共559.5千米,其中2007年通达追加项目112.84千米,2008年国家农村公路改造工程124.7千米;2008年通达工程42千米,新农村改路项目280千米,渡改桥项目1982.8延米/11座。到2008年12月,累计完成农村公路水泥路建设559.5千米;完成渡改桥项目676延米/3座,在建579延米/4座,另有585.8延米/3座渡改桥项目可完成前期工作。全市34个乡镇、370个行政村100%通了水泥路(油路),提前两年实现了行政村村村通水泥路(油路)目标。

(徐才金)

【余江县乡镇筑路热情高】 余江县潢溪镇在财力紧张的情况下,对2007年年底前完成"村村通"任务的村委会每千米补助2万元,有效地调动了各村积极性。余江县黄庄乡峨门村地处边远山区,人口较少,而通村道路硬化任务却有5.2千米,因国家补助资金未到位,工程缺口资金较大,为不使工程因资金短缺停滞不前,5名村委会干部用自己的工资、房产等物作抵押,分别向信用社申请贷款5万元。加上原已贷款20万元,村委会决定将25万元贷款全部用到通村公路上,从而保证了工程顺利实施。

(徐才金)

【鹰潭市严把农村公路工程质量关】 鹰潭市在公路工程建设中,进一步健全完善了以"政府监督、业主管理、市场监理、企业自检"为主要内容的工程管理体系。该市主管部门高度重视公路建设项目的内在品质和外在质量,优化工程建设方案,注重抓好公路建设的关键环节,严把"六关",即严把设计关,严格设计审查;严把市场准入关,规范企业施工行为;严把材料关,不合格材料不准进场使用;严把设备进场关,加强设备进场控制,对水泥路施工提出了没有排振设备不得参加水泥路施工的特殊要求;严把试验和检测关,控制检测频率,保证试验检测真实可靠;严把验收关,认真做好过程检查和分部门验收。同时动员全社会监督工程建设质量。该市将路面标准,如宽度、厚度、结构层、水泥剂量等及时向老百姓和社会公布,聘请老党员、老干部、老村民等"三老"当义务监督员。

(艾年宗)

【余江县姚上村通车一年大变样】 姚上村位于余江县高公寨林场,这里过去只有泥泞小路,交通闭塞。当地民谣说:"一年半年不通车,有女不嫁姚上村。"2008年,鹰潭市投资300余万元修通了一条长12.5千米、宽5米的出山水泥路,机动车快速进入山区农民家。村民们称赞说:"祖祖辈辈小村子,水泥公路通到家,出门不踩泥,办事有车坐,真是没想到。"如今这里的山林资源和农副产品源源不断运出山,人民生活大变样。

(徐才金)

【鹰潭市鹰雄大道一级路基本贯通】 鹰潭市鹰雄大道起点为市区梅园,终点为贵溪市工业园区,全长9.7千米,路面宽36米,预算投资1.2亿元。该线为市区与贵溪连通的主干道,也是鹰潭市重点工程之一。该线到2008年末已基本贯通,工程已进入扫尾阶段。

(徐才金)

【贵溪市少数民族村推行农村公路建设"五制"】

贵溪市樟坪乡为畲族村民居住地,在农村公路建设中,他们建立起了"国家扶持引导、地方主体投资、群众投劳集资、社会捐资助建"相结合的少数民族农村公路建设投资模式。为保证资金正确使用,保证工程质量,他们又建立了"五制",即"项目业主制"、"工程招投标制"、"质量监理制"、"工程合同制"、"项目公示制",被评为"樟坪模式"。到2008年12月止,分布在贵溪泗沥镇、文坊镇、志光镇、樟坪畲族乡、余家乡、金屯镇、彭湾乡等7个乡镇的23个少数民族村全部通了水泥路,总里程达29条(段)110千米。

(贵溪市交通局)

【余江县画桥镇农村公路建设筹资"四渠道"】

余江县画桥镇位于余江县东北部,离县城60千米,属偏远地区。该镇2008年度村村通工程已立项11.2千米,每千米路面硬化资金23万元,共需建设资金257.6万元。而基层村委会立项只有3.4千米,实际硬化4.3千米,除上级部门的补助外,还需要筹资122.7万元。为了筹措配套资金,镇党委、政府充分调动、发挥村两委的积极性,一是号召全体干部、群众捐款,通过两个村两委干部带头捐款,全镇共筹资44.3万元;二是对画桥籍在外地工作的知名人士、经商户发出倡议,共获赞助35万元;三是镇党委、政府主要领导出面请包工头为家乡的公益事业献一份爱心,少赚一点,共节省资金21万元;四是政府在财力紧张的情况下,从财政每千米补助2万元,共计22.4万元。通过多渠道筹措资金,确保了该镇建设资金到位,使工程进展顺利。

(胡正良)

【修好一条路,化解百年"干戈"】 饶家村和上童村分属贵溪市和月湖区管辖,但两个村一直是共畈作田。历史上,两姓为争山界、争水源曾经多次发生争斗,村民见面,如同冤家。从2007年开展"村村通"以来,修路的出口处是饶家村的地盘,上童村村民原以为饶家村会刁难阻拦,但在工程实施时,饶家村不但未阻拦,还处处提供方便。原来饶家村民认为这是有利于双方的好事,不因历史上有过的纠纷就阻止工程建设。通过修这条路,村民摒弃前嫌,化解了"百年干戈",修好了两姓关系,至今成为美谈。

(徐才金)

【鹰潭市月湖区农村公路建设好人好事多】 鹰潭市月湖区苏家村村民苏志斌在外经商多年,回家探亲时见村里因修路拆迁问题使工程受阻,他一家一家做思想工作,还自己拿出好几万元协调拆迁事宜,使得拆迁工作顺利进行。东川公路修建中因占用了一位村民七分田,他不肯相让,村委会主任詹勇柱主动让出自家的七分田用作补偿,顺利解决问题。东川公路修好后,已退休的老支书白福阳和詹九元,自愿担任养护工。他们主动清垃圾、铲牛粪,保持了公路整洁,得到村民的赞扬。童云平是江西省劳动模范,江西省十大杰出青年,为改变家乡面貌,他主动捐资2000元,带头修建"村村通"公路。东川村村民白金阳的儿子是个药材商,听说家乡修公路,主动捐资1万元。童家乡村民张辽东在深圳办厂,他捐资2万元支援家乡修公路。

(徐才金)

【吉安市农村公路建设成绩大】 2008年,全市建设农村公路里程达1576.7千米(其中通达工程48.7千米,改建工程1528千米),实现新增208个行政村通水泥路,2532个建制村通水泥路,建制村通畅率达79.6%;农村公路砂石路建设151.1千米;农村公路渡改桥项目20座。

(吉安市交通局)

【吉安市交通局开展农村公路建设质量年活动】

吉安市交通局大力开展农村公路建设质量年活动,制定并下发《吉安市农村公路建设质量年活动实施方案》,成立吉安市农村公路建设质量年活动领导小组,下设办公室。各县(区、市)也成立了以交通局主要领导为组长的质量年活动领导小组,并根据当地的实际情况制定了农村公路建设质量年活动实施方案,使活动目标明确、任务具体,措施得力,上下联动。为了营造良好的工作氛围,全市各县(市、区)采取多种形式,加强"农村公路建设质量年"的宣传。5月份,开展"农村公路建设质量年”宣传月活动。并以“转变农村公路发展方式,提升农村公路建设质量”为主题,在《井冈山报》用大幅版面进行宣传报道;同时组织有关人员在步行街设置展牌,向群众散发印有“质量年活动”相关知识的宣传单3000份,还编印了公路简报。通过这些形式,进一步扩大了农村公路建设质量年活动的影响。在活动期间,该市还举办多期农村公路建设技术管理人员培训班,组织近100人次参加了培训,并邀请有关专家讲学。吉水、峡江、安福等县也组织全县责任项目所在地乡镇分管领导和村委员会主任进行业务培训,有力地保证了农村公路建设质量,促进了农村公路建设。

(吉安市交通局)

【井冈山市交通基础设施建设成效显著】 2008年,井冈山市交通局组织实施的交通重点工程项目共5个,是全市重点项目建设最多的单位之一,任务重、时间紧、投资大。为此,井冈山市交通局进一步理清思路,统一认识,明确责任,积极跑部进省,共争取到上级项目建设资金4995万元,银行融资5300万元,确保工程资金及时到位。在工程建设组织实施上,做到早计划,早安排,早实施,使各项重点工程建设扎实推进。(1)井冈山至永新公路改建工程已全面完工。该线井冈山境内为5千米,共完成路基土石方43000立方米,浆砌水沟、防护工程2300立方米,铺筑水泥路面16100平方米,共完成投资500万元,9月8日建成通车。(2)茨坪中心景区二环路于7月21日开工建设。公路全长5.14千米,总投资2200万元。2008年已完成路基土石方8万立方米,防护工程2万立方米,桥涵200米/18道(座),完成投资600万元,全线路基已基本成型。(3)鹅岭经柏露至茅坪公路“四改二”工程于10月12日开工建设,公路全长16.36千米,总投资2400万元。(4)龙江大桥于6月24日开工建设,桥长106米,为箱梁桥,总投资220万元。(5)井冈山市火车站进出口公路7月16日进入征地拆迁工作阶段,公路全长1.456千米,路基宽40米,概算总投资5600万元。

(吉安市交通局)

【吉安市吉州区交通基础设施建设取得新进展】

2008年,吉安市吉州区交通局为进一步改善农村交通环境,按照“路、运、站”一体化发展思路,切实抓好交通基础设施建设工作,全年完成农村公路改造工程项目26个,共计36.7千米,完成在建大桥的下部构造的箱梁制作;完成农村公路候车亭16个,并投入使用。吉州区交通局严格把关,坚持在确保工程质量的前提下加快建设速度。一是认真抓好工程质量全过程管理。加强对勘察设计、招标投标、施工质量、安全生产、竣工验收等重要环节的监督。二是严格落实建设程序。建立和完善农村公路项目资本金、保证金制度,项目立项时要求业主缴纳支付保证金。区补助资金的支付在每道工序完工,经检测合格并由质检、监理、挂片领导签字后才能支付,一级抓一级、一级对一级负责。三是建立目标管理责任制,将目标任务责任落实到人。对上级下达的目标任务逐一进行细化,明确责任。在农村公路建设中,局班子分乡(镇)挂片负责,责任单位、股室每周一汇报一周工程进展情况,及时掌握工程进度,下发工程进展情况通报,督促业主按工期要求完工。四是制定奖惩措施,根据完成情况进行奖惩。

(吉州区交通局)

【吉安市东固至枫边公路建设工程开工】 吉安市东固至枫边公路是连接吉安市青原区东固畲族乡至赣州市兴国县枫边乡的一条重要干道,也是全国30条红色旅游道路之一,已被列入2008年交通部固定资产投资车购税(重点工程)计划。该公路全长10千米,按山岭重丘三级公路标准设计,于2008年11月开工建设,分A、B、C三个标段施工,建设工期为11个月。该工程的建设对加快当地旅游产业发展、繁荣地方经济、提高人民生活水平具有重要作用。

(吉安市交通局)

【遂川县洋溪至禾源公路改造工程竣工】 遂川县左安镇洋溪至禾源镇公路改造工程属国家农村公路改造项目,建设里程17.2千米,按四级公路标准进行改建,路基宽6.5米,路面宽5米,采用混凝表处路面,计划总投资1100万元,工程分3个标段进行施工。工程于2007年5月18日正式开工,2008年12月20日竣工通车。该公路的建成,进一步完善了县城公路网络,对开发利用山区丰富的林业和矿产资源，促进当地经济发展，加快农民脱贫致富具有重要作用。

（吉安市交通局）

【安福武功山环山旅游公路全线贯通】 安福县武功山环山旅游公路起于泰山乡文家温泉山庄，止于钱山乡政府所在地，全长28.23千米，路面平均宽度5米。分3段建设施工，其中钱山乡墟镇至大布村段8千米于2005年建成，大布至三天门段8.96千米于2008年12月竣工，文家至三天门段11.2千米于2008年9月底建成通车。工程建设总投资4790万元。该线路建成通车后加快了武功山旅游事业的发展。

（吉安市交通局）

【吉水县农村公路建设实现新突破】 2008年，吉水县继续将农村公路建设列入全县10大民生工程来抓，切实加快了通村公路5年决战步伐，推进了农村公路网络化进程。全年共投入建设资金5544万元，开工建设的通村水泥路达205千米，其中已竣工通车里程有198千米，新通水泥路行政村32个，到12月末，该县通水泥（油）路行政村占总数的86%。

（吉安市交通局）

【安福县农村公路建设成绩斐然】 2008年，安福县交通局共完成农村公路水泥路建设74条，完成建设里程209.6千米，创历史最高水平，累计完成建设投资5240万元，新增38个行政村通水泥公路，为构建和谐社会、加快当地经济发展和新农村建设作出了积极贡献。

（吉安市交通局）

【宜春市农村公路建设项目质量合格】 宜春市交通局严把农村公路建设项目的技术标准关和工程质量关，为农村群众修建起一条条“放心路”、致富路。到2008年，宜春市建成农村水泥（油）路1228千米，建设项目合格率达100%。宜春市交通局针对农村公路建设项目多、里程长、点多面广的特点，狠抓工程建设质量。首先，从明确技术标准入手，做到通乡镇公路达到三级公路技术标准，通村公路达到四级，通组公路路基宽5.5米、路面宽3.5米以上的技术标准。其次，要做好前期准备工作。凡要求列入年度计划的项目，必须于前一年开展路基改造，达到路基宽6.5米、路面宽4.5米以上，同时必须有可靠的配套资金筹集方案，杜绝建设资金存在缺口的项目立项。再次，实行严格的质量管理。市交通局先后举办了200多期农村公路建设项目法人、施工承包人、监理工程师、质量监督员培训班，培训3000多人，较好地解决了质量监管专业技术人员不足的问题。同时，还聘用了100多名退休技术人员担任现场质量监督员，聘请了一批老党员、老干部担任义务质量监督员，有效加强了施工现场的监督管理。最后，把好验收关。坚持每一个主要结构层施工完毕，都须交通局和发改委联合验收，认定合格后才可以进行下一结构层施工。路面竣工后，由市交通局质监站进行全面的质量技术鉴定，对不符合质量技术要求的坚决整改。由于农村公路建设质量过硬，在全省农村公路建设现场会上推广了宜春市的经验。

（金三仔）

【靖安县三爪仑公园白沙坪旅游公路水泥路建成通车】 8月11日，靖安县三爪仑国家森林公园白沙坪景区旅游公路水泥路面建设工程建成通车。该路在靖安县中源乡，是通往白沙坪景区的干线，也在省道万黄线K105+752～K225+365公桩中，长9.613千米，按山岭三级技术标准进行改建施工，路基宽7米、路面宽6米，总投资287.76万元，由靖安公路分局负责施工。

（余昌喜）

【上高县塔下至七宝山油路面工程开工】 8月26日，上高县塔下至七宝山公路沥青路面工程开工，该路段总长8.15千米，路基宽8.5米，路面宽6.5米，按三级公路标准建设，工程总造价360万元，由上高公路分局施工，工期5个月。该路的改造，将进一步推动新农村建设，促进当地经济发展。

（徐洪银）

【奉新县萝卜潭风景区水泥路面改造工程开工】 9月16日，素有“江南第一群瀑”的奉新县萝卜潭风景区水泥路面改造工程开工。萝卜潭风景区属省级旅游风景区，地处奉新县境内赵（家）鸟

(坳)线公路8千米处。该线原为砂石路面,对当地旅游观光和经济发展影响较大。为了改变这种不利状况,当地镇政府会同有关部门共同努力,该线路被列入2008年宜春市县乡公路改造项目。该线全长13千米,路基宽7米,路面宽6米,水泥混凝土路面结构,总投资580万元,由奉新公路分局施工。

(余 强 龚付生)

【奉新百丈山线旅游公路改造项目竣工】 9月30日,奉新县百丈山线旅游公路改造工程完工。百丈山风景区是省级风景区,有闻名中外的百丈禅寺。该寺在禅宗文化中占有重要的历史地位,对当地旅游开发具有重要意义。该路段起于甘坊,终于西塔,长21千米,路基宽6.5米,路面宽6米,水泥路面结构,总投资838.12万元。

(余 强)

【宜丰县天宝至同安段油面工程开工】 10月19日,宜丰县天宝至同安段油面工程开工。该工程起于花(桥)下(陂)线K8+000,终于K21+500,全程13.5千米,总投资1037万元。按设计要求,油面摊铺按二级公路标准施工,为4+1厘米厚热拌沥青碎石面层,路面宽9米。工程完工后,行车速度可达60千米/小时。该工程由宜丰公路分局负责施工。

(郭祥峰)

【抚州市积极安排农村公路建设暨改渡建桥工作】 10月28日,抚州市政府召开专题会议,进一步部署2008年全市农村公路建设暨改渡建桥工作。2008年,该市农村公路计划建设通村水泥路849千米,新增184个行政村通水泥路,行政村通水泥路率达78.2%;至2010年,全市将新建68座桥梁,撤销69个农村渡口,其中2008年续建桥梁30座,新开工建设24座,2009年新开工建设14座。至"十一五"末,全市除大河、水库外基本实现改渡建桥。会议要求:一要认清形势提高认识,切实增强加快农村公路和改渡建桥建设步伐的紧迫感和责任感。各县区要高度重视,把思想统一到市委、市政府关于加强农村公路建设和改渡建桥的战略部署上来,迅速掀起农村公路建设和改渡建桥新高潮。二要统筹规划,分步实施,全面完成农村公路建设任务。要科学规划农村公路路网,统筹城乡公路协调发展,严格农村公路建设质量,深化农村公路养护体制改革,全面完成农村公路造林绿化任务。三要攻坚克难,狠抓进度,切实加快农村渡口改渡建桥项目实施。要加强领导,明确责任,全面落实"县长负总责,一桥一领导、一桥一技术负责人"的责任机制。要积极筹措落实建设资金,严格按市政府文件要求落实配套资金,全力加快项目建设。要切实加强改渡建桥建设质量监管,确保改渡建桥工程质量。四要加快农村客运站场建设,完成省里下达的建设任务,大力发展农村道路运输,促进农村社会经济发展。

(抚州市交通局)

【宜春市袁州区又好又快建设农村公路】 2008年,袁州区农村公路建设再上新台阶,铺筑水泥路面里程232千米,新增通水泥路行政村35个,截至12月,全区农村公路铺筑水泥(油)路里程达到1152千米,实现100%的乡镇通水泥(油)路;302个行政村中,已通水泥(油)路有271个,占行政村总数的89.7%,该区的主要做法是:①加强领导,明确职责。区政府组建了农村公路建设重点工作组。每年年初召开农村公路建设工作会议,总结上一年的农村公路建设工作,布置当年的农村公路建设任务。农村公路建设以乡镇政府为主体,负责项目实施。②树立典型,推动全区农村公路建设。先后推广宣传芦村、新坊、寨下3个乡镇的好经验、好做法。③热情服务,精心指导。区交通局每年在工程开工前夕都举办农村公路建设工程施工管理和技术培训班。请专家讲课,及时印发介绍公路建设基本知识。④强化监管,确保质量。认真实行项目管理"五项制度":项目法人责任制,工程招标制,工程监理制,工程合同管理制,落实工程质量终身责任制。项目所在乡镇的乡镇长为工程质量第一责任人。⑤多方筹资,民主管理。农村公路建设除国家、省、市、区4级政府的补助资金外,还需自筹较多的配套资金。充分调动各方面的积极性,采用"三个一点"的方法筹集农村公路建设配套资金:群众自愿筹措捐一点,社会各界捐助一点,开发集体资源拿出一点。

(袁州区交通局)

【乐安县石都线路面大中修工程竣工】 9月30

日，乐安县石都线路面大中修工程竣工。石都线为乐安县通往“千古第一村”流坑村的重要道路，经抚州市人民政府批准改造。该路全长20.4千米，其中，原油路段仍采用沥青混凝土面层，线路长16.2千米；对水淹路段采用水泥混凝土路面，线路长4.2千米。实施标准为三级公路。工程建设工期为52天，半幅施工，由乐安公路分局承建，乐安公路分局养护公司进行项目管理，建设总投资709.8万元。在施工过程中，乐安公路分局严格按照设计图纸和技术规范要求，本着确保工期、质量、安全的原则，充分发挥专业化、机械化的施工优势，顺利完成建设任务。

（朱赣东　李水生）

【抚州市完成交通基础设施建设投资31.15亿元】 2008年，抚州市交通局进一步加大对交通基础设施建设力度，全年共完成投资31.15亿元，是2007年的8.1倍，创历史之最。建成通行政村水泥路860千米，通村砂石公路382千米，新增181个行政村通水泥（油）路，行政村通达率达78%。创建农村文明公路110千米，完成造林绿化工程农村公路植树866.7公顷，绿化里程1124千米。建成乡镇汽车客运站6个，完成主体工程7个，动工在建7个，竣工农村候车亭350个。在改渡建桥方面，已完成渡建桥15座，还有在建桥12座，另完成招投标4座，完成设计6座，完成工可13座，编制工可43座。该市大规模的交通基础设施建设，进一步优化了全市公路交通网络，便捷了人民群众生产生活，加速了全市经济社会的发展。

（陈根玲）

【黎川县1.4亿元铺就农村“致富路”】 近年来，黎川县把农村公路建设作为建设社会主义新农村、改善农村交通基础设施条件与广大农民群众生产生活环境的“民心工程”来抓，大力实施农村公路改造，着力解决制约农村经济发展的交通“瓶颈”。该县先后投入1.4亿元改造、硬化农村公路679千米，其中日峰、湖坊、洵口等7个乡（镇、场）64个行政村全部修通水泥路，全县83.33%的行政村实现了通水泥公路。交通条件的大力改善，促进了该县农村经济的蓬勃发展，至2008年，全县兴起烤烟村、菌菇村、水产村、蜜橘村78个。仅2008年下半年，外地客商进村入户收购菌菇、蜜橘就达8000多千克，种养农户户均增收6000多元。该县农村种养户2008年节约运输成本3万多元，农民人均纯收入净增100多元。

（陈根玲）

【南丰县1.2亿元投入农村公路建设】 南丰县把农村公路硬化作为新农村建设重要内容，加大投入，量化目标，通过“向上争取一点，财政支持一点，村民筹集一点”的办法，按照“以点带面，循序渐进”的原则，不断推进农村公路网络向纵深发展。至2008年末，该县累计投入农村公路建设资金1.2亿元，新建农村公路45条，总里程达300余千米，实现县乡公路硬化率100%，行政村水泥路通达率55%以上。农村公路交通条件的极大改善，方便了群众的生产生活，铺就了农民的创业致富路。紫霄镇是个山区乡镇，原先因交通不便，信息不灵，丰富的山林资源得不到开发。近年来，该镇先后投入1000余万元，共修通了县乡水泥路44千米、村级水泥路15千米，全镇19个行政村有12个通了水泥路，行政村水泥路通达率达60%以上，农民充分利用便利的交通，办起了特色种养基地，发展特色农业致富。2008年，该镇农民年人均收入由原来的不足1000元猛增到4000余元。

（陈根玲）

【南丰县积极推进景区公路建设】 8月16日，南丰县军峰山景区2条旅游公路硬化工程开工。工程完工后，该景区旅游公路硬化总里程将达到26.5千米，会大大改善旅游交通条件。该县把加快景区基础设施建设作为提升旅游品位的重要内容来抓，加大资金投入，新建旅游公路5.5千米，铺鹅卵石游步道10千米。围绕传承红色文化和名人文化，该县重点抓好曾巩纪念馆、康都会议纪念馆等两个省、市爱国主义基地以及军峰山、傩湖等景区公路建设，至2008年共硬化公路40.8千米。

（陈根玲）

【广昌县新建24条乡村公路】 广昌县交通局在水库移民帮扶帮建工作中，通过实施“后扶持”项目，着力解决水库移民出行难问题。至2008年末，该县共投入帮扶专项资金210万元，实施公路建设项目27个,其中新建乡村公路24条,通车里程达60余千米。盱江镇洽港村下田夕村小组离村委会所在地有10余千米,住有不少水库移民,唯一的进村路是一条坑坑洼洼的盘山砂石路。如今通了水泥路,村民再也不用为出行发愁了。

(陈根玲)

【乐安县加快农村公路建设步伐】 乐安县把农村公路建设作为促进农村经济可持续发展的一项重要工作来抓,最近5年先后投资近2亿元,新建农村水泥路320千米,县至乡水泥路通达率100%,90%的行政村通水泥路。该县新建的1300千米的农村公路有力地拉动了农村经济发展,缩短了农村与外界的距离。谷岗乡农民以往每年卖粮时,要挑担走5千米路到乡粮管所,5天才能挑完。现在,汽车开到家门口,同样数量的粮食2个小时就可卖完,农闲时还可以把农副产品拉到县城去卖。随着农村路网结构的不断完善,农民的生活质量大大提升,商品品种齐全、质量可靠的200余家农村超市遍布乡村。

(乐安县交通局)

【乐安县流坑旅游专线公路大修工程完工】 12月30日,乐安县流坑旅游专线公路路面大修工程完工。流坑旅游公路又称石嘟线,始建于20世纪90年代中期,全长20.4千米,是一条超龄服役的三级油路。随着流坑旅游业的不断发展,来往该路的游人、车辆日渐增多,尤其是2008年年初的雨雪冰冻灾害天气,更使这条油路严重损毁,周边群众反响强烈。当地政府和交通部门对此十分重视,先后投入大量资金和人力,对该路进行抢修,但仍无法彻底改变路况。在经过认真调研后,7月,抚州市、乐安县及有关部门共同出资710万元,对流坑旅游公路路面进行大修,经过建设者们3个多月的辛勤劳动,该工程终于赶在春节旅游旺季前竣工。

(陈根玲)

【乐安县6条农村水泥路相继竣工】 5月中旬以来,乐安县陀上至坪上、增田至长江、桐山至田北等6条农村水泥路相继竣工。2008年,该县针对日趋严重的“空心村”现象,及时调整乡村路网结构,把农村公路建设与建设新农村结合起来,从整治“空心村”入手,创新方法,以点带面,将公路修进村中心,既控制了耕地的占用,又改善了农民居住、出行环境,深受农民欢迎。竣工的6条农村水泥路总里程21千米,全部按四级标准设计施工,总投资550万元。

(乐安县交通局)

【乐安县山砀镇3年建成10条致富路】 乐安县山砀镇充分发挥村级经济实力强的优势,大力发展镇村交通事业,有效方便了当地群众与外界的联系,使农民发家致富的道路越走越宽广。3年来,该镇已建成村级公路10条,总长65千米。至2008年底,该镇的村水泥路通达率达90%,自然村水泥路通达率达60%。

(方 可)

【乐安县农村公路建设推行参与式管理】 农村公路建设点多、线长、规模大,如何把好质量关、控制好工程进度是摆在管理者面前的最大难题。乐安县交通主管部门充分发动群众,推行“参与式管理”模式,让工程沿线的群众全程参与项目前期准备、工程招投标、工程日常管理和质量监督,既节省了管理成本又提高了管理水平。在项目准备阶段,该县邀请村民代表参加投标、评标大会。工程开工后,在工程沿线每个村聘请村民代表,参与工程协调服务和质量监督。戴坊镇村民代表邹亚明说:“以前村民发现工程质量有问题,不知向哪里反映,现在好了,我们可以直接参与管理,发现问题及时上报。”“参与式管理”不仅极大地调动了农民参与公路建设的热情,还保证了质量,防止了腐败。2008年,该县建设农村公路100千米,总投资3000万元,在项目数量、建设里程、投资规模上均创历史新高,且全部达标,受到人民群众的交口称赞。

(陈根玲)

【东乡县八成行政村通水泥路】 东乡县政府非常重视村水泥路的建设。自2003年以来,该县共投入资金1.2亿元,修建农村水泥路517.13千米,全县82%的行政村修通了水泥路。近年来,为了改善农民生活,促进农村经济发展,东乡县逐年加大了农村公路建设力度，2006年，该县新增水泥公路77.8千米，2007年，新增水泥路169.6千米。2008年，该县完成农村公路建设投资2700万元，新增18个行政村通水泥路。

（东乡县交通局）

【东乡县王安石故里上池村公路改建工程开工】 11月26日，王安石故里公路硬化改建工程开工。该公路与东金线丰林段相接，途经潭江、桥西、上池、大源，全长16.5千米，路基宽5.5米，路面宽4.5米，总投资387万元。公路改建完工后，不仅可以大大改善全镇的交通环境，而且可把全省历史文化名村梧溪村、全省风景名胜景点王安石故里上池村等地连成一片，促进当地旅游业的发展。

（东乡县交通局）

【婺源县建制村公路建设捷报频传】 至2008年底，婺源县全县有公路350条，总里程1762.5千米，其中：省道2条，121.28千米；县道10条，305.12千米；乡村道337条，1324.7千米；专用公路1条，11.4千米。16个乡（镇）公路通达率100%，通水泥路乡（镇）15个，通畅率93.8%；186个建制村，公路通达率94.1%。2008年，公路建设总投资6810万元，完成万田庄至许村、吴源、潘村等公路路基改造162千米，万田庄至许村、新屋、白石源等公路路面硬化246.2千米，段莘至浙源、清华至沱川等公路勘测设计103.6千米，完成县乡公路路况技术评定和普查共212.5千米。

（王延龄）

【玉山县苏怀线沥青路面工程完工】 8月20日，玉山苏怀线（苏村至樟村）沥青路面工程完工。该工程全长20千米，投资522万元，按山岭重丘四级建设标准，由玉山公路分局施工，上饶宏优设计院设计。苏怀线是通往著名红色旅游风景区——怀玉山“清贫园”的一条重要公路，随着该工程的完工，将大大促进沿线经济和旅游业的发展。

（韩红辉）

【鄱阳设立“公路建设质量监督管理站”】 7月14日，鄱阳县成立“鄱阳县公路建设质量监督管理站”，进一步对该县公路建设质量管理体系进行完善。该县2008年以“农村公路建设质量年”活动为契机，结合实际积极组建质量监管机构，通过把群众参与、部门管理、社会监督与专业监管紧密结合起来，把建设质量作为重点工作和关键环节来抓。该站隶属县交通局管理，为股级自收自支事业单位。

（张新冬）

【上饶市2007年度农村公路建设项目通过验收】 上饶市交通局根据省公路局对农村公路改造、通达工程项目进行验收的要求，于4月28日，完成验收农村公路总里程1201.05千米，其中3.5米~4.5米宽路面325.55千米，4.5米~6.0米宽路面803.85千米，6.0米宽路面58.21千米；新增通公路行政村103个，新增通油（水泥）路行政村290个。

（陈均培）

【上饶市少数民族地区公路建设取得好成绩】 2005年以来，上饶市加强了少数民族地区公路建设，取得好成绩，2008年通过验收的公路达630千米。1月17日，上饶市2005年9个少数民族地区县乡村油（水泥）路面项目58千米正式通过竣工验收；同时2006年县乡村公路砂石路项目154个572.87千米、桥4座374延米也通过了验收。新建公路项目多，里程长，对改善少数民族地区的交通环境、促进地域经济发展具有重要作用。

（陈均培）

【铅山县樟太篁公路开工建设】 10月21日，连接贵溪的樟坪、铅山的太源、篁碧三个少数民族地区的樟太篁公路开工。樟太篁公路全长59千米，工程概算1888万元，工期5个月，该路的建成将大大改善铅山少数民族地区的交通基础设施状况，对少数民族地区的经济繁荣和县域经济的发展都将产生深远的意义。

（韩云丽）

【铅山县加大旅游景区公路建设力度】 2008年，铅山县政府为加快旅游建设步伐，加大了导向性资金的投入，对全县的旅游公路建设进行重点倾斜，安排专项资金40万元，用于鹅湖书院、葛仙山、北武夷山大峡谷等景区公路建设,拓宽改造了上分线至鹅湖书院景区公路4千米,并在葛仙山景区建成5千米游步道,在北武夷大峡谷景区建成12千米游步道。新建公路投入运营后,对景区旅游业的繁荣和发展,起到了良好的推动作用。

(韩云丽)

【德兴银(城)泗(洲)段公路改造工程竣工】 2008年12月,九(都)德(兴)公路银(城)泗(洲)段改造工程竣工,该工程全长21.22千米,按一级公路标准实施,路面宽22.5米,总投资为2.1亿元。该工程建设历时一年零九个月。该路的建成,大大方便了德兴矿区企业的运输,方便了当地居民的出行,对促进地域经济发展将起到重要作用。

(陈寒冰)

【万年县公路网络基本形成】 万年交通基础设施建设突飞猛进,以高速公路为主骨架、国省道为支干、农村公路为末节的网络基本形成。截至2008年12月,全县公路总里程1101千米,其中,高速公路1条26.04千米、国道1条32.1千米、省道3条60.7千米、县道7条210.75千米、乡道22条208.85千米、村道661.65千米。该县等级以上公路密度为96千米/百平方千米。

(万年县交通局)

【浮梁县东三线油路大中修工程竣工】 10月21日,浮梁县县道东(港)三(龙)线油路大中修工程竣工。施工里程16.3千米,施工桩号为K0+000~K13+300,长13.3千米,按四级公路标准施工,路面宽5米;K15+300~K18+300长3千米,按三级公路标准施工,路面宽度7米。工程由浮梁公路分局组织施工,于8月初开工,总投资505万元。该路段大中修,对加速当地新农村建设、促进县域经济发展具有重要作用。

(赵席忠)

【万年珠曹公路竣工通车】 10月26日,珠曹公路(万年段)竣工通车。该路长24.24千米,按二级公路标准建设,工程总投资8700万元,工期14个月。珠曹公路是万年至滨湖3县、连接上饶市的主要通道,也是通往省级风景区仙人洞、神农宫等旅游景点的唯一通道。它的建成通车,对于缓解省道黄(庄)锦(江)线运输压力、优化城市路网结构、加快万年县的建设具有重要意义。同时,也为当地群众发展第三产业、拓宽经济发展门路提供了便利。

(李锋庆)

【弋阳周洪线四级公路改造工程完工】 周洪线四级公路改造工程起点为周潭K0+000,终点为洪山K12+406,全长12.41千米。公路等级四级,路基宽6米,路面宽5.5米,计算行车速度40千米/小时,设计荷载为汽—10,履—50,垫层为15厘米沙砾,基层为15厘米水泥稳定沙砾,面层为5厘米泥结碎石。该工程于8月6日开工,12月20日完工,工程总投资200万元。该工程由上饶恒通公路工程有限公司施工,上饶宏优公路勘察设计院设计,上饶赣东公路工程咨询中心监理。

(上饶市公路局)

【宁都县大沽至长告公路工程开工】 宁都县蛇行排至小布公路大沽至长告段工程为红色旅游工程项目,按三级公路标准建设,路基宽7.5米,水泥路面宽6.5米,项目全长17.6千米,总投资800万元,于2月开工建设,建成后将进一步推进宁都县旅游业的发展。

(杨河良)

【上犹县蓝田至新江公路工程开工】 上犹县蓝田至新江公路工程起于上犹县社溪镇蓝兰村,终于社溪镇新江村,路线全长12.3千米。全线采用四级公路标准,设计速度为20千米/小时,汽车荷载:公路-Ⅱ级,路基宽6.5米,路面宽6米,为泥结碎石路面。工程总投资866万元,于6月开工建设。

(杨河良)

公路桥梁建设

【概况】 2008年,全省公路桥梁累计21845座,815845.02延米;共计有永久性桥梁19857座,773898.52延米,永久化程度94.9%。其中:特大桥26座52461.02延米;大桥1394座,279712.84延米;中桥5250座,266324.6延米;小桥15175座,217346.56延米。

2008年度新建桥梁249座,41669.09延米。

各设区市公路局管养的桥梁4341座,184300.7延米,危桥220座,12081.92延米,其中:永久化桥梁4338座,184211.7延米,永久化程度99.9%;地市交通局管养的桥梁15748座,408584.49延米,其中:永久性桥梁13765座,366784.99延米,永久化程度87.4%。

(周　燕)

【全省农村公路建设暨改渡建桥工作会召开】 8月20日,全省农村公路建设暨改渡建桥工作调度会在南昌召开。省委常委、常务副省长凌成兴出席会议并讲话。省政府副秘书长朱希出席会议。省交通厅厅长马志武主持会议。省交通厅巡视员席芳柏对全省农村公路建设暨改渡建桥工作进展情况进行通报。省公路局局长曹先扬以及省直有关部门的负责人和各设区市分管公路副市长、市交通局局长参加会议。

凌成兴在讲话中对各地各有关部门在农村公路建设和改渡建桥方面所做的大量工作给予了充分肯定。他指出,改渡建桥工作是一件深得民心的大事;改渡建桥补助是一项非常优惠的政策;改渡建桥工程是一场任务艰巨的硬仗,主要体现在“三大集中、一个艰巨”。三大集中即,建设时间集中,三年内(到2010年年底)要新建桥梁621座;建设项目集中,新建桥梁主要集中在滨湖地区和江西五大水系的上游支流;前期工作集中。一个艰巨即建设资金投资总额巨大。

凌成兴强调,改渡建桥工作是一件深得民心的大事,打好这场攻坚战,要“坚定一个目标、抓住三个不放”。坚定一个目标就是坚定到2010年年底新建桥梁621座、撤销渡口800个的目标。抓住三个不放即,一是抓住领导责任不放。要按照“市长抓调度、县长负总责、一桥一领导、一桥一技术干部”的要求,着力落实配套资金、确定分管领导、组织项目班子或项目法人、明确时间节点、协调重大难题。二是抓住工程可行性研究报告(简称工可报告,下同)不放。当务之急是在8月底前一定要落实勘察设计单位,9月底前完成工可,10月底以前完成100延米以上大桥的初步设计。三是抓住年度开工不放。2008年确定的项目年内务必开工,并切实在项目施工中做到严格地质勘探、严格工程设计、严格招标投标、严格工程监理、严格资金管理,为实现江西崛起新跨越、富民兴赣作出新的更大贡献。

席芳柏在讲话中指出,2008年全省农村公路建设的具体任务是:改造硬化农村公路1万千米,启动3400千米县到乡公路建设。新增1900个左右的行政村通油(水泥)路,500个左右的行政村通公路,行政村通油(水泥)路率和通公路率分别达到80%和96%;全省今年要续建(2004至2007年已立项)的改渡建桥项目桥梁319座,新立项并开工建设改渡建桥项目桥梁159座。

席芳柏指出,农村公路建设暨改渡建桥工作中存在前期工可和初步设计工作进展比较缓慢,改渡建桥设计深度不够,建设单位专业技术和管理人员比较缺乏,管理水平比较低等薄弱环节。就做好下一步全省农村公路建设暨改渡建桥工作,他强调,一要进一步抓好已列计划的农村公路项目的落实、实施和管理,充分利用当前施工的有利季节,确保质量,全面完成农村公路1万千米硬化任务。二要进一步抓好省政府赣府发[2008]9号文件的落实,打好农村渡口改渡建桥攻坚战。要进一步加快改渡建桥项目的前期工作和开工;要进一步落实改渡建桥的资金和责任;要进一步加强改渡建桥工程的质量和进度报表以及统计工作,全面完成农村公路建设和农村渡口改渡建桥目标任务,努力向省委、省政府和全省人民交上一份满意的答卷。

会上,各设区市汇报了本市农村公路建设暨改渡建桥前一阶段的工作、存在的问题、下一步工作思路,并提出了建议意见。

(熊昌军　戴华君)

【全省农村改渡建桥建设生产调度会召开】 10月22日~24日,全省农村渡口改渡建桥建设生产调度会在南昌召开,会议听取了全省各设区市农村渡口改渡建桥建设工作进展情况汇报,就下一阶段工作进行了部署。省交通厅巡视员席芳柏主持会议并讲话,厅机关有关处室、厅直属有关单位负责人以及各设区市政府分管副市长、市交通局局长、分管副局长参加了会议。

为了解决农村群众出行难的问题,江西省全面启动农村渡口改渡建桥民生工程,计划将撤销农村渡口800个,建设大桥621座。省政府已将改渡建桥工作列为"民生工程"纳入地方政府考评体系。为了积极推进渡改桥建设步伐,建立起农村渡口改渡建桥项目工作的长效机制,省交通厅结合全省实际,制定《江西农村公路渡口改桥建设交通部补助项目管理暂行规定》、《江西省农村渡口改渡建桥项目管理办法》。8月20日,省政府召开全省农村公路建设暨改渡建桥工作调度会。省委常委、常务副省长凌成兴提出"坚定一个目标、抓住三个不放"的工作要求。坚定一个目标就是坚定到2010年年底新建桥梁621座、撤销渡口800个的目标。抓住三个不放即抓住领导责任不放,抓住工可报告不放,抓住年度开工不放。

会议在听取各设区市工作情况汇报后席芳柏指出,自全省农村渡口改渡建桥工作启动以来,各设区市政府和交通部门认真贯彻省委、省政府的决策部署以及省委常委、常务副省长凌成兴提出的"坚定一个目标、抓住三个不放"的工作要求,认真研究,认真部署,认真落实工作措施,改渡建桥工作取得了积极进展。他强调,渡口改渡建桥工作时间紧、任务重,各设区市交通部门要积极协调,进一步加大工作力度,狠抓工程前期工作;要继续抓紧抓好项目开工;要加强项目管理,认真落实一桥一领导、一桥一技术负责人的工作责任制,严把施工、监理单位的从业资质,确保工程质量;要进一步明确县级政府作为项目责任主体,严格加强项目监管;要加强协调,抓好项目建设资金落实,确保市县配套资金与省厅资金同步到位。席芳柏指出,加快农村渡口改渡建桥建设是贯彻落实科学发展观的一项重要举措,各级交通部门要把实际行动落实到十七届三中全会精神上来,把农村渡口改渡建桥作为一项推动农村改革发展的民生工程抓紧、抓实、抓好,确保圆满完成农村渡口改渡建桥任务,努力向省委、省政府和全省人民交上一份满意的答卷。

(小　龙)

【副省长洪礼和考察农村改渡建桥项目】 10月9日,副省长洪礼和在省安监局局长张桃生、省政府办公厅副主任喻晓社、省交通厅巡视员席芳柏等省直单位有关负责人及地方政府负责人的陪同下,先后考察南昌县向塘镇雄田大桥和新建县松湖乡宋家大桥两个改渡建桥项目。

雄田大桥全长225米,跨抚河支流棠野港,建成后可把向塘城区与316国道连接,对于改善向塘镇城区东西两岸交通状况、加快向塘城市化建设、拉开向塘一河两岸格局具有十分重要的意义。洪礼和称赞这是一项与当地农民血肉相连的民生工程、连心工程,是帮助农民群众告别摆渡历史,实现百年梦想的德政工程、致富工程。他指出,改渡建桥工程的实施,不仅方便农民出行,彻底消除渡口安全隐患,而且打破偏远农村交通落后的"瓶颈",促进当地经济的发展。各有关单位务必要从全面贯彻落实科学发展观、促进农村经济社会全面协调发展的高度出发,高度重视,加强领导,明确责任,加快推进全省改渡建桥工作,保障农民群众安全出行。

在宋家大桥上,洪礼和向施工单位负责人详细了解大桥建设的有关情况,并指出,改渡建桥项目直接关系到农民群众的出行安全,在施工过程中一定要规范操作,狠抓工程质量,做到市长抓调度、县长负总责、一桥一领导,责任落实到人;在大桥建成交付使用前,一定要加强管理,注意安全。他指出,南昌地区水网密,大江大河多,渡改桥工程量非常大,南昌市各级党委和政府要进一步提高认识,加强管理,争取早日全面完成目标任务,在渡改桥工程项目建设方面为全省带个好头。

考察中，洪礼和对省交通厅在改渡建桥方面所做的大量工作给予了充分肯定，认为省交通厅深入贯彻落实科学发展观，坚持以人为本，切实加强组织领导，强化资金补助与奖励，严格建设管理确保工程质量，认真抓好抓实农村改渡建桥工作，为推进社会主义新农村建设作出了积极贡献。

（练崇田）

【省交通厅全面启动农村改渡建桥工程】 为从根本上保障农民群众安全便捷出行，践行以人为本、关爱生命的理念，5月，省交通厅出台了《关于加快全省农村渡口改渡建桥的实施意见》（以下简称《意见》），全面启动农村渡口改渡建桥民生工程。

一是建设621座大桥，撤销800个农村渡口。农村渡口改渡建桥工作，被列为今后五年全省交通工作的“三大基本任务”之一。在2004年开始改渡建桥试点工作的基础上，2008年全省将续建桥梁319座，新开工建设159座；2009年新开工建设143座。到2010年，建成上述621座大桥，撤销800个农村渡口，加上从2004年至2007年竣工的改渡建桥项目90个，从而使全省除大江、大河、大湖、水库外的农村渡口基本实现改渡建桥目标。

二是切实加强组织领导。为切实加强对改渡建桥工作的组织领导力度，《意见》明确县级人民政府为农村渡口改渡建桥项目建设的责任主体，对本行政区域内农村渡口改渡建桥建设工作负总责。同时，将改渡建桥工作作为“民生工程”纳入政府考评体系，责任落实到人，考核主要领导和分管领导，确保全省农村渡口改渡建桥目标任务全面完成。

三是强化资金补助与奖励。第一，切实加大投入。建设资金原则上按省50%、市20%、县20%安排三级政府补助，不足部分由项目所在地的县、乡（镇）两级政府负责筹措。省交通厅在后三年每年安排7亿元的贷款，用于农村渡口改渡建桥和农村公路建设项目。第二，建立奖励机制。为鼓励各地加快农村渡口改渡建桥项目建设，对已列入“十一五”农村渡口改渡建桥规划，并在2010年按时、按质完成的项目，省交通厅拿出2亿元给予奖励。自2008年开始共分三年，顺次按照省、市、县总补助标准的10%、8%、6%的标准予以奖励。奖励资金与工程完成情况和二级补助到位情况挂钩，按时完工的，给予奖励标准的60%的奖励；补助资金同步到位的，再给予奖励标准的40%的奖励。第三，争取优惠或免收各项税收和费用。争取对农村渡口改渡建桥项目所规定的各项税收从低计征，且所征收的税费返补；争取对农村渡口改渡建桥建设项目所涉及的一切行政事业性费用给予免收。第四，鼓励社会资金投资建设。鼓励各地利用冠名权等方式筹集社会资金投资农村渡口改渡建桥建设，鼓励企业和个人捐款用于农村渡口改渡建桥建设。

四是严格建设管理确保工程质量。为确保改渡建桥项目顺利实施，做到“五个严格、五个确保”：即严格地质勘探，严格工程设计，严格招标投标，严格工程监理，严格资金管理，确保施工安全，确保工程质量，确保建设进度，确保资金概算（不超概算），确保干部廉洁。同时，项目建成后要落实管养单位，确保桥梁正常运营。使每一座桥既是“民心桥”，也是人民群众满意的“放心桥”。

（摘编自《江西交通》2008年第5期）

【九江长江大桥维修加固工程开工】 经省交通厅批准，九江长江大桥公路桥维修加固工程于2008年12月15日开工。大桥维修加固工程共分为四个标段，分别为正桥加固（A标）、正桥桥面铺装（B标）、引桥加固（C标）、正桥伸缩缝改造（D标）。工程概算为1.179亿元，是九江长江大桥建成以来投资最大的养护工程项目。维修加固工程将为广大群众和车主提供一个安全舒畅的交通环境。

（张曙光　万　鹏）

【南昌豫章大桥加固提载工程竣工】 南昌市豫章大桥于1990年12月30日建成通车。大桥位于赣江东支，八一大桥下游8.36千米、蒋巷镇高梧渡口处，是沟通南昌市区和蒋巷镇之间的一座公路、城市两用桥。大桥全长560.61米，共16孔，桥面宽14米。设计荷载汽—20、挂—100。随着蒋巷镇经济发展和乐温高速公路的连接，过往车辆日益增多，尤其是重载车辆对大桥损害严重，造成桥面裂缝、伸缩缝和人行道破损、部分支座滑移、桥梁墩台裂缝等主要病害。

为确保该桥的使用安全，满足交通发展的需

要,南昌县政府决定对大桥进行维修加固提高荷载。工程由蒋巷镇政府组织,总投资800万元,其中交通部514万元,市政府200万元,南昌市公路局60万元。工程由省交通设计院设计,省交通桥梁检测加固有限公司施工,2008年4月开工,6月28日竣工通车。工程对T梁用高强碳纤维加固补强、更换全桥伸缩缝、用环氧树脂混凝土修复破损支座、以防撞墙替换人行道栏杆等措施进行维修加固,行车道加宽2米,人行道减窄3米,用振动标线将行车道与人行道分隔,使加固提载后的荷载标准达到公路一级。

(周国祥)

【新建县松湖宋家大桥竣工】 新建县松湖宋家大桥位于松湖镇宋家村,松湖水电站下游约1千米处,是横跨锦江,连接新建县、丰城市的渡改桥项目。该桥于2006年3月开工,由新建县交通局为业主单位,江西路桥工程有限公司承建。大桥主桥长482米,两端引道长287米,宽7.5米,采用三级公路标准建设,设计时速30千米,总投资1360万元,2008年12月底竣工。大桥通车后,可撤销南湾宋家、张家、仙亭等公路和民间渡口5个,大大提高了松湖镇广大群众出行的安全性和便捷性。

(吴剑芳)

【新建县联圩东岸大桥建设工程开工】 10月16日,新建县重点建设工程联圩东岸大桥项目开工。该桥起于联圩乡路司口村,跨越赣江下游北支官港河,终于东岸村,是该县近年继松湖宋家大桥后的第2座渡改桥项目。大桥主桥长467米,宽8米,引道长148米,工程预算总投资1260万元,由江西有色工程有限公司中标承建,建设工期18个月。大桥建成后,可撤销东岸、路司口、下沙头3个渡口,从根本上解决当地居民过河靠摆渡的交通落后状况,对加快联圩地区经济发展具有重要意义。

(吴剑芳)

【新建县南矶大桥开工】 11月18日,新建县南矶大桥开工。南矶大桥是新建县2008年撤渡建桥项目之一,也是县服务"三农"重点工程。该桥西起南昌县黄湖闸堤外,跨越太子河,接于东岸南矶乡水泥路,也是南矶乡对外交往的必经通道。项目路线全长685.983米,其中大桥长205.12米,宽7米,大桥两端引道长480.863米,工程总投资776.5万元。南矶大桥建成后,将结束南矶乡世代群众出行先过渡的历史,对促进南矶湿地自然保护区旅游开发具有重要意义。

(吴剑芳)

【景德镇市就加快农村渡口改渡建桥工作做出安排】 8月18日,景德镇市市政府就农村渡口改渡建桥工作做出安排,并转发市交通局《关于加快景德镇市农村渡口改渡建桥的实施意见》(以下简称《意见》),提出到2010年底完成新建桥梁41座,撤销农村渡口54个,实现全市除大江、大河、大湖、水库外的农村渡口基本改渡建桥。这41个改渡建桥项目累计长度为6595米,除2座为行人通行的外,其余均为可通机动车的公路桥梁,桥面按5.5至8米不等的宽度建设,其中乐平市15座、浮梁县6座。

《意见》明确了加快全市农村渡口改渡建桥工作的政策措施、组织领导及建设管理,在省级补助工程投资总额50%的基础上,市政府及有改渡建桥任务的乐平市、浮梁县政府分别按20%的比例予以补助,建设资金的不足部分由项目所在地的县(市、区)、乡(镇)两级政府负责筹措。三级补助标准中的省级补助资金为:100米以上(含100米)的公路桥梁按1300元/平方米给予补助,100米以下的公路桥梁按1100元/平方米给予补助;并按桥梁所在河流通航情况,适当予以提高。市级补助资金标准为:100米以上(含100米)的公路桥梁按不低于520元/平方米、100米以下的公路桥梁按不低于440元/平方米的标准安排市级财政资金给予补助。县级补助资金标准与市级补助标准相同。

《意见》提出,县级人民政府为改渡建桥项目建设的责任主体,对本行政区域内农村渡口改渡建桥工作负总责。要求从2008年起,每年建成并投入使用13个项目。

(涂 强)

【景德镇市召开农村渡口改渡建桥工作会】 9月27日,景德镇市市政府召开全市农村渡口改渡建桥工作会,传达省委副书记、省长吴新雄在省政府党组关于深入学习实践科学发展观活动情况通报会上关于农村渡口改渡建桥工作的讲话、8月20日全省农村公路建设暨改渡建桥工作调度会精神。副市长、市农村渡口改渡建桥工作领导小组组长黄康明到会讲话，乐平市、浮梁县政府领导，市直有关部门负责人及改渡建桥项目县（处）级领导责任人参加会议。

会议指出，改渡建桥是一项民生工程，是从根本上保障人民群众出行安全，贯彻以人为本、关爱生命的重要举措，是学习实践科学发展观的具体体现。会议强调，农村渡口改渡建桥是一项政治任务，没有折扣可打，必须保质保量按时完成，并就加快全市改渡建桥工作提出四点要求，一是提高认识，明确职责，科学调度，确保决战全胜。二是交通部门要集中力量，抓紧完成项目开工前的有关工作，确保12个项目年内全部开工、2个项目（浮梁县峙滩大桥、照银山大桥）复工。三是形成改渡建桥工作"市长抓协调、县长总负责、一桥一领导、一桥一技术负责人"的组织领导机制，建立工作调度会制度，确保项目顺利实施。四是把质量管理贯穿项目建设全过程，建立和完善"法人负责、政府监督、社会监理、企业自检"的质量保证体系，确保建成的每一座桥既是人民群众满意的"民心桥"，又是政府民生工程的"放心桥"。会前，该市还召开了市农村渡口改渡建桥工作领导小组第一次会议，就落实改渡建桥项目技术负责人及环保、水务、水文等相关手续审批事宜进行了协调。

（涂　强）

【景德镇市双杨线天宝桥维修工程完工】 8月11日，景德镇市县道双（坑）杨（湾）线银坑坞天宝桥加固维修工程完工。该桥建于乾隆年间，后经改建，桥长31米，宽6米，由于年久失修，影响行车安全和当地群众安全出行，为修复天宝桥，市公路局将该桥列入危桥改造项目，投资37.2万元，由景德镇市公路局直属分局组织施工，进行加固维修。该桥修复后，为缓解市区部分城市道路交通压力和方便当地群众出行发挥重要作用。

（赵席忠）

【萍乡市交通局加快渡改桥工程建设工作】 为切实做好全市农村改渡建桥工作，确保完成建设任务，萍乡市交通局采取多项措施。一是成立萍乡市改渡建桥工作领导小组，加强项目建设的组织和管理；二是成立萍乡市改渡建桥和码头改造评审专家组，具体负责施工图设计评审，监督工程项目招投标工作和工程交（竣）工验收中质量技术评定等；三是每月召开一次改渡建桥建设工作会，听取各县区工作的进展力度，同时对下一阶段的工作进行部署；四是加大改渡建桥工作监督检查力度，每月组织专家进行现场勘察，现场监督工程技术和质量，监管建设资金的使用情况；五是严格按照江西省农村渡口改渡建桥管理办法的要求加强程序管理，严格按规定程序执行。该市"十一五"期间17个改渡建桥项目至2008年已开工7个，完成4个，完成总投资2500余万元。湘东区大江边桥、浏市桥、仁村桥和莲花县龙山口桥等已完成初步设计审批。另完成工可设计项目3个。

（晏卫东）

【上栗县完成危桥改造15座】 在1月冰冻雪灾和5月洪灾发生后，上栗县交通局及时组织人员进行农村公路危桥排查和整治工作，并统计上报市局确定2008年危桥改造建设计划，分别是东源乡坛头桥、鸡冠山乡横下桥、桐木镇陈家桥、福田镇禁山桥、长平乡福寿桥等15座，共计264延米，2008年底全部竣工通车，完成总投资167.73万元。该项工程争取到上级补助资金87.37万元。

（上栗县交通局）

【萍乡市安源区交通局加快农村公路桥梁的改造步伐】 随着萍乡市安源区农村公路等级和质量不断提高，原有的桥梁中有一部分出现了与公路等级不相适应的情况。针对这一现状，安源区交通局及时组织工程技术人员，对辖区公路桥梁进行了全面勘察摸底，并制定改造加固计划和方案，统筹安排，分阶段逐步实施改造。2008年重点对新华桥、宗家店桥、五陂桥、灿桥等4座桥进行了改造加固，消除了安全隐患，确保了辖区道路安全畅通。

（安源区交通局）

【九江市积极推进改渡建桥工作】 九江市政府十分重视改渡建桥工作，2008年6月制定发出了《关于加快全市农村渡口改渡建桥实施意见》，明确了建桥补助标准,市交通局实行班子成员分片包县督察制度,每月召开一次调度会议,及时协调建桥工作中出现的问题。为确保工程建设质量,邀请专家对各县(市)交通局分管领导、公路站站长和改渡建桥工程技术人员共70余人进行了培训。至2008年12月,全市52个改渡建桥项目,已完工4个,开工13个,完成工可的6个,完成初步设计的6个,完成施工图批复的3个,其余17座桥正在做前期工作。

(吴清明)

【新余市姚圩彭家大桥项目开工】 12月14日,新余市姚圩彭家大桥开工。姚圩彭家大桥主桥长377米,姚圩境内引道长656米,桥面宽8.5米,工程总预算造价1078万元,设计荷载等级为公路—Ⅱ级。工程预计工期12个月。该桥的建设,对于方便当地民众出行、确保交通安全、促进地方经济发展,具有重要意义。

(廖振峰　王志勇)

【新余市渝水区新溪大桥开工】 新余市渝水区新溪大桥南起新溪乡泗溪村,北接昌傅镇兰溪村,全长880米。项目建设总投资1156万元,预计在2009年年末完成主体工程的施工。大桥建成后,北经昌傅,对接樟宜公路,直通沪昆高速;南经新溪乡珠易公路,对接新干公路,直通赣粤高速,从而总体上形成以新溪大桥为结点,辐射新余、樟树、新干3县、市的农村公路网络。工程完工后,袁河新溪段两岸百姓走出摆渡的困境,实现数代人顺利通行的梦想,为地方经济社会发展作出较大的贡献。

(新余市交通局)

【新余经济开发区水西潭隅大桥开工建设】 9月10日,新余经济开发区水西镇重点工程潭隅大桥开工。潭隅大桥工程总投资为400万元,全长236.92米,桥面宽5米,引道长400米,没有人行道,采用钢架拱形结构,计划工期12个月。潭隅大桥位于水西镇潭隅村委与珠珊镇洲下村委之间,是潭隅村委通往对岸洲下村、珍口村的必经之路,横跨袁河。大桥建成后,将大大改善袁河两岸交通条件,为水西新农村建设打下坚实的基础。

(卢　刚)

【于都县黄金大桥开工建设】 1月25日,于都县贡江镇横石埠渡口的黄金大桥开工建设。该桥位于中央红军长征第一渡上游约5千米处,桥梁全长248.08米,桥型为后张法预应力混凝土简支连续箱梁,桥墩为双桩双柱式墩,桥台为U形桥台,大桥设计荷载为公路—Ⅱ级,引道长0.73千米。大桥施工工期为15个月。大桥主桥总投资606万元。该桥建成后,将进一步完善于都县城乡交通网络。

(杨河良)

【宁都县两座渡改桥工程项目竣工】 11月,赣州市宁都县黄陂大桥、龙南县窑头大桥先后竣工交付使用。黄陂大桥投资380万元,桥长145.8米,宽9米,按二级公路标准设计。竣工后,可使黄陂乡周边4个乡的村民受益。窑头大桥投资350万元,桥长146米,宽9米,按二级公路标准设计。该桥竣工后,为宁都县桃江两岸群众的出行带来更大便利。

上述两桥分别于2007年10月动工。基于宁都县、龙南县县乡政府的大力支持,建设单位严格控制工程管理和质量标准,从而使这两座大桥建设周期在10个月内保质保量地完成了施工任务,受到省交通质量监督总站的好评。

(李发淳)

【吉安市青原区马埠大桥竣工】 12月20日,吉安市青原区马埠大桥竣工通车。该桥总投资360万元,设计为7跨空心板预应力大桥,桥面净宽为$6+2\times0.5$米;桥长154.08米,加上桥的两端引道,路线共计长491.83米。

(吉安市交通局)

【吉安市青原区天祥大桥开工建设】 12月26日,吉安市青原区天祥大桥开工建设。该桥位于青原区富田镇富水河上游,是通往青原区旅游景点文天祥陵园的重要通道。桥长126.08米,宽10米,上部构造为预应力空心板梁,下部构造为灌注桩基础,引道长838.8米,总投资486万元。通过公开招投标,由江西国力建设集团有限公司中标承建,工期为14个月。

(吉安市交通局)

【永新县渡改桥建设项目完成4个】 按照省、市有关渡改桥建设规划要求，永新县加大力度，积极筹办，至2008年12月，全县现存的5个渡口中，4个渡口已完成渡改桥建设任务，总投资2040多万元。建成的大桥为莲花坪大桥、横楼大桥、松陂大桥和石桥大桥。最后一个渡口虎山渡口大桥也已完成工可报告评审和施工图设计工作，并进入招标程序，即将开工建设。预计2009年，永新县将全面告别摆渡过河历史。

（盛雪九　沈永亮）

【安福三桥主体工程完工】 安福三桥位于安福县城东面的渡河村，桥北靠县城北行政中心，与省道安（福）分（宜）线、吉（安）莲（花）线贯通。桥南与县城武功山大道东段相接，桥梁全长216.88米，宽24.5米，引道长1.23千米，宽40米。该工程设计桥型为7孔30米跨径，预应力箱梁，双柱式桥墩，钻孔灌注柱基础，荷载汽—Ⅱ，防洪能力为1/100。工程建设单位为安福县政府，设计单位为黑龙江省哈尔滨松花江公路勘测设计有限公司，工程监理单位为江西恒拓工程监理咨询有限公司，施工单位为黑龙江龙建路桥股份有限公司。工程于2008年7月8日开工，同年12月底大桥主体工程完工，引道工程路基土方完成100%，并完成了桥北16米宽主车道混凝土路面施工。工程合同造价2217.1万元，预计全部工程于2009年5月竣工。

（吉安市交通局）

【吉安市吉州区卢家洲大桥开工】 2月18日，吉安市吉州区卢家洲大桥项目开工。该大桥由井冈路桥集团有限公司中标承建，造价615.5万元，全长337米，上部构造采用预应力混凝土先简支后连续箱梁，下部构造采用柱式或肋式桥台，设计荷载为公路—Ⅱ级，计划工期为11个月。大桥跨越禾河，直接连通吉州区西乡与吉安县墩永公路，也直接将曲濑乡与吉安县墩厚镇紧密相连。该桥建成后，将极大地改善当地人民群众的交通出行条件，进一步完善当地农村公路网络，发挥路网的整体效应，促进区域经济发展。

（吉安市公路局）

【抚州市临川区龙津大桥开工建设】 6月15日，抚州市临川区龙津大桥开工。大桥位于抚州市临川区上顿渡镇老水上公园，跨越宜黄河，是抚州市临川区为构筑“一河两岸”城市新格局的需要而建造的一座大桥。大桥全长703米，两岸引道共长311.3米。主桥结构形式为基础采用单排钻孔灌注桩∅1.60米，配双柱式桥墩，主桥上部结构为7×30米+7×30米先简支后连续预应力混凝土组合箱梁，引桥为现浇箱梁。设计荷载：城—B级；桥面宽9米+2×2.0米；设速度为40千米/小时；桥头引道按二级公路标准设计，路基宽13米，路面宽9米，采用水泥混凝土路面。大桥由赣东公路设计院设计，浙江省绍兴市工程建设监理有限公司监理，抚州远大路桥工程公司施工。大桥总投资3400万元。到12月，工程已完成桩基础48根，墩柱30根，盖梁15个。主桥下部结构已完成。工程合同工期16个月。大桥建成后，对促进上顿渡镇河西经济发展、方便两岸群众来往具有重要意义。

（余慧芳　李水生）

【上高县7个改渡建桥项目工程开工】 2008年，上高县7个改渡建桥项目工程陆续开工建设。在一年中，有7座渡改桥项目先后开工建设，这在上高县公路建设历史上是没有先例的。上高县委、县政府十分重视改渡建桥工作，认真贯彻落实全省农村公路建设暨改渡建桥会议精神，专题研究讨论了全县农村渡口改渡建桥工作，成立了农村渡口改渡建桥工作领导小组，制定下发了《关于加快上高县农村渡口改渡建桥的实施意见》。通过改渡建桥专题工作会议，对全县农村渡口改渡建桥工作进行了部署，向项目所在乡镇下发了责任书，落实了项目法人。县政府明确规定了农村渡口改渡建桥项目建设单位为项目所在乡镇人民政府，建设单位主管领导为改渡建桥的项目法人代表，建设单位对农村渡口改渡建桥项目具体负责组织实施；落实了项目责任领导，每座改渡建桥项目安排了一名县级领导负责，落实了乡镇具体人员和技术人员，做到了一桥一名县级领导挂帅，一桥一套专门人马。要求在桥梁建设过程中，严格执行基本建设程序，严格勘探设计，严格招投标，严格工程监理，严格资金管理，切实做到确保施工安全，确保工程质量，确保建设进度，确保资金概算不超额，确保干部廉洁。

（上高县交通局）

【宜丰县新昌大桥开工建设】 3月7日,宜丰县新昌大桥开工建设。该桥为城市桥梁,长107.07米,宽20.5米,引道长170.8米,引道路基宽20米,工期10个月,造价710万元,由宜春路桥工程局承建。

(周平华　况　樱)

【奉新华林大桥开工】 9月14日,由江西省工程有色有限公司负责施工的华林大桥开工。该桥长370米(含两端引道30米),宽14米,总体布置为U型桥台,11孔,每孔30米,预应力T梁。下部结构,桥墩采用双柱式桥墩,钻孔桩基础,总造价为1500万元。

(龚付生　余　强)

【靖安县清华大桥竣工】 10月8日,由宜春路桥工程局负责施工的靖安县清华大桥竣工通车。大桥全长290米,宽15米,大桥结构为30米后张预应力箱梁,单孔跨径为30米,共9孔,总投资797.96万元。该桥于2007年1月开工。

(雷小洪　熊　妩)

【奉新县会埠大桥开工】 6月18日,位于潦河中上游的奉新县会埠大桥动工兴建。原会埠大桥全长101米,5孔,单孔跨径为15米,净宽4.5米,为石拱桥,兴建于1965年,迄今已有43年。由于桥面狭窄,加之线型较差,经常诱发交通事故。位于会埠的"江西国际体育健身运动中心",已开辟为奉新县的一个旅游景区,原桥已远远适应不了日益增加的交通量。新建的会埠大桥位于老桥下游,全长140米,净宽6米,两边各设25厘米的安全带,为钢筋混凝土梁式桥,总投资300万元,由奉新公路分局负责施工。

(龚付生　帅德平)

【抚州市临川区山下大桥开工】 12月6日,抚州市临川区龙溪镇山下大桥开工。该桥全长186米,设计桥面宽7米,双向二车道,全桥布置5×20+4×20米等截面连续小箱梁,预计工期12个月。工程总投资310万元,为全省渡改桥建设项目。该桥横跨宜黄河,是临川区至宜黄县的又一通道。该桥的建设,不仅将改变当地村民摆渡过河的历史,而且对促进县域经济发展、加速新农村建设的进程,具有重要作用。

(危月辉)

【黎川县李家洲大桥竣工】 10月2日,黎川县李家洲大桥竣工。该大桥资金来源为上级拨款,大桥设计荷载公路II级,洪水频率1/50,桥梁全长为119.54米,桥头引道100米,其上部构造为8×13米钢筋混凝土空心板梁、3孔一联、全桥共三联;下部构造为重力式桥墩,重力式桥台。该桥技术标准为四级,计算行车速度为20千米/小时,桥梁横断面布置为净5+2×0.3米安全带。该桥为黎川县东山至社苹公路上的一座大桥,由赣东设计院设计、抚州市博信监理公司监理,抚州市局桥梁工程局施工,黎川公路分局代行业主。李家洲大桥在开工前,抚州市局桥梁工程局认真审阅图纸,在人力资源、技术资源等方面作了详细安排和精心准备,制定了各项管理制度。在施工过程中,全体参建人员顽强拼搏、狠抓质量,按期完成了施工任务。该大桥开工日期为2007年12月20日,工期10个月,总投资131万元。

(涂　洪　李水生)

【南丰傩乡大桥开工】 南丰县傩乡大桥系2008年改渡建桥项目。该桥位于南丰县琴城镇江南渡口上游130米处,跨越盱江。桥梁全长307.4米,桥面净宽1.5米(人行道)+4×3.75米+1.5米(人行道),设计荷载:公路—Ⅰ级兼城市—A级,设计洪水频率1/100,通航等级Ⅵ—1级。桥梁结构上部跨径组合为5×30米+5×30米,装配式部分预应力混凝土箱形连续梁,共两联,下部采用柱式桥墩,肋式桥台,基础均采用桩基础,桥面铺装采用钢筋混凝土(内设冷扎带肋钢筋网),总投资1500万元。

该桥于2008年1月15日开工,至12月累计完成投资600万元,计划工期18个月。该工程由江西省公路科研设计院设计,南昌公路桥梁工程有限公司承建,抚州博信公路工程监理有限公司监理,江西交苑工程试验检测中心检测。

(南丰县交通局)

【南城县建昌、杨林渡两桥同时开工】 3月3日,南城县建昌、杨林渡两座渡改桥工程同时开工。建昌大桥位于盱江港下园渡口,桥长608米,桥面净宽12米,汽车荷载等级:公路—I级,设计洪水频率1/100,通航等级VⅡ—2级。引道1953.86米,总投资3200万元。该桥由江西省交通设计院设计,抚州远大路桥工程有限公司承建,抚州博信公路工程监理公司监理。该桥的建成将彻底消除港下园渡口的安全隐患,为天井源、上唐(含原包坊乡)两乡(镇)6万余人口及其一批中等企业职工进城提供了通道,大大减轻了千年古桥——太平桥的荷载。

杨林渡大桥位于南城县城区东部杨林渡口,横跨黎滩河,桥长488米,引道长412米,桥面净宽12米,汽车荷载:公路—I级,洪水频率1/100,通航等级VⅡ-2级,总投资2040万元。该桥由江西省交通设计院设计,中铁二十四局新余分公司承建,抚州博信公路工程监理公司监理。随着它的建成,将彻底消除杨林渡口安全隐患,并使洪门、龙湖(含原严和乡)两镇4万余人口进城的路程缩短5千米。两桥计划工期均为19个月。

(南城县交通局)

【宜黄县郑家坊大桥主体工程完工】 2007年12月28日开工建设的郑家坊大桥位于宜黄县城乡结合部,横跨宜黄河,起于宜黄县凤冈镇郑家坊,终于狮子山开发区。

大桥桥型上部构造为9孔20米后张结预应力混凝土空心板,桥面连续,桥长185米,桥面净宽净为9+2×1.50米人行道,坡度为2%。下部结构为桩柱式墩,柱式台,钻孔灌注桩基础。汽车荷载等级为公路—II级,通航等级VⅢ—1级,桥梁设计洪水频率为1/100。大桥总投资550万元,由赣东设计院设计,抚州远大路桥工程公司承建,抚州博信公路工程监理有限公司监理。至2008年12月,大桥主体工程已全部完成,计划工期18个月。

(宜黄县交通局)

【东乡县马圩渡口桥开工兴建】 马圩渡口桥位于东乡县马圩镇,跨越南港,路线全长211.43米,其中桥梁长101米,引道长110.434米,桥面宽净为7+2×1.0米,设计荷载等级为公路—Ⅱ级,设计洪水频率1/50,无通航要求。该桥上部构造4孔22米预应力混凝土实空心板结构,桥面连续。下部构造为对原墩台进行加固和技术改造,具体为0#桥台按要求接长翼墙,4#桥台利用下层混凝土基础,其余拆除重建;桥墩下部实体墩台全部保留,将原桥墩上部支墩拆至设计标高后,支墩四周各外包20厘米厚C30钢筋混凝土。路面结构采用20厘米水泥混凝土路面,基层为15厘米水泥稳定碎石,底基层为15厘米级碎石,路面与桥梁同宽,为9米。该桥工程预算254.28万元。该工程由浙江天晟路桥有限公司中标承建,抚州博信公路工程监理有限公司监理,于11月26日正式开工,预计工期6个月。

(东乡县交通局)

【抚州市赣东大桥开工建设】 8月,抚州市赣东大桥开工建设。赣东大桥建设工程是抚州市2008年度城市基础设施重点项目之一,是一项民心工程,是集景观、交通为一体的地标性景观大桥,也是该市城区内跨越抚河的第四座桥。大桥选址在市城区北部,南岸与赣东大道对接,跨越抚河、北岸与昌抚公路(G316国道)连接。该项目总投资1.4亿元,设计主桥全长660米,宽26米,计划工期16个月。该工程的建设,对于加快城市建设步伐、提升城市品位、构筑市城区“一河两岸”格局、进一步拉大城市框架有重要意义。

(陈根玲)

【南城席家渡大桥开工兴建】 8月20日,南城县席家渡大桥开工兴建。这是该县一年当中开建的第三座渡改桥,创下了全县建桥史之最。席家渡大桥坐落在天井源乡新建村席家渡口,跨越黎滩河。桥梁长261米,引道长365.3米,桥面宽:净4.5+2×0.25米(人行道),汽车荷载等级:公路—Ⅱ级,设计洪水频率1/50,通航等级VII-2级。工程项目总投资386.51万元。计划工期14个月。该桥的建成,不仅彻底破解了新建村进乡入城的“瓶颈”,大大加快天井源乡新建、曾坊两村奔小康进程,还将彻底消除席家渡口、三门石两渡口的安全隐患。该桥由江西抚州赣东设计院设计,鑫业集团有限公司承建,抚州博信公路工程监理公司监理。

(南城县交通局)

【抚州市上展线红旗桥提载加固工程开工】 抚州市上展线红旗大桥修建于1978年,是连接上顿渡至展坪乡的主要通道桥梁。大桥位于县道公路上展线桩号3K+956处,全长296.2米,跨径总长240米,最大跨径30米,孔数8个,净高7.8米,桥面宽12米(其中车道宽9米),设计荷载汽车—20级。设计洪水频率为1/100。结构为双曲拱桥。近年来,随着当地经济的快速发展,交通车辆日益增多,加上年初的冰冻雨水灾害,致使部分桥面设施损伤严重。2008年11月30日,抚州市公路局通过政府投资,部门补贴的形式筹集资金200万元,重新对该桥拱肋、双曲拱和基础部分进行了加固,同时对人行道、护栏、桥面铺装等设施进行了改造。

(危月辉)

【广昌公路分局对6座旧危桥实施改造】 11月30日,广昌公路分局对管养境内的6座旧危桥改造工程开工。改造工程总投资290.83万元,其中中央车购税补助经费177万元。危桥重建工程计划工期10个月,旧危桥加固工程计划工期4个月。

该6座旧危桥梁改造工程已被列入省公路局2007年路网结构改造工程追加计划(危桥项目),分别是国道G206线K1747+469米的小港大桥,K1776+396米的槠树坑桥,K1778+528米的沙洲桥,K1778+400米的杨梅椴桥,县道X977榨树湾新安线K1+088米的榨树湾桥,省道S336船鼎隘广昌线K22+833米的下埠桥,其中槠树坑桥和杨梅椴桥进行重建,其他4座桥梁实施加固维修,主要进行基础加固、拱肋加固、拱圈加固、桥面铺装,重建人行道板、栏杆、扶手等项目。

(盛 俊 李水生)

【崇仁县孙坊镇南门大桥开工】 6月22日,崇仁县孙坊镇南门大桥开工。孙坊镇位于崇仁县城北部,地势偏远,属全县贫困乡镇。为实现孙坊、白露两乡镇与抚八线的有效对接,进一步促进经济发展,方便当地群众出行,孙坊镇积极跑项目,争资金,在抚州市交通部门的支持下,成功争取到南门大桥工程项目立项。南门大桥全长225米,宽9米,预计工期8个月。该桥的开工建设,标志着孙坊、白露两乡镇的交通瓶颈得到有效破解,将大大缩短孙坊、白露两乡镇通往抚州市区的时间,有利于当地农产品的流通,便捷两岸人民群众的生产生活。

(崇仁县交通局)

【乐安县官庄大桥建成通车】 官庄大桥位于乐安县牛田镇官庄河上,为2005年渡改桥项目。该桥长145米,桥宽5+2×0.25米,上部构造为简支预应力空心板,跨长20米,全桥共7跨;下部构造为混凝土灌注桩基,桩径1.2米,桥墩为柱式墩,直径为1.0米,总投资170万元。该桥由江西省交通规划勘察设计院设计,中国十一冶金建设有限公司承建,抚州博信公路工程监理公司监理,于2005年12月动工,2008年1月建成通车。

(乐安县交通局)

【乐安县陈家大桥竣工】 陈家大桥位于乐安县公溪镇陈家村旁,系渡改桥项目。全长165米,桥宽为净5+2×0.25米,上部构造为8跨简支预应力空心板梁,跨长20米;下部构造为混凝土灌注桩基,桩径1.2米,桥墩为柱式墩,直径为1.0米,总投资190万元。该桥于2005年11月动工兴建,由南昌市建筑工程集团有限公司承建,江西省规划勘察设计院设计,抚州搏信公路工程监理公司监理,2008年1月竣工。

(乐安县交通局)

【宜黄县戈坪大桥竣工】 宜黄县桃陂乡戈坪大桥位于桃陂乡戈坪自然村旁,跨越宜黄河。大桥全长165米,上部构造为8×20米预应力混凝土空心板,桥面连续,桥面净宽4.5+2×0.25米安全带;下部构造为双柱式墩,柱式桥台,钻孔灌注桩基础;汽车荷载等级为公路—Ⅱ级,通航等级为VⅢ—1级,桥梁设计洪水频率1/50。工程总投资193万元。该桥于2007年10月开工,2008年11月竣工。该项目由金光道建设工程集团有限公司承建,抚州博信公路工程监理有限公司监理。该大桥的建成,结束了两岸人民群众长期靠摆渡通行的历史,大大方便了当地人民生产生活,改善了宜黄县北部公路交通滞后状况,对于开发地方资源、促进农村经济发展起到非常重要的作用。

(宜黄县交通局)

【鄱阳县兴旺大桥开工】 鄱阳县兴旺大桥起于油墩街彭丰村,跨越西河,终于谢家滩潼滩自然村，于3月10日开工建设。大桥全长217米，桥面宽7米（含两边人行道宽0.5×2米），引道全长943米，投资700万元。大桥主体工程由该县创业成功人士吴兴旺出资500万元。至12月，该桥已预制8片箱梁和调装6片箱梁，已完成工程总量的60%，累计完成投资500万元。为了便民和安全，大桥西岸引道原为弯道，改为直通方案。大桥工期为12个月。大桥建成后将为鄱阳县西河两岸10多万群众创造更便利的交通条件，并加快新农村建设步伐。

（何向东　张新冬）

【320国道玉山十七都大桥修复改造工程完工】 7月17日，320国道十七都大桥修复改造工程完工。大桥始建于1992年，全长170米，因大量超限运输车辆的严重破坏，该桥已不堪重负，上部构造出现不同程度的损坏，经有关专家和工程技术人员的鉴定属危桥。为确保国道主干线的安全畅通，玉山公路分局从2007年9月份开始，筹措119万元对该桥上部构造进行大修加固，全面完成各项修复工程。该大桥的顺利完工，大大提高了320国道的通行能力，改善了国道沿线玉山工业园区的交通环境。

（韩红辉）

【铅山县信江大桥开工建设】 8月15日，铅山县信江大桥开工。大桥为14孔预应力箱梁结构，单跨50米，全长527米，引道2千米，桥宽22米，双向四车道，设计时速为60千米，荷载等级为公路—Ⅰ级，设计洪水频率1/100，通航Ⅲ级。信江大桥北接沪昆高速出口杨梅岭，东连乐江线，至上分线贯穿而成县城大外环。它的建成，将加快城市建设步伐，加速县域经济的发展，使信江两岸经济融为一体，为开发城北奠定扎实的基础。该桥由北京道通公路设计院设计，中铁二十四局承建。

（韩云丽）

【弋阳县梅山信江大桥动工建设】 梅山信江大桥位于弋阳县城西1千米处，起于弋杨线679K+921处，终于州上刘家，接坑清线628K+149处，路线全长750米，主桥长437米，引道长313米。桥面宽10×2×10米，汽车荷载公路—Ⅱ级，通航等级Ⅴ—3级，洪水频率1/100，通航洪水频率1/10，引道按2级公路技术标准，总投资1961.96万元。

（陈均培）

【鄱阳县湖城大桥开工】 12月18日，鄱阳县湖城大桥开工。湖城大桥位于鄱阳镇与三庙前乡分界的昌江河上，与湖城大道城内、城外段相接。大桥长527米，桥面宽23米，由江西省路桥工程有限公司中标承建，造价5787.8万元，工期18个月。湖城大桥作为一座跨越昌江河的大型桥梁，是连接昌江两岸的第二条快速通道，兼有改渡建桥和城市桥梁两大功能，将成为该县新的标志性交通建筑，为打造“一河两岸”的县城新格局、实施中国湖城战略奠定了基础。

（张新冬）

【余干县河埠信江大桥开工】 12月28日，余干县河埠信江大桥开工。大桥是余干县渡改桥项目，主桥长462米，宽8.5米，引桥长798米，投资2400万元。该桥的兴建，打开了余干县西南地区社庚、九龙、大溪、枫港、禾斛岭等乡场的交通瓶颈，为沿线18万人民群众致富奔小康起到了推动作用。

（陈均培　程琳先）

【铅山县凤来大桥提载加固工程开工】 10月20日，铅山县乐（平）江（村）线凤来大桥提载加固工程开工。该工程按公路—Ⅰ级标准设计，总宽12米，桥面行车道9米，全长133米，总投资275万元，其中交通部补助投资90万元。凤来桥位于乐江线K122+764，计划工期9个月。设计单位为抚州赣东公路设计院江西中煤土木工程设计研究有限公司；施工单位为江西政通工程有限公司；监理单位为赣东公路工程咨询中心。

（祝晓东　郑胜民）

【玉山十坊线横街大桥提载工程开工】 9月3日，玉山十（里山）坊（头）线横街大桥提载工程开工。该桥始建于1975年，属双曲拱桥，全长166.7米，4孔×30米，原设计标准为汽—10、拖—50。改造提载总投资156万元，改造提载的项目有：①主拱圈提载加固，②桥面拓宽提载，③腹拱墩提载加固，④腹拱圈提载加固，⑤两岸引道改建,⑥对全桥圬工预以抹面和挡土墙、侧墙加高等其他工程。该工程经过公开招标,由鹰潭公路工程公司中标,预计工期6个月。

(韩红辉　鲍新海)

【弋阳320国道潭石大桥桥墩修复完工】 10月10日,弋阳境内320国道K608+195潭石大桥桥墩修复完工,该桥长468.73米,公路等级为一级,跨径为单孔30米,主桥上部结构为预应力空心板,桥台为U型桥台,桥梁技术等级为永久性二级。本次修复为5#、8#、9#桥墩,总投资60.91万元。该工程由横峰公路工程有限公司施工,上饶宏优公路勘察设计院设计,上饶赣东公路工程咨询中心监理。

(上饶市公路局)

【鄱阳县朝阳桥危桥加固提载工程完工】 5月20日,鄱阳境内景(德镇)湖(口)线朝阳桥危桥加固提载工程,比合同工期提前10天顺利完成维修施工任务。该桥建成于20世纪60年代,为一座单孔净跨径15.5米悬链实腹式拱桥,全长32.63米,原设计荷载为汽车—13级,履带—50,加固提载按加固设计荷载标准,公路—II级,总投资34.5万元。施工单位为南昌佳路维修有限公司;设计单位为抚州赣东公路设计院、江西中煤土木工程设计研究有限公司。

(上饶市公路局)

【赣州市14个渡改桥项目开工建设】 2008年,赣州市交通局狠抓渡改桥项目建设,全年开工14座大桥。该局加强领导,精心组织,科学管理,积极做好项目建设的前期工作,做到4个落实:落实计划,落实资金,落实工程项目的勘测设计,落实管理机制。14座开工建设大桥的主要数据如下:

桥名	所在县(市)区	桥形结构	桥长		桥宽(米)	设计荷载(级)	总投资(万元)	开工年月	备注
			全长(米)	孔数(孔)					
安基山大桥	龙南县	T梁	130.08	5×25	6+2×0.25	公路—Ⅱ级	269 .9	2008.4	
白溪大桥	瑞金市	简支空心板	193	9×20	6+2×0.25		459	2008.10	
曲洋大桥	于都县	空心板	365	18×20	6+2×0.25	公路—Ⅱ级	899.17	2008.11	
峡山大桥	于都县	T梁	337	4×30+2×45+4×30	6	公路—Ⅱ级	1149.6	2008.12	
三溪新星大桥	赣　县	简支空心板	266	13×20			608	2008.3	
翰林大桥	赣县吉埠	空心板梁	226	11×20	6+2×0.25		499	2008.11	
大树下大桥	会昌县	空心板梁	275.58	9×30	4.5+2×0.5	公路—Ⅱ级	514	2008.3	
锡坑口大桥	会昌县	T梁	153.28	9×16	6+2×0.25	公路—Ⅱ级	261.3	2008.12	
五里坝大桥	会昌县	T梁	150.52	9×16	6		274.4	2008.12	
水明大桥	会昌县	T梁	152.27	9×16	6		305.9	2008.12	
河墩大桥	会昌县	T梁	137	8×16	6		325.5	2008.12	
凉伞坝大桥	会昌县	空心板	117.58	7×16	6+2×0.75		208.7	2008.11	
前峰大桥	会昌县	先简支后连续箱梁	266.39	7×20+6×20	6+2×0.25		523.3	2008.11	
白沙大桥	会昌县	先简支后连续箱梁	217.26	7×30	6		516	2008.12	

(杨河良)

公路养护与绿化

【概况】 2008年,年初持续低温,雨雪冰冻灾害给公路养护工作带来极大困难,全省公路养护系统职工深入贯彻落实科学发展观,坚持以人为本、用户至上、建养并重、协调发展保障畅通的原则,奋力拼搏,开拓创新,圆满完成了年度各项养护工作任务,全省公路部门管养公路年平均好路率80.7%,其中一般国道好路率89.7%,国省主干线好路率92%,省道好路率85.2%,县道好路率73.5%,乡道好路率56.5%。

1. 抗击雨雪冰冻灾害工作。2008年1月中旬以来,全省遭受了历史罕见的雨雪冰冻灾害,省公路管理局管养的沪昆高速公路江西境内昌傅至金鱼石段、福银高速公路江西境内乐化至沙塘隘段及全省各设区市公路局管养的公路共有104条路线共计3391千米公路出现不同程度损坏,其中毁坏路基66.6千米计277250立方米,有50座桥梁栏杆及伸缩缝被损坏,有417处路段塌方计165214立方米,路树损坏237677株。公路灾情尤为严重的是路面,全省共有3391千米路面被毁坏,灾前路况良好,灾后大坑大槽。冰雪灾害给全省公路造成的损失高达15亿元。

面对如此严重的冰雪灾害,全省公路养护系统认真落实省委、省政府的要求,迅速动员、部署,紧急集中调配机械设备、降冰物资、专业队伍,奋战在抗灾保通一线。全省公路部门累计投入资金1.5亿元、人力32万余人次、工业盐及融雪剂5737吨、麻(草)袋195万余条、碎石及砂32万余立方米、机械台班2万余个。在全省公路养护职工的奋力拼搏下,成功抗击了这场历史罕见的冰雪灾害,取得了公路抗灾保通的全面胜利。

冰雪灾害刚过去,省公路局派出4个工作组对公路受灾情况进行了全面调查、核实,并组织全省公路系统开展灾后恢复重建工作,各单位迅速行动,分别成立了由主要领导担任组长、分管领导担任副组长的灾后恢复重建工作领导小组,制定了工作方案,分工负责,层层落实,积极开展重建工作,取得了显著成效。至2008年3月末,路面大坑大槽已全部消灭,417处塌方全部清除,被损坏的桥梁栏杆、伸缩缝等公路安全防护设施已全部修复,被损坏的公路路树已全部补植。

2. 2008年北京奥运火炬江西境内传递公路转场保畅工作。2008年北京奥运火炬于5月在江西境内传递,为确保公路转场路线安全畅通,省公路局进行了专题研究,扎扎实实做好各项准备工作。①加强组织领导。公路转场路线管养单位赣州市公路局、备选路线管养单位吉安、宜春、南昌市公路局均成立了领导小组,制定了《奥运火炬传递活动公路转场运行保障方案》,明确了各自的工作内容及责任。②强化公路养护管理。省公路局组织各有关设区市公路局集中力量对火炬途经公路进行整治,其中:323国道投资390万元,完成水泥混凝土路面打板修复22460平方米、路面标线2860平方米、波形梁钢护栏修复232米/58块,制作埋设缺损标志牌10块;105国道投资350万元,完成修复路面病害7万平方米,增设标志牌27套,路面标线2612平方米。③全面排查,清除安全隐患。各有关设区市公路局组织人员对转场路线、备选路线桥梁、沿线附属构造物等进行了全面调查,对可能发生塌方、落石的路段进行了重点排查,对存在重大安全隐患的松动岩石采取用高压水龙头冲击及人工撬动等方式进行清理,共清理上边坡危险路段2.6千米,最大限度地降低了发生落石的可能。④加强巡查,全面整治公路周边环境。对奥运火炬传递路段进行全方位巡查,切实整治公路用地范围内的乱堆乱放现象,清除公路路面及路侧垃圾达9000余立方米,着力打造文明、整洁的公路交通环境。

3. 绿色生态公路建设工作。为进一步贯彻落实省交通厅加快公路复绿专题会议精神,省公路局于2008年5月21日在南昌召开了关于进一步加快江西省绿色生态公路建设专项工作的电视电话会议,要求进一步加快绿色生态公路建设,开展两年专项绿色行动,加快步伐,2009 年完成公路复绿任务。在全省公路部门职工的努力下,至 2008 年末,按照所签订的《建设绿色生态公路责任制》要求,完成新增绿化公路里程 1398 千米,为目标任务的 151%。

4. 路网结构改造工程。①危桥改造。2008 年,交通部下达江西危桥改造计划 149 座计 9192.46 延米,补助经费 7826 万元。其中 2007 年下半年追加计划 64 座计 4353.7 延米,补助经费 3773 万元,全省公路部门实际完成危桥改造 169 座计 10360.562 延米,完成投资 15372.17 万元。②2008 年,按交通部要求,江西省 70 条路线上实施公路安全保障工程,补助经费 5000 万元,全省公路部门实际完成投资 11041 万元,处治隐患 2180 处,处治隐患里程 1531 千米,整治视距不良路段 151 处。

5. 公路技术状况评定工作。2007 年 11 月 28 日,交通部发布了新的《公路技术状况评定标准》(JTGH20 - 2007),要求 2008 年开始实施。省公路管理局积极行动,于 2008 年 6 月举办了第一期《公路技术状况评定标准》宣传贯彻培训班,邀请参与制定该标准的专家进行授课。参加培训的人员有各设区市公路局、交通局及局属高速公路管理处分管公路养护的领导、养路部门负责人及养护技术人员。为贯彻落实交通部《公路技术状况评定标准》,省公路局制定了《江西省公路管理技术状况评定新标准实施方案》。该方案结合江西公路养护管理实际,对全省公路技术状况检测与调查对象、检测与调查内容、检测与调查方法、检测与调查频率和时间、公路技术状况评定省、市、县各级公路部门职责都作了明确规定。

6. 高速公路标志更换工作。根据交通部、省交通厅部署,省公路管理局于 2008 年 10 月开展所属高速公路标志牌更换工作,经省交通厅批复,省公路管理局所属高速公路共需新增设、更换标志 5361 块,其中:单柱式标志新增设 589 块,牌面更换 1439 块,新增设“96122”服务标志 522 块;双柱式标志新增设 63 块,牌面更换 529 块;门架标志新增 30 块,牌面更换 132 块;双悬壁标志新增设 7 块,牌面更换 25 块;单悬壁标志新增设 112 块,牌面更换 329 块;百米桩新增设 1584 个。至 2008 年 12 月,更换标志工作顺利完成。

（张才生）

养护工程

【南昌市公路局养护管理力度不断增强】 南昌市公路局通过完善考核机制,实施精细化养护,养护管理水平全面提高,实现了公路养护的良性循环。该局以创建文明路为抓手,以路面为中心的全面养护,围绕养护重点,着力改进薄弱环节,路容路貌焕然一新,营造了“畅、洁、绿、美”的公路环境。全年共开挖清理边沟 1064 千米,完成公路绿化 117.14 千米(植树 14941 株),投入绿化经费 76.58 万元。2008 年,大中修计划投资 2546.81 万元,实际完成投资 3343.7 万元,占计划的 131%,其中完成改建混凝土路 19.92 千米,重建水泥路 8.15 千米,水泥面板修复 12192 平方米,加固桥梁 14 座,实现年平均好路率 80.4%,国省道年平均好路率 92.4%。

（南昌市公路局）

【景德镇市公路局抓好公路养护工作】 2008 年,景德镇市公路局为加强公路养护管理,提高养护质量,全面推进公路养护工作,制定了《关于进一步加强公路养护的管理办法》,提出了公路养护工作的指导思想,进一步改进公路养护管理模式,明确养护公司职责,加强道班计划与养护经费管理。为调动各分局养路工的积极性,实行考勤与考绩挂钩计算工资,该局一年检查 3 次,拿出 15 万元予以重奖,促进了公路养护工作全面发展。一年来,该局共完成沥青公路修补 289 千米,清理水沟 680 千米,整理路肩 389 千米,危桥改造 4 座,公路大中修 43.19 千米,安保工程 29.7 千米,全局管养公路年综合好路率达 74.9%,其中国、省道好路率 84.9%,路况得到改善和提高。

（赵席忠）

【赣州市公路局加强公路养护工程管理工作】 赣州市公路管理局加强公路养护工程管理工作,对养护中的大中修、安保、危桥改造以及水毁修复等工程按轻重缓急和量入为出的原则进行,一是全部实行实地踏勘核查并分别编制详细的改造工程方案;二是认真执行 50 万元以上的工程投资全部实行招标,择优选择施工队伍;三是引入工程建设管理模式,对养护工程项目管理均实行管理工程师、监理工程师和设计代表参与3方介入制。2008年通过上述方式公开招标项目17个;使用养护工程金额1572万元;业主下派项目管理工程师4人;委托监理单位派出监理工程师12人;设计单位派出设计代表2人,对全部17个养护工程项目的进度、质量、资金使用情况实行了全过程的监控。保质按期完成了全市公路养护工程任务:完成安保工程348.9万元,其中:加设波形钢护栏11824米,增设标志牌275块,重新划标线571.1平方米。投入36座危桥改造资金1999.7万元。投入大中修工程1243.56万元,其中赣丰线地质灾害治理222.59万元,水毁修复410.756万元,路面修复等610.208万元。

(黄新明)

【鹰潭市交通局认真抓公路养护工作】 鹰潭市交通局积极探索新时期农村公路养护管理手段,树立"建设是发展,养护管理也是发展"的思想理念,建立了较为完善的农村公路养护目标和好路率检查、考核、奖罚机制,实行"村民自治养护、运营业主养护、受益单位养护、打捆竞捐经营养护、投资自建自营自养、农村投工季节性养护、专业队伍承包养护"等多种模式,科学统筹了养护力量,提高了农村公路的养护效率,使农村公路养护管理逐年走向有组织、有机构、有专人、有资金、有保障的新阶段,在2007年全市农村公路养护好路率达到86%的基础上,2008年又有所提高。

(鹰潭市公路所)

【梨温高速公路红砂岩路堑沉陷地段技改工程竣工】 11月底,梨温高速公路鹰潭辖段K129+800~K130+080左幅车道及超车道红砂岩路堑沉陷实验路段技术改造施工全面竣工。该实验路段为单基层设计,厚度在15~25厘米之间,经过近6年的车载、雨水浸蚀及冰冻灾害的破坏,多处产生了沉陷及变形,道路基层及面层的损坏唧浆现象比较严重,影响了行车舒适度。为改善该路段行车环境,保障行车安全,江西公路开发总公司决定进行技术改造。该公司集中科研力量组织技术攻关,制定了详细的施工计划,将损坏路段的沥青面层、基层全部进行铣刨处理,并将松散、发软的红砂岩路基铣刨4~10厘米,局部发软的红砂岩路基进行了小范围挖除处理,采用ATB-25沥青碎石柔性基层取代原来的水泥稳定单基层,并在硬路肩开设两条横向盲沟。该试验为今后类似路病处理积累了经验。

(陈　虹　邓艳冬)

【景鹰高速公路增设安全标志标牌】 为确保道路行车安全,景鹰高速公路公司于4月下旬启动全线增设标志、标牌工作,至6月底基本完成任务,共增设标志、标牌87块,主要包括隧道名标志牌、限速标志牌、交警提示牌以及指路标志等,施工质量较好。

(景鹰公路养护处)

【莲花县加大对县乡公路的养护力度】 莲花县交通局遵循"县管县道、乡管乡道、村管村道"的原则,加大对被列入省市补助的250千米县乡公路的养护力度,在努力搞好日常养护的同时,加强对雨季汛期和冰雪灾害的重点防护。1月中旬,一场50年一遇的雨雪冰冻灾害给全县公路造成极大损害,莲花县交通局紧急行动,顽强拼搏,全力以赴,抗冻救灾,投入大量的人力、物力、财力,及时除雪破冰,对全县农村公路塌方、沉陷和毁坏路面进行清理维护与修复,保障了交通安全畅通。在县乡公路养护中,莲花县全年投入养护资金130万元,水泥(沥青)公路好路率达92%,沙石路好路率达65%。

(莲花县交通局)

【上栗县交通局农村公路养护管理措施得力】 上栗县交通局在农村公路养护管理工作中,从完善考核评比办法、严格落实公路养护责任制入手,各乡镇加强对养护工作的管理,每月召开一次例会,安排部署养护工作,做到有人员、有经费、有管理、有方案、有制度、有检查、有评比、有奖惩;全年下拨养护经费25.8万元。二是积极抓好冰冻雪灾和"5·28"洪灾的灾后重建工作。安装危桥警示牌100块,危险路段警示牌34块,减速带65米,危桥设立禁行障碍物4处,清理滑坡土方57600立方米,修建挡土墙2086立方米,总投资86.4万元,共计下拨补助资金43.4万元。三是积极抓好水毁公路工程的修复工作。下达农村公路重点路线维修养护计划,共计维修水泥路面2230平方米,完成投资20.1万元;修复护坡、挡土墙514.2立方米,完成投资7.71万元。四是开展农村公路文明标准路段创建活动。2008年,该局把养护、绿化和创建三项工作有机结合起来,统一安排全局的人力、物力、财力,促进了文明路创建活动,全年共计完成文明路创建计划13.3千米,推动了农村公路养护质量水平的全面提升。

(上栗县交通局)

【萍乡市安源区创新公路养护管理机制】 为提升农村公路养护水平,萍乡市安源区成立了专门的养护管理机构“安源区路政管理和路桥养护中心”。该中心具体负责全区公路路政、公路养护和路桥管理工作,并在充分调研的基础上,制定了《安源区农村公路养护管理工作考核标准》,根据不同线路等级明确养管要求,将每条线路的养护工作和养护责任落实到人,并签订养护责任状,明确职责和任务,以有效保障养护质量。2008年,该区养管的145.4千米农村公路,好路率均达90%以上,有效地保障了辖区公路的安全畅通。

(安源区交通局)

【靖安公路分局集中整治公路迎“春运”】 1月10日~16日,靖安公路分局集中技术人员、路政巡查人员、养护人员上路,对管养的173.66千米公路和桥梁进行安全隐患排查工作。①对所有桥涵进行一次技术检查;对危桥、险路进行重点加固、监控和限载。②对公路出现的冻胀翻浆、路面坑洞等病害进行养护技术处理;做好日常养护、搞好排水工作,备足养护沙石材料,以便在公路出现毁坏时能及时供应抢修材料。③对管养公路上的标志牌进行维修、扶正,达到齐全醒目;在危桥、险路段设置安全警示标志,提醒过往车辆注意安全。经过7天的集中整治,道路平整畅顺、桥梁坚固、安全标志齐全醒目,以安全有序的氛围迎接春运的到来。

(余昌喜)

【靖安公路分局抓紧灾后修复工作】 靖安公路分局管养的173.66千米公路,在经过50年一遇的低温雨雪冰冻天气侵袭后,不少公路出现山体塌方、水沟淤塞、路树折断倾斜、标志牌倾斜、路面出现坑洞等灾、病害。为了赶在雨季到来之前把公路路况全面修复,2月13日,机关干部分别深入到各养路队联系点,与广大一线养护职工一起,开展灾后自救,抢修公路。一是对路边山体塌方进一步清理干净,保持路面清洁;二是清除水沟中存留的树枝、杂物,确保水沟畅通;三是对折断或倾斜的路树进行修整、扶正和培土,确保路树整齐美观;四是将倾斜的标志牌扶正夯实,确保其导行功能;五是对路面出现的坑洞用乳化沥青修补,使路面平整坚实。经过全局养路职工12天的紧张劳动,终于赶在雨季之前,完成了灾后恢复工作。

(余昌喜)

【奉新公路分局开展秋季路容整治竞赛】 9月25日~11月24日,奉新公路分局开展为期两个月的秋季路容整治劳动竞赛。竞赛内容为“四赛四比”,即“赛出勤,比工效;赛路容,比整洁;赛进度,比质量;赛安全,比畅通”。该局15个道班积极参加班与班、人与人之间的劳动竞赛,大家你追我赶,奋勇争先,基本上达到了路容整治的目标,以“畅、洁、绿、美、安”的公路环境,庆祝改革开放30周年。

(龚付生　余　强　陈建湘)

【万载公路分局掀起整治路容路貌高潮】 9月,万载公路分局组织各养路队开展大规模整治路容路貌的活动。为确保整治工作取得实效,该局进一步弘扬求真务实的工作作风,以“管理创新、服务创优、工作创先”为突破口,狠抓路容路貌整治工作,在全局上下掀起了整治活动高潮。该局根据各队管养路段特点和秋季天气变化情况,依据公路养护技术规范制定了切实可行的路容路貌整治方案,做到科学调度机械车辆,合理安排人员作业,在做好日常养护的同时,下工夫整治路容路貌,清除路肩边坡、边沟的杂草和落叶,使道路路肩、内外边坡线型顺畅、水沟畅通。该局还加大力度,及时对道路的警示柱和标志牌进行维护和检修,消除了行车过程中的不安全因素,提高了公路通行能力和服务社会水平,为确保公路“畅、洁、绿、美、安”奠定了坚实的基础。

(叶　明　张　清)

**【万载公路分局出台新的养护承包检查考核办

法】 12月20日，万载公路分局出台了新的公路养护承包检查考核办法。该办法细化了养护承包检查办法，即每月20日由养护公司作出生产计划安排下达到各队，各队将任务分解到每天，并且将该天完成的生产数量、质量情况进行统计汇总，每月21日上交养护公司。对照各队的目标任务，结合内业资料、"三产"开展情况，由分局领导、养护公司及相关科室负责人组成的检查组在每月下旬对各队所完成的工作进行检查评分，对平均分在85分以上(含85分)的下拨当月全部工资、经费；得分在85分以下、75分以上的下拨90%；得分在65分以上、75分以下的下拨80%；得分在65分以下的下拨50%。检查考核办法里还对经费的使用作出了明确的规定，要求养护承包经费使用要合理，要进行财务公开，将材料消耗、机械费使用等全部列入队务公开栏。新考核办法还进一步细化了劳动纪律、安全生产、计划生育、综合治理、道班的公共财产、生产工具的使用等方面的考核和奖惩办法。

(叶　明　张　清)

【靖安公路分局开拓公路养护市场初见成效】 2008年，靖安公路分局利用自身具有的一级养护施工资质，凭借着丰富的山区旅游公路养护经验，一举中得三清山环山公路坪白线A段养护标。该标段全长51.5千米，中标价27.5万元，担负着路基、路面、桥涵、排水系统附属设施和安全设施的日常清洁维护和小修保养任务。该局按合同已成功运作一年，经过全面验收考核，圆满地完成了承包养护合同各项养护任务指标。该工程开宜春公路系统跨地区养护之先河，既盘活了无形资产，又搞活了经济，收到了较好的成效。

(余昌喜)

【铜鼓公路分局用冷补沥青料修复灾损路面】 1月，50年一遇的冰雪灾害，给铜鼓境内的山区公路沥青路面造成很大的损害，公路养护工作困难很大。特别是1~2月，江西雨雪较多，沥青路面修补工作十分困难。铜鼓公路分局技术人员将自行配制的冷补沥青料对受损路面进行修补，顺利完成了灾后公路修复工作。该分局共修补路面1200平方米，耗用冷补沥青料80余吨。

(郭　军　胡　荣)

【高安公路分局全力抢修黄付公路破损路面】 高安市境内黄沙岗至上付墟公路，长49.48千米，1998年至2001年按二级沥青路标准修建。由于近年来超限超载车辆剧增，导致该线路面破损严重，有3座桥涵出现不同程度的损伤。2008年，高安公路分局筹集资金155万元，采用沥青浅灌技术，已修复K9~K17路段9千米破损路面，面积近6000平方米。修复破损涵洞1座，设置危桥限载限速标志2处。在修复过程中，耗用瓜子片、碎石近230立方米，沥青18吨。

(陶水莲)

【广丰公路养护基本实现机械化】 新世纪以来，广丰公路分局在养护机械设备添置，更新改造维修方面投入了大量资金，先后购置了轮式挖掘机、沥青搅拌机、轻型压路机、50吨沥青加温储油罐、压缩机、解放小卡养护车、混凝土拌和机，还自行改装了沥青综合养护车，既提高了公路养护水平，降低了劳动强度，又促进了养护机械化的发展。现在，整修路肩、清挖水沟、路面坑槽开挖、公路植树打洞及清理塌方等小修项目，全部采用轮式挖掘机和养护车进行作业，一改过去一镐一铲一畚箕，肩挑手提的劳动方式。油路修补实现了熬油、保温、拌和运输成品料工场化生产方式，彻底改变了以往在路边用汽油桶熬油、铁板加温、人工搅拌、铁斗车拉运、靠过往车辆碾压的原始劳动来完成路面修补的模式。混凝土路面修复全部由专业队完成，破碎机、混凝土搅拌机、振动梁插入器、压路机、切缝机、洒水车全部派上用场，既提高工作效率，又提高修补质量。正如一线职工所说："现在当一名养路工人，光靠有力气拿锄头是远远不够的，更要有文化知识，会熟练使用各类养护机械，由劳动型向技能型转变。"

(游自豪)

【赣州市章贡区狠抓农村公路养护】 赣州市章贡区把农村公路的建设管养与农村公路客运网络设施建设统筹规划、同步实施。该区进一步加大财政投入，每年由70万元增加至100万元，专项用于农村公路日常养护。各镇也挤出一定比例的资金列入公路管养经费的预算。每个镇都成立了公路养护队，制定和完善公路管养方案，确保养护经费到位、养护人员到位、养护措施到位。

(杨河良)

公路绿化

【全省高速公路绿化工作会召开】　5 月 23 日，2008 年全省高速公路绿化工作会在温沙管理处召开。省交通厅副厅长席芳柏到会讲话，全省各高速公路管理处(公司)负责人和各高速公路管辖单位分管领导出席会议。

席芳柏在会上指出，高速公路绿化工作是建设生态江西的一项重要内容，各高速公路管养单位要把绿化工作提高到建设“生态江西、绿色家园”的高度，认真抓好抓实。一方面要重点抓好路基内的绿化工作，另一方面要抓好路外的绿化工作，全面实现“车在路上走，人在画中游”的目标。席芳柏强调，要下决心搞好高速公路的绿化管理工作。三分建，七分管，后期管理是关键。要打造绿化管理品牌，做到公园式的精细化管理。同时，要保证养护经费投入。希望各高速公路管养单位扎实做好此项工作，为全省高速公路的绿化管理事业作出新贡献。

温沙管理处、梨温公司、赣定公司作了绿化工作情况介绍。厅基建管理处负责人作了绿化工作部署。

(罗时善　程其瑜)

【省委书记苏荣称赞奉新公路绿化搞得好】　6 月 4 日，中共江西省委书记苏荣在奉新县考察时，称赞该县公路绿化、城市绿化、工业园绿化搞得好，并指出：奉新公路绿化有层次感、立体感，走在全省的前头。奉新县为全国绿化先进模范县。近几年来，奉新县委、县政府推行“政府带动、舆论推动、部门联动、乡村齐动”的公路绿化新机制，鼓励“谁栽植谁拥有”，将公路绿化由公路部门“唱独角戏”改为“社会大合唱”，出现了“地方财政出资、林业部门出苗、沿线乡村出地、部门联合出力”的大搞公路绿化的新气象。以省道干大线奉新至岭背段为例，县财政出资 80 万元，在公路两旁栽种了塔柏、夹竹桃、杜英、松树等常青树，实行花卉相间、乔灌结合的公路梯级绿化，从而增加了公路美感，使公路绿化有层次感、立体感，真正做到了“车在路上行，人在景中游”。现在，全县境内已将省道 100 余千米建成公路绿化长廊，公路两旁各 10 米宽的绿化带上的 5 行景观树长势喜人。全县不少县道前两年栽下的速生杨树也已绿树成荫。该县在公路建设中，做到公路改建一条，便绿化一条。

(龚付生　帅德平)

【梨温高速公路玉山养护所加强高温抗旱保绿工作】　为有效应对夏季高温对高速公路绿化苗木的破坏，梨温高速公路玉山养护所根据高速公路绿化养护管理特点和几年来绿化养护工作经验，结合本辖区路段实际情况，及时部署养护技术人员和绿化管护单位，全力实施抗旱护绿工作，有效确保了植物的成活率，其主要举措是：①责任到人。召开专题会议，就当前抗旱保绿工作进行详细部署，责任到人。②及时保养。要求绿化管理部门加强抗旱工作，每天傍晚以后给苗木浇水，并及时除草。③突出重点。对 3 个互通、K0 - 2 公桩绿化和去冬今春新栽植的各类植物进行重点养护。

(程国强　胡劲松)

【景鹰高速公路公司加强沿线绿化复绿成效明显】　2008 年 1 月，景鹰高速公路公司组织各养护单位对沿线上边坡和项目建设期间征用的取土、弃土场进行绿化施工。按照项目建设期间绿化工作实际，主要对马尾松进行补种施工。经过近 3 个月的紧张补种，全线累计补植马尾松 485.62 万棵，有效改善了景鹰高速公路沿线高边坡、取土、弃土场的绿化状况，对改善景鹰高速公路沿线行车环境起到了美化作用。

(景鹰公司工程养护处)

【泰井管理处全力围剿“一枝黄花”】　10 月初，泰井管理处接到井冈山市林业部门反映，泰井高速公路井冈山境内两旁的绿化带出现了大量被称为“生态杀手”的植物——加拿大“一枝黄花”。该植物所到之处，与其他植物争光、争肥，周围的其他植物和杂草会一律消亡，被国家列为植物检疫对象。接到反映后，泰井管理处迅速组织相关人员到现场进行察看，发现“一枝黄花”经常是几十株聚集生长，植株粗壮，远远望去就像一朵朵油菜花，可走进身边才发现它的高度近 2 米，周围的其他植物全部枯萎。为消除这种植物所带来的威胁，泰井管理处组织80余人，对泰井高速公路全线的“一枝黄花”进行铲除。在3天时间内，泰井管理处将全线1万多株“一枝黄花”全部根除并焚烧。

（夏睿德）

【景德镇市交通局加强农村公路绿色生态建设】 景德镇市市、县两级交通部门在农村公路建设改造中采取多种形式、利用多种办法，切实加强农村公路绿色生态建设，助推文明城市创建工作。一是从农村公路养护资金中单独列出绿色生态公路建设资金，保障农村公路绿化的需要；二是利用路产路权引进资金，如利用新建农村公路两边的路肩，引进有关绿化企业承包植树工作，由绿化企业负责植树、管理、受益，较好地解决了资金不足的问题，达到了双赢的效果；三是对各行政村公路的绿化工作，充分调动乡（镇）、村的积极性，在交通部门的统一规划、指导下，由村委会具体组织实施。通过上述有效措施，该市全年新增绿化里程84千米。在努力新增农村公路绿化里程的同时，交通部门还认真落实公路工程建设项目水土保持和环境保护“三同步”制度，做到“需要配套建设的水土保持和环境保护设施与主体工程同时设计、同时施工、同时投入使用”。对绿化工程未达标的工程，不予验收。并督促各建设项目必须做到工程建设废弃的砂、石、土全部运至规定的弃土场，保障工程竣工后取（弃）土场恢复植被，努力做到施工不流土、竣工不露土。

（徐小明）

【景德镇市公路局抓好绿色生态公路建设】 2008年，景德镇市公路管理局认真贯彻落实省、市绿化工程会议精神，进一步加强公路绿化管理，抓好绿色生态公路建设。一是加强领导。成立绿化工程领导小组，制定《景德镇市公路局“一大四小”绿化工程实施方案》，提出公路绿化目标任务、进度安排、保障措施和要求，并认真组织实施，推进公路绿化植树工作有序进行。二是强化管理。制定了《景德镇市公路局绿化管理实施细则》，并认真组织实施，重点抓好树洞规格、树苗质量，同时抓好平时路树管理，督促养护道班做好路树培土、扶正、修枝等，改善公路生态环境。三是组织实施。主要以国省道、旅游线路和已改造好的公路绿化为重点，采取与市县政府联动的方式抓好公路绿化，投入资金350万元，对206国道、虎景线绿化植树54千米；投入绿化经费12.4万元，完成经桃线、严储线新增绿化里程31千米，创建流畅、整洁、优美的生态公路环境。

（赵席忠）

【上栗县交通局加强农村公路绿化工作】 萍乡市上栗县交通局积极加强农村公路绿化工作，2008年，实施创“绿化示范带”路线工程。按照上栗县委、县政府的统一安排，结合该县实际情况，该局制定了切实可行的工程规划，专门两次召开各乡镇交通办工作调度会，并下达2008年度造林绿化工程建设计划。2008年该局实际完成农村公路绿化88千米，完成319国道绿化32千米，共投资20万元。

（上栗县交通局）

【九江市交通局公路绿化工作成效显著】 根据省、市领导部门指示精神，九江市交通局认真做好2008年公路绿化工作。局领导带队深入各县（市、区）进行实地检查和指导，做好县乡公路绿化普查工作。并制定绿化计划，明确全市2008年完成县乡公路绿化任务。该局采取分工负责制，把绿化任务分解到各级公路管理部门，一级抓一级，落实到人。同时，在绿化经营方面给予适当支持，做到鼓励先进，带动后进，效果显著。2008年，全市县乡公路绿化计划为476.6千米，实际完成850千米，完成年计划的178.3%。

（九江市交通局）

【新余市渝水区开展绿色生态农村公路建设大会战】 3月，渝水区出台农村公路绿化工作方案，决定在全区范围内开展为期1个月的绿色生态农村公路建设大会战，责任主体为各乡（镇）、街道办事处、工业基地。按照“谁投资、谁管理、谁受益”的原则，采取市场化运作，加强水土保持和环境保护，对路基边坡、取（弃）土场进行绿色生态恢复。大会战期间，共植树1617896棵，基本实现县道及重点路段绿化率达100%，乡道绿化率达90%，村道绿化率达到80%。

（廖振峰　王志勇）

【新余市交通局积极做好农村公路绿化工作】 2月以来,新余市交通局为贯彻落实全市植树造林工作计划,积极抓好农村公路绿化工作。该市全年计划完成县道绿化200千米,并对2007年已完成的农村公路建设项目310千米,也安排全部进行绿化。市交通局把绿化工作任务进行分解,具体落实到县区交通部门,并在加强检查的基础上,积极进行综合评比,及时予以奖励,较好地激发了基层单位的工作积极性。至2008年末,全市公路绿化工作任务全面完成,共植树35万株。

(胡晓文)

【赣州市公路局认真开展公路绿化建设工作】 2008年1月,赣州公路局认真开展公路绿化建设工作,成立绿色生态公路建设领导小组,制定公路绿化建设实施方案,并与所属养护公司签订目标责任状,落实绿化工作计划。在绿化资金紧张的情况下,各公司采取"借鸡生蛋"、"让利于民"的方法,积极推广合作种植,引进社会力量参与公路绿化,较好地破解了绿化资金"瓶颈"。社会绿化公司或个人共种植路树400千米。一年来,该局共新植路树317千米,补植571.2千米,投入资金280多万元。

(黄新明)

【吉安市交通局积极开展公路绿化工作】 2008年,吉安市交通局积极开展公路沿线绿化工作,全市累计绿化公路1898.244千米,比计划多162.69千米。遂川县交通局投入绿化资金29万元,对管养线路进行栽种、补种树苗28000棵。峡江县交通局按照"因路制宜、适地适树、一路一树、各具特色"的思路,把公路绿化与自然生态科学结合起来,对已植树木加强了后期管理,确保了公路绿化成活率。新干县财政还拨付30万元资金,作为主要县乡公路的绿化经费。

(吉安市交通局)

【吉安市青原区扎实做好公路绿化工作】 2008年,吉安市青原区交通局组织沿线群众及公路养护工,分别对105国道及青东公路沿线农村公路进行栽植绿化,投入16余万元,绿化里程达162千米,全区县道绿化率已达100%。年初,青原区交通局为做好公路绿化工作,按照市交通局要求,统筹安排,真抓实干,提前逐个调查各路段现有绿化和路肩情况,核算需要的树苗种数,并结合区域环境和绿化苗种的生长能力,选定适合本区生长环境的苗种进行预订购置。制定详细的工作计划,把任务落实到部门,做到有布置、有检查,较好地完成了全年绿化工作任务。

(青原区交通局)

【宜春市公路局召开平原绿化专项工作会议】 12月8日,宜春市公路局在高安分局召开平原绿化专项工作会议。局长王庆祝作了专项工作部署,宜春市林业局局长陈贻昌作了专业技术指导。会议对全市公路的通道绿化工作进行了专项部署,提出了7条具体要求:①明确绿化范围和绿化重点;②认真选择树种,提高栽培技术;③规范路树管理,明确经营产权;④力争地方林业部门支持;⑤通过"集资一点、安排一点、争取一点"的方式解决绿化经费;⑥制定一个绿化工作方案,明确年度目标、工作要求、考核办法;⑦加强组织领导,成立专项工作领导小组,并由市局养护科负责技术指导。

(陶水莲)

【铜鼓公路分局灾后补植路树2.7万株】 1月以来,50年一遇的冰雪灾害,给铜鼓公路沿线的路树造成了很大损失。铜鼓公路分局结合铜鼓县"生态立县"的目标,筹集资金10万余元,对公路沿线进行路树补种,积极恢复公路生态,重建绿色家园,共补种路树2.7万株,该局强化护树举措,一方面加强宣传,提高公路沿线居民爱护路树意识;另一方面,强化巡路方式,防止路树被偷、被践等现象发生;同时安排养路职工定时浇灌,科学养护。

(王文臻 郭 军)

【奉新县公路绿化创新机制成效显著】 江西36个重点林业县之一的奉新县创新公路绿化机制,改变以往公路绿化工作全由公路部门"唱独角戏"的局面,实行由县政府牵头,公路、交通、林业及沿线乡镇参与的公路绿化"大合唱"新路子,破解了公路绿化难题。近年来,该县落实"挖大穴,栽大苗、施大肥"的措施,在省、县道两旁20米宽宜林地及乡、村公路两旁10米宽宜林地栽种白杨树等速生树种。全县已绿化公路782千米,其中省道120千米，县道230千米，乡道432千米，共栽种路树68万株，主要树种有樟树、杜英、松树、夹竹桃、塔柏等。尤其是对省道干大线28千米，投入资金180万元，栽植行道树6万余株，形成了一条乔灌结合、“绿在路旁，路在绿中”的生态景观路，2008年7月，受到省委、省政府领导好评。

（龚付生）

【丰城公路分局三项举措维护公路绿化成果】 丰城公路分局在公路绿化工作中，为防止苗木被盗或被破坏事件的发生，采取有力措施，积极维护绿化成果，努力营造爱绿护绿的良好氛围。①加大宣传力度，组织公路路政宣传车到沿线各村庄巡回宣传有关公路法律法规，发放宣传资料1200余份，提高广大村民的守法意识；②加大巡查力度，实行养护、路政有机结合，将树木管养责任落实到每一名养路工，进行定期或不定期巡查，发现问题及时制止，并对相关人员进行说服教育；③加强沟通协调，积极争取沿线政府支持，及时召开沿线村庄负责人协调会议，层层发动，形成共同维护公路绿化成果的共识。该分局2008年栽种的6000多株各类苗木成活率达99%以上。

（朱振宇　徐玉辉）

【铜鼓县大力打造绿色生态公路长廊】 3月4日，铜鼓县政府组织全县各机关单位和部门对铜（鼓）大（梅）线公路沿线进行义务植树，抓好灾后重建，对公路沿线的林相进行改造，建设绿色生态公路长廊。铜鼓县实施“生态立县”发展战略，抓好重点生态治理，提出2008～2010年省道、县道沿线林相改造工程建设规划方案，用3年时间通过对省道、县道沿线两旁200米范围内的林区采取封山、砍杂、补植、栽大苗等方式进行林相改造，按景观林的标准进行建设，并强制性划为生态林，使省道、县道成为绿色、彩色通道，达到绿化、美化、靓化公路沿线的效果。已植树52000棵，投入资金79万元。

（郭　军）

【宜春路桥工程局全力打造明月山“景观路”】 宜春路桥工程局把明月山旅游公路当作树形象、打品牌、出亮点的民心工程来抓。2008年，已喷播植草19897.6平方米，香根草36889平方米，栀子花133000株，葛藤15312株，爬山虎12800株，马褂木20株，共投资125.3万余元。该局立足“因路制宜，注重生态，景观协调，环境亮化”的要求，努力营造“车在路上行，人在画中游”的景观公路。宜春明月山旅游公路古唐线（古庙至唐家山），全长10.28千米，是拓展宜春市旅游业，弘扬禅宗文化的一条重要线路。禅宗文化的沩仰宗起源于江西宜春仰峰，它创立并兴盛于晚唐五代，在五家中开宗最先，沩仰宗的宗风，前人概括为“体用双彰”。

（雷小洪　熊　妩）

【宜丰公路分局全力整治路容路貌】 9月，宜丰公路分局以国、省道干线为重点，致力打造生态路、景观路、文明路，在全分局范围内全面展开路容路貌整治工作。该局整治路段共有125.31千米，整治内容主要包括路面病害修补和预防性养护、开挖和疏通标准水沟、整治路肩、整修边坡、路树刷白整枝、安保设施维护、桥涵检修、队容队貌等8个方面。整治工作以路面平整坚实、水沟畅通、路肩顺畅、路基边坡整洁为标准，经市公路局检查验收后，分局将根据市局的规定兑现奖惩标准，完成任务的每千米奖励200元，反之，每千米扣罚200元。整个整治活动于11月24日结束，为期60天，按预定计划完成了整治工作。

（郭祥峰）

【抚州市农村公路绿化工作完成】 2008年，遵照上级指示精神，抚州市交通局进一步加强公路绿化工作，研究下发了《关于抚州市绿化生态农村公路建设专项工作方案的通知》，将绿化建设任务层层分解，落实到基层，并与各县（区）交通局签订年度农村公路绿化建设责任状。各县（区）交通部门采取积极措施狠抓落实，有效地保障了2008年农村公路绿化生态建设任务的圆满完成。全市共创建农村文明公路110千米，完成农村公路造林植树任务866.7公顷，绿化里程1124千米。2008年，抚州市农村公路绿化、美化程度进一步提高，一条条披上绿装的平坦公路，像穿行于赣东大地城乡之间的碧龙，让人赏心悦目。

（陈根玲）

【抚州市公路局积极抓好公路绿化工作】 抚州市公路局结合实际,制定绿化工作实施方案,将公路绿化建设责任和任务,层层分解,层层落实。自11月16日始,该局抽调挖掘机一台,配置多名操作手,做到人休机不息,对公路绿化路段进行挖坑打穴。同时,针对公路绿化路段土质,邀请一些林业部门专家,进行现场指导,选种适当树木。并按照“谁投资、谁管理、谁受益”的原则,通过签订协议或合同,组织若干植树小组,对抚八线与抚城线交界处至临川收费站两侧空地补种树木,截至11月30日,该局共栽种樟树、杜英、含笑等景观树种16500余棵,累计投资130多万元。

(刘文华　王　平)

【宜黄县公路绿化成效显著】 宜黄县交通局积极落实江西省政府造林绿化工程计划,大力开展农村公路绿化植树活动,投资5万元,在圳口至神岗13千米、棠阴至君山10千米、三都至新中港13千米、高庄至黎溪5千米共41千米的农村公路沿线两旁植树1.2万株,绿化面积达13.66公顷。

(宜黄县交通局)

【资溪倾力打造316国道绿色长廊】 2008年,资溪县投入320多万元,以园林段、风景带的建设格局,对境内316国道47千米路段重新装扮。该路段在2008年的雨雪冰冻灾害中受损,为此,县里请专家现场规划、设计,多方筹集资金进行修复。通过精心布局、科学施工,打造出“文明绿色交通长廊”。县境内装扮一新的316国道,已新建园林路段4处,面积逾13.34公顷,栽植直径10公分以上的桤木、含笑、香樟、雪松等近5万棵,全县47千米绿色通道已成为生态资溪的一张新“名片”。

(陈根玲)

【崇仁公路分局努力抓好公路绿化工作】 2008年,崇仁公路分局全力做好公路造林绿化工作,取得好成绩。截至12月,该局在抚(州)八(都)线、临(川)宁(都)线挖穴6.3万个,栽种杜英2.3万株、杨树4万株,绿化公路55千米,绿化面积37.3公顷,圆满完成公路绿化工程任务,受到上级表扬。2008年12月24日,市政府召开全市绿化工程暨森林防火工作调度会,组织与会人员参观了抚八线公路绿化现场。在绿化工作中,该局动员全局职工,由局领导带队,大家齐上路,全年共投劳2000余工日。为保证路树成活率,该局租借3辆洒水车,对苗木及时进行浇灌;并加大宣传力度,提高公路沿线群众爱护路树的自觉性。该局还与沿线乡镇签订爱路护树协议19份,提高了群众爱路护树的责任心。

(郑志华　李水生)

【瑞金市打造绿色生态文明路】 瑞金市是革命圣地,共和国摇篮。境内有319、206及起点在瑞金的323等3条国道,交通十分便利,每年前来参观指导工作的各级领导和游人络绎不绝。为了进一步优化公路环境,点缀生态公路风景,以生态立市,繁荣旅游事业,瑞金公路分局从2008年起,计划用3年时间完成境内公路的绿化任务。是年,他们已投入巨资完成新增与补植绿化里程达120千米,新植补植路树2.8万株,修整边坡高草5.6万平方米。同时,还建立了一套有效的路树管护长效机制,把它具体落实到每个养护道班、每个职工与沿线的每个村庄,较好地确保了路树的成活率。

(杨河良)

灾害防治

【中共中央政治局常委、中纪委书记贺国强视察九江长江大桥指导抗灾救灾工作】 1月31日,中共中央政治局常委、中纪委书记贺国强在交通运输部纪检组长杨早民、江西省委书记荣苏、省长吴新雄、省委常委、政法委书记舒晓琴、省政协副主席、九江市委书记陈安众等省、市领导的陪同下,顶风冒雪来到九江长江大桥指导抗灾救灾工作,向奋战在抗灾一线的大桥管理局干部职工、守桥武警官兵、公安干警表示亲切慰问,对大桥局为保障群众方便出行、维护京九干线交通大动脉的安全畅通所做的工作给予充分肯定,并鼓励继续发扬特别能吃苦、特别能战斗的作风,再接再励,努力夺取抗灾保通的胜利。

(张曙光　万　鹏)

【常务副省长凌成兴视察九江长江大桥指导抗灾救灾工作】 2月3日,江西省委常委、常务副省长凌成兴在省政协副主席、九江市委书记陈安众、市长王萍、江西省交通厅副厅长席芳柏、孙茂刚等领导陪同下,于深夜23时来到九江长江大桥管理局,视察指导九江长江大桥的畅通和安全工作,在管理局监控中心通过监控屏幕看到大桥车辆安全畅通、秩序井然感到满意,向大桥局全体干部职工表示慰问。他要求大桥局继续发扬务实肯干、团结奋战的精神,众志成城,奋力抗灾,为夺取抗灾保通胜利而努力。

(张曙光 万 鹏)

【九江长江大桥管理局奋力抗灾,确保大桥畅通】

2008年1月,一场几十年未遇的罕见冰冻雨雪灾害,给九江长江大桥交通运输带来严重影响。为确保大桥畅通,大桥管理局领导在抗灾的20多个日夜,以桥为家,不分昼夜团结带领全局160余名干部职工鏖战在抗灾保通一线。在抗灾期间累计铺设草袋12000条、麻袋2000余条,撒盐130吨,黄沙47卡车近500立方米,铁铲1100把,出动铲车6台次、运雪装载车12台次、消防车7台次,租用大型施救车辆在桥区24小时实行免费救助和排障累计达200多台次。大桥职工发扬特别能吃苦、特别能战斗的顽强工作作风,发扬爱岗敬业、勇于奉献的精神,最大限度地保证了大桥通行能力。他们针对大桥混合交通及流量大的特点,在大桥南北两端开通8个进车道,过往车辆全部予以免费放行,免费车辆达16万辆次,免费金额达900余万元。雪灾期间,长江大桥局急群众所急,及时在南北收费所设置"便民服务点",搭建2个救灾帐篷,桥南收费所专门将2个会议室临时改为司机休息室,为司机旅客免费提供棉被120床、方便面350箱、馒头包子11000余份,面包4500余份,板蓝根200大包,维C银翘片350盒,汽、柴油600多立方分米;并聘请专门医护人员为受阻人员提供免费身体检查、服务达1100余次,免费发放退烧药、感冒药。南北两个收费所的工作人员的热情服务,得到社会的好评。人民日报、中央电视台、新华网以及省、市主要新闻媒体对九江长江大桥局在抗灾保通中的突出表现,都进行了广泛的宣传报道,并受到了交通部、江西省委、省政府、江西省交通厅和九江市委、市政府的表彰。其中受到省部级表彰的先进个人有4人次,先进集体有2个;受到市、厅级表彰的先进个人有7人次,先进集体有3个。

(张曙光 万 鹏)

【省高管局召开紧急会议部署抗冰雪灾害工作】

1月28日上午,省高管局召开紧急会议部署抗冰雪灾害工作,局党委书记李素华、局长谢来发出席会议并讲话,局党委副书记、纪委书记魏炳彦、总工程师邝宏柱和局机关副科以上干部参加了会议。面对50年一遇的冰雪灾害,会议要求:一是提高思想认识,全力应对灾情天气。要从讲政治的高度全力应对灾情天气,取消各类休假,取消各类检查活动,一切工作服从、服务于防冻保畅工作。二是要落实防冻防滑措施,全力保障道路畅通。要加强设备调度,充分利用"补路王"等机械设备的烘烤功能,在重要结冰地段开展作业,进一步加强工业用盐的播撒工作,做到早撒、勤撒、匀撒、少撒,引导车辆不间断通行和慢行,防止路面结冰冻化;采取人工化冰、机械化冰、溶剂化冰等多种措施,组织干部职工、部队官兵、民工等力量开展除冰作业,加强物资储备,采取铺草袋、钢筋网等方式全力做好防滑工作。三是要切实抓好交通组织和交通分流,全力维护和谐秩序。要坚持以人为本,积极引导司乘人员进入服务区休息,对滞留群众要认真做好说服解释工作,诚心疏导,提醒司乘人员限速慢行。搞好方便面、快餐、开水等食品供应及油料供应工作,开展临时送油服务,全力做好司乘人员的服务工作。四是要加强领导、加强值班,全力抓好信息管理。坚持24小时值班制度,保障信息传递畅通。加强信息报送工作,正常情况下坚持每天两次定时报送专项信息,特殊情况随时报告,同时每两小时报告一次,及时上报路段通行情况、应对措施、人财物投入情况等信息。加大好人好事宣传力度,加强与媒体的主动联系,积极开展正面宣传和引导。会议强调,全局上下要齐心协力、竭尽全力,做好应对冰雪天气的各项工作,保障高速公路的安全畅通,让车主用户满意,让省委、省政府和省交通厅放心。

(省高管局行办)

【省高管局抗灾保通工作受交通部表彰】 3月,省高管局昌樟管理处、桥隧路政大队、通远收费所和温厚收费所等4个单位被交通部授予“全国交通行业抗灾保通先进集体”荣誉称号;陈涛、雍成香等8名职工被交通部授予“全国交通行业抗灾保通先进个人”荣誉称号。

1月10日以来,在全省遭遇50年一遇的灾害性雨雪冰冻天气之际,省高管局及时启动应急机制,投入大量人力、物力、财力,把收费站变成“服务站”,把收费员变成“铲雪工”,全局各级领导夜以继日、靠前指挥,全体职工众志成城、排除万难,顶风雪、冒严寒、战冰冻,有力地保障了784千米高速公路大动脉的畅通无阻,以实际行动履行了“三个服务”的庄严承诺和使命。交通部号召全国交通行业广大干部职工向受表彰的先进集体和先进个人学习,学习他们的崇高品质、奉献精神、敬业精神、拼搏精神及团队精神,为推进交通事业又好又快发展、全面建设小康社会作出新的更大的贡献。

(省高管局)

【梨温高速公路玉山养护所积极做好防汛工作】 为了加强汛期养护管理工作,稳定高速公路路况,确保安全度汛,梨温高速公路玉山养护所于3月便开始做好防汛准备工作。一是加强对汛期养护工作的领导,健全组织机构,完善应急抢险预案,成立了2支抢修保畅突击队,准备了2辆抢险车辆,购进了各类抢险物资。二是贯彻“预防为主,防治结合”的方针,组织人员,加强日常公路巡查,并对现有路基、桥梁、涵洞、高边坡等线路构造物进行认真检查,发现隐患及时采取措施。三是及时修复水毁损坏的构造物,提高路面平整度和基本消除桥头跳车现象,裂缝修补要及时到位。四是以完善路面排水系统为重点,进一步加强排水设施的养护,及时清理边沟、涵洞,确保排水畅通。五是做好安全标志设置工作,重点对急弯道、上下滑坡段、桥涵等路段,设立安全标志牌。六是建立健全汛期昼夜值班制度,层层落实养护责任制,遇有重大灾情,及时报告有关部门,保持信息渠道畅通。

(邓玉春)

【景鹰高速公路及时抢救塌方边坡路段】 5月,汛期以来,景鹰高速全线遭遇了持续性强降雨,造成了该路段19处边坡塌方,塌方面积960平方米。6月12日,江西公路开发总公司经理周院芳在景鹰高速公路现场解决塌方难题,要求加强领导,周密部署,全力进行抢修,确保行车安全。景鹰项目办、景鹰公司制定切实可行的保通方案,对塌方、泥石流、滑坡的路段、急弯陡坡路段加强了监控,特别加强了高边坡的稳定观察,确保行车的安全。景鹰公司恢复了24小时值班制度,落实专人负责,遇有险情及时报告。因抢修及时,道路塌方、泥石流险情及时排除,未造成道路中断及安全事故。

(倪文权　魏　翔)

【梨温高速公路公司积极做好冰雪灾后重建工作】 2008年初,江西雨雪冰冻严寒气候对梨温高速公路路面及附属设施造成严重损害,总损失达940余万元。为确保道路安全畅通,梨温公司广泛动员,认真组织,抢抓晴好有利天气,立即开展灾后道路修复工作。一是路面清理到位。他们针对路面上残留的麻袋、草袋,及时成立道路清理小分队,挂片分段,责任到人,有计划、有步骤地清理。同时出动4辆洒水车对撒盐的路段进行集中洒水清洗,防止路面因撒盐受腐蚀。二是路损修复到位。组成路况调查小组,对沿线道路进行仔细调查,尤其是对桥涵、边坡、路基等检查,做到调查有数据、有记录、有分析、有措施。全线共修复坑槽3850平方米,裂缝380条,道钉4800个。三是安全设施抢修到位。做到损坏的护栏板24小时内修复,标志标牌12小时内修复,隔离栅5小时内修复。确保车辆安全快速通行。四是绿化抢救到位。组织养护人员对压弯吹倒的树木扶正加固,对压断冻死的树木及时补栽,对全线的植被分阶段性地施肥,确保树木成活。

(何爱鹏　万季怒)

【206国道寻乌段发生山体滑坡】 7月14日下午2时10分,206国道寻乌段2047K+950M处发生山体滑坡,60米长的路面被近万立方米的泥土复盖,致使交通中断。寻乌公路分局接到消息之后,局领导以及路政科、养护科干部职工在第一时间内赶到现场。通过现场的勘察和实地研究,立即组织人员和机械投入抢修,当天下午即修通便道。路政人员积极做好交通指挥,维护过往车辆和行人的安全。经过抢修人员3天加班加点,艰

苦劳动，才清除路面泥土，恢复交通。

（杨河良）

【南昌市公路局圆满完成公路抗灾保通任务】 1月12日以来，全省大部分地区遭遇了一场50年一遇的雨雪冰冻灾害性天气。面对这场突如其来的雨雪冰冻灾害，南昌市公路局迅速启动应急预案，动员全局广大职工奋勇抗灾，全力保证国、省道干线的安全通行。全市公路系统共投入人力12554工日，撒工业用盐535.2吨，铺麻袋1万条，铺草袋17.91万条，使用碎石4010立方米，砂1381.5立方米，机械1400台班，合计投入资金350余万元。在这场南昌地区百年一遇的自然灾害面前，所有公路桥梁经受住了考验，有力地保障了南昌市正常道路运输，多次获省、市领导的表扬，为江西省“九保一平安”重大战略部署的顺利实施做出了应有的贡献，取得了公路抗灾保通的全面胜利。

（南昌市公路局）

【景德镇市公路局抗灾除险保畅通】 1月10日以来，景德镇市持续出现罕见的低温雨雪天气，致使部分路段冰雪封路，严重影响了公路交通安全畅通。针对这一灾情，景德镇市公路局迅速启动应急预案，果断采取应急措施，成立了“公路应急保障交通安全畅通协调工作领导小组”，统一领导和部署全市公路保畅通工作，各公路分局也成立了救灾小分队，采取对重点线路、重点路段和绿色通道进行重点监管，对国、省道桥梁及时除冰扫雪，在弯道陡坡危险路段及时设立警示标志等紧急措施。国、省道干线公路道班一线职工400余人起早摸黑，局机关全体工作人员也一同参战，通过铲冰、扫雪、撒盐，共使用工业用盐9吨，麻袋8000余条，沙石材料800多立方米，调动平地机等铲冰雪设备6台，历经3次集中的抗灾抢险保畅通活动，全市国、省道主干线260多千米公路和24座大中桥梁无一积冰积雪，无一车辆在景德镇市境内滞留，出色地完成了公路保畅通任务，为抗灾除险和交通运输提供了安全、畅通的道路环境。

（赵席忠）

【景德镇市公路局灾后恢复建设见成效】 1月中旬以来，景德镇市遭受历史罕见的雨雪冰冻灾害，给景德镇市公路局所管养的公路造成了重大损失，共有13条线路计144千米出现不同程度大坑大槽，公路绿化、桥梁护栏、公路标志毁坏严重。面对自然灾害，景德镇市公路局不等不靠，统筹安排好人力、物力、财力，迅速投入灾后恢复建设，通过大干30天进行抢修，先后对206国道、田（畈街）乐（平）线、白景线等13条线路的路面坑槽进行修复，共修补路面坑槽16911平方米，整修公路路面300千米，保持了国、省道干线公路平整，路况基本恢复到灾前水平，维护了公路安全畅通，灾后恢复建设取得明显成效。

（赵席忠）

【萍乡公路局全力做好公路抗冻救灾工作】 1月10日以来，萍乡地区出现冻雨现象。萍乡市公路管理局管养的319国道坊楼至五陂下段、武功山旅游公路山口岩至新泉段部分公路路面交通阻断。该局紧急启动公路抗冻救灾应急预案，成立了以局长任组长的应急领导小组，投入人工2530人次，累计使用材料1.7万立方米，机械190台班，累计投入经费100余万元。采取撒盐和撒屑、机械推和人工铲相结合的方法，全力以赴打好公路抗冻救灾攻坚战，及时解决了上述两路段的阻断现象，确保了公路安全畅通。该局还同时加强对所有管养路段的路政巡查，发现险情立即报告，路政执法人员协助交警引导车辆慢行，继续推行“有困难，找路政”服务活动，确保所管养的公路安全畅通。

（易建军）

【九江市公路职工奋力抗冰雪保畅通】 1月13日起，九江市遭遇50年一遇的持续低温雨雪冰冻天气，在前后20多天的时间里，冰雪连续4轮袭击九江地区，使九江公路局管养的1600千米的国、省道干线公路曾经一度全部中断交通。全市12个县（市、区）中先后有11个县（市、区）因冰雪一度与外界完全阻断交通，2条国道、17条省道、28条县道先后发生202次交通阻断，全市公路出现多处车辆和人员滞留现象。九江市公路管理局及时启动应急预案，全系统1700多名干部职工日夜奋斗在抗灾保畅的第一线，总计投入劳力61016工日，工业用盐1153.3吨，麻（草）袋11.62万余条，碎石13913立方米，瓜子片8755立方米，砂5055立方米,煤渣667立方米,木屑500立方米,防滑链13副,沥青冷补料3921吨,投入机械3876台班,干草32吨,乳化沥青650吨,折合金额2961.06万元,确保了公路安全畅通,实现了省委、省政府提出的"九保一平安"目标,取得了抗冰救灾决定性的胜利。九江市公路管理局荣获江西省抗冰救灾先进集体,并荣获九江市和全省交通系统抗冰救灾先进集体称号。

(九江市公路局)

【鹰潭市交通局全力抗灾救灾】 1月中旬,冰雪封住了鹰潭市主要道路,交通干线中断,车辆营运告停,人们正常生活遭到严重影响,鹰潭市交通局紧急启动《鹰潭市交通局抗冻救灾应急预案》。全局按预定的抗冰救灾工作方案,认真落实工作措施,由主要领导亲自挂帅,要求各科室成员明确清雪、除冰工作的职责和任务,要求确保通讯渠道畅通,个人不得擅自离开工作岗位,全天24小时随时做好应对处理突发事件。全局干部职工积极抗灾抢险。公路科、路政科等工作人员坚持工作在抗冰救灾的第一线,确保鹰潭市境内高速公路、国道、省道、县道、农村公路及7座大桥的全面畅通。运管处主要领导身先士卒,共调用应急车辆60余辆次,运送抗灾人员900余人次,运送棉被800床、工业用盐12.5吨、麻袋12500只,为全市抗冻救灾工作提供了坚实的运力保障。充分利用广播、电视、板报等形式,向旅客介绍灾害情况和乘车常识,对国家安全法及有关运输生产安全规章进行了宣传。并向当地新闻媒体提供各种信息、动态,为旅客出行提供方便。

(鹰潭市交通局行办)

【宜春市公路局抗冰救灾工作取得好成绩】 1月中旬以来,宜春市遭受了50年一遇的低温雨雪冰冻天气,路树纷纷压倒,路基频频塌方,路面出现严重冻裂,公路受到了前所未有的考验。宜春市公路局所管养的路段受灾严重,里程1600余千米,受损面积500万平方米,冰冻压垮路树2000余株,桥涵受损300余座,造成经济损失1.6亿多元。

面对严重灾情,宜春市公路局启动了应急救援方案,四措并举全力开展抗冰救灾工作:一是迅速成立公路应急救灾领导小组,下属10个分局成立了应急抗冰救灾小分队,全天候上路巡查,市公路局领导全部下到一线,实地了解公路隐患,制定抢修救灾方案。所有在职干部、职工取消休假,上路除冰扫雪,及时消灭大坑大槽。二是积极备足公路救灾和抢险用的机械设备和材料。各分局备足冷补沥青、砂石、小片石、草袋、工业用盐,全线开展救灾活动。三是确保信息畅通。全局实行每天将受灾情况和路况信息两报制。及时向省公路局和宜春市政府汇报,并通过新闻媒体等渠道及时向群众通报。四是路政、安全技术人员加大巡查力度,发现问题及时处理。截至2月3日,投入养路职工7818个工日,民工9628个工日,铺撒工业用盐970.4吨,草袋18.2万余条,碎石14577立方米,小片石4257立方米,砂石5880立方米,冷补沥青1622吨;修补塌方73300立方米,投入机械2378台班,救急使用方便面91箱,饼干1660包,纯净水558箱,盒饭2696份,防寒物品1500件。抗灾保畅通投入资金1369.5万元。

(邹　军　涂强民　张春祥)

【万载公路分局启动灾害天气公路应急预案】 1月18日~20日,万载县革命老区——原湘鄂赣苏维埃省政府所在地仙源乡等山区连续几天降大雪,公路上到处积雪。山区公路本来就坡陡弯急,再加路面积雪,给山区行车带来了很大的安全隐患。为确保道路安全畅通,消除安全隐患,万载公路分局紧急启动灾害天气公路应急预案,动员全体养护人员,启用装载机,清理路面积雪,并在路面上洒上沙子等防滑材料,较好地消除了安全隐患,确保公路安全畅通。

(叶　明　张　清)

【宜丰公路分局积极部署冰雪灾后重建工作】 2月,宜丰公路分局领导为扎实抓好灾后重建工作,奔赴各基层单位指导灾后公路重建工作,主要措施为:一是抓紧当前晴好天气修补路面坑洞,特购进50吨冷补沥青投入使用,力保公路路面平整、安全畅通。二是对辖区内公路状况进行全面、细致的检查,掌握公路受损的具体情况,制订修复计划,对症下药。三是重点对桥梁、涵洞等基础设施进行检查修复。四是密切关注公路边坡,防止由于冰雪融化产生的地表水造成公路边坡松散、坍塌,一旦出现险情及时上报和处理。五是加强对公路附属设施的管理,组织人员及时修复、扶正已缺损、歪斜的警示标志牌。

(郭祥峰)

【丰城公路分局“四个到位”抓好防汛工作】 5月,随着汛期的来临,丰城公路分局及早成立防汛工作领导小组,做好准备,以“四个到位”抓好防汛工作:①防汛物资准备到位,已准备草袋300多条,沙石料240多立方米,铁锹140多把,防汛保障车4辆,铲车2台;②预防措施到位,对管辖范围内的桥涵、路基、路面等进行一次全面的排查,发现安全隐患,立即整改;③信息报送到位,专人负责及时上报水毁及抢修情况信息;④抢险防汛队伍到位,已组织党团员青年突击队70多人,一旦发生险情,便可及时出动。经过充分准备,至7月上旬,在2008年汛期,该局所管养公路安全畅通。

(朱振宇 徐玉辉)

【赣州市公路局努力抓好抗击冰冻灾害工作】 1月14日以来,赣州市连日降雪、冻雨,市养公路部分路段出现了路面积雪、结冰、路树冻倒及边坡塌方等现象,同时高速公路大量车辆改走国、省道,交通量剧增,导致多条路线出现大量的路面坑槽、路基缺口、涵洞及桥梁锥坡被冲毁等病害,古高线寨脑桥、G105南亨段出现边坡滑坍。为确保春运期间公路安全畅通,该局及各县养护公司采取了领导挂片、分段包干责任制度,应用人工配合机械清雪、除冰,路面撒砂、撒盐、铺草袋处理路面积雪和结冰以及用机械清理塌方等措施,做到大雨时回填碎石掺砂、小雨时用水泥稳定碎石、停雨后用沥青碎石修补以保持路面平整。在20多个日夜抢修工作中,该局共投入养路工工日58690个、民工工日31455个、工业盐254吨、草袋15万个、碎石24661立方米、瓜子片碎石11748立方米、砂20373立方米、沥青1961吨、机械台班8651个、水泥528吨,累计投入资金2008.65万元。通过以上措施,及时清除了冰雪灾害所造成的线路缺陷,确保了公路安全畅通。

(黄新明)

【抚州市公路部门战冰冻保畅通】 1月10日以来,抚州市遭受持续久雨、低温、冰冻灾害性天气,对公路安全畅通造成很大威胁。该市公路管理部门立即启动应急预案,积极应对冰冻灾害天气,确保国、省道主干线公路安全畅通。抚州市公路局管辖的(南)昌抚(州)路、(南)昌厦(门)路、林(坊)崇(仁)线、丰(城)洛(口)线、杉(南)丰线等14条国省道、8条县乡道共7000余平方米路基发软、5万余平方米路面出现松散、剥落、坑槽、断板现象,边坡塌方6处,路树折断5.8万棵,撞断桥栏杆、防护柱287米,累计造成直接经济损失2000多万元。面对突而其来的灾害天气,广大公路职工战冰冻,冒严寒,取消双休日,实行24小时值班制,采取措施保公路畅通,促交通安全。在昌厦公路、东(乡)临(川)公路、316国道、抚(州)八(都)线,养护工人清扫冰雪、搬除倒塌的路树。在抚河大桥、临川大桥、东临公路大桥上,技术人员现场指导撒盐化冰,人工除冰的方法。在抗冰保畅通工作中,共消耗工业用盐530吨、碎石1550立方米、小石片1400立方米、粗砂2600立方米、煤渣1100立方米、木屑400立方米,出动机械设备725个台班。

(刘文华、李水生)

【抚州直属公路分局努力确保汛期公路安全畅通】 5~6月雨季期间,抚州直属公路分局根据天气变化,结合实际,集中人员、车辆,抓好冰雪灾后修复工作,确保汛期公路安全畅通,修复受损路面近80%、修复被撞桥梁栏杆10余处。受年初低温、冰冻、雨雪天气影响,再加上银福高速公路封闭,车辆分流,造成该局所辖公路路面破损面积达3.8万余平方米,所辖国道316线损坏严重。为尽快修复公路受损路段,确保安全畅通,该局一方面自筹资金10多万元,购置沥青拌和机组,组建沥青拌和场。另一方面集中资金,调运石、砂等原材料,自行生产沥青混合冷补料。同时,调集所属各养路队人员、养护车辆,对重点路段进行路面抢修。该局采取“冷热”抢修措施,效果良好。“冷”措施:即利用沥青混合冷补材料,专门应对雨后期间公路路面修补,做到及时快捷。“热”措施:即抓住晴好天气,开动沥青拌和机,实行大面积路面坑槽修补,做到高效稳妥。

(刘文华)

【东乡公路分局抢修省道黄(金埠)东(乡)线】 5月10日,东乡公路分局抓住晴好天气,组成抢修突击队,全力以赴抢修黄东线水毁公路,确保了公路安全畅通。受年初冰冻灾害和雨季降雨过程的影响,加上原老油路已属超期服役,该局管养的省道黄东线18.20千米的油路路面损坏严重,部分路段甚至通行困难。针对这一情况,该局成立了水毁抢修领导小组,同时,积极申请资金20万元购买碎石、排水涵管等,养路职工主动放弃节假日休息,积极抢修水毁公路。该局共调用挖掘机、压路机和自卸汽车台班300个,出动劳力1500个,完成路面修补15.5千米,计大小坑槽12000多个,共90000平方米。经过10天奋战,顺利完成抢修任务。

(吴接林)

【上饶市公路局全力以赴"抗冰冻、保畅通"】 1月28日以来,由于持续低温加小雪,上饶地区出现了冻雨雪天气,部分公路路段路面严重冰冻,如洪老线、黄锦线、上分线等路段曾一度中断交通。上饶市公路局连夜召开紧急会议,成立了以局长任组长的抗雨雪冰冻灾害应急领导小组,认真分析灾情并对全局公路抗冰救灾工作进行部署;要求各县(市)、区公路分局紧急行动,密切配合,确保本地区公路安全畅通。

截至2月20日,全局已投入养路工5420人次,民工580人次,累计使用工业用盐327吨,草、麻袋62万条,机械890台班,累计投入经费364余万元。同时加大人员到位、设备到位和材料到位的力度,采取撒盐和撒石屑、机械推和人工铲相结合的方法,全力以赴打好这场公路抗冰救灾攻坚战,取得了较好效果,基本保证了全市公路安全畅通。

(程仁河　章松青)

【上饶市交通局职工抗冰雪灾害保畅通】 2月1日以来,上饶市遭受受特大雨雪冰冻灾害,对公路损坏特别严重。累计受损路基651.3千米,84.75万立方米;沥青路面1419.36千米,469.18万平方米;水泥路面570.52千米,193.02万平方米;砂石路面967.95千米,339.84万平方米;桥梁240座3816.1延米;涵洞965道;防护工程1310处3.26万立方米;塌方1202处,29.23万立方米。中断交通19条,直接经济损失43188万元。上饶交通系统职工奋力抢修保畅通,投入劳力111931个工日,工业用盐536吨,麻袋22.8万条,草袋44.6万条,碎石59923立方米,瓜子片5920立方米,煤渣9352立方米,机械台班3570个。同时为滞留旅客、抢修职工发放方便面261348盒,饼干1450包,盒饭366919份,开水421212公升,防寒物品42022件,常用药品31.1万元,投入抢修资金6032万元,各类抗灾物资2509万元。全市交通系统职工紧急行动,连续奋战25天,取得了较好成效,及时清除公路路障,基本保证了公路安全畅通,受到上级表扬。

(陈均培)

【铅山县抗击冰雪保畲乡公路畅通】 2月1日,受连续低温和雨雪冰冻天气影响,铅山县多条通往南部山区公路被阻,特别是陈家寨至老虎寨公路尤为严重。该线山高路远,处地偏僻,沿线有天柱山乡和篁碧乡近1.7万人受困,由于交通中断日常生活物资十分缺乏,通信、电力抢修人员无法进入。2月4日,铅山县交通局组织100多人,兵分两路到铅山汽车站、渡口和交通严重堵塞的路段维持运输秩序、疏导交通,交通局局长刘继来带领50多名机关工作人员,深入陈老线采用人工撒盐、除雪和清理倒伏在路上的树木、竹枝。同时天柱山乡和篁碧乡党委政府也积极组织干部群众近百人由里向外进行策应。篁碧乡至天柱乡和外界联系的公路被抢通,被困篁碧乡7日之久的中巴客车终于得以开往县城河口,使畲乡人民过上了欢乐、祥和的春节。

(铅山县交通局)

【万年交通职工抗冰保电奋战5昼夜】 1月25日以来,为了应对雨雪冰冻灾害天气,万年县交通局配合景鹰高速公路,。短期内征调了3万只草麻袋铺设乐安河大桥桥面及重点路面;征调1万只草麻袋和工业盐5吨,配合县公路分局对国省道路面桥梁清扫冰雪,确保灾期交通安全畅通;在抢修乐鹰线(万年段)电力大会战时,全局60余名职工连续奋战5昼夜,调集运输、工程车1100多辆次,抢修道路46千米,开辟牵引场地7000余平方米,3天内准确无误将33个塔基点材料装运到位,工作速度和能力得到上级领导的充分肯定。

(万年县交通局)

【婺源公路分局积极开展水毁公路抢修工作】 6月8~13日，婺源县遭遇了两轮特大暴雨，全县降雨量达287毫米，部分乡镇降雨量412毫米，暴雨造成山洪暴发，境内公路受损严重。累计两次强降雨造成婺源公路分局管养的303.929千米公路3处中断交通；冲毁路基21处达11380余立方米；冲毁路面12处达1280余平方米；冲毁扫墙5处达330多立方米；塌方17处达8300余立方米；直接经济损失90余万元。灾情过后，婺源公路分局成立专责领导小组，全面部署灾后公路重建工作，组织专业人员对冲毁路基进行回填，对受损路面进行重新罩面修复，及时清理阻塞路段，对存有安全隐患路段，特别是公路沿线山体边坡不稳定之处，设立安全警示标志，提醒过往车辆、行人注意安全。经过全局职工15天的努力奋战，顺利完成了灾后重建工作，确保了所管养公路安全畅通。

（李有泉　孙国良）

航道建设

【概况】 2008年，省发改委、省交通厅下达航务部门基本建设项目投资计划为29282万元。款源为：交通部补助资金7500万元，交通厅自筹资金7200万元，项目法人贷款8282万元，航务自筹资金6300万元。所建项目包括：赣江东河（南昌—瓢山）Ⅳ级航道整治工程（续建）5000万元（部补2000万元，厅自筹3000万元）；赣江石虎塘航电枢纽项目（新建）20282万元（部补5500万元，厅自筹3500万元，项目法人贷款8282万元，航务自筹3000万元）；江西水上搜救中心项目（续建）2200万元（厅自筹700万元，航务自筹1500万元）；江西省水上搜救中心鄱阳湖分中心项目（续建）1000万元（航务自筹）；鄱阳县地方海事处及航道段工作用房（续建）200万元（航务自筹）；抚州市地方海事处及航道段工作用房（续建）100万元（航务自筹）；高安市地方海事处及航道段工作用房（续建）100万元（航务自筹）；丰城市地方海事处及航道段工作用房（新建）100万元（航务自筹）；江西省水上搜救中心赣州分中心项目（新建）200万元（航务自筹）；上犹县地方海事处工作用房100万元（新建）（航务自筹）。

至2008年12月，按省发改委年度计划完成的基建项目情况为：赣江东河（南昌—瓢山）Ⅳ级航道整治工程完成年度施工任务；赣江石虎塘航电枢纽于12月开工建设；江西省水上搜救中心主体工程于12月封顶；江西省水上搜救中心鄱阳湖分中心主体工程在建；鄱阳县地方海事处及航道段工作用房，抚州市地方海事处及航道段工作用房均竣工；高安市地方海事处及航道段工作用房主体工程在建；上犹县地方海事处工作用房完成征地任务；丰城市地方海事处及航道段工作用房，江西省水上搜救中心赣州分中心因自筹资金原因，被列为缓建项目。

（张兆平）

【常务副省长凌成兴赴鄱阳湖调研】 4月30日，省委常委、常务副省长凌成兴在省交通厅、水利厅、林业厅等相关部门领导的陪同下，乘坐江西地方海事搜救艇由南昌港出发，进入鄱阳湖实地察看湖区生态环境经济建设情况。途中，凌成兴在听取了省交通厅关于航道和水运建设，省水利厅关于赣江和鄱阳湖水域采砂管理，省林业厅关于湿地保护与利用等工作情况的汇报后，指出：这次调研是学习实践科学发展观活动的重要内容之一。目前，赣江中下游及鄱阳湖采砂管理开始从无序走向有序，湿地保护力度不断加大，航道建设和海事建设取得长足进步，所有这些都为鄱阳湖流域的可持续发展发挥了积极作用。推进环鄱阳湖生态经济区建设，要紧锣密鼓地营造氛围，紧锣密鼓地狠抓项目。要强化河道采砂管理，有效遏制乱采滥挖现象，使全省砂石资源可持续利用；要切实加大对湖域生态保护的投入和整治的力度，做到从源头上保护和改善整个鄱阳湖流域的生态环境；要充分利用和挖掘水运资源，不断增强航道通航保障与服务经济社会的能力,为环鄱阳湖生态经济区的科学建设作出更大贡献。

(张兆平)

【省发改委、省交通厅领导视察赣江航道和水上搜救中心建设工程】 7月1日,省发改委副主任陈一星、省交通厅副厅长胡琳在航务局党委书记王凯林、局长李天碧、副局长杨礼生等陪同下,视察了赣江(南昌至樟树)III级航道整治工程和正在建设中的江西省水上搜救中心。陈一星、胡琳一行乘坐海事公务艇由樟树码头顺江而下,沿途一边察看航道整治工程建筑物、航道水深、水路货运量等情况,一边听取航务局对内河航道建设工作的汇报,并详细询问在建和即将开工的重点建设项目的进展情况以及航道建设规划。对此,两位领导给予了充分肯定,同时强调:要进一步提高水运在全省经济发展中作用的认识,抓住建设环鄱阳湖生态经济实验区的机遇,立足湖区产业布局,认真做好航道建设规划的完善与落实工作;要加大资金筹措力度,想方设法解决好这一问题,以此推动全省航道建设、管理与规划工作再上新台阶。在江西水上搜救中心建设工地上,两位领导实地察看了工程建设情况,对工程进展和整体规划、功能进行了深入了解。在听取建设和施工单位的汇报后,胡琳对其建设进度和质量给予了充分肯定,要求相关单位严格按规范实施,严把工程质量、安全关,做到高质量、高要求地完成施工任务,力争早日投入使用,为全面提升海事监管水平和水上搜救能力奠定良好的基础。

(许海远)

【交通运输部督查组对赣江东河航道整治工程质量进行检查】 11月13~14日,由交通运输部基本建设监督总站副站长黄勇及相关专家一行10人组成的督查组,对赣江东河(南昌—瓢山)航道整治工程质量与施工安全情况予以检查。省交通厅副厅长许润龙,厅基建处、省航务局负责人等陪同参加了检查活动。督查过程中,督查组成员认真听取了关于江西水运建设工程质量和施工安全监管工作情况的简要汇报,以及赣江东河(南昌—瓢山)航道整治工程建设、设计、施工、监理单位的自查情况的详细汇报。随后,督查组按照交通运输部颁发的《公路水运工程质量安全督查办法》的要求,采取现场察看、座谈讨论、内业资料抽查等形式,对该工程参建各方的质量管理行为、施工工艺、工程实体质量、施工安全管理等情况逐一检查。在意见反馈会议上,督查组充分肯定了赣江东河(南昌—瓢山)航道整治工程质量及其安全管理工作中所取得的良好成效。与此同时,就下一阶段的工程建设提出具体意见和建议。省交通厅对这次督查工作高度重视,副厅长许润龙专程到会听取了意见反馈,要求相关单位认真落实部督查组提出的要求,督促参建各方对存在的不足之处认真梳理,全面落实质量与安全整改工作,并以此为契机,组织人员对在建项目进行一次检查,进一步总结经验,加强管理,严格要求,促进全省水运工程质量与安全管理工作再上新台阶。

(许海远)

【江西省水上搜救中心鄱阳湖分中心建设工程开工】 12月12日,江西省水上搜救中心鄱阳湖分中心项目开工典礼在星子县隆重举行。省航务局以及星子县县委、县政府有关领导出席了典礼仪式。鄱阳湖分中心是鄱阳湖区域处置水上突发事件的指挥协调机构,具体承担湖域水上搜救运行管理工作。该项目选址位于星子县九江银星造船有限责任公司(原东风造船厂)下游的山地上,占地面积15353.2平方米,总建筑面积为12100.54平方米,工程投资估算1380万元。一期工程分为码头和辅助建筑工程,包括救助、管理船舶专用泊位,钢质趸船及沿岸护坡、综合办公楼、值班用房、仓库等。预计2010年建成并投入使用。

(曾 艳)

【常务副省长凌成兴考察赣江石虎塘航电枢纽项目】 12月18日,常务副省长凌成兴率政府有关部门及吉安市市委、市政府负责人一行,在省交通厅厅长马志武、省航务局负责人等陪同下,来到即将开工建设的赣江石虎塘航电枢纽工程项目所在地,就项目建设情况进行考察调研。在坝址现场,凌成兴一行听取了省航务局负责人关于赣江航道建设规划以及项目进展、总体目标等详情的汇报,实地察看了枢纽所在地的地形、水文,并询问了征地拆迁和移民安置等问题。此外,凌成兴还仔细了解了项目目前的进展情况和遇到的困难,要求随行的相关部门和单位协调解决，促成工程建设按时保质顺利进行。

（许海远）

【赣江石虎塘航电枢纽工程建设项目正式启动】 12月29日，江西3大重点工程项目（石虎塘航电枢纽、江西华能井冈山电厂扩建、高安建筑陶瓷铁路专用线）开工新闻发布会在南昌举行。省委书记苏荣、省长吴新雄出席会议并讲话。省领导王宪魁、尚荣、凌成兴、赵智勇、舒晓琴、余欣荣、蒋如铭、孙刚、洪礼和、史文清、王林森等出席会议。省直有关单位以及3个项目的建设、设计、施工单位的负责人及工程建设者1000余人参加了会议。

会上，省发改委主任姚木根介绍了本次开工建设3大项目的基本情况。省交通厅厅长马志武就赣江石虎塘航电枢纽建设工程作了发言。马志武说：作为全省3大重点项目之一，在这里隆重召开开工新闻发布会，充分体现了省委、省政府对赣江石虎塘航电枢纽建设和交通工作的高度重视、亲切关怀和殷切期望，也是对交通工作者的巨大鼓舞和鞭策。省交通厅将认真履行职责、靠前指挥、周密组织、科学安排，切实加强工程质量和施工安全管理，强化制度监督，实现阳光工程。希望全体工程建设者团结一心、埋头苦干、开拓创新，努力把这一工程项目建设成为赣江区域中工程质量好、生态环境好、资源节约好、安全检测好的优质工程和实践科学发展观的水上交通示范工程，为推动全省水上交通事业又好又快发展，加强富民兴赣、实现江西崛起新跨越作出新的更大的贡献。

石虎塘航电枢纽系原国家计委批准的《江西省赣江流域规划报告》的万安、泰和、石虎塘、峡江4个枢纽中的第三个梯级枢纽工程。此枢纽位于赣江中游泰和县城下游26千米处，是以航运为主，兼有发电、防洪、灌溉等效益的水资源综合利用项目。主要内容包括：船闸、泄水闸、左右岸土坝、坝顶交通桥、鱼道、库区防护等工程。建设规模为：正常蓄水位56.5米（黄海高程），相应库容1.68亿立方米；通航建筑物建设标准为内河III级，船闸有效尺度为180×23×3.5米（长×宽×槛上水深）；电站总装机容量12万千瓦（6×20兆瓦灯泡贯流式机组），年平均发电量5.27亿千瓦时。项目估算总投资为24.3764亿元（其中世界银行贷款1亿美元）。

实施赣江水资源综合开发利用，建设赣江石虎塘航电枢纽，标志着全省高等级航道在赣江中上游取得重要突破。此举对于建成江西水运主通道、改善江西能源结构、提高库区防护片区内的防洪标准，为发展赣江沿岸工农业生产、提高人民生活水平和提供良好生态环境，都具有重要的意义。

（许海远　张兆平）

【乐平市招商引资疏通河道】 7月25日，乐平市政府重点工程河道疏浚、航道浚通、码头建设开工典礼在乐平市乐港镇杨家举行。乐安河是流经乐平境内的主要河流，由于多年来受到利益驱动，一些非法采砂淘金船在河道上乱采乱挖，河道破坏严重，造成航道堵塞，严重破坏了河道的自然环境，影响了当地防洪泄洪，阻碍了航运事业的发展。为保护母亲河，保障防洪安全，开发航道功能，为乐平市工业园区营造良好的运输环境，乐平市政府通过招商引资方式，授权江西永修松丰硅砂型材有限公司对乐安河乐平段进行河道疏浚、航道疏通，并收购鸣山东省码头，同时重建塔山与山下两座码头。整个工程投资3000万元，通过工程疏通后，乐安河的航道通航能力达到300吨至500吨级船舶，码头规模600吨位，整个工程将于2009年末全面完成。

（涂　强）

港口建设

【新干港河西综合码头工程开工】 1月16日，新干港河西综合码头工程开工。新干港河西综合码头工程是交通部长江水系内河航运发展重点建设项目,是江西"十一五"交通重点建设工程。该码头港址位于新干赣江大桥西岸上游786.8米处,东接丰城、乐安,南毗永丰、峡江,西邻新余,北界樟树。新干港河西综合码头工程于2005年12月由省发改委批准立项建设(赣发改交运字[2005]1540号),项目总投资9650万元,建设规模为:设计年货物吞吐量110万吨,建设3个500吨级货运码头泊位(其中:重件货码头泊位1个,件杂货码头泊位2个),堆场13950平方米,仓库3888平方米,办公楼1700平方米,配置40吨/19米起重机,10吨固吊和5吨固吊各一台。该工程项目法人为吉安市港航管理处,由新干港河西综合码头工程建设项目办负责组织实施,项目主体工程建设按照《中华人民共和国招标投标法》,采用公开招标的方式,确定施工单位为江西路港工程有限公司、监理单位为江西交通工程监理公司,工期15个月。

该工程的建设对于进一步发挥赣江黄金水道优势、提高水路运输竞争力,对于进一步发挥新干港口优势、促进赣江中游区域经济社会协调发展,都具有重要作用。

(匡萃林　刘　辉)

【南昌港集装箱码头工程顺利通过竣工验收】 12月17日,省交通厅在南昌主持召开南昌港集装箱码头工程竣工验收会。会议由厅基建处处长袁望京主持,省交通厅计划处、财审处、驻厅纪检监察室、省交通工程质量监督站、省海事局、省航运局、南昌市地方海事局、南昌市港航管理处等有关部门、单位、应邀专家及各参建单位的代表参加了会议。

南昌港集装箱码头工程坐落在南昌市经济技术开发区的白水湖工业园区,位于赣江主航道——西河左岸,赣江铁路桥下游6千米处的鸡山村。港区岸线长666.45米,建设两个1000吨级集装箱泊位,设计年吞吐量5万标箱,陆域面积17.05万平方米,配备45吨/36米轨道式门式起重机4台,45吨集装箱正面吊1台等装卸设备,港区堆场与道路8.8万平方米,生产及附属用房建筑面积1.04万平方米,绿化面积3.62万平方米。

工程于2003年4月开工建设,2005年5月完工。验收委员会听取了各参建单位的情况汇报,查阅了工程竣工资料,查验了工程现场,认为工程已按批准的规模、标准和内容建成,总投资控制在批准的调整概算内,工程质量优良,竣工验收手续完备,归档资料基本齐全,经生产试运行,满足使用要求,具备竣工验收条件,同意工程竣工验收,项目总体质量被评定为优良。自验收之日起正式交付生产使用,核准本项目工程竣工决算1.5492亿元,比概算节余607.1万元。

南昌港集装箱码头工程的建成,对于进一步发挥江西内河水运优势、促进江西集装箱运输业的发展、带动江西港口基础设施建设和水路运输结构调整、提高水路运输综合实力、完善综合交通运输体系,具有积极作用,特别是对省会南昌市优化招商引资环境、发展外向型经济、增强社会经济发展的活力和后劲具有重要意义。

(何金宝)

规划与勘察设计

【规划工作概况】 2008年,省交通厅规划办坚持以科学发展观为统领,加强职工队伍建设,狠抓计划落实,较好地完成了全年的交通规划、造价管理等各项工作任务。在公路规划方面,主要编制完成了《江西省高速公路服务区建设标准》、《南昌绕城高速南环线路线规划》、《地方加密高速永修至武宁段路线规划报告》、《地方加密高速公路寻乌至全南路线规划》、《鄱阳湖生态经济区综合交通建设规划》的公路篇、《江西萍乡陶瓷产业基地路网规划》、《万年县交通发展规划》。在水运规划方面,主要完成了《江西省公路水路节能规划》、《鄱阳湖湖区航道规划》、《长江流域综合规划修编中江西省航运规划报告》、《鄱阳湖生态经济区综合交通建设规划》(水运篇);对《江西省内河航运规划》进行修编、提供了江西邻边四省之间省际通道建设中的水运通道部分的资料、协助省水利厅开展岸线规划工作,提供泛珠三角高层论坛江西航运资料。并且完成了其他相关工作,编写了落实科学发展观的研究课题《江西交通建设可持续发展》、《鄱阳湖生态经济区交通发展研究》和《江西经济社会可持续发展与交通规划研究》;参与了国家发改委基础产业司关于《"十一五"综合交通发展规划中期评估》课题中的相关调研内容的编写工作;并且在春节冰冻雪灾期间,为积极配合省交通厅做好抗灾抢险工作,编制了高速公路通车示意图,高速公路专线路线图;回复了有关部门的提议提案,主要有:对《关于解决南昌—奉新(安义)—靖安一级公路建设问题的请示》和《关于恳求支持我市公路建设的请示》的有关意见;对《关于建立修河源五梅山等6个省级自然保护区的请示》的回复;对《关于征求庐山省级自然保护区核减面积有关意见的函》的回复;《对于加快资溪—福建邵武高速公路实施意见》的回复;对《关于征求遂川县南风面等6个自然保护区申报省级自然保护区有关意见的函》的回复等等 。

(龚莉萍)

【南昌绕城高速南环线路线规划通过评审】 12月26日,《南昌绕城高速南环线路线规划》通过了由省交通厅组织的专家评审会议。南昌南外环高速公路是福银高速公路南昌绕城高速公路的重要组成部分,也是南昌绕城高速公路建设的最后一段,路线位于南昌市区的南面,是省会南昌的城市快速通道。此外,该项目作为国家高速公路上海至昆明运输大通道的平行路段,将缓解该东西向通道上日趋紧张的交通状况,有利于形成全省"安全、舒适、快捷、高效"的高速公路网络。路线起于南昌绕城高速公路的西环线的昌西南枢纽互通的生米镇乌鸡村位置,跨赣江后,穿越南昌市区南面的莲塘和向塘"组团"之间,终于南昌绕城高速公路东环线的塔城互通,把现有的塔城互通改造成枢纽和分离式的组合互通。该项目的建设标志着南昌绕城高速公路全线建成通车,将形成通往长沙的南昌至铜鼓高速公路和通往杭州方向的德兴至南昌高速公路之间的有效连接,不仅是完善了江西省高速公路网的建设,也将满足中部地区东西向运输通道建设的需要。该项目路线全长约32.86千米,新建大中小桥9430米/17座,枢纽互通2处,单喇叭互通3处,分离立交25处。预测到2032年,南昌南外环高速公路的交通量为50903辆/日(小客车),建设标准拟采用双向六车道,设计速度100千米/小时,路基宽33.5米。投资估算为26.685亿元,平均每千米约8121万元。

(龚莉萍)

【地方加密高速公路永修至武宁段路线规划报告】 永修至武宁高速公路位于江西省的西北部,是国家高速公路福州至银川和大庆至广州高速公路间的横向联络线,是连接德安、永修、武宁、修水的快速通道,也是江西省的一条旅游高速公路。该项目的兴建对于江西省和赣西北区域的路网结构完善、拉动整个区域经济快速发展,开发利用庐山西海的旅游资源具有极其重要的作用。规划路线起于福银高速的共青互通(将共青互通改造为枢纽互通),终于大广高速武吉段的武宁县互通(将武宁县互通改造为枢纽互通),路线总长约97千米,其中在德安境内约1.5千米,修水境内35.5千米,武宁境内约60千米。拟按双向四车道高速公路标准建设,设计速度100千米/小时,路基宽26米,投资估算为34.97亿元,平均每千米约3605万元。

(龚莉萍)

【地方加密高速公路寻乌至全南路线规划】 寻乌至全南高速公路是江西省2020年高速公路网规划中18条地方加密高速公路中的第18条,位于江西省南部赣州市境内,横穿江西南部,它将赣州市寻乌县、安远县、信丰县、龙南县、全南县串联成一体。路线起于寻乌县笔架山赣闽界(该项目在福建省境内与武平至东山港高速相接),经寻乌(与济广高速相交,设枢纽互通)、安远、信丰(在小江与大广高速相交,设枢纽互通)、龙南,终于全南县金龙。该路线既是江西省与周边省份的连接通道的组成部分,也是江西省南部与闽南联系的主要通道。它将连接济南至广州、大庆至广州两条国家高速公路,对完善全省高速公路路网布局,构成江西地方加密线的出省通道,充分发挥高速公路网的规模效益起重要作用。路线全长约150千米,其中路线小江至全南段与大广高速公路共线,从起点至小江段设计速度80千米/小时、路基宽24.5米;小江至全南段段,设计速度100千米/小时、路基宽26.0米,双向四车道技术标准,方案总投资估算为53.5亿元,平均每千米4913万元。

(龚莉萍)

【省交通厅规划办完成鄱阳湖生态经济区综合交通建设规划】 按照江西省委、省政府决定实施建立鄱阳湖生态经济区的发展战略部署,使区域交通基础设施主动适应鄱阳湖生态经济区经济社会发展的总体目标和阶段性需求,省交通厅规划办根据《鄱阳湖生态经济区规划》要求,2008年编制完成《鄱阳湖生态经济区综合交通建设规划》。规划以2009~2015年为规划期,重点建设项目展望到2020年。规划范围包括南昌、景德镇、鹰潭3市,以及九江、新余、抚州、宜春、上饶、吉安6市的部分县(市、区),共38个县(市、区),国土面积5.12万平方千米。

(龚莉萍)

【省交通厅规划办编制完成江西省公路水路交通节能中长期规划】 2008年12月,省交通厅规划办编制完成江西省公路水路交通节能中长期规划。该办公室通过广泛深入地开展调查研究,全面系统地分析江西省公路水路交通能源利用和节能工作现状、形势与要求,提出江西省公路水路交通节能的指导思想、基本原则、规划目标、主要任务、重点工程、政策措施,同时在广泛征求意见的基础上不断加以完善。提出江西省公路水路交通中长期节能规划,对江西省交通行业中长期节能工作做出整体谋划和部署,并提出相应的保障措施和政策建议,力求建立交通节能长效机制,使江西省公路水路交通节能工作能深入持久地推进。

(陈　强)

【省交通厅规划办完成江西省内河航运发展规划修编工作】 根据江西省江河流域综合规划修编及长江和西南诸河流域综合规划修编的有关精神,省交通厅规划办结合全省航运实际,于2008年完成江西省内河航运规划修编工作。规划主要形成以下结论:①江西省内河航运发展的总体目标为:内河航运资源得到合理开发和充分利用。建立起与经济社会和综合运输协调发展需要相适应、与水资源综合开发和利用相协调,以国家高等级航道长江干线(江西段)、赣江、信江为骨架的布局合理、技术先进、管理科学、港航船协调发展的江西内河航运现代化体系。实现航道高等级化、深水化,港口装卸机械化、经营规模化,船舶大型化、标准化,支持保障完备化、航运市场规范化、管理信息化,为经济社会发展提供高效、可靠、安全的内河航运服务。②根据各航道的功能、作用以及国民经济发展对运输需求的分析,江西省内河航道布局规划方案是:形成以长江干线(江西段)、赣江、信江国家高等级航道为骨架,以赣江东河、信江西大河、乐安河、饶河、修河等区域性重要航道为依托,以一般航道为基础的通江达海的全省内河航道体系。规划国家高等级航道通航里程1006千米,其中一级航道156千米,二级航道156千米,三级航道694千米。规划重要航道通航里程共计521千米。其中规划三级航道46千米、四级航道378千米、五级航道201千米。③根据各港口的区位条件和发展潜势综合分析,江西省港口布局是:形成以主要港口九江、南昌为中心,以赣州港、吉安港、樟树港、新余港、鹰潭港、鄱阳港、景德镇港、乐平港等8个区域性重要港口为依托,其他一般港口为基础的层次分明、功能完善、布局合理的全省港口体系。

(陈　强)

【省发改委对《德兴至南昌高速公路预可行性研究报告》进行评估】 5月13日,江西省工程咨询中心受省发改委的委托,对《德兴至南昌高速公路预可行性研究报告》(以下简称《报告》)组织评估,这是对该项目预可行性研究报告的第二次评估。省重点办主任刘明义、省交通厅副厅长许润龙、省发改委交通运输处处长汤晓炜,江西公路开发总公司负责人周院芳、陈书全、邝启祥、万保安,省发改委交通运输处、省交通厅计划处有关人员以及德兴至南昌高速公路所经沿线的南昌市、景德镇市、上饶市等设区市及其所辖部分市(县)政府、发改委、交通局的负责人参加了评估会。

会上,省交通设计院对该项目预可行性报告进行了详细的介绍,由车宇琳等6名专家组成的专家组和代表们对《报告》进行了认真细致的研讨、评估,并提出了评估意见。专家组认为,《报告》对交通量发展预测偏高。起点至万年枢纽互通段技术标准基本可行,但万年枢纽互通至终点段采用六车道的技术标准可能偏高,建议根据核查后的交通量采用相应的技术标准。对于路线起终点和路线方案问题,专家组认为,德兴市北新岗山镇婺白高速公路德兴互通处的起点位置基本合理;路线终点根据路线方案不同有两个终点,推荐方案为南昌市巷口,与南昌市东外环相接,符合南昌市政府意见;比较方案为南昌县幽兰镇接南昌市东外环高速的幽兰互通立交,终点位置应由最后确定的路线方案确定。《报告》提出Ⅰ、Ⅱ、Ⅲ三个路线走廊带方案。讨论认为Ⅲ方案具有很强的可比性,建议下阶段就方案Ⅰ和方案Ⅲ进一步详细比较。

该项目《报告》推荐方案路线总长192.016千米,起点为德兴市北新岗山镇德婺高速公路德兴互通,终点为南昌县巷口,主要控制点有德兴市、乐平、万年、余干、南昌县,投资估算为118.95亿元。

(倪文权)

【九江港集装箱码头一期工程可研报告通过交通部审查】 4月28日,交通运输部在北京召开了九江港城西港区集装箱码头一期工程可行性研究报告专家审查会,原则通过中交二航院编制的该工程可行性研究报告,并要求编制单位根据长江水利委员会的意见进一步优化设计,对预测吞吐量和设计船型进一步论证确定。

该项目建设规模为:新建5000吨级集装箱泊位2个,设计年吞吐量30万标箱,码头岸线长295米。项目投资估算为4.4亿元,建设工期一年半,由项目业主上海港务集团九江港务公司负责筹备与建设。该项目建成后,将对江西经济发展,尤其是九江沿江开发建设战略的实施发挥积极作用。

(余 方 杨 辉)

【九江长江公路大桥可研报告通过交通运输部现场审查】 8月5日~7日,交通运输部综合规划司和部专家委员会在南昌市主持召开了福州至银川国家高速公路九江长江公路大桥工程可行性研究报告审查会。交通运输部总工程师周海涛、部专家委员会主任凤懋润、综合规划司副司长李兴华、规划研究院副院长关昌余,省交通厅厅长马志武、副厅长许润龙、省高管局局长谢来发,以及部综合规划司、公路司、规划研究院、长江航务管理局、湖北省有关部门的领导和专家、项目业主、工程可行性研究报告编制单位代表共80余人参加了会议。专家现场察看了九江长江公路大桥南北两岸桥位及主要工点,查阅了所提供的资料,听取了关于九江长江公路大桥项目可研报告汇报。经认真研究和讨论,形成了专家组意见,并获得通过。

会议期间,常务副省长凌成兴会见了交通运输部总工程师周海涛一行,省政府副秘书长朱希、省交通厅党委书记程受锭、厅长马志武、副厅长许润龙和省高管局局长谢来发参加了会见。

(九江长江公路大桥前期办)

【《赣江(南昌一湖口)Ⅱ级航道整治工可报告》现场调研评估会在南昌召开】 受省发改委的委托,省工程咨询中心于9月3日在南昌主持召开现场调研评估会,对省航务勘察设计院编制的《赣江(南昌—湖口)Ⅱ级航道整治工程可行性研究报告》进行了评估。参加评估会的有省发改委、交通厅、航务局等相关单位的领导、代表及特邀专家共20余人。会议期间,与会专家和代表成立了专家组,首先对工程地点进行了现场踏勘。随后,《工可报告》编制单位、科研单位(河海大学)、建设单位在会上分别作了相关情况介绍。最终,经与会专家和代表认真研究讨论,形成专家组意见,一致认为:《工可报告》的内容和深度符合交通运输部《内河航运建设项目可行性研究报告编制办法》的要求,且资料翔实,论证充分,报告提出的建设方案可行。同时,会议对项目工程的细节问题也提出了改进完善意见。

(皮爱国)

【《赣江(南昌一湖口)Ⅱ级航道整治工可报告》通过省发改委审批】 11月13日,省发改委对《赣江(南昌—湖口)Ⅱ级航道整治工程可行性研究报告》予以批复,同意建设这一工程项目。拟建项目起自南昌外洲水文站,由裘家洲左汊进入赣江西支,经樵舍、昌邑、吴城、于湖口入长江,全长

156千米。通过采取整治、疏浚、护岸稳定河势等工程措施,将目前的Ⅲ级航道标准提高为Ⅱ级航道标准,即航道尺度:设计水深2.8米,最小航宽75米,最小弯曲半径550米;代表船型或船队尺度:2000吨级货船90.5米×16.2米×2.6米,双排单列2000吨级顶推船队150.0米×16.2米×2.6米+660千瓦推轮32.0米×9.0米×2.0米,集装箱船87.0米×15.8米×2.6米。整治工程主要建设内容为:在6个浅滩新建丁坝23座,9个浅滩22座老坝进行加长,19个浅滩137座老坝进行维护,筑坝总工程量430089立方米;在7个浅滩布置10个基建挖槽,疏浚工程总量815151立方米;新旧护岸工程总长18841米,工程量132384立方米。工程估算总投资17899万元。

（张兆平）

【《赣江石虎塘航电枢纽工程初步设计报告》通过审查】 7月11~13日,交通运输部水运司在南昌主持召开了《赣江石虎塘航电枢纽工程初步设计报告》审查会。交通运输部规划司、水运司、规划研究院,江西省发改委、重点办、交通厅、财政厅、水利厅、环保局、国土厅、林业厅、移民局、电力公司、航务局,吉安市发改委,泰和县政府,赣江石虎塘航电枢纽项目办以及技术审查咨询、设计等相关单位的领导、代表和特邀专家共80余人参加了会议。会议期间,与会人员查勘了工程现场,听取了设计单位对初步设计成果的介绍和技术审查咨询单位的咨询意见。经会议认真研究和讨论,一致认为:《报告》资料详实,内容较全面,技术方案合理、可行,符合国家发改委对该工程可行性研究报告批复的精神,达到了初步设计文件编制规程规定的深度要求。

（许海远　张兆平）

【南昌至奉新高速公路工可报告通过省交通厅审查】 11月26日,江西省交通厅在南昌召开《南昌至奉新高速公路工程可行性研究报告》审查会,会议由厅计划处主持,交通厅副厅长许润龙、业主单位、工程监理单位、厅规划办、省航务局、南昌城投公司等相关单位的领导和代表,省交通设计院有关领导、技审处总工及项目组成员参加了会议。与会领导和专家听取了省交通设计院项目组《工可报告》的汇报,专家和代表们进行了认真的讨论研究,认为该项目工可报告编制深度和广度达到了要求,交通量预测方法正确,预测结果可信,建设规模及技术标准掌握恰当,路线走廊带比选方案设置合理,国民经济评价和财务评价方法合理、项目可行性强。该报告顺利通过省交通厅组织的审查。

（巫文汉）

【省交通设计院生产产值再创新高】 2008年,省交通设计院按照全省交通工作会议部署,围绕经济建设中心,服务交通建设大局,改革创新,奋力拼搏,圆满完成全年生产任务。该院全年完成石城至吉安、彭泽至湖口、鹰潭至瑞金3条高速公路施工图设计工作;完成石城至吉安、彭泽至湖口、上饶至分水关、瑞金至寻乌4条高速公路初步设计工作;完成重点工程预工可项目10个;完成全省高速公路2400千米的智能交通管理与控制系统施工图设计工作;承担了安义县黄洲大桥以及一批渡改桥项目等地方项目的勘察设计工作;继续进行瑞赣、鹰瑞、赣大高速公路的工程监理工作。同时配合建设单位对鹰潭至瑞金、石城至吉安、彭泽至湖口等12个项目进行设计施工服务工作,派驻设计代表40余人。全年完成高速公路预工可935千米、初步设计329千米、施工图设计367千米。勘察设计产值1.2亿元,工程监理产值1300万元,完成营收1.99亿元,上交各类税费2200余万元。

（朱　革）

【省交通设计院完成全省高速公路管理控制系统工程施工图设计】 12月,江西交通设计院完成了全省高速公路智能交通管理与控制系统工程施工图设计。该设计是对全省在建及已建高速公路进行智能管理与控制系统工程建设的基础,覆盖全省21条高速公路,总里程约2400千米。

该项目主要以改善全省高速公路管理水平为目的,并为今后全省高速公路监控系统和卡口拦截建设提供统一的智能交通管理系统接入平台奠定良好的基础。该项目的实施将为全省高速公路运营管理部门和交警部门提供更为高效、科学的执法手段,为科学的管理提供决策依据。

江西省高速公路智能交通管理与控制系统从设备安装位置上分为监控分中心设备及外场设

备,省监控中心不在该次设计范围。该项目从功能上划分为:道路视频监控子系统、气象检测子系统、交通诱导子系统,超速抓拍子系统,治安卡口拦截子系统。该项目设计的各个监控分中心在利用各原有监控中心的计算机系统及闭路电视系统的处理、存储、显示设备的基础上,根据智能交通管理与控制系统的需要适当增设计算机及闭路电视监控系统的处理、存储设备及通信设备。该项目监控外场设备:由视频监控子系统、交通诱导子系统、超速抓拍子系统、气象检测子系统的外场信息采集或发布终端、信息传输设备、供电设备及供电线路等构成。信息采集设备主要有道路监控摄像机、气象检测器等,信息发布设备主要有大型可变信息标志。

该项目还包括外场设备的供电及外场设备的视频数据传输等方案的设计,并在全省首先大规模地推广太阳能供电系统为监控外场设备供电。

(杨跃连)

【省交通设计院完成石城至吉安高速公路施工图设计】 4月,江西省交通设计院和中国交通设计院一院完成了石城至吉安高速公施工图设计。该路是国家规划的"7918"网中的一段。路线起于石城县五里亭,途经宁都、兴国县,终于泰和县的石头山,路线全长190.719千米。途中与3条高速公路交汇。

该项目全线采用双向四车道高速公路标准建设,根据自然地理状况分三段分别采用100千米/小时和80千米/小时标准,路宽相应为26米和24.5米。采用沥青混凝土路面,其中上、中面层采用改性沥青,长陡坡段上面层采用SMA路面结构,路面设计年限15年。设计洪水频率:特大桥1/300,大、中、小桥涵及路基1/100。连接线均采用二级公路标准,12米宽路基,其中石城、宁都连接线设计速度80千米/小时,兴国连接线60千米/小时。

全线共设置特大桥2182.2米/2座、大桥23883.75米/79座、中桥770.18米/12座、涵洞340道;隧道21309米/21座,互通立交10处;服务区4处、隧道管理所2处;通道181道,平均每千米0.95道。

(吴纪才)

【常务副省长凌成兴表扬省交通设计院援建小金县交通项目现场调研小组】 根据省政府和省交通厅指示,省交通设计院副院长赵卫楚、副总工程师朱文龙、工程师邓劲松、李维徽四人组成的对口援建小金县交通项目现场调研小组,于8月13日赴小金县,对小金县提出的交通项目进行现场调研。调研小组抵达小金县,在认真听取地方负责人对援建交通项目的意见,并初步交换援建意见后,为了尽快完成现场调研工作,他们不顾旅途劳顿,14日一早出发,前往考察美沃至汗牛县乡公路。调研小组一行乘汽车到达4000多米高程后,由于路况原因,车辆不能通行,全体人员骑马前行,马匹在几近60度的坡面上艰难行走,不时有人从马上摔落,到达海拔4560米的木壳壳小垭口,此时气温仅6℃,雨越下越大,每个人全身都湿透了,在冷风中吹得直哆嗦,行程格外艰难。调研小组成员凭着强烈的事业心和责任感,拖着极度疲惫的身体挑战极限,连续步行7个多小时,走过高差2000多米、约30千米的崎岖山路,4人共吸氧气16罐,最终到达窝底,顺利地完成了调研任务,提交了详尽的实地调研报告,为省政府落实对口援建工作提供了决策依据,并赢得了灾区地方政府的高度赞扬和灾区广大群众的一致好评,为有效进行抗震救灾工作做出了突出成绩。在《江西省对口支援小金县灾后恢复重建现场指挥部〈工作简报〉》中,江西省委常委、常务副省长凌成兴亲笔签阅了该调研小组工作报道——"谨阅此文,令人感动、令人敬佩。向赵卫楚同志一行和全体援建同志表示崇高敬意!望注意安全、保重身体、扎实工作、完成任务。"凌成兴的批示极大地鼓舞了调研小组成员和设计院全体干部职工。

(朱 革)

【省交通厅厅长马志武严把玉山服务区扩建工程设计关】 9月20日和10月11日,省交通厅厅长马志武在厅办公室主任谢元银的陪同下,先后两次来到江西公路开发总公司就梨温高速公路玉山服务区扩建工程整体规划设计方案进行指导。马志武在充分听取设计方的设计创意后,仔细查看了平面图纸,并对设计图的重点环节进行细致分析,与在场人员进行深入交流,并提出多项意见。马志武指出,质量之本,设计为先,在设计中要统筹考虑,以人为本,结合实际情况与层次需求,重细节,出创意,努力将玉山服务区设计成形象美、功能全、服务优的现代高速公路服务区。当前要精雕细琢,精益求精,严把设计关,体现设计的科学性。要抢抓时间,尽快修改完善设计方案,以加快工程项目建设,力争完成预期目标。

经过2个多小时反复讨论论证,最终确定了设计方案初步意见,对设计方案作了一定的修改完善。修改后的方案将使玉山服务区功能更加齐全,布局更加合理,外形更加美观,造型更加简洁大方,更大程度地满足过往司乘人员的需求。9月6日机械设备已进驻玉山服务区扩建现场,扩建工程9月8日开工。

(李　肃　缪德良)

【石钟山、永修、峡江、吉安服务区设计方案评审会在南昌召开】 8月17日,石钟山、永修、吉安、峡江四个服务区设计方案评审会在南昌召开,省交通厅巡视员席芳柏、厅办公室基建处、后勤中心、省高管局等部门负责人出席了评审会。省交通设计院高级工程师杨勇、付杰和华东交通大学教授黄鹚3位专家应邀担任了评委。服务区的设计方案是服务区建设的基础,对服务区今后的使用、管理和维护具有重要影响。为此,省交通厅、高管局高度重视,多次召开专门会议研究服务区设计方案招标工作,省内有较好设计资质的5家设计单位应邀参与了设计。为充分展示设计单位的实力和设计水平,让优秀的设计方案能被采用,赣粤公司服务区建设管理项目办专门带领设计人员对每个服务区进行了实地查看,详细介绍项目情况。

评审会采取初步筛选和详细评审两个步骤进行。面对设计形式新颖、构思巧妙、功能布局合理的服务区设计方案,专家经过反复比较与选择,每个服务区推荐出了一个设计方案作为初步设计方案。

(欧阳龙)

【国土部专家对彭(泽)湖(口)高速公路用地踏勘论证】 9月10日~12日,国土资源部耕地保护司组织国土、建设、交通等方面的有关专家,对彭湖高速公路项目用地情况进行了实地调研论证,并于9月12日召开了彭湖高速公路建设项目用地专家论证会,省政府副秘书长赵泽华、省交通厅副厅长许润龙出席会议并讲话,会议由省国土资源厅副厅长张祥连主持,省国土厅、省交通厅相关处室负责人,彭湖项目办、项目设计单位、九江市和湖口、彭泽县国土局负责人参加了会议。专家组利用3天时间分成线路优化、基本农田补划、耕地补充3个组深入实地,详细踏勘了高速公路的线路、服务设施及互通立交选址点,随机抽查了耕地补充和基本农田补划方案的落实情况,并听取了省国土资源厅、省交通厅、项目业主及设计单位关于项目的概况、用地情况及基本农田补划、耕地补充情况的汇报。在专家论证会上,国土部专家组组长李尚杰对实地踏勘情况进行了反馈。专家组认为,彭湖高速公路建设项目前期工作,项目业主、设计单位对节约集约用地、保护耕地非常重视,始终把土地资源作为项目设计的一项重要制约因素,把节约集约用地作为落实科学发展观的具体举措,做了大量工作,综合用地、路基占地控制低于国家公路建设项目用地指标的低值。但由于项目属平微区,占用耕地比例仍然较高,专家组要求,项目业主和设计单位要转变设计观念,在满足公路运输功能和安全要求的前提下,进一步优化设计方案,减少用地面积。根据该项目的实际情况,专家组还从缩减路基宽度、优化路线横、纵断面设计、整合沿线服务设施等9个方面提出了具体建议。

许润龙代表省交通厅感谢专家组对彭湖项目前阶段工作的中肯意见及建议,要求项目业主、设计单位对项目用地进一步进行优化,使建设用地尤其是基本农田比例降到最低限度。

会后,项目业主和设计单位通过对线路进行多次优化、努力压缩公路用地范围、取消占用基本农田较多的服务设施等具体措施,预计可减少占用土地60.71公顷,其中耕地34.57公顷,基本农田27.31公顷。

(周　皓　李拥军)

【梨温高速公路服务区改建设计通过专家评审】 8月5日,江西公路开发总公司召开梨温高速公路服务区整治工程方案设计专家评审会,全面拉开了服务区整治工作的序幕。评审会上,建筑设计师介绍了梨温高速公路4个服务区的改扩建方案,对玉山中心服务区提供了3套设计方案。评审会对各服务区总平面图、玉山服务区综合楼效果图及平面图进行了研究分析。针对玉山中心服务区的3个比选方案,综合节能、地域风格、造价等因素,会议推荐坡屋顶方案为最佳方案。此外,会议就停车区的设置、建筑色彩、单体功能布局等方面提出了建议。

(魏赟奇　章春华)

【宜春市公路设计院为上高县青阳大桥勘探设计】 7月11日,通过竞标,宜春市公路局勘察设计院获得为上高县青阳大桥勘察设计业务。经初步勘测设计,已基本确定该桥主要技术参数。大桥全长219.4米,跨径布置为23.5+30+80+30+24+23.5米,桥宽19.6米,主桥宽22.5米。主桥为拱梁组合体系,梁为箱形断面,悬臂下缘为曲线,拱为矩形断面的钢筋混凝土构件,拱肋为二次抛物线,左右拱高度不同,矢高分别为20米和16米。该桥建成后将成为上高县城的一个重要景点,集中体现城区内的建筑艺术,成为美化环境、提升新城区景观功能的重要组成部分。

(徐文文)

【德兴新双线施工图纸设计完毕】 5月26日,德兴新双线(K37+710~K49+109.5)龙头山至陈坊段公路施工图设计完毕。该线按山岭重丘区四级公路标准设计,计算行车速度为20千米/小时,长11.399千米,道路沿线植被覆盖较好,设计人员在不降低设计标准的前提下,尽量利用老路裁弯取直,力求做到平面顺适、纵面均衡,使之与地形和环境相结合。全线路基土石方为146000立方米,涵洞455.7米/48道,浆砌片石挡土墙5439.1立方米,沙砾垫层为10259立方米,水泥沙砾稳定基层9404立方米,混凝土面层11399立方米,总造价为760万元。该段公路是应德兴市龙头山乡政府委托,由德兴公路分局公路股勘测和设计的。

(夏忠高　毛莹莹)

【黎滩河大桥完成初步设计方案】 黎滩河大桥位于黎川县第二农贸市场旁黎滩河上,系连接新、老城区的重要通道。该桥设计全长105米,上部构造采用5孔×20米预应力混凝土空心板,下部构造为钻孔灌注桩基础,桥台为桩基接盖梁,设计荷载为城—B级,桥面宽为21米=1×(2.5~3)米(人行道和仿宋长廊)+4×3.75米(行车道)+1×(2.5~3)米(人行道和仿宋长廊)。同时在桥两端设计景观亭4个。该工程的实施,将缓解该城交通压力,方便群众出行,进一步优化城区交通网络,推动黎川城市建设。

(黎川县交通局)

【省交通设计院在石吉高速公路设计中重视资源节约与环境保护】 省交通设计院在石城至吉安高速公路的设计中突出"以人为本、安全至上、保护环境、节约资源"理念,坚持可持续发展原则,在最大限度地保证资源节约的基础上,力争做到路基、隧道、桥梁等公路景观与周边自然环境和谐统一。在选线时尽量少占农田,少干扰沿线居民及学校,少压占矿产资源,在经过咨询单位及专家多次评审和优化后确定最佳线位。由于石吉高速公路地属山区,在路线设计时合理灵活运用技术指标,线形最大限度上适应山体、河沟的走势,从而避免浪费巨大的土方量。在地形复杂路段,结合横断面进行纵面选线和采用分离式路基等措施避免高边坡。在一些高填方路段,必要时采用收缩路边坡,让挡土墙内移从而减少对耕地面积的占用。沿线避开过人天桥,采用路下通道、暗桥,从而减少对农田的占用。隧道的设计做到尽量少开挖、零开挖进洞。进、出洞口充分与自然保持和谐。在线形上尽可能与地形的景观保持和谐的同时,避险车道的设置也大大解决了运输安全隐患。合理选择取、弃土场,尽量利用荒丘、坡地和荒滩地等非耕地取土。选择凹地、沟道、缓坡等弃土,取土后尽可能恢复耕种。

(罗昭强)

【鹰潭至瑞金高速公路施工图设计特点】 鹰潭至瑞金高速公路为济南至广州国家高速公路在江西境内的中间段,起于鹰潭市,北、南分别与江西省内的景德镇至鹰潭高速公路、瑞金至寻乌高速公路相接,终于瑞金市以南武阳,与206国道相接(设瑞金南互通)。路线总长308.843千米。该项目由江西省交通设计院、甘肃省交通规划勘察有限责任公司、中国公路工程咨询总公司、江西省公路科研设计院共同设计,于2008年7月完成施工图设计。

该项目全线采用双向四车道高速公路标准建

设,设计速度 100 千米/小时,路基宽度 26 米,汽车荷载等级为公路—Ⅰ级,设计洪水频率为特大桥 1/300,大、中、小桥涵及路基 1/100;主线路面采用沥青混凝土。

全线共设置桥梁 37205 米/226 座,隧道 6587.5 米/9 座,涵洞 682 道,通道 494 道;互通立交 16 处,分离式立交 72 处;隧道管理所 3 处、服务区 5 处、停车区 6 处、养护工区 6 处、收费站 12 处、监控中心 1 处、监控分中心 3 处。

项目设计特点:①在设计过程中把环保因素放在突出位置加以考虑,使该项目建设成为一条“生态路、环保路、景观路”;②路线布设尽量不破坏或少改变原地形、地貌,正确处理好公路建设与自然景观、人文景观、占地、拆迁等的关系;③桥梁设计做到环境和谐、技术可行、经济合理,并尽量做到标准化、系列化和施工机械化以提高施工效率保证施工工期;④隧道设计贯彻环保理念,进出洞口尽量做到零开挖,淡化洞口处理,多采用“削竹式”洞门,并做好边仰坡的环保绿化;⑤项目路段内路网密度较大,先后与多条已建或拟建公路交叉或共线,设计较好地解决了这些难题;⑥设计尽可能做到了减少对当地农业经济作物破坏。

(梁安宁)

【石城至吉安高速公路泰和赣江特大桥设计特点】 泰和赣江特大桥是泉州至南宁国家高速公路(江西境内)石城至吉安段跨越赣江的一座特大桥,位于吉安市泰和县境内,连接万和乡与沿溪镇。该项目由省交通设计院于 2008 年 4 月完成施工图设计。该桥设计行车速度 100 千米/小时;设计荷载为公路—Ⅰ级,桥梁宽度引桥为 26.0 米,主桥及副孔为 29.5 米;设计洪水频率 1/300;通航等级Ⅲ—3 级;地震动峰加速度为 0.05g。桥梁全长 1150.20 米,主桥为 100 + 155 + 100 米的变截面单箱单室连续刚构桥,是至今为止全省主跨跨径最大的连续刚构桥。该项目设计特点:①该桥采用“零弯矩”和“平衡悬臂建造法”理论,主梁预应力布置原则是以控制主桥成桥过程每个施工阶段弯距趋近于零,从而相应挠度也趋近于零;②采用《桥梁博士 3.1》与《公路桥梁结构设计系统 GQJS(9.3 版)》桥梁结构计算专用软件进行独立的结构计算,并相互进行验证;③结构保证主桥施工到成桥,恒载状况下每个施工阶段预应力与梁体自重、二期恒载及其挂篮荷载产生的弯距之和趋近于零,成桥时跨中挠度为向上 1.9 毫米;④全桥施工全过程均以设计标高控制线型,不设置任何预拱度,大大简化施工控制。混凝土收缩徐变十年以后跨中挠度仅为 3.5 厘米,保证线型平顺;⑤主跨跨中引入体外束减少运营阶段活载和后期混凝土收缩徐变挠度,计算采用在成桥 2 年以后张拉,可根据通车后实际下挠情况再确定张拉时机;⑥主梁横断面跨中梁高为 4.0 米,根部梁高为 8.5 米,跨中梁高/根部梁高 = 0.47(约为 1/2);从结构上打破常规(跨中梁高/根部梁高 = 约 1/3);极大提高结构的抗弯刚度,有效地减小结构长期挠度。

(欧阳坚)

【丰城剑邑大桥设计特点】 11 月 18 日凌晨,由省交通设计院设计的丰城剑邑大桥合龙,标志着大桥主体部分顺利完工。该桥造型新颖,设计独特,为斜拉桥。丰城剑邑大桥全长 2367 米。主孔为 55 米 + 2 × 165 米 + 55 米独塔双索面斜拉——悬臂组合结构体系,主塔为钢筋混凝土 H 型立塔,主梁为变截面门形与箱形组合形式梁,斜拉桥塔、梁、墩固结。该桥主要特点有:①主塔高 102.3 米,为 H 型直立塔。该桥造型独特,两塔肢分别象征着丰城历史传说中的“龙泉”、“太阿”双宝剑,气势恢弘,雄伟挺拔,既与桥名相适应,又很好地处理了工学与美学的关系,各部位结构尺寸均以满足受力需要为前提。②主孔为 55 米 + 2 × 165 米 + 55 米跨径与宽阔的赣江江面相适应,采用的斜拉桥与悬臂梁桥的协作体系结构新颖独特。其中斜拉桥“门”形主梁与协作体系悬臂箱梁无突变连接是目前国内首创。在工程造价和施工速度等方面均具有明显优势。③斜拉索为高强度钢铰线索,其防腐技术国内先进。每对斜拉索平行布局,线条清晰、明快。而桥面设置绿化带,则为全国首创。④主孔桥塔基础为 8 根直径 3.0 米大直径钻孔灌注桩,与惯用的小直径群桩基础比较优势明显。⑤全桥设置了比较完整的监测体系,桥面不锈钢护拦轻巧美观,照明系统体现时代特色。

(徐　变)

站场(厂)房屋建设

【概况】 2008年,省交通厅下达全省汽运基本建设计划补助资金7983万元(其中:部车购税1800万元)。按计划类别分:农村客运站计划3600万元,农村候车亭计划3000万元,三级以上站场计划1383万元。已下达计划数与2007年相比减少3%。

2008年,全省汽运基本建设工程累计完成投资18515万元,与上年同比减少3.27%。其中:三级以上站场完成投资6897万元,比2007年减少28.31%;农村客运站完成投资7922万元,农村候车亭完成投资3696万元,分别比2007年增加30.96%和6.48%。2008年,累计竣工投产建设项目总数3378个,其中:农村客运站完成128个,建成农村候车亭3250个。截至2008年末,全省汽车客货运站场建设累计新增固定资产11409万元,竣工房屋建筑面积65073平方米,其中:农村客运站项目新增固定资产7713万元,新增房屋建筑面积65073平方米;农村候车亭新增固定资产3696万元。2008年,全省汽运站场建设在建项目3488个,新开工项目3355个,其中:在建项目三级以上站场项目7个,农村客运站项目231个,农村候车亭3250个;新开工项目农村客运站105个,农村候车亭3250个。

2008年度下达农村汽车客运站建设项目120个(部补项目),补助资金3600万元(其中部补1800万元)。农村客运站施工项目231个(其中,新开工105个),竣工投产农村客运站项目128个,新增固定资产7713万元,竣工房屋面积65073平方米,竣工停车场面积283123平方米,项目征地35.67公顷。2008年下达农村候车亭建设项目3000个,补助资金3000万元。农村候车亭施工项目3250个,竣工项目3250个,完成投资3696万元,新增固定资产3696万元。

(罗颂华)

【省人大常委会副主任胡振鹏等领导考察南昌保税物流中心(B型)项目建设工地】 10月31日上午,省人大常委会副主任胡振鹏、副省长谢茹、省政协副主席陈清华、李华栋、宋晨光等率领的省各民主党派、工商联、无党派人士"共促发展赣鄱行"——赴南昌考察团一行考察了南昌保税物流中心(B型)项目建设工地。省委常委、南昌市委书记余欣荣、南昌市委副书记雷武江,南昌市委常委、秘书长、统战部部长蔡社宝等领导陪同考察,江西远洋运输公司总经理赵建歧和江西省交通设计院党委书记王金根在物流中心迎接考察团领导。

省领导一行认真听取了有关南昌市保税物流中心(B型)项目功能定位、项目建设概况和前期工作状况的汇报,查看了项目建设现场。根据预测,该项目在建成并正常运营后每年能生产约20亿元的经济总量、交纳近亿元的税收,拉动上下游产业链发展,并可为当地新增近2000个就业岗位,有较显著的经济效益和社会效益。

南昌保税物流中心(B型)地处南昌市经济开发区白水湖工业园区,占地18.6公顷,建筑总规模8.6万平方米,项目集仓储、分拣、加工、配送、退货、转口、报关、保税于一体,是专业化的国际型综合保税物流中心。该中心由江西交远物流有限公司建设和运营。而江西交远物流有限公司又是由江西远洋运输公司、江西省交通设计院和香港利祥国际有限公司3方共同投资成立的。

(周良焜)

【江西公路开发总公司服务区改扩建工程开工】 梨温高速公路服务区运营6年来,随着车流量的增多,已不能满足新形势的要求,决定进行改扩建。江西公路开发总公司经过深入调研,制定了改扩建方案,建设1对"中心服务区"、3对"普通服务区"。

新建1对"中心服务区",即新建玉山服务区。江西公路开发总公司将玉山服务区按中心服务区的标准重新规划建设,在玉山服务区原址扩征土地7.3公顷,使占地面积增加1.2倍,设施建筑面积为8800平方米。其中:餐厅面积新增500×2平方米,可以满足3辆大巴的司乘人员同时就餐;厨房面积新增150×2平方米,并配有洗菜间、分菜间、配菜间、储物间等;洗手间单侧面积新增280×2平方米。停车场面积扩建1000×2平方米,使南、北两区停车场可以同时容纳100辆大(中)型货车停靠;修理车间面积新增400×2平方米;客房、娱乐及员工用房面积新增1000×2平方米;另外,重点改造供水系统,扩大饮用水源,南、北区各建一个能储存100吨水的蓄水池保证每天能供水300至400吨以上,解决服务区用水紧张问题。同时,将东乡、鹰潭、上饶3对服务区改建为"普通服务区"。改建工程于7月动工,预计工期5个月。

(陈国文)

【江西公路开发总公司科研测试基地工程基本建成】 3月15日,江西公路开发总公司科研测试基地工程重新复工。截至2008年12月,该项目A、C、D三栋楼房完成了合同工程量的90%,已支付工程进度款1.6亿元;主体工程、室内粉刷和室外保温、给排水工程等土建工程全部完成;暖通工程、强电、消防管线、消防报警设备完成了95%;A、C栋玻璃幕墙、窗户已完成90%;12部电梯安装完毕;智能化配线工程完成了90%;二次装修完成80%。

江西公路开发总公司科研基地工程由A、B、C、D四栋楼组成建筑群,其中,A栋楼为27层科研测试大楼,建筑高度99.36米;B栋楼为26层的水上搜救中心办公楼,建筑高度98.26米;C栋楼为26层的商务办公大楼,建筑高度为93.6米(其中一边为22层);D栋楼为2层的附属配套用房。

(虞德军 章春华)

【江西水上搜救中心房建工程封顶】 12月31日,江西省水上搜救中心工程项目封顶仪式在南昌市红谷滩新区举行。省交通厅副厅长胡琳出席仪式并下达封顶施工令。省交通厅基建处、计划处、运安处,省航务局有关负责人等出席仪式。江西省水上搜救中心系本省处置水上突发事件应急指挥部门的日常工作机构,担负着统一组织协调内河水域搜救运行管理工作,为省内水上交通安全监管和应急救援体系的重要组成部分。该项目的建设,对于进一步提高全省水上交通应急管理和突发事件的应急处置工作水平,完善水上搜救体系,将起到积极的推动作用。江西省水上搜救中心大楼位于红谷滩中心区,红谷三路与红谷四路之间的红谷大道西北侧,为地上26层、地下2层、高度96.8米的框剪结构大楼,南北立面主要为幕墙,现代造型,总建筑面积11000平方米。与此同时建设的项目包括:港口安全应急调控、航运信息、水路运输服务中心工作用房6000平方米;航务设计院生产用房2982平方米;航道养护管理用房4900平方米,合计总建筑面积24882平方米,估算总投资为10785.5万元。预计2009年11月交付使用。

(张兆平)

【南昌市公路局加强房产、机械等设施建设】 南昌市公路局设法筹措资金,加强房产、机械设施建设。一是切实加强道班建设。在实施道班建设三年规划的基础上,2008年又投资166万元用于道班建设。四年来共投入1700余万元用于道班建设,使道班面貌焕然一新。二是努力改善房产设施。对办公楼院进行了整修,改变了原来脏乱差的现状,现已成了青山南路上的一个亮点。三是全面更新机械设备。投入500万元用于机械设备购置工作,养护机械设备及车辆得到了全面更新,减轻了劳动强度,提高了工作效率,既保证了施工质量,又树立了工程形象。

(南昌市公路局)

【进贤县建成农村客运候车亭60个】 2008年初,进贤县交通局共投入资金78万元,在进(贤)(三)里线、进(贤)(三)阳线、进(贤)长(山)线等11条公路沿线建设农村客运候车亭60个。候车亭建设工程是按照"科学设置,方便群众"的要求,统一设计、统一招标、统一监管组织实施的。工程共分二个标段施工,第一标段的进(贤)长(山)线、义(家垅)白(圩)线2条公路沿线的15个候车亭由江西中泰建筑工程有限公司中标承建,工程于1月18日开工,3月18日竣工。第二标段的进里线、进阳线、(南)昌万(年)线等9条公路沿线的45个候车亭由江西雄宇建筑工程有限公司中标承建,工程于3月16日开工,6月16日竣工。2008年9月29日省市有关交通部门对竣工后的60个农村客运候车亭进行验收,工程全部合格,正式投入使用。

(齐万玉)

【安义县47个农村客运候车亭建成】 5月15日,通过公开招投标,安义县第二批农村客运候车亭开工建设。该批候车亭共47个,分黄洲、新民、石鼻、长均4个标段实施,由具有二级资质的施工单位承建。建设过程中,县交通局派专业人员负责技术指导和质量监理,把牢基础开挖、钢筋捆扎、混凝土浇筑等关键工序,坚持一道工序完工,验收合格,再进入下一道工序。建设单位严格按图纸标准化施工,并做好近沟渠候车亭基础护坡。经过3个多月的紧张施工,8月29日第二批候车亭全面竣工,为沿线群众出行提供了一个良好的休憩、候车环境。

(徐正柱 熊端霞)

【新建县汽车客运站改建完工】 2008年,新建县交通局根据县政府下发的《关于印发江西长运在其所辖原新建县汽车站旧址改建客运停车场有关问题会议纪要的通知》精神,积极主动与有关部门联系,由江西长运集团投资80余万元对原新建县汽车站进行改造。改建后的客运站位于长征东路县交通局办公楼西侧,主楼设有业务办公室、旅客候车厅、售票室、司乘人员休息室等,卫生设施完善,停车场2400平方米,面积可同时停放中型客车60辆,预计日发车500班次。

(吴剑芳)

【乐平客运中心站主体工程完工】 11月18日,由景德镇长运有限公司投资2600万元建设的乐平客运中心站主体工程完工。该站坐落于乐平市大连路与东风路的交汇处,总占地面积49106平方米,按国家一级汽车客运站标准建设。该站建成后,可满足最高日发送旅客14000人次的需求,在提高道路客运服务水平、改善乐平市道路运输结构、提升城市功能等方面发挥积极作用。

(涂 强)

【萍乡市安源区加强农村客运站建设】 2008年,萍乡市安源区交通局为积极配合社会主义新农村建设,努力改善农村客运市场条件,专门成立农村客运站场建设办公室,全面负责辖区客运站场建设与管理工作,同时采取互利共赢的建设模式,充分调动各方面的建设积极性,使安源区农村客运站场建设工作跃上了一个新台阶。2008年,该区建成五陂汽车站1座,农村集镇候车亭16个,投入建设资金110余万元。

(安源区交通局)

【萍乡市湘东区积极推进农村客运站、场建设】 2008年,萍乡市湘东区交通局采取有力措施,积极推进农村客运站场建设,取得显著成效。一是加强领导,由局领导负责,组织专职机构,负责抓客运站场建设工作;二是抓好责任制,层层抓,抓落实;三是抓好检查督促工作,出现问题,及时调整;四是抓好评比总结工作,及时表扬先进,带动后进。2008年,该区建成汽车站4个,候车亭25个,取得良好成效,为方便群众出行、发展农村经济、促进新农村建设做出了新贡献。

(湘东区交通局)

【萍乡市上栗县农村客运站点建设进展顺利】 为完善全县交通运输业服务体系,改变农民出行难,上栗县交通局下大力气,狠抓客运站场建设,2008年,全县建成鸡冠山、上栗四海汽车站2个,建成候车亭26个,完成总投资336万元,取得了突出成绩,为新农村建设做出了新成绩。

(上栗县交通局)

【芦溪县公路站场建设进展良好】 2008年,芦溪县公路站场建设取得好成绩。该县在2007年建成30个候车亭的基础上,2008年又建成候车亭15个,还有32个候车亭被列入2008年建设计划,并陆续开工建设。这些候车亭的建设,对促进当地农村旅客运输业的发展,推动全县新农村建设具有重要作用。

(芦溪县交通局)

【莲花县稳步推进农村客运站和候车亭建设】 2008年,莲花县交通局在2007年的基础上继续推进了湖上汽车站建设,开工建设30个候车亭,已建成25个,完成投资50万元,有效地推进了农村客运网络化发展,方便了广大农民群众乘车出行。

(贺卓强)

【上栗县长平、赤山两汽车站投入使用】 经过一系列审查、检测,上栗县长平汽车站、赤山汽车站均通过省、市验收并投入使用。两车站均为五级车站标准,其中长平汽车站占地0.2公顷,位于长平乡落星村,在乡政府与老319国道交界的中心地段,投资51万元,总建筑面积930平方米,停车场600平方米;赤山汽车站占地0.61公顷,位于赤山镇院背村,在镇政府与萍乡至观泉交界的中心地段,投资180万元,总建筑面积6200平方米,停车场2600平方米。两车站投入使用后,直接受益群众达8万余人,大大方便了当地群众的出行,促进了当地客运市场的规范经营和有序发展。

(上栗县交通局)

【九江市农村客运站、亭建设取得好成绩】 九江市交通局十分重视农村客运站、亭建设工作,采取加强领导,制订计划,狠抓落实等措施,2008年取得好成绩。该局根据九江市政府安排,2008年全市计划建设农村客运站15个,农村公路候车亭200个,并把此计划列入全市10件惠民实事之一。由于该局管理认真,措施得力,截至12月,已建成农村客运站15个,候车亭224个,超额完成计划。

(九江市交通局)

【鹰潭市建起230个候车亭】 鹰潭市农村公路建设迅猛发展,“村村通”工程取得好成绩,在此基础上,加大了农村客运站和候车亭的建设。该市按照新农村建设的新目标,对农村客运站及候车亭建设工作加强了规划和指导,成效显著。自2004年以来,全市共新建农村汽车客运站20个,候车亭230个。

(刘文权)

【永新县新长途汽车站主体工程完工】 永新县新长途汽车站位于三湾路与义山西路交汇处,总投资428万元,占地面积2285平方米,其中主楼占地面积530平方米,建筑面积3126.29平方米,共七层;站场占地面积1755平方米,建筑面积2153平方米。该站于2008年7月8日开工,主体工程已顺利完工,2009年将全面建成投入使用。

(盛雪九 沈永亮)

【永新县农村客运基础设施建设再上新台阶】 2008年,永新县农村客运基础设施建设再上新台阶,全年建成县乡村道沿线候车亭50座,累计完成80座;建成乡镇客运站4座,投资400万元。站、亭建设全部按照吉安市公路建设规划和永新农村客运网络化发展要求施工,较好地满足了该县农民的出行需求,使全县农村客运网络化建设迈上了一个新台阶。

(盛雪九 沈永亮)

【吉水县交通局大力实施农村客运站、候车亭建设】 2008年,吉水县交通局投入资金120万元,新建农村客运站3个,解决了水西乡镇长期以来无客运站的局面,改善了当地群众的出行条件。到2008年底,全县有8个乡镇新建了客运站,全县共建客运候车亭102个。

(吉水县交通局)

【资溪县高埠汽车站竣工并投入运营】 资溪县高埠汽车站为乡镇汽车站,建筑面积330平方米,砖混结构,总造价45万元。该站于2007年6月开工,2008年11月竣工投入使用。该项目由资溪县建筑公司承建,资溪县监理站监理。

(资溪县交通局)

【宜黄县新汽车站开工建设】 宜黄县新汽车站位于河东开发区,由新汽车站和综合办公大楼两部分组成,占地面积1.2公顷。新汽车站建筑面积为4000平方米,高三层;综合办公大楼建筑面积为6008平方米,高九层。该工程于2008年11月28日动工兴建,计划工期12个月。该项目由抚州金巢建筑公司承建,抚州大地监理公司监理。

(宜黄县交通局)

江西赣粤高速公路股份有限公司

全面开展赣粤高速标杆管理学习调研活动

科技创新步伐大步迈进

江西赣粤高速公路股份有限公司1993年成立以来，认真执行“义利共赢，和谐创新”的核心价值理念，坚守“路畅人和，提升价值”的企业使命，以促进江西交通和区域经济发展为已任，通过理念创新、融资创新、科技创新、管理创新、文化创新，呈现出持续健康发展的良好局面。

公司经营业绩稳步提升。2000年上市以来，公司坚持稳健经营，实现了跨越式发展。总股本由上市前的2.33亿股增加到11.67亿股，总资产由17.26亿元增加到121.69亿元，主营业务收入年年增长。公司董事会连续五届荣获上市公司董事会“金圆桌奖”，初步树立了绩优蓝筹公司形象。

融资主力军的地位凸显。公司上市9年来，通过上市、配股、发行短期融资券、分离交易可转债、委托式保贴商业票据等融资创新实践，累计为江西高速公路事业筹资百亿元，节省融资成本10亿元，较好地发挥了投、融资平台功能，为全省高速公路建设作出了积极贡献。

重点工程建设高效推进。公司按照“三保一弘扬”的要求，优质、高效、廉洁、安全、环保地完成了昌九高速技改、药湖大桥技改和庐山、鄱阳中心服务区建设、九景高速技改，不仅实现了“修路通车两不误”和“打造一流服务区”的目标，同时创新了高速公路技术改造的工程管理模式和服务区改扩建理念。

科技创新步伐大步迈进。围绕高速公路养护、收费、管理中有关的难题进行科研攻关，积极对传统产业进行高新技术改造。陆续完成了一批在国内和业内具有领先优势的交通科技课题，成为江西交通企业中科技创新的领头雁，连续4年获得全省高新技术企业，系全国唯一一家获得高新技术企业认定的高速公路类上市公司。

优质文明的服务塑造良好的窗口形象

企业文化建设成效斐然。公司坚持用文化引领企业快速发展，推进文化兴企战略，打造基业常青的深层推动力，形成了具有高速公路行业特色的企业文化，塑造了公司在全省乃至全国的文化品牌。先后荣获“全国企业文化优秀奖”、“首届全国交通行业企业文化优秀成果奖”、“全国首届企业文化创新案例奖”、“中国交通运输部首批文化建设示范单位”等称号。

融资主力军的地位凸显

管辖全省558千米高速公路

项目建设进展顺利

江 西 省 交 通

党委书记王江军深入基层部署防冻抗寒保畅通工作

局劳模潘皓参加北京奥运火炬传递

2008年，是值得全体交通稽征工作人员铭记的一年，12月18日，国务院《关于实施成品油价格和税费改革的通知》的颁布实施，以征收养路费、客货运附加费等公路规费为职能的交通稽查征费机构完成了历史使命，落下了帷幕。江西交通稽查征费事业在祖国波澜壮阔的改革开放洪流中前行了整整21年。

2008年的江西交通稽查征，是值得铭记的。面对交通费税改革的考验，江西交通稽征人牢记使命，执著征费。认真贯彻科学发展观，进一步完善“三费”和通行费征管质量考核评价体系，促进了征管质量的提高，年底“三费”实征率提高到90%的新水平；坚持实施服务车主、服务交通发展的理念，以新广域网为平台，不断拓展服务功能，大大方便了车主缴费，提高了为车主服务的水平；着力推进征收、稽查、处罚分离改革，实行“阳光征费”和“六公开”，促进了廉政建设，树立了行业新形象；以竞争上岗和双向选择为抓手，大力推进队伍建设，注入源头活水，夯实了科学发展的基础。全年征收公路规费和通行费逾33亿元，创历史最好成绩，为交通发展再立新功。与此同时，精神文明建设全面丰收，创建省第十一出文明单位62个，占单位总数近42%，稽征形象日益得到人民群众的认可。

学习实践科学发展观 推动稽征工作科学发展

21年来，江西交通稽征人秉承“为国征费、为交通发展聚财”的理念，弘扬江西稽征精神，高擎改革大旗，努力探索促进稽征工作又好又快发展的体制机制和工作举措，合同公证征费、稽征执行室、实征率一票否决制、公路规费缴免（讫）专用牌，江西稽征首开先河；标准化建设、规范化管理、大网改造，江西稽征振衰起敝。江西稽征人以高启的实征率、年均14.77%的增长率、400余亿元的征费业绩和江西交通稽征精神塑造的“江西交通稽征”品牌定格在历史的星空，镌刻在江西四通八达的公路网上。

正如省交通厅党委书记程受锭所说，“历史将翻过这一页，但历史将留下这一页。”

稽查征费局

文明稽查执法

按标准化改造征费厅 营造温馨的缴费环境

广域网的成功改造大大提升了管理水平

听取车主意见 提高服务效能

竞争上岗 增强队伍活力

加强培训教育 提高队伍素质

费改税冲击征费 稽征人员深入一线催缴堵漏

江西省高等级

省委常委、常务副省长凌成兴，省交通厅党委书记程受铤慰问抗冰一线职工

省委常委、常务副省长凌成兴，省交通厅厅长马志武视察石吉高速公路项目第一阶段施工工地

全力抗冰保畅通

高速公路建设施工如火如荼

江西省高等级公路管理局成立于1992年12月，是负责全省高速公路建设、管理、养护和收费等工作的专门机构，为江西省交通厅管理的副厅级事业单位。2008年，直接担负着福银高速昌九段、沪昆高速昌樟段、胡傅段、昌北机场高速、沪瑞高速温厚段、杭瑞高速九景段、樟吉高速（昌泰高速）、大广高速泰赣段、厦蓉高速赣州城西段、瑞赣高速以及泰井高速等11条共计901千米高速公路和银三角立交桥收费站的管理工作，同时还担负190千米石吉高速、26千米九江长江公路大桥、64千米彭湖高速、176千米昌铜高速、107千米吉莲高速、31千米隘瑞高速的建设任务。

历年来，省高管局深入贯彻落实科学发展观，牢牢把握发展机遇，紧紧抓住重点亮点，全力推进"三个定位"，圆满完成了高速公路建设、融资和管理各项工作任务，物质文明、政治文明和精神文明均取得较好成绩。征收车辆通行费共140亿余元，始终保持了高速公路良好的路容路貌和100%的路面通行率，通过各种筹融资方式共筹集资金近100亿元。年年被省交通运输厅评为全省交通系统两个文明建设先进单位，全局共获国家级荣誉70项次，省部级荣誉称号110项次，省级以上个人荣誉称号53个次，创造了良好的经济效益、社会效益和人才效益，实现了高速公路事业的科学发展、和谐发展、跨越发展。

展望未来，信心百倍。江西高速公路建设事业方兴未艾，省高管局全体干部职工将在省交通运输厅党委的正确领导下，集全局上下之"智"，聚科学发展之"力"，以有为求有位、变难点为亮点、化危机为生机，以更坚强的决心、更昂扬的士气、更开放的思维、更创新的举措，立足新起点、完成新使命、开创新局面，在江西高速公路发展史上书写浓墨重彩的华章。

公 路 管 理 局

省高管局党委书记李素华深入一线视察慰问

省高管局局长谢来发现场察看服务区建设工地

省高管局开展学习实践科学发展观法动试点动员大会

省高管局开展基层所站规范化建设现场会

省高管局竭诚为广大车主用户服务

省高管局开展“解放思想、科学发展、贡献高管”青年论坛活动

江西赣粤高速公路

职工暨工会会员代表大会

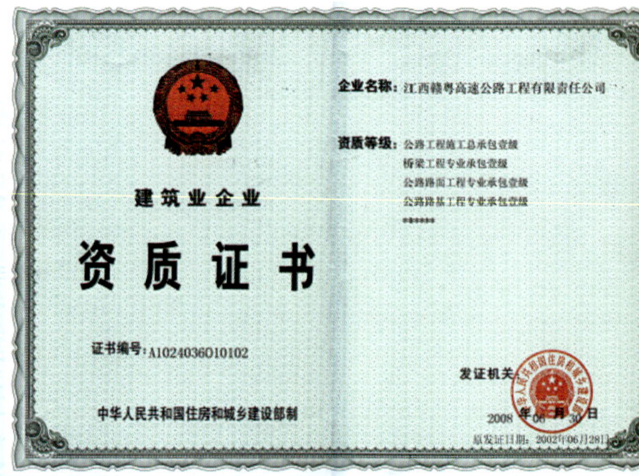

赣粤高速公路工程公司资质证书

隧道施工

江西赣粤高速公路工程有限责任公司成立于2001年8月，拥有国家公路工程施工总承包一级资质，公路路面工程专业承包一级资质，公路路基工程专业承包一级资质，桥梁工程专业承包一级资质，公路交通工程交通安全设施施工专项资质，养护一、二、三类甲级资质和边坡病害处治乙级等资质，注册资本为10082.1万元，通过了质量、环境、健康安全“三合一”管理体系认证。具备年完成产值超过10亿元的能力，是集公路、桥梁、隧道、交通安全设施施工、高科技养护（冷再生施工、乳化沥青、改性沥青加工）、机械设备租赁为一体的现代化专业施工企业。

公司现设事业拓展部、人力资源部、财务资产部、工程管理部、材料设备部、经营管理部、综合事务部、党群工作部等职能部门，下设高科技养护分公司、路基分公司、路面分公司、设备租赁分公司和四川办事处。现有专业一级建造师39人，各类专业技术人员76人，拥有各种土石方工程机械、路面工程机械、养护工程机械、桥梁设备、运输机械等大中型设备。

公司自成立以来，在负责昌九高速公路养护的同时，先后参加了

乳化沥青加工厂

改性沥青加工厂

工程有限责任公司

开展革命传统教育

司属分公司实行准军事化管理

省内大部分重点工程项目建设，主要有福银高速公路昌九段，杭瑞高速公路九景段，沪瑞丽高速公路湖傅段，赣粤高速公路昌泰段，赣粤高速公路泰赣段，京福高速公路温沙段，泰井高速公路，瑞赣高速公路，泉州至南宁高速公路石吉段等，总里程达300千米，为江西省的高速公路养护和建设事业做出了显著贡献，多次受到江西省委、省政府的表彰，荣获全国安全生产施工企业等称号。坚持"科技兴企"之路，先后引进了稀浆封层、微表处和冷再生等技术，成功生产SBS改性沥青和乳化沥青，尤其是冷再生技术的引进，填补了该项技术在江西省内的空白，"高速公路路面施工、高科技养护"两大品牌逐步形成。

公司奉行"二元为主，多元并进，打响品牌，以信致远"的经营理念，倡导"团结，拼搏，创新，超越"的企业精神，坚持以高科技为中心，以"服务人民、奉献社会"为宗旨，努力争当高速公路建设的排头兵、高速公路养护的主力军。站在新的历史起点，公司立足做强做大，愿与社会各界携手共进，共谋发展！

桥梁施工

冷再生拌合站

路面施工

江西省道路

省交通厅党委书记程受锭视察江西运政信息服务中心

省交通厅厅长马志武、副厅长胡琳视察道路运输GPS监控指挥中心

省运管局局长龙华明参加省级测评对象集中测评会，就效能工作公开述职

全省道路运输行业在各级交通主管部门的正确领导下，按照年初确定的“围绕一个转变，做好两个衔接，突出三个重点，推进四化建设”的工作思路，积极应对挑战，坚定克难信心，坚守工作一线，坚持做好“三个服务”，大力弘扬“天道酬勤、顺畅为民”的行业文化精神，各项工作取得了显著成绩，集中体现为：“一个回升、两个稳定、三个重要进展、四个初见成效”。

“一个回升”：

道路运输经济发展快速回升，服务江西经济发展能力显著增强。全省道路运输经济运行总体平稳，客运稳步增长，货运发展平稳，运行质量和效益稳步提高，正在逐步克服金融危机带来的不利影响，运输经济朝着快速、稳定、健康的方向发展。

“两个稳定”：

（一）道路运输安全生产形势保持稳定。人的生命是最可宝贵的，但道路运输行业又是一个高危行业，为此全省道路运输行业严格管理，严加控制，严防死守，警钟长鸣抓安全，将安全列为头等大事，作为重中之重。

（二）道路运输管理队伍保持稳定。实施的成品油价格和税费改革，对道路运输行业造成了“经费保障不足、工作职能调整”的巨大变化，全省道路运输行业经受了阵痛，经历了考验，但整个行业还是稳定的，做到了人心不散、队伍不乱、工作不断。

“三个重要进展”：

（一）推进城乡客运一体化取得重要进展。城市公共交通和出租车行业管理工作正式从省住房和城乡建设厅移交到省交通运输部门，省政府下发的三定方案也明确了省运管局“指导全省城市公交、出租车、轨道交通管理的具体工作”的职责，这为统筹城乡客运发展清除了障碍，理顺了管理体制上多年来存在的职责交叉问题。

驾培规范化发展，涌现了“蓝天驾校”等一批全国一流的文明诚信驾校

运 输 管 理 局

省运管局举办江西首届全国交通运输行业“宇通杯”机动车驾驶员节能技能选拔赛

省交通厅和省总工会联合召开全省出租汽车行业文明创建活动推进电视电话会议

省运管局和省道路运输协会联合举办“首届全省道路运输系统文艺汇演比赛”庆祝建国60周年

（二）农村候车亭的管理和养护取得重要进展。为破解农村候车亭建成后管理、养护难等突出问题，2009年省运管局在全国率先推行统一的管养新模式，将全省1万个农村候车亭“打包”，通过市场化运作方式，以广告经营权捆绑管养权，从而实现农村候车亭的标准化、规范化管养。

（三）行业精神文化和机关作风建设取得重要进展。专门开展了江西道路运输公益广告词的公开征集活动，通过群策群力，全行业提炼出了“天道酬勤、顺畅为民”的运管精神。“天道酬勤、顺畅为民”的精神理念，既是全省运管人对昨天的总结与传承，更是对今天的鞭策和对明天的引领。

“四个初见成效”：

（一）“四化建设”初见成效。全省各级运管部门按照年初推进“客运公司化、货运集约化、维修标准化、驾培规范化”建设的工作部署，狠抓落实，取得了较好成效。

（二）道路运输信息化功能应用初见成效。全省13个一级客运站加入了省运管局视频联网监控系统，基本完成了全省一级客运站的视频监控联网工作。

（三）道路运输节能减排初见成效。大力宣传绿色运输理念。严格执行营运车辆技术标准，把好运输车辆市场准入关，按照交通运输部下发的要求，对不符合标准的车辆，禁止用于营运。

（四）道路运输管理和执法规范化建设初见成效。成品油价格与税费改革实施后，依法治运、规范执法和优化发展环境成为运管部门的工作重心。

服务社会主义新农村建设，加快候车亭建设，积极推进城乡客运一体化

大力弘扬“天道酬勤、顺畅为民”的行业文化精神

江 西 长 运 股

张平董事长出席汽车城开业典礼

江西长运股份有限公司(以下简称：江西长运)是道路旅客运输一级企业，以公路客运为主业，经营范围还包括物流、旅游等业务。截止2008年12月底，江西长运总资产15.2亿元，净资产5.7亿元，完成营业收入8.9亿元，实现利润1亿元，拥有客运站场54个，经营线路1240条，营运建制车辆3663辆，基本形成了以江西南昌、景德镇、吉安、新余、抚州、婺源、安徽马鞍山、黄山为中心，覆盖江西及相关营运区域并迅速向周边延伸的公路运输服务网络。

一、进行产权制度改革　建立现代企业制度

1、股份制改革

1993年4月3日，江西长运股份有限公司以定向募集方式设立，成为当时全国公路运输业第二家股份制企业。公司注册资本为4555.2万元，其中公司以其生产经营性资产1655.2万元，占总资本的36%，向其他法人企业募集2000万元，占总资本的44%，向企业内部职工募集900万元，占总资本的20%。按照公司章程，组建了股东代表大会为最高权力机构，董事会、总经理、监事会三权分立，形成比较完善的公司法人治理结构。公司章程中对各自的权力、职责和义务作了详细的规定。定期召开股东代表大会和董事会，研究决定重大事项，董事会、总经理分别制定各自的工作制度，设置为履行职责所需要的工作机构。经过多年的实践证明，公司的股份制改造使公司取得了显著的经济效益，也增强了企业的活力和市场竞争能力。

2、成功上市

2000年，江西长运开始运作上市，经过证监会一年的辅导，于2002年7月16日在上海证券交易所成功上市(股票代码:600561)，成为全国第一家以公路客运为主业的上市公司，公司上市不仅为公司实现战略目标提供了比较充实的资金保障，对整个公路运输行业产生了积极的影响，也为公司的发展带来了更多的机遇。公司上市后，建立了更加规范的法人治理结构。股东大会、董事会、监事会、高级管理人员分工明确，各尽其职；公司聘请了3位独立董事，建立了公司的独立董事制度；建立健全了符合现代企业制度要求的各项内部控制制度和符合证监会要求的信息披露制度；同时，在董事会设立了经营决策、审计、薪酬{三个专门委员会(随着公司的发展，目前已经发展成为提名、预算、薪酬、战略、审计五个委员会)，并制定了规范的工作流程，以确保公司在复杂的内外部环境中能做出正确的决策。公司上市后受到广大投资者高度关注，在社会上和行业内的地位和影响力不断增强。2007年12月，江西长运入选上海证券交易所上证公司治理板块，成为199家治理板块样本股之一。

份有限公司

张平董事长出席省企业联合会年会

总经理李淼代表长运向地震灾区捐款

公司股票上市开锣

季度经济活动分析会

二、不断创新管理模式　提升企业核心竞争力

管理创新是江西长运快速成长的助推器，是公司升腾攀高的双翼。江西长运敢为人先，勇于创新，上世纪90年代，公司面对激烈的市场竞争，在经济效益一度滑坡的困境下，在企业管理上进行了大胆的创新，先后实行了“资产价值型”管理和“公路旅客快速营运”管理模式，激发了企业的活力，使企业迅速摆脱了困境。“资产价值型”管理和“公路旅客快速营运”分别获得第五届和第七届国家级企业管理现代化创新成果二等奖。

进入21世纪，面对错综复杂的国内外环境和日益激烈的市场竞争，公司实行了战略管理，通过走资本运营的道路，公司踏上了高速发展的快车道。近两年，公司又引入了“卓越绩效管理”模式，进行了企业文化建设，公司的管理能力和管理绩效得到进一步提高。多年来，正是通过不断的管理创新，公司才一步步成长、壮大，走向辉煌。

三、整合行业资源　加快企业发展

江西长运利用国有资产从一般性竞争行业退出的发展机遇，坚持”有所为，有所不为”的发展思路，立足南昌市，整合公路客运和相关资源；同时，对外进行跨地区的兼并，形成公路运输的网络化。自1991年到2002年上市之前，主要以划拨式兼并为主，对南昌市内的客运及相关资源进行整合，先后在南昌市兼并了7户国有企业，涉及资产1.29亿元，职工2620人。自2002年上市后，江西长运主要以股权投资的方式，充分发挥上市公司融资能力、经营管理等优势，以市场需求为基础、以优势企业为主体、以资产为纽带谋求道路运输企业的联合集约化发展，成功实现了与江西省景德镇汽运公司、吉安汽运总公司、新余市汽运总公司、婺源胜达汽运公司、抚州汽运总公司，安徽马鞍山汽运公司、黄山市汽运总公司的跨区域合作，扩大了主营业务的市场分额，提高了公司的市场竞争力，发展了道路运输生产力，促进了区域内公路运输业的结构调整，提高了运输效率和服务水平，公司实现了快速、健康、可持续发展。

江西新余长运揭牌

11GPS 监控指挥中心

— 江西长运高级商务车

高客整装待发

江西公路开发总公司

省委常委、常务副省长凌成兴莅临总公司先进劳模座谈会

总公司获得全国交通行业文明单位称号

总公司获得江西省第十一届文明单位称号

江西公路开发总公司是以投资、建设、管理高速公路为主业，具有公路桥梁建设、公路附属设施开发经营等能力的一家国有交通综合性企业。目前，总公司注册资本11.16亿元，总资产112.57亿元，现有员工1800余人。目前管理着沪昆公路梨温高速公路、济广公路景鹰高速公路，合计里程447千米；合作经营着105国道新干大洋州到吉水醪桥段、南康至信丰段、龙南里仁至中村坳段。总公司共有4家直属公司、5家控股或参股公司。

2009年，总公司在省交通运输厅的正确领导下，做强主业，开拓市场，实现经营收入创15.15亿元，再创历史新高。项目建设亮点纷呈，三星级标准的梨温高速三清山服务区建成营运；总公司科研测试基地建成使用；位于万年县的养护中心项目主体工程封顶；梨温高速路面整治工程项目稳步推进；启动恒泰花苑房产项目建设；204千米的德昌高速公路项目进展顺利；总投资3.84亿元的瑶湖大桥代建项目开工建设；全长15.6千米的祁门至浮梁高速公路良禾口(赣皖界)至桃墅店段连接枢纽项目已经启动。在经济建设大发展的同时，精神文明建设取得大丰收。总公司及所属单位荣获江西省守合同重信用AAA单位、全国交通运输系统先进集体、全国职工书屋、全国优秀质量管理小组QC奖、省直机关第六届文明单位等各项荣誉48项。公司员工熊文清获得“60位新中国成立以来感动交通人物”等多项荣誉，龚胜成为中国文明网12月份的“见义勇为好人”，熊艳荣获全省十佳文明服务明星。

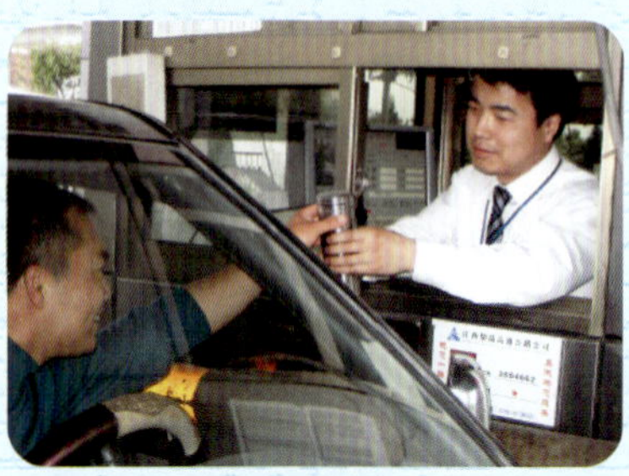
优质文明服务

梨温高速三清山服务区

江西公路开发总公司大楼

景鹰高速分水岭互通

江西景鹰高速公路公司

省交通厅党委书记程受锭视察公司工作

省交通厅厅长马志武指导公司工作

微笑服务 温馨动人

江西景鹰高速公路公司成立于2007年10月18日，隶属于江西公路开发总公司，主要负责济南到广州公路江西省境内北段202.633千米的景鹰（景德镇到鹰潭）高速公路的经营管理工作。

景鹰高速公路是国家“7918”高速公路网济南至广州公路在江西的北段，是江西省高速公路规划“三纵四横”公路主骨架的组成部分。它自北向南，起点位于景德镇市浮梁县的桃墅店，终点位于鹰潭市余江县洪湖镇，与320国道交汇；它北连安徽省安庆至景德镇高速公路，南与2008年开工的鹰瑞高速公路相接，途经景德镇、上饶、鹰潭3个设区市和浮梁、昌江、乐平、鄱阳、万年、余干、余江7个县（市、区），与九景高速公路、景婺黄（常）高速公路、梨温高速公路交叉。景鹰高速公路贯通江西省南北，上接京津，下连珠广，为江西省构筑以南昌、九江、上饶为中心的“环鄱阳湖”经济圈创造了良好条件，对江西省加快实施“对接长珠闽、融入全球化”战略具有十分重要的意义。

景鹰高速公路公司实行公司——管理处——收费站三级管理模式，下辖余江管理处、鄱阳管理处、浮梁管理处、桥隧管理处4个管理处和余江、万年、月亮湖3对服务区以及1个养护维修队；全线共设赣皖桃墅收费站、经公桥收费站、三龙收费站、凰岗收费站、乐平收费站、鄱阳收费站、万年收费站、黄金埠收费站、鹰潭南收费站等9个收费站。

道路养护 便捷通行

公司成立以来，始终坚持以科学发展观为指导，按照现代企业建设要求，不断完善企业激励机制、约束机制等各项管理制度，以科学的制度管理企业，激发企业活力，推动企业发展。坚持以人为本，以经济效益为中心，强化竞争观念，增强服务意识，大力弘扬“和谐、敬业、诚信、创新”企业精神，积极探索景鹰管理模式，不断提升综合服务水平，致力于为社会各界朋友提供优质高效、热情周到的通行服务。

抗击冰雪 众志成城

景鹰高速路面风景

九江长江大桥公路桥管理局

团结奋进的领导班子

全体职工抗冻保通、除雪清障

大桥窗口文明收费服务

九江长江大桥公路桥管理局前身为九江长江大桥公路桥公司，是九江长江大桥（公路桥）管理委员会的下设职能机构，行政隶属江西省交通厅。自1994年5月1日起正式接替大桥建设单位铁道部大桥局九江长江大桥建设指挥部对公路桥实施管理、养护、收费、还贷四大职能。管理局内设机构有工会、党办、行办、计划财务科、养护管理科、稽查监控科、安全保卫科，下设桥南征费所、桥北征费所、监控中心、养护工程队4个基层单位，职工总人数有168人。

1994年以来，管理局始终坚持以邓小平理论和“三个代表”重要思想为指导，以科学发展观为统领，秉承“科学管理，文明服务”的核心理念，着眼提高职工队伍的素质，着眼营造环境、打造品牌、树立形象，打造了一条安全快捷的南北交通快速通道，创造了最佳经济效益和社会效益。管理局先后荣获“江西省文明单位”、“江西省五一劳动奖状”、“九江市文明单位”、“综治目标管理先进单位”、“先进基层党组织”等荣誉称号。尤其在2008年抗雪灾保畅通工作中，分别被交通部和江西省人民政府授予“抗灾保通先进单位”荣誉称号，4名先进个人受到省部级表彰。

工作人员送开水给滞留车主

办公大楼

规范化服务操作技能表演

江西交通工程监理公司

公司总经理 王昭椿

公司党委书记 黄以鸿

江西交通工程监理公司创建于1989年7月，是经江西省交通厅批准成立的一个公路、水运工程综合性咨询监理单位；是同时拥有公路、水运施工监理和工程咨询甲级的“三甲”单位、是拥有独立特大桥专项监理资质的单位、是中国交通建设监理协会常务理事单位和国际咨询工程师联合会成员协会会员。公司在国内同行中率先获得咨询监理对外经营许可权，取得了走出国门的通行证，按ISO9001:2000要求建立了健全的质量管理体系，并通过质量管理体系认证，确立了以资源配置为先导，控制为本，质量至上，为业主提供满意的交通工程咨询监理服务的质量方针。

公司曾参与江西省已通车的从南九到乐温的所有厅管高速公路项目监理，参并与浙、皖两省近100千米高速公路项目监理，承担近300千米的赣江航道整治监理，完成了江西省1800多千米的高速公路施工图设计审查咨询任务，累计参与省内外64个重点交通工程项目的咨询监理及项目代建工作，承揽的监理合同总额达2.18亿元，所监理的各高速公路均被评为优良工程，高速公路项目优良率达到100%，屡次受到省政府和业主的表彰与嘉奖，并被交通部评为全国优秀监理单位，在全国率先获得省外重点交通工程建设代理权。

重点公路建设项目管理

公司的企业文化和精神文明建设硕果累累，近几年单位获得近90项各种荣誉，193人次获得省厅级劳动模范、先进工作者荣誉，并被省政府授予“江西省‘十五’重点工程建设先进单位”荣誉称号，以“育人才，升资质，拓市场，多元发展，诚信经营”为经营思路，以“信誉是市场、质量是生命”为经营理念，打造监理品牌，全面提升单位的核心竞争力，逐步向一个集工程监理、项目代建和工程咨询于一体的综合型、智力密集型现代化咨询公司迈进。

公司与时俱进，立足江西，面向全国，走向世界，以优异的工作质量和一流的服务水平，与国内外各界同仁、客户积极开展多种形式的国内和国际合作，与所有客户共创美好未来！

南昌港国际集装箱码头工程

九景高速公路湖口大桥

江西交通职业技术学院

学院与丰田公司合作项目开发庆典

外国专家指导教学

江西交通职业技术学院隶属于江西省交通运输厅。学院创建于1956年，前身为交通部南昌公路工程学校，2002年，经省政府批准升格为江西交通职业技术学院。学院位于省会城市南昌，占地面积587亩。半个多世纪以来，江西交通职业技术学院逐步发展成为以工为主，涵盖经济、管理、人文等多种学科，以培养公路交通、建筑施工、汽车维修等专业人才为办学特色，在行业内享有盛誉的高等学府，为江西发展提供了重要的人才保障。

学院设有路桥工程系、汽车工程系、管理工程系、机电工程系、信息工程系、水运工程系、基础课部和成人教育部等8个教学系部，共开设道路桥梁工程技术、汽车运用技术、数控技术、港口航道与治河工程等28个高职专业。其中汽车运用技术、道路桥梁工程技术、物流管理等5个专业是江西省高职示范专业和江西省高校特色专业。现有全日制在校生8000余人。

学院是中央财政重点支持和江西省重点建设的高等职业院校，是教育部、交通运输部、城乡建设部等部委认定的汽车维修、建筑施工两专业技能型紧缺人才培养培训基地，是商务部认定的江西地区国际货代从业人员资格培训与考试中心，是国家海事局批准的船员等效职业培训机构，是江西省教育厅批准的省级骨干教师培训基地。学院现有专任教师359人，其中正副教授91人，全国交通高等职业教育专业带头人4人，江西省高校教学名师3人，江西省高校学科带头人1人，江西省高校中青年骨干教师12人。

近年来，学院先后获得“全国交通系统先进集体”、“全国交通职业教育先进集体”、“江西省五一劳动奖状”、“全省职业教育先进集体”和“江西省文明单位”等荣誉称号。

提高实践动手能力

花园式校区

学院指导就业

江西省交通干部学校

厅党委书记程受铉为交通干校新办公地点揭牌

厅党委书记程受铉、厅纪委书记江学功出席交通干校举办的厅新任处级领导干部培训班开班式

江西省交通干部学校系江西省交通运输厅直属正处级事业单位，成立于1984年，与中共江西省交通运输厅委员会党校、江西省交通职工中专、北京交通大学现代远程教育江西交通教学中心、武汉理工大学现代远程教育南昌学习中心合署办学。现有教职员工29人，其中高级职称5人，中级职称7人。

建校25年以来，学校秉承"教书育人、管理育人、服务育人、服务交通发展"的宗旨，认真践行"适应形势、规范办学、严格管理、质量至上"的办学理念，积淀厚实的教育管理文化，锤炼职工队伍，强化师资力量，提升教学及服务水平，先后完成干部培训3万余人次，培养大中专毕业生6500余人。学校先后荣获"全国交通远程教育办学先进集体"、"'十五'江西省交通系统科技教育工作先进集体"、中共江西省直属机关委员会"先进基层党校"、"江西省交通厅综合治理先进单位"、"江西省交通厅先进党支部"、"南昌市文明单位"等荣誉称号。

立足新的起点，着眼新的发展。朝气蓬勃、团结奋进的新一届领导班子在十七大精神引领下，深入贯彻落实科学发展观，确定"推动一个转变(推动思想观念转变)、做好三篇文章(全力做好干部培训工作、大力推进继续再教育工作、努力推进新校区项目建设)、加强四项建设(加强领导班子建设、加强教职员工队伍建设、加强制度建设、加强反腐倡廉建设)"的发展思路，以饱满的热情，务实的作风，奋力拼搏，争优创新，为实现江西交通事业又好又快发展作出新的贡献。

全力做好干部培训工作。学校认真贯彻中央、省委、厅党委关于干部培训工作要求，保质保量完成各项培训任务。坚持内强素质，外树形象，理顺培训机制，规范培训工作，拓展培训渠道。下大力气优化培训硬件和软件，建设交通运输行业专业培训平台，实现培训资源最丰富、培训组织最精细、培训管理最科学、培训服务最优质、培训效果最优良，全面提升培训质量和档次。

大力推进继续再教育工作。学校继续加强与北京交通大学、武汉理工大学的现代远程教育合作办学力度，以新视野、新理念、新思路，开创联合办学新局面。加强教学管理，提升服务水平。提高办学层次，改进招生宣传工作，扩大办学规模，力争实现生源增长有新跨越、办学层次有新突破、办学品牌有新提升。

努力推进新校区项目建设。在省交通运输厅的高度重视、积极关心和大力支持下，学校在南昌红谷滩新区凤凰城征地50亩建设新校区。新校区功能定位为培训、会议、评标中心和健身基地。优化方案设计，加强项目管理，力争用两年左右时间全面建成投入使用。把这一工程建成优质工程、精品工程、廉洁工程和交通房建典范工程，把新校区建成国内一流的干部培训基地。

雄关漫道真如铁，而今迈步从头越。学校将在厅党委和行政的坚强领导下，以蓬勃的朝气、昂扬的锐气，进一步解放思想，开拓创新，拼搏奋进，求真务实，为江西交通运输系统干部培训和职工继续再教育再谱华章，为促进江西交通新的跨越发展再立新功。

办公地址：南昌市抚河北路249号交通科技大楼
联系电话：(0791) 6243665　邮编：330008
网址：http//www.jxjtgx.cn

交通干校新校区鸟瞰图

江　西　远　洋

省委常委、南昌市委书记余欣荣视察南昌保税物流中心

省交通厅厅长马志武视察南昌保税物流中心

江西远洋运输公司创建于 1982 年，由中国远洋运输（集团）总公司与江西省交通厅合资兴办，注册资金6783万元。一直以来，公司坚持以科学发展观统领全局，围绕“企业效益为中心”这一主题，坚持“航运、港口、物流三大支柱产业整合经营，复合发展”这一可持续发展理念，秉承“情系江远、奉献江远”这一企业文化，不断推进以提高企业执行力为重点的管理创新。

经过二十多年的艰苦创业，公司形成了一支业务精湛、技术过硬、素质优良、善于管理的航运队伍，经营了 4 艘远洋散杂货货轮，总载重近 3 万吨，主要经营香港、台湾、日本、韩国、东南亚国家及南太平洋航线，航区覆盖东南亚及南太平洋。同时还开设了南昌至上海、南昌至南京、南昌至九江集装箱支线班轮航线，经营南昌及周边地区至世界各地的集装箱运输业务。1998 年，公司获得了中华人民共和国海事局颁发的 SMS 符合证明，所有船舶均取得了 SMS 证书，为江西远洋跻身国际航运市场提供了有力的保障。

公司参加全省交通系统第二届职工文艺汇演并获声乐专场一等奖

公司投资控股的南昌港国际集装箱码头已于 2005 年 5 月建成投产。该码头是迄今为止江西省最大的现代化内河港口建设工程，建设有两个 1000 吨级码头泊位，设计年吞吐能力为 5 万标准集装箱（二期工程竣工后，吞吐量将达到 12 万标箱）。码头港区内建有集码头生产指挥、调度、监控、管理和服务为一体的综合办公楼，海关、出入境检验检疫和海事部

公司与省交通厅机关举行羽毛球联谊赛

公司开展的登山活动

运　输　公　司

南昌海关关长薛金楼视察南昌保税物流中心

南昌保税物流中心报关报检大楼封顶仪式

门已全面进驻码头，客户可以就地报检和查验。同时，码头建有拆装箱库、危险品仓库、熏蒸场地、灭杀虫药库、机修车间，配备了现代化程度较高的轨道门机、叉车、进口正面吊等，集装箱装卸设施先进、齐全。

公司开辟了现代物流服务，投资控股江西交远物流有限公司。该公司是2004年初由商务部批准，拥有海、陆、空国际货物运输代理和保税仓储业务资格，具备国家一级资质的现代大型第三方物流企业，为江西省内各大工商企业提供优质、高效、便捷的物流外包服务。该公司投资建设的南昌保税物流中心（B型）已经国家批准，成为江西省首家保税物流中心，即将建成投产。南昌保税物流中心（B型）地处国家级南昌经济技术开发区，区位条件十分优越，作为区内唯一拥有国际集装箱码头的保税物流中心，将是南昌市乃至江西省公、铁、水、空运衔接的枢纽点，其独有的公共保税中心功能也将填补江西省内空白，为广大工商企业提供保税仓储、国际物流配送、进出口贸易和转口贸易、物流信息处理、口岸、入物流中心出口退税等各项服务。

此外，公司还投资了旅行社、公路租赁、港口、房产、船务、期货等一批陆上产业，呈现良好的发展势头。

公司远洋船舶进行应急演习

远洋货轮

集装箱码头

公司南昌至九江集装箱支线通航

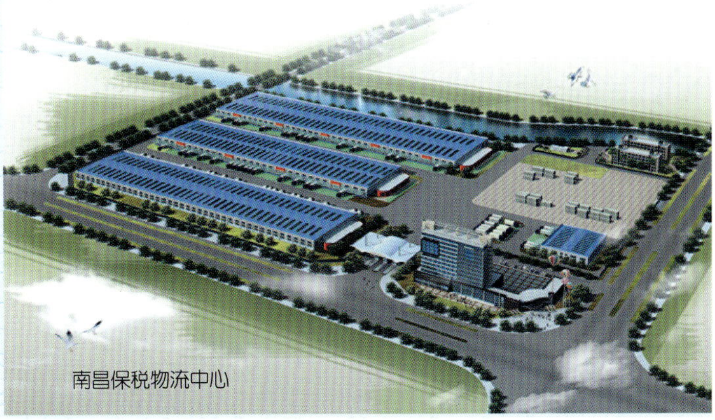

南昌保税物流中心

江西省交通厅对外经济联络办公室

外经办认真开展学习实践科学发展观活动

外经办党支部书记、主任寇平带领职工为汶川地震灾区捐款

江西省交通厅对外经济联络办公室是省交通厅外事、外经、招商引资及世界金融组织贷款项目涉外管理的职能部门，为正处级事业单位，自设立以来，在厅党委的领导下，紧密围绕交通外事、外经和招商引资三大工作重点，服务交通建设改革发展大局，各项工作取得了显著成绩。

外经办作为省交通厅外事管理的职能部门，认真围绕“规范化、专业化、精细化、人性化”的工作目标，认真落实省委、省政府及省交通厅加强外事管理的各项规定，积极推进外事外经工作，努力强化外事责任意识和服务意识，不断提高外事管理工作的计划性、规范性和实效性，连续多年被省政府外侨办评为外事管理先进单位。

近年来，外经办认真落实省委、省政府大开放主战略，积极探索交通基础设施投融资体制改革模式，主动协调，务实工作，热情服务，坚持廉洁自律、公开招商、程序规范、竞争谈判，积极推进交通基础设施面向境外实行项目业务招商工作。到目前为止，完成实际进资8.2亿元人民币，为实现省交通厅招商引资工作科学、规范、高效运作做出了积极努力。

江西省界牌枢纽管理处

江西省界牌枢纽管理处是经省编委批准的正处级事业单位，隶属江西省交通厅航务管理局，内设12个机关科室和水电厂、船闸所、水工车间3个基层单位，现有干部职工124人，其中，包括各类专业技术人员38人。界牌枢纽坐落在鹰潭市余江县中童镇距市区12.5千米处，属信江航运渠化工程三个梯级中的上游第一梯级，系“八五”期间经国家批准建设的大中型项目。该枢纽工程包括：1000吨级船闸一座；装机容量2万千瓦电站一座；溢流坝、平板坝、公路桥各一座，以及挡水建筑和相配套的生产、生活设施等建筑工程。

近年来，该处坚持贯彻航电枢纽“以航为主，兼顾发电”的基本原则，大力弘扬“求真务实、改革创新、以电促航、和谐发展”的枢纽人精神，为航电枢纽的自身发展和强化运行管理，积累了宝贵经验。同时充分利用枢纽水资源的通航、发电、灌溉、防洪、美化城区环境等方面的作用，获取综合效益，为当地的经济和社会发展作出了积极贡献。该处广大干部职工积极贯彻落实科学发展观，以安全运行为主抓手，着重抓好优化库区蓄水、发电上网两个外部环境工作，强化内部管理，精神文明建设工作取得长足进展，多次荣获省航务局、省交通厅先进单位，连续3届荣膺省级文明单位。

省交通厅党委书记程受锭来界牌处视察工作

江西省界牌枢纽处荣获省十一届文明单位称号

界牌枢纽泄水闸

江西省交通工程质量监督站

全面深入开展学习实践科学发展观活动

书记陈合法在瑞赣项目检查路基施工

江西省交通工程质量监督站是江西省交通厅直属二级事业单位，设办公室、质监科、资质科、试验检测中心4个科室。现有正式职工51人，其中全日制博士1人、硕士3人，在职硕士8人；有高工16人，中级职称18人，技术人员占总人数比例的73%。

质监站的主要职责是代表省交通厅履行公路水运工程质量监督、省重点工程施工现场安全生产监督检查和厅环境保护委员会办公室三大职责。监督检查重点是监理现场工作质量；各参建单位质量、安全保证体系的建立、运转情况和安全生产条件、各项制度的落实情况；施工单位的质量行为；关键工程、重要部位、关键工序

2008年质监站建设项目监督任务比较繁重，目前直接监督项目有23个，其中高速公路有武吉、瑞赣、九瑞、鹰瑞、赣州绕城、萍洪、石吉、景德镇南外环等8条，里程共计1055千米；一级公路有大城至万载、高安至胡家坊、萍乡320改造改建工程等3条，共计里程210千米；独立大桥有赣州市赣江大桥、章江大桥、飞龙岛大桥等3座；农村渡口改渡建桥项目8个；水运项目有南昌至瓢山（Ⅳ级、87千米）航道整治工程1个。

站长栾建平检查施工现场

雪后检查边坡

检查大桥桩基

南昌市、东湖区文明委考核验收省交通质监站创省级文明单位工作

重力式U型桥台裂缝缺陷调查与处治研究

江西交通建设工程监理所

管理工程师陪同世行专家检查瑞赣高速公路

"十五"重点工程先进单位

荣获省交通厅先进集体称号

江西交通建设工程监理所成立于1994年5月，隶属于江西省交通设计院，是具有交通部公路工程甲级监理资质和公路工程试验检测综合乙级资质，并通过了ISO9001：2000质量体系认证的专门从事交通建设工程监理服务的独立法人机构，主要承担全国范围内从事一、二、三类公路工程、桥梁工程、隧道工程项目的监理业务。

成立15年来，历任领导班子主要围绕提高管理水平与效益、增强竞争能力与发展后劲的目标，增强市场经济的竞争意识，以观念创新、机制创新走改革之路。随着企业不断地发展壮大，职工队伍、技术力量、内部机构设置逐渐完善。完成主要工程施工监理服务26项，共计790千米，在建项目7项，监理业务涉及了省内外诸多交通工程重点项目和部分地方工程项目。

在所监理的工程项目中，企业培养了一批具有丰富的监理、设计、施工经验的优秀人才队伍，共有5个项目获得江西省高速公路建设领导小组授予的项目"先进单位"称号、8个项目获得"先进集体"称号、13人次获"劳动模范"、50人次获"先进生产（工作）者"称号。2002年被江西省交通厅授予"交通建设质量年活动优胜单位"称号。2005年获得江西省人民政府授予的"江西省'十五'重点工程建设先进单位"称号。

监理工程师巡视工地现场

高桥墩施工现场

京福线温家圳至沙塘隘高速公路

建设中的安徽第一高桥——磨子潭1、2号桥

江西省公路工程监理公司

总经理　邱文东

交通基本建设工程监理单位

监理资质等级证书

经审查，江西省公路工程监理公司

核定为 公路工程 甲 交通工程 乙 级监理单位，特发此证书。

发证机关

工程监理企业资质证书

江西省公路工程监理公司　经审查核定

为 甲 级监理企业，特发此证书。

发证机关

中华人民共和国建设部制

江西省公路工程监理公司成立于1994年3月，是江西省公路管理局直属的，具有独立法人资格的全民所有制企业。拥有交通部、建设部批准甲级监理资质；是江西省唯一的公路桥梁类双甲级监理单位。可在全国范围内从事一、二、三类公路工程、桥梁、隧道工程和二、三类交通工程以及一般工业与民用建筑工程的施工监理。公司同时拥有试验检测、工程信息开发、咨询等高级资质证书。2001年9月通过国际ISO9001:2000质量管理体系认证。公司现有职工（含外聘人员）512人，其中专业技术人员485人（高级职称124人，中级职称213人，初级职称148人），获得交通部专业监理工程师资格证书以上的有152人，获得建设部国家注册监理工程师资格证书26人，其余专业人员均参加了交通部监理工程师业务培训，试验检测工程师参加了交通部试验检测工程师培训。公司建立了强大的工程技术人员人才信息库，为有意为公司服务及江西交通建设服务的工程技术人员搭建施展本领的舞台。

经过10余年的发展，公司已成为江西监理机构的骨干单位，是江西近年来所有重点工程建设中承接业务最多的监理从业单位之一。公司现有固定资产计2000余万元，配备有700余万元的监理检测试验仪器、交通通讯、办公等设施。公司公路工程检测中心获省技术监理局CMA计量认证合格证书。

路面现场取芯

公司先后承接了昌九高速公路、九景高速公路、梨温高速公路、赣粤高速公路、泰赣高速公路、京福高速公路、昌金高速公路、福建漳龙高速公路、浙江台缙高速公路、广从一级公路、昌厦一级公路、105国道、320国道、昌万公路、中外合资清宜公路等高速及国省道公路重点工程监理业务，共完成各类公路建设监理项目100多项，总里程2000余千米；完成南昌新八一大桥、武宁、石港、荷树栋等各类结构独立大桥17座施工监理任务，监理项目总投资超过200亿元。在工程建设中，采取新技术、新工艺，使得监理的项目技术得到新的突破。在完成大量监理项目的同时，公司还参与了相关技术研究，参加了很多项目试验检测。公司的检测中心从小到大，从弱到强，目前已成为交通建设承接检测任务最多的检测中心之一。经过这些项目业务的锤炼，公司的综合效益和技术能力也跃上了新台阶。

昌厦一级公路

乐温高速公路

梨温高速公路

江西省公路管理局物资储运总站

总站职工代表大会

组织观看国学讲座

“春风拂大地，万物奏凯歌”，江西省公路管理局物资储运总站于1973年正式成立。30多年来，物资储运总站在省交通厅、省公路局的正确领导和各有关单位的大力支持下，全面落实科学发展观，顺应时代发展的步伐，坚持“统筹沥青主业与工程建设等协调发展，统筹经济效益与职工收入协调发展，统筹经济增长与平安建设协调发展”，在市场经济的大潮中主动搏击，发展成为拥有职工近300人，库容量10.7万吨，年接发沥青15万吨的大型综合型企业。

物资储运总站主要从事全省公路和市政建养沥青的供应以及乳化沥青、导热油、改性沥青、改性乳化沥青等相关产品的生产、销售及中转服务。近几年来，在全站干部职工的共同努力下，储运总站已逐步形成了以沥青中转销售、工程施工为支柱产业，主副业并举的发展格局。在主业方面：储运总站致力于提高沥青产品质量和中转供应能力，全方位扩大沥青中转库库容和沥青库网覆盖面，2006年至2008年间，先后投入大量资金对南昌沥青库和赣州沥青库进行扩容改造，使储运总站总库容达到8.3万吨。庞大的库容和布局合理的沥青中转销售网络，使储运总站完全有能力应对江西公路建养沥青的大量需求。在副业方面：储运总站相继组建了一批具有相当规模和实力的经济实体：江西省公路沥青有限公司、江西省赣江公路工程有限公司、江西省赣江交通设施厂、江西公路建筑材料厂、南昌市昌北交通服务中心，并合资组建了江西路安特沥青新技术有限公司、江西百顺沥青应用新技术有限公司等，这些实体的成立与运行，先后为省内多条国省道改建工程及高速公路建设工程提供沥青产品和施工服务，工程、产品质量优良，深得用户好评和信赖。

在发展经济的同时，储运总站更加注重企业文化的构建，着力培养“有知识、有技能、有品德”的职工队伍，鼓励广大干部职工深入学习，不断充实个人知识和技能；着力推进文明单位、安全文明小区创建；建立健全综治维稳、排查调解、治安消防、应急救援等工作网络，实现了以平安和谐促科学发展，以科学发展铸就平安和谐的综治格局。多年来，储运总站多次获得省、市、区级文明单位称号，至今已连续4届蝉联省级文明单位称号。

“岁月峥嵘三十年，革新开放谱鸿篇”，储运总站经历30多年的风雨，在岁月中磨练，在时光中成长。尤其是近年来，储运总站领导班子和广大干部职工付出大量心血和不懈努力，储运总站实现了翻天覆地的变化。面对新的历程，储运总站人将牢记神圣使命，以科学发展观为指引，以构建和谐社会为导向，坚持发展与管理同步，积极倡导“团结、拼搏、务实、创新”的企业精神，做好公路工作“三个服务”，为江西交通事业又好又快发展作出更大贡献。

文明单位

赣州沥青库

南昌沥青库

办公楼

运输生产

公路运输

【概况】 1. 道路运输生产稳步增长。全年公路客运量为3.99亿人,同比增长3.2%;旅客周转量为227.60亿人千米,同比增长3.7%;公路货运量3.29亿吨,同比增长9.7%;公路货运周转量263.7亿吨千米,同比增长9.6%,在综合运输体系中继续保持主导地位。道路运输以其灵活、快捷、方便、舒适的特点,为人民群众的生产、生活提供了强有力保障。

高速客运逐步向快速化、舒适化方向协调发展。运输效率和服务质量不断提高,豪华客车的舒适程度与新型列车不相上下,灵活方便快捷的优势充分显现,以每30分钟甚至更快的发班频率实现乘客随到随走,满足乘客的各种需求。

农村客运网络得到明显优化,运输需求基本满足。累计建成农村客运站345个、候车亭6213个,投入到农村客运的车辆达到9815辆,乡镇客车通达率为100%,行政村客车通达率为85.7%,其中通公路行政村班车通达率在95%以上。农村客运班线发展到3345条,同比增长16.29%。2008年完成农村旅客运输量21886.70万人、旅客周转量690046万人千米,同比增长13.42%和34.76%。

2. 运输车辆结构进一步优化,行业可持续发展能力显著增强。

客货营运车辆结构的调整、运力、运能状况的逐步改善。运输工具的逐年增加,使车辆适应道路运输市场变化的能力得到的提高。截至2008年底,全省营运车辆拥有量达到186600辆,其中客车 26047 辆,货车 160553 辆,同比分别增长了 15.1%、7.3%、16.5%。

高中级营运客车快速增长。新开通了城际高速直达客运班线 32 条,改造了城际高速直达客运班线 11 条,新增中、高级客车 670 辆,在全省 15412 辆班车中,中、高级客车为 4585 辆,占 30%,比全国 25% 的平均水平高出 5 个百分点。

客运企业向规模化方向发展。截至 2008 年底,拥有 100 辆客车以上的客运企业达到 48 家,50 辆客车以上的企业 159 家。

大型货车有所增长,小型货车发展较快。大吨位、高效率的大型货车和轻便灵活的小型货车均得到了较快发展。营运载货汽车中,大型载货汽车达 53525 辆、393806 吨位,小型载货汽车达 81983 辆、99399 吨位;同比分别增长 17.2%、26.4%、18%、12.5%。初步形成了大件运输车、冷藏保鲜车、危险化学品、特种车辆和大吨位车辆的合理配置,基本满足了各种货物运输的需求。营运货车平均吨位 4.2 吨,略高于全国平均水平。

货运市场集中程度进一步提高。截至 2008 年底,拥有 100 辆以上货车的企业达到 374 家,同比增长 37%,50 辆货车以上的企业 812 家,同比增长 20.6%。

3. 行业发展为社会提供了更多的就业机会。截至 2008 年底,道路运输从业人员 48.9 万人,同比增长 14%,其中持证上岗人员 40 万人,同比增长 22.1%,为社会提供新的就业岗位 59505 个。

4. 运输服务业发展迅速。全省共有等级客运站 474 个,同比增长 3.7%,货运站(场)106 个,同比增长 89.29%,机动车维修业户 9716 家,汽车综合性能检测站 58 家,同比增长 3.6%,驾驶员培训学校 272 家,同比增长 23%,客运代理、物流服务、货运代办等业户 1816 家,同比增长 2.2%。

5. 客运班线班次稳步发展。全省共开通客运线路 6067 条,同比增长 10.73%,平均日发班次达到 4.6 万个,其中跨省际客运班线 1078 条,同比增长 4.05%,跨市客运班线 962 条,同比增长 15.9%,市(县)内客运班线 4027 条,同比增长 11.5%,高速公路客运线路发展到 352 条,同比增长 12.81%,形成了以南昌为中心,连通省内各设区市及 50% 以上县市区,并直达周边省会城市的高速客运网络,有力地促进了省会南昌至周边省会城市四小时经济圈的形成。

6. 安全监管工作取得了明显成效。安全监管体系不断完善,安全生产投入不断加大,安全管理制度不断创新。全省一、二级车站已配备安检仪 84 台,其中一级车站 16 台,二级车站 68 台,占全省二级车站总数的 63%。全省已安装 GPS 车载设备的车辆由 2007 年的 5236 辆达到 2008 年的 9482 辆,其中客运车辆 6686 台,货运车辆 2796 台。2008 年,全省道路旅客运输百车死亡率为 0.44,一次死亡 3 人以上较大事故比 2007 年下降 37.5%;事故起数、死亡人数、受伤人数与 2007 年相比分别下降 25.4%、22.6%、63.9%;与 2005 年相比,事故起数下降 56%,死亡人数下降 61%,受伤人数下降 74%。

(陈 刚)

2008 年道路运输从业人员数

表 4　　　　计量单位:人

单位	从业人员数合计	道路旅客运输	客运驾驶员	乘务员	道路货物运输	道路货物运输驾驶员	危险货物运输驾驶员	危险货物运输押运员	危险货物运输装卸	站(场)经营	客运站经营	货运站场经营	机动车维修经营	技术负责人	质量检验员	其他	机动车驾驶员培训	其他相关业务经营
全省合计	489038	67234	44598	18656	329685	278927	8279	7100	1482	20829	10174	9374	59238	6036	3982	37382	9098	2954
南昌市	118444	15658	12385	2641	73969	45652	1405	952	58	10820	2391	8427	15988	666	316	10041	1750	259
景德镇市	21284	1538	725	35	17166	12566	91	139	0	542	518	24	1329	607	610	113	297	412
萍乡市	33094	3120	1950	1170	26965	26186	1285	747	32	328	313	15	2238	88	171	677	337	106
九江市	38109	10801	8017	2441	20761	18811	677	550	362	1062	1062	0	3847	459	316	1860	1570	68
新余市	20288	1424	992	306	16358	16163	160	145	145	396	396	0	1812	215	140	1457	298	0
鹰潭市	10272	2303	1784	508	5895	4809	159	168	0	156	156	0	1572	191	89	989	240	106
赣州市	70260	10871	6873	3998	46414	42863	1108	1373	134	1880	1657	223	8436	1000	366	7100	1918	741
吉安市	49202	4765	2633	1773	37198	36151	858	789	164	1191	965	126	5464	822	410	4023	270	314
宜春市	58320	5763	2910	1461	39843	33567	1572	1367	262	2312	1216	89	8976	984	790	5128	1230	196
抚州市	34199	4404	2688	1725	23798	22906	522	600	292	1026	594	260	3906	381	314	2496	337	728
上饶市	35566	6587	3641	2598	21318	19253	442	270	33	1116	906	210	5670	623	460	3498	851	24

运输企业

【江西长运大通物流加入中国物流联合采购协会】 3月,江西长运股份有限公司全资子公司江西长运大通物流有限公司成功申请加入中国物流联合采购协会,成为该协会会员。该协会是经国务院批准设立的全国性物流与采购行业社团组织。

(刘江平)

【江西长兴物流公司被评估为2A级综合服务型物流企业】 2月,依据《物流企业分类与评估指标》,江西省交通运输与物流协会对江西长运大通物流有限公司所属江西长兴物流有限公司进行2A级综合服务型物流企业的现场评估。评估组通过察看资料、实地考察,一致认为:该公司在经营状况、资产总额、设备设施、管理及服务等方面达到国家2A级综合服务型物流企业标准,顺利通过评审,并现场颁发评估证书。

(万生保)

【江西长运部分职工身份置换分流安置】 江西长运集团有限公司根据南昌市交通局批复,于6月份对南昌地区已确定39名分流安置对象办理解除劳动关系手续,并按照洪府厅发〔2005〕46号文件的规定,向南昌市社会保险处、医疗保险处足额缴交上述人员至退休年龄的养老保险费、医疗保险费、退休代管费等148.22万元;发给分流安置职工生活费73.32万元,共计费用221.54万元。

(张晓佑)

【景德镇长运公司开展真情回报顾客系列优惠酬宾活动】 5月1日,景德镇长运有限公司向广大旅客推出优惠活动,真情回报广大旅客的支持和厚爱。这些优惠活动有:1. 乘坐同一条高客班线满10次免费乘坐该班线班车一次。

2. 贵宾卡优惠:旅客乘坐长运高客班车积分满20分(100元记1分),可享受以下贵宾卡服务:①乘坐本公司高客班车票价实行8.8折优惠;②乘坐南昌高客,在每日6:30~23:00时段,市区内免费接送;③免费行李寄存和托运;④当年免费乘坐高客班线一次;⑤随时为贵宾提供乘车的相关服务。

3. 在每日6:30~17:00时段,乘坐新余、赣州、鹰潭、长沙高客班线,提供市区内免费接到站服务;异地乘坐本公司车辆至景德镇并需中转至其他车站乘车的旅客,提供免费送站服务。

4. 团购优惠:乘坐高客班线10人以上团队可享受8.8折票价优惠,20人以上团队可享受8折票价优惠。

5. 联票优惠:乘坐景德镇至杭州夜行高客的旅客可享受往返联票6.7折优惠,票价160元;乘坐景德镇至武汉班车购往返联票,可享受往返联票6.4折优惠,票价180元;乘坐景德镇至赣州高客班车,购井冈山旅游联票,可享受6折优惠,票价140元。

6. 学生票优惠:乘坐景德镇至赣州高客班线的大专院校学生,凭本人学习证可享受学生优惠票6.5折优惠,每票96元,至吉安每票86元;乘坐景德镇至南昌高客班线的大专院校学生,凭本人学生证乘坐本公司籍班次,可享受学生优惠票4折优惠,每票30元;乘坐景德镇至九江高客班线的大专院校学生,凭本人学生证乘坐本公司籍班次,可享受学生优惠票6.5折优惠,每票35元;高校新生凭入学通知书,可享受南昌、九江、赣州、吉安学生优惠票,凭的士票报销5元的士费,陪伴亲属1人按8折优惠购票。

7. 景德镇、南昌二地公民在异地工作且每周在异地工作4个工作日以上的,可办理南昌专线卡,乘坐景德镇至南昌本公司高客班线,可享受票价8.8折优惠。

8. 预售三天以上南昌高客车票的旅客可享受票价8.8折优惠。

9. 与本公司签订了集团消费协议的企事业单位工作人员购买本公司高客班线车票,可享受8.8折票价优惠。

10. 农民工优惠:乘坐本公司高客的农民工,凭本人身份证提前3天以上购票可享受票价8折优惠;3天内购票的可享受票价8.8折优惠。

(涂　强)

【景德镇市对道路货物运输企业进行质量信誉考核】 4月1日~5月31日,景德镇市公路运输管理处对全市车辆数达10辆以上(含10辆)的28家道路普通货物运输企业进行运输服务质量信誉考核。通过对企业经营规模、安全管理制度、交通事故发生起数、所运货物损失情况、货主投诉起数及媒体曝光起数等指标的考核后,28家道路货运企业中,市区有9家获评“AA”级,昌江区有2家获评“AA”级,浮梁县有3家获评“AA”级,乐平市有1家获评“AAA”级、8家获评“AA”级、5家获评“A”级。

(刘巧英)

【景德镇长运总部迁址洪源金三角】 9月28日,江西景德镇长运公司总部从枫树山迁址洪源金三角。该地区交通便利,坐落于206国道及九景、景鹰、景婺黄(常)高速公路交会的浮梁县洪源镇金三角地区,是景德镇城市近郊,对发展物流业和旅游业有着得天独厚的区位优势。此次迁址后,景德镇长运有限公司在利用洪源金三角交通区位优势的同时,结合自身优势,大力发展物流业和旅游产业,不断加大两大产业在生产经营中的比重,大力扩张企业资本,助力洪源金三角地区交通和物流业的发展,将其打造成为景德镇乃至赣东北地区真正的交通和物流枢纽。

(张圣生)

【景德镇通福汽车销售服务公司开业】 10月28日,景德镇通福汽车销售服务公司开业。坐落于景德镇市陶瓷工业园洪源路A001号的景德镇通福汽车销售服务公司是景德镇市首家完全按照上海大众4s店标准建设的汽车销售服务店,也是江西地区设施最完善的上海大众销售店之一。该店建筑面积5000平方米,其中包括可陈列10台展车的新车展厅,拥有20个工位的维修车间,容纳40人的顾客休息室及车身车间、配件仓库、培训教室等场所,服务设计、技术水平均为一流。

(涂　强)

【景德镇长运开展奥运竞赛活动】 5月1日~8月8日,景德镇长运公司开展主题为“温馨在旅途,满意在长运”的“迎奥运百日安全无事故、服务上水平”竞赛活动。活动中,长运公司聘请相关人员对服务质量特别是途中服务质量进行督导,广泛听取社会意见,并对竞赛活动中反映出来的各种问题进行整改和落实,使得长运服务质量有质的提升,进一步提高景德镇长运的品牌影响力,做大做强客运市场。

(伍红琳)

【鹰潭市汽运有限责任公司质量信誉考核获好评】 2008年,鹰潭市汽运有限责任公司注重企业质量信誉,并成立了质量信誉考核工作小组,从组织上落实,措施上保障,责任上到人,公司上下形成联动机制。同时还制定了36个计分项目,合理调配各部门人力资源,自查、自纠、自评。对于考核不合格者,暂停新增客运线路和参加客运线路招投标。

由于做了大量细致而有效的工作,在省、市两级客运主管部门联合考核中,连续两年分别被评为良好、优秀,信誉等级达到AA级,AAA级,质量信誉一年上一个台阶。

(桂　斌)

【鹰潭市汽运有限责任公司“清挂”工作达标】 根据2005年省政府办公厅赣府厅发〔2005〕37号文件《关于清理整顿道路客运车辆挂靠经营工作方案》,清挂工作已进行了三年。清挂工作政策性强、矛盾焦点突出,公司对清挂工作的方案几易其稿,最终确立“整体收购、统筹协调、因线制宜、先易后难、稳步推进”的工作方法。在市交通局、市运管处的政策支持下,董事会与相关部门通力合作,依据“收购车辆产权、实行资产责任经营”的模式分别建立车辆管理、安全管理、产权公证、车辆技术、营收、调度、劳务合同、保险等档案。经省、市清挂领导小组验收,公司以93.68%的高比例顺利通过。

(桂　斌)

【鹰潭市汽运有限责任公司压缩管理成本,提高管理效益】 该公司针对部分单位冗员过多、人浮于事以及公务用车费用高等现象,采取了一些相应的措施:一是对达到退休年龄的人员实行退休制,退休减员公司不增加人员,工作由部门自行消化;二是针对交通技工学校由于政策性因素影响,效益下降的状况,核减交通技校聘用人员,辞退员工5人,比例高达25%;三是抓机关及二级单位人员的劳动纪律,严格上下班考勤制度和外出办事请销假制度,在一定程度上改变了劳动纪律涣散的局面;四是实行公务差旅改革,针对公司公务小车费用高,且不能满足工作需要的情况,公司出台了公务差旅改革方案,改暗贴为明补,增加工作透明度,年节约费用5万元左右,从而降低了管理成本。

(祝镇花)

【2008年鹰潭市汽车运输有限公司主要经济指标完成情况】 总营业收入1146万元;上交税金34.2万元;实现利润-146.2万元。

下属基层责任:鹰潭汽车站完成营业收入443.4万元;实现利润265.3万元。客运旅游公司完成总营业收入156.8万元,实现利润121.8万元。

高速客运公司完成营业收入530万元;实现利润-20.4万元(不含景德镇线亏损41.9万元。此项公司单列)。交通技工学校完成营业收入55.5万元,实现利润3.2万元。物业管理公司完成营业收入78.6万元,实现利润56.8万元。乐乐快运公司完成营业收入15.1万元,实现利润-4.7万元。锦江汽车站责任经营承包,年利润11.3万元。

【鹰潭市公共交通有限责任公司2008年主要经济指标完成情况】 营业收入709万元,上缴税金21.8万元。总行驶里程350.4万千米,完成客运量1350万人次,准班准点率达到90%;更新车辆15台。

【鹰潭两家汽运企业改制遗留问题多】 鹰潭市公交公司是个特殊的改制企业,职工身份置换,但公司资产变现后三项费用不足:职工医疗保险只搞了5年商业保险,尚欠社保170多万元;到年龄的职工办不了退休;公交公司是个公益性事业,改制7年,政策性累计亏损1300多万元,公司无法维继。

鹰潭汽运公司改制基本结束,职工身份置换,但遗留问题多而复杂。欠社保资金1260万元,因欠社保金,2008年4月社保通知,停办已到退休年龄职工的手续;欠5年商业医疗保险260万元,5年时间已过,职工医疗无着落;原公司遗霜72人,每月生活费11500余元,因变现资金不能到位,支出没有来源,人心不稳;原公司住房89套,需要水电一户一表改造66户,因无经费改造,公司每月要承担水电费3000多元。

【赣州市道路运输生产简况】 2008年,赣州市道路运输生产力进一步得到发展。运输运力的投放与运输需求基本趋于合理。全市拥有道路客运一级站1个,二级站23个,三级站17个,四级站37个,五级站5个,农村道路候车亭759个。全市拥有班线载客汽车2505辆,拥有载货汽车19731辆,同比分别增长了5.54%和20.09%;完成客运量5638万人次,客运周转量42.88亿人千米,同比分别增长了1.7%和0.03%;完成货运量3970万吨,货运周转量37.53亿千米,同比分别增长了6.7%和5.4%,基本实现了人便于行,货畅其流。在综合运输体系中,道路运输仍占主导地位,2008年,道路客货运输量占全市综合运输总量的比重为84.5%和72%。2008年春运期间,平均每天投放运力2890辆客车(含机动运力和调配运力),完成客运量529.6万人,比上年同期增长104%。实现了该市2008年春运旅客伤亡人数为零的预定目标。江西新世纪汽运集团有限公司被省运管局评为全省春运工作先进单位。做到了政府满意、旅客满意、企业满意。

着力发展高速客运。截至2008年,全市共开通高速客运班线20条,投入高二级以上客车36辆。高速客运以其"车辆高档次、发车高密度、服务高质量"的优势,迅速崛起。该市至香港、澳门、广东、浙江、上海、南昌等地的高速客运网络已形成,实现了400~500千米以内当日往返。

农村客运网络初步形成。2008年,新增农村客运车辆39辆,新增农村客运班线12条。到2008年底,全市开通农村客运班线578条,拥有农村客运车辆1299辆,21516座位,年平均日发车3654个班次,行政村客车通达率达到了81.61%,乡镇客车通达率达100%。

积极发展旅游客运和出租客运,充分利用该市旅游资源的优势,开辟了红色旅游专线,新成立了一个旅游公司,新增旅游客车40辆,全部投入中高级客车运行,全市旅游客车保有量达到118辆;全市出租汽车已达1118辆,全市18个县(市、区)中16个县(市、区)都成立了出租汽车公司,为节日、假日旅游提供了运力保障。

公交优先发展战略得到有效落实。赣州市中心城区拥有公交车450辆,其中双层大巴10辆,线路44条。公共交通服务质量明显提升。全年营运收入5500多万元,主要经济指标比上年增长11.17%,客运量达到5391万人次,比上年增长20.5%,行驶总里程达3000多万千米,比上年增长11.11%,公交发展潜能得到有效挖掘。

为加快赣州市物流体系建设,推动货运产业向规模化、专业化方向发展,赣州以大型商品,农贸市场所在地为重点,积极完善货运网络,充分发挥货运集散地的作用,着力改善运力结构,调整运输组织,培育大型货物运输企业。利用信息化科技手段,建立了物流信息平台,及时公布物流供求状况,在赣州中心城区成立了赣州市物流中心,新增了54家物流企业。

(杨河良)

【赣州市首家农村客运公司运营】 7月8日,赣州市首家从事乡村客运的运输企业——于都县禾丰农村客运公司成立暨农村客运班线开通运营庆典仪式,在禾丰镇隆重举行。它的开业,是赣州市运输行业突出践行科学发展观,贯彻落实交通部、省交通厅、市政府大力发展农村客运,服务社会主义新农村建设推出的又一新举措、新模式。赣州市运管处、于都县政府、县交通局负责人及当地村民40人出席了庆典仪式。

(杨有发)

【大余县通达汽运有限公司力图做强做大】 大余县通达汽运有限公司是集汽车维修、零配件、检测站、汽车站、公路客运为一体的客运三级企业。客运短途班线有大余至新城、赣州、南雄等;长途班线有大余至韶关、广州、深圳、珠海、东莞、清溪、佛山、揭阳、番禺等。为适应客运市场需求,2008年该公司投入资金400多万元购置了15台技术先进、性能良好、高效低耗的中高级客车,使大余县到赣州、广州、深圳的班线客车档次全面提升。

(杨河良)

【于都县华海物流配送中心成立】 2008年5月26日,于都县华海物流配送中心开工建设,该中心是一家集信息系统、运输系统、分解系统、仓储系统为一体的大型现代化物流企业,是赣州市重点实施的十大体系物质载体建设项目之一。该项目占地面积2.1公顷,位于雩山大道火车站东侧,总投资2000万元。于都县华海物流配送中心的建成,将为该县工业企业提供一个集货、仓储、分拣和运输平台,有效解决工业企业运输难和货运车辆停放难问题;将进一步改善该县招商引资环境,有效提升该县在外的知名度和影响力。

(杨河良)

【1656辆客车保障抚州市民安全行】 随着抚州市城市化程度的提高及外来人口的增加,公路客运市场逐年加热,至2008年底,全市拥有公路客运车辆1656辆,其中营运客车1406辆,旅游客车20辆,公交车230辆,城市出租汽车922辆(抚州市城区329辆),总运力27239座。同时,运力结构不断更新。中高档车辆增加较快,2008年新增和更新中高级客车54辆,高级51辆,中级3辆,新增运力1320座。全市拥有287辆中高级客车,有的豪华大巴车价值110万元,乘坐舒适,其中,抚州市城区至南昌的中高级客车有86辆。

全市一至四类营运班线全部开通,省内设区市全部开通班线。其中一类班线车辆(设区市至设区市)里程在800千米以上的线路有58辆。省外主要开往上海、广州、深圳、珠海、东莞、厦门、莆田、泉州、温州、宁波等地。

便捷的交通给旅游市场带来前所未有的发展机遇。2008年5月,抚州市锦江旅游汽车运输有限公司成立,填补了抚州市没有专业旅游运输公司的空白。该公司配置20辆豪华客车,有效满足了旅客和普通市民的需求。

此外,抚州市交通部门为方便对客运车辆的管理和保证旅客出行安全,从2006年开始,对全市客车市场三类以上班车安装了GPS车载终端,全程跟踪客运车辆出行情况,大大提高了车辆行驶安全系数。全市已有460辆客车安装了这一终端系统,市民出行有了可靠的安全保障。

(陈根玲)

【抚州长运高标准高起点迅速提升主营业务质量】 抚州长运有限公司以提升企业品牌、提升服务为营销手段,狠抓客运生产的质量和效益,主业发展态势良好。在全省100家一、二级客运车站2008年度质量信誉考核中，抚州长运有客运总站、南丰西站、南丰汽车站、南城汽车站4个车站获得了AAA等级，占全省总数的七分之一。在全省客运企业2008年度质量信誉考核中，抚州长运被评为抚州市唯一一家AAA等级的客运企业。在全司13个客运生产单位中，有11个单位完成和超额完成了年度经营目标，占单位总数的85%。该公司还开通了黎川至南昌公营班车，实现了首条县至省公车公营班线的历史性突破。对抚州至南昌班线更新高级尼奥普兰客车5台，对责任经营车更新车辆35台。高级客车的比重由原来的29.9%提高到32.5%，有效地提升了企业高级车辆比重。积极开展"清挂"验收工作，截至2008年底，三类以上客运经营车辆288台全部清挂验收完成，抚州银河汽车运输有限责任公司三类以上班线清挂验收经营车辆75辆，完成比例100%，从根本上解决了公司主业发展的瓶颈问题，理顺了车辆权属关系，为公司班线改造、新线发展铺平了道路。

（抚州长运）

【抚州长运投入巨资用于企业经营发展】 抚州长运实行转制后，带来了融资渠道的畅通。2008年用于企业经营发展的资金达2806.8万元，其中基础设施投入380万元，主要用于抚州客运总站、资溪车站、南丰车站、南城车站、乐安车站站房的维修和改造、物流中心续建工程和4S店工程建设；为提升客运市场竞争力，对抚州至南昌客运班线的车辆进行了更新改造，投入2068万元，购置尼奥普兰豪华大巴型客车6台，抚州至武汉投入1台；为提高安全管理水平，在安全设施方面投入205万元，建立了一流的、科技含量较高的监控中心，集GPS、站场安全、车辆例检视频监控于一体，在公司所属的6个二级客运站、1个一级客运站安置了旅客行李安检仪；为提高工作效率，树立企业形象，公司办公信息自动化投入73.8万元、员工服装投入80万元。

（抚州长运）

【江西抚州长运正式挂牌】 抚州市汽车运输总公司由国有企业整体改制为国有控股的江西抚州长运有限公司，于2008年1月16日举行成立大会，1月18日正式挂牌运营。依照国家有关法律，江西抚州长运有限公司整体承继原抚州市汽车运输总公司的经营性资产、债权和债务、业务范围。江西抚州长运有限公司制定了新公司的章程，形成了由股东大会、董事会、监事会和高级管理层构建的现代股份公司治理结构。江西抚州长运有限公司注册资本5000万元，车辆484辆，总座位10424座，员工578人，依法行使江西长运出资人的权利和义务，为江西长运建立良好的治理机制发挥积极作用，致力于江西抚州长运有限公司办成一家资本充足、内控严密、运营安全、服务优质、效益良好的现代运输企业。

（抚州长运）

【广昌县物流企业年创税3257万元】 广昌县通过政府政策引导、市场配置资源，着力打造物流总部经济。至2008年底，公司注册地为广昌的物流企业已有近百家，其中由自开票纳税人创办的规模以上物流企业有10家。2008年，该县物流企业营收额突破10亿元，上交税金3257万元，同比增长30%。

广昌人在全国各地创办了4000家物流公司。为把物流产业做大做强，广昌县提出了打造物流总部经济的构想，着力扶持发展由自开票纳税人创办的物流企业，将其作为客商企业同等对待，在企业融资、证件办理、车辆交易过户等方面出台了相关优惠政策，仅2008年，该县就从财政中拿出上千万元用于奖励物流纳税大户。同时，交通等相关职能部门及时上门帮助企业解决在经营过程中遇到的困难，引导物流企业朝着网络化、信息化、品牌化、规模化方向发展。江西昌顺物流公司在当地政府的引导下，有效整合遍布全国各地的广昌物流资源，公司实力大大提高，成为联想、日立、娃哈哈等数十家国内外知名企业的长期合作伙伴。2008年，该企业被中国物流与采购联合会授予"4A级综合服务型物流企业"称号，全省只有3家企业具备此资格。

（陈根玲）

【上饶市推出六项举措促出租车市场稳定】 上饶市运管处针对市民反映城区有部分出租车拒载、宰客现象及驾驶员反映油价太高和要求加大打击摩的力度等问题，为确保出租车市场和谐稳定，推出六项举措，完善管理，加强监管，强化服务,力促出租车经营规范,市场和谐稳定。一是强化对出租车承包经营者、驾驶员的服务意识,安全意识、风险意识教育。二是内部管理和市场监管相结合,公布7080900举报投诉电话,接受社会各界监督。三是强化信用考核,优化出租车驾驶员队伍。四是加强与各相关部门协调,加大打击摩的力度。五是优化对出租车承包者、驾驶员的服务,对财政油价补贴,及时一次性发放到位。六是完善出租车承包经营者、聘用驾驶员的动态档案。

(陈均培)

【上饶市道路运输发展服务业成绩斐然】 2008年,上饶市道路运输发展服务中心学习实践科学发展观,坚持"以人为本、实事求是、勤于思考、敢于创新"的服务宗旨,全年实现检测车辆8437辆次,创收113.72万元,较上年同期增长3.4%;培训汽车驾驶员6977人次,收入164万元,还协助市运管处进行从业资格培训4903人次。与此同时,该中心强化了平安公司的财会核算管理;投入8万余元对检测软件进行升级;规范了上饶县营运车辆二级维护检测业务;通过组织员工走出去学习,提高了综合素质,获得了安检资质证书。所属平安公司获得省级"青年文明号"称号,该中心主任李月煌也获得团省委"十大杰出青年岗位能手"和"上饶市直机关十大杰出青年"荣誉称号。

(陈均培)

运输线路

【全省客运班线复审、审批及运输证审验公示】 为认真做好2008年度全省道路营运客车审验和客运班线复审工作,根据中华人民共和国《道路运输条例》和交通部《道路旅客运输及客运站管理规定》,全省开展了营运客车道路运输证的年度审验和客运班线的复审,并将审验范围、工作内容、步骤、要求、时间安排和审验结果进行公示。在这次复审中,对1276条省际、市际客运班线及4421辆客运车辆进行复审,其中126条客运班线中的171辆客运车辆因运行不规范必须整改。2008年度省运管局成功举办了客运班线服务质量招投标,共计有55条班线进行了公示,19家运输企业参与竞标,44条客运班线中标,对已中标运输企业下发了行政许可决定书。

(张文强)

【省运管局继续推行道路客运班线招投标】 2008年,省运管局不断总结完善,继续推行全省道路客运班线经营权招投标工作,认真抓好招投标线路调查论证,制定招投标工作方案,制定招投标服务质量基本要求,完善招投标评分标准,加强招投标工作廉政建设,及时调整专家评委库,确定中标人和考核中标人经营行为等环节的具体工作。5月28~29日,江西省成功举办了道路客运班线招投标工作,共有55条跨省、跨区客运班线实行了以服务质量为主要内容的招投标活动,19家客运企业参加了激烈的角逐。除11条班线由于各种原因导致落标、废标、流标之外,其他44条班线均初步评定出中标人。

截至2008年底,江西已成功开展了9次道路客运线路经营权招投标,对全省167条省际、市际客运班线进行了客运班线经营权招投标。实现了客运资源的最优配置,规范了运输企业经营行为,提高了道路运输行业服务质量和道路客运安全管理水平。

(蔡　洁)

【全省"清挂"工作初战告捷】 在省政府、省厅的高度重视和领导下,经过三年来积极稳妥地推进,截至2008年12月8日,抚州市政府清挂领导小组完成对抚州市客运企业验收,全省十一个设区市"清挂"验收工作初战告捷。通过清挂,落实了企业安全生产主体责任,促进了道路客运安全管理;加快了企业公司化经营步伐,提高了企业经济效益,规范了客运市场秩序,提高了服务质量。但当前全省各地清挂工作进展不平衡,清挂工作仍然任重道远。

(蔡　洁)

2008 年江西省道路客运线路班次一览

表 5

单位名称	道路客运线路班次合计		高速公路客运线路		跨省线路		跨地(市)线路		跨县线路		县内线路	
	条	平均日发班次	条	平均日发班次	条	平均日发班次	条	平均日发班次	条	平均日发班次	条	平均日发班次
全省合计	6067	46043	352	1273	1078	1321	1078	4551	927	9866	3100	30306
南昌市	526	4928	23	245	111	128	962	1577	37	733	135	2490
景德镇市	187	863	9	35	60	49	243	111	9	15	42	688
萍乡市	270	5460	44	87	51	76	76	62	112	3233	75	2089
九江市	611	4831	124	490	106	118	32	312	150	1038	280	3363
新余市	237	959	10	71	12	10	75	193	9	84	168	672
鹰潭市	153	1427	2	12	15	15	48	330	29	390	62	692
赣州市	1110	6251	23	111	314	434	47	99	192	1769	563	3949
吉安市	709	3812	7	20	91	109	41	217	109	627	446	2859
宜春市	606	4082	32	73	65	68	63	606	63	475	380	2933
抚州市	707	7038	62	86	102	155	98	633	95	858	418	5392
上饶市	951	6392	16	43	151	159	92	411	122	644	531	5179

【景德镇至长沙高客班线开通】 1 月 18 日,景德镇长运有限公司开通景德镇至长沙高客班线,一改两地没公路客运的历史。该线开通后,有利于加强两地人员交往和物资流通,促进两地经济的发展。

随着社会经济的发展,景德镇与长沙之间的人员流动日益频繁,在景德镇工作的长沙市民较多。景德镇到长沙不但没有公路客运班线,而且,也没有直达火车,许多去长沙的旅客转乘火车或到九江和南昌等地转程去长沙,在一定程度上影响了两地人员的交流,不利于社会经济的发展。为加强人员往来,实现经济对接,促进两地社会经济的共同发展,景德镇长运有限公司决定开通景德镇至长沙高客班线。

景德镇至长沙班线是一条全程高速客运班线,途经景鹰高速、沪昆高速等高速公路,全程 630 千米,行程时间约 8 个小时,票价为每座 145 元。该班线客车每日上午 9:40 分从景德镇汽车东站发车。景德镇至长沙班线同时销售景德镇至萍乡客票。

(涂 强)

【景德镇至婺源高客班线开通】 5 月 22 日,景德镇至婺源高客班线开通运营,每日 3 班次,行程 85 千米,行车时间约 1 小时,票价为 25 元/人,较普通班线行车时间缩短了 30 分钟以上。该条高客班线的开通,改变了景德镇至婺源无高档客运班车历史。

景德镇市和婺源县都是国内著名旅游景区,一个以陶瓷闻名,一个以优美的乡村风景出名。近年来,两地联系日渐紧密,人员流动日益频繁,越来越多外来游客往返于景德镇至婺源间,而仅依靠普通班线来运送旅客,已不能较好地满足两地市民和旅客的要求。在这种迫切需求背景下,景德镇长运公司经过与婺源方面多次协商,最终确定于 5 月 22 日开通景德镇至婺源高客班线。

景德镇至婺源高客班线每日 7 点 30 分由景德镇汽车东站发首班车,在景德镇汽车站配客后出发,经景婺黄高速公路直达婺源。

(涂 强)

【景德镇至南昌高客班线改道景鹰高速公路】 自 7 月 8 日起,景德镇至南昌客运班线运行线路调整,不再经九景高速公路,改为经景鹰高速公路。路线调整后,行程缩短 70 多千米,运行时间由以往的 3 个半小时缩短为 3 个小时左右,票价从80元/张下调至每张72元。应部分顾客要求,景德镇长运有限公司安排部分班车进入南昌昌北机场,方便旅客登机。

(涂　强)

2008年九江长江大桥公路桥车流量情况

表6

车型	平均吨位	流量	与上年同比
小车	2吨以下	163.2万辆	增长4.2%
客车	4.6T	49.5万辆	基本持平
货车	30T	238.14万辆	增长15.3%
合计		475万辆	增长6.5%

(张曙光)

【新余至分宜公交线路正式开通】 2月1日,新余至分宜公交线路正式开通。该市市委副书记、市长王平出席开通仪式并下达开通令。副市长宋迪维代表市政府发表热情洋溢的讲话。市政府秘书长刘新政出席开通仪式。新余至分宜公交线路由政府委托市军安运输产业公司承运。在原有运能20辆基础上,公司已新增运力10辆,装配质量全省领先,总投入超千万元。正式开通后的新余至分宜公交线路运行时间表排定:6:00~18:00每10分钟发一班;18:00~21:00每20分钟发一班;21:00~22:00每半小时发一班;夏季晚上发班延至23:00。

(陶贵彬)

【新余至良山公交车5月1日开通】 5月1日上午8点,由新余开往良山的公交车正式开通。城区至良山公交的开通,是落实该市市委市政府"实施十大民生工程,建立十大惠民体系"精神,加快推进城乡一体化,打造"半小时经济圈"的重要举措。当日,新良城乡公交公司挂牌成立,负责经营新余至良山公交线路,该公司由原新良客运有限公司更名而来。公司已购进5辆30座豪华大型客车运营,新良城乡公交营运线路暂时不变,停靠始发站暂定为新余城南汽车站,终点为良山文化宫,区间共设22个站,班次安排为白班6:00~18:20,每15分钟一班;晚班为19:00~22:00,每30分钟一班。全程票价为3元,实行1元起步,1元进制,较前客运票价下降了50%。

(卢敏刚)

【新余市开通新余至下村公交线路】 9月28日,新余市在城东汽车站举行城区至下村镇和下村工业平台公交线路开通仪式,副市长宋迪维宣布开通令。这是该市继开通城区至水西镇、仙女湖、分宜县、良山镇公交线路之后,新开通的城乡公交线路。线路的全程票价由原来的5元降至2元,城区至南城区间的票价降至1元。下村公交线路计划投入14辆大型公交车,每天早上6时至傍晚19时流水发班运营,发班平均间隔时间为10~15分钟,不仅为下村镇沿线一带的城乡居民带来出行便利,同时也有利于优化下村工业平台企业经济发展环境。

(涂向义)

【渝水区水北镇在全省率先开通村际公交】 新北客运公司是渝水区一家民营客运企业,公司在发展壮大的同时,不忘回报社会,勇于承担社会责任。2008年年初,为解决偏远村民赶集难、行路难、运货难等问题,新北客运公司增开线路延伸触角,在水北镇率先开通村际公交车,水北镇成为全省第一个实现村村通公交车的乡镇。只要在水北镇范围内乘车,村民无论乘坐多远,只需花1元钱。全镇范围内共有7辆公交车分3条线路运行,给全镇17个村的村民出行带去了方便。村际公交车的开通,在杜绝农民因搭乘无证照车辆引发交通事故隐患,方便农民群众安全出行的同时,也极大地促进了城乡一体化的建设。

(宋　琳)

【鹰潭市道路运输线路、车辆】 据2008年8月底统计,全市拥有客运车辆1084辆、15270客位。客运班线141条,客运汽车站每天有1098个班次。拥有货运车辆3709辆,11660吨位。

(徐才金)

【赣州至澳门直通大巴开通】 1月1日上午8时35分,赣州市至澳门直通大巴在赣州汽车站开出。运行车型为法国进口尼奥普兰豪华大巴,全程669千米,票价为195元,每日开班一趟。赣州至韶关高速公路开通后,班次将升至为每日三趟。

(李发淳)

【赣州新增2条公交线路】 赣州市公共汽车公

司对2条公交线路比较破旧的车辆全部进行了更新,代之以新型的空调车。2008年6月7日,2路11台新车上线运营;2008年6月13日,5路9台新车上线运营。至此,该市公交的空调车线路由以前的2条增加到4条,其中3条是在2008年新增的,有力塑造了城市形象,提高了服务品质,提升了公交形象。

(杨河良)

【瑞金市进一步完善农村客运网络化建设】 2008年,瑞金市进一步完善农村客运网络化建设。一方面按照“路、站、运”一体化的要求,加强农村客运基础设施建设,已建成候车亭52个,申报2009年候车亭50个,建成农村客运站1个,在建1个,申报2009年客运区乡站2个。另一方面在壬田镇试行农村客运“村村通”,对武阳镇、云石山4个农村班线通过服务质量招投标,全年新开通农村客运班线3条,不断拓展和完善农村客运网络。

(杨河良)

【于都县30万农民工实现“零换乘”】 7月21日下午,在于都县银坑镇银坑村,杨石长等21位外出务工人员在自家门口陆续坐上了一台豪华宇通牌客车,5分钟过后,载着这21名农民工的大客车从该村启动径直发往深圳。这是该县客运服务新农村,方便农民工出行的一个镜头。于都县是劳务输出大县,常年在外务工人员就达30余万人,以往农民工外出必须到县中心客运站才能乘车,而返乡时又没有直达车辆,需要多次转车,很不方便。“出门一时难”一度成为于都农民工共同的感受。2008年,于都县交通局以突出践行科学发展观学习教育活动为契机,切实解决农民工出行乘车难问题,他们在县内农民工外出较多的银坑、罗坳、黄麟等23个乡镇增设了农民工外出客运售票点,方便农民工就近购票乘车;设立的客运售票点积极调查收集农民工外出的最新信息,定期有针对性地向农民工发布发班告示,削除农民工外出的购票乘车盲点;承担农民工外出运输业务的车主根据农民工的要求在家门接送农民工、在厂门提供下车服务。至此,全县80%以上的农民工外出再也不需要为乘车、换车发愁了。农民工陈地长高兴地告诉笔者“现在外出购票点多,长途客车豪华舒适,又开到家门口、开到厂门口,中间不需要换车、转车,非常方便,乘车是一种享受”。

(杨有发)

【上犹县旅客运输线路发展迅速】 上犹县旅客运输线路发展迅速,该县已有客运班线38条,平均日发班130班,其中≥400<800千米的线路12条。跨省线路14条,日发班18班次。跨地线路1条,日发班1班次,跨县线路11条,日发班42班次。县内线路12条,日发班69班次。农村旅客的交通条件有了较大的改善和提升,共增加19条三级农村客运班线,改造农村客运站一个,新建便民候车亭20个。

(杨河良)

【新干县农村客运网络化建设成效显著】 新干县运管所认真贯彻“三农”政策,对民生工程的农村客运遵循“政策引导、市场运作、规范管理、协调发展”的原则,不断优化服务水平,提高农村客运通达深度,推进城乡客运一体化进程,全力推进农村客运网络化建设。该县通公路的行政村已达100%,共有农村客运班线19条,投入运营客车62辆,乡镇通班车率达100%,有114个行政村通班车,占行政村总数的85%,为农村经济发展和农民出行提供了良好的道路运输保障。为发展农村客运,一是做好宣传工作,引导客运企业车头向下,使广大经营业主认识到发展农村客运是关系到建设社会主义新农村,让农民尽快致富的大事,2008年共延伸农村班线16条,投放客车32辆。二是落实农村客运班线客车规费减免政策,新干县享受减免规费客车22辆,减免额达24万元。对新投入的农村客运班车,继续实行“三优先、一优惠”政策,即优先线路许可、优先安排班次、优先核发牌证,优惠政策规费。三是加强农村客运班车管理,鼓励农村客运实行公司化、集约化经营,采取“一线一公司”或“多片一公司”经营模式,做到规范有序,防止恶性竞争。四是加快农村客运站和候车亭建设,全县已建成农村客运站7个,建成和在建候车亭61个,改善了群众的候车环境。五是制定2008年农村客运班线新增更新车辆计划,对经营期限到期车辆及破损严重存在安全隐患的车辆一次性退出客运市场。5月,一次性新增更新28辆,共增座位258个,并做到统一标志标识、统一公司化经营、统一车型、统一调度、统一票价、统一核算,为广大群众出行提供快捷、舒适、安全乘车条件。

(吉安市交通局)

【袁州区首条城乡公交班线开通】 5月1日,袁州区宜运城乡公交有限公司揭牌仪式隆重举行,并于当天开通了201路宜春—西村—竹亭公交线路。这是宜春市汽运总公司积极贯彻国家社会主义新农村建设方略、实施城乡客运一体化、农村班线公交化、方便农民出行、服务“三农”、惠及广大农民朋友的重要举措。

201路公交车将投入运营15辆全新宇通牌中型无人售票公交车,中途设有39个公交招呼站,宜春—西村每10分钟一班,票价由原来的4元降为2元;宜春—竹亭每30分钟一班,票价由7.5元降至4元,运行时间均为早上6点到晚上6点。

201路公交车安全又实惠,出行方便,一经投入运营就受到广大农民旅客的热烈欢迎,仅当天就有数千名旅客搭乘201路公交车进城。一名来自西村镇的旅客说:“以前坐中巴往市里,环境差车子也慢,现在可好了,去宜春半个小时就到了,进城卖鸡蛋也不怕没到地方鸡蛋就破了。”

袁州区宜运城乡公交有限公司随后还将续开通宜春袁州区各乡、镇、村的公交线路,方便农民出行。力争做到公路修到哪里,公交车就开到哪里。

(鸿　海)

【宜春农村客运实行公交化运营】 宜春市尝试农村班线公交化的经营模式,真正做到便民、利民。2008年,宜春市有9个县(市、区)开通了城乡公交班线40条,投入运营车辆240辆,线路覆盖58个乡镇,给全市近70万农村居民带来了生产和生活上的便利。

宜春市从“三个侧重”入手,即侧重开通人口密集乡镇线路,把公交线路尽量延伸至村;侧重开通城区工业园线路,解决工业园与农村务工人员对接难题;侧重开通旅游专线,带动农村旅游事业发展。市汽运总公司投入2500余万元对所属农村客运班车进行公交化改造,淘汰和更换一大批老旧农村客运班车,定制和新购置一批新式公交车辆,并增加客车投放量,统一了车型、车貌。在运行上,实行低票价、高密度运行班次,实现城乡公交与城市客运、公交无缝对接运行。在服务上,实现司乘人员规范操作、安全运行,并安装GPS安全监控系统,确保乘客坐得安稳、舒适。在票价上,实行10千米内1元、20千米内2元的城乡公交一体化基本运价,让农村乘客与城市居民享受同等服务,真正让利于民。如今,全市的工业园区、省级旅游景点、各县(市、区)城市周边乡镇,都开通了公交线路;人口达到5万人以上的乡镇也实现客运公交化运营;邻近的县、市至乡镇等部分跨区域线路也实现了近距离的对接,农村客运公交化运营网络正逐步完善。

(颜卫民)

【抚州市首条县到省客运班线实现公车公营】 7月1日,黎川至南昌客运班线实现公车公营,这是抚州市首条县到省公车公营班线,它标志着抚州长运公车公营步伐进一步加快,公司经营模式正由责任经营向公司化经营转变,其创收途径也由单纯追求数量,向追求高品质迈进。

(抚州长运)

【抚州农村客运网络化建设进一步加快】 全市已建成投入使用的乡镇汽车客运站6个,完成主体工程的7个,动工在建的7个,建成农村候车亭350个。新增农村客运班线40条,11个县(区)现有农村客运线路328条,其中一级农村客运线路316条,比上年增加30条;二级农村客运线路10条,比上年增加8条;三级农村客运线路2条,比上年增加2条。全市行政村通班车率达到89.1%,超计划目标的3.1%。快速建设的客运网络,为广大农民群众生产生活提供了更加便捷的服务。

(陈根玲)

【金溪县大力推进农村客运网络化建设】 金溪县于2006年4月份被抚州市交通局指定为全市开展农村客运网络化试点县。试点前,全县无乡镇级客运站,149个行政村有98个开通客车,行政村通客车率为65.8%。试点两年后,全县14个乡镇场都通了客车,有乡镇级客运站5个,行政村候车亭79个,农村定线客运公司3个,农村客运车辆68辆,农村班线43条,日发班次200多个,149个行政村有130个开通客车,行政村通客车率为87%,初步实现“村村通客车”目标。

(金溪县交通局)

【上饶市新开辟3条公交线路】 为方便广大市民乘坐公交车,2008年上饶市公共交通公司新开辟3条公交线路。即:13路,万喜花园—周田村、塔水村;21路,信州区政府—月亮湾汽车城;22路,森林公园—新县城。

(黄俊强)

公路运输站点

2008年江西省道路客运站一览

表7

计量单位:个

单位名称	客运站数量合计	配备危险品安全检测仪	一级站	配备危险品安全检测仪	二级站	配备危险品安全检测仪	三级站	配备危险品安全检测仪	四级站	五级站	简易站及招呼站
全省合计	3743	85	14	16	103	68	59	0	80	237	3250
南昌市	188	8	4	5	4	3	0	0	3	30	147
景德镇市	105	4	1	1	3	3	2	0	4	10	85
萍乡市	180	1	1	1	1	0	5	0	0	23	150
九江市	364	8	1	1	12	7	7	0	3	23	318
新余市	118	2	1	1	4	1	0	0	0	13	100
鹰潭市	219	1	1	1	4	0	0	0	0	14	200
赣州市	497	26	1	2	25	23	16	0	37	7	411
吉安市	478	10	1	1	15	9	7	0	9	14	432
宜春市	719	10	1	1	9	9	4	0	0	31	674
抚州市	408	7	1	1	15	6	4	0	6	9	373
上饶市	467	8	1	1	11	7	14	0	18	63	360

2008年江西省道路货运站一览

表8

单位名称	货运站数量					货运站平均日换算货物吞吐量
	合计	一级站	二级站	三级站	四级站	
	(个)	(个)	(个)	(个)	(个)	(万吨)
全省合计	106	1	2	1	102	124
南昌市	0	0	0	0	0	0
景德镇市	1	1	0	0	0	9
萍乡市	1	0	1	0	0	0
九江市	0	0	0	0	0	0
新余市	0	0	0	0	0	0

续表8

单位名称	货运站数量					货运站平均日换算货物吞吐量
	合计	一级站	二级站	三级站	四级站	
	(个)	(个)	(个)	(个)	(个)	(万吨)
鹰潭市	0	0	0	0	0	0
赣州市	29	0	1	0	28	112
吉安市	2	0	0	0	2	1
宜春市	5	0	0	1	4	0
抚州市	28	0	0	0	28	2
上饶市	40	0	0	0	40	0

【省运管局召开全省汽车客运站管理工作会议】

9月18日,省运管局在赣州召开了全省汽车客运站管理工作会议,这是继1998年寻乌会议、2003年万安会议召开后的又一次重要的客运站工作会议。赣州市政府领导、省运管局领导及各科室负责人、各设区市运管处、汽运总公司及部分客运站代表共计60余人参加了会议。会上对5年来特别是《道路运输条例》颁布以来,全省运管机构在推进客运站安全保障、规范经营及优质服务等方面的工作进行了系统总结并展开了工作部署,要求严格落实"三不进站五不出站"方针,严抓客运源头安全,加大站内设施设备投入,提升服务质量,使客运站管理逐步向科技化、信息化和人性化迈进。会议重点推出了寻乌汽车客货站、赣州客运站等优秀车站作为全省的学习典型,并组织现场观摩赣州客运站的站内配置情况及站务操作,获得一致好评。会上还对全省27个AAA级客运站进行了现场表彰授牌。

(黄　辉)

【全省部分二级客运站统一配备安检设备】 根据交通运输部关于推进道路客运站配备安检设备的要求,省运管局采取资金补助的方式,鼓励全省所有二级客运站分批分期完成对安检仪的投入及使用,确保乘客携带行李安全进站,保障道路运输源头安全。省道协积极响应该项政策的落实,受部分客运企业的委托,于12月9日召开公开招标会,对行包安检设备进行团购,全国11家安检设备制造商参加招投标会,最终确定两家企业中标,即沈阳地泰公司和上海高晶公司,团购安检设备共35台。经过交货、安装、调试及人员培训,2009年春运之前,所采购设备已全部配置完毕,运行情况良好。

(黄　辉)

【张裕葡萄酒江西配送中心在江西长运设立】 7月,江西长运大通物流有限公司所属江西长兴物流公司与山东张裕葡萄酒股份有限公司签订合作协议,张裕葡萄酒股份有限公司在江西长兴物流公司设立全省酒配送中心,负责其全部产品的仓储、装卸、打码和省内100多个经销网点的配送业务。该业务的成功开展标志着该公司在探索第三方物流服务方面取得新突破。

(万生保)

【景德镇客运中心站热心助人　河南姑娘千里寄信以表感谢】 7月17日,景德镇汽车站的工作人员像往常一样在候车室巡视。在巡视的过程中,发现一女子在车站前徘徊。于是,该站站长李云龙上前询问。这个女子名叫卢婷婷,她说家在河南,现在身上没有一分钱,回不了家。李云龙听后,立刻帮卢婷婷买了一张去九江的车票,又掏出200元钱给她作路费和伙食费,让她可以顺利回家。

回到家后,为了表达对客运中心站工作人员的谢意,卢婷婷特意从千里之外寄来了一封感谢信。她在信中说:"在您的帮助下,我顺利地回到了家,回家后一直忘不了您对我的帮助。谢谢您!在我遇到困难时,是您用无限的关怀安慰我、鼓励我、帮助我,使我重新找到了希望,我要向您学习,在平时的生活中,像叔叔那样去关心他人,帮助他人。祝好人一生平安。”

（刘晓丹）

【新余城东汽车站强化优质服务】 2008年，以恢复南线班次为契机，新余长运客运城东站强化提高员工的服务意识，设身处地为旅客着想，延伸服务范围，设立订票热线，开展免费送票服务，不仅在媒体上广而告之，站领导还带人上街宣传，分发订、送票温馨卡片。一位通过热线电话轻松拿到车票的吉安旅客还高兴地打来电话表示感谢。

（罗智强）

【新余城东站春运助人忙】 2008年春运期间，新余城东站克服恶劣天气，努力为旅客创造良好的出行环境。2月2日早晨，当员工迎风踏雪赶到东站时，站场内外已被厚厚的积雪覆盖，员工们迅速行动起来，找来铁锹、扫帚、灰斗等工具，铲的铲，扫的扫，装的装，热火朝天地干了起来。经过两个多小时的扫除，候车亭前、进出口处、站场内清出了多条旅客和车道通道，便利了通行。2月2日下午，东站员工钟春华在出站口值班，这时有位旅客向他求助。该旅客从外地打工回新余，路上遇盗，来到东站已是身无分文，钟春华问清情况后，拿出10元钱给该旅客作车费让他平安返乡。春运期间，长运城东站困难女工杜建英在医院生育一女婴，站领导及员工纷纷利用工余时间前去探望，并帮助她解决一些困难，杜建英对大家的关爱深表谢意，表示一定会自强自立，重返岗位后，努力工作，回报大家的爱心。

（罗智强）

【新余客运车站完善服务促和谐】 2008年，新余长运客运东站以“旅客满意”为标准，以创建“平安和谐车站”为目标，不断完善服务措施，深受旅客好评。“免费订、送票业务”是客运东站2008年创办的有特色的亮点服务。东站还通过对旅客进行问卷调查，走访客运业户、司乘人员等方式，诚恳地向服务对象征求意见和建议，对服务上存在的问题，切实整改。经过整改，客运东站的便民服务已较为完善，温馨、清洁的候车亭，规范、醒目的服务标识，消暑的凉茶，防晕车的药品等提供了良好的乘车环境。

（罗智强）

【赣州汽车南站正式启用】 11月16日上午9时30分，随着开往信丰、大余等地的客车陆续发车，赣州汽车南站正式启用。这标志着中心城区综合运输服务体系又一基础工程完工。它的投入运营将极大地方便章江新区和赣州经济技术开发区群众的出行，缓解赣州老城区的交通压力，便于科学合理配置章江新区各种公共交通资源。

（李发淳）

【乐安农村客运站建设步入快车道】 乐安县大力推进农村客运网络建设，并将其纳入地方政府主要领导绩效考核的范围。2008年，该县农村客运站建设完成投资150万元，新建四级农村客运站5个，10个便民候车亭已完工，另有40个便民候车亭正在施工。

农村客运站属于乡（镇）、村社会公益性基础设施。为此，该县要求，项目征地等有关手续按相关规定从简办理。同时，按照“以地方政府为主，部门支持、社会各方参与”的原则，分级筹措农村客运站建设资金，对被列入建设计划的农村客运站，根据站级标准安排专项资金进行补助，其余建设资金由县、乡政府负责配套筹措。

（乐安县交通局）

公路运输工具

【江西长运更新出租汽车】 江西长运出租汽车有限公司根据市政府要求，加快车辆更新步伐，2008年共更新车辆117辆，新增奖励指标车辆4辆，使公司出租汽车达557辆，营运车辆状况有很大的改观，车辆安全技术性能有较大提高。

（孙　武）

【景德镇市出租车换型升级】 6月10日，景德镇市的出租汽车开始更新换型，全市595辆出租汽车更换车型分为三种：其中昌河利亚纳更换297辆，约占车辆总数的50%；北京现代索纳塔更换178辆，约占车辆总数的30%；一汽大众捷达（柴油）更换120辆，约占车辆总数的20%。

该市有595辆出租汽车，自2002年更新以后到此次换型前已经运营6年，行驶里程均达到80

万千米以上,车容车貌及车辆技术状况明显下降,且车型档次偏低,与城市发展不相适应。为提升城市形象和完善城市旅游服务功能,此次出租车换型允许多种车型并存,同时鼓励出租车车主更换高中档车型。此次车型为高中档车型北京现代索纳塔、中低档车型昌河利亚纳和一汽大众捷达,3种车款供车主选择。此次出租车换型的外观颜色依旧是身上部为香槟色、裙部为红色。

为鼓励车主更换高中档车型,在此次更换北京现代索纳塔出租汽车的车主可享受多项优惠政策:即将更换北京现代索纳塔列为全市第一批出租汽车更新换型计划,自愿更新北京现代索纳塔,市政府给予一次性补贴3000元/辆(在2008年收取的出租汽车经营权有偿使用费中返还);北京现代索纳塔出租车拟定起步价为6元/2千米。更换昌河利亚纳中低档车辆出租汽车的车主,市政府给予一次性补贴2000元/辆(在2008年收取的出租汽车经营权有偿使用费中返还);更换一汽大众捷众(柴油)中低档车型出租汽车的车主,市政府给予一次性补贴1000元/辆(在2008年收取的出租汽车经营权有偿使用费中返还)。同时,为支持车主更换索纳塔出租车,交警部门决定,现代索纳塔出租汽车在高峰时间可以通行市中心。北京现代索纳塔厂家也将出租车市场指导价116800元/辆优惠至106800元,并且赠送计价器、防护网、顶灯、座套、汽油费800元,前28位购车者还奖励1000元现金。

(涂　强)

【新余市新增30辆出租汽车投入春运】 2008年春运期间,随着新余市市区流动人口的增长,市民乘出租汽车出现一定紧张,加之抱石大道改造即将竣工通车,城区交通恢复畅通以及春运客流高峰临近,为缓解市民乘出租车困难,方便市民出行,应市民要求,经市政府批准,新余市新增30辆出租汽车投入春运,服务市民、满足市民出行需要。至此,新余市城区出租车总量达到531辆。

(吴晓敏　胡晓文)

【新余钢城出租车公司开展"迎奥运"活动】 为全面提升出租车驾驶员的文明素质和服务水平,以良好的精神面貌迎接奥运会召开,新余长运钢城出租车分公司于7月1日全面启动"迎奥运、讲文明、树新风"活动,该活动得到出租车司机的普遍欢迎,启动仪式上近百名司机在责任书上签上了自己的名字。活动主要内容包括遵纪守法、行车安全、语言文明、经营规范等7项内容,公司将根据活动细化目标考评表进行严格评比,年底评选出6名文明驾驶员和15名新风驾驶员进行表彰。此项活动旨在进一步增强出租车司机的文明服务意识,规范经营行为,提升服务质量,努力打造出租车文明优质服务品牌,为广大市民提供更加优质的服务。

(姜正义)

【新余至南昌换豪华大巴】 1月16日,4辆德国产尼奥普兰豪华大巴在新余客运南站始发前往南昌,正式投入运营。新车座位数为37座,比原来的快客增加了9座,不仅更加舒适、稳定,而且还配有卫生间。末班车从18:30延至18:50。

(戴　雄　王　敏　徐　云)

【上犹县城市公共交通引进环保电瓶公交车】 上犹县有出租汽车客运企业1户,出租车30辆120座位。该县有公交车15辆,321个座位,辐射县城周边乡镇。现有黄埠线、中稍线、油石线、陡水线和窑下线等5条公交线路。县城开通了小型电瓶公交车,共投入电瓶车20辆。极大的方便了城区居民出行购物和游玩。

(杨河良)

【上饶市开通抗冰救灾免费交通车】 2008年春运期间,一场历史罕见的雨雪冰冻灾害袭击上饶,为做好抗冰救灾工作,在上饶市人民政府的指示下,上饶市公共交通公司投入了十台新车,开通了抗冰救灾免费交通车,方便广大人民群众出行。

(黄俊强)

【上饶市拨专款购置公交车】 为了优先发展城市公交事业,2008年上饶市人民政府为协调信州区、上饶县、经济开发区等投入专款900万元,购置了36辆新公交车。

(黄俊强)

【横峰县出租汽车投入试运营】 1月10日上午,横峰县春晖出租汽车有限责任公司在县城挂牌成立,40 辆崭新的长安铃木小轿车挂上统一牌照正式投入试运营。新年伊始,该公司为打造公司新形象,更好地为市民提供优质的服务,所有出租车实行“五统一”:统一车身颜色、统一顶灯、统一计价器、统一喷印公司名称和投诉电话、统一出租车的内部装饰。严把司机聘任关,规定从业人员必须有三年以上驾龄,持有营运驾驶员从业资格证;投入营运的出租车实行市内 1.5 千米起步价 2 元,超过每千米 1.3 元的价格。为该县新增了一道靓丽的风景线,方便了群众的出行。

(方　涛)

2008 年江西省营运载客汽车一览(一)

表 9

单位名称	合计				其中:卧铺车		班车客运客车							
			汽油车	柴油车			小计		大型		中型		小型	
	辆	客位	辆	辆	辆	客位	辆	客位	辆	客位	辆	客位	辆	客位
江西省	26047	437994	6557	19490	769	30735	15412	323581	2479	97396	8072	162480	4861	63705
南昌市	2477	51109	623	1854	11	457	1622	31747	298	11492	807	15423	517	4832
景德镇市	502	11221	0	502	21	630	436	9049	46	1867	163	4066	227	3116
萍乡市	975	20787	0	975	25	1019	935	19419	97	3709	686	13559	152	2151
九江市	5175	68784	2157	3018	116	4853	2113	40250	253	9867	1014	19126	846	11257
新余市	1041	12465	58	983	14	590	325	6838	46	1709	250	4697	29	432
鹰潭市	1095	16486	449	646	0	0	472	9846	51	2012	338	6701	83	1133
赣州市	3869	75472	1118	2751	267	10674	2505	59538	645	25830	1110	23083	750	10625
吉安市	1696	40955	0	1696	97	3848	1527	34635	251	9984	1075	21849	201	2802
宜春市	2686	41077	516	2170	85	3485	1636	36877	366	13764	844	17699	426	5414
抚州市	2519	33903	633	1886	84	3273	1514	27764	160	6510	416	8614	938	12640
上饶市	4012	65735	1003	3009	49	1906	2327	47618	266	10652	1369	27663	692	9303

2008 年江西省营运载客汽车一览(二)

表 10

单位名称	出租客车		旅游客车		包车客车		其他客车					
									公共汽车		租赁客车	
	(辆)	(客位)	(辆)	(客位)	(辆)	(客位)	(辆)	(客位)	(辆)	(客位)	(辆)	(客位)
全省合计	8200	40340	1652	56009	31	930	752	17134	615	13227	18	90
南昌市	362	2696	493	16666	0	0	0	0	0	0	0	0
景德镇市	0	0	66	2172	0	0	0	0	0	0	0	0
萍乡市	0	0	40	1368	0	0	0	0	0	0	0	0
九江市	2424	12165	477	13910	0	0	161	2459	143	2369	18	90
新余市	636	3180	80	2447	0	0	0	0	0	0	0	0
鹰潭市	449	2245	42	1405	0	0	132	2990	132	2990	0	0
赣州市	1118	5560	118	5914	0	0	128	4460	39	793	0	0
吉安市	0	0	169	6320	0	0	0	0	0	0	0	0

续表 10

单位名称	出租客车		旅游客车		包车客车		其它客车					
									公共汽车		租赁客车	
	(辆)	(客位)	(辆)	(客位)	(辆)	(客位)	(辆)	(客位)	(辆)	(客位)	(辆)	(客位)
宜春市	1050	4200	0	0	0	0	0	0	0	0	0	0
抚州市	923	4615	36	1101	0	0	46	423	16	273	0	0
上饶市	1238	5679	131	4706	31	930	285	6802	285	6802	0	0

2008 年江西省营运载货汽车一览

表 11

单位名称	货运车辆总计		营运载货汽车		其中:		其他载货机动车		轮胎式拖拉机		牵引车	挂车	
					汽油车	柴油车							
	(辆)	(吨位)	(辆)	(吨位)	(辆)	(辆)	(辆)	(吨位)	(辆)	(吨位)	(辆)	(辆)	(吨位)
全省合计	239103	952838	160553	682035	8628	151925	57839	63981	2874	3306	8773	9064	203516
南昌市	42977	131925	38364	117994	1456	36908	3158	5042	419	494	519	517	8395
景德镇市	5887	14620	5122	12916	2665	2457	262	154	198	198	182	123	1352
萍乡市	16895	40521	8444	31293	1422	7022	8296	9228	0	0	155	0	0
九江市	21048	105674	16006	72106	436	15570	2733	3203	0	0	1160	1149	30365
新余市	15622	83387	9834	47018	166	9668	2356	1847	711	356	1265	1456	34166
鹰潭市	5540	19825	2234	7746	962	1272	2502	2502	0	0	376	428	9577
赣州市	33704	71372	19731	47555	0	19731	12916	12743	221	167	463	373	10907
吉安市	28099	106596	13676	64804	410	13266	11166	12184	0	0	1650	1607	29608
宜春市	24502	142429	19567	128999	214	19353	4085	5901	384	1150	236	230	6379
抚州市	19579	99647	11961	66122	226	11735	4681	5136	643	643	1247	1047	27746
上饶市	25250	136842	15614	85482	671	14943	5684	6041	298	298	1520	2134	45021

公路运输运价

【景德镇市发放出租汽车油价补贴】 7 月 22 日,景德镇市财政局将全市 2008 年度出租汽车油价补贴共计 290 万元兑付给出租车业主,每辆出租车获得 4873.95 元。此次出租汽车油价补贴的发放,有效减轻了出租车车主们因油价上涨承担的成本负担。

(涂　强)

【景德镇市举行出租车起步价调整听证会】 11 月 25 日上午 9 点,在出租车运营成本不断提高的背景下,一场起步价涨与不涨的问题,成为当天景德镇市出租车起步价调整听证会上各方热切关注的焦点。当天的听证会由物价部门主持召开,来自各行各业的 28 名代表到会。听证会上,市城市客运管理处申请陈述了关于调整出租汽车运价标准的报告及拟调价方案,方案对出租车现行运价和支出情况进行了详细分析。报告显示,由于出租车更新换代,成本支出大为提高,各款车型出租汽车和原来昌河北斗星相比,经营成本每月分别增加了1881元、912元和2663元,增加幅度较大,其中北京现代伊兰特为最高。为切实减轻出租汽车经营者的负担,维护出租车正常的运营秩序和行业稳定,拟将出租汽车起步价调高1元,即从原来白天的5元/2千米调整为6元/2千米,超过2千米的计程价不变,即1.4元/千米。夜行价(23:00~次日凌晨6:00)增加20%,起步价由6元/2千米,调整为7元/2千米。经过与会代表各抒己见后,物价部门表示,他们将充分考虑各代表们提出的建议、意见,进一步论证,以慎重的态度,积极稳妥地进行研究,拿出科学合理的意见,并报市政府批准后实施。

(涂　强)

【新余市调整出租车运价】 新余市出租车运价自1月15日起略有上调,起步价由原来每2千米4元调整为5元,超过2千米的部分按实际行驶里程的车千米价计收,但车千米价由原来1.70元下调至1.60元。夜间23时(含)至次日5时(不含),起步价加收20%的夜间费(6.0元),车千米价1.92元。

(何智勇)

【新余市整顿出租车乱涨价行为】 2月2日上午,新余市物价局、市交通局召集军安、新亚新、钢城出租车公司负责人开会,专门研究整治出租车不打表计费、擅自涨价、拒载问题。会上再次强调要严格执行政策,重申纪律,不得不打表计费、擅自涨价、拒载,一经查实将严肃处理,公开曝光。确定该市物价局、市交通局抽调人员联合进行检查,专项打击。要求三家出租车公司会后迅速通过发短信、对讲机等形式再向各出租车司机发出提醒,进行告诫。2月3日下午,该市物价局、市交通局共抽调10多名执法人员上路检查。现场查获赣Kx1510、赣Kx1026两辆出租车正在载客行驶未打计价表,检查人员截住车辆将乘客送达目的地后,当场开具交通行政执法暂扣证,暂扣了这两辆出租车。查获赣Kxl509出租车,乘客要求打计价表而不打表收费,检查人员要求退回了车票款,也暂扣了这辆出租车。并迅速作出了每辆出租车罚款1000元的处罚决定,三辆出租车的司机均认罚。

(胡二根)

【贵溪市城市出租车运价调整】 为适当补偿油价上涨增加的出租车运营成本,有效疏导出租车运价矛盾,维护出租车行业的稳定发展,根据国家发展和改革委员会通知精神,综合考虑出租车运营成本和城市居民实际消费水平等因素,并针对贵溪市客运市场的发展现状,经贵溪市政府批准,贵溪市城市出租车营运价格于1月10日起调整。出租车起步价由现行3元调整为4元,起步里程由现行1.5千米增加为2千米;里程价维持现价1.4元/千米不变,出租等候费等其他计费标准按原规定执行。调整后,由出租车公司对各个体出租车统一发放张贴标价签,出租车营运必须实行明码标价,打表计价,自觉接受社会公众监督。市出租车公司将相应加强对出租车从业人员的培训和管理,提高出租车行业的服务质量,解决群众反映强烈的违规拒载、不打表、雨雪天要高价等问题。市交通部门表示,在出租车运价调整后,严厉打击非法营运和违章营运行为,改善城市出租运营环境,维护正常的客运市场秩序。

(杨　艇)

【鹰潭市至周边城市一般普通散货参考价格】

表12

目的地	价格(元/吨)	公路距离(千米)
鹰潭—上海	200元/吨	601
鹰潭—温州	150元/吨	400
鹰潭—深圳	190元/吨	702
鹰潭—广州	180元/吨	698
鹰潭—厦门	150元/吨	429
鹰潭—武汉	150元/吨	394

【鹰潭市公路客运加收燃油附加费】 根据省发改委、省交通厅(赣发改商价字〔2008〕1202号)《关于我省公路客运加收燃油附加费的通知》和国务院办公厅(国办发〔2006〕16号)《关于转发国家发展改革委等部门完善石油价格形成机制综合配套改革方案和有关意见的通知》精神,为解决燃油价格上涨对公路客运的影响,决定在鹰潭市公路客运票价外向旅客收取燃油附加费,建立燃油附加与油价调整联动机制,有关细则如下:

1. 燃油附加费收取标准及联动方法:以2006年3月15日柴油价格每升4.26元为基数,燃油价格涨幅累计在10%以内不实行联动,不收取燃油附加费。燃油价格上涨10%以上的,采取在客票价格之外加收燃油附加费的方式进行联动。燃油价格每上涨10%,运营里程在50千米以内的,票价外每票加收0.30元;运营里程在51~100千米的,票价外每票加收0.50元;运营里程在101~200千米的,票价外每票加收1.00元;运营里程在201~300千米的,票价外每票加收1.5元;运营里程在300千米以上的,票价外每票加收2.00元。当燃油价格回落时,燃油附加费按上述标准相应下调(公路客运各线路燃油附加费见附件)。

2. 燃油附加费作为旅客运输的燃油差价,在票外加收,车站代收的燃油附加费,扣除票据费用后,应全部返还公路旅客运输承运人,车站和其它部门不得从中提取代理费等费用。农村道路旅客运输票价因国家已给予财政补贴,不实行联动。

3. 公路客运燃油附加费在客运基准票价基础上实行联动,不实行浮动。

4. 公路客运燃油附加费从2008年10月10日起开征。

(鹰潭市交通局)

鹰潭市公路客运燃油附加费一览

表13

站名	里程数(千米)	燃油附加费(元)	站名	里程数(千米)	燃油附加费(元)
鹰潭—金溪	59	2	鹰潭—铅山	99	2
鹰潭—直沅	42	1.2	鹰潭—永平	154	4
鹰潭—对桥	34	1.2	鹰潭—石塘	124	4
鹰潭—黄通	60	2	鹰潭—上饶	118	4
鹰潭—三江口	48	1.2	鹰潭—广丰	165	4
鹰潭—孔坊	42	1.2	鹰潭—婺源	238	6
鹰潭—黄狮	78	2	鹰潭—德兴	164	4
鹰潭—南城	105	4	鹰潭—铜矿	185	4
鹰潭—南丰	150	4	鹰潭—万村	124	4
鹰潭—广昌	205	6	鹰潭—黄埠	42	1.2
鹰潭—宁都	269	6	鹰潭—余干	75	2
鹰潭—瑞金	356	8	鹰潭—塘湾	57	2
鹰潭—石城	279	6	鹰潭—城关	68	2
鹰潭—于都	368	8	鹰潭—老人桥	90	2
鹰潭—赣州	436	8	鹰潭—乐平	111	4
鹰潭—万年	76	2	鹰潭—宜黄	175	4
鹰潭—弋阳	55	2	鹰潭—景德镇	160	4
鹰潭—汪二	72	2	鹰潭—石镇街	92	2
鹰潭—饶桥	104	4	鹰潭—石狮	788	8
鹰潭—冷水	68	2	鹰潭—上海	712	8
鹰潭—耳口	58	2	鹰潭—宁波	640	8
鹰潭—圳上	59	2	鹰潭—温州	572	8
鹰潭—高埠	124	4	鹰潭—瑞安	602	8

续表 13

站名	里程数(千米)	燃油附加费(元)	站名	里程数(千米)	燃油附加费(元)
鹰潭—许坊	94	2	鹰潭—新安江	356	8
鹰潭—兄市	104	4	鹰潭—义乌	378	8
鹰潭—润溪	94	2	鹰潭—金华	318	8
鹰潭—枫港	84	2	鹰潭—温岭	614	8
鹰潭—禾斛岭	78	2	鹰潭—南昌	168	4
鹰潭—禾山	94	2	鹰潭—上饶	118	4
鹰潭—古埠	83	2	鹰潭—抚州	108	4
鹰潭—东乡	59	2	鹰潭—资溪	135	4
鹰潭—临川	117	4	鹰潭—贵溪	25	1.2
鹰潭—崇仁	155	4	鹰潭—余江	33	1.2
鹰潭—公溪	168	4			
鹰潭—乐安	227	6			
鹰潭—永丰	281	6			

【赣州中心城区出租车起步价上调一律5元/2千米】 经赣州市人民政府第二十四次常务会议批准,赣州城区(含赣县)出租车起步价不论车型如何均由4元/2千米调为5元/2千米。超起步千米后车千米价,发动机排量1.6L(含)以上的由原1.40元调为1.60元,发动机排量1.5L(含)以下的由原1.20元调为1.40元,其他收费仍按现行标准执行。新的出租车收费标准从2008年11月1日起调表后执行。这次调整出租车收费标准,主要是受油价上涨和汽配件、修理工时等费用上升,出租车行业经营成本支出不断增加的影响。为维护出租车行业正常运转,提升服务质量,该市物价局在充分考虑听证会代表意见的基础上,提出了调整价格方案,报经该市政府同意而作出的批复。

(杨河良)

【抚州市运管处多管齐下确保春运运价稳定】 面对油料价格大幅上涨,2008年春节客运量迅速增长、运输成本攀升的压力,抚州市运管处积极采取措施确保春运运价稳定。

一是及时组织运力,保障春节运输。全市正班客车1410辆倾巢出动,同时启用春运备用客车40辆,使春节营运客车总数达到1450辆,计26319座。江西抚州长运有限公司南丰公司还从外地紧急借调5部大型旅游客车投入春运。此外,全市874辆出租汽车也加入春运行列,使全市春运运力与运量需求总体平衡,从客观上保证了春运运价的稳定。

二是落实优惠政策,维护经营者正当权益。一方面认真做好农村客车交通规费减免工作,2007年底,市运管处、抚州稽征分局先后两次减免农村客车客运附加费、运管费100万元,受益农村客车达184辆。2008年再减免100万元,有效减轻了农村客车运输成本,稳定了农村客运价格。另一方面积极配合财政部门做好燃油费补贴工作,按时将国家政策落实到每辆农村客车、出租汽车业主,保障了经营者的利益。三是加大市场监管力度。春运前夕,市运管处与市物价监督局联合下文,严禁一切违法违规涨价行为,同时组织人员深入车站,车辆一线,查处各种哄抬运价行为,维护社会稳定。

(运管处)

【上饶市全力做好出租汽车成品油调价财政补贴工作】 上饶市运管处直属所在政风行风评议工作中,紧密结合工作实际,切实做好出租车成品油调价财政补贴工作。从7月1日起,该所工作人员加班加点,确保市城区511辆出租汽车成品油调价财政补贴248万多元及时兑现,一次性发放到位。

（王　涛）

公路旅客运输

【概况】 2008年全省拥有营运客车26047辆/437994座。其中班车客运大型客车2479辆/97396座、中型客车8072辆/162480座、小型客车4861辆/63705座。全省拥有客运班线6067条/日发46043班次。其中：省际班线1078条/日发1321班次、市际班线1078条/日发4551班次，县际班线927条/日发9866班次，县内班线3100条/日发30306班次。乡镇总数1349个，已通班车乡镇1349个，通车率为100%；行政村总数17324个，已通班车行政村14943个，行政村通车率为86.2%。全省拥有客运业户1908户（其中：班车客运企业1376户、出租客运企业466户、旅游客运企业43户、公交客运企业24户），从业人员67234人。全省拥有客运站3743个，其中一级站14个，二级站103个，三级站59个，四级站80个，简易站3250个；年平均日发出班次46043班、年平均日旅客发送量109.4万人次，客运站务人员8556人。

（黄　强）

【江西长运为奥运圣火传递提供运输保障】 为确保第29届北京奥运会火炬传递在江西境内的顺利传递，省、市政府把迎接奥运圣火从井冈山到南昌市传递中的运输保障任务交给南昌市交通局。4月上旬，江西长运南昌公司接受任务后，在公司范围内挑选出30名优秀驾驶员经过培训与教育，精选出16名组建奥运火炬运输保障组，负责奥组委火炬接力中心16辆车（其中7辆核心车护送火炬传递，9辆服务车）的驾驶和车辆维修任务。

5月14日上午8时许，江西长运奥运火炬运输保障组举行出征仪式后前往井冈山。15日上午10时，在井冈山与北京奥组委火炬接力中心运行团队进行车辆交接。驾驶员们立即熟悉车辆操作系统和车辆的特性，检查车辆。中午12时半，奥运火炬车队下井冈山，经过6个小时的运行，于下午6时到达南昌市。

5月16日清晨5时，驾驶员们按照分工，服务车往返各个宾馆与八一广场之间接送工作人员，核心车直接到八一广场为奥运火炬传递作准备。从上午8时至中午12时半，驾驶员们跟随火炬手的传递，认真、谨慎、安全驾驶。火炬传递结束后又往返于昌北机场、省电视台、各个宾馆之间，运送工作人员。一直到5月17日早上5时，江西长运派出3辆大客车将最后一批工作人员送上飞机。江西长运奥运火炬运输保障组单车运行400余千米，保障火炬传递的安全、顺利，得到省市领导和奥组委火炬接力中心领导的赞扬和肯定，北京奥组委火炬接力中心向江西长运发来感谢信。

（孙民恩　陈玉萍）

【2008年道路春运安全完成】 2008年春运期间，共完成客运量4351.58万人次，与上年同比下降6.4%。造成客源下降的主要原因是节前部分旅客因恶劣天气留在工作地过年，及节后许多旅客考虑安全因素首选铁路出行等。春运期间，全省日均投入运力16624辆，日均组织加班运输358辆次、包车运输289辆次。春运期间，全省共发生道路客运交通事故7起，死10人（非旅客）、伤18人（其中旅客11人），未发生一次死亡3人以上事故，未发生旅客死亡道路客运事故，创近年来春运安全形势最好的一年。

（黄　强）

【2008年"十一"黄金周运输任务圆满完成】 2008年"十一"黄金周，在全省各级运管部门和客运企业共同努力下，圆满地完成了"十一"黄金周道路运输任务。全省共发送旅客829.22万人，与上年同期相比增长4.2%，累计投放运力1.67万辆客车（包括机动运力），其中完成包车运输2480趟次，加班运输4061趟次，全省未出现道路旅客滞留现象。

黄金周期间，全省道路客运9月30日、10月5日等数日连续出现客流高峰，各中心城市客运量同比有较大增幅，旅客流向主要以省际、城际、省内旅游为主。安全方面，黄金周期间全省仅发生一起死亡2人（非旅客死亡）的安全事故。

（黄　强）

【全省农村客运网络化建设稳步提高】 通过2008年继续全面推行开展农村客运网络化工作，全省农村客运网络化工作得到了进一步的提高，为下一步开展城乡客运一体化工作打下了坚实的基础。

一是农村班车通达率进一步提高。全省农村客运班线共计3345条，其中一级农村客运班线2258条，二级农村客运班线为418条，三级农村客运班线为669条；全省乡镇班车通达率为100%，行政村未通班车的由2999个减少到2915个，行政村班车通达率提高到85.7%。

二是农村客运车辆稳步发展。全省农村客运车辆由2007年的9238辆发展到2008年的9815辆，增加577辆，增长率为5.9%；由于对农村客运车辆继续实行了不同程度交通规费缴纳的优惠政策，农村客运车辆得到了大量的更新和发展，农村客运车辆座位数由2007年的149789座增加到16865座，增长率为11.2%。

三是农村客运组织化程度得到提高。全省各地农村客运采取一片或一线成立一公司的方式，进行公司化改造，实行公司化经营。

四是农村客运成本大幅度下降。全省所有的农村客运车辆在得到国家财政燃油补贴的同时，继续享受到了《全省全面开展农村客运网络化工作的实施意见》对合法从事农村客运的车辆按照线路不同等级实行不同幅度的优惠政策，使农村客运车辆的成本得到大幅度降低。

五是农村客运基础设施逐步改善。截至2008年底，全省共建有农村客运站345个，候车亭6213个。

（罗珍华）

【省运管局召开全省农村客运网络化建设工作会议】 11月12日，全省农村客运网络化建设工作会议在广丰召开。会议总结交流前一阶段农村网络化建设工作经验，研究部署加快农村客运网络化建设工作。省委常委、常务副省长凌成兴向大会发来贺信，省交通厅副厅长胡琳出席会议并讲话，厅运客处处长、省运管局领导、各设区市交通局分管副局长、运管处处长以及各县（区）运管所所长参加了会议。

会议全面回顾3年来江西省农村客运网络化工作开展情况，总结3年来江西省农村客运网络化工作所取得的成绩：一是农村客运基础设施建设明显改善；二是农村客运班车通达率明显提高；三是农村客运运力明显优化；四是实施农村客运组织水平明显提升；五是农村客运市场秩序明显好转；六是农村抗风险能力明显增强；七是农村客运经营成本明显下降；八是农村客运标识形象得到明显提升。

会议提出，到“十一五”末，全省农村客运发展的具体目标是：全省农村客运，乡镇建有客运站率70%，行政村建有候车亭率达60%。行政村班车通达率达90%；通油路水泥路行政村班车通达率达95%以上；驾驶员持证上岗达100%。农村客运车辆投保承运人责任险率100%；逐步推广安装GPS；城乡客运一体化逐步推进，有效衔接；站点布局合理，运输需求基本得到满足，服务水平明显提高的目标。

（省运管局）

【全省新兵道路运输顺利完成】 新兵道路运输主要负责将新兵从各地集中到县城及再次集中到各设区市火车站的短途运输工作，是征兵工作后勤保障的一项重要内容。2008年，全省各级交通主管部门和道路客运企业根据《征兵工作条例》的规定和省征兵领导小组的要求，全省共投入客车近1千辆，运行1千多车次，圆满地完成了2008年新兵道路运输工作。

（罗珍华）

【2008年全省道路春运启动仪式在南昌举行】 1月22日上午，由省交通厅主办、江西南昌长运有限公司承办的2008年江西道路春运工作启动仪式暨南昌长途汽车总站一期工程竣工庆典在南昌长途汽车总站举行。同时为南昌至新余、鹰潭、上饶客运班线高三级豪华客车上线运营剪彩。

省委常委、常务副省长凌成兴出席，副省长洪礼和下达道路春运启动令。省交通厅党委书记程受锭、厅长蒲日新，省经贸委副主任张小平，省公安厅副厅长章凯旋、交警总队政委何克萍，省安监局副局长龙卿吉，南昌市市长胡宪、副市长刘建洋为南昌至新余、上饶、鹰潭等班线高三级客车上线运营剪彩。仪式由省交通厅副厅长胡琳主持。

（杨卫星）

【2008年南昌市道路春运旅客发送量下降50万人次】 2008年,南昌市受到50年一遇的冰雪恶劣气候的挑战,道路中断,从1月16日至1月27日,为了旅客出行安全,仅江西长运股份有限公司南昌地区所属车站就停止2000个班次运行,滞留3万余名旅客。全市各级交通部门积极应对冰冻灾害,采取多种形式努力疏导旅客。春运期间共投入各型客车2188辆,发送旅客266.39万人次,比上年减少近50万人次。全局系统未发生一起冰雪灾害性事故及安全事故,实现了"安全优质、平稳有序"的春运工作目标。

(熊春平)

【冰冻灾害给南昌市农村公路和道路运输造成严重损失】 2008年一月中下旬,一场罕见的冰冻雨雪天气突袭南昌,给正在进行的春运工作带来极大困难:各客运站不能正常发班,旅客运输量较上年同期下降,减少经济收入96.7万元;灾害造成农村公路基本瘫痪,108座桥梁、66.9万平方米路面受损;乡村渡口停渡,少渡运50万人次。因灾害天气引起路面结冰运输受阻、码头停电停产、机器设备和房屋受损等,致全系统经济损失达28000万余元。

(熊春平)

【南昌市交通局抗雪救灾保春运畅通】 灾害发生后,按照市委、市政府的总体部署,南昌市交通局紧急动员,精心组织、周密安排,全力以赴投入到抗雪救灾工作,局领导班子成员分片负责,深入一线指导抗雪救灾工作,确保全市2008年公路春运工作形势的基本稳定。加大路面巡查力度,查处违章行为60余起,查扣无牌无证车辆30余辆次;对个别路段还实行客运、货运车辆限制通行等措施并派专人驻守,保证农村公路交通安全;保障绿色通道快速通行,对所有整车运输鲜活农产品的车辆坚决执行"不扣车、不罚款、不卸载"的政策;加强对乡镇渡口的监督管理,凡遇到恶劣天气,对渡运安全构成威胁的,一律停止渡运。其间,全局共投入人力9100人次、救灾资金2055.6万元、物资(草袋、麻袋、铁锹等)1100件。安全运送旅客123万余人次,未发生一起冰雪灾害性事故及安全事故。

(熊春平)

【江西长运各车站战风雪完成春运工作】 江西长运股份有限公司南昌地区所属车站在历时40天的春运中发送7.69万个班次,安全运送旅客116.7万人次,同比分别下降10.62%和12.45%。

2008年春运初期,江西省遇到冰冻灾害天气,部分高速公路大面积积雪结冰,道路客运受阻,致使大部分班线停开,大量的旅客滞留在车站。从1月16日至27日,江西长运南昌地区各车站停止2000个班次运行,滞留3万余名旅客。为此江西长运启动多条措施积极应对,输送旅客。售票窗口采取人休机不休的方式,24小时连续作业,为滞留的旅客退票或改签,使旅客能及时买到车票;VIP重点旅客候车室24小时开通,让滞留的旅客有充分休息的空间;中央空调24小时供热,24小时为旅客提供开水,并及时增添应急药品;车站自营超市调运充足的平价方便食品,24小时供应旅客急需。针对因天气原因延迟发班或停班的班线,在道路可以正常行驶的情况下,车站采取流水发班,提高班次的运行效率,及时输送旅客。1月31日是农历小年夜,对萍乡、宜春、新余等地的车辆采取流水发班27个,紧急输送旅客1000余人次。

(曾远忠)

【江西长运抗风雪冰冻灾害积极输送旅客】 50年一遇的雨雪冰冻天气,使2008年的春运工作异常艰难。1月29日,天气稍微好转,但仍有部分火车停开、飞机停飞,大量的旅客涌向南昌长途汽车站、徐坊客运站、长安客运站、青山客运站。江西长运启动春运应急预案全力应对客流高峰。各分公司每天派专人在公司GPS监控中心值班,及时掌握车辆的运行动态和道路畅通情况,同时与对开公司保持联系,掌握和了解对方所在地天气及路面畅通情况;公司GPS监控中心通过GPS对车辆途中运行情况进行全程监控,保持与高速公路、交警部门信息中心的联络,及时获悉道路通畅和沿途天气情况等信息,为大量输送旅客做好准备。如满足通车条件,立即通知总调度室开班售票,及时组织运力恢复班次。每天晚上10点以前,对当天未归场的车辆进行统计,与在途中受阻的车辆进行联系,询问车内旅客情况,确保安全。公司动员全司干部职工上岗加班,实行车辆加开、加密班次。对人流量大的班线采取流水发班，有些班线在高速公路不能通行的情况下改向国道，以保证旅客能顺利出行。据统计，自1月29日至31日，江西长运开行班线170余条，发送5600余班次，输送旅客10万余人次。其中加班750余班次，输送旅客2万余人次。

（曾远忠）

【江西长运义务运送南昌市电力抢修人员支援赣州灾区】 根据省长吴新雄和副省长洪礼和的紧急指示，南昌市紧急抽调一支由130名精兵强将组成的电力抢险队伍。江西长运股份有限公司受命承担运输任务。该公司迅速组织、精心安排、严格挑选车辆和司机。2月15日上午8点，南昌市支援赣州灾区电力设施抢修队伍在江西省体育馆广场前举行了隆重发车仪式。由4辆德国尼奥普兰高级豪华客车组成的车队经过5个小时的行程安全抵达赣州。

（杨卫星）

【江西长运为输送抢修赣南电网人员开绿色班车】 50年一遇的冰雪冻害使江西赣州定南输电线路严重受损。为及时疏通电网，让老区人民早日见到光明、得到温暖，四川省成都电力公司派出20名员工支援江西，经南昌前往赣州定南抢修冻损输电线路。2月15日，江西长运南昌长途汽车总站和高客二分公司得知情况后，决定为其开通绿色班车，急派1辆豪华大客车，将抢修人员按时安全送达赣州定南县。

（杨卫星　罗文琼）

【江西长运完成“全省重大工业项目流动现场会”运输保障】 10月22日～28日，省政府召开全省重大工业项目流动现场会，参会人员都是全省县级以上主管经济的领导。根据会议安排，江西长运公司派出4辆豪华大客车为会议提供运输服务。

在历时7天的运输服务中，江西长运驾驶员们热情服务，听从安排，服从指挥，行程2500余千米，辗转全省11个设区市，保障了行驶安全，获得组委会和与会代表的好评。

（周卫国）

【江西长运完成监狱在押犯转场运输任务】 江西省监狱管理局根据吉安监狱建设工程的全面完工并交付使用，决定将原瑞州监狱的在押犯调遣至吉安监狱。江西南昌长运有限公司受命派出6辆大型高档客车运力支持。公司委派人员多次考察转场沿途路况，挑选6位经验丰富的优秀驾驶员。

11月26日凌晨3点30分，参加转场任务的驾驶员和带队领导全部到达南昌长途汽车总站停车场，完成检查车辆等一系列工作。凌晨4时车队出发，7时赶到瑞州监狱参加罪犯转场行动，直到15:30完成任务，返回南昌，整个转场任务持续12个多小时。高客一分公司驾驶员和带队领导听从指挥、服从安排、时刻警惕，配合省监狱管理局完成了此次押犯转场任务，获得省监狱管理局的好评。11月27日，江西省监狱管理局给公司发来感谢信。

（李功勋）

【南昌450余辆的士免费送考生】 2008年6月7日、8日是高考日，由南昌市450余辆出租车组成的“高考爱心车队”为广大考生提供交通便利服务。考生在途中看见贴有“爱心车队”标志的车辆，只需凭准考证就可免费乘坐。

据南昌市出租汽车租赁协会有关人员介绍，2008年的“高考爱心车队”是在上千名出租车司机自愿报名的基础上确定的，有450多辆车组成了“爱心车队”。服务方式主要有两种：一是各出租车企业在23个考点设立了应急服务点，并配备专门的工作人员和服务车辆守候，考生如出现忘带准考证、身体不舒服等突发状况，可向应急服务点求助，守候在此的服务车辆将及时免费护送；另一种是“一对一”地帮助家庭困难或行动、交通不便的考生，这些考生在预约之后，将享受“高考爱心车队”全程“一对一”专车接送。

（郭　微）

【景德镇市公路春运、“十一”客运量双双下降】 自1月23日至3月2日历时40天的春运，景德镇市（含乐平市、浮梁县）各汽车站共发出客班26336班次、运送旅客80.84万人次，同比分别下降16.1%和17.91%，发班班次和客运量首次出现两位数降幅。

春运开始后,景德镇市即遭遇近50年来罕见的低温雨雪冰冻灾害。受周边省、市及省内交通干线阻断影响,节前15天全市各汽车站共停开473个班次,有逾千名已购票旅客被迫取消行程。面对灾害给交通运输组织工作带来的困难,全市各级交通主管部门迅速启动应急预案,指导客运企业适时调整客运班线或增辟临时迂回路线,最大限度地保障运输畅通。由于节前景德镇市及周边地区部分外出务工人员因交通受阻未能返乡过年,故节后外出务工人员减少而使客流量相对平缓,虽然2月12日(正月初六)至2月16日(正月初十)、2月22日(正月十六)至2月24日(正月十八)分别出现2次客流高峰,市区3个汽车站在此段时间每天发送的旅客平均在1万人次左右,但仍只有2007年春运期间发送量的65%。

在为期7天的"十一"旅游黄金周中,景德镇市(含乐平市、浮梁县)各汽车站及旅行社累计发送客车5033班次(含旅游包车),运送旅客16.17万人次,同比下降2.8%。

为实现规范有序、安全正点的目标,景德镇市公路运输管理处结合营运客车年检年审,对485辆客车进行一次严格的技术等级评定和安全综合性能检测,杜绝车辆带"病"运行;向各汽车站派出运政执法人员驻站现场监督,规范发车程序,禁止发售超员票、发超员车。道路旅客运输企业强化各项安全运输保障措施,坚持发车前、行车中、收车后的安全"三例检";科学调配运力,共执行加班车47班次,有效地疏送热点方向的旅客,保证了旅客及时出行、安全到达。

(涂　强)

【"的哥"筹资创办"瓷都的士之家"】　4月18日,由出租车司机筹资创办的"瓷都的士之家"在瓷都大道公安大楼旁落户,标志着景德镇市出租车行业精神文明建设进入了一个新的发展阶段。

景德镇市595辆出租车共1000多名出租车司机,日夜奋战在城市客运生产第一线,为广大市民群众提供运营服务,为促进经济发展、方便人民群众生活作出了积极的贡献。然而,长期以来,驾驶员缺少学习交流的环境,没有固定的休息场所,工作辛苦,生活单调。景德镇市城市客运管理处为丰富出租车司机的文化生活,提高行业凝聚力,把出租车司机融入到一个和谐的大家庭氛围中,精心组织创办了"瓷都的士之家",免费为出租车司机提供各项服务,包括兑换零钱、提供茶水等,并设有专门阅览室、棋牌室,供出租车司机休闲娱乐,让出租车司机在空闲时间享受到大家庭的温暖。另外,景德镇市城市客运管理处还在"瓷都的士之家"设置宣传栏,公布行业法律法规及政策,宣传交通安全常识和行业中涌现出来的好人好事,供出租车司机们学习交流。

(胡雁清)

【农用车载客现象"死灰复燃"应予重视】　取缔多年的农用车载客现象近一两年来又出现在县乡公路上。据业内人士分析,农用车载客现象之所以"死灰复燃",是因为农村通村班车经营负担过重,开得起却维持不下去,而农村群众因生产生活又有现实的出行需求。所谓农用汽车,是指生产厂家针对农村经济发展现状,专为农业生产设计的用于装运农业生产资料和农产品的低速机动车辆。由于其动力小、制动效果差,根本谈不上安全,舒适性就更是无从说起,因此根本不符合国家规定的客运车辆性能要求。

江西省的农村大都处在山区,行业管理部门有限的力量难以管理到边远地带。正因为管理上难以做到全城覆盖,在通村班车覆盖面不是很大,农村群众又有出行需求的情况下,一些业主便用农用车专门在乡、村之间跑客运。有些业主一味追求自己的经济利益,从业一开始就用较少的投入购买二手车或者接近报废甚至已经报废的农用车,加之舍不得花钱进行日常保养和维护,给运输带来极大的事故隐患。由于农村乘客自身保护意识差,对农用车的不安全因素漠然处之,为图方便,见车就上。对沿途上车的乘客来者不拒,强塞硬填,有时连车厢外的踏板上都站着人,就这样晃晃悠悠地跑起来,不要说坐在车里,就是在路边看见,也觉得非常危险。还有些业主充分发挥农用车客、货两用的"优势",有货则拉货,客流量大的时节就跑客运,有时还人货混装。如此运输,安全系数特别低,这也是农用车交通事故频频发生的几个主要原因。

要杜绝农用车载客现象的再度发生,除了依法打击和取缔外,更重要的是大力发展农村客运。让农村群众出行像城里人坐公交车一样方便,铲除农用车载客现象滋生的土壤,让农用车在通村班车穿梭不歇的市场环境中自动消亡。

（涂 强）

【景德镇市政府召开保路通紧急会议确保公路畅通】 2月1日，景德镇市政府副市长黄康明在206国道三龙车辆超限超载检查站主持召开保路通工作紧急会议，要求各县（市、区）政府及交通、公路、交警等部门进一步采取措施，确保境内高速公路、国道、省道、重要县际公路及农村公路畅通。

黄康明就做好全市保路通工作提出四点要求：一是按照属地管理原则，健全高效运转的保路通指挥机制，做到统一指挥、统一行动、统一协调。确保组织有力、措施到位、抢通及时。二是明确职责，市交通局负责全市建成区外所有道路保畅通的总协调。市公路管理局负贵国、省道的畅通。各县（市、区）负责农村公路的畅通，3个高速公路管理部门分别负责九景、景婺黄、景鹰高速公路的畅通。三是储备抗灾力量。筹集到位抗灾物资，确保在最短时间内抢通道路。四是密切监控道路受灾情况，有针对性地采取应对措施。确保车辆正常通行。黄康明还就做好2008年全市车辆超限超载治理工作提求。

（涂 强）

【景德镇市交通局为抗灾打通绿色通道】 1月下旬至2月上旬，针对雨雪冰冻天气给交通运输组织工作造成的困难，景德镇市交通局启动灾害天气应急保障预案，及时推出行之有效的应对举措，力保道路运输畅通。一是密切关注省内外高速公路及国、省道重要干线公路的关闭和开通情况，适时调整客运班车运输线路和增开临时迂回班线，最大限度地保障客运畅通。二是做好相关物资储备工作，摸清全市河砂、鹅卵石等抗滑材料的储存数量、供应地点等情况，做到准备充分、调运及时；筹集可一次供500人食用的食品和饮用水，一旦因道路关闭引起车辆停驶时，及时向过往司乘人员提供必要的充饥解渴食品；调集20辆大型载货汽车，确保所调车辆在接到指令后30分钟内赶到指定地点执行抗灾物资的运输任务。三是加强与市防冰救灾指挥部成员单位的联系，掌握全市应急工作动态，主动做好运输保障的有关衔接工作。四是落实《景德镇市木渡、机渡驾驶操作规程》中“五不开航”规定，遇大雪或冻雨天气时，全市所有渡船必须全部停航，重要渡口派专人值守，确保渡运安全。五是加强运输价格监管，认真落实国家发改委、交通部立足于《做好2008年春运期间道路、水路旅客运输价格管理工作有关问题的通知》精神，继续实行客票价格不针对春运加成的政策，坚决执行农村道路客运班线不提价规定。公路运输管理部门要会同价格管理部门认真做好道路客运票价监督管理，切实维护旅客合法权益和道路运输市场秩序。

由于指挥得当、措施得力、调度有方，在雪灾期间，景德镇市的道路、渡口在确保安全的基础上，基本做到了及时排除障碍，尽快恢复交通，使全市抗灾救灾有了一条条“绿色通道”。

（涂 强）

【乐乐快运小件快运业务】 乐乐快运小件快运业务是鹰潭市快客公司试图改变产业单一，寻找新的经济增长点的一项新业务，也是省运管局力推项目。开展几年来，逐步建立起了自己的业务网络。特别是国际快件业务得到了长足发展，2008年较之2007年业务量上涨50%左右。为此后的发展奠定了一定的基础。

（祝镇花）

【战冰雪斗严寒抢运旅客】 2008年春节前，罕见的冻雨天气袭击南中国大地。一时间，部分铁路停运，道路、桥梁禁驶，导致在鹰潭中转旅客急剧上升，候车室人山人海。面对突发的高峰客流和正常客流，鹰潭市汽运公司主要领导坐镇鹰潭汽车站，亲临一线指挥协调。车站领导吃住在现场，随时处置突发客流，干部员工从凌晨4时工作到子夜。公司相关部门领导亦参与组织疏散旅客，各部门相互协作的精神达到空前统一。虽然车站想方设法从祥鸿、康辉临时调集部分运力，但仍然不能满足疏散旅客的需要。加之部分旅客已被大雪冻雨困在路途中4～5天，返家心情急迫，一时间情绪激动，一度发生翻爬围栏欲强行乘车现象。车站干群及时作耐心的解释工作，并承诺无论有多大困难当天都将旅客送上返家旅途，避免了事态的扩大。

高安公司在冰冻面前，不畏困难，全力保证运力。1月26日，320国道因阻车南昌线已停班三天，火车也停开。而此时有一批旅客急需赶往南昌。汽车站与高客公司领导经过认真、仔细分析,确立绕道206国道,从余干经昌万公路抵南昌的运行方案。车辆使用汽车底盘自重大、防滑性能好的南昌高三级豪华大巴。人员选派思想、技术过硬的驾驶员马士珠、李军出车。确保安全顺利抵达。运行途中,驾驶员多次不顾道路泥泞下车查看路况。于当晚九时平安到达南昌长途汽车站。平日两个半小时的车程,此行达11小时。由于各方保障有力,服务到位,经受住了前所未有的客源高峰考验。公司、汽车站均受到市委、市政府、市总工会表彰。被授予"抗冰救灾先进集体"称号。公司被评为"春运工作先进单位"、"道路运输安全工作先进单位"。鹰潭汽车站被授予"省级(AAA)文明汽车客运站"称号。票房组被评为市级"青年文明号"。桂俊被中国海员建设工会全国委员会评为2008年春运农民工平安返乡(岗)安全优质服务竞赛先进个人。南昌线等被评为"文明班线",马士珠、李军等被评为优秀驾驶员。

(徐才金)

【赣县交通局积极抓好春运旅客返程运输工作】 该县交通局派出50多名行政执法人员深入各乡镇与当地派出所联合维持春运秩序,增调36辆客车,安全输送旅客3000余人次返程。

(杨河良)

【兴国县新增30辆出租车为民服务】 3月30日,该县隆重举行新增30辆出租车启动仪式。该县原有出租汽车30辆,难以满足城市居民的出行需求,2007年底,赣州市交通局批准了该县新增30辆出租汽车的指标。通过公开招投标,新增的30辆出租汽车全部到位并投入运营。

(杨河良)

【赣州市交通局调集运力及时分流南下旅客】 10月5日晚风雨交加。由于南下列车未在赣州火车站停靠,导致了大批持票南下旅客在该站滞留。为了缓解铁路客运紧张状况,赣州市交通局领导紧急启动应急预案,从市红土地旅游运输公司抽调五辆豪华大巴,将南下旅客有序分流离赣,有效地稳定了赣州市交通运输秩序。

(李发淳)

【永新县实现历史最好春运】 2008年春运,在遭受了50年不遇的罕见雨雪冰冻灾害的恶劣条件下,永新县加强领导,精心部署,以长途车站为重点,以吉安线为难点,一是成立了县春运工作领导小组和客运稽查大队;二是加强对长途站的管理和监督力度,全面实行封闭式管理;三是加大市场整治力度,对非法营运黑车、站外揽客、外省非法营运客车、超载、哄抬票价等行为进行严厉打击,强力维护市场秩序,保障乘客合法权益;四是积极开展"警站共建",由武警协助车站维护秩序。春运共计投入客车203辆,发送9745个客运班次,完成客运量41万人次,没有发生一起客运交通事故和旅客滞留事件,春运服务质量和总体管理成为该县春运历史上最好的一年,得到群众好评和上级的认可。

(盛雪九　沈永亮)

【宜春市道路运输部门战冰冻保交通畅通】 1月,时逢几十年来罕见的恶劣天气,宜春市境内的各条高速公路全线封闭,市城区内多条公路路面大雪覆盖,出现冰冻,车辆无法通行,给公路交通运输带来了极大的考验。

面对恶劣天气,全市运政管理部门、道路旅客运输企业积极采取有效措施抗击雪灾。市运管局迅速启动应急预案,坚持24小时值班,密切关注道路通行和车辆出行情况及天气变化。该局召开中层以上干部紧急会议,组成由局领导带队的5个工作组,分别到交通重点地段、车队、车站、营运企业、出租车公司,协助和参与清扫积雪、疏通车辆、指导运输企业做好防滑防冻工作、督促应对灾害天气的安全监管,在确保安全的前提下,保证货物、旅客运输顺利有序进行。对车辆技术状况达不到要求的,道路通行条件不好的班线,存在安全隐患的客货运输必须立即停运。

宜春市汽运总公司为尽可能输送旅客,采取由车队队长探路,车队干部带车,在确保通行安全的前提下,尽量启动车辆运行,减少旅客积压。同时,根据天气和路面情况,及时调整车辆,把车况好的车辆调到已能够通行的宜春各县至南昌线上,车况较差的暂停下来,对临时取消的客车班次耐心为乘客做好解释,车站滚动播放公告,取得乘客的理解。对运营车辆还配备了安全标志和三角木等防滑材料。

(孙启生)

【丰城市交通局战冰雪保畅通】 1月13日以来，丰城市遭遇罕见的雨雪冰冻灾害，丰城市交通局在市委、市政府的统一部署下，成立了交通系统抗冻救灾指挥部。在搞好全市农村公路、渡运除雪破冰保畅通的同时，从局机关、丰城赣江公路大桥管理处和路政大队抽调干部职工400余人，在局领导的带领下分别到赣江公路大桥、新梅一级公路上铲冰扫雪，并发扬不怕苦、不怕累的精神，日夜坚持战斗。不少人浑身被雪水浸湿，有的手被铁锹磨破，有的手被冻成红肿、有的被冰摔倒在地，有的患感冒发高烧，但他们面对困难，仍坚持战斗不下火线。经过参战人员7个日夜的艰苦战斗，赣江公路大桥、新梅一级公路确保了始终畅通。

（志　旺　罗　军）

【樟树市交通局紧急部署保道路畅通】 为做好防范雨雪冰冻天气交通和春运保障工作，从1月25日起，樟树市交通局按照市委、市政府和上级交通主管部门的要求，紧急部署，迅速行动，组织机关干部职工在高速公路主动脉、国道主干线和城区主要道路破冰清雪，调配运力，输送旅客，确保道路运输畅通，确保人民群众回家过年。一是紧急出动机关干部职工201人次，在昌樟高速公路樟树段、昌樟高速公路连接线跨铁路大桥、105国道、药都北大道、京九汽车站和杏佛路破冰清雪，确保道路安全畅通和车辆运行。二是紧急出动运政管理人员610人次，组织抗灾救灾客车9辆，运送抗灾救灾人员400多人，组织营运客车16辆、出租车5辆，输送民工、学生和回乡旅客480多人，确保人民群众安全回家过年。

（杨海泉）

【铜鼓县多举措抗冻救灾保平安畅通】 铜鼓县地处山区，在遭受几十年未遇的低温多雨雪冰冻天气情况下，全县道路交通运输一度处于半瘫痪状态。为确保恶劣天气道路交通平安畅通，铜鼓县采取了一系列措施：一是按照领导责任分工和部门职责，将公路、水路的交通平安畅通工作落实到部门、落实到人，一旦发生因人为因素造成交通安全事故或因交通不畅引发的突发事件，严格追究相关部门和有关人员的责任，决不姑息；二是加强道路水路巡查。县交通、交警、公路部门领导带队，坚持经常性上路巡查，及时组织人员排除道路阻碍，确保道路畅通，在危险路段安排人员守护，加设安全防护设施和警示标志，对少数特别危险的路段进行封闭；三是加强客货运输源头管理。运管部门及车队、车站严把车辆检测关、严格客运车辆发班。可通路线精心挑选年富力强、驾驶技术好、经验丰富的驾驶员驾车，危险路线停止发班，确保不发生客运交通事故，确保不发生客运人员伤亡事故；四是加大客运市场整治力度，严厉打击“黑的”和其他车辆非法运客载客，确保人民群众生命财产安全，对趁“冷”打“劫”、哄抬票价、宰客等现象发现一起，严肃处理一起，确保交通运输市场平稳有序。

（徐国华）

【奉新县组织力量除雪保春运平安】 1月25日至2月2日，奉新县交通局领导多次召开紧急会议，采取一系列有效措施，确保公路通畅和春运的安全有序。一是果断停运山区的道路旅客运输班线，待天气好转，道路通行状况许可恢复运营，并努力做好经营企业和车主及旅客的解释工作。二是对平原地区道路旅客班线采取推迟发班时间的措施，待气温升高，积雪融化时，客车再发班出站。三是对公路桥梁和主干道路口进行撒盐化冰作业。购入35吨工业用盐撒在主要桥梁和公路道口，以促进冰雪融化。1月29日上午，县交通局局长、局党委书记亲自带领全局干部职工赶赴潦河公路大桥（中桥），奋战3小时清扫桥面冰雪，确保县城的交通畅通，得到各方好评。四是加强行业监管，车站实行24小时运政人员值班制。对驾驶员和司乘人员进行安全教育，有关各方层层签订责任状，做到“人盯车”，责任落实到人。五是对全县12个渡口全部实行停渡。各有关镇、村实行领导带班，乡村干部值班，对渡口全天监督。通过努力，奉新县确保了主要公路和公路桥梁的畅通，确保了广大旅客的生命财产安全。

（魏振宇）

【抚州长运首年营运实现开门红】 抚州长运有限公司于2008年1月18日正式成立。公司以管理创新为动力，以市场需求为导向，以人才优化为支撑，以管理升级为突破，以品牌经营为灵魂，抓机遇，搞创新，奋发有为，迎难而上，充分展现了上市公司的活力,业绩实现首年开门红。至2008年底,抚州长运共完成客运量536万人次,完成客运周转量57060万人千米,公司实现营业收入4966万元,实现利润823万元,改写了原企业长期亏损经营的历史;交纳各种税费684万元,较原企业同期相比增长87.35%,员工年均收入与原企业同期相比增长20%。与此同时,抚州长运投入1098万元对客运车辆进行更新改造,其中购买超豪华尼奥普兰客车9台,为抚州的交通运输事业增添了新的亮点;基本建设投入520万元,安全监控设备投入80万元,危险品查堵设备投入125万元,真正实现了改革、发展的双丰收,抚州长运在新的起点上创造着新的辉煌。

(陈根玲)

【金溪95%的行政村开通客运】 金溪县大力改善乡村交通条件,将农村公路村村通列入民生工程,全力推进农村公路建设。2007年以来,该县多方筹集资金,新改建通村水泥公路308千米,95%的行政村开通了客运。

该县加快完善农村客运网络,根据农村公路通达情况,及时规划开通农村客运班线,科学调整、改造和延伸现有客运线路,适当增加班次密度,努力提高客运班车在农村地区的覆盖面。与此同时,创新农村客运组织方式,学习借鉴城市公交运输组织模式,在村庄比较集中的农村客运线路上实施公交化改造,增加停靠站点,滚动发车,定线循环,促进农村客运网络和城市公交网络的合理衔接和有效融合,最大限度地减少中转次数,方便村民出行。此外,该县积极规范农村客运市场,严把客运市场准入关,让农民群众坐上安全车、放心车。

(陈根玲)

【村里开来了公交车】 2008年,黎川县以创建“平安畅通县”为契机,大力完善辖区道路交通安全通行条件,尤其是针对农村地区客运班车少,群众出行难,“五小”车辆违法载人现象严重等情况,该县交通部门投入50多万元,开通了辐射周边8千米的三条公交线路,有效地缓解了数万农村群众出行难的问题,遏制农村“五小”车辆违法载人现象,保障人民群众出行安全,预防和减少道路交通事故,确保辖区道路的安全、有序、畅通。永兴村党支书记黄木瑛兴奋地说:“过去,小孩上学要走很远的路,不方便,坐摩托价格贵还不安全,现在好了,村民走亲访友,只有一两里路,花1元钱坐公交车就可以,开通农村公交可为大家办了一件大好事。”

(抚州史志办)

【抚州2008年春节运输平安圆满】 2008年春运期间,正值祖国南方地方遭遇罕见雨雪冰冻灾害,为确保人民群众欢度平安、详和的春节,抚州市交通局于1月18日召开了全市春运工作会议,全面布置2008年春节运输工作。全市运管部门和各运输企业认真贯彻国家和交通部2008年春节运输工作文件精神,切实落实安全管理各项措施,全力以赴开展抗冰救灾工作,有效保障了春节旅客及物资运输的安全、畅通、有序。春运期间,全市共投入客车1457辆26319座,完成公路旅客运输356.3万人次,运送农民工返乡117.8万人次,完成旅客周转量57060万人千米,实现了2008年春节运输平安、圆满的既定目标。

(陈根玲)

【横峰开通临时免费公交车　保障客运市场规范有序】 为了更好地整顿客运市场秩序,做到“车进站,人归点”,4月15日,横峰县正式开通了火车站至新汽车站的临时免费公交车,引导市民形成到新汽车站乘车的习惯。免费公交车的运行由该县汽运公司负责,车辆实行15分钟内对开,运营时间从早上6:30至19:00。为确保免费公交车的运行,该县交通局和汽运公司对每辆车每天给予一定的补助,为城区营造了和谐安全的运营环境。

(方　涛)

公路货物运输

【概况】 截至2008底,江西省道路货物运输经营业户数达73720家,道路货物运输相关业务经营业户达12319家。道路货物运输从业人员数329685人,持证上岗从业人员数290633人。营运载货车辆数160553辆,总吨位达682035吨,其中普通载货汽车数155464辆,吨位达632848吨;专用载货车辆数5089辆,吨位达49187吨。全省共有106个货运站,其中一级站1个,二级站2个,三级站1个,四级站102个。2008年,全年共完成货运量33093万吨,货运周转量2647428万吨千米。

(章华平)

【江西积极做好道路货物运输企业质量信誉考核】 根据交通部文件《关于认真贯彻落实〈道路运输企业质量信誉考核办法(试行)〉及〈机动车维修企业质量信誉考核办法(试行)〉的通知》(交公路发〔2008〕5号)要求,省运管局参照交通部制定的《道路运输企业质量信誉考核办法(试行)》,历时四个月,于2008年4月制定出了《江西省货物运输企业质量信誉考核办法实施细则》,并对全省超过10台运输车辆的普通货物运输企业和所有危险货物运输企业进行质量信誉考核。自6月至7月,江西省道路运输主管部门共考核908家道路货物运输企业,其中达到AAA级企业共有25家,占被考核企业的2.7%;AA级企业共有467家,占被考核企业的51.4%;A级企业共有399家,占被考核企业的43.9%;B级企业共有17家,占被考核企业的1.8%。

(章华平)

【省运管局抽调应急运力运送物资支援灾区】 四川特大地震发生后,全国各地都以不同的方式支援灾区重建。江西省为支持灾区人民,决定运送300张军用行军床和200顶帐篷至四川省彭州县。省运管局接到指示后,紧急调配两辆大型货车,以最快的速度运往灾区。从接到任务到组织车辆装运出发,共耗时4个小时,为物质抢运争取了宝贵时间。7月4日,省运管局又接到省抗震救灾指挥办公室紧急任务,组织车辆运送一批医疗物品前往四川小金县。这次运送任务时间更为紧迫,需在7月8日上午8时前运到小金县。为保证医疗物品能够按时到达目的地,省运管局决定把物品交付给专业物流公司利用航空运输方式进行托运,在有限的时间里,物品顺利、及时地被运送到了目的地,圆满地完成了此次任务。

(章华平)

【省运管局开展危货运输安全隐患排查工作】 2008年,江西省接连发生涉及道路危险货物运输的"1·23"、"3·13"事故,造成人员伤亡和社会不良影响,教训深刻,引起省政府领导高度重视。为进一步强化道路危险货物运输安全监管工作,确保道路危险货物运输安全,省运管局专门召开会议对全省危货运输安全监管工作进行了布置,要求各设区市运管处针对道路危货运输管理存在的问题进行一次隐患大排查,对车辆设施、设备、场地、人员、安全运输规章、安全学习进行逐项审核。此外,各地还结合当地实际,多渠道、多形式开展道路危险货物运输从业人员的培训活动,聘请了一些有从事危险化学品生产、管理经历的专业人员作为教员,重点学习《汽车危险货物运输规则》、《汽车危险货物运输、装卸作业规程》,注重理论联系实际,突出了危险货物运输、装卸操作规程知识的讲授。

(章华平)

【南昌市运管处紧急调运抗震救灾物资】 四川汶川地震发生后,5月28日下午4:30,南昌市运管处接到省交通厅、省运管局指令:江西省防震救灾指挥部要紧急调运军用床300张,帐篷200项连夜运往四川灾区,要求该处调派4辆大型货车承载运输任务。

接到指令后,该处立即启动抗震救灾车辆调派应急预案,指派南昌华顺运输公司、上海佳吉物流公司南昌分公司各调2辆车辆性能好的大货车承担,要求每辆车配齐2名优秀驾驶员轮换驾驶。货运所所长带领4名工作人员,分别赶赴省民政厅救灾物资储备库和省武警总队警犬基地组织装运。经过近5个小时的装载,2辆货车于29日凌晨顺利出发。该处派出货运所副所长李胜和黄闻俊专程护送。运送救灾物资的车辆经武汉市到宜昌船载,溯长江行三峡,再由重庆涪陵走公路,经过69个小时的长途跋涉,行程2000多千米,克服重重困难,特别是应对灾区余震不断,道路通行状况很差的困难,于5月31日晚8时将救灾物资安全地运抵四川彭州灾区。

(胡长法　彭珊辉)

【渝水区壮大发展货运物流业】 2008年,渝水区以优化发展环境为重点,进一步壮大货运物流业规模,先后制定完善了一系列相关配套优惠政策,简化办事程序,提高办事效率,改善服务质量,加大招商引车,激活社会货运潜能,形成了货运业发展的洼地效应。全年新增货运企业11家,新增货运车辆1761辆,新增运力吨位8200.5吨;全区货运企业总数达54家,全区货运车辆总数达6276辆,总吨位28302.5吨。

(廖振峰　王志勇)

【鹰潭市筹建物流园区,发展物流产业】 按照市委市政府提出的"发展在物流,做大做强物流产业"的发展战略。结合鹰潭实际情况,市交通局正积极筹建3000亩规模的鹰潭市物流园区。园区建设将分期进行,第一期工程已经启动,主要是路网建设及涉运部门物流企业入驻园区的工作。园区地段位于鹰潭市区的南面的城乡结合部,地域宽阔,可用地面积较大,能满足园区多期建设用地需要,具备通水、通电、通信基本条件。年底正规划拓宽物流园区的进出口通道路段,该路段拓宽后将有效解决制约市物流园区发展的一个"瓶颈"。为市物流园区的又快又好发展提供有力的保障。

(鹰潭运管处)

【鹰潭市招商引车见效益】 2008年,鹰潭市先后引进了中联物流(中国)有限公司、南京太阳升运输集团公司、鹰潭市安顺物流有限公司、景德镇日升物流有限公司、鹰潭市顺利物流有限公司、鹰潭市永强、信江、新华、会朋等9家物流企业。到5月底,总计招商引车240辆,计总吨位2650吨(注:安顺800吨,中联450吨,太阳升450吨,日升150吨,其余几家公司合计800吨),车船及营业税110万元,养路费306万元,运管费26万元。中联物流(中国)有限公司鹰潭分公司与南京太阳升运输集团公司2008年分别在鹰潭市投入车辆运力100吨和1500吨,实现利税1000万元和1500万元以上。对于引进来的物流企业,市交通管理部门不断加大工作力度,召来一家,安置一家,每家都有人跟踪,每家都有人服务,使他们真正感受到鹰潭是发展物流产业的"政策盆地"。

(鹰潭市运管处)

【赣县客家物流公司新增货车22辆】 6月2日上午,赣县客家物流有限公司在赣县客家文化城举行2008年第一批新购货运汽车正式投入营运发车仪式。该公司投资600余万元新购22辆货运车辆,车辆总吨位已超过500吨,成为该县第三家超500吨位的物流企业。

(杨河良)

【安远县引进一家物流企业】 7月,该县引进一家总投资1000万元中幸物流有限公司,第一期于2008年8月底前完成固定资产投资300万元,10月前完成全部固定资产投资并建成投产。至此,该县已有4家物流企业。

(杨河良)

【吉水县汽车货运业发展取得新成果】 该县大力发展汽车货运产业,2008年,全县货运企业新增货车433辆,货运车辆总数达到2700辆。道路客运完成客运量320万人、旅客周转量16031万人千米,同比增长0.95%、1.14%,道路货运量485万吨、货物周转量4.5203万吨千米,同比增长19.65%、76.6%。

(吉安市交通局)

【峡江县构建小县"大物流"】 峡江是一个人口仅16万的小县,2008年,该县提出加快货运物流产业转型,打造赣中物流强县的宏伟目标,把货运物流业摆在与工业同等位置来抓,货运物流业发展突飞猛进。截至2008年8月底,全县拥有货运物流企业30家、货物配载部18个、自开票纳税企业12家、货车2568辆26719吨,大大高出全省人均拥有货车量,货运物流从业人员达1.2万余人,前8个月实现货运税收2180万元,与2007年同期相比增长了172%,上缴交通公路规费3268.22万元,名列全市之首。

(峡江县交通局)

【峡江县加快推进"诚信货运"建设】 2008年2月,峡江县委、县政府向社会公布了全县2007年最佳诚信货运司机名单,20名司机榜上有名。这是该县加快推进"诚信货运"建设的一个缩影。近年来,该县根据货运司机日益增多、汽车货运业不断发展的情况,从建立司机诚信档案入手,大力实施"诚信货运、品牌物流"战略。司机诚信档案主要包括遵守职业道德、守法依规、按时装卸货、交货数量质量、车容车貌、履行承运协议、安全行车等7项内容，实行百分制计分法，并设定若干加分项目，视情予以加分。诚信档案由司机所在货运企业定期填写，县货运物流业领导小组核实，年终进行汇总，得分较高的前20名司机经公示无异议的，被评为全县最佳诚信货运司机。

（峡江县交通局）

【峡江县重奖货运物流"功臣"】 2008年3月，峡江县召开全县货运物流业工作会议，重点表彰奖励了一批为货运物流业发展作出突出贡献的单位和个人，至此，该县484万元货运物流业专项奖金全部"花落有主"。近年来，峡江县紧紧围绕打造赣中物流中心这个目标，按照"主体多元化、公司集约化、经营市场化"的模式，通过政府助力、信贷支持、部门帮扶、能人领军，大力发展货运物流业，成为蜚声省内外的一大品牌。为充分调动全县上下"办货运、兴物流"的积极性和主动性，推动这一产业稳步、健康发展，不断升级提档，该县建立完善奖励激励机制，出台一系列奖励扶持措施，凡完成运力新增、行业纳税等主要指标任务的货运物流企业、乡镇和县直帮扶单位，以及被评为货运物流先进个人、诚信经营车主的，从县财政列支予以奖励。

（峡江县交通局）

【高安市创新理念力推现代物流业发展进程】 高安市近几年来把推进汽运产业向现代物流业转型作为服务产业发展的一项重要工作来抓，通过政府扶持、市场引导、企业运作，全市物流业得到了跨越式发展。截至2008年底，全市拥有1个物流运输总集团，下设3个汽运集团、1个专业物流集团、203个汽运子公司，运力总量达12000辆7万吨(含驻外地运力)，市内外货运信息公司500多家，形成了以高安汽运城为平台，以工业城物流园和陶瓷城物流园为辅助，集信息配载、汽车修理、车辆交易等多功能于一体的综合运输服务体系。2008年，完成地方税收7800万元，同比2007年增长42.6%，新购车辆缴纳车辆购置税6500多万元，缴交养路费1.33亿元，同比2007年增长15.8%。高安汽运产业的发展，带动了其他链条产业的兴旺和繁荣，已发展到汽配企业320多家、各类维修站点298个等，涉及产业相关从业人员近10万人。汽运产业已成为高安的支柱产业、链条产业、致富产业，实现国家税费增加、地方财政增长、就业岗位增多、群众增收、城市增容的"五增"效应。

（高安市交通局）

【崇仁货运物流业强势发展】 崇仁县货运物流业发展起步晚，规模较小。为加快货运物流业的发展，使货运物流业成为县域经济发展的增长极，近年来，崇仁县实施政策驱动策略，以"招商引资、主攻工业"的理念，把发展货运物流业作为工业招商项目来抓，采取鼓励策略，调动各乡镇、县直各部门及社会各界发展货运物流业的积极性。为了使货运物流业发展保持良好态势，在遵循自愿、互利的原则基础上，对原有货运物流业户进行资产重组、资源整合、规范管理，进一步做大做强货运物流业。同时出台一系列政策措施，从税费征收、证件办理、融资贷款等多个方面给予扶持，从而使该县的货运物流业发展势头强劲。

至2008年底，全县拥有货运物流企业35家，货运车辆548辆、3991.545吨，其中2008年发展货运车辆130辆，新增吨位1302.47吨，创税4157万元，比上年增长114.9%。

（崇仁县交通局）

【广丰县采取四项措施壮大货运业】 为加大货运业的管理力度，不断提高货运总量，采取四项措施壮大货运业：一是盘清底数，通过现有办证中心、征费办以及档案管理台帐资料，从中核查核对漏审数、漏册数。二是加大对县域范围内的重点工程、非煤矿山、施工工地的车辆使用的稽查力度，促进他们办理相关手续和交纳相关费用。三是加大现有四个货运公司的服务力度，尤其是普通货物运输车辆的新增、过户的服务力度。同时，严格把好危货车辆的准入关和从业运营关，确保增量不增患。四是积极开拓物流业的发展，在规范乱、少、散的物流业的基础上，引导他们进园区，搭建工业企业和物流业的互动，促使物流业有较大的改观和不断的发展。

（诸达锋）

水路运输

【概况】 2008年,江西完成全社会水路货物运输量4739.9万吨,货物周转量965437万吨千米,同比分别增长9.5%和7.7%,旅客运输量339.8万人,旅客周转量5506万人千米,同比分别下降7.1%和6.6%。内河完成货物运量4408.2万吨,货物周转量566787万吨千米。其中:进入长江干流的货物运量672.1万吨,货物周转量271049万吨千米;沿海完成货物运量331.7万吨,货物周转量398650万吨千米,同比分别增长16.5%和增长30.4%。

2008年末,江西内河拥有各类运输船舶4966艘,同比减少287艘;船舶净载重量1432402吨位、同比增加51799吨位。载客量15013客位,同比减少224客位;船舶总功率534363千瓦,同比增加3931千瓦。沿海运输船舶50艘,同比增加8艘、净载重量176763吨位,同比增加7214吨位,船舶功率58156千瓦,同比增加5168千瓦。江西船舶完成货物运输连续6年保持增长的势头,水运经济在逐渐升温,石油及制品、天然气、钢铁、水泥、木材等大宗的货运物资的水上运输量在不断增长,特别是矿建材料(石砂)区间内砂石运输增长幅度较大,2008年比2007年完成的运输量增加了224.8万吨,同比增长6.2%,江西沿海运输呈现的特点是货源(特别是长途货源)在不断增加,海轮运输随着货源的增加其运量和周转量增长比较大,主要是钢铁增长幅度较大,比上年增加22.9万吨、同比增长381.7%。江西水运经营业户根据市场的变化和需求,依据航道条件的改善,着力更新改造老旧的运输船舶,大力进行经营结构和船舶运力结构的调整,更新改造和新增船舶向"大型化、标准化"方向发展,江西货物运输船舶平均吨位由2007年290吨上升至2008年达322吨,旅客运输的格局还是长途旅客运输呈萎缩趋势,短途的特别是库区内和旅游景点的旅客运输量在不断上升,客运船舶向安全化和标准化方向发展。

(周国强)

水路运输企业

【全省水运企业筹建、开业情况】 2008年,江西经交通运输部或长江航务管理局批准筹建的航运企业有16家:樟树市江韵航运有限公司、南昌滨江航运有限公司、南昌油远航运有限公司、九江春申航运有限公司(沿海普通货运)、南昌华洋航运有限公司、彭泽南洋船舶运输有限公司、都昌县苏马长江航运有限公司、都昌县四通船务运输有限公司、江西中昆船运有限公司(沿海普通货运)、南昌市兴运水利航运有限公司、万年县五胡航运有限公司、万年县康龙运输有限公司、武宁县宁鲲水上货运有限公司、九江市庐山区姑塘航运有限公司、吉安市金生船务有限公司(沿海普通货运),全部是国内沿海和内河普通货运企业。

经交通运输部或长江航务管理局批准开业的航运企业共有13家:九江腾友航运有限公司、瑞昌市亚力船务有限公司、九江富源海运有限公司(沿海普通货运)、永修县龙祥航运有限公司、九江金宁盛船务有限公司、武宁县宁航水上货运有限公司、南昌滨江航运有限公司、彭泽南洋船舶运输有限公司、九江市白水湖鑫鑫森船舶运输有限公司、九江祥涛船务有限公司、万年县东辉运输贸易有限公司、都昌县四通船务运输有限公司、九江新立通船务有限公司。

(李 明)

【水路运输企业经营资质普查】 交通运输部于5月26日修订发布了《国内水路运输经营资质管理规定》(交通运输部令2008年第2号,简称《新规定》),自2008年8月1日起实施。《新规定》在原规定的基础上作了较大修改,进一步提高了国内水路运输经营资质条件,完善了市场准入后的监管措施。《新规定》针对目前国内水路运输市场组织结构、运力结构不够合理,经营主体过多,多数规模较小,管理水平不高,竞争力不强,抗风险能力较弱的缺点,拟通过提高市场准入标准,规范行政审批程序,加强经营资质动态监管,并通过市场的有序竞争实现优胜劣汰,引导航运企业向大型化、集约化、专业化方向发展。

根据交通运输部《关于贯彻实施<国内水路运输经营资质管理规定〉有关工作的通知》(交水发〔2008〕141 号)的要求,省航运管理局对省内146 家水路运输企业进行了一次经营资质普查,对普查中发现的专职管理人员配备或船舶运力规模等经营资质达不到《新规定》最低要求的27 家航运企业,按规定要求他们分别在2008 年12 月31 日和2009 年6 月30 日前整改完毕并符合《新规定》的相关经营资质条件。

(李　明　杨　辉)

【江西水运集团有限公司实施整体改革】 江西水运集团有限公司是江西省内河水路运输规模最大的国有企业,主要经营赣江、鄱阳湖水域和长江中下游水系的船舶客货运输、集装箱装卸及多式联运、港口装卸、成品油(重油)水运、修造船、钢结构制造、机械加工及水上旅游等业务。公司下辖江西港航货运有限责任公司、江西造船有限责任公司等五个子公司和南昌港务公司一个分公司。

江西水运集团有限公司由南昌地区多家老国有水运企业重组而成,原企业有50 多年历史,企业冗员多,历史包袱沉重,企业内部体制不顺、机制不活,深层次问题日益突出,以致近年来陷入生产、生存和发展的瓶颈,企业危机四伏,实施整体改革刻不容缓。公司抓住有利时机,实施整体改革改制,谋求发展,寻求出路。

6 月25 日,公司二届五次职工代表大会讨论通过了《江西水运集团有限公司整体改革发展方案》和《江西水运集团有限公司企业改制的职工安置实施方案》,并正式上报南昌市人民政府。11 月10 日,南昌市人民政府办公厅《关于同意江西水运集团有限公司整体改革方案的批复》下发,公司整体改革、改制工作全面启动。

2008 年,公司坚持以邓小平理论和“三个代表”重要思想为指导,全面贯彻落实科学发展观,创新发展观念,坚持一手抓企业整体改革、改制,一手抓经营生产,在改制中谋求企业发展。公司克服了百年罕见严重冰雪自然灾害和国际金融危机影响、燃油价格暴涨等重重困难,经营生产基本实现了年初制定的目标。完成营业收入5548.5万元,同比下降22.6%;完成装卸量182.5 万吨,同比增长33.4%;完成货运周转量7705 万吨千米,同比增长14.8%;完成造、修船工业总产值2835.9 万元,同比增长21.1%;合资经营的南昌港国际集装箱码头完成集装箱吞吐量44780 标箱,同比增长17.5%。

(平关正　杨　辉)

【江西东港航运有限公司获民营企业上台阶奖】 江西东港航运有限公司成立于2006 年11 月,由卢明启等4 人与江西华顺航运管理有限公司共同投资200 万元组建,公司拥有管理人员及船员120 余人,主要从事长江中下游及其支流的液货危险品(以化学品为主)水路运输。

公司崇尚诚信,严守承诺,以不断提高顾客满意度作为经营准则。经过两年多发展,公司从3 艘船舶,520 载重吨,发展到18 艘,14000 余载重吨,固定资产达3900 余万元。随着业务的日益增长,公司将航线延伸至长江上游库区,同时公司进一步扩大了经营范围,拓展了运输品种,主要有:苯乙烯、甲苯、二甲苯、甲醇、乙醇、正乙醇、乙二醇、二甘醇、苯醇、混合芳烃、环乙酮等液体化工产品。

公司2007 年税收突破100 万元,获得了丰城市人民政府颁发的“2007 年度民营企业上台阶奖”;2008 年税收再上新台阶,突破200 万元,再次获得当地市政府的奖励。

(冯雪辉　杨　辉)

【南昌港务公司装卸生产绩效稳步上升】 南昌港务公司是江西水运集团有限公司直属分支机构,至2008 年有4 个装卸码头从事码头装卸业务。2008 年,该公司认真贯彻中共十七大精神,按照科学发展观的要求紧贴市场,抓住机遇,在遭受重大冰雪灾害和受国际金融危机影响,市场景气度较大下降的不利局面下,通过内部挖潜、搞活机制、整合资源,重树品牌,建设起一支与市场相适应的经营团队,公司上下齐心协力,共谋发展,共担风险,在较短时间内扭转了经营被动不利的局面,装卸生产稳步上升。2008 年,公司完成装卸量 182.5 万吨,比上年增长 33.4%;完成营业收入 1408.7 万元,比上年增长 45%;实现利润 57.1 万元,产量、效益同比均稳步上升。

(平关正 杨 辉)

【江西港航货运有限责任公司调整运力结构走水运发展新路】 2008 年,江西港航货运有限责任公司进一步加大运力结构调整力度,由原来主要经营散装货船为主逐步向集装箱专业运输和重油、轻质油及化工产品专业化运输的方向发展,对新建的 106 标箱集装箱船实行了股份制运作,完善有关法律手续,签订了 3 年的运输合同,同时加强船员专业技术等级管理和培训,适应专业船舶急需二等轮船长、轮机长的需要。通过运力结构调整和全体员工的共同努力,该公司克服了严重冰雪灾害、燃油价格暴涨、国际金融危机影响等重重困难。2008 年水运主业仍然取得了一定的业绩,完成货运周转量基本与上年持平。

(平关正 杨 辉)

【南昌市水路运输特点】 2008 年,南昌市共有水路运输企业 21 户,水路运输服务企业 10 户,港口经营企业 114 户,各类营运船舶 226 艘、17.66 万载重吨、95399 千瓦。全市水路运输除集装箱船舶运输有增长外,一般货运业务下降,客运则全面停航。

货运方面:全年完成水运货运量 407.7 万吨,比上年下降 7%,货物周转量 88160 万吨千米,比上年下降 29%,主要原因是长江禁采沙、赣江限采沙,致很多装沙的船舶处于停航状态。而市属交通部门货运量及货物周转量出现小幅增长。其中,完成货运量 33.4 万吨,比上年增长 9%,货运周转量 12926 万吨千米,比上年增长 10%。主要是江西水运集团有限公司以集装箱船舶运输为主,同时发展大吨位货运船舶。

客运方面:客源全部流向公路,南昌港的客船已连续第二年停航。进贤县的滨湖乡村公路日益发达,致该县客船停航,船舶全部报废。南昌市的水上客运已全部停航。

港口吞吐量:全港完成港口货物吞吐量 527.9 万吨,比上年下降 31%。出口方面,出口沙石量大幅下降,比上年下降 78%。出口货种由传统的木材为主(比上年下降 37%)变为以钢铁出口为主(比上年增长 12%);农林类、非金属矿石类和粮食类货物也比上年分别下降 5%、12%、2%。进口方面,由于九江至南昌的成品油管道开通,导致船运成品油进口量比上年下降 65%。但进口量有两个方面比较突出:一是饲料加工需要,粮食进口量比上年增长 33%;二是洪都大桥建设和农村公路建设,增加了水泥等建材的需求量。

集装箱吞吐量:集装箱 4.5 万标箱,比上年增长 17%。主要的集装箱货物进出口龙头企业——江铃集团、晨鸣纸业和泰丰轮胎等公司带动全港的集装箱吞吐量的增长。

(张科文)

【江西水运集团公司落实安全生产目标】 江西水运集团有限公司把安全生产规章制度和各项监管措施落实到水上运输、港口装卸和船舶修造等生产活动中。一是制定安全消防工作计划和目标,任务清晰明确,责任层层落实分解,责任到人;二是落实安全生产的主体责任,签订安全生产责任状,下达安全控损指标;三是在严重冰雪冰冻灾害来临时,全体职工总动员、抗击冰雪灾害,确保生产安全;四是坚持每月召开安全生产例会,学习上级文件,通报公司安全生产情况,解决生产中的安全问题;五是加强安全大检查,查隐患、堵漏洞,加强隐患源头治理,提高安全管理水平。2008 年,公司完成市交通局下达的安全生产目标,未发生重、特大安全事故,无火灾事故。

(平关正)

【上海国际港务公司成功并购九江港口集团公司】 根据国家投资体制改革和外商投资项目核准的相关文件精神,省发改委经研究并请示省政府同意,核准了上海国际港务(集团)股份有限公司并购九江港口集团公司项目。项目总投资 6 亿元,注册资本金 6 亿元,其中:九江市国资委从其所属九江港口集团公司有效资产中以国有资产划拨方式出资 0.5 亿元实物资产,占注册资本的 8.33%;上海国际港务(集团)股份有限公司以现金方式出资 5.5 亿元人民币,占注册资本的 91.67%,项目流动资金 23349.94 万元。上海国际港务(集团)股份有限公司与九江市国资委合资后成立了上港集团九江港务有限公司，该公司以现金收购方式购买九江港口集团公司1278.59万元净资产及其对外投资的股权，并承担九江港口集团公司10371.47万元的债务。

2月18日，上港集团九江港务有限公司在九江远洲大酒店正式挂牌成立。省长吴新雄为此作出批示，副省长洪礼和致信祝贺，省政协副主席、市委书记陈安众和上港集团总裁陈戍源共同为新公司成立揭牌，省交通厅副厅长胡琳等省直有关部门领导参加。

九江是江西唯一通江达海的沿江港口城市，新一届九江市委、市政府审时度势，提出要以沿江开发为突破口，引进战略投资者，把九江建设成为长江沿岸和中部地区重要的经济中心城市。战略提出后，省委、省政府高度重视，高位推进，许多有战略眼光的投资者纷纷看好九江、投资九江、发展九江，特别是排名全球第二大港口企业的上港集团有着雄厚的经济实力、现代的经营理念、专业的运营手段、健全的网络组织和成熟的管理经验。这次并购既是上港集团睿智眼光、务实态度和诚意的极佳诠释，也是一个靠大联强、优势互补、共谋双赢的典范之作。九江市政府王萍市长表示，今天的揭牌，既是一个成功的起步，也是一个全新的开始。省政府和九江市委、市政府将为公司的建设与发展创造宽松有序的环境，并提供大力支持和贴身服务。

（王凌云　杨　辉）

【江西远洋采取措施积极应对金融危机】 自2008年10月以来金融危机愈演愈烈，公司扎实做好成本控制的基础性工作，做好过“紧日子”的准备。在营运成本控制上，通过采取一系列措施，大幅削减和控制好机务费用，加强船舶燃油使用的核查和管理，加强预算控制和管理，推进单船成本核算和成本控制。在船期控制上，在固有运力的基础上，创造性地推出“质优价高”的揽货策略，全面扩大同高端客户之间的商业合作。同时注重货物装卸港、受载期和备货期同船期安排和航次时间的匹配，有效缩短非生产性停泊时间，降低船舶经营成本和港口使费，努力实现船舶航次效益最大化。在非生产性成本控制上，严控招待费、通讯费、办公费等管理费用，严禁大吃大喝，规范职工用水用电行为，提倡合理设置空调温度，养成随手关灯习惯，杜绝用办公电话“煲电话粥”行为。

（江西远洋）

【鹰潭市港联运贸易公司改制困难多】 鹰潭市港联运贸易公司是鹰潭交通局下属港埠国有企业，公司占地面积约4公顷，有职工80人。2001年8月16日经市产权办批复，同意公司以出让土地变现资产来解决公司改制职工的三项费用和偿还债务的实施方案，但根据鹰潭城市总体规划的要求，市有关部门作出了现阶段公司土地暂不符合出让条件的决定，使该公司土地资产迟迟不能变现，一拖就是6年。由于公司土地资产无法变现，致使改制工作无法推进，职工身份无法置换，职工生活费无法筹措，职工两保无法办理，改制成本不断增加。这一系列突出问题长时间得不到解决，已引起部分职工的强烈不满。公司患重大疾病的职工就有4人，医疗费用无法解决，不稳定因素增加。鹰潭市交通局就此事已反映多次，希望能尽快予以妥善解决市港联运贸易公司的土地资产变现问题，使土地资产能尽快得到处置，变现资金用于企业改制。

（徐才金）

【鹰潭市航运公司改制遗留问题多】 鹰潭航运公司的改制工作正在进行，只待政府沿江路开发，公司资产变现，解决房屋产权归属问题后，公司改制工作才可以结束。资产情况：①土地资产：公司现有土地面积12573.92平方米（1.25公顷），其中：江边土地7688平方米（0.77公顷），建设路4号（1栋6层）778.02平方米，建设路4号（2栋6层）2075.82平方米（此房产公司及住户均出资于1988年6月建成），胜利东路4107.9平方米。②房屋资产：公司现有公房面积：8735.28平方米，其中：立新村第三栋（东、西）487.93平方米，立新村第四栋（二层楼）111.56平方米，江边住宅、教室、仓储、厂房等35处，计5056.97平方米。③账面资金：账面资金4万元，应收承包款10万元，交通局财务存款5万元，欠款：欠交通局6.4万元，欠社保局3.8万元，欠工伤工资4.7万元，欠历年退休职工工资约20万元。④当前应解决主要问题：立新村第一栋集资建房1999年竣工至现在仍没办理房产证；立新村第三栋、第四栋、建设路4

号第一、第二栋公房产权和部分产权转让工作;200户自来水一户一表改造工作;部分困难职工就业、生病、住房、子女升学等问题;留守工作人员工资、办公经费问题。⑤改制扫尾工作:沿江路拆迁资产变现及职工住户安置工作;用变现资金解决房产权办理,用水改造等工作;剩余资金全体职工按职工大会确定分配资金方案进行分配工作。

(徐才金)

【赣州市水路运输市场稳定】 2008年,全市水路运输市场基本稳定。全年共实现港口吞吐量786.9万吨,其中:出口6万吨,进口780.9万吨:货运量786.9万吨,货运周转量72671万吨千米,客运量101.6万人,客运周转量961万人千米。全市现拥有运输船舶962艘,其中客运船舶110艘,客位3332座;货运船舶848艘,总吨位69265吨;油船4艘,总吨位18995吨。全市14个县(市、区)设有港口,即:赣州港、会昌港、赣县港、兴国港、于都港、上犹港、南康港、信丰港、龙南港、石城港、宁都港、瑞金港、寻乌港、崇义港。港口泊位总计501个。

(杨河良)

【上饶市港航管理上水平,业绩创新高】 2008年,上饶市港航管理处为切实抓住国家大力支持内河水运发展,打造长江黄金水道的大好机遇,编制了《上饶市鄱阳湖港区建设项目及重点项目》,明确了未来5年的发展目标;完成了《鄱阳港口总体规划》的初稿,已经鄱阳县政府初审通过;《万年港总体规划》已获得万年县政府批准;正着手编制《余干港总体规划》。三个主要港口的总体规划形成后,将进一步优化上饶市港口功能布局,也能充分维护和合理利用港口岸线资源。对水路运输企业13家、船舶277艘、港口企业9家进行全面的"四证"核查工作,吊销了"白天鹅旅行社"经营许可证,规范了水运市场秩序。全年完成船舶货运量282.5万吨,货运周转量50373万吨千米;完成客运量72.3万人,客运周转量2691万人千米。规费征收首次突破500万元大关,达到539万元,与上年同期比增长364.6%。

(陈均培)

【上饶市航运公司改制中实现稳定、维权、创收三丰收】 上饶市航运公司在改制过程中,着重抓了稳定、维权、创收三件事。稳定:通过市、县两级劳动和社会保障部门,为657名退休人员办理了基本医疗保险,使他们享受到改革的成果。维权:一是经过6年多的艰难诉讼历程,对上海利航机械厂生产的气垫船质量问题,于2008年12月在湖北省高级人民法院主持下,与上海七〇八所达成调解协议,由该所赔偿航运公司175万元;二是2007年4月租给都昌县鸿发航运有限公司王朝水赣远六号船三艘,而承担人擅自卖掉了赣远一号尾驳,通过鄱阳县公安局和山东省潍坊市公安局的介入,追回其余船只,并将王朝水抓获归案,被卖尾驳估价17万元已赔偿到位,查封了其名下的船舶一艘作财产保存,待司法机关追究其刑事责任和刑事赔偿。创收:该公司对国有资产实行个人全风险租赁承包,并有效地调动了承包经营者积极性,全年收缴租金16.2万元。

(陈均培)

水路运输线路

【省航务局千方百计做好航道维护与管理工作】 2008年,是江西又一特枯水年,1月至5月和11月至12月,赣江、鄱阳湖水位均低于历史同期水位,由此给通航带来了极大压力。为确保航道的安全畅通,全省航道部门积极应对,加大维护和管理力度,使之赣江和鄱阳湖水域航道通航保证率达到95%的目标要求。

1. 加强航道的维护性疏浚。省航务局在经费十分紧张的情况下,仍投入124万元,对斗门、小坊、象湖、龙口等7个浅滩进行了维护疏浚,共疏浚土方12.8万立方米,有效地保障了这些浅滩水域航道的畅通。

2. 加大河床清障力度。投入200余万元配置专门的设备,在船舶流量大,施工极危险的情况下,圆满完成了对涉航工程的清障任务。

3. 科学布设航标,确保标位准确。上饶航务分局在赣江东河三江口至瓢山31千米航道上设置了一类航标;鹰潭航务分局在信江西支新渡万家至三江口55千米航道上设置了二类航标;南昌航务分局针对枯水期航道窄、水流流速大、过往船舶多,以致航标易被撞毁、移位问题,在浅滩上增设了100多根棒形标志。这些举措,进一步改善了赣江、鄱阳湖、信江水域的安全通航条件,充分发挥了航标的助航作用。

4. 强化重点浅滩通航秩序管理。在枯水期航道维护管理工作中,各航务分局对重点航段、重点浅滩派专船驻滩守航,并根据水位和航道变化情况,及时进行调标改槽,及时安排挖泥船对碍航浅滩予以疏浚,对搁浅船舶实施引航和救助措施。10月至12月,赣江南昌大桥、小坊、象湖、铁河口等滩口相继告急,多次出现船舶搁浅或滞留情况,南昌航务分局迅即启动突发堵航事件应急预案,每天派出十几艘船艇,数十名海事、航道人员在现场进行通航管制,维护通航秩序,疏通受堵船舶,有效防范了重大堵航事件的发生。

5. 严格涉航工程项目的审批。由于全省加大了基础设施建设的投入,涉航项目越来越多,范围越来越广。为保证将涉航项目纳入规范管理,切实保护航道资源,各航道管理机构主动上门提供优质服务,严格把关,积极做好涉航工程项目通航技术标准的审批工作。2008年度,全省共审批了146个涉航项目(其中各分局审批涉航项目80个),完成了16座大桥的桥涵标设计审查,签订桥涵标经费合同1150万元,通航论证15项。

6. 认真落实通航河流桥梁桥涵标建设与养护责任。省局将全省五级以上航道已建的94座桥梁桥涵标建设与养护问题作为工作重点,列入专题研究,派专人负责,采取走上门、发信函等办法,走访相关单位100多人次,去函300多件。至年底,已落实了龙王庙赣江大桥、赣粤高速袁河大桥、昌邑山赣江大桥、吉安白鹭洲赣江大桥以及省高等级公路管理局管理的3座桥梁桥涵标的养护责任。

(张兆平)

【万安水库定期放水保通航建立长效机制】 2008年10月22日,由省交通厅牵头,会同省防汛抗旱总指挥部办公室、省电力公司调度中心、国电万安水电厂、省航务管理局、省航运管理局、赣州、吉安市交通局等单位在南昌市召开了万安水库枯水期定期放水协调会议。省交通厅胡琳副厅长主持了会议。

会议对自2003年以来万安水库实行枯水期集中放水解决赣江中游枯水通航情况进行了总结与交流,并就成立万安水库枯水期定期放水工作协调机构、确定放水时间、次数和放水流量以及协调放水期间相关事项进行了商讨,达成了共识,形成一致意见。会议决定成立由省交通厅、省防汛抗旱总指挥部办公室、省电力公司调度中心、国电万安水电厂、省航务管理局、省航运管理局、赣州、吉安市交通局等单位组成的万安水库枯水期定期放水工作协调小组,下设办公室,具体负责研究提出解决赣江中游枯水期运输船舶通航办法,协调落实国电万安水电厂放水时间及下泄流量,研究部署赣江中游枯水期排堵疏导保通航措施。会议商定,为利于港口装卸和船舶运行组织,最大限度地提高放水期通航效率,切实解决枯水期赣江中游通航问题,建立万安水库枯水期定期放水工作长效机制,原则上确定每年枯水期9月下旬、11月下旬万安水库水位达到95.6米,待进出万安至新干航段上下水船舶达到80艘以上条件下,定期集中放水各一次,每次放水时间12小时左右,下泄流量为1500立方米/秒(若遇紧急抗旱期放水事项另行商定)。放水结束后,省电力调度中心应合理安排万安水电厂发电负荷,尽快将水库水位恢复到正常发电水位。

会议确定在万安水库枯水期定期放水工作协调小组统一领导下,由赣州、吉安市港航管理处联合负责枯水期赣江中上游在港、在途船舶装运货物数量以及搁浅受堵情况收集,根据实际情况形成要求放水报告,报协调小组办公室,协调小组办公室接报告后及时协商并提出放水具体日期时段,报协调小组批准同意后,提前三天告知国电万安水电厂,由国电万安水电厂实施放水具体工作。协调小组办公室负责发布定期集中放水信息并协调集中放水时间段港航、航道、海事等部门通航保障工作事项。

会议要求建立赣州、吉安市港航管理处、吉安、宜春航务分局和国电万安水电厂定期放水协调工作制度,按照协调领导小组的统一部署,加强信息沟通,紧密协调配合,认真解决定期放水过程中出现的具体问题。同时要求各部门、单位上下联动,齐抓共管,认真做好万安水库枯水期定期集中放水组织协调工作,形成万安水库枯水期定期集中放水长效机制,切实解决万安水库枯水期赣江中游通航问题,促进全省水路运输事业又好又快发展。

(涂春如 杨 辉)

【心系水运业户,协调放水保通航】 2008年10月中旬以来,由于降雨量持续偏少,赣江万安至新干航段因水位偏低导致船舶无法正常航行。据统计,吉安市辖区万安至新干航段滞留在港区和途中的货运船舶有65艘,载重物资共2万余吨,严重影响了货船主的生产生活。为了解决水运企业和货主经营困难,经省交通厅航运管理局、省防汛抗旱指挥部、省电力公司及万安水电厂等相关部门协调,决定12月1日9时至24时,万安水电厂连续放水15小时,流量为1300立方米/秒,以补充赣江万安以下航道水量,保证河段通航的需要。不久,滞留在万安航段的几十艘货船顺利抵达吉安市木材检查站接受检查。

(吉安市交通局)

港口码头

【概况】 2008年,据第三次全国港口普查成果,全省拥有年吞吐量1万吨以上的港口63个,生产性码头泊位1709个,泊位总长度63061米,最大靠泊能力5000吨级;拥有千吨级以上泊位110个,港口生产性仓库面积238300平方米;铁路专用线总长12912米,其中装卸线3931米;港口装卸机械2528台(套),其中,起重机械1343台(套)、装卸搬运机械570台(套)、输送机械393台(套)、专用作业机械30台(套)、其他装卸机械192台,最大起重能力60吨。

2008年,全省港口完成货物吞吐量11993万吨,同比下降15%。其中:出口7074万吨,进口4919万吨,同比出口下降28%、进口增长17%;旅客吞吐量为467.59万人次,同比增长1.6%。其中出港229.13万人次,进港238.46万人次,同比增长0.5%和增长2.7%;集装箱吞吐量完成12.57万标箱、122.16万吨,与上年基本持平。

2008年,全省港口生产经营呈现以下几个特点:一是全省港口吞量最大货种还是矿建材(沙石),达到9461万吨,占全省港口吞吐量的80.39%,比上年同期下降20%。2008年由于受禁采沙因素的影响,九江鄱阳湖区沙石量锐减为3580万吨,比上年同期下降45%。受此影响的还有南昌地区,南昌沙石量亦大幅下降,仅达639万吨,比上年同期下降52%。赣江中游丰城同田一带,在下半年取消禁采后,三、四季度采沙量增长迅猛。宜春比上年同期增长28%,且采沙点由鄱阳湖区上移至南昌、和丰城区域。二是粮食、化肥的吞吐量分别达到32.53万吨、22.62万吨,分别比上年同期增长20%和29%。其中此二类货的进口量分别比上年同期增长13%和44%。粮食运量的增加主要是由于很多企业进口粮食加工饲料所致,而中央的惠农政策刺激了化肥的运量。因此此二类货种运量一改以往持续低迷的状况,与往年相比分别达到两位数以上的增长。煤炭、水泥等大宗散货运输量与上年相比略有下降。三是全省成品油吞吐量为171.66万吨,比上年同期下降23%。自2006年南京至九江炼油厂的输油管道投入使用后,对九江的石油运输冲击较大。九江至南昌的成品油管道的开通,更使得全省的油品运输锐减。其中南昌成品油的运输量从上年67.73万吨减至23.98万吨,减少了65%,宜春从上年的3.07万吨减至2.14万吨。在原油方面,由于年初国际原油居高不下,下半年受国际金融危机影响油价大跌等相关因素影响,原油的运输亦比上年同期下降3%。四是集装箱运输量2008年完成12.57万标箱,与上年基本持平。九江港完成80928标箱,同比下降8.2%,减少7251标箱。其中外贸箱量同比下降8%,但内贸箱量同比增长21%。从4月份起,集装箱吞吐箱量开始小幅下滑,同时南昌至上海港的"铁海联运"发展快、沿海省份依托全省设立"无水港",加速分流了九江港的箱源,这些均导致了九江港集装箱量的下滑。南昌港集装箱吞吐量仍呈现增长趋势,完成44780标箱,与上年同期相比增长18%。

2008年,完成基本建设投资3990万元。其中:建筑工程3699万元,设备购置271万元,其他费用20万元,累计新增固定资产523万元。施工项目个数13个,其中:2008年新开工6个,建成项目6个。新增生产能力:客泊位1个,通用散货泊位1个,泊位岸线长度60米,新增旅客吞吐能力25万人/年,货物通过能力30万吨/年。

重点港口建设项目方面,吉安港石溪头货运

码头2008年完成投资1631万元,累计完成投资2837万元,码头、堆场、供配电、给排水等主要生产性设施建设完成,初步形成生产能力。新干港河西综合码头2008年完成投资1274万元,累计完成投资2766万元,完成码头主体大部分工程量的施工。其他中小港站的建设进展顺利,工程质量合格率继续保持100%,未发生工程质量和安全事故。

(周国强)

2008年江西港口分货类吞吐量统计表

表14

货物吞吐量(万吨)				集装箱吞吐量(万标箱)	汽车吞吐量(万辆)	旅客吞吐量(万人次)
合计(万吨)	矿石	煤炭	油品			
11993	638.72	261.59	266.2	12.57		467.59

(周国强)

2008年江西港口泊位数统计表

表15

泊位长度		泊位个数	泊位年通过能力						
			货物(万吨)				集装箱	旅客	汽车
(米)		(个)	合计	矿石	煤炭	油品	(万标箱)	(万人次)	(万辆)
生产用	63061	1709	10791				10	800	
非生产用	3765	75							

(周国强)

2008年全省港口吞吐量(按货物形态、包装及货分类)

表16 单位:吨

货物分类	合计	外贸	出口	外贸	进口	外贸
货物吞吐量合计	1.2E+08	602181	70740141	401920	49193668	200261
1. 液体散货	2662058		1037961		1624097	
其中:原油	606458				606458	
成品油	1716645		937958		778687	
液化气、天然气及制品	172939		55613		117326	
2. 干散货	1.09E+08		64940210		44488152	
其中:煤炭及制品	2615677		279284		2336393	
金属矿石	2998565		373703		2624862	
散水泥	2211971		1448035		763936	
散粮	17050		10370		6680	
散化肥	0					
3. 件杂货	6621828		4021683		2600145	

续表 16

货物分类	合计	外贸	出口	外贸	进口	外贸
其中:木材	379193		368426		10767	
粮食	308294		105830		202464	
化肥	226188		3036		223152	
水泥	1551693		1293674		258019	
4. 集装箱(TEU)	125707	72432	60749	36451	64958	3598
重量	1221561	602181	740287	401920	481274	200261
其中:货重	970147	457317	618789	329018	351358	128299
5. 滚装汽车数(标准车)	0					
重量	0					

(周国强　刘燕萍)

2008 年全省港口吞吐量(按港口分)

表 17

港口	货物吞吐量				集装箱吞吐量			旅客吞吐量		利用自然岸坡完成船舶货物装卸量
	合计(万吨)	其中:外贸	出港		箱数(万标箱)	重量		(万人)	出港	
				其中:外贸		(万吨)	货重			
全省合计	11993.38	60.22	7074.01	40.19	12.57	122.16	97.01	467.59	229.13	829.80
九江	6182.31	60.22	5298.19	40.19	8.09	72.55	56.36	149.00	75.68	25.00
瑞昌	432.69		352.58					15.26	10.01	4.00
九江县	199.54		176.38					29.54	14.77	
九江(城区)	287.39		169.48							
九江(长航)	595.62	60.22	197.74	40.19	8.09	72.55	56.36			
湖口	1227.48		1138.12					23.80	11.90	
彭泽	411.65		397.70					51.80	24.20	
庐山区	2190.00		2052.43							17.00
都昌	722.50		704.08					0.40	0.20	
武宁	10.06		10.06					13.00	7.00	4.00
永修	66.54		65.79					15.20	7.60	
星子	38.84		33.83							
赣州	890.70	0.00	5.78	0.00	0.00	0.00	0.00	101.65	50.80	0.00
赣县	48.20							42.00	21.00	
宁都	150.00									
信丰	74.00									
会昌	26.50							14.90	7.50	

续表 17

港口	货物吞吐量				集装箱吞吐量			旅客吞吐量		利用自然岸坡完成船舶货物装卸量
	合计（万吨）	其中：外贸	出港		箱数（万标箱）	重量		（万人）	出港	
				其中:外贸		（万吨）	货重			
于都	90.00									
赣州	156.70		5.78							
南康	98.80									
上犹	9.60							29.50	14.70	
龙南	35.00							0.90	0.40	
寻乌	14.50									
石城	48.40									
兴国	89.00							7.90	4.00	
瑞金	35.00									
崇义	15.00							6.45	3.20	
吉安	980.43	0.00	17.67	0.00	0.00	0.00	0.00	20.60	12.70	0.00
万安	101.45		1.43					8.00	4.20	
泰和	228.37		3.19							
吉安	168.27		5.27					7.90	5.80	
吉安县	63.80		0.80							
吉水	98.36		5.29					3.20	1.80	
峡江	40.09		0.81					1.50	0.90	
新干	250.09		0.88							
永丰	30.00									
新余	83.50							46.20	23.10	
分宜	16.70							0.40	0.20	
新余	66.80							45.80	22.90	
宜春	1349.14	0.00	814.54	0.00	0.00	0.00	0.00	0.36	0.18	0.00
赣树（赣）	34.82		3.38							
丰城	1133.81		811.16							
上高	33.60									
高安	91.00							0.36	0.18	
袁州	10.50									
万载	19.80									
奉新	13.51									
宜丰	12.10									
南昌	1145.38	0.00	705.88	0.00	4.48	49.61	40.65	0.00	0.00	577.00
南昌	527.93		204.63		4.48	49.61	40.65			401.91

续表 17

港口	货物吞吐量				集装箱吞吐量			旅客吞吐量		利用自然岸坡完成船舶货物装卸量
	合计(万吨)	其中:外贸	出港		箱数(万标箱)	重量		(万人)	出港	
				其中:外贸		(万吨)	货重			
南昌县	327.95		298.75							23.79
新建县	206.50		202.50							112.30
进贤	83.00									39.00
景德镇	53.88	0.00	18.25	0.00	0.00	0.00	0.00	0.00	0.00	3.80
景德镇	35.63									2.00
乐平	18.25		18.25							1.80
上饶	618.84	0.00	213.70	0.00	0.00	0.00	0.00	72.18	27.87	224.00
万年	115.38		53.78					1.62	0.74	28.90
波阳	241.52		97.63					57.68	27.04	69.30
弋阳	41.20							8.04		29.20
余干	144.64		62.29					0.18	0.09	50.30
横峰	29.00									18.10
铅山	34.90							0.01		19.60
上饶县	9.60							1.11		5.80
玉山	2.60							3.54		2.80
鹰潭	236.20							77.60	38.80	
鹰潭	78.00							77.60	38.80	
贵溪	103.90									
余江	54.30									
抚州	453.00	0.00	0.00	0.00	0.00	0.00	0.00	0.00	0.00	0.00
南城	95.00									
临川	272.00									
金溪	86.00									

(周国强　刘燕萍)

【全省第三次港口普查港口港区等编码工作顺利完成】 按照第三次全国港口普查办公室的统一安排,各设区市港口普查办公室根据《第三次全国港口普查方案》中"先干流后支流,由上游向下游"的编排顺序要求,结合辖区港口实际情况,按照港口最小编制单位"一县一港"编制原则,通过摸底调查,对各辖区内的港口、港区、港口行政管理部门及港口经营单位等进行了编码。各单位编码工作已顺利完成,并通过了省港口普查办公室复核,至2008年底已正式报送交通运输部港口普查办公室。

纳入此次全省港口普查范围的共有59个港口、15个港区、1025户港口经营企业、73个港口行政管理部门,港口、港区、港口经营户数量均比第二次全国港口普查有较大增加。同时,对于还没有依法取得经营资格从事港口经营活动的组织和个人,仍按照普查有关规定,也纳入此次普查范围。

港口、港区等编制代码工作是港口普查重要的前期工作之一,编码工作的完成,为全省第三次港口普查工作顺利开展奠定了基础,为数据采集、数据处理等提供了方便。

（刘燕萍 杨 辉）

【南昌港国际集装箱码头月吞吐量连创新高】 2008年，南昌港国际集装箱码头的生产量连创新高，2至4月份，码头吞吐量已连续三个月超过4000标箱，4月份吞吐量达4281标箱，创历史最高纪录。

南昌港国际集装箱码头在上级领导的正确领导下，公司上下以深入学习实践科学发展观统领全局，一手抓安全，一手抓生产，实现了港区安全总体态势平稳，生产产量连创纪录的好成绩。据统计，集装箱码头1至4月份共完成集装箱吞吐量15480标箱，与上年同比增长25.42%，为完成全年生产任务打下良好的基础。

（江西远洋）

【南昌保税物流中心（B型）项目获国家批准】 2008年12月26日，海关总署、财政部、国家税务总局、国家外汇管理局等四部门联合下发批文，正式批准设立南昌保税物流中心，该中心是江西省首家获批的保税物流中心。

南昌保税物流中心项目的获批，极大地提升物流中心的商业价值和社会价值，有利于吸纳出口加工和商贸、物流企业的集聚，将使南昌乃至江西在外向型经济、国际贸易和现代物流等方面具备更优厚的政策优势，为推动南昌在全省优先发展和江西在中部地区崛起提供更加强大的支持。

据悉，全国共有近百家单位申请设立保税物流中心，此次批准了17家，同时获得批准的还有上海西北物流园区等16家保税物流中心。

（江西远洋）

【南昌港客运站客运全面停航】 南昌港客运站继2007年首次出现春运客轮停航之后，一直没有复航。2008年，南昌港开往鄱阳、都昌的客运航线继续全面停航，导致南昌港客运站站房闲置。该站为摆脱困境，积极想办法创收增收保生存，一是充分利用趸船、票房、站场等现有设备设施出租获取收益；二是引进安徽省安庆市“皖安庆游1号”游轮，开展夜游赣江水上旅游，部分减轻企业因停航造成的生存压力。

（平关正）

【江西国际集装箱码头集装箱吞吐量大幅增长】 2008年，受国际金融危机影响，江西省进出口贸易受到一定影响，导致外贸集装箱装卸量增速放缓，到下半年逐月下降。江西国际集装箱码头公司在困难情况下，借鉴先进的管理经验，创新管理模式，提升运作效率。2008年，公司完成集装箱吞吐量44780标箱，比上年增长17.5%；其中计量重箱28656标箱，比上年增长8.1%；集装箱拆装箱作业量6227标箱，比上年增长26.8%；散杂货（钢材）装卸量10.6万吨，比上年增长72%；全年完成营业收入1200万元，实现利润100万元。

（平关正）

【九江市港口管理局直属分局建立辖区码头图片档案】 九江市港口管理局直属分局辖区拥有港口岸线33.8千米，港埠企业51家，泊位93个，尤其是危货码头、砂石码头居多，成分复杂，管理难度大。按市局的统一要求，直属分局进行了一次全面摸底，从214码头顺江逐一排查，依序拍摄，做到一个不漏，首次建档成册。图片档案的建立为该局依法行政管理，为港口规划、港政管理、安全监督等工作提供了可靠的资料依据。

（蔡联欢 杨 辉）

【瑞昌石油公司165米长江岸线获合法身份】 瑞昌石油分公司7105油库趸船位于长江岸边深港区。该油库的165米长江岸线码头是20世纪70年代建成投产，早期原始办证依据不齐全，资料管理不规范，原本应持有的证件严重缺失。8月，在全省第三次全省港口普查中，该局瑞昌分局多次主动上门登记辅导办理相关材料和证件，组织相关专家对该公司使用的码头岸线进行综合评估，同时，该局主要领导还亲自深入该企业，了解实际情况，并要求分局及市局业务科室要根据企业实际解决企业困难。经过调查核实，九江市港口管理局最终确定该企业目前在用的165米岸线是2004年1月1日《中华人民共和国港口法》颁布实施前的历史形成岸线，在不改变岸线用途的原则下可以继续使用。并以此为前提，在3天内为该公司办好了《港口经营许可证》和《危险货物港口作业认可证》。为该公司165米港口岸线使用权确定了合法身份。

（蔡联欢 柯瑞华 杨 辉）

【九江市港口管理局完成港情摸底造册工作】 随着港口经济的发展,九江港情发生了很大变化。为全面掌握所辖沿江各港口码头分布发展现状及其岸线使用、规费征收、行政许可、安全隐患等级等基本情况,更好地履行港口行政管理服务职能,5月,九江港口管理局由规划建设科牵头,有关科室及各基层分局配合,通过分局上报、业务科室逐个核实的办法,历时两个月时间,对所辖沿江152千米五个港区内的港口企业或码头单位的码头基本情况进行了比较全面系统的摸底,并登记造册编制了《九江港港口码头现状表》。该表对港口企业和码头单位的企业(单位)个数、地址及联系电话,企业(单位)码头泊位分布、数量、长度、主要用途、服务类型、结构形式、经济类型、生产类型、投产时间、靠泊能力、年泊位通过能力及2008年计划年吞吐量、岸线长度及使用情况、规费征收情况、经营许可证办理情况、安全隐患等级等作了比较翔实的记载,真实地反映了九江沿江港口现状的全貌。

港情摸底造册工作的完成,使该局基本摸清了"家底",从而为上级进一步完善九江港区规划、推动九江沿江开发战略的实施提供了科学的决策依据,也为自身加强港口行政管理、服务港口企业提供了信息支撑,并为九江港顺利完成第三次全国港口普查奠定了坚实的基础。

(汪兰香　杨　辉)

【九江港在深化改革中迈出新的步伐】 当改革开放进入30周年的时候,九江港正在深化改革中,也走过了不平凡的一年。这一年,九江港在改革开放中,又迈进了一大步,并卓有成效地开展了工作。

2008年,继港口管理局与港口集团实施政企分开之后,上港集团九江港务有限公司和上港物流(江西)有限公司于2月18日正式成立,并进行改制,开展营运,由此而改变了长期存在政企不分的经营模式。与此同时,根据九江市政府九府厅发〔2007〕74号文关于长江江西段实行统一管理的规定,九江市交通局于2007年7月22日将九江沿江港政职能正式移交港口管理局统一管理,改变了长期以来条块互不协调和矛盾不止,一港多政的管理状态,条块分割的管理模式和由此而产生的弊端,已成为历史。

在实施统一管理中,九江港口管理局为与水运市场相适应,分别于2007年秋组建了五个分局:九江港口管理局直属分局于8月10日在浔阳区成立;九江港口管理局彭泽分局于8月18日在龙城镇成立;九江港口管理局九江县分局于8月22日在开发区成立;九江港口管理局湖口分局于9月28日在双钟镇成立;九江港口管理局瑞昌分局于10月29日在码头镇成立。长江江西段由此而形成统一管理新体制,并开展业务活动,有效地贯彻执行《中华人民共和国港口法》和《江西省港口管理办法》,并编制了《九江港总体规划》,推动了港口建设。上港集团九江港务有限公司城西港区集装箱码头,仅用14个月就于2008年12月27日建成投产,并发挥营运效益,是九江港有史以来,建设周期最短、速度最快和投资最多的工程项目。

长江九江辖区岸线实行统一管理后,为摸清港口设施家底,了解港口状况,按照全国第三次港口普查要求,对九江辖区内的港口设施进行了一次全面普查。到2008年底,九江港辖区共拥有各类码头195座213个泊位,总长8397延长米(内无浮趸设施的自然触坡作业码头48座,只计码头数未计泊位长度)。涉港经营单位和服务单位85家。另有港口、航道、海关、船检、海事等涉港管理部门5家。在现有码头分布中,分布在直属分局(主港区)的码头有91座98个泊位4629延长米(内无浮趸设施的自然触坡码头21座);分布在瑞昌分局的码头23座28个泊位1326延长米(内无浮趸设施的自然触坡码头4座);分布在九江县分局的码头20座24个泊位745延长米(内无浮趸设施的自然触坡码头2座);分布在湖口分局的码头25座25个泊位755延长米(内无浮趸设施的自然触坡码头10座);分布在彭泽分局的码头36座38个泊位942延长米(内无浮趸设施的自然触坡码头11座)。在这些码头中,靠泊能力在5000吨级及其以上的26座,在2000吨至3000吨级以上的54座。在生产性码头中,已装备各种装卸机械451台,最大起重能力达175吨。所有这些,在江西省都是领先的。另外,这里所说的无浮趸设施的自然触坡码头,主要是砂石码头,还有5座汽车轮渡码头。除此之外,在九江主港区内还有4个用于船舶系泊的船舶基地和1个用于油轮系泊的油基地,这5个基地配有5艘钢质浮趸,总长为282.69延长米。

2008年港口各项经济技术指标,在世界金融危机的影响下,虽有减缓,但总的态势仍呈现发展趋势。这一年,全港的港口货物吞吐量已达2315.1万吨,比上年增19.6%。其中瑞昌分局432.7万吨,增10.1%;九江县分局1995.5万吨,增4.1%;直属分局883.02万吨(其中上港集团九江港务有限公司595.62万吨),增2.5%;湖口分局388.2万吨,增178.9%;彭泽分局411.7万吨,增17.6%。各分局发展虽然不平衡,但其发展态势是好的。再从上港集团九江港务有限公司来看,各主要经济技术指标,与上年相比较,均略有下降:港口货物吞吐量595.62万吨,为上年的81.9%;集装箱吞吐量80927标箱,为上年的91.78%;外贸货物吞吐量60.22万吨,为上年的83.15%;港口装卸自然吨518.67万吨,为上年的93.80%。这种港口经济的局部萎缩,究其原因主要是:世界金融危机,使外贸水运量减少16.85%;综合运输格局发生变化,原油运输由水运改为管道输送,使港口货物吞吐量大减,2008年原油进港仅41.31万吨,只有2004年404.84万吨的10.2%;煤炭和金属矿,是进港的大宗物资,也比上年分别减少23.76%和6.89%。港口经济的如此状态,在一定程度上,也是我国经济外需疲软内需强劲的必然反映。

港口管理有85个涉港单位按不同业务职能范围实施管理。就性质而言,可分为行政管理与经济管理两大类,其共同特点是为水运市场运作和港口营运服务,在维护市场秩序,保障水运安全,搭建流通平台,提高服务质量,贯彻国家法规,推动经济发展,保护民生需求,增进港区和谐,保证水运畅通,加强港区协作,强化管理力度,规划港口建设,提高员工素质,促进临港产业,力促沿江发展等方面,都发挥了各自作用,并通过科学管理,实现上述工作目标。

九江市港口管理局和上港集团九江港务有限公司,作为九江港主要的行政管理部门和主营的营运单位,是历史形成的行政管理主体和经营的运作主体,其作用只可增强不可削弱。2008年,涉港各单位,对港口经济都作出了新贡献,沿江开放开发和建设更有了新进展。

(陈耀坤)

【九江港城西港区口岸通关中心奠基】 10月28日,九江港城西港区中央商务区口岸通关中心奠基暨沿江重大项目开工签约仪式在城西港区隆重举行。省委副书记、省长吴新雄出席仪式并下达开工令。省委常务、常务副省长凌成兴和省政协副主席、市委书记陈安众出度仪式并讲话。交通部长江航务管理局、长江海事局、中国船级社、省交通厅厅长马志武、省航运局局长于钦民及省、市有关领导出席当天的活动,奠基仪式后,领导们参观了即将竣工的城西港区30万标箱集装箱专用码头。

九江港城西港区口岸通关服务中心项目建设投资9.2亿元建设,预计2010年2月竣工。建成后的口岸通关中心,将集海关、国检、港航管理、金融保险、法律咨询、信息中介、货代、船代等单位为一体,为企业提供"一站式"集中通关服务,将有效缩短口岸通关速度,提高办事效率。

受省长吴新雄委托,凌成兴代表省委、省政府向城西港区中央商务区口岸通关中心奠基和沿江一批重大项目开工签约表示热烈祝贺,凌成兴指出,2008年来,九江市委、市政府带领全市人民,围绕"主攻大工业、打造大产业;构建大交通、搞活大物流;围绕大庐山、发展大旅游;着眼大格局、建设大九江"的发展思路,奋力进取,全市呈现出经济发展加速,全省排名前移的良好态势。特别是2007年10月九江城西港区一期工程奠基暨沿江20个重大项目开工建设以来,沿江开发扎实推进,开局良好。一是前期工作扎实推进,开局良好;二是港口建设扎实推进,开局良好;三是重大项目扎实推进,开局良好。2008年,又有56个重大项目开工或签约,这必将推进沿江开发,夯实发展基础,增强发展动力,积蓄发展后劲。他希望九江市委、市政府以这次奠基、签约和开工为契机,千方百计加快九江沿江开发开放步伐,着力引进重要客商,强力推进重大项目,全力培育重点税源;希望省直有关部门按照省政府协调会议精神,在推进沿江开发、城西港区建设、口岸平台建设、完善九江物流功能、沿江土地规划修编、建设用地报批和基础设施建设等方面继续给予支持;希望今天奠基、签约、开工的项目法人抢抓机遇,落实责任,力争早日开,早日建成,早日投产见效。

省长吴新雄强调,九江在全省具有"四个不可替代"的战略地位,大力实施沿江开发,把九江建成长江沿岸和中部地区重要的经济中心城市和港口城市,是省委、省政府做出的重大决策,是全省上下的重大期待,是九江干部的重大责任。我们要以学习贯彻中共的十七届三中全会精神为动力,认真领会省委、省政府主要领导在近期调研座谈时的一系列讲话精神,分析形势,研究对策,增强信心,有效应对,突出重点,攻克难点,开拓进取,先人一步,高人一筹,全力以赴谋划重大项目、全力以赴争取重大项目、全力以赴推进重大项目,为九江市的科学发展、协调发展、跨越式发展创造新的辉煌。

(王凌云 杨 辉)

【九江成为首批两岸直航港口】 根据海协会会长陈云林与海基会董事长江丙坤11月4日在台北签署的《海峡两岸海运协议》,双方同意相互开放主要对外开放港口作为直航港口。大陆方面现阶段开放的63个港口中,九江港作为其中之一,今后将与台湾港口实现直航。

九江港是全省唯一对外开放的一类水路口岸,过去从该市运往台湾的货物,不能直接通关运往台湾,使得运输成本大大增加。被列为此次相互开放港口,实现两岸海运直航,有利于减少物流成本,加强两岸的经济合作,对全省外向型经济特别是对台贸易带来新的机遇。

(杨 辉)

【吉安市人民政府颁布《吉安市港口岸线管理办法》】 为加强港口管理,充分开发和合理利用港口岸线,有效保护港口资源,维护港口的安全与经营秩序,保护当事人的合法权益,促进港口的建设与发展,吉安市人民政府依据《中华人民共和国港口法》、《江西省港口管理办法》有关规定,于2008年9月17日出台了《吉安市港口岸线管理办法》(以下简称《办法》),10月1日起实施。

《办法》总计15条,包括出台《办法》的目的意义,港口岸线、深水岸线、非深水岸线的概念界定,岸线主管机关,岸线审批的前置条件、审批所需提供资料,岸线审批的程序、权限和时限,岸线使用期限以及岸线使用人的权利和义务,岸线管理法制等。《办法》立意明确,规定清晰。主要体现三个原则:一是岸线资源国家所有。其所有权不属任何企事业单位和个人,明确市港航管理处是全市岸线主管机关,代表市政府管理全市岸线资源。二是依法有偿使用岸线,取得港口岸线使用权的单位和个人,应按照《江西省港口费收规则》缴纳港口岸线使用费的相应规费。三是新上项目使用岸线要符合城市总体规划和港口规划。

(肖小红 杨 辉)

【《樟树市港口总体规划》通过省发改委、省交通厅专家审查】 12月16日,省发改委、省交通厅共同在南昌召开了《樟树市港口总体规划》(以下简称《规划》)审查会。

省国土厅、省水利厅、省建设厅、省交通厅规划办、航运管理局、航务管理局,宜春市政府、市发改委、市交通局,樟树市港口规划编制工作领导小组成员单位和特邀专家共30余人参加了会议。会议由省交通厅计划处处长梁必康主持,省交通厅副厅长胡琳出席会议并讲话。

会议首先由省港航设计院介绍了《规划》编制情况,专家组对《规划》进行了认真讨论,一致认为该《规划》资料基本齐全、符合交通部港口总体规划编制内容及文本格式要求,遵循了“深水深用、浅水浅用、综合开发、远近结合、宏观控制、环境保护”的规划原则,认为《规划》适度超前是可行的,认同将樟树港定位为推进樟树市及周边地区经济发展,集产业布局、资源开发服务、装卸储存、中转换装、临港开发等功能为一体的综合性港口。专家组对《规划》提出了很好的建设性意见,要求尽快修改完善。

省交通厅副厅长胡琳分析了当前国际、国内交通运输形势、水运发展格局,强调港口规划要适应经济发展的需要,指出樟树港必须按照规划要求合理布局,充分利用区位优势加快港口基础建设,更好地为带动樟树市以及周边地区经济发展发挥作用。

(张小平 郑小龙 杨 辉)

2008 年鹰潭市港口吞吐量(按货物形态、包装及货类分)

表 18　　单位:吨

货物分类	合计		出港		进港	
		外贸		外贸		外贸
货物吞吐量合计	238.1		1.9		236.25	
1. 液体散货						
其中:原油						
成品油						
液化气、天然气及制品						
2. 干散货(砂石)	236.25				236.25	
其中:煤炭及制品						
金属矿石						
散水泥						
散粮						
散化肥						
3. 件杂货						
其中:木材						
粮食						
化肥						
水泥(钢材)	0.26		0.26			
4. 集装箱(标箱)	1.64		1.64			
重量						
其中:货重						
5. 滚装汽车数(辆)						
重量						

说明:进出港旅客 78 人,其中:出港旅客 39 人。统计负责人聂燕,制表人聂燕,报出日期 2008 年 12 月 30 日。

水路运输船舶

【江西远洋首次实现船舶租进业务】 为了运输由中国辽宁鲅鱼圈到巴布亚新几内亚莱城的钢材,江西远洋公司根据货主钢材运输的需要,于 2008 年 9 月 1 日从市场上 TCT(航次租)租进"泰华"轮以满足货物运输需要。由于事前各项工作部署到位,事中跟踪,船舶到港口后得到及时靠泊,避免了因港口堆场不足的长时间等泊情况发生。从这次航次完成情况看,"泰华"轮在遭遇台风绕航的情况下,依然取得了较好的效益。此举开启江西远洋由将船舶租出到租进的先河,实现由拥有船舶向控制船舶迈出第一步。

(江西远洋)

【省地方海事局启动船舶一卡通工程】 3 月 21 日上午,在江西地方海事局船舶管理信息卡(简称船舶 IC 卡)首发式上,全省第 1 张编号为 3511000000 的船舶 IC 卡由省地方海事局局长李天碧发给省远洋运输公司"赣远 11 号"集装箱运输船,以此标志着国家海事局船舶一卡通工程在江西正式进入推广实施阶段。

船舶一卡通工程是全国海事系统的一项重大信息化建设项目。其基本目标是:依托网络平台,通过实现船舶登记数据统一化、船舶签证电子化、管理数据统计智能化、各项业务协同化和证书管理网络化等,最终实现船舶监督管理的信息化和智能化,推动船舶监督管理模式向现代化管理转变。

省地方海事局在业已完成船舶登记档案的全面清理,在制作IC卡和开展相关设备、软件使用培训工作的基础上,将陆续向全省船舶免费发放IC卡。此卡实行一船一卡制,相当于船舶的电子"身份证",具有船舶身份标识、船舶基本信息、证书信息、安全检查等现场监督信息和进出港信息储存、签证管理等功能。该工程全面实施后,持卡船员不再需要携带成堆的船舶证书,仅用刷卡的形式就可在全省各海事机构便捷地办理签证、安检手续。同时,通过船舶动态管理信息系统实现海事机构纵向、横向信息沟通,有效地遏制和打击制售使用假船舶证书的违法犯罪行径,使守法船员的合法权益得到更可靠的保护,进而提高海事部门的监管效能。

(许海远)

水路旅客运输

【2008年全省水路春运实现安全、优质、有序、和谐目标】 据统计,2008年全省水路春运40天,共计投入各类客船271艘,9909客位,累计完成旅客运输量410624人次,与上年同比净增59258人次,增长16.9%,累计运送农民工174810人次。

春运期间,赣州市水路旅客运输量同比净增75386人次,增长165.9%;九江市水路旅客运输量同比净增4228人次,增长1.8%;吉安、上饶、鹰潭、新余市水路旅客运输量分别下降4.1%、47.9%、35.8%、63.4%。南昌港由于航道水位枯浅以及没有旅客等原因,整个春运停航。

春运期间,全省各级港航管理部门和港航企业采取切实有效措施,加强组织领导,周密部署安排,深入客运站点,开展春运安全检查,严把春运市场准入关,强化市场监管,消除安全隐患,并根据春运期间农民工回乡、返城和学生潮旅客运输量比较大等情况,每天组织安排运政、港政执法人员到客运现场值守,维护客运现场秩序,协助疏导旅客上下船,切实保障旅客的乘船安全。尤其是针对第一、二旬出现的持续灾害性雨雪冰冻天气,为确保水路旅客运输安全,各有关港航管理处相继成立了灾害性天气应急工作领导小组,处领导带队,带领干部、职工分赴各港、站、客运码头,每天深入一线清扫积雪,更换、铺设草袋、麻袋等防滑物品,帮助做好防冻、防滑、防雨雪工作,保障旅客走得了、走得好、走得安全。春运40天,全省水路客运未接到旅客投诉,未发生水上旅客安全事故,实现了"安全、优质、有序,和谐平安春运"的工作目标。

(张掌华 杨 辉)

【2008年"十一"旅游黄金周全省水路旅客运输工作圆满完成】 "十一"旅游黄金周期间,全省水路共投入运力432艘、13485客位,安全运送旅客142475人次,同比减少360人次,下降0.2%,完成客运收入275.81万元。由于各级港航管理部门提前做好了准备工作,对主要航线、旅游客运站(点)进行了现场值守,加强了安全防范工作,安全措施和责任落实到位,全省未接到一起旅客投诉,水上旅游客运未发生一起安全事故,顺利完成了"十一"旅游黄金周旅客运输任务。"十一"旅游黄金周全省水路旅客运输的主要特点是:旅游风景区旅客运输量火爆,普通客运大幅减少。鹰潭龙虎山、新余仙女湖、井冈山井冈湖由于天气晴好,游客量大增,旅客运输同比分别净增运输量15446人次、1900人次、2290人次,分别增长58.1%、12.0%、97.4%。九江、上饶、吉安等市的普通水路客运出现不同趋势的下降,同比分别下降35.0%、15.7%、29.8%。

(张掌华 杨 辉)

【南昌市港航管理处抗击雪灾确保旅客安全】 1月中旬以来,江西省遭受罕见的雨雪冰冻灾害,冰冻给交通运输,尤其是公路旅客运输造成了严重的影响,南昌市长途汽车站积压大量返乡过年的旅客。为确保旅客安全,南昌市港航管理处急群众所急,想群众所想,积极组织全处干部职工120

人次,24 小时轮流值班,支援、帮助南昌市长途汽车站清除积雪,维持车站秩序,做好滞留旅客的疏导和各项安全保卫工作,帮助解决旅客的实际困难,以自己的实际行动谱写了一曲众志成城,抗击雪灾;万众一心,融化坚冰的乐章。

2 月 20 日,江西长运集团有限公司专程送来一面"抗击雪灾,构建和谐,疏导旅客,确保平安"锦旗,对该处在灾情最严重的时刻、旅客最需要的地方所做出的辛勤付出表示诚挚的谢意。

(吴　琪　杨　辉)

【九江市港航职工奋战冰雪确保市区水路客运畅通】 元月中旬以来,雨雪冰冻灾害天气严重影响旅客运输,在铁路受阻、高速封闭的情况下,九江市城区港航管理所广大干部职工迅速行动起来,竭尽全力抗击灾害,确保了水路客运安全畅通。一是投资 1 万多元,赶制客运趸船护栏,保证旅客安全。二是及时扫除冰雪,加铺防滑物料,在斜坡道、钢引桥、趸船扫出旅客通道,垫上草袋、沙子防滑。三是设置旅客休息室供候船旅客防雪防寒。备足饮用水无偿提供旅客饮用。四是干部职工轮流值班,随时为旅客提供服务。市区客运码头确保每小时开出一班客船,满足了过往旅客的需要,日客运量达 1200 余人。

(邵寿鹏　杨　辉)

【鹰潭市水路旅客运输】 全市共有船舶 297 艘,载客量 1161 客位;载重量 6955 吨。其中:国有运输企业 68 艘/1161 客位;其他运输企业 229 艘/6955 载重吨。航线 1 条。

2008 年,全市全社会完成旅客运输量 38.8 万人,旅客周转量 272 万人千米;完成货运量 238.1 万吨,货运周转量 2994 万吨千米。

(徐才金)

【鹰潭市"十一"黄金周水路运输】 "十一"黄金周期间,全市共投入客船 125 艘/2216 客位。为了让来龙虎山风景区的游客度过一个自然、温馨、和谐、安全的旅游黄金周,切实做好"十一"假日期间水上交通安全工作,确保旅游秩序井然有序,实现"安全、秩序、质量、效益"四统一的目标,鹰潭港航处与龙虎山风景区安保所对各水上交通设施、安全设施进行了一次全面的督查。一是对游船采取强制措施,淘汰不合格的游船设施,安全救护设施配置齐全完好,严禁无证船舶参加旅游运输。二是对泸溪河旅游线路的急流险滩、危险地段的警示标志进一步完善,"十一"期间在四甲、云锦滩、道堂岩各处落实安全员,负责节日期间水上安全的指引工作,确保节目安全。全市共运送旅客 5 万 9 千余人。

(港航处)

水路货物运输

【江西远洋运输公司圆满完成 2008 年各项生产任务】 2008 年,国际国内经济形势发生了重大深刻的变化,国际国内航运业遭受到极其严峻的挑战,江西远洋的发展遇到前所未有的困难。由于国际金融危机所引起的经济滑坡,海运 BDI 指数从 11790 点跌到 663 点,形势变幻莫测、跌宕起伏。面对严峻的市场形势和巨大的生存压力,公司表现出非凡的勇气和毅力,较好地应对了发展中所遇到的种种困难和突出问题,2008 年依旧实现远洋运输收入同比增长 14%,使企业在"寒冬"中经受住了煎熬,在磨砺中增强了应变能力,确保了公司生产经营的健康平稳和企业发展的和谐有序。

2008 年江西远洋运输公司完成远洋运输航次 103 个,比年度计划少 5 个,为年度计划的 95%,完成货运量 60.23 万吨,为年度计划的 90%,周转量 7.59 万万吨海里,为年度计划的 99%,全年实现营运收入 8915 万元(含租船收入),为上年同期的 114%,为年度计划的 104%,实现年度利润 333 万元。支线运输完成航次 570 个,为去年同期的 110%,为年度计划的 110%,完成集装箱运量 34323 标箱,为上年同期的 122%,为年度计划的 114%,实现营业收入 3281 万元,为上年同期的 121%,为年度计划的 109%,实现利润 259 万,为上年同期的 105%,为年度计划的 130%。

2008 年,公司圆满完成 2008 年初制定的安全生产目标。通过开展安全生产隐患排查治理专项行动和"安全生产月"活动,不断强化员工安全生产意识,提高员工的安全防范能力,全年没有发生任何上等级安全事故,10 艘次远洋船舶防抗台风成功率 100%。港口国检查方面,2008 年公司所属船舶共接受 PSC 检查 13 艘次,接受 FSC 检查 3 艘次,未发生滞留。

2008 年集装箱码头完成集装箱吞吐量 44780 标准箱,为上年同期的 118%,为年度计划的 99.6%,实现营业收入 1227 万元,为上年同期的 126%,为年度计划的 105%,实现利润 103 万元,为上年同期的 154%,为年度计划的 86%。

2008 年江西中货完成中远出口箱 12342 标准箱,为上年同期的 118%,为年度计划的 96%,中远进出口内贸重箱量 3296 标箱,为上年同期的 164%,为年度计划的 112%,散杂货业务量 1.4 万吨,为上年同期的 44%,为年度计划的 28%,实现利润 353 万元,为上年同期的 92%,为年度计划的 101%。

(熊晓红)

附属工业

【概况】 江西交通附属工业主要是汽车、机动车维修业,造修船业和公路附属工业三大类。

全省 2008 年机动车维修户 9716 户,其中,一类机动车维修 238 户,二类机动车维修 1155 户,三类机动车维修 5433 户,摩托车维修 2890 户。全年完成主要工作量 2267577 辆(台)次,其中,整车修理 30032 辆次,总承修理 158894 台次,二级维护 611373 辆次,专项修理 1449263 辆次,维修救援 18015 辆次。全省汽车综合性能检测站 58 个,年完成检测量 265748 辆次。江西汽车维修企业 100 余家在汶川地震时,为抢救灾民捐款捐物,一次就募捐 26 万元,仅江铃旗下 3 家子公司就捐款 10 万余元。

在水运工业中,九江将成为长江中段最大的造船基地。九江 2008 年有造船企业 15 家,主要产品有化学品船、油船、散装货船、集装箱船等 14 个品种。该市已经形成 88 万载重吨的设计造船能力,123 万载重吨的设计造船能力正在建设中。南昌市,江西造船有限责任公司完成出厂船舶 8 艘,完成工业总产值 2835.9 万元,比上年增长 21.1%。

公路附属工业,省公路局物资储运总站赣州沥青库扩容建设工程顺利竣工,扩容后,该库容量从 3000 立方米,扩大到 14900 立方米。

(凌景波人)

汽车机动车维修业

2008 年江西机动车维修业一览

表 19

单位名称	机动车维修业户					完成主要工作量					
	合计	一类机动车维修	二类机动车维修	三类机动车维修	摩托车维修	合计	整车修理	总承修理	二级维护	专项修理	维修救援
	(户)	(户)	(户)	(户)	(户)	辆(台)次	(辆次)	(台次)	(辆次)	(辆次)	(辆次)
全省合计	9716	238	1155	5433	2890	2267577	30032	158894	611373	1449263	18015
南昌市	711	57	201	424	29	190813	5521	45483	107995	31411	403
景德镇市	321	12	41	232	36	11454	244	3010	4940	3082	178
萍乡市	313	30	56	226	1	22680	0	0	22680	0	0

续表 19

单位名称	机动车维修业户					完成主要工作量					
	合计	一类机动车维修	二类机动车维修	三类机动车维修	摩托车维修	合计	整车修理	总承修理	二级维护	专项修理	维修救援
	(户)	(户)	(户)	(户)	(户)	辆(台)次	(辆次)	(台次)	(辆次)	(辆次)	(辆次)
九江市	838	18	179	448	193	209593	3217	12770	38399	153768	1439
新余市	297	20	50	148	79	70916	1118	3482	28130	37717	469
鹰潭市	271	8	50	163	50	71326	1020	4675	16850	46571	2210
赣州市	1776	18	105	937	716	734707	4814	15019	105303	609571	0
吉安市	1389	15	114	772	488	322960	2969	15501	81719	217635	5136
宜春市	2107	32	136	1074	865	107950	5326	7425	70985	21984	2230
抚州市	598	6	58	347	187	157055	1577	8836	57920	86880	1842
上饶市	1095	22	165	662	246	368123	4226	42693	76452	240644	4108

2008 年江西汽车综合性能检测站一览

表 20

单位名称	汽车综合性能检测站							
	数量合计	完成检测量合计	维修竣工检测	等级评定检测	维修质量监督检测	其他检测	排放检测	质量仲裁检测
	(个)	(辆次)	(辆次)	(辆次)	(辆次)	(辆次)	(辆次)	(辆次)
全省合计	58	265748	94024	147794	7497	16444	511	15
南昌市	4	35445	6398	29009	38	13	0	13
景德镇市	2	8058	5127	2931	0	0	0	0
萍乡市	2	9732	0	9732	0	0	0	0
九江市	8	16653	2840	13042	0	771	0	0
新余市	2	8650	0	7134	0	1516	0	0
鹰潭市	1	6472	3896	2576	0	0	0	0
赣州市	9	58930	24694	19415	5200	9621	0	0
吉安市	9	50330	31189	15720	1030	2391	0	0
宜春市	7	25822	1369	23513	721	219	0	0
抚州市	4	15245	4998	8847	0	1400	0	0
上饶市	10	30411	13513	15875	508	513	511	2

【全省机动车维修质量信誉考核工作圆满完成】 2008 年,全省共有 1262 家一、二类维修企业参加机动车维修质量信誉考核,其中:质量信誉 AAA 级(优良)企业 92 家,占考核企业总数的 7.3%;AA 级(合格)企业 356 家,占考核企业总数的 28.2%;A 级(基本合格)企业 769 家,占考核企业总数的 60.9%;B 级(不合格)企业 45 家,占考核企业总数的 3.6%。

(陈　毅)

【江西省交通行业首部地方标准出台】 首部行业技术规范——江西省《汽车客运站出站车辆进行安全例行检查技术规范》(DB36/T534—2008)由省质量技术监督局正式发布,于 2008 年 3 月 5 日开始实施。该标准对汽车客运站出站车辆安全例行检查的机构、对象、内容、要求及相应的设施、设备、人员、质量管理、安全生产等条件做了详细的规定,是道路运输管理部门对汽车客运站站级核定的依据之一。该标准的出台对于加强营运车辆技术管理,提高营运车辆技术水平,确保营运车辆安全运行,预防、减少因技术状况因素而引发的交通事故,具有十分重要的意义。

(陈 毅)

【江西出现首家“江西快修”品牌门店】 为落实交通运输部“鼓励机动车维修企业集约化、专业化、连锁经营”要求,2008年,省运管局下发了《关于推进我省汽车快修业发展的指导意见》,提出加快江西省汽车快修业发展,打造“江西快修”服务品牌,大力推动汽车快修连锁企业的建立和发展。要求根据汽车技术的发展和社会大众对汽车维修的实际需要,抓住江西一大批私家车进入养护和配件更换期的时机,积极引导汽车快修业的发展,鼓励连锁经营,推动机动车维修业由传统产业向现代服务业转型,为广大老百姓和车主提供方便快捷、服务规范、质量优良、收费合理的汽车维修服务。

由省运管局起草制定的省地方标准《汽车快修业开业条件》(DB36/T540—2008)于12月1日正式开始实施,为汽车维修快修业发展提供技术支持。同月,首家“江西快修”品牌门店“国力驿站”在南昌成立。

(陈 毅)

【南昌市汽车维修企业为四川地震灾区捐款】 四川汶川发生大地震后,南昌市运管处迅速联合市汽车维修行业协会、驾驶员工作委员会、汽车行业协会向全体会员发出募捐倡议,得到全市汽车维修企业、汽车检测企业、车商、驾驶员培训学校近100家会员单位的响应。在5月15日下午的认捐大会上,一笔笔饱含全行业人士真诚爱心的捐款流入募捐箱,短短的几十分钟就为灾区人民募得善款26万余元,仅江西江铃汽车集团旗下三家子公司捐款就达10万余元,其中江西江铃汽车销售有限公司捐款55000余元。此次活动得到南昌市慈善总会的高度评价,市慈善总会的李秘书长代表灾区人民接受善款,他表示,这些钱将立即汇往灾区,帮助受灾群众重建家园。

(刘 萍)

【江西长运汽车修理厂连续三年荣获3A诚信企业】 6月,在江西省维修企业质量信誉考核中,江西长运汽车修理厂作业场所、工艺流程、维修设备、信息管理等,经过省、市运管部门交叉检查,顺利通过考核,连续第三年获得3A级诚信维修企业称号。

(童建频)

【江西长运修理厂中标省、市公务用车维修定点单位】 2008年,省市公务用车修理业务招标单位增多,竞争更加激烈,中标难度不断加大,江西长运股份有限公司长运修理厂通过自身资源优势,再次成功中标,巩固了修理厂作为省市公务用车维修定点单位的优势地位。

(童律频)

【江西长运机动车检测中心注册为法人资格】 12月12日,江西长运股份有限公司全资子公司江西长运大通物流有限公司所属江西长运机动车检测中心完成独立法人注册。注册名称:江西长运机动车检测中心有限公司,为检测中心开展车辆检测奠定了法律依据。与此同时,江西长运股份有限公司机动车检测中心2008年通过安检机构常规检验资质评审,获安检机构常规检验资质许可证。成为南昌市第一家获取从事机动车安全技术检验资格的检验机构。

(孙晓栋)

【景德镇市车辆综合性能检测站规范服务行为】 10月8日,是景德镇市车辆综合性能检测站开业5周年的日子。5年来,该站累计检测各类营运机动车辆96617辆次,诊断车辆技术故障和安全隐患数千起,成为全市营运车辆安全行驶的“保护神”。

该站是景德镇市规模最大、设备最齐全、技术最先进的A级检测站,占地13320平方米,建筑面积近5000平方米,总投资560万元,年机动车检测能力可达3万辆以上。车辆检测站是一个服务性机构,提高文明服务意识显得尤为重要。“我们所有的努力,都是为了您的安全”是该站始终坚持的质量方针。为此,他们进一步完善“公开服务项目、公开服务程序、公开收费标准”的“三公开”制度,推行承诺服务,健全服务责任到人和车主投诉申诉程序等规章,从站长到检测员、引车员,每个岗位都有明确具体的工作职责、规范的服务程序。每辆送检的车辆从检测前的全车清洗开始到检测结束,只需5分钟左右的时间便可得出检测结果。

他们严格按照《国标GBl8565营运车辆综合性能要求和检测方法》的规定检测车辆,据实填写交通部统一制定的《汽车综合性能检测报告》。为防止人为因素影响检测结果,该站实行检测过程网络化管理,实现了仪器仪表电子化、检测设备电脑化、检测项目系统化、测试功能双向化、检测数据在线化、结果分析智能化,做到了每一个检测结果都符合被检车辆的实际状况,为消除车辆运行中的安全隐患提供了科学准确的依据。

（涂　强）

【汽车维修市场问题多】 国庆期间,景德镇市某局驾驶员陈师傅按照单位领导的指示,开着现代“瑞风”商务车到南昌昌北机场接客人,车子刚上景鹰高速公路就熄火了。经检查,原来是由于时规皮带齿扣脱落导致发动机点火时间发生紊乱,气缺中有3只气门不同程度被顶弯。得知故障原因,陈师傅满脸狐疑,心想时规皮带换了才不到两年时间,更没有达到行驶8万千米必须更换的期限,怎么就脱齿了呢?后经专业人士指点,才知道上次换的时规皮带是伪劣产品,就因为这根价值不到300元钱的东西,使车子的维修费用花去了4000多元。

由于机动车辆社会保有量的迅猛增长,到2008年9月底,景德镇市共有大大小小的汽车修理厂(店)430余家。这些汽修厂(店)中的一些“修车人”为了能多拉到一些业务使出浑身解数,不再“以质量求生存”,而是将不正当竞争当成“法宝”。“回扣”拉住回头客。虽然政府部门及财务全额拨款单位的公务用车维修实行政府采购,但仍有数量庞大的其他企、事业单位的车辆维修服务的选择权掌握在驾驶员手上。一些汽修厂(店)抓住少数公车驾驶员图小利的心理,备有各种“赠品”,凡来修车都可以根据修车定额的大小给驾驶员“赠品”,如果驾驶员对“赠品”不感兴趣,这些汽修厂(店)便会使出另一绝招——“回扣”。汽修厂(店)修好车后开发票前都会问驾驶员“开多少”?这就说明发票上的金额肯定比实际修车费用要多一些,至于多开多少,则因各单位财务制度松紧程度不同而有所区别。这种把“甜头”给驾驶员的手段,是汽车维修行业流行多年的“潜规则”,目的是想拉住这些回头客。

“新手”变身技术骨干。维修技术人员素质低、维修设施简陋、质量把关不严,是汽车维修行业中存在的另一主要问题。关于汽车维修企业和汽车专项修理业户的开业条件,交通部(2008年改为交通运输部)早有明文规定,对汽车修理厂修车和停车场位置的设置、流动资金、通用设备、技术管理人员、安全生产、企业管理等方面都制定了具体标准,可真正符合开业经营条件的只占少数,相当多的汽车维修店都是租一间门面房,雇2至3个修理工,再买上一套简陋的修车设备便匆匆开业。一时间,占道修车、在公共场所修车成为景德镇市一道“景观”。虽然近两年来创建活动不断深入,城区修车店有所减少,但在非主干道及城乡结合部,此类修车活动依然司空见惯。汽车维修是一项技术含量较高的工作,一辆车的故障排除和修复程序与修理人员技术、经验的深浅有直接关系,但有些汽修厂尤其是临街的多数修理店,为节省开支,便“大胆”使用初级工甚至学徒工上阵,以至于“聋子治成哑巴”的事时有发生,尤其是车主不在修理现场的时候,这些“新手”更是放开了膀子干,俨然是经验丰富的技术骨干。如此修车,其质量可想而知。11月中旬,市民章先生把自己的私家车送到所住小区附近的一汽修店,让修理工排除发电机不发电的故障。车子修好后,他接过车一开,发现方向发飘,吓得出了一身冷汗。章先生心想:本想图个方便,也为了省钱,却没想到修成这样,要是不试车就开上街,非出事不可。

“假劣”当作正品卖。汽车配件的经销与汽车维修紧密相关,因为现在的汽车维修大多是零配件的更换。虽然车辆维修清单上的汽车配件明码标价,但实际上其采购价是否与清单标价一致以及是不是所修车辆生产厂家的正品,只有汽修厂(店)经营者心知肚明。当然,也有一些车主贪图便宜,抱着侥幸心理,明知是假冒配件也照用不误。殊不知,假冒伪劣汽车配件的危害关键体现在它起不到正品汽车配件应起到的作用。因此,使用和安装了假冒伪劣汽车配件无疑是给自己驾驶的车辆安装了不知什么时候就会爆炸的“定时炸弹”。有一个姓冯司机曾于2007年夏天将车子送给某汽修店修理时更换了不少配件,其中包括左前轮的6只轮胎螺栓。在此后不到一个月的运货途中,这6只劣质螺栓突然齐刷刷地一起断裂而造成交通事故,虽然自己只受了点轻伤,也没有撞到其他车辆和行人,但仍损失了数千元。

（涂　强）

【全省汽车修理工技师操作技能考核在新钢举行】 11月1日,全省汽车修理工技师操作技能考核在新余钢铁厂汽运公司举行。参加汽车修理工技师操作技能考核的修理工是在经过第一轮理论培训考试选拔后,再进行为期一个月第二轮理论培训后考试后产生的。参考修理工要参加拆读汽车电路图、五十铃车型综合故障诊断和排除、利用电脑解码器诊断和排除小车电喷发动机故障等三个大项的考核。

（刘荣庆）

【新余市开展汽车三类维修市场专项整治】 2008年7月,为进一步加强新余市汽车三类维修市场的管理,提高三类维修业户的维修质量和水平,端正行业风气,规范维修市场秩序。构建统一、开放、竞争、有序的汽车维修市场体系,该市运管处组织县(区)运管所对全市汽车三类维修市场开展了专项整治活动。专项整治活动主要是清理现有在册的223家汽车三类维修业户,严厉查处汽车维修业户经营活动中的欺诈和违规行为,全面清查汽车维修业户无证、无照的三类维修业户,督促三类汽车维修业户建立质量保障体系,全面落实质量管理制度,提高管理水平、维修质量和服务质量。此次专项整治重新核发经营许可证8家,下发整改通知书30家,取缔14家,有效地遏制了无证、无照三类汽车维修业户非法经营现象,汽车三类维修业户服务质量有了明显提高,用户投诉率明显减少;汽车维修经营者的经营行为明显规范,较好地提高了汽车维修行业的社会效益和经济效益。

（林　闽　姜正义）

【上饶汽车维修质量月活动日趋高潮】 为响应省汽车维修行业协会向全省汽车维修企业发出的倡议,上饶市运管处、上饶市道路运输行业协会于3月份,向全市汽车维修企业发出了如下倡议:守法经营、诚信为本、尊重用户、优质服务、保证质量、公平竞争、文明生产、开拓创新。同时,全市各汽车维修企业深入开展了诚实守信、规范修车、优质服务月活动,并于3月14日~16日,在全市十二个县(市、区)所在地中心广场分别举行了“汽车维修质量”咨询活动日,主要内容是:运管部门进行行业义务咨询、发放宣传资料;维修企业向市民解答了有关维修质量保证期及相关的收费标准。其间,共向市民发放了1800余份“诚信优质服务”承诺书,向社会作出了诚信为本、热情接待、优质服务、收费合理、规范经营、文明生产、杜绝假冒伪劣配件、保证质量、接受监督等9项承诺。

（钟远发）

造修船业

【江西造船公司和谐创业求发展】 江西造船有限责任公司2008年积极落实“精细管理、文明生产、科学发展、和谐创业”的工作思路,明确管理职责,完善管理制度,拓展市场份额,以改革改制为契机,在改革中求生存,在改制中谋发展,在危机中找商机,适时调整经营策略,使企业在市场夹缝中求得生存机会。2008年,公司完工出厂船舶8艘,完成工业总产值2835.9万元,比上年增长21.1%,其中造船产值2323.1万元,修船产值72.9万元,工程机械、钢结构及其他产值439.9万元。

（平关正）

【九江成为长江中段最大造船基地】 地处长江中游的九江市已经形成88万载重吨的设计造船能力,123万载重吨的设计造船能力正在建设中。九江成为长江中游最大的中小型船舶制造基地。九江市现有规模以上造船企业15家,主要产品有化学品船、油船、散装货船、集装箱船等14个品种,2008年8月底九江市造船企业手持订单100艘。8月27日,新加坡订购的两艘海上石油平台工作船在同方江新造船有限公司码头上进行舾装。

（章　武）

【九江市港口管理局湖口分局港政艇成功合龙】 10月21日，湖口分局港政艇在珠海江龙船舶制造有限公司成功合龙。该艇为单机、单桨、单舵、柴油机为动力驱动的折角型玻璃钢快艇，总长：12.00米、设计水线长11.36米、型宽2.75米、型深1.15米、设计吃水0.55米、排水量6.65吨。

该港政艇是该局正式行使港口行政管理职能以来，投资基本建设最大的项目，艇造价为34.6万元，按计划11月底将交付使用。湖口分局是2007年刚组建的，基本的设备、设施严重不足，该艇的投入使用必将给湖口分局的港政管理、规费征收等工作带来极大的便利，为今后的管理工作奠定基础。

（丁本领　杨　辉）

公路附属工业

【江西省公路管理局物资储运总站赣州沥青库扩容建设工程顺利竣工】 2008年8月，江西省公路管理局物资储运总站赣州沥青库扩容建设工程顺利竣工。该工程项目历时9个月，共投资420余万元，建设了3个3500立方米容量的沥青储罐、1个1000立方米容量的重油储罐、4个100立方米容量的基质沥青和改性沥青双用罐，使该库库容量从3000立方米扩大到14900立方米，大大提高了沥青中转能力和效率，为确保赣南赣中高速公路建设沥青的大量需求提供了硬件保证。

（王　蓉）

【宜春路桥工程局对机械设备做足文章】 宜春路桥工程局对机械设备做足文章，采取市场租、废旧修等办法，盘活现有的机械设备，并使一批陈旧设备发挥了较好的作用，确保了固定资产的保值增值。2008年，实现机务总产值236.1万元，比计划提高18%，实现经济效益33.67万元，占年计划的169%。筑机完好率90.21%，比计划提高20%，运输车辆完好85.1%，比计划提高10%，设备增值率6.9%。

（雷小洪　熊　抚）

科技　教育　卫生

科　技

【概况】 2008年,江西交通科技工作以科学发展观为统领,紧密结合全省交通事业发展对科技的需求,加强交通科技创新工作,取得了丰硕成果。全年完成交通科研项目39项(详见表21),比2007年翻了一番,成果水平也有显著提高,16项科研成果达到了国内领先水平或国内先进水平,1项科研成果达到了国际先进水平;并提供了规划研编文件2项,提供技术标准研编文件3项,提供施工技术指南和规范研编文件2项,获得国家专利1项。

科技管理工作成效明显。2008年,全省交通科技在继续安排公路水路建设、管理技术研究项目的基础上,结合行业发展的要求,突出重点,一是优先安排节能减排科研项目,推进节能减排领域科技进步;二是优先安排地方技术标准的科技项目,推动全省交通行业生产、建设与管理工作走向标准化、规范化。全省交通系统共申报交通科技项目75个,通过专家立项评审,确立了46个科技计划项目,另有4个科技项目被列入省科技计划,在省科技厅的支持下,交通方面的科技项目"江西省交通安全关键技术研究"、"隧道内驾驶行为特性及事故防治技术研究"被列入省科技支撑计划项目,"景鹰高速公路黄竹山隧道LED照明示范工程"被列入火炬计划及示范工程项目。年度省级交通科技计划项目数实现了新的突破。2008年,交通厅安排科研项目补助经费300万元,各承担研究任务单位投入配套经费3305万元,争取到省科技计划项目4项,获得支持经费

15 万元。

科技奖励申报和推荐工作进一步重视。省交通厅推荐的由景婺黄(常)高速公路建设项目办公室、同济大学、江西省公路科研设计院共同完成的“景婺黄高速公路隧道群施工若干关键技术研究”获 2008 年度省科技进步奖三等奖,由赣粤高速公路股份有限公司、江西方兴科技有限公司共同完成的“基于 GIS 的高速公路养护管理决策支持系统”获得中国公路学会科学技术奖三等奖。

一批科技人才茁壮成长。2008 年省交通厅组织的交通运输工程专业高、中级技术职称的评审中,210 人通过专业评审,其中,工程师 113 名,高级工程师 97 名。另有经济师、会计师备案 40 人。省科委和其他系列评委会评审通过交通系统教授级高级工程师 11 人,自然科学研究员 2 人,高级经济师 5 人,高职教授 9 人,高职副教授 7 人,高级会计师 2 人。省高等级公路管理局质量监督站工程师陈京钰被列入“江西省青年科学家(井冈之星)培养对象计划”,这是省交通系统员工首次获此项荣誉。

科技合作与交流工作得到加强。为培养科技人才,省交通厅科教处采用“走出去”的方法,利用交通部召开的现场交流会,先后派出 12 名青年科技人员参加部组织的环保示范路、科技示范路、温拌沥青示范路等现场经验交流会活动,提升了科技人员的业务水平和开阔了工作视野。各单位积极采用“引进来”办法,举办不同层次、不同对象的技术讲座和学术交流会。

科技成果推广应用工作得到加强。为加快科技成果转化为生产力,省交通厅科教处发挥学会和社团中介作用,开展各项活动。与省公路学会合作,编写了《江西交通科技成果选编(工程技术篇)》,并印发了 100 多本;与省公路学会联合举办了一次以公路和隧道、桥梁为主题的科研成果推介会,重点推广 8 项科技成果,包括“高速公路填沙路基关键技术研究与应用”、“桥梁支库计算机 PLC 全监控更换系统及成套技术开发”等成果,为科技成果向现实生产力转化提供了一个交流平台,80 多位有关人士参加了推介活动。

科技基础设施建设得到加强。在调查厅直属各单位的科技实验条件的基础上,整合资源,依托省交通科学研究院成立江西省交通科技推广中心,组建江西省交通运输技术创新中心,为解决全省公路水路交通建设中的重大技术难题提供技术支撑,为交通科技自主创新提供了一个技术合作交流的平台。各科研单位的实验设备、仪器和工作条件也得到了进一步改善。

科学技术标准工作实现了新的突破。为推进交通行业技术标准化建设,2008 年,省交通厅把地方技术标准和规范的研编作为科技工作重点之一,以科技项目为支持,促进地方技术标准和规范工作的开展。《汽车维修业快修开业条件》、《江西省高速公路联网收费技术要求》、《公路工程设计后期服务规范》、《公路填砂路基施工技术规范》4 项省地方技术标准编制计划全部列入 2008 年度省交通厅科技项目计划,《江西省高速公路服务区规划与设施建设指南》厅行业标准也列入科技计划;2 项省地方标准《江西省汽车客运站出站车辆安全例行检查技术规范》、《江西省公路工程项目勘测设计成果质量检查、验收、评定规程》经省质量技术监督局颁布,在全行业正式实施。

交通科技统计工作全面启动。根据交通运输部开展交通科技统计工作的部署,省交通厅于 2008 年 11 月起全面启动全省交通科技统计工作,举办了“交通科技统计报表制度宣贯培训班”,并于年底前完成了 2006、2007、2008 年三个年度的交通科技项目、成果、经费、科研机构等方面的统计工作。

节能减排工作得到科技重点支撑。省交通厅积极扶持节能减排领域科技项目研究,交通科技项目计划资金向节能减排项目倾斜,在 2008 年度交通科技计划项目中,节能减排类项目有《江西省公路水路交通节能中长期规划(2008～2020 年)》、“沥青混合料厂拌冷再生技术在昌九公路技术改造项目中的应用”、“废轮胎胶粉改性沥青在高温多雨地区高速公路中的应用研究”、“LED(发光二极管)技术在隧道照明系统中的应用研究”、“非现金高速公路收费技术(ETC)应用研究”、“106 箱干支直达标准集装箱船的开发”、“船用柴油机油水智能乳化装置研制”等,占总项目数的 40%,这些项目研发的成果,将有效地提高交通行业节能减排工作的成效。

(朱国英)

2008年江西省交通科技成果

表21

编号	项目名称	完成单位	负责人	成果编号	备注
200400015	重力式U型桥台裂缝缺陷调查与处治研究	省交通工程质量监督站	栾建平	赣交科鉴字[2008]第01号	
200300001	船员信息管理系统	省航务管理局	严春生	赣交科验字[2008]第02号	
200500028	“稽查通”移动稽征管理系统	省交通稽查征费局	熊　钧	赣交科验字[2008]第03号	
200600016	江西省收费公路招商引资机制研究	省交通厅外经办、上海济邦投资咨询公司	寇　平	赣交科验字[2008]第04号	
200500012	珍珠岩拌和料在农村公路建设中的应用研究	上饶市交通局、华东交通大学	欧　辉	赣交科鉴字[2008]第05号	
200400009	控股子公司管理和经营业绩评价指标体系研究	江西赣粤高速公路股份有限公司	黄　铮	赣交科软评字[2008]第06号	
200300015	公路工程勘察设计检查验收评审规程	省交通设计院	罗贤虎		被列为省地方技术标准
z20050003	景婺黄(常)高速公路隧道防灾与安全管理系统研究	景婺黄(常)高速公路建设项目办、同济大学	郭忠印	赣交科鉴字[2008]第08号	
z20050001	抗滑表层SMA及沥青碎石排水基层ATB设计与应用技术研究	景婺黄(常)高速公路建设项目办、同济大学	邝宏柱	赣交科鉴字[2008]第09号	
200500024	体外预应力加固预应力砼梁式桥应用研究	江西交通职业技术学院	刘开健	赣交科验字[2008]第10号	
200700024	江西省汽车客运站出站车辆安全例行检查技术规范	省道路运输管理局	王赣军		被列为省地方技术标准
200600015	江西省高速公路养护规划研究	省交通厅规划办公室	冯义卿	赣交科软评字[2008]第12号	
z20050007	RM模块式GPS车载职能终端	省交通厅信息中心	余力克	赣交科验字[2008]第13号	
200200016	网络化公路工程信息管理系统	京福高速公路建设项目办公室、省公路管理局通信总站	刘　理	赣交科验字[2008]第15号	
200300003	江西省交通基本建设管理信息系统	省交通厅基建管理处、省公路局通信总站	袁望京	赣交科验字[2008]第16号	
200500014	旧砼路面上加铺新砼路面层的技术研究及应用	抚州市公路局抚八线指挥部、抚州赣东公路设计院	吴宜义	赣交科验字[2008]第17号	
200400005	昌九高速公路技术改造之试验路研究	赣粤高速公路股份有限公司嘉和工程咨询监理公司	谭生光	赣交科鉴字[2008]第18号	
2008Y0001	RS2000抗车辙改性沥青在昌九高速公路技术改造中的应用研究	赣粤高速公路股份有限公司北京新桥技术发展有限公司	谭生光	赣交科鉴字[2008]第19号	
200600005	106TEU干支直达标准集装箱船的开发	江西省港航设计院	赖招权	赣交科鉴字[2008]第20号	
200500029	船舶柴油机示功图识别专家系统开发	江西远洋运输公司、武汉理工大学	赵建歧	赣交科鉴字[2008]第21号	
200400011	昌金高速公路沥青路面结构层综合研究	昌金高速公路建设项目办公室、长沙理工大学		赣交科验字[2008]第22号	
200800017	江西省高速公路服务区规划与设施建设标准	省交通厅规划办公室、南昌大学城市规划研究所	冯义卿	赣交科软评字[2008]第23号	
200600026	公路桥梁移动荷载振动响应及冲击系统研究	上饶鄱余公路项目管理处、华东交通大学	吴铭汉	赣交科鉴字[2008]第24号	
200500016	钢管砼索拱桥关键技术研究	省公路科研设计院、华东交通大学	彭德清	赣交科鉴字[2008]第25号	
200600018	大厚度、大宽幅摊铺应用技术研究	景婺黄(常)高速公路建设项目办、长沙理工大学	邱文东	赣交科鉴字[2008]第26号	
200600025	江西省交通综合行政执法模式研究(公路部分)	省交通稽查征费局　交通部管理干部学院	王江军	赣交科鉴软评[2008]第27号	
200100002	公路隧道信息化施工与质量检测技术研究	省交通科学研究院	雷茂锦	赣科鉴字[2008]第149号	

续表21

编号	项目名称	完成单位	负责人	成果编号	备注
200400024	江西省高速公路沥青路面修筑技术研究	省交通科学研究院	雷茂锦	赣交科鉴字[2008]第29号	
200600014	基于航测遥感技术的公路数字影像集成系统	省交通设计院、省测绘局	陈　国	赣交科鉴字[2008]第30号	
200400020	公路规费征收质量管理研究	省交通稽查征费局	刘锦生	赣交科验字[2008]第31号	
200600023	通行费征收站机动车拒交证据收集系统	省交通稽查征费局	刘伯康	赣交科验字[2008]第32号	
200600024	征费数据分析挖掘及科学决策辅助系统	省交通稽查征费局	熊　钧	赣交科验字[2008]第33号	
200800018	江西省公路水路交通节能中长期规划	省交通厅规划办公室、交通部科学研究院	冯义卿	赣交科软评字[2008]第34号	
200600013	隧道洞口三维设计系统	省交通设计院	朱海涛	赣交科签字[2008]第35号	
200600004	鄱阳湖区风浪要素预报研究	省航务局、长沙理工大学	徐　良	赣交科鉴字[2008]第36号	
200500017	钢筋混凝土肋拱偏心矩增大系数研究	省交通科学研究院	丁　青	赣交科鉴字[2008]第37号	
200600007	昌樟高速公路环湖高架桥结构性能改善和病害防治技术研究	昌樟高速公路管理处、省交通科学研究院	彭发根	赣交科鉴字[2008]第38号	
20050006	高速公路联网收费路径识别技术研究	省高速公路联网管理中心	夏太胜	赣交科鉴字[2008]第39号	

【"公路隧道信息化施工与质量检测技术研究"成果通过鉴定】 2008年11月29日，江西省科学技术厅组织有关专家在南昌市召开"公路隧道信息化施工与质量检测技术研究"成果鉴定会。

该项目是省科技厅2003年科技计划项目，2001年已列入省交通厅科技计划项目，由省交通科学院承担研究任务。主要研究内容：通过对量测信息的分析，得出了以板岩为主的隧道围岩变形和支护结构动态变化的规律；通过对相思亭隧道施工数值模拟，确定了该连拱隧道施工开挖过程中前行洞与后行洞的合适间距；通过现场试验对比研究，得出了适合初期支护质量和二衬质量检测的雷达与天线组合类型。与会专家一致认为，该课题研究成果在景婺(黄)常、景鹰、武吉等高速公路隧道施工中应用，在信息采集、处理与反馈、指导施工等方面，采用的方法先进、信息可靠，对保证隧道施工质量和安全起到了重要的作用，其成果对类似隧道工程建设具有指导意义。课题研究成果填补了省内空白，达到国内先进水平。

(龚仁平)

【"江西省高速公路沥青路面修筑技术研究"成果通过鉴定】 2008年12月16，省交通厅组织有关专家在南昌市召开"江西省高速公路沥青路面修筑技术研究"成果鉴定会。

该项目是省科技厅2005～2008年度技术开发专项计划项目，2004年已列入省交通厅科技计划项目，由江西省交通科学研究院、江西省交通厅乐温高速公路建设项目办公室、长安大学、东南大学共同完成。该课题主要解决乐温高速公路沥青路面修筑中关于材料组成、结构组成设计的关键技术问题，以达到防止乐温高速公路沥青路面出现早期破坏、延长其使用寿命的目的。首次提出沥青混合料粗细集料的分界粒径，优化了AC－13、AC－20、AC－25和ATB－25沥青混合料的组成设计；研发了乳化改性沥青粘结层材料。参加会议专家认为，该项研究成果为省内今后其他高速公路沥青路面修筑提供技术支持，成果达到国际先进水平。

(龚仁平)

【"钢筋混凝土拱桥肋拱偏心增大系数研究"成果通过鉴定】 2008年12月27日，省交通厅组织有关专家在南昌市召开"钢筋混凝土拱桥肋拱偏心增大系数研究"成果鉴定会。

该项目为省交通厅2005年度重点科研项目，由省交通科学研究院、上饶市交通局、华东交通大学合作完成。主要研究内容：随着交通运输业的发展，拱桥施工技术水平的提高，高强度材料的应用，钢筋混凝土拱桥朝大跨度、轻型化发展，结构也变得“轻”、“柔”。设计中应考虑大变形理论，用挠度理论或非线性有限理论来计算内力。研究钢筋混凝土拱结构的偏心增大系数在中小跨径拱桥设计中具有现实意义，而国内外对此项研究较少，因此有必要从简便、合理以及适用等方面，对钢筋混凝土拱结构的偏心增大系数进行专门研究，提出钢筋混凝土拱桥二阶弹塑性设计方法。与会专家们认为，提出的拱桥设计方法可行，安全系数达标。

(龚仁平)

【江西省交通运输技术创新中心成立】 2008年11月10日，江西省交通厅批准成立江西省交通运输技术创新中心。技术创新中心与江西交通科学院合署办公，主要职责是：立足全省交通运输现状，跟踪国内外现代交通运输业科技研究的发展趋势和最新技术，引进、消化、吸收国内外先进技术成果，整合省交通运输系统科技资源，形成自主创新能力，从而提升江西省交通运输业建设质量和管理水平。并发挥创新中心的技术优势，构筑起交通运输业的科技项目开发与攻关、中心试验基地、标准化、质量检测、信息与人才交流的平台。

(龚仁平)

【江西省交通厅科技推广中心成立】 2008年12月31日，江西省交通厅批准成立厅科技推广中心。江西省交通厅科技推广中心与江西省交通运输技术创新中心合署办公。推广中心将围绕全省交通建设工程领域，跟踪国内外交通科技发展新信息，重点是“四新技术”的市场化推广运用，即在省内推广应用经过科技成果鉴定的先进、成熟的新技术、新材料、新设备和新工艺。推广中心对全省交通建设“四新技术”进行评估咨询、审查、认证，收集发布新技术信息、登记备案新技术，搭建全省交通建设“四新技术”交易平台。负责推广应用示范工程的组织实施和管理，承担全省交通运输行业工程领域地方标准、规范、规程、技术法规的制定和发布等。

(龚仁平)

【省交通科学院筹建试验检测基地】 2008年，为进一步提高省交通科学院科技实力，培养人才成长，完善质量管理机制，该院建立了工程试验检测实验室。为做好全院资质申报工作，全年投入1000多万元购置试验检测仪器设备，培训专业技术人员，顺利通过了交通运输部的评审，该院取得公路工程桥梁隧道试验检测专项资质。

2008年11月10日，省发改委批准江西省交通科学院试验检测基地立项，经选比和洽谈，决定在南昌县小蓝经济开发区购置土地，建设江西省交通科学院试验检测基地。

(龚仁平)

【温拌沥青技术在江西省道路施工中成功应用】 7月4日，在武吉高速公路九岭山隧道路段进行的温拌沥青技术首次应用并取得成功。

温拌沥青混合料较热拌沥青混和料在不改变施工方法达到同样路面使用性能前提下，具有节能、减排、环保的优点，节能达40%，即拌和每吨混和料可节省柴油约2公斤，温室气体及有害气体减少排放50%，有害气体(沥青烟)减少排放90%。同时，温拌沥青混合料较热拌沥青混和料对温度要求不敏感，具有更好的压实性能，能达到更好的压实效果。温拌沥青混合料对环境温度要求较低，现场的摊铺温度控制在10℃～130℃即可，这样增加了年均施工时间。由于温度降低能减少沥青烟的排放，使施工人员具有较好的施工环境并有利于环境保护，能见度增加及施工环境温度的下降有利于加强施工人员的责任心。由于摊铺温度要求不高，温拌料温度散失慢，在进行抗滑表层超薄罩面时可以减少沥青路面摊铺厚度，降低工程成本。

温拌沥青技术(WMA)已在北京等地区成功应用，省高管局省庄养路站进行温拌沥青技术在道路摊铺施工中应用的研究，经过半年多的技术攻关，解决了温拌剂的选择和最佳掺配比例等技术难题。

在沥青道路路面的施工和养护中，温拌沥青技术在加快施工进度，节能减排、减少沥青路面厚度、增加年均施工时间，具有较好的实用价值。

(黄树华)

【“昌九公路技改项目”在“第四届全国公路科技创新高层论坛”学术交流】 2008年5月16～18日，中国公路学会主办的“第四届全国公路科技创新高层论坛”在北京举办，中国科协书记处书记冯长根，交通部原副部长王展意、李居昌等出席论坛并发表讲话。各省、市、自治区交通行业，相关院校、科研机构的领导、院士、代表共千人参加了会议。江西省交通厅副厅长席芳柏，省公路管理局局长曹先扬、省高管局局长谢来发和该省交通部门的代表共33人组团出席论坛。

两年一次的“全国公路科技创新高层论坛”是我国公路交通科技工作者学术交流的重要平台。这次高层论坛的主题是“创新公路交通科技，推进现代交通业发展”。论坛安排了31个专题报告和科技成果展示等。

在江西省交通科研成果展示厅，交通部原副部长李居昌听取了省交通厅副厅长席芳柏介绍江西两年来交通科研工作情况，观看了江西交通科学成果展，他肯定了江西省交通科研工作取得的成绩，并勉励参会代表继续努力，用科技创新推动交通事业快速发展。

18日上午，赣粤高速公路公司常务副总经理谭生光在公路养护主题会场作“昌九高速公路技术改造项目”学术演讲，他从项目总体设计、关键技术、项目现场管理和交通组织以及项目财务管理等方面介绍了昌九公路技改中取得的科技创新成果。40分钟的演讲得到与会代表的一致好评，演讲结束后，很多同行继续咨询有关问题。

赣粤高速公路公司作为高速公路运营管理的企业，不断提高企业科技水平，积极开展以公路养护技术为核心的科技工作，研发高速公路智能运输系统（ITS）的应用，并陆续完成交通部、江西省和省交通厅10多项重点科研课题，有的项目成果获省部级科技进步奖。该公司将继续强化全员科技意识，在智能化运输体系（ITS）、高速公路综合信息管理系统（ERP）与高速公路相关的高新技术领域加大科研及投入力度，提高高速公路管理和运营水平。

（欧阳龙）

【“江西交通运输安全GPS监控系统开发与应用”获省科学技术进步二等奖】 2008年3月25日，2007年度江西省科学技术奖评选结果揭晓，由省交通厅信息中心承担的“江西交通运输安全GPS监控系统开发与应用”获江西省科学技术进步奖二等奖。

“江西交通运输安全GPS监控系统的开发与应用”作为全国唯一按省级规模集中式架构开发的交通运输安全GPS监控系统统一平台，于2005年8月建成并投入使用，在技术和创意方面在同类系统中处于国内领先水平。通过GPS系统，运管部门可对客车超速行驶、疲劳驾驶、车内超员等信息进行实时监控，为防止交通事故提供了技术保障。省交通厅投资2000多万元支持该项目的推广，完成全省125个三级（省、市、县）运管监督网络、183个专业运输企业监控中心的建设、7000多台营运客车和危险品运输车安装使用GPS车载设备，提高了全省交通运输行业的安全监管水平，取得了良好的社会效益和经济效益。

（欧阳新文）

【省交通设计院科研成果累累】 2008年，省交通设计院继续推进“人才兴院、科技强院”战略，不断更新专业技术人员专业知识，依靠科技进步提高设计水平和质量。该院修改完善《技术进步奖励办法》，激励工程技术人员技术创新和科研开发积极性。投入329万元，购买仪器设备109台（件）、软件97件。编写22个项目课题立项申请书，通过专家评审，向省交通厅推荐18个申请立项课题。另有2个科研课题结题，其中“基于航测、遥感技术的公路数字影像集成系统”经专家委员会鉴定，认为该研究成果在测量数据模型简化算法方面具有创新性，公路数字影像集成技术达到国内领先水平；“隧道洞口三维设计系统”研究成果填补了国内隧道洞口三维设计软件的空白。

针对工作中的薄弱环节，该院组织技术力量进行科技攻关，11月3日该院有6个QC小组发布研究成果，“提高钢弦传感器在隧道支护结构检测中信号输出的稳定性”、“武宁至吉安高速公路笔架山大桥与隧道连接处理”2个QC小组获江西省勘察设计协会优秀QC小组称号，“第五设计所QC小组”获中国勘察设计协会优秀QC小组称号，“高速公路智能交通监控外场设备供电技术研究”获全国交通行业优秀QC小组称号。

在公路设计和软件开发方面，《济南至广州高速公路江西鹰潭至瑞金段工程可行性研究报告》、“公路四阶段交通量预测系统”分别获江西省优秀工程咨询成果二、三等奖。“高速公路填沙路基关键技术研究与应用”获江西省科学技术进步三等奖。“公路四阶段交通量预测系统开发"获江西省建设工程勘察设计优秀计算机软件一等奖。"赣粤高速公路昌傅至泰和段设计"获中国公路勘察设计优秀设计二等奖。

(朱　革)

【省交通设计院QC小组获全国交通行业优秀质量奖】 2008年8月,省交通设计院QC小组因承担"高速公路智能交通监控外场设备供电技术研究"获2008年度全国交通行业优秀质量管理小组称号。

高速公路建立以信息技术为核心的智能交通管理与控制系统,在综合利用交通资源、提高交通效率、改善交通环境,保障高速公路交通畅顺、安全等方面取得了重大成果。省交通设计院承担了全省已建和在建2000多千米高速公路智能交通管理与控制系统工程的设计。针对设计中遇到的智能交通监控外场设备分布广、间距大,大部分监控外场设备为单相供电,如何选取合理的供电方式以保证智能交通监控外场设备正常运行等问题,该院成立"高速公路智能交通监控外场设备供电技术研究"QC小组,进行专题研究,经过半年的研究,总结出组合式供电设计方案,即低压电缆供电加上太阳能供电的一般适用条件和运用原则。本着从用户的需求出发,兼顾施工可操作性进行设计,优化设计方案,使设计科学合理、经济可靠、高效环保。研究成果在昌九高速公路技改工程中应用,大大缩短了施工工期,降低了资源消耗,受到相关单位好评。在2008年初的冰冻雨雪灾害期间,太阳能供电系统经受住22天以上恶劣气候的考验,稳定供电。

(朱　革　谢路锋)

【省交通设计院试验检测工作取得好成绩】 2008年,省交通设计院试验检测工作以重点工程前期工作为主,开展多项试验检测工作,完成了年度目标管理各项指标,与往年相比取得较大成绩。

1. 开展了路面组成试验,完成德兴至南昌、永修至武宁(庐山西海)、瑞金至寻乌高速公路初步设计的沥青路面(上、中、下)组成试验工作,改变了该项工作长期委托外单位试验的局面,提高了该院试验工作的综合能力,节省了经费开支。

2. 隧道岩芯样部分试验过去委托外单位进行,该院组织人员通过多种渠道学习、交流,顺利完成了隧道岩芯样的抗剪、波速、弹模试验,填补了该项参数试验的空白。

3. 该院试验室承担了彭湖高速公路、德兴至南昌、永修至武宁高速公路委托外单位进行的地勘项目试验工作。经过70天的紧张工作,完成了彭湖上汾、德南、永武、瑞寻5个项目的材料试验工作,实现试验产值100余万元。

(龚南生)

【"106TEU干支直达标准集装箱船开发"课题成果通过鉴定】 10月24日,省交通厅召开了"106TEU干支直达标准集装箱船开发"课题鉴定会。省内外有关专家听取了课题组介绍,查阅了相关技术资料,并观看了实船,经质询并讨论,专家组认为:该课题符合鉴定条件,主要技术指标达到科技合同规定的要求,圆满完成研制任务,研究成果达到国内先进水平。

该船是由省航运管理局和江西水运集团公司共同研制的,线型采用球首、双尾节能船型技术;操纵方面采用艏驾驶室,双机、双桨;结构方面采用双底、双壳,货舱区纵向结构的形式;符合环保安全规范要求。通过船模试验和实船营运验证表明,该船的快速性、操纵性和经济性能良好,可望成为全省水路集装箱运输的示范船,进一步完善后可推广应用。

(傅江宁)

【标准船型技术方案船模试验工作完成】 2008年5月~9月,省航运局在武汉理工大学和华中科技大学船池内,对300T、500T级油船和化学品船,1000T级货船和化学品船,1500T、2000T级货船,60、106、202TEU集装箱船的标准船型技术方案进行了深水阻力试验和自航试验,船模试验的结果表明,标准船型的主要技术指标均达到设计要求,与现有船舶相比可节能20%以上。

(赖招权)

【"鄱阳湖区风浪要素预报研究"成果通过鉴定】 12月26日,省交通厅邀请省内外海洋工程、水利工程及港航工程等领域的学者专家,对"鄱阳湖区风浪要素预报研究"课题进行科技成果鉴定。该课题由省航运管理局、长沙理工大学、九江市港航管理处共同承担。由中科院研究生院博士生导师、华南理工大学特聘教授朱良生为组长的鉴定委员会专家在听取课题组汇报后，就课题研究过程和成果分别进行了质询，经过讨论，鉴定委员会认为：课题组采用调查研究、原型观测和理论分析相结合的研究方法正确，首次对鄱阳湖区风浪要素的统计特性进行了系统分析，提出了适合于鄱阳湖区各种特征波高、周期的风浪计算方法；其成果可作为港口码头防浪及高程设计的参考依据；研究成果填补了鄱阳湖区风浪研究的空白。鉴于鄱阳湖区风浪对航运和码头、堤防等的安全有重大影响，鉴定委员会建议，应进一步开展鄱阳湖区风浪数值预报研究，建立鄱阳湖区风浪预警机制。

该课题针对鄱阳湖区风浪要素对水运安全、港口堤岸稳定性影响，通过对鄱阳湖区都昌、星子两地的现场为期4个月风浪观测，根据观测资料采用数理统计分析和经验成因公式相结合的方法，研究了鄱阳湖区风浪统计特性和预报方法，采用FTA、FFT法分析鄱阳湖的风浪谱，得出了鄱阳湖风浪要素计算方法。该方法适合于鄱阳湖区深水和浅水的各种风浪状态的波要素计算。

鄱阳湖湖区风浪统计特性及预报方法是研究其他一切与风浪有关问题的基础，码头设计参数、防洪堤高程设计和堤岸的稳定性等风浪与堤岸相互作用问题的研究都离不开对湖区风浪的了解，风浪问题也是研究湖区风浪和水流作用下物质扩散机理问题的基础，本课题研究成果为合理选择港址、确定码头高程，避免淹没损失、提高航行安全及堤岸安全奠定了理论基础，具有明显的社会效益。

（何金宝）

【“船舶柴油机示功图识别系统”通过鉴定】 2008年8月27日，由江西远洋运输公司联合武汉理工大学开发的“船舶柴油机示功图识别系统”科研项目通过专家鉴定。

“船舶柴油机示功图识别系统”开发是省交通厅重点科研项目之一，2005年11月批准立项，2008年7月完成课题的全部研究工作。该项目主要研究船舶柴油机的工作性能和运转状况的特性，通过采集示功图图形数据，进行计算机处理、计算、分析，探明这些数据与柴油机气缸内的燃烧过程、燃烧放热效率、气体与气缸壁传热过程、进排气过程等的关系和对这些过程的影响程度。针对传统的示功图分析方式已不能满足现代化安全营运的需求，提出了基于计算机数字图像处理和模式识别理论的示功图识别系统开发研究。通过对示功图故障诊断识别技术的研究，将示功图分析过程与信号采集、图像识别以及系统运算进行结合，实现柴油机示功图的自动识别与诊断。

鉴定委员会认为，该科研成果对船柴油机通过示功图进行故障诊断方面达到了国内领先水平，有助于降低能耗，减少设备维修和备件费用，这在能源成本居高不下的形势下，意义尤其重大。

（江西远洋运输公司）

【江西远洋运输公司举行提高SMS运行质量研讨会】 2008年4月24日，该公司在南昌举行了提高安全管理体系(SMS)运行质量研讨会，参加研讨会的有公司领导、内审员、体系内部门经理、在岸公休的船长、轮机长、政委及其他干部船员等。副总经理熊慎文主持研讨会，总经理赵建歧参加会议并讲话。

这次研讨会是在公司顺利通过第二次换证审核后，公司总结过去10年安全管理体系运行经验，大力推动公司安全管理体系运行水平再上新台阶的背景下召开的。会上大家踊跃发言，交流经验，就如何进一步提高公司的SMS运行质量出谋划策。通过这次研讨会，澄清了过去存在的一些模糊认识，提高了思想认识，为进一步提升公司安全管理体系运行质量起到重要作用。

（江西远洋运输公司）

【江西公路开发总公司QC小组活动成果获奖】 中国交通管理企业管理协会发布：江西公路开发总公司推荐的“橡胶粉改性沥青在高温多雨地区高速公路中的应用研究”获得中国交通行业2008年度优秀质量管理小组成果奖。梨温高速公路公司6个QC小组研制防“S型”过磅逃费装置的成果获得交通行业2008年度质量管理优秀小组及成果奖；梨温高速公路公司交通设施维修队一班及其研制的“燕尾托架修复装置”获得交通行业2008年度质量信得过班组及成果奖。

（虞德军）

【江西长运“优选客车最佳使用油耗区”节能减排项目被列为交通运输部示范推广项目】 2008年9月2～5日，交通运输部体改法规司副司长朱伽林、能源办副处长刘光飞率部节能减排专家组,对江西长运股份有限公司申报的“优选客车最佳使用油耗区,打造节能型高速公路客运”节能减排项目进行评审认定。专家组听取项目负责人的专题汇报,与公司管理人员、驾驶员进行座谈,实地考察江西长运检测站、江西长运汽车修理厂、南昌长运GPS监控中心、南昌汽车客运总站,抽样检查南昌长运公司的节能减排工作。专家组认定,该公司“优选客车最佳使用油耗区”项目具有广泛的推广应用前景和价值,将其列为交通运输部“节能减排”示范推广项目。

参加此次调研评审的专家组成员有原长安大学副校长、博士生导师邵振一,长安大学经管学院副院长陈引社,交通运输部公路科学研究院公路交通发展研究中心副主任虞明远研究员,江西省道路运输管理局副局长、高级工程师王赣军、长安大学孙启鹏博士共5人。

(江兴智　何世安)

【江西长运公司6个QC小组被评为全国交通行业优秀QC小组】 4月18~21日,全省交通行业质量管理小组成果考评发布会在九江市星子县召开。江西长运股份有限公司推荐6个QC小组参评,其中,江西长运股份有限公司高客二分公司的“提高车辆的正班正点率”、顾客服务中心的“研究公路客运企业应对突发事件的服务”、南昌长途汽车总站的“打造自营超市品牌发掘站场赢利能力”、安全管理部的“规范安全管理,降低事故发生”、机动车检测中心的“提高台试汽车制动性能检测数据准确率”和江西长运出租汽车有限公司的“提高信访顾客满意率”6个QC成果均被推荐全国交通行业优秀QC小组。同年8月,经中国交通企业管理协会评审,该公司参评的6个QC小组全部被评为全国交通行业优秀QC小组。

(张　敏)

【省公路学会举办公路桥涵及防护工程科技成果推介会】 2008年3月12日,省交通厅科教处、省公路学会在南昌联合举办公路桥涵及防护工程科技成果推介会,有关单位领导和科技工作者50余人参加了会议。

会议推介了江西省公路桥涵及防护工程技术方面的7项科技成果:①桃木岭高墩高架桥设计与施工关键技术研究;②高速公路边坡综合防护技术研究;③江西山区高速公路边坡稳定性监控与防护效果评价研究;④公路工程中的香根草等植物篱护坡技术研究;⑤桥梁支座计算机PLC全监控更换系统及成套技术开发;⑥优化拱轴线混凝土拱涵应用技术研究;⑦低预应力混凝土结构技术研究。这些成果凝结了众多科技工作者的汗水和心血,在公路桥涵建设、勘察设计、边坡防护及监控、高速公路养护等方面应用中已取得了显著成效,具有较好的推广和示范价值。

会议已将各项成果汇编成册,供交通企事业单位应用、研究、参考和借鉴。

(李文华)

【省公路学会举办“沥青路面再生技术”研讨会】 2008年8月22日,由省交通厅科教处和省公路学会联合主办、浙江兰亭高科技有限公司协办的“沥青路面再生技术研讨会”在南昌嘉莱特和平大酒店举行。全省交通系统的100余名科技工作者参加了研讨会。

会议围绕沥青路面再生技术的主题进行研讨,长沙理工大学原院长、张起森博士、湖南交科院高级工程师吴超凡、江西赣粤高速公路股份有限公司副总经理、高级工程师孙斌、兰亭高科技公司工程师胡君民、工程师汤薇分别作了专题发言。

与会人员反映此次研讨会受益匪浅,会后他们纷纷拷贝了讲课内容,表示回去后要进一步消化理解,该学会也将把此次5位专家的讲课内容制作成科普光盘,供会员借阅学习和参改。

(李文华)

【陈京钰入选“省青年科学家培养对象计划”】 2008年,省交通厅推荐的省高管局工程师陈京钰入选“江西省青年科学家(井冈之星)培养对象计划”。该计划从2007年启动,全省已有40人被列入此项计划,陈京钰是省交通系统入选的第一人。

陈京钰,1979年出生,2000年同济大学桥梁工程系毕业,是江西省高等级公路管理局质量监督站总工办主任、国际桥梁与结构工程协会(IABSE)会员。主要研究方向是桥梁道路养护技术,曾主持完成江西省第一条大规模技术改造的昌九高速公路全线桥涵养护工程的规划、设计,并参与施工与后期检测。还参与了交通部重点科研项目“高速公路冷再生沥青混合料性能研究”，该项目在国内首次成功地将冷再生技术大规模应用于工程实践。由他主持的“桥梁支座计算机 PLC 全监控更换系统及成套技术开发”项目获得国家专利和2006 年度江西省科技进步三等奖。他在国内外有关刊物和学术研讨会上累计发表论文10 多篇，其中两篇分别被第四届国际结构工程与建筑协会2006 年年会、第二十四届国际土木建筑研究与创新协会2007 年年会收入论文集。

江西省青年科学家培养对象计划，旨在促进青年科技人才的成长，每年安排一定经费资助青年科技人才自由开展科学研究、技术开发，以及到国内外著名研究机构、高校、企业研修深造，参加学术交流、学术论坛和学术讲座等。入选人员评审与批准程序严格，要经过单位推荐、组织审查、专家评审、联席会会审、网上公示、省科技厅审定等程序。申请者须是省企事业单位从事科学研究、技术开发，具有博士学位或具有相当于工程师以上(含工程师)专业技术职称，且近三年取得了较好的科研业绩，具有较高的科研水平、创新能力和发展潜力的40 岁以下的青年科学人才。

（省高管局办公室）

信息工程

【省交通信息化工作取得新成绩】 2008 年，全省交通信息化工作以需求为导向，以应用促发展，统筹规划，加强协调，拓展服务，取得新的成绩。

1. 电子政务工作取得新成绩，办公自动化系统推广应用进展顺利。完成了全省公文交换平台系统开发，省交通厅举办厅直属单位和各项目办公文交换系统操作培训，为2009 年省厅与各单位的电子公文传输打下基础。交通厅门户网站建设继续加强，江西交通信息网进行第六次改版，在出行服务、信息公开和互动参与等方面的功能明显增强，受到广大网友的青睐。《江西省交通信息化“十一五”实施方案》通过专家审查。

2. 交通信息系统开发应用和管理维护工作取得进展。完善了江西公路 GIS 公众出行辅助查询系统数据，更新了全省 2316 千米高速公路地图，为过往司机和出行者提供优质服务。开展交通运输部信息化示范工程建设，集中力量，确保按项目进度要求完成资源整合目标，实现资源共享，提高交通部门综合管理能力和服务水平。大力推进高速公路智能交通系统建设，并完成了部分路段的建设，完成投资 7000 万元。“96122”出行热线为公众出行提供快捷的信息服务。“要知出行信息，请拨 96122”，逐渐成为群众的共识。高速公路非现金支付和不停车电子收费项目二期工程建设进展顺利。

（欧阳新文）

【省委常委、常务副省长凌成兴考察赣粤高速公路公司信息中心】 8 月 22 日下午，省委常委、常务副省长凌成兴在省政府副秘书长朱希，省交通厅党委书记程受锭，副厅长孙茂刚、许润龙，厅纪委书记江学功，副厅长胡琳等相关部门负责人的陪同下，来到赣粤高速公路公司信息中心考察。

在信息中心监控大厅现场，凌成兴饶有兴致地观看了新启用的实时监视智能交通系统，并对赣粤高速公路公司取得的工作成绩给予了肯定。他指出，赣粤高速公路公司在江西高速公路发展、建设中创造了许多新特色，探索了许多新经验，展示了许多新风貌，特别是昌九高速公路技改工程的技术创新是值得很多单位借鉴的。

当看到信息中心监控大厅屏幕上川流不息车辆实时道路(昌九段)监视图像时，凌成兴强调，实时监视智能交通系统对于提升高速公路道路监控水平、服务司乘人员出行、减少事故发生都有极大的帮助。赣粤高速公路公司全体干部员工要不断地提高服务质量和管理水平，扩大高速公路的社会认知面，为江西在中部地区崛起提供更高层次的交通服务和保障。

（徐　虹）

【省交通通信总站庆祝建站80 周年】 2008 年12 月29 日上午，江西交通通信总站成立 80 周年暨“96122”江西省公众出行交通服务热线开通一周年庆祝活动在交通通信总站举行。出席庆祝活动的有省交通厅党委书记程受锭，厅长马志武，巡视员席芳柏，副厅长孙茂刚、许润龙，厅纪委书记江学功，副厅长胡琳，省公路局局长曹先杨和交通系统有关单位领导及各设区市交通通信站负责人。马志武作了重要讲话，他指出，江西交通通信事业的发展为实现全省交通系统管理的信息化、办公的现代化奠定了良好的基础,为全省交通运输和公路建设提供了通信服务。2007年建成开通的"96122"交通服务热线取得了很好的社会反映,为公众便捷出行发挥了不可替代的作用,体现了以人为本,为民服务的宗旨,成为交通系统与公众之间的连心线。

12月29日下午,交通通信总站召开了全省交通通信经验交流座谈会,各设区市交通通信信息部门负责人共21人出席了会议,会上各单位分别介绍了各自的通信现状、工作经验、相关措施、面临的问题及未来工作的思路,并对总站提出了一些建议和意见。总站负责人介绍了"96122"热线开通以来的经验,供各设区市单位参考。这是自2003年省交通通信体制下放后各设区市通信信息部门负责人在总站参加的第一次会议,为各单位提供了一个很好的交流沟通平台,有利于各单位取长补短,共同进步,促进地方交通通信信息事业的发展。

(欧棠艳)

【省交通厅推进电子政务建设】 2008年,省交通厅以信息化建设为载体,大力推进电子政务建设,形成内网连接办公单位、外网公开政务,开设咨询投诉系统,受理公民投诉的信息网络,使群众办事、机关办公享受方便、快捷、优质、高效的服务。一是办公自动化系统实现了厅机关与19个厅直属单位的电子公文的上传和下发,提高了办公效率;二是江西交通信息网根据服务对象,分设公众出行、电子政务两个频道,打造服务型政府网络平台;三是完善厅机关局域网,采取双套布线、双网卡物理隔离、外网加防火墙、安全审计等措施,厅机关每个工作人员配备了一台工作用电脑,构建现代电子政务工作环境。

(欧阳新文)

【厅信息中心完善GIS系统数据】 2008年,省交通厅信息中心完善了江西公路GIS公众出行辅助查询系统的数据,更新了全省2316千米已建成的高速公路电子地图。

更新后的电子地图具有10倍放大功能。通过GIS出行系统,可概览全省路网骨架,细看城市街道,查询高速公路附近的收费站、服务区、加油站、维修厂、医院、交警和路政大队驻地,找出全省A级以上的旅游景区。通过关键字可查找想知道的地点或场所,并可在自驾车出行前,规划出行路线,估算行驶里程、燃油费用等。内嵌于江西交通信息网公众出行站的GIS出行系统建成后,访问量达200万人次,日均访问量2000人次左右。《江西日报》、《江南都市报》等媒体对江西公路GIS出行系统地图进行了报道,高度评价新电子公路地图为广大司机和出行者提供优质服务。

(欧阳新文)

【省交通厅推进交通信息资源整合工程建设】 2008年,省交通厅推进交通运输部信息化示范工程——"江西交通信息资源整合工程项目"建设,项目招投标准备工作基本完成。

该工程建设的目标:一是初步建立省交通数据中心,搭建省级数据整合与交换平台;二是建立数据分析平台,为应用系统的数据分析提供基础平台,通过重点整合交通各部门业务系统的数据资源,建设江西省交通行业基础数据库;三是基于整合后的交通信息资源,建设交通综合查询与分析系统、综合应急指挥系统、公众出行服务系统,提升交通部门科学决策、应急处置和出行服务的能力。

该项工程由交通运输部补贴500万元启动资金,总投资1465万元。建设工期15个月,2009年1~11月为建设期,2009年12月至2010年3月为试运行和验收的时期。

(欧阳新文)

【全省高速公路智能交通系统建设会议在南昌召开】 4月2日,全省高速公路智能交通系统建设会议在南昌召开。会议总结了2007年智能交通系统建设工作,部署2008年智能交通系统建设工作。省交通厅副厅长孙茂刚出席会议并讲话。

孙茂刚在讲话中肯定了一年来全省高速公路智能交通系统建设工作。他指出,智能交通系统在交通部门积极应对2008年初冰雪灾害性天气中发挥了重要作用,为厅应急指挥提供了可靠数据,已越来越显示出其在交通管理中的重要作用。各有关单位要进一步统一思想,提高认识,要将高速公路智能交通系统建设提高到贯彻落实科学发展观,提高到构建和谐平安交通来认识和对待,自党积极地把这项惠及人民群众的事情做好。

孙茂刚要求,各单位要在圆满完成2007年各项系统建设工作的基础上,加快系统建设,确保工程质量,确保施工安全,确保按期完成。一是智能办要坚持统一规划、统一部署、统一审批、统一招标、统一验收的原则,理顺关系,加强管理,稳步推进系统建设;二是有关设计、路段管理单位要精诚合作、加强沟通,尽快施工;三是智能办要合理安排建设工期,加强与在建高速公路项目办的联系,把系统建设纳入高速公路机电建设中去,防止重复建设、浪费资源。

孙茂刚强调,高速公路智能交通系统建设是一项前沿性技术工程,智能办、各路段要及时沟通解决建设中遇到的问题,要总结各路段系统建设中好的经验,加大宣传力度,提升系统建设水平。

到2008年3月,全省高速公路智能交通系统建设已完成昌樟、温厚、昌九、康大路段的系统建设工作,其他路段正在抓紧建设中。

与会人员就智能交通系统建设进行了讨论,并提出了相关意见和建议。厅计划处、基建处、财审处有关负责同志,各有关单位分管领导、各高速公路业主单位分管信息化(机电项目)工作的主管及技术负责人,以及各高速公路项目办负责人及技术人员参加了会议。

(欧阳新文)

【省交通厅加快推进高速公路智能交通系统建设】 7月24日,省交通厅召开专题会议,研究部署加快推进高速公路智能交通系统建设工作。厅基建处、计划处、各高速路段业主单位项目负责人,省交通设计院系统设计项目负责人参加会议。省交通厅副厅长、厅智能交通办主任孙茂刚出席会议并讲话。

孙茂刚在讲话中对一年来各参建单位的工作充分肯定。他说,省委、省政府和交通厅党委高度重视高速公路智能交通系统建设,各有关单位要进一步统一思想,提高认识,要将系统建设提高到贯彻落实科学发展观,提高到构建和谐平安交通的高度来认识和对待,真抓实干、振奋精神,积极地把这项惠及人民群众的事情做好。

孙茂刚指出,昌九、昌樟公路智能交通系统的建设完成,标志全省智能交通建设取得了阶段性成果,参建单位做了大量的卓有成效的工作,各有关单位要认真总结建设中好的经验和做法,加快推进该系统建设。就当前如何加快推进智能交通系统建设,孙茂刚提出了四点要求:一是厅计划处、基建处要按职能分工加紧办理各路段的相关审批程序;二是各高速路段业主单位要尽快办理相关建设程序,加强沟通,尽快施工;三是施工单位要尽快组织施工建设,迎难而上,定人定岗,确保2008年12月20日前全面完成系统建设任务;四是厅智能交通办要加强与在建高速项目的联系,深入一线和施工现场,协调解决建设中的问题,督促各路段完成计划。

会后,各参建单位迅速组织学习贯彻会议精神,结合本单位实际,认真研究部署系统建设工作。8月4日,省交通厅智能交通办组织省公路局及交通设计院的技术人员进行昌金、京福、景婺黄和乐温高速公路智能交通的设计优化,取得了阶段性的进展。据厅智能交通办统计,截至7月底,省公路局、省高管局和赣粤高速公路公司、赣定高速公路公司等单位都成立了智能交通系统建设招投标机构,江西公路开发总公司抓紧进行智能交通建设的相关工作。省公路局多次召开会议,对智能交通建设做了详细的安排,与厅智能交通办和设计单位保持密切联系和沟通,并已陆续公开出售系统工程项目施工招标资格预审文件。全省智能交通系统建设已进入全面实施阶段。

(欧阳新文)

【"江西交通信息网"获2008年度政府网站评比三等奖】 2008年8月~12月,省政府组织开展2008年度全省政府网站评比活动。从政务公开、网上办事、公众参与、网站功能和网站安全5个方面评比,对50个省政府部门和有关单位网站,11个设区市和99个县(市、区)政府门户网站分三组进行了测评,"江西交通信息网"荣获三等奖。

(欧阳新文)

【江西交通信息网入选"2008年全省10大优秀政务网站"】 由江西省人民政府新闻办公室、江西省信息产业厅、江西省通信管理局、江西省国家密码管理局、江西省网络文化建设和管理领导小组办公室共同指导,江西省计算机用户协会、江西省传播学会、江西省互联网协会共同主办的"2008年江西省第四届优秀网站评选"活动结果揭晓,省交通厅门户网站——江西交通信息网入选“江西省10大优秀政务网站”(省直组),省道路运输管理局门户网站——江西运政信息网入选“江西省10大优秀综合资讯网站”。

本次网站评选历时3个月,由组委会组成专家组根据行业协会推荐、对报名参选单位网站进行筛选,提出候选名单,通过各有关网站、媒体公示候选名单,组织公众投票和专家评选。评选活动按照《江西省第四届优秀网站评选实施办法》进行,采取无记名投票评选。

经过几年的建设,江西交通信息网已形成规模,建成遍及省、市、县(区)的三级信息平台。网站分设电子政府站和公众出行站。截至2008年底,网站访问量达730万人次,日均达9000次。网站公众留言3600余条,回复率达98%。网站的建设和开放互动机制受到了各级领导和社会各界的肯定,网站在出行服务、信息公开和互动参与等方面的功能明显增强,受到广大网友的青睐。江西运政信息网站以“树立形象、宣传政策、畅通民声”为宗旨,及时发布运输管理工作动态、道路运输法规政策、行业管理的相关规定信息。设置“曝光台”栏目,公众可对道路运输违法案件和运管人员违法违规进行网上投诉、网上咨询。并开设“企业天地”、“运政论坛”栏目,为企业提供交流的平台。

(欧阳新文)

【省交通运输部门4个单位信息技术应用和3名主管受表彰】 2008年12月,江西省计算机用户协会表彰89个“2008年度江西省信息技术应用先进单位”和“2008年江西省10大信息优秀(CIO)主管”及“2008年江西省优秀信息网站(CIO)主管”,省交通运输部门有4个单位信息化工作和3名主管受表彰。

省交通运输部门受表彰的单位为省交通厅信息中心、省交通稽查征费局信息处、省道路运输管理局信息中心、省交通设计院信息中心。省交通厅信息中心主任余力克获“2008年江西省10大信息优秀(CIO)主管”称号,省交通稽查征费局信息处副处长熊钧、省道路运输管理局信息中心主任邹章鸣获“2008年江西省优秀信息(CIO)主管”称号。

(欧阳新文)

【全省道路运输信息化建设快速发展】 2008年,全省道路运输信息化建设快速发展。基本实现了四个一目标,即一个数据中心、一个运管系统、一个运政专网、一个指挥中心。

服务于省、市、县三级运管部门并涵盖了主要运政管理业务的江西省道路运政管理信息系统正式建成,各级运管机构可通过运政信息管理系统实现运政业务的办理。对提高工作效率、完善内部监督、提高公共服务水平、提升信息化应用层次具有重要意义。依托江西省政务网络,通过VPN加密方式组成建设的运政专网覆盖了省、市、县三级运政机构,实现了各级运管机构之间的数据和图像等信息的安全和透明传输及交换。到2008年底,各级运管机构均顺利接入运政专网,实现依托专网完成运政管理信息平台的业务办理。道路运输数据中心实现了全省数据共享,并能及时有效地与交通部、省交通厅传输数据和信息。

全省道路运输GPS安全监督平台,充分发挥了“千里眼、顺风耳”作用,为全省营运客车和危货车辆安全运行保驾护航,在2008年抗击冰冻雨雪灾害和春运工作中发挥了积极的作用,减少了道路交通安全事故。

(李　为)

【省运管局加强GPS安全服务系统推广应用】 2008年,省运管局继续推进“江西省道路运输GPS安全服务系统”的应用和推广工作。一是加强与省公安交通管理和安全生产监督等相关部门的沟通与合作,由单一部门管理,提升到多部门协调管理,通过齐抓共管,提高了GPS服务系统的应用水平。二是在全省运管系统和道路运输企业开展GPS应用培训。三是召开江西省道路运输GPS安全服务系统应用座谈会,了解管理部门和运输企业的需求,交流GPS系统应用中取得的成绩和经验,对使用过程中存在的问题提出改进措施。四是开展GPS系统考核评比工作,促进GPS系统的应用和推广。

到2008年末,全省共有9482台营运车辆安装了GPS车载设备,其中包括6686台营运客车和2796台危险品货运车辆,全省建成488个监督平台。2008年,全省车辆在线率达到80.2%(排除缴费率影响),GPS监控平台在线率达到85.2%,GPS监控平台车辆缴费率达到66.4%,

完成了2008年工作目标。

（李　为）

【江西“部省道路运输信息系统联网”试点工程通过验收】 2008年，省运管局承担了部省道路运输信息系统联网试点工作。按照部省道路运输信息系统第二批联网工作任务书和实施方案的要求，该局组织完成了省级道路运输信息与前置机数据库数据交换接口的开发工作；完成了省级道路运输信息系统与“部级数据交换平台”联盟运行调试工作；完成了道路运输数据的清理和上传工作（2008年末前上传30多万条记录），并通过交通运输部组织的“部省联网”评估组验收。

（李　为）

【江西长运公司建立“长运旅游网站”】 根据江西长运股份公司旅游工作的需要，决定建立“长运旅游网站”，由南昌旅游有限公司负责。该网站（WWW. CY—LY. COM）于2008年末建立，包括江西长运股份公司所属南昌旅游有限公司、江西景德镇长运有限公司、江西新余长运有限公司、黄山长运有限公司、江西吉安长运有限公司、江西抚州长运有限公司等旅游相关产业及旅游资源，搭建共享平台。（傅小娟）

【梨温高速公路公司开通电视电话会议系统】 2008年，该公司针对工作单位点多线长、人员分散不便集中的现状，投入专项资金，在公司机关和各管理（收费）处安装了视频会议系统，使各基层单位不用为了开会来回奔跑，既减少了油耗、车损，又节约了时间。如最远的赣浙边境收费处开会来回路程达490千米，耗油约40升，费用约180元，耗时来回6小时；5个收费处开会来回要油耗费用约600元。实行了视频会议后，各单位只要在驻地就可以参与会议，基层员工也可以直接听取会议内容，大大降低了会议成本，节省了会议时间，提高了员工路上行车安全系数，达到节能增效目的，收到了良好的效果。

（吴建刚）

【景鹰高速公路公司建成内部局域网】 6月31日，景鹰高速公路公司内部局域网系统工程竣工并开始试运行，该公司所属各单位全部接通局域网，并连接了外网。局域网建设的完成，对景鹰高速公路公司及所属各单位利用现代通信技术、开展包括公文处理在内的各项工作将起到重要的推动作用。同时，该公司无纸化办公系统（OA）也在同步开发，并已实现部分功能。公司已建成了内部交流平台，提高了办公效率，节约了大量人力、物力和财力。

（收费监控处）

学术团体

【省公路学会积极开展学术活动】 2008年，省公路学会开展学术活动20项，科技咨询9项，举办培训班与讲座5期，取得很好效果。

①2008年5月16～18日，省公路学会和交通厅科教处联合组团参加中国公路学会在北京举办的“第四届全国公路科技创新高层论坛”。该论坛是中国公路学会每两年举办一次、层次最高、规模最大、影响最广的学术会议。江西省组织以省交通厅副厅长席芳柏为团长的33人代表团参加会议。本次论坛共征集论文700余篇，其中，170篇入选论文集，江西省选送39篇论文，3篇入选。论坛在3个主题会场举行31个专题报告，江西省赣粤高速公路公司常务副总经理谭生光被邀请做报告，题目是“昌九高速公路技术改造创新点”。江西省还参加了论坛组织的公路科技创新成果展览。这次活动，由于厅领导高度重视，会员单位的全力支持，江西省公路学会的组织工作受到好评，被中国公路学会授予“最佳组织奖”。

②该学会与安徽省公路学会、广西省公路学会联合举办的“第三届华东公路发展研讨会”于11月17～22日在广西省南宁市召开，150名科技工作者参加会议。中国工程院院士、著名桥梁专家郑皆连到会。会议进行了专题报告和学术交流，出版了《公路建设与交通信息化技术》论文集，江西省会员有22篇论文入选。

③该学会与厅科教处于8月22日在南昌召开“沥青路面再生技术研讨会”。长沙交通学院原副院长张起森教授等5位专家作专题发言，效果很好。

④该学会与省公路局、杜邦（中国）有限公

司、深圳海川工程科技有限公司1月17日在南昌联合举办“路桥新材料应用技术讲座”,有关专家就劳纶纤维在建筑结构修复加固中的应用、抗车辙剂在高等级路面中的应用及阻燃沥青路面在隧道路面工程中的应用等作专题介绍。

⑤该学会与厅科教处于3月12日在南昌召开“公路桥涵及防护工程科技成果推广会”。会议推介了江西省两年来7项公路桥涵及防护工程技术方面的科研成果,并将7项成果编印成册,宣传推广。

⑥省公路学会与厅规划办、同济大学联合开展的“江西省高速公路养护规划研究”课题,2008年结题,厅科教处6月13日召开专家评审会通过,认为该课题成果达到国内先进水平。依据课题研究成果,该会写出“江西省高速公路养护规划的建议”作为政策建议,通过省科协上报省委、省政府。

⑦为提高全省公路交通抵抗自然灾害的能力,该学会组织有关专家进行“关于江西公路防灾抗灾能力的研究”,此课题已被列入省交通厅2008年度科研计划项目。

⑧该学会桥隧岩土专业委员会联合省建设工程勘察设计协会、省交通设计院6月28日在南昌举办“桥梁基础新技术交流会”。特邀东南大学教授、博导龚维明作学术报告。同月,桥隧岩土专业委员会与省建设工程勘察设计协会邀请广西柳州欧维姆机械股份有限公司副总工程师朱可旭、黄芳玮和邓年春博士到南昌讲学,介绍OVM250拉索体系、体外预应力体系、OVMDJ钢纹线整束桥挤压式拉索体系。

⑨5月14日,该学会汽车运输专业委员会举办“全省道路运输行业节能减排经验座谈会”,交流经验,研究措施,推动节能减排活动开展。

⑩2008年省公路学会收到学术论文330篇,在该会主办的学术期刊《江西公路科技》发表146篇,评出优秀论文51篇,推荐在科技核心期刊发表22篇,在全国性学术会议上交流并选入大会论文集35篇。2008年3月,江西省新闻出版局通报表彰全省26种优秀连续性内部资料出版物(从全省168种内部资料出版物中评出),《江西公路科技》荣登榜首。

⑪2008年5月,该学会公路工程专业委员会与省公路局、广东同望公司联合举办“工程造价软件培训班”,全省100余名科技人员参加培训。汽车运输专业委员会与省汽车维修行业协会7月10日举办“汽车客运站安全例检员培训班”。邀请南昌大学教授和省运管局有关人员讲课。该学会与省道路运输协会于9月23日在南昌举办“江西省客运车辆新技术、新产品及节能减排专题讲座”。桥隧岩土专业委员会于9月28日举办“桥梁结构计算、绘图一体化软件讲座”。

⑫受省公路局的委托,为加强农村渡口改渡建桥工程投标管理,规范招标文件编制和评标工作,该学会公路技术部编制了《江西省农村渡口改渡建桥工程招标文件范本(2008年版)》。

(江西省公路学会秘书处)

【江西交通会计(审计)学会努力为交通财会工作服务】 2008年,江西交通会计(审计)学会组织财会(审计)人员进行学术交流活动,开展财会人员继续教育工作,努力提高《江西交通财会》会刊质量,取得了一定成绩。

①2008年5月12日,江西交通会计学会第四届二次常务理事会及江西省交通审计学会第五届二次理事会在新余市召开。江西交通会计学会常务理事、江西省交通审计学会理事共77人参加会议。会议总结了交通会计学会2007年9月20日第四届理事会成立以来的工作,总结交通审计学会一年的工作,变更增补刘安萍等13人为江西交通审计学会第五届理事。省交通厅副厅长席芳柏出席会议并作重要讲话。

②2008年6月12日,江西交通会计学会公路运输专业委员会常务委员会在宜春市举行第二次会议,会上交流了公路运输企业经营理念、经营方式、管理核算方式,如何将企业做大做强等工作经验,取得较好的效果。

③办好《江西交通财会》会刊,提高会刊质量。《江西交通财会》会刊,是全省交通财会人员学术研究和工作经验的交流园地,该学会坚持理论联系实际,立足交通财会(审计)工作,努力提高会刊质量,发挥为财会(审计)学术研究和财会(审计)信息服务交通的作用,为广大交通财会(审计)人员提供交流学习平台。该会刊得到省交通厅领导和厅财审处的支持与指导。2008年,《江西交通财会》出版3期,登载文章64篇,共23.2万字,其中,财会理论探讨及研究10篇、会

计信息化及财务风险控制4篇、工作研究23篇、内部审计6篇、交通稽征系统财会工作论文7篇、文苑5篇、学会文稿8篇、文件转载1篇。从总体看，论文的质量和实用性都有进一步的提高。据2008年12月统计，各单位订阅2009年《江西交通财会》340份。

④进行学术交流。2008年5月12日在新余市召开的江西交通会计学会第二次常务理事会，会议收到论文8篇，在会上交流了5篇，从不同角度进行了财务、审计理论研究交流。钟彬宣读了《关于建立交通稽征内部会计控制制度的探讨》论文，李荣玲宣读了《内部审计如何对公路建设项目实施全过程跟踪审计》论文。

2008年11月19日，该学会组织李小聪等5人参加2008年华东片区交通财会学术研讨会，李小聪的《浅谈会计信息化——对会计电算化到会计信息化的变革与发展的认知》论文和其他4人的4篇论文在会上进行交流，获得较好评价。

按照中国内部审计协会交通分会《关于举办第六次交通审计优秀论文评选活动》的通知要求，学会秘书处组织审计人员撰写论文，并经过会议讨论，向中国内部审计协会交通分会推荐了廖赪、李荣玲撰写的《内部审计如何对公路建设项目实施全过程跟踪审计》等4篇论文，参加第六届交通审计优秀论文评选。

⑤组织财会(审计)人员参加财会(审计)专业培训。随着改革开放深入发展，财政(审计)法规和财会(审计)专业知识不断更新，财会(审计)人员必须加强学习，更新专业知识，才能跟上改革开放的步伐，中国交通会计学会会同省级交通会计学会在全国11个省市开办财会知识培训班，该学会会同厅财审处于2008年3月25日转发了中国交通会计学会《关于举办2008年交通系统财会人员培训班的通知》，并督促各单位组织财会(审计)人员出省学习，开阔视野、增长财会(审计)专业知识。据统计，截至12月份，江西交通系统赴外省市参加各类型的学习班67人次。其中，河北3人，山西10人，昆明8人，内蒙古15人，哈尔滨5人，安徽1人，山东4人，湖北2人，杭州15人，桂林4人。

⑥完成行政部门委托的任务。受省交通厅财审处委托，2008年9月该学会对邹金苟2007年7月至2008年8月主持省交通工程咨询监理中心行政工作期间进行审计，对徐国荣2007年3月至2008年8月主持省航运局行政工作期间进行审计，听取了上述两个单位领导和会计人员介绍情况，抽查并审计了会计报表和各种账簿及记账凭证等有关资料，提交了审计报告。在审计报告中，肯定了工作成绩，针对审计中发现的问题，提出了改进意见和建议。

(江西交通会计学会)

【中国公路学会高速公路运管分会2008年度年会在南昌召开】 6月12～13日，由江西省交通厅、中国公路学会高速公路运营管理分会主办，江西省高等级公路管理局、江西赣粤高速公路股份有限公司承办的中国公路学会高速公路运营管理分会2008年度年会暨全国第十五次高速公路管理工作研讨会在南昌召开。中国公路学会理事长、原交通部副部长李居昌出席会议并讲话，江西省政府副秘书长朱希，中国公路学会常务理事、江西省交通厅副厅长、江西省公路学会理事长席芳柏，省高管局局长谢来发，赣粤公司董事长、总经理黄铮出席会议。全国20多个省(直辖市、自治区)交通厅、高管局、高速公路管理公司的负责人120多人参加了会议。

李居昌在讲话中指出，高速公路运营管理是高速公路运行管理工作中的重要环节，是实现公路建设投资效益和已建公路工程设施价值的直接手段，也是建设现代交通业战略任务的内在要求。对于如何进一步提高高速公路运营管理技术和管理水平，李居昌提出四点看法。一是要把握公路属性，树立管理服务理念。二是要坚持联网收费的方针，提高管理水平。三是要坚持推进管理体制改革，促进建立高效的管理体系。四是要加强平台建设，提高交流质量。

席芳柏代表江西省交通厅对参加研讨会的各位代表表示欢迎和感谢。他说，在省委、省政府和交通运输部的领导下，江西交通特别是高速公路得到了迅猛发展，创新了三个历史标志，一是高速公路突破2000千米的历史标志，二是农村公路突破60000千米的历史标志，三是资金筹措突破200亿元的历史标志，特别是高速公路，率先实现了与周边六省主动对接，实现省会到各设区市高速公路连通，为江西的区位优势转化为经济优势、发展优势作出了重要贡献。省委、省政府领导把高速公路赞誉为江西人民的崛起路、生态路、幸福路、致富路。

席芳柏指出,随着高速公路建设的发展,高速公路运营管理成为重要课题。这次会议对高速公路运营管理的高层次深入探讨,必将为大家提供丰富的实践经验、科学借鉴和重要启发,为江西高速公路运营管理提供增进了解、相互沟通、学习提高、共商发展的良好契机。

赣粤高速公路公司、沪宁高速公路公司、湖北高管局等9个单位在大会作典型发言。赣粤高速公路公司副总经理孙斌作《如何实施高速公路的大修改造》的发言,他从昌九高速公路技改前原状、待解决的主要问题、解决方案和反思与建议等四个方面详细介绍昌九技改取得的创新成果和成功经验。

会议期间,代表们畅所欲言,共商高速公路运营管理大计。针对高速公路扩建与大修期间的运营管理、高速公路紧急情况应急机制的制定与实施、高速公路新技术与新材料的应用与推广等多方面进行广泛的交流和探索。

与会代表参观考察了昌九高速公路技术改造现场。中国公路学会高速公路运营管理分会常务副理事长张文盛认为,赣粤高速公路公司在对昌九高速公路进行大修时,采取新技术、新工艺、新材料,创造出多项科研成果,在仅有4车道却不中断交通的情况下,有特色的组织管理,又好又快完成大修的经验值得全国同行借鉴。

(赣粤高速公路公司)

【宜春市公路学会召开八届三次理事会暨学术交流会】 5月13日,宜春市公路学会在宜春召开八届三次理事会暨学术交流大会。省公路学会、宜春市科协领导和市交通局党组书记、市公路学会名誉理事长李奇出席会议。市公路学会理事及各专业委员会代表近100人参加大会。市公路学会副理事长杜松华主持会议,市交通局副局长、公路学会理事长曹幸军作《坚持学会工作与时俱进,推动交通事业科学发展》工作报告,总结2007年学会工作,部署2008年工作,敖福龙传达了省公路学会及市科协有关会议精神。会议进行了学术交流,6名会员宣读了论文。会议收到学术论文45篇。

省公路学会副理事长薛希瑄到会并讲话,对宜春市公路学会的工作给予充分肯定,对今后工作提出四点要求:第一,要响应省委省政府的号召,开展深入学习实践科学发展观活动;第二,要坚持"三服务一加强"的工作定位,把学会工作提高到一个新的水平;第三,要继续深化学会改革,把学会做大、做精、做强;第四,要积极参与三件大事活动,喜迎奥运,庆祝中国科协成立50周年和中国公路学会成立30周年。宜春市公路学会把发展学会智力优势同促进学会发展结合起来。加强联系、奋力工作,为全市交通事业发展作出新贡献。会议表彰了2007年度学会先进工作者15名和学会活动积极分子26名。

(金三仔)

【省公路学会组织专家对省道珠曹线万年段公路进行技术咨询】 受万年县国投公司委托,2008年8月20日,省公路学会科技咨询服务中心公路技术部组成专家组对省道珠曹线公路改造工程局部路段路基纵向裂缝问题进行技术咨询。

省道珠曹线万年段改造工程于2007年8月开工建设,2007年底路基基本完工,据施工和监理单位介绍,K18+240~K18+290段及K19+780~K19+860段除了正常沉降外,在2008年初雪灾及4、5月梅雨季节,该施工段未发生任何路基病害。进入2008年6月份以后,受台风和暴雨的多次冲刷,部分老山体出现冲沟、滑坡情况,由于边坡没有任何防护,导致坡面及坡脚被冲毁,路基出现沉陷。专家们实地察看了局部路段路基纵向裂缝现场,听取了项目业主和施工、监理单位相关情况的介绍,经认真讨论,对路况变化趋势作出了预测,对路面病害原因进行了科学分析,提出了详细的处理意见,学会科技咨询服务中心公路技术部对咨询情况形成书面意见反馈给万年县国投公司,为万年段根治局部路段路基纵向裂缝病害提供科学依据。

(李文华)

【萍乡市公路学会组团赴台湾考察公路交通】 萍乡市公路学会应台北市文化教育交流发展协会邀请,并经萍乡市有关部门同意,由国、省台办批准,组成以萍乡市交通局长、市公路学会理事长刘建明为团长,市县交通局有关领导和科技工作者8人组成的萍乡市交通参访团,于2008年7月26

日至8月4日赴台湾进行了为期10天的考察活动,考察团在台期间,突出了"融合亲情、增进共识、加大交流、推动合作"主题,先后访问了台北、桃园、埔里、嘉义、高雄、台东、花莲等多个县市,考察了从台北到台南的高速公路和部分省道及农村公路,并考察了远雄贸易有限公司和远雄自由贸易区、台湾宅配通有限公司等货运配载及物流宅配企业。通过广泛地参观、接触与交流,参访团对台湾公路交通运输、经济社会等方面有了直观的了解,特别对台湾在公路交通运输方面的一些好的做法和发展理念有了感性认识,对该市今后创新交通发展思路有重要的借鉴作用。

(江传金)

【首届全国公路学会会员日活动在南昌举办】 为庆祝中国科协成立50周年、中国公路学会成立30周年,11月24日,中国公路学会、江西省公路学会在南昌联合举办首届全国公路学会会员日活动。中国公路学会秘书长刘文杰,江西省交通厅巡视员、江西省公路学会理事长席芳柏,江西省交通厅副巡视员、江西省公路学会副理事长邓经国,中国公路学会会员部部长董京霞,全国劳模、江西省养路工吴新沙,以及老、中、青年会员代表30余人参加活动,江西省科协副主席李雪南,江西省科协学会部部长梁纯平到会指导。

会议由邓经国主持。活动采用座谈形式,围绕"责任、权利和义务"的主题,畅谈把学会办成"科技工作者之家",共话美好明天。

刘文杰在座谈时指出,首届全国会员日的举办,具有三大意义:一是贯彻中国科协的精神,把会员作为学会工作的主体,反映出公路学会把服务会员放在了突出的位置;二是发扬民主办会的精神,广泛听取会员对学会的意见和建议,推动学会各项工作进一步适应会员的要求;三是更加明确会员意识和会员地位,鼓励和倡导会员为学会发展献计献策,参加学会活动,参与学会管理,把各级公路学会办成科协系统的一流学会。首届会员日在江西举办,也具有三方面涵义:一是江西省公路学会工作一直走在全国学会的前列,是科协和中国公路学会多年的先进学会,在江西举办会员日具有很好的示范性;二是江西省公路学会一直坚持以会员为本,为会员服务,举荐和培养科技工作者是江西省公路学会工作的一大亮点,在江西举办会员日具有很好的代表性;三是江西省公路学会与中国公路学会多年来有了很多次很好的合作,对中国公路学会的各项工作给予了很大的支持和帮助,充分体现了全国公路学会是一家的大团结、大协作的大学会理念,在江西举办会员日具有很好的示范效应。李雪南、董京霞和会员代表8人先后在座谈会上讲话、发言。

席芳柏在总结讲话中指出,学会今后要做好四个方面工作,一是坚持改革发展,争创一流精品学会;二是把握时代脉搏,加强国际、国内学术交流合作;三是坚持以人为本,把学会创办成一个科技工作者温馨之家,提高学会的凝聚力、号召力,特别要做好网站和期刊建设;四是坚持人才培养,培养一支以中、青年为主,老中青相结合的公路科技队伍。

此次活动听取了会员代表对学会工作的意见和建议,增进了学会与会员之间的交流,有利于增强学会在今后工作中的服务意识。

(李文华)

【省公路学会召开第八次"坚持以人为本、精心培育人才研讨会"】 2008年11月3日,省公路学会在省交通厅会议室召开第八次"坚持以人为本、精心培育人才研讨会",特邀中国工程院院士、江西省农科院名誉院长颜龙安到会讲演。中共省交通厅党委委员、纪委书记江学功、厅副巡视员、省公路学会副理事长邓经国以及各会员单位领导和会员代表80余人参加会议。

会议由省交通厅纪委书记江学功主持,他介绍了颜龙安院士个人简历。颜龙安结合自己的奋斗经历在会上作了精彩的讲演,重点阐述了一个科技工作者应具备的"三个脑袋"和"四种精神"。"三个脑袋"是指搞科研必须拥有政治脑袋、经济脑袋和科学脑袋。"四种精神"指的是在成才过程中应具备的四种精神:即解放思想、勇攀高峰的创新精神;敢想敢干、不怕困难的敬业精神;虚心学习、乐于思考的钻研精神;大公无私、团结协作的团队精神。他说:作为一名新时代的科技工作者,只有具备"三个脑袋"和"四种精神",才能实现自己的人生价值,谱写人生辉煌,为祖国、为人民做出更大的贡献。他用一个个生动事例向与会者解剖一名高度敬业的科研工作者的人生历程,展示了一个科技工作者的高尚品格,使与会者深受教育。

该学会优秀中青年会员张小明、胡峰强、黄浩、俞文生、陈京钰在会上也作了简要的发言，介绍了个人的成长成才经历。

江学功在会议小结时说，颜龙安院士从小树立要解决人民吃饱饭的崇高理想，对杂交水稻做了46年艰苦的、卓有成效的科学研究，获得了巨大成功，成为我国籼型杂交水稻的开拓者和主要发明者之一，为中国乃至世界粮食安全作出了重大贡献。他号召全体与会人员要虚心学习、认真领会颜院士讲话精神，变成自己进步的动力。

省公路学会秘书处已将与会人员的发言材料，汇编成册，编印《成才之路》(五)，供会员借阅。

(李文华)

教　育

【概况】 2008年，全省交通运输行业教育培训工作以科学发展观为指导，按照"十一五"交通教育与培训发展规划的要求，着重提高干部职工整体素质，加强职业教育和各项培训工作。

一、交通职业教育新发展

江西交通职业技术学院抓住职业教育大发展的历史性机遇，以国家示范性高职院校为标准，以社会需求为导向，认真贯彻党的教育方针，全面实施素质教育，坚持办学体制改革与创新，提高办学水平和办学质量，在师资队伍建设、学生素质培养、实训基地建设、产学研结合等方面取得明显成效。

1. 强化教师"双师"素质培养，优化师资队伍结构。该学院按照开发性和职业性的内在要求，积极修订教师任职标准和准入制度，在安排现有专业教师到企业顶岗实践的同时，积极聘请行业企业的专业人才和能工巧匠到学院担任兼职教师，提高兼职教师的比例，逐步建立"双师型"教师资格认证体系。到2008年末，该学院有省部级专业学科带头人4名，省高等学校教学名师3人，省中青年骨干教师12人，获交通部吴福—振华奖2人，省交通重点建设项目评标专家12人，省道路运输行业专家4人，省科技项目评审专家6人，省科协专家库成员4人。学院有正副教授60人，硕士研究生46人。学院专业教师中具有中级及以上职称的"双师型"教师204人，占专业教师总数的63.2%。

2. 加强职业技能培训，全面提高学生综合素质。该学院以服务为宗旨、以就业为导向，认真做好职业道德教育，进行心理健康教育，加强职业技能培训，全面提高学生综合素质。2008年学院完成11个班级学生的职业资格鉴定、2500人次的计算机等级培训、4000多人次的英语四级和应用能力考试；举办了第十届技能文化节，产生41个项目的技能冠军；夺得全省第五届汽车维修技能大赛团体项目第一名，获全省物流技能竞赛个人一、二等奖和团体一等奖，获2008年全国大学生数学建模竞赛江西赛区三等奖。

3. 推行学习与实践相结合，加强特色专业建设和实训基地建设。该学院大力深化教学改革，注重学以致用，加快学院校内外实习、实训基地的建设。学院的道路桥梁工程技术、物流管理和汽车运用技术3个专业被评为江西省高校特色专业，汽车运用技术专业教学团队荣获省级高校优秀教学团队称号。该学院除与一汽丰田公司达成合作协议外，还与北京现代汽车有限公司合作，成立了"北京现代汽车教学班"；与PPG建立了汽车喷涂合作项目；与杭州华美达酒店签订实训基地协议。到2008年末，该院校内外实训基地达100多个。

4. 坚持产学研相结合。该学院依托行业特色，坚持产学研结合的办学道路，提高科研水平，优化校内资源，取得较好的经济和社会效益。2008年获批2项省教育厅教改课题，获批1项省教育科学规划课题，获批 2 项省交通厅交通科技项目。完成了 6 项 2007 年中等职业学校省级教育教学研究课题和 5 项 2008 年高校省级教改课题。学院职业鉴定所完成了有关工种的等级培训鉴定 1734 人次，其中，交通行业特有工种的等级培训考核 493 人次。学院驾驶培训学校全年培训学员 2600 余人次，并获中国道路运输协会授予的“全国文明诚信优质服务驾校”称号。学院勘查设计院 2008 年承接 29 个项目，创造产值 300 余万元。该院的博苑工程咨询公司、交苑公路工程试验检测中心、汽车维修服务中心、佳时特数控生产基地、南昌贝通科技发展有限公司也取得了较好的业绩。

二、教育培训工作成绩显著

全省各级交通主管部门和交通教育培训学校，按照“十一五”期间交通教育与培训发展规划，结合工作实际，积极组织开展岗位培训和从业人员资格培训。2008 年全省交通行业共有 52274 人次参加各类培训（含面向社会对从业人员的培训和参加外培人次）。

1. 交通干部培训有序进行。2008 年全省交通行业共有 2068 名科级以上干部参加了各类培训。其中，省交通厅举办县（市）交通局长、运管处（所）长、公路局（站、所）长培训班 2 期，参加培训的干部 77 人；举办全省农村公路管理干部培训班 1 期，参加培训的干部 25 人。

2. 继续开展交通执法人员培训。全省交通行政执法涉及路政、道路运政、稽查征费、水路运政等业务领域，2008 年全省共有 5003 名交通行政执法人员参加业务培训。

3. 技术人员培训稳步实施。省交通厅积极安排行业有关单位的科研人员、设计人员和工程技术人员参加交通运输相关部门组织的高速公路建养技术、桥梁建养技术、隧道建养技术、交通信息化技术、交通安全技术和交通环保技术的业务培训班和现场经验交流会。

三、职工在职教育扎实推进

各级交通部门积极支持干部职工在职学习，全省交通干部职工参加在职大专以上学历教育的有 2143 人，其中，参加在职研究生教育的有 114 人。各级交通教育培训基地努力满足职工学习需求，拓展教育渠道。江西交通职业技术学院与长沙理工大学合作开办了交通部门在职研究生班和成人函授教育；省交通干部学校与北京交通大学和武汉理工大学合作，继续办好远程网络教育，并与武汉、长沙有关高校联系，争取开办新的专业。到 2008 年末，全省交通系统职工具有本科以上学历的 7726 人，其中，硕士生 352 人，博士生 10 人。具有大专学历的 13807 人。

2008 年，省交通干部学校新校区建设工作进展顺利，新校区土地证已办理完毕，新校区建设项目完成了工程勘察和初步设计，并已报送南昌市红谷滩规划局审批。

（易宗发　夏永强）

2008 年江西省交通厅直属单位职工教育情况

表 22　　单位：人次

单位	学历教育（人）								干部培训（含行政干部和技术干部）					依法行政培训					工人培训		从业资格培训	其他培训
	研究生		本科生		大专生		中专生		处级	科级	科级以下	继续教育培训	执业资格培训	路政	道路运政	稽查征费	水路运政	其他	技术等级培训	岗位培训		
	合计	毕业	合计	毕业	合计	毕业	合计	毕业														
江西省公路管理局	5	3	94	57	91	44	0	0	22	142	675	167	38	81	0	0	0	0	205	604	16	866
省高等级公路管理局	4	3	71	41	92	50	0	0	6	69	141	307	59	104	0	459	0	12	204	219	72	24
江西省航务管理局	0	0	68	44	37	20	1	0	13	71	97	80	23	0	0	0	25	48	198	155	72	0
省道路运输管理局	0	0	2	2	0	0	0	0	0	0	4	4	0	0	0	0	0	0	0	10	0	4
江西省航运管理局	0	0	1	1	3	3	0	0	0	5	15	7	2	0	0	0	12	15	0	34	40	638
省公路开发总公司	5	3	78	14	58	22	6	5	9	82	147	163	3	57	0	0	0	0	14	408	6	6
交通工程质量监督站	5	2	2	2	1	1	0	0	4	3	7	14	0	0	0	0	0	8	0	0	0	3

续表 22

单位	学历教育(人)								干部培训(含行政干部和技术干部)					依法行政培训					工人培训		从业资格培训	其他培训
	研究生		本科生		大专生		中专生		处级	科级	科级以下	继续教育培训	执业资格培训	路政	道路运政	稽查征费	水路运政	其他	技术等级培训	岗位培训		
	合计	毕业	合计	毕业	合计	毕业	合计	毕业														
交通工程监理中心	0	0	0	0	0	0	0	0	0	0	0	6	0	0	0	0	0	0	4	0	0	0
省高速公路联网中心	0	0	0	0	0	0	0	0	0	2	4	5	0	0	0	0	0	0	0	0	0	0
交通设计院	0	0	10	10	5	5	0	0	8	37	1201	0	6	0	0	0	0	0	0	0	73	0
交通科研院	2	0	5	0	6	0	0	0	0	2	4	0	14	0	0	0	0	0	2	0	25	3
交通职业学院	53	5	12	8	0	0	0	0	1	5	57	34	50	0	0	0	0	0	0	0	28	2
交通干部学校	0	0	0	0	0	0	0	0	1	0	2	2	0	0	0	0	0	0	0	0	0	0
江西远洋运输公司	0	0	0	0	0	0	0	0	11	28	34	0	0	0	0	0	0	0	4	31	0	0
九江长江大桥路桥局	1	0	5	2	10	6	0	0	0	0	0	0	0	0	0	0	0	0	5	0	0	0
厅规划办	0	0	0	0	0	0	0	0	0	0	0	0	0	0	0	0	0	0	0	0	0	0
厅外经办	1	1	4	4	1	1	0	0	0	0	0	0	0	0	0	0	0	0	0	0	0	3
厅信息中心	3	3	6	6	0	0	0	0	0	5	1	4	2	0	0	0	0	0	0	0	0	0
厅机关	0	0	0	0	0	0	0	0	3	2	0	0	0	0	0	0	0	0	0	0	0	0
厅直合计	79	20	358	191	304	152	7	5	78	453	2389	793	197	242	0	459	37	83	636	1461	332	1549
交通局合计	13	3	280	144	267	184	32	26	121	926	3327	1805	337	377	1479	715	262	733	1729	2325	16546	3221
公路局合计	22	8	355	241	406	207	20	20	58	432	1028	1014	186	616	0	0	0	0	1104	655	20	1205
总计	114	31	993	576	977	543	59	51	257	1811	6744	3612	720	1235	1479	1174	299	816	3469	4441	16898	5975

2008 年江西省设区市交通局职工教育情况

表 23

单位:人次

单位	学历教育(人)								干部培训(含行政干部和技术干部)					依法行政培训					工人培训		从业资格培训	其他培训(自填)
	研究生		本科生		大专生		中专生		处级	科级	科级以下	继续教育培训	执业资格培训	路政	道路运政	稽查征费	水路运政	其他	技术等级培训	岗位培训		
	合计	毕业	合计	毕业	合计	毕业	合计	毕业														
南昌市交通局	0	0	36	20	26	14	0	0	0	0	68	68	8	4	148	0	8	0	0	62	3512	0
景德镇市交通局	0	0	2	1	5	5	0	0	2	3	10	0	3	2	15	6	15	3	42	32	358	1100
萍乡市交通局	1	0	21	17	9	6	0	0	8	27	58	61	14	68	74	172	1	290	40	8	3705	0
九江市交通局	1	0	31	22	42	29	3	3	8	81	76	54	51	14	105	102	79	103	142	1139	1504	1394
新余市交通局	1	1	6	6	3	3	0	0	0	15	18	18	6	9	50		2	0	13	0	1	0
鹰潭市交道局	0	0	15	9	12	6	0	0	2	10	26	0	6	10	11	15	7	15	12	12	0	20
赣州市交通局	0	0	35	0	0	0	0	0	0	187	0	859	0	0	62	0	0	0	896	0	297	0
宜春市交通局	5	2	46	20	41	22	16	11	68	183	2545	382	133	16	345	186	62	3	237	631	2139	62
上饶市交通局	4	0	29	12	44	31	1	0	12	111	249	169	32	50	405	101	68	157	272	276	3469	578
吉安市交通局	1	0	53	37	80	68	12	12	1	64	165	112	80	141	169	64	4	20	49	130	173	67
抚州市交通局	0	0	6	0	5	0	0	0	20	245	112	82	4	63	95	69	16	142	26	35	1388	0
交通局合计	13	3	280	144	267	184	32	26	121	926	3327	1805	337	377	1479	715	262	733	1729	2325	16546	3221

2008 年江西省设区市公路局职工教育情况

表 24

单位:人次

单位	学历教育(人)								干部培训(含行政干部和技术干部)					依法行政培训					工人培训		从业资格培训	其他培训(自填)
	研究生		本科生		大专生		中专生		处级	科级	科级以下	继续教育培训	执业资格培训	路政	道路运政	稽查征费	水路运政	其他	技术等级培训	岗位培训		
	合计	毕业	合计	毕业	合计	毕业	合计	毕业														
南昌市公路局	2	2	5	3	0	2	0	0	11	48	136	23	46	98	0	0	0	0	136	0	11	186

续表 24

单位	学历教育(人)								干部培训(含行政干部和技术干部)					依法行政培训					工人培训		从业资格培训	其他培训(自填)
	研究生		本科生		大专生		中专生		处级	科级	科级以下	继续教育培训	执业资格培训	路政	道路运政	稽查征费	水路运政	其他	技术等级培训	岗位培训		
	合计	毕业	合计	毕业	合计	毕业	合计	毕业														
景德镇市公路局	0	0	1	1	3	3	0	0	1	3	0	180	2	36	0	0	0	0	135	0	0	0
萍乡市公路局	0	0	0	0	0	0	0	0	7	12	198	56	22	38	0	0	0	0	118	0	0	0
九江市公路局	0	0	7	4	27	19	0	0	8	93	465	22	0	57	0	0	0	0	61	26	0	33
新余市公路局	1	0	7	2	9	3	0	0	5	9	14	108	32	24	0	0	0	0	43	154	9	0
鹰潭市公路局	1	0	2	0	5	1	0	0	5	28	53	12	18	28					6	65	0	0
宜春市公路局	3	3	184	167	93	93	20	20	9	40	70	130	0	89	0	0	0	0	0	210	0	0
上饶市公路局	1	0	13	5	14	22	0	0	1	50	70	0	0	0	0	0	0	0	103	0	0	0
吉安市公路局	3	1	46	36	47	39	0	0	9	105	0	483	0	70	0	0	0	0	502	200	0	986
抚州市公路局	11	2	90	23	208	25	0	0	2	44	22	0	66	176	0	0	0	0	0	0	0	0
公路局合计	22	8	355	241	406	207	20	20	58	432	1028	1014	186	616	0	0	0	0	1104	655	20	1205

2008 年江西省交通厅直属单位职工文化程度、专业技术资格情况

表 25　　单位:人

单位	文化程度									技术职称				技术等级					
	在岗职工总数	研究生		大学	大专	中专	技校	高中	初中以下	合计	高级	中级	初级	合计	高级技师	技师	高级工	中级工	初级工
		博士	硕士																
江西省公路管理局	4315	0	34	894	1084	562	255	1091	395	1351	151	348	852	1927	1	30	666	318	912
省高等级公路管理局	4624	6	42	643	1305	1089	362	637	573	1004	71	267	666	493	0	4	98	175	216
江西省航务管理局	1943	0	8	439	539	143	56	467	291	877	86	202	589	898	0	30	476	242	150
江西省道路运输管理局	165	0	3	49	36	15	6	30	26	70	13	19	38	69	0	0	54	10	5
江西省航运管理局	157	0	6	42	28	10	2	23	46	66	14	26	27	10	0	0	6	1	3
江西省公路开发总公司	1525	0	8	265	456	203	53	353	187	348	41	84	223	107	0	3	37	45	22
交通工程质量监督站	51	1	11	27	5	2	0	2	3	45	16	17	12	7	0	0	4	3	0
交通工程咨询监理中心	171	0	0	77	55	19	2	12	6	149	36	60	53	20	0	0	12	6	2
省高速公路联网中心	33	0	4	25	3	0	0	1	0	16	1	5	10	0	0	0	0	0	0
交通设计院	505	1	28	302	67	35	1	26	45	393	99	125	169	88	0	2	62	11	13
交通科研院	171	2	21	46	60	13	0	19	10	129	24	31	74	6	0	0	1	1	4
交通职业学院	413	0	46	227	52	13	0	43	38	282	60	78	144	86	0	1	45	25	15
交通干部学校	29	0	0	15	6	2	1	5	0	19	5	9	5	4	0	0	1	3	0
江西远洋运输公司	295	0	6	53	82	24	10	56	64	114	14	64	36	3	0	1	2	0	0
九江长江大轿路挢局	160	0	0	18	47	15	0	46	34	17	1	1	15	14	0	0	7	4	3
厅规划办	33	0	6	23	3	0	0	0	0	0	8	10	7	0	0	0	0	2	2
厅外经办	15	0	2	10	1	1	0	1	0	14	3	6	5	1	0	0	1	0	0
交通工会	15	0	0	3	7	1	1	1	2	3	0	1	2	5	0	0	1	2	2
厅信息中心	9	0	3	6	0	0	0	0	0	10	4	5	0	0	0	0	0	0	0
厅机关(含后勤中心)	84	0	4	53	22	2	0	3	0	4	1	2	1	10	0	0	10	0	0
厅直合计	14713	10	232	3217	3858	2149	749	2816	1720	4911	648	1360	2928	3748	1	71	1483	848	1349
交通局合计	26583	0	83	2710	7285	3480	1580	6655	4780	3792	113	1160	2516	9784	24	465	3119	3928	2290
公路局合计	15910	0	37	1437	2664	1744	808	4002	4803	3997	192	841	2964	10524	5	217	4142	4445	1715
总计	57206	10	352	7364	13807	7373	3137	13473	11303	12700	953	3361	8408	24056	30	753	8744	9221	5354

2008 年江西省设区市交通局职工文化程度、专业技术资格情况

表 26　　单位:人

单位	文化程度									技术职称				技术等级					
	在岗职工	研究生		大学	大专	中专	技校	高中	初中以下	合计	高级	中级	初级	合计	高级技师	技师	高级工	中级工	初级工
	总数	博士	硕士																
南昌市交通局	3816	0	18	328	1008	293	33	1457	679	748	8	260	480	1085	11	68	386	477	159
景德镇市交通局	2305	0	5	39	425	738	161	436	501	40	5	13	22	80	1	3	12	26	38
萍乡市交通局	638	0	1	114	234	35	47	94	104	152	8	54	90	274	0	9	63	98	104
九江市交通局	2899	0	5	209	772	353	196	983	381	380	6	120	254	1262	5	71	281	586	320
新余市交通局	234	0	0	58	140	7	0	16	13	24	0	8	16	77	0	1	39	28	9
鹰潭市交通局	691	0	0	61	171	20	27	146	266	93	3	50	40	383	0	13	154	136	80
赣州市交通局	3573	0	22	360	861	681	96	401	1144	685	36	136	513	2343	0	37	1073	988	245
宜春市交通局	5938	0	12	905	1518	765	786	1503	450	744	19	211	514	1212	6	235	338	453	204
上饶市交通局	2006		10	323	750	171	66	542	170	487	26	154	304	861	1	6	127	336	392
吉安市交通局	3124	0	9	234	693	268	154	757	989	286	1	86	199	1569	0	13	455	556	545
抚州市交通局	1359	0	1	79	713	149	14	320	83	153	1	68	84	638	0	9	191	244	194
交通局合计	26583	0	83	2710	7285	3480	1580	6655	4780	3792	113	1160	2516	9784	24	465	3119	3928	2290

2008 年江西省设区市公路局职工文化程度、专业技术资格情况

表 27　　单位:人

单位	文化程度									技术职称				技术等级					
	在岗职工	研究生		大学	大专	中专	技校	高中	初中以下	合计	高级	中级	初级	合计	高级技师	技师	高级工	中级工	初级工
	总数	博士	硕士																
南昌市公路局	948	0	5	160	134	649	0	0	0	345	12	76	257	698	0	8	264	285	141
景德镇市公路局	859	0	1	59	193	55	86	156	310	297	4	84	209	525	0	3	203	220	99
萍乡市公路局	910	0	3	77	196	77	90	188	279	235	16	36	183	606	0	9	233	211	153
九江市公路局	1786	0	2	110	362	86	62	433	731	322	18	80	224	682	0	14	69	442	157
新余市公路局	399	0	0	35	84	51	75	84	70	116	11	38	67	283	0	5	82	133	63
鹰潭市公路局	390	0	1	52	42	35	13	26	0	110	7	33	70	27	5	12	3	5	2
赣州市公路局	2196	0	10	131	411	390	102	199	953	518	13	82	423	1627	0	28	791	669	139
宜春市公路局	2079	0	3	184	93	20	35	719	1025	467	31	139	297	1484	0	38	554	596	296
上饶市公路局	2049	0	7	165	360	142	97	468	810	526	21	108	397	1297	0	25	487	506	279
吉安市公路局	2532	0	3	201	459	117	118	1009	625	464	23	91	350	1929	0	32	897	804	196
抚州市公路局	1762	0	2	263	330	122	130	720	0	597	36	74	487	1366	0	43	559	574	190
公路局总计	15910	0	37	1437	2664	1744	808	4002	4803	3997	192	841	2964	10524	5	217	4142	4445	1715

【江西交通职业技术学院加强专业建设和实训基地建设】　2008 年,江西交通职业技术学院为适应企业和社会的需求,着眼提高学生的就业和创业能力,深化教学改革,加强专业建设,打造特色专业,在教学内容上注重学以致用,改变传统的以课堂为中心,把课堂建在工厂等户外场所,提高学生的动手能力,加快了学院校内外实训基地的建设。

2008 年,该学院道路桥梁工程技术、物流管理、汽车运用技术 3 个专业被省教育厅评为江西省高校特色专业,汽车运用技术专业教学团队获“江西省省级高校优秀教学团队”称号。学院除与一汽丰田公司达成教学合作协议外,还与江西贝尔科技产业有限公司合作,成立了南昌贝通科技发展有限公司;与江西佳时特数控技术有限公司签订校企合作协议,成立“交院佳时特数控生产基地”,为洪都集团、江铃集团等大中型企业承接来料加工业务;与北京现代汽车有限公司合作,

成立了“北京现代汽车教学班”；与PPG建立了汽车喷涂合作项目；与杭州华美达酒店签订实训基地协议。学院加强实训基地的建设，一方面，加强了教师的实践能力，提高了教师的讲课水平；另一方面，加强了学生的动手能力，提高了学生的就业能力。

（刘　婷）

【江西交通职业技术学院通过人才培养和教学评估】 2008年末，江西交通职业技术学院接受江西省教育厅组织的人才培养工作水平复评和高职高专学校思想政治理论课教育教学评估。人才培养工作水平复评是继2004年高职高专人才培养工作水平评估后，再一次对该学院的办学条件、教学质量、社会服务能力和办学特色等进行全面的评审。复评小组对该学院的专业、课程、师资、实训基地、校企合作、产学研结合等方面进行了考察，对该学院的人才培养工作水平和整体办学水平给予肯定，并要求学院继续提升办学水平和办学实力。

高职高专学校思想政治理论课教育教学评估是对思想政治理论课教学与改革整体规划进行实践检验。评估组认为，该学院在日常教学中以提高思想政治理论课的实效性为目标，开展教学改革，加强师资队伍建设，发挥思想政治理论课在大学生思想政治教育中的主渠道、主阵地作用，在评估中被评为优秀。评估组还就进一步加强学院思想政治理论课建设提出了建议，希望学院继续深化思想政治课教育教学改革，开创思想政治课教育教学新局面。

（刘　婷）

【江西交通职业技术学院聘用学生入党积极分子做助理班主任】 2008年，江西交通职业技术学院以土木工程系为试点，选拔高年级学生入党积极分子担任班主任的助理，助理班主任的培训工作由各系党总支负责，通过班主任和培养老师的考核合格产生。助理班主任担负5种职责，即班主任的助手、学习上的引路人、生活上的兄长、工作中的参谋和心灵的倾听者。经过一段时期的试点工作，取得较好效果，该系各班级加强了学风建设和道德建设，学生生活融洽，学习热情普遍提高，学生积极参与集体活动。聘用学生入党积极分子做助理班主任，锻炼了学生工作能力，加深了老师与同学之间的联系，加强了学生党、团支部工作，提高了学生的学习积极性。

（刘　婷）

【江西交通职业技术学院与青海交通职业技术学院合作办学】 江西交通职业技术学院在办学理念、学院建设、学术研究等各个方面与青海交通职业技术学院达成一致，2008年初签署合作办学协议。按照协议规定，2008～2009学年，江西交通职业技术学院接收首批青海交通职业技术学院36名学生到该学院参加为期一年的学习，首批到校学生为学习汽车专业的学生，这批学生涉及藏、蒙、壮等多个民族，江西交通职业技术学院按照其生活习惯和学习方式，配备专门老师，制订学习计划，帮助其适应环境，安心学习。双方商定，今后，江西交职学院和青海交职院将在计算机、路桥等专业逐步扩大合作办学范围，进一步加强学术交流和探讨，共同发展。江西与青海两个交通职业技术学院合作办学可充分利用两地的教学资源，为学生的就业开辟了广阔的出路，同时开阔了教师和学生的视野，加强了汉族与少数民族的文化交流。

（刘　婷）

【省交通干部学校举办各类培训班】 2008年，江西省交通干部学校坚持以邓小平理论和“三个代表”重要思想为指导，以科学发展观为统领，以建设高素质的交通干部队伍为目标，坚定“放宽眼界看教育，集中精力抓培训”的办学理念，克服学校拆、迁等种种困难，立足交通，优化教学管理、注重培训质量、提升服务意识，全年共举办各类培训班8期，培训人员591人次。其中，入党积极分子培训班2期，培训294人；全省公路路政执法人员培训班3期，培训195人；全省县（市、区）交通局长、运管处（所）长、公路站长培训班2期，培训77人；农村公路建设管理人员培训班1期，培训25人。该校在开展培训工作的同时，积极探索和研究干部教育培训的特点和规律，努力开创干部教育培训工作新局面，为全省交通建设事业培养实用人才。

（来栋萍）

【省交通干部学校承办公路路政执法人员岗位培训班】 2月19~22日、4月21~25日、11月27~30日,省交通干部学校先后承办三期全省公路路政执法人员岗位培训班,来自全省各市县一线的195名公路路政执法人员参加了培训。这是继续完成2007年组织路政执法人员培训工作,至此,全省所有公路路政执法人员均参加了新一轮路政执法业务培训,并在培训后通过考试取得了交通部统一印制的岗位培训证书。通过培训,学员们一致反映,学到了许多新的路政管理知识,强化了依法行政、文明执法意识,增强了路政执法工作的责任感和使命感。

(徐 珍)

【省交通干部学校举办全省农村公路建设管理人员培训班】 11月24日至12月3日,省交通干部学校举办为期10天的全省农村公路建设管理人员培训班,来自全省25名农村公路建设管理人员参加了培训。本次培训是为了响应国家关于建设社会主义新农村的号召,把农村公路建设这件方便农民朋友、惠及千家万户的事扎扎实实地做好,实现全省"十一五"农村公路建设发展目标,使基层领导干部和工程管理人员了解农村公路建设与管理的政策法规,掌握农村公路建设与管理的基本知识,提高农村公路建设工程质量。培训期间,学员们较系统地学习了农村公路建设与管理、桥梁施工与组织管理有关知识,了解了农村公路建设与管理的政策法规,明确了农村公路建设的发展和要求,学员普遍感到省交通厅对农村公路建设的重视和对工程质量的关心。此次培训,使学员认识到工程质量管理的重要意义,掌握了农村公路建设工程质量管理的工作要点。

(来栋萍)

【省交通干部学校承办县交通局长岗位培训班】 5月11~23日,10月20~31日,省交通干部学校先后承办了两期全省县(市、区)交通局长岗位培训班,共有77名交通局长、运管处(所)长、公路站长参加了培训。此次培训是落实2008年全省交通干部培训计划,提高县(市、区)交通部门领导干部工作能力的一项举措。培训班邀请省内有关专家学者授课,开设了当前交通发展形势、道路运输安全与管理、农村公路建设养护与管理、交通行政执法法律知识及案例分析、突发事件、群体事件媒体应对、领导者心理压力调适等专题讲座。培训期间,还组织学员赴外省学习考察、交流研讨。通过培训,学员们感到,理论水平有所提高,开阔了视野,增强了应急能力,理解了交通率先发展、科学发展、和谐发展的重要意义。

(徐 珍)

【省交通干部学校现代远程教育成绩显著】 2008年,省交通干部学校稳步推进现代远程教育工作。该校主动转变招生思路和方式,拓宽招生宣传渠道,扩大了学校现代远程教育社会影响,全年招收新生243人,2008年末在校生达857人,实现了远程教育在籍生稳定在800人以上的目标。该校秉承"适应形势、规范办学、严格管理、质量至上"的办学理念,规范教学环节,狠抓教学管理,提高教学质量,提升服务水平,其教学管理及服务水平获得了上级和社会的认可。2008年,该校通过江西省教育厅组织的现代远程教育驻赣校外学习中心的合格评估检查,并被全国交通现代远程教育网络协作组评为"办学先进集体"。

(徐 珍)

【省交通厅领导到交通干校调研】 4月15日,省交通厅副厅长席芳柏带领厅机关有关处室负责人到省交通干部学校进行调研,交通干校领导班子和中层干部参加了调研座谈会。席芳柏在听取了交通干校关于学校远程教育、培训工作及新校区筹建工作进展情况汇报后,肯定了学校这几年的工作成绩,指出交通干校全体教职员工要结合工作实际,深入开展学习实践科学发展观,解放思想,求新思变,破解干校发展难题,把解决多渠道办班、新校区基建工作作为学校班子当前的主要任务;要继续抓好远程教育,做好在职职工学历教育这篇大文章。强调从领导到每一位职工,必须明确自身职责,爱岗敬业,拼搏努力,齐心合力,拓宽培训渠道,抓紧时间办好新校区建设用地手续,做好工程勘察设计报批和招投标工作,加快推进新校区建设。

(来栋萍)

【省交通干部学校筹建新校区】 2008年,省交通干校在省交通厅的重视和大力支持下,与省市相关部门积极协调,主动沟通,在红谷滩新区凤凰洲C—25地块北侧(凤凰城旁)征地50亩筹建新校区。老校园已于2008年末全面完成拆除。新校区规划许可证、土地使用证均已办妥,新校园建设方案等前期工作正在加紧进行。新校区建成后,集培训、会议、评标中心和健身基地为一体,将成为省内设施一流的干部培训基地。

(徐 珍)

【省交通技校一部办学与市场对接】 2008年,该校继续坚持“立足行业,面向社会,贴近经济,服务企业”的办学方向,学校建立健全了就业以市场为导向的教育教学机制,明确技校教育要发展,必须明确自身定位,找准与市场的接口,与生产实践、技术推广、社会服务紧密结合起来。

具体做法:一是针对行业结构、技术结构调整所带来的劳动力市场变化,不断优化专业结构,合理设置专业和课程。二是创新人才培养模式,积极开展“订单式”培训,大力推行校企合作、工学结合、顶岗实习的培养模式。三是加强技校教育实训基地和校外实习基地建设。四是加强就业与创业指导,引导学生转变就业观念,拓宽就业渠道,提高就业质量。五是不断探索新时期学生德育工作的新特点,使学生成为有技能、守法纪、讲文明、比奉献,企业用得称心的合格技工。通过全校师生的共同努力,2008年,学校毕业生一次性就业率达95%以上,汽车维修工种国家职业技能考核中级工达标率达90%以上。

(朱德敏)

【省交通厅举办电子公文交换系统操作培训班】 8月22日,省交通厅举办的电子公文交换平台系统操作培训班在江西师范大学开班。省交通系统OA管理员和电子公文收发人员100余人参加培训。此次培训为期5天,达到了预期效果。

培训主要内容是介绍交通系统公文交换平台系统及其配套功能,检查配置公文交换客户端运行环境并安装使用,讲解OA用户的配置与操作等。学习内容突出三个特点:一是实用性大。结合工作实际,从如何认识和正确操作软件、如何有效运用软件进行现场演示讲解。二是交流形式多。有多媒体授课、有实际操作演练;有教材分析,又有现场交流讨论,改变了以往培训单一授课的形式。三是针对性强。解决了公文传输中的安全性、规范性等问题。

省交通系统电子公文交换平台系统是由厅信息中心开发完成,根据省交通厅关于办公自动化工作的安排,从2008年10月8日起,省厅与系统内各单位公文(除涉密文件)将使用电子公文传输,纸质公文不再发送。举办这次培训班,为实施省交通系统电子公文交换工作打实基础,为交通系统建设现代化办公网络提供了技术支持。

(欧阳新文)

【省交通设计院举办桩基础新技术学术讲座】 6月28日,江西省交通设计院和省公路学会桥梁专业委员会、省建设工程勘察设计协会桥梁专业委员会在该院第三会议室共同举办为期1天的“桩基础新技术学术讲座”。主讲人龚维明是东南大学博士生导师、土木工程学院桥隧与地下系主任、《公路桥涵地基与基础设计规范》起草人之一。这次讲座,有江西省交通设计院、省公路科研设计院、南昌铁路设计院、赣南公路勘察设计院4家设计单位的54名专业技术人员参加。龚维明对2007年12月新版《公路桥涵地基与基础设计规范》的桩基础计算和沉井、地连墙、自平衡静载试验等修改部分进行了详细讲解,并举例分析,还对部分听讲者提出的问题给予了解答。体现出融洽的学习交流氛围,使本次学术讲座取得了好的效果。

(聂淑贞)

【省高管局举办办公室综合业务培训班】 2008年8月26~28日,省高管局举办了办公室综合业务培训班,全局各基层单位的办公室主任和文秘人员130余人参加培训。

培训内容包括公文处理、公文写作、政务信息公开、信访处理、档案整理等,邀请省政府办公厅、省政府法制办、省交通厅、省信访局和省档案局等单位有关专家和领导授课,培训课程结束后,组织了综合测试。本次培训取得了预期效果,学员们普遍反映培训内容结合实际,对今后工作有很好的指导作用。

省高管局副局长丁向东出席8月28日的结业仪式并讲话,他肯定此次培训取得的成绩。他指出,做好办公室工作就要发扬吃苦耐劳、无私奉献、甘当无名英雄的精神;要服从工作大局,贴近服务对象;做到政治过硬、作风过硬、业务过硬;发挥参谋作用、协调作用、后勤保障作用。希望大家结合培训内容多交流、多学习、多促进,将办公室各项工作抓实、抓细、抓好。

(舒森琴)

【省地方海事局举办船舶一卡通系统应用培训班】 3月18~21日,省地方海事局在南昌举办了船舶"一卡通"系统和船舶登记系统(网络版)应用培训班。省地方海事局所属海事机构船舶登记业务人员、信息办工作人员共25人参加了学习培训。

此次培训由交通部海事局IC卡管理中心、北京银科博星科技有限公司、山东中创软件股份有限公司负责实施。培训期间,首先向省局海事科、信息办业务人员传授船舶"一卡通"系统和船舶登记系统(网络版)构建、原理、船舶IC卡管理、登记等专业知识,随后,对各设区市海事部门参培人员开展培训。培训内容包括船舶"一卡通"系统、船舶登记系统(网络版)、船舶IC卡发放的具体业务办理、数据管理、系统安全等。培训结束后,参培人员参加了应用操作考核并顺利通过考核,为"一卡通"工程在省内的全面实施奠定了基础。

(许海远)

【南昌航务分局举办职工职业技能竞赛活动】 为贯彻全国总工会提出的"创学习型组织,做知识型职工"的要求,加强职工职业技能培训,提升职工队伍的整体素质,南昌航务分局于5月8日至9日,举办了第二届职工技能比赛。

此次技能比赛在保留原有的船舶驾驶、船舶轮机、插钢丝绳等项目的基础上,增加了消防演练、汽油机艇操作、扎拖把等内容。规定凡在岗职工必须参加相应项目的技能比赛,并将竞赛成绩作为其年终考核评先的条件之一。

经过两天的激烈角逐,共有54名职工97人次,参与了6个项目的竞技,产生了各个项目的优胜选手,分局党委为优胜者颁发了证书并予以表彰。

(喻春耕　纪彩霞)

【省航务局举办未持证验船人员业务培训班】 根据交通部海事局关于采取临时性措施缓解船舶检验人员短缺压力通知的要求,经交通部海事局武汉船检管理处审核,省航务局于1月14日至20日在景德镇市举办一期培训班,对全省43名未持证验船人员进行船检法规业务培训。

授课老师为武汉船检管理处的专家和本单位的资深船检人员。培训内容包括船体、轮机、电气、消防、救生、焊接等方面的知识以及现场船舶检验和证书填写需要注意的事项等。培训结束后,学员们参加了考试。

经这次培训考试,验船人员的业务素质得到提高,提升了基层船检工作质量。同时,缓解了省内航运业、造船业发展与验船人员短缺之间的矛盾,也为这批学员参加全国注册验船师资格考试及即将实施的注册验船师制度创造了条件。

(罗淑英)

【省航务局举办消防安全知识讲座】 12月4日下午,省航务局邀请南昌市消防安全培训中心的教官为局机关干部职工举行一次消防安全知识讲座。

消防教官结合火灾事故案例拍摄的实例图片,讲解了火灾种类、不同类型火灾的发生原因、灭火的方法以及逃生自救等消防知识,指出了日常生活中容易引起火灾事故的细节以及发生火灾时由于慌乱而造成灭火、自救不当的问题。还通过互动的方式,现场向大家演示了干粉灭火器、防毒面具等消防器材的使用方法,传授了灭火技能。

通过消防安全知识讲座,大家的安全理念进一步增强,既了解了预防火灾的基本知识,又掌握了扑救火灾和火场逃生的基本技能。

(倪　磊)

【省航务举办行政执法人员岗位培训】 11月17~21日,省航务局在井冈山职工培训中心举办了本系统行政执法人员岗位培训班,对近年来执法岗位变动的人员和新进入执法岗位的大学毕业生共38人进行培训。

此次培训结合单位实际和交通运输部、省交通厅关于执法人员岗位培训的有关要求,开设了水上交通基本法律法规、稽征实用法规、船检基础知识、航道基础知识以及水上交通安全监管实用法规等课程，分别由省航务局法规、海事、航道、稽征部门负责人或专业工作经验丰富的人员授课。培训期间，学员们围绕做好航务行政执法工作所必须掌握的专业知识和法律法规知识，进行了认真的学习，同时结合实际，就当前执法工作中存在的新情况、新问题与授课老师展开了交流和探讨。通过培训，对学员们尽快熟悉业务、做好本职工作起到促进作用。

（倪　磊）

【省航运局举办第三次全国港口普查培训班】 7月3～10日，省航运管理局分别在南昌、九江两市举办第三次全国港口普查培训班。各设区市港口管理部门及港口经营企业的普查人员共172人参加培训。省航运局副局长徐良到南昌培训班讲话。

徐良指出，随着港口资源大范围整合，港口建设投入加大，港口规模、港口企业经营规模、经营特点已发生明显变化。面对港口发展的新形势，原管理体制建立起来的港口统计体系、统计方法已不适应形势发展的需要，交通运输部决定开展第三次全国港口普查。普查目的：一是力求全面、准确地掌握港口发展现状，为科学规划、建设和管理港口提供信息服务和支持；二是建立与新型港口管理体制相适应的港口统计体系和调查方法；三是培养一支懂业务、熟悉基层港口企业管理工作的队伍。为了做好此次港口普查工作，他要求：一要联系实际，创新思维；二要齐心协力，通力合作；三要实事求是，规范操作；四要加强交流，高效运转；五要扩大宣传，营造氛围；六要做好资料的保密整理工作。举办港口普查培训是一次很好的学习机会，他要求学员端正态度、学以致用，遵守培训班纪律，集中精力、认真学习。

此次培训以学习《第三次全国港口普查方案》为主要内容，结合全省的港口现状，教员详细讲解普查的范围、对象、原则、方法等，并对普查数据软件的操作进行演示。通过培训，参训人员对港口普查工作有了较全面的了解，从7月中旬起，全省港口普查工作将进入外业采集数据阶段。

（刘燕萍　杨　辉）

【省航运局选派人员参加交通部港口普查培训班】 为做好全省第三次港口普查工作，省航运管理局选派各设区市港航管理处、九江市港口管理局及重点港口企业业务骨干人员共28人，参加交通运输部5月12～16日举办的全国第三次港口普查第三期培训班。

培训期间，授课老师说明了此次港口普查的目的及重要意义，明确了普查工作的时间要求。培训以《第三次全国港口普查方案》及应用普查数据软件为主要内容，对普查的目的、对象、范围、内容进行详细的讲解，规范了调查表格的填写。学员还结合本省港口实际，就一些疑点与授课老师进行了交流。通过此次培训，学员们明确了工作要点，掌握了普查方法，为开展工作打下了良好基础。

（刘燕萍　杨　辉）

【省航运局举办全省水路运输量调查培训班】 5月4～7日，省航运管理局在南昌市分2期对海船、内河客船调查人员及渡口调查人员进行全省水路运输量专项调查工作培训。各设区市港航管理处及有调查任务的县（市、区）港航管理所统计人员、调查员和各设区市交通局渡口管理所、有调查任务的县（市、区）渡口管理部门调查员共200余人参加培训，为完成全省水路运输量专项调查奠定基础。

培训班教员围绕水路运输量专项调查方案，详细讲解了全省水路运输量专项调查的工作流程、具体方法，演示了数据采集、数据处理等相关软件操作。本次培训内容充实，针对性强，达到了预期的效果。

（刘燕萍　杨　辉）

【省航运局举办全省危险货物运输岸上人员培训班】 10月18～20日，省航运局在九江市举办全省第六期危险货物运输岸上人员培训班。省航运管理局副局长胡大根出席开班典礼并讲话。培训班共有77名学员参加，其中现场管理人员42名、作业人员35名。通过3天的紧张学习，学员们完成了培训教学内容的学习，掌握了危险货物运输岸上管理和操作知识，培训班结束后，全体学员参加了考试，考试合格者颁发危险货物运输岸上人员岗位资格证书。

（付江宁　杨　辉）

【九江市港口管理局举办公文处理及政务信息培训班】 4月10日,九江市港口管理局举办公文处理及政务信息培训班,各分局办公室主任和文秘人员,以及局机关各科室相关人员30余人参加了培训。培训班邀请九江市政府办公厅信息处、公交处和市港口管理局领导授课。

局党组书记刘道林在培训班开班仪式上分析了该局文秘和政务信息工作的现状,针对港口行政管理的新形势提出了下一步的工作要求,对全局文秘人员提出殷切期望,希望学员们加强学习,不断提高,使自己成为一名优秀的文秘工作者。

培训内容丰富、注重实效。通过培训,参加培训人员掌握了公文处理程序、政务信息写作等知识,为做好公文处理工作奠定了基础。

(柯瑞华　杨　辉)

【省运管局举办汽车客运站安全例检员培训班】 7月10~12日,省运管局举办全省汽车客运站安全例检员培训班。各设区市运管处(局)相关人员、全省二级以上车站站长和客运站从事客运班车安全例检工作人员共105人参加了培训,省运管局副局长王赣军出席了开班仪式。

这次培训是贯彻落实交通运输部《汽车客运站安全生产规范》和江西省《汽车客运站出站车辆安全例行检查技术规范》,进一步抓好道路运输安全源头管理。授课老师介绍了汽车客运站安全管理的流程,对江西省《汽车客运站出站车辆安全例行检查技术规范》进行了详细的讲解。全体学员经过两天紧张的学习,并通过了考试,顺利地领到了由省运管局颁发的汽车客运站安全例检员证。

通过培训,增强了汽车客运站安全例检员的责任和安全意识,使他们掌握汽车安全例检的方法和技能,提高业务水平,规范了汽车客运站安全例检员队伍行为。

(王志华)

【省运管局举办全省公路运输量专项调查培训】 5月13~17日,省道路运输管理局在南昌分两期举办公路运输量专项调查培训班,共培训各设区市交通局、各市、县(区)运管处(所)公路运输量专项调查技术骨干145人。

省道路运输管理局领导对这次培训工作高度重视,副局长黄应友出席了开班仪式,对开展公路运输量专项调查培训的目的、意义进行了宣讲。他指出,此次专项调查时间长,要求高,任务重,要求培训人员充分认识专项调查意义,认识专项调查承担的责任;严格遵守培训班的纪律;认真学习,做好准备工作。

培训期间,授课老师对这次公路运输量专项调查的数据库整理工作、调查组织方案、客运调查技术方案及货运调查技术方案各项内容进行了全面、系统、深入的讲解,对学员提出的问题也进行了一一解答。培训结束时,对所有的学员进行了考核,合格率均在优良以上。

通过集中培训,各参训人员对此次公路运输量专项调查工作有了全面的认识和掌握,大家相互学习,为下一步顺利完成调查工作奠定了基础。

(张　霞)

【江西公路开发总公司举办机械设备操作技能竞赛】 4月2日,江西公路开发总公司举行首届机械设备技能竞赛活动。竞赛分理论知识和实践技能两部分,竞赛项目有压路机技能操作、装载机"穿针眼"和斗齿推砖、装载机铲料和卸料竞赛、摊铺机操作表演、发电机的操作与保养表演。共有22名技术能手参加竞赛。分压路机和装载机两组评出一、二、三等奖。

此次比赛,检验了操作工人的技能水平,搭建了学习交流的平台,对激发公路养护人员刻苦学习知识、熟练掌握岗位技能、推动操作手水平提升具有重要意义。

(缪德良　陈　虹)

【景鹰高速公路公司举办收费人员培训】 2008年景鹰高速公路公司大力开展收费人员业务培训,提高收费人员业务水平,促进收费工作顺利开展。

9月10日,公司举办2008年新上岗收费人员规范化服务业务培训,主要学习收费窗口规范化服务、收费站绩效考核、防止逃费的方法,并通报了全线收费现状和收费形势,指出收费中存在的问题,提出收费工作的有关要求,使新上岗员工认清收费形势,了解工作重点。

9月20日,该公司选派部分收费人员参加全国高速公路收费站管理、交通监控与指挥调度、机电系统维护维修与管理系列研修班。11 月 25 日，公司派所属单位相关人员参加省高速公路联网中心组织的联网收费软件和收费业务知识培训。

通过多次学习培训，公司收费岗位员工基本了解高速公路的收费趋势，掌握了新形势下高速公路收费管理的方法，提高了业务素质和管理水平。

（收费监控处）

【景鹰高速公路公司举办收费人员岗前培训】 10 月 15～21 日，景鹰高速公路公司安排赣皖桃墅收费站全体员工在浮梁管理处进行为期 7 天的岗前培训。为使培训工作顺利开展，该公司成立了培训领导小组，针对参训员工的实际情况开设培训课程，培训内容涵盖了工作纪律、业务技能、文明服务、廉政教育、军事训练等方面。培训期间，26 名参训员工认真学习，互相交流，团结互助，展现了良好的团队协作意识。通过培训，参训员工在业务技能和工作作风方面有了一定提高和改进，为赣皖桃墅收费站的顺利开通提供了保障。

（朱建军）

【梨温高速公路公司举办干部培训班】 11 月 3～7 日，梨温高速公路公司举办第三期站级干部培训班，35 名新聘任的收费站长、路政中队长参加培训。培训主要围绕提高政治思想认识、业务技能、心理素质。内容涉及收费、路政、廉政、财务、管理、企业文化等方面。采取领导讲课与邀请高校教师授课、集中学习与分组讨论、课堂学习与观看电教片相结合的方法进行，培训结束前，进行了专题考试。

（何爱鹏）

【景鹰高速公路公司举行员工综合素质考试】 11 月 18 日，景鹰高速公路公司举行员工综合素质考试，近 100 名在岗员工参加考试。考试采取笔试和计算机操作两种方式进行，考试内容不局限于以往单一的业务知识，改为包括公文处理基础知识、计算机办公应用软件操作、会议接待和安排、社交礼仪、有关法律法规和公司规章制度等内容，全面考核和检验员工的综合素质。

此次考试是景鹰公司成立以来第一次组织的员工综合素质考试，对于提高员工综合素质，公平、公开、公正选拔人才，加强员工队伍建设，提升公司整体管理水平具有积极作用。

（李思诚　魏　翔）

【梨温高速公路公司举办工程监理业务培训班】 3 月 17～19 日，梨温高速公路公司举办为期 3 天的工程监理业务培训班，邀请省公路学会 5 位专家前来授课。各养护所和维修队的工程监理技术人员及养护处有关人员参加了培训。省公路学会专家分别就《监理概论》、《机电监理》、《隧道监理》、《材料试验》、《合同管理》、《质量控制》、《工期控制》、《费用控制》、《安全监理》、《环保监理》等进行了深入浅出、通俗易懂的重点讲解。该公司养护部门还结合养护工作实际情况，详细讲解了《梨温高速公路养护工程质量管理实施细则》，并与学员们一道讨论养护工程监理办法。

（刘金枝）

【景德镇市培训危险品运输从业人员】 4 月 25～26 日，景德镇市交通局组织景德镇石油公司、市捷腾物流有限公司、江西大龙物流有限公司、乐平市汽车运输公司从事危险化学品运输的机动车驾驶员和押运员共 62 人进行培训，接受危险化学品运输安全管理专家、化学研究专业人士的理论辅导，并参加从业岗位有关专业知识应知应会考试。

（涂　强）

【景德镇市交通行政执法人员集中受训】 7 月 19 日，景德镇市交通系统执法人员岗位培训班开班，全市交通系统 120 名行政执法人员听取了首场法律基础知识讲座。

为切实加强交通政风行风建设，推动交通依法行政进程，提高交通行政执法队伍的整体素质，规范执法行为，景德镇市交通局从 7 月中旬开始，分期组织为期半年的交通行政执法人员岗位培训。此次大规模的系统性培训为该局历史上的首次，涵盖该局所属交通行政执法部门及乐平市、浮梁县、昌江区交通局所属执法部门的 300 余名行政执法人员，培训采取集中授课、集体讨论、个人自学、案例分析、考试测评等方式进行。培训内容包括法律基础知识、国家赔偿法、行政许可法、行政诉讼法、行政处罚法、行政复议法等公用法律，“五五”普法中全民共学的法律法规。在交通专业方面，学习中华人民共和国公路法、港口法、道路运输管理条例、水路运输管理条例、交通基本建设项目分类及交通建设标准规范、公路工程质量监督内容和程序等专业知识。集中授课时间达到100课时。

(涂　强)

【景德镇市培训改渡建桥项目办人员】 为推动农村渡口改渡建桥工作的开展,加强改渡建桥工程管理,将这一"民生工程"建成"民心工程"。10月16～17日,景德镇市交通局组织人员在乐平市政府会议室举办了一期"农村渡口改渡建桥建设项目业务培训班",来自礼林镇、乐港镇、十里岗乡等有改渡建桥任务乡(镇)的乡(镇)长、项目办工作人员50余人参加了培训。培训班重点学习公路桥梁基本知识、桥梁施工质量控制要点、改渡建桥管理办法和改渡建桥基本程序,并到现场参观和剖析在建桥梁存在的质量问题,讲解防范措施。

(徐小明)

【交通部法规专家应邀到赣州授课】 2008年11月6日,赣州市公路管理局为丰富"文明执法作风建设年"主题活动内容,促进全体执法人员对《中华人民共和国公路法》、《江西省公路路政管理条例》以及《中华人民共和国行政许可法》等路政执法相关法律法规的深入学习和掌握;邀请交通部法律法规专家张柱庭教授到赣州为路政执法人员、治理超限执法人员培训班讲课。

市公路局130余名执法人员全部参加培训学习,聆听了张柱庭教授从路政执法理念规范、行政执法主体规范、履行职责规范等10个方面规范化建设的深入讲解,并就路政、治超工作中遇到的疑难问题进行了现场解答。此次授课,对提高全体路政执法人员文明执法意识和规范文明执法行为起到了积极的作用。

(黄新明)

【宜春市交通局举办农村公路建设项目法人培训班】 2008年8月11～25日,宜春市交通局在秀江宾馆举办农村公路建设项目法人培训班。全市在建的农村公路建设项目法人代表400余人参加了培训。

此次培训的目的在于提高农村公路建设项目法人代表的管理水平、业务水平,培训的内容涵盖公路建设方面的政策法规、项目管理、招投标工作、安全、廉政及路面、桥梁施工技术要点等。参加培训的人员认真听,仔细记,深入领会。大家普遍认为:这次培训非常必要,非常及时。培训收到良好效果,为加快全市农村公路建设步伐、保证工程质量打下了良好基础。

(易　为)

【宜春市路桥工程局组织特种作业人员培训】 2008年1月8～12日,宜春市路桥工程局组织全局从事电工作业、金属电焊切割作业、起重作业、机动车辆驾驶人员共27人进行为期5天的特种作业安全培训。

宜春市路桥工程局是一个具有国家一级资质的公路施工企业,在施工作业过程中,严格遵守国家的法律法规,始终将安全生产放在各项目标任务首位。国家安全生产法规定,"生产经营单位的特种作业人员必须按照国家有关规定经专门的安全作业培训,取得特种作业资格证,方可上岗作业",按照规定,宜春路桥工程局每年都要组织这批人员进行安全培训并经过考核,成绩合格者方可上岗。

(熊　妩　况　樱)

【抚州市交通局举办农村公路工程技术培训班】 11月7～8日,抚州市交通局在交通宾馆举办全市农村公路质量监理及路况评定培训班,邀请省公路局、省交通工程质量检测站及南昌市公路局有关人员授课。各县(区)交通局分管副局长、公路站长及一线技术骨干共50人参加了培训班,市交通局局长陈克到培训班看望全体学员并讲话。

随着国家加大对交通基础设施建设的投入,全市农村公路建设快速发展,至2007年底,全市共完成农村公路建设里程5588.71千米,1283个行政村通水泥路,行政村水泥路通达率达68%。2008年,农村公路建设计划为849千米,新增184个行政村通水泥路,行政村水泥路通达率达78%。到2010年,全市农村公路建设里程将达7400千米,实现95%的行政村通水泥路;加快农村渡口改渡建桥工作,已完成改渡建桥68座,撤销69个农村渡口,建设任务非常艰巨。为确保农村公路建设质量,市交通局根据年初工作计划安排,举办了这期培训班,重点就完善农村公路质量管理体系、规范农村公路建设市场管理、加强桥梁建设质量控制等方面内容进行强化培训，力争全市农村公路建设质量全部合格。

（抚州市交通局质监站）

【黎川县举办农村公路建设质量管理培训班】 7月12日，黎川县举办了一期农村公路建设培训班，全县各乡（镇、场）分管公路建设领导、各项目业主、工程旁站人员及施工单位负责人共60余人参加了培训。县交通局专业技术人员系统地讲解了农村公路建设路基改造、路面铺设等工程技术知识，培训班结束前还组织了参训人员考试。此类培训，黎川县坚持每年举办一次，通过培训，提高了农村公路建设相关人员质量管理水平，为确保农村公路建设质量奠定了基础。

（黄建国）

【鹰潭市公路局举办路政执法人员培训班】 11月12日，鹰潭市公路局举办了公路路政执法人员培训班，该局路政科、白露治超站以及所属各分局路政执法人员共计30余人参加培训。培训内容主要学习《中华人民共和国公路法》、《江西省公路路政管理条例》等法律法规。邀请省公路局路政处有关人员讲课。经过培训，执法人员的业务水平得到提高。

（鹰潭市公路局）

【全省驾培市场开展质量信誉考核】 2008年，省运管局对驾培市场开展了两个质量信誉考核，一是开展驾驶员培训学校质量信誉考核工作，组织各设区市运管处对全省机动车驾驶员培训学校开展质量信誉考核。从考核结果来看，相比于2007年，各驾校在硬件设施上有较大的完善，在教学管理上有创新，基本达到了法定的资格条件。二是开展驾驶培训教练员质量信誉考核，省运管局根据《江西省机动车驾驶员培训管理规定》和《江西省道路运输从业人员管理规定》要求，共举办了7期"全省机动车驾驶培训教练员培训班"，培训近1000人，其中道路营业性运输驾驶培训教练员60余人。每期培训班结束后，由省运管局统一组织考试，经考试合格的教练员核发机动车驾驶员培训教练员证，教练员持证上岗。

（高　翔）

【全国创建文明诚信优质服务驾校经验交流会在南昌召开】 10月29～30日，由中国道路运输协会主办的全国创建文明诚信优质服务驾校经验交流会在南昌市召开。交通部公路司、中国道路运输协会领导，各省市驾培行业管理部门和行业协会负责人以及全国135所文明诚信优质服务驾校的代表共300余人出席。会议由中国道路运输协会驾工委主任吴忠勋主持。江西省运管局局长龙华民致开幕词，中国道路运输协会会长姚明德讲话。会议总结交流了创建文明诚信优质服务驾校经验，向在全国参评的7000多所驾校中获得"全国文明诚信优质服务驾校"称号的135所驾校颁发荣誉证书和牌匾。其中，南昌市江西蓝天驾驶学校、江西交通职业技术学院驾驶培训中心、南昌市白云机动车驾驶员培训有限公司榜上有名。蓝天驾校校长林素君在会上作了题为《用科学的经营与管理方法做大做强驾校》的经验介绍。会议讨论通过了全国驾驶员培训机构行规行约、全国百家驾校联席会议制度和135所驾校致全国驾校的倡议书，并就下一步全国开展争创百强驾校和十佳驾校等工作进行了研究。

（章　剑）

【全国百所文明诚信驾校校长到蓝天驾校参观】

10月30日上午，全国创建文明诚信优质服务驾校活动经验交流会议的135所文明诚信驾校校长和与会代表共300多人，来到江西蓝天驾驶学校参观。代表们参观了服务大厅、办公大楼、训练场地、多媒体教室、理论考试的无纸化考场、桩考考场、场地驾驶考场等场所及设施，对每一个参观点都进行了详细的了解，听取了蓝天驾校办学的介绍。面对整齐的场地训练设施，走进桩路一体的电子化考场和功能齐全的服务大厅，置身高科技含量的监控中心，参观的代表认为，蓝天驾校的校园像公园一样美丽，考场、训练场地布局合理，服务设施先进。中国道路运输协会驾工委主任吴忠勋对该校近两年的快速发展给予高度评价。他说："蓝天驾校我来过了3次，这次来感觉不一样，体会到蓝天驾校的企业文化魅力，到这里来学习是一种享受，从'蓝天'看到了驾培行业的发展。"

（章　剑）

卫 生

【省交通医院提高医疗服务质量】 2008年,交通医院在面临国家不断下调药品价格的压力下,及时调整工作思路和经营方向,做到在保证为厅直机关干部职工服务质量不下降的前提下,确保了医院业务收入和职工待遇合理增长。2008年,在上级拨款减少14万元的情况下,医院的工作做到了"四个增长、一个优化",全年的工作得到上级的肯定,荣获省交通厅机关后勤服务中心先进工作单位称号。

四个增长:一是业务收入增长,2008年业务收入较2007年增长10%;二是固定资产较2007年增加11万余元;三是体检收入增长,2008年,医院大力拓展体检业务,承接了交通系统内交通职业技术学院学生入学体检、港航工程处职工体检、省稽征局公开聘用人员体检、航运局船员体检等业务,同时,积极向系统外拓展,吸引了南昌交通银行招工体检、江西托利有限公司职工体检,全年体检业务收入较2007年增长70%;四是职工福利待遇增长,职工福利较2007年人均增长7%。

2008年,医院的收入结构得到优化,医疗收入中,服务性收入占收入的比重较2007年提高7.1%,药品收入比重明显下降,对控制厅机关职工医药费支出过快增长方面发挥了作用。

努力为交通干部职工服务,一方面,医院继续加大上门服务的工作力度,全年提供上门服务近2000人次,另一方面,积极为各种交通会议、交通系统大型体育运动会提供良好的医疗保健服务,确保了与会人员的安全。同时主动为交通职工到省级医院就医提供联络服务60余人次,方便了交通职工。

(省交通医院)

【景鹰高速公路公司组织全体员工体检】 7月22~25日,景鹰高速公路公司组织全体员工进行身体健康检查。

体检项目包括心电图、B超、肝功能、血常规、尿常规、血脂、血糖等常规性检查项目。除此之外,并对女员工、35岁以上和特殊岗位员工体检项目进行了必要的增加。为了不影响正常工作,此次体检分3批进行,参加体检人数近500人,到7月25日上午结束,员工普遍反映满意。

(申 艳 李林娜)

【梨温高速公路公司赣浙收费处开展宿舍卫生评比】 2008年10月9日,梨温高速公路公司赣浙收费处进行宿舍卫生评比活动,优胜宿舍挂流动红旗。

10月9日,该处组织人员对所有员工宿舍进行了突击检查。检查小组每到一间宿舍都认真查看物品摆放是否整齐有序,门、窗、桌、椅是否擦拭干净明亮。经过仔细检查和认真对比,最后评选出前三名,并予以加分和通报表扬,挂上流动红旗,以示鼓励。对于卫生未达标的宿舍进行通报批评,并给予扣分处理。通过卫生评比活动,加强了宿舍卫生管理,营造了员工良好的生活环境,有益于员工身心健康。

(杨 霞)

【景鹰高速公路公司万年收费站健全卫生管理制度】 2008年,景鹰高速公路公司万年收费站不断完善卫生制度,创造良好的工作生活环境,制定了《万年站环境卫生管理考评办法》,其中,包括《万年站星级宿舍评比实施办法》、《万年站办公场所卫生考核细则》、《万年站公共区域卫生管理规定》等。

在日常生活管理中,该站通过宣传教育和监督检查相结合的方式,使员工认识到环境卫生对身心健康的影响,引导员工自觉参与爱国卫生运动,培养员工的集体主义精神,营造良好的学习和生活环境。

(沈 祥 肖丹丹)

【梨温高速公路公司鹰潭西站清刷车道油污】 2008年11月12～13日，梨温高速公路公司鹰潭西站组织员工对收费车道进行全面清洗，特别是将车道上的油污冲刷洁净。不仅为收费站提供了一个干净舒适的工作环境，也为过往司乘人员提供了清新的通车环境，使该站整体形象焕然一新，受到过往司乘人员的好评。

（乐金枝）

交 通 管 理

交通建设管理

【概况】 2008年,交通基础设施建设投资持续增长。全年交通基础设施建设投资完成180.6亿元,其中公路建设投资完成178.36亿元,超出计划数1.8%。省交通厅沉着应对各方面的严峻挑战和考验,抓好交通建设市场监管和重点建设项目管理,做好项目审批、征地拆迁、项目实施等环节的组织协调工作,推进交通建设又快又好发展。

1. 加强交通建设项目管理。2008年,新开工鹰潭至瑞金、石城至吉安、九江至瑞昌、彭泽至湖口、赣州绕城5条高速公路,续建瑞金至赣州高速公路,武吉高速公路全线建成,全省高速公路新增110千米,在建达到823千米,通车里程达到2316千米。全省国省道公路新改建1008千米。全年农村公路建设投资完成38.1亿元,安排专项资金2亿元,用于支持社会主义新农村示范点建设。农村公路路面硬化连续五年突破1万千米。加快农村公路渡改桥项目建设,在建桥梁129座,建成72座,累计完成156座。加强航道水运建设,新开工赣江石虎塘航电枢纽重点工程,续建赣江东河(南昌—瓢山)四级航道整治工程和省水上搜救中心、鄱阳湖分中心、吉安港石溪头货运码头、新干港河西货运码头。同时做好赣江(南昌—湖口)二级航道整治工程、南昌白水湖综合码头工程的前期工作。

2. 加强交通工程质量和安全管理。省交通厅制定《江西省交通行政处罚自由裁量权使用规则(试行)》和《江西省交通行政处罚自由裁量权细化标准(试行)》,为全省交通建设质量安全管理提供更完备的执法依据。同时制定下发了《关于印发全面落实交通建设工程质量责任制的若干意见的通知》,明确工程质量行政领导责任制、工程质量岗位责任制,以及加强工程质量责任制落实的监督管理措施。加大督查处罚力度,对7起安全、质量不规范行为进行调查处理。建立了质量、安全问题的举报投诉渠道。

3. 加强交通工程信用体系建设。省交通厅制定《江西省公路水运建设市场从业单位信用管理暂行办法》,对参与项目建设的单位进行信誉评价和处罚。依据日常动态管理信息和各参建单位工作综合评价结论,对从业单位信用等级进行评价,将质量安全行为不规范的从业单位列入诚信体系中业绩不良名单,并在信用等级评价和招投标资格预审中予以扣分处理。对严重违法违规的从业单位,降低其信用等级,禁止2年内在江西参与公路工程招投标活动。

4. 加大民工工资支付监管力度。按《中华人民共和国劳动合同法》,承包人与雇佣的管理人员、技术人员及专业技工签订劳动合同,将所签订合同报监理人、发包人备案,予以确认。建设单位、施工单位、监理单位在施工招标资格预审文件、施工招标文件及施工监理招标文件中,以专用条款明确承包人与雇佣人员劳动合同及工资管理中的职责。如承包人或劳务队伍存在拖欠雇佣人员工资情况,发包人将先行垫付,并在承包人、劳务队伍最后一次计量款(或履约保函)中扣回。承包人(包括分包人和劳务队伍)对所雇佣人员工资发放情况负总责,监理人、发包人对雇佣人员(包括分包人和劳务队伍的雇佣人员)工资发放情况进行检查,发现存在拖欠工资且逾期未付清,或在工资发放中弄虚作假的,按《江西省公路水运建设市场从业单位信用管理暂行办法》记入承包人的企业信用档案。

5. 加强项目调度。按项目类别分别制定各项目建设管理总目标、年度工作任务及目标、完成各关键阶段任务的时间控制节点,以及对项目管理工作的要求。明确各项目建设管理责任人,加大对项目管理责任人的考核。采取集中召开重点工程各项目生产调度会的形式,听取各项目实施情况汇报,集中解决项目实施过程中存在的困难和问题。

(厅基建处)

【省交通质监站着力提高监督水平和效能】

2008年,省交通工程质监站直接监督的项目有35个,其中高速公路9个,共计约1107千米;一级公路4个,共计约266.5千米;二级公路2个,共计约54千米;独立大桥5座;新建高速公路服务区2个;水运项目3个;农村渡口改渡建桥10座。共组织各类质量安全督查127次,下发整改通知书323份,印发督查通报48份,依法依规责令对压实质量不合格的74处共计6.45万立方米路基土石方工程进行返工。通报批评工作质量低下的5家监理机构和18家施工行为不规范的承包人。

该站一是通过实现“五个转变”,提高监督水平和效能。即监督重点由重点督查工程实体质量向重点督查参建单位从业行为转变;监督形式由拉网式普遍督查,向实行差别化动态督查转变;由拉网式检查到注重抓前次检查的整改落实情况转变;监督程序由单一开展施工期间督查,向注重防范、事前介入转变;监督手段由传统督查方式,向推广应用网络信息技术转变。二是认真落实施工安全监督措施。根据交通运输部《2008年交通基础设施建设安全生产隐患排查治理工作实施意见》,制定了《2008年省重点工程建设安全生产监督工作实施方案》。大力开展安全生产“隐患治理年”、百日督查和隐患排查治理专项行动,共组织安全专项督查19次。研发的安全生产管理信息平台在全省重点工程建设项目推广运用,为交通建设安全生产监督提供了科学有效的手段。2008年,全省重点工程建设项目安全生产形势平稳,重点工程安全生产起数和死亡人数大幅下降,同比分别下降25%、66.7%,未发生一次死亡3人以上的安全生产责任事故。三是由过去参与社会检测转变为对检测市场的监督管理。省交通工程质监站检测中心从参与社会检测行为转变为对检测市场的监督管理,避免既当裁判员又当运动员。各重点项目开工后,该站检测中心派驻监督检测小组,加强对承担该项目检测任务的社会检测机构的检测行为、检测质量的监督检查。共监督抽检无破损检测桩基711根,单梁荷载试验66片,对社会检测机构检测的7500根桩基原始波形进行了审查。依据监督抽检结果,对2家社会检测机构进行了通报批评,吊销了2名责任人的检测考试合格证,责令项目办终止与上述2家检测单位的检测合同,对不合格的6根桩基推倒重来,

8片单梁进行报废处理。四是认真落实交通工程环境保护监督任务。为确保完成省委、省政府提出的造林绿化"一大四小"任务,督促各项目落实环保方案,在监督检查过程中抓环保措施的落实、整改。完成了全国第一次环境保护江西部分的调查工作,参与国家环保总局和省环保局组织开展的环境评估、环境保护和水土保持专项验收工作。全省重点工程项目环境影响评价执行率达100%。其他公路水运项目基本实行了环境影响评价制。五是培育有序的监理和试验检测市场。省质监站对28家监理公司建立动态管理档案,网络信息涵盖20个重点项目、87个施工现场监理机构、1978名监理人员。对9家申请资质等级的试验检测机构进行了初步评审,对4个高速公路项目共24家工地试验室进行了能力核查,对全省15家公路工程综合乙级试验检测机构进行了专项检查。对在建高速公路项目监理、试验检测人员进行应知应会考核,清退了32名考核不合格者。在督查过程中清退不称职监理人员38名、试验检测人员15名。六是加大对农村撤渡建桥项目的督查力度。2008年8月,省质监站会同省公路管理局、各设区市交通局对全省79座在建农村撤渡建桥项目进行了全面督查,将督查结果向省交通厅作了专题汇报,并向11个设区市交通局印发了督查通报,抄送相关设区市、县政府,引起了相关各级政府的高度重视,责令各项目针对存在的问题逐一进行整改。

(余　俊)

【全国第一次交通环境保护调查总结会在南昌召开】 8月21日,全国第一次公路水运交通环境保护调查工作总结会议在南昌召开。交通运输部环保办主任叶红军到会并讲话,副主任李树兵主持会议并介绍情况。江西省交通厅副厅长许润龙和厅计划处、基建处、质监站等负责同志出席会议。会议邀请了全国7个港口管理部门、6个省交通厅、3个省(市)海事局参加会议并分别发言。

会议对2007年全国第一次公路水运交通环境保护调查数据做了进一步的核实,听取大家对全国第一次公路水运交通环境保护调查报告的意见,实地考察江西省景鹰和景婺黄高速公路的环境保护工作。叶红军强调召开全国第一次交通环境保护调查工作总结会议的目的和意义,环保不是只搞环评,要正确处理好环保和发展的对立统一关系,环保调查不只是收集数据,要形成一整套环保体系、系统。李树兵通报各省对本次环保调查的填报工作质量情况,对江西省交通厅的交通环境保护调查工作给予好评,并高度肯定江西省交通环境保护工作中所取得的成绩。

许润龙代表江西省交通厅汇报江西省交通建设和环境保护工作情况,指出江西省环境保护工作经历了三个阶段:一是以"硬防护为主,不能有水土流失"的初级阶段(如昌厦一级公路、赣州323国道);二是以"软防护为主、硬防护为辅"的中级阶段(如昌金、京福高速公路);三是以"边施工、边绿化、不留伤痕、力求原态"为理念的完善阶段。

(卢世军)

【交通运输部专项督查石吉项目招投标工作】
10月18日～20日,交通运输部公路司副司长李华率领由部公路司和监察局组成的督查组,对石城至吉安高速公路项目土建工程施工及监理招标进行了专项督查。督查组认真听取了省交通厅和石吉项目办的汇报,查阅了招投标资料,并到工地现场检查中标人履约情况。21日上午,督查组反馈了督查意见,充分肯定了江西省高速公路项目招标和石吉项目招标工作,还对石吉项目招标工作提出了很好的建议。省交通厅副厅长许润龙,厅基建处、监察室、质监站有关负责同志和项目办领导参加了意见反馈会议。

督查组从4方面充分肯定了江西高速公路项目招标工作,一是认真落实了"法人招标、政府监督"的规定,遵循公开、公平、公正和诚实信用原则,招标内容全面,组织严密;二是注重招投标制度建设,出台了一系列规范性文件;三是对招投标工作监督有力;四是对招投标中的违法违纪行为进行了认真查处。督查组对石吉项目招标工作的总体评价是,该项目的招标工作在省交通厅的指导和监督下进行,文件编制、公告发布、开标程序、专家抽取以及评审等工作均能认真执行国家有关规定,未发现违纪行为。招标人对招标工作进行积极探索,取得了一定成效。

(石吉项目办)

【江西交通工程监理公司推出新举措】 2008年,

江西交通工程监理公司在人才培训、管理模式、管理体系和制度建设方面推出了新的举措。将监理中心的事业制管理模式改为交通工程监理公司，实行企业化运作模式。组建了监理分公司、水运公司和交通工程开发公司，进行市场化运作。建立目标责任及考核体系，以及相适应的激励机制，加强管理制度建设，建立健全了ISO质量管理体系、安全健康管理体系和环境保护管理体系。2008年，完成监理业务近1亿元，超年计划100%。同时，积极开辟交通建设项目领域的咨询服务业务、项目代建业务以及试验检测业务，经省交通厅批准，由公司代理建设管理永修至武宁高速公路项目，还承接了为多条高速公路设计审查和咨询业务等。

（刘国庆）

【农村公路建设质量年宣传月活动正式启动】 5月12日，江西省农村公路建设质量年宣传月活动在南昌启动。此项活动以“转变农村公路发展方式，提升农村公路建设质量”为主题，旨在通过形式多样、内容丰富的宣传活动，形成全社会关心农村公路建设质量的舆论环境，增强广大建设者的质量意识和质量责任感，以实际行动落实科学发展观。

省委常委、常务副省长、省农村公路改造工程建设领导小组组长凌成兴出席仪式并宣布江西省农村公路建设质量年宣传月活动启动。省人大常委会副主任朱秉发、省人大财经委副主任委员阎鑫元、省交通厅党委书记程受锭、省政协办公厅副巡视员余卫华、省发改委副主任叶柏青、南昌市副市长刘建洋、省交通厅副厅长席芳柏、许润龙、省公路管理局局长曹先扬出席启动仪式。仪式由省政府副秘书长、省农村公路改造工程建设领导小组副组长朱希主持。

席芳柏指出，到2012年，农村公路硬化要超过10万千米，县乡公路改造1.1万千米，消灭渡口超过800个，基本实现行政村村村通水泥路，进一步完善农村公路网络，提升农村公路发展水平。各级交通、公路部门要以科学发展观为指导，坚持“好字当头，质量为先”的原则，实现农村公路由速度规模型向质量效益型转变，确保农村公路建设质量，夯实农村公路发展基础。各级交通主管部门、公路管理机构、质量监督机构、各参建单位和人员，以及应聘参与农村公路质量监督的人员要齐心协力、共同奋斗、狠抓落实、强化监督，充分发挥社会各界和群众参与农村公路建设管理、监督的作用，通过扎扎实实的质量年活动，实现农村公路质量意识明显增强、监管力度明显加大、质量水平明显提升、安全状况明显改善、群众满意度明显提高这“五个明显”的总体目标。

此次质量年活动按照交通运输部的统一部署，时间为3年，重点是2008年～2010年全省农村公路新改建工程、危桥改造工程和渡改桥工程的建设质量，将组织实施质量年活动的组织动员、具体实施、总结评比三个阶段，达到质量管理制度完善，质量保证体系健全，建设项目优良率逐年提高，全省平均质量抽检项目总体合格率在2007年89.7%的基础上每年提高一个百分点，其中路基压实度、路面强度与厚度、混凝土强度指标合格率达到95%以上。

（省公路管理局）

【全省农村公路建设暨改渡建桥现场会在鹰潭召开】 5月29日～30日，全省农村公路建设暨改渡建桥会议在鹰潭市召开。会议总结了2007年全省农村公路建设取得的成绩，研究部署了全省农村公路建设和改渡建桥工作。省委常委、常务副省长凌成兴、省交通厅党委书记程受锭、副厅长席芳柏、省发改委副主任陈一星、省财政厅副厅长王斌、省环保局副局长邵先国、省公路管理局局长曹先扬及鹰潭市委书记杨宪萍、市长钟志生等领导出席会议，省政府副秘书长朱希主持会议。程受锭宣读了《江西省人民政府批转省交通厅关于加快全省农村渡口改渡建桥实施意见的通知》。

凌成兴在讲话中指出，要认真学习鹰潭市农村公路和改渡建桥的先进经验。同时，鄱阳县渡改桥的经验、九江市农村公路建设加力提速的经验、萍乡市农村公路危桥改造的经验、赣县农村公路养护的经验也很好，请大家学习借鉴。凌成兴强调，要把改渡建桥作为交通建设的一场攻坚战来打，从根本上保障人民群众的出行安全，全面解决除大江大湖外的渡改桥问题。除改渡建桥任务外，要全面完成农村公路工作目标任务，启动县通乡公路建设；要扎扎实实开展好为期三年的“农村公路建设质量年”活动。

席芳柏在讲话中总结回顾了过去五年来农村

公路工作取得的显著成绩。过去5年,硬化农村公路突破6万千米,连续迈上了4个重要台阶。行政村通油(水泥)路率和通公路率分别达到71.1%和93.5%,较2002年底分别提高18.1%、48%。2008年农村公路建设要改造硬化10000千米,启动3433千米县到乡公路建设,新增1900个左右的行政村通水泥路油路,500个左右的行政村通公路,行政村通水泥路油路率和通公路率分别达到80%和96%,新建续建渡改桥478座。各地一要加大投入,继续稳步推进农村公路发展。二要加强管理,把县通乡项目打造成农村公路建设精品。要抓紧开展前期工作,抓好县乡配套资金的落实,抓好项目全程管理,绝不允许出现一点质量问题。三是加强领导,打好渡口改渡建桥攻坚战。县乡政府为渡改桥项目建设责任主体,各地要加大投入,多方筹资,加强对项目的前期管理、建设管理和资金管理。全面完成渡改桥任务。四是深化养护体制改革,推进农村公路可持续发展。五是加强组织领导,开展好农村公路建设质量年活动。六是路运并举,加快发展农村道路运输。

从2008年开始到2012年,全省农村公路工作的主要任务是:认真落实省政府《关于加快全省渡口改渡建桥的实施意见》,新建桥梁621座,撤销800个渡口;完成3433千米县通乡公路建设任务,使农村公路中的县乡公路达到11000多千米;每年硬化农村公路不少于1万千米,2010年硬化率达到96%,通达率达到100%;100%的乡镇建有客运站,农村客运候车亭达15000个,乡镇班车通达率达到100%,行政村班车通达率达到96%;深化农村公路养护体制改革,提高农村公路管养水平。

(省公路管理局)

【宜春市启动农村公路建设质量年活动】 从4月下旬开始,为期三年的农村公路建设质量年活动在全市全面启动。被纳入质量年活动的范围包括2008至2010年农村公路新、改建设工程、危桥改造、渡改桥工程。为此,市交通局成立农村公路建设质量年活动领导小组,制定下发《宜春市农村公路建设质量年活动实施方案》。

通过开展质量年活动,全市实现农村公路平均质量抽检项目总体合格率在2007年91.2%的基础上每年提高一个百分点,达到94%。其中路基压实度、路面强度与厚度、混凝土强度指标合格率达到95%以上。质量保证体系基本健全并有效运行,重大安全事故杜绝,质量投诉举报大幅度减少。

(易 为)

【铜鼓县开展交通工程质量评定工作】 为了进一步提高农村公路建设质量,铜鼓县交通局成立县农村公路改造质量等级评定工作小组,根据《铜鼓县农村公路改造质量等级评定实施细则》,对全县2007年的12个农村公路建设项目进行了质量等级评定。参加质量检查评定工作的人员有交通局领导、乡镇(厂)分管交通的领导、局公路所工程技术人员、施工单位代表共32人。通过综合评定,评出合格工程11个,不合格工程1个。通过此次评定工作,及时发现了工程建设中出现的问题,并要求施工单位及时整改。

(李 燕)

【南昌市交通质监站把好改渡建桥项目质量关】 2008年南昌市改渡建桥项目共有14座桥梁,其中2座完工,4座在建,3座即将开工,另有5座完成施工图设计及初设,8座完成工可。面对繁重的任务,市交通质监站从规范程序制度入手,建立、健全渡改桥监督项目台账并上墙公示;采用巡视检查、专项检查、综合检查相结合方式,及时掌握工程动态;聘请专家对在建渡改桥项目进行综合督查。对在各项检查中发现的问题现场取证,组织专家讨论解决方法,制定整改方案。及时纠正未按基本建设程序进行施工的问题,从源头杜绝改渡建桥中的质量隐患。

(黄攀宇 潘 昊)

【南昌市交通质监站加强农村公路的质量监督】 南昌市交通质监站在农村公路质量年活动中,从6月20日至7月30日,对2007年省公路管理局验收中发现质量问题的公路项目进行质量跟踪调查,共下达整改通知书12份。9月和12月,该站分两批对2008年已完工的农村公路改造项目进行钻孔取芯测量水泥混凝土层的厚度并对芯样劈裂试验换算抗折强度,根据试验数据对工程质量进行综合评定。共检测农村公路项目130项。

通过对外观鉴定和路面厚度、强度检测数据的分析,2008 年农村公路各项检测数据合格率比 2007 年都有所提高,综合工程质量合格率达 97%,农村公路建设质量水平显著提高。

(黄攀宇　卢　轩)

【上饶市交通工程质监工作稳步推进】 2008 年,上饶市交通工程质监站完成检测农村公路建设 1219.16 千米,其中千亿元项目 522.06 千米,历史遗留项目 655.75 千米,2008 年新增项目 41.35 千米;检测鉴定农村客运候车亭 340 个。该站以市重点工程、渡改桥项目为重点,组织 100 多人次对上乐线、320 国道、九德一级公路等加大督查频率;对市重点项目 283.98 千米、独立大中桥 4800.058 延米/22 座、农村公路 1934.565 千米的质量监督覆盖率达 100%。

同时,该站检测水平得到明显提高,全年共完成 230 余项试验,创收 33 万元。组织培训 10 期,参训人员达 1000 人次;发放《上饶市农村公路建设质量服务手册》2000 余份,自编宣传资料 1000 余份,营造了"重建设更重质量"的氛围。4 月份,该站通过了省技术监督局组织的监督评审。

(陈均培)

【景德镇市开展农村公路技术状况评定】 12 月,为了解全市农村公路的现状,掌握县、乡、村道的技术状况,景德镇市交通部门抽调 10 余名专业人员深入到乐平市、浮梁县、昌江区,实地评定农村公路技术状况。评定工作依据交通部《公路技术状况评定标准》,采用实地手工测量、目测评估、仪器抽检的方式进行。技术评定为全市农村公路养护管理科学化、现代化和规范化奠定基础。

(徐小明)

【鹰潭市交通局规范农村公路建设项目档案管理】 该市交通局按照"一路一档"的要求,制发了"一般农村公路建设项目验收资料目录",要求各县(市、区)交通局对 2006 年、2007 已完工项目、在建项目和 2008 年计划建设项目的各种资料进行整理归档,对已有验收资料的项目进行核查,统一按"目录"进行补充装订,未验收项目则按照目录格式编制竣工资料。今后凡竣工验收资料不齐或没有的建设项目,一律不予验收,验收后的竣工资料由市交通局统一存档管理。

(鹰潭市公路所)

公路交通管理

治理车辆超限超载

【概况】 2008 年,各有关部门通力协作,密切配合,江西治理车辆超限超载工作稳步推进,逐渐深入,源头管理和路面治理等方面取得了阶段性成果。

坚持政府负责、部门指导协调、各方联合行动的治理工作机制。省治超办继续加强对各地治超工作的组织协调,密切对各设区市治超办工作联系,加强督促检查力度。各级公安交通管理部门对车型技术参数不符合国家标准的车辆,一律不予登记和核发车辆牌证。省工商部门对无照经营生产、改装汽车和超出经营范围、非法拼装汽车的企业及个体经营户进行查处。各级道路运输管理机构对货运市场进行了清理整顿,建立货运经营企业和营业性驾驶员信誉档案,实行违章超限超载运输行为登记、抄告和公告制度。

各地交通、公安部门按照国家有关超限超载认定标准,坚持在治超检查站共同对超限超载车辆进行集中整治,坚持对超限超载车辆实施卸载、消除违法状态后才予放行,有效遏制了车辆违法运输。自2004年6月20日开始至2008年11月底,全省累计检查载货车约223.3万辆次,其中超限超载车辆约7.4万辆次,除车主自行转运外,检查站卸载货物约17.1万吨。为规范治超执法行为,省治超办编印《江西省治超执法培训教程》以及相关文件汇编,并通过举办2期全省治超执法培训班,加强执法队伍思想业务教育,切实提高执法队伍综合素质。同时,各地认真贯彻落实交通运输部《关于加强治超站点管理规范治超执法行为的通知》,严格执行治超违法责任追究制度,公示治超工作"五不准"和"十条禁令"。2008年省、市治超办组织了多次明察暗访,受理群众举报投诉20起,查处案件4起,处理有关人员4人。

按照交通运输部对治超站点规范化建设的统一要求,全省继续加大对各治超检查站规范化建设工作力度,对未达到有关要求的检查站,要求其必须按照交通运输部《设计指南》要求,完善检查站场站设施建设,并加快高速公路治超检查站规范化建设,高速公路白水湖和罗家滩两站的场站设施建设已基本完工。继续对全省原治超信息管理系统作进一步改进,基本达到部对信息化管理的要求。

进一步加大治超宣传力度,通过各级电台、电视台、报纸等新闻媒体,开展治超系列报道,并编印简报、印发宣传材料1万份。各级交通、公安部门继续加强对超限超载车辆的驾驶人员进行警示教育。各地针对性地走访本地区一些重要的煤、电、钢材、建材等厂矿、生产企业和大型运输企业,召开座谈会宣传有关治理政策,并帮助做好相关工作,营造良好的治超氛围。

为保障执法规范,防止引发新的公路"三乱"问题,省交通厅采取了以下措施:一是对经省政府批准设置的22个超限超载检查站投入了2040万元,加上交通运输部补助3000万元共5040万元用于站场规范化建设,使执法工作条件有了明显改善,有利于规范执法;二是会同省公安厅任命了各检查站站长和教导员,核定了各站人员编制,强化了交通和公安交警综合执法机制,同时对各检查站工作人员核拨了每人每年2万元的工作经费,有利于防止由于利益驱动而引发的"三乱"行为;三是规定了对超限超载车辆的检查应当在检查站进行,防止了随意上路执罚;四是对交通系统内部实行严格管理,制定了执法规范、执法程序,统一了执法文书,全部实行了执法公示。国务院纠正行业不正之风办公室、交通运输部检查组对江西规范治超工作予以了充分肯定。

通过广大治超工作人员的不懈努力,全省治超工作取得明显成效。一是车辆超限超载的比例大幅下降。通过加大路面和源头治理力度,超限超载车辆所占比例已从治理前的80%下降到8%左右,超限超载现象得到有效遏制。二是交通安全形势明显好转。据公安交警部门统计,2008年1至11月全省道路交通安全事故起数、死亡人数、受伤人数,同比下降了23.50%、7.86%、23.43%。三是继续保持运输价格稳定。经省、市物价部门调查了解,2008年,社会平均运价基本保持在0.47元/吨千米左右,比治理前上升24%左右。同时,粮、煤、油等农资产品价格基本稳定,没有引起物价大幅波动。四是保证了货运运输市场稳定。鲜活农产品、重点物质和人民生活必需品运输正常,运输市场秩序呈现良性发展态势。五是公路设施进一步得到有效保护。全省干线公路路况明显改善,公路基础设施完好率与治理前相比明显提高。

(厅治超办)

【交通运输部依法行政检查组到景德镇市检查】 6月14日,交通运输部依法行政执法检查组一行4人,在省交通厅副厅长孙茂刚的陪同下,到206国道三龙车辆超限超载检查站检查治超工作,景德镇副市长黄康明陪同检查。

三龙治超站自2004年6月20日起与全国同步开展车辆超限超载治理工作,是全省首批19个治超检查站之一。治超4年来,该站大力推进行政执法责任制,严格执行治超工作"五不准"规定和"十条禁令",规范行政执法行为,坚持依法行政、依法治超,在强化服务的同时,始终保持治超的高压态势,24小时无间隙地对过往货运车辆进行检测。至2008年6月13日止,该站共检查过往车辆39393辆次,处理违章超限车辆10092辆次,卸载货物11087吨,站点路段车辆超限率控制在6%以下,有效保护了国家公路资源,为减少交通事故的发生起到了积极作用。该站先后荣获市、省级"青年文明号"和市级"文明单位"、"全省交通系统文明示范窗口单位"等荣誉,成为全省治超工作的"样板"。2007年8月31日,中纪委驻交通运输部纪检组组长杨利民到景德镇检查工作时，为该站题词“依法行政，文明治超”。

在观看三龙治超站治超情况录像、查阅执法案卷、听取工作汇报后，检查组认为，景德镇市政府对治超工作高度重视，不仅基础建设投入力度大，而且着力净化治超环境，保证了治超工作的正常开展并取得成效。三龙治超站站场设施完善，执法基础资料齐全，行政执法责任明确，执法联动机制运转高效，实行了治超工作规范化、标准化、信息化、人性化，站点路段车辆超限超载率控制在6%以下实属不易，其典型示范作用明显。

（涂　强）

【副厅长孙茂刚检查罗家滩治超站场站建设】 7月6号上午，省交通厅副厅长、厅治超办主任孙茂刚在厅法规处和路政一支队相关领导的陪同下，来到省高等级公路管理局罗家滩治超站检查执法场站建设。

检察过程中，孙茂刚一行认真听取了罗家滩治超站场站建设情况的汇报，对该站的场站建设的进展情况给予高度评价。他指出，治超站执法大楼建设的顺利进行，为构建治超工作长效机制提供了物质基础，为治超工作的开展提供强有力的后勤保障，促进了治超工作的执法规范化、队伍专业化和管理科学化进程。他强调，务必把治超站建设成标识统一、设施完备、管理规范、信息共享的标准化治超站，同时将场站建设与职工的工作、生活紧密联系起来，完善相关附属设施。

（李　剑）

【梨园治超站以案例加强廉政警示教育】 9月4日，梨园治超站组织干部职工学习广西贵港市覃塘治超站工作人员滥用职权、集体受贿的案例，以此教育该站工作人员要继续保持执法过程公开、公平、公正，坚持相互监督，加强法制学习，防止公路“三乱”现象的发生。

（梨园治超站）

【湘东治超检查站实施执法人员教育培训三年规划】 为提高执法人员综合素质，湘东治超检查站结合实际，用三年（2008年、2009年和2010年）时间，进一步推进治超执法人员教育培训工作。3年教育培训规划以科学发展观、思想政治理论、公路治超专业知识、行政管理知识、执法能力培养等为主要内容，以加强执法人员的能力建设为重点，以提高教育培训质量为主线，突出抓好对全站执法人员的培训，积极构建与学习型单位相协调、与治超工作需要相适应的执法人员教育培训体系。

为了更好地加强对执法人员教育培训工作的组织领导，该站成立了以教导员和站长为组长的执法人员教育培训三年规划领导小组，负责组织落实每年的教育培训工作。同时，为检查考核教育培训工作效果，将在每期集中教育培训工作结束时，进行相应的理论知识和实际工作能力考试和考核，考试、考核结果与工资奖金挂钩，并将作为提拔使用干部的重要依据。

该站在规划中强调，要理论联系实际，学以致用。找准工作中存在的问题，真正把经过学习得到升华的思想成果转化为努力工作的强大动力，转化为促进治超工作发展的能力和水平。

（易建军　卢志斌）

【赣定治超站开展文明执法作风建设年活动有举措】 为进一步加强执法队伍的作风建设，增强文明执法服务意识，赣定治超站制定和落实了多项活动方案和计划。一是制定《“行政服务绿色通道创评”活动实施方案》，围绕推行政务公开、推进依法行政，创新办案方式、推进便民服务，提高行政效率，提升服务效能等三个方面的内容开展创评。二是制定《学习培训计划》，采取学习动员、集中学习、分散学习、集中总结等方式，系统学习《中华人民共和国公路法》、《中华人民共和国道路交通安全法》、《中华人民共和国行政处罚法》，学习省治超办系列治超工作《材料汇编》、《执法手册》和《公路路政文明执法行为规范》等法律法规、政策规定。三是制定《军事化训练计划》，加强半军事化管理，邀请当地武警、交警或指定本单位军事技能较高的人员担任教官，经常性地进行队列和交通指挥训练，提高执法人员“内强素质、外树形象”的精神面貌。四是制定《“一名路政、一件实事”活动开展计划》，部署全站治超人员在日常工作和生活中踏踏实实地做一件有意义的实事。

（杨河良）

路政管理

【概况】 2008年,江西公路系统各级路政管理部门以加强公路管理法制建设为主线,以深入推行交通行政执法责任制为抓手,以依法行政、保护路产路权、保障安全畅通为重点,大力推进路政管理法制化、标准化和信息化建设。

8月1日,《江西省公路路政管理条例》经省十一届人大常委会四次会议通过,自2008年9月1日起施行。《条例》是江西省第一部公路路政管理的地方性法规,明确了公路管理机构的执法主体资格,为依法行政、依法治路提供了坚实的法律依据。一年来,各级公路管理机构、路政管理部门以《条例》颁布施行为契机,深入开展《条例》宣贯活动和交通行政执法大检查,进一步增强广大人民群众保护公路的法律意识,公路执法环境得到明显改善。

深入开展标准化路政大队创建工作,扎实推进路政管理自由裁量权细化和行政许可审批规范化,加大路政执法和公路交通环境综合整治力度。全省市级公路行政许可审批全部被纳入本市行政审批中心,县级基本建立审批大厅,公路行政许可审批做到有序规范、程序简化、一站式服务。全省路政案件查处率、结案率分别达100%、98%。以基层服务窗口、执法单位为重点的行业规范化建设进一步增强。全省公路系统中,76个路政大(中)队标准化创建达标,80%的高速公路路政中队、50%的县(市、区)公路路政大队已创建达标。

省高等级公路管理局把沙河路政大队作为标准化路政大队在全局予以推广,推动全局路政标准化创建工作。全局所有的路政大队、治超站,按照《创建指南》、《创建手册》等规范性文件要求,坚定创建目标,把握创建标准,高标准、严要求地组织实施。

针对新形势下路政管理的特点,各级路政管理部门创新工作思路,强化管理手段,在当地政府的支持下,会同相关职能部门,齐抓共管,公路保护力度得到加强,破坏路产、路权,影响公路安全畅通的行为明显减少。路政人员服务意识和廉洁自律意识增强,群众满意度增加,公路保护工作得到社会理解和支持。

(王　建)

【省交通厅召开宣传贯彻路政条例电视电话会议】 9月1日,省交通厅召开了全省交通系统宣传贯彻《江西省公路路政管理条例》电视电话会议。省人大财经委主任委员黄素英、法制委主任委员沈亚平,省交通厅党委书记程受锭、厅长马志武、巡视员席芳柏出席,省交通厅副厅长孙茂刚主持会议。马志武、沈亚平先后作重要讲话。

(王　建)

【萍乡市政府就路政管理条例颁布实施召开新闻发布会】 9月25日上午,萍乡市政府就《江西省公路路政管理条例》颁布实施及萍乡市贯彻落实情况召开专题新闻发布会,省驻萍媒体、萍乡市委报道中心和市级媒体等十余家新闻媒体应邀到会。萍乡市公路管理局局长、新闻发言人曾念辉,萍乡市交通局副局长李小勇,萍乡市公路管理局副局长黎春源和该局路政支队长周斌回答了记者提问。

(易建军)

【路政员郭燚不幸以身殉职】 1月29日,温沙管理处临川路政中队路政员郭燚在雨雪天气连续奋战72小时之后,在抗寒救灾保畅通一线不幸以身殉职,年仅23岁。随后,交通运输部、省交通厅发出号召,号召全行业向郭燚同志学习,《江西日报》发表评论文章《向郭燚同志学习,打好抗灾救灾硬仗》,号召全省广大干部职工群众要以郭燚同志为榜样,艰苦努力,顽强拼博,夺取抗灾救灾斗争的全面胜利。《人民日报》、新华社等各大主流媒体纷纷追记郭燚同志先进事迹。中华全国总工会追授郭燚同志全国"五一"劳动奖章。

(温沙管理处)

【省高等级公路管理局召开标准化路政大队创建工作现场会】 12月26日,省高等级公路管理局在九江召开标准化路政大队(治超站)创建工作现场会,交流创建经验,出台创建标准,明确创建重点,对在全局范围内全面铺开标准化路政大队(治超站)创建工作进行动员部署。局党委书记李素华出席现场会,局长谢来发作重要讲话。李素华、谢来发为全局标准化路政大队——沙河路政大队挂了牌。

（省高等级公路管理局）

【鹰潭市交通局治理公路“三乱”成绩斐然】 2008年，市交通局成立了治理公路“三乱”工作领导小组，制定下发了《鹰潭市交通局治理公路“三乱”工作实施意见》，形成了局主要领导亲自抓、分管领导常年抓、职能部门具体抓的工作机制。各县（市、区）、局属各单位也成立了相应机构，每月安排5～8天上路执法检查。到年底为止，全市交通系统没有发生一起公路“三乱”问题，也没有接到一起投诉，保持和巩固了全市干线公路无“三乱”的成果，确保了公路畅通，为全市经济和社会各项事业发展创造了良好的公路交通环境。

（徐才金）

【省公路管理局开展标准化路政大（中）队创建试点检查】 1月21～29日，省公路管理局组织检查组，根据《江西省公路路政“标准化路政大（中）队”实施方案》与《评分标准》，对各设区市公路局、高速公路管理处创建试点的标准化路政大（中）队进行了检查评选。

（王　建）

【省公路管理局授予首批达标单位】 4月3日，省公路管理局根据标准化路政大（中）队创建试点工作检查验收结果，经研究决定授予景德镇市路政管理处乐平大队等13家单位为首批江西省公路系统标准化路政大（中）队达标单位称号。

（王　建）

【省公路管理局召开标准化路政大（中）队创建现场观摩会】 5月6日，省公路管理局在景德镇市召开标准化路政大（中）队创建现场观摩会，会议组织参观学习景德镇市路政管理处乐平大队、景婺黄高速公路管理处路政大队景德镇中队标准化路政大（中）队创建成果，交流创建经验，并对2008年标准化路政大（中）队创建工作进行了部署。

（王　建）

【吉安市加强路政宣传】 2008年，吉安市公路管理部门加强组织领导，加大路政宣传力度。遂川县积极做好路政宣传工作，投入资金3.7万元，先后出动《中华人民共和国公路法》、《路政管理规定》宣传车9次，同时利用县电视台、广播等新闻媒体发布《路政专项整治通告》，并在一些违章现象较严重的线路重新刷写固定路政标语30余条，发放宣传单12000余份，张贴通告800多张。泰和县编写了路政手册800册，路政执法便民卡1000张，移动手机短信2000条，并在《泰和通讯》、泰和电视台进行宣传，还在主要县乡道和人口密集的圩镇及县城广场，散发宣传单6000余张。吉州区公路站建立和健全了路政档案，专人负责“一路一档”，做到日常巡查有记录、处理违章案件程序合法化。

（吉安市公路局）

【赣州市公路局认真开展文明执法作风建设年活动】 赣州市公路局开展为期一年的文明执法作风建设年主题活动。活动开展以来，各单位采取“一周一学习、一月一考试”措施，努力加强路政员法律法规、计算机操作、公文写作等方面的学习和教育，并较好地坚持每半月进行一次军训。如寻乌路政部门深入开展“四个一”（一周一学习、一月一演练、一年一考核、一人一实事）活动，职工精神风貌焕然一新。于都、赣县、龙南等单位组织对专职路政员和义务路政员进行培训教育。瑞金路政部门加强了路政理论研讨工作，并开展了“一名路政、一件实事”活动，要求路政人员就路政许可、路产赔偿及活动分别写出总结和交流文章。信丰、寻乌路政部门为道班解决用水、场地硬化等问题。安远、会昌、宁都等单位制作了路政服务卡向社会发放，公开了执法人员姓名和联系电话。全年实现无公路“三乱”和零投诉。

（杨心球）

【赣州公路部门加大路赔案件查处力度】 赣州市公路局和各公路站路政人员确保每月不少于三分之一和三分之二以上时间上路巡查，加大对违法建筑、乱堆乱放、污染公路和擅自占用公路等侵害公路路产路权现象的打击力度，并对路损案件做到快速出警，应收不漏。各公路站年内均组织多次大型公路环境整治活动，对侵害路产路权等不法行为进行了整治，路域环境大为改善。如瑞金、赣县、于都、兴国、会昌以迎接奥运圣火为契机,联合当地政府、公安、交警、工商等部门对323、319、206国道进行拉网式的公路专项整治。定南、南康、石城、大余、于都、宁都、兴国等单位积极争取政府支持,深入厂矿企业,通过发放公开信,实行首次告知制,大力推行源头治理,加大了对抛洒漏及超限车辆的治理力度。据统计,一年来,全市清理违法建筑57处、非公路标志牌477块,查处擅自占用、利用、污染公路案件242起、路损案件480起,收取路产赔偿款186.04万元,办理行政许可243起,收取临时占用费215.2万元,路政收入401.3万元,案件查处率为99%,结案率达100%。

(杨心球)

【省高等级公路管理局举办路政执法人员岗前培训班】 9月16日,省高等级公路管理局在培训中心举行第七期路政执法人员岗前培训班开学典礼。参加这次培训的学员共105名,分别来自省高管局、江西公路开发总公司、赣定公司、康大公司等单位和2008年新招录的部分院校毕业生。培训由省高管局路政一支队承办,培训时间14天。培训内容严格按照交通运输部关于路政执法人员岗前培训要求,紧密结合高速公路路政管理工作实际,安排公路概论、路政内外业管理、路政执法知识、案例分析、职业道德、公关礼仪、廉政教育等课程,由大专院校资深讲师和长期从事路政工作的路政管理人员授课。培训结束后对学习情况进行了考核。

(省高等级公路管理局)

【南昌市公路局路政管理依法有序】 为适应标准化路政大队建设需要,南昌各公路分局对办证大厅进行了装修,标准化路政大队建设工作全面展开。全年查处损坏公路及公路设施案件54起,路政案件查处率达100%,保障了公路安全畅通和路产路权的完好。全年治超执法达3600人次,检测车辆3722辆,查处超限车辆424辆,挽回公路经济损失44.78万元。全市各路段货运车辆超限率从治理前的80%下降到4%以下,控制稳定,效果明显,未出现反弹现象,公路路况保持良好,因超限超载引发的交通安全事故显著减少,治超工作取得了阶段性成果。

(南昌市公路局)

【景鹰高速公路路产路权维护取得成效】 2008年,景鹰公司路政管理部门严格坚持执行一日三次的路政巡查制度,保证巡查时间和巡查质量。截至12月底,巡查次数为3409次,巡查里程数约471860千米,保障了路产设施的完好和道路的安全畅通。自景鹰高速公路开通以来,路政部门共查处交通事故造成路产损坏案件186起,已结案件182起,累计结案率为97.8%。路产损失赔偿金额96.7万元,累计赔偿率为98.1%。共拆除各类违规广告牌4块、破获偷窃案件4起、制止准备修建的各类违章建筑15起,收取路权维护费5万元。

(景鹰公司路政管理处)

【梨温高速余江停车区违章加水得到有效整治】 10月20日,梨温高速鹰潭路政大队联合余江县治安大队、春涛乡政府、艾家村委会等相关单位对梨温高速公路余江停车区违章加水进行了集中整治。共拆除违章建筑2处,填埋蓄水池一处,切断加水电源一处,拆除违章加水管3根,并在余江停车区附近增设了隔音墙,将此路段作为路政巡查重点段。

(邹　军　周　翔)

【梨温高速公路管理部门举行首例路权案件听证会】 10月16日,梨温高速玉山路政大队召开了首次路权案件听证会。听证会邀请了路政执法人员、案件当事人、施工单位、法律顾问等12名有关人员参加。

听证会主要围绕上饶供电公司9月27日未经路政管理部门审批,擅自在沪昆高速公路21KM+300M处建筑控制区修建建筑物和地面构筑物一事进行。该公司行为违反了《中华人民共和国公路法》第56条和《江西省高速公路管理条例》第11条的规定,玉山路政大队对其作出责令拆除的行政处罚。对此,该公司提出异议,听证会充分听取了上饶供电公司法律顾问的意见和当事人的陈述,并与本案调查人员当面质证辩驳。经过双方协调,最后达成了先停止施工、待手续补办完毕后再施工的协议。听证会维护了双方的合法权益,保障了本案的公正处理。

(丁　丹)

【路政管理一支队依法拆除违章建筑】 10月16日，江西省高速公路路政管理一支队开展拆除违章建筑物集中整治行动，支队在当地政府部门的支持下，对杭瑞高速公路九景段三里收费站进出匝道旁边一处擅自修建的违章建筑依法进行拆除。

为有效制止其违法行为，桥隧大队先后多次走访当地有关部门，向其讲明违法事实。在得到地方政府的支持后，根据《中华人民共和国公路法》和《江西省高速公路管理条例》规定，江西省高速公路路政管理一支队决定强制拆除违章建筑。为确保拆除工作顺利进行，支队制定了详细的《高速路政拆除违章建筑物集中整治行动实施方案》，成立工作领导小组，统一指挥，分工负责，并安排法律顾问现场指导。同时，积极做好劝阻教育疏导工作，劝阻、隔离户主及亲戚离开现场，确保现场安全有序。

此次行动中，共出动执法车辆33辆，执法人员150余人。整治行动的成功，对今后全省高速公路的路权维护工作具有重要的指导意义，有效地维护了法律的威严。

（熊昌军　练崇田　刘卉卉）

【上栗县交通局强力推进农村公路路政管理】 为打造"安全、畅通"的出行环境，进一步保护农村公路路产路权，上栗县交通局采取五项措施强力推进农村公路路政管理工作。一是大力加强公路法规宣传力度。通过电视播放、出动宣传车、在各村张贴宣传标语、主要路段悬挂宣传横幅、与群众面对面交流、散发宣传单等形式大力宣传《中华人民共和国公路法》、《江西省公路路政管理条例》等法律法规，营造了良好的路政管理氛围。二是抓好了路政管理人员的业务培训。派出路政管理人员到省参加培训1次，到市参加培训1次，县交通局举办路政培训班4期。三是建立农村公路"三级联管"制度。村设立路政信息员，负责上报路情路况；乡镇设立义务路政管理员，负责制止各类轻微违章现象，协助县路政执法队伍查处路政案件；县交通局设立路政执法队伍，从11月10日起对全县农村公路开展经常性路政巡查，专门查处各类路政违法案件，对在巡查过程中发现的问题及时制止，及时处理，并当场进行法规宣传教育。2008年，下发路政管理责令整改告知书58份，现场整改39起。同时定期向乡镇、公路沿线村通报路政管理工作情况，共同寻求解决有关重点难点问题的方法。四是在路政管理工作中，落实"文明执法、以点带面、全面铺开"的工作方式和方法，下发规范性文件两份。五是对农村公路管理实行综合治理。与土地部门对公路两侧建设用地实行联合审批，与交警部门对影响交通安全的行为实行联合执法，对损坏公路路产路权行为协同处理，与当地法院建立工作联系制度，重点路政案件及时申请人民法院强制执行。

（上栗县交通局）

【宜春市公路局路政九项制度促管理】 为了进一步加强公路路政管理，推进路政管理制度化建设，结合江西省公路管理局创建标准化路政大队的要求，市公路局制定了《宜春市公路局路政执法人员"五不准"》、《宜春市公路局路政快速反应制度》、《宜春市公路局路政军训制度》、《宜春市公路局路政学习培训制度》、《宜春市公路局路政许可事后监管制度》、《宜春市公路局路政管理统计制度》、《宜春市公路局路政档案管理制度》、《宜春市公路局路产登记管理制度》、《宜春市公路局重大案件报告制度》九项制度。这九项制度，对路政执法人员的行为规范提出了要求；建立了路政人员快速反应制度，要求路政人员接警后，在规定时间内赶赴现场，及时查处违法案件；明确把军训和培训分别列入每季度每月的工作中，使军训和培训工作经常化等，对路政管理工作注入了新的标准和要求。

（熊　霞）

【宜春市公路局开展规范公路路政行政处罚自由裁量权活动】 为进一步规范公路路政行政执法行为，切实保障公民、法人和其他组织合法权益，有效控制和减少行政处罚的随意性，宜春市公路局决定于10月20日起在全局范围内开展为期两个多月的规范行政处罚自由裁量权活动。

市公路局路政科组织人员对全局公路路政行政处罚15类项目的标准进行梳理与细化，按照行政处罚的违法行为、处罚依据、法定处罚幅度等内容进行逐项登记，做到不重复不遗漏，每个行政处罚项目自由裁量都有合法依据，并根据涉案的过错、违法手段、社会危害程度等情节，将自由裁量权分为一般、较重和严重三个等级。同时,还将建立健全行政处罚说明理由制度、行政处罚自由裁量合法性审核制度、滥用公路路政行政处罚自由裁量权的责任追究制度,确保公路路政行政处罚自由裁量权得到有效约束和规范。

(吴雄生　戴志勇)

【信丰路政大队整治货物漏撒污染公路行为】 信丰公路分局管养公路辖区内的水泥厂、砂石厂、煤矸石厂等,在货物运输过程中存在漏撒现象,给公路带来了不同程度的污染与损坏,严重影响公路的畅、洁、美。为切实维护路产路权,信丰路政大队多次组织路政执法人员广泛宣传有关公路的法律法规,散发宣传单和“致驾驶员一封信”等共500余份,增强企业业主和驾驶员爱路护路意识,做到事后惩罚变为事前教育,让企业主和驾驶员自觉进行整改,采用加高车厢护栏板和帆布覆盖等方式。对部分存在侥幸心理的驾驶员,联合交警部门实行蹲守、不定时、定点进行查处。通过整治,促使企业业主自觉每月缴纳公路保洁费,驾驶员运输散体货物时自觉采取有效措施,让昔日美观、通畅的公路恢复了原貌。

(杨河良)

运政管理

【概况】 2008年,全省道路运输管理部门努力践行“三个服务”,积极做好“三个适应”,各项工作取得明显成效。

1. 努力提高服务江西经济社会发展的能力。一是全省道路运输能力持续增长。2008年底,全省营运客车26047辆、货车160553辆,同比分别增长7.3%、16.5%。完成客货运量和周转量同比有较大幅度增长,在综合运输体系中继续保持主导地位。二是完成清理营运客运车辆挂靠工作,运输结构调整有新的进展。企业组织化程度明显增强。全面推行高速客运模式,新开通城际高速直达客运班线32条,改造城际高速直达客运班线11条,新增中、高级客车670辆,在全省15412辆班车中,中、高级客车为4585辆,占30%。三是产业结构日趋合理,旅游客运、小件货物快运发展迅速。新增道路旅游客运公司5家、旅游客车107辆,11个设区市都有道路旅游客运公司。专业运输公司的乐乐快运网络得到进一步开拓和完善。

2. 出台了《关于加快农村公路客运事业发展的意见》,在上饶市广丰县召开全省现场推进会,强力推进农村客运网络化建设。规范统一了全省农村客运班车的形象识别标志,在条件成熟的客运线路上开展了城乡客运公交化改造试点工作。累计建成农村客运站345个、候车亭6213个,农村客运车辆数达到9815辆,开通农村客运班线3345条,乡镇班车通达率达到100%,行政村班车通达率达到85.7%。

3. 道路运输信息化建设有了新进展。2008年,省道路运输管理局作为部、省联网第二批试点单位,信息化工作得到交通运输部的认可。交通运输部7月在省道路运输管理局召开了全国部省信息联网技术交流现场会。10月18日全面启动江西道路运政管理系统、运政专网、数据中心,实现了省、市、县三级联网。省局与省厅、11个设区市运管处(局)和汽运总公司实现了无纸化办公。

4. 建立道路应急保障预案和快速反应机制,圆满完成各项运输保障任务。2008年春运期间,为应对持续低温雨雪冰冻天气,全省各级运管部门积极应对,协调解决突发问题,保障了电煤、鲜活农产品等重要物资的运输。汶川地震发生后,全省道路运输行业迅速落实应急救援运力,为江西救灾人员和物资及时送达灾区提供有力的运输保障。按照省奥组委火炬传递办公室和省交通厅要求,江西公路运输管理机构优质安全完成奥运火炬在赣传递期间工作车辆的征调组织、服务车辆的驾驶维修、奥运物资的搬运装卸等转场运输任务。

5. 进一步强化道路运输安全监管工作力度。一是加强车站源头管理。制定了《全省客运站安全管理统一规范流程》和《江西省汽车客运站出站车辆安全例行检查技术规范》。召开了全省汽车客运站管理工作会议。全省一、二级车站已配备安检仪84台,其中一级车站16台,二级车站68台,占全省二级车站总数的63%。二是建立联勤联动机制。各级运管部门连续三年和交警、安监部门合作,联勤联动,联合执法。三是科技兴安力度不断加大。全省已安装GPS车载设备的车辆达9482辆,其中客运车辆6686台,货运车辆2796台。通过对2007年各地GPS应用情况进行考核,将提高车机上线率作为全年工作的重点,加强督促检查,上线率已达到80%。四是承运人责任险工作不断完善。2008~2009年度保险费率再次降低,赔偿责任限额进一步提高,危货运输的赔偿额度的四个档次均有提高。五是隐患排查整治得到落实。为贯彻落实2008年安全生产"隐患治理年"各项工作要求,制定下发了《江西省道路运输行业安全生产督查专项行动方案》、《关于开展全省道路运输企业安全生产隐患排查治理的实施方案》等,督促企业认真对照排查整治内容,全面排查存在的隐患,认真进行治理及防范,并组织了交叉检查。

(游国候)

【圆满完成奥运会火炬接力转场运行保障工作】 为确保2008年北京奥运会火炬接力江西境内传递活动顺利进行,省道路运输管理局组织赣州、吉安、南昌市运管处和瑞金、井冈山市运管所,以及瑞金市鸿达旅游客运有限公司、赣州市客家旅游汽车有限公司等运输企业,挑选优秀的运输单位、最好的车辆和优秀的驾驶员参加火炬接力转场运行保障工作。严格挑选瑞金市鸿达旅游客运有限公司8辆大型高二级客车、2辆货车、8名搬运工、2名随车修理工、赣州市客家旅游汽车有限公司5辆大型高一级客车、2名随车修理工以及信丰县企业备份媒体车1辆。赣州、吉安、南昌市及瑞金、井冈山市运管处(所)也按照当地2008年北京奥运会火炬接力境内传递活动的要求,组织相应数量的客车和货车,服务2008年北京奥运会火炬接力江西境内传递活动。圆满完成全省道路运输系统火炬接力公路转场运行保障和有关物资运输工作。

(省道路运输管理局)

【进一步规范农村客运标志标识】 为进一步推进农村客运标准化体系建设,省道路运输管理局在全省开展规范统一农村客运班车客运标志、标语的工作。农村班车客运标志统一应用《江西省汽车客运站标准化建设体系》,在车门设置"江西客运"形象识别标志,在车身两侧统一使用"农村客运 服务乡亲"或"农村客运 惠农兴农"两条标语,其中车身左侧为"农村客运"形象识别标志,右侧为"服务乡亲"或"惠农兴农"。省道路运输管理局将统一制作和喷绘模板下发至各县(市、区)运管所执行。今后,新增的农村客运班车均严格按照要求喷绘统一的标志标识,并将其作为取得农村客运相关优惠的必要条件。

(省道路运输管理局)

【南昌市GPS管理取得好成绩】 南昌市公路运输管理处于2007年建立GPS平台后,继续抓紧做好各项工作,截至2008年底,全市客运及危货车辆安装GPS车截终端1026台,全年平均上线率达到96%。该处严格执行南昌市道路运输GPS安全服务系统管理制度和岗位职责,每日认真做好车辆当天在线应用情况的监控记录,全年向受GPS平台监控的违章车辆所在单位开出违章抄告单92份。在省道路运输管理局组织的"全省道路运输车辆GPS应用情况的评比"活动中,该处以规范严谨的操作流程,完整详细的资料备案,熟练技术应用的操作取得全省第一的成绩,获得省运管局嘉奖,GPS操作员喻天艳获得全省GPS操作员应用技能评比第一名。

(周 凯)

【南昌市运管处荣获全国交通行业文明示范窗口】 南昌市运管处继连续3次获得省级文明单位称号后,文明建设再创佳绩,2008年3月交通运输部授予该处2006~2007年度全国交通行业文明示范窗口荣誉称号,这是该处首次获得国家部级荣誉。

(彭珊辉)

【鹰潭市开展专项整治规范市场秩序】 2008年,鹰潭市运管处先后开展了危险化学品运输市场、机动车维修市场、出租车市场专项整治。全市累计出动稽查人员5000人次,查处各类运输违法违章行为1261起。其中,查处无证营运车辆535辆,查处危险品运输违章行为10起。二是在全市汽车维修行业中评选出2家AAA级信誉企业,6家AA级企业,A级企业27家。三是开展客运、出租汽车行业评优创先活动。通过信誉体系的建立,建立起有效的市场调节机制,逐步实现驾培行业、维修行业和出租车行业的优胜劣汰。

(刘文权)

【上饶市为奥运平安整治道路客运环境】 上饶市继续开展集中整治道路客运超员违规经营专项行动。全市共出动警力5155人次,警车769辆次,设置临时检查点209处,登记7座以上客车6749辆次,查处客车超员违法行为93起,卸客转运248人,异地通报客车超员20%以上违法行为5起,有效遏制了客运超员违法行为的势头,确保了该市奥运期间道路交通安全形势的持续稳定。

(陈均培)

【上饶市实行GPS监控每周通报制】 为确保春运期间道路旅客运输安全,上饶市运管处积极发挥GPS监控平台的监管作用,充分利用高科技手段进行道路运输安全管理,进一步促进道路运输安全。市、县运管部门指定GPS专门监控人员,将各单位监控人员姓名及联系电话统一上报市运管处GPS监控中心,上下实行信息互通互报,形成全市道路运输行业GPS监控网络。县级运管部门监控员负责监管本辖区的运输企业使用GPS监控平台情况;各运输企业监控员负责监控本企业车辆使用GPS情况;市运管处负责全市GPS整体使用情况。对车辆超速、超载等情况进行24小时监控,一有情况立即通知企业、驾驶员,并登记在册后,立即上报市运管处监控中心。每周通报一次,通过发放通报这种形式,进一步督促运输企业加强安全监管,让驾驶员能够平安行车,最大限度地确保旅客出行安全。

(周 玮)

【上饶汽运集团强化驾驶员管理制度】 春运前,上饶汽运集团制定了春运驾驶员管理新规定,对超速、超载50%以上及酒后驾车或被媒体曝光的驾驶员将被解聘;擅自加装座位或伪造证件违法行车将受万元左右的罚款及解聘;驾驶员高速路上行车不得超过100千米/小时,其他公路不得超过70千米/小时;对被GPS记录有违法行为的或恶意遮挡、破坏GPS设施的驾驶员要按规定从重处罚;单程行车400千米以上(高速公路600千米以上)的客车必须配备2名以上驾驶员,驾驶员连续工作时间不得超过4小时,24小时内实际驾车时间累计不得超过8小时;驾驶员春运期间发生责任事故,按相应罚款加倍处罚。

(周 玮)

【南昌市审查奥运会焰火运输企业资质】 经过招投标,南昌市李渡烟花集团公司被确定为第29届北京奥运会开闭幕式焰火产品生产及燃放单位。该公司用自有车辆承担焰火产品进京运输,运输量80吨。

2008年5月底,南昌市运管处接省运管局指令,对李渡烟花集团公司焰火运输的相关资质进行审查。该处立即组织专人,对该公司从事道路危险货物运输、参运车辆和人员的资质进行全面查验。组织参运人员进行专业培训,安排参运的10辆集装箱车进行二级保养并通过综合性能检测。该处于6月上旬确认参运的人员和车辆全部符合北京奥运会开闭幕式运营中心的要求,可以安全运输焰火产品进北京。9月奥运会结束后,北京奥运会组织委员会特向南昌市运管处发来纪念证书。

(周国祥)

【安义县完成南昌客运班线收购】 安义县客运清挂工作领导小组经多方协调,引进江西长运公司、新国线公司收购安义至南昌班线和石鼻至南昌班线,实现南昌班线公车公营。6月,江西长运股份有限公司出资618万元,整体收购安义至南昌班线客车32辆,实行客运票价10元。年底,石鼻至南昌班线6辆客车车主与新国线公司达成协议,由新国线公司收购。新国线公司投入10辆新车,运营石鼻至南昌区间客运,票价15元。

(徐正柱 熊端霞)

【崇仁县抓好三网建设】 近年来,崇仁县认真抓好"三网"(路网、站网、车网)建设,稳步推进农村客运网络化发展。

一是建好路网。自2000年以来,该县先后投入交通建设资金3.1亿元,分别建成国省道干线公路和农村公路112千米和1084千米,构筑县域内干线公路"一横三纵"及干支线公路连通成网框架,形成了干支相通、四通八达的公路网络。

二是建好站网。该县按照"谁投资谁受益"的办法,广辟建设资金渠道,充分发挥各方面的积极性,加快乡镇客运站场建设进程。至2008年底,全县建成二级车站1个、乡镇客运站4个、候车亭60个。

三是布好车网。在以城区为始点发往乡(镇)的县乡道路客运线路上,该县大力发展舒适型客车,鼓励车辆加快报废更新、提档升级的步伐。为确保农村客运车辆“开得通、留得住、有效益”和减轻经营者经济负担,对经营县境内乡与乡、乡与县、村与县之间的农村客运线路,三年内给予减征50%的运管费和客运附加费的优惠政策;对村与村、村与乡镇之间的农村客运线路,三年内给予减征100%的运管费和客运附如费等优惠政策。大力鼓励经营者将购车资金投向乡村客运市场,大力提高乡村客运班车的通达率,为农民朋友提供“经济、方便、安全”的客运服务。该县拥有经营农村客运线路24条,客运车辆61台,总座位数919个,日发班次183次,城区通往乡镇班车通达率达100%,145个行政村有124个村通了班车,通达率达到85.5%,基本实现了路修到哪里、客运车辆就通到哪里。

(余家军)

【渝水区全力推进城乡公交一体化】 为切实抓好民生工程建设,5月1日,新余市新良城乡公交有限公司揭牌仪式在新余城南汽车站举行,新余城区至良山城乡公交车正式开通。10月1日,新余城区至下村城乡公交车正式开通。两条公交线路分别由原新良客运有限公司、新花客运有限公司更名组建的新余市新良城乡公交有限公司、新余市新花城乡公交有限公司经营,城区至良山票价由原来的6元下降为3元,城区至下村票价由原来的5元下降为2元,实行1元起步、1元进制,对票价下降造成的营运亏损由市、区两级财政按比例分级予以补助。

(廖振峰 王志勇)

【赣州市中心城区高考爱心车队启动】 6月6日上午,赣州市中心城区2008年高考爱心车队启动仪式在南门口广场隆重举行。中共赣州市委常委、副市长潘昌坤出席,并向爱心车队授旗。赣州市交通局党委书记严家春主持仪式。市政府副秘书长刘树明、市文明办主任王新华、市运管处、市交警支队、赣州电视台、赣州晚报、赣州电台、出租车协会等单位的领导和出租车司机近70人出席启动仪式。在启动仪式上,该市运管处处长郭远昌、教育局副局长余炜分别讲话。出租车司机代表巩兆林作了发言。这次活动得到广大出租车(公交车)驾驶员的热烈响应和支持,中心城区将有195辆出租车参加爱心车队,充分体现出租车行业为构建和谐社会、为高考学子无私奉献的精神。

(杨河良)

【于都县交通局五剂良方治理出租客运市场】 为提升出租客运市场从业人员服务水平,规范行业经营秩序,2008年,于都县交通局通过“研、联、打、奖、请”五项措施,规范出租汽车经营,取得了良好效果。一研,即深入分析全县出租车市场现状、从业人员心理、全县客流分布、行业不稳定因素等情况,掌握第一手资料,找出“症结”问题所在。二联,即横向联系公安交警等部门,纵向联系市交通局及市运管处,建立情况通报制度,实现信息共享、协调联动。三打,即通过日常检查与突击行动相结合,固定检查与动态检查相结合等方式,配合各种行业治理活动,打击违法经营行为。四奖,即广泛开展“优质服务竞赛”活动,对先进车主给予奖励,营造“人人争先、车车赶先”的浓厚氛围。五请,即主动邀请车主对行业管理提出建议,有针对性地改进行业管理工作。

(杨河良)

稽查征费

【概况】 2008年,江西省交通稽查征费部门共征收养路费、重点建设费、客货运附加费、普通公路通行费“四费”33.05亿元,同比增长10.97%,增收2.91亿元,创历史最好水平。

1. 提升规费征管质量。制定下发《江西省交通稽查征费局公路规费征管质量考核办法》,规范征收业务办理程序,对规费包缴、滞纳金减免等实行所、分局、省局三级审批制度。规范乘用车征费吨位的核定,对库外循环车辆进行了专项治理。规范月票审批程序,通过各种有效措施优化了费源结构,促进费收快速增长。

2. 增强征费科技水平。继续完善大网改造工程,拓展服务功能,提升应用等级,开发出“稽查通”移动系统和通行费征收站机动车拒交通行费行为证据收集系统,开发短信提醒缴费、库外车强制录入和文书定制、车主信息自动扫描录入等应用程序,实现清晰的业务划分与定制、方便快捷的业务办理、规范的网上申报审批流程、安全灵活的权限管理,建立了功能强大、种类丰富的查询机制与报表。

3. 实施依法治费。实行执法执收分离改革,逐步建立征收、稽查、处罚三权分立的执法新机制。以强化执法责任制为主线,抓好执法检查,开展公路规费专项执法检查活动,进行行政执法案卷评查,健全执法监督检查制度,建立与“三费”征管质量考核体系相对应的追缴率、查处率、结案率等考核指标。加大依法追缴力度,联合公安、司法等部门开展缴费违法行为专项治理行动,全省共组织上路稽查执法10.3万人次,查获缴费违章车辆28230台,补缴公路规费6564.53万元。

4. 优化文明服务。制定下发《所级公路规费征管岗位标准化建设试点实施方案》,推行车辆业务办理“一站式”服务。推广刷卡缴费服务,发挥大网改造后车辆数据集中、资源共享的优势,开通网上查询和缴费提醒业务。与通讯、邮政部门合作,开通手机短信和邮寄通知书等缴费温馨提示业务,开展预约缴费和送票上门服务,基层所、站工作服务效率和服务水平明显提升,群众满意度显著提高。

5. 加强队伍建设。进一步深化人事制度改革,面向社会公开招聘了80名工作人员,选拔9名优秀基层年轻干部到省局挂职锻炼。省局机关实行岗位双向选择,提升了稽征队伍的整体素质。开展学习实践科学发展观和民主评议政风行风活动,全面加强机关作风建设,组织实施基层所站作风整顿验收工作。制定《江西省交通稽查征费局“六公开”实施办法》,组织开展廉政工作执行情况专项检查,对“三重一大”、“六公开”及廉政纪律的执行情况进行了抽查。

(郭　萍)

【厅党委书记程受锭关心景鹰高速公路运营情况】 7月16日,省交通厅党委书记程受锭在厅机关有关处室负责同志、公路开发总公司领导的陪同下,冒着高温酷暑,察看景鹰高速公路项目建设后续工作和景鹰公司管理运营情况。

当天上午,程受锭来到景鹰高速公路公司,察看了收费监控中心,了解办公环境和收费系统运行情况,对景鹰公司井然有序的工作环境给予了充分肯定。程受锭强调,景鹰公司要紧紧围绕文明收费、规范服务这一中心,严格管理,科学管理,规范管理,运用现代企业管理模式,创新管理理念,优化管理方法,提高公司运行效率,推动各项工作走上规范化、科学化和制度化轨道;切实坚持以人为本,大力提高干部职工的思想政治素质,提升管理服务水平,不断改善员工的工作生活条件,大力打造一支品德高、业务精、服务好的高素质员工队伍,展现景鹰公司文明风采。

在月亮湖服务区,当看到服务区色调清新,风格独特,景观协调,程受锭不住点头赞许,并指出服务区在管理经营的过程中,要坚持“用户至上,服务第一”的宗旨,在细节上精雕细琢,为司机车主们提供各种热情周到的服务,拓宽思路,营造特色,做好特色化经营,树立品牌形象,展示江西交通的良好形象。

(肖树山　李思诚)

【景鹰高速与安景高速实现对接】 11月1日上午10:30,安徽省安景高速公路花园收费站举行通车典礼。江西省交通厅厅长马志武应邀出席典礼,并代表江西省人民政府宣读贺信。同日11:18,景鹰高速公路公司在赣皖桃墅收费站举行开通仪式。参加完安景高速公路通车典礼的马志武厅长来到刚刚开通营运的赣皖桃墅收费站检察工作,并与收费员工亲切握手,勉励大家安心工作,勇于奉献,在交通系统这一广阔的舞台上建功立业,绽放光彩。

马志武指出,景鹰高速与安景高速的对接连通,对景鹰公司有着积极的意义,对两省的交通、交流有着重大意义。景鹰公司要以此为契机,内强素质,外树形象,规范内部管理,提升服务水平,树立江西高速良好形象;要加强与安景高速的沟通与合作,密切关系,共建两省平安、和谐高速路。

(景鹰公司)

【副厅长孙茂刚检察指导景鹰公司收费工作】 3月5日,省交通厅副厅长孙茂刚在厅公安处、公路开发总公司领导的陪同下,检察指导景鹰高速公路公司收费工作并出席该公司2008年收费工作会暨收费窗口规范化服务动员会。动员会上,孙茂刚指出,景鹰公司成立三个多月来,营运正常,实现了从建设到运营的平稳对接。尤其在年末岁初,交通部门在抗灾保通工作中,发扬了不怕困难、不分昼夜、吃苦耐劳的大无畏精神。景鹰公司这支队伍在关键时刻能打硬仗、善打硬仗、能打胜仗,彰显了"公路开发人"的精神风貌,树立了交通人的良好形象。孙茂刚强调,景鹰公司员工队伍比较年轻,一要加强学习,拓展思路,开阔视野,提高技能,建设一支学习型、创新型队伍。二要提高廉洁守纪、遵守廉政建设各项纪律的自觉性。三要加强收费管理,提高综合服务水平,抓好收费窗口规范化服务,完成今年的收费任务。

(肖树山　魏　翔)

【全省公路运输管理费大幅度增长】 2008年,全省各级运管局部门加大运管费征收力度,全省公路运输管理费共征收30014.89万元,比上年14130.8万元增收15884.09万元,增长112.4%。

(章　艳)

【省高等级公路管理局建立收费窗口规范化服务考核制度】 从2008年四季度开始,省高等级公路管理局对所站规范化服务情况进行考核,以收费窗口规范化服务操作标准为依据,通过明察暗访、调阅监控录像资料和车主用户满意度调查等方式,全面掌握和反映收费窗口现场工作状态和服务质量。《江西省高等级公路管理局收费窗口规范化服务考核管理办法》正式实施。

《办法》规定,收费窗口规范化服务考核分为"达标单位"和"示范单位"两个等级,考核评分标准为百分制,实行分级管理。考核评审在每年10月份组织进行。未参加年审或年审不合格的所站,自动取消其获评的等级。凡是通过了考核的所站,以主管单位的名义发文通报,其中获得"示范单位"的所站,由主管单位授牌表彰,享受有关精神文明创建的奖励政策。

(省高等级公路管理局)

【白水湖治超站净化执法环境】 白水湖治超站地处赣鄂两省交汇处,地理位置特殊,使九江长江大桥收费站出口处滋生了一群特殊的人群,他们专门为逃避超限超载检查的车辆提供信息,每次从中谋利20~50元不等,俗称"黄牛党"。"黄牛党"最大危害是通风报信,使许多超限超载车更加肆无忌惮地逃避治超执法检查。

为净化治超执法环境,加大治超执法力度。9月12日,白水湖治超站联合九江市浔阳区公安局浔东刑警队、九江长江大桥治安查报站对白水湖收费站周围的带路逃避检查谋利的"黄牛党"展开突击行动,当场有十多名"黄牛党"落网。

据这十多名"黄牛党"交代,他们和司机的联系方式是发放自制的联系名片,并派专人到收费站望风守候、电话联系等,引导超限超载车辆逃避检查。"黄牛党"的兜里预备了一沓沓的名片,都是发给货车司机的。

为防止"黄牛党"死灰复燃,白水湖治超站将继续主动与当地法制部门、公安部门加强合作,经常性地开展整治"黄牛党"行动,净化治超工作执法环境。

(陈俊芳)

【梨温公司与厅联网中心联合研讨解决收费难题】 7月4日,梨温公司与厅联网中心举行收费情况分析及收费措施研讨会,会议邀请了梨温高速基层收费一线人员参与加。研讨会上,联网中心领导充分肯定了梨温公司几年来收费成绩,为交通事业的发展做出了积极贡献。此次研讨会是联网中心首次与收费一线人员面对面的交流,为联网中心掌握收费第一手资料提供了情况。研讨会上,大家就如何打击逃费车辆、保证费收颗粒归公等收费难题进行了深入广泛的交流。联网中心表示,将把本次收集的建议与各路段进行交流,最终达到全省高速公路路网一盘棋的工作目标。

(潘锦华)

【抚州市交通规费征收业绩喜人】 面对农用车逐年减少,费源日趋萎缩的困难,以及百年不遇的冰冻雨雪灾害天气,抚州市交通部门广大干部职工,充分发挥人的主观能动性,以挖掘、培植费源为主要突破口,利用广播、电视、报纸等媒体宣传规费征收政策,不断增强纳费人缴费意识,征费环境进一步改善。抚州市交通局还专门组织一批征费人员赴赣州市交通局学习考察。全市共征收运管费 1573.34 万元,占计划的 145.6%;拖养费 436.56 万元,占计划的 124.7%;重建金 320 万元,占计划的 106.6%;附加费 125.96 万元,占计划的 125.9%;摩托车养路费 1333.68 万元,占计划的 111.1%;水上规费 158 万元,占计划的 210.7%。

(陈根玲)

【景德镇市摩托车养路费征收创历史最高纪录】 2008 年,景德镇市摩托车养路费征收突破 300 万元大关,达到 322.36 万元,为省交通厅稽查征费局下达任务的 107.45%,创历史最高纪录。

(徐小明)

【赣州市征收摩托车规费 7591 万余元】 2008 年,赣州市交通稽征部门完成摩托车规费征收总计 7591 万元。名列前五名的单位有:于都县交通局 728 万元,兴国县交通局 722 万元,南康市交通局 655 万元,章贡区交通局 643 万元,信丰县交通局 626 万元。可提供农村公路养护管理经费 6100 余万元。

(杨河良)

【湘东区交通局规费征收稳步增长】 湘东区交通局通过依托政策,加强宣传,加强监督,加强稽查等措施,加大交通规费征收工作力度,年内征收摩托车养路费 182.7 万元,比 2007 年同期增长 15%,为农村公路养护建设提供了必要的资金。

(湘东区交通局)

【上栗县摩托车养路费代征工作顺利开展】 上栗县交通局在征费管理工作中,一是积极加强与上级领导和各单位的协调,最大限度地减少矛盾纠纷;二是强化自身教育,加强稽征培训,提高执法队伍素质;三是坚持依法行政、文明执法、公开公正,树立执法新形象;四是加强摩托车养路费征收服务窗口管理,简化征费工作环节,方便群众。全年共征收摩托车养路费 209 万元。

(上栗县交通局)

【320 国道萍乡段正式开征收费】 11 月 24 日,总投资额为 4.5 亿元的 320 国道萍乡宣风至老关段改建工程竣工通车,依据萍乡市人民政府《关于 320 国道萍乡段一级公路收费管理的通告》,对 320 国道萍乡段正式开征收费,收费年限暂定 18 年。经江西省人民政府批准,分别在芦溪境内新田、安源境内青山设立两个收费站,实行一站两设,依法收取车辆通行费。该公路竣工通车结束了萍乡市无一级公路的历史。

(湘东区交通局)

【新余经济开发区规范公路规费征缴秩序】 为确保公路规费足额征收,促进新余经济发展,根据《江西省公路规费征收管理条例》及新余市政府有关文件精神,新余经济开发区管委会专门下发《新余经济开发区规范公路规费征缴工作方案》。5 月 1 日至 12 月 31 日,对辖区范围内的"非在籍车"以及未按规定缴纳公路规费的摩托车、外挂车开展专项整治,并采取先行由交通、交警协助稽征部门调查摸底、登记造册,督促车主限时办理落户缴费,对应缴未缴费车辆进行严肃处理。县(区)政府将交通规费征收由部门行为转为政府行为,在全省尚属首创。

(刘新文 谌林根)

安全管理

【概况】 2008 年,全省各级交通部门以安全隐患治理年活动为平台,建立安全工作长效管理机制,深化专项整治,取得了明显成效。道路旅客运输交通事故起数和死亡人数持续下降。营运客车共发生道路交通事故 50 起,事故造成死亡 72 人,受伤 97 人,比上年分别下降 25.4%,22.6%,63.9%。重点工程安全生产事故起数和伤亡人数大幅下降。全年共发生事故 3 起,死亡 3 人,比上年分别下降 25%、66.7%,未发生较大以上安全生产事故。全省交通系统连续第 3 年杜绝了一次死亡 10 人以上重特大交通安全事故。尤其是在抗击雨雪冰冻灾害天气、第 29 届奥运会,以及春运、全国"两会"、"十一"等重要时段中,全省未发生一起重大交通安全事故。

1. 全省交通系统各级领导把安全生产摆在突出的位置,做到重心下移,关口前移,工作力度不断增强。针对重点工程安全生产存在的问题,省厅及时召开现场会,对事故案例进行分析,制订安全施工防范事故的具体措施。奥运前夕,厅多次召开会议部署奥运会期间交通反恐安保工作,建立了24小时值班制度和零报告制度。同时结合安全生产百日督查行动,组织7个督查组,先后对全省十一个设区市的重点地区、重点领域和重点生产经营单位进行督查。

6月10日,抚州崇仁至南昌部分客车超员经营问题引起省政府领导的重视。厅领导立即责成南昌市和抚州市交通局依法对相关企业和责任人进行处理。同时,交通厅主动上门,会同省公安厅、省安监局共同商定具体治理措施,牵头制定了全省集中整治道路客运超员违规经营专项行动方案,以省政府文件形式下发各设区市政府,并由省政府召开全省打击道路客运超员经营专项整治工作电视电话会议,进一步将部门行为提升为政府行为。

2. 深化隐患治理,专项整治工作取得实效。各级交通部门认真贯彻落实安全生产“隐患治理年”各项工作要求,以专项整治行动为手段,扎实地开展了安全生产隐患排查治理专项行动。全省共排查隐患8060项,已整改7602项,整改率达94.3%。交通部门会同公安、安监等部门联合相继开展了打击道路客运超员经营、汽车客运站、道路旅游客运、危货运输等四项安全管理专项整治活动。共查处客车超员1179起,卸客转运6884人,异地通报客车超员20%以上违法行为109起。

3. 全面开展交通基建设施建设安全生产隐患排查治理。组织对在建7个高速公路安全专项督查共19次,下发整改通知书100余份,印发通报16次。督促完善了参建单位安全生产管理组织机构和运行机制,安全生产条件得到进一步改进和充实。实施安全隐患编号及整改复查消号措施,提高了隐患整治排除的实效。责令撤换无安全生产考核合格证书的项目经理18名、总工51名、专职安全员80名。通报批评安全监理工作质量低下的监理机构5家,施工安全行为不规范的施工单位18家。

4. 加大安全投入,交通安全基础得到充实。各级公路管理部门认真开展灾后路面和安全设施损毁调查和恢复工作。省高等级公路管理局投入约计2.3亿元,对路面坑槽、裂缝及车辙、边坡塌方等危及安全畅通的病害,采取预防性养护措施或实施维修加固。公路开发公司对梨温高速公路共投入养护经费1200多万元,路损修复经费518万元。全省已完成改渡建桥156座,在建129座;投入14267万元,完成了对121座危桥改造;投入3000多万元,安装GPS车载设备数达到9010辆,其中客运7200台,危货1810台;33台安检仪已安装到位,共有67个二级客运站完成了安检仪的配备安装工作。

5. 全面启动道路运输全行业的质量信誉考核。考核中,安全管理作为重点项目,实行一票否决制。共评出AAA级客运企业14家、货运企业28家、维修企业92家、二级以上客运站27个、驾校38家;并评出B级客运企业4家、货运企业7家、维修企业44家。对B级企业整改后仍不符合条件要求的,由许可发证机关重新核定其经营类别或注销经营许可,并向社会公布。

(刘　晔)

【厅党委书记程受锭检查指导梨温高速公路安全工作】 9月25日,省交通厅党委书记程受锭在厅运安处、党委办公室和公路开发总公司领导陪同下,深入梨温高速公路沿线检查指导安全生产工作。

程受锭一行现场查看了梨温高速东乡、鹰潭服务区改扩建的施工现场以及梨温高速公路全线安全工作情况。他指出,服务区在抓好施工进度和工程质量的同时,要高度重视安全生产工作,特别是“十一”黄金周期间要确保万无一失;要加强服务区安全监管工作,认真排查各种安全隐患,尤其要抓好饮食、防火、防盗等安全工作;要充分认识安全工作的重要性,一旦出了安全问题代价很高。要努力做到“四个明确”、“三个提升”。即明确范围,抓好车辆管理、施工现场、食品卫生、防火等范围内的安全防范工作;明确责任,把责任落实到人,用制度抓安全工作;明确重点,要把当前的工作重点放在国庆期间的安全保障上;明确制度,要完善安全工作制度,科学总结,提高安全防范能力。提升抓安全的意识,要通过各种手段提高全员安全责任意识;提升抓安全的手段,不断创新安全防范、安全监督、安全事故处置等形式,丰富抓安全生产措施;提升安保工作水平,创新安全生产内容,提高干部职工抓安全的能力和素质,提高工作质量和水平。

(倪文权)

【梨温高速公路雨雪冰冻期间道路安全畅通】进入春运以来,因持续雨雪冰冻等灾害性恶劣天气,梨温高速公路作为江西东大门和出省主通道,通行压力较大。该公司通过加强组织,靠前指挥,确保了梨温高速公路的安全畅通。成立了以党政主要领导为组长的春运工作领导小组,健全了组织机构,1月26日,冰冻天气发生后,总公司主要领导,驱车赶往梨温高速公路一线,察看路面冰冻情况,现场指导梨温公司抗寒防冻保畅通工作。梨温公司领导班子成员全部到位,部署道路安全防范工作,各管理(收费)处安全生产第一责任人全部回到岗位上,落实各项防范措施。二是未雨绸缪,加大投入。在春运开始前一周,梨温高速公路就准备了工业盐约20吨,沙石料约1000立方米,麻袋30000个,养护人员260余人和必备的工具,确保了人员、物资的随即调用。冰冻天气发生后,梨温公司立即组织养护人员对路面进行防滑处理,先人工破冰,再用扫把进行清扫,最后撒上工业用盐。在重点桥梁、地段、边坡处摊铺麻袋。对所有大、中桥梁都进行定人、定岗、定责,做到大、中桥梁都有专人负责,24小时轮岗巡查,确保万无一失。三是落实制度、畅通信息。春运期间,认真落实了信息报送制度,安排了专人值班,确保投诉和报警电话24小时畅通,并安排专人每天上午11点和下午5点前向省厅春运办报告路况信息和投入情况统计表。四是文明服务,快速放行。在雨雪冰冻等恶劣天气下,收费人员面对车流量大压力,严格执行规范化服务标准。不断提醒过往司乘人员"冰雪天气,慢速行驶"。自1月26日到1月28日24:00止,梨温高速免费放行"绿通"车辆1800辆,合计免费金额44.7万元。

(梨温公司)

【景德镇市交通局三招拧紧危货运输"安全阀"】根据《中华人民共和国道路运输条例》的有关规定,景德镇市交通局在审批有关企业申请道路危险化学品运输经营许可时,严格审查其是否具备以下四项条件:一是有5辆以上经检测合格的危险品货物运输专用车辆。二是有数量与其经营规模相符的经所在地设区市级人民政府交通主管部门考试合格后,取得上岗资格证的驾驶人员、装卸管理人员和押运人员。三是危险货物运输专用车辆上配有必要的在运输过程中发生意外时用于报警及向车主、货主或有关部门报告情况、请求援救的通讯联络设备,如移动电话或车载全球卫星定位系统(GPS)。四是有安全生产责任制、危险货物运输(装卸)操作规程、车辆维修(监测、检查)制度、事故应急处理等健全的安全生产管理制度。2008年,全市只有市瓷都危险品运输公司等5家企业获得道路危险化学品运输经营许可证,共有危险化学品专用运输车辆64辆、从业人员156人。

对获得道路危险化学品运输经营许可证的企业有关从业人员进行从业资格管理,按照交通部颁布的《道路危险货物运输从业人员培训教学计划与教学大纲》的要求,对从业人员进行岗位培训,让从业人员掌握必备的危险货物安全常识、危险货物运输(装卸)要求,熟悉使用危险货物运输应急预案和事故施救技术,用所学专业技能避免事故的发生,或在事故发生时正确施救,减少事故损失。2008年,该局共举办上岗培训班3期,先后有156人次的危险货物运输驾驶人员、押运人员和装卸管理人员接受培训,经考试合格后获得从业资格,相关从业人员持证上岗率达100%。

市交通局在全市范围内开展道路危险货物运输安全专项整治,严格按照道路危险货物运输开业条件和技术规范强制标准,全面清查现有危险货物运输企业(业主)及其设备、车辆、人员和规章制度建立情况,对达不到资质要求和经营条件的,强制其退出道路危险货物运输市场。

为建立危货运输管理长效机制,市交通局还建立了全市道路危险货物运输管理台账,对整治后符合经营条件的企业及其车辆、设备、驾驶人员、押运人员和装卸人员建立户籍化档案,实行微机管理和动态跟踪。加强路面稽查,杜绝未经培训的"三员"上岗,及时清除不符合规范要求的企业及从业人员,确保全市道路危险货物运输经营活动处在有效的监督管理之下。

(涂　强)

【赣州市大力推广GPS监控系统】 赣州市大力推广GPS监控系统,对营运客车、危险货物运输车辆实行动态监控。该市所有市、县两级运管部门均建立了GPS监控平台，全市有34个客运企业和2家危货运输企业，均利用GPS监控平台对车辆进行实时监控。2008年，共有962辆客运车辆和224辆危险货物运输车辆安装了GPS车载终端设备。

（杨河良）

【万年昌万公路护栏挽救了28条人命】 9月，在万年昌万公路上，出现了公路防撞护栏从死神手中挽回28条人命的惊险一幕。

当日9时25分左右，一辆由广东汕头开往江西都昌的客运中巴，行驶至昌万公路102k+100m处时，为避让一名骑摩托车男子，中巴驶出路面，撞向七一大桥一侧的公路护栏，幸好被护栏拦住，才未坠入与路面落差达15米的“七一”水库中。车上28名司乘人员惊恐之余，纷纷说道：“幸亏有护栏，否则我们就没命了。”

自2005年以来，万年公路分局以打造“人文公路，和谐公路”为目标，大力实施公路“生命工程”和“救命工程”。近两年投入道路安保工程建设资金约500万元，先后在境内国道206线和省道黄锦线、昌万线等干线公路100余处陡坡急弯路段，设置5000余米混凝土防撞墙、7000余米护栏和8000余米波形钢护栏及相关安全警示标志。

据万年县交警、公路部门统计，这些安保工程建成后，年交通事故率大幅度下降，在该县境内国道206线和省道昌万线、黄锦线上避免了多起重大交通事故的发生，挽回直接经济损失约1500万元。公路安全防护设施不断完善，对降低交通事故死亡率和重大事故的发生率，起到了不可替代的作用。

（李欢庆）

【厅党委书记程受锭等在赣州市检查交通安全】 3月10～12日，省交通厅党委书记程受锭等有关部门领导到赣州市检查“两会”期间交通系统安全工作。在赣州市市长助理李坊荣等人的陪同下，程受锭实地察看了赣县储潭渡口、赣州汽车站、新世纪汽运集团公司、章贡区水南镇高楼渡口、瑞赣高速公路D143+700路基、赣江大桥、茅店贡江大桥、江口贡江大桥、峡山隧道出口罗坳贡江大桥、瑞赣高速公路项目办的安全工作。11日下午，程受锭书记、刘琮副市长在赣州市交通局召开座谈会。赣州市交通局、赣州稽征分局、航务分局、省高管局赣州管理处、赣州高速公路公司的领导分别汇报了各单位安全管理工作情况并就如何进一步加强全市交通系统安全工作，加快交通基础设施建设等问题提出了建议和要求。在赣期间，程受锭书记对市交通系统安全管理工作给予了充分肯定，并对今后的工作提出了具体的要求。

（李发淳）

【玉山服务区施工改造注重行车安全】 年内随着沪昆高速公路玉山服务区土建项目工程进入盖板水沟、加减速车道的施工和波形防撞护栏的拆除工作阶段，为推进施工进度又不影响行车安全，养护公司通过对多个安全管理方案的对比研究，建立一套安全的做法。主要是：使用标志牌和安全反光锥对硬路肩实行交通管制，在硬路肩上用红砖砌筑防撞墩。并在防撞墩外侧和正面使用石灰粉和红色乳胶漆绘成红白相间的斑马线，将拆下来的波形护栏板安装固定在防撞墩上。据统计，该安全工程共使用安全标志牌4套，安全锥400余个，砌筑安全墩264个，安装护栏板260块，粉刷和涂油漆200余平方米，为过往车辆构筑了一道牢固的安全线。

（王　建　陈　虹）

【九江长江大桥局确保大桥安全】 九江长江公路桥是105国道出入江西的重要交通枢纽，为保障大桥安全和畅通，九江长江大桥公路桥管理局认真实施一系列应对自然灾害、确保大桥安全畅通的措施。一是制定了切实可行的九江长江大桥突发事件应急预案，成立应急领导机构和应急队伍，充分做好应对突发事件的人员、技术、物资和设备的储备，根据具体情况划分三级应急响应，明确各级响应的程序和现场处置措施，并做好信息报告与发布。二是在节假日及奥运等特殊时段，认真落实24小时值班和事故“零”报告制度，全面加强桥区安全隐患排查，密切加强同地方政府和公安、武警、铁路等部门的协作，加大桥区巡查和专项整治工作力度，严厉打击逆道冲关等扰乱大桥秩序的违法违规行为，保障了2008年北京奥运等重要时段九江长江大桥畅通和稳定。三是与福银高速江西昌九、湖北黄黄高速等管理部门建立协作机制，做到信息沟通及时，保证雨、雪、雾等突发情况下路桥沿线的交通安全。

(张曙光　万　鹏)

【把好春运节后安全关口】 随着春节后一波客流高峰的结束,学生返校、农民工外出客流日渐减少,全省道路春运接近尾声,道路旅客运输已逐步恢复正常。截至2月27日止,全省道路旅客运输春运日均投入运力16952辆,日均加班包车397班次,完成客运量3875.4万人次。由于受冰雪天气影响,客运量与上年同比有所下降,但安全形势却好于往年。全省没有发生一起死亡10人以上的特大客运事故,安全事故起数、死亡人数与上年同比有大幅度下降,其中旅客死亡为零。

针对客流量回落情况,省道路运输管理局仍严防死守,把好春运最后安全关,派出6个协调督导组,分赴各地协调督导节后春运安全工作,督促各级运管部门抓紧抓好运输企业安全生产,调配充足的运力,配合灾区重建工作,打响春运最后战役,确保运输安全。

(张　霞)

行政管理

组织与人事

【概况】 2008年,省交通厅组织人事部门围绕服务科学发展大局,扎实工作,认真抓好领导班子的队伍建设、干部教育培训、机构编制管理、完善劳动工资管理等工作。

1. 加强领导班子和队伍建设。2008年,制定下发了《省交通厅处级及以下领导干部职位竞争上岗实施(试行)办法》。将交通厅公安处处长、省航运管理局局长、省交通工程质量监督站站长、省交通工程咨询监理中心主任4个正处级职位进行竞争上岗。指导省高等级公路局进行局机关内设副处级机构领导职位竞争上岗,推进基层所站领导干部竞争上岗工作。组织实施九江长江大桥局局长、省公路管理局下属处级领导班子的配备和选拔工作,对新提任的领导干部进行了考察。10月份,厅党委组成四个考察组,分别由厅党委委员带队,对厅属59个副处以上的领导班子(其中3个副厅、39个正处、17个副处单位)239名处级干部和4名副厅级领导干部进行了全面考察。经各考察组综合评议:评定为优秀的领导干部40人、特别表扬1人、称职201人、不称职1人。厅属单位领导班子换届共提任处级干部47人(其中:正处级领导干部9人,副处级领导28人,调研员8人,副调研员2人。女干部4人)。交流干部11人(其中:正处级领导2人,副处级领导9人)。对厅属二、三级单位行政领导职务任期三年届满的,办理了续聘手续。全年共提任处级干部73人(其中:正处级领导干部18人,副处级领导41人,调研员12人,副调研员2人。女干部7人)。交流干部16人(其中:正处级领导4人,副处级领导12人)。处级干部免职退休11人。完成省委组织部选拔12名副厅级后备干部,省国资委选拔3名企业副厅级管理人员考试报名、民主推荐、组织考察等工作。

2. 积极推进干部教育培训工作。按照厅党委培训规划及大规模培训交通干部工作的实施意见,加大了干部教育培训工作力度。在厅机关公务员中组织开展信息化与电子政务培训。选调副处级以上干部、科级干部到省委党校、交通部交干院、省行政学院、省直工委党校进行培训。组织了处以上领导干部参加全省普法考试。

3. 认真做好职称管理和人才管理工作。组织交通运输工程专业高中级评审。2008年申报各系列高级资格评审134人、中级资格评审194人。其中:交通运输工程专业评审高级工程师151人(厅直单位68人),评审通过高级工程师

97 人(其中厅直单位 45 人),通过率 65.5%,交通运输工程专业评审工程师 113 人,评审通过工程师 67 人(其中厅直单位 47 人),通过率 59.2%;其他系列通过教授级高级工程师 11 人,自然科学研究员 2 人,高级经济师 5 人,高职教授 9 人,高职副教授 7 人,高级工艺美术师 2 人,高级会计师 2 人,译审 1 人、副译审 1 人,高职讲师 10 人,高职实验师 1 人。转发省人事厅关于开展 2008 年享受政府特殊津贴人员选拔工作和关于推荐 2008 年江西省新世纪"百千万人才工程"人选的通知,并完成人员的推荐工作。

4. 规范机构编制管理。为适应交通行业发展的需要,对厅直单位机构编制进行了设置和调整,下发了《关于大万公路开发有限公司机构设置及定员的批复》;设立了江西省公路管理局大广高速公路武吉管理处、武吉路政大队;撤销了交通厅驻深圳办事处;将江西省高速公路联网收费结算中心更名为省高速公路联网管理中心,增加自收自支事业编制 25 名,增设通信监控科、稽查科、客服科;同意设立江西省高速公路联网管理中心客户服务机构,共设 11 个客服处,定员 60 名。根据武吉管理处和景婺黄管理处的工作实际,分别增补 82 人和 60 人。进行了事业单位岗位管理的调研。经省人事厅批准,省公路管理局、道路运输管理局、航运管理局被列入参照公务员法管理。经批准增设省交通厅总工程师岗位;下发了设区市和县级交通稽查机构更名的通知。

5. 完成劳动工资管理工作。根据深入学习实践科学发展观活动试点工作的调研成果,经厅党委研究下发了《关于规范厅直单位收入分配制度的指导意见》、《省交通厅劳动合同制用工管理办法(试行)》、《省交通厅高速公路重点工程工作人员津贴、加班工资发放管理办法》和《省交通厅厅属企业工资总额管理办法》。进一步加强与规范厅直单位收入分配制度和合同制工人的管理。及时完成了各类人的调资、增资工作,一是完成厅机关 67 人 2008 年正常晋升级别工资档次;二是完成了 9136 人 2008 年正常晋升薪级工资;三是对高管局所属企业单位 897 人进行事业单位工资改革;四是根据国务院文件对 2006 年以来军队转业干部工资进行了套改、补发;五是根据省人事厅、省财政厅文件,对 2006 年以来分配到企事业单位的运动员工资进行了套改;六是对 66 名 2008 年分配复员退伍人员进行了定级工资审批;七是对已通车和高速公路建设重点工程项目办津贴进行审批。

6. 抓好工人技术等级考核。完成了 2006 ~ 2007 年机关、事业单位工人技术等级报名、资格审核、培训考评、工资兑现工作。全厅 737 名申报工人技术等级。

(厅人事处)

【省交通厅严格控制因公出国(境)】 2008 年,省交通厅根据中共中央办公厅、国务院办公厅《关于进一步加强因公出国(境)管理若干规定》以及省纪委关于加强因公出国(境)有关文件精神,要求厅属各部门、各单位根据对外交流的重点和实际需要,有明确的公务目的和实质内容,组团人员要少而精,对无实质性内容的出访,要坚决制止,并且明确了三项具体措施。一是厅领导班子成员和副厅级以上干部在年内不安排公务出国(境)出访,把指标让给基层人员和工程技术人员;二是凡自筹资金出国的,省厅不予以办理审批手续;三是对重大建设项目招商引资和工作需要的出访计划进行压缩,将原计划 39 批次 238 人,压缩为 8 批次 50 人,比原计划减少 31 批次 188 人,节约外事经费 752 万元。2008 年,全省交通系统实际因公出国(境)7 批次 26 人。

(余明华)

【省公路管理局改革高速公路单位员工收入分配制度】 为进一步推进高速公路规范管理,严格工资管理,省公路管理局下发了《江西省公路管理局高速公路单位员工收入分配制度改革指导意见(试行)》,决定在省公路管理局所辖高速公路管理处实行收入分配制度改革。

此次改革的目的是规范统一省公路管理局所辖高速公路单位员工工资与各项津补贴标准,逐步体现员工收入同岗同酬、岗变薪变、按劳取酬及向基层一线倾斜。改革体现了以下几个原则,一是同岗同酬。员工收入分配与岗位挂钩,实行岗位靠竞争、收入靠贡献的管理模式。二是统一规范原则。坚持在执行事业单位工资标准的基础上进行改革,保留按事业单位工资标准执行的工资部分,同时取消归并各部门、各单位自行发放的各类津贴补贴项目,制定并严格执行全局统一规范的岗位、工龄等津贴标准。三是多要素参与分配原则。员工以岗位责任、技能、职称、工龄等因素参与收入分配。四是收入增长原则。改革后,员工收入高于事业单位按国家规定发放的工资额,大多数员工工资较前增长。五是总额控制原则。改革后,人员经费(包括社保、公积金等费用)不超过上级下达给单位人头经费总额的65%。

(省公路管理局)

【九江市港口管理局完成人事调整】 2008年初,九江市港口局机关各科室负责人、基层分局领导班子和部分干部职工进行了首次调整交流,提拔任命了包括机关5个科室、基层5个分局党政一把手在内的28名正、副科级中层干部,19名基层职工进行了交流调整。涉及提拔和调整的基层干部及职工,已在1月7日前全部到位并顺利进行了工作交接。

(柯瑞华 杨 辉)

【省航运管理局公开招聘工作人员】 为解决局机关人员年龄老化、专业人员缺乏的问题,该局通过省人事厅组织了工作人员公开招聘工作,按照公平、公正、公开、择优的原则,招聘了7名工作人员,为机关增加了新生力量。

(许根源)

【柘林湖港航管理所正式挂牌成立】 4月18日,柘林湖港航管理所成立暨揭牌仪式在云居山柘林湖风景名胜区梦生山景区举行。省航运管理局领导、九江市交通局领导、九江市港口管理局及各分局领导、九江市港航管理处领导及基层单位负责人、云居山柘林湖风景区相关单位领导、当地企业代表等出席了揭牌仪式。

近年来,随着云居山柘林湖风景区跻身于国家级风景名胜区行列,景区游客也日益增多,景区旅游运输船舶增加到94艘、3172客位。为了适应日益增长的旅游事业发展的需要,加强柘林湖区港航管理,经九江市机构编制委员会批准,九江市港航管理处在柘林湖港航管理站的基础上,组建柘林湖港航管理所,纳入当地主管部门的管理序列,接受云居山柘林湖风景名胜区管委会和九江市港航管理处的双重领导。

(余昭林 杨 辉)

【聂复生入选"2007年江西省新世纪百千万人才工程"人选】 根据省人事厅、省科技厅、省教育厅、省财政厅、省发改委、省科协六部门联合发文公布的2007年江西省新世纪百千万人才工程人选名单,江西省交通设计院副院长聂复生入选。全省共有149人入选,交通系统仅1人。

"新世纪百千万人才工程"是人事部会同科技部、教育部、财政部、国家发展和改革委员会、国家自然科学基金委员会、中国科学技术协会等6部委在原国家"百千万人才工程"基础上,于2002年启动实施的一项人才计划。目的是面向中国青年科技奖获得者、回国工作的海外高层次留学人员、获国家杰出青年科学基金资助者、省部级以上科研课题和国家级工程项目的主持人或主要参与者,以及其他在经济建设和社会发展中作出突出贡献、取得较大成绩的年龄在45周岁以下的年轻人。通过选拔培养,到2010年,造就数百名具有世界科技前沿水平的杰出科学家、工程技术专家和理论家。

(聂淑贞)

财务审计与招商引资

【概况】 2008年,江西交通财务审计工作围绕交通建设的总体目标,开拓进取,扎实工作,加大交通建设资金措施力度,为实现交通快速发展提供资金保障。

1. 交通规费征收持续增长。2008年度是交通规费征收减免事项较多的一年,包括全面推行农村客运减免公路客货运附加费、省产汽车减免公路养路费等,特别是年末出台的成品油价格与税费改革,使交通规费征收基本陷于停滞状态。经全省稽征部门干部职工共同努力,公路养路费年征收22.9亿元,同比增长5.50%。全省收费公路管理部门克服年初冰雪灾害、燃油供应短缺导致通行车辆减少、抗震救灾车辆减免通行费、全年免收绿色通道鲜活农产品运输车辆通行费等减收因素影响,全年全省收费公路(不含地方管理的普通公路收入)共收取车辆通行费61.8亿元,同比增长4.7%。包括水运规费在内,全省交通收费实现90.7亿元,同比增长7.2%。为全年交通事业快速发展提供了资金保障。

2. 进一步加强收费公路管理。①面对严重的自然灾害,省交通厅坚决贯彻执行国务院、省委省政府的工作部署,顾全大局,保障收费公路减免车辆通行费的各项措施落实到位。全年减收通行费10亿元以上,并确保了收费秩序井然有序。②同时抓好收费公路行业管理,及时纠正收费站不规范行为。制止206国道会昌收费站、于都长征大桥收费站和樟树赣江大桥收费站收费期满仍违法收费的乱收费行为,并撤销该三个收费项目。为了搞好成品油价格与税费改革,交通厅结合全省实际,进行了大量的研究和测算,提出了江西取消政府还贷二级公路的方案(送审稿),为省政府领导决策提供基础性资料。

3. 积极筹措交通基础设施建设资金。2008年,完成车购税中央建设资金的申请和拨付工作,保证中央预算资金顺利到位。共完成对交通运输部的重点项目基建请款39.7亿元,较上年增加3.5亿元。克服上半年从紧的信贷政策,与各银行积极配合,落实了新开工的鹰瑞和石吉等项目的贷款资金。2008年,新增项目贷款80.4亿元,较上年增加31亿元。

4. 认真做好交通建设资金使用的自查工作。厅财审处对相关建设项目的预算资金使用情况布置开展自查,凡2007年和2008年使用车购税部门预算的交通建设项目单位均被列入江西检查范围,并形成自查报告上报了交通运输部财务司。进行强农惠农资金检查,涉及2006、2007两年交通运输部下达江西以及交通厅自行安排的农村公路建设专项资金共24.6亿元,按时填制上报《省直部门强农惠农资金使用管理情况自查自纠登记表》。对国道主干线南昌绕城公路乐化至温家圳段建设项目的绩效进行了考评,并按照《交通预算项目绩效考评报告应用指南》的内容编写考评报告,完成了考评试点工作总结。

5. 进一步做好财务收支、经济责任、专项资金管理和竣工决算审计。2008年,财审处共完成审计项目9个,查出违规行为金额999万元,管理不规范资金2176万元,审计基建投资18082万元,发现资金不到位2183万元,核减工程投资131万元,提出审计建议36条。

2008年,厅财审处对景婺黄高速公路管理处的财务收支情况进行了审计调查,为以后年度预算安排提供依据,并将该处的先进财务管理经验予以推广。审计也发现管理处存在挤占专项资金等问题,审计做好处理决定,并提出7条改进财务管理的审计建议。对省航务管理局、省航运管理局、江西交通工程咨询监理中心的3位领导干部经济责任进行了审计,通过对被审计单位的财政、财务收支的真实性、合法性、效益性等方面进行客观公正的评价,为组织部门考察和使用干部提供了重要依据。根据交通运输部审计办的要求,厅财审处组织会计、审计、工程等专业人员分成3个检查组,对吉安、赣州、上饶、九江,宜春、抚州六个设区市的农村公路建设资金的使用管理情况展开了重点检查,并抽查部分县、乡镇、村、路、桥和客运站。检查结果显示江西农村公路建设资金使用管理基本规范、有效,但也存在截留、挪用建设资金,工程质量不高、建设程序不完善等问题。厅对检查发现的问题提出审计意见,下达整改通知。检查结果及时上报了交通运输部。对南昌港集装箱码头工程和南昌至樟树高速公路机电工程两项目进行了竣工决算审计。核减工程投资131万元。提出10条审计建议。

2008年,省审计厅和省财政厅分别对交通厅及部分下属单位进行了财务收支审计和财政监督检查,厅财务审计处积极做好接待、协调、落实、反馈等工作,使省审计、财政部门对交通厅的财务监督检查工作顺利进行。

(钟彦祯)

【九江至瑞昌高速公路正式开工建设】 7月1日,杭瑞高速公路九江至瑞昌段开工新闻发布会在九江召开。九瑞高速公路是江西首批面向境外公开招标的高速公路项目之一,也是目前江西省最大的BOT高速公路项目,由诚坤国际(江西)九瑞高速公路发展有限公司负责项目的投资建设及运营管理。九江至瑞昌高速公路是国家高速公路“7918”规划网中杭州至瑞丽高速公路在江西省境内的一段,是江西省“三纵四横”公路主骨架网中第一横的组成部分。该项目起于昌九高速公路沙河互通以南的九江县曹家坳(与昌九高速公路相接),途经九江市庐山区、九江县、瑞昌市等3个县(市、区)、14个乡镇,路线终于赣鄂界的界首。项目路线全长48.14公里,概算投资额为19.8亿元。

(余明华)

【省高等级公路管理局开展堵漏增收专项活动】 为有效打击各种偷逃通行费行为,省高等级公路管理局从11月12日至12月31日,在全局各路段开展堵漏增收专项活动。

此次活动重点是打击防范假冒鲜活农产品运输车辆、改装"虚轴"车辆、换卡车辆;集中清查"黑名单"车辆;整治收费秩序,遏制冲岗、反复称重、恶意堵道等行为;规范收费操作流程,完善收费服务设施;严肃查处收费人员徇私舞弊等违纪违规行为。

专项活动启动后,各路段单位制定了活动方案、工作预案和经费预算。各路段收费管理部门、信息中心精心布置,妥善安排,营造了打击偷逃通行费行为的氛围,积极主动与高速公路交警和驻地派出所联系,争取更多的支持,有关路政大队也给予了大力配合,积极协助处理突发事件和纠纷。

(省高等级公路管理局)

【省高等级公路管理局举行所队集中报账试点暨财务管理经验交流会】 7月24日,省高等级公路管理局在赣州召开所队集中报账试点暨财务管理经验交流会。赣州管理处、泰井管理处、路政一支队主要领导和财务部门负责人,各管理所(中心)、路政大队、治超站、局直属单位分管领导和财务人员共计110余人参加了会议。

所队集中报账制是规范会计核算工作、提高会计信息质量的必然选择;是加强支出管理,提高资金使用效益的有效途径;是加强党风廉政建设,搞好所站(大队)基层作风整顿的重要举措。会议要求各有关单位提高对所队集中报账制的认识,按期全面实行集中报账制,在实行过程中及时总结,尽快完善。

会议听取了赣州管理处、泰井管理处、路政一支队开展所队集中报账试点经验介绍,听取了赣州管理处会计基础工作整顿情况汇报,以及赣州管理处遂川所、泰井管理处养护中心、路政一支队峡江大队财务管理方面的经验介绍,还讨论了《局所队集中报账制度(讨论稿)》,并对财务管理工作提出了意见和建议。

(省高等级公路管理局)

【九江市港航管理处提高财务管理水平】 九江市港航管理处加强会计电算化管理,提高财务工作效率和管理水平。引进专用财务软件管理系统,使全市港航系统实现会计电算化连接,提高了会计报表报送及会计信息传递工作效率。该处财务部门充分履行财务监管职责,严格按财务管理法规要求,加大对基层所站财务收支情况的监督检查,2008年5月,组织专业人员对基层所站经济活动进行了内部审计,较好地杜绝了各类不规范收支行为的发生。加强财务业务技能的培训,分别于10月、12月组织会计人员32人次参加了九江市财政局继续教育培训和江西省财经职业学院主办的事业单位财务管理知识培训,较好地提高了财务人员的整体素质。

(九江市港航管理处)

【景德镇市交通局开展农村公路建设专项资金检查】 根据《市强农惠农政策落实情况监督检查工作的实施方案》,5月5日~7日,景德镇市交通局组织"农村公路建设专项资金"监督检查工作小组深入到浮梁、昌江、乐平三个县(区、市)交通局,检查农村公路建设专项资金拨付、使用情况。

检查组通过听汇报、看账本、查凭证等方式,对三个县(区、市)2006年度和2007年度国家农村公路建设改造工程资金、农村公路建设工程资金情况进行了全面检查。从检查的情况看,全市农村公路建设专项资金基本做到了设立专户、足额到位、及时划拨、毫无截留,保护了农村、农民建路修路的积极性,提高了农村公路的建设质量。但也有部分资金因少数农村公路建设质量不达标或建设里程缩水而没能及时下拨到位,检查组要求有关单位加以整改。

(徐小明)

【峡江县交通局严格惠农项目资金使用管理】 峡江县交通局通过加强惠农政策落实情况督查,完善资金使用管理制度,确保农村公路、站亭建设、改渡建桥等惠农项目建设资金专款专用。一是指导项目建设单位按有关规定认真开展自查自评,经所在乡镇、当地群众监督员代表审核后,由建设单位向交通、财政等部门提交自查自评报告,确保自查自评不走过场。二是由交通、财政、监察等有关部门对惠农项目建设资金使用管理情况逐项核实,全面掌握每年到位的资金种类、数额和补助标准,核实资金的使用管理情况是否符合有关规定;针对检查出来的问题,区别不同情况提出相应的处理意见。三是重视检查中发现的问题和群众信访反映的问题的处理,紧紧抓住整改这个关键环节,认真梳理,逐条整改,做到"问题不解决不放过、整改不到位不通过"。

(峡江县交通局)

法制工作

【概况】 2008年,省交通厅继续认真贯彻落实国务院《全面推进依法行政实施纲要》,紧紧围绕《江西省2008年推进依法行政工作要点》,采取一系列措施,强化依法行政理念,规范行政执法行为,提高依法行政水平。

1. 进一步完善科学民主决策机制。一是完善交通行政决策机制,制定出台了《江西省交通厅行政工作规则》,明确重大决策的范围、基本程序,决策的跟踪、反馈、评价,决策程序监督以及决策失误的责任追究等。二是建立和完善了有关配套制度,例如关于交通发展规划、重点工程建设、重大交通立法和执法决策、社会涉及面广、与群众利益密切相关的重大决策等重大事项集体决策制度、专家论证制度和社会公示制度等。三是按照"谁决策、谁负责"的原则,建立完善决策责任制,进一步明确监督主体、监督内容、监督对象和监督方式。

2. 进一步深化行政管理体制改革。继续深化行政审批制度改革,建立和完善实施行政许可工作制度。省交通厅及各主管局,认真执行交通运输部《交通行政许可实施程序规定》,依照法定条件、标准审查交通行政许可申请,严格执行交通行政许可的法定程序和期限,同时建立和完善具体的相关工作制度和工作流程。按照省政府的部署,开展了新一轮精简行政审批事项的前期准备工作。为推进行政执法体制改革,省厅组织了交通行政综合执法的调研,着重从职能配置、体制框架、队伍建设、经费保障、规范管理和解决目前存在的体制性障碍问题等进行了深入研究。为从体制机制上解决高速公路排障施救存在的问题,交通厅会同省直有关部门,通过对省内外考察研究,提出了规范管理的意见。8月,省政府决定,全省高速公路排障施救工作由省交通主管部门实施统一管理,要求省交通,公安部门逐步实现全省高速公路计量收费、电子监控、事故处理、路政施救、应急管理等资源共享、统一指挥的联动机制。

3. 进一步推进交通行政执法责任制。坚持将推行交通行政执法责任制作为交通法制建设的重要内容,逐步完善、不断推进。一是加强组织领导。制定了深化交通行政执法责任制的实施意见,在全系统进一步完善了主要领导亲自抓、分管领导具体抓,法制和监察机构具体实施的工作机制。二是落实执法责任。对交通厅及各执法部门的执法范围、权限、程序、责任等进行了修订完善并层层分解、细化,落实到每一个执法岗位和执法人员。三是强化评议考核。厅属各主管局根据厅印发的评议考核办法,分别制定了评议考核细则,规定了具体的量化考核评分标准。2008年,重点对路政、运政、稽征、海事、船检、航道、港口等交通行政管理部门,进一步确认分解了法律、法规规定的执法职能和内容,明确了执法责任范围、任务、权限和基本要求,健全实行交通行政执法责任制的相关制度。

2008年,交通运输部统一部署组织开展对全国交通系统交通行政执法检查活动。6月份,部交通行政执法检查组对江西进行检查。11月份,交通运输部下发文件,对江西交通依法行政和行政执法工作予以肯定,其中江西交通系统有4个集体和4名个人被部分别表彰为2008年度全国交通行政执法先进集体和先进个人。

根据省政府法制办《关于印发〈2008年行政执法案卷评查方案〉的通知》要求,交通系统上下从10月中旬至11月上旬,对照方案规定的检查内容,进行了全面自查;在自查的基础上,厅组织各主管局分别到市县对执法部门案卷自查工作进行了抽查。从这次交通行政执法案卷查和抽查的情况来看,全省交通系统认真按照《公路法》、《港口法》、《道路运输管理条例》、《行政许可法》、《行政处罚法》、《国务院关于罚款决定与罚款收缴分离实施办法》等相关法律法规规章的规定行使执法权限,绝大多数执法部门做到了执法主体资格合法,程序规范有序,适用法律正确。

4. 努力做好交通行政处罚自由裁量权标准细化工作。4月,根据省政府法制办《关于开展规范行政处罚自由裁量权工作的通知》,先期做了调研工作,按照《江西省规范行政处罚自由裁量权工作实施方案》部署和要求,成立了工作领导小组,下设了工作办公室,抽调了专门人员组成起草小组,制定印发了《江西省交通厅规范行政处罚自由裁量权工作实施方案》,并形成《江西省交通行政处罚自由裁量权适用规则》和《江西省交通行政处罚自由裁量权细化标准》初稿。

5. 进一步完善和规范行政复议工作。省交通厅重视交通行政复议工作,依据交通运输部《交通复议规定》和《江西省实施〈中华人民共和国行政复议法〉若干规定》,统一交通行政复议文书,明确文书、案卷制作和归档的具体要求。行政复议工作机制健全,行政复议案件内部办理流程顺畅。在具体的交通行政复议工作中,健全和坚持了五项制度。即行政复议办案程序制度、专门问题协办制度、审查签发制度、案卷归档制度和行政复议案卷公开查阅制度。

6. 进一步加强政务公开制度。4 月组织编制《江西省交通厅政府信息公开目录》和《指南》,已经省政府办公厅批准实施。2008 年,着力在政务公开的真实性、实效性、全面性上下工夫。一是继续加大舆论宣传力度。充分利用现有的《江西交通》杂志、江西交通信息网络平台、触摸式政务公开指南电子查询系统等,继续完善政务公开途径和手段,丰富政务公开载体,加大与民沟通力度。二是深入推进政务公开。着重抓好政务公开档案管理,更新完善政务公开目录,对政务公开加以规范,增大行政权力运行的透明度。三是加大政务督查力度。组织成员单位对政务公开工作定期或不定期检查和明察暗访,及时了解工作实施情况;发现存在的问题,及时提出改进工作的意见和建议。四是在组织开展民主评议政风行风工作中,将政务公开作为一项重要内容纳入其中。

(厅政策法规处)

【部行政执法检查组赴湖口县地方海事处检查指导】 6 月 15 日,交通运输部行政执法检查组一行在省交通厅副厅长孙茂刚,厅法规处、宣传处、省航务管理局领导以及九江航务分局党政主要负责人的陪同下,来到湖口县地方海事处(该处系省交通厅向交通运输部推荐的“全国交通系统依法行政示范单位”)进行检查指导。

检查组一行首先参观了湖口县地方海事处行政服务大厅及各办公场所,认真观看了其拍摄制作的《发展中的湖口地方海事》专题宣传片,同时听取了该处关于行政执法工作情况的汇报。在对湖口县地方海事处行政执法的软硬件设施建设予以全面检查的过程中,检查组成员还就如何更好地依法行政与省交通厅、航务局领导进行了广泛探讨。最后,检查组对湖口县地方海事处所做的各项工作给予了高度评价,并愉快地与全体人员一起合影留念。

(余勤诚)

【部海事局行政执法检查组到江西进行对口执法检查】 6 月 24 日 ~25 日,由长江海事局(组长单位)和上海海事局组成的交通运输部海事局行政执法监督对口检查第六检查组一行,在长江海事局副局长李玉华的带领下来到江西,对江西地方海事局进行对口执法检查。

检查期间,检查组听取了省地方海事局分管领导关于本系统依法行政工作情况的汇报,并先后赴南昌市地方海事局、九江市地方海事局及湖口县地方海事处检查工作。检查内容包括依法行政工作的组织领导;海事行政执法行为的规范;行政执法监督机制的建设;预防和化解海事行政争议、行政复议和行政应诉以及法制宣传教育等项工作的情况。检查组对江西地方海事依法行政工作所取得的成效给予了充分肯定。同时,并就船舶登记档案管理、执法文书填制规范统一、完善执法案卷及健全制度建设等方面提出了中肯意见和建议。

(幸循华 刘宝生)

【萍乡市交通局网上办理行政审批许可事项】 为了更好地推进交通“三个服务”,方便群众办事,萍乡市交通局将分散在公路部门、运管部门、港航部门的公路建设、公路路政管理、道路运输管理、水路运输管理、港航管理等方面的行政审批许可项目,按照清晰明了、简单易懂、一项一表的要求,将许可依据、许可条件、申请材料、许可程序、许可期限、许可范围、受理单位、是否收费等制成项目简介,与申请受理表格下载、表单填写、材料上传等一同组成网上审批系统,在“萍乡交通信息网”上开辟专栏。同时成立行政审核审批科,规定交通方面的行政审批许可项目统一由该科室审核审批,既减少审批环节,方便群众,又把牢审批标准与条件,提高审批质量,而且便于各个审批环节的监察和审批建档工作。

(晏卫东)

【萍乡市交通局对依法行政和行政执法工作进行检查】 为进一步推进交通行政执法责任制,强化交通行政执法监督机制建设,保障交通法律法规规章的正确实施,不断提升交通行政执法水平,根据省交通厅《关于印发贯彻落实交通部部署开展交通行政执法检查工作的实施方案的通知》,市交通局对全市交通系统依法行政和行政执法工作进行检查。4月23日~5月3日,各县区交通局、局属各执法单位进行了自查,5月4~5日,市交通局组织2个检查组进行了检查。检查内容包括依法行政工作的组织领导、规范行政执法行为、行政执法制度建设、预防和化解行政争议、法制宣传教育、单位特色等方面。从检查的情况看,全市交通系统在依法行政和行政执法工作中,全面加强对行政执法工作的领导,进一步完善工作机制,规范行政执法行为,行政执法制度建设稳步推进,建立健全交通行政执法责任制和行政执法评议考核制,法制宣传教育活动有声有色。

(晏卫东)

【细化道路运输行政处罚自由裁量权】 为保障行政相对人的合法权益,减少行政处罚的随意性,促进合法合理的规范化执法,省道路运输管理局对道路运输行政处罚自由裁量权进行了细化,制定了《江西省道路运输行政处罚自由裁量权细化标准(试行)》。此标准分为十节三十五条,内容涉及道路运输市场监管的所有处罚条款,多以时间、次数等为标准进行量化,每项行政处罚按照违章情节分为2~4档,如轻微情节、一般情节、较重情节、严重情节等,每档情节以递进方式处以不同额度罚款等处罚措施。处罚轻重与违法情节相符,同类违法间的处罚不偏不倚,量罚判断清晰明确。此标准作为《江西省交通行政处罚自由裁量权细化标准(试行)》的组成部分,对规范全省道路运输行政处罚自由裁量权的正确行使起到了指导作用。

(陈 坚)

【景德镇市交通局政务公开工作步入规范化轨道】 为进一步促进和规范政务公开工作,景德镇市交通局制定了《景德镇市交通局政务公开工作制度》,对政务公开的主要内容、公开方式、信息收集、监督管理等作了明确规定。4月初组建专门班子,抽调精干人员,集中时间编辑政务公开目录及指南,共完成概况信息、法律法规、规范性文件、发展规划、年度工作计划、工作动态、人事任免、财经信息、行政执法、公共服务10大类共15万余字,在规定时间内上传至市政府政务公开门户网站,并在自办网站上进行了公开。

该局对所有行政审批事项进行了梳理,并编制工作流程图。在日常行业管理及行政执法工作中形成的政务信息,除按规定不宜公开的内容外,该局都及时将相关政务信息上传至市政府政务公开门户网站,并通过自办网站、新闻媒体向社会公开。为推动政务公开,该局先后建立了《景德镇市交通局政务工作督察制度》、《景德镇市交通局关于加强"窗口"单位行风建设监督管理规定》、《关于规范交通行政收费行为的通知》、《关于加大交通行政执法宣传的意见》、《关于加强政风行风建设有关规定的通知》等规章制度,使政务公开工作步入制度化、规范化的轨道。为切实提高机关工作人员及行政执法人员素质,该局自7月中旬开始组织长达半年的执法人员岗位培训,培训内容之多、参训人员之众、时间跨度之大,为有史以来之最。为确保系统政务公开工作取得实效,该局切实加强经常性的检查监督,一是检查各下属行业管理部门是否按照《中华人民共和国行政处罚法》规定的简易程序和一般程序,在交通行政执法中严格按照程序进行;二是检查是否结合交通行政执法实际,遵循法律明确的规范文书标准;三是检查是否推行"执法主体、执法依据、执法程序、执法结果、执法监督"五公开。同时,要求各行政执法单位在建立健全各项规章制度的基础上,重点抓好监督落实,针对具体问题,开展专项检查,采取走访、座谈、现场督察、联合检查等方式,加强监督检查,狠抓各项制度落实到位。

(涂 强)

【抚州市交通局召开民主评议政风行风监督员座谈会】 6月26日上午,抚州市交通局召开政风行风监督员座谈会,邀请民主评议政风行风监督员就市交通局在政风行风、行政办事效能、建设服务型政府部门方面提出意见和建议。来自市人大、市政协、基层街道办事处、居委会和服务对象市智荣物流有限公司、市正达汽车贸易公司经理共7位监督员参加了座谈会。市交通局党委书记孙玉英参加座谈会,纪检书记徐天祥主持会议。

政风行风监督员畅所欲言,他们充分肯定了近几年来交通部门工作,中肯地提出了个别县(区)交通执法不文明、汽车驾驶员培训学校恶性竞争、路政超载处罚等问题。徐天祥书记对大家所提出的问题进行了一一解答,并就加强城乡客运一体化建设、农村公路建设、交通行业管理等方面的工作与大家一起进行了探讨,热忱欢迎大家一如既往地关注交通,多提宝贵意见,以便更好地做好工作。各位监督员也纷纷表示,将认真履行职责,尽好义务,进一步熟悉交通行业的法律、法规,及时、客观、真实地反映交通各部门特别是执法单位、窗口人员的现状和存在的不足,同时把来自群众中的好的意见、建议及时反映给市交通局。

(局办公室)

【新余经济开发区运管部门规范执法行为】 2008年,新余经济开发区运管部门,着力加强队伍建设,强化内部管理,积极推行"四个分离",规范执法程序。一是执法与执收分离。受理人员在确定处罚金额后,由当事人到指定的银行缴纳罚款。二是稽查与处罚分离。由不同部门分别负责路面稽查和对违章事实的处罚。三是受理与审批分离。由具体业务股受理行政许可申请、审查并签署意见,再将审批材料交由运管部门主要负责人把关,然后进行行政许可。四是领导分工的权责分离。即管稽查的领导不管处罚,管行政许可受理的负责人不管最终审批,以此实现相互制约。

(刘 剑)

【吉安市港航管理处开展行政执法检查】 12月9~11日,吉安市港航管理处组成行政执法检查组,深入万安、泰和等5个直属县港航所,开展2008年度港航行政执法检查。检查组采取听汇报、看案卷和现场检查相结合的方式,对各县所依法行政工作的组织领导、规范行政执法行为、行政执法监督机制建设、法制宣传教育情况进行了检查、抽查。从检查情况看,各县港航所紧紧围绕国务院《全面推进依法行政实施纲要》和国务院办公厅《关于推行行政执法责任制的若干意见》,深入推进行政执法责任制,强化行政执法监督机制建设,保障了港航法律法规规章的正确实施。行政执法没有违纪、违法和超越权限执法的现象,没有出现以权代罚、徇私枉法等违法现象。但也存在不少问题,如港航法律法规和政策宣传不够,社会对港航行政执法的理解、支持程度低;执法档案规范程度还不够等等。通过开展行政执法大检查,促进和规范了港航部门行政执法行为,提高了行政执法水平和质量。

(吉安市港航管理处)

交通战备

【概况】 2008年,江西省交通战备办公室狠抓交通战备各项动员准备工作,圆满地完成交通战备各项保障任务和工作计划,取得了较好的成绩。被国家交战办和南京军区交战办分别授予"抗雨雪冰冻灾害先进单位"称号,还被评为全国国防交通理论研究先进单位。

1. 国防公路项目建设稳步推进。江西"十五"期间立项的国防公路由于时间紧、任务重、资金到位不及时,造成项目建设进度滞后。为确保国防交通基础设施建设项目如期完工,省政府专门召开全省战备公路建设调度会,常务副省长凌成兴到会作重要指示,并要求有关单位立下军令状,高标准、高速度地完成项目建设。各项目建设单位按照节点要求,精心组织施工。江西交战办派出专人严格监管,定期督查项目进展与质量。由于各方面的共同努力,江西"十五"期间立项的战备公路和部队进出口道路已全部完工,实现了确保畅通的目标。

2. 交通保障方案编审工作进展有序。抓紧各类交通保障方案编审工作,完成了二级、三级交通重点目标保障方案的编制、预审和评审工作,并将一、二级交通重点目标保障方案按国家交战办要求报送、分发有关单位和部门。为验证保障方案的实用性,赣州、抚州和宜春等设区市还结合有关方案开展有针对性的演练。

3. 交通战备信息化建设全面开展。积极推广《国防交通信息管理系统》在全省交通战备系统的应用。全省十一个设区市交战办按要求配齐新型笔记本电脑，大部分县级交战办也配备了战备专用保密电脑。江西与浙江、福建等省交战办一起，联合举办软件操作人员培训班。上饶、宜春等市交战办还举办了所有县级交战办人员参加的软件培训班。自下而上建立县、市、省三级数据采集网络，广泛采集国防交通基本数据。集中专门工作人员对所采集数据进行校核和汇总，并依此分别建立省、市数据库。

4. 交通专业保障队伍被纳入民兵组织序列。按照军区统一部署，开展了将专业保障队伍纳入民兵组织统筹规划活动。各级交战办联合本级人民武装办公室，将纳入工作与年度民兵整训和点验工作有机结合起来，共同确定被纳入民兵组织方案，并统一规范队伍名称和具体编制。6 月底，顺利完成交通专业保障队伍纳入民兵组织序列的工作。

5. 抗雪救灾应急交通保障果断有力。2008 年 1 月至 2 月，江西大部分地区发生长时间雨雪冰冻灾害，造成道路阻塞和电网严重受损。2 月 11 日，南京军区驻浙某部 1 万余名官兵奉命摩托化机动入赣，执行电网抢修任务。江西省交通战备系统圆满完成了部队进驻及归建的应急交通保障任务，得到了军地各级领导的好评，有 6 个单位和 6 名个人被南京军区交战办表彰为抗雪救灾交通保障先进单位和个人。同时，此次保障行动也为战时组织部队摩托化机动交通保障积累了宝贵经验。

6. 正规化建设富有成效。按照军区统一部署，江西交战办重点开展了省、市、县三级交通战备工作正规化建设达标活动。整个活动分为自查整改、督促指导和迎接检查三个阶段，制订下发了《江西省交通战备工作正规化建设达标考核评分标准》，将所有工作进行细化，使基层单位执行起来有章可依。全省正规化建设活动成效显著，顺利接受了南京军区交战办的达标验收考核。

7. 动员支前演习收效颇丰。9 月中旬，江西省举行了一次以省、市两级国动委为主的动员支前演习。此次演习以演练网上综合指挥为主，带部分实兵参演为辅。江西交战办高度重视，精心准备，缜密推演，圆满完成导调组下达的各项任务。十一个设区市交战办主任也带领本办人员全程参加演习，无一人缺席。各成员单位均派人参与演习。

8. 理论研究成绩斐然。江西省交通战备系统一贯重视交战工作调研和开展国防交通理论研究，并注重用研究成果指导战备具体实践活动。共组织各单位撰写学术论文 60 余篇，简讯 18 条，在省军级以上刊物发表 14 篇，并有多篇论文被收入中国国防交协和南京战区国防交协的《论文汇编》。

（省交通战备办公室）

【赣州市交战办圆满完成入赣救灾部队保畅通任务】 2 月 21 日，南京军区进入赣州支援抗冰救灾的部队凯旋班师回营。至此，赣州市交战办执行的为部队进出境保畅通任务圆满完成。期间，该办认真履行职责，充分发挥军地桥梁纽带作用，较好地协调各方力量参与保畅通行动。据统计，全市境内 29 个收费站开通了“抗灾抢险绿色通道”，修通道路 432.07 公里，动用各类车辆 1570 辆次，拉运抢险物资 4261.78 吨，运输电杆 2134 根，协助电力部门加线 342.05 公里。赣州市公路管理局在尽力确保各类公路设施完好的同时，还抽调 350 余人员组成抢救保障队伍，支援崇义县完成电力设施抢修工作任务。

（李发淳）

【宜春市全力以赴保障赴宜部队交通通畅】 为配合南京军区入赣部队在宜春市境内输电线路的紧急抢修工作，宜春市交通战备系统按照上级指示精神，周密部署，密切协同，狠抓落实，出色完成赴宜参加抗冰救灾部队进驻抢险点及完成任务后回撤的交通保障工作。

全市交通战备系统的主要任务是：2008 年 2 月 13 日 18 时前，保障参加国家电网抢修的南京军区某部 500 余官兵，分别赴宜春市的袁州区天台镇和靖安县罗湾乡的交通畅通。经各方努力，市交战办组织交通保障力量，分别将该部队的两支队伍于 2 月 13 日 17 时 30 分和 16 时 48 分顺利送达目的地。2 月 21 日清晨 7 时，市交战办又保障完成抢修国家电网设施任务后的部队沿原路回撤。部队在梅林、樟树高速公路服务区临时休整时，丰城市、樟树市交战办均组织力量上路提供交通管制与车辆抢修服务保障。

此次交通保障行动中,全市共组织出动公安交警200余人、警车20余台次实施开道引导与交通管制;公路抢修人员300余人,工程抢修车辆80余台次,抢修被冰雪毁坏的公路30余公里,运送抢修材料2000多立方米,加固危桥一座。

(颜卫民)

【靖安县交战办为入赣部队做好道路抢修工作】 1月中旬,发生持续雨雪冰冻天气,华中电网500千伏输电线在靖安县境内受灾严重,多处铁塔受损倒塌。为配合南京军区入赣部队及电力部门做好输电线路的紧急抢修工作,按照县委、县政府统一部署,县交通局、公路分局、罗湾乡政府组织道路抢修队伍奔赴抗冰救灾第一线,顶着严寒风霜,顽强拼搏,紧急抢修省道万黄线璪都至石境段、乡道石境至欧源段公路,为南京军区入赣抢修电力设施部队进驻咸梦线抢修工地开通道路。

从2月9日开始,县交通战备办、县交通局组织民兵400余人,连续五天在璪都至石境段公路上进行破冰、清障、开路等工作。因万黄线璪都至石境段公路位于山区,积雪冰冻非常严重,大家克服困难,想尽办法抢修公路,使近15公里长的路段在短时间内就恢复了畅通。该县罗湾乡政府组织民兵和群众400余人,奋战在石境至欧源8公里的公路上,采用人工办法破冰除雪,终于开通公路,确保南京军区入赣部队240余名官兵和抢修物资及时到达抢修阵地。

(熊长生)

社会治安综合治理

【概况】 2008年,各级交通运输部门认真落实省综治办和厅综治领导小组下达的综治责任目标任务,加强领导,强化责任,健全制度,完善措施,狠抓落实,较好地实现了年度目标。交通运输系统60%的下属单位被设区市综治办评为先进单位,省厅被省综治办评为达标单位。平安建设、应急管理、扫黄打非、国家安全、反邪教、禁黄赌毒、治安、保密等方面的工作得到有效落实,为全省交通运输事业实现"一保障、三增长、四提高"创造了稳定的环境。

1. 加强领导,强化责任,健全机构。全省交通运输系统各单位加强了综治工作领导,厅党政领导担任综治工作第一责任人,分管领导担任具体负责人,厅综治办负责日常具体工作。厅属各单位层层落实综治工作领导干部一岗双责制,健全综治机构,配置专兼职综治干部和人员,全厅直属综治责任单位25个,专兼职综治干部55人,其中大专以上文化程度53人,为全厅综治工作提供了组织保障。同时,将综治工作落实到重点工程建设项目的建设、设计、施工、监理单位,形成了全系统纵向到底、横向到边的综治工作组织网络体系,形成了领导重视、责任落实、机构健全、工作得力的综治工作局面。

2. 加强治安防控体系建设。综治工作基层基础建设得到进一步巩固和加强,各基层单位和重点工程建设项目各从业单位治安防控体系进一步加强,单位内部安全防范能力有了提升。办公场所、车站码头及大型车船的人防、物防、技防措施更加完善,为治安防控发挥了关键作用。系统内有关单位还利用视频记录协助公安部门侦破了许多案件。基层单位着力完善专群结合、群防群治的安保体系,远洋公司针对远洋船舶常年在外的特点,完善与国际接轨的安保管理达标、防海盗、禁毒、扫黄打非等防控措施。为提高应急指挥能力和水上应急处置能力,省厅专门调剂资金投资建设省交通运输应急指挥中心、省海事搜救中心和鄱阳湖分中心。条块结合的治安防控体系得到加强。厅机关和厅属各单位遵循行业管理与属地管理的综治工作原则,一方面按照省厅行业管理和属地管理的要求落实正常综治工作,另一方面加强与所在地综治、公安、消防、医疗卫生、信访、安全生产监督管理等党政部门和专业机构的联系与合作,着力提高应急处置能力。

3. 注重综治队伍建设和素质提高。在加强专职综治干部队伍建设的基础上,重视搞好群防群治队伍建设,组织安保队员350人、治安巡防员322人、治安信息员770人、义务消防员837人,培训综治人员102名,各单位结合实际对综治人员进行了新一轮的培训教育。

4. 实施常态化、规范化、科学化管理。2008年年初,根据省综治办的工作部署,编制印发了2008年综治工作要点和综治工作目标管理考核标准,实行每月一次的综治工作例会制度,及时掌握综治工作面临的形势和存在的问题，研究解决矛盾纠纷的措施和办法，使日常工作中的各类问题和矛盾纠纷得到及时解决。每当重要时段、重大事件和重大改革措施出台时，研究制定确保安全稳定的措施，维护了奥运、春运、全国“两会”、税费改革、取消政府还贷二级公路收费等重要时段的平稳安全。

（厅公安处）

【江西公路开发总公司全力做好奥运安保工作】 江西公路开发总公司以高度的政治责任感，维护好北京奥运期间全司的安全稳定，以实际行动支持北京奥运会的胜利召开。着力排查隐患，注重防范，做好反恐安保工作，切实做到“五个加强，二个加大，一个杜绝”，即：加强两条高速公路的巡查和养护，加强桥梁、隧道安全监管，确保道路安全畅通；加强收费站的窗口规范化服务，减少收费矛盾和冲突；加强车辆安全管理，严禁非驾驶员驾车、故障出车、酒后驾车等行为，杜绝车辆安全事故发生；加强票款室、财务室、锅炉房、加油站、施工现场安全管理，确保重要部位万无一失；加强服务区饮食安全、油库安全、治安防范，完善应急处置预案；加大对路政执法、治超工作力度，查处违章上路、违章堆放、违章搭建和损害设施等行为；加大服务区改、扩建工作力度，确保在10月1日前完成东乡、鹰潭、上饶3对服务区的改建，年底完成玉山中心服务区的建设；杜绝不在检查站处罚违章车辆、以罚代处、以收费代卸载等行为的发生，严格执行“三不”政策，保证鲜活农产品、重要物资的运输畅通。

（肖树山）

【江西公路开发总公司认真抓好综治工作】 2008年，江西公路开发总公司围绕创建和谐平安单位目标，一是落实维稳责任，强化基础工作。该公司共设立各级综治办42个，配备专兼职综治干部114人，保证综治工作层层有人抓、事事有人管。举办综治、消防等知识讲座10余次，走访慰问困难员工28名，出资60万元帮助定点扶贫的玉山县怀玉乡陇首村修通12公里进村公路。二是严格排查，有效治理，“两排”工作成效明显。从4月至10月，该公司开展了“排查调处矛盾纠纷、排查整治治安乱点和突出治安问题”专项工作，处理收费投诉案件43起，比上年同期下降14%；整治治安乱点5个，清理违规摊点3个，取消违法加水洗车点2个。三是规范管理，严密防范，努力提升治安防控水平。该公司完善应急预案16个，应急救援队员增加到420人；在梨温高速、景鹰高速的事故易发路段设立了31处重点监测点，监测路况。在年初抗冰冻、元旦、春运、国庆、北京奥运会等重要时段，加强了防控，消除了矛盾，保障了平安。四是广泛宣传，齐抓共管，综治工作标本兼治。组织干部员工观看《重点领域防治腐败警示录》等教育片，集中宣传《中华人民共和国禁毒法》，组织普法考试，使员工能够学法、知法、守法、用法。积极开展“综治宣传月”和“思想、纪律、作风”“三项教育”活动，员工思想稳定。高速公路沿线单位与当地有关部门大力开展和谐共建活动，深入当地敬老院、福利院和困难群众之中，开展送温暖、献爱心活动。

（肖树山　袁　芳）

【省交通厅高度重视信访工作】 为有效调处矛盾纠纷，省交通厅实行了畅通信访渠道了解民声措施，向社会开通和公告了厅长手机，开通“96122”交通咨讯台，实施到省信访办的厅长接访日制度，使向交通运输部门反映的各种诉求及时得到接收。信访件接收后，落实领导责任制和领导包案责任制。2008年，厅领导亲自接访22批197人次，反映的22个问题全部得到解决。全年信访总数584件次，厅领导阅批群众来信156件，初信初访办结率95%以上。同时，完善处置集体访、越级访和重复访联动机制，按照部门联动、归口管理原则，实施接访包案制，全年厅领导每人包案处理信访问题5个以上。遇有集体访事件发生时，采取果断处置、防止扩大、减少影响、维护稳定措施。加强与地方公安的联系，引导群众依法诉求，有效防止群体事件发生，把矛盾纠纷解决在萌芽状态。厅领导和交通系统各单位领导同志十分关心系统内劳动模范和困难职工，春节等重要节日或职工特别困难时期，各级领导和工会上门走访慰问送温暖。据不完全统计，参加慰问的党政工领导1248人次，走访困难职工4132人次，送温暖资金140.6万元。2008年，省交通厅被省委、省政府办公厅评为2008年信访工作先进集体。

（罗安生）

【南昌市港航管理处开展突出治安问题集中整治行动】 南昌市港航管理处为贯彻落实全市“两个排查”集中行动动员部署大会精神，结合市交通局《开展排查调处矛盾纠纷、排查整治治安乱点和突出治安问题集中行动实施方案》，从3月下旬到10月，在全处组织开展排查调处矛盾纠纷、排查整治乱点和突出治安问题集中行动。

通过开展集中行动，对影响社会和谐稳定的突出矛盾纠纷和治安问题早发现、早控制、早解决，夯实综治基础工作，完善长效工作机制，实现群体性事件下降，治安案件和治安灾害事故得到有效控制，治安乱点由乱到治，人民群众安全感进一步增强。

（熊晓燕　杨　辉）

【景德镇市公路局综治工作扎实有效】 景德镇市公路局围绕“构建和谐平安公路，维护社会稳定大局”这一主题，扎实推进平安创建工作的深入展开。一是加强领导，落实责任。狠抓综治维稳责任制落实，将社会治安综合治理责任目标进行分解落实。该局与所属各基层单位签订年度社会治安综合治理目标管理责任书。二是排查纠纷，化解矛盾。该局对本单位职工之间所发生的一切纠纷和矛盾，及时进行调解、化解矛盾，并注重把做好调解、化解矛盾与解决职工实际问题有机结合起来。在对公路机械工程局职工进行分流、转岗时，作出妥善安置，保障职工利益，维护单位内部稳定。三是强化管理，完善制度。建立和完善综合治理工作制度，加强重大节日期间安全保卫，配合当地派出所，对职工出租房进行清查，捣毁传销窝点两处，劝返传销人员39人，并对全局职工宿舍出租出让情况建立台账，及时掌握动态。四是创新特色，构建和谐平安公路。该局结合公路行业特点，展示公路特色，开展创建“平安公路”活动。把社会关注的焦点、群众关心的热点，作为工作的重点。针对群众反映行路难问题，该局积极拓展思路，实施市县乡企业“四方联动”方式抓公路大中修，筹措资金2389.75万元，完成东三线、双杨线等12条线路43.19千米公路大中修。积极争取公路沿线乡镇政府和相关部门的支持配合，整治公路环境，构建和谐平安公路。由于综治工作起色较大，2008年又被市社会治安综合治理委员会评为先进单位。

（赵席忠）

【省交通设计院认真抓好奥运期间安保工作】 7月31日下午，省交通设计院召开奥运安保工作会议，传达省委书记苏荣、省长吴新雄关于做好奥运安保工作维护社会稳定的重要批示、省联席会议办公室《关于抓紧排查处理进京上访问题切实做好安全稳定工作的通知》和省交通厅关于奥运会期间安保工作的有关会议精神，安排部署该院奥运会期间安保工作。会议还下发了《奥运期间院综治责任单位安保工作责任书》。

会议之后，各部门结合本部门工作实际，抓住工作重点和突出问题，采取强有力的措施和手段，确保各项安保工作的贯彻落实。积极预防，深入开展矛盾纠纷排查和调处，对重点部位、重点人物、重点时段进行排查，妥善处理。抓好安全生产，包括勘测外业、监理现场、外业驻地安全等方面。加强车辆安全管理，注意防火、防电、公共卫生。落实责任，严格奖惩，各部门把反恐安保工作任务、责任分解落实到具体人员，并实行严格的责任追究制。

（义　青）

【坚持抓安全保稳定】 江西省道路运输管理局在2008年的综治工作中，认真开展创建和谐平安交通活动，通过出版报、开讲座、送法进校园等形式，宣传综治工作的内容和稳定压倒一切的道理。通过给职工解决医药费等切身利益问题，化解一些矛盾，使和谐平安创建活动成为每个职工的自觉行动。当百年一遇的冰雪灾害发生后，局机关立即组织四个应急工作组分赴各地，为滞留在车站的旅客吃住、就医做好协调督促工作。天略好转，又组织人员探路，制定开通线路方案，为夺取抗灾胜利做好各项运输保障。在组织为北京奥运会运输烟花工作中，严格按运输企业资质标准确定承运公司，精选车辆，培训人员。精心制定运输途中加油、就餐、维修、住宿等方案，同时派专人随车押运，确保了安全，为奥运会顺利召开作出了贡献。获得北京奥委会颁发的特殊贡献奖。

（赵新宁）

水路交通管理

水路安全管理

【概况】 2008年,江西各级交通主管部门和海事、港航、渡口等水上交通管理部门认真贯彻“安全第一、预防为主、综合治理”方针,以安全隐患治理年活动为平台,建立安全工作长效管理机制,加强执法监督,深化专项整治,提升应急救援能力,确保了水上交通安全形势稳定。全省共发生一般以上水上交通事故8起,死亡失踪12人,沉船5艘,直接经济损失89万元。按省安监部门的统计口径,事故数和死亡失踪人数比上年分别下降33.3%、42.9%,死亡人数比省安委会下达的年度考核控制指标少5人。

确保重点时段和重点水域的水上交通安全形势平稳。元旦、春运、“两会”、“五一”、“十一”以及奥运会、残奥会期间,各级海事执法人员深入现场对所有从事旅(游)客运输的船舶进行监督检查,对危险货运船舶实施监督管理。同时,设定重点监控水域,加强其巡航密度和力度。在海事等水上交通管理人员的共同努力下,有效地防范了重、特大水上交通事故的发生。

“三无”船舶和超载船舶专项整治取得明显成果。各级海事部门分别在赣江南昌工程船厂水域、吴城水域、鄱阳湖星子水域、蛤蟆石水域、鞋山水域设立了5个检查站,对“三无”船舶实施处罚。全年共将630艘“三无”船舶相继纳入规范管理。为有效打击超载船舶,九江市地方海事局在鄱阳湖鞋山水域设立了超载船舶减载货场,对过往超载船舶进行强制卸载和处罚。10月1日始,组建成立了减载公司,进一步加强对超载船舶处罚的规范管理并建立了违章记录档案,对多次出现同一违章行为的船舶予以从重处罚。全年共减载船舶7986艘次,减载货物59.46万吨;查缴船舶假证书37本,假海事业务印章57枚。

认真开展两防“回头看”专项整治活动。在2007年开展防船舶碰撞、防泄漏专项整治活动取得阶段性成果基础上,全省海事部门续又开展两防“回头看”活动。一是利用板报、标语等形式进行广泛深入的宣传,在渡口、码头、张贴宣传标语,悬挂横幅,营造了良好的社会氛围;二是按照“四定”(定整改措施、定整改标准、定整改期限、定整改责任人)的要求,确保每一个安全隐患能够得到及时、彻底的整改。对整改难度大、涉及部门多的隐患,实行“挂牌”督办制度,以保隐患整改到位;三是建立和完善安全隐患数据库并随时更新。活动期间,海事部门对全省5级以上航道桥区通航安全标识的设置与养护情况进行了排查,重点排查跨河桥梁的航标设置与养护情况。排查发现:全省5级以上航道跨河桥梁46座,仅8座落实了养护责任,各海事部门已将辖区存在隐患的跨河桥梁通报给其管理单位,督促尽快按照规范要求整改,但整改效益不甚明显。

结合开展“隐患整治年”活动,突出抓好“百日督查”专项活动。按照省交通厅安全隐患排查治理和水上交通安全百日督查工作要求,全省海事机构上下联动,层层落实,在当地政府的统一领导下,积极配合交通主管部门开展这一活动。全年共排查一般水上交通安全隐患8657项(其中查处超载船舶8104艘),已整改到位8518项,整改率为98.4%;排查重大水上交通安全隐患69项,已整改到位42项,整改率为60.9%。未整改到位的均已多次书面报告当地政府,并采取继续跟踪督办措施。

船员管理更趋规范。一是严格按照相关规定,认真组织开展船员适任证书考试和油船、高速客船、化学危险品运输船舶船员特殊培训考试。全年共举办各类培训32期,总计2547人参加了考试;二是启动船舶一卡通工程,各船舶登记机关按照省航务管理局要求,使用网络版船舶登记系统,开展船舶登记业务并发放船舶 IC 卡,同时对导入网络版船舶登记系统数据库的船舶数据对照船舶登记档案进行确认。全年共计发放船舶 IC 卡 813 张;三是按照新颁布实施的《中华人民共和国船舶签证管理规划》要求,印制各类船舶签证报告单,刊刻船舶证专用章、船舶签证簿核发专用章、注销章和校核章,及时下发各海事管理机构使用。

海事信息化监管建设速度明显加快。仙女湖、柘林湖 CCTV 视频系统工程总体建设方案和赣江(樟树—湖口)VHF 系统工程可行性研究报告获省交通厅批复。仙女湖 CCTV 视频监控系统工程已进入实施阶段。赣江(樟树—湖口)VHF 系统已完成初步设计方案。

(张兆平)

【全省港航安全管理形势持续稳定】 2008 年,省航运管理局积极履行港航安全管理工作职责,认真做好港航安全管理各项工作。一是做好重点物资运输保畅通工作。在抗击年初雨雪冰冻灾害天气中,该局对重点物资运输全面做好保畅通工作。1 月 12 日～2 月 14 日,九江港共运输电煤 6.14 万吨,成品油 3.33 万吨,有力保证了省内电厂煤炭及时供应和成品油的补给。二是强化港航企业、水路运输船舶经营资质源头管理。通过对企业经营资质、经营行为、船舶技术、人员资质状况,坚持“三把关一监督”,进行密切跟踪监管,进一步规范全省水路运输市场经营资质,把好资质源头管理关。三是认真强化现场安全检查和监管。在“春运”、“两会”、“十一”黄金周等重点时段,组织检查组深入港航企业、港口码头、船舶运输一线,全面查找“四客一危”重点船舶、重点水域(赣江干线、鄱阳湖区、三湖一山)、重点场所(港口危货作业码头)港航安全生产薄弱环节和隐患,狠抓安全措施、安全责任制落实。四是开展港航安全隐患排查。对全省港口危险货物作业经营人、“四客一危”航运企业、船舶管理公司的安全生产隐患情况进行了重点排查。共排查港航企业 913 家次,查出一般安全生产隐患 389 条,整改 382 条,整改率 98%。五是开展省、市两级港口安全事故应急救援演练。6 月 16 日,省航运管理局组织九江市港航管理处联合当地海事、公安、消防等部门和港口危险货物生产作业企业,在庐山区赛得利化纤有限公司码头模拟化学品泄漏开展应急演习。10 月 21 日,该局参与在赣江东支南昌消防码头水域举行的全省首次大型水上综合应急演练。11 月 7 日,九江市港口管理局参加了“红剑”2008 水上大型灭火救援联合演习。六是强化港航安全管理培训。2008 年,共组织港航安全管理人员参加交通运输部和该局举办的安全知识培训及业务学习 8 期 200 人,通过考试合格,取得了执法上岗证。

(冯雪辉)

【全省航务部门积极应对雨雪冰冻灾害】 在 2008 年年初的雨雪冰冻灾害期间,全省各级航务部门积极行动,全力以赴地完成了各项救灾任务。

1. 认真完成电力抢修任务。2 月 16 日夜晚 10 时 30 分,省航务管理局接到省政府电力抢修指挥部发来的 01 号调度令后,迅速组建一支 15 人的电网抢修工作队,并调集 5 艘船舶于指定时间内赶往南昌县泾口乡大沙湖,协助电力部门在“南梅线”73 号和 74 号电塔之间架设 500 千伏高压电缆修复工作。经过 7 天的紧张施工,圆满完成了省政府电力抢修部下达的调度任务。2 月 20 日晚上 10 时,抚州航务分局接到市政府恢复电力指挥部的紧急通知,要求支援石临线 220 千伏电缆抢修任务,分局立即派出 4 名经验丰富的海事执法人员赶赴抚河上顿渡大桥抢修现场,分河段采取封航和限航措施,引导过往船舶,维护现场通航秩序,保证了电缆架设正常施工。

2. 全力保障水上运输安全畅通。1 月 24 日以来,鄱阳湖公路大桥因桥面结冰而被封闭,湖口县西门渡口成了九江市至都昌县、彭泽县方向的唯一通道,两千余名旅客和数十辆农用汽车滞留于此。为确保群众出行安全,九江航务分局迅速启动恶劣天气水上交通安全监管应急预案,并及时报告当地政府组织有关部门通力合作,协助维护现场渡运秩序,使滞留旅客得以安全疏散。元月 30 日,万安县各中学放假,当时万安县城至顺峰、涧田两个乡镇,由于路面结冰而使公路客运班线停开,500 多名学生只得从万安库区大坝乘船回家。面对突如其来的客流高峰,万安县地方海事处一边迅速增派海事执法人员赶到现场加强安全监管,一边要求港航、航运公司和业主增加客船班次。自上午 10 时至下午 4 时,共运送 575 名旅客安全出港，确保了这次高峰客运的安全。

3. 开辟“绿色通道”，保障水上重点物资运输。针对雨雪冰冻恶劣天气，各级海事部门对所属辖区内的运输重点物资船舶实行优先签证，优先安排现场安全检查。与此同时，与航道部门联动，加大航行秩序的监管力度和重点航段通航标志的维护，以利航道畅通，从而确保了电煤、成品油、外贸及农副产品等重点物资的水上运输安全。抗击冰雪灾害期间，全省内河未发生任何水上交通事故，没有一艘船舶滞留。

（张兆平）

【省地方海事局统一启用新版船舶签证簿】 为加强船舶签证管理，促进水上交通安全，根据《中华人民共和国船舶签证管理规定》，省地方海事局决定自7月1日始，在全省统一启用新版签证簿。

启用新版船舶签证簿，其目的是简化船员办理相关签证手续，同时充分发挥船舶签证管理手段，提高海事管理机构工作效率。该签证簿由部海事局统一监制，记载了船舶的基本信息，包括船舶概况、证书以及记事栏等内容。今后，船员在海事机构办理签证时，即可免除携带大量证书。同时，新版签证簿还简明扼要地记录了船舶违章违法等重要信息，有利于海事机构对其实行有效监管。

为做好此证核发使用工作，全省各设区市地方海事机构主动服务，深入辖区航运企业和船舶，并通过现场安全检查办理签证、适时举办签证知识培训班等多种途径，着重向行政相对人宣传新版船舶签证薄的启用期以及核发、换发和补发的有关规定。

（许海远）

【江西省处置水上突发事件“应急2008”演练在南昌举行】 10月21日，由省交通厅主办、省处置水上突发事件应急指挥部办公室、省地方海事局承办的江西省处置水上突发事件综合“应急2008”演练在赣江东支南昌消防码头水域举行。

省政府副省长、省处置水上突发事件应急指挥部总指挥、省综合应急演练领导小组第一副组长洪礼和亲临现场指挥。省政府副秘书长、省综合应急演练领导小组成员朱希，交通厅党委书记程受锭等出席演练活动。演练总指挥由交通厅厅长、省处置水上突发事件应急指挥部副总指挥马志武担任，现场指挥长由交通厅副厅长、省处置水上突发事件演示指挥部指挥长胡琳担任。应急指挥部各成员单位和南昌市政府有关负责同志约100余人到场观摩。

上午9时，副省长洪礼和发出演练令，随着3枚红色信号弹的发射，正式拉开了综合应急演练的序幕。

现场模拟的险情是：在赣江东支消防码头水域，“赣货1号”船与“赣油1号”船发生碰撞，“赣油1号”前油舱起火，火势无法控制，成品油开始泄漏；“赣货1号”前货舱进水，渐渐纵倾沉没。两船12名船员中5名船员跳水逃生，一场严重险情发生了。省地方海事局接到遇险船舶求救报警后，随即向省处置水上突发事件应急指挥部领导报告，领导决定启动应急预案。地方海事局值班室迅速通知各成员单位组织力量展开救援，并指定正在事故水域附近的“赣海巡0066”艇为现场指挥艇，协调现场救援人员采取应急反应行动。演练过程分4个科目：（一）搜寻落水人员。（二）消防灭火。（三）船舶救助。（四）水域污染控制。

演练历时约35分钟，来自海事、公安、消防、环保、卫生、运政等16家参演单位共出动270余人、28艘船舶、6辆专业车辆和相关辅助装备参加演练。演练规定科目结束后，专业救助队伍和16艘船艇依次通过观演台，接受观摩领导的检阅。

这次演练为江西内河水域规模最大、参与力量最强、科目最多、险情种类最全的综合性应急演练，也是对交通厅和相关成员单位贯彻落实《江西省处置水上突发事件应急预案》的全面检验。它的成功举办，充分展示了江西水上应急救援体系建设、装备建设和队伍建设的新成果，亦体现了省交通系统和应急预案成员单位在处置水上突发事件过程中的组织、指挥、协调与应急反应能力。

（许海远　张兆平）

【南昌市治理港口安全隐患】 南昌市港航管理处从5月份开始，结合“安全隐患排查专项治理”和“安全生产百日督查专项行动”活动，对港区内40家港口企业的装卸机械设备、年检年审等情况进行大检查。共出动执法人员200余人次，车辆50余辆次，先后对6户超越经营范围擅自从事危险货物作业的港口企业、2户未经批准擅自在港区内建设港口设施的港口企业,分别下达责令停止(改正)违法、违章行为通知书;对2户码头存在滑坡、垮塌隐患的港口企业下达停业整改通知书,并责令其在汛期前整改到位。同时,为从源头把好船舶装卸关,杜绝船舶超载出港,该处与33户港口装卸企业签订反超载责任状。

(刘 敏)

【仙女湖区交通局开展水上安全整治活动】 4月,仙女湖区交通局开展"水上安全隐患排查整治年"和"百日安全督查"活动,认真制订了实施方案和目标措施。在活动中,重点抓好"三个加强"。一是加强宣传,充分利用广播、板报、条幅等形式,深入码头、游船公司,发放宣传资料1000余份,悬挂横幅3条,营造了良好的安全氛围。二是加强节假日的安全管理工作。节假日,派专人到码头现场办公,督促船舶技术检测,严禁带"病"航行。三是加强整顿运输船舶,先后开展了三次专项整治活动,对不具备安全条件、老旧运输船舶、"三无"船舶等进行了专项整治。整顿后,湖区有各类优质营运船舶62艘,客位数为1995座,为确保水上运输安全提供了保障。

(廖桂花)

【九江港率先在全省推行港口作业企业安全承诺制度】 为了适应港口危险品码头数量增长较快、危险货物吞吐量大幅增加、港口重大危险源增多、特重大事故风险增大的趋势,九江港认真贯彻《中华人民共和国港口法》、《港口危险货物管理规定》和《江西省港口管理办法》,进一步加强危险货物港口作业管理,从源头规范危险货物港口作业企业行为,率先在全省推行危险货物港口作业企业承诺制度,切实构建平安和谐港区。

九江港长江辖区152公里,共有生产性码头泊位123个,其中从事危险货物作业码头泊位18个,长年可停靠1000~5000吨级危险品货物船舶,作业区域主要集中在城区。九江市港口管理局积极探索建立危货作业企业安全管理的长效机制,与辖区内从事危货作业企业签订了安全管理责任书,推行危险货物港口作业安全承诺制。一是严格按照法规要求对危货企业颁发《危货港口作业认可证》。二是严格履行危货作业申报制度。三是严格按要求实行管理人员和作业人员持证上岗制度。四是严格按要求制定安全应急救援预案并加强演练。五是加强检查制度,及时发现和消除危险货物港口作业现场事故隐患。六是加强值班制度,强化危险货物港口作业基础工作和快速反应及时上报机制。

(王凌云 杨 辉)

【景德镇市开展水上交通安全百日检查】 5月25日~8月底,景德镇市交通局、景德镇市地方海事局联合开展旨在以建立健全隐患治理和危险源监控制度为目的的水上交通安全生产百日检查。

此次检查的范围为全市水运、港口企业和渡口,重点是水上客货运输企业、危险品运输企业、旅游客运企业、船舶管理公司、港口危险品货物装卸、仓储作业企业、渡口渡船、"四客一危"船舶、打击"三无"船舶、超载船舶等。

检查活动开展以来,两部门深入全市各水运企业和渡口,采取听取汇报、查阅资料、现场督查、及时反馈、跟踪整改等方法进行检查,即听取被检查的单位关于安全生产工作和开展"隐患治理年"活动的情况汇报;查阅被检查单位关于做好安全生产工作和隐患排查治理工作会议记录、纪要、规章制度等资料;深入水运、港口、水上旅游企业和渡口现场进行随机抽查、突击检查和集中督查;向被检查的水运、港口、水上旅游企业、渡口反馈检查意见,并通报检查发现的安全隐患,跟踪督查整改。王港乡坑口大桥倒塌后,两部门紧急调集一艘渡船,并将倒桥附近的原渡口恢复,保证两岸村民往来及生产生活的正常。当检查到乐平市乐港镇古脑渡口渡船漏水时,两部门检查人员立即责令其停航补漏,整改到位后才予复航。当检查到乐平市鸬鹚乡鸬鹚渡口缺少救生设备时,检查组要求当地乡政府及村委会落实资金予以配齐。

此次检查共取缔"三无"船舶73艘、纠正船舶超载行为103起,责令2家危险品运输企业停航整改。

(涂 强)

船舶检验

【概况】 2008年,各级船检机构面临省内船舶向大型化和多种类快速发展、船舶总吨连年大幅增长的态势,以船检质量体系和信息化建设为载体,通过加大船检软硬件的投入,强化对验船师的教育培训,全力整合船检专业技术与人力资源,开展各种专项治理活动等举措,进一步规范内部管理,提高验船人员的服务水平和服务意识,提升了船检机构整体工作质量、效能和声誉。

1. 进一步健全和落实各项服务工作制度。在继续坚持和完善义务行风监督员制度、首问接待制、一次性告知制度的基础上,续又推出满足服务对象在法定工作日以外办理船检业务要求的预约服务制。并加大投入,进一步完善和强化船检专业技术委员会统一调配使用全省船检技术人力资源的机制。此外,按照交通运输部和上级相关部门的工作要求及工作实际,修订完善了法定检验质量管理体系文件。

2. 加强对验船师的教育培训。按照交通运输部的要求,对未持证的43名船检人员进行法规与业务知识培训;9月,举办一期新进人员岗位培训班。同时在井冈山举办一期"船体结构强度直接计算、基础知识及软件操作应用培训班",共计32名骨干验船师参培;10月,结合注册验船师过渡考试组织集中复习培训。

3. 扎实开展各项专项治理活动。抓住省政府关于在鄱阳湖禁止采砂及赣江中下游限采的机遇,全省海事、船检机构上下联动,在公安、水利、国防科工办和地方政府的大力支持配合下,将相当数量的短途运砂船、采砂船及脱检船舶重新纳入检验管理范围。在本年度新建船舶大幅下降的情况下,全省船检费收首次突破千万元大关;打击非法滩涂造船专项治理活动取得实效,进一步规范了采运砂船的建造秩序。在省政府的高度重视和统一领导部署下,由省船舶管理办公室牵头,组织工商、交通(船检和海事)、水利、电力、公安、安监等相关部门积极配合,在南昌、九江、宜春、上饶市开展声势浩大的规范采运砂船舶建造秩序、严厉打击非法滩涂造船厂行为的专项治理活动。经过半年的整治,有效地遏制非法造船蔓延的趋势。同时,初步落实当地政府对非法滩涂造船和采砂负有管理责任的行政首长负责制。此举维护了船舶建造秩序和法定检验的严肃性,促进了全省采运砂船舶建造市场和水运市场的健康有序发展。

4. 认真开展危化品船舶验船质量自查自纠工作。按照武汉船检管理处"关于开展危化品船舶验船质量检查活动的通知"要求,全省船检各分支机构从3月初全面对辖区进行了实船检查。至11月底,共检查危化船244艘,合格及整改后合格船舶224艘。

5. 对船舶制造企业生产条件评价工作取得新进展。为提高船舶制造企业生产技术条件,有效保障企业正常生产经营,提高船舶建造质量,省船检局联合省船舶管理办公室、省渔检局,根据国家行业标准和省政府有关文件精神,共同制定了《江西省船舶制造企业生产条件评价暂行办法》(赣船办发〔2008〕2号)和《江西省船舶制造企业生产条件评价暂行办法实施细则》(赣船办发〔2008〕3号),作为在国家船舶生产许可条例颁发实施前的过渡办法,于7月31日正式实施。

本年度,全省各级船检机构共检验新建(改建)船舶101艘(其中海船2艘,河船99艘),73170总吨(其中海船5964吨,河船67206吨);检验营运船舶4434艘(其中海船70艘,河船4364艘),1043364总吨(其中海船115968吨,河船927396吨)。累计登记的船舶为:海船67艘,92216总吨,主机功率50722千瓦。内河船舶5632艘,1005479总吨,主机功率416755.61千瓦,45327客位,24车位。

(张兆平)

【南昌市交通局认真整治滩涂造船】 近年来,受利益驱动,滩涂造船在沿江一些乡镇(主要在南昌县境内的赣江边上)呈蔓延趋势,有相当数量的船舶生产企业和个体在不具备基本的生产技术和质量保障能力的情况下从事船舶建造,严重干扰了船舶建造经营市场的正常秩序,也带来严重的安全隐患,引起市政府领导的高度重视。副市长刘建洋多次作出批示,召开会议研究滩涂造船整治工作,提出由县、乡政府具体负责,市各相关职能部门密切配合的工作机制。市交通局船舶工业管理办公室积极协调有关方面齐抓共管,督促指导县、乡政府把各项工作措施落到实处,取得了阶段性成效,依法取缔非法船舶建造厂(点)8家,拆除不符合规范要求的船台8座。为保持社会稳定,本着打击与引导相结合的原则,督促县、乡政府采取区分处理的办法:将外板已成型可下水的船舶联系有资质的船厂承接建造,船厂对建造负责,并按船舶建造程序和内容报检,补办相关手续;对开工建造未成型的船舶,责令船东自行拆解;对合法造船厂(点)以乡镇为单位进行整合。

(熊春平)

【赣州市船舶质量检验水平进一步提高】 赣州市船检部门坚持贯彻“一检二帮三把关”的工作方针,以提高船检质量和水平为重点,在全局船检机构全面推进船舶法定检验质量管理体系建设和规范管理,加强对砂石采运等乡镇船舶的检验,采取线型反测等技术手段,提高船检服务质量,促进全市船检水平的进一步提升。

(赣州航务分局)

水路运政管理

【概况】 2008年,全省港航管理部门攻坚克难,奋勇争先,确保了全省港航事业快速发展。全省拥有船舶净载重量143.24万载重吨,其中符合经营资质的船舶运力达到103.27万载重吨,同比增长3.85%。平均吨位由上年的311.5吨提高到324.5吨。完成货运量4739.9万吨、货物周转量965437万吨公里,同比分别增长9.5%、7.7%。完成客运量339.8万人次、旅客周转量5506万人公里,同比减少7.1%、6.6%。完成港口货物吞吐量11993万吨。全省水路运输行业固定资产投入突破7亿元。

圆满完成全省水运行业“四证”年度核查工作任务。共核查水路运输经营业户979户,审验水路运输服务企业56户,核查营运船舶3183艘、1032742载重吨、11477客位、1430箱位、381053千瓦。完成120户省际水运企业“水路运输许可证”、263艘液货危险品运输船舶“船舶营业运输证”换发工作。

认真做好全省水路运输经营资质普查工作。对146家从事省际水路运输企业经营资质进行普查,对不符合新规定要求的39家相关企业责成整改。同时,对江西水上液化气运输有限公司等7家经营资质不达标企业,采取不换发许可证或取消水路运输经营资格的处理措施,确保水路运输企业经营资质符合规定要求。

强化全省港航规费征收和解缴管理工作。各级港航(口)管理部门积极主动应对鄱阳湖全面禁采、赣江中下游限采砂石带来的挑战,采取有效措施,以服务促管理,以管理促征费,加大规费征收力度,千方百计做到应征不漏,确保了全省港航规费突破亿元大关。同时,严肃港航规费专用票据使用纪律,加强规费专用票据管理工作,开发使用《全省港航规费票据管理系统》,初步实现规费票据微机化管理。

建立万安水库定期放水的工作长效机制。成立由省交通厅、省防总办公室等单位组成的万安水库枯水期定期放水工作协调小组。枯水期定期集中放水机制的建立,有利于船舶运行组织,最大限度提高放水期通航效率,较好地解决万安以下航段枯水期堵航问题。12月1日,万安水电厂连续放水14小时,使滞留在万安航段的90艘运输船舶顺利通过吉安水域,共为运输业户减少直接经济损失220余万元。

继续开展赣江中下游及鄱阳湖区沙石运输船舶专项整治活动。九江市港航管理处成立了领导小组,抽调精兵强将组成稽查队,延长鄱阳湖区航查时间,扩大稽查水域范围,依法严厉查处无证经营、偷逃国家规费等违法经营行为。全年检查船舶8619艘次,查缴假营运证96本,查处违章船舶768艘,有效地维护了鄱阳湖区水路运输市场秩序。南昌、宜春市港航管理处进一步巩固和完善跨地区联合执法机制,采取统一征费、统一开票、统一管理的办法,进一步规范赣江丰城至南昌水域沙石运输船舶管理,提高港航执法效率,维护了赣江中下游水路沙石运输市场秩序。同时,省航运管理局组织全省运政管理人员深入南昌西河和九江湖口水上交通运政检查站开展执法检查,共检查运输船舶106艘,查出47艘存在无证经营或偷漏规费等问题,并依法作出了严肃处理。

(杨 辉)

【港口管理部门扎实推进港政管理】 2008年,全省各级港口行政管理部门加强对港口经营业户的经营资质监管,做到日常监管与定期核查相结合,使港口经营业户经营资质符合规定要求。同时港口行政管理部门加强对临时使用港口岸线从事港口经营活动的经营业户资质审批和资质核查工作,严把市场准入关。经核查,全省符合港口经营资质条件的业户653户,比上年增加146户,增长率28.7%。

《江西省港口管理办法》于1月11日由省政府第69次常务会审议通过,自3月1日起施行。省交通厅在南昌市举办"《江西省港口管理办法》学习宣贯会议",社会各界和港口企业等单位共100余名代表参加会议。省航运管理局在九江市举办港口管理办法学习培训班,组织各级港口行政管理部门的领导及港政管理人员75人参加培训。

3月份,交通运输部水运司调研组到江西对烟花爆竹运输过程中的港口条件进行调研。经过调研,认为江西已具备水路运输烟花爆竹的港口和水运基础条件,要求港口和水运企业争取尽快取得港口和运输经营资质条件。南昌港国际集装箱码头和九江港外贸码头加紧完善相关经营资质条件,争取尽快取得转运烟花爆竹等危险品经营资格。

全省港口行政管理部门切实加强港口岸线使用审批管理工作,严格审批把关,确保港口岸线的合理使用。2008年,九江翔升造船有限公司、东海船业制造有限公司建设船台、码头使用深水岸线962米,已获交通运输部批准;九江同方江新造船有限公司、九江钢厂有限公司、中国船舶工业物资闽赣有限公司建设船台、码头使用深水岸线1229米已通过省交通厅评估审核后,报交通运输部审批;江西大唐化学有限公司建设码头使用港口非深水岸线653米已获省交通厅审批同意。

(涂春如)

【全省港口管理取得新进展】 港口岸线管理得到强化。组织完成了九江钢铁有限公司等四个单位岸线使用申请的初评工作。吉安市港航管理处依据《江西省港口管理办法》,通过积极工作,《吉安市港口岸线管理办法》由市政府正式颁发,为规范港口岸线管理提供执法依据。上饶市港航管理处加大港口岸线使用整治力度,对不符合资质条件的港口经营业户下达停业整顿通知书72份。

推动港口建设行业管理。九江市港口管理局重点加强长江沿线社会投资港口项目的建设管理,加大港口建设法规的宣贯力度,强化项目法人履行基建程序、规范建设市场秩序、报送建设信息等工作职责。丰城市港航管理处组织对丰城曲江货运码头施工图审查,并指导项目法人办理项目建设相关报批手续。

拓宽港口建设资金筹措渠道。景德镇市港航管理处已获市政府拨款500万元启动货运码头复建工程。九江市港航管理处自筹资金750万元,开工建设钢质趸船两艘,新建瑞昌市航运管理所站房539平方米。九江市港口管理局自筹资金165万元,购置港政艇一艘、改造办公趸船一艘,新建瑞昌金丝站房460平方米。12月27日,上港集团城西港区集装箱码头暨物流园区正式开港营运。乐平市港航管理所在市政府的大力支持下,实施"以砂养浚",疏通乐安河,建设港口码头。

港口规划和前期工作取得新突破。《南昌港总体规划》、《九江港总体规划》已按部省联审意见完成修改并送部审批。《樟树港总体规划》通过省政府组织的评审。都昌港、修水港、永修港、湖口港等港口总体规划通过了当地政府组织的评审。《赣州港总体规划》正开展环评工作。吉安港、景德镇港、鄱阳港等港口总体规划已着手编制。万年港综合码头工程工可报告通过了省发改委审批。南昌港白水湖综合码头工程、樟树港盐化码头工程完成了环评报告评审等。

(杨 辉)

【九江市港口管理局力保煤电油运输安全畅通】

受全国范围持续低温和冰雪天气影响,九江市煤电油运保障面临近年来最严峻的形势。为认真贯彻落实交通运输部、省市领导指示,2月2日,九江市港口管理局党组召开紧急会议,对春运和保畅工作作出了进一步部署。2月3日,该局主要领导带领港口科走访了承担电煤油运的主要港口企业单位,现场解决重点、难点问题。2月4日,该局接省航运管理局急转焦炭到南昌的紧急电话,立即进行了部署,迅速落实将南京7000多吨焦炭运至九江,在九江姚港锚地过驳,经过近50多个小时的奋战,确保了这批重点物资及时顺利抵南昌。

中国船舶工业物资闽赣公司、四方港务公司、上港集团九江港务有限公司、中石化九江分公司金鸡坡油库码头、中石油九江分公司油库码头等企业成立了“应急预案小分队”和“抢修队”,保证了安全生产和设备的正常运行。据统计,1月12日至2月14日九江港共运输电煤6.14万吨,成品油3.33万吨,有力地保证九江、贵溪、黄金埠等电厂的煤炭供应和省内各地成品油的补给。

(陈江浩　杨　辉)

【赣州市5个河道河沙开采权标的成功拍卖】 4月19日,经省水利厅和赣州市人民政府批准,赣州市城区5个河道河沙开采权标的进行了公开拍卖。5项标的起拍价共计1060万元,竞标成交价共计1307万元。

赣州市城区河道乱采乱挖现象时有发生,遗留在河道内的弃沙、弃石堆积严重,加上水土流失和库区淤积等原因,致使河道淤积严重,严重影响了航道内船舶航行安全。赣州市政府将河道疏浚采沙经营权拍卖列为全年工作重点之一,制定下发了《赣州市城区河道疏浚采沙经营权出让实施方案》,明确相关部门的职责,使竞拍工作顺利进行。

这次拍卖的5个标的分别为章江城区段、贡江城区段、赣江螺储段、赣江和五段、章水潭东段的河沙开采权,实施限期限量采挖。拍卖会吸引了9位竞买人参与竞买,竞拍严格按照公开、公正、公平和自由竞价、价高者中标的原则进行,经过角逐,5人分别取得了5个标的的河道河沙开采权。

(杨河良)

【上饶市港航管理处开展港口经营秩序专项整治】 6月5日,上饶市港航管理处与鄱阳县水利局、工商局、水上公安分局及有关乡镇组成联合执法组,对鄱阳县港口经营市场进行专项整治。专项整治活动的范围是:鄱阳县港口区域内为船舶、旅客和货物提供港口设施和服务的所有企业和个人。在整治期间,港口行政管理部门将从港口企业的经营资质、港口经营安全管理、港口经营人的服务行为以及遵守国家港口管理法律、法规、规章的情况等方面进行检查和监管。对专项整治中发现的问题,港口行政管理部门将督促有关企业和个人限期进行整改,对确实无法达到国家规定的许可条件或整改后仍达不到资质要求的,一律予以取缔。鄱阳县已有99家码头经营业户到港口管理部门办理登记。下达港口经营业户停业整顿通知22份。

(徐国斌　胡文飞　杨　辉)

【南昌市、吉安市港航管理处开展“航海日”活动】 南昌、吉安市港航管理处按照交通运输部《关于交通运输系统开展2008年航海日活动的通知》和《关于船舶在航海日挂满旗和统一鸣笛的通知》规定,开展“航海日”活动。一是开展“航海日”宣传活动,张贴“航海日”宣传标语;二是在7月11日“航海日”,辖区内有关船舶都挂满旗,港航企事业单位悬挂旗帜;三是所有在港船舶于7月11日上午九时整鸣笛一分钟,营造热烈的“航海日”活动氛围。

(熊晓燕　吴瑞臣　杨　辉)

【景德镇市专项整治非法使用港口岸线经营见效】 近年来,昌江河非法采砂淘金活动呈日益猖獗之势,不仅使“昌江渠化工程”形成的内河五级通航标准的航道遭受极为严重的破坏,而且砂石经营业主因接驳运输需要,肆意侵占港口岸线堆积砂石,对昌江河行洪安全带来不利影响。1月14日~4月30日,由景德镇市交通局、昌江区政府、景德镇市公安局、景德镇市水务局联合开展的非法使用港口岸线经营专项整治行动取得明显成效,共取缔非法砂石经营点8处,清理占用岸线长1500延米、45000平方米,封存砂石传送机等设备23台(套),清除违法经营业主51人,全长30千米的景德镇港区岸线使用混乱状况得到初步扭转。

(涂　强)

【江西远洋顺利通过换证审核】 2月26日至2月29日,公司接受交通运输部组织的安全管理体系审核组的审核。本次审核,是公司国际安全管理体系“符合证明(DOC)”的第二次换证审核暨国内安全管理体系“符合证明”的第一次年度审核。审核组通过文件审核和现场活动审核等方式,认真查验了公司安全管理体系与ISM/NSM规则的符合性与运行有效性。审核未发现重大不符合规定的情况。同时,公司"井冈山"轮作为代表船于2月28日在海南洋浦港接受了海南海事局组织的审核,对该轮的审核也未发现重大不符合规定的情况。通过对公司与代表船的审核,审核组建议交通部海事局予以江西远洋公司换发新的"符合证明(DOC)"。

(江西远洋公司)

规费征收

【概况】 2008年,省政府下发通知,自4月1日起在鄱阳湖禁采、赣江中下游限采沙石。以砂石运输为主要费源的航务规费收入大幅度下降(按上年鄱阳湖水域砂石运输规费征收额统计,减收7700万元)。面临这一严峻态势,省航务管理局一方面按"三保二压一优化"的原则(即保人员支出、保重点支出、保安全监管与航道维护支出,压商品服务支出、压一般性项目支出,优化项目结构),及时调减部门预算,着力在增收节支上下工夫。同时积极创新辖区规费征收管理模式,竭力稳住费源,在提高规费到位率上下工夫。经广大稽征人员的不懈努力,超额完成了年度规费征收目标任务。2008年度,全省航务规费征收总额13390.37万元,为年度目标任务的121.7%。其中:航次航养费6181.06万元,增收441.64万元,增长7.7%;月度航养费1600.5万元,增收896.9万元,增长127.5%;过闸费47.71万元,减收57.99万元;海事规费148.04万元,与上年持平;船检规费1318.65万元,增收544.82万元,增长70.4%;船舶港务费2936.01万元,增收369.95万元,增长14.4%。

1. 对月度航养费实行全面统缴。在2007年进行月度航养费统缴试点且取得明显成效的基础上,省航务管理局于年初提出了全面铺开的指导意见。各分局在赣江干流增设现场稽查点,对90%以上的航行船舶予以统缴。这一举措既减少了征收成本,也减轻了现场征收的压力。月度航养费统缴工作的全面推行,使其征收额较上年增长了127.5%。

2. 加大船舶港务费征收力度。各航务分局在月度航养费征收基本到位的情况下,将赣江中下游沙石运输船舶的港务费征收和补征纳入正常工作,其征收额较上年增长了14.4%。

3. 船检规费大幅上升。通过整治"三无"船舶,促成一部分证书不全的船主主动到船检部门办理或完善船舶检验手续。船检人员亦加班加点,为对方提供优质服务,使船检规费收入首创新高,较上年增长了70.4%。

4. 合理测算,调整航次航养费。针对赣江、饶河部分货运船舶经鄱阳湖进入长江,当航区已经增加至数十公里以上,而航养费征收额却没有增加的情况,省航务管理局决定按不同的启运点以通航里程计算航次航养费征收标准,此举使辖区航次航养费征收额较上年增长了7.7%。

5. 严查偷逃规费现象。为严堵偷逃规费行为,相关分局组织精兵强将在关键地段设点稽查,既有效打击"三无"船舶,也加大规费补征力度。宜春分局在赣江南昌大桥设点,南昌分局在吴城设点,上饶分局在信江三江口和鄱阳湖瓢山设点,九江分局利用减载货场驻守在蛤蟆石和鄱阳湖水域。6个稽查点的设置,形成了打击"三无"船舶、严查偷逃规费的高压态势,共补征规费2054.9万元。

(张兆平)

【全省港航规费征收保持稳定】 2008年,由于鄱阳湖禁采和赣江中下游限采砂石的影响,经营砂石运输的船舶进入鄱阳湖区和赣江数量明显减少,给全省港航规费征收带来了很大的压力。全省港航系统特别是基层一线广大干部职工,努力工作,优化服务环境,统一征收标准,严格执法,严防偷逃规费,使全省2008年港航规费征收连续三年突破1亿元。

(胡国和)

【抚州市港航规费征收再创新高】 抚州市港航管理处针对境内河道日趋萎缩、费源不断枯竭的情况,大胆实施走出去战略,积极帮助航运业主拓展埠外航运市场,大力发展沿江、沿海、沿边航运业务,收到显著效果。至2008年底,全市拥有水路运输企业13户,省际运输船舶136艘、108573载重吨、35004.5千瓦。新增运力24949吨。从源头上保障了港航规费征收。同时,该处狠抓港航规费征收和财务“严、细、实”管理,全年共完成港航规费征收158万元,占年计划的210.67%,创历史新高。

(陈根玲)

【全省港航规费专用票据管理迈上新台阶】 由于港航规费征收流动性大、上船收费时间短和大部分港航规费是按航次征收,致使全省港航规费专用票据仍然采用手工开票。为规范票据管理,省航运管理局开发了江西省港航规费专用票据管理系统,实现了对港航规费专用票据的有效管理和监督,也便于该局查询和统计票据的使用情况以及各设区市港航管理部门规费征收情况。

(胡国和)

【九江市港航部门圆满完成港航规费征收任务】 针对鄱阳湖区自2008年4月1日起,全面禁止采挖砂石的严峻形势,为确保鄱阳湖区规费应征不漏,九江市港航管理处结合规费征收工作中出现的新情况新问题,采取积极措施,以庐山区港航管理所码头为基地,抽调精干力量,组成6个规费征收大队,进行统一调配,延长湖区工作时间,加强对湖区砂石运输船舶的巡查和监管,加大征收力度,全年完成规费征收任务3906万元,为年度计划的116%。

(九江市港航管理处)

乡镇渡运管理

【概况】 4月,省交通厅、省安全生产监督管理局联合向全国渡口渡船安全管理专项整治领导小组报送了江西省渡口渡船安全管理专项整治活动开展情况的报告,经全国渡口渡船安全管理专项整治领导小组审核,认为江西渡口渡船安全管理达标率符合要求,全面完成国家下达的整治工作任务和达标验收工作。该专项整治活动是按照国家和省政府的统一部署,自2005年9月27日至2008年2月29日,在全省范围内开展的为期两年多的渡口渡船安全管理专项整治活动,经各设区市组织的自查和省组织的检查验收,全省渡口渡船专项整治合格率达95%以上,专项整治工作取得了明显成效。江西是全国率先完成达标验收任务的八个省市之一。

2008年,各级交通部门继续加大撤渡建桥力度,积极采取措施,多渠道落实配套资金,加快农村公路渡改桥项目建设进度,全省在建桥梁129座,建成72座,累计完成156座。各地在完成三年乡镇渡船更新工作的基础上,加大投入,全面做好全省乡镇渡船更新扫尾工作,切实做好对渡船的维修和保养。各级交通部门在推进渡口渡船安全保障方面予以经费支持。赣州市交通局每年安排40万元安全专项经费,用于渡船维修保养和渡口码头建设;浮梁县财政每年安排12万元用于渡工工资补贴;上饶县在每年安排4.2万元渡工工资补贴资金基础上,建立了渡口安全渡运奖惩制度;九江市、宜春市部分县、区实行渡口渡工补贴政策等。

(刘 晔)

【抚州市渡运连续24年安全无事故】 抚州市共有农村渡口122个,分布在7个县(区)、59个乡镇、122个村委会,点多面广,管理复杂。为确保渡运安全,抚州市交通管理部门坚持“以人为本,安全第一”的工作方针,全面落实安全生产领导责任制和安全岗位责任制,每年做到市、县、乡(镇)、村、渡口、渡工层层签订安全生产责任状,将安全责任落实到岗、到人。抓好安全生产教育,提高全员安全意识,举办渡工培训班,制作渡口站点安全警示牌。规范渡运安全行为,打击“三无”渡船,对清明、“五一”、“安全生产月”、“十一”等重要时段的渡运安全进行督查。同时,加大资金投入,加快撤渡改桥进程,全市已投入改渡建桥项目资金15996万元,其中交通运输部和省交通厅补助资金4953万元,2008年新立项开工建设改渡建桥24座,从源头上保障了渡运安全。全市渡运安全保持良好态势,连续24年无事故。

(抚州市渡口管理所)

【南丰县水上安全连续47年无事故】 南丰县交通局始终坚持“安全第一,预防为主”的工作方针,持之以恒加强水上交通安全管理。每年初,南丰县政府均要向渡口所在乡(镇)下达渡口安全责任书,明确职责,警钟长鸣。每年4月,南丰县交通局都要对全县设有渡口的乡(镇)分管领导、水库负责人和所有渡工进行安全培训,强化他们的业务技能和安全意识。同时,该局还进一步健全和完善安全管理规章制度,坚持定期检查,坚决打击无证无牌船、艇载客,杜绝人货混载、超载行为。及时筹措资金,保障渡口、渡船救生器材完备,确保了水上渡运安全。至2008年底,南丰县水上运输连续47年无事故。

(陈根玲)

【遂川县强化渡口安全监管】 2008年,遂川县制定渡口管理工作目标责任制考核方案,县与乡(镇)、乡(镇)与村村与渡工层层签订了责任状,签订率达100%。2008年,共出动检查人员190余人次,消除安全隐患11起(次),下达整改通知书7份,提出书面整改意见25条,对冒险航行的渡口渡船,坚决进行制止纠正。2008年共更新渡船4艘,维修渡船4艘,修造渡口码头1座,维修渡口风雨亭1处,总投入4.6万元,改善了全县的渡运环境,确保了全县连续23年无事故。

(遂川县交通局)

党群工作

党建工作

【概况】 2008 年,省交通厅厅直机关党委紧紧围绕交通改革和发展这个中心,突出工作重点,创新工作方式,切实加强基层党的思想、组织、作风、制度和能力建设,积极改进机关党委自身建设和交通文化建设,厅直党委的各项工作取得新的进展,基层党组织的战斗堡垒作用和党员的先锋模范作用得到进一步发挥,为实现全省交通事业又好又快发展作出了积极的贡献。2008 年,厅直机关党委被评为省直机关先进基层党组织。

1. 认真学习贯彻中共十七大精神,进一步强化基层党的思想建设。厅直机关党委突出学习宣传贯彻中共十七大精神这个重点。扎实开展理论武装工作。制定了年度党委中心组理论学习计划,编印了有关学习材料,督促各单位党委中心组确保集中学习次数和集中学习时间。突出学习贯彻党的十七大精神这一重点,将其列入 2008 年中心组理论学习计划的重要内容。各级党组织通过报告会、座谈会、专题讲座等形式,紧密联系交通发展实际和干部职工思想实际,组织党员干部认真学习贯彻中共十七大精神,引导党员干部把学习的收获转化为提高执政能力、推动科学发展、促进社会和谐的自觉行动。通过专题辅导、座谈讨论、电化教育和"请进来"等多种形式,切实把理论武装工作落到实处。各级党员领导干部带头认真学习,做到先学一步,多学一点,学深一点。紧密联系交通发展实际和干部职工思想实际,宣讲中共十七大精神,引导干部职工理解精神实质和丰富内涵,形成学习贯彻十七大精神的浓厚氛围,振奋精神,鼓舞士气,把广大干部职工的思想统一到十七大精神上来,把力量凝聚到十七大精神上来,把行动落实到十七大精神上来,谋划发展,振奋精神,真抓实干,推动江西交通新的跨越发展。

2. 落实党建工作责任制,进一步推进基层党的组织建设。一是大力落实党的工作责任制。厅党委把落实《关于实行省直机关党的工作责任制的规定》的要求列入党委重要议事日程,明确责任体系、责任内容、责任追究,明确厅党委书记为党建工作第一责任人、分管领导为直接责任人。厅直机关党委专门组织学习并及时转发《规定》，提出了落实党建工作责任制的具体要求，进一步完善党委（总支、支部）工作责任制，明确责任分工范围，加大责任督查和追究的工作力度，全面落实工作职责。二是积极协助厅党委加强厅直单位党委建设。按照有关要求和部署，督促厅直各单位召开党员领导干部民主生活会，并派员参加指导。督促党员领导干部过好双重组织生活，不断提高党员领导干部双重组织生活的质量。10月~11月，参与厅党委组织的对厅直属二、三级单位班子及干部考察工作。积极参与厅直领导班子思想政治建设座谈会的筹备工作，探索加强领导班子思想政治建设的渠道和方式。推进民主集中制原则的贯彻和落实，促进决策的民主和科学。强化监督职能，加大对党员领导干部的监督和管理。三是进一步加强基层党的组织建设。批复成立武吉高速公路管理处党委、石吉高速公路工程建设项目办临时党委、省稽征局后勤中心党总支。调整了省公路局机关党组织设置，各重点工程项目办临时党委调整为正式党委设置，泰井管理处党总支调整为党委设置。撤销了厅驻深圳办事处党支部。厅直机关党委在赴各重点工程工地开展深入调研的基础上，召开了加强交通重点工程项目党的建设工作座谈会，代厅党委草拟了《关于进一步加强交通重点工程项目党的建设的意见》、《交通重点工程项目办公室党委工作职责》及《交通重点工程项目办公室党委议事规则》等有关制度，不断提高项目办党委的工作水平，进一步发挥党建工作在工程建设管理中的作用。四是切实做好发展党员和党费收缴管理工作。按照发展党员“十六字”方针，严格入党程序，保证发展党员质量，把好党员“入口关”。加强入党积极分子培训工作。先后举办了两期入党积极分子培训班。按照中组部新颁布的《关于中国共产党党费收缴、使用和管理的规定》，对厅直全部党员的党费收缴进行了重新的核定，促使这一工作更加规范。五是不断改进对群众组织的领导。积极支持工会、共青团组织根据各自的章程，围绕大局，开展适合自身特点的各项工作，履行好各自的职能，充分发挥工会、共青团的桥梁和纽带作用。专门组织到交通工会开展专题调研。经多方协调，解决了交通工会全额拨款事业单位性质问题。

3. 深入开展学习实践科学发展观活动，进一步强化基层党的能力建设。全厅共15个党委、10个党总支、67个党支部、1655名党员参加深入开展学习实践科学发展观试点活动。在试点工作中，一是注重提高贯彻落实科学发展观的自觉性和坚定性，把加强学习贯穿试点工作始终。牢牢把握学习实践科学发展观这一主题，突出学习重点、丰富学习形式，组织广大党员特别是处以上党员干部重点学习《毛泽东邓小平江泽民论科学发展》和《科学发展观重要论述摘编》两个读本，确保学习教育全员覆盖。在学习形式上，采取集中学习与个人自学相结合，“走出去”与“请进来”相结合，面上学习与专题辅导相结合，以及召开学习交流会、领导干部上党课、作学习辅导报告等。二是注重实践特色，把深入开展继续解放思想和调查研究贯穿试点工作始终。坚持把试点工作作为解放思想、统一认识的过程，作为解决问题、促进工作的过程。根据全省交通工作实际，在广泛征求意见的基础上，慎重确定了11个重点调研课题，由副厅级以上领导干部领题，组织有关职能部门，联系实际抓重点，深入一线寻思路，走进基层找答案，贴近群众办实事，形成了一系列针对性、指导性较强的专题调研报告。三是注重集中民智，把相信群众、依靠群众贯穿试点工作始终。通过网络、杂志、报刊、信箱、召开座谈会、发送征求意见函等方式，多角度、宽领域征求意见。整个试点工作中，共召开各种形式座谈会119场，参加座谈会人数达2149人，发送征求意见表630份，征求原汁原味意见和建议642条，梳理归纳为67条。深入开展“我为交通科学发展献计献策”主题活动，共收到献计献策100余条。在分析评议阶段，召开党委扩大会议、群众评议会，邀请各方面代表参加会议，对《省交通厅党委贯彻落实科学发展观情况分析总结报告》进行集中讨论和评议，群众满意和基本满意率分别为98.36%和1.64%。四是注重取得实效，把解决问题贯穿试点工作始终。针对查找出来的突出问题，厅党委按照“近破难题、远建机制”的原则，制定整改方案，抓好“五个落实”。即：落实解决问题主体、落实解决问题责任、落实上下联动机制、落实解决问题时限、落实督导检查责任，推动突出问题的解决和整改工作的落实。例如：针对省内部分收费站车流量比较大、交通拥堵的问题，投入4150万元拓宽改造9个收费所(站)30个收费车道。全面启动农村渡改桥民生工程,计划投入24亿元用于渡改桥建设。五年内建成600座大桥,消灭800个渡口。活动期间,已解决突出问题142个,安排在2008年年底解决的114个,另有97个难度较大、解决条件不成熟的问题,列入远期规划解决。五是注重建章立制,把创新机制贯穿试点工作始终。坚持在整改中完善制度。按照"要精、要管用"的原则,着力建立交通科学发展的18项政策措施。2008年,已建立《江西省交通厅处级及以下领导职位竞争上岗实施办法(试行)》、《江西交通基础设施建设"十公开制度"》等7项制度。同时,进一步完善了《江西省交通系统廉政建设"六条禁令"》、《关于加快全省农村渡口改渡建桥的实施意见》等10项制度。下一步,重点在体制机制创新、行业管理、安全管理、干部队伍建设、廉政建设5个方面,建立11项制度。另一方面,确定体制机制创新重点。今后,全厅将着力建立完善保障和服务交通科学发展的体制机制。六是注重主动协助,把发挥机关党组织作用贯穿试点工作始终。机关党组织切实履行好具体责任人的职责,充分发挥作用,促进试点工作取得实效。制定了机关党支部主要任务表。机关党委委员分别参加了机关党支部组织生活会。加强对党员教育引导,扎实推动试点任务的落实,组织和引导群众参与。积极创新自选动作,广泛开展"三创三评"党员主题实践活动,取得了一批调研成果、实践成果和制度成果。

4. 创新党建工作机制,进一步加强厅直机关党委自身建设。

2008年初,厅直机关党委认真总结了上年度工作,分析存在的问题,及早谋划全年度工作,确定工作思路和任务目标。细化月度工作安排,制定《省交通厅直属机关党委2008年工作具体安排表》。按要求召开五次机关党委会,通报有关情况,研究工作思路,审批发展党员工作,使机关党委自身建设更加规范。

同时组成专门考评小组,依据《中共江西省交通厅直属党组织(党委、总支、支部)主要工作考评细则》,对各单位2007年党建工作进行全面的检查考核,并评选表彰了7个优秀单位。制定了2008年度党建工作目标管理考评表。

"七一"期间,厅直属机关党委开展"创先争优"表彰活动,评选表彰了先进基层党组织32个,优秀共产党员102名,优秀党务工作者30名。

(省交通厅直机关党委)

【中共江西省委科学发展观巡回指导组在航务局检查指导工作】 7月4日,中共江西省委深入学习实践科学发展观活动试点工作第三巡回指导组组长、上饶市人大常委会副主任李友鸿一行,到省航务局检查指导学习实践科学发展观活动试点工作。中共省交通厅机关党委负责人,航务局党委成员参加汇报会。

省委巡回指导组一行听取了航务局学习实践科学发展观活动试点工作领导小组的工作汇报,查看了其第一、二阶段的工作资料。李友鸿组长对试点工作给予了充分肯定,并指出,省航务局在学习调研、分析评议两个阶段的工作中主要体现出两个特点:一是抓得"紧",处理好了试点工作和航务工作的关系,实现了"两不误、两促进"。二是抓得"实",紧密联系航务工作的实际开展试点工作,取得很好成效。李友鸿强调,解决问题阶段是整个学习实践活动最为关键的一个环节,既是集中力量、集中时间进行整改提高的阶段,也是抓落实、抓深化、看效果、看收获的阶段,决定着学习实践活动的成败。为此,航务局要在前两个阶段活动已经打下良好基础上,再接再厉,把第三阶段的各项工作抓紧抓好,确保试点工作的任务圆满完成。

(许海远)

【中共江西省委科学发展观巡回指导组察看景鹰高速公路并指导工作】 7月11日,中共江西省委深入学习实践科学发展观活动试点工作巡回指导组二组组长何建辉、三组组长李友鸿、四组组长谢国萍等一行8人,到景鹰公司指导工作。

当天上午,巡回指导组一行参观该公司大院、办公大楼、收费监控中心,察看员工宿舍、食堂、活动室等,关切询问员工工作生活情况,并听取景鹰公司贯彻落实科学发展观、强化服务意识、提升服务水平、狠抓经营收费工作的情况汇报。当了解公司员工大部分抛家不顾、平时驻守各收费站点时,巡回指导组要求景鹰公司以人为本,关心员工工作生活,把握员工思想动态,大力建设职工之家,广泛开展各类群众性活动,活跃员工文化生活，营造积极向上的企业文化氛围，为员工的健康成长提供良好环境。针对景鹰公司目前经营收费状况不够理想情况，巡回指导组要求景鹰公司以科学发展观为指导，建立健全现代企业管理制度，加强内部管理，加强分析调研，加强宣传，拓宽费源，增收节支，在经营收费方面打开局面。通过查看路况和收费站，巡回指导组对景鹰公司的收费管理、道路养护工作予以了充分肯定，并勉励景鹰公司全面贯彻落实科学发展，提高服务质量，提升管理水平，创新发展思路，打造景鹰高速特色，切实把景鹰高速公路管理好、发展好。

（李思诚　欧阳姝）

【江西公路开发总公司以中共十七届三中全会精神指导新时期党建工作】 10 月 14 日，公路开发总公司召开党支部书记工作例会。会议全文学习中共十七届三中全会公报，并就如何加强和改进党支部各项工作进行交流和探讨。

该公司党委负责人要求，一是要广泛宣传，深入学习中共十七届三中全会精神。支部要迅速组织政治学习，发动员工集体学习，认真领会中共十七届三中全会的精神。各支部要认真思考在构建和谐社会中，自己要做什么、能做什么、怎么去做的问题。二是要确保质量，做好党员发展工作。要提高认识，规范程序，严守党员发展“十六字”方针，提高发展党员的质量。要注重对入党积极分子的引导、考察、教育，把政治素质好、业务能力强、整体素质高，能起模范带头作用的员工吸收到党组织中来，逐步引导其在思想上、工作中以党员的标准看齐，确保党员发展的质量。三是要规范运行，改进和提高公文应用水平。支部书记要加强党务知识的学习，精通公文处理；要严肃认真，规范运行，确保该单位公文处理规范化、制度化。四是推出新典型，开创宣传报道工作新局面。各支部要注重宣传报道的时效性，多出“精品”。要及时大力挖掘在生产经营、文明建设中的感人事迹和先进人物，塑造和推出更多典型人物；要挖掘提炼该单位和部门工作特色，凝练和提高信息的典型性，确保多出精品；要提高对外宣传的主动性，积极推出有分量、有亮点的作品。五是提升内涵，扎实开展精神文明建设工作。各单位要进一步提升文明内涵，做足文明特色，打造服务亮点，以创建为主抓手，不断朝更高更亮的荣誉迈进，推动精神文明建设再上新台阶。

（缪德良）

【江西远洋公司召开深入学习实践科学发展观活动试点工作动员大会】 4 月 18 日，远洋公司召开深入学习实践科学发展观活动试点工作动员大会。会议动员全公司按照中央和厅党委的统一部署，以饱满的政治热情和改革创新的精神，投入到深入学习实践科学发展观活动中来，促进公司又好又快发展。

公司领导、部分下属单位党员领导干部、公司机关全体党员和副科以上干部参加会议。

公司党委主要负责人在讲话中指出，全公司各级党组织和广大党员，特别是党员领导干部要把思想和行动统一到中央的决策部署上来，统一到省委和交通厅的具体要求上来。2008 年是全面贯彻落实中共十七大精神的开局之年，也是公司加快发展的关键一年，公司改革和发展的任务十分繁重。各支部和广大党员要认真贯彻落实中共十七大精神，以这次学习实践科学发展观为契机，切实增强政治意识、大局意识和创新意识，努力开创科学发展的新局面，创造科学发展的新业绩，为推动公司在新的起点上实现又好又快发展作出新的更大的贡献。同时强调，这次试点工作时间紧，任务重，要求高。要认真按照中央的要求和厅党委的统一的部署，牢牢把握试点工作中影响全局的重大问题和关键环节，加强调查研究，积极探索实践，推动试点工作健康开展，取得实效。突出工作重点，以改革创新精神搞好试点工作，尤其要突出抓好四个“结合”：一是坚持深化学习与深入实践相结合，以思想认识的提高推动全省农业农村经济又好又快发展。二是坚持高标准做好规定动作和创造性设计自选动作相结合，扎实有效地推进试点工作。三是坚持立足当前和着眼长远相结合，既切实解决现实问题又着力建立科学发展的长效机制。四是注重发扬党内民主和坚持群众路线相结合，以正面教育、自我教育为主，又要开门搞教育，凝聚和调动各方面科学发展的积极性。

动员大会的胜利召开，标志着远洋公司开展深入学习实践科学发展观活动试点工作正式启动。该次活动从 4 月中旬开始，到 7 月下旬基本结束，集中学习时间 3 个月，具体分为学习调研、分析检查、解决问题、完善制度等4个阶段。

（江西远洋公司）

【省高管局举办基层党建工作研讨班】 8月4日至8日，中共江西省高管局党委在泰井管理处举办基层党建工作研讨班，局党委负责人出席，来自全局各单位的30余名党组织负责人和党务干部参加研讨班。举办这次研讨班的主要目的是组织广大基层党员干部到井冈山接受革命传统教育，交流基层党建工作方法和经验。

就如何当好书记、做好党的工作，局党委书记李素华强调，一要找准定位，明确职责。从思想、政治、组织上加强党的领导和党风廉政建设，配合好中心工作，充分发挥党组织的核心作用。二要理清思路，落实任务。坚持党的线路方针政策，与党中央保持高度一致，认真贯彻落实上级部署的各项工作和要求。三要处理好四种关系。一是处理好与上级党组织和行政上的关系；二是处理好与行政领导的关系，要与人为善，遇事多沟通、多商量；三是处理好与下属的关系，要多关心职工生活，认真倾听群众的呼声，成为群众的贴心人；四是处理好与所在地周围的关系，要加强与周围地方单位的联系，促进与周围关系的融洽。李素华要求，作为一名合格的党务工作者，一是要坚定信念，牢固树立全心全意为人民服务的宗旨；二是要业务精通，加强业务学习，不断提高工作能力；三是要创新党建工作，占领党建工作这块阵地，配合好行政工作；四是要作风过硬，做到勤政廉洁，切实发挥好表率示范作用。

该次研讨班邀请中国井冈山干部学院的教授讲课，组织学员接受了井冈山革命传统教育，交流了基层党建工作经验。

（夏睿德）

【省高管局举办研讨会探讨科学发展和谐建局思路】 5月8日，省高管局举办深入学习实践科学发展观活动研讨会，邀请省委讲师团理论教育室主任刘海清和省交通科学研究院副主任彭明作专题讲座，以“科学发展、和谐建局”为主题开展研讨交流，进一步提高党员干部对科学发展观的认识，把专题调研推向深入。在家的局领导和局机关副科以上党员干部、局属单位党组织负责人30余人参加了会议。

刘海清以《深入学习实践科学发展观》为题，从科学发展观提出的时代背景和重大意义、科学发展观的深刻内涵和精神实质等方面作了阐释，并结合全省实际，就如何深入学习实践科学发展观、以新一轮思想大解放推动江西新一轮大发展提出了看法和建议。彭明从解读科学发展观的深刻内涵着手，契入到如何贯彻落实科学发展观，在公路预防性养护这一永久性课题上作出有效探索，不断完善思路、认真实践，维护公路的“好路率”，确保公路保值增值。彭明的《贯彻科学发展观促进我省高速公路可持续发展》专题讲座从公路设施资产管理、道路交通事故、生态环保、循环经济和灾害应急管理5个方面论证了公路预防性养护的必要性，并对有关新思路、新实践进行了讲解。

随后，与会人员围绕“科学发展、和谐建局”主题和两个讲座内容，就如何进一步解放思想、破除影响高速公路科学发展的思想观念，如何进一步加快发展、紧紧抓住高速公路项目建设不放松，如何进一步落实生态环保节约要求、在高速公路建设上推进“生态立省、绿色发展”的战略，如何进一步加强高速公路经营管理、充当行业管理的指挥员，如何进一步以人为本、促进全局上下和谐发展等方面展开研讨，与会人员相继发言，提出自己的见解和建议，现场气氛热烈。与会人员认为，科学发展观内涵丰富、意义重大，要坚持用科学发展观武装头脑、指导实践、推动工作，把科学发展观贯彻落实到高速公路建设融资管理的各个方面，深入推进“三个定位”发展战略，促进高速公路事业加快发展、全面发展、协调发展、可持续发展、和谐发展良好局面的形成。

（省高管局）

【省航运管理局认真开展党内“创先争优”评比活动】 为加强省航运管理局党建工作，总结经验、树立典型、激励先进，坚定党员的共产主义信仰和社会主义信念。该局党委在6月份组织开展党内“创先争优”评比活动。经过自下而上的评比活动，评选出先进基层党组织2个、优秀共产党员11名、优秀党务工作者6名。其中1个先进基层党组织、4名优秀党员、1名优秀党务工作者受到中共江西省交通厅直属机关党委的表彰。

（许根源）

【省运管局丰富学习形式,活跃学习气氛】 为搞好学习,省运管局较好地保证了学习资料的需求,购买了大量的政治理论学习材料,供党支部和党小组党员、干部职工学习使用。在组织学习教育时,注重形式的多样化,在个人自学与小组集中学习相结合的同时,还采取看电教片与外出听讲座相结合的形式。2008 年,组织全局党员干部集中上党课 2 次,举办讲座或进行电教片教育 2 次。为了促进学习,为强化基层运管人员的知识水平、全面提高综合素质、巩固江西运管系统民主评议政风行风建设成果,2008 年还结合民主评议政风行风活动,在省局机关和各设区市运管处机关组织了道路运政管理人员综合素质知识测试。11 月 29 日,局领导参加在省交通厅统一组织的普法考试,局机关干部职工同时有 78 人参加由省运管局组织的普法统一考试。这种以考促学的方式,取得较好的学习效果。

（曾　敏）

【省高管局领导领题调研努力破解科学发展难题】 4 月 23 日,为切实做好专题调研工作,根据《江西省高等级公路管理局开展深入学习实践科学发展观活动试点实施方案》,中共江西省高管局党委开展深入学习实践科学发展观活动试点领导小组办公室研究制定印发了深入学习实践科学发展观活动试点工作调查研究实施方案。

调研的总体要求是,根据中共江西省委和中共江西省交通厅党委要求,结合全省高速公路发展和基层党的建设的实际,深化对科学发展观的认识和实践探索,组织专门力量重点抓好课题调研,提高发展能力,破解发展难题,切实把科学发展观的要求转化为谋划高速公路发展的正确思路、促进高速公路发展的政策措施、领导高速公路发展的实际能力,着重提高各级领导班子和领导干部的开拓创新能力,特别是提高准确运用科学理论指导实践、把理论与实践结合起来的本领,结合实际创造性地开展工作,开创高速公路发展新局面。

调研所选的七个课题,是通过认真分析查摆出来的影响高速公路发展的问题和差距,围绕发展理念、发展定位、发展道路、发展举措、发展精神状态等五个方面进一步细化而最终形成的,课题包括干部考核评价和选拔任用体系研究、高速公路运营管理研究、高速公路投融资研究、高速公路党风廉政建设研究、建设绿色生态节约环保高速公路研究、高速公路工程领域农民工工资问题研究、基层所站规范化管理研究等七个方面。

根据要求,该次调研活动由局领导领题,会同有关单位和部门组成专题调研组,深入基层开展调查研究,广泛听取群众意见,认真查找在思想观念、体制机制、工作作风,精神状态以及领导水平和工作水平上存在的差距及问题,分析产生问题的根源,破除影响高管局科学发展的障碍,克服阻碍高管局科学发展的困难,形成破解发展难题的新思路和举措,为高速公路科学发展奠定基础。

调研活动贯穿深入学习实践科学发展观试点活动的全过程,分 4 个阶段进行,第一阶段于 5 月 15 日前,完成初步调研提纲、框架的编制;第二阶段于 6 月 15 日前,赴有关部门和单位调查研究、走访;第三阶段于 7 月 10 日前,形成调研报告,组织评审、汇编,举办研讨会;第四阶段于 7 月 20 日前付诸实施,将研讨成果运用于高速公路工作实践。

（省高管局）

【加强基层组织建设,提高党组织的先进性】 江西运输开发公司党支部切实加强基层党组织建设,把基层党组织建设成为带领职工共同进步的坚强核心,有力地促进公司经济发展。

党员是党的细胞,党员的质量关乎党组织的战斗力和凝聚力。发展党员是党支部的一项经常性工作。公司党支部在局党委的正确指导下,以积极负责的态度认真做好党员的发展工作,遵循“坚持标准、保证质量、改善结构、慎重发展”的方针,严格按照《中国共产党发展党员工作细则(试行)》的规定和要求,把具备党员条件的先进分子吸收入党,进一步壮大党的队伍。在发展党员工作中坚持入党自愿的原则,做到成熟一个、发展一个。实行“公开发展,群众监督,动态管理”制度,着力解决基层党组织后备力量不足的问题。新的党员发展机制吸引年轻人入党,使青年们成长为优秀干部。2008 年,有 5 名青年写了入党申请书;2 名被确定为入党积极分子,1 名预备党员转为正式党员,并发展成为后备干部。党员队伍的壮大,促进了基层党组织战斗堡垒作用和党员先锋模范作用的发挥。

（梅洁芳）

【省交通设计院学习传达省领导赴外省考察讲话精神】 10月31日,省交通设计院召开中层以上干部、中级职称以上人员会议,传达省交通厅10月10日领导干部会议精神、布置该院贯彻落实省领导赴外省考察时的讲话精神和省交通厅党委书记程受锭、厅长马志武在厅领导干部会议上的讲话精神。会上,设计院党政负责人就学习贯彻领导讲话精神、做好当前工作提出要求:一是要增强发展意识,拓展发展思路;二是要有强烈的责任感和要有深远的发展眼光;三是要有敢为人先的发展魄力;四是要有清晰的发展思路;五是要有较强的发展执行能力;六是要求院各部门认真组织学习领导讲话,组织谋发展讨论,提一条利于该院发展的建议。全院职工要有忧患意识,在今后的发展过程中坚定不移地贯彻落实科学发展观,努力完成省厅赋予该院的省重点工程项目,高度重视设计产品的质量。抓好项目的落实,同时号召全院职工要以奋发进取的精神状态,勇于崛起,善于跨越,进一步开创又好又快发展的新局面。

(周良焜)

【省交通设计院举办中层干部培训班】 5月26~30日,省交通设计院在梅岭连续举办2期学习实践科学发展观中层干部培训班。第一期5月26~28日,共40人参加;第二期5月28~30日,共37人参加。设计院的院领导,分别参加了两期培训班的学习。

中层干部培训班的内容,一是由江西经济管理干部学院雷玉霞教授作《学习实践科学发展观,寻求持续发展新思路》理论辅导讲座。二是院领导结合学习实践科学发展观的理论作《坚定企业发展方向,明确设计院奋斗目标》的发言。

这次中层干部培训班,集中培训时间虽短,参训人员一致认为颇有收获。雷玉霞的辅导讲座,既有理论,又联系实际,授课形式也较活泼,为院中层干部在实际工作中学习实践科学发展观打开一扇窗口。院领导结合国情、省情、院情作的理论辅导报告之后,对该院如何在激烈的市场竞争中立于不败之地、如何坚持科技创新、如何坚持"一业为主、两头延伸"的战略方针、如何发挥人才与设备优势、加强管理与作风建设、提高质量意识等方面作了精辟阐述。参训人员对学习实践科学发展观有了新的认识,进一步明确了企业发展的方向,增强了做好工作的信心。

(傅藻清)

【江西公路开发总公司深入学习实践科学发展观活动试点工作以"四个进一步、四个贯穿始终"转入分析评议阶段】 6月6日,公路开发总公司深入学习实践科学发展观活动转入分析评议阶段。省交通厅副巡视员邓经国,厅试点工作指导督查组负责人到会指导。该公司党委书记、深入学习实践科学发展观活动试点工作领导小组组长作第一阶段工作总结和第二阶段动员讲话。在第一阶段,该公司做到"四个坚持"。一是坚持深化理论学习,增强了科学发展的意识。二是坚持理论联系实际,初步查摆了问题。三是坚持边学边查边改,突出了实践特色。四是坚持学以致用,促进了总公司又好又快发展。对第二阶段工作,该公司明确要求必须做到"四个进一步、四个贯穿始终"。一是要进一步提高思想认识,把开展好学习实践活动作为重大政治任务和强大发展动力贯穿始终。二是要进一步加强理论学习,把解放思想、勇于创新贯穿始终。三是要进一步突出实践特色,把查找和解决问题贯穿始终。四是要进一步加强领导,把充分发挥领导干部的带头示范作用贯穿始终。

(章春华)

【萍乡市公路管理局安源分局党支部以开展特色党建活动促发展】 为进一步发挥党建工作在公路建、养、管主业工作中的积极作用,安源分局党支部全面启动"一个岗位一扇窗、一个党员一面旗"主题实践活动。该分局党支部结合单位工作实际,认真部署活动,制定详细的活动实施方案,成立活动领导小组加强组织领导。努力做到三个结合:即结合工程、结合养护、结合管理。做到三个共同:即共同劳动、共同学习、共同生活。达到三个提高:一是提高质量,即提高工程质量、养护质量、工作质量。二是提高能力,即提高个人综合素质和办事能力。三是提高境界,即提高思想境界,增强责任意识、大局意识、服务意识。使每个岗位树立窗口形象,每个党员发挥旗帜作用,促进安源公路事业又好又快地发展。

(陈春华)

【萍乡市安源区交通局党组织建设连获殊荣】 萍乡市安源区交通局党支部紧紧围绕交通发展工作大局，按照“新交通、新形象、新服务、新发展”的四新理念，以“提升服务水平，树立交通新形象”主题，抓队伍、夯基础、强素质、树形象，积极开展争创“十面红旗”基层党支部活动，通过“服务一个中心、开展两项教育、建立三大机制、强化四种意识”即：服务经济建设这个中心，开展理论教育和业务知识培训教育，建立责任、考核、长效机制，强化发展、服务、创新、争先意识，充分发挥党支部的堡垒作用和党员的先锋模范作用，有力地提升机关党建水平，在全市争创“十面红旗”活动中获得上级党组织好评。是年，安源区交通局党组连获“抗冻救灾先进单位”、“创建基层党组织红旗单位”和“先进党支部”3 项殊荣。

（刘　娜）

【九江市港口管理局开展庆“七一”党的基本知识抢答赛】 为深入学习贯彻中共十七大精神，以优异工作业绩迎接建党 87 周年，6 月 11 日，九江市港口管理局机关党委举行了学习中共十七大精神知识抢答赛，局领导观看了比赛。党组负责人在赛前讲话中指出，通过党的基本知识抢答赛这个形式显示各党支部的整体水平和选手自身素质，进一步激发全体党员学习党的基本知识的自觉性，并要求党支部和党员充分发挥好党员的先进性。

这次竞赛内容为中共十七大精神和新党章知识，设有必答、抢答和风险题等三种题型。比赛现场气氛异常热烈，选手个个如弓上之箭，表现出色，充分展现党员干部、职工的精神风貌。通过 1 个小时的激烈角逐，局机关代表队以 280 分获得一等奖，九江县分局代表队以 230 分获得二等奖，瑞昌分局代表队以 200 分获得三等奖，湖口分局、彭泽分局、直属分局代表队获优秀奖。局领导为获奖代表队颁奖。

通过竞赛，增进党员广大干部对中共十七大会议精神的领会，增强了责任感和历史使命感，提高了为沿江产业经济快速发展作贡献的主动性。

（戢小桔　杨　辉）

【赣州市交通局组织开展全系统“突出践行科学发展观”主题演讲比赛】 为迎接党的 87 岁生日和深入开展“突出践行科学发展观”学习教育活动，不断提高交通“三个服务”的能力和水平，奋力推进赣州交通科学和谐的追赶型跨越式发展，6 月 26 日，局组织开展全系统“突出践行科学发展观”主题演讲比赛。

演讲选手分别来自交通系统、局属单位和市局机关的工作人员，共计 16 名选手参加比赛。

演讲者紧扣党的伟大功绩和践行科学发展观的主题，讴歌全市交通系统广大党员干部以中共十七大精神为指导，以奋战在抗击冰冻雨雪天气和保电保畅通、支援汶川特大地震灾区抗震救灾斗争中的鲜活感人事迹为典型，歌颂党和交通战线上的干部职工坚定信念、忘我无私的豪迈情怀，内容充实，逻辑清晰，具有很强的感染力和号召力。

江西新世纪汽运集团有限公司选派的刘菁以“践行科学发展观，谱写奉献无悔曲”为演讲主题获得第一名，市公路运输管理处的孙晓红和市局机关干部张春明同获第二名。

（李发淳）

纪检监察工作

【概况】 2008 年，从年初的奋战雨雪冰冻灾害，到支援“5·12”汶川大地震抗震救灾；从保障奥运火炬成功传递，到应对国际金融危机、扩大内需促进经济平稳较快增长，全省交通系统和纪检监察机构经受了严峻的考验。交通系统的党风廉政建设和反腐败工作坚持以科学发展观为统领，紧紧围绕交通发展中心任务，按照改革创新、惩防并举、统筹推进、重在建设的基本要求，着力构建交通特色惩治和预防腐败体系，反腐倡廉建设取得了新进展、新成效。

1. 交通基础设施领域廉政工作持续深化。结合学习实践科学发展观试点活动，厅党委印发了《关于进一步加强交通重点项目党的建设意见》、《交通重点工程项目办公室党委议事规则和工作职责》，强化了党委抓党风廉政建设的主体作用。厅纪委针对工程建设中的突出问题和关键环节，加强调研，不断推出有针对性的预防对策。继续推行廉政合同制、重点工程纪检监察派驻制，在重点工程项目设置建设环境监测点和监督员,挂牌督办鹰瑞、石吉高速公路项目"十公开"(项目建设计划公开,项目审批结果公开,招投标过程公开,征地拆迁管理公开,施工过程管理公开,设计变更管理公开,质量检查结果公开,合同履约情况公开,建设资金使用公开,工程竣(交)工验收公开),推广石吉项目廉洁工程"三做起"(从我做起、从小处做起、从现在做起)活动和"廉政保证金制度"。会同省监察厅对鹰瑞项目进行效能监察,组织4家厅属单位参加了优化发展环境监测工作。会同省检察院在鹰瑞项目开展"工程优质、干部优秀"活动。选派了118名项目管理施工单位基建部门负责人参加全国"公路施工企业项目管理廉政培训班"。加强工作检查,指导参与监督事项514人次,清退违规监理人员83人,通报批评了5家监理机构与18家承包商,限制56家履约信誉差的企业参与招标资格预审,节约物资设备材料采购资金约430万元,维护了国家的利益。

2. 服务交通科学发展惩防体系建设扎实推进。认真贯彻落实中央《工作规划》和中共江西省委《实施办法》,结合交通实际,中共交通厅党委印发了《贯彻落实〈建立健全惩治和预防腐败体系2008~2012年工作规划〉的实施意见》,并作了专题部署,明确了任务分工。注重加强廉政教育。以领导干部为主要对象,以树立正确的权力观利益观为主要目的,以警示教育为主要内容,采取开展廉政教育月活动、领导干部讲廉政党课、专题辅导、观看录像、现场参观等形式,深入开展理想信念、党风党纪、廉政勤政和艰苦奋斗教育。2008年来,厅及直属单位党政主要领导、纪委书记讲廉政党课102次,受教育党员干部3300余人次。特别是针对厅直属单位发生的王大双等腐败案件,专题召开警示教育会进行剖析,并汇编成《以案为鉴警钟长鸣》教材下发各单位,深化教育效果。注重创新廉政制度。在原有交通系统廉政建设"六条禁令"的基础上,结合新形势、新任务,修改完善为"八条禁令",加大对领导干部的制约力度;修订、完善《中共江西省交通厅委员会工作规则(试行)》等项规则,制订《江西省交通厅行政工作规则》,进一步规范了领导机关履行职责的程序和纪律要求;建立《江西省交通厅处级及以下领导职位竞争上岗实施办法(试行)》等7项制度;会同省监察厅、省发改委、省财政厅出台了《农村公路建设实施纪检监察巡查制的意见》,保障农村公路健康快速发展。注重强化监督制约。继续落实厅直属单位主要负责人不直接分管人事、财务等规定,进一步完善"三重一大"制度,认真落实领导干部"三谈两述"、收入申报和个人重大事项报告等制度。各级纪委书记与下级主要负责人廉政谈话73人次,任前廉政谈话92人次,诫勉谈话11人次,领导干部述职述廉365人次,执行领导干部重大事项报告25人次,实行党风廉政建设责任追究1人,完成项目竣工结算审计2项,领导干部经济责任审计3项。加大了查办案件力度。全省交通系统纪检监察机构共受理信访举报311件,初核61件,立案24件,查结22件,给予党纪政纪处分26人。厅纪委直接查办违纪违规案件3起,其中处分处级干部2人,清理"小金库"2个,涉及金额22.2万元。通过查办案件,认真查找干部队伍作风、权力运行和资金使用管理等方面存在的问题,及时研究制定有效的防治措施,进一步健全制度、完善机制、加强监督,充分发挥了查办案件的治本功能。

3. 加强政风行风建设群众满意度不断提升。保持治理公路"三乱"高压态势,交通部门领导干部带队上路检查63人次,严肃查处公路"三乱"问题11个,13人受到批评教育或清退处理。加大落实便民措施力度,撤销会昌湘江大桥等4个收费站,在南昌周边收费站建设了5个不停车电子收费车道,保障鲜活农产品流通"绿色通道"减免车辆通行费5.4亿元。进一步规范基层执法执收工作,组织执法人员岗前培训和在岗培训500余人次,组织水上执法检查18次,对基层所站作风整顿情况进行了全面验收。加大督促检查力度,督促落实农村客运站和候车亭建设资金到位1501万元,征地拆迁款4.9亿元,清欠民工工资520万元,工程款35万元。对群众提出的542条意见、建议,整改落实424条,维护了人民群众的根本利益。加强机关效能建设,压缩出国出境组团31组,减少出访人员188人次。2008年,抚州市交通局、吉安市交通局、南昌市交通局被省政府授予"2008年全省民主评议政风行风工作先进单位"称号。

4. 领导干部廉洁自律工作深入发展。省交通厅纪委以签订《党风廉政建设责任书》、建立领导班子成员廉政档案等形式,进一步规范各级领导干部党风廉政建设工作责任和个人廉洁自律内容,加强对落实情况的平时督查和年终考核,做到抓廉洁自律工作常态化。落实省纪委办公厅《关于严禁个人通讯工具与单位办公电话捆绑使用的通知》要求,认真开展自查自纠和清理工作,整改纠正33人存在的问题。切实抓好元旦、春节等重大节日期间领导干部的廉洁自律工作,领导干部拒收礼金12.38万元。坚持以案促纠、惩前毖后的原则,对6名违法犯罪人的犯罪特点、思想根源和应吸取的教训,进行深入剖析,教育领导干部引以为戒。结合班子民主生活会、学习实践科学发展观试点活动,严格开展治理商业贿赂自查自纠,16人自觉上交钱款20.49万元,查处违反廉洁自律规定2人。针对施工企业资质租借、重点工程项目管理、执法执收、交通建设市场不规范、建设企业诚信度低等5个方面的问题,建立、完善了一系列监管制度,并从改革体制机制上提出了建设性的意见。

5. 纪检监察队伍自身建设切实加强。交通各级纪检监察机构按照"政治坚强、公正清廉、纪律严明、业务精通、作风优良"的要求,大力加强自身建设,切实履行纪检监察职能。厅纪委将学习实践科学发展观、"做党的忠诚卫士、当群众的贴心人"、"做公道正派之人,建公平正义之家"三项主题实践活动一并部署,一并落实,一并检查。以"做党的忠诚卫士、当群众的贴心人"为职责定位,以服务、保障、促进科学发展观的落实为主要目标,组织纪检监察干部认真学习,对照检查,落实整改。从教育、制度、监督、惩处四个方面整改突出问题7个,形成调研文章29篇。组织纪检监察干部认真学习中纪委、监察部编印的《新编纪检监察业务教材》,选派了9名纪检监察人员到中纪委培训基地参加培训,选派了84名纪检监察人员参加全国交通基础设施建设廉政培训,提高了队伍的履职能力。2008年,交通系统广大纪检监察干部在抗御雨雪冰冻灾害、保障公路干线安全通行和支援汶川地震抗灾等各项活动中,切实发挥好了表率和职能作用。

(唐小兵)

【2008年度全省交通系统纪检监察(纠风)工作先进集体和先进工作者名单】

一、先进集体(15个)

1. 党风廉政建设工作先进集体(4个)

省交通厅航务管理局

江西省交通设计院

江西交通职业技术学院

江西远洋运输公司

2. 纠风工作先进集体(4个)

南昌市交通局

抚州市交通局

宜春公路管理局

吉安市公路局吉水分局

3. 纪检监察工作先进集体(2个)

省交通稽查征费局纪委监察室

江西公路开发总公司纪委监察室

4. 查办案件工作先进集体(2个)

省交通稽查征费局纪委监察室

省公路管理局昌金管理处纪委监察室

5. 纪检监察信息工作先进集体(3个)

省公路管理局温沙管理处纪委监察室

省高等级公路管理局泰井管理处政工科

省交通厅航务管理局吉安分局纪委监察室

二、先进工作者(62人)

1. 纪检监察工作先进工作者(49人)

曾德勇　省公路机械工程局二分公司副经理、兼职纪检员

易小军　省公路管理局昌金管理处监察室主任

张换水　省公路工程监理公司副科级纪检员

邹惠兰　省公路科研设计院副科级纪检员

陈建新　省公路管理局物资储运总站纪检员

万杰兵　省交通稽查征费局纪委副书记、监察室主任

伍允飚　省交通稽查征费局党委办公室主任

余家胜　省交通稽查征费局南昌分局监察室主任

莫　宁　省交通稽查征费局九江分局纪检员

张朝胜　省交通稽查征费局新余分局监察室主任

唐仕利　省交通稽查征费局赣州分局党委副书记、纪委书记

张晓葳　省交通稽查征费局宜春分局党委副书记、纪委书记

石　惠　省交通稽查征费局上饶分局监察室

主任

赖爱华　省交通稽查征费局吉安分局党委副书记、纪委书记

邹结华　省交通稽查征费局抚州分局监察室主任

吴　乔　省高等级公路管理局监察室纪检员

邓江雁　省高速公路路政管理一支队党总支副书记

罗　洪　省高速公路路政管理一支队副科级纪检员

章利明　省高等级公路管理局赣州管理处纪委副书记、监察室主任

彭玉锑　省高等级公路管理局赣州管理处监察室副主任

欧阳景峰　省高等级公路管理局泰井管理处井冈山管理所支部书记

孙祥胜　省等级公路管理局泰井管理处禾市所纪检员

李　振　江西赣粤高速公路股份有限公司九景管理处审监部副经理

章新明　省交通厅航务管理局监察室主任

涂小英　省交通厅航务管理局疏浚工程处团委书记

余林生　省界牌枢纽管理处监察室主任

吴冬香　省交通厅航务管理局南昌分局纪委书记

陈贞明　省交通厅航务管理局九江分局监察室主任

谭际忠　省交通厅航务管理局新余分局正科级纪检员

李云仙　省交通厅航务管理局鹰潭分局纪委书记

钟志华　省交通厅航务管理局赣州分局纪委书记

郭锦浙　省交通厅航务管理局吉安分局纪委书记

欧阳东　省道路运输管理局监察室主任

谭方千　江西公路开发总公司监察室主任

李　肃　江西公路开发总公司副科级纪检员

胡禾根　江西公路开发总公司梨温高速公路公司监察室主任

黄　勇　江西公路开发总公司梨温高速公路公司纪检员

陈爱平　江西公路开发总公司景鹰高速公路公司纪委书记

郭　昌　省交通工程质量监督站兼职纪检员

丁振时　九江长江大桥公路桥管理局监察室主任

扈　军　九江长江大桥公路桥管理局副科级纪检员

潘志辉　省交通厅规划办公室副主任

余明华　省交通厅对外经济联络办公室正科级纪检员

傅藻清　省交通设计院专职纪检员

罗小秀　省交通科学研究院副科级纪检员

李　智　江西交通职业技术学院纪检员

范　薇　江西远洋运输公司监察室主任

黄　舒　江西国际集装箱码头有限责任公司党支部书记

汪　丹　省高速公路联网管理中心综合科副科长(纪检员)

2. 纠风工作先进工作者(4 人)

陈晓斌　九江市交通局监察室主任科员

张春明　赣州市交通局监察室科员

彭耀华　鹰潭市公路管理局纪委书记

刘冬生　景德镇市公路管理局监察室副主任

3. 查办案件工作先进工作者(4 人)

蔡剑锋　江西公路开发总公司景鹰高速公路公司监察室主任

万学庆　省交通厅规划办公室正科级纪检员

张桂钦　江西远洋运输公司纪检员

李　旷　驻省交通厅监察室副处级纪检员

4. 纪检监察信息工作先进工作者(5 人)

廖英洪　省公路管理局交通通信总站政工办主任

周三官生　省交通稽查征费局赣州分局监察室主任

章振浩　省高等级公路管理局泰井管理处拿山管理所专职纪检员

胡福旺　省交通厅航务管理局副调研员

唐小兵　驻省交通厅监察室主任科员

(省交通厅纪委)

【省交通厅推进党风廉政教育，进一步改进基层党的作风建设】　按照中共江西省交通厅党委关于党风廉政建设和反腐败工作任务分工，从加强

自身党风廉政建设入手，按照有江西交通特色的教育、制度、监督并重的惩防体系实施意见开展反腐倡廉工作，明确了党风廉政建设的部门责任目标、责任内容和责任追究，党风廉政建设和反腐败任务分工明确，责任到人，逐步落实到位，进一步落实党风廉政建设责任制，取得较好的成效。

针对2007年以来交通厅暴露的腐败案件，中共江西省交通厅党委及时对涉案人员作出处理，剖析存在的问题及应该汲取的教训，要求各级党组织和广大党员干部总结经验，汲取教训，统一思想，采取措施，进一步增强遵纪守法的意识和自觉抵制各种诱惑的能力，在思想上、制度上筑牢拒腐防变的坚强防线，以蓬勃的朝气、昂扬的锐气、浩然的正气全身心投入到工作中，不辱使命，不负重托，全面完成2008年确定的各项目标任务，推动全省交通事业又好又快发展。参与撰写《江西交通系统王大双等人严重违法违纪案件剖析》。开展警示教育活动。各单位通过组织观看反腐倡廉教育片，广泛开展警示教育，进一步增强了广大党员干部拒腐防变能力和廉洁从政的自觉性。

（省交通厅直属机关党委）

【省公路局开展党风廉政教育月活动】 6月2日上午，省公路局举行党风廉政教育月活动动员大会。省交通厅纪委书记江学功出席大会。

省公路局领导、局直属各单位党政主要领导、纪委书记、监察室主任、专职纪检员以及路局机关全体党员干部，共计90余人参加了会议。

路局纪委要求，各单位在教育月活动期间，要立足实际，积极探索新形势下开展党风廉政教育的新思路、新方法，要大力创新学习教育形式，抓住三个"重点"：一是抓住重点对象。领导干部是党风廉政教育的重点，主要领导同志要带头学、亲自学，率先垂范。二是把握重点时机。特别要抓住党风廉政教育月活动这个集中教育时机，利用身边的案件和事例，进行有针对性的警示教育。三是针对重点领域。加大对重大决策、财务管理、物资采购、人事任免等环节的监督力度，真正做到掌权为公，执政为民。

这次党风廉政教育月活动路局纪委安排七项活动。一是开通一个网站，即赣路清风网，进一步拓展廉政教育平台，推进廉政文化中的网络传廉活动的开展。二是组织一次执法监察和效能监察活动。由路局纪委组织督查组，对局属各单位的施工资质使用、路政执法执收、基层所站作风建设情况进行检查。三是举办一次展览，开展艺术品廉活动。由路局组织一次全省公路系统廉政书画摄影展，突出廉政教育的文化内涵。四是上好一次党课，开展党课倡廉活动。通过党课活动，促进各级领导干部带头学廉品廉，各级干部自觉学廉守廉，提高廉洁自律的意识和防腐倡廉的水平。五是组织一次调查与研讨，开展案件警廉活动。深入剖析2007年公路系统发生的几起典型案件，并结合自身情况展开讨论。六是读一本好书，开展读书思廉活动。七是观看一部警示片。通过鲜活的案例、深入的剖析，让广大干部深受教育，提高反腐倡廉的自觉性。八是写好一篇心得体会。

动员会上，与会人员还观看警示教育片《重点领域防治腐败警示录》。

（省公路局）

【省航务局开展多种教育活动增强党员干部廉洁自律意识】 2008年，中共江西省航务局党委继续坚持从抓思想教育入手，强化防范意识，注重源头治腐，始终把教育放在重要位置，有针对性地对党员干部开展了一系列教育活动：

1. 坚持经常性教育，提高党员干部反腐倡廉的自觉性。认真抓好了理论学习制度、领导干部中心组学习制度、三会一课制度、民主生活会制度等，把中央有关党风廉政建设的规定及其一系列重要指示列入学习内容，并随时组织宣贯讨论。

2. 进行集中学习教育，提高党员干部廉洁自律意识。省局纪委采取自学、集中学、专题辅导、座谈讨论等灵活多种多样的形式，组织党员干部集中学习了中共十七大、中共纪委十七届二次全会、中共江西省纪委十二届三次全会、全省交通系统廉政工作会议精神和《毛泽东、邓小平、江泽民论科学发展观》等文献，并要求中层以上干部撰写学习心得。同时，还认真学习了省交通厅颁发的"八条禁令"，以其约束领导干部和执法人员的行为。

3. 通过廉政教育月活动，增强党员干部廉洁从政意识。5月，省局党委制定下发了《关于开展2008年廉政教育月活动的实施方案》，对这一活动进行了精心安排，并利用宣传板报、墙报等载体进行广泛宣传。活动期间，组织党员干部集中学习了《新时期领导干部反腐倡廉教程》,相互交流了学习体会;向全局干部职工和服务对象发送包括“做人德为本,行政廉为先,为官勤为道,爱民干为责”等内容的手机廉政短信共计6次1万余条;省局及局属各单位分别组织干部职工观看了《忏悔》、《贪婪霸道,自掘坟墓》等5部警示教育片,同时组织座谈讨论,深刻剖析犯罪案例,进一步筑牢了广大党员干部拒腐防变的思想防线。

4. 遵照省交通厅《建立健全惩治和预防腐败体系2008~2012年工作规划》的实施意见,结合航务实际,制定了该单位《〈建立惩治和预防腐败体系2008~2012年工作规划〉实施方案》,并作了部署,明确了任务分工。

(李建华)

【省航务局信访工作做到抓措施促落实】 2008年,省航务局共收到群众来信23件,其中省交通厅纪委转来16件,自收7件(含重复内容2件)。对于这些信件,省局党政主要领导予以高度重视,均一一做了批示,有的还亲自、多次出面协助公安部门调查,经常询问查办进展情况。涉及机关业务部门需派员参加的,局分管领导积极支持,在纪检监察及相关部门的配合下,对每份信件认真拟定调查方案,开展调查核实,及时做好信访举报处理工作。经调查核实,大部分群众来信存在失实、歪曲或扩大事实的问题,对少数来信反映存在的个别问题则采取不同方式予以解决,需要上报的都已按照程序上报,能够答复的一一做了回复。全年,除一件协助公安机关仍在调查并经请示厅纪委同意延长调查时间外,所有来信均做到了事事有回音,件件有着落,调查上报回复率100%。

(李建华)

【全省稽征系统实施廉政建设“六公开”】 为贯彻落实科学发展观,维护职工的权益,加强对运用权力的监督,从源头预防和治理腐败,提高依法行政水平,打造江西阳光稽征。2008年年初,省稽征局在经过自上而下、自下而上反复征求意见的基础上,制订《江西省交通稽查征费局“六公开”实施办法》(以下简称《办法》)。

《办法》明确规定,以下6个方面重大事项必须实施阳光公开:规费征收及违章处理的政策程序公开;职工收入及奖罚公开;干部选拔任用公开;劳动用工公开;财务收支公开;基建项目、大宗物品采购、大额资金使用公开。《办法》还明确实施“六公开”的项目和范围、内容和形式、时间和期限以及监督和保障机制。为了使“六公开”得到有效实施,省局推行“六公开”责任追究制,明确纪律责任,对工作不力、搞形式主义的通报批评并限期整改;对拒不推行“六公开”、弄虚作假的追究其党纪政纪处分。

在省局制定的《办法》基础上,各分局将结合该单位实际,细化“六公开”的内容,制订切实可行、具有操作性的实施细则,并报省局纪委备案。在8月底以前,全省稽征系统全面实施“六公开”办法,省局组织了专项检查。

(王远萌)

【省运管局着力加强党风廉政教育,优化队伍建设】 2008年,省运管局加大了党风廉政教育的工作力度,结合深入学习实践科学发展观的试点活动,把着力加强对该局党员干部,尤其是党员领导干部的思想教育,作为加强干部队伍建设,推进反腐倡廉工作的重要任务来抓,采取了丰富多彩的廉政教育形式,以提高党员干部的廉政素质。先后组织学习了有关科学发展观重要论断的主题实践活动,参加了十七大精神网上知识答题、纪念党的纪律检察机关恢复重建30周年知识答题和《建立健全惩防体系五年工作规划》的知识答题活动。积极开展廉政教育月专题活动,以领导干部带头上廉政教育党课为活动开篇,开展全局职工廉政教育的新篇章。并利用一些反面典型,经常性开展警示教育活动,使广大党员干部在思想深处受到了震撼,拒腐防变的意识得到了加强,取得了良好的教育效果。

(张　霞)

【石吉项目办实行“十公开”、打造“阳光工程”】 2008年,为了规范石吉高速公路建设的管理行为,石吉项目办以贯彻落实科学发展观为统领,以依法依纪、公正便民、勤政廉政为原则,以政务透明、政策公开、准确及时为要求,以明确责任、强化监督为手段,以创建全国公路示范工程为目标,在工程建设过程中实行“十公开”,打造“阳光工程”,主动接受社会各界监督,以确保石吉高速公路又好又快的建设,做到锻炼一批人,不倒一个人，实现工程优质、干部优秀。

石吉项目办实行的“十公开”、是按照公路基本建设程序的要求，针对高速公路建设的各个关键环节而提出的，涉及项目建设的全过程：一是项目发展规划、建设计划公开；二是项目审查、审批管理公开；三是招投标过程公开；四是征地拆迁管理公开；五是施工过程管理公开；六是设计变更管理公开；七是质量监督公开；八是工程竣（交）工验收公开；九是资金使用公开；十是建设市场管理公开，共涵盖了20个方面的内容，而且每一公开事项都明确了公开主体、公开内容、公开方式、公开范围、公开时间、公开监督检查部门，可操作性特别强。

为了加强对实施“十公开”、打造“阳光工程”工作的领导，形成“政策透明、制度公开、要求明确、管理有效、监督到位”的长效机制，项目办采取了两大措施：一是成立工作机构，明确了项目办主任是实行“十公开”，打造“阳光工程”的第一责任人，成立了由项目办主任任组长，项目办副主任、临时党委副书记为成员的领导小组，并下设办公室。二是制订《石吉高速公路“阳光工程”公开事项责任表》，明确公开事项对应的分管领导和责任处室，要求在实施过程中，项目办全体工作人员都必须认真学习《实施方案》相关内容，对照责任，狠抓各个控制环节，切实落实各项要求，确保公开出效益、公开出廉政、公开出和谐。

（石吉项目办政监处）

【景鹰高速鄱阳管理处“五结合”、“三环节”推进党风廉政建设】 景鹰公司鄱阳管理处党支部坚持“五个结合”、注重抓好“三个环节”，将教育、制度、监督贯穿于反腐倡廉工作中，为该处发展营造了一个风清、气正、心齐、劲足的良好环境。

坚持“五个结合”，推进党风廉政建设。一是把党风廉政建设和反腐败工作与基层所站作风整顿工作相结合，严肃队伍纪律。二是把党风廉政建设和反腐败工作与深入学习实践科学发展观活动试点工作相结合，以人为本，走科学发展之路。三是把党风廉政建设和反腐败工作与“做党的忠诚卫士，当群众的贴心人”主题实践活动相结合，改进干部作风建设，推进纪检监察工作。四是把党风廉政建设和反腐败工作与“优化投资环境，提升服务水平”实践活动相结合，树立服务窗口良好形象。五是把党风廉政建设和反腐败工作与民主评议政风行风工作相结合，预防行业不正之风，打造群众满意型企业。

注重抓好“三个环节”，落实党风廉政建设责任制。一是抓好学习教育环节，筑牢思想防线。该处采取集中学习、党课教育、专题讨论、以案说纪、以案说法、参观学习等多种形式开展党风廉政教育。推出“廉政文化进家庭”特色活动，向每位党员、干部家属邮寄“致鄱阳管理处领导干部家属争当廉内助的公开信”，希望党员、干部家属当好“廉内助”、“贤内助”和“监督员”。二是抓好制度监督环节，消除滋生不廉洁行为。该处积极探索从制度源头上防治腐败，把监督的关口前移。健全完善人事、财务、物资采购、信访举报等一系列制度；该处层层签订廉政责任书，落实党风廉政建设责任制。三是抓好监督检查环节，增加工作透明度，实行阳光操作，真正体现公开、公平、公正。创新机制，聘任党风廉政建设监督员，完善民主监督体系。针对大额资金的使用以及养护工程的抽检和验收工作，纪检员全过程参与监督，把好监督检查每一道关口。

（黎哲桂　刘　佳）

【南昌市港航管理处制定党风廉政建设和纪检监察工作要点】 南昌市港航管理处根据省航运局全省港航系统党风廉政建设、市交通局纪检监察工作会议精神，制定2008年党风廉政建设和纪检监察工作要点：一是深入开展廉政教育，构筑拒腐防变思想道德防线。学习贯彻中共十七大会议精神，认真开展反腐倡廉宣传教育工作。以树立正确的权力观为重点，加强对党员及中层以上干部的理想信念、党风、党纪和廉洁从政教育；以懂法守法为重点，加强对职工的法律法规和职业道德教育；在干部职工中积极开展艰苦奋斗教育，形成勤俭节约的良好风尚。二是突出重点抓落实，从源头上预防和治理腐败。认真执行《关于严格禁止利用职务上的便利谋取不正当利益的若干规定》和领导干部廉洁自律各项规定的落实，切实解决领导干部廉洁从政方面存在的突出问题。三是加强作风建设，优化投资环境。围绕市委关于“创业富民、创新发展”战略的实施，认真开展深入学习实践科学发展观活动和“创业创新服务年”活动，进一步加强政风行风建设。四是惩治腐败,严肃查处违法乱纪案件。坚决贯彻从严治党的方针,做到有案必查,违纪必究,执法必严。

(熊胜兰　杨　辉)

【景德镇市交通局出台廉政建设“八条禁令”树正气】 8月20日,景德镇市交通局出台全市交通系统廉政建设“八条禁令”。“八条禁令”的内容为:严禁违规插手工程建设项目的招标投标、违规插手工程(设计)分包和设备材料采购;严禁在工程设计变更、计量支付和索赔工作中徇私舞弊,弄虚作假;严禁本人及配偶、子女、亲属、司机参与自己管辖范围内与工程建设有关的经营活动;严禁运政人员从事或参与行业管理范围内的经营活动;严禁执法人员乱罚款、乱收费、吃拿卡要;严禁违反规定兼职取酬;严禁私设“小金库”、养“黑车”;严禁在公务活动中收受或馈赠现金、有价证券和支付凭证。该局规定,对违反上述“八条禁令”之一的,就地免职或调离岗位,再视情节给予相应的党纪政纪处分;影响恶劣的,予以辞退或开除;对违反上述禁令,隐瞒不报,压案不查;包庇袒护的,从重追究有关领导责任。该局曾于2003年5月制定廉政建设“六条禁令”。此次出台的“八条禁令”与“六条禁令”相比,不仅增加了“严禁违反规定兼职取酬”、“严禁私设‘小金库’、养‘黑车’”两项内容,而且对违反者的处罚措施也更加严厉。

(涂　强)

【九江市港口管理局认真开展“扬廉勤清风正气、促沿江产业经济发展”主题教育活动】 按照九江市廉政教育活动要求,九江市港口管理局认真开展“扬廉勤清风正气、促沿江产业经济发展”主题教育活动。4月12日,该局组织25名党员干部参加九江市首届廉政文化节活动,通过听廉政倡议,参加倡廉签名,观看廉政文艺会演和廉政展板,广大党员干部受到了一次廉政教育洗礼。在廉政文化节上,九江市港口管理局还向全市人民展示了2块图文并茂的廉政文化宣传板,展板分3个篇幅:服务篇、制度篇、教育篇,集中宣传了该局干部职工自警、自律,勤政廉政、和谐共事、干净干事的新风貌。之前不久,该局还在下属各分局开展党风廉政宣传教育活动。活动中安排布置了廉政建设宣传栏,组织党员观看廉政专题电教片和参观廉政教育基地,向服务对象发放廉政建设征求意见函,向党员干部和经营业户发送廉政格言短信,从思想上筑牢拒腐防变。同时,进一步加强惩防机制建设,完善监督制约机制,做到“三坚持两加强”。即坚持“三重一大”(重大问题决策、重要干部任免、重大项目投资决策、大额资金使用)集体决策,确保权力正确行使;坚持财务例会和对规费征收进行不定期抽查制度,防止出现违规截留和违纪使用规费事件的发生;坚持行政许可联合审查制度,防止出现部门和滥用职权、失职渎职案件的发生。加强党风廉政责任制落实的监督检查,完善责任追究,防微杜渐,源头治理;加强信访件的查处,凡违纪违规行为涉及基层党政一把手的,该局党风廉政建设第一责任人都能及时与被反映人谈话,做到警钟长鸣。

(方　霞　杨　辉)

【金溪公路分局积极开展廉政教育筑牢反腐防线】 6月10日,金溪公路分局进一步加大廉政建设力度,不断推新招布实招,廉政建设亮点频现。公路行业点多线长、党员分布较为分散,为能充分发挥每名党员的先锋模范作用,该局党支部结合公路行业特点,在开展党员“先锋工程”、“设岗定责”等活动的同时,推出了经常性学习与“填压式”教育相结合的“111”工程。即:全局党员每周必须参加文明学校学习,写出学习心得;每月必须参加一次党员电化教育;每季度必须重温一次入党誓词、认真书写一遍党员的权利与义务。并把此三项活动的开展情况与每名党员的工资挂钩,凡学习心得质量不高、篇数不够或消极应付的不能核发当月考勤费。此外,该局还结合时事要求开展形式多样的知识讲座。2008年,先后请县委党校、法制局的专业人员到局里,开展“求真务实与干事创业”、“预防职务犯罪”、“安全生产与管理”等专题讲座。通过经常性学习与“填压式”教育,使每名党员的责任感、使命感和荣誉感不断增强,综合素质得到面进一步提高。进入新世纪以来,该局未出现一起违纪违法行为,连续被市、县评为党风廉政建设先进单位。

(游　悠)

精神文明创建

【概况】 2008年,全省交通部门以广泛开展“优化投资环境,提升服务水平”主题实践活动为契机,坚持重在基层、重在实效,努力构建和谐交通文化,深入推进思想道德建设和行业精神文明创建活动。

1. 扎实推进“优化投资环境,提升服务水平”活动,着力提升交通“窗口”单位服务水平。在开展“优化投资环境,提升服务水平”活动中,省交通厅认真制定《省交通厅开展“优化投资环境,提升服务水平”活动实施方案》,对各窗口单位加强督促检查,并有选择地推出一批文明服务水平较高的窗口单位在省内各大媒体进行集中宣传,充分发挥先进典型以点带面的示范引导作用。各级交通部门注重结合交通工作实际,把“六比六看”的丰富内容(即:比品德素质,看宗旨意识是否提高;比言行举止,看服务工作是否规范;比服务质量,看工作流程是否便捷;比服务环境,看软硬件设施是否到位;比公道诚信,看服务是否实现零投诉;比满意程度,看社会各界的整体评价)与打造“六项工程”(即:实施交通服务设施文明优质工程,实施交通“窗口”单位满意服务工程,实施客运市场规范工程,实施文明出行宣传教育工程,实施交通系统机关务实高效工程,实施交通行政执法素质形象工程)有效统一起来,发挥自身优势,着力运用各种创建载体,突出各自工作重点和特色亮点,精心组织,认真策划,创造性地开展一系列有新意、有特点、有成效的活动。一是加强职业道德教育,开展诚信建设,增强服务意识。各级交通部门结合民主评议政风行风工作和基层站所作风整顿工作,广泛开展理想信念、服务宗旨和职业道德教育,逐步建立健全诚信的交通服务体系,塑造良好的交通服务形象。同时,组织基层站所、路政大队和服务区等窗口服务单位开展“重职业道德教育、强化主人翁意识”和“讲党性、重品行、作表率”等专题教育活动,通过进行文明礼仪培训,员工岗位互动,观看礼仪电教片,现场实践操作、参观学习,举办“优化投资环境,提升服务水平”征文比赛等形式,扩大活动影响,拓宽活动的教育面和覆盖面,广大干部职工宗旨意识、大局意识、奉献意识和服务意识明显增强。二是加强督促指导,开展检查评比活动,提升服务水平。为扎实推进全省交通系统开展“优化投资环境,提升服务水平”实践活动,结合2008年民主评议政风行风工作,8月上旬至9月初,省交通厅抽调有关人员组成若干督查组对全省交通系统部分窗口单位和基层站所开展“优化投资环境,提升服务水平”活动实施情况进行了督察。此次督察以“六比六看”为主要内容,以收费窗口规范化服务为重点,采取听汇报、阅资料、现场察看、暗访服务对象和问卷测试等方式,督察各收费窗口在优化服务硬件设施、严格服务工作标准、便捷服务工作流程、简化服务工作程序、建立健全管理制度等方面的情况。同时,深入开展全省高速公路服务区综合环境整治工作。2008年是全省高速公路服务区建设和管理质量年,按照“规范经营行为、提升服务形象”整治推进工作的各项标准,厅宣传处参与组织对全省26对服务区整治工作进行检查评比活动,经综合评定,对昌樟高速公路丰城、樟树服务区等经营管理先进单位予以表彰,并通报批评了检查评比后三名的单位。通过督查和指导,进一步提升了各“窗口”单位和基层站所的文明优质服务水平,使“优化投资环境,提升服务水平”主题实践活动开展得既轰轰烈烈又扎扎实实。三是突出宣传重点,发挥典型示范作用,营造活动氛围。为了进一步推动全省交通系统窗口单位开展“优化投资环境,提升服务水平”实践活动,根据省委宣传部、省文明办安排,省厅作为就抓好窗口服务工作向全社会发布服务承诺的首批承诺单位之一,在省内各新闻媒体公开发布《江西省交通厅开展“优化投资环境,提升服务水平”实践活动公开承诺》,热忱欢迎社会公众参与监督、检查、纠正交通行业中出现的违规违纪行为。各交通窗口单位把开展“优化投资环境,提升服务水平”主题实践活动作为落实科学发展观、实现交通事业又好又快发展的一项重要举措,从每一个基层站点抓起,针对窗口单位现存的突出问题,提出有针对性的解决方案,下大力气进行整治,加强软硬件设施,创造良好服务环境,全面提升服务水平,其中,省厅重点推出赣粤高速公路股份有限公司昌北收费所、江西公路开发总公司梨温高速公路公司鹰西收费站、新余地方海事局等三个窗口单位在《江西日报》、江西电视台、江西人民广播电台等省内主流媒体上大张旗鼓地进行宣传,充分发挥典型示范作用,为树立交通窗口单位的良好形象营造了良好的舆论氛围。

2. 深化拓展群众性精神文明创建活动,大力加强交通文化建设。一是精神文明创建工作成果丰硕。一年来,在文明行业创建工作中,涌现一批爱岗敬业、诚实守信、服务群众、奉献社会和清正廉洁的先进单位和先进个人:省高等级公路管理局赣粤公司通远收费所荣获全国"五一劳动奖状",万志群、谢建国、刘海霞等3名个人荣获全国"五一劳动奖章",省交通厅航务管理局被评为全国交通行业文明行业。全省交通系统共有174个单位被评为"江西省第十一届文明单位",占受到表彰总数的14.5%;有1个单位获江西省"五一劳动奖状",4名个人获江西省"五一劳动奖章";4个单位被评为全国交通行业文明单位,4个集体被评为全国交通行业文明示范窗口,5名个人被评为全国交通行业文明职工标兵,1名个人被评为全国交通行业精神文明建设先进工作者;2名个人获"全国交通运输行业抗震救灾先进个人"荣誉称号,10个单位获全国交通行业抗灾保通先进集体称号,20名个人被评为全国交通行业抗灾保通先进个人。省交通厅机关连续四届被评为省级文明单位(第八、九、十、十一届),连续16年被评为全省社会治安综合治理工作目标管理先进单位,连续16年被省春运工作领导小组评为全省春运工作先进单位;2008年还先后被省政府授予"三清山申遗先进单位"和"2008年北京奥运会火炬接力江西境内传递活动优秀组织奖",被交通部授予"全国交通运输行业抗震救灾先进集体"荣誉称号。二是积极组织开展救灾捐款活动。年初的雨雪冰冻灾害给江西省交通、农业、电力带来了严重影响,面对突如其来的严重灾情,为切实帮助困难群众渡过难关,树立江西交通部门的良好形象,组织厅机关干部职工共计捐款4000余元,用于灾区人民生产自救、抗冻抢险和灾后重建。

四川汶川"5·12"地震发生后,省厅党委专题召开为四川灾区募捐动员大会,号召厅机关各处室和南昌直属各单位以及广大干部职工积极捐款帮助灾区人民渡过难关、重建家园。据统计,当天共募集捐款227.8万元,其中个人捐款78.8万元,单位捐款149万元。之后,为援助灾区过渡安置房的建设,省厅决定,再向灾区捐赠600万元。中组部和省委发出交纳"特殊党费"、支援灾区重建家园的号召后,全厅广大共产党员积极响应,踊跃参加捐献"特殊党费"活动,在短短的两天时间(5月21~22日),共有3548名党员自愿把一个月的工资收入全部作为"特殊党费"上交所在单位党组织,共计466万元,其中交纳1000元以上的党员2498人,充分表现了交通厅广大党员情系灾区的崇高精神风貌。交通厅共募集1320余万元善款支援四川抗震救灾工作。另外,为认真贯彻落实省委、省政府和交通运输部关于对口支援四川灾区交通部门抗震救灾的工作部署,省厅先后向对口援建的绵阳市交通部门捐赠了10台价值300万元的红岩12吨双桥自卸车,并紧急调遣了4台大型货车并派专人速夜装运300张行军床和200顶行军帐篷赶赴四川省彭州市灾区,以实际行动表达江西交通人为灾区同胞分忧解难的责任意识和深厚感情。

(省交通厅宣传处)

【全省稽征系统62个单位被评为省第十一届文明单位】 4月28日,江西省委、省政府印发《关于表彰江西省第二届文明城市、文明村镇、第十一届文明单位和精神文明创建工作先进单位的通报》,全省交通稽征系统省稽征局机关、西湖稽征所、九瑞收费站、月湖稽征所等62个单位被评选为省第十一届文明单位,比上届增加了17个。

2007年以来,稽征部门把构建和谐稽征作为行业建设的奋斗目标,紧紧围绕为车主提供更快捷、更便利、更科学的缴费服务为宗旨,以深入开展学习实践科学发展观试点活动、民主评议政风行风活动和优化投资环境活动为载体,广泛开展思想道德教育和实践,推进服务标准化建设,创新服务举措,实施科技征费战略,大大提升了服务效能和行业形象,得到广大车主的肯定。

(曾德宝)

【省航运管理局文明单位创建活动取得新进展】 按照该局"十一五"精神文明建设工作规划的要求,该局积极开展全行业的文明单位创建活动,进一步细化、量化《全省港航管理两个文明建设先进单位考核评分标准》,使之更切合实际,更具有操作性，使行业文明单位创建活动，取得较好的成效。全省港航系统科级以上69个单位，已有29个被评为县（市）级文明单位，占总数的42%，20个被评为设区市文明单位，占总数的30.4%，3个单位被评为省级文明单位，占总数的4.35%。

（许根源）

【2008年度道路运输行业精神文明建设结硕果】 2008年，省运管局获得江西省第十一届文明单位和南昌市第十一届文明单位。九江、宜春、吉安、抚州、新余、萍乡、景德镇等7个设区市的运管部门实现100%的县级以上文明单位。吉水县运管所被交通运输部评为“交通依法行政示范单位”。扎实开展民主评议政风行风工作，省运管局和吉安市运管处、萍乡市运管处、上饶市运管处荣获全省交通系统民主评议政风行风先进单位称号。

（曾　敏）

【泰井管理处机场管理所喜获全国“巾帼文明岗”】 6月4日，泰井管理处机场管理所收费广场繁花似锦，喜庆祥和。机场所在这里举行全国“巾帼文明岗”授牌仪式。省高管局纪委负责人、吉安市妇联主席吴伟，泰和县委、泰和县妇联有关负责人及泰井管理处30余名干部职工参加授牌仪式。

高管局纪委负责人在讲话中对机场所创先争优的精神和创岗成功的实践给予了充分肯定，勉励大家要倍加珍惜这来之不易的荣誉，更加严格要求自己，以实际行动树立“巾帼文明岗”的良好形象和泰井高速服务品牌，开拓创新，不断进取，为构建和谐平安高速路作出新的贡献。

吴伟高度赞扬机场所的巾帼文明岗创建工作，机场所以建设一支政治素质好、业务水平高、乐于助人、无私奉献的女职工队伍为创建目标，内强素质，外树形象，凭着“巾帼不让须眉”的精神演绎出一曲曲热情服务、文明收费的动人之歌。

2005年以来，机场所在大力推进优质文明服务的同时，高度重视发挥妇女的作用，为深入开展“巾帼建功”活动和“巾帼文明岗”创建工作，创造了良好的环境。该所始终围绕中心，突出重点，把“巾帼文明岗”创建目标和构建和谐平安高速紧密结合，坚持科学化、规范化管理，注重典型培育与推广，不断提升职工队伍素质，丰富“巾帼文明岗”创建内涵。该所成功创建为全国“巾帼文明岗”，为进一步提升泰井管理处“巾帼文明岗”创建水平、促进妇女工作、推动泰井高速又好又快发展发挥了有效的示范带头作用。

（魏　敏　夏睿德）

【南康所唐江收费站荣获迎奥运“全国巾帼文明岗”称号】 地处赣南山区的赣州管理处南康所唐江收费站在成立短短不到4年时间里，精神文明创建工作实现了“三级跳”，在继2006年、2007年分获赣州市和江西省“巾帼文明岗”称号后，2008年又获迎奥运全国巾帼文明岗殊荣。

自开通伊始，该站充分发挥女职工的主力军作用，积极把争创全国巾帼文明岗与费收各项工作结合起来，引导职工立足本职岗位建功立业，为革命老区发展作贡献。为稳步推进创建工作，该站成立了创建工作领导小组，在广泛征询职工意见的基础上，制定切实可行的活动方案和创建规划，加强对女职工的业务教育、法规教育和职业道德教育，开展以“岗位文明、岗位技能、岗位效益”为基本内容的青年岗位能手活动。同时，该站以迎接奥运会为契机，广泛开展争先创优活动，全力以赴做好奥运火炬传递的道路交通保障和文明优质服务工作，以优良的道路行车环境和服务区环境确保奥运火炬传递顺利进行。

为了表彰在“争创巾帼文明岗、优质服务迎奥运”活动中涌现出的优秀妇女群体，全国妇联、第29届奥组委、全国妇女“巾帼建功”活动领导小组在全国100座城市，表彰1000个全国巾帼文明岗。全省交通系统共有4家单位获此殊荣。

（桂忠忠）

【赣粤公司荣获全国交通行业文明单位荣誉称号】 3月4日，赣粤股份公司被交通部授予全国交通行业文明单位荣誉称号。

进入新世纪以来，赣粤公司按照交通部创建文明行业“三学、六建、一创”（单位学青岛港、集体学“华铜海”人、个人学包起帆；建交通基础设施优质廉洁工程、建交通行政执法素质形象工程、建交通运输通道文明畅通工程、建交通运输企业安全效率工程、建交通系统机关务实高效工程和窗口单位满意服务工程；创建精神文明行业）的总体部署和省、厅文明创建的工作要求,打造“四个环境”,以创新的工作思路抓好文明创建工作,把精神文明建设贯穿于企业经营、管理、投融资等各个方面,实现了两个文明建设同步进行,有力地促进了公司的发展。至2008年3月,公司经营管理558千米高速公路,是江西省内经营高速公路规模最大的企业。截至2007年,公司总资产为116.04亿元,拥有9家子公司,参股公司4家,已建成全国精神文明建设先进单位3个,国家级青年文明号4个,全国巾帼文明岗5个,所属17家单位获得省级文明单位称号,所辖昌九、昌樟、昌泰、九景等5条高速公路已建成青年文明号一条路和江西省青年文明示范高速通道。

(欧阳龙)

【赣粤高速获全国企业文化年会表彰】 12月22日,“第七届全国企业文化年会”上,江西赣粤高速公路股份有限公司获“2008年全国首届企业创新文化优秀案例”表彰,成为全国交通行业两个获奖企业之一和全省唯一获此殊荣的企业。赣粤高速董事长、总经理黄铮获得“首届全国企业文化建设突出贡献人物”奖,成为全国交通行业、全国省属企业中唯一获此殊荣的企业家。

获得“2008年全国首届企业创新文化优秀案例”表彰的共有联想集团、中国铝业公司、中国中化集团公司等全国20家企业。进入新世纪以来,赣粤高速大力开展企业文化建设活动,倡导和打造“路畅人和提升价值”的企业使命,建立以“义利共赢和谐创新”为核心价值观的企业文化理念体系,企业文化建设进入了以文化引领企业快速发展的新阶段。文化建设已经成为赣粤高速在全国交通行业和省属企业中的知名品牌。

(蒋 昊 胡 萍)

【省航务局继续加大内外宣传报道力度】 2008年,省航务局党委围绕单位中心工作,以舆论引导、文化建设和理论武装为重点,创新宣传形式,提升宣传境界,增强宣传效果,着力抓好重大活动和重要题材宣传报道的组织、策划、实施等项工作,从而为航务改革发展稳定大局提供了强有力的精神动力、舆论支持和思想保证。

在内部宣传报道工作中,认真做好期刊的编辑和网站新闻动态栏目的组稿工作。全年共编发《江西航务》13期,其中为“春运”、“两会”、“五一”、“十一”黄金周期间的水上交通安全监管,打击“三无”超载统一执法行动,学习实践科学发展观活动试点工作和民主评议政风行风等系列活动刊发了专栏,充分发挥了沟通、解释、服务的“桥梁”与“喉舌”作用,有力地配合了航务各阶段中心工作和重大活动的顺利开展。与此同时,还认真做好了江西航务信息网站新闻动态栏目的组稿工作,使之网站的新闻动态信息发布准确、更新及时。

在对外宣传报道工作中,先后组织了反映全省航务部门战冰雪确保春运水上交通安全、全力支援灾后江西电网抢修、赣江(南昌—樟树)Ⅲ级航道建成、开展打击“三无”船舶统一执法行动以及“主流媒体记者看江西内河航道建设”、发放全省首张船舶IC卡、“应急2008—江西省处置水上突发事件应急演练”等多个重大活动或重要题材的新闻信息,分别在《中国交通报》、《中国水运报》、《江西日报》进行了宣传报道。在应急演练报道中,由该局组织精干人员筹划了演练专题片的拍摄制作工作,精心准备了解说词和拍摄脚本,在合成预演时邀请江西电视台协助拍摄。通过借助国家专业和全省主流新闻媒体的宣传报道,充分展示了航务(海事)部门处置水上突发事件和重大险情的组织、指挥、协调和应急反应能力,提高了单位在社会上的影响力,进一步营造了有利于全省水上交通安全监管的良好外部环境。

(张兆平)

【省航运管理局水运宣传工作进一步扩展】 2008年,省航运管理局进一步加强宣传工作,力求使该局“三个文明建设”方面的大事、要事都能在社会和交通系统内较及时的反映,同时加强和新闻媒体的联系,在《中国交通报》上发表长篇通讯《“两横一纵”水运网崛起江西现代航运》,在《中国水运报》上发表文章《再接再厉,扎实推进民主评议政风行风活动》,该局开展中心活动的简报,被省厅简报采用6篇,被《江西交通信息网》采用6篇。该局《江西航运信息》共发13期,刊登稿件233篇,较好地做到了行业的大事、要事能让社会和交通内部知道、让行业职工知道。

(许根源)

【中国交通报社副社长黄伟考察梨温高速鹰潭西收费站】 7月12日,中国交通报社副社长黄伟一行考察梨温高速公路公司鹰潭西收费站。黄伟副社长听取了该收费站情况汇报、详细了解收费和服务情况后,高度评价鹰潭西收费站文明建设有特色、窗口服务有亮点、女子收费队伍风貌让人耳目一新。当黄伟看到该站女子收费员在岗亭为过往司乘人员赠发《中国交通报》,并了解到该站赠阅《中国交通报》活动经常化、制度化时,黄伟称赞鹰潭西站此举既为司乘人员提供了便民服务、树立了自身服务形象,同时也为《中国交通报》扩大了覆盖面和影响力。

(张　欣)

【江西省四大主流媒体聚焦梨温高速鹰西女子收费站】 7月24日,《江西日报》、江西卫视台、江西电视台二套、《江南都市报》省内四大主流媒体记者在省委宣传部的组织下,到梨温高速公路鹰西女子收费站,就"优化投资环境,提升服务水平"活动进行集中采访,众媒体记者纷纷用镜头记录了收费服务过程中"微笑服务"、"手势服务"等一个个亲切感人的瞬间。

梨温高速鹰西女子收费站作为外商进入鹰潭市投资兴业的一个重要窗口,该站立足服务于过往司乘人员、服务于地方经济发展这个大局,采取有效措施,扎实开展"优化投资环境,提升服务水平"实践活动,在对"五纵二横"鲜活农产品运输车辆实行通行费全免优惠政策,高效服务"三农"的同时,不断提升自身服务水平,相继推出"承诺服务"、"手势服务"、"双语服务",并通过实施"快乐工作法",将"快乐管理、快乐服务、快乐学习、快乐环境、奉献快乐"融为一体,把收费的过程变成与司乘人员快乐沟通的过程,打造了一个温馨、和谐、充满活力、富有朝气的特色基层站所。开通以来,该站已获得"全国青年文明号"、"全国巾帼文明岗"、"全国交通行业文明示范窗口"、"江西省文明单位"等20余项荣誉称号。

(肖树山　聂头龙)

【中宣部领导视察景鹰高速余江管理处】 12月21日,中宣部办公厅副主任、中央文明办秘书组组长蒋希伟、中央文明办秘书组副组长杨武军一行4人在省文明办主任张元清和鹰潭市委宣传部、市文明办负责人的陪同下,视察景鹰高速公路余江管理处。

该处有关负责人向蒋希伟一行详细介绍景鹰高速公路的建设规模和景鹰高速公路公司的组织机构及分布情况,并就管理处的精神文明创建工作作详细汇报。听后,蒋希伟一行对该处机关及所属各站的规范化管理表示认同,对站容站貌表示赞赏,对精神文明创建工作给予充分肯定。

(赵建华)

【省直新闻单位专题采访仙女湖地方海事处】 11月1日,由省委宣传部、省文明办组织的省直新闻媒体集中宣传全省窗口行业"优化投资环境,提升服务水平"实践活动采访团一行到仙女湖地方海事处进行现场专题采访。

这次集中采访活动,是贯彻落实中共江西省委"五个进一步解放思想"指示精神,推动全省窗口行业"优化投资环境,提升服务水平"活动的深入开展,并以在活动中取得明显成效的单位为宣传重点而进行的一次专题采访。江西卫视、江西电视台五套、《江西日报》、江西人民广播电台、中国江西网、江西文明网以及新余电视台、《新余日报》等新闻媒体组成的采访团首先听取了仙女湖地方海事处关于活动开展情况的总体介绍,接着在该处办证大厅进行了现场采访。随后,采访团一行深入仙女湖景区码头,对游船公司业主、船员就仙女湖地方海事处开展优质服务活动的详情予以跟踪采访。

(杨小军)

【省航务局首次举办行政执法人员队列仪容仪表竞赛】 11月27日,全省航务部门首届行政执法人员队列仪容仪表竞赛在直属单位港航工程处举行。省交通厅副厅长胡琳,省航务局领导,特邀担任评委的南昌警备区熊登辉中校、夏小清中尉到现场观摩。

上午10时整,省航务局党委负责人宣布竞赛活动开始。11个代表队相继登场竞技,报数、稍息、立正、齐步走、停止间四面转体、敬礼等动作均整齐划一,铿锵有力;每个口令准确无误,声音宏亮。参赛队伍饱满的热情、昂扬的斗志、娴熟利落的动作,不时赢得现场观众的喝彩。经过近一个半小时的角逐,鹰潭航务分局、南昌航务分局、九江航务分局3支参赛队脱颖而出,分别获得竞赛的一、二、三名。

比赛结束后,续又举行了检阅仪式。随着胡琳副厅长宣布检阅开始的口令,现场响起了雄壮的解放军进行曲音乐。11支参赛队伍排列成整齐的方队,在海事旗的指引下,以抖擞的精神、飒爽的英姿、整齐的步伐通过主席台接受检阅,受到在场观摩领导和观众的一致好评。

(袁政礼)

【共青团省委、江西电视台走进艾城所采访展示青年文明号创建成果】 5月7日,共青团省委宣传部长罗聪明、江西电视台记者一行走进全国杰出青年文明号江西赣粤高速公路股份有限公司艾城收费所,实地采访青年文明号创建工作,向社会展示青年文明号集体激昂向上的青春风采。

满园苍翠的艾城所,凸现着勃勃生机,收费车道里,过往的车辆络绎不绝,收费员有序工作,规范的手语、温馨的问候、真诚的微笑,点点滴滴彰显职业风范。在收费员规范、职业的服务中,车辆有条不紊通行,司机们一个个满意离去。记者实地拍摄了收费员工作服务的全过程,并进行了随机采访。艾城所负责人介绍了该所青年文明号创建工作和取得的积极成果。

为了庆祝江西省第十四次团代会的召开,共青团省委联合江西电视台制作推出青年文明号创建成果展示专题节目,体现高度职业文明、创造一流工作业绩的艾城所作为青年文明号集体典型被选择参与该节目拍摄,节目于5月11日在江西电视台《社会传真》栏目中播出。

艾城所自成立以来,就把青年文明号创建与各项业务工作结合起来,立足收费窗口服务,始终坚持"车主用户是上帝"这一宗旨,持续深化职业道德、业务技能和文化素质教育,不断探索、健全和完善服务标准,规范服务行为,倾力向社会奉献一流的服务形象,司机、车主和社会各界赞誉不绝。在青年文明号创建过程中,全体员工学、赶、比、拼、帮,呈现和谐、团结、进取、拼搏的良好局面,服务明星和先进典型层出不穷,各项目标管理任务年年顺利完成,为促进高速公路事业发展做出了积极贡献。该所1995年荣获江西省青年文明号,1997年被授予全国青年文明号,2001年被评为全国杰出青年文明号,2005年被授予全国青年文明号信用建设示范单位。

(徐阳平)

【江西公路开发总公司大力支持国防和军队建设】 "向历年来关心支持学院建设的江西公路开发总公司表示衷心的感谢,并致以崇高的敬意!"8月11日,一封南昌陆军学院政治部的感谢信寄到了总公司,感谢总公司及兴赣公司峡江收费站连续3年来对南昌陆军学院野营综合演练给予的帮助和支持。来信内容虽短,但言辞恳切,情意绵长,彰显出浓浓的军民鱼水情。

进入新世纪以来,该学院每次演练活动均受到总公司及沿途各下属单位的大力支持和积极配合。特别是峡江收费站连续3年接待学院野营综合演练指挥部,为他们提供热情周到的服务保障,积极为学院演练创造良好条件,为帮助解决官兵们工作、生活中的实际困难,峡江收费站及时协调,腾出宿舍和办公室供指挥部30多名官兵使用,为官兵们提供了一个良好的生活和休息环境,解除了部队的后顾之忧。为确保道路安全畅通,方便演习部队的车辆来往,峡江收费站还开辟了专用通道,有效地节省了演习车辆的行车时间。同时,做足文明服务工作,该站成立了拥军服务工作组,组织女员工发挥红色娘子军的精神,给官兵们送去了一杯杯清凉解暑的茶水,带去阵阵清凉,得到官兵们一致好评,促进了军民深厚和谐的鱼水之情。

(缪德良 危志敏)

【53名司乘人员联名写信感谢梨温高速东乡管理处的义举】 1月30日10时许,一辆车牌号为贵A311xx贵州黔运交通集团大客车停靠在梨温高速东乡收费站出口处的停车场内,该车24日由贵阳出发开往上海,路上遭遇冰雪天气,包括4名儿童在内的49名乘客已滞留在东乡县20多小时,没进一口饭没喝一口水。梨温公司负责人得知情况后,向乘客们表示亲切慰问,指示东乡处妥善照顾所有司乘人员,并亲自与有关部门沟通联系。该处立即组织人员开展帮助行动,给每一位乘客安排座位休息并送上热开水,对5名患有感冒的乘客送上了必备的药品。乘客中一位儿童正在发高烧,该处领导当即派车把小孩送往医院就诊,陪护的员工待小孩吊完点滴后又把这一家4口接回

管理处。11时,该处食堂为乘客们端上了面条、馒头和小菜。为了招待这批远方的客人,员工们中午餐推迟了近1小时。临行前,司乘人员在感谢信中写道,司乘人员一路遭遇冰冻、堵车等种种困难,忍冻挨饿,身心疲惫。在东乡管理处司乘人员受到了热情的接待与慰问,感受到温暖,有了宾至如归的感觉。

(罗荣刚)

【九江长江大桥公路管理局打造大桥服务新亮点,传播江西交通新形象】 2008年,为了使九江长江大桥真正成为"用微笑传递服务"的人民群众满意窗口,大桥局提出"微笑在窗口,温馨在大桥"的响亮口号,在广大职工中树立"服务车主、服务社会"的意识,通过深化文明创建,延伸大桥窗口多样化、人性化服务,不断提升大桥文明服务新形象,开创了大桥文明建设工作的新局面。是年,该局被评为江西省第十一届文明单位,并荣获全省交通部门综治目标管理先进单位称号,桥南所荣获九江市"青年文明号"称号,监控中心荣获全国"三八红旗集体"称号、交通运输部"巾帼文明岗"称号、江西省"女职工建功立业"活动先进集体等荣誉称号。通过文明创建工作的深入开展,向社会展示了大桥人良好的精神风貌和优质文明的服务形象。 (张曙光 万 鹏)

【南昌市公路局行业文明创建取得新成效】 2008年,南昌市公路局继续抓好文明单位和青年文明号创建工作,被评为市级文明单位。该单位充分利用网络、信息、新闻媒体等开展好宣传工作,一年来,在各类媒体发表稿件226篇,其中市、厅级以上31篇,专版4个,有效树立起南昌公路新的良好形象。以南昌公路摄影协会等为载体,积极探索公路文化建设的新思路、新办法,举办了摄影知识培训班、摄影展及成立摄影创作中心。

(杨 健)

【进贤县交通规费大厅被命名"全国巾帼文明岗"称号】 4月7日,进贤县交通规费大厅被中华全国妇女联合会、第29届奥林匹克运动组织委员会、全国妇女"巾帼建功"活动领导小组命名为"全国巾帼文明岗"称号。该大厅2000年组建,有职工10人,全是女性,担负着全县营运车辆的营运证的办证、换证及交通规费的收缴。大厅自组建以来,共推出6大窗口服务:透明服务(办事指南、业务流程、收费依据和标准上墙)、延时服务(提前半小时上班,推后半小时下班)、延伸服务(下乡收费,方便业户)、上门服务(为车辆较多、较集中的缴费大户送票上门)、"两零"服务(确保零差错、零距离服务)、"两微"服务(微笑服务、注重微小服务),每年办证达1000余个,征缴交通规费400余万元。该大厅已连续8年被南昌市和进贤县评为"文明服务竞赛先进集体",市、县"巾帼文明示范岗"。

(齐万玉)

【景德镇市交通局全员上阵助"创建"】 8月下旬,景德镇市交通局主要领导深入环境卫生整治对口支援的珠山区周路口街道牌楼里社区和与包干路段(沿江东路南门头岗亭至昌江大桥下)连接的3条支路及18条里弄所在地的5个居委会,详细了解当地环境卫生状况及卫生服务设施缺损情况,与社区干部一道研究制定卫生整治方案,组织局机关及所属企、事业单位工作人员自备工具,与当地居民一起进行卫生大扫除。

至9月1日,该局共出动人员316人次,投入经费2万余元,用墙面漆覆盖垃圾广告4531条计1142平方米、清除杂草307平方米、清理楼道堆积物221处、清运垃圾杂物91板车、制作并安装信息服务牌16块、购置垃圾桶10只。此外,该局还积极协调牌楼里社区内两处拆迁待建工地的项目部,分别在这两处待建工地外侧垒砌围墙,使社区环境得到进一步美化。该局在此次环境卫生整治活动中,由于组织迅速、整治到位,有力地支援了对口社区及包干支路所在居委会的创建工作,受到当地居民的好评,以实际行动支持创建全国文明城市活动。

(涂 强)

【206国道鹰潭天禄收费站建成全国青年文明号】 6月底,由共青团中央举行的2007年度全国青年文明号评选活动落下帷幕。经过层层推荐、考核、公示及评审,鹰潭市公路局206国道天禄收费站在全国众多的参评青年文明号单位中脱颖而出,荣获"全国青年文明号"称号。206国道天禄收费站自2003年7月开征以来,坚持以"一流的

管理、一流的形象、一流的服务、一流的效益”为目标,坚持“依法征费、文明服务、确保畅通"的原则,把创建青年文明号活动作为推动各项工作的动力,全面提高征费员工的整体素质和职业道德,树立单位和征费员工队伍的良好形象,不断创新创建成果。2004年至2007年,被共青团江西省委、共青团鹰潭市委分别授予“青年文明号”荣誉称号、全省交通系统“先进单位”和“先进集体”、省总工会、省交通厅授予的“女职工建功立业活动标兵岗”、“全省交通系统巾帼文明岗”称号,以及2007年全省交通部门唯一的荣获“全省职工职业道德建设十佳单位”荣誉称号。

(鹰潭市公路局)

【吉安市县乡公路部门行业文明建设成效显著】 2008年,吉安市县乡公路部门继续开展文明路创建活动,包括优秀公路站长、优秀养路工评选活动。做到有创建标准、有考核办法、有检查、有落实、有结果上报市局。4月底,公路处制定了文明样板路、优秀公路站长、优秀养路工创建标准和考核办法,在8月份养护检查中市处组织对各站行业文明建设开展情况进行检查,全市共创建文明路13条106.97千米。各站为开展好文明样板路、合格道班、称职养路工创建评选活动,严格按照要求,积极对文明示范路等设施进行完善,及时安装文明示范路标志牌和宣传牌,并对文明示范路进行绿化。遂川县公路管理站在创建文明道班和“十佳”养路工工作中,积极改善道班环境,开展“一种三养”(种蔬菜、养猪、养鸡、养鸭),在行业文明建设中取得良好的效果。

(吉安市交通局)

行风建设

【概况】 2008年,全省交通运输部门按照“规模不变、力度更大、要求更高”的要求,精心部署,周密安排,扎实做好每个阶段、每个环节的各项工作,达到了以评促纠、以评促建、以评促创的目的,进一步巩固了2007年以来政风行风建设的成果,着力在五个方面取得了成效。

加强领导,精心组织。从科学发展、和谐发展的高度认识民主评议政风行风工作的重要性,交通厅成立了领导小组和专门机构,主要领导负总责,2位厅领导负责日常工作,抽调15位人员组成综合材料组、宣传报道组、评议督查组,对评议工作的每个阶段的工作都作了认真部署。同时,省厅还积极指导各设区市交通局和厅直单位成立以主要领导担任组长的评议工作领导机构,选派得力人员组成评议办公室负责具体实施和联络沟通工作。结合实际制订了实施方案,落实了工作责任。严格责任考核,落实奖罚措施,形成了一级抓一级、层层抓落实的工作局面,扎扎实实开展民主评议政风行风工作。

深入动员,广泛宣传。交通部门各单位通过组织干部职工围绕为什么开展政风行风评议、怎样开展政风行风评议、如何搞好评议进行了再学习、再提高、再认识,把学习贯穿评议工作始终,不断深化认识,端正态度。结合行业特点和自身优势,充分利用车、船、港、站、桥、码头、办公楼、收费站以及高速公路电子滚动显示屏,重点宣传了交通系统在政风行风建设方面所做的工作和取得的成绩,宣传了交通系统为民众服务、为基层服务的主要职责和具体要求,营造了交通发展的良好氛围。

抓住重点,自查自纠。交通部门各单位通过深入基层调研、召开座谈会、上门征求意见、接听热线电话、组织“回头看”等方式,抓住重点,认真对照自查自纠和整改工作方案列出的八个方面内容,扎实开展自查自纠工作。主动通过广播、电视、网站等媒体开辟政风行风热线,向社会公开投诉电话、电子邮箱和邮政地址,评议期间,11个设区市交通局收集、报送群众满意度调查抽样35000个,开展问卷调查,广泛听取和征求广大司机、车主、用户以及媒体工作者等社会各界意见。各地交通部门还主动参加当地举办的“政风行风”热线接听活动、现场咨询等活动,加强了行业指导,对县(区)、市交通部门的民主评议政风行风工作进行了督导。厅直属单位也认真开展了自查自纠,并对所属单位和行业进行了同步督查,形成了横向到边、纵向到底的工作格局。

狠抓落实,认真整改。评议期间,在整改落实上明确4个重点:一是对2008年自查自纠收集的意见和建议的整改落实;二是对2007年民主评议政风行风群众满意度调查中收集意见、建议的整改落实;三是2008年省"政风行风热线"收集意见、建议的整改落实;四是2008年社会群众投诉问题的办理和整改落实。围绕上述重点,全部门共征集意见、建议梳理归纳为542条,已整改落实424条,正在整改落实69条,对27条一时难以整改的意见和建议全部制订了整改计划,对因机制、体制等原因暂时解决不了的22条意见和建议,通过上门走访、信函反馈、电话告知等形式,全部及时向群众进行了反馈和解释工作。对省民调中心反馈的234条2007年群众满意度调查中的意见和建议,尽管有的没有服务对象的联系方式,有的意见和建议还比较抽象,但各单位同样认真对待,逐一对照整改,有的还在门户网站上向社会进行了公开的反馈。对5月29日江西人民广播电台"政风行风热线"中现场已经答复的11个问题,厅民评办督促责任单位事后跟踪回访,对现场没有答复的10个问题,相关单位在限定期限内整改,给群众满意的答复。对自查自纠的287条意见和建议,各单位及时进行了责任分解,同时,把社会群众投诉问题的办理、整改落实情况也作为自查自纠工作的一项重要内容,扩大了评议工作的覆盖面。

督促检查,公开评议。中共交通厅党委、行政主要领导经常过问并提出具体工作要求。领导小组多次召开领导小组会议、评议办工作会议、评议督查工作会议,对具体工作进行部署安排。6月下旬,厅组成4个督查工作组,由厅领导带队赴各设区市交通局进行督查。特别就落后单位进行了专项督导。厅评议办多次对参评单位指导、督促和检查。还组织了各设区市交通局互相交叉检查。检查评议工作做到了严格要求、严密实施,严谨操作、严肃纪律。

(江西交通年鉴编辑部)

【省航运局深入推进民主评议政风行风工作】 全省航运系统在2008年民主评议政风行风工作中,一是抓好宣传发动工作。省航运局及全省港航管理部门认真研究印发《宣传报道工作方案》,在办公楼、港站码头共悬挂宣传横幅107条,印发宣传单10711份,制作宣传板报98块,出刊《简报》152期,在省级或地厅级媒体分别刊登政风行风评议工作相关稿件74篇、125篇,举办现场咨询68场次,签订民评工作责任状85份,营造了浓厚的宣传氛围。二是采取多种形式,广泛征求意见。按照《全省航运系统2008年民主评议政风行风自查自纠和整改工作方案》、《全省航运系统2008年民主评议政风行风问卷调查工作方案》的要求,全系统各单位向社会公布了监督举报投诉电话,设立了征求意见箱,开辟网上民主评议政风行风专栏,聘请行风义务监督员,实行开门纳谏,广泛邀请行政事业单位、政府有关部门、人大代表、政协委员、纪检委、纠风办、水运港口经营业户、船主、货主参加征求意见及建议座谈会,认真征求意见和建议,诚恳接受各方面的监督,虚心纳谏,开门评议,并结合该单位实际,采取多种形式,开展自查自纠。省航运局和各设区市港航(口)管理处(局)在依法行政、提高效能,围绕重点、强化服务,转变作风、政(事)务公开,勤政为民、务实高效,受理投诉、查处案件等方面认真开展自查自纠。全省航运系统共召开座谈会15个,参加座谈会人员达351人次;发放征求意见表351份;发放征求意见函166份。经梳理归类的意见和建议共20条。三是狠抓整改,注重实效。针对自查自纠和征求到的意见和建议,省航运局民评办认真研究,按照"四个不放过"的原则,研究制定了针对性、操作性强的整改方案,明确了整改责任单位、责任领导、责任人、整改期限和整改措施,坚持边查边整边改,力求在难点问题上求突破,在窗口服务上求创新,在行业管理上求深度,在制度建设上求完善。坚持以水运港口经营业户、船主、货主反映强烈的问题为突破口,对那些屡禁不止、反复性强的问题,集中力量进行治理,并用制度来管理和规范。经常敞开大门听批评,深入到水运港口经营业户、船主、货主中倾听意见,善于发现和整改问题,让水运港口经营业户、船主、货主满意。通过整改,全省航运系统民评工作基本达到以评促纠、以评促改、以评促建、以评促创的目的。截至2008年,省航运局已建立和健全44项涉及政风行风建设的规章制度,基本形成用制度管权、按制度办事、靠制度管人的长效机制,为深入推进局机关及全行业政风行风建设奠定了坚实的基础。

(万茂元　刘新民)

【省航务局狠抓纠风工作取得明显成效】 2008年,省航务局各级纪委监察部门遵照国务院纠风办关于"继续加强政风行风建设,着力解决损害群众利益的突出问题,积极为群众办实事办好事"的要求,加大从源头上预防和治理不正之风力度,深入推进纠风工作,纠风工作成果得以进一步巩固。

上饶航务分局针对船民反映海事、船检部门在辖区设立临时站点过多或站点过于接近的问题,立即组织纪检监察人员深入一线进行调查,在充分掌握第一手资料的基础上,向基层执法单位下达了监察建议书,建议撤销了荞麦湾、竹溪林两个水上检查临时站点,此举深受广大船民欢迎。赣州市地方海事处认真解决船员亟须解决的问题,得知辖区白塔等地装运木材的船舶需要"赶水"出江,他们随叫随到,及时做好现场监督和服务,全力满足船员的"赶水"之急。

是年6月,省局纪检监察机构组织2个暗访组相继对九江、南昌、宜春、新余、吉安5个设区市地方海事局、13个地方海事处、1个减载货场、1个减载货场、1个"三无"船舶整治基地、6个船舶单位、9艘货运船舶进行了暗访。暗访结果是:绝大部分办公场所整洁卫生,各项制度标识规范;执法人员持证上岗,着装整齐,用语文明,服务态度良好。同时,暗访组对部分海事处辖区停泊和在航船舶进行了抽查。在与旅游公司、航运公司、渡口管理站、船厂及部分货船、渡船、客船和井冈山旅游船的企业负责人或船员进行座谈时,均反映辖地海事执法人员能文明执法,服务热情,未存在吃、拿、卡、要,门难进、脸难看、事难办的现象。

(李建华　张兆平)

【稽征部门以民主评议促行风建设成效明显】 全省稽征部门坚持突出重点、突出特色、突出创新、突出实效的思路,扎实开展民主评议政风行风工作,以民主评议促行风建设成效明显。一是"以评促收"效果进一步显现,征费额不断攀升。截至10月31日,"四费"征收29.80亿元,占年度计划(31亿元)96.1%,同比增长12.4%。征管质量也日益好转,实征率同比明显提高。二是思想认识进一步提高,服务效能不断提升。如抚州分局开展服务过程"零差错"、服务方式"零距离"、服务目标"零投诉",车主满意度不断提高。三是办事效率进一步提高,便民措施不断升级。通过完善新广域网管理系统及其新功能的开发和应用,通行费和养路费信息通过新广域网进行互联互查,实现了"所站联动",便民缴费迈上了一个新台阶。四是窗口建设进一步规范,稽征形象不断提升。服务礼仪规范化、所级公路规费征管业务岗位标准化建设稳步推进,各单位收到来自服务对象的锦旗24面、牌匾13块、感谢信60余封。五是工作作风进一步转变,服务意识不断加强。在江西稽征信息网上开通公众缴费查询系统,开发多功能短信平台,提供政策宣传和欠费催缴的短信提示;新建所主动深入辖区运输企业与个体户中开展"百户回访"活动,现场为车主排忧解难,人民群众交口称赞。六是制度建设进一步完善,长效机制不断健全。政治理论学习年度考评办法、会计核算办法、基本建设会计核算办法、规范鼓励干部职工学历继续再教育、规范行政处罚自由裁量权等一批长效制度相继出台,夯实了科学发展基础。七是队伍建设进一步加强,发展潜力不断增强。通过外部引智、内部培训、竞争上岗等形式,有力地促进了稽征干部队伍和人才队伍建设,为稽征科学发展培源固本。

(曾德宝)

【省公路局召开民评工作互评会】 11月19日上午,省公路局召开2008年全省公路部门民主评议政风行风工作互评会。省公路局负责人3人出席。

局长曹先扬指出,开展民主评议政风行风,有利于进一步加强全省公路系统机关作风建设,提高工作效能与管理水平;有利于进一步增强服务意识,提高服务质量,使人民群众更加理解、支持省公路局的工作;有利于进一步巩固全省公路系统政风行风成果,树立公路行业良好社会形象。省公路局召开这次互评会是省公路局组织公路系统行风评议形式的一种创新,希望通过这种形式互相观摩、互相学习、互相促进、互相提高,通过树立良好的政风行风促进全局工作,推进公路事业又好又快发展。

此次互评会分两个小组进行,各设区市公路局为一组,局属高速公路管理处、交通工程集团公司、交通通信总站为一组。会上,各参评单位介绍民评工作开展情况和成效,各单位互相观摩、查阅了工作资料,各单位根据其他单位工作内容资料、组织实施情况、民评的特色亮点和民评工作的成效进行评分。省公路局将对这些分值实行去掉一个最高分和一个最低分加总分平均，最后得分乘以0.05进行计算。互评得分和省公路局考评得分、满意度测评得分、局领导和机关处室评分合计，最后得分为各单位民评工作总得分。

（省公路局）

【江西公路开发总公司以“四个结合”开展2008年“双评”工作】 6月11日，公路开发总公司召开2008年民主评议政风行风动员大会，全面部署总公司2008年民主评议政风行风工作。并要求做好“四个结合”，把民主评议政风行风工作不断推向深入。一是与深入学习实践科学发展观活动相结合，一起开展，一同推进，一并落实。二是与推进政府信息公开相结合，两者要相互促进。三是与“优化投资环境，提升服务水平”实践活动相结合，以“六比六看”为主要内容，着重抓好自查自纠、征求意见和整改三个环节，不断改进自己的工作作风，不断提高单位和部门科学发展、服务群众的能力，树立良好形象。四是与深化巩固近几年民主评议的成果相结合，要在此前民主评议的基础上，与巩固深化成果结合起来，与基层所站作风整顿验收工作结合起来，与纠风专项治理工作结合起来，与切实为群众办实事办好事结合起来，继续开展好民主评议政风行风工作。

（章春华）

【景鹰公司以“四个破除”、“四个回应”开展“双评”工作】 9月4日，景鹰公司召开民主评议政风行风征求意见和建议座谈会，万年、鄱阳县委宣传部、交通局、公路分局、供电局、客运公司，万年县公安局，万年县齐埠乡政府、派出所、收费站等单位代表应邀参加意见征求会。景鹰公司本着深入查找不足，及时整改，力争在增强服务意识、完善企业管理、提高队伍素质等各方面工作上再创佳绩的思路，以“四个破除”、“四个回应”开展民主评议政风行风工作。“四个破除”即破除自我封闭、坐井观天的狭隘思想；破除安于现状、不思进取的懈怠意识；破除作风散漫、疏于管理的松散意识；破除职能部门按主观办事、凭经验执法的守旧观念，努力做到切实推进公司行风建设和文明建设工作。“四个回应”即积极回应社会公众对景鹰高速便捷通行的期待；积极回应沿线地方政府和外商企业对景鹰高速拉动地方经济发展的期待；积极回应广大司乘朋友对景鹰高速安全通行、文明执法、温馨服务的期待；积极回应景鹰高速人对树立公司良好形象，增进干群关系、增强广大员工操作执行力、推动公司新发展的期待。

（李思诚　魏　翔）

【全省高速公路服务区“规范经营行为、提升服务形象”整治推进工作启动】 12月20日，省交通厅在南昌召开全省高速公路服务区“规范经营行为、提升服务形象”整治推进工作动员会，认真贯彻落实省委省政府要求，推进高速公路服务区整治工作，规范经营行为、提升服务形象，切实改变高速公路服务区面貌。厅党委书记程受铤出席会议并讲话，厅长马志武作动员讲话并与各高速公路管理单位签订目标责任状，副厅长孙茂刚出席会议，厅巡视员席芳柏主持会议，副巡视员邓经国宣读《“规范经营行为、提升服务形象”整治推进工作实施方案》。各高速公路管理单位、服务区监管单位的主要领导和分管领导，厅机关有关处室负责人，中石化江西分公司有关负责人参加会议。

为进一步推进全省高速公路服务区经营管理工作，提高管理水平，省交通厅在全省范围内开展高速公路服务区“规范经营行为、提升服务形象”整治活动。该次活动开展，按照全面部署动员（2008年12月12日～12月20日）—自查自纠、整改、宣传（2008年12月21日～2009年1月15日）—检查验收、考核、总结（2009年1月16日～2月20日）3个阶段进行。整治工作的目标是：通过理顺管理体制，转换经营机制，由当前“以包代管”模式向以自营为主、多种经营形式为辅的管理模式转型，以改善环境卫生、规范服务标准、丰富经营品种、完善经营设施、营造市场氛围为整治工作主要内容，规范经营行为，提升服务形象，努力建设“服务规范、设施先进、环境优美、群众满意”的服务区，更好地为广大人民群众出行提供服务，实现政治效益、社会效益、经济效益和谐发展。

（练崇田）

【景德镇市公路局抓民评创新特色促发展】 2008年，景德镇市公路局在民主评议政风行风工作中，积极拓展思路，创新2个特色，一是结合公路特点,在评议内容和方式上创新特色。坚持以“一抓五促”为主要内容,一抓就是抓政风行风评议,五促就是促问题整改,促民生工程,促机关建设,促文明执法,促争先创优,以此推进公路行业新风形成,促进公路全面发展。二是强化服务理念,在便民服务上创新特色。该局结合公路行业特点,实行“登记预约服务制”和“错时延时制度”,路政人员实行AB岗轮班,方便服务对象,提升服务水平,展示公路行政执法人员新形象,新风貌。打造3个亮点,一是采取市县乡企业联动抓公路大中修工程建设。该局面对经费极为困难的现实,创新工作思路,采取市、县、乡和企业“四方联动”的方式,共筹措资金2389.75万元,完成东三线、涌新线等12条线路43.19千米公路大中修。二是依法行政抓路政管理。该局以宣传《江西省公路路政管理条例》为契机,积极争取公路沿线乡镇政府和相关部门的支持配合,开展公路环境集中整治,维护公路完好畅通,该局依法行政工作受到市政府通报表扬,市三龙治超站被交通运输部授予“交通行政执法责任制示范单位”称号。三是严格考核抓养护绩效。为加强公路全面养护,该局进一步改革公路养护管理办法,通过组织检查和严格考核,促进公路全面养护工作,路况得到改善和提高。

该局在民评工作中,还认真抓好机关作风建设,通过实行机关内部改革,理顺关系,优化结构,局机关由13个科室精简为9个,在作风建设上,认真落实“深、严、细、实、快”五字作风,通过开展“抓作风、促效能、创事业、促发展”主题活动,努力建设“学习型、创新型、服务型、和谐型、廉洁型”五型机关。通过开展创评活动,文明创建工作取得新突破,市三龙治超站被共青团中央授予“全国青年文明号”荣誉称号,乐平公路分局被省委、省政府授予“省级文明单位”称号。该局通过政风行风评议,在全局形成优质服务意识,规范的行政行为,创新的工作机制,扎实的工作作风,良好的社会形象,促进公路各项工作全面发展。由于民评工作扎实有效,市公路局民评工作在全省公路部门评比中获得第四名。

(赵席忠)

【新余市交通局10项便民措施促政风行风大转变】 2008年,新余市交通局制订10项规范执法和便民服务措施。一是认真搞好咨询服务,设立咨询热线电话,畅通行业信息渠道,为广大经营业户提供有关政策业务的咨询服务。二是进一步规范行政许可,将汽车维修、普通货物运输、客货站场经营企业行政许可下放县(区)运管所办理;水上运输许可下放到基层站所,为群众办证提供方便。三是推行快捷办事机制,道路、水路企业变更企业名称,客运车船更新、换发或补办证件,凡符合规定,资料齐全,做到即时核发。四是对新车落户的实行承诺制,凡落户的新车,落户手续与交警同步进行,凭交警的手续办理道路运输证手续;新落户船舶凭海事局的手续办理水上运输证手续。五是规范普通货物运输技术等级评定,对普通货物运输车辆技术管理的每年一次车辆检测定级,可由车主提供有效的A级综合性能检测站的检测数据,给予车辆技术等级评定。六是规范普通货运车辆二级维护,凡落户的货运企业,在道路运输证审验时,只要能提供该车4次有效的二级维护资料,均可免予处罚。七是外商货运企业,凡新增的100吨以上道路货运车辆可享受优惠政策,由运管部门办理有关手续。八是本地货运企业在保证现有车辆吨位前提下,对新增3吨至10吨以下车辆,按缴费总额进行奖励,奖励手续由运管部门办理。九是对落户新余的省际水上运输企业,在缴纳水上运管费上进行优惠,优惠手续由市港航处办理。十是对落户新余的省际水上运输企业,在船舶年检时减免船舶年检费,减免手续由市港航处办理。执行便民10项措施后,该局政风行风大有转变。

(郑优灵)

【宜春市运管部门开展民主评议政风行风知识竞赛活动】 8月15日,宜春市运管局七楼会议室气氛热烈,高潮迭起,全市运管部门民主评议政风行风知识竞赛在这里如火如荼举行。该次知识竞赛的目的旨在更好地推动全市运管部门民主评议政风行风工作顺利进行,提高全市运管人员的业务水平和服务水平。各县(市、区)运管所和局机关12支代表队共计40余人参加了此次知识竞赛。

知识竞赛分为红、黄、蓝3个组,每组有4支代表队参加,取小组第一名参加决赛,竞赛设置个人必答题、小组必答题、抢答题和风险题四个环节,竞赛内容包括行政许可法、公路“三乱”专项整治相关知识、行风评议内容、《中华人民共和国道路运输条例》及相关法律法规等。比赛现场气氛活跃,各队选手踊跃抢答,精彩的解答赢得了观众的阵阵掌声。经过四轮的激烈角逐,高安、宜丰、樟树代表队分获比赛前三名,其余代表队获得优秀组织奖。

(宜春市运管局)

【吉安市县乡公路部门民主评议政风行风建设取得实效】 2008年,全市上下推进机关效能建设,积极开展民主评议政风行风活动。吉安县公路站完善各项工作制度,加强了机关效能建设。年初,该站制定了《吉安县公路管理站各股(组)工作职责及管理制度》、《吉安县公路管理站2008年工作目标管理考核办法》、《规费征收实施办法》和《2008年农村公路建设项目管理责任及奖惩办法》,使全站干部职工知道自己该干什么,该怎么干,不断强化自律意识,充分挖掘潜力。新干县公路站进一步完善《机关效能建设八项制度》,按照“两卡、四上墙”的要求,公开办事程序,收费项目、依据、标准等。同时实行挂牌上岗全站准时上班,按时下班;遂川县公路站实行工作承诺制、首问负责制和责任追究制,同时还实行政务公开制,公开执法依据、办事程序、工作制度、规费标准、处罚标准、工作人员岗位职责、工作人员去向牌、监督电话,有效转变了单位工作作风;其他站也相应完善各项工作制度,这些措施大大增强了机关办事的透明度,加强了机关内部管理。

(吉安市交通局)

【上饶市公路局实现公路“三乱”零投诉】 2008年1~3季度,上饶市实现公路“三乱”零投诉,上饶公路部门行风建设取得显著成果。

是年年初,全市公路系统以开展“讲正气、树新风”和“对照职能、贴进民生,努力为群众办实事办好事”主题教育实践活动为契机,坚持“五个结合”,构筑“五项机制”(即坚持行风建设与业务工作相结合,构筑组织保障机制;坚持作风建设与队伍建设相结合,构筑教育引导机制;坚持作风建设与党风廉政建设相结合,构筑制度约束机制;坚持作风建设与精神文明建设相结合,构筑动态管理机制;坚持作风建设与民主评议相结合,构筑社会监督机制),注重在解决群众“最盼”上务求实效,在解决群众“最烦”上改进作风,在解决群众“最愿”上搞好服务,不断提高群众对公路工作的满意度,实现以行风促形象、促发展的目标。

同时,全市公路部门保持治理公路“三乱”的高压态势,加强监督检查,及时查处群众反映的问题,治理公路“三乱”工作成果得到进一步巩固。

(啸　谷)

工会工作

【概况】 2008年,是中国工会十五大、省工会十二大召开之年。全省交通部门各级工会,加强工会自身建设,拓展工会工作,为稳定交通职工队伍,推动交通事业发展,促进和谐平安交通建设,作出了积极贡献。

围绕发展大局,大力开展劳动竞赛活动。2008年,交通工会以开展“当好主力军、建功‘十一五’和谐奔小康”为主题,以创建“工人先锋号”、“我为节能减排作贡献”为载体的职工经济技术创新活动,开展了重点工程建设“三保五好”竞赛活动和“抗冰冻、保畅通”大行动,取得了较好的经济和社会效益。全省交通部门涌现出一批先进集体和个人:省高管局通远收费所、江西新世纪高客分公司分获全国和省“五一”劳动奖状;宜春汽运总公司等5个单位被中国海员建设工会评为“农民工返乡安全优质服务竞赛”先进集体;九江市公路局黄瑕收费站等4个单位分别被中国海员建设工会和省总授予“工人先锋号”称号;江西赣北公路工程有限公司(景鹰高速公路B1标)获“全国公路建设施工企业重点工程劳动竞赛”优胜奖;南昌航务分局万志群、九江市公路局武宁分局夏建国获全国“五一”劳动奖章,同时被省政府授予劳动模范称号。上饶市公路局万年分局谢志惠等3位员工获省“五一”劳动奖章。

强化民主管理,切实做好维权帮扶工作。一是民主管理落到实处。2008年,全省基层工会职代会建制率达80%;90%以上基层单位定期召开职代会。凡重大改革方案和涉及职工切身利益的制度出台,均能提交职代会审议表决。多数公司制企业建立了职工董事、监事制度。初步构建了三级民主管理网络;职代会制度延伸到分局(分公司)、站(所)及班组。二是维权帮扶取得实效。交通工会以建立平等协商、签订集体合同作为工会维权的基础和手段,建立了劳动关系调处、重大事件预防和劳动争议调解制度。企业单位集体合同签订率达85%,劳动合同签订率达71%。三是维护女职工合法权益,加强女职工委员会建设,配齐女工委员,组织开展了“女职工建功立业”和“四个一”的素质达标活动,全省基层女职工特殊权益保护专项集体合同签订率达80%。四是加大帮扶解困力度。继续开展“送温暖”和“金秋助学”活动。2008年,全省交通系统各级工会共筹措资金106.2万元,帮扶困难职工2637户。资助了10名困难职工子女上学。

实施文化工程,大力推进和谐交通建设。加强职工思想教育和技能培训。开展了“创建学习型组织,争做知识型职工”活动,全省交通系统有近3000名职工参加岗位练兵和技术比赛。大力开展群众性体育活动,各级工会以“迎奥运”为主题,开展形式多样的文体活动,参加职工达2万余人次。省交通工会组队参加江西省第二届机关运动会,夺得金牌14枚、银牌8枚、铜牌7枚,荣获团体总分二等奖。在2008年CTTA中国乒乓球会员联赛(南昌站)的比赛中,取得男子团体、男子单打、女子单打三个第一名和男子单打第二名、女子单打第三名的好成绩。在交通部组织的第十三届交通杯“上海海大杯”桥牌团体赛中获得团体第三名。

强化自身建设,提升工会工作整体水平。加强工会组织建设,实现工会组建率100%、职工入会率100%的目标。强化工会财务管理,实现基层工会经费上缴逐年增长的目标,省交通工会完成省总下达的工会经费上解任务。提高工会干部的业务能力,开办各类培训班11期,受训人员达283人次。选派45人参加全总组织的安全生产督导师(员)培训班学习。工运理论研究取得明显成果。组织开展工运理论调研,共收集论文(调研报告)63篇。省交通工会获全总劳动保护部“安康杯竞赛”论文征集优秀组织奖。

(李 坪)

【省交通厅为奥运交通运输提供有力保障】 2008年,在全力支援四川灾区抗震救灾的关键时刻,适逢北京奥运圣火进入全省传递,在省组委会的统一指挥下,省交通厅精心组织,周密安排,认真做好奥运圣火团队、物资运输和公路转场运行等重大保障工作,并接受了奥运焰火运输任务,以畅洁绿美的路容路貌、车况优良业务精湛的车辆运输保障、细致入微热情周到的接待服务为奥运火炬传递活动做出了积极贡献,省厅被奥组委授予筹备工作突出贡献单位称号,被省政府授予“2008年北京奥运会火炬接力江西境内传递活动优秀组织奖”。

(何战鏖)

【景婺黄管理处首届职工代表大会召开】 4月16日,景婺黄管理处召开首届职工(会员)代表大会暨工作会议。省公路局负责人及相关处室人员、该处的各单位党政领导、处机关工作人员及职工代表共计80余人参加了会议。

会议在庄严的国歌声中拉开了帷幕,处领导首先作《行政工作报告》,总结回顾2007年全处按照“稳步开张、逐步规范、大步创新”的工作思路,围绕征管养中心工作所取得的一系列成绩,指出2008年管理处工作要以构建和谐平安高速为主线,以全面开展创建“规范化管理年”活动为目标,努力创建规范化所站、标准化路政,开展科学化养护,继续抓好“一种三养”(种菜、养猪、养鸡、养鸭)工作,继续按照“一所一特色”、“一队一特色”的原则,抓紧抓好景婺黄管理处的特色文化创建活动。处工会负责人向全体代表作《工会工作报告》。党委书记讲话强调管理处要以提高干部队伍的自身修养和法律意识为抓手,加强党风廉政制度建设的力度,从源头上杜绝腐败。

该次会议表决通过《江西省公路管理局高速公路单位员工收入分配制度改革指导意见(试行)》,该处按照省路局关于劳动用工及收入分配制度的改革方案,打破正式工与合同工、干部与职工的界限,遵循“按编定岗、按岗定薪、同岗同酬、奖优罚劣”的原则,对现有的劳动用工及收入分配制度进行创新改革,强化岗位竞争机制,最大限度地调动职工的工作积极性。会上,代表们就《第一届工会委员会选举表决办法》、《职工(会员)提案解答报告》和《关于员工收入分配制度改革的方案》等多项提案展开热烈的讨论,互相交流,充分发挥代表的民主权力。

局长曹先扬讲话，肯定2007年景婺黄管理处的各项工作和2008年年初管理处抗冰保畅通工作。特别是在抗冰保畅通工作中，全处干部职工在没有外援和上级督促的情况下，众志成城保畅通，全心全意解民困，取得了抗灾工作的全面胜利，充分展现出景婺黄管理处较高的政治觉悟及硬朗的工作作风，展现了景婺黄职工良好的精神风貌。

（曾慧芬）

【省委常委、常务副省长凌成兴莅临横市服务区视察奥运圣火传递接待工作】 随着奥运圣火在江西境内传递渐渐临近，5月10日中午，省委常委、常务副省长凌成兴在省委相关人员和省交通厅副厅长席芳柏陪同下，视察火炬传递路线的接待准备工作。

横市服务区是奥运车队的停留休息场所，接待工作尤其重要。作为横市服务区的监管单位——赣州管理处认真开展以“迎奥运、保畅通”为主题的安全隐患排查活动，对服务区安全隐患实行“地毯式”排查，尤其对加油站、后厨、餐厅、广场等重点区域，都认真严格检查，安全检查覆盖率达100%。凌成兴对横市服务区前期准备工作给予了充分的肯定，并且指出：一是要将服务奥运作为服务区今年工作的一项重点；二是要重点加强对奥运知识、服务英语、业务技能的培训，更好地为奥运服务做好准备；三是要在现有的功能基础上尽快完善对基础设施的升级和改造工作，加大对区容区貌“美化、亮化、绿化”的改建，为公众出行提供完善的服务设施和优良环境。

（桂忠忠）

【江西公路开发总公司两员工熊文清、冯艳在瑞金传递奥运圣火并献爱心】 由江西省人民政府选拔的江西境内北京奥运圣火接力传递火炬手、公路开发总公司员工冯艳、熊文清，在红都瑞金分别接奥运火炬传递的68棒、177棒。5月14日上午10时，在刻有“吃水不忘挖井人、时刻想念毛主席”的瑞金市沙洲坝红井，熊文清高举火炬轻松跑完了60米后，庄严地将圣火与奥运火炬手——95岁老红军刘家祁交接。现场群众以热烈的掌声和震撼的助威呐喊声送给了这2位特殊的火炬手。

在红都瑞金的火炬接力成了爱心传递的接力，火炬传递庆典仪式加入了赈灾的内容。对于四川的灾情，冯艳、熊文清都非常关注，心系灾区。在5月10日晚上参加了瑞金新华希望小学的募捐活动后，又在火炬传递的现场为四川灾区捐款，2位火炬手用火炬传递所有人对灾区的关怀，用圣火祥云为四川的灾民们祈祷平安，愿灾区人民能战胜困难，早日重建家园。

（章春华）

【省航运管理局参加全省全民健身运动会广播体操比赛】 全省第二届全民健身运动会于4月至11月举行。为充分展示航运部门解放思想、推动水路职工全民健身活动的开展，经省交通厅研究，决定由省航运管理局负责组团代表省交通厅参加全省第三届全民健身运动会。5月26日该局下发文件成立领导小组，并从各有关单位抽调了25名职工运动员，采取分散训练、集中参赛的方式，运动员在训练期间严格遵守训练时间，发扬不怕苦不怕累作风，奋力拼搏，团结协作，赛出风格、赛出水平。6月28日在省体育馆举行的省第二届机关运动会广播体操比赛中，省交通厅代表队荣获第三名，充分体现交通部门的良好精神风貌。

（李新平）

【中国海员建设工会考察梨温高速上饶西收费站班组建设】 11月2日，中国海员建设工会办公室主任在省交通工会，公路开发总公司有关人员的陪同下，考察梨温高速上饶西收费站以争创“工人先锋号”为主要内容的班组建设情况，并给予充分肯定。上饶西收费站紧紧围绕“节能减排，科学发展”这一主题，把创建“工人先锋号”与开展“我为节能减排做贡献”活动有机结合，营造节能减排工作的良好氛围。该站强化内部管理机制，完善节能减排措施，从源头上严格控制能耗增量，并取得实效。同时，该站以班组建设为依托，扎实创建“工人先锋号”活动，蓬勃开展精神文明建设，推进民主管理，发挥员工建功创新，切实做到两项活动两手抓、两不误。近5年来，该站先后被授予省级文明单位、省级“五一巾帼奖”和“巾帼示范岗”荣誉称号，文明创建硕果累累，其中“女子收费班”得到新闻媒体的长期关注，被称为高速公路上的“爱心岗亭”、梨温路上“百合花”，受到社会各界的良好赞誉。

(胡　丹　史燕民)

【景鹰公司高度重视女工健康工作】 为了切实做好关爱女工健康工作,景鹰公司在12月份为公司141名女工投保女职工安宁险,投保人数占公司女工总数的90%以上。

女职工安宁险是中国职工保险互助会(隶属于全国总工会)主办的工会送温暖工程的一项具体内容,是工会组织的一项民心工程,由投保单位60%以上女职工团体参加(单位内退,下岗女职工及男职工家属,取得会员资格也可与该单位组织女职工一并投保),保险期1年,每人交保险费10元(每人最多可投保3份)。在保险期内会员首次确诊身患原发性乳腺癌、卵巢癌、宫体癌、宫颈癌、输卵管癌、阴道癌等任何一种疾病,一份可获1万元赔付金,赔付后保险责任终止。

(刘　佳)

【抚州市公路局"庆元旦、迎新春"文艺晚会隆重开演】 12月30日晚上7时整,抚州市公路局"庆元旦、迎新春"文艺晚会在四楼隆重举行。市政府领导、市局领导、机关各科室负责人、各公路分局、直属各单位党政负责人观看了演出。

晚会以纪念改革开放30周年为主题,市公路系统自编自导自演,内容涉及舞蹈、独唱、三句半、小品、国标、相声、器乐演唱等形式节目32个。晚会在赣东设计院表演的舞蹈《祖国春光好》的优美音符中拉开序幕,由崇仁分局选送的三句半《夸公路》、赣东公路设计院选送的快板说唱《公路颂》、临川分局选送的国标《一路顺风》,热情讴歌了改革开放30周年公路事业取得的丰硕成果。广昌分局选送的舞蹈《老百姓的好心情》、机械工程局选送的独唱《欢天喜地》、博信监理中心选送的独唱《我和我追逐的梦》,深情地表达了公路职工在享受改革开放30周年取得成果带来的喜悦心情。远大路桥工程局选送的劲舞《一路同行》、金溪分局选送的舞蹈《姐妹踏青》,浓缩了改革开放30周年公路职工生产生活发生的巨大演绎和变迁。整台晚会,高潮迭起,掌声不断,处处洋溢着公路人的喜庆。

(张建辉　刘文华)

【弋阳公路分局工会获"省级模范职工之家"称号】 8月份,弋阳公路分局通过弋阳县总工会的推荐,申报"省级模范职之家"。历经5个月的筛选评比,最后弋阳公路分局工会通过审核,获得"省级模范职工之家"光荣称号。2006年来,弋阳公路分局工会围绕中心工作,从服务大局出发,突出抓好为职工办实事、办好事;完善阅览室从职工书屋的转变,正确把握开展建家活动与推进单位建设发展的关系;努力把工会建成组织健全、维权到位、工作规范、作用明显、职工依赖的职工之家。

(郭银凤　何　韦)

共青团工作

【2008年度全厅先进基层团组织和优秀共青团员及优秀共青团干部名单】

一、先进基层团组织(15个)

1. 省公路机械工程局团委
2. 省公路管理局京福高速公路温沙管理处路政大队团支部
3. 省公路管理局公路工程监理公司团支部
4. 南昌交通稽征分局泾口收费站团支部
5. 省高等级公路管理局赣州管理处团委
6. 省高等级公路管理局赣粤高速公路股份有限公司昌泰高速公路公司团委
7. 省高等级公路管理局赣粤高速公路股份有限公司九景管理处团委
8. 省道路运输管理局团委
9. 江西公路开发总公司景鹰高速公路公司鄱阳管理处团支部
10. 省交通工程质量监督站试验检测中心团支部
11. 省交通设计院交通工程室团支部
12. 江西交通职业技术学院管理工程系2007大专商务英语班团支部
13. 江西交通职业技术学院汽车工程系团总支
14. 江西交通职业技术学院路桥工程系2007大专地隧班团支部
15. 江西远洋运输公司国际集装箱码头有限责任公司团支部

二、优秀共青团员(15 名)

1. 李　芬　省公路管理局公路科研设计院综合办文秘

2. 胡丽丽　省公路管理局交通通信总站政工办干事

3. 刘婷婷　省公路管理局景婺黄高速公路管理处德兴收费所收费员

4. 康志雄　省高等级公路管理局路政一支队团委干事

5. 王斯倩　省高等级公路管理局质量监督站试验检测中一心副主任

6. 朱明元　省高等级公路管理局工程养护管理处瑞赣项目部经理助理

7. 刘　琦　省交通厅航务管理局信息办团员

8. 刘伯庭　江西公路开发总公司景鹰高速公路公司行政办公室办事员

9. 黄新赞　省交通科研院团员

10. 戴程林　省交通工程咨询监理中心团员

11. 董　伟　省交通设计院第四设计所团员

12. 杜晶晶　江西交通职业技术学院管理系2007 大专物流(2)班团支书

13. 陈文龙　江西交通职业技术学院机电系青年志愿者协会会长

14. 余允翔　江西交通职业技术学院路桥系团总支副书记

15. 张荣峰　江西远洋运输公司国际集装箱码头有限责任公司团员

三、优秀共青团干部(15 名)

1. 吴华玲　省公路管理局京福高速公路温沙管理处团委副书记

2. 易　明　省公路管理局沪瑞高速公路昌金管理处团委书记

3. 邵　晋　省公路管理局武吉高速公路管理处团委负责人

4. 徐　坚　省交通稽查征费局南昌分局团委宣传委员

5. 魏　敏　省高等级公路管理局泰井管理处团委干事

6. 黄　凯　省高等级公路管理局赣粤高速公路股份有限公司昌樟管理处临江收费所团支部书记

7. 陈娟娟　省高等级公路管理局赣粤高速公路股份有限公司邹家河收费所团支部书记

8. 刘惠芳　江西公路开发总公司梨温高速公路公司团委干事、机关团支部书记

9. 李　民　省交通设计院第一设计所团支部书记

10. 廖昌霞　省交通厅航运管理局港航设计院团干

11. 罗小秀　省交通科研院团总支副书记

12. 刘　凯　江西交通职业技术学院机电系团总支副书记

13. 练绪甜　江西交通职业技术学院信息系团总支副书记

14. 顾海波　江西交通职业技术学院汽车系团总支副书记

15. 郭晓峰　省高速公路联网收费结算管理中心团支部书记

(省交通厅直团委)

【概况】 2008 年,共青团江西省交通厅直属机关委员会工作取得新的进展。推进与福建省有关部门联合开展福银高速公路青年文明通道创建活动。在抗冻救灾和抗震救灾工作中,动员广大共青团员和青年志愿者充分发挥生力军和突击队作用。组织开展“缴纳特别团费、资助贫困学生”活动。2008 年“六一”期间,向厅扶贫点信丰县万隆乡石店村捐赠电脑、图书、文具、篮球架、书桌及助学金。参加省直机关青年纪念改革开放 30 周年文艺演出。1 人荣获省直机关“十大杰出青年”荣誉称号。全省交通系统 6 个集体被命名为全国青年文明号,5 名个人被评为全国交通系统青年岗位能手,21 个集体新被命名省级青年文明号。

(省交通厅直机关党委)

【共青团江西省交通厅直属机关委员会组织开展征文比赛和知识大赛】 2008 年,共青团江西省交通厅直属机关委员会以纪念改革开放 30 周年为契机,组织开展了“红心永向党,祖国发展我成长”征文比赛、“魅力江西知多少”知识大赛等活动,使团员青年了解国情省情,以生动的事实、伟大的成就、崛起的经验对团员青年进行教育,引导广大交通青年在交通改革发展中识大体、顾大局,更加自觉地拥护改革、支持改革、参与改革,以实际行动为江西交通发展作贡献。

(省交通厅直团委)

【交通部门共青团员奋斗在抗冰冻第一线】 2008年1月中旬以来,持续的低温、雨雪冰冻天气造成江西省境内大部分高速公路出现积雪结冰、通行受阻的灾情。在保安全保畅通的严峻考验面前,交通部门各级团组织纷纷成立"抗冰灾,保畅通"青年突击队和青年志愿服务队,广大团员青年不畏辛苦,始终奋斗在抗冰第一线,让火红的团旗消融冰雪,传递温暖,谱写了一曲曲激昂壮丽的青春之歌。其中,省公路局温沙管理处年仅23岁的青年路政员郭燚在赶往抗冻救灾现场的途中,以身殉职。冰冻期间,郭燚始终坚守岗位抗战冰雪。事发当天夜晚,郭燚还在路上清理积雪、安抚司机和旅客直到凌晨。郭燚的先进事迹先后在中央电视台《新闻联播》、《人民日报》、《中国交通报》、《江西日报》刊发了消息和通讯,得到各级领导和社会各界的关注,社会影响广泛。

(省交通厅直团委)

【共青团江西省交通厅直属机关委员会培训教育共青团员】 2008年,共青团江西省交通厅直属机关委员会在南昌举办厅直团干部培训班,就当前国际、国内经济政治形势、共青团基本知识、交通基本知识、现代礼仪、素质拓展、团队建设等内容对厅直属各级团组织负责人、团委委员共计300余人次进行了培训,取得了很好的学习效果。该单位又组织部分团干参加省直团工委先后在景德镇、宜春、柘林湖、举办的团干部培训班。选送团干部参加团省委赴香港、上海、北戴河、井冈山的考察培训学习,团干部的素质进一步提高。共青团工作信息化建设取得新进展。在"江西交通信息网"设立"青春风采"网页。研制开发了江西省交通厅共青团员信息管理系统软件。

(省交通厅直团委)

【共青团九江市港口局第一届总支成立】 5月16日,共青团九江市港口管理局总支委员会成立大会在该局三楼会议室举行。九江市直团工委负责人、港口局党政领导出席了会议。

市直团工委负责人向大会宣读了共青团九江市港口管理局团总支委员会成立批复。她要求青年人应当把握人生黄金时期,不断完善充实自己。同时向新成立的港口局团总支提出了四点要求:一要围绕中心干实事;二要服务青年促发展;三要开展活动树典型;四要强根固本夯基础。随后大会选举产生了由柯瑞华、燕丽、胡海组成的第一届团总支,柯瑞华担任团总支书记。

党组负责人在会议结束时强调:港口局团总支要结合上级组织的要求,结合青年人特点开展活动,搭建一个青年团员学习、锻炼和表现的舞台,使青年团员真正得到教育和进步。

港口局团总支的成立,对增强港口局青年以及团员的凝聚力,团结并带领港口局青年干部职工积极进取、努力工作、促进港口行政管理的发展,起到积极的推动作用。

(柯瑞华 杨 辉)

【共青团省委副书记王少玄看望慰问梨温高速青年志愿服务队】 1月31日下午,共青团省委副书记王少玄代表团省委不顾严寒,踏着积雪,走到梨温高速公路,亲切慰问梨温高速青年志愿服务队。省交通厅副巡视员邓经国、厅直机关党委、公路开发总公司和梨温公司有关领导陪同。

王少玄指出,在抗严寒、保畅通的关键时刻,梨温高速公路广大团员青年迅速行动,不畏严寒、不怕困难,以实际行动展现了青春亮丽风采,是高速路上抗冰雪保畅通、文明服务的生力军。同时勉励梨温高速青年员工继续点燃热情,搭建平台,挖掘亮点,发挥共青团员突击队作用,为梨温高速的和谐畅通作出更大贡献。年初的灾害性雨雪冰冻天气给高速公路道路造成很大困难,为确保省境东大门安全畅通,梨温高速公路在全线收费岗亭设立青年志愿服务队,为过往的司乘人员送开水、方便面、面包和日常药品等服务,赢得过往司乘人员的称赞和肯定。

(何爱鹏)

【江西公路开发总公司举办"迎奥运、促和谐"知识竞赛】 在奥运圣火五洲四海火热传递、全国上下喜迎北京奥运之时,4月29日,江西公路开发总公司团委举行"迎奥运、促和谐"知识竞赛,所属公司的4支队伍16名选手参加竞赛。80余名团员青年观看比赛。

竞赛分必答题、抢答题、风险题、奥运项目笔画猜四种竞赛题型,竞赛期间,选手们斗志昂扬,精神饱满;竞赛现场精彩纷呈,掌声不断。在上半场结束后,还邀请交通部门兄弟单位的文艺骨干为激烈的竞赛现场表演半个小时的文艺节目。这次竞赛活动是总公司团委深入学习实践科学发展观，弘扬奥林匹克精神，激发团员青年青春活力而开展的一次团组织活动，目的是引导团员青年围绕总公司中心工作，创新思路，加强团组织自身建设，发挥团组织在生产经营中生力军和突击队作用，为总公司科学发展和加快发展贡献青春活力。

（章春华）

【景鹰公司团员青年到南昌盲童学校献爱心】 12月3日是国际残疾人日，景鹰公司团委组织团员青年来到南昌市盲人学校，向该校盲童学生送上500本旧挂历、500张宣传纸、15台新收音机、1台新录音机，为学生们送去一份特殊的节日礼物。景鹰公司的爱心捐赠活动受到了盲校师生的高度赞扬。盲校李老师动情地说，景鹰公司组织开展的捐助，活动非常有意义，有助于解决学生们的实际困难，向盲童们传递帮助和关爱他人的精神。

盲校学生学习用纸要求特殊，纸张要求厚实、平整、大小不超过A4纸，由于用纸要求特殊，盲童学生花费在学习用纸上的经费较多，这对生活本来就不太宽裕的盲童孩子是笔不小的费用。为解决盲童的的实际困难，降低学习成本，景鹰公司团员青年积极响应团委的号召，在短时间内募集到了一批可以重新利用的旧挂历及宣传纸，捐赠盲童学生。

（朱建军　魏　翔）

【共青团江西公路开发总公司委员会组织团员青年学习井冈山精神接受爱国主义教育】 10月16日~17日，共青团公路开发总公司委员会组织27名团员青年到井冈山，寻找革命足迹，学习井冈山精神，进行身临其境的爱国主义传统教育。

团员青年参观了井冈山革命博物馆、茨坪毛主席旧居、井冈山革命烈士陵园、黄洋界哨所、小井红军医院等革命传统教育景点。在井冈山历史博物馆，团员青年驻足细看。一件件珍贵的历史照片、历经风雨的历史实物，无声地讲述着井冈山艰苦的革命斗争史，牵动着团员青年的思绪走进战火纷飞的峥嵘岁月。在井冈山革命烈士陵园，团员青年带着深深追思，认真肃静听取讲解，沉浸在革命先烈为革命舍身取义，为理想抛头颅、洒热血的崇高精神中，抚今追昔，不由肃然起敬。在小井红军医院，简陋的两层灰色小楼里曾接纳了战斗中受伤的红军战士，让团员青年感受到井冈山军民度过的艰难岁月。踏上黄洋界，群山起伏，山势险峻，著名的黄洋界保卫战就发生在此地。“黄洋界上炮声隆，报道敌军宵遁”，毛主席的《西江月》，将团员青年的思绪带回到炮火纷飞的岁月。在结束参观学习的回途中，团员青年表示非常珍惜这次革命传统教育机会，心灵得到净化、思想得到升华、精神得到洗礼。在以后的工作中，发扬井冈山精神，立足岗位，扎实工作，为总公司又好又快发展奉献更多的力量。

（缪德良　王　玮）

【共青团九景管理处委员会开展青年志愿者“真情奉献日”活动】 7月4日上午，九景管理处青年志愿者一行30多人顶着烈日驱车到处团委第九个志愿服务基地开展青年志愿者“真情奉献日”活动。

该基地位于都昌县大港镇舟山村的太阳村鄱阳湖儿童救助中心，中心是北京市太阳村儿童教育咨询中心总部张淑琴主任创办的第五个太阳村。中心共收养服刑人员子女、孤残儿童、留守儿童110余人。

此次之行，九景管理处领导特意购买了孩子们急用的书籍和夏日凉品西瓜等价值2000余元的物资送到太阳村。在太阳村里，九景管理处青年志愿者拎着水桶，拿着抹布，扛着帚把，仔细打扫着太阳村内的每一块地方。有些青年志愿者还拿出随身携带的指甲剪小心细致地帮小朋友们剪指甲，给孩子们讲故事，检查和辅导孩子们做作业。孩子们也用自己的歌声感谢一直关心和帮助自己的叔叔阿姨。在活动尾声，九景管理处负责人接过了来自太阳村儿童中心负责人颁发的“名誉村长”证书。在场的《江西日报》、《江南都市报》、江西电视台、《大江网》、《九江日报》、《景德镇日报》和《上饶晚报》等许多媒体的记者们通过镜头记录下这场“真情奉献日”活动的整个过程。

在这一天志愿者奉献日里，太阳村内到处洋溢着欢歌笑语。

（刘　方）

【江西长运出租车载百位新人圆洪城情缘】 10月25日早晨，95辆蓝色出租车整齐排列在秋水广场市会展中心门口。这是江西长运出租车公司派出接送参加由共青团南昌市委、市青年联合会主办,共青团南昌市委统战部和杭州青年文化传播有限公司承办的2008年中国南昌赣江情大红鹰玫瑰婚典活动新人们的花车。

8时整,在庄严的婚礼进行曲中,一对对新人携手坐上布满鲜花和彩带的花车,前往摩天轮观光,体验"爱的最高点"的情意。10时,新人们又乘着花车到八一广场,在市领导和市民们的祝福声中,完成婚礼庆典活动。

(张胜儒)

老龄工作

【省交通厅机关老干部为灾区捐款】 2008年5月12日下午2时28分,四川汶川发生8.0级强烈地震,灾区人民的生命财产遭受重大损失。省交通厅老干部立即行动起来,发扬"灾害无情人有情,一方有难八方支援"的精神,踊跃捐款,以送温暖、献爱心的行动支援抗震救灾。

有的老干部年龄比较大、住的比较远,只好派小孩送钱来,有的送1000元、有的送500元、200元、100元等,一点点汇聚着老人们的爱心。在短短的2个小时中收到捐款合计人民币5740元。有的老干部向江西省红十字会捐款。在5月19~21日全国哀悼日期间,老干部们都用不同的方式深切哀悼汶川震灾遇难同胞。

5月21日,老干部们从电视上、报纸上得知共产党员要用"特殊党费"支援灾区。第二天早上,老干部们纷纷赶到老干部处来交纳"特殊党费",老党员听说在职每位党员交纳1个月工资总额,有的老党员也交纳1个月养老金总额,用实际行动支援灾区。厅机关老干部党员共60人,交纳党费的党员达到100%。这次交纳"特殊党费"时间紧,共计2个半小时就收到"特殊党费"合计人民币46690元。

(王丽琴)

【省交通厅举行老干部交通形势报告会】 1月22日,省交通厅2008年春节老干部交通形势报告会在南昌举行,省交通厅党委书记程受锭主持报告会,省交通厅副厅长席芳柏出席报告会并讲话。省交通厅机关离退休干部以及厅二级单位副厅级以上的离退休干部共70余人参加报告会,老干部们欢聚一堂,共话交通发展。会上,厅党委给每位老干部发放慰问金。

在听取老干部的发言后,程受锭指出,交通工作的任务艰巨,全体人员一是要把思想统一到省委、省政府的决策上来,抓住机遇,加快发展,针对工作中存在的问题,认真研究解决,全面落实好省委、省政府下达的各项工作任务。二是要进一步加强交通建设管理。三是要进一步加强廉政建设,坚持看好自己的门,管好自己的人,确保交通事业和谐稳定发展,树立江西交通人的品牌形象。

席芳柏在报告会上简要介绍2007年交通工作情况,主要体现在六个方面。一是高速公路建设成绩斐然。随着景鹰、武吉高速公路的建成通车,标志着全省高速公路已经突破2000千米,达到2206千米,得到了省政府的通令嘉奖。二是国省道建设进度加快,省庄至大城、大城到万载段全部改建成一级公路,对进一步发挥武吉高速公路等路网的作用、促进赣西北地区经济发展将起到积极的推动作用。三是农村公路建设有了明显的变化,老百姓出行更加方便快捷,群众生活质量有了较大提高,交通工作真正体现了服务为民。四是水运基础设施建设取得了重大进展,水运能力大幅度提高,全省水运发展提高到了一个新水平。五是规费征收取得了明显进步,2007年全省公路规费突破83亿元。六是交通文化建设硕果累累,2007年省厅政风行风评议受到省政府的通报表彰,机关党建工作获得特别优秀奖,各项成绩的取得,充分体现了交通广大干部职工特别能吃苦、特别能战斗、特别能奉献的优良作风。

出席会议的老干部对江西交通工作取得的优异成绩给予充分的肯定和赞扬,并就进一步加强交通建设和管理等提出了宝贵的意见和建议。

(省交通厅老干部处)

【省交通厅老年体协、老干部处举办江西省交通系统"鹰瑞"杯暨第十一届老年门球赛】 江西省交通厅老年体协、厅老干部处于2008年11月4~6日在江西省宜春市温汤疗养院门球场举办了江西省交通系统"鹰瑞"杯暨第十一届老年门球赛。

参加比赛的单位有宜春市、上饶市、新余市交通局，九江市、景德镇市、新余市、萍乡市、宜春市公路局和省公路管理局、交通设计院、道路运输管理局、交通厅机关共12个队。经过3天66场紧张激烈有序的交锋，老年人赛出了风格，赛出了团结，同时也展现出交通系统的老年人的精神面貌。老年人不仅交流了球技，而且提高了门球的战术水平。省交通厅副巡视员邓经国代表交通厅党委、行政领导莅临赛场看望参赛的全体运动员、教练员、裁判员，并为获得前三名的新余交通局、宜春市公路局、上饶市交通局老年门球队颁发奖杯。

（王丽琴）

【省交通厅老干部处荣获“全省老干部宣传思想工作先进单位”称号】 省交通厅老干部处被中共江西省委老干部局评为2008年度全省老干部宣传思想工作先进单位。这是厅老干部处连续9年获此荣誉。在这9年中，厅老干部处在中共江西省委老干部局和中共江西省交通厅党委的领导下，认真贯彻落实党中央和中共江西省委一系列有关老干部工作的方针、政策和规定，全厅老干部的政治、生活待遇得到了落实，老干部队伍稳定，老干部对该处的工作也很满意。同时，厅老干部处的工作也得到中共江西省委老干部局的肯定。

（王丽琴）

【省交通厅老干部处组织交通系统副厅级以上老干部参观考察“瑞赣”高速公路】 2008年12月9～11日，厅老干部处组织交通系统副厅级以上离退休干部参观考察“瑞赣”高速公路。

此次活动得到了厅党委的高度重视，厅领导要求老干部处切实组织好这次参观考察活动，确保活动的圆满成功。活动得到了瑞赣项目办的大力支持，积极配合，服务细致周到，并由项目办领导亲自陪同，为参观考察提供一切方便。在考察期间得到了赣州市交通局、吉安市交通局、赣州稽征分局、泰赣管理处、瑞金交通局等单位的大力支持。老人们参观考察在建的“瑞赣”高速公路，工程技术人员陪同老人们深入到瑞赣高速公路建设项目施工一线参观考察，现场探讨问题。

在考察期间，老干部们怀着无比崇敬的心情参观了红色旅游景点沙洲坝“红井”和中华苏维埃共和国临时中央政府旧址，沙洲坝这个当年的荒凉之地，现在已经成了瑞金的一个大镇，当年的那口红井，是苏区时期毛泽东亲自带领干部群众一起开挖的，它是当时共产党和苏维埃政府密切联系群众、解决群众生活困难的历史见证。在“红井”，各位老干部都品尝“红井”的井水。参观了保存完整的赣州宋代古城墙和巍然壮观的八境台，看着古代旧址边一条条新路和大道，感受到了交通建设日新月异的变化。

（王丽琴）

【省航运管理局组织机关干部和离退休职工参加体检】 为了关心和了解机关职工及离退休人员的身体健康，11月13～14日，省航运管理局分2批组织机关职工及离退休人员共计128人，前往江西省人民医院体检中心对身体状况做一次全面体检。该局已将每2年组织1次的体检工作制度改为1年小体检、2年大体检定了下来，并对机关职工及离退休人员的身体状况进行跟踪了解，取得良好效果。

（李新平）

【宜春市交通局老干部活动丰富多彩】 2008年，宜春市交通局机关老干部工作，在局领导的高度重视和大力支持下，积极开展各项活动，为推动全市交通事业发展作出新的贡献。局老干部党支部被评为全省“红旗支部”，老年体协被评为全市先进单位。

1. 开展学习活动。根据老有所学的要求和老年人的特点，采取多种形式开展学习活动。在搞好自学的同时，每2个月安排一次集中政治理论学习，先后组织学习中共十七大文件、政府工作报告以及《中国共产党章程》等，并结合实际展开讨论。举办3期学习园地栏，许多老年人撰写学习心得体会，介绍学习经验，从而推进学习活动深入开展。每次学习做到有签名，有记录，年终对参加学习次数较多的13名老年人给予奖励。县(处)级离退休干部积极参加中共宜春市委老干局组织的每月一次的中心组学习。10月7日，组织局机关和运管局18名老年人开展别开生面的“重阳节老年人保健知识竞赛”，按照参赛成绩分别给予一、二、三等物质奖。通过开展学习活动，使老干部了解党和国家大事，进一步提高思想政治觉悟和政治理论水平，做到四带头，即带头学习、带头支持局里工作、带头搞好家庭团结、带头奉献。为老干部创造学习条件,局里除给16名老年人每人订阅一份《老友》和《康乐寿》杂志外,还为老干部活动室订阅《中国老年报》、《退休生活》等6种报刊杂志供老年人阅读。

2. 开展文体活动。为进一步活跃老年人文体生活,市局每2个月组织一次离退休老干部参加扑克、象棋、套圈等项目比赛活动,对每次参加者发给纪念品,对获得项目前三名的给予物质奖励。局里成立老年门球队,老年人坚持天天练球,锻炼身体并分别参加全市全省交通系统老年门球赛,分别荣获第一名和第六名。10月15日,又组织老年人到明月山、天工天物园参观。老年人坚持散步、参加集体舞等活动。通过文体活动,增强体质,增进友谊,有益身体健康。

3. 开展"三庆"活动。为关爱老年人,继续开展"三庆"活动,"三庆"是指"生日庆"、"金婚庆"、"入党庆",由老干部党支部支委成员同局人秘科分管老干部工作的人员上门慰问。2008年,"生日庆"16人,"金婚庆"1人,局里领导、老干部党支部支委成员同局人秘科分管老干部工作的人员一起,先后到医院或家里慰问患病老干部6人,给每人送鲜花及慰问金100元。为老年人办理老年活动证16个,安排16名老年人进行体检;为老干部活动室添置1台价值4000余元的跑步机。春节期间局领导上门走访16名老年人,使老年人深受感动,老人们对组织上的关爱,深表感谢。

4. 开展献"爱心"活动。5月12日,四川汶川地区发生特大地震,"一方有难、八方支援",市局离退休老干部,积极响应党的号召,想灾区人民之所想,急灾区人民之所急,怀着一颗对党对人民赤胆忠心,尽自己微薄之力,主动拿出自己的退休金捐款。5月14日,局里举办机关干部职工向灾区捐款活动,少数老干部得知消息后,主动捐款1300元。5月24日,13名离退休干部党员又交纳特殊党费1700元,为支援灾区人民重建家园献出自己的爱心。

(饶春文)

扶贫救灾工作

【省交通厅继续做好包村扶贫工作】 根据省委、省政府《关于开展以"党旗引领致富路,携手共建新农村"为主题的定点包扶贫困村工作的通知》要求,江西省交通厅驻信丰县万隆乡石店村包村扶贫工作组紧紧围绕省委、省政府定点包扶贫困村工作目标和要求,扎扎实实开展包村扶贫工作,各项工作初显成效。

交通厅非常重视包村扶贫工作,交通厅扶贫工作领导小组根据石店村扶贫点的具体情况,多次召开会议研究部署扶贫工作,6月19日,省交通运输厅厅长马志武、巡视员席芳柏到信丰县万隆乡石店村考察扶贫点工作。巡视员席芳柏多次到扶贫点上察看、指导扶贫工作,交通部门单位领导先后到石店村指导、调研、现场办公达30余人次。

省交通厅第二扶贫工作组于8月11日进驻包村扶贫工作点,为使扶贫工作取得更加实效,第二扶贫工作组通过调研,在《石店村包村扶贫工作三年规划》的基础上,进一步制定详细和切实可行的2008~2009年度扶贫工作计划。2008年,工作组为石店村落实帮扶资金104万余元,通过和相关部门采取项目共建方式争取到扶持资金近20万元,同时,争取到交通厅团委和外界捐赠2万余元。2008~2009年度,石店村共获得扶贫资金126万元。

是年,扶贫组帮助石店村完成5.5千米的村主干道通自然村砂石路和村小学教师宿舍楼建设;修复被水冲毁的棚迳村山圹和修建四角庄村、大山背村灌溉水渠、水坝,极大改善了13.33余公顷水田的灌溉;建设饮水工程,将山泉水引入石必塘小组、学校、大山背、新塘头、新圩高、跑皮塘、桥下村,解决全村农户用水问题;协助乡政府抓好石店村石必塘村小组新农村建设,配合村委用好省扶持新农村建设资金,修建饮水工程1处,清垃圾15吨、清路障1500米、改水26户、改厕26所、改路500米,石必塘村民小组村民的居住和生活环境得到进一步的改善。

为从根本上帮助石店村村民脱贫致富,扶贫

工作组更加注重扶持“造血”功能建设：一是推进扶贫点基层党组织建设工作。包村扶贫工作组与驻点党支部成员一起共同探索增强党支部凝聚力、战斗力途径，把努力提高党员干部队伍素质工作作为重要任务来抓。2008 年，工作组协助石店村党支部收集、整理和建立工作制度 26 个；帮助发展党员 3 名，培养入党积极分子 3 名；帮助培训农村党员干部 3 期，共 116 人次；帮助培养“双带”型村干部 4 人。与万隆乡政府领导一起探讨，召开石店村村民组长、党员会议，按 1:1 的比例，民主推荐产生了 3 名村级后备干部，并顺利完成了 2008 年石店村支部换届和村委会的改选工作，建立起一支作风踏实、领导有力的村级领导班子。石店村已被列入全乡党建建设示范点，石店村党建基础工作正走向规范化、正常化和高质化。二是帮扶群众致富，壮大集体经济。结合金融危机对全国实体经济的影响和当前石店主要依靠劳动力转移来增加农民收入的现状，扶贫组和村、乡两级干部一起审时度势，针对五渡港库区的石店村适宜种植柑橘小气候优势，整合资金，果断决策，按照“五统一分”：即统一规划、统一征地、统一整地、统一补助、统一苗本、分户经营的原则，迅速在石店村推广加工橙的种植。2008 年，石店村围绕水库规划的 67.7 公顷加工橙基地，已开发 53.33 公顷，定植 30 公顷，使石店村成为全乡产业发展示范村。扶贫组结合万隆圩镇改扩建的时机，继续筹备资金为石店村在万隆圩镇建设一定规模的店面出租，为日后村集体造就一优质而稳定的财源。

通过一年的细心扶贫，省交通厅的包村扶贫工作得到了石店村村民的一致好评，同时得到各级党委、政府的认可，2008 年省交通厅包村扶贫工作组被省委组织部、省扶贫办评为优秀包村扶贫工作组。

（蔡小秋）

【省交通厅支援四川汶川灾区】 2008 年，面对突如其来的“5·12”四川汶川特大地震，省交通厅迅速组织机械设备、工程技术人员做好支援救灾准备，积极组织募捐，向灾区捐赠 10 台红岩载重汽车等机械设备，广大党员交纳“特殊党费”466 万元，厅共募集 1320 余万元捐款，并派员参与江西省对口援建指挥部抗震救灾工作和援建小金县美沃至汗牛公路的现场管理，为支援灾区做出了应有的贡献。

（江西交通年鉴编辑部）

【省交通部门抗击严重雨雪冰冻灾害】 面对 2008 年初历史罕见的雨雪冰冻灾害，全省交通部门按照省委、省政府“九保一平安”（即保各方面安全、保各种食品供应正常、保正常供电、保正常供燃气、保正常供水、保道路畅通、保邮电通信畅通、保救灾工作及时、保人民生产生活的有效秩序，确保人民群众生命财产安全）的要求，紧急动员，迅速部署，采取一切有效措施，集中专业机械设备，集中破冰除雪物资，集中交通专业队伍，变收费员为铲雪工，变收费站为服务站，2 月 1 日 12 时至 2 月 8 日 24 时，全省所有收费站一律免费放行，仅减免车辆通行费等各项政策和措施就优惠群众 4.2 亿元，全力分流经广东北上和湖南南下车辆，打赢了交通运输抗冻保通这场硬仗，为服务全省、服务全国大局提供了有力的交通保障。

（江西交通年鉴编辑部）

【省交通部门送温暖　金秋助学】 2009 年元旦、春节期间，全省交通部门各级组织开展以“扶贫济困解难事，温暖和谐进万家”为主题的帮扶活动。1 月 12 日，省交通厅党委书记程受锭、厅长马志武等厅领导，在厅机关有关处（室）和交通工会负责人的陪同下，分别走访和慰问了南昌地区困难企业、困难（受灾）职工家庭，并送上了慰问金和节日礼品。同时省交通工会受省交通厅、省总工会委托，组成了 4 个“送温暖”小组，分赴全省交通部门各基层单位进行走访慰问，2008 年，参与送温暖活动的各级领导干部有 712 人，走访困难职工家庭 2468 户、受灾职工家庭 37 户、残疾职工家庭 102 户、劳动模范 30 人。全年共筹措资金 110.98 万元。其中：省厅拨专款 30 万元，省总工会拨专款 10 万元，各单位行政拨款 39.63 万元、工会拨款 21.35 万元；社会募捐 10 万元。

在“金秋助学”活动中，省交通工会通过省总工会资助 6 名贫困家庭大学生，并直接资助 10 名困难职工子女升学就读。同时，各基层工会也组织了不同形式的资助活动。

（李　坪）

【李盛霖部长陪同温总理走访慰问抚州灾民】 2月6日,正值中国农历大年三十,国务院总理温家宝心系遭遇历史罕见雨雪冰冻灾害地区人民群众冷暖,率领交通部部长李盛霖等国家部委办负责人到抚州市临川区云山镇圳上村走访慰问灾民,给严冬下的抚州人民送来党的温暖和政府的亲切关怀。

陪同温总理到抚州的李盛霖部长十分关心抚州交通部门在抗冰救灾中的作为,走访慰问期间,专门听取抚州市政府周小平副市长、市交通局负责人对有关情况的汇报。李盛霖对抚州在百年不遇的冰冻灾害面前确保交通基本畅通、交通安全、没有滞留旅客表示赞赏,对抚州交通发展取得的成绩给予充分肯定。李盛霖特别关注农村公路建设,称赞圳上村新建水泥路"修得不错",指示要继续加大对农村公路建设的扶持力度,进一步为经济建设服务,为社会主义新农村建设服务,为人民群众便捷出行服务。

离开抚州前,李盛霖高兴地与市交通局负责人合影留念。

(饶新文 陈根玲)

【省公路部门党员交纳赈灾"特殊党费"】 5月23日,省公路局机关及12个直属单位的926名共产党员以自愿交纳"特殊党费"的形式,向地震灾区再次捐款141.7097万元。其中局机关54名在职党员共捐款11.87万元,人均2198元。再次表达了江西公路部门党员全力支持四川灾区抗震救灾和灾后重建的美好心愿。

省公路局在接到交纳"特殊党费"用于支援抗震救灾工作的通知后,立即电传各单位党组织进行传达,同时召开党总支和支部大会,得到了全体党员的积极响应,局领导带头捐出一个月的工资,大家纷纷慷慨解囊,踊跃奉献自己的爱心。有的党员家庭经济并不宽裕,仍然交纳自己的有限工资;有的党员在外地出差,仍委托同事献出自己的一份心意;有的机关干部虽然不是党员,却再次站在了捐款箱前;很多退休党员主动找到机关退休党支部要求交纳"特殊党费",该支部66名退休党员全部交纳了"特殊党费"。

省公路局和直属各单位交纳"特殊党费"的情况是:省路桥工程局145名党员交纳203310元;省机械工程局115名党员交纳173700元;省交通集团公司59名党员交纳104300元;温沙管理处127名党员交纳243100元;昌金管理处114名党员交纳207737元;景婺黄管理处68名党员交纳105368元;武吉管理处65名党员交纳80271元;物资储运总站44名党员交纳45041元;交通通信总站26名党员交纳44934元;交通工程公司11名党员交纳11150元;公路科研设计院15名党员交纳21200元;公路工程监理公司17名党员交纳34786元;路局机关党总支54名党员交纳118700元;路局机关离退休党支部66名党员交纳23500元。

四川地震发生以来,省公路局广大党员干部心系灾区,发扬"一方有难、八方支援"的精神,纷纷为受灾地区捐款。5月14日,全局干部职工已向地震灾区捐款20.6万元,局机关及局属各单位捐款20.5万元。

(罗 涛)

【省高管局积极为地震灾区捐款】 四川汶川大地震发生后,省高管局各级党组织及所属工会、共青团组织,按照省委、省政府和省交通厅的统一部署,积极组织干部职工向灾区捐款,发扬中华民族"一方有难,八方支援"的传统美德,为灾区人民奉献爱心,支援灾区开展抗震救灾。

5月14日上午,局领导带头捐款,在短短1个小时内,全局干部职工就向灾区捐款共计260950元,同时,赣粤公司还向灾区捐款20万元,以帮助灾区重建家园。

5月23日,向灾区人民奉献爱心的活动仍在继续,局领导到捐献现场,拿出当月工资交纳了特殊党费,因公在外的局领导也委托其他党员送来了相当于一个月工资的特殊党费,局机关党员也纷纷解囊,拉开了高管局"交纳特殊党费,支援灾区重建"活动的序幕。全局各基层单位也积极加入到交纳"特殊党费"的行列。

困难党员尽管自身经济状况较差,但面对急需援助的灾区人民,克服自身困难,慷慨解囊。泰井管理处养护中心普通党员范福强就是其中一位,妻子没有工作,上有年迈的父母要抚养,下有年幼的女儿要读书,全家5口人仅靠一个人的工资生活,经济异常拮据。但当听说党员可以通过交纳特殊党费支援灾区建设,范福强不仅掏出身上仅有的100元,又偷拿出妻子保管的存折,把存折上仅有的900元全部取出，一起作为“特殊党费”交给党组织。并动情地说，没有克服不了的困难，一方有难，八方支援。

因公务出差在外的党员干部、正在住院治疗的党员，以及退休在家的老人们纷纷托人送来“特殊党费”，表达自己对灾区人民的一份心意。受到党员们的感染，还有不少非党干部职工强烈要求加入捐款行列，奉献爱心。

短短一天的时间，省高管局有793名党员参加了活动，共计交纳特殊党费853958元，其中434人自愿交纳1000元以上。

（温荣生　刘敏慧）

【稽征系统干部职工捐款捐物支援震区】 5月12日，四川省汶川县发生8级地震，造成巨大人员伤亡和财产损失。灾害无情人有情，江西交通稽征部门干部职工无时不在关注着来自灾区的信息，牵挂着灾区人民的生命安危。广大干部职工积极响应中共中央、国务院的号召，弘扬中华民族“一方有难，八方支援”的传统美德，积极投入到抗震救灾工作中去，踊跃向灾区人民捐款，表达对灾区人民的拳拳同情之心、殷殷关切之情。截至5月14日上午10时，全省交通稽征部门共向地震灾区人民捐款220215元，其中个人捐款213215元，印刷厂捐款7000元，向四川省稽征局对口捐款8万元。

5月13日上午10时许，萍乡交通稽征分局正在执行路面稽查任务的5名稽查人员得知灾情后，迅速来到萍乡市中心血站献血点献血。

（曾德宝）

【省航运管理局机关及直属单位职工踊跃献血】 1月31日，省航运管理局接到省血液中心求助献血紧急电话后，局党政主要领导高度重视，立即召开动员大会，要求局机关及驻南昌直属单位广大干部职工踊跃报名献血。2月1日8点半，27名献血人员冒着冰冻雨雪寒冷天气准时来到局机关会议室等待省血液中心采血车的到来。经医务人员检查化验，19名符合献血条件的同志共献血4100CC，为缓解省血液中心血库血量不足做出了航运人应有的贡献。省交通科技大楼物业管理中心职工熊莉芬已经是第五次参加无偿献血了，这一次她又要求献上400CC(一般要求每人每次只需献血200CC)，看着大家惊讶的目光，她平静地说：“无偿献血是弘扬无私奉献精神，每一次献血我都觉得是在做一件既利人又利己的好事。”

（杨　辉　李新平）

【中国红十字会常务副会长江亦曼看望江西省交通部门造血干细胞捐赠第一人朱益民】 5月15日下午，中国红十字会党委书记、常务副会长江亦曼在省交通厅副厅长席芳柏、省红十字会和泰井处有关负责人的陪同下，来到井冈山亲切看望江西省交通系统造血干细胞捐赠第一人朱益民。

当天上午，江亦曼刚刚参加完奥运圣火在井冈山境内传递并为四川汶川地震灾区募捐活动，又走到泰井处信息中心看望正在工作岗位上的朱益民。在亲切询问朱益民的身体、工作、生活情况后，对朱益民积极参与公益事业、无私奉献的行为予以高度评价，并希望有更多的人向朱益民一样都能够支持和主动参与到捐赠造血干细胞公益事业中来，挽救更多的生命。

朱益民表示，在大家的关心下，身体很健康，生活和工作也很正常。在面对一个危在旦夕的生命，任何一个有爱心的人都会这样做的，同时也希望有更多的人加入到捐赠者的行列中来。

现年25岁的朱益民是省高等级公路管理局泰井管理处信息中心系管室主任，2008年3月26日，朱益民在北京成功捐献造血干细胞，用于救治江苏一名患有白血病的9岁小女孩。这位普通的高管青年成为全省交通系统捐献造血干细胞的第一人，也是江西省第6位捐献者和全国第904名捐献者。

（夏睿德）

【省高管局定点扶贫道路工程正式竣工】 省高管局扶贫点——遂川县碧洲镇碧洲村4.9千米的水泥路工程正式竣工，改善了该村的交通状况，彻底解决了当地群众雨天淤泥满路、出门行走不便的难题，为该村的经济发展奠定了硬件基础。

从2008年4月初到7月，省高管局定点扶贫工作组科学安排，精心组织，投入资金80余万元，着手实施水泥路工程，在帮扶的碧洲村捐建宽3~4米的村内主干道、宽1~2米的入户通道共4900米。工程实施期间，扶贫工作组先后10余次到现场指导帮扶工作，强调一定要严把质量关，给广大村民修一条放心路、致富路。工程实施单位赣州管理处养护中心克服春季多雨、施工场地狭小等诸多困难,出动挖掘机、装载机、自卸车等大型设备100余架次,在碧洲村掀起了热火朝天的筑路高潮。工程技术人员严把原材料进场关,严把每一道工序,确保了施工质量。工作组还突出亮点,把该村小学门前原来的羊肠小道建成了宽4米、长320米的精品示范水泥路。该条示范路的建成,不但解决了全村200余名小学生上学行路难的问题,还成为全村百姓休闲健身的好去处。整个工程使该村在全镇乃至全县率先实现了通自然村主干道硬化,也使该村12个村民小组、10个自然村、1770余名村民的生活更加便利。

（柯义昌 朱晓峰）

【九江市交通局积极应对冰雪灾害】 2008年初的冰雪灾害,给全市交通运输安全带来前所未有的压力和挑战。按照省委、省政府"九保一平安"和市委、市政府"五保一降"的部署,局领导立即成立公路水上交通应急办公室,制定冰雪天气旅客道路运输保障应急预案、防冻救灾物资运输保障应急方案和应对庐山冰雪灾害紧急运输预案,机关实行每日一报和24小时值班制,把抗冰救灾工作作为压倒一切的中心工作来抓,运管处、港航处机关干部半休假半上班,基层一线执法人员放弃休假,经过连续20余天的艰难奋战,取得了抗冰救灾的重大胜利。在此期间,共调派26辆客车、47辆货车,运送武警消防官兵1000余人、盐35吨和草袋1万余条的紧急抢险物资。1月15日,因雪封路,导致5000多辆汽车滞留,城区运管所组织干部职工捐款1000多元购买方便面,配送开水给司机,腾出会议室为司机提供休息场所。1月30日晚上,城区运管所接到市抗冰救灾指挥部紧急通知,高速公路急需除雪盐,熊建华所长立即组织全所干部职工奔赴仓库,连续奋战7个小时,完成任务。熊建华被省交通厅评为抗冰救灾先进个人,城区运管所也被评为市抗冰救灾先进集体。

（九江市交通局）

【九江市港口管理局落实定点村帮扶项目】 按照九江市扶贫办、村建办、新农村建设办等多方要求,九江市港口管理局领导高度重视定点帮扶工作,多次深入修水县征村乡吴坪村扶贫点进行专题调研和指导,并主动与市直、修水县有关职能部门及征村乡政府加强协调沟通,争取更多的资金帮扶。

为把帮扶项目落实到位,4月28日,该局党组召开专题扶贫会,确定了七项扶贫帮扶事项。一是解决新录取2名贫困学生读大学期间的部分学费;二是帮助6名(其中2名党员)贫困户建成相应扶持产业;三是帮助村部的基础建设;四是号召全局党员干部为定点扶贫村捐款,已捐款1万余元;五是开展定点扶贫村送书下乡活动;六是资助组建中的小蚕公司缺口资金3万元;七是积极配合相关部门对批准立项的教育网点希望小学进行筹建。

局党组负责人在会议结束时指出,全局党员干部要将工作落到实处,做到细处,不走过场,不求形式,力争扶贫工作取得一定成绩。

（陈江浩 杨 辉）

【赣州市公路管理局抗冰保畅通】 1月中下旬,受低温寒流影响,赣州大部分县(市、区)出现了雨雪灾害天气,其中章贡区砂峰线、兴国古高线贺堂路段大雪封山被迫中断交通。赣县砂园线、兴国319线老营盘路段和上三线、上犹赣丰线、崇义崇余线、大余西余线等多条公路路面受冰冻影响造成大面积结冰,给春运公路交通安全和抗灾救灾工作带来重大安全隐患。面对突如其来的灾情,赣州市公路管理局1月24日下发紧急通知要求各基层单位做好防范工作。1月25日市局召开专门会议研究突发性情况紧急处置方案。1月26日市局领导包片深入一线察看灾情。1月28日向全局通报省局抗灾保通工作电视电话会议精神,同时,提出6条紧急措施,即:一是发现积雪冰冻路段采取撒盐、撒沙除冰方法,确保最短时间内恢复通车。二是全系统人员暂停休假,全力以赴抗冰保通。三是加强与当地政府工作互动,确保抗灾工作顺利进行。四是实行24小时昼夜值班,确保工作指挥畅通。五是实行"一把手"负责制,对工作不负责任造成重大影响和损失的给予严肃处理。六是市局班子成员包片负责,公司班子成员包线负责,春节期间坚守岗位,做到灾情不消除不离岗。

为此,全局抗冰保通共投入民工31455个工日,养护工34805个工日,使用工业盐254吨,草袋15万条，碎石20903立方米，瓜子片石料9832立方米，砂18389立方米，沥青1657吨，机械台班8154个，投入抢修资金1700多万元。赣州2600余千米市养公路没有出现一起因冰雪原因造成的交通安全和公路生产安全责任事故。京珠高速公路分流至105国道赣州境内的车辆畅通无阻，并顺利完成支援三个县（市、区）电力设备运送的艰巨任务，取得保畅通、保安全、保运输的全面胜利。

赣州市公路管理局被江西省委、省政府授予"全省抗击低温雨雪冰冻灾害先进集体"称号。赣州市公路管理局、兴国养护公司、虔城养护公司被省交通厅授予"全省交通系统抗灾救灾先进集体"称号。赣州市公路管理局被省公路管理局授予"全省公路系统抗灾保通模范单位"称号。兴国养护公司、虔城养护公司、上犹养护公司3个基层单位被省公路管理局授予"全省公路系统抗灾保通先锋集体"称号。

（赣州市公路局）

【临川大桥收费站向贫困学生献爱心】 2008年5月15日，在当地民政部门的牵线下，临川大桥收费站负责人及全站职工先后来到一名贫困学生的家里和学校，对其家里和所在学校的学习与生活情况进行了详细了解。该学生名叫程浩杰，男，14岁，家住抚州市临川区上顿渡镇塘弯村下程村小组5队，父母在外打工时身亡。程浩杰在临川一中就读，由体弱多病的爷爷奶奶抚养。在临川一中学校门口，收费站负责人将600元帮扶资金送到程浩杰手中，并鼓励该学生好好学习，珍惜来之不易的上学机会，以优异的成绩回报党和国家。

（李　滨）

文史工作

【全省公路史志工作会议在南昌召开】 12月19日，省公路局在南昌市召开全省公路史志工作会议。参加此次会议的有省公路局副局长邹竹民、厅史志办副主任、《江西交通年鉴》编辑部副主编邓振胜、各设区市公路局、路局直属各单位分管史志工作的领导、主撰人员及路局机关各处室撰稿人员共60余人。会议由路局行办主任兼局史志办负责人杨文主持。

该次会议主要是传达贯彻2008年省交通厅《江西交通年鉴》审稿会议精神，总结2008年公路史志工作，落实2009年史志工作任务，修改和审核《2007年江西公路大事记述》。邹竹民讲话肯定上一年工作的成绩，强调2009年公路史志工作的任务要求，指出了存在的问题和不足。邓振胜作了讲话。

会议对《2007年江西公路大事记述》修改稿进行了逐条逐页的认真评审，针对初稿中存在的不足，与会人员提出了中肯的批评和修改意见，在修改稿的基础上增加了条目内容，使《2007年江西公路大事记述》更加全面。

（陈星诚）

【省交通设计院年鉴工作会议召开】 7月8日，省交通设计院由院领导主持，组织召开（2008年版）年鉴工作会议，院年鉴编辑委员会成员及各部门撰稿人员参加了会议。会议首先由年鉴编辑部通报了2008年版年鉴的进展情况，以及对下一阶段的工作进行布置，并对2008年版院年鉴终审人员作出安排，要求各部门在完成该部门年鉴条目的同时，提供各部门大事记条目。会议着重介绍了生产项目的编辑要求：省重点工程项目要经过厅以上、地方项目经过县以上审查才能编写进入年鉴；产值50万元以下的项目不做项目介绍，"两头延伸"项目例外；高速公路施工图设计中的枢纽互通，1000米以上特大桥梁、1000米以上长隧道做分项目介绍。施工图设计需编制公路隧道勘察设计一览表、公路沿线设施（服务区、停车区）一览表、互通式立交勘察设计一览表、支线上跨桥勘察设计一览表、特大桥、大桥、小桥一览表。

会上院领导就年鉴编辑工作提出三点要求，一是充分肯定设计院年鉴编辑工作的重要性，各部门要认真做好此项工作。院年鉴自2005年起，已编辑出版了三本，收录了设计院各方面的工作，如实地记载了该院生产情况和三个文明建设的成果，编辑出版年鉴是该院工作的一项创举，是一项服务当代、惠及后世的有意义的工作。二是各部门要认真组织好人员撰写稿件，根据院年鉴编辑工作计划，于7月15日前将稿件提交给院史志办，以便年鉴的编辑出版。三是本着对历史负责的态度，对2008年版年鉴的稿件实行责任制，即借鉴《省交通设计院志》文稿署名方法,文稿要有撰稿人员、复核人员签名,项目要有撰稿、复核、审核、审定人员签名,对稿件质量落实到人、层层把关,以保证年鉴的质量。

设计院领导对年鉴工作的重视,以及各部门的积极支持,有力地推动了该院年鉴工作的开展。

(朱　革)

【《江西高速公路》杂志被评为全省优秀编辑质量内刊】 4月16日,江西省新闻出版局组织召开“2007年全省连续性内部资料管理工作年会”,《江西高速公路》杂志在300余种连续性内部资料质量检查中被评为优秀编辑质量连续性内部资料。

《江西高速公路》自1998年10月创刊以来,以打造“江西高速公路行业权威信息平台”为办刊宗旨,把握正确的舆论导向,展示了全省高速公路建设、融资、管理和精神文明建设新动向、新做法、新成就。坚持质量为本,不断增强刊物对读者的启发作用、对工作的指导作用和对改革的推动作用。突出行业特色,扩大社会影响力和覆盖面,为推进高速公路事业又好又快发展提供了强有力的舆论支持。

(刘敏慧)

【省公路摄影协会采风活动在景婺黄管理处举行】 3月19日,江西省公路摄影协会采风团在省公路管理局宣教处组织带领下到景婺黄高速公路,正式拉开了采风活动的序幕。在3天的采风活动中,来自全省公路系统60余名宣传工作者和摄影爱好者,对景婺黄高速公路的风光和所站文化、沿线风土民情及历史文化景点进行拍摄。

在实践的同时,还举行了研讨活动,专家们对学员的摄影作品进行了精彩的点评,对学员在摄影当中遇到的困惑和难题作了解答。学员纷纷畅谈摄影体会,交流拍摄经验。该次活动,给学员提供了一次很好的学习锻炼机会,让不少初学者对摄影产生了浓厚的兴趣,学员的摄影水平得到一定程度的提高。

(曾慧芬)

【江西公路开发总公司举办书画摄影赛庆祝北京奥运会胜利召开】 为营造全民迎奥运氛围,活跃广大员工业余文化生活,8月22日,公路开发总公司举办“迎奥运、树新风”书画摄影展活动。从2008年3月下旬到7月中旬。经过前期广泛宣传和动员,所属各单位认真组织,广大书画摄影爱好者围绕“为奥运加油、促和谐发展、树文明新风”的活动主题,踊跃参与,共征集书法类作品17幅,绘画类作品8幅,摄影类作品67幅。

(章春华)

【界牌枢纽处编印大型《界牌航电枢纽》大型画册】 在纪念改革开放30周年活动中,界牌枢纽处于12月编印了大型纪念画册《界牌航电枢纽》,以记录其成长脉络、走过的光辉历程以及发展中取得的重大成果。画册分设枢纽概况、枢纽文化、领导关怀、枢纽风采、精神文明建设、工程特性表、大事记等七大板块,囊括了自1992年开工建设以来大量的珍贵图片。画册采用高品质纸张精美印制,图文并茂、资料丰富、内容翔实,具有较高的鉴赏和史料价值。画册不仅展示了界牌枢纽风采,提升了界牌枢纽形象,更是凝固历史、分享成果、昭示未来,引导广大干部职工继续解放思想,以主人翁的姿态推动枢纽科学发展的重要蓝本。同时,也为自身发展留下了一份弥足珍贵的见证。

(李建国)

【江西公路开发总公司举办纪念改革开放30周年知识竞赛活动】 2008年是改革开放30周年,也是公路开发总公司成立15年。12月12日,公路开发总公司在恒辉公司一楼会议室隆重举行纪念改革开放30年知识竞赛活动。厅宣传处、厅直机关党委负责人应邀出席,并为获奖代表队颁奖。

该次活动共有9支代表队27名选手同台竞赛。竞赛题目分必答题、抢答题、风险题3种类型。必答题81道,抢答题45道,27道风险题分10分值题、20分值题、30分值题。三分之二的题目内容是中共十一届三中全会后党的基本纲领、基本理论和改革开放政策带来的新发展、新变化、新成就,三分之一的内容是该公司成立15年来的大事、要事。竞赛题目知识丰富,内容新颖,反映了改革开放30年取得的辉煌成就,回顾了该公司15年来创新创业走过的不平凡的发展历程。竞赛场上,参赛选手精神饱满,准备充分,对答如流,精彩纷呈的活动中，还穿插了场外观众竞答，观众在为选手喝彩加油同时，踊跃参与互动，竞赛现场掌声不断，气氛热烈。

（总公司党办）

【中华全国总工会“职工书屋”邹家河所示范点建成使用】 8月份，中华全国总工会“职工书屋”示范点之一的赣粤高速邹家河所职工书屋建成并投入使用。

职工书屋建设历时2个多月，在该所原“家禾园”书吧基础上改建而成，至8月，已拥有品种繁多的各类书籍3000多册、电子读物200多件和各类期刊20余种。书屋内新添1台37英寸的液晶彩电和2台电脑供员工上网浏览，可同时容纳10余人进行阅览图书、上网查阅资料和观看电视节目。为加强书籍管理，邹家河所还购入了电子图书管理系统，配备专门的图书管理员。为了方便职工，职工书屋还实行夜间开放，并在职工中选聘义务管理员协助管理书屋。

职工书屋的建成，为提升全员文化素质、加强道德修养、净化行业风气、深化行业文明推波助澜，为赣粤高速邹家河所精神文明建设营造了和谐的发展氛围。

（李　红）

【江西抚州长运开展企业文化知识竞赛】 2008年，是江西抚州长运有限公司企业文化的推广年和提升年。国庆前夕，公司举行江西长运企业文化知识竞赛，共有16个单位的20支代表队的80名员工参加竞赛。竞赛采取有问必答、争先抢答、解读文化、案例分析四种方式进行。竞赛内容涉及面广，除涵盖江西长运的文化理念外，还包括企业文化相关知识、企业发展概况、行业发展形势等内容。各参赛队结合自身体验，通过激烈角逐，均取得较好成绩。通过这一活动，进一步推进企业文化建设，弘扬了在企业文化建设方面取得的成果。此前，抚州长运还进行了江西长运企业文化知识的普考。

（抚州长运）

【金溪境内鹰瑞高速建设工地发现宋元古窑】 2008年8月3日，在鹰瑞高速公路金溪县对桥乡庄坊村姚里村小组建设工地，发现宋元时期的古窑遗址，有2处群窑址，共51个遗址，其中里窑窑址群自北宋一直延烧至明代初期，前后延续近300年，整个窑址东西跨度5.2千米，南北宽度平均600米，堆积层最深达60米，其规模在省内实属罕见。经过1个半月的发掘工作，省、市、县考古人员对采取的标本进行了整理、分析、类比、研究，有关报告结论等待省文物局公开。金溪县鹰瑞高速公路工程指挥部在文物发掘期间，全力做好各项协调服务工作，确保工程施工与文物挖掘的顺利进行。

（金溪县交通局）

【德兴公路分局职工徐兴在省首届摄影艺术节上获铜奖】 9月24日，在江西省首届摄影艺术节现场摄影比赛颁奖仪式上传来喜讯，德兴公路分局徐兴的一幅参赛作品《无题》获铜奖。

江西省首届摄影艺术节于9月20日至24日在赣州举行，主要活动有观看“纪念改革开放30周年江西省摄影艺术展”、摄影讲座及采风活动等，其间，举办了现场摄影比赛。全省共有100余名摄影艺术家和摄影爱好者参加此次活动。

（章松青　毛莹莹）

市、县交通

南 昌 市

南昌市是江西省的省会,铁路、公路、水路、航空设施俱全,是重要的交通枢纽。京九铁路与沪昆(原浙赣)铁路在本市呈十字交叉;国道主干线——沪昆线、福银线与多条高速公路在本市通过,并由乐温、温厚、昌樟和西外环连成绕城高速公路;全市已形成以高速公路作外环,国道、省道作支撑,县、乡、村道广泛散布的公路网络;赣江自南向北穿市而过直泻鄱阳湖达长江;市内建有国际集装箱码头和综合性码头;昌北国际机场为江西省、南昌市的对外开放与联系提供便捷的空中通道。

至2008年底,全市共有在册公路总里程为9543.24千米,其中,高速公路276.63千米,国道263.41千米,省道113.76千米,县道1230.73千米,乡道1100.44千米,村道6485.10千米,专用道73.17千米。全市道路旅客运输业户772户,道路货物运输业户11785户,道路运输相关业务经营业户741户,从业人员11.8万人。营运载客汽车2477辆,客位5.11万座;道路客运线路526条,其中,省内243条,跨省111条,高速班线23条;营运载货汽车4.3万辆,运力13.2万吨位。全年旅客发送量5531万人次,货物运输量5176万吨。城市客运拥有公交线路132条,公交车2581辆,全年运送乘客约5.23亿人次,主营运收入4.32亿元。出租汽车3569辆。全市有航道461.8千米,主航道均为Ⅲ级。南昌港有岸线36.5千米,码头47座,111个泊位,总长4323延米,2000吨级的船舶可以驶入南昌港,1000吨级的船舶可以常年驶入南昌港，内河航运最远距离1000多千米。全市有水路运输企业21户，水路运输服务企业10户，港口经营企业114户，各类营运船舶226艘、17.66万载重吨、95399千瓦。全市水路运输除集装箱船舶运输有增长外，一般货运呈下降趋势，客运则全面停航。完成水运货运量407.7万吨，比上年下降7%，货物周转量88160万吨千米，比上年下降29%。南昌港货物吞吐量1145.4万吨，集装箱吞吐量4.48万标箱，比上年有较大增长。

南昌铁路局管内线路营运里程3743.8千米(其中，南昌辖内有铁路线284千米)，火车机车1058台，车辆2800辆。全年发送旅客7416.9万人次，比上年增长11.9%，为年计划的103.9%。发送货物9187.9万吨，比上年下降2.3%，为年计划的94.7%；完成换算周转量1590.6亿吨千米，比上年增长2.4%，为年计划的95.9%。实现运输收入120.3亿元，比上年增长6.7%，为年计划的100.1%。南昌火车站是一等客运站，国内重要客流中心之一，日均接发图定列车147对，其中，客车88对(动车组6对，始发直达列车2对)，货车57对，行包2对。全年发送旅客1671.05万人，同比增长16%；实现运输收入12.04亿元，比上年增长15.12%。南昌南站货物发送量299.5万吨，比上年减少43.6万吨；实现运输收入25990万元。

南昌昌北国际机场是省内最大的民航机场，可起降大型客机。开辟有飞往北京、上海、广州、成都、香港、新加坡等国内、地区和中转联程国际航线。全年完成旅客吞吐量333.2万人次，比上年增长8.58%；完成货邮吞吐量2.357万吨，比上年下降7.34%；保障起降34292架次，比上年增长7.16%。

2008年，南昌市交通局按照年初确定的工作思路，在服务南昌创业创新上突破，在加快交通基础设施建设上突破，在推进局属困难企业改制上突破，在加强交通干部队伍建设上突破，各项工作都取得显著成绩。

三项政治任务有声有色。一是抗冻救灾经受严峻考验。在年初抗击50年一遇的冰雪灾害中，广大干部、职工尽力保“春运”，尽责保安全，运送旅客121万人次，没有发生一起安全事故，没有发生一位乘客滞留或举报投诉。二是抗震救灾奉献爱心。全局干部、职工心系“5·12”汶川大地震灾区，共捐款231.24万元。按照江西省交通厅的指令，征调2辆大型货车，安排2名押运员，顺利完成救灾物资运送灾区的任务。三是征调客、货运车辆8辆，抽调工作人员40多名，完成奥运火炬传递的交通运行保障运输，并完成奥运开、闭幕式焰火运输资质审核任务。

三项建设任务有为有位。一是完成农村公路建设303.1千米，完成林区公路和通重点水库及堤坝沙石公路改造506千米。新增135个自然村通达水泥公路，自然村硬化公路通达率54.4%。总投资3亿元，其中，省级以上补助资金5000万元，市级配套资金2000万元。对589个新农村建设试点自然村的进村道路、村内主干道、入户便道进行改造，总里程1073千米，受益村民2.8万户，共12万余人。二是改渡建桥基本完工4座，在建5座，17座基本完成工可报告或初步设计，投资总额2.84亿元。省委常委、市委书记余欣荣批示“交通局这项工作抓得紧、有成效”。三是站、点建设力度加大。4个乡(镇)客运站开工建设，190个风雨候车亭竣工投入使用，超计划30个，极大地改善了农村客运和农民出行的条件。投资400万元，完成西河站站房建设，水上新趸船正式投入使用。三项建设是政府的“民生工程”、交通的“惠民工程”、农民的“幸福工程”，为交通赢得形象和声誉。

三项改革任务有模有样。一是行政审批制度改革一步到位。市交通局将运管、港航、拖征三个窗口合并设立“行政审批服务处”，梳理审批事项，简化审批手续，压缩审批时限，提高审批效率，审批速度平均提速50%。二是行政处罚基准制度率先领跑。市交通局为市政府指定实行行政处罚自由裁量权基准制度的3家试点单位之一，对行政处罚依据、权限进行清理，细化处罚理由，量化处罚标准，在全市率先制定了交通行政处罚自由裁量权标准文本。三是局属困难企业改制有序推进。江西水运集团公司改制方案获得市政府批准，首期3000万元改制资金已经到位，集团机关及所属各企业改制工作全面启动。江西长运集团公司部分国有身份职工办理身份置换手续。南昌市二运总公司、南昌市三运总公司完成企业改制前调查摸底。

三项修编任务有章有法。一是《南昌港总体

规划》在通过部、省联合审查后,按照专家意见,全面完成文字修改,已上报国家交通运输部和省政府审批。二是《南昌公路运输枢纽总体规划》已完成第三稿修改,正在进行环境评估。三是《南昌港口管理规定(送审稿)》已报送市人大审议,主要是对港口管理体制、港口经营管理和岸线保护作出明确规定。

三项管理任务有始有终。一是行业管理继续加强。全面推行道路运输行业质量信誉考核,严厉打击和查处"黑车、黑校、黑点、黑托"违章经营。开展治超专项行动,基本杜绝客运超载现象的发生。全面完成清理整顿客运车辆挂靠工作。对36个码头基础设施进行重新检测评估,对不合格和超范围经营的港口企业下达整改通知书。进一步巩固和完善跨地区联合执法机制,对宜春、南昌两地671艘沙石运输船舶实行统一管理。积极开展"农村公路建设质量年"活动,对农村公路和渡改桥建设工程全面开展质量监督,全年完成监督项目149个,下达整改通知书12份,质量通报5份。二是安全监管常抓不懈。深入广泛开展"安全隐患治理年"、"安全生产月"和"查隐患、防事故、迎奥运"等系列活动,组成5个督查组,出动100余次,对企业进行督查,19处安全隐患全面整改到位。集中开展整治道路客运超载违规经营、水上交通安全专项整治、危险品运输安全专项整治和南昌港区无动力船安全专项整治等活动。农村渡口连续17年未发生人员死亡事故。三是企业管理不断深化。按照现代企业制度要求,完善法人治理结构,争取政府资源,用好市场资源,盘活存量资源,推动企业做大做强。积极开展节能减排示范活动和驾驶员节能专项行动。

三个文明建设全面提升。一是物质文明建设再创新业绩。局属企业完成经营收入9.45亿元,实现利润6121万元,分别比上年增长15.3%和6.9%。特别是江西长运股份公司利润总额突破亿元大关。二是精神文明建设再上新台阶。开展机关干部"贴近基层、服务基层"调研活动、争创"交通文明执法标兵"活动和创建"交通文明服务窗口"活动。加强党风廉政建设,促进干部和执法人员廉洁自律。三是行业文明建设再迈新步伐。充分发挥各级交通网站作用,大力推行政务信息公开,全年更新网站各类条目400多条,面向社会提供交通信息,展示交通形象。增强服务意识,提高工作效率,社会和群众对交通的满意度明显提高。市运管处荣获"全国交通行业文明示范窗口"和省级"文明单位"荣誉称号。江西长运股份公司和徐坊客运站被授予"江西省第十一届文明单位"称号。市交通局在全省交通民主评议政风行风活动中进入前3名,被评为纠风工作先进集体;市港航处在全省港航系统中名列第一。

(南昌市交通局　周国祥　李东昇)

南　昌　县

南昌县地处江西省中北部,位于南昌市东南面,境内交通十分便利。赣江、抚河及其支流如叶脉遍布全县,其中,赣江干流油榨背至新洲段计42.5千米,可通航1000吨级船舶;东支孙洲头至芦洲头计6.5千米,可通航300吨级船舶,直通鄱阳湖沿岸城镇与长江各码头。京九与沪昆铁路在向塘镇交汇,县境内有青云谱、莲塘、横岗、向塘、向西、江家、三江、谭岗8个火车站。境内有温厚和东绕城高速公路通过,105、316、320国道公路贯通全县,省、县、乡、村道如蛛网密布。

2008年,南昌县交通工作以重大重点项目建设和作风建设活动为抓手,运用交通政策,抢抓机遇,攻坚克难,扎实工作,编制新规划、谋划新项目、推出新举措、探索新机制。

推进交通基础设施建设。全县实施交通工程项目共11个,其中,牵头实施6个,已投资16.231亿元;储备项目2个;参与项目3个。完成农村公路水泥路建设109.5千米;完成通村公路89.2千米的工可编制,实施通村公路30千米。完成县、乡公路桥梁14座,计271.1延米的改造工程前期工作;完成村级公路危桥改造25座,计380.5延米;豫章大桥维修加固提载工程提前完成。蓝园大道路面工程春节前完成通车。新莲塔线路基工程完成,转入路面工程施工。新建客运站2个,候车亭37个,渡头、南新、富山客运站和莲塔线、蒋巷线等40个候车亭正在建设中。莲塘一级客运站的《可行性调研报告》已进行二次修改;南昌港东新码头项目总体规划已编制完成,上报会审。塔城客、货码头已开工建设;内湖大桥完善报批手续;黄马大桥已进入设审阶段;三江大桥已完成工程招标即将开工。全年征收交通规费1071.2万元,占年度计划的110.9%。依据县总体规划提出县域交通规划意见,全县公路总里程3305.35千米,公路密度达到每万人32.86千米。

整合综合运输资源。全县拥有营运车辆4565辆,其中,货车4500辆,20000个吨位(新增货车1132辆,新增3655吨位);客车65辆,计930座;新增运输企业12家;共有客运班线38条(县际20条,县内18条),基本覆盖全县255个行政村,通达率达90%以上;开通527路莲富线、526路莲塘火车站至象湖的两条公交线路,较好地解决了不同层次的需求和运力配置。举办2期驾驶员、修理工培训班,使受训的132人获得从业资格。

提升行政管理的综合水平。开展客、货运输及驾培专项治理工作,查处道路运输违规车辆354辆次,督促补办道路运输证与道路运输从业资格证140起;投入40余万元,对全县171座存在安全隐患的农村公路桥梁设立限高限载门架和告示牌;联合开展非法滩涂造船专项整治活动,依法取缔非法船舶建造厂(点)10家,拆除不符合规范要求的船台9座;查处渡口安全隐患40余处,下发违章通知书27份,撤销闲置渡口6个。

抗震救灾献爱心。面对突如其来的地震灾害,县交通局积极开展捐赠活动,共捐款54126.2元;抗冻救灾期间,全局投入人力3000余人次、车辆40余辆、船舶4艘、资金197055元,受到县委、县政府和社会各界的好评。

(南昌县交通局　骆国良)

新　建　县

新建县位于南昌市西北部,处赣江下游,鄱阳湖南岸,县域面积2427.5平方千米,辖乡(镇)19个,人口68万。区位优越,交通发达,县城长堎镇与南昌市红谷滩新区融为一体。县城有市公交班线10余条,穿行于大街小巷。京九铁路穿境而过。105、320国道和福银、沪昆、东西外环高速公路横贯新建并在县城交汇。赣江、鄱阳湖水道傍东而泻。昌北国际机场雄踞境内。至2008年底,全县有在册公路2407.4千米(不含境内高速公路),是改革开放前的5倍多;有农村水泥路1823.4千米,实现100%通乡(镇)、行政村,43%通自然村公路水泥路面硬化。全县有在册营运客车290辆,客运班线18条;营运货车1500辆,3120吨位;农用运输车1200余辆。有乡(镇)四级客运站10个,候车亭30个,县辖赣江主流长139千米,赣江支流长200千米,有货运船舶200艘,40000吨位,建成水上码头3个。

2008年,新建县交通局按照年初制定的工作思路,抓思想、抓作风、抓项目、抓发展,各项工作有条不紊地推进。

抓项目,为全县交通基础设施奠定基础。继续做好农村公路建设,着力完善路网结构,打通外接路,消灭断头路,扩大通自然村公路硬化比例。全年共完成农村公路建设35.04千米。筹资60万元,对义渡街0.6千米街面拓宽并加铺水泥。下拨资金10万元,帮助溪霞镇乌鱼坑村修通外接公路,使全县唯一未通公路的自然村修通了公路。重点推进撤渡建桥项目。做好联圩(东岸)大桥、大塘(红旗)大桥、南矶大桥建设的前期工作,使以上3桥于11月份全部开工。12月底,完成松湖(宋家)大桥的施工任务;完成县道璜北线创新桥危桥改造项目。

抓发展,积极搞好行业管理。在2007年农村客运班线公司化改造试点的基础上,2008年,完成下新建所有客运班线的公司化改造。协调上新建班线的改造,完成长堎至西山班线的改造。6至9月份,开展对“黑车”等非法营运的专项整治,使全县道路客运市场秩序有明显的好转。重点做好对非法从事港口经营、非法运输船舶、非法侵占港区岸线等行为的整治力度。

抓安全,保持行业安全和系统稳定。年初,狠抓冰冻雨雪灾期的道路安全,取得抗冰救灾的胜利。4至7月份,在局属单位开展安全生产百日督查专项行动。妥善处理县航运公司昌北职工宿舍楼拆迁与住户安置工作,做好县沙石公司危房改造工作,为困难企业职工上缴社保费,解决利息和滞纳金问题,稳定了企业参保人员的思想,荣获全县安全生产、信访稳定工作先进单位称号。

抓作风,交通文明形象有新提高。制定和完善一系列内部管理制度,规范办事行为。6至12月份,在局机关及局属事业单位开展民主评议政风行风活动,在全系统营造心齐、气顺、劲足、实干的环境,形成良好的工作氛围。

(新建县交通局 吴剑芳)

进 贤 县

进贤县位于江西省中部偏北,鄱阳湖南岸,南昌市东大门,面积1971平方千米,辖10镇、11乡、288个村委会,78万人口。县境内交通区位优势明显,基础设施完善,交通网络发达。沪昆铁路穿境而过,设有衙前、进贤、温家圳3个火车站。境内湖港交叉,水上运输四通八达,常年通航的航线达288千米。沪昆、福银高速公路和320、316国道与境内省、县、乡、村道相互穿插,形成纵横交错的公路网。至2008年底,县境内共有高速公路2条、4段,全长79.101千米,国道2条、计73.24千米,省道2条、计51.68千米,县道10条、计204.66千米,乡道57条、348.66千米,村道1114条、计2748千米,通车里程3505千米;有高级路面2339千米,其中,水泥路面2111千米,占总里程的60.2%,油路面228.2千米,占总里程的6.5%,自然村水泥路通达率达60%。全县共有各类营运车辆3567辆,其中,客车316辆、6320客位,出租车312辆、1248客位,货车1582辆、7895吨位,轮胎式拖拉机401辆、440吨位,其他机动车辆956辆。全县有民间渡口27个,准驾渡船41艘,分布在全县13个乡(镇),渡工45名,日均渡运量5000人次。

2008年,进贤县交通局紧紧围绕全县经济社会发展总体目标,始终坚持"攻坚克难搞建设、创新机制强管理、服务全局保畅通"的工作思路,继续保持交通事业全面、快速发展的好势头。

二大政治任务有声有色。一是抗冰救灾彰显交通本色。在年初百年不遇的冰冻灾害期间,道路严重堵塞,被堵车辆排成长龙,车上旅客饥寒交迫,面对此情此景,县交通局执法人员全体紧急出动,不畏严寒,连续奋战,一边除冰铲雪,一边疏通分流,一边送衣送食。全局共出动人员1500人次,车辆200余辆次,修复冻坏公路410千米,桥梁2座,实现无1人滞留,无1起事故的目标,荣获省委、省政府授予的"抗冰救灾先进集体"称号。二是抗震救灾方显人间温情。县交通局党员、干部、职工惊闻"5·12"汶川大地震,慷慨解囊,踊跃捐款捐物,全局累计捐款3万余元,捐物200余件。

三大建设任务有为有位。一是农村公路建设实现新发展。全县共投入资金1.4亿元,启动通自然村水泥公路项目597个,建设总里程671千米,年底已经全面竣工。完成建设通往重点水库、堤坝沙石公路180千米和林区(森林防火带)沙石公路24千米。二是渡改桥建设迈出新步伐。全县12个被列入撤渡建桥计划的项目已经全面启动。至年底,县城五七大桥、李渡红桥大桥、池溪城岗岭桥工程进展顺利,民和镇旺坊桥已进入工程招标程序,李渡抚河大桥、架桥土坊大桥完成项目评审进入报批程序。三是客运站和风雨亭建设成为新亮点。完成梅庄、白圩、衙前、架桥4个乡(镇)客运站和11条线路上的60个农村客运候车亭建设并相继投入使用。

四大工作有模有样。一是交通规费征收有新突破。全年征缴拖拉机养路费、摩托车养路费和车、船运管费总额突破700万元,比上年增收5%。二是招商引资有新成果。共引进外商项目2个,均已正式落户开工投产。三是安全管理有新举措。实现安全事故为零的目标。公路运输以强化运输市场管理为中心、以整治非法营运车辆为重点,结合百日安全整治活动,开展公路客运市场经营秩序集中行动,查处非法营运车辆41辆,打击非法营运活动,同时,投入5万元资金购置道路醒目标示牌。水路运输狠抓制度的建设和责任的落实,渡运管理人员和渡工素质的提高,渡运条件的改善。四是政务管理水平有新提高。县交通局严格贯彻落实《中华人民共和国行政许可法》、《中华人民共和国公路法》、《中华人民共和国道路运输管理条例》、《中华人民共和国水路运输管理条例》等法律法规,积极组织学法用法,经常开展交通行政执法专项督查,经常开展文明执法、依法行政培训等活动,确保交通局依法行政、规范行政、文明行政、廉洁行政,交通执法队伍的形象明显提升,行业管理水平明显提高。

(进贤县交通局 齐万玉)

安 义 县

2008 年,安义县交通局以开展机关效能建设、政风行风评议、优化投资环境、推进政务公开为动力,努力实践科学发展观。抢抓机遇、加快发展,实施交通优先发展战略,抓住交通发展的良好机遇,继续加快三个文明建设,完成各项工作任务。

推进交通基础设施建设。抓住省、市政府为交通建设提供优惠政策好机遇,全县共投资 1036 万元,完成通自然村公路扫尾工作。加强通林区、库区公路建设,全年新建农村水泥路 25 千米,新增通公路自然村 15 个,达到 95% 的自然村通水泥路。建成通水库、林区公路 179 千米,修建乡村公路中、小桥梁 19 座,计 233 延米。全年投资 258 万元,新建乡(镇)客运车站 3 个,农村客运候车亭 47 个。公路养护进一步完善,年末好路率达到 91%。全年投资 12.3 万元,绿化农村公路 123 千米,农村公路绿化率达 90%。至 2008 年末,全县公路总里程达 1373.53 千米,水泥路硬化密度已达每百平方千米 117.5 千米,每万人占有水泥路 30.5 千米。有效地缓解城乡经济发展的交通瓶颈制约,为安义建设南昌后花园、推进县域经济快速协调发展奠定了坚实的公路交通基础。

运输生产稳步发展。以强化行业管理为主线,促进服务,全县客、货运输持续稳定发展。客运车辆清挂工作顺利推进,完成安义至南昌和石鼻至南昌 2 条班线清挂收购。农村客运线路继续向自然村延伸,全县农村客运班线达 42 条,实现 100% 行政村通班车。2008 年,全县道路运输完成客运量 282 万人次,旅客周转量 7430 万人千米;货运市场逐步萎缩,全年完成货运量 112 万吨,货物周转量 5507 万吨千米。"春运"期间,日均投放运力 112 辆,共发客运班次 14440 个,完成客运量 25 万人次,圆满地完成"春运"任务。

交通行业管理进一步规范。年度审验按期完成,客车年审率达到 100%,货车年审率达到 95%,注册三类专业修理店审验率达 80%。规范出租车行业管理,增强其城市服务功能。交通规费征收稳中有升,全年共征收拖养费 115.8 万元,为年计划的 105%;征收摩托车养路费 77.5 万元,为年计划的 112%;征收运管费 37.3 万元,为年计划的 110%,实征率达 98%。开展专项整治,确保道路运输安全,规范汽车客运、出租车经营,严把经营资质、超载超限关,打击黑车。安全生产形势稳定,全年未发生重大生产事故和火灾、爆炸等事故,实现全县渡运连续 32 年安全无事故。

继续加大精神文明建设。一是开展机关效能建设,进一步完善机关管理制度,提高服务意识,改善工作作风。二是继续推进民主评议政风行风。三是以实现服务承诺为手段,切实加强干部队伍建设。以优化投资环境,促进县域经济发展为着力点,加强队伍作风建设,努力兑现服务承诺。四是健全完善体制机制,完善工程招投标制度、行政审批制度,规范办事程序,加强财务监督和用车管理,健全防范体制,加大从源头上预防和治理反腐败工作力度。五是加强党建工作。通过抓党员信念教育,抓党纪条规、法律法规和交通系统"六条禁令"学习、抓警示教育等,开展党风廉政建设。全年发展党员 4 人。

(安义县交通局　徐正柱　熊端霞)

湾 里 区

2008 年,湾里区交通局在加强思想政治建设、行风作风建设、加快交通基础设施建设以及依法行政、优化投资环境和维护经济发展大局等方面,坚持真抓实干,取得比上年更显著的成效。

交通基础设施建设谱写新篇章。一是全区投入 180 万元,完成农村公路水泥路改造项目 10 个,共 12.5 千米,全区自然村公路通达率达到 80%。路政管理工作的经常化、规范化已取得初步成效。二是城区二级客运站建设已完成选址、踏勘、测量、可行性研究论证等工作,进入申报立项。湾里梅岭出租汽车公司筹建工作正在全力推进。

安全管理取得新进展。一是从 4 月下旬起,在全区交通行业开展安全生产百日督查和打击交通行业安全生产非法违法行为专项行动。共排查出安全隐患 15 处、运输车辆 56 辆、企业 3 家,全部整改修复到位。二是狠抓公路水毁工程抢修,确保公路安全畅通。受年初冰雪灾害和6月中旬持续暴雨影响,区境内幸洗、罗店、云湾、乔东、太珂等多条主干道公路遭受严重损毁,导致交通中断。全局投入资金近90万元,对水毁工程进行修复,共完成浆砌片石挡土墙2800立方米,修复涵管11道,新建涵管4道28米,修复路基550立方米,修复破损面板3000平方米。

招商引资(车)取得新成果。区交通局把招商引资作为交通工作的重中之重来抓,狠抓落实。全年新增车辆164辆(397.2吨),引进区外资金1265万元。着力推进的项目分别是由江西弘基投资发展有限公司投资1.5亿元的旧城改造项目和江西金轮汽车租赁有限公司投资100万元整体转移落户湾里。

交通规费征收取得新突破。通过强化行业管理,打击偷逃、抗缴交通规费行为,以优质服务吸引外地车辆来湾里落户,以及争取上级运管部门的支持和政策倾斜等措施,并采取上门上户、电话预约、建立短信告知、网络查询平台等服务方式,进一步加大征缴力度,交通规费征收工作取得了新突破。2008年,共完成规费征收146.37万元。其中,运管费征收93.53万元,比上年增长73%;拖养费征收27万元;摩托车养路费征收以及其他收入25.84万元。

2008年,湾里区交通局荣获"江西省交通工作先进集体"等荣誉称号。

(湾里区交通局　孙祥武)

青山湖区

青山湖区是南昌市的城乡结合部,范围西起洪都大道、东至艾溪湖、南起解放东路、北至抚河西堤。辖湖坊、塘山、京东、罗家4镇和扬子洲乡。区城乡建设交通局于2006年10月由区城乡建设局和区交通局合并组建,承担城市建设、道路交通、建筑管理、农业机械4个行业的职能。

2008年,青山湖区城建交通局围绕全区"经济大区、生态之都"的战略定位,以实施"十大工程"、加快建设实力、繁荣和谐的科学发展先行区为目标,努力克服冰冻灾害、金融危机等诸多不利因素,群策群力谋发展,攻坚克难求突破,在统筹城乡规划、提高城乡道路承载功能、推进城乡道路基础设施一体化建设,促进城乡大变样等方面取得同步发展。

城乡交通得到延伸。2008年,通过4轮百路大会战,辖区的市政道路得到改造和硬化,道路畅通和园林绿化、美化、亮化水平得到进一步提升。全区75个行政村改造93条农村公路,全长196.81千米,在2006年全区完成村村通工程的基础上,2008年,在全区的自然村进行2千米的农村公路改造试点,取得明显成效。

执法理念有效提升。区城建交通局加大宣传力度,严格遵守"有法可依、有法必依、执法必严"的法制原则,针对城乡居民素质不同的特殊情况,从树立法治、公正、人权、平等理念出发,主要做好以下几个方面:一是通过培训的考核,把握执法证件的核发,确保执法人员亮证执法;二是加强执法与服务的观念转变,正确处理公正执法与文明服务的关系,建立合理的执法考评机制;三是掌握城区与乡村执法尺度,因地制宜、因人而异,发挥执法人员的主观性与能动性,树立执法公正高效的良好形象。

文明建设和谐发展。10月,区城建交通局作为第一批参加全省的深入学习实践科学发展观活动试点工作单位,通过学习调研、分析检查、整改落实三个阶段的工作,机关作风明显改变,干部素质明显提高,集中解决一批突出问题,在制度上取得建立农村公路养护机制的成果,在政风行风双评工作中取得优异的成绩,得到群众的普遍认可。

(青山湖区城建交通局　刘序芝)

南昌经济技术开发区

南昌经济技术开发区创建于1992年,是江西省唯一一个国家级经济技术开发区。辖区面积118平方千米,人口18万。开发区位于赣江之滨,与繁华的老城区仅一江之隔,与南昌市新的行政中心连成一体,现有新八一大桥、南昌大桥、赣江大桥、生米大桥4座桥梁将新、老城区紧紧相连。境内水、陆、空立体交通网络全面覆盖,人流、物流、信息流畅通无阻。京九铁路越境而过,并建有客、货运站。昌九高速、105国道、320国道在区

江西通威公路建设集团有限公司

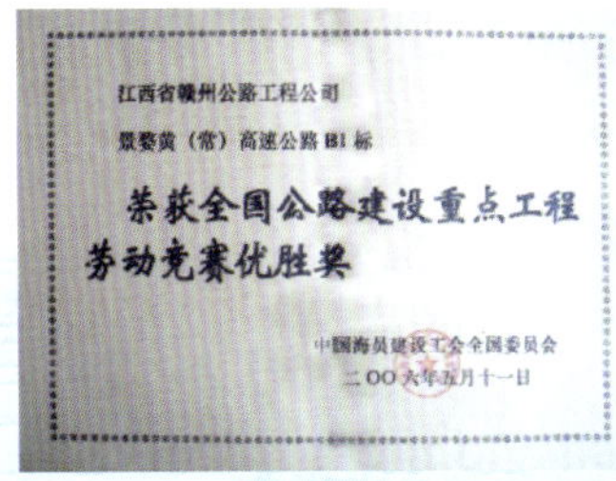

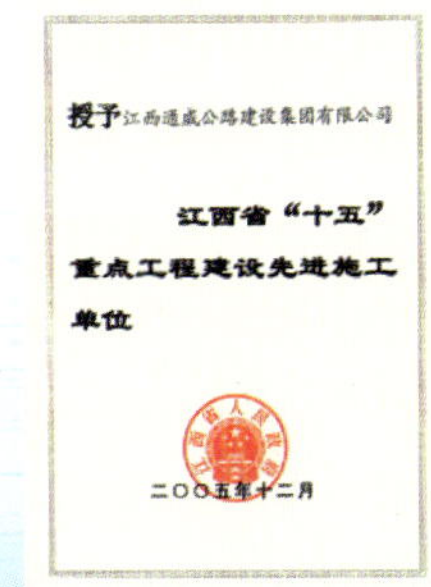

公司荣誉

公司董事长 李永纯

江西通威公路建设集团有限公司是国家公路工程施工总承包一级企业，集公路、桥梁、隧道、城市道路与交通工程施工及养护、设备维修与租赁于一体，有总承包一级资质，路基、路面、桥梁工程专业承包一级资质和公路养护一类甲级资质，通过了国际质量体系、职业健康体系和环境管理体系认证，是江西省路桥工程施工实力最强的企业之一。

江西通威公路建设集团有限公司人才荟萃，实力雄厚。有博达、诚通、诚盟三个子公司，有一大批高级工程师、一级建造师等专业技术人才和项目管理人才，有全省最先进的5000型沥青拌和楼等大型设备700多台（套），年施工能力10亿元以上。

江西通威公路建设集团有限公司业务精湛，信誉良好。承建了数百个大型工程项目，所建工程项目均被评为优良工程，集团先后荣获全国公路建设重点工程劳动竞赛优胜单位、全国交通行业质量管理先进小组等荣誉称号，被多家银行授予AAA级信用企业。

江西通威公路建设集团有限公司管理规范，形象文明。建立了现代企业法人治理结构和管理制度，树立了"文明施工，规范管理，和谐创业"的良好形象，先后荣膺江西省国有企业"四好"领导班子先进集体等30多项荣誉，涌现省劳模、标兵等先进典型60多人次。

潮平两岸阔，风正一帆悬。江西通威公路建设集团有限公司如今正大力弘扬"开拓创新，诚信务实，奋发图强，勇创一流"的企业精神，科学发展，和谐创业，通达四方，美名远扬。

深水桥梁

黑色路面

隧道工程

高速公路

赣州高速公路

省委常委、赣州市委书记潘逸阳，赣州市委副书记、市长王平等领导视察赣江公路大桥项目建设

省交通厅厅长马志武视察环城高速公路项目建设

市长助理李坊荣、公司董事长刘泽权为大广高速公路龙南里仁至杨村段建设项目办揭牌

赣州高速公路有限责任公司是根据赣州市委、市政府指示精神，为修建赣定高速公路而依法成立的国有控股公司，是代表赣州市政府建设经营高速公路项目的唯一主体。公司成立于2001年4月，现由赣州市国资委代表市政府作为出资人，并履行监管职责。公司目前主要经营大广线赣州至龙南段和龙河联络线（龙南—定南段）126千米的高速公路、正在投资建设赣大高速公路（茅店—三益段）、赣江公路大桥和大广高速公路（龙南里仁—中村坳段），参股赣州康大高速公路有限责任公司、江西联兴高速公路养护工程公司、赣州安华钻业有限公司和赣州市商业银行。

赣州高速公路有限责任公司在建和待建的省重点交通工程项目有赣江公路大桥、赣州至大余高速公路茅店——三益段(赣州环城高速公路)、大广高速公路龙南里仁至杨村段等3个项目，概算总投资达64.28亿元。为加强工程监管，确保项目建设质量和进度，该公司群策群力，克服全球金融危机不利影响，逆势而上，自我加压，提高年度建设目标；加强协调，实施“三统”、“三分”、“两奖励”管理办法；科学调度，采取“周例会”、“月调度”制度；提前规划，确保关键建材供给；紧盯目标，开展以比安全、比质量、比进度、比管理、比效率等“五比”为主要内容的学华能、赶华能竞赛和“百日会战”活动，奋力推进项目建设。大广高速公路龙南里仁至杨村段项目国家发改委已启动工可批复办文程序，初步设计文件已经省交通厅预审并修订完善待报，征地拆迁和设计招标前期准备工作均已到位，各专项咨询、评估工作基本完成。与此同时，该公司还参股厦蓉高速公路赣州至崇义段项目建设，省交通运输厅与赣州市政府已签订合作建设、经营赣崇高速公路协议。

建设中的赣州大桥

建设中的赣州环城高速公路

有　限　责　任　公　司

公司总经理孟宁在工地检查指导项目建设

赣州高速公路公司与项目银团贷款合同签字仪式

微笑服务

赣定高速公路中心监控大厅

赣 江 石 虎 塘 航

省委常委、常务副省长凌成兴会见石虎塘项目世行代表团

厅党委书记程受锭视察石虎塘项目现场

石虎塘航电枢纽工程位于赣江中游泰和县城下游26千米处，是一个以航运为主、兼顾发电等综合利用的Ⅱ等大（2）型航电枢纽工程。水库正常蓄水位56.5米，相应库容约1.668亿立方米；校核洪水位61.03米，总库容约7.43亿立方米；航道及船闸等级为Ⅲ级，电站总装机容量120兆瓦。

工程包括枢纽主体工程、库区防护工程及附属工程。枢纽主体工程主要由船闸、泄水闸、电站厂房、右岸砼连接坝、鱼道、土石坝及坝顶公路桥等组成。库区防护工程由万合防护区、沿溪防护区、樟塘防护区、金滩防护区及泰和县县城防护区5个防护区组成。防护工程堤线总长43.03千米；导托渠总长55.95千米；新建泵站6座，总装机容量5786千瓦；新建自排闸、节制闸各2 座。工程项目批准概算为24.37亿元，计划工期54个月。工程于2008年12月9日开工。

石虎塘航电工程枢纽效果图

电　枢　纽　工　程

厅党委书记程受锭宣布主体工程开工

厅长马志武在开工新闻发布会上作重要讲话

副厅长许润龙视察建设工地

副厅长胡琳视察项目办

开工新闻发布会

主体工程开工会

热烈祝贺瑞金至赣州

省委常委、常务副省长凌成兴出席瑞赣高速建设总结表彰大会

瑞赣高速公路建设总结表彰大会现场

媒体专访瑞赣高公路速建设工地

2008年4月28日，瑞金至赣州高速公路建成通车。至此，全省高速公路总里程达到2433千米。

瑞金至赣州高速公路是国家“7918”高速公路路网规划中厦门至成都主干线在江西境内的重要组成部分，是江西省“三纵四横”高速公路主骨架网中“第四横”的重要组成部分，也是建设红色故都瑞金交通枢纽的重要组成部分。该项目是江西省继昌九、泰赣高速公路之后的第3条利用世行贷款的高速公路项目。项目起于瑞金市云石乡陂下村，与隘岭至瑞金高速公路（待建高速公路）终点相接，途经瑞金市、会昌县、于都县、赣县、赣州市章贡区、赣州市经济技术开发区6个县(市、区)，终点与厦蓉线赣州城西段相接，全长117.12千米，为全封闭、全立交、双向四车道高速公路，投资概算总额为56.2亿元。

瑞赣高速公路不仅是江西境内东西向的大通道，也是江西境内两条南北向高速公路的最佳联络通道。自2007年2月8日省政府在南昌召开开工新闻发布会以来，瑞赣高速公路项目全体参建人员紧紧围绕打造“世行典范、省内一流、百姓满意”工程目标，破解了桥隧比例高、施工难度大、作业条件差、世行环节多4大难题，经受了2007年钢材、水泥、柴油价格猛涨，供应紧张和2008年雨雪冰冻灾害、台风洪涝两大考验，胜利完成了建设任务，实现了省委、省政府确定“工程质量优、生态环境美、建设进度快、安全廉洁好”的目标任务。

瑞赣高速公路的建成通车，大大加快江西省高速公路主骨架的形成，改善赣南革命老区的交通条件，缩短与福建、广东、湖南等周边省份的时空距离，尤其对推动江西省参与泛珠三角区域的经济合作和发展，实现“对接长珠闽，融入全球化”，促进江西在中部崛起都具有重要意义。

建成通车的瑞赣高速

高速公路建成通车

省、厅领导与瑞赣高速建设者先进代表合影

建成通车的瑞赣高速

瑞赣高速建设掠影

鹰　潭　至　瑞　金

鹰潭至瑞金高速公路开工新闻发布会

省领导察看鹰瑞高速路线沙盘

省委常委、常务副省长凌成兴视察建设工地

省交通厅党委书记程受锭视察鹰瑞高速建设

项目办主任曾晓文对施工单位进行合同履约检查

鹰瑞高速公路是国家高速公路规划的“7918”网中的第四纵——济南至广州国家高速公路的赣中段，也是江西省高速公路“三纵四横”的重要组成部分。项目北起鹰潭市余江县洪湖水库黄柏张家，与已经建成通车的景德镇至鹰潭高速公路相连，南至瑞金市武阳乡，与206国道相接。途经鹰潭市余江县、龙虎山风景管理区，抚州市金溪县、资溪县、南城县、南丰县、广昌县，赣州市石城县、宁都县、瑞金市。路线全长308.777千米，是江西省迄今为止一次性建设里程最长的高速公路。该项目的建设对于加快完善江西省高速公路网络，强化江西承东启西、连接南北的交通枢纽作用，促进江西经济又好又快发展具有重要意义鹰瑞项目连通鹰潭、抚州、赣州三市以及安徽、江西、广东三省，对于促进沿线各地资源开发利用，推动赣东地区经济发展，增强中东部区域合作与互动，加速对接长珠闽、联结港澳台、融入全球化具有重要意义。

鹰瑞高速公路是江西省2010年高速公路通车里程突破3000千米的一个关键项目，按照省委、省政确定的“工程质量更优、外观形象更美、生态环境更佳、依法管理更严、安全廉洁更好”的总体建设目标和务必于2010年9月完工的工期目标，鹰瑞高速公路项目办将整个建设施工工期划分为三个阶段，并在认真总结和汲取省内外高速公路建设管理实践经验的基础上，针对本项目的实际情况和特点，采取有力措施，力争把项目建设成济广国家高速公路上工程质量好、生态环境好、资源节约好的一段高速公路，使之成为江西的崛起路、生态路、致富路、幸福路，为江西省深入贯彻落实科学发展观，推动跨越发展、创新发展、集约发展、和谐发展和可持续发展，实现江西在中部地区崛起、富民兴赣作出新的更大的贡献。

高　速　公　路

省委书记苏荣下达鹰瑞高速公路开工令

省长吴新雄在鹰瑞高速公路开工新闻发布会上作重要讲话

鹰瑞高速建设项目办主任曾晓文介绍工程概况

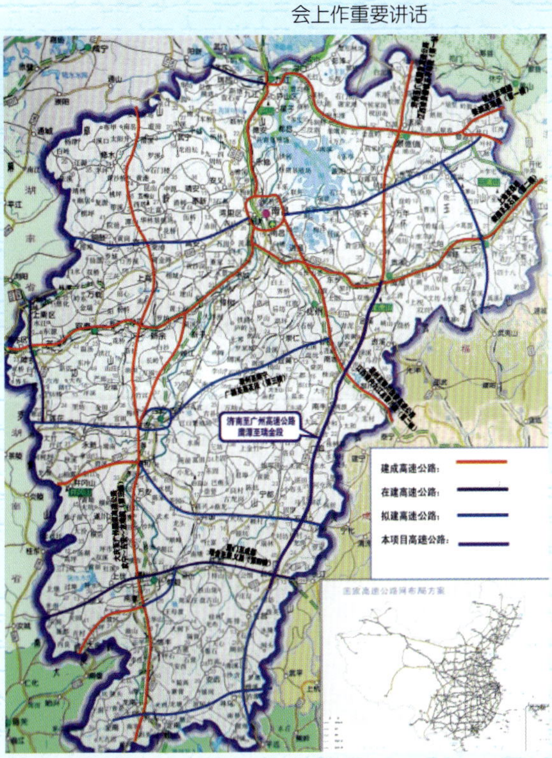

鹰瑞高速公路施工动员大会

鹰瑞高速公路建设创“双优”活动启动仪式

路桥施工现场

第一片 30 米箱梁成功浇筑

严格管理、科学决策，全面掀起工程施工高潮

石城至吉安

省委常委、常务副省长凌成兴视察工程建设情况

厅党委书记程受锭与工程建设者亲切交谈

厅纪委书记江学功在工地现场考察

全长190.7千米、总投资约103亿元的石吉高速自2008年9月22日正式开工以来，在省委、省政府高度重视和亲切关怀下，在省交通运输厅正确领导和省直有关部门与沿线各级党委、政府、人民群众密切配合与大力支持下，全体参建员工坚决按照省委常委、常务副省长凌成兴提出的"拼搏10个月，打好第一仗；抢抓春节前，拿下土石方；六个全部完成，五个基本到位"的指示，抢抓机遇，科学组织，精心施工，出色完成第一阶段目标任务，路基全部拉通、桥隧基本贯通。凌成兴在省政府召开的石吉高速第一阶段施工总结暨第二阶段施工动员大会上高度赞扬石吉项目第一阶段施工创造了"三个典型示范"，即外观形象典型示范、精神状态典型示范、施工环境典型示范。

目前，石吉建设者正奋力拼搏，确保在2010年元月底又好又快地完成第二阶段目标任务，确保同年10月举行石吉高速公路通车典礼暨全省高速公路里程突破3000千米庆典。

省高管局党委书记李素华石吉高速慰问一线施工人员

省高管局局长谢来发在石吉项目办调研

高　速　公　路

厅长马志武在石吉高速工地考察

副厅长许润龙在石吉高速工地考察

副厅长胡琳在石吉高速工地考察

厅巡视员席芳柏在石吉高速工地考察

北京城建项目部承建的石吉高速公路路段率先摊铺沥青混凝土下面层

优胜施工单位喜捧第一阶段奖牌

彭 泽 至 湖 口

省长吴新雄视察建设中的彭湖高速公路

省委常委、常务副省长凌成兴考察彭湖高速公路建设情况

副厅长许润龙在彭湖高速公路调研

路面材料质量控制现场会

彭泽至湖口高速公路始于彭泽县赣皖界鹰尖山（牛矶），途经彭泽县浪溪镇、太泊湖开发区、黄花镇、黄岭乡、芙蓉农场、芙蓉墩镇、太平关乡，湖口县大垄乡、张青乡、马影镇，终于九景高速公路K28+780处。建设情况（与九景高速衔接处）。系沿长江南岸高速公路通道，江西至安徽的出省主通道，也是《促进中部地区崛起公路水路交通发展规划纲要》、《江西省2020年高速公路网》规划项目和彭泽核电站配套项目。该项目的实施，对贯彻落实江西中部崛起和九江沿江开发战略，构建长江南岸高速公路通道，促进江西沿江经济的发展，促进赣皖地区整体开发开放及配合彭泽核电站的建设具有重大意义。

省委、省政府的高速重视彭湖高速公路项目建设，省长吴新雄等省领导亲临施工现场视察，指导工程建设。，彭湖项目办紧紧围绕凌成兴常务副省长提出的“工程质量更优、外观形象更美、生态环境更佳、依法管理更严、安全廉政更好”的建设目标，以理念创新为先导，在省内实现“三个”率先，并创新“四项”管理举措，高效完成了各项目标任务，为将彭湖高速公路建成一条科技、生态、环保的高速公路奠定了坚实的基础。

率先在省内实施油面料碎石加工水洗工艺：加工后的碎石0.075㎜以下粉尘含量减少近70%，碎石粘附性指标明显提高，为提高路面质量控制，延长沥青混凝土路面使用寿命效果明显，同时其经济效益和节能减排效益明显。

率先在省内实施路基沉降观测：针对彭湖高速地处滨湖地带，过湿土及软弱地基较多特点，委托江西华东交通大学成立专门路基沉降观测组，掌握路基沉降在施工期间及运营期间的影响。

彭湖高速公路项目办在全省交通行业中率先实行农民工电子档案管理：为依法维护农民工权益提供了强有力保障，

高速公路

厅党委书记程受锭视察彭湖高速

项目办主任孙斌向省人大代表介绍彭湖高速公路情况

保障了农民工的合法权利，至今农民工工资零投诉。

该项目办创新环保景观理念：委托上海同济大学进行全线景观规划优化设计，引入交通运输部科学研究院环保中心对项目实行全过程环保咨询和管理，率先提出了两步清表的新理念，对弃土进行二次利用。

与此同时，创新台背回填举措：建立了结构物台背回填施工四方责任机制和四方现场验收签认制度，严格选择台背回填材料，完善台背回填施工工艺。并采取以上新举措：

一是，创新路面施工模式：振动成型、立模摊铺，最大程度的减少基层反射裂缝，提高基层密实程度，减少层间水冲刷影响。

二是，创新质量控制管理：引入“首件工程合格制”和业主第三方“飞行检验机制”，立足于“首件示范，全线推广”的原则，抓住全线首件工程确定施工工艺、质量标准，委托同济大学采用不定时、不定人、不通知的方式进行飞行检测，保证了施工质量。

厅巡视员席芳柏与彭湖高速公路工程建设者亲切交谈

台背回填

摊铺现场

土方作业

德兴至南昌

省委常委、常务副省长凌成兴视察德昌高速公路建设

厅党委书记程受锭在德昌高速公路建设

德兴至南昌高速公路建设项目，是规划的江西高速公路网的重要组成部分，也是国家高速公路杭州至瑞丽和上海至昆明高速公路之间的横向地方加密高速公路。自2009年7月16日开工以来，在省交通运输厅的领导下，德昌高速公路项目办紧紧咬住总体目标不放松，加强领导、靠前指挥，广大工程建设者努力拼搏、攻艰克难、开拓创新、日夜奋战，又好又快推进了工程建设。与此同时，德昌高速公路项目办坚持注重形象，抓好驻地规范化建设；注重质量抓好主线规范化施工；注重服务，抓好项目规范化管理；注重环保，抓好绿色生态工程建设；注重监督，抓好项目安全廉洁的“五个注重”。在不到45天的时间，就实现了全线便道全部贯通，创造了江西省高速公路建设新的成绩，实现了用地交付使用、规范化施工和全方位管理的三个良好开局。

金溪湖特大桥全长9178.5米，也是目前一次性投资最大的高速公路桥梁，目前，江西最长的桥梁。该桥所处位置常年积水，水位高差较大，不能行船，枯水季节淤泥层厚，施工机械无法通行，筑岛围堰等传统施工无法进行，施工难度极大，被列为德昌高速公路建设项目最关键的控制性工程。为确保如期建成德昌高速公路，项目办合理安排工期，先行开展施工便道的建设，通过搭建全桥贯通式汽车便桥，保障金溪湖特大桥与主体工程施工进度，为主桥施工赢得时间。

金溪湖特大桥钢便桥总长6050米，于2009年4月5日正式开工建设。项目办在建设过程中和广大工程建设者科学管理、精心调度，在前期工作人手紧张的情况下，派出精兵强将，精心组织、合理安排，热忱服务；施工单位克服进场困难、施工场面狭小、设备材料紧缺以及天气不利施工等诸多困难因素，发挥工作主动性和积极性，采取人停机不歇的轮班作业安排，在保证施工质量的前提条件下，赶抓施工进度和细节管理，按照时间节点扎实推进。仅用100天的时间，就圆满完成了金溪湖特大桥钢便桥的施工任务。

当前，德昌项目建设管理者谱写了我省高速公路建设的新篇章。正在积极响应江西交通运输系统“一保三弘扬”号召，迅速拉开加快基础设施建设的大幕，正以只争朝夕的气概，迅速掀起新一轮施工高潮。

金溪湖特大桥钢便桥

高 速 公 路

厅长马志武视察德昌高速公路工程建设情况

开工新闻发布会现场

起点高、标准高的“双高”混凝土拌和站

交通运输厅举行德昌项目规范化施工现场观摩会

土工格栅施工场景

规范的土石方台阶

高标准的规范化梁场

大郁池特大桥现场夜景

永 修 至 武

省委书记苏荣下达永武高速公路开工令

省长吴新雄在会上作重要讲话

省委常委、常务副省长凌成兴在会上作重要指示

省、厅领导察看永武高速公路沙盘

凌成兴视察施工现场

宁 高 速 公 路

厅长马志武在会上动员部署工程建设讲话

项目办主任王昭椿在第一阶段动员大会上介绍永武高速公路，建设项目情况

省交通运输厅和九江市人民政府签订合作共建经营协议

永武高速公路第一阶段施工动员大会

永修至武宁高速公路东起福银高速公路昌九段，西连大广高速公路武吉段，贯穿庐山西海风景名胜区北岸，通过梅棠互通和武宁互通连接线，与庐山西海南岸的焦武二级公路，组成庐山西海风景区环湖线，是沟通福银高速公路、庐山西海景区、大广高速公路的一条地方加密高速公路，途经九江市永修、武宁2个县的13个乡（镇、场）。该线路全长104.487千米，项目概算总投资约41.9亿元。

永武高速公路建成后，将把福银、大广高速公路有机地连成一体，充分发挥两条高速公路的带动作用，对加强赣鄂经济联系，对更快更好开发庐山西海旅游资源，提升大庐山西海的知名度，整合大庐山旅游区意义重大。同时，有利于策应鄱阳湖生态经济建设，发展环湖区域旅游产业，完善赣西北地区公路布局，对时一步促进赣西北区域经济社会的发展。

省交通运输厅永修至武宁高速公路项目办具有重要意义。将在省委、省政府的坚强领导和省交通厅的直接指挥下，在沿线各市、县党委、政府及省直有关部门和广大群众的大力支持和协助下，科学决策，周密安排，精心组织，顽强拼搏，率领广大工程建设者攻艰克难，又好又快地将永武高速公路建设成为“工程质量更优，外观形象更美，生态环境更佳，依法管理更严，安全廉洁更好”的生态高速公路。

征地拆迁动员大会

永武高速公路线路鸟瞰图

永武高速公路项目办第一次党建工作会议

江西省公路

局长 凌宏亿

党委书记 邹显华

江西省公路桥梁工程局是江西交通行业历史最悠久、规模最大、施工能力最强、技术装备实力最雄厚的公路施工专业队伍之一。拥有高中初级工程专业技术人员361人，占总职工人数的32%，并有53人通过了国家一级建造师考试并取得考试合格证书。全局拥有大中型专业设备1000余台（套），净值超过1亿元；动力装备率达到35千瓦/人，技术装备率达到15万元/人。年施工能力已超过15亿元。

江西省公路桥梁工程局1993年成为全省第一家获得建设部颁发的公路工程施工一级资质的施工企业；2002年10月，经建设部重新核准认定，获得公路工程施工总承包一级资质，桥梁、路面、路基三个专业施工承包一级资质，交通安全设置专项施工资质和隧道施工专业二级资质、预拌商品混凝土专业二级资质的路桥工程局。并已通过质量、环境、职业健康安全三大管理体系认证。

江西省公路桥梁工程局一直以承建省内外干线公路和特大及大、中型桥梁工程为主，已累计新建和改建公路3000千米。系中国公路建设行业协会常务理事，江西省建筑业协会常务理事，江西省企业联合会、企业家协会常务理事，中国交通企业管理协会理事，中国建筑企业高峰论坛理事会副理事。2006年4月，江西省公路桥梁工程局作为项目法人承担了武吉高速公路建设任务。

齐全的设备、精湛的技术、雄厚的实力是江西路桥走向成功的强大后盾；同心同德、乐于奉献的团队精神是江西路桥走向成功的精神动力。江西省公路桥梁工程局将始终恪守“重质量、守信誉、兴科技、创精品”的经营宗旨，以诚信、守约、竭诚与各方朋友携手并进，共创辉煌，为江西乃至全国的的经济建设和交通腾飞作出更大贡献。

武吉高速公路

机 械 工 程 局

规范作业

桥梁施工

武吉高速公路

路基施工

武吉高速公路收费站

路面施工

武吉高速公路

江西省交通

总经理　刘仁达

党委书记　周连老

江西省交通工程集团公司成立于1997年，注册资本3.1055亿元，是目前省唯一一家集公路施工、收费公路投资经营和房地产开发等于一体、拥有一定投融资实力的国有大型综合性交通企业。该公司具备国家对外承包工程经营资格、公路工程一级施工总承包资质、房地产开发二级企业资质和环境污染治理资质，是ISO9001:2000质量管理体系、ISO14000环境管理体系和OHSAS18000职业健康安全体系认证企业。

该公司以路面、桥梁、隧道施工见长，先后以雄厚的资金和技术实力，出色完成以福建龙长高速、江西乐温高速等为代表的路面工程，以河南郑石高速宋庄分离式立交桥等为代表的桥梁工程，以浙江杭千高速四孔连拱隧道——南峰、善岭隧道等为代表的隧道工程等众多优良、精品工程。在交通工程建设中，公司勇创江西公路建设史上的多个第一，以辉煌的业绩，卓越的信誉，树立了企业的良好形象。

立足过去，展望未来，江西省交通工程集团公司将进一步与社会各界精诚合作，携手并进，打造出更多的精品工程，努力为交通运输事业的发展作出新的贡献。

地址：南昌市红谷滩新区赣江中大道1426号
邮编：330038
电话：0791－6243301
Email：jxjtjt@vip.sina.com
网址：http://www.jxjtjt.com

企业文化

工　程　集　团　公　司

三大强项

路面施工　桥梁施工　隧道施工

公司承建的福建龙长高速路面工程

公司承建的河南郑石高速宋庄分离式立交桥工程

公司承建的浙江杭千四孔联拱隧道——南峰隧道

四大领域

公路施工　收费公路
房产开发　对外劳务

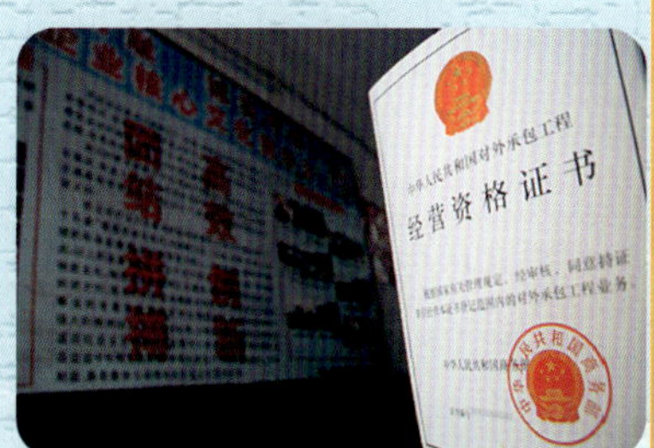

公司走出国门的通行证——对外承包工程经营资格

公司开发建设的弘德大厦

公司投资兴建的三清山环山收费公路

公司承建的江西省第一条六车道高速公路乐温高速公路路面标段

四个第一

公司以施工总承包形式承建的江西省第一条标准化高速公路——温厚高速

以设计施工总承包模式成功完成建设的宜春至安福公路

以委托融资模式成功完成建设的 320 国道大城至万载公路并交付运营

以风险投资模式成功完成三清山环山旅游公路的开发、建设并负责后期运营管理

江　西　省　公　路

省委常委、常务副省长凌成兴视察鹰瑞高速公路建设

环境一流的局办公楼

鹰瑞高速公路施工动员会

江西省公路机械工程局成立于1995年，是江西省交通系统首家通过ISO9002国际质量标准认证的国家公路工程施工一级总承包企业，具有路基、路面、桥梁、隧道专业一级资质，是江西省工商行政管理局“守合同，重信用”AAA企业，也是多家银行的AAA资信企业和省直与南昌市文明单位。

江西省公路机械工程局拥有较为优良的沥青砼路面、水泥砼路面、路基土石方、桥梁、隧道、交通安全设施等各方面机械设备；拥有一批训练有素、技术过硬、经验丰富的项目经理队伍、施工管理人才和技术人员。近年来，先后参建了江西省内昌樟高速公路、昌九高速公路技术改造、湖北武荆高速公路、安徽合六叶高速公路、浙江诸永高速公路、广东韶赣高速公路等多条高等级公路的工程建设，足迹遍及全国20多个省市（自治区），经济效益和社会效益逐年提高。

2008年，该局承担了江西省迄今为止一次性开工建设里程最长

员工拓展训练

昌九高速公路

机械工程局

鹰瑞高速施工现场

只争朝夕

的高速公路建设项目——济南至广州高速公路江西鹰潭至瑞金段建设项目（鹰瑞高速公路建设项目）的代建业务。作为鹰瑞高速公路代建业主，该局深入贯彻科学发展观，按照省委省政府“工程质量更优，外观形象更美，生态环境更佳，依法管理更严，安全廉洁更好”的要求，精心组织，科学管理，力争把鹰瑞高速公路建成4300万江西人民的“崛起之路、生态之路、致富之路、幸福之路”，为贯彻落实科学发展观、推动江西交通事业在新的历史条件下，再次实现跨越式发展写上浓墨重彩的一笔。

江西省公路机械工程局以“修筑完美之路，构建和谐企业，优质回馈社会”为使命，全体干部职工顽强拼搏，励精图治，锐意进取，将与社会各界携手奋进，共创美好未来，为江西交通、事业的跨越式发展和公路建设再创辉煌，不懈奋斗，为江西在中部崛起做出应有贡献！

路面摊铺施工

景婺黄高速公路

一流的设备

江西省公路管理局景

演讲比赛

收费服务现场操作

景婺黄高速公路是全国首批首条典型示范高速公路，西起千年瓷都景德镇，东跨“中国最美丽乡村”婺源，分别与皖浙两省衔接，是连通安徽黄山、浙江常山。是江西省通向“长三角”的快速通道。沿线风光秀丽，周边景点甚多，被誉为华东地区的旅游黄金通道。线路总长151.304公里。

景婺黄高速公路管理处自2006年11月成立以来，始终坚持以科学发展观为指导，牢固树立“以人为本、服务社会”的运营管理理念，全面推进“三优”、“五化”建设，“征、管、养”等各项工作稳步发展，一年一个新台阶，实现征费额平均年递增超30%，公路服务社会满意度100%，职工业务技能培训率100%，规范化收费所创建率100%，各类有理投诉为零，安全生产事故为零，夺取了经济效益、社会效益的双丰收，开创了各项工作的新局面。

全处精神文明建设成效显著，特色文化有声有色，培育了茶艺表演队、腰鼓队、舞狮队、武术队、傩舞表演队、茶叶制作队和陶瓷制作队等特色文艺队伍，丰富了职工业余文化生活，陶冶了职工情操。“一种三养”红红火火，各单位蔬菜基本自给，鸡鸭鱼蛋常年不断，职工生活明显改善。精神文明建设成效显著，全处已创建1个县级文明单位、8个市级文明单位，还有2个单位已通过省级文明单位验收；已有1个省级文明示范窗口、2个市级文明窗口、还有3个县级文明示范窗口和1个市级巾帼文明示范岗；3个省级青年文明号、8个省直（市级）青年文明号和1个市级先进职工之家。

勤劳奋进，继往开来。在新的起点上，全处员工正以更加饱满的精神面貌，更加开放务实的姿态，迈开坚实的步伐，迎接新挑战，创造新辉煌，在交通运输行业大发展的浪潮中阔步前行！

办公大楼

婺黄高速公路管理处

机电巡检

职工篮球赛

文艺汇演

茶艺表演

一种三养

爱心献血

业余学习

手势操

队列竞赛

江西省公路管理局温沙高速公路管理处

文明创建现场会

安全生产月文艺演出

巾帼文明岗

江西省公路管理局京福高速公路温沙管理处为省公路管理局下属正处级事业单位，负责福银高速公路江西乐温段和温沙段共计251千米主线高速公路的通行费征收、路政管理和公路养护等管理职能。

福银高速公路江西乐温段（乐化至温家圳）和温沙段（温家圳至沙塘隘）是福州至银川国道主干线在江西境内的南段，其中乐温段73千米，是江西省首条双向六车道高速公路，北起新建县乐化镇昌北机场互通，南至进贤县温家圳墨溪陈家互通，与温沙高速公路相连，途径新建县、南昌县、南昌市高新区、进贤县等三县一区。温沙段178千米，双向四车道，是江西省首条生态景观高速公路，路线始于进贤县的温家圳，经南昌市的进贤县和抚州市的临川区、南城县、黎川县等四个县（区），终于黎川县省界沙塘隘，与福建省境内福州至银川高速公路相接。全线安全、监控、通讯、收费、供电及服务等配套设置齐全，是一条集绿化、美化、亮化、人文化为一体的独具魅力的生态景观高速公路。

助学帮困

成立五年来，温沙管理处围绕“创造一流业绩、提供一流服务、打造一流品牌、树立一流形象，实现三个文明全面丰收”的总体工作要求和构建和谐平安高速公路的奋斗目标，立足征管养中心工作，严格按照交通部颁发的“三优五化”标准实施建设，实行准军事化管理，强化征管养队伍的业务能力建设、思想作风建设和组织纪律建设，努力把乐温和温沙高速公路打造成“环境最美、服务最优、通行最畅、管理最好”的现代高速公路运营管理品牌，为江西交通事业做出新贡献！

路政执法

杭瑞高速公路九景管理处

全国人大委员会副委员长周铁农到九景高速公路鄱阳服务区视察工作

省委常委、常务副省长凌成兴到九景高速视察工作

厅党委书记、程受铣到鄱阳服务区视察工作

九景管理处隶属江西赣粤高速公路股份有限公司。承担着杭瑞高速公路九江至景德镇段133.64千米的管理、养护和收费任务，下辖新港、湖口、都昌、鄱阳、景德镇等五个收费所和九景信息中心、桥隧管理所及蔡岭养护中心8个下属单位。

许润龙副厅长到九景高速视察工作

在企业文化的引领下，九景管理处以学习实践科学发展观活动为主线，以机关效能年建设为契机，以安全稳定为根本，紧抓主业，完善建设，优化环境，强化管理，突出重点，真抓实干，远景规划与近期建设相适应，中心任务与日常管理相兼顾，工作环境与企业文化相和谐，物质文明与精神文明同发展的新格局。

营院治理

一年来，九景管理处坚持以服务社会为宗旨，以人民群众满意为标准，以日常养护为中心，以收费工作为重点，以文明创建为导向，竭力打造一流服务品牌。6月中旬开始，投入近10亿元对九景高速公路全线进行技术改造，并于11月中旬完工，现在展现在人们眼前的是一条全新的高速公路。结合技改后的全新九景高速，九景管理处进一步规范管理，狠抓服务，加快生态九景建设，注重员工素质教育，通过服务拓展新内涵、养护追求新生态、庭院呈现新格局、员工展示新面貌等一系列措施，旨在打造新九景，树立新形象，塑造新品牌。

省高管局局长谢来发视察安全生产月咨询活动

一种三养

机关效能年主题演讲活动

九景高速公路犹如一条神奇的彩带，飘舞在奇山秀水之间，起颗颗璨灿夺目的明珠，沿途有世界文化遗产庐山，有烟波浩淼的鄱阳湖、以奇具称的石钟山、全国第一大内陆溶洞龙宫洞、千年瓷都景德镇……乘车在九景高速公路上奔驰，沿途的湖光山色令你陶醉。“九景”这景中之景，用它的美丽展示着无限的风采！

组织员工开展业余体育活动

开展“绿我九景”活动

大城至万载一级公路

大万一级公路通车庆典

大城至万载公路是国道320线的一段，是江西省干线公路网的重要组成部分。该项目东起高安市大城开发区，与南昌省大一级公路对接，西至万载与宜万一级公路相连。途径高安新世纪工业园、上高工业园、万载工业园和高安市城区、上高县城以及高安市、上高县、宜丰县的10个乡镇。

全线基本按照现有二级公路两侧拓宽改造，改造后全长129.52千米，概算投资10.4亿元，其中高安市城区向北改道13.2千米，上高县城区往南改道10.6千米。按照行车速度80千米／小时的一级公路标准设计，路基路面同宽24.5米，采用沥青混凝土路面结构，双向4条快车道，双向2条慢车道，快车道和慢车道之间设置防护栏。按照“比高速公路更方便进出，比一级公路更加快速安全”的原则进行路幅布置，并做好与沿线公路的交叉设计。全线分10个路基标段和3个路面标段，2008年1月基本建成，改线部分2008年6月30日前全面完成。

防护栏施工

底基层摊铺施工

大万公路新貌

江西省交通厅航务管理局疏浚工程处

熊南萍处长

江西省交通厅航务管理局疏浚工程处隶属于江西省交通厅，是江西省历史最悠久的航道工程施工单位，是持有建设部颁发的航道工程专业承包二级资质的国有建筑施工企业。该处主要承担沿海、内河航道、湖区航道及港口疏浚、航道整治、渠化工程、开挖清淤、陆域吹填、水下炸礁、清障、修筑堤坝、测量等工程，并积极开展航标制造、金属结构制作及水上餐饮、旅游等多项业务。疏浚工程处装备精良，现拥有各类液压绞吸式挖泥船、液压链斗式挖泥船、抓斗挖泥船及各类辅助船舶60余艘。

疏浚工程处自建处以来，在业务范围、工程量、技术等级方面都取得了长足的发展，现逐步形成了一套科学、规范的内部管理机制及施工管理体系，工程合格率达100%，优良工程达90%，经济效益和社会效益同步发展，受到业内人士的广泛关注和一致好评。并被江西省委、省政府评为“省级文明单位”，同时被省工商局授予省级“重合同、守信用”企业。并通过了ISO9001:2000国际质量认证，随着内部改革的进一步深入和固定资产投资的加大，必将为疏浚工程处经济发展注入新的活力和后劲。

绞吸式挖泥船

赣江整治工程

吹填工程（滨江宾馆）

先进的施工装备

热烈祝贺江西方兴科技

团结奋进的领导班子

康大项目荣获优胜奖

江西方兴科技有限公司成立于1995年，是赣粤高速公路股份有限公司的独资子公司，公司具有建设部颁发的公路交通工程通信、收费、监控综合系统专业承包资质，同时具有交通安全设施工程、建筑智能化工程、电子工程和消防设施工程专业承包资质。公司通过了ISO9001质量体系和ISO14000环境体系认证。现有员工140余人，60%以上具有大学本科以上学历，其中高级工程师、博士、硕士等高级技术管理人才占30%。

泰井高速公路开通典礼

公司先后完成了南昌至九江、南昌至樟树、昌傅至泰和、泰和至井岗山、南昌西外环、福建漳州至龙岩、广东汕头至梅州等高速公路机电工程，景德镇至鹰潭高速公路、瑞金至赣州高速公路机电系统工程以及井冈山景泰宾馆等多项建筑智能化工程。公司重视科研工作，先后研制出多种新型产品，承担并完成了江西省交通厅多项重点科研课题，公司多年来一直被认定为省高新技术企业，多项成果被评为省优秀高新技术产品。

公司制定了长期发展战略，将继续提高和完善高速公路机电工程技术，向智能交通和其它领域拓展。在社会各界的支持下，广大方兴员工将勇于创新、开拓进取，为中国公路交通事业的蓬勃发展而努力奋斗。

方兴公司大楼

有限公司成立十五周年

药湖大桥维修工程

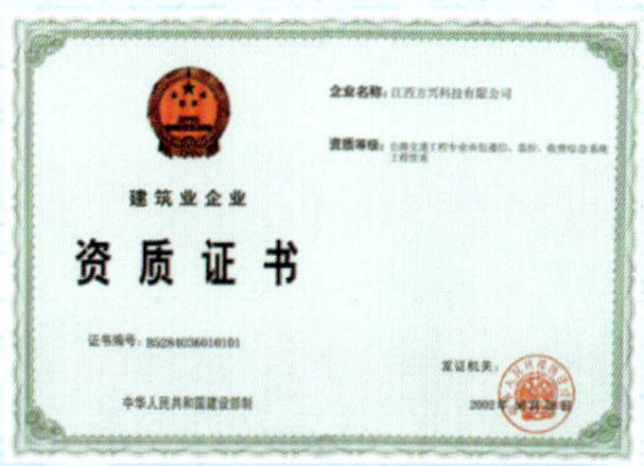

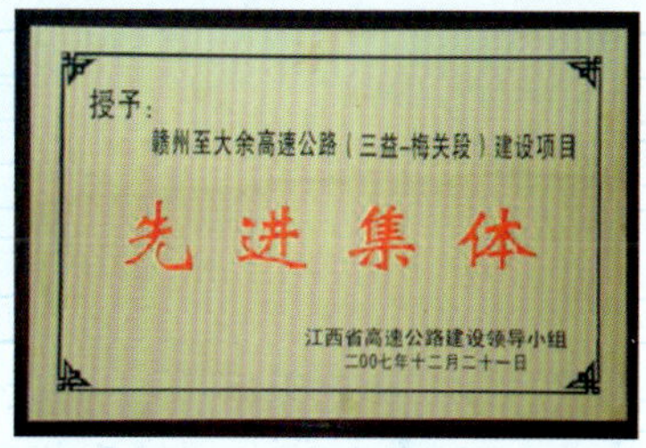

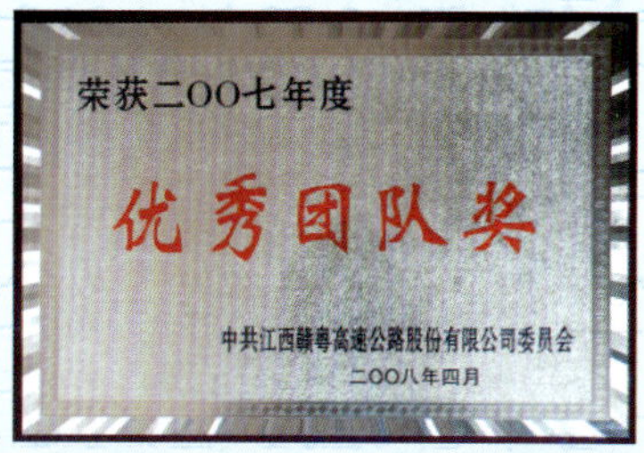

九景高速

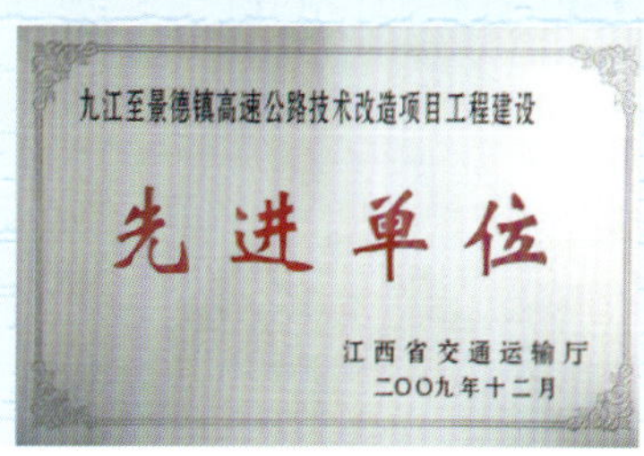

江西锦路科技开发有限公司

江西锦路科技开发有限公司隶属于江西公路开发总公司，成立于2001年。主要从事公路通信、收费、监控的综合系统工程建设与维护、工程咨询以及计算机系统集成和软件开发。具有公路交通工程专业承包通信、监控、收费综合系统工程资质及计算机信息系统集成资质，公司通过了ISO9001质量管理体系认证。

锦路科技是一个充满活力和创新精神的企业，其技术力量雄厚，且拥有一支专业知识强、技术力量硬、实践经验多、综合素质高的员工队伍，其中中、高级职称技术管理人员占70%以上。自公司成立以来，先后完成了温家圳至梨园、温家圳至厚田、温家圳至沙塘隘路段的高速公路的机电工程施工，以及南昌至万年、南昌西外环、105国道、320国道的监控收费、计重收费系统设备的改造工程，其工程质量合格率达100%，工程优良率95%以上，并多次受到建设业主的好评与奖励。

锦路科技始终秉承“科学管理、以人为本”的指导思想，倡导“诚信、创新、尊重、求同”的企业精神，遵循“拓展、提高、盘活、多维”的经营方针，努力实现“组织系统化、决策科学化、管理规范化、工作程序化、效率标准化”的公司发展目标。我们相信，只要以创新为动力，以市场为导向，以质量求生存，锦路科技就一定会赢得更好的明天。

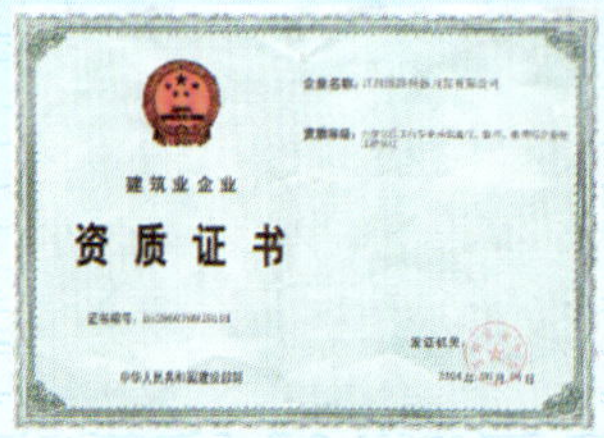

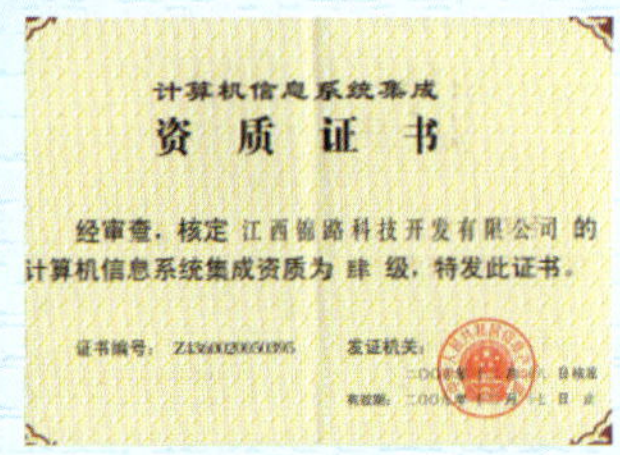
计算机信息系统集成

资质证书

经审查，核定 江西锦路科技开发有限公司 的计算机信息系统集成资质为 肆 级，特发此证书。

江西国际集装箱码头有限责任公司

江西国际集装箱码头有限责任公司位于南昌经济技术开发区白水湖工业园，交通运输方式齐全，105、320、316国道公路和昌九高速公路在工业园内交汇，京九铁路纵贯全区，南昌港集装箱码头与昌北国际机场和昌北水路货运港区相接，进出交通极为便利，形成综合交通运输的集散地，是发展现代综合物流的重要基地。

南昌港集装箱码头是交通部长江水系内河航运发展规划重点建设项目，是江西省“十五”期交通建设重点工程之一，是迄今为止江西省最大的现代化内河港口建设工程，陆域总面积17.05万平方米，码头岸线663米，建设两个1000吨级码头泊位，设计年吞吐能力为5万标准集装箱（二期工程竣工后，吞吐量将达到10万标箱）。码头港区内建有集码头生产指挥、调度、监控、管理和服务为一体的综合办公楼，客户可以就地报检和查验。同时，码头建有拆装箱库、危险品仓库、熏蒸场地、灭杀虫药库、机修车间，配备了现代化程度较高的45吨/36米轨道门机、45吨进口正面吊、叉车等装卸设备，集装箱装卸设施先进、齐全。

集装箱码头堆场

办公大楼

内交汇,6 小时即可直达上海、广州、武汉等周边大城市。区内建有江西省唯一一座国际集装箱码头,国家级保税物流中心和无水港。便捷的物流平台和立体交通,为众多海内、外企业利用国际、国内两种资源,开拓国际、国内两个市场提供诸多便利。

2008 年,区交通办全面落实科学发展观,以人为本,圆满地完成全年工作计划,为实现区“十一五”期间的交通跨越式发展作出新贡献。

加强农村公路建设。2008 年,全区共改造农村公路 4 条,全长 5.7 千米,分别是:源头至上枫景公路,长 2.7 千米;徐村至村委会公路,长 1.2 千米;农贸市场至李汪新村公路,长 1.0 千米;罗家至村委会公路,长 0.8 千米。争取省、市配套资金 74.1 万元,投入改造资金 188 万元。2008 年,养护公路 238.228 千米,其中,县道 5.102 千米,乡道 85.17 千米,村道 147.956 千米,县、乡、村道路完好率分别达到 74.7%、83%、56.8%。绿化农村公路 3 条,全长 8.484 千米,投入资金 40 余万元。

努力抓好交通规费征收。区交通办成立稽查大队,一方面加强宣传,提高业户缴费意识,进行分工分段设点,上门服务。另一方面,加班加点,力争做到应征不漏。2008 年,年审车辆 313 辆,新增业户 17 户,新增车辆 53 辆,过户 17 辆,报废车辆 1 辆。全年征收拖养费 14 万元,运输管理费 40 万元,摩托车养路费 1.5 万元。

(南昌经济技术开发区交通办公室 谢 玮)

南昌高新技术开发区

南昌市高新技术产业开发区(简称高新区)地处南昌市区城东,与青山湖区、南昌县毗邻,是江西省唯一的国家级高新技术开发区。全区下辖 2 个镇、1 个办事处、49 个行政村,人口 21.5 万,区域面积 231 平方千米。区内交通便捷,“五横十一纵”的公路网基本形成,城区道路总长超过 30 千米,多条公共汽车线路将高新区与城区连接。

2008 年,区交通办公室在公路建设下功夫,完成农村公路建设项目 8 个,全长 8.7 千米。公路站购置 GPS、PDA 和笔记本电脑,完善硬件建设,实现与省、市公路数据库和电子图的对接。认真做好农村公路自然村通达情况普查工作,实地操作用 GPS 定位采集和测量,基本完成农村公路自然村通达里程、数据、电子图制作。为今后农村公路自然村建设项目申报提供准确的数据。

(南昌高新技术开发区交通办公室 赵子华)

景德镇市

2008 年,景德镇市交通局广大干部、职工紧紧围绕景德镇市委、市政府确定的发展目标,以开展深入学习实践科学发展观活动和民主评议政风行风工作为动力,以着力实施公路网络完善工程、道路运输发展工程、水路运输振兴工程的“三大工程”为重心,以努力为经济社会发展提供优良的公共运输服务为根本任务,抗击冰雪灾害和“5·12”四川汶川地震造成的损失与影响,交通建设、行业管理、安全工作、精神文明建设等各项工作实现了稳中求快、快中趋好,较好地完成了全年工作目标任务。

1. 交通建设平稳推进。农村公路发展取得决定性胜利,实现全市行政村“村村通”沥青(水泥)路。至年底,全市 273 千米的国家农村公路建设改造工程(“千亿元”工程)计划已全部完工,提前 2 年实现全市行政村村村通沥青(水泥)路预定目标。县至乡通沥青(水泥)路项目正按计划实施,其中,昌江区已基本实现所有自然村通沥青(水泥)路。农村公路建设改造点多、线长、面广,市、县两级主管部门和农村公路管理机构充分调动建设单位和施工企业的积极性,农村公路建设改造呈现出发动群众有广度、协调矛盾有深度、解决问题有力度、加快建设有速度的喜人局面。严把勘测设计、工程招投标、施工材料、施工现场、工程验收5关,注重发挥社会、群众的监督作用,聘请老党员、老干部、老村民全程参与项目建设的监督,确保农村公路修1条成1条。同时,市、县两级农村公路管理部门按照“因地制宜、因路制宜、经济适用、功能高效、景观协调、易于管养”的原则,积极推动绿色生态公路建设,全年全市农村公路新增绿化里程84千米,全面完成了市政府下达的造林绿化“一大四小”工程任务。农村区、乡客运站及候车亭建设稳步推进,全年计划任务是建设7个农村区、乡客运站和60个村庄候车亭,至年底,已有5个区、乡客运站项目完工,其余2个完成主体工程;完成候车亭项目87个,超计划28.3%。战备公路建设进度加快,干线公路通行状况正在得到改善。景瑶战备公路二期(东埠至瑶里、黄泥头新村至高沙)自2007年下半年开工以来,路基工程已完成近60%工程量;吴乐秧战备公路项目中的吴乐段已全面完工并通车,乐秧路面摊铺基本结束,正在完善边沟、挡土墙等附属设施。水运基础设施建设进展顺利,景德镇港货运码头项目即将实施,6月17日和7月8日,市委、市政府领导实地察看了景德镇港货运码头复建项目选址。市港航管理处组织精兵强将,科学认证景德镇港货运码头选址和建设规模。至年底,货运码头建设项目的地质勘探、规划红线等前期工程已经完成,建设用地已与当地签订征用协议,初步设计及施工图设计单位已确定并办理了委托手续,工可手续正在报批中,力争2009年开工建设。乐平市采取以沙养浚的办法对乐平港至鄱阳县石镇交界处30余千米航道进行疏浚。停工2年的南环高速公路项目在政府的支持下拍卖启动。国家的补贴资本金转到省交通厅在景德镇市开户的银行账号上,保证了国家资金安全。为破解项目复工难题,景德镇市交通局积极与有关部门协调沟通,多次接待项目经理、民工上访,妥善处理春节前农民工工资和当地村民接路接水等问题;与市中级人民法院一起反复研究拍卖方案;在市政府主要领导率领下,赴省政府、省交通厅进行汇报,积极争取项目早日复工。撤渡改桥项目建设全面提速,全年共安排撤渡改桥项目13个。至年底,11个项目前期工作全部结束,其中,乐平张家畈大桥已完工,鸬鹚大桥基本完工,浮梁峙滩大桥完成桥墩桩基施工。2008年,全市重点项目乐平客运中心站主体工程完工,完成土石方工程100%,完成投资1200万元。乐平客运中心站的建设是景德镇长运公司在完成对乐平汽运公司的收购后,投资按国家一级标准新建的汽车客运中心站。景鹰高速公路乐平连接线于11月1日建成通车,完成投资9000万元,有效地改善了乐平市交通不畅的问题,提升城市功能。争取项目资金取得成效,为后续发展打下扎实基础。景德镇市交通局紧紧抓住国家实行积极的财政政策、拉动内需以应对全球金融危机的有利时机,迅速有效地筛选、认证、组织、申报了一批项目,共争取国家、省、市、县(市、区)四级资金总额近4亿元,已经到位3.37亿元。项目包括新增110千米县至乡油路项目;景瑶、吴乐秧、新秧战备公路项目后续建设;农村区、乡客运站,村候车亭项目;景鹰高速公路乐平连接线;景德镇绕城公路项目;农村渡口改渡建桥项目等。

2. 行业管理得到加强。运政管理规范有序。年初,市道路运输管理处认真开展“春运”稽查服务工作,整个“春运”期间共检查过往车辆2168辆,纠正违章2256起,查处“黑的”91起,查处货车载客2起,分流旅客665人。全面开展汽车客运站管理专项整治,督导企业整顿和规范车站管理,基本遏制住营运客车乱停乱放、站外揽客违规行为,车站“三定四统一”、“三优三化”及“三不进站、五不出站”工作得到加强。结合质量信誉考核,抓好全市道路货运、汽车维修市场、机动车驾驶学校的整治。由于管理工作的加强,有效促进了道路运输经济的发展。全年完成客运量905.88万人次、旅客周转量91265.5万人千米,同比分别增长8.1%和8.3%;完成货运量593.9万吨、货物周转量67687.7万吨千米,同比分别增长4.2%和4.6%。全市新增维修企业5户,新增客运车辆10辆、货运车辆310辆。道路运输继续保持全市综合交通运输体系中的主导地位。为尽快恢复和发展水路运输,市港航管理处在充分调查研究的基础上形成了《景德镇市发展水运工作意见》和《景德镇市2008年~2020年港口发展规划》,为市委、市政府决策景德镇市水运事业发展提供了依据。为优化水运发展环境,市港航管理处先后在全市范围内组织开展反“三无”“船舶和治理水上“三乱”、打击非法使用港口岸线从事经营活动等专项整治，共取缔非法沙石经营点23处，清理非法占用岸线长2500延米、75000平方米，封存沙石传送设备23台（套），取缔非法联营业户120余人，景德镇港30千米范围内的岸线使用管理工作得以全面恢复。公路管理常抓不懈。市、县两级农村公路管理部门以农村公路建设质量年活动为契机，围绕“转变农村公路发展方式，提升农村公路建设质量”这一活动主题进行广泛动员，先后制定了《景德镇市农村公路建设管理实施办法》、《景德镇市农村公路建设基本程序》、《景德镇市农村公路建设招投标制度》等规范性文件，形成了农村公路建设管理的长效机制。12月中旬，景德镇市交通局会同市发改委、市财政局、市监察局联合建立农村公路项目建设监察巡查制度，加大对农村公路建设的监督，有效地规范了交通部门、建设单位、施工企业等农村公路建设参与者的行为。为全面了解掌握全市农村公路现状，市公路管理所于12月初组织专业技术人员下到县（市、区），依据《公路技术状况评定标准》，采取实地手工测量、目测评估、仪器抽检等方式对县道进行技术状况评定，并将逐步完成乡道、村道的技术评定，为农村公路养护管理科学化、规范化奠定基础。质量监督严管重查，为确保工程建设质量，市交通工程质量监督站坚守质量监督一线，全年承担13个总里程近160千米公路建设项目的质量监督任务，并先后印发《公路工程抽查意见通知书》9份、《公路工程检查情况通报》4份，下发质量整改通知书3份，对出现的工程建设质量隐患进行了及时查处。先后分3批组织景瑶、吴乐秧项目与农村渡口改渡建桥项目的施工、监理单位的工程检测和质量管理人员接受岗位应知应会培训和考核，并依据考核结果清退了9名企业检测人员、2名监理人员，起到了净化交通建设市场秩序、强化从业人员责任的作用。为尽快消除低温雨雪灾害对农村渡口、渡船造成的损坏，市、县两级渡口管理部门及时开展灾害损失调查，会同渡船所在地乡（镇）政府组织修复，保证了渡船的正常运营。落实政策主要领导、分管领导、渡运管理员、渡工4级管理责任，会同海事部门举办渡工培训班2期，受训渡工45人，全市渡工持证上岗率达100%。按照交通运输部和省交通厅的统一部署，自6月1日起，在全市范围内组织开展为期6个月的公路、水路运输量专项调查，有步骤进行数据采集，确保数据真实可靠。

3. 行政执法更趋规范。树立社会主义市场经济依法行政的理念，2008年7月至12月，景德镇市交通局利用双休日时间，聘请省、市有关法律专家对系统各级交通干部和全体交通执法人员进行1次全面的法律知识培训，参加培训人数1100余人次，通过培训，各级交通干部和执法人员增长了依法行政的知识。同时，还组织人员参加省厅培训，提高自身素质，树立法律意识，在思想上奠定了依法行政的良好基础。制定行政许可事项规范工作程序，公示每项行政许可内容、法律依据、对象、条件、期限和收费情况。进一步规范行政管理人员的办事行为，建立一系列配套制度，在制度上保证依法行政的贯彻落实。坚持实行执法主体、证件、程序、文书的“四统一”制度，健全完善交通执法责任制、公示制、错案责任追究制、执法质量考评制和执法人员资格年审制，实现交通行政执法责任到岗、权责一致、相互制约的工作体系。定期对全局的政风行风情况、执法队伍建设情况进行监督检查，发现问题，及时纠正处理。交通各执法单位不断加强自查自纠力度，努力使交通执法体现文明、公正、高效，防止违法违纪行为的发生，避免工作人员“吃、拿、卡、要”或利用行政职权谋取私利的行为，全年未发现有相关人员失职、渎职、损害国家和群众利益的违法违纪案件。

4. 交通企业效益攀升。按照“转变经济发展的方式必须坚持统筹兼顾，做到又好又快发展”的基本方针，交通企业进一步深化企业改革，着力抓紧抓实生产经营和经济效益，各项经济指标创改制以来最高水平，实现了经济效益和社会效益“双赢”。景德镇汽运集团积极盘活资产存量，清理历史债务，利用上海大众桑塔纳特约维修站引进省外资金276万元，与浙江客商实现合作经营。同时，自筹资金200万元，成功收购车辆综合性能检测站经营权和交通汽修厂的全部股权。出资210余万元，清理了全系统企业在各商业银行的1500多万元历史债务，清收各种欠款180多万元，有效地缓解了企业资金压力和经营负担。全力开拓经营业务，筹措40多万元发展运力，并与2户大宗货源单位签订了大宗货物运输合同。投入100多万元,对上海大众桑塔纳特约维修站进行改造升级。景德镇长运公司在实施总部退城进郊战略的同时,始终把市场营销工作放在公司发展的战略高度来对待,根据市场变化及时调整扩充班线,创新服务,提高客车实载率,严格"三项考核",实现精细化管理,果断投资项目发展,续建乐平客运中心站、收购鄱阳长运公司,累计完成投资逾2000万元,全年完成营收9963万元,实现利润990余万元,提前1年实现企业5年发展战略目标。市航运公司在巩固现有经营业务的同时,千方百计维护企业稳定,实现了全年无职工上访,创15年来最好成绩。

交通安全保持稳定。按照"把好三个关口、搞好一个监督"的要求,加强道路运输安全监管。多次组织开展道路运输安全专项检查活动,落实营运客车、危险品运输车辆承运人责任险制度,在化解运输企业经营风险的同时,有效保护旅客和货主的生命财产安全。强化技防措施,引导专业道路旅客运输企业、旅游运输企业和危险品运输企业建立GPS监控平台。进一步健全和完善了营运车辆发车前、行车中、收车后的安全管理体系,重点营运车辆的使用状况得到全程监控。"春运"、"两会"、五一和十一期间,开展安全大检查,采取"人盯人、人盯车"、"不卖超员票、不发超载车"等有力措施以确保安全。景德镇长运公司投入近100万元,对公营客车全部安装GPS卫星定位系统,淘汰景德镇至九江等一批班线上的老旧车辆;建立客车详细档案,对驾驶员实行户籍化管理。严把"三品"进站关,车站增设安全检测仪,严禁易燃、易爆物品进站上车。坚持车辆进出站的安全例检,杜绝车辆带病行驶。组织危险货物运输从业人员资格培训,根据危险货物运输企业的申请,分别于4月和10月,举办2期危险品运输从业资格培训班,共培训危货运输从业人员76名。为摸清全市危险品运输企业的基本情况,先后组织道路危险货物运输专家深入到市石油分公司等危险品运输企业,为各公司从事道路危险品货物运输的从业人员宣讲有关法律法规,提高道路危险品运输从业人员的素质,增强安全意识,从源头上保障道路危险品货物运输的安全。加强交通工程施工安全监管,会同市安全生产监督局,先后2次对全市交通基本建设项目进行安全大检查。从检查的情况看,总体良好,各工程安全管理机构健全,保障体系完善,爆炸物品管理严格,制度健全,安全生产运行情况较好。加强水上交通安全监管。在"春运"、"两会"、汛期和2个"黄金周"期间,对水上安全隐患进行排查。由于各级政府对水上交通安全的认识有所提高,对水上交通安全整治力度加大,县、乡两级政府对乡(镇)船舶安全管理的措施不断完善,滩涂造船被取缔,"三无"船舶得到有效整治。为保证全市水上交通安全平稳态势,有效遏制水上交通重特大事故发生,景德镇市交通局会同海事部门进行多次渡运安全大检查,针对浮梁王港大桥坍塌后新设渡船的情况,先后4次到实地查看并发出整改通知书。市渡口管理所全年共深入各乡(镇)检查55次,对发现的13处隐患及时发出整改通知书,并监督其整改到位。由于措施得力,监管到位,全市渡运已连续20年安全无事故。扎实有效开展平安创建活动,市公路运输管理处、景德镇汽运集团在处理历史遗留问题上顾全大局,为维护稳定作出了贡献。全年全局实现无安全事故、无政刑案件、无违纪违法问题、无群体性事件、无越级上访等良好态势。

6. 民主评议政风行风工作成效明显。根据《江西省交通系统2008年民主评议政风行风工作实施方案》的安排,民评工作于6月11日全面铺开。在民评工作中,按照民生工程、服务对象2类合理地进行认真收集民意调查样本,确保所采集的样本真实可靠。采取走出去、请进来的办法拓宽收集意见、建议的渠道。狠抓问题整改,建立长效机制,针对存在的问题,先后制定27项规章制度和工作要求,影响政风行风建设的问题已经和正在得到整改,群众反映强烈的一批问题得到有效解决。在省政府民评办组织的测评考核中,取得了全省11个设区(市)交通局中第4名的较好成绩。

7. 抗灾救灾众志成城。2008年年初,江西经历了一场低温冰雪且时间持久的恶劣雨雪灾害,景德镇市交通局在市委、市政府的坚强领导下,承担起全市"九保一平安"中保路通总协调的重任。为抗击冰雪灾害带来的影响,迅速启动灾害天气应急保障预案,紧急调集8辆大型货车和2辆铲车,分别执行碾压景德镇机场跑道积雪、铲除高速公路及国、省道境内段积雪任务;紧急调运10000条麻袋支援高速公路用于铺设在公路行车道上,防止车辆打滑,及时抢通境内重要公路干线,有效保证了交通运输的畅通。“5·12”汶川特大地震发生后,全局广大干部、职工在第一时间纷纷捐款,表达对灾区同胞的爱心,以自己的绵薄之力支持灾区群众重建家园。仅5月17日至18日两天,捐款额达46400元。局机关与所属企、事业单位党员共捐献“特殊党费”176600元。两次捐款合计达223000元。

(景德镇市交通局　涂　强)

乐　平　市

2008年,乐平市交通局按照乐平市市委、市政府和上级主管部门的要求,围绕年初既定的交通工作目标,着力实施建设公路网络,规范道路运输,振兴水路运输,交通基础建设、行业管理、安全生产等各项工作实现稳中求快、快中趋好的良好态势。

交通基础设施建设。一批交通重点工程项目建设相继完成。吴(家)乐(平)秧(畈)公路建设主体工程如期实现年底通车,景鹰高速公路乐平连接线于11月1日实现全线通车,历(居山)洪(岩)旅游公路路面改造顺利完成,新(店)秧(畈)战备公路全面完工,湘(湖)官(庄)一级公路乐平段完成水稳层施工。行政村道路硬化“村村通”目标基本实现。依照农村公路建设管理办法,乐平市交通局切实规范从争取计划、开工建设,到竣工验收的各环节程序,优化农村公路设计方案,严格施工管理,确保工程质量,全年完成农村公路建设与改造123千米。推进交通民生工程。一是全面加快农村区、乡客运站及候车亭建设,完成洄田、洪岩、官庄、涽口5个区、乡客运站建设和22个候车亭。二是克服重重困难实施渡改桥项目建设,乐港、礼林、名口、十里岗等乡(镇)按照“一桥一领导、一桥一技术人员”的要求,推动渡口改渡建桥项目的实施。鸬鹚大桥、众埠大桥相继完成。

运输管理实现电子信息网络。运输管理部门为切实强化行业管理,所有业务股(室)配置配齐电脑,实施行业信息网络化,及时公开新增加的许可内容,告知经营业主,并与上级主管部门工作实施网络连接,实现电子公文交换和网上办公。狠抓执法队伍建设,制定执法岗位职责、道德规范、行为规则、工作守则等十几项制度,严格按程序执法,做到文明执法,优质服务,全年完成各项规费394.7万元,比上年度增长16%。

渡运安全坚持常抓不懈。渡口管理部门克服渡工队伍不稳定、工资水平低等困难,经常性加强渡工培训,同时对存在安全隐患的渡船进行维修改善。结合汛期及重大节日,对重点部门、重大环节进行现场督查,对全市渡口安全隐患排查和整治,实现连续第20个渡运安全年。

(乐平市交通局　郑冬崽)

浮　梁　县

2008年,浮梁县交通局广大干部、职工以科学发展观为统领,紧紧围绕建设“兴瓷富县”新平台,振兴浮梁经济发展的工作目标,以“整顿工作作风,强化服务意识,构建和谐浮梁”活动为契机,认真实践服务社会经济发展大局、服务社会主义新农村建设、服务人民群众安全便捷出行的“三个服务”理念,全面推动各项交通工作稳步、健康、快速、协调发展。

1. 交通建设稳步推进。景瑶二级公路改造工程全长65.17千米,分两期实施。一期工程(大岭至东埠)于2007年1月26日开工,2008年4月底全面完工,投资9507万元。二期工程(何家桥至大岭段、东埠至虎头岗段)完成80%的路基土石方工程。全年完成43条共110千米沥青(水泥)路改造,基本实现全县所有行政村路面硬化目标,为“三农”的发展提供了良好交通保障,促进了县域经济发展。全县新建农村客运招呼亭55个,开工建设鹅湖、西湖、兴田、江村等4个区、乡客运站,投资达780万元。为广大人民群众提供优良的出行条件和经营环境。

2. 交通运输行业管理扎实有效。认真按照“三把关一监督”的要求,严把市场准入关、车辆技术状况关、营运车辆驾驶员从业资格关,监督市场发展。积极开展道路运输市场专项治理活动,整顿和规范道路运输市场秩序,严格查处客、货运输违规车辆,为合法经营业主营造公平、有序的经营环境。全年共组织开展道路运输专项活动6次,查处道路运输违规行为60余次,查处“黑车”17辆次,较好地遏制了非法营运现象。不断加强交通规费的征管工作,抓源头管理,辅以路检路查,提高规费的应征率,全年征收养路费106万元。

3. 安全稳定工作进一步巩固。认真贯彻落实“安全第一,预防为主,综合治理”的方针,开展“隐患治理年”、“安全生产月”等活动,加强宣传教育,提高安全意识,强化行业监管,落实安全责任。认真执行渡运安全检查和除患跟踪整改制度,促进渡运安全稳定,实现第20个渡运安全年。稳定工作措施到位,做到超前预测,提前介入,妥善处理,杜绝了群众性集体上访。认真对待信访事例,加强调研,跟踪处理,及时化解了倾向性矛盾和群众纠纷,维护了社会的稳定。

4. 招商引资工作进展顺利。按照县委、县政府关于打好招商引资攻坚仗、实现开放型经济的重大突破的指示精神,组织招商引资小分队,前往浙江、福建、安徽等地,实施招商引资、引企、引车,全年共引进运输企业8家,大型货运挂车71辆,资金1735万元,为交通经济的发展打下坚实的基础。

5. 党建扶贫工作成效显著。按照党建扶贫工作的总体要求,全局把包村帮扶工作摆在重要议事日程,制定了党建扶贫工作计划,深入基层,深入农户进行调查摸底,以修建村级农村公路为重点,以增加农民收入为目标,开展帮扶工作。全年为帮扶点东埠村修建村级水泥路1条、1.8千米,完善村级公共设施,投资额达16余万元。

6. 党风廉政建设取得新的成效。全局深入贯彻落实从严治党、从严治政的方针,坚持标本兼治、综合治理、惩防并举、注重预防的工作格局,组织干部、职工集中学习有关党风廉政建设的法律法规,按时召开领导干部民主生活会,开展批评与自我批评,落实廉洁自律措施,提高了干部、职工明辨是非,拒腐防变的能力。

7. 积极开展抗灾救灾工作。2008年,江西遭受持续雨雪冰冻、普降暴雨等自然灾害,造成山洪暴发、山体塌方等导致交通中断。浮梁全县共中断交通73条次,冲毁大、小桥梁6座、路面131千米、路基89千米,为积极做好防寒抗冻救灾、保证道路畅通工作。通过精心组织,调配和装运抗灾物质,妥善解决了受阻群众。同时,组织突击小分队,分赴受灾乡(镇)指导协助抗灾自救工作,重点保护在建的景瑶公路,杜绝了县境内人为事故的发生,把灾害控制到了最低点。

(浮梁县交通局　汪积林)

昌　江　区

2008年,昌江区交通局坚持科学发展观,求真务实,开拓创新,圆满地完成了全年各项工作任务。

农村公路建设。认真落实2008年农村公路建设计划目标,积极向上跑项目、筹资金,共争取国家项目8个,计24.9千米,资金249万元。为实现区政府提出的100%自然村通水泥路目标,建设里程57.8千米。至年底,竣工项目35个,建设里程55千米,完成投入1734万元。为确保农村公路建设项目的顺利实施,与有关乡(镇)、村衔接,认真组织实施,切实抓好工程质量监督。深入施工现场,进行指导、监督。发现工程质量与标准不合格时,及时纠正、及时整改,真正把好事办好、实事办实。全年实施的自然村通水泥路项目中有28个未被列入国家计划,建设资金要靠自己解决。昌江沤交通局不等不靠,积极主动,多方争取,多方筹措,按每千米10万元补贴到位。严格监管涉及公路建设项目的资金,做到专款专用。

水上交通安全。扎实开展安全生产“隐患治理年”活动,认真落实安全生产责任制度,努力提高安全生产意识。一是加强辖区内水上交通安全行业管理工作,制定出水上交通安全管理规划,提高应对水上交通运输突发公众事件的综合能力。根据《中华人民共和国内河交通安全管理条例》,起草并经昌江区政府通过下发了《昌江区水上交通运输保障应急预案》。二是解决和落实水上交通安全管理和渡工工资及监督经费,稳定渡工队伍,使渡运安全有了保障,实现了全区渡运连续20年安全无事故。

道路运输管理。坚持“路运并举,协调发展”战略,规范道路运输市场,提升公共服务能力。一手抓运输市场建设,一手抓行业规范化和科学化管理。从提高服务质量和综合服务技能入手,完善监管体系，整顿市场秩序，全市道路运输市场进一步规范，公共服务能力进一步提升。全年共征收道路运输管理费32万元、摩托车养路费60万元，拖拉机养路费13.6万元，营运车辆年检年审工作全面完成任务，客车年检年审率100%，货车年检年审率97%。加快“站、场、运”一体化建设，稳步推进农村客运网络化建设工作，积极协调乡(镇)落实场、站、候车亭建设用地。全年建成候车亭27座，鲇鱼山、丽阳2个区、乡客运站被省交通厅立项。依法挂牌转让运输服务中心与平安运输公司的股份，并于12月3日正式成交，理顺了行业管理部门与经营者的关系。

(昌江区交通局　洪　涛)

萍　乡　市

2008年，萍乡市交通局全体干部、职工以科学发展观为统领，认真贯彻落实全省交通工作会议精神，按照省交通厅的统一部署，围绕构建便捷、通畅、高效、安全的综合交通体系，突出干线公路和农村公路建设，全面强化行业管理，进一步巩固发展道路运输市场，求真务实、开拓进取，推进了萍乡市交通事业又好又快发展，较好地完成了各项工作任务。

交通建设实现新进展。2008年，全市交通建设投资规模达2.23亿元(不含320国道一级公路改造)，公路总量继续增长，质量明显提升，全市交通条件明显改善。一是重点工程建设进展顺利。积极做好吉衡高速公路莲花段和杭州至南昌至长沙客运专线萍乡段的前期工作；就萍洪高速公路的复工与省交通厅及项目业主大益萍洪(香港)有限公司进行积极协调。二是农村公路建设继续保持快速发展势头。县至乡油返沙项目建设计划168千米，完成路基71.9千米，完成路面26千米，完成投资11445万元。国家农村公路改造计划项目225项、计285千米，全部完成投资7580万元。其中，重点农村公路项目：芦溪至武功山公路项目，全长30千米，计划投资1.8亿元，按二级标准建设，完成土石方370多万立方米，约占总土方量60%，完成投资7000多万元；新泉至麻田公路项目，全长7.5千米，按山岭重丘二级标准建设，计划投资3400万元，完成土石方20万立方米，完成投资350万元。工程质量监督覆盖率达100%。三是改渡建桥工作顺利进行。全市2007年底前立项开工续建和2008年立项开工建设的项目10个，至年底，累计开工渡改桥项目7个，完成渡改桥项目4个，待招标项目4个，已完成工可设计项目3个，共完成投资2500多万元。四是农村公路危桥改造进一步加快。2008年下达危桥改造计划39座，其中，重建20座，加固改造19座，计划总投资567.9万元。全年完成改造10座，开工23座。五是客运站(场)、候车亭建设有序进行。2008年计划建设110个(省交通厅2008年10月下达计划)基本完工，累计完成建设候车亭270个。农村客运站2008年完成6个，在建10个。累计完成13个。

行业管理水平实现新提高。全市交通系统牢固树立“建设是发展、管理也是发展”的理念，大力加强交通行业管理，有力地推动交通运输生产的发展。一是道路运输行业管理管理全面加强。萍乡市交通局在行业管理上务求实效，加大运政稽查，打击非法营运和扰乱运输市场的各种违法行为，组织开展整治道路危险货物运输、整顿汽车维修业等一系列运输市场专项整治行动。积极推进农村客运网络化，农村客运行政村通班车率达92.8%。完善对危险货物运输、道路旅客运输车辆的GPS安全监管。实施全市道路运输量专项调查工作。完成经营性道路客、货运输驾驶员新版从业资格证换证任务。进一步提高萍乡市维修行业的维修质量、服务水平和管理层次，加大对汽车维修市场的政策引导，2008年，全市拥有合法维修企业313户(含6户4S店)，其中，一类30户

(含3户危险货物运输车辆维修企业),二类56户,三类(含摩托车一、二类维修)227户,从业人员约2300人。全年完成道路客运量4428万人次,旅客周转量11.14亿人千米;货运量5418万吨,货物周转量53.89亿吨千米。二是路政管理力度加大。针对全市道路两侧违章建筑严重影响道路安全畅通问题,严格执行8月1日江西省第十一届人民代表大会常务委员会第四次会议颁发的《江西省公路路政管理条例》和萍乡市人民政府2008年3月10日出台的《关于进一步加强公路两侧建筑控制区管理的决定》,做好有关宣传工作,严格实行责任部门行政一把手负责制,加大路政执法力度。

安全生产总体稳定。开展以三级以上公路及桥梁为重点的在建项目安全生产检查和交通基础设施建设安全生产隐患排查治理行动,开展整治道路客运超员违规经营专项行动和危货运输市场专项整治等安全生产活动。配合省交通厅开展公路、水运工程质量安全综合督查和安全生产百日督查活动。建立完善交通安全生产源头控制体系,加强公路建设工程的安全监管。全年全系统安全生产形势平稳,未发生重大交通安全事故和交通建设工程责任事故,未发生路毁、桥塌致车毁、人亡事故。水路运输连续保持27年无事故。

交通应急管理能力全面强化。按照《萍乡市突发公共事件总体应急预案》的有关规定,对《萍乡市交通局公路交通应急预案》进行了全面的完善和修订,明确应急管理工作的责任主体、工作原则、适应范围及各单位的工作职责,规范公路交通突发事件等级划分、预防预警信息、预防预警行动、预警支持系统、指挥和处置突发事件信息报送制度等。在2008年年初雨雪冰冻灾害中,萍乡市交通局紧急行动,在全市主要干线公路上,派出应急小分队,及时帮扶救助滞留司乘人员,对滞留的过境司机和旅客免费提供方便面和开水。在夜晚来临前,引导客运车辆到附近城镇安顿,协助安排住宿或购买火车票转乘火车分流,确保滞留车辆和旅客无1人受冻、无1人挨饿、无1人病倒,确保萍乡市道路畅通和"春运"安全。整个灾情期间,全市交通系统(含县区交通局)共投入人力56902人次,物资1063吨,资金1772.81万元。

规费征收进展顺利。在摩托车养路费的征管工作中,精心组织,加大稽查,通过广播、电视、报纸等媒体宣传摩托车缴费政策与标准,使广大车主明白缴费义务,主动缴费,确保摩托车养路费征收。2008年,完成摩托车养路费、拖养费、运管费征收2500多万元。2007年9月,319国道萍栗段正式实行载货车辆计重收费后,通行费收入曾一度得到较大幅度提高。湖南省醴潭高速与江西昌金高速顺利实现双向通车后,经319国道萍栗段舞流量出现较大幅度减少,车辆通行费比上年下降45%,仅完成1188万元。

精神文明建设全面深入。一是为推动萍乡经济发展创造良好的发展环境,开展"创优发展环境年"活动,开展"我为优化发展环境作贡献"和"不让任何一个投资创业者在萍乡受委屈"的大讨论活动。进一步转变机关作风,提高全系统的优质服务意识。二是加强党风廉政建设。对交通建设工程项目进行清查,继续实行重点工程监督员派驻制和对招投标、干部选拔任用纪检监察全程监督制度。三是加强综治、信访工作。加大交通行业和系统内部的矛盾纠纷排查力度,配合有关部门深入开展"扫黄打非"、"打黑除恶"等专项斗争和禁毒防艾工作,集中开展重信重访专项治理工作,实施领导干部信访包案制,促进交通系统的稳定局面。四是积极开展以建设服务型交通为目标,以加强政风行风建设为核心,以人民群众满意为标准的民主评议政风行风活动,积极为群众办实事办好事,有力推动政风行风建设。按照"管住重点,方便一般,简化手续,提高效率"的思路,全面推进了依法行政。按照省厅和市政府的要求,清理部分行政许可项目,简化行政审批程序,制定一系列的行政许可工作规范,在全系统实行行政执法责任制和评议考核制。行政审批许可事项基本实现网上办理,切实方便群众,提高工作效率。

(萍乡市交通局　陈孝法)

安　源　区

2008年,安源区交通局紧紧围绕"四服务、四满意"这一服务主题,切实加强队伍建设,着力提升行政效能,扎实开展工作,通过大力倡导"新交通、新形象、新服务、新发展"的新理念,紧紧围绕发展安源交通事业工作大局，抓队伍、夯基础、强素质、树形象，全局各项工作上了一个新台阶。获“全市交通系统抗冻救灾先进单位”、“三项创建基层党组织红旗单位”和“先进党支部”3项殊荣。

交通基础设施建设再创佳绩。一是2008年全区共完成80千米的农村公路建设任务。二是320国道至安源3.0千米红色旅游公路于6月份全线竣工通车。三是渡改桥项目长潭桥完成投资240万元，主体工程全面完工；并对五陂桥、宗家店桥、灿桥、新华桥进行改造和加固。四是完成五陂汽车站和16个候车亭的建设任务。五是积极配合重点项目320国道改造工程建设，做好协调工作，为该工程建设创造良好的施工环境。

行业管理不断规范和加强。成立“安源区公路路政路桥养护中心”专职机构，担负辖区公路路政与养护工作，同时制定《安源区农村公路养护管理与路政管理工作实施办法》，确保好路率达90%以上。群众爱路护路意识明显增强，侵蚀公路、损害路产和侵害路权的现象明显减少，路政案件首次实现“0”发案率。

（安源区交通局）

湘　东　区

2008年，湘东区交通工作在湘东区委、区政府的正确领导下，在省、市交通主管部门的大力支持和指导下，坚持以科学发展观统领工作全局，全面贯彻落实十七大精神，紧紧围绕交通建设各项目标任务，开拓创新，扎实工作，重点工程，农村公路，渡口、桥梁、站场建设全面提速。全年完成投资6860万元，其中，重点项目建设完成投资2230万元；渡改桥建设完成投资185万元；汽车站、候车亭建设完成投资210万元；公路建设完成投资4235万元。上等级水泥路面硬化132千米，农村公路危桥改造12座，公路绿化162.33千米。全区基本形成以昌金高速、320国道、319国道、樟大线、南部经济干线为主框架，以乡村公路为支线的交通网络。

（湘东区交通局）

上　栗　县

2008年，上栗县交通局在上栗县委、县政府的正确领导和上级主管部门的大力支持下，以邓小平理论和“三个代表”重要思想为指导，全面贯彻落实科学发展观，围绕全县经济社会发展的战略思想和年初制定的工作目标，抢抓机遇，扎实工作，各项工作取得较好的成绩。一是农村公路建设、站点建设、危桥改造建设取得新突破。二是通过抓好农村公路的日常养护、灾后重建、水毁修复、文明路创建、绿化示范带、技术等级评定等工作，公路养护质量得到进一步提高，农村公路的通行能力得到改善。三是摩托车养路费代征工作顺利开展，全年征收款209万元。四是确保管辖道路和水上交通安全畅通，工程施工安全顺利进行。五是运输行业管理进一步加强。六是路政管理工作开局良好，为上栗打造一个“安全、畅通”的出行环境，进一步保护农村公路路产路权。七是综治工作效果明显增强，为全县“和谐平安”建设和经济社会发展营造良好环境。八是科学部署，取得了抗冰救灾和抗洪抢险工作的胜利。九是内部管理和自身建设进一步加强，确保了各项工作任务的完成。十是全面完成县委县政府分配的各项中心工作任务。

（上栗县交通局）

芦　溪　县

2008年，芦溪县交通局在芦溪县委、县政府和萍乡市交通局的正确领导和大力支持下，以“三个代表”重要思想和科学发展观为指导，认真贯彻落实省、市交通工作会议精神，以切实搞好“三个服务”为目标，以开展“优化发展环境”和“机关作风效能”主题教育活动为契机，抢抓机遇，团结拼搏，扎实工作，较好地完成了全年各项目标任务，为加快芦溪县交通事业和县域经济发展做出了积极贡献。

2008年，全县共修建农村水泥路96千米，完成危桥改造4座,完成绿化里程269千米,养护公路里程230千米,完成2007年建成的30个候车亭验收任务和2008年15个候车亭的建设,完成武功山一级旅游汽车换乘站和万龙山农村客运汽车站的建设立项,完成杨村大桥90%的建设工程量和东洲大桥95%的建设工程量,完成王源大桥的审批立项工作。320国道新田收费站至路行与高坑接口处1.65千米拓宽改造竣工通车,东阳至东洲桥(潭田村)5千米新线建设全面启动,芦溪至万龙山至武功山公路、市上至武功山公路、万槽公路、山口岩移民公路等重点工程开工。全年投入新农村建设资金218万元。全年共征收摩托车养路费130万元。

(芦溪县交通局)

莲 花 县

2008年,莲花县交通局在莲花县委、县政府的正确领导和上级交通主管部门的大力支持下,以党的十七大精神为指针,坚持科学发展观,紧抓交通基础设施建设,围绕"十一五"莲花县交通发展总体思路,团结带领全局干部、职工,与时俱进,扎实工作,交通建设和交通服务迈上新台阶。

1. 向上争取项目力度大。莲花县委、县政府和莲花县交通局经过反复争取,基本促成吉衡高速公路莲花段按"莲花Ⅰ方案"的路线,方案增加投资1.4亿元,道路延长4千米,拉近县城8千米,为莲花设立双互通立交打下基础。同时莲花县交通局争取到43千米农村公路项目、19.5千米县至乡公路项目、1个渡改桥项目、4座农村公路危桥改造项目、20个候车亭建设项目。

2. 交通基础设施建设上台阶。2008年,莲花县交通局继续用足、用活、用好国家加快交通建设的扶持政策,继续坚持"政府主导,部门协作,乡村联动,群众参与,齐抓共建"的既定方针,充分发挥主管部门的组织协调作用,用好国家补助资金,引导社会各方的积极性,上下合力,共同推进全县交通基础设施建设。全年共投入项目资金1500多万元,完成319国道绕城公路二环西路至垒里冲出口段1.6千米施工图设计;开工并完成毛家大桥主体工程;开工外资路和三板桥至湖南秩堂公路改造;开工建设六市山背至湖南柏市出境公路;修建乡村水泥路60多千米;开工改造双岭桥、长曲湾桥、谭坊桥;完成县工业园B区二期排水工程和主、次干道2条横道水泥路面工程;启动龙山口渡改桥工程;继续推进高洲汽车站、湖上汽车站的建设,开工建设30座候车亭等。到年底,全县有国道62.8千米、省道29千米、省管县道40千米、县管县道125千米、乡道360千米、村道680千米,公路通车总里程达1300千米,密度达122千米/百平方千米。319国道改造成二级沥青(水泥)路,省道吉莲线改造成三级沥青路,县道基本改造成三级或四级沥青(水泥)路,乡村道基本铺筑水泥路面。全县实现乡乡通水泥(油)路,100%的行政村、70%的自然村通水泥路。16个出境公路口有13个铺筑水泥(沥青)路面,县际公路和乡际公路全部打通。形成以县城为中心、由南北走向的319国道与东西走向的省道吉莲线构架的"人"字形主干道和由主干道与支线相连、内通各乡村、外通各邻近县区、纵横交错的公路交通网络,构建起全县"1小时经济圈"。

3. 农村公路建设质量与养护管理有加强。2008年,莲花县交通局积极开展"农村公路建设质量年"活动,实施工程质量保障机制,严格执行"五项制度"(项目法人制、招投标制、工程监理制、合理管理制、竣工验收制),加强工程质量监督指导,严格按施工程序操作。对农村水泥路建设,坚持"四个优先"(群众积极性高、自筹资金足额到位的优先安排;征地拆迁到位,修好路基的优先安排;符合技术标准,前期工作完成好的优先安排;一路多村,对当地经济发展环境影响大的优先安排),使农村公路建设真正走上质量效益型的科学发展轨道。2008年,莲花县交通局投入130多万元,重点对被列入省市补助的250多千米县乡公路加强养护,着力抓紧雨季养护和汛期水毁公路的预防和维护,全力以赴抗冰救灾保交通。同时,交通局积极发动乡村、群众对乡道、村道进行养护,参与公路管理。对损坏公路的违规行为,公路站、路政监察大队坚决予以打击。严禁在公路建筑红线内违规建筑,有效遏制侵犯路产、路权和损害交通安全的行为。

4. 道路运输管理有加强。莲花县交通局牢固树立法治交通的理念,从提高执法队伍素质抓起,严格管理,文明执法,加强运输市场的监管,做好日常运管服务，开展各类专项整治活动，对非法营运的面包车、出租车、客车、农用车载客等客运市场的违法违规行为予以严厉打击。继续清理整治客运车辆挂靠经营，严厉打击货运市场的“黑车”运输、超限超载、乱堆乱放、乱停乱靠等违法违规行为，维护正常的运输秩序。抓好安全生产，加大监察力度，及时发现和排查整治各类安全隐患，巩固交通运输安全稳定形势。到年底，全县有客车130辆、2964座，小车(含面包车、出租车)824辆，货车(含农用机动车)2020辆、6510吨。实现100%的行政村、95%的自然村通汽车，100%的乡(镇)、80%的行政村通直达班车。与周边县(市)互通班车，并开通莲花至广州、深圳、长沙、南昌等地高速客运班线8条，方便群众出行，促进城乡统筹发展。

(莲花县交通局)

九 江 市

2008年，九江市交通局在九江市委、市政府的正确领导下，在省交通厅的大力指导和支持下，全面贯彻落实党的十七大精神，以科学发展观为统领，着力加快交通基础设施建设，强化行业监管，创优交通发展环境，努力服务全市经济社会发展，服务社会主义新农村建设，服务人民群众安全出行，交通事业得到快速发展。

1. 交通基础设施建设。①农村公路建设。2008年，是“三年打胜公路建设翻身仗”加速年，全市农村公路建设继续加力提速，全年新建农村公路2283.58千米，其中，新建水泥路1773.58千米，通村沙石路510千米，实现100%的乡(镇)通油(水泥)路，新增310个行政村通油(水泥)路，124个行政村通公路；实现通达率97.4%，通畅率86%，浔阳区、开发区、德安县、星子县、庐山区和共青开发区通畅率实现100%，瑞昌市、湖口县、九江县、彭泽县、永修县的通畅率都达到92%以上，全市行政村通达率继续保持了在全省各设区市排名前列位置。②“一大四小”工程全面启动。2008年，全市完成县、乡公路绿化476.6千米，实际完成850千米，占目标任务178.3%。③改渡建桥。为推进改渡建桥工作，市政府出台了《九江市关于加快全市农村渡口改渡建桥实施意见》。明确补助标准，建立分片包县督查制度，为确保工程质量，邀请专家对各县(市)交通局分管领导、公路站站长和改渡建桥工程技术人员共70余人进行培训。全市52个改渡建桥项目，已完工4个，开工13个，完成工可的6个，完成初步设计的6个，完成施工图批复的3个，正在做前期工作17个。④农村客运站、候车亭和渡口建设。2008年，15个农村客运站和200个候车亭被列入市政府10件惠民实事之一。截至年末，15个农村客运站全部完工，农村候车亭完成224个。⑤认真实施渡船更新“民心工程”，3年累计投资近千万元新建渡船139艘，实现渡船钢质化，极大方便人民群众安全出行。

2. 交通行业管理。大力发展农村客运，加快城乡一体化进程。全市开通各类班线604条，其中，农村客运班线276条。更新农村客运车辆1263辆、18666座，其中，新增高级客车126辆。全市185个乡(镇)、1442个行政村已开通客运班线，通车率75%，基本实现路通车通。加大市场监管力度。在道路运输监管方面，一是加大运班稽查力度。联合公安部门行动25次，出动执行人员28450人次，打击非法营运车辆1404辆，开展执法监督检查24次，打击“黑车”1464辆。二是加强客运市场管理。查出超载车辆13500辆，卸货8650吨，查处超限车辆256辆。三是加强货运市场管理。35家货运运输企业达到AA级，62家达到A级。四是驾培市场工作管理有序。4123人经过培训和考试取得了从业资格证；驾培学校考核基本合格10个，合格9个，良好7个。五是加大维修市场管理。177家整车维修企业、452家专项维修业户通过考核，整车维修企业中达到

AAA级7家,达到AA级77家。六是切实加强市区出租车管理。成立了客运出租车管理所,查扣非法经营"黑车"、套牌车51辆,查扣非法"摩的"82辆,有效地遏制了市区"黑车"非法经营行为。在水路运输监管方面,一是开展鄱阳湖区运输市场的专项整治,共核查船舶8619艘次,参检人员7522人次,查缴假营运证96本,处理违章船舶768艘。二是加强对港口生产经营的管理。核查港口经营企业35户(其中,危险货物港口经营企业9户),对5户经营资质存在问题的企业及时下达整改通知书进行整改,及时制止了湖口县屏峰1起违法私建码头的行为。三是加强对港口安全监管。对"两湖、两山"等客流集中的时段和区域的安全检查30多人次,增添4艘新艇投入港口巡查,组织2次化学品泄漏应急处置演练与旅客紧急疏散和救援预案演练,取得了很好的效果。交通运力得到较快发展。全市拥有客运车辆5080辆、67136座;货车15827辆、65337吨位;出租车2395辆、12091座。新增客车72辆、2808座,比上年同期分别增长1.4%和4.4%;新增货车2629辆、14897吨位,比上年同期分别增长19.9%和29.5%。全年完成客运量4723万人次,旅客周转量249725万人千米,比上年分别增长2.6%和3.1%;完成货运量2456万吨,货物周转量292196万吨千米,比上年分别增长13.9%和22.6%。完成港口吞吐量3579万吨,货物运输量580万吨。新增筹建水运企业4家,新增已开业水运企业8家,新增船舶12艘、5796载重吨位。民用航空业发展有较大突破。庐山机场在保持上海航线的基础上,于4、6、9月份,先后开通九江至广州、北京、厦门往返航线,航班由原来的每周3班增加到13班,增长333.3%。全年完成旅客吞吐量4万余人次。

3. 交通规费征收和争资争项工作。市交通系统加大征费宣传力度,改变征收方式,交通规费逐年递增。全年征收摩托车养路费2096.7万元,农用车养路费1100万元,运管费2000万元。在鄱阳湖区禁止采砂的情形下,征收港航费3592.4万元。全年争取上级交通基础设施资金16576.3万元,比上年增加5%。为抓住国家实行积极的财政政策有利时机,全年争取到新增支持九江市农村公路建设资金3040万元。

4. 班子和干部、职工队伍建设。一是加强思想政治理论学习。以学习十七大精神为契机,聘请党校教授作十七大精神辅导,把领导班子和党员干部的思想统一到十七大精神上来。二是加强干部提拔、培训和人才引进。考察提拔副所(站)长以上干部26人,其中,副科12人,副所(站)长14人,交流干部18人。参加学习培训20人,其中,副县级8人,科级12人。引进各类人员及专业人才25人,其中,局机关5人,公路所6人,运管处5人,港航处9人。三是开展文明创建活动。以"学先进、树新风、创一流"活动为载体,开展"讲文明、促和谐"创建文明单位竞赛活动,取得一定成果。局机关、城区运管所分别被省交通厅评为"文明创建先进单位"和"文明示范窗口",局机关和港航处被省委、省政府评为"第十一届省级文明单位",城区运管所被交通部、团中央继续认定为"全国青年文明号"。四是救灾捐款,做好村建扶贫工作。在四川汶川发生8.0级大地震后,市局组织各级干部、职工向灾区捐款11万元(其中,特殊党费64256元)。在扶贫点和新农村点各修1条村级公路,督促新农村点完成改水、改厕,修整村间道路和村休闲广场的绿化工作。五是狠抓党风廉政建设。共收到信访举报11件,其中,反映违纪方面问题4件,涉及科级干部1人,一般干部2人。立案查处5人,已有2件结案,还有3件正在处理中。六是加大机关科(室)经费使用和机关车辆管理改革的力度,坚持用制度管财管人管事。企业改制工作进展顺利。下派工作组,深入局属企业市汽运公司领导改制工作,改制各项工作稳步有序推进。局港航处属企业船舶公司改制工作基本结束;水运服务中心已基本完成企业清产核资、财务审计和资产评估工作;局运管处配载中心和检测中心两个企业改制立项申请已经批准,清产核资工作已完成,改制方案已上报。

5. 交通安全和综治稳定工作。加强道路、水路交通安全监管,开展安全生产百日督查专项行动和"安全生产月"活动。完善制度,落实责任,严格执行"三关一监督"。对重点桥梁、隧道等重要交通设施进行安全排查,加强应急救援演练。进一步完善安全基础设施,完成122道渡口、218块渡口守则碑的发放和安置工作,道路运输未出重特大交通安全事故,水上交通保持连续19年无重大责任事故。为做好社会稳定和"奥运"期间的安全稳定工作,先后4次召开会议专题研究部署综合治理和稳定工作,进一步加强节假日的值班安排,完善日常的信访接待工作,加强值班巡逻力度,副处级以上干部参加巡逻达30余人次,加强排查安全隐患力度,安全人口覆盖率达到90%以上。交通系统内没有发生一起危害安全稳定事故,没有发生影响稳定的越级上访和群体事件。

6. 民主评议政风行风。思想上更重视、思路上有创新、宣传上更到位、整改上更扎实、机制上更完善。局领导带队深入各县(市、区)交通局召开座谈会,收集意见和建议,聘请300余名政风行风监督员,向社会各界发放320份征求意见函,共收集到17条意见和建议,11条已整改到位,6条正在整改中。在市政府办公厅(室)系统民主评议政风行风中,局办公室民主评议结果为满分,全市排名第一。

7. 积极应对冰雪灾害。年初的冰雪灾害,给全市交通运输安全带来前所未有的压力和挑战。按照省委、省政府"九保一平安"和市委、市政府"五保一降"的部署,成立局公路水上交通应急办公室,制定冰雪天气旅客道路运输保障应急预案、防冻救灾物资运输保障应急方案和应对庐山冰雪灾害紧急运输预案。机关实行每日1报和24小时值班制,运管处、港航处机关干部、基层一线执法人员放弃休假,经过连续20多天的艰难奋战,取得了抗冰救灾的重大胜利。在此期间,共调派26辆客车、47辆货车,运送武警消防官兵1000余人,盐35吨,草袋1万余条。1月15日,因雪封路,导致5000多辆汽车滞留。城区运管所组织干部、职工捐款1000多元购买方便面,配送开水给司机,腾出会议室为他们提供休息场所。1月30日晚上,城区运管所接到市抗冰救灾指挥部紧急通知,高速公路急需除雪盐,熊建华所长立即组织全所干部、职工奔赴仓库,连续奋战7个小时,完成任务。熊建华被省交通厅评为"抗冰救灾先进个人",城区运管所被九江市评为"市抗冰救灾先进集体"。"春运"期间,全市共运送旅客398.53万人次。其中,送旅客374.66万人次(其中,运送农民工返乡67.77万人次),水路安全运送旅客23.87万人次,达到了安全、有序和畅通的目标。

(九江市交通局)

浔 阳 区

2008年,浔阳区交通局在浔阳区委、区政府的正确领导下,在上级业务主管部门的大力支持下,深入落实科学发展观,围绕"三产强区、文化兴区、民本建区、环境惠区"的发展战略,以人为本,结合实际,扬优成势、求真务实,攻坚克难,开拓创新,圆满地完成全年各项工作任务。

城市交通建设。2008年,根据市、区二级政府"关于加强百巷整治工作"的统一部署,区交通局对全区59个社区、居委会百巷整治展开全面工作。经统计,破损严重小区道路31条,在区财政困难下,采集部分集资方式,自4月份至11月份,全面完成31条道路硬化任务,硬化面积14072平方米,下水道改建2720米,解决主干道进出口6处,灌浇砼土面积169平方米,维修边街小巷坑洼不平道路8条,面积210平方米,解决联名反映化粪池堵塞浸污路面5处。农村公路全年完成0.9千米,100%完成全年任务。

民主评议政风行风。按照区委、区政府和上级主管部门的相关要求,进一步落实优化发展环境、加强机关政风行风建设,转变机关作风,促进各项事业的全面发展。一是提高思想认识,全局干部、职工政治理论水平和业务素质显著增强,机关作风得到明显转变。二是职责明确划分,保证政风行风工作继续扎实推进。全局根据具体情况,与每位干部、职工签订民主评议政风行风工作责任状,政风行风工作直接与个人的绩效工资、一次性奖金、年终评先评优等挂钩,做到责任真正落实到人。三是制定《浔阳区交通局2008年民主行风评议工作实施方案》,确定"建一流队伍、树一流作风、显一流效能、创一流业绩"的建设目标,部署局机关政风行风建设工作思路,做好民主评议政风行风样本库的收集与建立工作。安排督查人员,不定时对局各部门的工作作风、服务质量和廉洁守纪情况进行督查,做到有问题及时发现、及时整改。四是通过各种形式,广泛征求意见。全年共发放征求意见函100余份,召开现场征求意见会1次,对征求到的意见和建议进行认真梳理,对具体问题进行整改,促进全局各项工作的全面发展。五是完善各项制度,确保落实到位。严格考勤制度,明确办事时限制度,执行责任追究,明确奖惩制度,全面提高整体政风行风水平。六是创新工作方法,加强与评议对象、服务对象的沟通与了解,开展自查自纠工作。

(浔阳区交通局)

星子县

2008 年,星子县交通局全体干部、职工,在星子县委、县政府和市交通局的正确领导下,以科学发展观为统领,以作风整顿暨效能建设活动为契机,围绕县委、县政府提出的“一个中心、四个重点”的工作思路,不断加快交通基础设施建设,坚持建养并重,协调发展,提高质量,保障畅通,不断完善和加强社会综合治理、水陆交通安全管理,全县交通事业实现又好又快的发展。

交通基础设施建设扎实推进。农村公路建设。全面完成全年计划任务 50.2 千米,提前实施 2009 年计划 27 千米,投资 1824.5 万元,与上年持平。实现村村通达率 100%。公路养护。实现差路率为“零”的目标,全县县、乡公路 243 千米,其中,县道 88 千米,乡公路 154 千米,县公路好路率 96%,差路率为零。公路绿化全面铺开,完成 154 千米植树打穴。神灵湖大桥工程已完成前期准备工作,年底即可动工。苏共连接线沙石公路 3.9 千米,年底完工。争取国家补助资金 502 万元,全县完成农村公路建设投资 184 万元,比上年增长 8.5%。

规费征收任务如期完成。一是加大舆论攻势。年初,征费工作人员上门发放通知和宣传资料,做到家喻户晓。二是强化征收管理。坚持广征细收、防止跑、冒、滴、漏;加强征费稽查,遏制越权、越轨行为,维护征收纪律,确保规费征收任务顺利完成。全年完成摩托车养路费征收 210 万元和拖养费征收 70 万元,与上年同比增长 11% 和 7.6%。

交通行业管理扎扎实实。一是加大客运市场管理工作力度,运输市场秩序进一步好转。全县 10 个乡(镇),80 个行政村实现了“路通车通”,基本解决群众出行难。二是加大客运市场整治力度。以打击“客车异地经营,规范客运秩序”为重点,采取教育与查处相结合,对乱班、乱线、乱牌、乱价进行整治,对 24 辆非法营运车辆进行处罚。规范县、乡班线车辆进站,成功重组蓼花客运班线,客运秩序明显改观。2008 年,全县共投资 15 万元,新建候车厅 15 个。三是加强教育培训,严格管理,严禁违规作业,层层抓好安全生产责任落实。四是加强对上安全监管力度,与各乡(镇)、渡口签订安全责任书。五是年初低温冰冻灾害期间,全局反应迅速,工作准备充分,救灾抢险及时,为“春运”赢得时间。“春运”期间,共完成客运量 39 万人次,旅客周转量 2400 万人千米。

社会稳定与信访工作责任分明。一是加强改制企业动态信访上报工作,及时了解和掌握改制企业人员的情况。出台了应急快速处理预案。二是领导干部深入企业,深入群众,了解民声。三是齐抓共管,层层落实,节假日安排人员值班,集中对本系统内不稳定因素进行排查,及时把不稳定因素消除在萌芽状态。

民评议政风行风与精神文明建设整体推进。一是认真贯彻执行《中华人民共和国行政许可法》,明确法定依据和实施主体,核定行政许可操作过程,向社会公开许可事项的依据、条件、程序、期限,落实首问责任制等 14 项责任制度。二是围绕重点,强化服务、规范行业服务内容和程序。制定便民服务手册,召集机关群众座谈共 10 多次。三是转变工作作风,实行政务公开、审批事项、管理权限、收费标准、收费依据向社会公开。四是受理投诉,查处各种案件。全局接受群众来访 15 次,已办理 8 件,不能马上办理的都给予解释。办理人大建议 3 件,满意率达 100%,办结率 98%。五是认真开始党风廉政建设和精神文明创建活动。充分运用墙报、专栏、网络等舆论工具、宣传开展“创新年活动”重要意义,扩大活动的影响。六是积极开展献爱心活动,“5·12”四川汶川特大地震灾害发生后,全体党员干部和职工踊跃捐款、捐物,向灾区献爱心,七是加强党风廉政建设,以加强廉政教育为基础,以惩防体系建设为重点,促进廉政工作开展。八是结合廉政文化建设,建立健全各项规章制度。结合县委开展的“求科学发展之真、务项目建设之实”主题教育,开展“擦亮窗口,争创五星出租车”活动,创建群众满意的交通服务窗口。

招商引资与新农村建设有条不紊。招商引资工作。全年已超额完成县委、县政府下达的3000万元计划任务。完成招商引资项目4个,引资总额3.53亿元,实际到位资金3790万元,其中,进园项目2家(九江丰洋酒业有限公司投资3.2亿元,实际到位10万元;九江泰盛汽车部件有限责任公司投资2300万元,实际到位2300万元);星子县交通局投入工业园公路基础设施建设资金460万元;承建润滑油分装生产厂1000万元。新农村建设。按照县委、县政府统一安排,全局为新农村建设安排专职人员,统一安排资金,促进帮扶点美化、亮化、绿化。

(星子县交通局)

彭 泽 县

2008年,彭泽县交通局在彭泽县委、县政府正确领导和九江市交通局的支持指导下,以"三个代表"重要思想和党的十七大精神为指导,以贯彻落实科学发展观为统领,以开展"农村公路建设质量年"和机关效能建设"提高年"活动为载体,紧紧围绕年初确定的目标任务,突出交通基础设施建设工作主线,全局上下团结协作、奋力拼搏、求真务实、开拓创新,交通各项工作进展顺利。

1. 公路与交通基础建设。2008年,全县农村公路建设总投资4200万元,其中,争取国家和省、市、县扶持资金1800万元。至年末,全县实际完成通村水泥路181千米,新增31个行政村通水泥路,通畅率达到94.9%。新建沙石路30千米。农村公路网络化已卓见成效,基本实现"半小时交通圈"的目标。政策上给予支持,制度上给予保障,出台并印发了《彭泽县2008年农村公路建设督查方案》。对被列入年度和提前实施的通村国改项目,县政府提请县人大批准将每千米2万元补助资金列入财政预算。积极筹措资金,通过向上争取,地方配套、群众自筹共筹措资金3010万元,使工程得以提前动工。坚持质量第一,明确乡(镇)、村农村公路建设质量的总责任人和项目质量具体责任人,实行工程质量终身负责制。严把招投标关,选择有施工经验、设备齐全、垫资能力强的施工队伍,并建立全县农村公路建设市场施工单位信誉信息系统,实行末位淘汰制。结合"农村公路建设质量年"活动,不断完善质量监管体系。凡验收不合格的项目,一律不准投入使用,并严肃追究相关单位和人员的责任,重大质量责任事故将在全县通报批评。坚持机制创新,大力强化廉政监督工作。全县每个开工项目都建立了"四个合同"(工程施工合同、廉政双合同、安全生产合同和质量监理合同)和"五个公开"(公开项目规模和标准、公开招投标、公开项目法人、公开资金管理和使用、公开举报电话)。渡改桥建设。马当镇菩萨头渡、浪溪镇阳江渡建桥工程从2007年7月开工建设以来,完成投资363万元。其中,菩萨头桥投资109万元,长82.58延米,宽6米,阳光新桥投资254万元,长99.95延米,宽6米,汽车载荷等级均为Ⅱ级,于2008年12月完工,大大方便了两岸农用物资的交通运输。区、乡客运站及候车亭建设。被县政府确定为惠民实事的农村客运站、候车亭建设全面完成,2007~2008年投资150万元,共建成农村客运站4个,农村候车亭20个。农村公路绿化。全年农村公路绿化千米107千米,植树107000株,投资90.95万元。其中,县道绿化91千米,植树91000株,投资77.35万元;乡道绿化16公里,植树16000株,投资13.6万元。沿江开发基础建设。按照县政府要求,提前完成定山疏港通道、马当福鑫造船等二级公路路基勘察、设计和施工。

2. 交通安全与路政管理。交通安全。一是全力做好"春运"工作。"春运"期间,长运公司累计发出班车3629班次,完成客运量81071万人次;金鹏公司累计发出班车3310班次,完成客运量125727万人次。水上渡运共行程万余千米,13210班次,顺利运送旅客30万人次。组织防冻、防滑草袋1.5万余条,麻袋3000余条。现场值班130人次,一线监督管理152人次,现场监管、检查、职守共行程5000多千米,为全县"春运"作出了突出贡献。二是加大检查力度,加强现场监管。在做好日常检查的同时,在各重要时段进行安全联合大检查,发现问题,及时解决。三是抓住工作重点,全年先后发出通报10余分,发出整改通知26分,把隐患消除在萌芽状态。四是做好宣传工作。先后编印安全生产简报6分,电视新闻4次,通过舆论宣传,在社会上起到了很好的引导作用。路政管理:一是加大宣传力度,认真宣传《中华人民共和国公路法》、《江西省路政管理条例》。二是坚持依法行政,规范执法行为。组织路政人员认真学习公路法律,路政管理业务,增强执法队伍整体素质。三是确保路政管理工作落到实处。为保证公路畅通,路政人员经常上路巡查,发现危险地段及时处理,对处理难度较大的地段,组织当地群众排除路障,确保车辆通行安全。全年路政共组织上路巡查390余人次,清除路障96处,纠正各类路政违章40余件,立案查处8件,结案8件。

3. 规费征收与招商引资。摩托车养路费征收:县政府下发《彭泽县摩托车养路费征收管理工作实施办法》,进一步建立健全摩托车征费管理工作各项规章制度。通过电视台和出动宣传车等宣传工具,广泛宣传摩托车征费工作的政策要求和法律依据以及相关标准。设立摩托车养路费代征点,满足广大车主就近缴费。采取班子成员驻站包村抓好源头征费,做到"应征尽征,不跑不漏"。全年摩养费征收比上年增长40%。招商引资工作。制订招商引资工作方案和各项工作措施,明确目标,落实责任。全年共在外招商180余天,获得有价值的招商信息几十条。江苏无锡余昌明投资9.6亿元的新加坡大洋船务有限公司,目前已做好勘测设计的前期工作;浙江王增才投资1.6亿的海鹰造船有限公司,目前已签协议;浙江台州陈志远投资5亿元的九江翔升造船厂二期工程已开工建设。每个项目落户后,做好协调服务工作,为客商提供一个良好的投资环境。

4. 民主评议政风行风和机关效能建设。一是开展"四个一"专项工作。即:认真开展一次查找工作作风存在的问题,完善一套工作落实的制度,开展一次以落实工作作风为主的评议活动,组织一次"不落实的事,不落实的人"专项查纠。二是抓好制度建设,建立健全制度的执行机制和督办机制,对制度执行情况进行有效督查,确保各项制度得到全面落实。三是深化机关效能建设,全面推行政务公开制、服务承诺制、首问责任制、限时办结制、责任追究制,积极推进机关规范化管理工作。四是加大为群众办实事的力度,重点整改对农村公路建设、渡运安全等切实关系人民群众的民生问题。五是按照县委、县政府的要求,制定了彭泽县交通局《五条禁令》和《2008年民主评议政风行风工作责任划分及追究制度》及《自查自纠工作方案》等,使民主评议政风行风与机关效能建设活动深入扎实开展,并取得了实效。

精神文明建设。2008年,全局已连续5年获市级文明单位和文明行业称号,并已申报2008年全国文明单位。一是积极参与全县"和谐平安建设"活动,促进局系统各单位达到"六无"平安单位标准。二是建立局下属企业困难职工档案,动态掌握企业困难职工家庭经济状况。三是做好各类合同纠纷诉讼案调处工作。四是高度重视人大代表建议、政协委员提案办理工作,做到事事有答复,件件有落实。"两会"期间,共收到建议、提案14件,就建议和提案所提出的问题,认真研究,给予答复,落实与整改,做到让人民群众满意,让代表和委员满意。五是防寒抗冰和抗震工作。2008年1月的雨雪冰冻,给全县农村公路等基础设施带来的直接经济损失达3534万元。灾情发生后,立即启动交通应急预案,制定"农村公路防冻救灾应急保通工作方案"和渡口防冻抗灾工作措施,强化路面巡查监视,疏导交通车辆同,减少路面通行压力,在危险路段设置"结冰慢行"等指示牌,对路基垮塌、路面塌陷和山体滑坡等险情组织抢修人员及时排除,对造成交通中断时无法排除的及时指挥过往车辆绕道行驶,并在中断的路段两头显著位置设置标志牌,及时组织技术人员进行路面抢修指导,确保畅通。加强对渡船的监督检查,每个渡口派人24小时值班职守,认真巡查,对发现问题及时汇报处理;对重点渡口、渡船实行重点监督,集中防范,特别是在人流高峰时段和恶劣天气影响下滞留的旅客采取集中管理,渡船不间断运送,维护与保证渡运安全。冰雪灾害期间,全县未发生一起交通事故,未发生一起旅客滞留现象。5月12日汶川大地震发生后,全局全体机关干部、职工及离、退休老同志纷纷伸出援助之手,共募捐救灾款15000元,全局所有党员再次捐款(特殊党费)15260元,共计30260元。

(彭泽县交通局)

共青开发区

共青开发区交通局在省、市交通主管部门和共青开发区的正确领导下,以党的十七大精神和科学发展观为指导，抓住省政府实施项目带动经济发展的有利时机，围绕加快发展区域经济，按照开发区的总体要求，努力提高交通公共服务、安全监管的能力和水平。加强队伍建设和党风廉政建设，加快农村道路建设，加大收缴交通规费，推动全区交通工作不断进步，取得明显的成效。

交通基础设施。2008 年，突出项目建设，工业新区 2 条道路建设得以立项，下拨前期建设资金 328 万元到账。共青火车站由 300 座扩建为 3000 座扩建工程基本立项。由开发区和赣粤公司共同投资 2500 万元的互通立交改造工程于 2009 年 1 月 1 日正式投入使用。投资 800 万元的纬九道路工程已初验试通车。金湖石山大桥对接公路工程全部完工。金湖镇黄古桥年底通车。做好农村公路建设。全年全区农村公路建设总里程 18.1 千米，投资 546 万元。争取到的 6 个候车亭已全部完成，投资 6 万元。加强公路养护建设。全区 31.4 千米县级公路、240.03 千米乡村级公路进行了全面的养护，处理病害县、乡公路 3000 平方米；县、乡公路清垃圾合计 200 立方米；维修桥梁 3 座，计 176 延米；安装地名牌 6 块，警示标志 18 块；对县、乡公路的 3 座桥梁破损的桥栏杆进行重新预制和粉刷。

交通规费征收。继续加大征稽力度，积极宣传交通规费征收政策，利用电视台、宣传车、标语等有效渠道进行大力宣传，主动出击，充分抓住春节前后的征费有利时机，采取机动征收与定点征收相结合。全年征收养路费 49.5 万元，其中，农用车规费 9 万元，摩托车规费 40.5 万元。

渡口安全。开发区现存 1 个共青渡口，为保证渡口、渡船安全事故，为每条渡船配齐消防设施和救生器材，并设置渡口守则牌。坚持例行安检，加强节假日特检。督促金湖镇加强对渡口的安全管理，并与之签订水上安全责任状，确保全区水上安全无责任事故发生。

道路运输市场管理。进一步打击非法营运车辆，整治道路运输市场秩序，切实做到运安工作，早计划、早部署、早落实。加强客运站、渡口、码头现场监控，确保人民群众走得了、走得及时、走得安全。结合“春运”，加大对非法运输经营行为的打击力度，并联合交警、运管等执法部门，严厉打击群众反映强烈的非法“摩的”、“黑的”载客，查处非法营运车辆 26 辆，有效维护全区运输市场秩序。

抗雪救灾工作。1 月中旬以来，历史上罕见的特大冰冻灾害给全区交通基础设施受到严重损坏，区内所有县、乡、村道损毁，人民群众生活必需品无法正常输运，返乡行程受阻。全局干部、职工，始终以“保交通就是保民生”为己任，勇挑重担，敢为人先，全力投入到抗冰救灾工作中去。抗灾期间，共投入 358 人次救援、除冰，洒水 102 吨，撒盐 32 吨；全区交通道路运输系统出动应急车辆 78 余台次，为保障人民群众的正常生活作出了应有的贡献。

队伍建设和行风评议。坚持从严治理的方针，贯彻“抓班子、带队伍、促工作”的总体思路，认真抓好“三个代表”重要思想的学习教育，开展“保持共产党员先进性教育”和“行政执法规范化建设”等活动，抓好党建和执法人员综合素质的提高等工作，从而转变执法人员的工作作风，增强执法人员敬业、服务、法纪意识，提高队伍凝聚力和战斗力。在政风行风评议中，对自查自纠工作进行了专题研究和部署，逐条逐项认真开展自查自纠专项整改。

（共青开发区交通局）

庐　山　区

2008 年，庐山区交通局在庐山区委、区政府和九江市交通局的正确领导下，全面贯彻党的十七大会议精神，认真践行“三个代表”重要思想，以科学发展观统揽全局，坚持以人为本、解放思想、扎实工作、与时俱进，较好地完成了各项工作任务。

1. 农村公路建设实现新突破。2008 年，全区共完成农村公路硬化里程 68.26 千米，完成项目 57 个，超市交通局目标任务数的 71%，超区政府目标任务数的 32.5%。提前实现双百：即通畅率、通达率均达 100%。新建 6 个行政村通水泥路，实现村村通公路，提前 1 年在全市率先实现市政府提出的“三年打胜农村公路建设翻身仗”的目标。兴建桥梁 1 座，长 34 延米。争取到市政府将 105 国道赛阳至通远 10.95 千米路段纳入 2009 年的改造计划，争取市公路局在 8 月投资 25 万元,对105国道莲花镇至铁佛寺路口1.2千米路段进行沥青罩面。全年增建11个农村候车亭,主要分布在环庐山路旁。为配合全区新农村建设试点工作,全局共投入133万元抓好试点村的外接公路建设,有效地促进了新农村试点工作。在农村公路建设过程中,坚持"多、勤、严"3字方针。"多"即多与上级交通部门沟通联系,多争取农村公路项目指标;"勤"即勤调度,督促年度计划项目早开工,保证当年计划在年内全部完成。"严"即严把工程质量,每个项目从勘测设计、路基平整、材料选用到全程施工监理坚持一线工作法,年终通过市局的一次性验收。加强农村公路建、管、养三结合的管理模式。不断加大路政管理和公路养护的力度,全年共投入12万元,对九莲路和濂溪路进行重点养护,投入180个工作日,对公路两旁边沟,路面的积土、垃圾进行了清除。共查处路政案件5件,挽回经济损失22625元,路政案的结案率达到100%。

2. 公路规费征收再创新成绩。2008年,通过与稽征部门的联合征稽,有效拓展了费源空间。在摩托车养路费征收上,不断加大执法力度,提高服务水平,挖潜规费费源,增强征稽能力。通过一系列行之有效的措施和手段,全年规费征收达205万元,其中,农用车规费30万元,摩托车规费175万元,比上年增长15.8%,完成了市、区下达的征收任务。

3. 交通行业管理再上新台阶。围绕交通行业管理职能并结合全局实际,采取了一系列切实可行的行业管理措施,确保人流、物流畅通和水上交通安全。一是落实交通安全生产责任制,层层签订《庐山区安全生产目标管理责任书》,重点加大对乡(镇)渡口、渡船的监管,全年未发生一起水上交通安全事故,交通安全工作进入全区先进行业行列。二是严格治理公路、水路"三乱"现象,进一步规范交通行政执法行为,推行交通执法错案追究制、限时办结制和首问负责制,维护了运输市场的正常发展和良性循环。全年共完成招商引资1650万元。社会治安综合治理、计划生育、环境卫生、突发灾情应急处理等工作,均受到区委、区政府好评,荣获2008年"九江市交通系统综合先进单位"称号。

(庐山区交通局)

武 宁 县

2008年,在武宁县委、县政府的正确领导下,武宁县交通局以服务县域经济发展大局为中心,以打造"和谐、平安、发展"交通为目标,以"三年打胜公路建设翻身仗"为主线,按照年初制订的目标任务,团结拼搏,务实进取,各项工作均取得明显成效。

1. 交通基础设施建设步伐加快。①"三大项目"进展顺利。一是服务武吉高速公路武宁段工程,落实沿线的通路、通水和征地拆迁补偿,保障项目顺利实施,澧溪以南路段于8月下旬贯通。二是做好316国道改造工程沿线征地拆迁协调工作,工程路基改造已完成。三是做好永修至武宁(庐山西海)高速公路项目前期工作,项目规划设计已完成用地红线图,有关部门正在进行用地报批工作。②农村公路建设有序推进。全年建成农村公路水泥路69条、全长251.1千米,新增42个行政村通水泥路,行政村通畅率达到89%,超额完成市、县下达的目标任务。跨年度重点工程项目进展顺利,澧溪至清江二级公路路基土石方工程已完成90%;沿线7座小桥已完成基础及桥台浇注,预期2009年"春节"前通车;上汤至九宫山公路24.4千米于年底全线贯通。"渡改桥"工程建设有新进展,桃林大桥工程预制场地已整理完毕,桩基完成10根,墩柱完成4根;大堰桥已完工;港西桥已动工兴建。③质量管理扎实到位。一是县政府以武府办字〔2008〕96号文出台《武宁县关于切实加强农村公路建设质量管理的通知》,进一步明确和完善农村公路建设质量责任、操作规程、监督机制和规范农村公路建设市场管理;二是安排督查组巡回督查,要求建设单位聘请正式监理,安排技术人员或乡(镇)干部一线现场管理。建立公示牌,公布投诉电话,广泛发动沿线群众监督工程质量,严防质量事故。三是严格执行工程建设阶段验收制和质量责任追究制,一旦发现质量问题,严格落实整改。全年发现质量问题11起,全部现场下发整改通知书,责令及时整改到位,有效地保证了农村公路建设质量。④管理养护成效明显。一是积极推行管养体制改革。

将管理养护分解为日常养护、养护工程和路政管理3项，将县道按队管养改为按线管养，将线路路况与线路负责人效益挂钩。实现了全县县道年末好路率达到80%。在乡、村道管养中，通过统一考核管养质量，按考核结果统筹落实补贴经费，改变了乡村公路失养缺养现状。二是强化道路绿化。上半年启动公路生态工程，筹措资金30余万元，绿化农村公路113千米，其中，县道51千米。下半年按照“一大四小”工程的绿化要求，完成剩余县道的整地挖穴任务和乡、村道绿化，预期2009年5月前实现县、乡道全面绿化。三是加强路政管理。以船长线治超为切入点，严厉打击侵害农村公路路产、路权行为，及时查处超限运输案件5起，维护了路产、路权完整和安全畅通。

2. 争资争项工作成效显著。通过认真研究全县交通发展规划，论证筛选上报项目，跟踪项目落实，争资争项工作取得显著成效。澧溪至清江、邢庄至霞庄等8条、93千米县通乡公路项目，由省交通厅上报至交通部，已通过专家评审，预计可争取上级扶助资金2790万元。新增2座渡改桥项目，即长水桥、窑塅桥项目，已由市政府、市交通局分别上报省政府与省交通厅。至年底设计部门正在编制工可，预计可争取上级扶助资金1000万元左右。已申报2009年公路项目220千米，已通过省发改委和省交通厅评审，预计可争取国家扶助资金2200万元，其中，中央投资扩大内需千亿元项目全县62.3千米，占全市项目计划的1/5。

3. 招商引资工作不断加强。对照年初目标，提高认识，明晰思路，落实措施，加大投入。通过建立的招商信息网络，先后投入6万元，组建12支招商引资小分队，安排40余人次前往江苏、浙江、上海、广东、福建等沿海地区，签订意向性协议5份，引进招商引船项目1个，已注入资金280万元。续建项目武宁县美美玻璃厂，扩建厂房、新添设备，又注资1080万元。全年招商引资实际进资达1360万元。招商与安商并重，引进与服务并抓，使外商企业留得住、做得大、效益好。

4. 规费征收水平明显提高。规费征收是全县农村公路建养的重要资金来源，为确保应征不漏，把扩大宣传作为切入点，把改进服务作为根本点，实行文明执法、和谐收费，全年摩养费征收完成276.6万元，拖养费征收完成148万元，超额完成市交通局下达的征收任务。

5. 渡口和水上交通平安稳定。坚持“安全第一，预防为主“的方针，抓重点，抓要点，维护渡口和水上平安稳定。一是网络化管理。监督指导沿湖13个乡(镇)调整充实各级安全领导小组，逐级落实责任人。精心组织从业人员集中教育，上门、上船散发安全法规知识，印制宣传标语。二是全年联合海事、港航、水产等部门开展全面排查5次，专项检查6次，发现问题及时查处。三是重点做好抗冰救灾期间安全隐患治理工作，先后投入资金10万余元，更新渡船1艘，维修渡船6艘，维修码头10处，并对石渡、桃林渡口缺少灭火器、车下渡口缺少救生衣等进行全面添置。

6. 运输市场管理和谐有序。一是加强日常管理。严格把好市场准入关、依法经营关和市场监管关，及时化解各类矛盾纠纷，维护市场稳定。二是突出市场整顿。联合交警、物价等部门开展打击非法经营、擅涨票价、超载营运等专项整治行动，净化市场环境。三是深化文明创建。广泛开展行业文明创建活动，努力增强从业人员服务意识，提升行业服务水平。四是健全应急机制。建立和完善交通运输一系列应急预案，做到应急状态下资源迅速集聚和合理配置。抗冰救灾期间，面对客、货运输巨大压力，全局迅速行动，全力以赴，共调动应急车56辆次，应急船28艘次，组织300余人次赴抗冰救灾一线，维持秩序，加强安保，实现大灾无大碍，旅客无滞留，有力地保障了水陆交通运输安全通畅。

7. 政风行风建设深入扎实。一是深化政务公开。按照全县和市局统一部署，将人事、财经、服务等信息通过县人民政府网公开，广泛接受社会监督，促进机关办事效能提升。二是推行服务承诺。不断健全完善岗位责任制、一次性告知制等9项效能建设制度，制定文明服务“八项规范”，农村公路建设测设与技术指导做到巡回服务、有求必应，收费大厅坚持12小时服务不脱岗。三是加强考勤管理。继续实行指纹考勤制，及时在大厅公布干部、职工去向，每周通报1次出勤情况，使机关管理更加严谨。四是坚持建章立制。健全完善“八严禁”、“八禁止”等行为准则，对违纪违规行为严格执行责任追究制，对临时聘用人员实行末位淘汰制，控制源头，杜绝“三乱”。五是解决民生问题。先后妥善办理人大建议、政协提案39件，认真处理群众投诉案件8件，积极解决社会各界意见、建议26件,受到上级和群众高度赞扬。

(武宁县交通局)

九　江　县

2008年,九江县交通局按照九江县委、县政府和上级交通部门的统一部署,动员和组织全县交通战线上的广大干部、职工,依靠各级组织和社会各方面的力量,团结一致,务实工作,较好地完成了各项工作任务。

农村公路建养步伐进一步加快。2008年,全县共新修农村水泥公路105千米,其中,国家和省级农村公路建设项目101千米,九江庐山机场围界公路4千米。全县行政村水泥公路通畅率达96%,比上年增加14个百分点。新建和改造沙石公路20.8千米,为8个村的村级公路进行了基础改造,为后水泥路建设奠定了基础。全县行政村沙石路通达率达100%。农村渡改桥工程全面启动,沙河经济开发区兰桥村兰桥已开工建设,预期2009年春节前建成通车;新塘乡四华村汤家埠、新合关山、新塘西窑河、毛沟等4座渡改桥工程前期各项工作进展顺利。农村公路养护工作有了新举措。一是做好农村公路交通安全隐患排查治理工作,拿出专门资金在危险路段安装减速带、架设道路安全警示牌。二是于5月份开展全县所辖589条农村公路绿化状况普查,编制全县农村公路绿化3年规划,并协助有关部门组织实施农村公路绿化工程。全年绿化农村公路240多千米,全县农村公路绿化率达65%。三是认真做好县道公路技术评定工作和公路养护从业资质申报工作与公路专项调查漏测公路数据纠错工作。

水上交通安全进一步强化。按照构建"和谐交通"的要求,强化行业管理,完善渡口安全的长效管理机制,确保水上交通安全和秩序稳定。一是明确各级政府和职能管理部门、船舶所有人的安全责任,县主管领导分别和乡(镇、场)、公司行政一把手签订水上交通安全责任状,严格实行目标责任制,并把任务和责任层层分解,做到一级抓一级,级级有责任。二是制订了《九江县渡口安全管理职责》、《九江县渡口渡船安全突发事件应急预案》、《新港渡口应急救援预案》、《九江县渡口安全管理网络图》等一系列渡口安全管理制度和规定。三是重点抓好安全检查和隐患排查、整改跟踪督查制度的落实。坚持安全检查经常化、制度化。采取定期检查与重点时期检查相结合的方式,坚持每月对每个渡口渡船进行1次检查。"奥运会"期间,组织专门力量,对全县所有渡口渡船进行2次拉网式的排查,及时掌握渡运安全状况。全年累计开展检查14次,检查渡船138艘次,签发检查记录138份,共排查出问题35处,纠正违章8次,下发重大安全隐患整改书5份,除1件正在整改中,其余4件已经全部整改到位。四是狠抓渡管人员和渡工的业务素质的提高。举办全县渡口安全管理人员学习班和渡工培训班,使渡口安全管理人员熟练掌握渡口渡船的安全管理业务知识。五是规范全县渡口、渡船、渡工档案,做到一渡一档、一船一档,重新制作渡口名称牌、渡口守则牌、渡运线路牌和渡工须知匾。六是抓重点、攻难点,努力解决了一些对渡口安全构成威胁的历史遗留问题。加大安全投入,改善渡运条件,挤出3.3万元补贴相关渡工工资和渡船维修。

道路运输市场管理进一步加强。一是积极搞好农村客运站点建设,全年投入资金120万元,全县规划新建客运站点7个,已按标准动工兴建2个乡(镇)客运站,建成1个。预计全部建成后,可改变20余万群众候车日晒雨淋的状况。二是及时开展非营运农用车辆交通运输量专项调查工作。三是严把参运车辆、人员的经营资质关,严把车辆的技术状况关,抓好客运企业安全监督管理。四是配合有关部门加强客运市场的整顿,共处理非法营运客车100余辆,有效地控制住了非法营运行为。五是坚持开展经常性的安全检查。全年对运输企业开展各种安全生产检查7次,对检查中发现的事故隐患,坚持要求被检单位有具体的解决方案和措施,并坚持谁负责、谁签字,并由谁负责督促整改到位的安全检查责任制,有效地提高了安全检查的质量。

"两费"征收工作有了新的起色。加大宣传力度,积极挖掘费源,动员本县在外挂照的车辆主动回县缴纳养路规费,开展农用车和摩托车养路费征收工作,加大上路稽查力度。全年摩托车养路费完成67万元;"拖养费"征收完成71万元,比上年增长27%。

交通企业生产和改制两不误。抓好企业生产经营，稳步推进企业改制。县汽运公司改制已全面结束，正根据有关法律规定进行破产清算终结审计。县航运公司改制后，委托承包经营运转正常，改制遗留的一些问题已经全部得到解决。县汽车修配厂改制工作已全面启动。县搬运公司在庐山站增容扩建征用其原货场的情况下，广开生产门路，提高服务质量，企业经营效益仍然较好，全年完成产值近50万元。

（九江县交通局）

湖　口　县

2008年，湖口县交通局在湖口县委、县政府正确领导、在上级交通部门的指导与大力支持下，以党的十七大精神和科学发展观为指导，努力提高交通公共服务、安全监管能力和水平，推进全县交通事业发展。在加快交通建设、加强行业管理、加强党风廉政建设、民主评议政风行风、机关效能建设等方面取得较好成绩。

1. 农村公路建设。2008年，全县完成通村水泥路105千米、沙石路28千米，共完成投资3446万元，全县151个行政村已完成公路硬化的有146个，占行政村总数96.7%。全县公路建设项目共42个，里程133千米，截至2008年底，累计完成路基133千米，完成路面105千米，占建设里程的79%，累计完成投资3446万元，占计划总投资2312万元的149%，全县农村公路建设成效显著。实施通达工程2.9千米，投资87万元，通达率100%。此外，新建县城通往火车站的沙石路1.73千米，三里至南北港7.26千米的公路改造项目，已在年底前顺利竣工通车。渡改桥建设。渡改桥项目城山镇东庄村瓜子桥的工可、设计、地质勘探等前期准备工作正在进行，确保2009年汛期前建成交付使用。农村客运站场建设。全年建成流泗集镇、流芳集镇、武山西桥、文桥均桥等4个乡（镇）客运站，30个候车亭；在建付垅集镇、张青集镇、双钟镇等3个乡（镇）客运站；累计投入资金1360万元。公路养护与绿化。全县有县、乡公路998.185千米，占公路总里程92.7%，分布在12个乡（镇）。湖口县采取3项措施，加强建成公路养护工作。一是明确任务，落实责任。乡、村各级政府按照任务分工，做好公路养护管理工作。交通部门与当地政府通力合作，形成齐抓共管机制。配备专业养护人员与机械设备等，逐步提高养护水平。二是重视农村公路安保工作，在陡岩、急弯、沿河路段，设置防护设施和警示标志。三是加强公路绿化，2008年，公路通畅率达86%，公路绿化率达90%；四是根据国务院《农村公路管理养护体制改革方案》与《江西省农村公路管理养护体制改革实施方案》精神，结合湖口县实际，认真组织调研，积极做好农村公路养护体制改革前的准备工作。五是开展农村公路建设质量年活动。将2008年至2010年全县农村公路新改建工程、危桥改造工程和渡改桥工程的建设质量纳入活动范围。六是重视农村公路建设质量，创新管理办法，健全质量监督机制，努力把农村公路建设为"放心工程"、"满意工程"。七是交通基础设施建设服务中心依照相关法律、法规，以协调服务农村公路工程施工招投标、编制整理农村公路工程项目资料为中心工作，圆满完成凰村至向阳等6个村级公路的招投标代理工作。八是路政人员全年上路巡查108天，立案264件，结案264件，结案264件，结案率100%以上。违章处罚10万余元。及时制止在公路上堆放杂物、占道经营现象。对恶意超限超载、污染公路的行为，加大执法力度，超限率从原来的100%下降到50%。超限吨位也下降20%。

2. 运政管理。一是推行县内班线运营的91辆客车农村客运公司化经营，实行统一指挥，统一管理，统一分配，统一缴费，统一票价，统一办理运输业务。对4条农村客运班线共34辆客车全部进行更新。二是规范货运车辆统一停放地点，加强货运车辆的从业资质认定，货运从业人员有从业资格证的达95%以上，办理从业资格证有39人次。三是营运车辆综合性能检测和"春运"安全检测送检率客车100%，货车85%。检查维修企业123人次，查出服务质量差、乱收费等19起，处罚19起，处罚率100%。四是驾校学员办理学员证达100%，规范培训时间和收费标准。五是成立2个稽查队，共查处"黑车"82辆，对"钉子户"进行重点打击，处罚率达100%，有效地遏制了"黑车"猖獗的势头。全年共稽查3700人次，稽查各类违章车辆5427次，查处违章350起，追缴规费5万元。有效地维护了全县运输市场的稳定。六是农村客运不断发展,全县农村客运线路10条,营运车辆100辆、1700座,日发班次400次。城区通往乡(镇、场)班车通达率100%,有58个村已开通客运班线。七是加强水运市场的整治,规范营运船舶的经营行为,打击无证非法营运船舶,保护合法经营者的权益,有产地维护港区正常经营秩序。全年进出港旅客运量15万人次,同比增长40%。年审港口企业7家,运输企业及个体运输户14家。九江长运总公司湖口公司超额完成全年目标任务,荣获2008年度目标考核先进单位称号。

3. 交通企业改制。局属企业原有5家。九江船厂职工身份置换安置到位。县航运公司破产的资产评估、职工安置预案等项工作已基本完成;其他3家企业准备启动企业改制工作;县汽运中心有公交车50辆,公交线路5条,完成县政府下达的运输保障任务;局劳动服务中心,面对经营上的困难,努力在服务上下工夫,经营效益稳中有升;县装卸运输公司把企业稳定工作当作一项重要的经常性的工作来抓,有效地杜绝集体上访和越级上访的现象发生。

4. 规费征收。加大征收力度,做到应征不漏,全年征收农用车养路费占年计划115%,同比增长13.2%。超额完成市局下达的征收任务。针对摩托车点多面广、流动性大的特点,在县城建立了摩托车征费窗口,在本县边远乡(镇)设立了摩托车养路费代缴点,从源头上加强收费管理。共发放催缴通知书335份,查扣违规车辆证件470份,处理违规车辆258辆,有效地促进收费环境的根本好转。2008年,共完成摩托车收费任务178万元,同比增长37%。完成港航所规费征收612.49万元。

5. 交通安全。加强交通安全监管,开展道路交通和水路交通安全专项整治。一是"春运"期间,全县投入"春运"车辆132辆,渡船4艘,完成客运量29.9万人次,其中,道路26.3万人次,水运36000人次。整个"春运"期间没有旅客滞留,没有发生1例安全等级责任事故,确保"春运"冰冻雨雪期间交通运输安全畅通。二是水上交通安全,全年召开水上成员单位负责人会议6次,统一行动6次,检查客渡船40艘次,隐患整改全部到位,连续20年水上安全无等级事故。三是抓好"奥运"、五一、"国庆"等重大节日期间的安全管理工作,坚持例行检查与重点时段检查相结合,对查出的安全隐患进行登记,建立台账,及时下发整改通知书,责令限期整改。四是抓好专项整治,全年开展4次安全专题活动,有效遏制了违法行为的发生。五是协助交警部门抓好源头管理,加大司乘人员安全教育,经常进行不定期安全检查,确保交通安全生产形势稳定。县汽运中心围绕"安全、优质"这个主题,加强司售人员的安全教育,在上下班人流高峰、交叉路口、学校门前等重要时段和重要路段,安排专人维持交通安全秩序,预防和消除安全隐患,全年未发生安全等级事故。

6. 机关效能建设。牢记执政为民的根本宗旨,始终把群众呼声作为改进工作的第一信号。采取上门征求意见方式,发放征求意见表353份,收集民调对象353人,分4个批次召开不同对象的座谈会。坚持公开办事程序,严格依法行政,机关效能建设得到进一步加强,在全局上下形成政令畅通、文明和谐的局面。为做好全局社会稳定和"奥运"期间安全稳定工作,年初对所属各单位和企业下发了综治和信访工作责任书,做到责任明确、任务清楚。"奥运"期间,加强值班巡逻,保一方平安,全年无1例越级访和群体访事件。

(湖口县交通局)

德　安　县

2008年,德安县交通局全体干部、职工在德安县委、县政府和市交通局的正确领导下,全面落实科学发展观,全面贯彻省、市交通工作会议精神,解放思想,真抓实干,圆满完成上级下达的各项任务,为实现交通新的跨越式发展而努力奋斗。

交通基础设施建设。2008年,完成国家农村公路建设项目24个、全长64.5千米,其中:2007年实施项目6个、全长29.1千米,2008年提前实施已完成项目13个、全长30千米,投资750万元。完成通乡项目2个,全长6.3千米,投资284万元。新增6个行政村通水泥(油)路,累计完成水泥公路120千米,总投资2875万元,实现通村公路硬化率达100%。全面完成重点工程聂车线柳田段3.62千米改造工程。完成桂田公路建设工程量80%，完成投资1300万元。南门渡改桥项目全长280延米，宽9米，已完成工可评审和初步设计；陈家湾渡改桥项目已完成工可编制，待省厅评审。新建46个乡、村道路候车亭，完成高塘、爱民、磨溪、吴山4个汽车站建设。完成市局下达的“一大四小”公路绿化任务。加强公路养护，坚持“建养并重”原则，抓好水毁公路抢修，确保公路畅通。

交通运输市场行业管理。一是维护道路运输市场秩序，对违章营运车辆和“三无”黑车进行专项整治，共扣车19辆次，从而有力打击和取缔了一批“三无”黑车，净化规范了运输市场。二是对营运车辆严格把关，线路评审合格率达到100%，客、货营运车辆年审合格率分别达到100%、98%，“春运”客运车辆检测率达100%。全年规费征收完成96.5万元。二是继续巩固治理公路“三乱”成果，加强法律、法规的宣传教育工作，提高执法人员依法行政水平，严格规范执法行为，完善治理公路“三乱”网络和制度，严防公路“三乱”现象的反弹。三是加大招商引资力度，不断优化投资环境，改进招商方式，完成引资任务500万元，重大项目“物流园生物柴油”正在积极洽谈。

综合治理与交通安全。一是实行综合治理目标管理责任制，健全各项制度，与所属单位负责人签订综治目标管理责任书，实行一票否决制。抓好安全生产，加强对车站、渡口、渡船、客、货运输车辆的安全管理，严禁“易燃、易爆”危险品进站上车，及时查处事故隐患，全年系统内没有发生一起重大交通安全事故。二是加强渡口管理，与渡口所在乡（镇）签订安全管理责任状，做到组织落实，责任到人。不定期进行渡运安全检查，汛期抓好水上交通安全，及时消除事故隐患。三是“双创”工作坚持周五大扫除和责任路段巡逻督查工作，完善“双创”各项工作制度，配合县双创办完成创卫各项资料的整理归档工作，并验收合格。四是开展“五五”普法工作，购买《江西省2008年重点普及及法律辅导讲话》、《五五普法教育读本》等书籍，坚持每周二组织干部、职工学习法律知识，11月下旬，机关事业单位21人参加“五五”普法考试。

深化企业改革。全局下属企业单位克服重重困难，团结一心，积极筹集资金，扩大业务，提高市场竞争能力，基本上完成全年各项经济指标和生产任务。县公交客运有限责任公司全年完成客运量723万人次，旅客周转量3856万千米，客运计税收入463万元，上缴国家税收22.9万元，分别比上年同期增长10%、12%。代缴国家有关规费49.8万元，收取经营管理服务费14.9万元。县公交公司从10月1日起，在原有线路大循环的基础上，对12辆公交车实行统一调度，统一管理，确保乘客安全。县装卸运输公司完成货运量3.3万吨，货物周转量12万吨千米，装卸量11.8万吨，完成产值60万元。

加强党建工作，做好反腐倡廉。认真做好民主评议政风行风工作。全局组织245名满意度调查对象，组成6个小组分片区到全县15个乡（镇）与服务对象见面走访，印发民调内容资料，使服务对象充分了解民调内容，确保省民调中心电话采访万无一失。广泛征求社会各界对全局政风行风方面存在的意见和建议，将收集的意见梳理汇总，建立整改台账，落实整改措施，取得一定的成效。深入开展”优化发展环境和机关效能建设提高年“活动，改进机关工作作风，提高机关办事效率。开展“做公道正派之人，建公平正义之家”主题实践活动，创建学习型机关。加大党员培训力度，做好党员电化教育，组织收看党风廉政电教片4次，1名党员按时转正，发展1名新党员。加强党风廉政建设，大力倡导领导干部“八个方面”的良好风气，强化党内监督，从源头上防治腐败。继续开展向特困党员捐款活动，及时解决他们的生活困难。严肃查处违法违纪案件，大力纠正行业不正之风，认真接待来信来访，对群众反映的问题及时处理，信访办结率达到100%。

抓好新农村建设工作。抓好林泉乡小溪山村帮扶点新农村建设。一是投入4000元，帮助全村残疾人危房改造和“关爱女孩，阳光助学”。二是协助林泉乡抓好计划生育集中服务活动和林改工作。三是督促村委会抓好村党组织换届工作。四是做好林泉乡大溪畈背后孙家16组新农村示范点工作，投入1.5万元村庄整治和“三清、六改、五普及”，美化生活环境，逐步改善农民生活条件。

（德安县交通局）

庐山管理局

2008年,庐山管理局交通局全面落实科学发展观,紧紧围绕庐山管理局党委、管理局"一下一上"发展战略和"九大推进"工作的落实创新工作思路,各项工作取得新突破。

加快农村公路建设,规范管养公路养护。庐山海会至园艺场2.2千米的国家农村公路改造工程项目竣工。制定了《庐山农村公路建设质量年活动实施方案》。庐山局和庐山新村办联合下发了《关于做好2008年新农村建设试点自然村改路工作的通知》,认真做好2008年新农村建设试点自然村的改路工作,更好地服务于社会主义新农村建设。在2场(厂)、2所划归庐山后,辖区内原庐山区管养的公路现划归庐山局管养,里程56千米。全局正在对管养的公路进行实地勘测,为规范管养公路的养护和管理工作打下基础。

实行科学管理,规范交通运输市场。认真做好从业人员从业资格证的换发工作,制定了《庐山道路运输行业服务从业人员培训计划》,在每年4月底和9月底前,由各运输企业分别组织实施1次道路运输服务从业人员培训,确保道路运输从业人员培训率达到100%,培训合格率达到100%。严抓运输市场整顿,严厉打击各类扰乱旅客客运市场秩序的违法行为,继续采取蹲点守候和打破常规,不受时间、地点限制突击稽查等方式,加强对非法营运行为进行打击,在处理上做到不怕钉子,不徇私情,严抓运输市场整顿。针对道路运输市场的新变化,随时研究新的应对措施,保持对非法营运行为的高压态势。全年共查获非法经营车辆20辆,待处理1辆,罚款5万元。积极推进环保车项目。庐山绿色环保车项目是打造绿色庐山、生态庐山,提升庐山交通运行、环保水平的重大项目。全局一直致力于绿色环保车项目的运作,2007年,本项目经庐山发改委批准立项,2008年,在广泛征求全庐山各部门的意见和建议后,8月初,项目专题报告和规划已由东南大学交通学院完成,已通过专家组评审,10月份顺利通过终审。至年底,已展开相关资产整合的前期运作,完成项目资产整合初步方案,完成对庐山出租车的整体收购和运营管理机构的组建工作,预计在2009年旅游旺季前,正式进入试运行阶段。做好成品油提价改革补贴工作。上半年,受世界原油价格上涨的影响,国内油价不断上涨,增加了出租车辆运营的成本。中央财政对出租车辆实行成品油提价改革补贴,庐山共有82辆出租车享受了补贴,补贴金额为26.6万余元。打造和谐平安"春运"。按照"安全优质、平稳有序、客货兼顾"的总体目标和"5个严管"、"5个严查"和"3个一律"的要求,克服冰冻严重自然灾害的困难,满足来山游客和居民的出行要求,保证重要物资的运输,未发生一起交通事故。圆满完成2008年"春运"工作任务。

抗冰雪,保畅通。2008年1月12日以来,庐山遭受罕见的低温、雨雪、冰冻天气。灾情发生后,全局和全庐山人民一起,众志成城,抗击冰雪。为保证道路畅通,先后组织200多人次参与庐山铲除积雪行动,并配合庐山公路分局清除南北山公路400多棵倒树,保证了庐山交通的畅通。为安置好群众和支持庐山抗冻救灾工作,全局共调派运力11辆,22台次运送人员和物品,疏散群众200余人,并2次运送公安干警和武警到抗灾第一线。加强对庐山供电分公司和庐山加油站的监管,确保冰雪灾害天气的电力和燃油的供应,取得了抗击冰雪灾害的胜利。

党风廉政建设。制定《庐山管理局交通局2008年党风廉政建设和反腐败工作要点》和《庐山管理局交通局领导班子党风廉政建设和反腐败工作任务分工表》,在"一把手"负总责的基础上,科学地设定目标体系,把全年党风廉政建设和反腐败重点工作逐项分解落实到每位班子成员,并与下属单位负责人分别签订了党风廉政建设责任书,建立党员领导干部廉政档案。建立党委领导班子党建工作联系点,对各支部党建活动进行督促检查、具体指导。全年局党委培养发展对象3名,选送5名入党积极分子参加全庐山集中培训。积极组织开展在新的起点上深化"三项创建"活动,在机关、国有企业和非公经济组织中开展争创基层党建"十面红旗"活动。积极落实好"三会一课"等制度,强化党组织的自身建设,健全组织机构。以支部"三会一课"和理论中心学习组为载体,开展学习邓平寿、吴仁宝等同志的先进事迹、学习党章活动和纪念建党87周年等活动,巩固和扩大先进性教育的成果。

（庐山管理局）

永　修　县

2008年，永修县交通局在永修县委、县政府的正确领导和上级交通主管部门的指导下，以认真实施“三年打胜农村公路建设翻身仗”和“求科学发展之真，务项目建设之实”等活动为契机，团结协作，努力拼搏，有效地推动了交通事业各项工作的有序开展，全面促进了交通系统各项目标任务的圆满完成，为全县经济社会发展作出了积极贡献。

1. 交通基础设施建设。重点工程建设稳步推进。完成永昌大道扫尾工程，除桑海经济开发区地段457米路面硬化外，其余工程全部完工，基本实现了与桑海经济开发区的交通对接；全面完成立新至滩溪段5.6千米、军山至香田4.6千米县通乡公路改造工程。农村公路建设步伐加快。2008年，永修县有行政村179个，已有177个行政村通公路，全县行政村公路通达率达98.8%，比上年增长6.1%，超额完成市政府下达的通达率96.6%的建设任务；全年完成行政村公路硬化里程194.4千米，占市下达计划任务120千米的162%，新增道路硬化行政村40个，占市下达任务30个的133.3%，全县行政村硬化公路道路通畅率达97.8%，比上年增长22.3%，超额完成市政府下达年底通畅率92.2%的建设任务。改渡建桥积极运作。全长160延米的九合河头桥已于2008年6月建成通车，投资170万元。易家河大桥建设按市交通局要求已移交云居山至柘林湖风景区管委会实施。吕家桥工可已报省交通厅审批，项目计划已下达，初步设计已完成。百子洲大桥完成工可编制，已报省交通厅审查。全县已落实新的渡改桥补助标准。农村客运站、县城公交建设正在实施或启动。吴城、梅棠、恒丰3个客运站正联合有关部门进行选址、征地等准备工作，近期即将动工。30个侯车亭已动工建设。县城公交车第1条线路初步拟定为新城交管中队至老城九合桥。

2. 交通安全管理工作形势稳定。2008年，全局通过认真组织开展专项整治，逐步完善交通系统安全生产制度、管理办法、应急预案，使安全管理工作进一步落到实处。在年初冰雪灾害、“5·12”汶川地震、“奥运”会期间，全县没有发生一起交通安全生产责任事故，全年安全生产态势平稳。

3. 养路费征收取得明显成效。全县车辆分布区域广、征收力量不足，征收任务重，及时争取县领导的重视和支持，以政府办名义出台了《永修县关于切实加强机动农用车、摩托车养路费征收工作的通知》，成立了督查小组，加大宣传力度，发挥自身和各乡（镇）的积极性。全年共征收机动农用车养路费50余万元、摩托车养路费125万元余，共计175万元余，比上年增收25万元。

4. 廉政建设不断增强。一是围绕建设项目招标投标、工程转包分包、工程设计变更、设备材料采购、质量监督、附属工程与公路经营权转让、施工资质租借、资金存储等环节，坚决纠正交通工程建设项目业主、施工企业、咨询、设计、监理与有关中介组织、社团组织等企事业单位和工作人员在经营活动中违反商业道德和市场规则的不正当交易行为。二是严肃查处交通行政机关工作人员利用职权参与或干预企事业单位经营活动，谋取非法利益和索卡贿赂行为。三是开展交通从业人员违反规定投资入股客运线路、工程建设项目的清查工作。四是不断加强工作人员法律法规、纪律和职业道德等方面的教育，切实增强其自觉抵制商业贿赂的意识，运用典型案例，开展法制宣传和警示教育，筑牢思想防线。

5. 其他中心工作有声有色。一是开展学习十七大精神、深入贯彻科学发展观、开展“优化发展环境”、“机关效能建设提高年”、“求科学发展之真，务项目建设之实”、“民主评议政风行风”等主题活动，不断激发全系统干部、职工“争先创优”、“争创一流”的奋发向上精神。二是大力倡导遵纪守法、忠于职守、建功立业、廉洁从政的交通行业新风，为交通工作跨上新台阶奠定扎实的思想基础。三是大力开展招商引资工作。积极与九江振兴轮船公司等运输企业加强沟通，进一步做大水域招商项目，引进隆庆1号、隆庆3号的招商引资项目。全局实现招商引资税收1930余万元，超额完成了县委、县政府的年度目标任务。四是1月中旬以来，面对风雪冰冻，全局广大干部、职工不顾风雪天气，上高速公路和火车站慰问受困司机和群众10余次，发放物品1万多元，捐衣捐被近200件，组织干部、职工20多人至现场扫雪，并抛洒工业用盐化冰。在县委、县政府的统一部署下，通过有效的措施、规范的管理和不懈的努力，保障了人民群众和车辆安全有序的通行。

(永修县交通局)

修 水 县

2008年，修水县交通局认真做好公路建设、养路费征收、港航管理、运输市场管理、安全生产、党风廉政建设、民评等各项工作，较好地实现全年工作目标任务。

抢抓机遇，加快交通基础设施建设步伐。2008年，完成公路建设总里程560.2千米。实现两个突破：突破全县无高速公路的历史、突破全县无一级公路的历史。实现县至乡(镇)通水泥(油)路达100%，乡(镇)至行政村通公路达86%，乡(镇)至行政村通水泥路达56%。武吉高速公路修水境内经县辖三都、庙岭、义宁镇、征村、何市、上奉等6个乡(镇)，24个行政村，全长61.66千米，有隧道7个，计10683米；高架桥10座，计3985.4延米；大桥12座，计5224.21延米；设2个出口，其中，1个设在湘竹，距县城5.288千米；连接线为一级公路设置。另1个出口设在何市镇，设三都、何市2个服务区。武吉高速于2008年8月23日全线正式通车运营，缩短修水县至广州、深圳的公路里程近4小时。武吉高速公路修水互通接线点，经桐树岭、南岭隧道至汪坑，止于修武线终点石油公司前“T”字路口，全长5.288千米；设计时速为80千米，除南岭隧道、桐树岭等特殊路段路基宽度为24.5米外，其余路基宽度均为80米，路面按40米双向6车道一级公路标准建设，人行道两侧隔离带各10米，并兼顾城市道路的各种功能。南岭隧道单向长约360米，设计为端墙式双连拱整体式隧道，设计时速每小时60千米，洞内净高5米，净宽10.75米，设有2米的人行通道，2×3.5米行车道和0.75米检修道，工程总投资为14369万元。农村公路建设。2008年，全县农村公路建设共完成425千米，占年任务的142%，累计完成投资1.8亿元。其中，完成2006年、2007年续建项目8个，全长45千米，完成2008年农村公路项目120.5千米，提前实施2009年农村公路项目300千米；完成县通乡水泥(油)路项目7.1千米；完成国债项目19.6千米。实现10个乡(镇)“村村通”。在建项目有良塘至山口公路27千米、山口至金鸡桥公路12千米。至2008年末，全县有高速公路61.66千米；一级公路5.288千米；有省道5条，计267.044千米；县道12条，计322.58千米；乡道120条，计710.45千米；村纺公路812条，计1652.44千米；全县公路总计950条，总里程3014千米。改渡建桥与危桥改造项目。2008年，全县完成西港镇马祖湖桥、征村乡黄荆洲桥、杭口镇杭口桥3座桥梁计357延米的建设；正在建设和准备建设的有4座、703延米；完成工程可行性报告的1座(黄田里桥)。完成2008年渡改桥项目7座、计1140延米的工可或设计工作；完成2009年改渡建桥项目3个、计480延米的工可和设计工作。危桥改建。5月份动工的赤江大桥重建工程进展顺利，已完成1个桥头，4个桩基、14片桥梁的浇 筑等工程，占整个工程量的40%，力争在2009年雨季前完工；完成港口桥危桥改造工程，并通过验收；大椿桥设置了安全警示标志，限载通行。公路养护。一是年初冰雪灾害，农村公路破损严重，局积极应对，不等不靠，及时清理县、乡公路塌方，并对县道18千米破损路面进行大修维护，工程投资达80万余元。二是根据县“一大四小”工程规划，与江西华林农林科技发展有限公司签订公路绿化植树协议书，完成县(乡)公路绿化里程220千米。三是《江西省公路路政管理条例》于2008年9月1日起实施，做好宣传工作，保护路产路权，维护道路畅通。四是农村客运站点建设。2008年，新建4个乡(镇)农村客运车站，新建候车亭26个。

规范管理，维护交通运输市场秩序。一是严厉打击运输市场非法经营活动和违规经营活动，加强客运市场管理，严把营运人员从业资格关。开展机动车维修市场的整顿，做好客运车辆的更新工作。全年累计开展10余次集中打击“摩的”专项整治活动，查扣“摩的”600多辆，销毁200多辆。二是组织外地货车落户修水与挂靠外地货车回挂等招商引车活动，协调各有关部门的优惠政策落实，形成整体优势。在开展招商安商过程中，全程跟踪服务。福建欧老板在修水注册的货运公司至2008年底，拥有货车181辆，1176个吨，每年向县缴纳各种税费120多万元。引进的太平货运公司，仅1年半的时间，挂靠货车120辆，612吨位。2008年，全县有注册营运货车998辆，3144吨位；农用车447辆，494吨位；全年完成货运量322.8万吨，货物周转量11265.72万吨千米。

全面部署，认真抓好安全生产工作。坚持"安全第一、预防为主"的方针，自4月份开始，组织开展水路、公路安全隐患排查专项活动和安全生产百日督查专项行动。清理整顿"三无"船舶，严禁非法滩涂造船，抓好营运船舶的管理，抓好浮桥的安全管理，制订并落实水上安全管理的各项制度和措施，确保水上交通连续20年无安全事故。按照《中华人民共和国道路交通安全法》规定，对所养公路"危桥险段"设立明显的警示标志、标线；对危桥险段设立防护设施；对出现的危桥险段及时维修补救，确保公路畅通。加强运输企业安全生产，制订运输企业安全管理制度，定期举办司机安全培训班。严禁车辆带病行驶，严禁车辆违章超载，严禁司机疲劳驾车。搞好车站安全管理，杜绝易燃易爆物品进站上车。做好候车厅、停车场等重要场所的防火、防盗等工作。

依法行政，狠抓规费征收工作。2008年，全县征缴摩托车养路费200万元，比上年增长30%；征缴农用车养路费243万元，虽离年初目标有点差距，但超过上年同期水平，为农村公路建设和养护奠定了坚实的基础。

党风廉政建设与民主评议政风行风工作。坚持以科学发展观统揽全局工作，切实加强党建工作，加大党风廉政建设力度，促进行风转变，确保各项工作顺利进行。建立和修改了"八项制度"，把民主评议政风行风工作摆上重要位置，注重交通行风建设，狠抓整改落实。做好信访稳定工作，对一些突出的问题，及时做好协调化解工作。对武吉高速公路遗留的问题，如损坏乡村公路、倒料影响田地耕作问题等逐一认真解决。工、青、妇工作围绕交通主题，扎实有效开展创建。做好包村帮扶工作和新农村建设试点帮扶工作。加强信息报送工作，全年投稿70余篇，上稿66篇，上稿率95%。组织职工开展各项活动，如抗冰救灾、"七一"创评、系统职工运动会等。全局干部、职工为四川地震灾区捐款6.3万元，缴纳特殊党费7.7万元。

（修水县交通局）

瑞昌市

2008年，瑞昌市交通局在瑞昌市委、市政府的正确领导和上级交通部门的大力支持下，全市各乡（镇）、场、街办的积极配合和交通系统干部、职工的敬业工作，坚持科学发展，攻坚克难，交通各项工作取得瞩目的成绩。

交通建设成绩斐然。公路建设。按照"三年打胜公路建设翻身仗"的要求，农村公路建设快速推进。新建农村公路249千米，完成目标任务的163.5%，实现行政村通达率100%、通畅率98%，自然村通畅率达80%。重点项目建设。一是码头沿江公路全长4.6千米，按三级公路标准进行拓宽改造，工程总投资510万元，工程按时保质完成。二是瑞码大道前期筹备工作进展顺利，征地拆迁工作基本完成。道路绿化。按照"一大四小"工程的部署安排，农村公路绿化工程顺利实施。2008年，完成乡、村道路绿化566千米，为3年内全面实现全市农村公路林荫化、生态化、景观化奠定坚实的基础。站、亭建设。全市农村客运站、候车亭建设全面落实。横港、横立山2个客运站建设基本完成。肇陈、高丰、范镇等乡（镇）130座候车亭已建成，为人民群众提供更加安全、便捷、舒适的候车环境。

行业管理水平有新提高。一是安全生产宣传教育有序开展，营造了良好的安全生产工作氛围。二是安全检查跟踪奏效。全年共开展安全检查35次，查出隐患25处，督促整改25处，事有有整改意见，件件有整改反馈。三是安全责任制落实到位。层层签订了安全生产责任状，实现水上连续33年安全生产无事故。四是强化运输管理，规范运输市场秩序，积极推行客运线路经营期限和客运质量信誉考核制度。开展出租车星级评比活动，提升了全市交通运输行业的整体服务水平。五是水、陆运力快增长。2008年，新增货船4艘、2700吨位，货船总数达到41艘、计19431吨位。新增货车172辆、计6888吨位，货车总数达1606辆、11175吨位；新增客运车辆8车、计128座。六是交通规费收入及交通企业收入增长明显。2008年,完成摩托车养路费213万元,占任务210万元的102%,比上年170万元净增43万元,完成农用车"三费"131.6万元,公路运管费181万元,代征车辆税收220万元,规费收入比上年增长50余万元。交通企业积极理清发展思路,强化内部管理,全年完成营运收入和其他收入320.9万元。

交通文明建设取得可喜成绩。大力加强行业文明建设,深入开展"五型机关、星级站所、红旗车船"活动,积极参与全市"大工业"杯劳动竞赛活动,涌现出一批先进典型。局党委2008年7月1日受到市委的表彰;汽渡公司获全市"'大工业杯'劳动竞赛"优胜单位,被长江委授予"安全文明渡口"称号;市运管所客运股获全市"'大工业杯'劳动竞赛创新示范岗"称号。

(瑞昌市交通局)

都 昌 县

2008年,都昌县交通局在都昌县委、县政府的正确领导下,在省、市交通部门的支持和关怀下,坚持以科学发展观为统领,狠抓公路建设、促进交通发展,加强行业管理,构建和谐交通,深化民主评议政风行风,促机关效能提高,继续保持全县交通事业又好又快发展。

强化措施,强力推进项目建设。通行政村公路建设任务全面完成。全年目标任务214.4千米,新增49个行政村通水泥路。到年底,实际完成行政村硬化里程249千米,新增58个行政村通水泥路。全年完成北多、大和、狮万、里盐、成山湖5条计40千米通乡水泥(油)路改造工程。渡改桥建设全面启动。西源竹洞湖桥年底竣工;大沙猪打野桥第一标段已完成桥墩,正在浇注桥梁;多宝枫树渡桥、苏山马鞍渡桥均已完工可报告、地质勘探等前期基础性工作;苏山马鞍桥由于湖面宽600多米,第一次立项只有180米,经请示省厅重新立项;大港土目桥工可已上报。乡(镇)客运站及农村候车亭建设步伐加快。全年计划新建春桥、多宝、南峰、左里、和合5个乡(镇)客运站和19个农村候车亭。至年底,和合、南峰、多宝3个乡级客运站已全部竣工,新建农村候车站29个,为广大农民提供了良好的乘(候)车条件。"一大四小"工程进展顺利,县、乡、村公路两旁绿化工作全面启动,已完成路旁打穴里程760千米。栽种杨树48万株。

重拳出击,管理取得明显成效。2008年9月份开始,开展为期3个月的联合打"黑"行动,共查处非法营运"黑车"62辆,进行严厉的处罚,从而使全县"黑的"非法营运的猖獗势头得到有效遏制,净化了全县道路运输市场环境。

常抓不懈,交通安全形势继续保持稳定。一是实行严格的安全生产管理分工负责制,按照水运、陆运、建设施工、企业生产、交通安全5大快,明确分管责任领导和要求,层层签订安全生产责任状。二是建立渡口安全月普查、周抽查、日电话查询制度,使渡口安全管理工作置于完全掌控之中。三是牵头组织水上公安、港航、海事、渔政等相关部门,对重点水域的乡(镇)船舶非法载客现象进行联合整治,对县城港口码头、小渔船、手划船非法载客行为进行经常性检查和集中整治,全年共查扣小渔船、手划船8艘。四是加强春节、黄金周、"奥运会"期间等客运安全防患、隐患整改、督促检查等工作。在年初抗击冰雪期间,全力以赴,采取超常措施,保畅通、保安全,较好地保证了全县交通安全形势的稳定,未发生1起重大交通安全责任事故。五是加大渡口安全投入,2008年,共投入资金8万元,用于渡船维修,渡口守则牌、渡口安全警示牌等硬件设施建设。

众志成城、全力以赴抗击冰雪保畅通。一是所有班子成员包路段,指挥抢险保畅通。二是集中人力、物力、财力,不惜代价保畅通。对危险路段确定专人把守,重点路段24小时值班,竖立警示牌,实行专班队伍扫雪、除冰、铺草袋、撒盐,并配备3辆装载车上路铲雪。全局共投入人力500余人次,资金20万余元。三是在接到上级关于"高速公路由属地负责保畅通"的指令后,全局干部、职工通宵达旦奋战在境内高速路段上,圆满完成了境内高速路段上除冰、清雪任务。全县未中断1次交通,未发生1起重大交通安全事故。

坚持"两手抓",确保其他工作协调发展。一是纪检监察工作按照县纪委的要求,开展廉政纠风、执法检查、商业贿赂专业治理、案件查处、警示教育等一系列活动,全年立案1起,结案1起。二是认真做好组织发展工作,2年共培养入党积极分子32人，发展新党员14人。三是坚持党管武装原则，配合县人武部组织民兵骨干集训与演练，圆满完成战备值班与各项军用物资的运送任务。四是社会治安综合治理、信访、计生、帮村挂点等工作按要求全面完成。五是招商引资工作成效显著。2008年，引进九江航宝防腐工程有限公司入园，实现当年引进、当年完税。

（都昌县交通局）

新 余 市

2008年，新余市交通系统广大干部、职工，以党的十七大精神为指导，以科学发展、和谐发展为统领，紧紧围绕全年交通发展目标任务，开拓创新，团结拼搏，扎实工作，确保了交通各项工作达标或超额完成任务。

1. 交通基础设施建设稳步推进。农村公路建设。2008年，新余市计划建设农村公路国债项目100千米，2008至2009年，交通运输部县通乡公路项目80.4千米。至年底，国债项目100千米全部完成，完成投资2000万元；县通乡公路项目已完工40.2千米；县通乡公路未完工项目已基本完成施工图设计。"一大四小"造林绿化，完成农村公路县道绿化200千米，其中，分宜县70千米、渝水区100千米、仙女湖10千米、经济开发区20千米，共植树15万株。2007年已建成的农村公路310千米已全部完成绿化工作（分宜县96千米、渝水区152千米、仙女湖22千米、经济开发区32千米、仰天岗区8千米，共植树20万株）。8月，制定了《新余市农村公路养护管理办法（草案）》和《2008年～2020年新余市农村公路总体规划图》，报送新余市人大常委会和市政府审议。农村公路养护管理办法已于10月27日新余市政府常务会议通过，全市农村公路年养护资金共440万元。改渡建桥工作。全年已完工的项目2座（仙女湖区的划江、凤凰湾大桥）；在建项目7座（分宜县分宜镇古岭大桥，渝水区罗坊竻洲大桥、姚圩彭家大桥、新溪楼下大桥，仙女湖区白湄、花园林场大桥，经济开发区水西镇潭隅大桥）；正在进行通航论证和工可报告编制的项目有2座（渝水区罗坊院前、姚圩中元大桥）。为继续抓好农村公路建设，加快改渡建桥工作进程，打好改渡建桥攻坚战，8月27日，新余市政府通过了《关于加快全市农村渡口改渡建桥的实施意见》。"十一五"期间，全市将改渡建桥15座，资金补助按省50%、市20%、县（区）20%三级补助，补助资金额为6941.5万元，其中，省补助4000万元，市补助1470.75万元，县（区）补助1470.75万元（分宜县73万元、渝水区684.94万元、开发区450.63万元、仙女湖区262.18万元）。改渡建桥工程实施以来，已争取省补资金到位1018万元。农村客运网络化建设。2008年，新余市已完成6个（九龙、鹄山、洋江、仁和、钤山、欧里）乡（镇）五级客运站、100个候车亭的建设任务。上报了2个乡（镇）五级客运站建设计划（罗坊北岗、良山白沙），省交通厅运管局已审批。8月份，根据新余市人大常委会对市交通局工作评议的意见和要求，新余市交通局结合城、乡道路客运市场实际，制定了《新余市城、乡公共交通一体化网络规划》，报新余市人大常委会、市政府审议。积极配合有关部门做好城、乡客运一体化工作，先后于1月1日、5月1日、9月28日开通了新余至分宜县、新余至良山镇、新余至下村镇的公交车，使农村群众的出行更加便利和经济实惠。全市行政村村村通客车率达到98.69%。武吉高速公路（新余段）于1月建成通车。在全市各级征迁办的积极协调、认真服务、全力保障下，为施工单位创造了良好的施工环境，确保了工程进展顺利快速，在不到2年的时间内按时全面完成了建设任务。新余客运中心建设，年内完成了土地征用、拆迁、项目设计、项目用地清表等前期准备工作，前期工作完成资金投入3100万元。新余港的规划建设。根据省交通厅工作安排，3月份完成了新余港的初步规划,并上报省交通厅航运管理局和省交通厅规划办,省交通厅已将新余港建设与袁河梯级开发规划报省发改委和交通运输部长江水系规划办,将此项目列入环鄱阳湖经济圈规划和江西省"十二五"期间规划项目。云津浮桥码头升高改造工程按期完工。新余市在袁河城区段实施抬水工程,抬高水位4.5米,原云津浮桥将被淹没,为此,需改建浮桥码头,确保浮桥安全畅通。经新余市交通局与市航运公司积极争取,得到了市政府大力支持,由市财政出资改建。工程于11月20日开工,12月25日如期完工,完成投资79.5万元。

2. 交通运输生产保持稳定发展。2008年,新余市共有货运车辆15872辆,计85308吨。其中,新增车辆4174辆,计28794吨。全年道路运输完成客运量1216万人次、旅客周转量65005万人千米,同比增长0.83%和1%;完成货运量1583万吨、货物周转量117029万吨千米,同比增长3%和1.6%。水路运输完成客运量23.1万人次、旅客周转量495万人千米,同比下降5.33%和5.09%;完成货运量82.58万吨,货物周转量292万吨千米,同比下降5.95% 和3.95%。圆满完成2008年的道路"春运"工作,共投放旅客运输车1112辆,运送旅客121.22万人次,同比下降10.9%。城区出租车运力稳定增长。一季度市区出租车增加30辆,总量达到531辆,方便了市区居民的出行。

3. 交通行业管理取得显著成效。3月21日,新余市开展了"城市管理年"活动,市交通局成立了领导小组,制订了实施方案,并严格按照实施方案组织实施。4月份开始,对城区出租车进行专项整治活动,重点查处出租车驾驶员无从业资格证及严重损害群众利益的拒载、绕路、不按规定使用计价器等方面的问题。其间,市交通执法支队共出动执法人员360余人次,检查出租车270余车次,查处各类违章21起(其中"黑车"4辆),通过整治,净化了出租车客运市场,维护了广大经营者和乘客的合法权益,使新余市的客运市场秩序得到明显改观。为维护道路运输市场经营业户的合法权益和规范市场经营秩序,加大对"黑车"的打击力度,共查处"黑车"33辆。加大危货运输车辆的监督检查,重点查处危货司机无从业资格证和普通货车超越经营许可范围从事危货运输等违法行为,共查处此类车辆13辆。加强对机动车维修市场的监管,8月份,对全市264家三类维修企业开展1次专项整治工作,整治中重新核发经营许可证13家,下达整改通知书42份,取缔不达标三类维修企业21家。严格道路运输市场从业资格培训和考核,规范驾驶员培训市场,加大对驾校的监管力度,对教练车进行定级检测,对乱设培训点、乱收费、异地培训等违规行为予以严厉打击,查处违规行为2起,全市共培训驾驶员12913人,全年共组织客货运输驾驶员从业资格证培训11期,危险货物运输押运、操作人员从业资格证培训3期,经考试合格共办理从业资格证1875人。进一步完善道路运输驾驶员从业资格证档案及台账的规范管理,全面掌握道路运输从业驾驶员动态。全年,共换发道路运输从业资格证11070余本。

4. 交通安全生产形势稳定。全年交通安全生产工作主要是围绕安全隐患治理年活动,开展安全生产百日督查专项行动,以查处隐患、规范安全管理、杜绝安全事故为落脚点。年初,召开了全市交通系统安全生产工作会议,落实安全生产责任,签订安全生产责任状。认真组织开展交通安全生产隐患排查工作。组织参加全市统一部署在洪客隆广场开展的安全生产咨询日活动。6月14日,在仙女湖开展了水上应急救生演练,并在新余长运公司开展安全生产知识竞赛活动。3月份,重新修订下发了全市交通系统突发事件应急处置预案。全市道路和水上未发生一起重、特大责任事故,保持了全市交通安全生产的稳定形势,水上安全生产连续23年责任事故为零。新余市交通局被省交通厅表彰为2008年度"全省交通系统安全生产"先进单位。

5. 招商引资与物流业建设卓有成效。全局超额完成市政府下达的招商引资内资2000万元任务,实际进资2700万元,完成率达135%。市交通局招商小分队按时、按要求驻点广州,并引进资金7000万元。2008年,全市物流企业增至130家,广州正道物流公司已正式在市经济开发区注册;由浙江和安徽客商投资,落户仙女湖,占地66.67公顷的东方物流园已正式签约。落户开发区的保税物流区进展顺利。交通企业改制全力推进。根据新余市政府工作安排,6月1日,斯丽马公司顺利交由新余市公路管理局管理。新余市联合运输总公司2007年已宣告破产,正全力实施破产改制。

6. 党风廉政建设和机关作风建设力度加强。2008 年,新余市交通部门各级党组织和广大党员,紧紧围绕交通建设的中心任务,以基层党组织建设为基础,以思想作风建设为重点,深化“三项创建”活动,坚持将学习贯彻党的十七大和十七届三中全会精神与开展“继续解放思想,推动科学发展”主要教育活动紧密结合,以人民满意为标准,以“创先争优”为动力,内强素质,外树形象,保持党的先进性和党员的先锋模范作用。认真学习贯彻各级廉政工作会议精神,加强党风廉政建设和反腐倡廉教育,努力打造廉洁高效交通。切实抓好民主评议政风行风工作。全力推进交通政务公开和文明行业创建工作与和谐平安交通建设。认真开展机关干部作风集中整顿活动,全局干部、职工的工作作风、思想作风、生活作风等方面都有了很大的提高。11 月上旬,根据新余市委、市政府关于在全市开展机关干部作风集中整顿活动的要求和部署,局党委迅速成立了领导小组,出台了活动实施方案。通过召开动员大会、集中学习讨论、召开民主生活会、实地参观、观看警示教育片等形式,在全局干部、职工中开展作风集中整顿活动。

7. 抗击冰雪与地震灾害救援行动迅速。年初,冰雪灾害天气突袭新余市,全市交通系统广大干部、职工全力以赴,开展抗灾救灾斗争。快速启动《新余市交通系统重大突发事件应急处置预案》,成立领导小组、工作机构。水上实行停船停渡措施,道路进行全面检查和安全加固,组织 37 台工程机械和 1360 人的应急队伍上路除冰扫雪,较好地完成了境内干线公路应急保畅通的工作任务。据统计,这次灾害共毁坏公路 6 千米,桥梁护栏 2 处。共出动工程机械 210 台次,动用人员 10000 余人次,撒工业盐 21 吨,投入资金 200 余万元。在全市交通系统广大干部、职工的共同努力和艰苦奋斗下,取得了抗灾救灾保公路畅通的全面胜利。,并在灾后及时全面完成了恢复重建等工作。“5・12”汶川 8.0 级地震发生后,全市交通系统广大干部、职工高度关注,积极开展为灾区献爱心活动,支持灾区群众渡过难关和恢复灾后重建工作。全局干部、职工共为灾区捐款 13780 元,党员和入党积极分子另为灾区捐款 2220 元,全体党员交纳“特殊党费”62512.5 元。11 月 3 日,全局党员干部再次为灾区捐赠购衣被款 6800 元。

8. 其他各项工作取得较好成绩。2008 年上半年,新余市人大常委会根据工作安排,确定了市交通局等 4 个单位为 2008 年的被评议对象,局党委高度重视市人大常委会的评议工作,成立了评议工作领导小组,制订了评议工作实施方案。依据市人大常委会提出的八个方面的评议整改意见,逐项进行认真研究,落实整改责任单位、责任人及整改时限,制订切实可行的整改措施,逐项进行认真整改,八个方面的工作全部整改落实到位,得到了市人大常委会的好评。年初,根据新农村建设帮扶点水北镇泉塘村新农村建设工作实际,制订了帮扶计划。帮扶资金 12 万元,各项帮扶工作按计划进展顺利。全年新农村建设共完成资金投入 211.36 万元,取得了较好成绩。加强了交通战备、信访、社会治安综合治理、计划生育、老干部与机关后勤服务等各项工作,均取得了良好成绩。新余市交通局被新余市综治委命名为“平安单位”,并被表彰为 2008 年度“社会治安综合治理基层基础工作”先进单位;被新余市委组织部和新余市老干部局授予“老干部工作”先进单位称号,并在大会上作典型发言。局老同志门球队获得省交通厅主持的门球比赛第 1 名。局机关食堂重新营业,机关办公大楼美化、亮化、绿化工作全面完成,受到新余市政府的表扬。提前 2 个月完成了《新余市志・交通运输篇》(1983 ~ 2007 年)的资料收集、整理和编撰工作。

(新余市交通局　简少华　胡晓文)

分　宜　县

2008 年,分宜县交通系统广大干部、职工以邓小平理论和“三个代表”重要思想为指导,抢抓机遇,攻坚克难,全面完成全年各项计划目标任务,为推动县城经济发展做出了积极贡献。

交通基础建设。江锂大道建设工程:全长 2.387 千米,投资 1000 万元。严格按照一级公路标准施工,路肩、排水沟、绿化等附属设施配套齐全,至年底,已完成双向 4 车道水泥路面铺设。铁路平交道口:在与铁路部门的多次协调下,各项基础设施建设已完成,工作人员也已完成上岗前的业务培训,由分宜县政府正式接管投入运行。分宜海螺新矿区专用运输公路:湖泽至双林段7.84千米公路建设,投资1200万元,工程施工难度较大,分宜县交通局克服重重困难,确保工程在8月中旬全面完成了水泥路面的铺设,如期交付使用。武吉高速公路分宜连接线工程:全长13.605千米,投资3000余万元,在工程指挥部门和各有关乡(镇)的积极协调下,施工单位已顺利进驻施工现场。至年底,工程资金已陆续到位,征地拆迁工作已完成,土石方工程已完成96%,全线路基垫层已完成90%以上,工程进展顺利。分宜电厂西进厂公路改造工程:全长3.7千米,投资1100万元。施工单位于7月份进场,已完成前期护坡工程和征地拆迁工作与土石方工程,正在进行路面铺设。洋江、操场、钤山3个乡(镇)五级客运站也已完成立项工作,正在紧张的施工阶段。全县规划的76个客运沿线招呼站已完成42个,极大地改善了农民群众的出行乘车条件。

运输管理。全年共完成客运量723万人次,旅客周转量5962.8万人千米;完成货运量783万吨,货物周转量16892万吨千米。维护客运市场秩序,开展专项整治行动,依法取缔了686辆非法营运的黄包车、二轮、三轮摩的。并对无证经营,超范围类别经营和宰客、甩客等违法行为进行了严厉打击,查处了违规车辆258辆,“黑的”25辆。全年引进外资500多万元,成立了春晖出租车有限公司,投入70辆崭新的出租车在城区运营,确保城区居民出行便捷、舒适、安全。全年共完成规费征收任务342万元,与上年同比增长43.96%,占全年规费征收任务的144.54%。其中,摩托车规费征收102万元。

安全生产管理。坚持“安全第一,预防为主,综合治理”的方针,以水上运输建立长效管理机制,道路运输实行“三关一监督”,运输企业以全面落实安全生产责任制为重点,一级抓一级,层层抓落实,至年底,全市渡运安全已实现25年无大小事故。运输安全管理逐步向科学迈进,全县建立了2个GPS监控平台,6辆大型客车安装了行车记录仪,所有的维修厂家都安装了维修监控摄像头,运政部门实行远程实时监控,严厉打击各类违法违规的经营行为。

精神文明建设方面。分宜县交通局党委严格按照“提高整体素质,加强执政能力建设”,重视人才培训教育,努力提高职工综合素质。以民主评议政风行风为契机,积极组织干部、职工开展机关作风建设活动,广大干部、职工加深了岗位认识,增加了工作干劲,工作效率大大提高。

(分宜县交通局　辛　鹏)

渝　水　区

2008年,渝水区交通局坚持以党的十七大精神为指导,深入贯彻落实科学发展观,紧紧围绕渝水区委提出的“12311”目标,以开展项目推进年和作风整顿年活动为契机,加快交通基础设施建设,强化道路运输行业管理,加强水上渡运安全监管,优化政风行风环境,扎实推进各项工作,为助推渝水经济发展新跨越作出了新贡献。

以项目为抓手,狠抓公路建设。一是突出抓好创业大道、大一路、霞江大道等工业园区道路和珠易公路等出区通道公路建设,采取班子成员分工负责、常驻工地、跟班作业、现场监管等办法,狠抓项目管理,及时协调解决施工过程中遇到的问题,确保工程建设有序推进,工业平台交通环境和出区公路网络得到进一步完善。二是继续加快农村水泥路建设,全年共争取农村公路改造项目77个,改造里程56.13千米,争取通乡公路计划22.4千米。全年公路建设累计完成投资1.17亿元。

以创新为手段,加强行业管理。全年共完成招呼站建设16个,全区招呼站总数达106个;完成鹄山、人和2个客运站建设,全区乡(镇)客运站总数达8个。全区拥有货运企业54家,其中,新增货运企业11家,又其中,外资货运企业34家,内资货运企业20家;全区货运车辆总数6276辆,新增1761辆,其中,营运货车4650辆,农用车1626辆,分别比上年增长45.8%和27.5%,货运车辆总吨位28302.5吨,新增运力吨位8200.5吨。全区拥有一类维修企业6家,二类维修企业14家,三类维修业户110家;二类汽车驾驶培训学校2所。拥有客运公司4个,城乡公交公司2个,客运车队2个,个体客运业户2户。全区客运车辆127辆(含城乡公交车18辆),班线64条,日发班次476班。全年完成客运量693.88万人次,旅客周转量13886.73万人千米,同比分别增长10%;完成货运量644.3万吨,货物周转量16772.2万吨千米,同比分别增长25%。

以源头为重点,强化安全监管。一是针对年初历史罕见的冰冻灾害对公路、桥梁造成的损害,组织开展公路质量隐患排查和危桥险段专项整治。二是加强对客运站、渡口、危货运输等重点站场、运输车辆和关键环节的安全监管,消除事故隐患。三是组织开展了"安全生产月"等主题活动,普及安全法律,提高全民安全意识。四是举办渡工、渡管干部业务培训班,并组织参学人员实地参观,进一步提高渡工的技能操作水平和渡管人员的安全意识。五是加强制度建设,进一步完善渡口、渡船安全管理与隐患跟踪管理等8项制度以及渡口渡船安全管理应急预案等。六是开展水上交通安全百日督查专项行动,及时排查安全隐患2起,为迎接奥运会创造了良好的交通安全环境,实现了全区水上安全渡运连续22年无重大责任事故。

以行风评议为契机,重塑机关形象。深入开展机关作风整顿年活动,通过进一步完善各项规章制度,整顿机关作风,重塑政风行风,树立学习型、服务型、效能型机关新形象。探索建立了机关管理的长效机制,先后修订和完善了《渝水区交通局领导干部廉洁自律制度》等8项规章制度,优化政务环境。积极抓好党建和精神文明建设,认真开展民主评议政风行风活动。招商引资、党建、计划生育、交通战备、社会治安综合治理等工作全面协调发展。渝水区交通局荣获"2008年新余市民主评议政风行风活动"先进单位称号。

(渝水区交通局　廖振峰　王志勇)

仙女湖区

2008年,仙女湖区交通局坚持以邓小平理论和"三个代表"重要思想为指导,以科学发展观为统领,以"惠民富民、改善民生"为落脚点,紧紧围绕推进交通"三个服务"工作重点,与时俱进,开拓创新,圆满地完成了各项工作任务。

1. 交通基础设施建设取得新进展。一是农村公路建设好中求快。全年争取到农村公路计划共43千米,其中,国债项目10千米,交通运输部县通乡公路项目33千米。至年底,国改项目建设已全部完成,县通乡公路项目进入施工图勘察设计阶段。二是撤渡改桥工作进展顺利。划江大桥和凤凰湾大桥建设已顺利完工,并于年底通过新余市交通局验收,顺利投入使用。三是重点工程建设紧锣密鼓进行。重点工程项目环湖公路已完成沿线征地、拆迁工作,确保了路基工程施工顺利开展。到12月底,路基土石方累计完成229.63万立方米,占总量的81%;排水工程累计完成10648延米,占总量的35.2%;圬工防护工程累计完成4419立方米,占总量的26%;盖板涵累计完成36道,占总量的100%(其余盖板涵均变更为圆管涵);圆管涵累计完成100道,占总量的74%;一、二标段正在抓紧时间摊铺路面。四是抓好农村客运站(场)和候车亭建设。向上级争取候车亭建设项目26个,争取建设资金26万元。各项目建设全部完工,待新余市交通局验收后可投入使用。九龙五级客运站已通过上级有关部门验收。全区农村客运通达率达96%,为方便群众出行提供了有力保障。

2. 交通行业管理成效显著。一是着力清理整顿机动车维修市场。组织有关人员对机动车维修市场进行了全面摸底排查,开展机动车维修行业专项整治工作,对未经许可擅自从事机动车维修经营的,符合开业条件的,责令其办理相关手续,不符合开业条件的责令其停业整顿,切实规范维修业户经营行为,提高机动车维修业户内部管理水平,通过引导,全区汽车维修业步入了良性循环,提高了工作效率和经济效益。二是规范水运、渡口行业管理。定期组织检查,提高防患意识,严格落实月检查制度。在重大节假日安排乡(镇)、村干部到渡口值班,共查处2艘因救生设施配备不齐的渡船,并下达停航通知书。因汛期水流量大责令停航2次,有效防止了安全隐患的发生。三是组织开展了"水运运量普查"、"渡运运量普查"、"港口普查"、"公路运量普查"等工作。5月份组织人员参加全国公路、水路运输量普查培训工作,水路、渡运普查工作采取在每个渡口安排1名村干部蹲点记录,每周抽1个工作日、1个节假日全天候记录。游船客运普查采取每名工作人员负责10艘客船进行跟踪的方式实地记录,月底整理审核后统一上报,11月份,开展"公路运量普查”工作。全区水路运量普查工作已顺利完成,得到了市交通局的好评。

3. 交通安全生产形势稳定。制定了《2008年仙女湖区交通系统安全工作要点》,并将安全生产任务分解下发到运管、港航、公路等部门。4月份,组织开展了“安全隐患排查整治年”和“百日安全督查”活动。6月份,开展了“安全生产月”活动。6月中旬,开展了水上救生演练。各项活动取得了明显成效,为确保该区交通安全形势平稳奠定了基础。

4. 民主评议政风行风有序展开。按照《仙女湖区民主评议政风行风工作实施方案》的要求,成立了民主评议政风行风工作领导小组,召开了动员大会,通过宣传发动、自查自纠、整改落实等阶段的评议工作,发放调查问卷,走访座谈,对收集的意见和建议,逐条梳理和整改,提高工作作风,全区交通系统政风行风建设明显增强。开展机关干部作风集中整治活动,紧紧围绕“优化机关作风、完善工作机制、提高服务效能、实现加快发展”这一目标,紧密结合当前开展的各项工作,对照学习讨论、查找问题,深化知识、集中整顿和建章立制、提高认识。由于高度重视、目标明确、措施得力,督查到位,全局干部作风集中整顿活动取得了比较明显的成果,机关作风明显好转。

(仙女湖区交通局　廖桂花)

新余经济开发区

2008年,新余经济开发区交通局深入贯彻科学发展观,按照转变发展方式、调整交通结构、注重推进创新、强化行业管理、促进又好又快发展的总体工作要求,各项交通工作进展顺利,较好地完成了全年目标工作任务。

交通基础设施建设继续保持较快发展。农村公路建设:开发区农村公路建设继续按照“三个服务”的要求,在确保建设进度、质量的前提下,继续稳步向前推进。全年共完成通乡国债项目11个,建设里程7.63千米,完成投资152.6万元。至2008年末,全区农村公路硬化里程219.6千米,农村公路硬化率62%,全区350个自然村已有218个通水泥路,通水泥路的自然村达62.2%。渡口改渡建桥项目:“十一五”期间,全区共计划实施渡口改渡建桥项目4个。水西镇潭隅大桥于2008年8月30日破土动工,长约200延米,宽5.5米,截至年底,已完成桥梁下部结构,完成投资约200万元,其他3个项目(桥口大桥、彭家大桥、陈家大桥)正在按照工程建设程序抓紧进行各项前期工作,年底前已确定项目工程的设计单位。

道路运输业继续保持良好的发展态势。2008年,全区客、货运输呈现良好的发展态势。为挖掘客运潜力,提高客运服务质量,强化意识,区交通局督促新马客运公司对废旧班线车辆进行更新,共更新3车辆班车进行营运。认真落实农村公路客运经营的优惠政策,发放客运补贴资金18万元。全年完成客运量36.5万人次,旅客周转量292万人千米,同比增长21.6%;道路货运业发展态势喜人,新增货运企业2家,全区营运货车550辆,全年完成货运量628万吨,货物周转量19941万吨千米,同比增长31%。

规费征收持续稳定增长。区交通局征费人员在征费工作中,努力克服各种征费困难,不断加大依法征费稽查力度,发扬团结协作,吃苦耐劳的精神,全年共完成规费征收172万元,同比增长25%。

交通运输安全继续保持平稳。按照“谁主管、谁负责”的原则,切实加强交通安全工作的组织领导,成立了以单位主管为第一责任人的安全领导小组,各级部门、单位安全组织制度健全,安全责任明确。为切实加强交通安全责任管理,区交通局对全区交通安全责任逐级进行了分解,层层签订了安全生产责任状。同时加强安全生产动态管理,组织经常性的安全工作监督检查,认真做好安全隐患排查工作,坚持从源头上消除安全事故隐患。全年共投入13万元资金对渡口船舶、道路交通安全设施及时进行了修复。在抗击冰雪灾害天气的斗争中,为确保全区道路交通安全畅通,全局共组织清理道路冰雪人员265人次,动用清理道路冰雪的各种机械车辆21辆,投入清理冰雪经费12万元。全年交通安全保持平稳,确保无重大水上、道路交通事故的发生。

继续加强民主评议政风行风工作。区交通局围绕建设法治型、服务型、责任型、效能型的部门和行业,构建和谐交通,大力开展了政风行风民主评议工作,组织召开了民主评议政风行风动员大会,广泛发动宣传工作。围绕重点、热点、难点,以及群众关心的问题,广泛面向社会征求意见,开展自查自纠。针对征求意见、自查自纠发现的问题,及时进行整改,并建立了政风行风建设的长效机制,通过民主评议政风行风工作,进一步转变了区局全体成员的工作作风,提高了全系统的工作效率,强化了全系统干部、职工的服务意识。

(新余经济开发区交通局 钟永清)

仰天岗区

2008年,仰天岗区交通工作坚持以邓小平理论、"三个代表"重要思想和科学发展观为指导,以党的十七大精神为指针,紧紧围绕仰天岗区的保护与开发、建设生态新城区的奋斗目标,团结拼搏,艰苦创业,各项交通事业得到良好的发展,为推动仰天岗区经济又好又快发展作出了积极贡献。

交通基础建设。一是加快农村公路建设。全区共完成农村公路建设里程10.138千米。所辖港背村、孝头村,原属渝水区管辖的偏远山村,经济欠发达,交通设施基础薄弱。为切实改善农村交通条件,加快仰天岗地区的经济发展,已完成港背下竹山至孝头贯背段长3.4千米、宽5米公路和港背迎江至湖陂铁山段长4.3千米、宽5米公路的项目申报等前期工作。正在建设中的仙来隧道是连接孝头村委和应星村委的交通要道。二是做好辖区4个行政村农村公路客运候车亭的规划建设,共完成农村公路客运8个候车亭的建设任务。三是仰天岗城区道路网络建设,完成连接仙来大道西延段长6.2千米、宽50米(包括523米的仙来隧道修建)公路建设;完成连接北湖西路长1.2千米、宽36米公路建设;完成仰天岗大道西延段油路长4.6千米、宽52米公路建设;完成仰天岗森林公园消防通道长9.8千米、宽7.5米公路建设。按照全市造林绿化"一大四小"工程及创建国家森林城市工作要求,制定了造林绿化"一大四小"工程实施方案。农村公路10.138千米造林绿化任务全面完成,消防通道9.8千米全部进行了绿化,仰天岗大道西延段4.6千米油路按照新余市城区道路标准绿化到位。

安全生产管理。认真贯彻落实"安全第一,预防为主"的方针,按照交通运输安全管理规定,成立了安全工作领导小组,按照"谁主管、谁负责"的原则,建立安全生产负责制,及时采取防范措施排除安全隐患。通往孝头盘山公路,因山高路陡,弯道多,在路边放置一排交通安全标识墩,在拐弯处悬挂安全提醒牌等。

精神文明建设。深入开展创建文明单位活动,努力打造文明和谐交通。重视人才培训教育,努力提高干部队伍综合素质。开展法制教育、职业道德教育和理论知识学习,提高工作效率。树立爱岗敬业的思想,加快精神文明建设步伐。

(仰天岗区交通局 黎仁珠)

鹰 潭 市

2008年,鹰潭市交通局在鹰潭市委、市政府的正确领导下,坚持科学发展观为统领,战胜冰雪与"5·12"四川汶川地震两大自然灾害造成的不利影响,胜利完成"奥运年"的各项任务,全市交通事业取得前所未有的大发展。

1. 交通基础设施建设与公路养护。重点工程建设:鹰瑞高速公路在鹰潭市境内全长14.67千米,征地面积90.31公顷,拆迁房屋7999.1平方米,涉及4个乡(镇、场),投资3.6亿元,预期2010年12月全部竣工。2008年2月19日,鹰瑞高速公路征地拆迁动员大会召开,会后,市交通局成立了征拆协调机构,在征拆工作中,县、乡、村有关单位通力协作、扎实工作,克服征地拆迁工作中的重重困难,组织人员及时开展确定地类、面积和拆迁物类型,及时化解矛盾。到年底为止,除个别问题外,均与被征地拆迁单位(个人)签订了征地拆迁协议书,兑现了征拆补偿资金,绝大部分土地已交付,工程已于3月份全面开工建设。206国道鹰潭市境内一级主干道改造项目2007年6月底开工,路基宽23米,设计行车时速80千米/小时,到2008年7月中旬,已全线完成。贵溪至西排国防战备公路于2005年6月开始动工,工程历时3年,到2008年已接受尾声;工程分A、B、C、D四段进行实施,其中,A、B、C段已经竣工,D段20.76千米已完成路基土石方95%,路面硬化6千米,预计2009年6月可全线竣工。农村公路建设:2008年,全市农村公路建设计划项目共559.5千米,其中,2007年通达追加项目112.84千米,2008年国家农村公路改造工程124.7千米,2008年通达工程42千米,新农村改路项目280千米。至年底,累计完成农村公路水泥路建设559.5千米;全市34个乡(镇)、370个行政村100%通水泥路(油路),提前两年在全省率先实现行政村村村通水泥路(油路)目标。渡改桥项目1982.8延米/11座。完成渡改桥项目676延米/3座,在建579延米/4座,另有585.8延米/3座渡改桥项目完成前期工作,取消项目142延米/1座(段家桥)。农村客运站、亭建设:2008年,新建乡(镇)客运站13个,新建农村客运候车亭120个。至年末,全市共有农村汽车客运站20个,农村客运候车亭230个。公路养护:全市县、乡公路养护里程724.46千米,计73条(段)。按行政级别分:县道267.88千米/17条;乡道456.68千米/56条。鹰潭市积极探索新时期农村公路养护管理手段,树立"建设是发展,养护管理也是发展"的思想理念,建立了较为完善的农村公路养护目标和公路率检查、考核、奖罚机制,实行"村民自治养护、运营业主养护、受益单位养护、打捆竞捐经营养护、投资自建自营自养、农村投工季节性养护、专业队伍承包养护"等多种模式,科学统筹了养护力量,提高了农村公路的养护效率,使农村公路养护管理逐年走向有组织、有机构、有专人、有资金、有保障的新阶段。2008年,全市农村公路养护好路率达到了86%。

2. 交通运输发展大物流。道路客货运输:2008年,全市拥有客运车辆1084辆、计15270座;拥有货运车辆3709辆、计11660吨位。客运班线141条,日均发班车1098个班次。全年共完成客运量1118万人次,旅客周转量58063万人千米;货运量1261万吨,货物周转量57130万吨千米。按照省交通厅运管局要求,全市营运车辆实现GPS安装率达97%,车辆在线率达80.5%,监控平台在线率达86%。按照市委、市政府提出的"四大一新"发展战略和"发展大物流,做大做强物流产业"的总体思路,鹰潭市交通系统以"人人是招商形象,人人是招商载体"为招商引车口号,加大招商力度,采取全员参与机制,将招商任务层层分解,形成人人都有招商任务,人人都有招商职责的大招商体系。2008年,全局共引进物流企业17家,其中,规模以上企业13家,总计完成招商引车3093吨,车辆420辆,占任务的103.%。全年先后引进中联物流(中国)有限公司、南京太阳升运输集团公司、鹰潭市安顺物流有限公司、景德镇日升物流有限公司、鹰潭市顺利物流有限公司、鹰潭市永强、信江、新华、会朋等9家物流企业。对于引进来的物流企业,市交通管理部门不断加大工作力度,招来一家,安置一家,每家都有人跟踪,每家都有人服务,使他们真正感受到鹰潭是发展物流产业的"政策盆地"。结合鹰潭实际情况,市交通局正积极筹建200公顷规模的鹰潭市物流园区。园区建设将分期进行,第一期工程已经启动。水上运输:2008年,全市共有船舶297艘,载客量1161客位;载重量6955吨。其中,国有运输企业68艘/1161客位,其他运输企业229艘/6955载重吨。航线1条。全市完成客运量38.8万人次,旅客周转量272万人千米;完成货运量238.1万吨,货物周转量2994万吨千米。十一黄金周期间,全市共投入客船125艘/2216客位,全市共运送旅客5.9万余人。

3. 抗震救灾保畅通。1月中旬,鹰潭市出现持续低温、雨雪和冰冻天气,持续时间之长,范围之广,强度之大,灾害之严重,为鹰潭市历史罕见。全市交通干线特别是高速公路多次严重受阻,旅客大量滞留,公路设施遭受重大损坏。其中,损坏路面52千米,砂石路因冻后翻浆损坏约90千米,桥栏因路滑车撞损坏8处,路基、护坡塌方5.4万立方/35处,道班房压塌9间,施工棚压塌2座,候车亭压塌5座,人行浮桥冲毁1座。给全市交通运输带来的直接经济损失预计高达6700多万元。在市委、市政府的坚强领导下，全局紧急动员，迅速部署，采取一切有效措施，全力以赴抗冰雪保交通。一是行动迅速，积极应对。迅速启动应急机制，成立了应急保障交通安全畅通工作领导小组，24小时轮班值守，把抗冻保通工作作为当时压倒一切的中心工作来抓。二是领导身先士卒，统一指挥和调度。局领导从1月28日起连续4天奋战在抗雪救灾第一线，统一指挥调度，确保抗雪救灾工作顺利进行。三是措施到位，没有发生交通安全事故。共投入抗雪救灾资金141万元，共调用应急运力60余辆次，运送抗灾人员900余人次，运输棉被800床、铺麻袋及草袋18000只，洒工业用盐12.5吨，出动机械设备80台套，出动人工10000多个工作日，为全市抗冻救灾工作提供了坚实的交通运输保障。2008年“5·12”汶川大地震，牵动了鹰潭交通战线全体干部、职工的心。当地震噩耗传来，全系统立即行动起来，捐钱捐物，向灾区人民献上一份爱心，而且精心组织，确保赈灾自愿者队伍和救灾物资的安全运送，顺利地完成了抗震救灾任务。市运管处还被评为全省交通系统抗灾救灾先进集体。

4. 行业管理与规费征收。2008年，开展了公路、水路运输量调查，成立了专门机构，举办了“行风热线”，积极推行行政审批制度改革，简化审批程序，推行“一站式”服务。在防止公路“三乱”反弹、加强交通安全监管方面，坚持“安全第一、预防为主”的方针，全面落实各级安全生产责任，加强安全知识培训和宣传教育工作，认真开展了交通客货运输、危货运输、乡(镇)船舶“三项专项整顿”活动，对全市18个运输企业和9家施工企业进行了安全生产监管，对道路危货运输企业资质、车辆、技术状况、从业人员资格、企业安全生产制度和应急预案等方面进行了专项检查，对查出的安全生产隐患，下达限期整改通知书，落实整改措施。加强公路重点路段的养护和危桥加固维修，加强建设养护中的安全施工、文明施工，确保公路、水路安全畅通。2008年，全市依法开展了规费征收工作，严格按上级核定的费项和标准，加大稽征力度，完善费收基础工作，培植费源，应征不漏。全年共完成公路运管费征收526万元，拖养费征收88万元，重点建设基金征收158万元，客货附加费征收35万元，航运管理费征收13.3万元。

5. 党建工作与精神文明建设。通过内强素质，外树形象，干部队伍素质显著提高。一是扎实开展民主评议政风行风工作，实现改善行业风气、加强基层管理、服务人民群众、推进交通又好又快发展的目标。二是开展“领导干部作风建设年”活动，重点改进领导干部的思想作风、学风、工作作风、领导作风、生活作风等五个方面，全局实行挂牌上岗。三是开展创建学习型支部、深化“三项创建”等活动，加强交通战备、信访、社会治安综合治理、老干部以及机关后勤服务等工作，交通综治工作继续实现“四无”目标；信访工作得到进一步加强，确保系统的稳定；人大建议、政协提案高质量办理完毕。计划生育工作继续做到了无计划外生育和“三无一好”。包村工作受到好评等。四是创新载体，开展多种形式主题实践活动。为了把文明创建工作深入到每个工作环节之中，局党委在全市交通行业开展了“文明公交车”、“文明班线车”、“星级出租车”、“文明样板路”、“文明服务窗口”、“文明渡口”等创建活动。组织公交行业率先实行对现役军人、军队离退休干部和革命伤残军人一律凭本人有效证件免费乘坐公交车。在汽车站专门设立了军人候车室和军人售票窗口，受到了驻军和过往军人的一致好评。组织发起了“迎奥运、备省运、文明新风伴我行”暨“2008高考爱心车队”免费接送考生活动，全市交通行业文明得到整体提升。

(鹰潭市交通局)

贵　溪　市

2008年，贵溪市交通局在省交通厅和鹰潭市委、市政府的坚强领导下，解决思想、借力乘势，凝聚政府、部门、农民、社会四股力量，抓住规划、建设、养护、配套四个环节，落实政策、资金、技术、监督四项措施，农村公路建设和全年各项工作取得快速发展。

农村公路和交通基础设施建设。2003～2008年，共争取上级配套资金1.76亿元，累计投资4.8亿元，共改建公路1450千米，其中，2008年新增648.83千米，全市硬化公路总里程达2110.83

千米。全市194个行政村全部完成路面硬化,通村率达100%,提前实现全市"村村通"目标。全年新建金屯、文坊、雷溪3个乡(镇)风格各异的客运站和19个候车亭。在白田、泗沥、河潭、志光、鸿塘等乡(镇)共建候车亭60个。全市已建成候车亭92个、乡(镇)客运站5个,塘湾、文坊、樟坪客运站仍在建设中。

道路运输健康有序发展。2008年,全市共开通农村客运班线41条,营运客车136辆、计2584座位,日均发班车544班次。全市21个乡(镇)客运班车通达率为100%,194个行政村中131个行政村通客运班车,通车率达67.53%。全市开通市际以上客运班线4条,已基本构成长短结合、功能齐全、多种形式的道路运输网络。全市拥有出租汽车公司2家,共有出租车138辆;公交公司3家,公交车42辆,计32个标台;旅游大巴3辆。全年共完成客运量405万人次,旅客周转量19600万人千米;完成货运量660万吨,货物周转量34100万吨千米。1月中旬,全市遭遇冰雪灾害袭击,全局紧急行动,所有干部、职工连续4昼夜奋战在抗冻救灾第一线,共出动人员400人次,调用应急车辆1942辆次,运送滞留旅客2万人次、抗灾人员300人次,运输物资50余吨,为全市抗冻救灾工作提供了坚实的交通运输保障。4月中旬,九牛滩水轮泵站大坝南端干砌坝出现险情,市交通局迅速组织抗洪抢险应急保畅通突击队,组织抢险车辆1600辆次,运输物资9000余吨,组织3个工程队抢修道路10余千米,在第一时间恢复交通,保证抢险物资连续不断地运送抢险第一线。积极推进农村公路客运网络建设,不断减化农村客运班线审批手续,减免农村客运班线有关规费,通过出台农村客运班线优惠政策,确保农村"有路就通车",保证农村客运班线"开得通、留得住"。方便快捷的客运网络为农村经济发展带来了新的契机,村民充分利用公路客运网络将物资、信息和致富门路带进家门,并因地制宜地发展起特色产业,使乡村公路真正成为农民致富的"快车道"。至2008年末,全市已形成雷竹、莲藕、蔬菜等特色农产品基地90多个。

水上交通安全畅通无阻。贵溪市有渡口30多个,渡船56艘,运输安全任务艰巨。2008年,全局始终坚持"预防为主、安全第一"的方针,自上而下健全安全生产组织与管理机制,将安全生产列入各项工作议程。对渡管员、渡运员、乘运员都有规章,以章管人,按章办事,违章必究。在安全生产的决策、分解、监控、考核等环节狠下功夫,强化内部管理,将安全生产管理渗入各项工作中。成立了一支由12名退伍兵组成的水政稽查中队,提高快速反应能力和战斗力,连续45年实现水上交通运输安全无事故。

精神文明建设有声有色。"5·12"四川汶川地震灾情发生后,贵溪市交通局全体干部、职工积极响应市委、市政府的号召,踊跃捐款献爱心,向灾区人民伸出援助之手,共捐款12000元,贵溪市交通局党委向灾区人民捐款3000元,全体党员交纳"特殊党费" 21855.12元。为庆祝"三八"国际劳动妇女节,市交通局精心组织,开展一系列丰富多彩的庆祝活动。一是组织30多名女职工深入一线工地开展"植树造林,绿化公路"活动。二是开展妇女身体健康检查活动。三是组织女职工开展挤气球、套圈、甩扑克等健康益智的文体活动。"奥运"期间,开展"迎奥运,树交通形象,创行业特色"活动,争做奥运文明使者。活动以"主动服务,让企业满意;优质服务,让纳税人满意;高效服务,让基层满意;真心服务,让群众满意"为主题,自2008年7月份开始至12月份结束。积极办理政协委员提案,贵溪市河潭镇饶家村原来没有班车,村民出行不便。在市交通局的大力帮助下,7月份建成1条长5.5千米的水泥路。

(贵溪市交通局)

余　江　县

1. 农村公路建设飞速发展。2008年,全县新建农村公路96.3千米,全面完成年度建设任务,全县行政村通路率达100%。在公路养护方面,由县交通局管养的226.5千米县、乡公路,平均好路率达80%以上。鹰瑞高速公路是国家重点建设项目,在余江县境内14.6千米。在征地拆迁过程中,涉及2个乡(镇)1个农垦场。县交通局成立了鹰瑞高速征地拆迁协调办公室,积极配合政府协调办和施工单位工作,主要领导亲自抓,1名副职公路站长具体抓,并层层落实责任制。在刘垦2个猪场涉及补偿费用产生分歧时,协调办召集人员深入农户调查核实,把政策和规定宣传到位,近30多次的细致说教协调,使农户感到自身利益未受损害,支持国家重点建设。在施工过程中,有些地段在补偿经费一时没有到位的情况下,出现阻工现象,协调人员积极组织人员到现场调解,并主动到有关部门协调,使补偿经费到位,从而使工程进展顺利。鹰瑞高速共征用耕地31公顷,旱地2.6公顷,村地48.06公顷,拆迁房屋与猪场6000多平方米。共调处纠纷150多次,化解阻工事件5次。征地拆迁工作已基本结束,施工单位已开始紧张施工。积极争取省、市的支持,投入大量资金用于农村客运站建设。新建潢溪、马荃2个客运站,杨溪、刘垦、中童、画桥4个客运站已在积极筹备建设和正在施工中。

2. 交通运输平稳发展。2008年,全县共有客车128辆、货车965辆。全年完成客运量231万人次;旅客周转量5824万人千米,货运量786万吨,货物周转量21600万吨千米。"春运"期,百年一遇的雨雪冰冻灾害给"春运"工作带来了新的难题,为保证安全,运管人员从思想上、认识上高度警惕,层层分工,责任到人,保证24小时有人值班。在雨雪冰冻期间,为确保交通安全畅通,县交通局运管路政全体人员上路铲雪破冰,设立警示牌,投放防冻麻袋3000条,撒放解冻工业用盐5吨。在1万多名旅客被阻在余江火车站的危急情况下,全局在第一时间组织人员奔赴现场,协助有关部门出动车辆13辆次,确保旅客的衣食需要,稳定他们的情绪,成功地运送了旅客到达目的地。整个"春运"期间发送旅客班车6000多辆次,共运送旅客22万人次,发送货车2000多辆次,运输货物8000多吨。全年新增2条农村客运班线,1条是余江至罗坪,1条是余江至毕村。根据市场需要,积极招商引车,共审批、引进物流企业6家,增加运力800吨。

3. 职工教育与精神文明建设。县交通局认真贯彻"两手抓,两手都要硬"的方针,扎实有效地开展了干部、职工教育活动,坚持以人为本,加大新时期思想政治工作和创建文明行业工作力度,不仅机关事业单位思想作风有了转变,而且有力地推进了交通事业的快速发展。县交通局在思想政治工作方面,重点抓了"五个突出,一个注重",即:突出思想教育、突出班子建设、突出为干部职工办实事、突出文明行业创建、突出干部、职工素质的提高;注重增强思想政治工作的实效性。做到把创建活动与行业管理、特点和要求结合起来,一是认真组织干部、职工学习党的十七大精神。二是开展全局性的政风行风评议活动,广泛征求社会各界对交通事业发展的意见和建议。三是开展廉政教育,要求班子严于律己,率先垂范,带头讲正气,教育干部、职工自觉遵守反腐倡廉的各项制度和规定,做廉洁自律的模范。通过教育和学习,较好地增强了交通干部的文明意识、服务意识和廉政意识。

(余江县交通局)

龙虎山风景旅游区

2008年,龙虎山风景旅游区交通局认真贯彻落实党的十七大精神,坚持以"三个代表"重要思想为指导,坚持科学发展观,求真务实,与时俱进,开拓创新,较好地完成了各项任务,有力推动了景区交通旅游经济的发展。

加快交通基础设施建设的步伐。一是根据景区旅游发展规划,申报立项建设九曲洲旅游码头。二是动工兴建沙湾大桥,全长205延米,投资320万元。三是全面动工兴建龙虎山游客中心至九曲洲码头的旅游道路,全长9.18千米,其中,隧道355米,投资2600万元,2008年11月24日招投标,由鹰潭市公路工程公司中标承建。11月28日正式开工建设。四是积极争取农村公路项目建设资金,加快农村公路建设,使景区公路网络不断完善。五是加强农村公路建设质量监控。对全区在建农村公路、桥梁进行巡查督导,检查工程进度、督办工程质量,沟通思想,跟踪分析解决建设中的难题,对施工中的技术问题给予指导。六是加强公路养护和安全监管。对全区的危桥、险路进行了深入细致的调查,对存在的安全隐患路、桥进行仔细测量,摸准第一手资料,对危险路、桥设立警示标志。从源头上抓质量促养护。

进一步规范运输市场秩序。为适应旅游发展的需要,景区交通局加大对景区运输市场秩序的监管。一是严厉打击运输市场非法经营和违规经营行为,多次联合公安等执法部门开展集中打击"无证经营"、"超载超速"、"三轮车非法载客"专项治理活动,景区的道路运输市场秩序得到明显改善。二是加强客运市场的监管,规范客运市场经营行为,提高从业人员的素质和服务质量,要求运输业户及时更新客运车辆,确保旅游交通运输的需要。三是狠抓规费征收工作,在"费改税"即将实行、费源减少的不利因素下,通过加强规费征收的管理,做到规费征收应征不漏,确保规费征收任务的完成。至年末,全景区拥有客车28辆,其中,大巴11辆,中巴17辆;拥有货车19辆,其中,50吨货车2辆,小货车17辆。

加强交通安全监管,构建和谐平安交通。始终贯彻落实"安全第一,预防为主"的方针,坚持以人为本,牢固树立"安全责任重于泰山"的安全观。一是在港航渡口安全管理方面,层层签订目标责任状,强化安全责任制管理,加强安全检查与督促,从而提高了责任单位责任人的安全责任感,并投入资金对桂洲、仙水岩、沙湾渡船进行木质渡船改钢质渡船,对桂洲码头进行维修。二是对旅游客运从源头抓起,加强对司、乘人员的教育与培训,建立健全了各项安全管理制度,在节假日、旅游黄金周、"春运"期间,安排人员在候车站值班,杜绝"病车"上路和超载、超速现象。三是建立农村公路交通安全和水上交通安全巡查制度。在各乡(镇)成立流动巡查小组,发现隐患,及时上报,实现景区、乡(镇)村三级联防机制,消除路桥和水上交通安全隐患。四是加强了工程施工安全的监督,要求施工企业规范操作、按章施工。通过坚持防范与管理并重、制定制度与检查相结合的原则,景区的交通实现了安全无事故。

着力打造服务型交通形象。为树立景区交通良好形象,景区交通局立足实际,"以做负责的部门,做负责的行业"为主题,加强政风行风建设。通过"立足实际抓服务,建立制度促服务,狠抓整改强服务"三个方面提升行业形象,着力打造服务型交通形象,建立投诉责任追究制度,严把案件投诉关,不断增强交通执法人员的法制观念和服务意识。

(龙虎山风景旅游区交通局)

赣 州 市

赣州市是江西省最大的设区市,位于赣江上游,江西省的南部,简称"赣南"。土地面积39379.64平方千米,占全省总面积的23.6%,踞赣、闽、粤、湘之要冲。赣州市下辖1区、2市、15个县和1个县级开发区。即:章贡区、赣州经济技术开发区、南康市、瑞金市、赣县、信丰县、大余县、上犹县、崇义县、安远县、龙南县、全南县、定南县、宁都县、兴国县、会昌县、于都县、寻乌县、石城县。全市乡(镇)数283个,行政村3475个。人口888.95万人。

赣州市主干道公路现状:现有公路通车里程25126.45千米,其中,高速公路4条,里程为255.5千米,即:赣定线126.86千米,泰赣线60千米,赣大线56.65千米,厦蓉高速城西段12千米。由赣州市公路管理局管养的市养公路67条,里程2639.3千米。其中,按行政等级分:国道4条、共929.99千米,省道14条、共1101.86千米,县道28条、共564.55千米,乡道4条、共6.45千米;专用线路4条、共35.29千米;村道1.21千米。按技术等级分:一级公路203.59千米;二级公路1584.03千米;三级公路553.92千米;四级与等外公路152.38千米。按路面结构分:水泥路1012.6千米;沥青路1262.21千米;沙石路364.44千米。桥梁872座;隧道3道。全市晴雨通车19937.53千米。全市公路、铁路、水路、航空之运输网络完善,"四省通衢"大交通格局基本形成。

2008年,赣州市交通局在赣州市委、市政府的正确领导和省交通厅的关心指导下,全市交通工作以十七大精神为指导,深入贯彻落实科学发展观,紧紧围绕构建赣、粤、闽、湘"四省通衢"的立体交通枢纽工作目标,按照"稳中求进,科学发展,好字优先”工作要求,攻坚克难,真抓实干,交通基础设施建设持续加快,交通运输生产平稳发展,交通“三个服务”的能力和水平得到不断提高,各项工作取得了新的进展。

交通基础设施建设。①重点项目建设:瑞赣高速完成投资47.7亿元,2008年,完成特大桥梁建设、绿化工程、特长隧道建设,全线将在2009年4月正式通车。绕城高速完成投资7.8亿元,鹰瑞高速完成投资16.2亿元,石吉高速完成投资21.1亿元,各个项目进展顺利。新赣州黄金机场竣工并完成校飞任务,赣州市已被列为国家发展支线航空试点城市。赣州通航城市有北京、上海、深圳、重庆、广州、南京、厦门、景德镇、南昌等9个,初步形成一个“米”字形的航空网络。赣韶铁路前期工作进展顺利,计划2009年开工建设,全市将形成“十”字形铁路枢纽。向汕铁路已被纳入国家规划,其建设将使宁都、会昌、寻乌等几个偏僻小县告别没有火车的历史。铁路口岸作业区全面竣工使用,开通赣州至深圳、厦门铁海联运集装箱班列。《赣州港总体规划》已通过市政府审议,争取2009年上报省政府审批并通过。港口建设已完成上犹陡水旅游码头、兴国鼎龙客运码头的建设和会昌汉仙岩旅游码头、赣县攸镇客运码头主体工程的建设。赣州市港航管理部门已开始对赣州市江河流域综合规划(交通篇)进行修编。②农村公路建设:2008年,全市建成农村公路里程3308.2千米。其中,农村公路国改项目完成1883.66千米,新农村通组公路1424.54千米。全年新增374个行政村通水泥路,新增161个行政村通公路,全市行政村通公路率达95.7%,行政村通水泥路率达75.5%。渡改桥项目全市累计完成35座,在建22座,完成工可报告22座,完成初步设计10座,完成施工图设计4座。全市农村公路累计总里程达2.22万千米。

立体运输。赣州市道路运输生产力进一步得到发展,运输运力的投放与运输需求基本趋于合理。全市拥有道路客运一级站1个,二级站23个,三级站17个,四级站37个,五级站7个。2008年,新增农村客运车辆39辆,新增农村客运班线12条。全市已开通农村客运班线578条,拥有农村客运车辆1299辆,计21516座位,年平均日发车3654个班次,行政村客车通达率达81.61%,乡(镇)客车通达率达100%。23个乡(镇)客运站已开工建设,已竣工7个,新建农村客运候车亭411个,全市累计达到759个。基本实现人便于行、货畅其流。在综合运输体系中,道路运输仍占主导地位,道路客、货运输量占全市综合运输总量的比重为84.5和72%。2008年“春运”,共投入客车2808辆,完成旅客运输量529.6489万人次,全市日均投入运力2890辆,日均组织加班运输89辆次,包车运输98辆次。着力发展高速客运,为旅客提供安全、便捷的乘车条件,赣州至香港、澳门、广东、浙江、湖北、上海、湖南等省、市的高速客运网络已基本形成,实现400~500千米内当日往返。发展旅游客运和出租客运,利用全市旅游资源,开辟红色旅游专线。新成立1个旅游公司,新增中、高级旅游客车40辆,全市旅游客车保有量达118辆,全市出租汽车达1118辆。全市18个县(市、区)中,16个县(市、区)成立了出租汽车公司,为节假日旅游提供运力保障。全市拥有班线载客汽车2505辆,拥有载货汽车19731辆,同比分别增长5.54%和20.09%。全年完成客运量5735万人次,完成货运量3970万吨。公交优先发展战略得到有效落实。赣州市中心城区拥有公交车450辆,其中,双层大巴10辆,线路44条,全年营运收入5500多万元,主要经济指标比上年增长11.17%,客运量达5391万人次,比上年增长20.5%,行驶总里程达3000多万千米,比上年增长11.11%,公交发展潜能得到有效挖掘。为加快货运规模化、产业化,赣州以大型商品,农贸市场所在地为重点,积极完善货运网络,着力改善运力结构,调整运输组织,培育大型货物运输企业,利用信息化科技手段,建立了物流信息平台,及时公布物流供求状况,在赣州中心城区成立了赣州市物流中心,新增54家物流企业。全市水路运输市场基本稳定,全年共实现港口吞吐量786.9万吨,其中,出口6万吨,进口780.9万吨;货运量786.9万吨,货物周转量72671万吨千米,客运量101.6万人次,旅客周转量961万人千米;2008年,全市拥有运输船舶962艘,其中,客运船舶110艘、客位3332个,货运船舶848艘、吨位69265吨,油船4艘、吨位18995吨;全市14个县(市、区)设有港口,即:赣州港、会昌港、赣县港、兴国港、于都港、上犹港、南康港、信丰港、龙南港、石城港、宁都港、瑞金港、寻乌港、崇义港,港口泊位总计501个。铁路赣州车务段面对客、货运输市场激烈的竞争,加强对外营销力度,开展客、货运输市场调研,坚持以市场为导向,以优质服务为前提,抓住“春运”、“暑运”和黄金周等有利时机,加强新图宣传,扩大提速调图影响,加快新图与市场对接,使旅客发送量和客票收入均有较大幅度的增长。2008年,共发送旅客964.43万人次,增发141.7万人,同此增长14.7%;货物发送345.4万吨,减发43万吨,同此下降11.1%;运输收入完成6.76亿元,比上年增收1661.5万元,增长2.5%。民航赣州机场全年共保障各类飞行3192架次,顺利实现安全年,也是赣州机场连续实现的第15个安全年。机场通航城市(北京、上海、广州、深圳、厦门、南京、重庆、南昌、景德镇)9个,机场全年累计完成旅客吞吐量120497人次,比上年增长39.7%;累计保障航班3192架次,比上年增加了455%;累计完成货邮810.3吨,比上年增加了191.2%。加快销售网点的铺设,加大市场营销力度和航线效益的跟踪分析工作,在赣州18个县(市)及周边地区设立了22个售票处。与全市20多家企事业单位签订电子客票大客户协议。在完善南航广州中转的基础上,继续完善联航北京中转、东航厦门南京中转、华夏航南昌中转这些航线产品,提高航班客座率,提高机场收益。对各县(市)与邻省各县(市)旅行社实行定时发放团队和散客销售政策。和赣州移动公司合作,建立机场手机短信发布平台,每周定期向客户发布航班信息。与赣州电视台、《赣南日报》、《赣州晚报》、《赣州广播电视报》合作,每天发布赣州机场的航班信息,定期专版宣传机场,18个县(市)电视台和报纸也大量宣传民航。加密了南昌、上海、厦门航线。

运政管理。巩固和完善道路运输市场准入和退出机制,在全行业开展质量信誉考核工作,在全市54所驾校中全面推行IC卡计时管理系统,全市驾培市场管理迈上新台阶。汽车维修业在综合整治中走向规范和兴旺,全市拥有汽车维修企业1776户,比上年增长59户。大力推行GPS监控系统,对营运车客车、危货车实行动态监控。对违规减免车辆通行费的“特权车”、“人情车”进行了清理。继续开展打击道路运输市场非法经营活动,“黑车”经营的势头基本得到遏制,道路运输市场秩序明显好转。赣州市运输企业在经营方式、管理方式、运力结构上实现质的转变,企业公司化经营基本实现。对农村客运经营单位,在自愿的基础上,按照一线一公司、一片一公司的模式组建股份制公司,实行集约化、公司化、规模化经营。全市新组建股份制运输企业21个,新增客运班线全部实行了公司化经营。开展优化公交线网工作,调整中心城区部分公交车线路运行走向,新开通5条公交线路。对70岁以上老年人免费乘车由100路以内扩大到所有线路。加强城市出租汽车管理,成立赣州市出租车汽车管理办公室,在全市交通系统行政执法人员中招考2名工作人员。组建出租车协会党支部,创办协会网站,开展出租车评选“双十佳”等活动。城市出租服务质量得到提高。加强物流体系建设和管理。全市有22个重点物流载体,已有9个竣工,3个正在建设,10个正在筹备。赣州最具影响的开发区物流配送中心已有新的进展。全市物流企业达774户,从业人员45264人,汽车货运企业达251余户,个体工商户14000余户,货运车辆17260辆、50055吨位,仓储配送企业30户,货运代理企业462户,物流园区企业31户。2008年,全市社会物流总额约2493亿元,同比增长23.2%;物流业增加值约55.4亿元,同比增长16.3%。全市水路运输。2008年“春运”,全市共投入水上运力客(渡)船101艘,3500个客位,安全运送旅客12.3万人次,实现了“春运”安全零事故的工作目标。完成水路运输(服务)与港口经营业核查工作。全市共核查水路运输企业6户,个体联户237户,船舶306艘,63176载重吨,819客位,功率25197.4千瓦;港口经营企业55户,均为经营普通货物港口装卸仓储企业。抓好水路运政、港政管理,完成赣州辖区内的江西省水路运输量专项调查工作。依法规范河道采矿权竞拍工作,确保港航规费应征不漏。开展向跨河建桥建设项目征收港航规费工作。已完成前期现场勘察及基本数据资料的普查工作。基本完成《赣州市江河流域综合规划(航运规划)》修编工作,基本完成赣州市水路运输量专项调查工作。开展全市第3次港口普查工作,所取得的基础数据均通过省交通厅航运局的审定。

交通安全。2008年,全局始终围绕贯彻落实“两杜绝、一减少”的任务目标,以构建和谐平安交通为宗旨,以全面实施《中华人民共和国安全生产法》为主线,坚持“安全第一、预防为主”的方针，全面落实安全责任制，从强化水路运输企业安全源头管理、整治各类公路桥梁安全隐患、完善渡口渡船安全管理制度、加快渡船更新和渡改桥步伐、做好防汛抗洪安全保障、开展安全生产教育活动、严格危险物品运输等7个方面入手，扎实开展交通安全管理工作，使全市交通系统安全生产总体形势保持稳定。铁路赣州车务段、民航赣州机场、赣州稽征分局、赣州航务分局等单位的安全管理工作取得显著成效，分别受到各自主管部门的充分肯定和表彰。

规费征收。2008年，全市汽车养路、重建、附加费完成征收3.09亿元，通行费完成征收1.42亿元，市政府分成1.57亿元，同比增长12%；全市摩托车养路费征收完成7800万元，同比增长3%，通过摩托车养路费征收，全市可提供农村公路养护、管理专项资金5153.71万元。完成地方公路运管费征收1900万元，完成拖养费征收1500万元。2008年，江西省交通厅稽查征费局赣州分局坚持好字优先，拓展征收领域服务内容提升规范化管理和标准化建设水平，完善执收分离深化稽征改革，深入推进稽征法治，优化政风行风，巩固诚信和谐征缴关系，“四费”征收再创新高，突破6亿元大关，各项责任目标考核全面达标。

精神文明建设。2008年，全市（驻市）交通系统十分重视精神文明建设，从加强党的建设、惩治和预防腐败体系建设着手，使交通建设领域商业贿赂治理、查处公路“三乱”、清理减免“特权车”、“人情车”车辆通行费，提高服务质量等专项工作深入开展。以民主评议政风行风为契机，开展加强作风效能建设、创群众满意机关的活动，进一步提高交通“三个服务”的能力和水平。重视交通理论宣传报道工作，赣州市交通局机关在地市级以上报纸杂志和新闻媒体用稿近160篇，其中，文字稿近160篇，音像稿140余篇，达到了文字、影像、图片、网络多元化的立体宣传效果。编印了《赣州交通工作简报》41期、《突出践行科学发展观简报》53期、《民评工作简报》20期、《“春运”工作简报》10期、《公路运输量专项调查》10期，局机关宣传栏出刊4期，完成《赣州交通年鉴》（2008年版）的编撰任务。重视全市交通系统干部、职工培训教育工作，全年举办各类业务培训班23期，受训人员达3000余人次。开展突出践行科学发展观学习教育活动，全局3个党委、1个党总支、10个支部、955名党员、740多名党外干部积极投入到学教活动中，学教活动呈现出“规格高、动员广、形式活、载体新、影响大、效果佳”的良好态势，取得良好成果，学教活动得到市委领导的充分肯定。一是与完成年度工作相结合，注重在落实责任中谋发展。二是与确保道路安全畅通相结合，注重在保障发展中求贡献。三是与破解交通难题相结合，注重在解决问题中求进步。四是与构建惩防体系相结合，注重在完善制度中明规范。五是与民主评议行风相结合，注重在服务奉献中树形象。抗击冰雪灾害时期，赣州市交通系统职工冒着严寒在户外作业，清除冰雪和路障，全力保障公路安全畅通。铁路、机场、运管、港航调集大量交通运输工具分流旅客，组织了600多名公路职工赴崇义、信丰等地抗冰保电。赣州市公路管理局被省委、省政府授予“抗冰救灾”先进集体光荣称号。赣州市公路管理局、兴国公路养护公司、虔城公路养护公司被省交通厅评为“抗灾救灾”先进集体。“5·12”汶川大地震后，全市交通系统干部、职工积极捐款捐物，共捐款32.51万元。给灾区送去200件新棉衣、200件新棉被。局直属机关党委以落实科学发展观和加强政风行风建设为主题，组织职工举行多次演讲比赛。局工会工作委员会还在国家法定假日期间，组织职工进行植树、登山、拔河、骑自行车比赛等有利于身心健康的文体活动。积极与章贡区东阳山社区开展创建文明活动，组织党员干部到信丰县农村进行助民劳动和参加章贡区的义务植树活动。2008年，赣州市交通局再次被赣州市委、市政府评为“文明单位”。赣州市公路管理局获全省交通系统“先进单位”称号。民航赣州机场热心社会公益事业，树立企业良好形象，积极参加“赣州市市直、驻市单位干部职工与城乡困难家庭结对活动”和参加赣州市开展的向灾区和困难群众“送温暖献爱心”捐助活动，捐助爱心善款共计3210元。组织员工参加赣州市“无偿献血、爱心之厦”献血月活动。共计献血23人次，献血量为8300毫升。铁路赣州车务段获得江西省第十届“文明单位”。赣州稽征分局有省级文明单位9个，占24%；市级文明单位16个，占44%；国家级青年文明号2个；省级青年文明号7个；全国交通系统“巾帼文明”示范岗1个，全省交通系统文明示范岗2个。赣州航务分局14个基层单位中,获省级文明单位2个,市级文明单位6个,县级文明单位7个,文明单位覆盖率达100%。

其他工作。加强对交通建设市场的监管,进一步规范全市交通建设招投标工作。重视和加强对民航、铁路、海事、稽征等单位的协调,建立沟通协调机制,形成信息沟通、资源共享的交流平台,各行业部门均能按要求通报本单位、本行业重要信息、重大突发事件和经营状况,大交通发展框架日趋巩固完善。国防动员和交通战备工作进一步加强,并取得较好成绩。赣州市交通战备办公室的工作得到了上级军、地国动委、交通战备办公室的肯定和表彰。

(赣州市交通局　杨河良)

章贡区

章贡区地处赣州市中心城区,是赣州市的政治、经济、文化中心和交通枢纽。辖4个街道办事处、6个镇、66个行政村,44个社区居委会和10个镇辖居委会,地域面积425.5平方千米,人口45.6万人。京九铁路穿越章贡区,境内长10千米,赣州火车站地处章贡区沙河镇五里亭。全区有公路66条、全长440.66千米,其中,国道2条、计42.8千米,省道2条、计24.86千米,县道6条、计69千米,乡道15条、计98千米,村道41条、计206千米。

新农村公路建设管养与农村公路客运网络建设。章贡区早在2003年底实现村村通水泥路目标后,就以新农村建设为主线,把农村公路的建设管养与农村公路客运网络设施建设统筹规划、同步实施。加大财政投入,每年由70万元增至100万元,专项用于农村公路日常养护,各镇财政也挤出一定比例的资金列入公路管养经费的预算,每个镇都成立了公路养护队伍,制定和完善了公路管养方案,确保了"养护经费到位、养护人员到位、养护措施到位"。2008年,完成农村公路改造项目4个、计5千米,完成新建农村客运招呼站2个。

道路运输与管理。狠抓运输市场的整治与日常监管,一是打击、取缔以沙石镇、沙河镇、湖边镇区域公路为重点的无证无牌车辆、农用车和三轮车从事营运和人货混装的违法营运行为。二是协助赣州市交通局整治出租汽车营运市场和县区际客运市场,查处无营运手续从事营运车辆和超限超载的行为。通过集中整治和平时稽查,及时纠正违章行为,规范运输市场秩序,对遏制公路交通事故的发生、维护人民群众生命与财产安全起到积极作用。2008年,全区拥有营运车辆5750辆,其中,客车39辆,货车4126辆,其他机动货车616辆,出租汽车539辆,公交汽车430辆,44条线路。狠抓汽车物流服务业建设与发展,通过招商,引进货运车辆47辆、计595吨。贯彻落实"二大体系"入园精神,引进1家仓储服务有限公司进入沙河工业园区投资建设。选址将在水西镇联三村白塔附近处建立货运中心。

规费征收。强化对交通规费的征收与管理工作,组织上路、上门、上户征收交通规费,集中主要力量,确保上路时间,取得了良好成效,全年共计完成规费收入862.37万元,其中:运管费161.5万元,拖养费71.17万元,摩托车养路费629.7万元。

精神文明建设。加强对干部、职工的思想作风建设、执法队伍建设、服务"窗口"建设和党风廉政建设,组织学习科学发展观理论和党的十七大报告以及新《党章》等。以"突出践行科学发展观"和开展"民主评议政风行风"活动、"加强作风效能建设,创建群众满意机关"活动为契机,对干部、职工进行各种行之有效的学习教育,将服务举措与业务管理工作融为一体,提高全体干部、职工的综合素质,同时,以交通系统廉政建设"六条禁令"规范约束工作行为,提高依法行政、文明执法的自觉性和职业道德水平。全年全局未发生公路"三乱"现象和其他违法乱纪现象。塑造了交通人的良好形象。全区交通系统精神文明建设的蓬勃发展,极大地激发了干部、职工谋事创业争做奉献的热情,有力地推动了全系统改革、稳定和发展的工作进程。

(章贡区交通局)

赣　县

赣县地处江西南部,面积2993.09平方千米;

2008年,有人口58万余人,辖19个乡(镇),265个行政村,是1个国家贫困县。赣县的交通主要以公路运输为主,京九铁路、赣韶铁路贯穿赣县,设有南塘门、江口站和赣州东站货运站。赣粤高速公路途经赣县沙地镇。正在建设的昆厦高速公路途经赣县江口镇、茅店镇和储潭乡。县境内西北部有105、323国道和省道沙园线,有9条县内主干道和几百条村道的公路网络。境内有赣江、贡江、平江、信江4条主要河道,常年通航里程170千米。2008年,全县公路总里程为1496.64千米,其中,国道63.2千米,省道80.93千米,县道272.67千米,乡道232.28千米,村道1022.80千米,专用公路10.47千米。

2008年,赣县交通局在赣州市交通局的直接指导下,深入学习实践科学发展观,不断创新工作思路,全面加强党的执政能力建设,加强领导班子和干部队伍建设,增强为民服务意识,改进工作作风,交通各项工作都取得了可喜的成绩。被省交通厅、市交通局授予"交通工作先进单位"称号。

农村公路建设成效明显。2008年,全县共有农村公路建设项目45个、计230.3千米,已开工38条公路,其中,已完工项目27个,所有开工项目均执行公开招投标等基本建设程序。2008年度,开工项目建设进展(含2007年未完工项目)为:完成路基改造156千米,完成水泥砼路面152.5千米,完成投资2400万元。渡改桥建设项目有3个,三溪新星大桥、吉埠镇翰林大桥已开工建设;王母渡镇横溪大桥初步设计已批复并完成水利论证,已进行施工图设计。农村公路养护。2008年,县、乡、村道的公路好路率分别80%、70%、65%以上。一是加强队伍建设。按照"县道县管、乡道乡管、村道村管"进行养护管理,进一步明确养护工作职责和目标任务,完善管理制度,全县农村公路养路工312名,养护里程1950千米,其中,县道和专用道养路工56名,养护里程280千米。二是加大资金投入。全年共投入养护经费298万元,其中,投入150多万元修复水毁、水淹公路和桥梁,投入28万元绿化公路,投入20万元设置公路安全设施,其余用于管养人员工资和日常养护经费。三是抓安全管理。制定严密的公路安全管理责任网络和严格的安全管理制度,做好年初抗冰救灾和雨季水毁公路的安全保通,排查出储潭桥、吉埠大桥、水口桥等危桥,及时进行修复,做好危桥改建计划,韩坊大石下桥提前完工,王母渡水口桥将于2009年动工。在部分危险公路路段设置警示牌、减速带、防护墙、墩等安全设施,并列好大田雁鹅危险路段改造计划。四是及时修复水毁公路。全年修复大埠等水淹公路12千米,疏通中断交通的公路16条,清理山体滑坡和公路塌方120余处,计15120立方米,回填路基9920立方米、整修膨裂的水泥路面2400平方米、修复沙路面6800平方米、清理路障3000余处,浆砌挡土墙1960立方米、修补桥梁46延米/6座、修复涵洞38米/12道。五是加强业务管理和质量考核。定时下达养护计划,进行不定期抽查,每月底对各养护路段进行检查考核,评定路况等级,实行工资与业绩挂钩,严把养护质量关。六是搞好梅林至大田、梅林至湖江2条公路列为2008年全国农村公路养护试点工作,3月底,邀请国外公路养护专家第三次为管养人员进行为期6天的培训,传授国外先进的养护管理模式和技术。9月底,世行专家检查公路养护试点成效,给予了肯定,世界银行决定与市局、县局把农村公路养护管理模式和技术编印成书并推广。七是认真做好梅林至湖江、茅店至华能电厂2条公路的文明样板建设。为迎接"奥运"火炬传递做好保通工作。八是做好"一大四小"县、乡公路绿化。全年投入28万元,绿化梅林至湖江、梅林至长洛和阳埠至上源等公路,新增绿化里程68千米。并组织人员和挖掘机在公路沿线挖树穴,至年底已全部完成县、乡公路绿化挖穴整地工作。

运输管理力度增强。2008年,全县完成客运量515万人次,旅客周转量24200万人千米,同比增长15%,18%;完成货运量420万吨,货物周转量19252万吨千米,同经增长52%,60%。全县共有道路运输业630户,其中,货物运输业546户,旅客运输业14户,客运站(场)业5户、机动车维修业63户、驾驶员培训学校2户。全县拥有营运汽车3522辆,其中,客车176辆、货车2831辆、出租车53辆,其他载货汽车462辆。一是围绕"以人为本、平安'春运'"主题,"春运"期间,共投入客车200辆,运送旅客50万人次,实现安全、稳定和零事故的目标。二是大力发展农村客运,服务新农村,加快农村客运"路、运、站"一体化工程的步伐。全县共新增农村班线6条,新增客运车辆7辆,更新班车169辆,30个候车亭已全部建成,全县候车亭总量119个,极大地满足了人民群众日益增长的乘车需求。三是全面开展道路运输业审验工作。5月份正式启动2008年度的车辆年审工作,采取将营运车辆车牌号尾数进行分期审验的做法,流水作业,随到随审,极大地方便了业户,提高了工作效率,使年审工作井然有序。四是加大市场监管力度。从源头加强管理,严厉打击无证经营,取缔三轮车载客现象,对危险化学品运输开展专项整治,处理违规车辆600辆,打击黑车150辆,并按上级要求顺利完成了对客运企业、车站、维修企业与驾培企业的质量信誉进行考核,促进全县道路运输市场有序的发展。五是建立信息系统,实现自动化管理。将全县道路运政管理信息系统纳入省交通厅运管局信息系统内网,三类以上班线车辆全部安装了GPS车载终端。六是物流体系建设再创新业绩。2008年,全县新增货运车辆884辆,计1780吨位,车辆吨位数同比增长50.2%,全县货运车辆共5323吨位。引进赣州华亿通物流公司,投资4亿元,新购置5辆35吨货车、计175吨,结束了全县无30吨以上大吨位车辆的历史。5月,赣县客家物流公司一次性投资600多万元,新购进货运车辆22辆,并于6月2日在县客家文化城举行了新车发车仪式。此公司车辆总吨位已超过500吨,成为全县第3家车辆吨位超500吨的物流企业。5月20日,引进1家注册资金100万元的赣州市兴赣物流有限公司,结束全县无海运物流企业的历史。全年共新增规模以上物流企业2家,自开票纳税企业1家。赣州鑫安达物流公司2008年缴纳税收100多万元,全县物流产业上缴税费达2900多万元,并增加3000多个就业岗位,强力推动相关产业的大发展。洋塘汽车性能综合检测中心已完成土方填充工程,红金物流园区建设项目正在进行工程前期准备工作。

港航管理更加规范。一是规范水运市场。全面开展水路运输行业证照年审工作,通过年审、检查和严厉打击,全县"三无"船舶已基本退出水路运输市场,建立健全详细的管理台账,所有沙石运输船舶办理了水路运输证。重新对各乡(镇)的客运船舶经营线路、停靠点进行了审批,使全县水路运输市场步入规范化管理。二是狠抓水上交通运输的安全管理。采取定期和不定期检查相结合的办法,开展全县水上运输安全大检查,及时排查安全隐患并整改到位,全年共开展全县性安全大检查15次,参与联合执法4次,接受上级安全检查3次,检查渡船216艘次,责令停渡10余次。全年举办船员安全知识培训8次,印发各种宣传单800余份,查处水上违章现象30起,下发整改通知书21份,停航通知书9份,取缔"三无"船舶4艘,非法载客船3艘、载客划子3艘,取消破旧船舶营运资格1艘。三是开展非营业性渡船运输量专项调查工作。根据省、市交通主管部门的统一安排和部署,6月份,对全县21个渡口24艘渡船的日渡运量进行专项调查,已完成外业调查工作,正准备汇总上报。四是积极做好争资争项工作。争取省交通厅资金建设攸镇码头,争取省港航局资金配套运政稽查艇。

交通安全形势稳定。坚持"安全第一,预防为主,综合治理"的方针,围绕"绷紧一根弦,织好一张网,重在除隐患,严查保平安"的思路,抓好安全工作。一是健全渡口、渡船档案。全县有21个渡口、24艘渡船,全部签订了县、乡、村、渡工4级渡运安全管理责任状。二是开展"安全生产百日督查专项行动"、"安全生产月"、"渡口、渡船安全管理专项整治"和"打击安全生产非法违法行为专项行动"活动,对全县渡口、渡船进行拉网式检查。三是强化对"两会"、汛期、传统节日、庙会等重点时段安全生产督查。四是实行隐患跟踪整改,做到及时排除。3月,发现吉埠镇翰林大桥渡口赣县机渡039#渡船前舱底渗漏,严重积水,立即责令停航维修,直至彻底修复好才投入渡运。五是10月10日,全局在沙地镇攸镇渡口举行水上突发事件应急处置演练,演练收到预期效果,提高处置水上突发事件应急能力。

规费征收再创新高。2008年,全局加大交通规费的征收力度,确保"应征不漏",共征收运管费108.8万元,拖养费90.8万元,摩托车养路费455.9万元。

依法行政政令畅通。认真做好信息工作。年初制定了《赣县交通局关于进一步做好信息工作的实施意见》,完善在各条客运班线与渡口设立特派信息员制度,制定奖惩措施。全年共上报信息315篇,其中,国家级报刊采用4篇,省级报刊采用24篇,市级报刊采用92篇,县级报刊采用102篇;上报调研文章20篇,编制《赣县交通动态》9期。按时完成县领导批示的查办件2起。

全面加强依法行政工作。一是抓好四个到位,精心组织实施,把依法行政工作列入议程("四到位"即:思想认识到位、组织领导到位、规划到位、制度落实到位)。二是加强法制宣传教育。把法制教育作为精神文明建设的重要内容,实行集中学与自学相结合、定期与不定期相结合、一般学与重点学相结合。全年共举办各类法律培训班3期,培训人数500人次,参加普法考试2000余人次,考试合格率100%,三是广泛开展《中华人民共和国行政许可法》、《中华人民共和国行政处罚法》、《中华人民共和国公路法》和《中华人民共和国运输条例》的宣传,树立交通法律法规权威。12月4日,派出5名业务骨干,在县城梅林大街进行法制宣传,使交通法规深入人心,走进万家。四是按照"执法任务具体化,执法责任明晰化,执法行为规范化"的目标,层层推进行政执法责任制,把执法责任层层落到实处。五是加强执法人员管理,印发《赣县交通执法人员行为规范》。以行政执法资格认证为契机,加强执法人员培训,持证上岗,文明执法。严格执法人员年度考核,促进执法人员依法行政意识。强化执法监督,树立交通队伍良好行风形象。六是扎实开展民主评议政风行风。坚持以建设服务型机关、预防行业不正之风为目标,以关注民生、服务群众为主线,坚持纠建并举、重在建设、分类指导、统筹推进的原则。加强组织领导,加大宣传力度。七是加大开门纳谏力度,通过召开县人大代表、政协委员"三见面"座谈会,确保民主评议政风行风活动有显著成效。全年共发放征求意见函600份,收回600份,收集各种意见、建议46条,整理归纳共20条意见和建议,加大意见和建议的整改力度。

(赣县交通局)

上 犹 县

上犹县位于江西省赣州市西部,面积1543.87平方千米,辖5镇、9乡、131个行政村,人口29.81万人。全县公路通车里程1064.09千米,比2007年通车里程增加1.5千米。硬化里程比2007年增加160.65千米。

2008年,上犹县交通系统广大干部、职工认真开展科学发展观学教活动,围绕"对接长、珠、闽,建设新赣州"的发展战略,结合上犹县委、县政府提出的建设"开放上犹、生态上犹、小康上犹、和谐上犹"的目标,创新思路、真抓实干,各项工作取得了新的成绩。

1. 公路建设创佳绩。重点工程建设:县城至梅水一级公路,全长13.15千米,属续建项目,投资额10417万元,累计完成投资3955万元,完成路基土石方130.7万立方米,涵洞58道,防护排水1.92万立方米,有6座大、中、小桥正在施工。油石至梅水公路,全长9.1千米,2008年2月开工,路基工程路面垫层已全部完成,完成投资326万元。蓝田至新江公路,全长12.33千米,2008年10月开工,路基工程投资631万元,完成路基土石方14.9万立方米,完成投资243万元。平富至分水坳公路,新江至紫阳公路,全长10.51千米和11.54千米,投资1423万元和1069万元,已进入施工招示阶段。完成投资100万元和60万元。滨江至江西坳公路(国防战备公路)全长83.63千米,投资2.1亿元,已进入勘察设计招投标工作,2008年12月上旬签订合同并进入测设。营前镇坳头桥工程,桥长69.1延米,投资126万元,工程于年底全部竣工,完成投资126万元。县城东山大道北延伸道路建设工程,全长1.19千米,投资499万元,年底完成路基工程,完成投资276万元。同时,完成社溪沙段万亩生态果业基地主干道路测设24.77千米。农村公路建设。2008年,全县国家农村公路改造项目计划里程60千米,至年底,完成砼路面60千米,完成投资1526万元。上犹县公路累计通车里程1064.09千米。其中,市养公路130.16千米,县养公路913.19千米;按行政等级分:省道1条、计31.83千米,县道9条、计260.19千米,乡道24条、计207.33千米;专用公路16条、计46.26千米,村道249条、计518.48千米。按公路等级分:二级公路31.83千米;三级公路152.60千米;四级公路202.69千米;等外公路676.96千米。按路面类型分:砼路面474.90千米,油路面154.17千米,未铺装路面435.97千米。

2. 运输市场有所改善。道路运输市场活跃。全县拥有等级客运站(场)4个,有营运客车127辆,营运货车845辆。全年完成客运量306.2万人次,旅客周转量19903万人千米,同比分别增长

4%和4%;完成货运量110.10万吨,货物周转量4650万吨千米,同比分别增长6%和8%。全年水上运输客运量26.26万人次,旅客周转量525.2万人次,货运量47.03万吨,货物周转量940.6万吨。全县有客车82辆、计2588座位,新增27座位;全县有货车387辆、计503吨位;新增货车112辆、计112吨位;全县其他货车458辆、计458吨位。全县有水运船舶111艘。其中:客运船40艘、计673客位,新增12艘、计129客位。货运船71艘、计1095吨。全县有公交车15辆,计321个座位,有5条公交线路。县城共开通电瓶车20辆。极大地方便了城区居民出行购物和游玩。全县有客运班线38条,平均日发车130班次,其中,跨省线路14条,日发班车18班次。跨市线路1条,日发班车1班次,跨县线路11条,日发班车42班次。县内线路12条,日发班车69班次。共增批19条3级农村客运班线,改造农村客运站1个,新建候车亭20个。2008年"春运"工作,严格执行物价部门核定的票价,严密组织,共发班车6800班次,安全运输旅客20.8万人次,实现安全、平稳、有序的工作目标。

3. 运政管理成效明显。道路运输方面:加大打击"黑车"力度,与交警部门密切配合,采取多种形式,查处非法营运车辆29辆。重点查处站外上客、站外设点非法行为,做到"车进站、人归点",客运站(场)封闭式管理得以加强。加强运输企业的安全管理和安全事故隐患排查,做到制度落实、责任落实、措施落实。加大扶持力度,促进物流体系建设。县福达物流公司已发展为拥有货车129辆、计320吨位的大型货运企业,开通上犹至广州、浙江,揭阳至深圳、赣州至厦门等4条货运专线。水上运输方面:加大水上运政管理力度,对"三无"船舶的载客现象进行整治和排查。每逢节假日,派员在港口、码头值班,维护水上交通运输秩序,确保水上交通安全无事故。

4. 三个文明建设结硕果。2008年年初,冰冻灾害给交通造成极大障碍,组织了抗冰雪、保畅通、促安全的战斗。四川汶川地震发生后,全局广大职工纷纷捐款和交纳特殊党费,总计达4万余元。为迎接北京"奥运会",开展了一系列的"立足本职岗位迎奥运"的各项文明精神传递和接力活动。突出践行科学发展观学教活动,把学习的精神贯穿到实际工作,解决实际问题。构建以高速便捷的交通网为主题的电视公开承诺。广泛征求群众意见,印发500份群众满意度调查问卷,发至全县各乡、村,共收集意见和建议18条,梳理归纳成4方面。并切实抓好整改措施的落实,对提出意见、建议,进行电话回访,整改结果群众均表示满意。圆满完成年度招商引资任务,完成外资240万美元和内资736万元。完成规费征收任务,全年征收运管、小四轮、养路费105万元,摩托车养路费205万元,港航规费11万元。水上交通实现安全生产连续39年无事故。局新农村建设挂点陡水镇红星村西龙点已完成三清三改各项任务,硬化公路3千米,通户道路1.6千米,拆除杂房1800平方米,粉刷墙体2800平方米,资助社区活动室装修面积100平方米,配置健身器材设施等2万余元,深受群众好评。

(上犹县交通局)

崇 义 县

崇义县地处赣、粤、湘三省交界处,位于江西西南边陲,面积2206.27平方千米,辖16个乡(镇)、123个行政村,人口20.13万人。无铁路、国道和高速公路通车。

交通基础设施建设与管理。通村水泥路:2008年,全县农村公路建设任务89.2千米,全部为四级标准公路(含桥梁200延米/5座),投资2350万元,其中,中央投资892万元,地方自筹1458万元。2006、2007年千亿元续建项目11个、计68.8千米,投资1720万元。至年底,完成水泥路65.36千米,完成投资1634万元。县通乡公路项目计划4个、计53.2千米,已委托设计部门编制工程可行性研究报告,报上级审批。全县154个行政村中,107个行政村通水泥路,占69%;147个行政村通公路,占95%。重点工程建设:赣丰线绕城改造、县城至龙勾公路一期工程2个项目合计投资2.22亿元。赣丰线绕城公路改造工程于2008年11月14日开标,A2、A3标段分别由江西昌南建设工程集团公司、江西东龙路桥工程有限公司中标,监理招标于11月21日开标,A3标段已开工建设。旗岭隧道与县城至龙勾公路一期工程采用BT模式,发布招标公告,暂未确定施工队伍。赣丰线二期工程全线共征用土地70.3公顷、拆除各类房屋46800平方米,发放安置补偿款1255万元,完成投资7028万元,工程已竣工通车。丰州、关田汽车站已开工建设,扬眉镇车站已完成征地拆迁工作,过埠、铅厂汽车站正在选址。中洞至正井公路沿线6个乡(镇)、共20个候车亭建设已全部完工。年初,冰雪灾害覆盖全县16个乡(镇),共造成131千米道路受损,直接经济损失约2130多万元。为铲冰除雪保畅通,动用工程机械和拖拉机260多台次,出动人员1800人次,委托恒泰物流公司调用大型运输车90台次,调运水泥电杆2115根,为抢修受损电网恢复送电赢得了时间。"6·13"洪灾发生后,县内省道、县道、乡村道部分路段均遭到严重毁坏,造成塌方9万立方米,冲毁路肩墙1000多米,路基缺口100多米,直接经济损失1003万元。为抗击"6·13"洪水灾害,共投入资金75万元,用于清理塌方,修复路基缺口,抢修桥梁。

运输行业管理。全年共征收摩托车养路费、拖养费、运管费470.88万元,同比增收47.88万元。其中,摩托车养路费295.16万元,同比增收33.16万元、拖养费134.99万元、运管费40.74万元。2008年"春运"工作:安全输送旅客2.9万人次,圆满完成"春运"工作任务。全年审批发放道路运输证37台,新办货车道路运输证42台,年审货车道路运输证75台。完成营业性运输车17辆、非营业性运输车13辆、行政村非营业性农用运输车25辆,完成共55辆样本车辆的运输量调查。加大对驾校、汽车维修市场监管和治理整顿,严格资质审查,规范行政行为,对群众反映的热点、难点问题,加大查处力度,得到广大运输业户的信任。引资组建崇义县恒泰物流有限公司,投资1000万元,有车辆112辆,年产值5000万元,实现税收60万元,解决就业人口80余人。9月,《江西省公路路政管理条例》颁布后,崇义县交通局印制1000份宣传资料,制作宣传车,到全县16个乡(镇)进行路政管理知识宣传,为全县公路路政管理工作打好基础。

水上运政管理及安全监管。为加强水上运输安全管理,建立了水上安全生产应急体系,对各库区、乡(镇)建立健全船舶管理机制,进行跟踪落实,并积极与海事、旅游、安监等部门联系合作,有力地保障水上交通安全,实现水上交通零事故记录。

机关效能建设。深入开展"突出践行科学发展观"学习教育活动,组织全体干部、职工参加学习教育,对24名股级以上干部进行了县委统一组织的集中轮训。结合学教活动,总结出"务实创新、发展交通、执法廉明、业绩一流"的全新理念。以"两创一建"为抓手,努力打造和谐平安交通网,狠抓惩防体系建设,制定了《崇义县农村公路建设资金使用监督管理办法》、《崇义县交通局财务管理廉政规定》,重大经费开支必须经班子讨论决定,并落实办公室、财务室、分管领导、主要领导联审制度,确保干部、职工清正廉洁。在新农村定点帮建中,充分发挥部门优势,积极主动地为各乡(镇)、村、组公路规划、勘测设计、施工管理,提供技术服务。精心打造铅厂镇稳下村李坑组新农村建设点,全年投入资金120万元,扶持驻点村硬化主干道1900米,硬化通户路1500米,硬化余坪2812平方米,硬化水沟826米,新建小康楼2幢,改厕28间,新建家禽养殖区170平方米,房屋亮化7524平方米,拆除空心房、旧栏厕252平方米,安装太阳能15台,使驻点面貌焕然一新,并在全县新农村建设点考评中荣获第4名。

(崇义县交通局)

南 康 市

南康市位于江西省南部章江中、下游流域,面积1796平方千米,人口811700人,有21个民族。改革开放30年,南康市交通便捷,有国道、省道、高速公路和京九铁路贯穿而行,县、乡、村道纵横交错,全市公路里程达2263千米,其中,国道62.93千米,省道44.94千米,县、乡、村道2155.13千米,通公路率98%。

2008年,南康市交通系统广大干部、职工坚持以科学发展观为统领,围绕南康市委、市政府和上级行业主管部门提出的全年工作任务,解放思想、开拓创新、抢抓机遇、实抓实干,各项工作进展顺利,各项任务顺利完成。

1. 公路建设。2008年,南康公路建设全方位服务于新农村建设,致力于提高农村公路的通行能力。全年共投资6139.5万元,完成水泥路建设165.2千米,完成沙石公路建设19.1千米,占年计划的100%;完成桥梁建设21.56延米/1座。实现新增35个行政村通水泥路,新增5个行政村通公路,促进了社会经济的发展。高速公路建设:完成赣(州)大(余)高速公路茅店至三益段建设,全长53千米,实际新建里程长约44千米。赣州绕城高速公路南康境内主线长10.98千米,连接线长2.7千米,采用双向4车道高速公路标准设计。国、省道建设:105国道南康境内龙回段740米水泥路进行大、中修改造。省道康唐路中南康北门岭背大桥正在改建,改造后的水泥桥长48延米,高6米。公路养护。2008年,完成整修路面174139平方米/19.35千米,整修路肩177685.5平方米/118.4千米,开挖标准水沟76.6米,清理边沟237365.3米,清理塌方6022立方米/106处,维修和疏通涵洞758道,回填路基缺口580立方米/8处;修复挡土墙540.8立方米,实现年好路率83.3%。公路绿化。贯彻省"一大四小"造林绿化工作,加快公路绿化进展,全年共新植路树13508株/35.23千米,补植路树7519株/29.991千米。完成公路边沟外侧的小山包、弃山堆、取土坑、上边陂的覆绿工作,保持水土,改善环境。

水、陆、空运输生产。2008年,全市交通运输生产保持平稳、持续、快捷、健康的发展。公路运输有客运班车249车、6523个客位;有载货汽车1460辆、2278吨位;有出租车24辆、120个座位;有公交车47辆。全年完成客运量821.30万人次,旅客周转量41065万人千米;货运量545.59万吨,货物周转量31262.11万吨千米。水上运输全年运送旅客43600人次。有拉沙船181艘、1452个吨位。铁路运输在南康县级火车站,全年有上、下火车旅客16000人次。货运火车全年完成装车1556辆,发送货物94479吨,卸货2231车厢,净载重61万吨。航空运输在新建的赣州黄金机场共保障航班3188架次,年完成旅客吞吐量120555人次,货邮吞吐量810.34吨。

运政管理与安全生产。2008年,对公路运输加强了路上执法,实行严管重罚,严禁粗暴执法,优化发展环境,取得了运政管理的好成绩。全市有渡口3个,渡船3艘,全年渡运旅客4.36万人次。加强对水上安全生产工作,落实安全生产责任制,开展各项水上安全生产整治活动,从而实现渡运安全连续22年无事故,公路运输无重特大交通事故。

规费征收。全年完成运管费征收124.98万元,拖养费征收189.99万元,摩托车养路费征收655.83万元;罚没款122.43万元,全年合计完成各类规费征收1070.73万元。

精神文明建设。一是开展突出践行科学发展观的学习教育活动,加强思想政治建设。二是继续开展民主评议政风行风工作,加强交通队伍的作风建设。三是创新工作思路和工作方法,加强党的建设,抓好党风廉政建设,整体推进精神文明建设上一个新台阶。交通战备工作主要是担负公路交通保障和通用车辆维修等。在民兵整组中,分别组建交通道路抢修分队、公路交通运输分队、车辆维修分队。2008年,抗冰救灾中,全局基干民兵充分发挥了突击队的作用,出色地完成上级交给的任务。

(南康市交通局)

大 余 县

大余县地处江西省西南边陲,大庾岭北麓,章江上游,土地面积1367.63平方千米,辖11个乡(镇)、105个行政村,人口29.7万人,除汉族外,少数民族有畲族。全县公路通车总里程892.18千米,其中,农村公路767.98千米。

2008年,大余县交通局在大余县委、县政府的正确领导下,在上级交通部门的关心支持下,以邓小平理论与"三个代表"重要思想为指导,落实科学发展观,全面贯彻党的十七大精神,围绕"抓项目、办实事、看结果"这一工作主线,把开展"加强作风效能建设,创建群众满意机关"活动与其他业务工作有机结合起来,解放思想、团结协作、求真务实、开拓创新,较好地完成了各项工作任务。

1. 交通基础设施建设迈上新台阶。323国道绕城公路已完成路线的走向、外业勘测工作,工程的初步设计已顺利通过专家的评审,各项前期准备工作已基本就绪。2008年,完成通村水泥路建设61.1千米,新增6个行政村通水泥路,全县105个行政村有103个村通水泥路,通村率达98.1%。汽车客运站(场)建设步伐不断加快,青龙、黄龙2个区、乡汽车站已正式投入使用,并与县汽车站实行联网售票。县汽车南站已基本完成主体工程建设，预计2009年上半年内可全部投入使用。新城巷口、池江庄下等2座渡口桥已全部完工，并投入使用。

2. 道路运输行业管理呈现新局面。2008年，全县货车拥有量752辆、计2552吨位，其他机动车289辆、计264吨位，拖拉机662辆，共完成货运量208万吨、货物周转量15333万吨千米；客车拥有量78辆，计1893客位，共完成客运量208万人次，旅客周转量29655万人千米。“春运”期间，运送旅客8.6万人次，旅客周转量1465.82万人千米。新农村建设示范点开通6条农村客运班线，新建9个农村客运候车亭，全县105个行政村有79个村通班车，行政村通班车率达75.2%。开展营运证审验和班线复审，保证运输车辆的技术安全，客车审验率100%；货车审验率92.5%；其他机动车审验率82%。规费征收成效显著，全年共征收“两费”157万元，摩托车养路费315万元，均提前1个月完成全年的征收任务。全面完成客车挂靠经营的清理整顿工作，“清挂”后的客运市场井然有序。物流体系建设初见成效。大余榄菊日用品公司、纬格电子公司、佳盛电子公司先后与海通物流签订了货运协议，逐步与市物流信息平台实行联网，实现物流信息资源共享的目标。落户大余县的双桂公司已正式被市政府批准为全市规模以上货运企业。县通达汽运有限公司是集汽车维修、零配件、检测站、汽车站、公路客运为一体的客运三级企业，客运短途班线有大余至新城、赣州、南雄等，长途班线有大余至韶关、广州、深圳、珠海、东莞、清溪、佛山、揭阳、番禺等。2008年，公司投入资金400多万元购置15台技术先进、性能良好、高效低耗的中、高级客车，使全县至赣州、广州、深圳的班线客车档次全面提升。

3. 安全生产形势平稳有序。全系统干部、职工始终绷紧“安全生产管理工作不放松”这根弦，在安全生产的制度建设、学习管理上下工夫，坚持每周1次的安全检查、每月2次的安全学习、每季度1次的总结部署的3个“雷打不动”。在县城街心广场举行了大型安全生产咨询活动1次，发放宣传单3000余份，接受群众咨询400多人次，悬挂（张贴）安全生产标语8条。由于各项安全措施的到位，2008年，全系统未发生一起重大安全事故，实现第47个渡运安全年的工作目标。

4. 其他工作取得重大突破。抓住国家加大对农村交通建设扶持力度的有利时机，积极向上争取交通建设资金856万元，缓解了交通建设资金压力。新农村建设工作再上新台阶，继续做好新城镇水南村上石下村民小组的美化、亮化工作。招商引资工作成效显著，精密模厂一期工程已基本完工，近期可投入生产，年底正在办理相关证照；其他正在跟踪的项目有3个。组织公路技术人员对全县的新农村建设示范点进行调查摸底，协助搞好村道规划，共完成新农村建设改路里程35千米。

（大余县交通局）

信 丰 县

信丰县地处江西省南部，与福建、广东两省毗邻，素有赣、粤、闽“三省通衢”之称。辖16个乡（镇），1个工业园，262个行政村，人口73万人，面积2878平方千米，京九铁路、赣粤高速公路贯穿全境。改革开放以来，通过交通人的奋发拼搏，全县公路、铁路、水路运输网络更趋完善，“三省通衢”的大交通格局已经形成。全县有1条铁路，全长66千米。有公路2028.05千米，其中，高速公路59千米，国道65.19千米，省道80.82千米，市养县道62.93千米，市养乡道0.5千米，县道258.1千米，乡道267.51千米，村道1234千米。

2008年，信丰县交通局在信丰县委、县政府的正确领导和赣州市交通局的业务指导下，围绕县委、县政府提出的“突出6个重点，提升6个水平”的工作部署，解放思想，开拓创新，抢抓机遇，真抓实干，各项工作进展顺利。

1. 交通工程建设。①重点工程（项目）建设进展顺利。城南大道建设稳步推进，已完成路面浇注37800平方米，占路面工程的93%。信分线改建工程已于9月25日竣工。汽车总站建设的前期工作正在进行，已完成土地报批工作。②农村公路建设取得新突破。2008年，向上级争取到农村公路建设项目41个、计126千米，县通乡项目3个、计62.3千米，渡改桥项目2个（河口大桥、双溪口大桥），投资约4000万元。抓好续建项目和新上项目的建设。全年续建工程13.2千米，完成路基13.2千米,垫层13.2千米,基层11千米,路面9千米。全县农村公路建设项目有51个,全长196.4千米,已完成路基127.4千米,占总里程67.1%;完成垫层101.4千米,占总里程54.7%;完成基层87.0千米,占总里程46.8%;路面59.7千米,占总里程32.8%。开工建设的有40条,计159.8千米。未开工建设的有11条,计49.8千米。分别完成县通乡项目、河口和双溪口渡口渡改桥项目的施工图设计与工可报告工作。四是扎实推进造林绿化"一大四小"工程建设,提升全县公路绿化水平,已制定全局造林绿化"一大四小"工程建设实施方案。

2. 规范道路运输市场秩序。一是圆满完成"春运"任务。"春运"期间,共投入客车185辆,发送558班次,安全输送旅客26.8万人次,实现了"安全、优质、有序、畅通"的工作目标。二是加快农村客运网络化建设。10月30日,全市农村客运网络化建设工作现场会(河西片区)在信丰县召开。全年已建成50个农村客运候车亭。农村客运班线,采取分片经营的方式经营。三是继续做好整顿和规范道路运输市场经济秩序工作,坚决打击客、货运输市场中违法违规行为,积极开展维修、驾培、检测站整治工作。对运输企业、维修企业、驾校等进行了质量信誉考核。全年共查处违规车辆107辆,"黑车"82辆;查处违章维修业户8户。更新客车3辆。

3. 抓好规费征收工作。一是采取电视、报纸、横幅等形式对规费征收工作进行广泛宣传,并成立4个小组,深入各乡(镇)进行宣传,对业户进行现场答疑。二是坚持以人为本,强化服务意识,营造良好的缴费环境。为方便车主缴费,提高其缴费积极性,对主动缴纳全年规费的业户给予减免2个月规费的优惠。并在节假日和中午休息时间坚持安排人员值班,办理缴费业务。三是规范执法。抽调一批政治强、业务精、素质高的人员组成稽查大队,在工作中注重方法,坚持依法行政、阳光征收,严格按标准征收。全年征收拖养费177万元,运管费122万元,代征摩托车养路费612万元,同比分别增长107%、70%、74%。

4. 道路、水路运输安全监管。一是抓安全整治。结合"春运"和"安全生产月"活动,在全县范围内认真开展道路客运站和渡口安全专项整治活动,进行深入细致的安全大检查,对存在安全隐患的桥北车站进行了关停,统一在南山西路车站发车。二是抓安全责任落实。县、乡(镇)、村、渡工均签订安全责任状。三是全局先后投入2万元,对全县5艘渡船进行维修,添置救生设备,确保汛期渡运安全。

5. 精神文明建设。为切实提高全体干部、职工服务群众的能力和水平,结合开展"全面贯彻十七大精神,突出践行科学发展观"学教活动,把政治理论与业务知识的学习作为统一思想、提高素质、狠抓落实的一项重要工作来抓,使科学发展观真正成为指导实践的行动指南。坚持周一学习日制度,选派人员参加省、市组织的各类业务培训班。建立交通行政执法责任制,努力构建党风廉政建设长效机制,落实各项规章制度和考核目标。通过采取上述活动,切实转变工作作风,营造风清气正的良好氛围。主动服务于全县经济社会发展大局,以新农村建设为总抓手,扎实推进挂点村新农村建设工作。一是派出人员常驻挂点村大塘埠镇仓前村廖家山组,帮农户清运垃圾,搬家拆房。二是加大对帮扶村基础设施的建设力度。已拨付建设资金7万元,开挖1口供全组人员饮用的水井,完成0.5千米×2.5米水泥路面硬化任务,拆除所有的危旧房、空心房15幢、计1425平方米,新农村建设已基本成型。加快招商引资工作步伐,对有意向项目,分级负责,确定分管领导,实行全程跟踪协调服务。全年完成有意向项目1个,跟踪项目1个。

(信丰县交通局)

龙　南　县

龙南县位于江西最南端,面积1641平方千米,人口30万人,辖15个乡(镇、场)、2个管委会。县城龙南镇。

2008年,龙南县交通局在龙南县委、县政府和赣州市交通局的正确领导下,坚持以邓小平理论和"三个代表"重要思想为指导,突出践行科学发展观,按照"对接长、珠、闽,建设新赣州"发展战略,纵深推进"十大体系"建设,着力打造"四个"龙南,加快建设"四城"步伐,结合交通建设发展实际,狠抓重大项目、物流体系建设、交通行业管理等重点工作，推动全县交通事业又好又快发展。

农村公路建设取得新进展。抓好国家千亿元工程，计划项目15个、计32.2千米；至年底，已全面完成计划项目测量和设计；完成建设项目8个，计19.4千米；正在施工项目4个；总投资497万元。抓好通达工程项目果园路建设，配合发展脐橙产业，已完成果园路建设8.4千米。投资10万元，硬化铁路货场至105国道连接线220米。协助完成大广高速龙南段工程可行性研究报告，并做好跟踪服务工作。落实九连山油泛沙等4个公路改建项目和梨头咀码头改建工程项目的储备。认真抓好农村公路养护，提高好路率，进一步健全养护管理责任制，加强质量监管。完成水毁修复工程47万元。抓好农村公路路政管理，完善农村公路道路绿化、美化、道路标志与警示标志，防止和及时稽查违法、违章、侵占公路、破坏公路等现象。实施渡改桥项目，窑头桥建设于9月18日竣工通车，安基山大桥奠基同日开工，全县渡改桥项目已全面实施。加快货物配送中心建设（龙翔国际物流中心），已完成规划设计。完成防洪堤填方16万立方米，砌筑防洪堤800米，完成防洪堤工程量的80%。实施龙小线至杨梅公路建设，全长2.72千米，投资220万元，已全面竣工。交通培训大楼建设经过重新招投标，于9月25日开工，已完成4层以上主体工程。开展新农村建设。抓好新农村建设点村庄整治和规划设计，拆除大、小危旧房139间、计1900平方米，新建房屋28间、计555平方米，改水30户，改厕30户，完成率100%，硬化主干道长270米，砌筑水沟750米，新建公共坪1050平方米，绿化植树180株，小花苗2500株。建宣传栏1个，垃圾池2个，粉刷墙壁面积1760平方米，购置双杠、乒乓球桌、羽毛球拍等体育器材，配备科技书籍、电脑等教学设备参与“客家酒堡”建设，投入资金近30万元，修建停车场2400平方米。新修龙关公路至“酒堡”道路200米和修筑旅游景点全部台阶。

交通运输行业管理进一步加强。2008年，全局加强交通运输行业管理，不断增加服务功能。一是完成“春运”工作。共检查车辆500多辆次、处理客运违章30多起，共投入客车110辆，完成客运量26.04万人次，比上年增长3.66%；完成旅客周转量1510万人千米，比上年增长1%。二是开展道路运输证的审验工作。共审验各种车辆1126辆，占73%。其中，货运车辆总数1358辆，已年审944辆，完成年审率75.58%；客运车辆总数97辆，完成年审率100%，出租车总数50辆，已年审48辆，完成年审率94%。危货车辆37辆，已年审37辆，完成年审率100%。三是开展道路客、货运与车站、维修、驾校等企业质量信誉考核和检查验收工作。县汽车站被评为省级“文明车站”，龙南县驾驶培训学校正在申报省级AAA企业。四是开展非法营运车辆的专项整治工作。共查处了26辆次违规车辆，查处无证经营旅客运输行为10起，有效地规范了客运市场。五是强化交通规费征收，全年共完成摩托车养路费471万元，占任务的120.77%，完成“两费”215.75万元，占任务的106.1%，合计征收686.75万元，超额完成市交通局下达目标任务。六是完善客运网络，共建设农村候车亭26个，区、乡客运站3个，通村客车14辆，更新客车15部，其中，高级客车10辆。全县41辆农村客运车辆，统一使用“农村客运　服务三农”规范标语39条。

招商引资与物流服务体系建设。2008年，引进赣州捷诚物流公司项目1个，已完成公司组建报批、规划设计和拆迁等工作，于5月18日举行了开工仪式，投资2860万美元，实际进资1418万美元。引进货物配送中心建设项目1个，投资5亿多元，其中，物流基础设施投资3亿多元，11月中旬开工建设。推进金塘物流服务中心和龙翔国际配送中心建设。金塘物流服务中心投资2亿元，占地面积20公顷，在完成一期4.7公顷赣粤物流商城工程建设的基础上，开展二期赣州捷诚物流中心工程建设，年底已完成拆迁任务和主体工程建设。龙翔国际配送中心项目投资2亿元，占地面积17.1公顷，年底已完成征地拆迁工作，正在砌筑沿江河堤。发挥道路运输协会的桥梁作用，对宏金达货运公司、安达危货运输公司采取扶植、服务、倾斜的政策。宏金达公司拥有车辆103辆，货运能力达680吨；安达危货公司拥有车辆38辆，新增6辆，新增货运能力120多吨，以上2家企业已被批准为规模以上企业。开展物流体系“三进”工作，组织货运企业与工业园企业签订货运合同，开展货运业务，实现物流与工业园企业双赢。

安全生产和综合治理。一是明确责任制。明

确安全生产单位一把手为责任人,与所属单位部门企业主要负责人签订安全生产责任状,落实安全生产各项措施。二是建立通报制。全年召开交通系统安全工作例会10次,安全生产形势分析会4次,做好值班,及时了解、掌握和通报安全生产信息。三是建立督查机制。重点抓好企业、码头、渡口安全生产隐患排查,加强特种行业持证上岗检查,有效地防范和遏制了安全生产事故的发生。四是开展交通行业专项整治。严厉打击违法行为,确保全年安全生产无事故。五是社会治安综合治理工作实现全年未出现违法违纪、越级上访和群体上访事件。与各企业主要负责人签订了社会治安综合治理责任书,把综治任务层层落实到每个人。建立排查机制,及时化解矛盾纠纷,确保社会稳定,为287名下岗职工办理医保。六是认真办理县"两会"期间的意见建议15件、37人次,及时调处信访案件,满意率达90%。

学教活动注重实效。在突出践行科学发展观学习教育活动中,一是开展抗冰救灾工作,共组织抢险人员60人次,印制宣传材料6000多份,调用车辆210班(辆)次,完成疏通维修道路86千米,清理塌方3500立方米。二是组织支援四川大地震重建捐款7.4万元。三是争先创优,先后开展争创"排头兵"、"渡改桥精品工程","客家酒堡"建设,"梦想龙南"、"金点子"、"思想之光领航科学发展"论坛等活动。2008年,市交通局荣获"全市交通工作先进单位"、"全市交通规费征管工作先进单位";市政府表彰的"全市交通工作先进县"、"全市物流工作先进县"等称号。

(龙南县交通局)

全 南 县

全南县位于江西省最南端,面积1520.64平方千米,有19万人口,辖9个乡(镇)、86个行政村,另有长城企业集团、茅山林场、天龙林业资产经营公司、省属大吉山钨矿等国有企业,是一个没有铁路、国道及航道的山区小县。全县共有136条公路,总里程为660.68千米,已通达村有82个,占95.35%,未通达4个,占4.65%。龙小线、全吊线、樟排线3条公路是全县通往广东省的重要交通通道,也是全县对接珠江三角洲经济圈的必经之路。

2008年,在全南县委、县政府的正确领导和上级交通部门的大力支持下,全南县交通局坚持以邓小平理论和"三个代表"重要思想为指导,全面落实科学发展观,围绕建设"四个全南"目标和交通工作"三个服务"要求,解放思想、开拓创新,团结一致、扎实工作,全面完成年度各项工作任务,推进交通各项事业发展。

1. 公路建设与农村公路养路。县重点工程南海大道1.114千米和南海转盘改建工程10月底全面完工。全年开工建设农村公路(含上年计划)19条,硬化里程68.2千米。连接全南工业园区与龙小线的黄龙大桥于2008年9月完成招投标工作,10月底开工建设,已完成工程量的40%,预计2009年10月完工,计划投资478万元。结合全南的实际,采取机动灵活的养护方式,聘请沿路村民养护县、乡道90.7千米。养护工作实行合同制管理,进行上岗培训;制定养护标准和评分方法,做到月查、月评,根据每月评分确定承包费。通过改革,大大地减少养护成本,提高养护质量,县、乡主干道完好率达90%以上,路容路貌有了较大的改观。

2. 交通运政管理。全县拥有营运客车44辆,客位1103座,日发117个班次,营运班线里程4417千米;拥有营运货车301辆,吨位628吨;拥有农运车、简易机动车82辆,营运拖拉机65辆。全年完成客运量148万人次,旅客周转量11960万人千米;完成货运量70万吨,货物周转量7125万吨千米。全县客运班线有发往广州、深圳、东莞、珠海、番禺、佛山、韶关、兴宁、始兴、翁源、南雄的省际班线,有发往赣州、龙南的市际班次和县内所有乡(镇、场)的县内班次,拥有跨省班线9条,跨县班线6条,县内班线7条,农村客运班线2条。2008年,建成农村客运候车亭12个,较好地满足了城乡人民群众出行的需求和经济发展的需要。开展客运市场整治专项行动,查处非法客运车辆6辆,规范客运市场秩序,维护群众安全和客运企业合法利益。圆满完成全县道路客货运输企业质量信誉考核工作。全年完成征收"两费"(运管费,拖拉机、简易农用车养路费)121.24万元,摩托车养路费237.4万元,"三费"合计358.64万元。

3. 交通安全生产。2008年，交通安全工作继续以强化道路运输和水上（渡口）运输安全管理为重点，认真贯彻中央、省、市、县安全生产的部署精神，坚持“安全第一，预防为主”的方针，本着重实际、重实效的原则，认真抓好交通安全生产工作。全年道路交通、水上（渡口）交通和公路建设实现安全零事故。

4. 精神文明建设。始终坚持“两手抓、两手都要硬”的方针，以加强和改进作风建设为重点，以建设“廉洁、勤政、务实、高效”的机关为目标，加强干部职工的思想作风建设、执法队伍建设，落实党风廉政建设责任制，积极推进惩治和预防腐败体系建设，狠抓机关效能监察和交通商业贿赂整治工作，积极开展民主评议政风行风活动，促进交通行业文明建设，取得了显著成绩。一年来，未发生公路“三乱”现象和其他违法违纪现象。一是开展“三强三促”活动，创交通党建特色。“三强三促”即：强化党建基础、增强党员能力、增强支部活力、促进交通廉洁、促进交通和谐、促进交通发展。二是加强信息调研工作，创交通宣传特色。在各类刊物共发表稿件130余篇，开通全南交通网站，举办了改革开放30周年全南交通成就展。三是加强自身建设，创交通管理特色。整修机关大院，配齐办公自动化设备，建立高标准的宣传长廊，机关面貌焕然一新，较好地树立了全南交通形象。

（全南县交通局）

定　南　县

定南县位于江西南部边陲，面积1316.49平方千米，辖7个建制镇，119个行政村。京九铁路穿越县境2个镇，设有国家二类口岸（一关四检）和客、货运站。赣粤高速公路穿越县境，并设有两个出口，交通事业发展前景十分广阔。

2008年，定南县交通局坚持以科学发展观为统领，真抓实干、抢抓机遇，顺利完成全年各项工作任务，实现全县交通事业持续快速发展。

交通基础设施建设成效显著。全年共完成交通固定资产投资4687.5万元，修建公路76.26千米。其中，修建通村公路70.4千米；修建东环北路、富田工一、工二、工三路5.86千米。完成续建项目11个，完成在建项目13个。至2008年末，全县公路里程达729千米，公路密度达0.55千米/平方千米，万人拥有公路量为34.71千米，全市在实现所有乡（镇）通水泥（油）路的基础上，79%以上的行政村通水泥（油）公路。

交通规费征收再创新高。全年完成上级下达的指标和任务，共征收“两费”124.4万元，其中，养路费73.8万元，运管费52.6万元。摩托车养路费征收218万元，比上年增长8%，创历史新高。

道路运输市场规范有序。农村客运网络发展显成效。通过农村客运线路服务质量招投标的3条农村客运线路，在正常运营一年后，2家农村客运企业进行质量信誉考核均达标合格。新建农村班线候车亭2个。定南县通达公交客运有限公司已在9月正式挂牌成立，拟投入25辆环保型公交车，设立公交站台54个。6月，对出租汽车客运市场进行了一次集中整治，12月，开展打击非法营运专项整治行动，对违反客运管理有关规定的行为予以坚决打击，确保全县道路运输市场秩序良好。圆满完成“春运”工作，共组织95辆大、中型合格车辆参加长途加班和包车业务，共完成客运量15.6万人次，旅客周转量1890万人千米，车站日均发车168班次，并保证“春运”期间无一起交通安全事故的发生。物流产业发展有新的起色。按照《定南县2008年物流体系建设工作方案》和《物流服务体系“三进”工作集中服务月活动实施方案》要求，确定全年的工作重点，扎实有效地开展了工作。定南县强化机动车检测有限公司于5月份开始运行。全年引进投资400万元，引进300个吨位以上规模货运企业2个（建邦物流公司和定南宏达物流有限公司）。新增货运车辆128辆，吨位410吨，新增仓储面积5000平方米，新开通3条省际物流专线，其中，通利物流公司成功通过赣州市规模以上汽车货运企业认定，取得自开票资格。至年底，有车辆52辆，600个吨位，占全县总吨位的61.7%。全县现有货运车辆445辆、计971个吨位，其中3吨以上的65辆、计491.5个吨位，3吨以下的380辆、计479.5个吨位。

新农村建设有声有色。按照中央20字方针和市委“五新一好”的要求，有效地推进新农村建设工作，取得了较好的效果。新农村示范点共投入资金33万元，惠及农户100余户，人口310人，共硬化2.7千米水泥路,硬化便道300平方米,门坪、檐廊827.2平方米,修建垃圾池1个,拆除危旧房、空心房5000平方米,拆除牛栏、杂间、老旧式厕所10余间,粉刷新旧房屋外墙2942.8平方米,砌下水道、排污管500米,改厕35户,饮用山泉水35户,清运垃圾10余吨,新建小康楼35户。示范点变成了绿树环绕、道路平坦、庄园整洁、瓜果飘香的"世外桃源"。

其他工作。做好九曲度假村旅游船舶的运输安全管理管理,协助九曲度假村景区创建为国家AAAA级旅游景点。2008年,全局被评为"全市物流工作先进单位"、"全市道路运输安全工作先进单位"、"全县十大体系建设先进单位"、"全县新农村建设先进单位"、"全县信访工作先进单位"、"全县人大代表建议、政协委员提案办理工作先进单位"、"全县政绩考评优秀单位"、"赣、粤、闽千里客家文化旅游长廊系列活动"暨"'东江源至九曲'生态旅游节筹办工作先进单位"等。

(定南县交通局)

安　远　县

安远县位于江西省南部,面积2374.59平方千米,下辖8镇、10乡。

2008年,安远县交通局以党的十七大精神为指导,以突出践行科学发展观、推进建设"五新"安远活动的开展为契机,团结一致、解放思想、抢抓机遇、实现全县交通事业又好又快地向前发展。

1. 交通基础设施建设实现跨越式发展。安远县交通局始终把公路建设摆在突出的位置,全面加快公路建设步伐。按照"科学合理、立足县情、适当超前、分步实施、有序推进"的原则,重点通过建设省道主干线,大力抓好县至乡通水泥(油)路、通村水泥路、通达工程建设,进一步完善了县域公路网建设,使公路状况有了明显好转。2008年,全局公路建设重点放在于都盘古山至龙布天心战备公路、城北大道拓宽50米工程、九龙大道西段、县城至孔田大围、城南大道工程,并加大通村水泥路建设力度,全年完成投资3663万元。公路养护及路政管理取得明显成效。一是加强县、乡公路养护力度,加大乡、村道养护管理指导工作,按照乡路乡养的原则,支持配合乡(镇)搞好公路养护工作,与各乡(镇)签订村道管养合同。二是加大路政法律法规的宣传和巡查,全年共悬挂宣传横幅5条、张贴宣传标语100多条,发放宣传资料2000余分。制止、清理占道违章230多起,立案调查7起和现场处罚50多起,有效保障公路的安全畅通。三是全面完成安远至寻乌公路13千米冰灾抢修、保畅通工作;完成高云山上濂桥危桥抢险加固维修工程;完成安远至寻乌公路(山川潭段)3千米路面维修工作,并对该段的安全隐患进行了整改。完成利园线、龙布至双芫、龙布至浮槎、镇岗至三百山、天心至长沙公路水段抢修工作。太平至南桥公路路面维修工程、虎岗至三百山(过桥垄段)路面下陷维修工程正在实施中。天心至崇坑公路、颠风至三百山(镇岗段)路面下陷维修工程制定了维修方案,并设置了安全警示标志。四是贯彻实施造林绿化"一大四小"建设工程,引进广东东莞客商投资公路绿化,已在盘天公路、双芫公路种植绿化树30千米。

2. 道路运输行业管理水平明显提升。一是加大打击无证经营车辆从事旅客运输的力度,查扣"黑车"60余部,严厉打击"黑车"的嚣张气焰,维护全县客运正常秩序。二是对运输企业、维修企业、驾校进行全面质量信誉考核,已经全部通过上级验收。三是完成客、货车道路运输证审验和客运班线复审工作。已审客车72辆,审验率达100%,货车256辆,审验率达96%,其他车辆540辆,审验率达92%。四是成功引进中幸物流公司,进一步做大做强全县物流产业。五是超额完成上级下达的征收任务,全年共完成"两费"征收任务152.1万元,摩托车养路费358.9万元。

3. 交通安全生产防控能力明显增强。一是健全交通安全责任体系,把落实安全生产责任制作为安全管理的一个重要环节来抓,建立横向到位,纵向到底的安全责任制,层层签订了责任状。二是提高企业对安全生产事故和突发公共事件的防范和应急处置能力,制订和完善了企业安全生产的应急预案,组建了应急队伍。三是确保责任到位、责任到岗、责任到人制度的全面落实,强化现场监管,坚持每月不少于一次深入到客运企业进行安全检查。四是开展渡口、渡船安全管理专项整治活动,严肃查处非法渡口、严厉打击各类非法载客行为;清理整顿渡运码头和渡口标志设置等。

4. 创建工作取得新亮点。以党的十七大主题宣传教育为契机，健全党风廉政建设责任制，强化党风廉政教育，增强广大干部廉洁自律意识，树立建设交通良好形象。2008 年，县交通局被市交通局评为“全市交通工作先进单位”、“国、省道（战备公路）建设先进单位”，被县委、县政府评为“党建综合第二名”、“新农村建设先进挂点单位”、“和谐平安创建工作先进奖”、“党管武装工作先进单位”、“支持社会事业发展先进单位”等奖项。

（安远县交通局）

寻 乌 县

寻乌县位于江西省东南边陲，交通便利，206 国道从北到南纵贯全县，直达广东。全县面积 2311.38 平方千米。辖 15 个乡（镇）、179 个行政村。人口约 31 万人。

2008 年，寻乌县交通局继续以建立廉洁、勤政、务实、高效的干部队伍为目标，深入开展突出践行科学发展观学习教育活动。全局工作井然有序，人员面貌焕然一新。在寻乌县委、县政府的正确领导下，同心同德、真抓实干，全面完成全年各项工作任务。

公路建设。全县已基本形成以城区为中心，以国省道干线为主骨架，农村公路为网络的承东启西、贯南通北、内畅外联、四通八达的公路网络。2008 年，共建设通村水泥路项目 23 个，建设里程 94.2 千米，完成县城至黄沙至晨光 35 千米三级公路油路面铺设，完成 206 国道澄江至县城路段的水泥路改造工程，完成龙吊公路改造工程，使连接广东兴宁罗浮的出口公路全线贯通。东江源头桠髻钵山连接会昌清溪公路与连接广东平远仁居的项山至聪坑公路已开工建设。积极协助做好济广高速公路瑞金至寻乌路段的工可和测设工作。至 2008 年末，全县公路里程 964.30 千米，农村公路里程 766.19 千米。

运输行业管理。进一步加强道路运政、公路路政、渡口安全管理。规范运输市场秩序，重点整顿客、货运输，提高班线服务质量。2008 年，共征收摩托车养路费 297 万元，征收运管费 46 万元，其他机动车养路费 41.2 万元。路政管理从严查处路政案件，结案率各项达 100%，并及时清除路障，确保公路运输安全畅通。渡口管理，查找整治各渡口隐患，加强安全监督检查，实现第 23 个渡运安全年。全年共完成客运量 103 万人次，旅客周转量 7088 万人千米。完成营业收入 1204.6 万元，同比增长 19.8%；上交税收 21 万元，同比增长 10.5%；实现利润 2.8 万元，同比增长 7.6%。县汽车修理厂完成产值 85 万元，同经增长 8.9%；上交税收 4.598 万元，同比增长 12.7%；实现利润 2.16 万元，同比增长 16.7%。

（寻乌县交通局）

于 都 县

于都县位于江西省东南部，辖 23 个乡（镇），402 个行政村，人口 9 万人。面积 2893.01 平方千米。国定重点贫困县。赣龙铁路穿越于都县境内。2008 年，全县有公路通车总里程 2558.15 千米。有 323、319 两条国道穿境而过，两条国道总长 91.94 千米。省道 54.24 千米/2 条；农村公路 2412 千米，其中，县道 378 千米/16 条；乡道 528 千米/57 条；村道 1506 千米/714 条。基本形成以县城为中心，以国道 319 线、323 线、省道银于线为主骨架，县道为支架，乡道为延伸的四通八达公路运输网络。已实现市至县通二级公路，有 23 个乡（镇）通水泥（油）路，有 395 个行政村通公路，行政村公路通达率为 98.3%；有 291 个行政村通水泥路，行政村公路通畅率为 72.4%。

2008 年，在于都县委、县政府的正确领导和赣州市交通主管部门的关心指导下，于都县交通局围绕“十一五”交通发展规划和县委、县政府“一个战略、一个重点、五大载体”工作要求，克难攻坚，真抓实干，交通基础设施建设稳步加快，渡改桥建设进展顺利，交通运输生产平稳发展，各项工作取得了新的进步。

乡村水泥路建设势头良好。全年完成水泥路面铺设 201.8 千米。实现 291 个行政村通水泥路。为使工作做到早谋划、早安排、早落实，2007 年底，就将 2008 年计划下发给各乡（镇），要求在梅雨季节前完成路基改造和垫层铺设工作,确保项目在计划年限内完工。同时,通村水泥路除采用“全县统一领导,乡(镇)负责协调,村(组)具体实施,计划滚动管理,规模总体控制,资金捆绑配套”的实施办法外,对“十五”前仍未改建的主干县道,采用“联合建设”模式,即由受益乡、村两级负责征地拆迁和路基改造,县负责路面铺设,从而减轻乡、村两级负担,受到群众的普遍欢迎。

渡改桥建设进展顺利。为消除贡江、澄江、梅江3江沿线诸多渡口的安全隐患,全县全力打好渡改桥建设攻坚战,决定在未来3年新建17座大桥、撤销21个渡口。2008年,完成渔翁埠、汾坑2座大桥建设;完成高滩、渡江、黄金3座大桥下部构造;开工建设峡山、曲洋、杨公3座大桥;梓山大桥完成施工图设计,进入工程招投标阶段;车溪大桥已完成施工图纸设计;石马、东坑、小溪口等3座大桥完成工可评审,进入初步设计编制阶段;朱田大桥已签订勘探设计合同,年底已进入工可编制阶段。

运输市场平稳安全。实现了2008年“春运”工作安全、畅通、及时、有序的总体要求。全力打击“黑车”专项整治工作,全年共查处违法从事营运的面包车、轿车102辆次,有效遏制了非法营运车辆载客行为,“打黑”工作受到了市局领导的肯定;在全市率先成立禾丰农村客运公司,专门从事乡村旅客运输,极大地方便了农村群众的生产、生活和出行。2008年,全县拥有营运客车273辆,7336个客位,拥有营运货车625辆,计817吨位。全年共完成客运量462万人次,旅客周转量26090万人千米;完成货运量140万吨,货物周转量8223万吨千米。

新农村建设再见新貌。切实履行新农村建设部门职能,强化技术指导,狠抓质量监管,严把工程验收关,稳步推进新农村建设点改路工作步伐。全年共新修通组路143千米,通户路132千米。继续加大对挂点梓山镇河坑新农村建设点的扶持力度,派出新农村建设工作队进驻河坑新农村建设点,积极指导、支持和配合河坑村扎实开展新农村建设,取得了较好的成效,全年投入资金40余万元,新修通组路2500米,通户路1000米,外墙粉刷8000平方米,新建牛猪栏32间。

规费征收稳中有升。全年共征收摩托车养路费724万元,征收总数列全市前列;共征收“两费”255万元;共征收于银公路通行费1300万元,比上年增收24万元。

物流体系建设成绩喜人。为加快全县物流体系建设步伐,局主要领导经常深入实地调度指导物流中心建设,及时协调解决有关问题和困难,做好建设场地征地、农户安置、货运(仓储)站所建设协调服务、“三通一平”等各项前期工作,经过多方共同努力,于都县华海物流配送中心于5月25日开工建设,全年累计完成投资800余万元,平整土石方13万立方米。加大对于都龙腾汽车客货运输公司的扶持力度,使之全年完成客运量243万人次,完成客运营业收入6005万元,实现上缴税费79.5万元。

(于都县交通局)

兴　国　县

兴国县位于江西省中南部,面积3215平方千米,辖29个乡(镇、场),人口约75万人。京九铁路贯穿南北,境内长50余千米,设有四级客站3个,三级客站1个,三级货站1个。全县公路通车里程2196千米。厦门至成都的319国道和正在建设中的泉(州)南(宁)高速公路双双由东向西北穿越县境,西北与赣粤高速公路、105国道相连接,东、南分别与206、323国道交会,境内兴赣(州)、兴宁(都)、兴永(丰)、兴万(安)等骨干公路(均达四级标准以上)四通八达,客、货运输十分方便快捷。境内的县、乡主干道已全部铺设水泥(油)路面,均达四级以上公路标准。全县100%行政村通公路,92%通村公路铺设了水泥路面。经过4年新农村建设。全县有60%以上的行政村通了班车,全县广大农村的交通条件得到了极大的改善,为农村的快速发展和农民的致富创造了必要的交通条件。

2008年,兴国县交通局在兴国县委、县政府的正确领导下,在上级交通主管部门的业务指导下,狠抓交通运输基础设施建设,在行业管理、交通安全、规费征收、机关建设等各个方面均取得较好的成绩。全面完成县委、县政府及市交通局下达的年度目标任务。

交通基础设施建设:2008年,全县共完成公路建设投资6576万元,硬化373.2千米农村公路。其中,硬化39条、计153.2千米通村水泥路,完成投资4596万元,新增12个行政村通水泥路,全县行政村通水泥路率达92%;硬化304个新农村建设点计220千米村组主干道,完成投资1980万元。枫边至东固、兴江至蔡江、社富至秀山3条出县公路路面硬化,年底全部完工。泉南高速公路兴国段于9月开工,施工进展顺利,年底主线完成土石方挖填610余万立方米;至县城互通连线鼎龙杞下至澄塘桥段二级公路于11月25日开工,已完成土石方1.5万立方米,软基处理5000余立方米。风水文化村梅窖镇三僚村的改路与附属工程全面完工并已交付使用。至2008年末,全县公路通车里程2196.48千米(不含村组简易公路),其中:国道1条(319国道)、计65.37千米,省道2条(兴江线、贺高线)、计55.63千米,县道13条、计442.85千米,乡道20条、计206.8千米,全县有1292.92千米完成水泥(油)硬化路面。全县渡改桥项目建设进展顺利。东村河背桥于2008年2月全面竣工;龙口镇睦埠渡改桥于2008年1月开工,已完成1座桥墩的浇筑与7孔桥墩桩基础建设;埠头古竹渡改桥项目完成二阶段初步设计及施工图设计,已进入招投标工程程序;龙口大窖和源头2个渡改桥项目已完成工可编制并已通过省专家评审。

公路养护及路政管理。县管公路:2008年,县管公路养护管理继续实行县管乡养、以奖代补的政策,在当年征收由市局返还的拖拉机、摩托车养路费中解决奖补经费,形成奖勤罚懒的激励制度,并注重加强对各养护队伍的建设和管理。全年创建的3条、计52.15千米文明样板示范路,均基本达到要求。至年底,县、乡公路好路率县道达80%、乡道达64%。抓好对毁坏路段和桥梁的及时修复,全年新建水毁公路护墙150米/8处,加固修复桥梁基础、锥坡1座,修复盖板涵洞13米/3座,修复破损水泥路面110平方米/3处,正在重建桥梁1座(兴莲乡枫树坪桥)长52.28延米,拓宽贺枫公路路基、路面2千米(原路基3.5米),对高兴至茶园、良村至南坑、新开岭至兴莲、贺堂至枫边、兴国至宝山五里隘路段等5条县至乡公路实施拓宽,设置公路防护栏(墩)等安保设置。共计挖除土方6132立方米、石方14962.5立方米,设置公路防护栏400根,防护墩82只。对兴国至鼎龙、兴国至永丰2条路面进行经常性路面坑槽填补,填补面积18763平方米。全年清理各县、乡公路塌方4160余立方米。投入公路水毁安保资金163万余元。公路绿化“一大四小”工程建设进行了周密安排,全年县、乡公路共种植路树8000余株,新增绿化里程72千米,完成公路沿线两侧绿化整地20.67公顷,打穴3.5万余穴。路政管理:全年上路巡查150天次,制止与处理违章246起,组织较大宣传活动2次,宣传车上路宣传15天次,发放宣传单4500余张,张贴公告120张,悬挂宣传横幅90条,利用电视台播出4次,查处路政违法案件97起,处理84起,清理公路堆放障碍物260处,清查处理占用、公路用地面积2700平方米,查处危害公路桥梁安全的抽沙场1处,查处违章车19辆。全年竖立大型路政宣传牌2块,审批办理路政许可证27份,签订路政合同29份。市管公路:兴国公路养护公司按照“预防为主、防治综合”的原则,5月中旬,在319线K565－K566、兴江线K9－K10两个路段先行实施预防性养护,铲除高路肩、疏通排水沟、处治桥头跳车、采用新工艺处理路面网裂、龟裂等病害,对水泥进行灌缝。全年油砂封面共计17284.5平方米,水泥混凝土路面灌缝53.84千米、修补48座桥头跳车,沥青路面修补面积235.2平方米。修复塌方19765立方米,修复冲毁沥青路面285平方米/0.17千米,修复冲毁路基14780立方米,挡土墙6550立方米,涵洞1道,路基缺口2209立方米。兴江线全线20.5千米种植樟树2046株、杜英4022株,古高线13.4千米种植湿地松5000余株,319线补种杨树10600株。兴江线植树打穴9000个,复绿线打穴1800个,古高线打穴26000个,319线打穴2.1万个,雄邮线打穴6000个,黄大线打穴15000个,上三线打穴3万个。全年共清理水沟224231米,整治路肩203914平方米,整治绿化带698800平方米,清扫路面177305平方米,疏通清理涵洞940道,除草598596平方米,挖补坑槽359.1立方米,刷白路树197.41千米,刷白桥涵3248.09米,修复栏杆50米,保证了公路养护的全面到位。市养公路年平均好路率达87.5%,比市公路局下达的指标高出1.5个百分点。路政管理:全年共清理拆除非交通标志牌40块,清除路面堆积物661立方米/218处,清理古高线、上三线公路沿线侵占公路用地28000平方米/40千米,制止和查处违章92起,处理损路案件32件,办理临时占用行政许可8处,收取路产赔(补)偿费185451万元。完善恢复公路交通安全设施标志、标牌、安全桩102块。全年实现路政案件查处率100%、结案率100%、文书使用率100%、法规适用准确100%、执法程序正确率100%。

道路运输市场与管理。2008年,全年共完成客运量209万人次,旅客周转量22990万人千米;同比增长0.7%和0.9%。完成货运量206万吨,货物周转量14109万吨千米,同比增长5.1%和6.8%。全县拥有营运汽车2257辆,其中,载客汽车235辆、计5394座位(含出租车60辆,计300客位);载货汽车2022辆、计2771吨位。新增货车269辆、计327载重吨。全县行政村通班车率达81%。全县有客运站7个。其中,二级站1个,三级站6个,平均日发班次279.5班次,平均日旅客发送量5726人次。全县有机动车维修企业72户,其中,二类维修企业4户,三类维修企业32户,摩托车维修业户36户。全年完成汽车整车修理13辆次,总成修理598台次,二级维护1192辆次,专项修理33780辆次,维修救援72辆次,业务量共计36155辆(台)次。全县有机动车驾驶员培训业户3户,均为二级业户,有教练员75人,管理人员20人,从业人员95人,全年培训各类驾驶员2100人次。全县有道路客运线路88条,其中,跨省线路18条,平均日发7.5班次,跨市线路7条,平均日发16班次,跨县线路8条,平均日发36班次,县内线路55条,平均日发220班次。全县乡(镇)通班车率100%,全县373个行政村有212个村通班车。农村客运班线60条,日发班车246班次,农村客车77辆、1437客位,其中,中型车14辆、计322客位,小型车63辆,1115客位,全年完成农村客运量121万人次,旅客周转量4235万人千米,全年完成农村客运站建站2个,完成投资79万元,完成村级客运候车亭37个,完成投资44.4万元。全县有道路危险货物运输业户1户,危货运输车辆10辆,计296吨位,其中,重型车10辆、计296吨位(含罐车2辆、计67吨位)。全年报废汽车41辆,其中,中型客车2辆,大型货车3辆,中型货车2辆,小型货车34辆。全县共有道路运输业户774户。其中,旅客运输经营业户8户,货物运输经营业户766户。有道路运输从业人员3008人。其中,客运经营从业人员448人;货物运输从业人员2224人,其中,驾驶员2122人,场站经营从业人员117人;有机动车维修从业人员124人,机动车驾驶培训从业人员95人。

交通规费征收。2008年,县交通局共征收交通规费983.4325万元。其中,拖拉机养路费133.2万元,运输管理费101.1万元,摩托车养路费718.275万元,摩托车养路费滞纳金30.9575万元。均完成或超额完成年度征收任务。兴国319国道公路管理处全年共征收车辆通行费1920.6万元,比上年同期多收344.2万元,增长21.8%。

交通企业经营。2008年,县交通局下属企业运转正常,并随着全县经济发展,经济效益稳步增长。县汽车站全年实现营运收入2280万元,上交税收30.6万元,比上年分别增收280万元和11.4万元,同比增长12.5%和59%。县汽车运输有限责任公司实现营运收入37.8万元,比上年略有减少。县搬运队实现营运收入92万元,上交税收2.9808万元,分别比上年增收24万元和减收7790元。

交通安全管理。一是建立层级安全管理责任网络,签订部门领导安全生产工作责任状9份,督促有渡口乡(镇)签订乡、村,渡工安全责任状39份,督促运输企业和司乘人员、管理人员签订安全责任状179份,把安全责任落实到车、船和个人。客运站(场)安全监督以客运安全管理为重点,把好车辆维修质量关,严格查堵危险品进站上车,坚决阻止客车超载出站,确保全年客运安全无事故。渡船、渡口管理。2008年,全县保留渡口5处,渡船15艘。其中,钢质机动渡船12艘,木质人力渡船3艘,渡工18人。经上级年度检查验收,各渡口(含渡船)均合格达标,水上交通安全继续实行层级负责,上下齐抓,勤检查严监督,发现隐患不放过,实现又一个渡运安全年。

其他中心工作。一是紧抓社会治安综合治理和维护社会稳定工作,坚持领导陪访、接访、下访制度,全年共对企业、下岗困难职工、服务对象展开矛盾纠纷排查12起,办理信访件、上级督办函、领导批示件、网上信函106件、接访63人次,有效化解了矛盾纠纷。全年交通违章行政处罚案件无一例行政复议或行政诉讼,也未出现集体上访事件。认真做好人大建议和政协提案的办理工作，全年共承办议案44件(人大代表建议33件、政协委员提案11件)，办结率、回复率、满意率和规范率均达到100%。二是新农村建设、招商引资等中心工作成效明显。2008年，县交通局共投入资金15.57万元，硬化村组主干道1.1千米，拆除老旧栏厕85间，粉刷房屋37户、共7900平方米，扶助大棚蔬菜种植户2户，搭建大棚0.2公顷，扶助生猪养殖专业户3户，选送10位农民参加农函大学习，为新农村建设点增强发展后劲创造条件。全面完成招商引资任务，全年共引进外部投资项目3个，进资600余万元和50万美元。交通精神文明建设。积极支持配合全县"三城同创"活动，开展"人民群众满意机关"和"人民群众满意执法单位(窗口、站、所)"、"青年文明号"创建活动，组织实施行政服务绿色通道创评活动。坚持正确舆论导向，加强新闻报道与舆论宣传工作。2008年，全局共在各类传媒直物上发表稿件131篇，其中，省部级以上刊物2篇，地厅级刊物34篇，县处级简报及媒体稿件95篇。荣获省交通厅授予的"文明单位"称号。

(兴国县交通局)

瑞 金 市

瑞金市位于江西省南东部，面积2448平方千米，辖7镇、10乡、223个行政村，人口62万人。319、323、206等3条国道在市区交汇，济广高速公路鹰潭至瑞金段和厦蓉高速公路瑞金至赣州段、隘岭至瑞金段2008年开工建设，2009年建成通车，届时瑞金将形成"十"字型高速公路枢纽。已于2005年4月通车的赣州至瑞金至龙岩铁路连接鹰厦、京九、京广3条铁路，瑞金站是赣龙铁路线上最大三级客货站；向塘至汕头铁路南丰至瑞金至梅州段已经被列入江西省"十一五"规划，建成后将在瑞金形成铁路"十"字型枢纽。航空有赣州、连城2座机场可供使用，拥有1个林用机场，年底正在积极争取建设1个民用机场。

2008年，瑞金市交通局在瑞金市委、市政府的正确领导，在上级交通主管部门的大力支持下，以科学发展观统领工作全局，按照全市经济工作会议和全省交通工作会议的部署要求，坚持以交通基础设施建设为中心，抓好交通行业管理，落实党风廉政建设责任制，推进交通依法行政，较好地完成了全年的各项工作任务。

交通基础设施建设。农村公路建设：全年完成投资2325万元，与上年相比，增加投入665万元，其中，村村通公路80千米，完成投资1600万元；新农村主干道路硬化40.275千米，涉及新农点141个，完成投资605万元；修复丁陂乡萍塘桥、云万公路、壬日公路、云九公路等水毁路段，并在沙九公路石罗岭崠、九堡至岗面公路黄土坳崠、云石山河树崠等危险路段设置了防护墩和警示标志，共计投入120万元；冈面至沙心公路、云集至合龙等9条、计23千米县通乡公路改造，于年底开工建设。渡改桥建设：绵江河流域原已停工的武阳镇国兴松山下大桥、陈布大桥，谢坊镇乐村大桥、石壁湖大桥等4座渡改桥全部复工；梅江河流域丁陂乡白溪大桥10月份完成工程招投标，11月份开工建设，预期2009年12月底完工。农村客运网络化建设：全年已建成候车亭52个。申报2009年候车亭建设50个。建成农村客运站1个，在建1个。申报2009年客运区、乡站2个。试行农村客运"村村通"，对武阳镇、云石山4个农村班线通过服务质量招投标，新开通农村客运班线3条，不断拓展和完善农村客运网络。

道路运输市场管理。一是加大稽查力度，狠抓源头监管，全年查处纠正违章200余起，全市运输经营违章现象得到有效遏制。二是妥善处理出租车行业矛盾和纠纷，通过法律、法规宣传教育，使出租汽车业户自律性明显提高，遵章守纪，热情服务。三是继续开展维修市场整顿，通过安装远程监控系统，进一步规范车辆二级维护，加快维修行业信誉监管考核体系。四是签订《瑞金市机动车驾驶员培训学校自律公约》，制止无序竞争，全市驾培市场走上良性发展的轨道。五是加大物流服务体系建设。编制全市物流产业发展规划，对综合物流园区进行规划设计。设立城西物流配载中心，创建瑞金物流网，构筑物流服务体系建设信息平台。

交通安全生产。一是加强港航管理，严格审批制度，严把市场准入关，深入港口、库区检查、指导、规范其运作。二是规范和整顿港口航运市场秩序，针对节假日水上客流量增多的特点，主动放弃节假日休息时间,派员到码头把好源头关,与海事处、安监局、旅游局等相关部门联合检查。严禁超载运输,确保航运安全。三是高标准、严要求地做好第三次全国港口普查工作,为瑞金港区规划工作奠定了良好的基础。四是大力争取罗汉岩风景区水上旅游码头建设项目,不断拓展港区服务功能。五是健全安全管理体系。严格按照"7级网络责任制",建立健全渡口、渡船、船工、撤渡建等档案,并规范化管理。六是认真开展专项整治。突出检查、教育、整改、取缔、巩固各个环节,对全市乡(镇)河流、库区、船舶、渡船、道路运输企业进行事故隐患排查专项治理行动,全年累计执法检查200余次,查出隐患9起(其中,非法渡运3起)。七是建立健全客、货运输安全保障体系。强化源头管理,将道路运输经营者安全生产条件作为经营许可重要内容,完善各类安全生产管理制度。落实节假日、雨天、雾天安全防范措施,确保行车安全。八是加强公路、桥梁施工安全监管力度,层层落实施工安全责任,完善安全设施和预防措施,确保工程施工安全。全市交通行业安全形势总体平稳,全年未发生一起重大以上行车和生产事故,实现18年保持渡运安全全年的记录。

交通规费征收。瑞金市交通局认真按照年初制定的"突出任务抓举措,突出目标抓管理,突出执法抓规范,突出创建抓行风"的总体部署,加强稽查征收,实现交通规费全面增长。全年规费征收650.95万元,比上年增收98.45万元。其中,运管费114.3万元,占年度计划114.3%;拖养费79.1万元,占年度计划175.8%;摩托车养路费433万元,占年度计划94.1%;港务费24.55万元,占年度计划122.8%。

机关效能建设。坚持"标本兼治,综合治理、惩治并举、注重预防"的方针,以责任制落实为抓手,全力推进党风廉政建设,机关效能大幅提高。一是实行"一把手"岗位监督,公开服务承诺,主动接受社会各界监督。二是实行劳动纪律督查,督查职工出勤以及政风行风等情况。三是实行财务内部审计,加强财务监管,坐收坐支、招待费超标的现象得到及时纠正。四是建立交通工程建设廉政监督档案,局纪委参与工程招投标、质量监理、竣工验收等重要环节,规范工程监管,提高建设质量。五是开展廉政文化进机关活动,以文化活动为载体,在办公楼楼道、办公室、会议室等地方悬挂廉政格言、警句、书画,制作廉政提示卡,提高廉政文化的影响力。同时,举办廉政文化知识竞赛,大力弘扬廉政文化,提高廉政文化的渗透力。

中心工作创新创特。2008年"春运",遭遇百年难见的冰雪恶劣天气,造成交通阻塞、人员滞留、建筑受损、作物受冻。面对突如其来的灾害,全局迅速启动应急预案,科学组织运力,合理调剂线路班次,抗冰冻、保安全、保畅通。整个"春运",共投入客运车辆208辆,计4697个座位,安全发送旅客37.03万人次,无一旅客被滞留受冻,保障交通运输安全、平稳、有序。同时,积极征调10部大吨位车辆到福建抢运电线杆,及时向受灾乡(镇)输送恢复通电物资。2008年5月14日,北京"奥运"火炬在瑞金市的传递,全体交通干部、职工以饱满的工作热情和只争朝夕的昂扬斗志,共征用102辆汽车、138名驾驶员,车辆转场无一差错,火炬传递安全顺畅。争资金争项目。全年落实项目资金达1661.19万元。同时,通过招商,与广东惠来客商发展立体养殖业签订投资意向协议,实际进资502万元。新农村建设。投入5.3万元资金用于村庄整治,改厕22户、改水22户、改路475米,墙壁粉刷5000平方米,余坪硬化2300平方米,村居环境得到有效治理。拨付2.7万元扶助资金,帮助修建1条长近300米,宽0.5米的公共水沟,彻底解决了排水难问题。

(瑞金市交通局)

会 昌 县

会昌县位于江西省东南部,面积2722.17平方千米。辖19个乡(镇),256个行政村。至2008年,全县公路总里程1349.14千米,其中,二级公路159.5千米,四级公路535.75千米,等外公路655.9千米。19个乡(镇)全部通水泥(油)路,乡(镇)通水泥路率达100%。278个行政村265个通公路,占95.3%。会昌河流交错,水系发达,有大、小河流319条,乡、贡、濂、澄、绵江为全县5大河流,河流总长1726千米,河网密度为每平方千米0.64千米。

2008年,会昌县交通局在会昌县委、县政府和省、市交通行业主管部门的正确领导下，以科学发展观为统领，强化管理，加强监督，做好服务、迎难而上，中心工作卓有成效，全面完成全年各项工作任务。

1. 交通工程建设。高速公路建设进展顺利：瑞赣高速公路沿线征地拆迁工作已全面完成，公路施工已进入第三施工阶段。积极做好瑞寻高速公路前期工作所需各项资料收集报送工作，配合技术部门做好各项调查工作，瑞寻高速会昌段初设完成。干线公路建设稳步推进：加快县域内干线公路建设，筠门岭镇至寻乌交界处（盘古）路段水泥路面改造已全面完工并投入使用。战备公路周版线主体已全面完工并投入使用。珠晓公路，全长19.2千米，水泥路面宽4.5米，投资600万元，已全面竣工并投入使用。通过公路工程建设向纵深延伸，全年完成通村水泥路106.1千米。改渡建桥全面铺开，全县共有渡改桥项目21座，是全县未来3年交通基础建设的重头戏。7个渡改桥项目建设已全面铺开。重点工程建设：同济大道为城市道路三级沥青砼路面，计划投资1679.08万元。2008年，已完成4千米大道路基的填筑，路面完成长2.2千米、宽14米主干道铺设，累计完成1191.8万元。小湾至汉仙岩旅游公路为6.38千米，投资445.9万元，按三级公路大修，已全面竣工。筠门岭至寻乌三标乡公路为三级公路27千米，工程计划投资1659万元，已完成总工程46%，路基土石方完成98%，桥涵完成71%，完成投资767万元。

2. 运输服务保障能力。加强宏观调控和政策引导，大力发展客、货运运输。2008年，全县淘汰高耗、陈旧的客车10辆，新增5辆客运车辆。至年末，全县拥有营运货车25辆、计613吨位，拥有客车159辆、计2958客位。全年完成客运量258万人次，旅客周转量20165万人千米；货运量158万吨，货物周转量4839万吨千米。大力发展物流产业，草拟《会昌县加快现代物流发展的实施意见（讨论稿）》，组建2家物流企业，全县新增货运车辆60辆，计187个吨位，增加农用车108辆，108个吨位。加快农村客运建设，通过招标方式，已新开通县城至晓龙、县城至站塘等2条农村客运班线。新建周田和高排2个乡（镇）客运站，在乡（镇）公路沿线建成42个乡、村候车亭，至此，全县共有候车亭62个。加强对客运驾驶员的教育和管理，对所有客运驾驶员进行集中教育，提高驾驶员遵章守法的意识。

3. 安全生产卓有成效。一是提高思想认识。抓安全就是对党负责、对人民负责。坚持“安全第一，预防为主”的方针，努力营造一个“人人关爱生命，人人关注安全”的良好舆论和工作氛围。二是切实加强领导。建立健全安全生产领导小组，明确1名班子成员专抓。三是抓好宣传教育。通过张贴标语、悬挂横幅等形式，宣传《中华人民共和国安全生产法》、《中华人民共和国内河交通安全管理条例》、《中华人民共和国危险化学品管理条例》、《中华人民共和国道路运输条例》等交通安全法律法规，增强人们的安全意识。四是加大检查力度。定期召开安全生产例会，做到有安排、有检查、有落实、有结果。五是建立健全县、乡、村、渡工4级安全管理网络，层层签订水上安全责任书，明确职责，加强监督，确保实现第23个渡运安全年。全年道路运输未发生一起重大责任事故。

4. 行业管理水平提高。交通运输市场进一步规范。坚持对全县的客运、出租、危险品运输车辆现场监管，全力打击非法营运车辆，净化道路客运市场。公路养护管理水平进一步提升。以“规范、创新、发展”为重点，以保障公路畅通、提升公路文明形象为目标，出台了《会昌县农村公路养护管理办法》。2008年年初，全县遭受罕见的冰雪灾害，农村公路受到不同程度的冻害，全局立即投入抗灾除险工作中，争取资金，及时修复道路，保障公路畅通。安全法制工作进一步落实。构建安全保障体系，推进以平安工程、平安运输、平安队伍为重点的“平安交通”交通。层层落实安全生产责任制，出台危货运输事故应急预案和开展打击安全生产非法违法行为专项行动。结合民主评议政风行风，加强职工法制教育，巩固治理“三乱”成果、完善监督网络、快速查处三乱机制，全年未出现违反“十个严禁”行为及公路“三乱”行为。

5. 规费征收排难前行。2008年，由于受冰冻雪灾恶劣天气等影响，规费征收形势不容乐观，针对这种情况，调整征费工作方式，组织2组稽查队，利用双休日下乡联合稽查，加强摩托车税费征收和重点打击“钉子户”，全年共征收规费564万元，其中，完成摩托车养路费征收464.5万元。

6. 党风建设取得新成效。扎实开展“突出践行科学发展观”学教活动,一是精心组织,深入宣传。开辟学教活动专题宣传栏、悬挂宣传标语、制作公示栏等,积极组织在县学教办、《新会昌周刊》等处投稿,党员写出实践活动心得体会,在学习园地张贴。二是加强领导,强化措施,抓好落实,确保学教实践活动不“走过场”。突出重点、破解难题、主题调研、案例剖析,实事求是开展主题实践活动。三是加强党风廉政建设。制订完善《会昌县交通系统惩治和预防腐败体系实施方案》和《建立健全惩治和预防腐败体系2008～2012年工作规划》,深化机关效能建设,开展领导干部预防职务犯罪专题讲座、组织共产党员示范岗活动。开展治理建设项目招投标、工程转包、质量监督等重点环节的商业贿赂行为,严格执行民主集中制,深化反腐倡廉制衡机制。四是行业文明取得新发展,交通形象有了新提升。结合全县开展的创建“省级示范文明县城”活动,在被评为省级“文明单位”的基础上,丰富和发展了“艰苦创业、自强不息、开拓创新、自觉奉献”的交通精神和整体素质,为交通发展提供强有力的精神动力和思想保证。五是交通服务意识进一步增强。认真办理人大建议和政协提案,全年共办理人大建议和政协提案22件,满意率和基本满意率达100%;办理书记信箱、县长信箱电话和人民群众来信来访73件,反馈率、结办率97%。六是坚定不移地建设社会主义新农村,抓好新农村建设帮扶点公路建设。2008年,支持周田镇半岗村游古洞新农村建设,投入资金38万余元,其中,拆除旧房12427平方米,房屋整修13888平方米,改厕32户,改水38户,新农村公路建设1.8千米。新农村公路改造计划为宽4.5米的56.44千米,宽3.5米的7.39千米,宽3米的18.27千米,年底已完成路基改造量的95%,完成路面65.66千米,完成投资预借156.842万元。

(会昌县交通局)

石 城 县

石城县地处江西省东南部,面积1581.53平方千米,辖5镇、5乡、131个行政村、9个居委会、1877个村民小组,人口30.3万人。主河道琴江河自北而南贯穿全境,境内支流密布。赣江起源于石城县寮河。截至2008年底,全县公路总里程达1305.25千米。按行政等级分,有国道63.02千米,省道20.16千米,县道225.29千米,乡道112.76千米,已通水泥(油)路334.2千米,占公路总里程的25.56%;村道883.81千米,已通水泥(油)路533.31千米,占总里程的60.34%;境内公路密度为百平方千米55.88千米。按技术等级划分,有二级公路68.34千米,占公路总里程的5.23%;三级公路11公里,占公路总里程的0.84%;四级公路287千米,占公路总里程的21.96%;等外公路941.33千米,占公路总里程的77.3%。全县有公路桥梁270座、计8028.52延米。其中,大桥13座、计1894.82延米;中桥67座、计3462.1延米;小桥190座、计2671.6延米。全县100%的乡(镇)通水泥(油)路,140个行政村有127个行政村通公路,通公路率达90.71%;117个行政村通水泥路,通水泥路率达83.6%。

2008年,石城县交通局在石城县委、县政府的正确领导下和上级部门的关心指导下,以邓小平理论、“三个代表”重要思想为指导,突出践行科学发展观,围绕县委、县政府“129”工作目标,抢抓机遇,攻难排艰,苦干实干,交通各项事业均取得良好发展。

公路建设续写辉煌。全年完成农村公路路基改造129千米,超年计划数60%;路面铺设109千米,超年计划数35%。新增23个行政村通水泥路,新建乡、村便民候车亭9个,完成投资3260万元。重点公路工程进展顺利。秋溪至洋地、王竹甲至桥头错车道工程、沙口坝二桥新建工程、丹阳桥至河东公路、通天寨山顶续建工程等5个项目已全面竣工,完成投资327万元。桥头至赣江源、樟坑至梅花寨公路已全部完成路基铺设,完成路面铺设1.1千米;水庙至赣江源公路按时开工,计划2009年3月竣工。王竹甲至铁长公路改造和岩岭至河龙公路工程均完成工可编制和报批工作,完成内业设计,进入施工图报批阶段,并上报省交通厅。农村公路管养全面加强。年初冰冻害害及5、6月份洪水灾害,使全县交通基础设施严重受损,损失达720万元。尤其是岩岭、洋地路段,冰冻期间严重受阻,县局派出精干人员组成应急分队,全力抢险,排除灾情,确保交通安全畅通。根据《石城县农村公路养护管理办法(试行)》,积极督促各乡(镇)加大公路养护管理力度,强化养护措施,确保公路养护质量。2008 年,县投入财政转移支付养护经费 50 万元。至年末,全县公路养护好路率达到 72.92%,其中,省道 77.37%,县道 80.35%,乡道 57.53%。公路绿化取得突破。成立了县交通局"一大四小"工程工作领导小组,制订了实施方案,开工整地打穴,确保县、乡、村公路通道绿化走上正常化轨道。

运输市场繁荣稳定。一是搞好服务,培育壮大运输市场。2008 年,客、货运力持续增长。新增货运企业 3 家,新增载货汽车 82 辆、计 207 吨,更新客车 1 辆、计 37 座,新增农村客运班线 2 条,城区公交车班线已正式签订合同,11 月底已全面开通。至年末,全县拥有营运车辆 767 辆,其中,客运车辆 105 辆,货运车辆 662 辆。二是加强监督,客运市场平安有序。健全客运安全管理网络,层层签订运输安全责任状。强化汽车客运站源头管理,安排 2 名运管员驻站现场办公,协助车站做好客车安全检查,查堵"三品"上车,确保旅客乘车安全。加强出租车行业监管工作,化解公司与承包者矛盾,督促加强日常监管。加强机动车维修行业监管,认真检查各维修企业证件,确保营运车辆技术状况良好。加大稽查力度,严厉打击非法营运现象,全年共处理非法营运事件 20 起。三是物流中心建设加大步伐。确定琴江镇古樟树蛤蟆墩为物流中心建设用地,开展项目调查论证工作。6 月中旬,组织县物流体系建设人员,分别到龙南、高安等县对现代物流产业发展和物流载体建设情况进行专题调研。至年底,已进入工可论证阶段,正在积极落实投资商。

扎实抓好规费征收。由 3 名副所长带队,组成 2 个分队,分别负责摩托车代征和农用车"两费"征收工作。在全社会加强摩托车规费征收的宣传力度,通过电视等媒体向社会进行广泛宣传。强化激励机制,实行规费征收风险金制度,充分调动收费人员的工作积极性,全面完成规费征收任务。

水上交通态势良好。一是落实渡运安全责任制,组织签订县、乡、村、渡口 4 级安全责任状。二是结合实际,落实渡运安全定期排查制、渡船管理制、信息报送制度,确保人民群众的乘渡安全。三是以安全生产百日督查活动为契机,注重定期和不定期排查安全隐患。四是抢抓省、市渡改桥这一良好机遇,确保屏山长江大桥、大由徐坊坝大桥全面竣工通车。大由龙头渡口完成工可报告,等待上级主管部门批复。

中心工作卓有成效。一是争资争项成效明显,全年共争取资金 2000 万元。二是招商引资工作取得突破。全年,在招商工作组的统一组织下,引进瓷矿开发、氟化工、钽铌矿综合开发、硅冶炼等矿产品加工或探矿项目,总引资 3000 万元以上,实际进资人民币 500 万元,港币 235 万元。与广州天高集团签订的松崖锡矿开发项目拟投资 8000 万元,年底已签订合约。三是新农村建设取得新进展。指定 1 名班子成员具体负责,并配备 1 名专职干部。提供技术保障,公路站技术人员分成 2 组,下到各乡(镇)无偿提供技术服务,解决新农村建设改路过程中出现的问题,确保工程质量。四是积极做好高田镇高田村帮扶工作,共投入扶助资金 5 万元,并积极为县争取改路资金 190 万元。

队伍素质全面提升。在县委、县政府的具体指导下,深入开展学教活动,精心安排学教内容,加强理论学习,强化监督检查,注重学习效果,破解发展难题,科学谋划,营造良好氛围。继续深入扎实开展民主评议政风行风工作,狠抓意见建议的整改落实,切实转变工作作风,增强广大干部、职工的工作积极性,树立交通人的新形象。

(石城县交通局)

宁　都　县

宁都县地处江西省东南部,面积 4053 平方千米,人口 73.5 万人,辖 12 个镇、12 个乡、348 个行政村,全县除汉族外,主要少数民族有畲族、壮族、苗族、回族。全县公路通车总里程 3850.34 千米,有国道(319 线)85.24 千米,省道 5 条、(新宁线、邻宁线、永宁线、赖燕线、丰洛线)224.11 千米,县道 12 条、291.8 千米。

2008 年,宁都县交通局在宁都县委、县政府的正确领导和上级交通主管部门的支持下,强化管理,狠抓落实,交通各项工作取得了新的成效,为推进县域经济发展发挥了积极的作用。

1. 交通基础设施建设。重点项目建设:5 月底,完成赖坊至祭头隘战备公路宁都段工程建设,全长28.66千米,按三级公路标准建设,完成投资2700万元,已通过上级交通主管部门组织的交工验收。启动红色旅游公路大沽至长告段17.6千米改造项目,工程进展顺利,已完成投资80余万元,土石方4万余立方米。农村公路建设:2008年,上级下达全县的国家农村公路建设计划为38条,共133.1千米。至年底,正在路面施工的有50.9千米,已完成路面施工的有88.2千米,路基改造全面完成。配合市交通局对2007年完工的农村公路进行了验收。成功申报2008年县通乡工程项目3个,共42千米,已完成3个项目的工程可行性研究报告。利用国家扩大内需政策,向省交通厅要求追加2008年国家农村公路改造计划11个项目,计划总投资1837万元。配合县发改委积极做好扩大内需项目申报工作,共完成8条公路、2座大桥的项目建议书编制工作。其他交通项目建设:一是启动田头孙屋中山大桥危桥改造项目;二是黄石江口大桥于元月建成通车;固村杨家车大桥已基本完工;黄陂杨依大桥已建成并通车;三是完成长胜旱脑、黄石大洲塘、黄石凡石、田头亭子边、松山渡口渡改桥项目的立项申报和工可报告的编制工作,黄石大洲塘、凡石大桥已进入招投标程序;四是申报宁都至乐安、肖田至宜黄2条省道改造计划,2个项目的工可报告已获省交通厅评审通过;五是开展新农村建设改路工作技术指导。

交通运输业管理,全县拥有客车210辆,货车934辆,出租车40辆,其他机动车657辆。一是有序组织2008年"春运"工作。组织客车228辆,完成客运量11.85万人次,旅客周转量2405.87万人千米。二是着力加强道路运输市场管理,以规范客运站(场)的经营行为为目标,实施客运站(场)的封闭管理;以主抓公司化管理和打表计费为重点,提高出租汽车服务能力和服务水平;以规范公交车运行范围为基础,加强对公交车营运的监管;开展对驾驶员培训学校的管理整顿,规范培训行为;认真抓好道路运输从业资格年度审验工作,清理无证无照经营行为。共审验道路运输证732本,其中,客车210本,普货490本,农用运输车20本,保持了交通运输行业的健康快速发展态势。三是充分履行行业管理职能,加快物流体系建设,着重扶持、培育、壮大县内物流企业,全县有5家物流企业申报规模以上汽车货运企业,新增货车98辆,计333.18吨位。四是重点加强交通规费征收。坚持以提高交通规费实征率为切入点和主目标,调整征费组织模式,建立征费计算机台账,加大查源堵漏力度,全年共征收交通规费520万元,其中,摩托车养路费340万元,拖养费运管费180万元。

安全管理工作。通过健全安全管理制度,完善安全管理设施,强化安全工作督查,不断加强道路运输、公路施工和水上交通安全管理工作,道路运输和公路建设安全保持总体稳定,渡运连续23年安全无事故。

(宁都县交通局)

吉 安 市

2008年,在吉安市委、市政府和省交通厅的正确领导下,吉安市交通局坚持以邓小平理论和"三个代表"重要思想为指导,全面落实科学发展观,认真贯彻落实党的十七大精神,紧紧围绕全年各项目标任务,解放思想、开拓进取、团结奋进、扎实工作,各项工作进展顺利,全年目标任务较好完成。

1. 农村交通基础设施建设进一步深入。根据市政府下达的目标任务,全局上下全力以赴,积极抓好农村交通基础设施项目计划的落实和建设的推进,较好地完成了年度目标任务。全年共完成通村水泥路建设1584.6千米(含国改工程1535.9千米、通达工程48.7千米)。农村汽车客运站续建28个,完工25个,新开工16个,完成主体工程13个。建设农村候车亭432个。实施农村渡口改渡建桥项目47个，其中，完成上、下部构造15个，开工在建14个，完成工可报告11个。

2. 重点工程项目建设进一步推进。按照市政府下达的任务，吉安市交通局具体负责协调、组织和实施的重点工程项目9个。中心城区公交调度指挥中心建设用地已拨地定桩，地形测量已放线确定，四周已控线定形；中心城区物流中心建设已成立了项目筹建工作机构，研究确定了项目选址意见和项目运作模式；新干港河西综合码头建设完成了水下主体工程和进港道路硬化；吉安港石溪头货运码头建设完成主体工程和吊机设备安装；吉安港河东综合码头项目前期工作已基本完成，项目工程可行性研究报告已经省交通厅航运局审核，上报至省交通厅审批；石城至吉安高速公路项目已于2008年9月19日正式开工建设，全市征地拆迁任务基本完成；吉安公路运输枢纽总体规划已完成初稿的撰写，已报市政府审查；配合业主开展了吉安至莲花和抚州至吉安高速公路项目的前期工作。

3. 运输市场管理进一步加强。一是圆满完成“春运”工作。全市“春运”工作克服了持续低温雨雪冰冻天气带来的诸多困难，精心组织，合理安排，狠抓落实，扎实工作，圆满完成了2008年春运各项任务。二是客运市场和谐稳定，品牌建设步伐加快，农村客运网络化稳步实施。三是货运市场蓄势转型，物流产业逐步壮大。各县（市）政府积极支持物流产业发展，纷纷出台一些优惠政策，吸引和扶持货运企业向现代物流业发展。全年共完成道路客运量3478万人次，旅客周转量227028万人千米，分别占年计划的102%和113%；完成道路货运量3289万吨、货物周转量335083万吨千米，分别占年计划的108%和116%。完成水路客运量22万人次、旅客周转量320万人千米，分别占年计划的92%和77%；货运量1091万吨、货物周转量92500万吨千米，分别占年计划的122%和96%。

4. 交通安全形势进一步好转。全市交通系统认真贯彻落实市政府和省交通厅关于安全生产的一系列政策措施和决策部署，坚持“安全第一、预防为主、综合治理”的方针，采取有效措施，解决安全生产中的主要矛盾和突出问题，交通安全生产呈现持续稳定好转的良好局面，全年没有发生一次死亡3人以上的重、特大事故。

5. 规费征收工作进一步强化。全市交通系统继续加大交通规费征缴工作力度，严格规费征收政策，全年各项规费征收任务全面完成，其中，运管费征收2200万元、拖养费征收1000万元、摩托车养路费征收2500万元，为全市交通建设和行业管理提供了资金保障。

6. 扎实开展行业文明创建，积极推进民主评议政风行风活动。全市交通系统不断提高交通创业发展的组织化程度，增强干部、职工干事创业、服务大局的积极性和主动性。把党风廉政建设和反腐败工作纳入了年度管理工作考核目标，严格执行交通部“六条禁令”，有效地遏制腐败现象发生，树立交通队伍廉洁、务实、高效的良好形象。按照有关开展文明创建活动的要求，积极开展交通文明创建，促进服务质量提高，优化服务环境，促进了三个文明建设。积极发动社会各界和服务对象参与，组织开展了声势浩大的民主评议政风行风活动，全系统政风行风得到优化，和谐交通创建取得实效，得到了省政府、省交通厅的充分肯定，吉安市交通局在全省交通系统中排名第二。

（吉安市交通局）

吉　州　区

2008年，吉州区交通局在吉州区委、区政府和吉安市交通局的正确领导和精心指导下，解放思想，团结奋进，在交通基础设施建设、市区重点工程建设、交通安全管理与党组织建设等工作中取得了可喜的成绩。

农村公路建设保持了良好的发展势头。全年共完成了农村公路国家改造工程项目26个，共计36.7千米。全市改渡建桥项目中跨度最长、工程量最大、投资最多的曲濑至敦厚大桥建设项目完成下部结构和上部构造的箱梁制作。16个农村公路候车亭建设全面完工，已投入使用。

省、市重点公路工程顺利完工。全力配合武吉高速公路遗留问题的协助处理，协同沿线乡（镇）政府做好稳定工作；积极配合抓好城市道路“白改黑”和石溪头码头项目建设；全力投入城北新区基础设施建设和滨江四期、井冈山大道二期等征地拆迁工作。

农村公路养护和交通安全。全区重点管养农村公路养护全部一次性推向市场,通过向社会公开招标,确定养护单位,全年农村公路好路率达85%。督促各乡(镇)建立完善农村公路责任制。抓好交通安全管理。与教育局共同抓好农村中、小学进校道路交通安全,设置标志牌和减速带,确保农村中、小学师生进校安全。

加强规费征收力度。全年共征收摩托车养路费241.18万元,占市局全年任务数的112.17%,占区下达目标任务数的110%,占力争目标任务数的96.5%;农用车规费完成14.26万元,占市局全年任务数的142.6%。

创新发展货物运输业。新增汽车货运企业3家,水运企业1家,实现了吉州区无水运企业的突破。完成货运税收1100万元。

精神文明建设深入开展。吉州区交通局荣获"2006~2007年度市级文明单位"称号。在抗冰救灾工作中,全局干部、职工团结一心,众志成城,取得了抗冰救灾的胜利,被市委、市政府评为"抗冰救灾先进集体"。

(吉州区交通局)

青　原　区

2008年,青原区交通局在青原区委、区政府和吉安市交通局的正确领导和精心指导下,解放思想,团结奋进,各项工作取得了可喜的成绩。

公路建设。2008年,青原区共完成农村公路改造项目89.3千米,其中,国改项目48个、计60.5千米,通达工程项目8个、计9.4千米,沙石路项目3个、计13.1千米,通乡项目1个、计6.3千米。

农村客运网络化建设。2008年,新建农村客运站1座,候车亭11座,累计共建成农村客运乡级汽车站3个,候车亭77座,新建的11座候车亭是为配合区做好旅游发展与城乡发展协调带而高标准、高起点规划,具有浓厚的庐陵文化特色,每座造价3.5万元,总造价为38.5万元。

公路养护和路政管理。开展路政管理工作,是为了保护好路产、路权,延长公路寿命。根据《中华人民共和国公路法》等法律法规,全局经常组织宣传活动,提高人们的爱路、护路意识。同时加大整治力度,全年共排除路障41处,清除堆积物320立方米,并坚决杜绝县、乡道两旁建筑红线内出现新的违章建筑。对辖区内的县、乡道的养护工作实行专养和代养,即:全区的6条县道计55千米由公路站专业队伍进行养护,乡道和村道由各乡(镇)所在政府和村委会聘请养护工人进行养护,区交通局按不低于50%的比例不定期进行检查,并将检查结果作为年终考核的重要依据。为策应省、市的"一大四小"工程,创建生态公路,全区共投入资金16万多元,对全区连接国、省道的乡、村道进行了绿化,绿化里程达162千米,县道绿化率已达100%。

公路规费征收。在规费征收工作中,不断加强对稽查人员法律知识的学习和培训,提高业务素质,从严掌握政策,文明执法,以查促收,把阶段性目标的实现作为征收管理工作的重要环节,确定月进度、旬进度计划,并制定相应的考核办法,使征收工作有序进行。在全体稽查人员的共同努力下,全年完成拖养费征收32万元,占年任务数的106.7%,摩托车养路费征收70.6万元,占年任务数的100.9%。

水上交通安全。水上交通安全管理工作是通过渡口建设的标准化,渡工上岗的规范化,安全检查的经常化,措施落实的具体化来实现水上交通安全无责任事故的目标。始终坚持"安全第一,预防为主"的方针,在各乡(镇)在海事部门的紧密配合下,全年对区内3个渡口的4只船舶开展了多种形式的安全检查,并对渡工进行了渡运安全知识的培训等,对检查过程中发现的问题及时要求整改,以彻底消除水上安全隐患。由于措施得力,宣传到位、检查到位、整改到位,全区水上交通安全一直保持零事故记录。

依法行政工作。局机关设置了政务公开公示牌,建立了首问责任制,过错责任追究制等与行政执法工作相配套的规章制度,并开展了2次行政执法工作监督检查,对交通行政执法人员进行了严格的规范和管理,加强了对执法人员的教育培训,建立了规范健全的行政许可和行政处罚文书,全年执法人员做到了文明执法,程序到位,未出现公路"三乱"现象。

(青州区交通局)

井冈山市

井冈山市位于江西省西南部，面积1308.58平方千米，全市15万人口，辖21个乡(镇、场)和街道办事处，106个行政村。

2008年，井冈山市交通局在井冈山市委、市政府的正确领导下，在省交通厅的大力支持下，用科学发展观统领全局工作，抓住国家加 大基础设施建设，推行积极财政政策的有利时机，求真务实，创新思想，全年交通工作进展顺利。

1. 公路建设又快又好发展。新城区至永新“四改二”公路工程于9月8日全面完工，公路里程为5千米，投资500万元。茨坪中心景区二环路(刘家坪至草坪公路)“四改二”工程于7月21日正式开工建设，全长5.14千米，投资2200万元。鹅岭经柏露至茅坪公路“四改二”工程10月12日开工建设，全长16.36千米，投资2400万元。龙江公路大桥于6月24日开工建设，桥长67延米，投资220万元。井冈山火车站进、出口公路于7月16日进入征地拆迁工作阶段，全长1.456千米，投资5600万元。完成通乡公路新(改)建责任项目4条，共24.7千米；通村公路建设项目14条，计52.4千米。新建桥梁5座。新增通水泥路行政村8个，投资1800万元。实现了100%行政村通油(水泥)路的目标。

2. 公路养护及公路绿化工作进一步加强。2008年，井冈山市交通局继续坚持“县道县养、乡道乡养、村道由所在村委会养”的原则，与各责任单位签订了养护合同，促进了养护质量的大幅提升。全年共修整边沟(双边)41.2千米，加铺磨耗层11.4千米，维修涵洞91米/16道，绿化公路里程72.6千米，清理塌方0.67万立方米。全市好路率达到73%，共投入养护资金34.76万元。

3. 公路路政管理取得新突破。一是强化宣传工作，全年印发路政宣传单5400余分，出动宣传车26次，通过宣传《中华人民共和国公路法》与路政管理规定，增强了公路沿线居民的爱路护路意识；二是依法及时查处违章建筑和清除路障，全年共查处挖沟引水7处，清理各类公路标志牌2块，收取违章罚款及道路损坏赔偿费7200元。

4. 道路运输市场管理进一步规范。圆满完成2008年“春运”任务，共发送客车8696班次，运送旅客15.2万人，实现了优质、畅通、有序的“春运”工作目标。货运业取得进一步发展，全市货车拥有量已达到1006辆，新增货车65辆，计670吨，同比增长36%。旅游客运市场秩序进一步优化。通过客运市场的专项整治，全市186辆客车全部实现了公司化管理，实现了产权清晰、经营权明确、证照齐全、责任落实、经营规范的管理目标，全年共完成客运量151万人次，旅客周转量6933万人千米；货运量87.5万吨，货物周转量8448万吨千米。汽修行业管理进一步加强。2008年，全市拥有汽修业户41户，其中，一类1户，二类4户，三类36户。维修质量进一步提高，形成了方便及时、优质可靠、价格合理的机动车维修服务环境。

5. 交通规费征收任务超额完成。全年共征收交通规费214万元，占年任务的103%，并及时上缴。

6. 精神文明建设进一步加强。井冈山市交通局始终坚持以邓小平理论和“三个代表”重要思想为指导，全面落实科学发展观，围绕加快发展、振兴交通、建设和谐井冈这个中心，倾力抓好精神文明、物质文明和政治文明建设，使三个文明建设协调同步发展，共同进步，井冈山市交通局在连续3届荣获“江西省文明单位”的基础上，2008年度又荣获“江西省第十一届文明单位”称号。

(井冈山交通局)

吉安县

2008年，在吉安县委、县政府的正确领导下，在上级业务主管部门的指导帮助下，吉安县交通局全体干部、职工按照“攻坚克难搞建设、创新机制强管理、服务全局保畅通”的工作思路，团结一致、锐意进取、勤奋工作，圆满地完成了全年各项工作任务。

县、乡公路建设。吉安县北源至大冲公路水泥路改建工程按Ⅲ级公路标准建设，全长9.5445千米，工程于2008年10月开工，合同造价538.99万元，预计2009年3月底完工，预计投资550万元。吉安县裴家至登龙公路水泥路改建工程按Ⅲ级标准建设,全长4.134千米,工程于2008年11月开工,预计2009年3月底完工,预计投资210万元。吉安县曲濑至敦厚公路新建工程按Ⅲ级公路标准建设,全长1.509千米,工程于2008年11月开工,合同造价162.01万元,预计2009年6月底完工,预计投资190万元。吉安县将军桥至资国寺水泥路改建工程按Ⅲ级公路标准建设,全长2.8千米,工程于2008年10月开工,合同造价111.85万元,预计于2009年2月底完工,预计投资130万元。固江大桥续建工程,桥长187.08延米,宽7米+2×1.0米,项目投资455.86万元,于2007年11月开工,预计2009年4月底完工。永阳涯湖(中洲)大桥工程,桥长124.08延米,宽4.5米+2×0.5米,项目投资308.9万元,于2008年8月开工,预计2009年5月底完工。2008年国改农村公路建设工程,项目62个,计158.4千米,累计完成投资3700余万元。

公路养护与绿化。按照省、市交通主管部门的要求,结合全县农村公路养护调查研究的实际情况,全县管养农村公路940.546千米,共497条,504个路段。组建了1支遍布县、乡、村的人数为近300人的农村公路管护队伍,形成了县、乡、村三级网络,真正实现了"有路必养、有路必管"。全年县道共投入养护工程资金35多万元,完善补充设置养护公示牌(标志牌),修建了安全防护设施,完成了敦锦线、下官线和尚官线官田段及澧田段水泥(油)路被损路面的修复工程,保证了交通畅通。在已完成绿化273.68千米的基础上,10月以来,按照县"一大四小"要求,出台了《吉安县加快绿色生态农村公路建设意见》和《吉安县县乡公路绿化工作实施方案》,将全县农村公路绿化列入全县山下造林、平原绿化的总体规划。在保证交通部门路产、路权的前提下,明确绿化经营主体,全县所有县道采取"谁投资、谁栽种、谁管理、谁受益"的原则进行运作,2008年下半年,全县县、乡公路新增绿化里程达220千米,补植100余千米,完成栽树55000棵,投入绿化资金近30万元。

公路路政管理。3月份,制定并下发了《吉安县农村公路路政管理专项整治活动实施方案》,加强了路政巡查。5月份,开展了以爱路护树、查处违章建房与超限运输为主题的路政专项整治活动,对超限运输整治活动邀请县电视台进行追踪报道。全年共立案查处路政案件10起,制止违章建房7起,收取赔偿(补偿)费4.98万元,严格控制建筑红线,县道两旁没有出现新的违章建筑。

农村客运市场建设。合理规划农村客运线路,提高农村客运的通达深度,结合全县道路客运市场发展现状和实际特点,推进农村客运线路集约化经营,逐步形成以县城为中心、乡(镇)为结点,干支相连,覆盖农村,实现路通、车通,站场设施配套,运行安全、便捷的农村客运网络化体系。全县已组建腾飞、汽运、吉顺等3个客运公司和油田、万福、桐坪、澧田、梅塘、横江、七姑岭等7个农村客运车队。全县农村客运市场秩序明显好转,服务质量与服务水平得到提升,各类交通事故减少,取得了经济效益和社会效益的双丰收。

安全生产监管。强化水上安全监管职能,严格执法,做到事前预防、事中控制、事后及时处理,实现全县水上交通连续23年安全无事故,为创建平安吉安县提供了良好的水上安全环境。一是夯实水上交通安全监管基础。加强船舶管理,规范船舶登记,执行初审、复审、审批三级审批制度。加大船员管理力度,做好各类船员考试培训工作。二是加强现场监管。定期进行安全检查,重点加强汛期、"五一"、"十一"和"春运"期间的安全管理。三是落实安全责任。将工作重点放在具体落实乡(镇)船舶安全管理责任上,把事故隐患消灭在萌芽状态。四是严把船舶检验关。严格执法,查堵事故隐患,依法下达整改通知书,并限期整改。五是开展专项整治。认真开展渡口、渡船、水上危险品运输船舶、"三无"船舶、"超载"船舶等专项整治活动,建立水上交通安全监管长效机制。六是注重安全宣传。利用广播、电视、报刊等媒体及传单等形式,向社会广泛宣传水路交通法律法规,增强船主、船工和广大人民群众的安全意识。

(吉安县交通局)

泰　和　县

2008年,在泰和县委、县政府的正确领导下,在上级交通主管部门的指导帮助下,泰和县交通局攻坚克难搞建设、创新机制强管理、服务全局保畅通，团结一致、锐意进取、勤奋工作，圆满地完成了全年各项工作任务。

1. 抢抓机遇，扎实工作，全面完成交通建设任务。一是完成国家农村水泥路改造项目52个，计151.2千米，通水泥路行政村36个，占年计划的100%；完成通乡项目3个，计49千米，占年计划的100%。二是王家渡改桥建设项目已全面完工，郭瓦、潞滩、石江背公路桥建设项目已开工建设，石山公路桥建设项目已完成工可上报。三是螺溪、上圯、桥头客运站竣工验收，禾市、老营盘客运站完成主体站房建设；完成农村候车亭建设43个，占年计划的116.2%。四是在公路工程建设中，进一步健全了质量保证体系，落实了质量责任制，严把建设市场准入关，严格项目招投标，抓好工程现场监督，落实项目竣工质检，新建农村水泥路确保垫层、水稳层、面层"三层"到位，杜绝了质量隐患。

2. 加大力度，明确目标，增强农村公路通行效能。一是认真按照上级部门的精神和《泰和县农村公路养护路政管理办法》的要求，规范和加强了农村公路养护工作。按照统一领导、分级管理、分级养护的原则，做到了"有路必养"，公路养护资金和养护人员工资分别落实到人、到路、到位。二是加强列养县道养护，全年完成良等路185.04千米，水泥路好路率达100%，沙石路好路率达70%。三是及时修复毁坏路段，整治了文陂至永昌、富田至苑前、高塘至三都、石壁至南车水库等公路，清理塌方3000多立方米，对宽度不符路肩培土450多米，确保了路肩整洁，排水沟通畅，支线公路无坑洞，公路通行条件良好。四是根据全县"一大四小"造林绿化工作要求，进一步加大公路绿化力度，全年完成县道绿化里程130多千米，完成造林挖穴整基130千米，计50000多穴。通过市场化运作，由江西星合实业公司对计划外县、乡公路进行绿化，栽种白杨树3000多株，存活率达85%，宜林路段绿化达60%以上。五是加大路政管理力度。集中开展整治活动8次，清查路政违章建筑案件10余起，清理非公路标志牌15块和堆积物800平方米。制作指路标志、超限告示牌、安全警告标志50余块。加大路政宣传力度，开展县、乡公路超限运输咨询活动10次，印发宣传资料6000多份。

3. 挖潜增效，加强管理，确保交通规费足额征收。全年收费工作做到了早动员、早部署、早开征。共完成摩托车养路费征收310万元，占年计划的101.6%；完成农用车养路费征收98万元，占年计划的115.3%；完成运管费征收187.6万元，占年计划的117.2%。

4. 密切配合，严格执法，整顿规范交通市场秩序。一是加强客运市场的管理力度，加快农村客运网络化建设进程。延伸农村客运班线22条，新增客车13辆，更新客车9辆。二是加大城市公共交通的管理力度。多次组织城市公共交通管理的相关单位召开专题会议，规范公交车的运行秩序，严厉打击乱停乱靠、拒载甩客、服务粗暴等不良行为，全年查处非法经营行为32辆次。三是加大维修市场监管力度。督促维修企业严格按照维修标准规程进行作业，维修从业人员持证上岗，规范二级维修合格证的发放，切实提高维修质量。四是规范驾培市场管理。加强了对宏标驾校的监督管理，每月检查1次教学记录、学员培训记录和教练员挂牌上岗等情况，倡导驾校推行"人性化教育和管理"，确保教育培训质量。严厉查处"黑驾校"经营场所，打击非法经营，全年查处非法报名点16个，切实优化驾培市场环境。

5. 明确责任，常抓不懈，确保安全生产持续稳定。一是完善工作机制，层层落实安全责任制。渡口管理站逐级签订安全管理责任书，完善安全管理档案，使渡口安全责任意识深入到各有关乡(镇)、各渡口、各渡船、各渡工，确保了安全无事故。二是加强安全巡查，强化监管。大力开展安全隐患专项整治百日行动活动，经常性开展安全生产大检查，共出动1000多人次，检查道路运输企业，重点检查是否有疲劳驾驶、超速行使、人货混装等违章行为。深入辖区河流、湖泊开展"三无"船舶大检查，共下发整改通知书4份。三是在县、乡公路安全隐患路段增设安全标志和警示牌，确保县、乡公路安全畅通；加强工程施工现场的安全管理，完善工程施工制度，落实安全生产措施，对存在安全隐患的施工过程实行现场监督，坚决整改到位。四是各企业根据自身特点，加大安全生产管理力度，对客运车辆、生产燃料、用电线路、高空作业等情况进行每日必检，防患于未然，确保不发生安全事故。

6. 依托优势，加强服务，进一步加快货运业发展步伐。根据县委、县政府关于加快汽车货运业发展的工作部署,按照"大力扶持,快速增长"的发展要求,打造"统一开放,竞争有序"的货运市场,促使货运业健康快速发展。一是不断改进工作方法,加大扶持力度,提高服务水平。按照"时间从短、手续从简、收费从低、教育从严、处罚从轻"的管理原则,服务前移,密切联系货运公司和业户,认真听取业户的需求建议,改进运政管理手段。二是进一步加大宣传力度,以优惠的政策和良好的服务吸引广大业主,做强做大货运产业,加快物流市场建设,积极引导发展货运信息服务网点、货运代理和配载等服务组织,培育和完善集信息配载、停车修理、加油食宿等一条龙服务的货运站场,为全县汽车货物运输业营造良好的发展环境,全年新增货运运力470辆、1505个吨位,比2007年增长16%。

(泰和县交通局)

万　安　县

万安县地处江西省中南部,面积2051平方千米,辖9镇、7乡、1个垦殖场、165个行政村,30.2万人口。

2008年,万安县交通局紧紧围绕全县交通工作目标,在万安县委、县政府和省、市交通主管部门的正确领导和支持下,解放思想,锐意进取,促进和谐、致力发展,各项工作取得较好的发展。

农村公路建设稳步推进。2008年,全县共完成农村水泥路改造项目32个,计96.9千米,其中,国家农村公路改造项目31个,计91.9千米,通达工程项目1个,计5千米。累计投资2715.5万元,其中,地方配套资金1746.5万元。至年末,全县公路通车总里程1486.62千米,其中,水泥(油)路769.23千米。全县100%的乡(镇)水泥(油)路,98%的行政村通公路,81.2%的行政村通水泥(油)路。

农村公路管养明显加强。农村公路养护管理机制渐成体系,先后出台了《万安县农村公路养护管理办法》、《万安县农村公路养护路政管理实施细则》、《万安县农村公路养护考核评分标准》等一系列制度和规定。农村公路养护管理责任得到较好落实。按照"县道县养、乡道乡养、村道村养"的原则,被列入市局重点考核的181.53千米县、乡道均由县公路站实行专业养护,并按县道3.5千米/人、乡道4千米/人标准落实了专养人员,一般乡道和村道均以责任书的形式由管养责任乡、村落实养护责任人。养护改革试点工作取得成效,成立了6个专业养护施工队伍,承担县道大、中修复与水毁抢修任务,选择万安至桂江、五丰至潞田公路(里程32.8千米)作为市场化养护试点,养护质量有了明显提升。农村公路养护检查考核步入规范化、制度化轨道,县道及主要乡道实行每月一检,一般乡道和村道实行每季一检,半年一次评比,将考核结果与养护补助资金拨付挂钩,有力地促进了养护质量的提升,至年末,县、乡道好路率达90%。农村公路桥梁养护管理得到加强,做到了1桥1档,并按要求落实了养护责任人和桥梁养护工程师。农村公路路政管理力度加大,分别在5月、9月开展了路政专项整治,出动宣传车深入各乡(镇)巡回宣传路政管理法律法规,发放宣传单2000余份,张贴整治通告300余份,刷写宣传标语200条,查处违法建筑3起,清理乱堆乱放110余处。

交通安全形势持续稳定。突出抓好"安全教育、安全生产责任落实、安全检查、安全专项整治"四个重点。2008年,全县交通安全生产继续保持平稳态势,未发生重、特大交通安全责任事故。

交通规费征收持续增长。全年完成运管费征收83.9万元,拖养费征收33.07万元,摩托车养路费征收171.9万元,总量比上年增长4.5%,其中,运管费比上年增长19.86%。

客、货运力调整步伐加快。2008年,全县更新客车11辆,其中,高级客车2辆,中级客车2辆。至年末,共有高级客车21辆,占全县客车总量的25.6%,中级客车13辆,占全县客车总量的15.8%。新增货运运力395吨,年末货运运力2485吨,比上年增长18.9%。农村客运条件大为改善,全县新增农村客运班线2条,新增2个行政村通客车,至年末,全县农村客运班线40条,客车36辆、计564座,100%的乡(镇)通客车,具备通客车条件的行政村通班车率100%。新建农村客运站1个,全县建有等级客运站的乡(镇)12个,占全县乡(镇)总数的70.6%;新建农村客运候车亭44个,农村客运条件得到进一步改善。

精神文明建设成果丰硕。重点开展了文明样板路、优秀养路工、文明班线、文明渡口、文明渡工、文明窗口等创建活动。运管所办证中心窗口被县政府评为“文明服务窗口”,县汽车站被县文明委评为“文明窗口”,万安至东莞、万安至高陂班线被评为“文明班线”。交通队伍建设成效喜人。一是着力开展“和谐创业展风采,崛起路上当先锋”和“创新创业、共建和谐”主题教育活动,建设了一支素质高、作风硬、肯吃苦、能战斗的党员干部队伍;二是扎实开展“四好”班子建设活动,建设了一支政治坚定、求真务实、开拓创新、勤政廉政的班子队伍;三是深入开展民主评议政风行风和机关效能建设,建设了一支依法行政、业务精湛、服务热情的执法队伍;四是积极开展多种形式的争先创优活动,建设了一支爱岗敬业、文明诚信、优质服务的职工队伍。2008 年,县交通局被评为“全市民主评议政风行风工作”先进单位、全市“交通系统重点工作目标管理考核一等奖”、全县“抗冰救灾工作”先进单位、全县“社会稳定工作”先进单位。

(万安县交通局)

遂　川　县

2008 年,遂川县交通局紧紧抓住国家加大基础设施建设、实施积极稳妥的财政政策这一有利时机,在遂川县委、县政府和上级行业部门的正确领导和大力支持下,以科学发展观统领全县交通工作大局,围绕全年的工作部署以及目标任务,解放思想、精心组织,求实务事、扎实工作,全年各项工作进展顺利。

交通交通基础设施建设:2008 年,全县共完成交通基础设施建设投资 9200 万元。共完成县、乡公路改造水泥(油)路建设项目 5 个,里程为 93.5 千米,其中,洋溪公路 17.2 千米,新双公路 17.2 千米,游黄公路 6.3 千米,新五公路 27.8 千米,新江至小湖公路 25 千米。新改建通行政村水泥(油)路项目 37 个、里程长 193.8 千米。新增 37 个行政村通水泥(油)路,实现了 80% 行政村通水泥(油)路。加大全县公路养护力度,落实各级公路养护责任制,全县公路养护水平不断提高,全年优良路达 258 千米,全面完成市局下达的好路率目标。认真做好渡改桥工作,协助有关乡(镇)完成渡改桥建设项目 4 个。完成珠田乡客运站、南江乡客运站、禾源乡客运站、堆子前镇客运站和 45 个候车亭的建设任务,基本建成“人便于行、货畅其流”的农村公路网络体系。

道路运输管理。全年道路运输工作克服了持续雨雪冰冻低温天气带来的诸多影响。精心组织、合理安排。狠抓落实,扎实工作,客运市场稳定和谐,货运市场蓄势转型,物流产业逐步壮大。全年共完成道路运输客运量 258 万人次,旅客周转量 12900 万人千米;完成货运量 208 万吨,货物周转量 187864 万吨千米。

其他各项工作。交通安全与渡口(港航)管理工作不断加强,全县实现连续保持 23 年水上渡运无安全事故的好成绩。加大规费征收力度,全年共完成各类规费征收 770 万元,占年计划的 113%。全面完成县委、县政府与上级行业主管部门下达的各项工作任务,为建设“三个遂川”打下了坚实基础。

(遂川县交通局)

永　新　县

2008 年,永新县交通局在永新县委、县政府的正确领导下,在上级行业主管部门关心和指导下,通过全体干部、职工辛勤努力,全年各项工作取得了长足进步。

1. 公路建设。高速公路:泉南高速公路吉安至莲花段自 2007 年展开前期准备工作以来,已经省交通设计院完成了项目的工可报告和初步设计的外业勘测。9 月 20 日,召开建设项目申报评审会。泉南高速公路经永新地段经专家评估,提出靠近县城 5 ~8 千米南线线形方案,由省交通设计院负责制订南线比选方案。11 月 20 ~22 日,交通运输部专家对项目南线方案进行比选。泉南高速公路永新连接线改造项目已委托省交通规划设计院完成了工可报告编制工作,上报省交通厅、国家相关部委请求进行立项审批。重点工程:①永新至井冈山(厦坪)公路,全长 32.063 千米,投资 4265.9 万元。至年末,完成路基土石方总量的

97%,涵洞工程全部完成,路面垫层全部完成,小桥工程全部完成;颜家中桥完成8根桩;桥上中桥完成墩台身与梁的预制,施工单位水稳层备料21000立方米;合计完成投资1500万元,占计划35%。②丰陂至里田(太村至南汶段)公路,全长11.20千米,投资426.2万元。至年末,已完工水泥路面铺设,后续工程完善工作正在进行。③油返沙项目虹杨线(杨桥至象形段)全长10.7千米,按属地管理分别由象形乡、莲洲乡政府作业主,项目施工单位正在进行路基垫层。农村公路建设。全年农村公路建设计划107.5千米,已完成施工图设计110.4千米,已完工项目65个、计108千米,占计划的100.5%和102.7%。累计完成投资4320万元。

2. 渡改桥建设。莲花坪大桥,全长277.08延米,投资429万元,主体工程全部完成。横楼渡改桥全长157.08延米,投资256.8万元,主体工程已全部完成。松陂大桥、石桥大桥于11月24日完成了招投标工作,至年底,施工队伍已进场开工建设。虎山大桥已完成工可报告评审和施工图设计工作,至年底,已进入招标程序,预计2009年1月上旬可开工建设。

3. 农村客运站建设。龙门、坳南客运站主体工程建设已全面竣工。农村客运候车亭计划建设40个,完成50个。

4. 规费征收。2008年,全县规费征收计划完成365万元,其中,运管费120万元,拖养费45万元,摩托车养路费200万元。截至年末,运管费完成120万元,占计划100%,拖养费完成42.8万元,占计划96%,摩托车养路费完成201.8万元,占计划103%。

(永新县交通局)

安 福 县

2008年,安福县交通局认真贯彻落实党的十七大和十七届三中全会精神,以科学发展观为统领,按照年度总体工作思路和奋斗目标,认真开展公路交通基础设施建设、公路养护、行业管理、运输生产、安全管理、规费征收、政务环境效能建设和行业文明创建等各项工作,取得了明显成效。

1. 交通重点工程建设。武吉高速公路安福段全长6.62千米,于1月20日建成通车。安茅线二级公路改造工程,县内线路长43.05千米,投资1.05亿元。经过2年多施工建设,至2008年底,已形成油砼路通车。安宜二级公路建设工程,全长4183千米,县内线路长17.75千米,于10月28日全线竣工通车。文家至三天门旅游公路工程,线路长11.27千米,投资3160万元,已于9月底建成通车。钱山至三天门旅游公路二期工程8.96千米改造工程于12月底竣工通车,完成投资450万元。安莲线二级公路改造工程全长52.36千米,路基宽12米,路面宽10.5米,建设投资1.38亿元,8月中旬已开工建设,正在加紧进行路基工程施工。安福三桥工程全长216.88延米,宽24.5米,桥型为7孔30米预应力箱梁,双柱式桥墩,钻孔灌注桩基础。引道全长1225.12延米,宽40米,路面结构为砼路面。项目合同价为2217.18万元。2008年6月20日动工,已完成大桥桩基40根,占工程量的100%,完成桥梁墩柱24根,占工程量的100%,完成墩台4座,占工程量的100%,完成预制箱梁56片,占工程量的100%,12月17日已全部安装完毕;完成引道工程路基土方100%,完成桥北16米宽主车道砼路面施工。至年末,共完成建设投资1800万元,占工程投资的80%,预计2009年春节前,大桥主体工程可达到通车要求。

2. 农村公路建设。2008年度计划建设责任项目74个,计划建设里程209.6千米,已完成公路测设项目74个,办理质监手续74个,分别占全部项目里程的100%和100%,完成建设里程209.6千米,占年度建设计划里程数的100%,累计完成农村公路建设投资5240万元,实现了全县38个行政村通水泥路。渡改桥工程建设。2008年度续建项目寮塘乡小江边、严田镇呼陂、泰山乡毛田3座渡改桥工程全面完工,全长329.24延米,完成建设投资487万元。2008年,责任项目横龙石溪、严田丁家2座大桥已开工建设。竹江乡竹李大桥、洋口大桥2座改渡建桥项目按要求已完成工可报告,预期2009年开工建设。农村公路客运站、亭建设。2008年度责任项目续建工程寮塘、甘洛、洲湖、浒坑4个区、乡客运站已建设完工,完成建设投资172.68万元。彭坊、枫田、山庄3个客运站责任项目征地与招投标等前期工作已完成,并已开工建设。

3. 规费征管:全年共完成规费征收437.3万元,其中,拖费养征收111.2万元,摩托车养路费征收230.2万元,运管费征收95.9万元,分别占上级下达年计划任务数的105.9%、104.6%和106.5%,全面完成了年度规费征收目标任务。

4. 公路养护。一是进一步完善农村公路养护机制,落实公路养护政策。按照“分级管理,分级负责”的原则,制定了《安福县农村公路养护实施细则》和《考核办法》。健全管理体制,落实县道养护队伍和养护责任。在县、乡公路养护方面采取委托养护与个人承包养护结合的办法,县与相关乡(镇)和个人签订了公路养护协议和养护责任状,将责任落实到单位和个人。建立了公路养护月检季评制度,提高了养护质量。二是加强县道养护管理,局承担管养的县道165.46千米,坚持日常养护与重点时段养护相结合,克服资金不足和养护设备落后等困难,修复水毁沙石路面300平方米,装填碎石900立方米,维修涵洞245延米/35道,清理路肩水沟165.46千米,全年共投入养护资金165.76万元,公路好路率达85%。三是按照上级要求制定了全县农村公路“一大四小”造林绿化工程实施方案。

5. 运输行业管理。全局按上级的部署和要求,进一步加大行业管理力度。一是严把市场准入关,对参加“春运”、五一、十一黄金周重要时段的道路客运车辆集中时间、集中地点、进行综合技术性能检测,杜绝不合格车辆进入市场,提高运输效能。二是认真抓好运输行业年审,全年共审验班线客、货车1691辆,占应审车辆的89.85%,其中,审验货运车辆1531辆,占应审车辆的90%,审验客车175辆,占应审车辆的100%。三是开展客运市场整治。交通、物价、交警等部门联手对客运市场欺行霸市、乱涨价、侵害旅客权益行为进行了综合治理,净化了市场,维护了旅客合法权益,促进了稳定。

6. 行业安全监管。在行业安全生产监管方面,始终坚持“安全畅通,服务为民”的方针政策,围绕“兴事业,保安全,保畅通”的安全工作总体目标,进一步强化安全生产监管。一是加强领导,组织落实,为全面实现安全生产提供了有力的组织保障。二是进一步完善安全责任机制,实行人盯人、人盯车、人盯船的安全责任制,层层签订安全生产责任状,落实安全责任;三是开展公路安全隐患大排查,消除了安全隐患;四是加强交通工程安全管理,保障施工安全,杜绝安全事故。

7. 行业文明建设。积极开展交通文明创建。县运管所、县公路站再度荣获县级“文明单位”称号。开展了文明样板路创建活动。全年共投入4.64万元资金购树苗,对钱山至大布5千米道路进行美化、绿化。开展“树文明班线,创红旗客车”竞赛活动,评出1条文明班线、16辆红旗客车,做到文明经营、文明收费、文明服务。促进了服务质量,优化了服务环境,增强了企业凝聚力,提升了企业的形象,进一步促进了交通行业文明。

(安福县交通局)

吉 水 县

2008年,吉水县交通局紧紧抓住国家加大交通基础设施建设,实施积极财政政策的有利时机,求真务实,开拓创新,加快了交通建设步伐,全年交通各项工作再创佳绩。

交通基础设施建设实现新突破。2008年,全县交通基础设施共投入资金8550万元。改造105国道吉水县城段2.91千米;新改建通村水泥路205千米,完工198千米;新增通水泥路行政村32个,实现了86%的行政村通水泥路。建成八都、阜田、枫江3个乡(镇)客运站,新建12个客运候车亭。

公路养护再上新水平。积极推进公路“一大四小”绿化建设,全面提高公路养护绿化水平,全年共投入公路养护绿化资金达697.59万元,重点对永吉线、抚八线、朱北线、新吉线公路进行灾后修复,完成公路绿化220千米,实现通道绿化总里程达1100余千米。

行业管理开创新局面。严格规范了执法行为,加强了道路运输市场监管,加强了农村公路建设工程质量监管,加强了安全生产管理,实现了交通安全生产持续稳定的良好局面。全年没有发生一起死亡3人以上的道路运输重、特大事故。

道路运输产业取得新成果。客、货运输稳步发展,全年道路运输完成客运量320万人次,旅客周转量16031万人千米,同比分别增长0.95%和

1.14%。全县货运企业新增货运车辆433辆,货运车辆拥有量达到2700辆,上交税收1028.8万元。

交通规费征收稳步增长。全年完成交通规费征收5953.1万元,同比增长17.3%,其中,汽车养路费3751.1万元,拖养费、运管费、摩托车养路费636万元,吉水赣江大桥通行费1566万元。

行业文明建设迈上新台阶。2008年,全县交通系统精神文明建设喜获丰收,县交通局被吉安市委、市政府授予全市“抗冰救灾先进集体”称号;县运管所被交通运输部授予“全国交通依法行政示范单位”称号;王迪明被授予“全国交通文明执法标兵”称号。

(吉水县交通局)

峡　江　县

2008年,峡江县交通局在峡江县委、县政府的正确领导和上级业务主管部门的精心指导下,紧紧围绕县委、县政府和市交通局的工作部署以及目标任务,用科学发展观统领全县交通工作大局,进一步解放思想,创新思路,推动发展,促进和谐,各项工作取得了较好的成效。

1. 交通基础设施建设。2008年,共完成通行政村水泥路建设37条、计84.3千米,新增通水泥(油)路行政村8个,全县79%的行政村实现了路面硬化。加强重点公路项目建设,福民口里至黄泥岗公路完成水稳层4.6千米;巴邱至何家段已完成路基3.7千米和部分桥涵与垫层工程;桐林至流源公路13.92千米沥青路面已全面完工;花坑至莲花形公路9.96千米已完成了路基土方、桥涵和路面垫层工程。新建乡级客运站1个、农村客运候车亭16个。

2. 农村公路养护和管理。在巩固农村公路管理养护体制改革成果的基础上,充分发挥县、乡、村三级公路管护网络的作用,实现了“有路必养、养必良好”的目标。全县重点养护县、乡道共7条,计98.75千米,已安排落实养护人员35人。乡(镇)政府和村委会通过采取聘用、委托承包等各种方式,共落实乡村道养护人员61人。建立了养护工程专业施工队伍,配备专职工程技术人员6人,设备6台,主要负责承担公路大、中修与水毁工程建设任务。推进公路养护市场化工作,选择油陂庙至仁和、水边至玉笥山2条公路进行试点,通过面向社会公开招标,择优选择养护队伍和人员,切实提高公路养护质量。抓好绿化生态公路建设,新硬化的县道、乡道和通行政村公路绿化率达100%。

3. 货运物流产业发展。积极推动货运产业转化升级,货运总量继续扩充。至2008年底,全县拥有货运物流企业32家,货运信息配载部31家,自开票纳税企业12家,货运从业人员12000人,货车拥有量2638辆,总载重量2.72万吨位;全年净增车辆201辆、计964吨;完成税收3175.44万元,与上年同比增长102%。

4. 交通规费征收。进一步加大源头管理力度,强化征费措施,向货运物流企业派驻征费员,实行上门收费,对未及时缴费的车辆通过手机短信、电话等进行温馨提示,督促他们按时缴费。进一步严厉打击欠费逃费行为,确保规费征收应征不漏。全年其征收运管费516.02万元,征收拖养费30.34万元,征收摩托车养路费105.16万元。

5. 道路运输行业管理。新增、延伸通行政村客运班线3条,全县行政村通客车率达92%以上。全年更新客车12辆,指导客运班线按“一线一车队”模式经营,一、二类班线实行集约化经营和公车公营。对39辆农村客运车辆统一了标志标识。认真开展客运、货运、汽修企业和汽车站量信誉考核,制定了质信档案样表并发至各企业,派员深入各货运企业逐一指导,考核率达100%。加强汽修市场管理,上报待批二类汽修企业2家,新许可三类汽修企业1家,建立辖区内汽修救援接点1个,落实汽修救援后备接点3个。健全安全监控网络,组织三类以上班线客车44辆、危货运输车5辆安装GPS系统,车辆在线率达81%以上,监控平台在线率达87%,危货运输“安全卡”使用率达100%。

6. 交通安全生产。全面落实渡运安全责任制和分级负责制,根据乡(镇)渡口分级管理原则,县与乡(镇)、乡(镇)与村委会、村委会与村民小组或渡工(船主)层层签订渡运安全责任状,签订率达100%。坚持每月对行人渡口、交通企业进行一次安全检查,每季度一次大检查。节假日或客流高峰期加派人员驻守渡口和车站,维持运输秩序和安全。建立公路运输和公路建设施工安全生产监管网络，健全安全保障体系，落实人防、物防、技防措施，加强对重点时段、重点部位的安全监督检查，确保公路运输和公路施工安全。2008年，全县行人渡口、交通企业和公路建设工程未发生任何安全事故，安全4项指数达到了上级的要求。

7. 抗击雨雪冰冻灾害。在1月下旬至2月上旬的冰雪灾害期间，县交通局组织干部、职工500多人次到高速公路和峡江赣江大桥铲冰除雪，撒放沙子、粗盐、碎石、草袋和麻袋等物资，确保道路畅通。组织运政人员对滞留在高速公路上的司机和旅客送水、送食品。紧急征调车辆运送帐篷，确保司乘人员生命财产安全。同时，积极做好灾后重建工作，清理边坡塌方26万立方米，抢修路基81万平方米，维修道班房1739平方米，补栽行道树8.7万株。

8. 交通精神文明建设。加强执法人员教育培训考核工作，举办培训班2期，培训执法人员80余人次。建立健全了12项政风行风建设长效机制。全局党员、干部和职工向四川地震灾区捐款19000余元，捐赠其他爱心款7800余元。创建罗田至神林文明样板路1条。县交通局被评为"江西省交通系统先进集体"、"江西省交通系统精神文明建设工作先进单位"、"吉安市交通战备工作先进单位"。县运管所被评为"吉安市运管系统先进单位"。

（峡江县交通局）

新　干　县

2008年，新干县交通局高举邓小平理论旗帜，以科学发展观统领全县交通工作，在新干县委、县政府的正确领导和省、市交通主管部门的大力支持下，同心同德、奋勇拼搏，全面完成全年各项工作目标任务，为促进全县经济社会发展做出了应有的贡献。

公路建设。新干县交通局为进一步加快全县公路建设发展步伐，改善全县的交通运输环境，面对财政拮据这一县情实际，不等不靠，积极走出去，跑省进市，协调各种关系，多方争取项目和资金，不失时机地致力于公路建设。全年完成计划内责任项目59个、103千米，中央车购税项目3个、计3.3千米，省厅补助项目6个、计11.4千米，农村公路改建工程项目50个、计88.3千米。计划外农村公路改建工程项目完成22个、计39.52千米。完成农村公路外业测设53.47千米/46条，完成郑家至长排等32条公路招标工作。三湖客运站、麦斜客运站续建项目和37个农村候车亭建设已全部完工，另在候车亭建设计划上争取20个也已全部竣工。在农村公路建设中，实行宣传发动、典型带动、政府推动"三动"战略，充分调动广大干部群众修路的积极性，通过县乡补贴、村级自筹、社会捐资三条渠道，加大公路建设资金投入。同时采取联村合建、单村修建、单组独建三种方式，精心组织实施公路建设。严把工程质量和资料验收关，严格执行"高起点、高标准、高质量"三项要求，认真落实项目法人制、招投标制、工程监理制、合同管理制，工程造价在10万元以上的公路都实行了公开招标，10万元以下的公路也实行了邀请招标，全县已修建的水泥路路面、路肩、面层、垫层、水稳层均达到施工标准，确保了农村公路建设质量，从而使全县的通乡村公路建设得以保质保量顺利完工。为规范农村公路建设管理，经县政府批准，制定下发了《新干县农村公路建设管理暂行办法》。真正解决了沿线群众的行路难问题，改善了农村的交通运输环境，方便了人民群众的生产生活，对促进县域经济发展、加快新农村建设步伐都具有十分积极的意义。

公路养护管理。一是完善养护体制，落实养护责任。按照"统一领导、分级管理、分级养护"的原则，建立了县道县养、乡道乡养和村道村养的县、乡、村三级公路养护体制，明确了农村公路养护主体，落实了养护责任。所有专养和委托养护的县道，均签订了责任状，并按检查考核情况兑现奖惩。督促各行政村制定了村级公路养护管理办法或村民护路公约，明确了公路养护人员和责任。二是落实养护资金，确保养护质量。为确保农村公路养护管理质量，摩托车养路费地方分成用于农村公路养护补助为县道水泥路3000元/（年·千米），县道沙石路6000元/（年·千米），乡、村水泥路补贴标准为500元/（年·千米）。三是加强养护，严格考核。县道每月定期考核，根据考核情况兑现奖惩；乡道由乡（镇）每月组织检查考核,检查考核结果作为补助资金拨付的主要依据。

运输管理。做好农村客运网络化建设,根据道路运输业“十一五”发展规划,县政府以干府办字[2008]126号文颁发了《新干县农村客运网络化工作实施方案》。12月,全市农村客运网络化建设工作现场会在新干县召开。强化运输行业管理,进一步规范道路运输市场,客、货运输持续增长。2008年,全县客、货运输经营业户为客运企业2家,货运企业8家,货运服务业15户,汽车维修业174户。全县共有货运车辆1938辆,新增142辆;客运车辆113辆;公交车11辆。全年共完成客运量151万人次,旅客周转量7912万人千米;货运量477万吨,货物周转量44683万吨千米,基本实现“货畅其流,人便于行”。2008年,共审验客运班线43条,其中,跨省5条,跨市4条,跨县4条,县内30条。审验货运企业8家,其中,危货企业1家。

行业管理:一是道路运输市场秩序日趋规范。严格按照“三关一监督”的要求,严把市场准入关,严把车辆技术关,严把驾驶员从业资格关,对营运车辆进行监督。进一步加强道路运输行业特别是危险货运运输安全管理,对全县长途客车、危险货物运输车全部按要求安装了GPS行车记录仪,通过车载监控终端,确保行车安全。二是继续加大市场监管力度,全面开展维修市场清理整顿,严格打击无证经营,越级越类维修,对7家三类维修企业下发了整改通知责令整改。

精神文明建设。一是树立文明执法、优质服务理念,奉行爱岗敬业、诚实守信服务意识,全面开展创建文明行业活动。县运管所开展创新“十佳”和省“百优”运管员创建活动;县汽车站开展创建“省级文明客运站”活动,创建“文明班线”、“争当合格班组长、星级站务员”活动;县公路站开展创建合格道班、优秀养路工、文明样板路等活动。二是支持社会公益活动,开展送温暖、献爱心活动。共组织干部、职工捐款103126元,其中,向四川灾区捐款39046元,交纳特殊党费27780元,组织全县道路运输业向灾区捐款36300元。向新农村建设挂点村投资3.5万元修建公路,帮扶挂点村7户贫困户,慰问贫困党员和贫困职工2000元,向单位困难职工捐资近2万元。

(新干县交通局)

永 丰 县

2008年,永丰县交通局以科学发展观为统领,紧紧围绕年初确定的目标任务,充分体现前瞻性、开放性和系统性的工作思路,争分夺秒抓进度,一丝不苟严质量,同心同德谋发展,万无一失保安全,全面推进交通各项事业同步协调发展。

公路建设。全年共完成国家农村公路改造项目71个、计175.6千米,省厅补助水泥路项目17千米,通村沙石路项目41.1千米;完成秋江水泥厂公路12千米、王家边至遇元公路8.7千米。农村公路养护体制改革深入推进,绿色生态农村公路建设全面启动,管养县道年未实现优良路315千米,好路率87%,新增绿化公路292千米。渡改桥项目舍下大桥全面竣工,苍下桥、龙蟠寺桥完成工可评审,苍下桥已经开工,龙蟠寺桥正在组织招标,丰陂桥、五石桥、上洋洲二组桥、高坪桥前期工作已经完成;危桥改造项目堪下桥基本完工。

运输生产与农村客运网站建设。交通综合运输能力有效提升,全年完成客运量232万人次,旅客周转量22832万人千米,完成货运量140万吨,货物周转量17520万吨千米。上固客运站正在动工兴建,完成农村候车亭项目29个。

规费征收、安全与招商。全年完成征收农用车养路费130万元,征收摩托车养路费210万元,征收运管费85万元。招商引资项目江西国玉汽车贸易有限公司永丰分公司实现做大做强,帮扶进园项目深圳豪恩和宏盛木业均已开工投产,引资兴办的思云炭业有限公司产销两旺。渡口渡船基础设施明显改善,综合安全管理进一步加强,道路客运全年安全无事故,渡运实现连续27年安全无事故。

(永丰县交通局)

宜 春 市

2008年,宜春市交通局全体干部、职工以科学发展观为统领,以“解放思想求突破、科学发展促赶超”主题教育实践活动为契机,紧紧围绕“建管并重、和谐交通”的总体要求,进一步强化建、管、养、运四项基本职能,求真务实,开拓进取,交通“三个服务”水平进一步提升,圆满完成了全年交通工作任务,为推进宜春市赶超发展作出了重要贡献。

1. 坚持科学发展,交通基础设施建设加快推进。农村公路建设再攀新高。全年县至乡公路水泥(油)路投资达3.36亿元,其中,国家、省补助资金1.42亿元。全年完成国家农村公路改造项目里程1264千米,新增通水泥路行政村455个;完成交通部通畅工程项目27千米,新增通水泥路行政村4个;全市通水泥(油)路的行政村达2075个,通畅率81.95%。同时,全面启动交通部特别补助的县至乡公路建设项目399千米,完成所有被列入省审核通过项目的工可报告编制和施工图设计。重点工程建设协调到位。围绕大万一级公路、武吉高速公路和宜安二级公路扫尾工程开展协调工作。通过积极与省项目办沟通协调,较好地解决了施工单位拖欠材料款、沿线接水接线、弃渣场补偿和农村公路损毁补偿等问题,确保了三大重点工程建设的顺利和圆满。武吉高速公路已于7月底全线贯通,大万一级公路上高、高安绕城改线路段均在7月上旬建成通车,宜(春)安(福)二级公路也于10月28日正式建成通车。客运站场建设不断加快。全市农村客运站建设项目立项18个,已竣工验收14个;农村客运候车亭新建成701个;投资1000余万元、占地2万平方米的宜丰汽车站已正式建成投入运营。水运设施建设进展顺利。投入资金150万元,其中,省补助资金123万元,新建了樟树荷湖馆液货码头、宜春市沙石码头、奉新县沙石码头。樟树港七码头已完成工可报告,并报省交通厅原则上通过工可评审。丰城曲江码头已通过省发改委岸线审批和施工图纸审批。渡改桥建设取得突破。全市被列入省农村渡改桥项目库的桥梁数共81座,由于对开渡口等原因,实际拟建桥梁79座,其中,已有14座竣工。2008年完成工可批复33座,完成初步设计22座,完成施工图设计15座,开工8座,完工3座,累计完成16座,在建15座,工程进度进展顺利。

2. 维护公平公正,交通运输市场管理不断优化。交通依法行政效能提升。在全市交通部门开展了“推行人性化执法、促进和谐交通建设”活动,全面推行人性化执法,制订轻微交通违法免罚制,体现以人为本、教育为先和处罚相结合的人性化执法观念。建立完善了交通执法各项规章制度。一是制定了《宜春市交通行政执法过错责任追究实施办法》等一系列法规,建立与健全了交通行政执法责任追究体系。二是制定了《交通执法检查制度》等一系列交通行政执法制度。三是制定了《宜春市交通局行政执法责任制实施方案》等一系列交通行政执法监督机制。同时,加强执法队伍建设,组织基层干部参加省厅培训3批47人次,执法人员素质和执法水平进一步提高。通过以上活动,全市交通执法服务更加规范化、制度化、人性化,全市交通部门未发生1例公路、水路“三乱”行为。企业改制工作有序进行。按照“积极稳妥、循序渐进;深入细致、确保稳定;依法依规、严格程序;加强协调、分工负责”的原则,启动宜春汽运总公司改制工作。积极搞好宣传,进行了调查摸底,抓好了清产核资,进行了财务审计和资产评估,召开了职工代表大会对改制方案和职工安置方案进行无记名投票表决,严格按照程序选择确定了以时德田为代表的经营管理团队为宜春汽运总公司改制后的投资者。高度重视改制安全稳定工作,市政府和市交通局主要领导多次集中接待上访职工,耐心解释说服,改制工作总体态势相对稳定,未发生赴省赴京上访事件。运输市场环境有效改善。全力推进客运班线公司化改造,客运班线网络化结构布局合理,全市实行公车公营的客车480余辆,县际以上班线公车公营22条。全力抓好客运投诉承运人责任险工作,全市营运客车共投保承运人责任险达520多万元。全力做好农村客运车辆和出租车燃油补贴工作,共计发放补贴2000多万元,对运行在二、三类的农村客运班线的119辆客车减免了客运附加费。全力推进了客运企业、汽车客运站(场)和货运企业的质量信誉考核工作,全市客运企业2家获AA级称号;客运站3个获AA级称号,7个获A级称号;货运企业49家获AA级称号,189家获A级称号,全市综合运输服务水平显著提升。进一步规范运输市场管理,集中开展了道路客运整治超员违规经营专项行动,运输市场源头管理、合力管理、长效管理进一步加强,运输市场秩序有效改善。

3. 切实改善民生,交通便民利民服务深受好评。群众出行条件有效改善。全市注册营运客车1561辆,计34600座,其中,更新县际以上班线客车74辆。投放农村客运车辆1207辆,计22824座,农村客运运力增加4100余座,新增(更新)客车169辆。在"春运"、"五一"、"十一"重点旅客运输时段,全市旅客运输量分别为490.56万人次、86万人次、91万人次。宜春中心城区出租车更新399辆,更新率达98.76%。改造危桥40座、计238延米。整治安保工程项目10千米,清除安全隐患22处。投资85万元修复冰冻和水毁工程项目96个,基本实现了群众出行"过好桥、行好路、乘好车"的奋斗目标。交通运输保障能力明显增强。全年道路客运量、旅客周转量、货运量、货物周转量分别完成2455万人次、14亿人千米、3681万吨、29.9亿吨千米,分别比上年同期增长1.9%、4.6%、0.8%和0.6%;水路货运量、货物周转量分别完成1035万吨、14.1亿吨千米,分别比上年同期增长1.2%和4.5%。全市营运货车24036辆,其中,新增(更新)6014辆;营运客车1561辆、计34600座,其中,农村客运车辆新增(更新)169辆,计4100余座,行政村客车通达率达到80%;宜春中心城区出租车更新399辆,更新率达98.76%。在册船舶747艘、计19.8万吨位,吨位比上年增长6.86%。交通创建活动全面达标。新农村建设联系点初显成效。筹措资金24万元,扶助万载县三兴镇红旗村办了8件实事,让群众走上了舒适平坦的水泥路,用上了干净环保的沼气,锻炼有了健身场所,业余文化生活有了活动室,组织村民兴办了集体砖厂,为集体年创收近万元,改善了群众生活条件。挂点帮扶创建平安乡(镇)工作继续深入。继续帮助袁州区湛郎街道湛郎桥社区种植樟树、桂花、红继木、广玉兰等2140余棵,扶助绿化资金23800元。继续与社区开展了"互帮共建"活动,市交通局党总支与社区党总支开展了形式多样的一系列活动,组织机关党员到社区宣讲十七大精神,印发宣传材料300多分,分发到社区居民,邀请社区部分党员参加局机关举办的各类辅导课。交通安全稳定形势保持平稳。紧紧围绕"三杜绝一控制一减少"、"迎奥运、保畅通"的交通安全工作目标,进一步强化交通安全长效机制管理,狠抓隐患排查治理工作的落实,组织交通安全检查12批85人次,共发现安全隐患28处,当即整改26处,跟踪整改2处,整改率100%,有力地推进了全市交通安全生产形势健康有序,确保了全市交通安全保持了较好的平稳态势。全年道路旅客运输事故明显下降,发生事故2起,死亡3人,交通工程建设无伤亡事故,水上运输保持零事故,水上渡运实现了连续21年安全基本无伤亡事故。组织4次危货从业人员资质考核,共培训考试危货驾驶员和押运员1237名,合格1214人,合格率98.1%,不合格23人,淘汰率1.86%。"平安交通"建设有序推进,较好地实现了全市交通系统内部社会治安更加稳定,社会公共安全更有保障、社会矛盾更为减少的目标。

4. 营造和谐环境,交通行业文明建设更上层楼。交通文明创建丰富多采。在市交通局机关党员中积极开展了"地税杯"万名党员党的知识与解放思想主题教育实践活动知识测验,"城投杯"千名党员学习心得交流、机关党建工作专题调研、开放型经济工作知识竞赛、"我与改革开放同行"演讲比赛等一系列活动,取得了较好效果。认真开展党课教育活动,由市交通局领导主讲"学习贯彻十七大精神,做科学发展观的忠实执行者"的党课。组织党员向"互帮共建"社区捐献图书161册,开展了"庆七一、迎奥运"体育竞赛活动。继续组织了80多辆出租车开展"高考爱心送学子"活动。组织机关干部为四川地震灾区捐款3.2万元,由市交通局倡议全市交通系统为丰城拖船交管站职工熊国军(尿毒症患者)捐款5.2

万余元,组织“一名党员1棵树、灾后重建当先锋”活动,捐款2550元。文明创建形式多样,富有成效,市交通局被评为“省级文明”单位,市运管局秘书科被授予“市级青年文明号”称号。干部队伍素质不断提高。精心组织干部学习,市交通局党组中心组全年安排学习6次共12天,党员干部学习教育全年安排6次6天,全年举办各类辅导讲座5次,组织干部外出学习培训考察,干部综合素质不断提升。进一步强化干部队伍建设,组织局机关科级干部竞争上岗,一批年轻干部得到锻炼和提拔,干部队伍活力进一步增强。深入开展“解放思想求突破、科学发展促赶超”主题教育实践活动,弘扬求真务实作风学习教育活动以及开展民主评议政风行风活动等,广大干部的积极性和创造力得到进一步释放。交通廉政建设深入推进。坚持标本兼治、综合治理、惩防并举、注重预防的方针,认真贯彻中纪委“八个禁止”和市纪委“六个严禁”的规定,紧紧围绕树立正确的权力观、地位观、利益观,坚持不懈地抓好干部廉政教育工作,“廉荣贪耻”意识深入人心。市交通局领导班子坚持每年一次在干部、职工大会上述职述廉。重点抓好交通设施廉政监督,加大专项资金审计、农村公路巡查力度,确保资金使用合理,操作程序规范。政风行风建设形式多样。以加强机关作风建设为抓手,以提高执法队伍素质为重点,以搞好行风评议为举措,以提升行政效能、提高群众满意度为目标,扎实推进创新型、服务型机关建设。大力推进“两集中、两到位”改革,努力建立“一站式”服务行政审批工作新机制,研发并试行网上审批系统,大大缩短了许可事项办结时限,由原来的20个工作日缩短到了10个工作日。办证窗口有6个月被市行政服务中心评为“红旗窗口”,4人次被评为“先进工作者”,并得到广大业户的认可和称赞。与此同时,社会治安综合治理、抗冰救灾、月亮文化节交通保障、交通战备、编史撰鉴、建议提案办理、老干部工作、计划生育、工青妇团等各项工作都取得了一定的成效,市交通局被南京军区交战办、市委、市政府评为“抗冰救灾”先进单位,被市委、市政府评为“优化环境、优质服务”先进单位、“五五”普法教育示范单位等,为促进宜春市经济社会又好又快发展发挥了重要作用。

(宜春市交通局　颜卫民)

袁　州　区

2008年,袁州区交通局在袁州区委、区政府的正确领导下,以邓小平理论和“三个代表”重要思想为指导,坚持科学发展观,认真贯彻党的十七大和十七大三中全会精神,干部、职工同心协力,团结奋战,全面完成交通工作各项任务,推动全区经济又好又快发展。

交通基础设施建设再创新高。把交通基础设施建设作为改善民生、促进和谐交通来抓,抢抓国家扩大内需、加大交通建设投资力度的机遇,采取多方筹资,加快全区交通基础设施建设步伐,进一步改善交通条件。2008年,全区新建农村水泥路项目77个,里程为232千米,投资6085万元,通水泥(油)路行政村271个,占行政村总数的89.7%,新建渡改桥3座,全长533延米,投资620万元;建乡(镇)区间汽车站3个,建筑面积1650平方米,投资300万元,建农村候车亭30个,建筑面积510平方米,投资30万元。进一步解决广大农村群众乘车难的问题,为改善交通创造良好条件。

交通运输产业有新发展。根据《袁州区关于加快发展交通运输产业发展规划》的精神,区交通局把交通运输业发展作为第一要务,作为财政收入增长、农民增收新亮点来抓。通过广泛宣传,制定优惠政策,强化服务,简化手续等办法,为加快运输产业发展创造有利条件,积极鼓励广大人民群众筹资购车买船从事运输业。由于措施得力,运输产业发展较快。2008年,全区道路货运公司共17家,比上年增加5家;拥有营运汽车2631辆,总吨位7664吨,同比分别增长9.4%和9%,促进全区物流产业大发展。

交通安全生产持续稳定。坚持“预防为主,安全第一”的方针,运用会议、广播、电视、板报、发短信等形式,大力宣传国家交通安全法规和安全生产重要意义,大讲交通安全事故造成的危害。实行一把手负责制,加强监管力度。搞好驾驶员和司乘人员培训,清除事故隐患。健全监管制度,采取层层签订责任状的办法,把责任落实到人,做到全面排查与突出检查相结合。全面整顿交通运输市场安全和秩序,突出抓好4个重点,把住4个关口,开展4员培训等措施,从而全区形成人人讲交通安全,个个做交通安全的良好局面。2008年,全区实现客运无重大伤亡事故,运输企业无事故和渡运无翻船、无沉船和无死亡事故。交通安全保持良好态势和持续稳定,为维护稳定和谐交通环境做出一定的贡献。

交通队伍建设得到新加强。“不让该办的事在自己手中延误;不让工作差错在自己工作中出现;不让来办事的群众在自己接待中受到冷落;不让影响团结的言行在自己身上出现;不让消极腐败行为在自己身上发生;不让局里良好形象因自己而受影响”。这是区交通局通过学习党的十七大文件和深入开展民主评议政风行风,“国家利益至上,自己应该怎样办”等活动,工作人员发生变化的真实写照。从而思想更解放,工作更到位,干群关系更融洽,作风更务实。机关工作效能不断提升,好人好事不断涌现,精神文明建设不断推进。局机关成立了老年门球队,活跃干部文化生活,又利身体健康。年初,遭受历史最严重的冰冻灾害,机关工作人员到公路和渡口,参加扫雪破冰劳动,确保全区交通畅道。一方有难,八方支援,“5·12”四川汶川发生特大地震,全局干部、职工心系灾区,踊跃捐款和交纳特殊党费共19000元,还为丰城市拖船交管站身患重病的熊国军捐款1340元,使其及时得到治疗,受到社会各界好评,先后被区委、区政府评为“抗冰救灾”、“民主评政风行风组织”和“全市安全生产”等先进单位。

(袁州区交通局)

樟树市

1. 交通基础设施建设有力推进。2008年,全市新建农村水泥路建设项目40个、里程133千米,公路硬化率达72.69%。新增通水泥(油)路的行政村30个,行政村通道路硬化率94.8%。完成公路建设投资3990万元,其中,国家补助资金1330万元,省补资金133万元,宜春和本市两级财政各补助资金266万元,地方自筹资金约1995万元。新建经楼镇前窑渡改桥,桥长85.58延米,桥宽5.5米,投资120万元,何家渡改桥,桥长85延米,桥宽5.5米,投资130万元。新建农村候车亭85个,建筑面积1445平方米,投资85万元,新建经楼镇区间汽车站,建筑面积755平方米,投资85万元,义成镇区间汽车站尚在施工,占地面积0.2公顷,投资60万元。

2. 道路水路运输有序发展。2008年,全市完成道路客运量373万人次,旅客周转量15028万人千米,同比分别增长1.5%和2%,道路货运量233万吨,货物周转量41094万吨千米,同比分别增长6.9%和7.6%。新增营运客车18辆,营运货车891辆;全市道路营运货车共3222辆,计22932.68吨,同比分别增长15%和16%。拥有营运船舶90艘,吨位34560吨,完成水路货运量58.9万吨,货物周转量11948.6万吨千米,同比分别增长20.94%和36%;营运船舶向专业化、大吨位方向发展。春节期间道路共安全输送旅客52.5万人次。营运客车审验率100%,货车91%;营运船舶审验率换证率100%。

3. 安全稳定有效落实。建立和健全水上、道路、基础设施建设和交通企业安全监管机制,重点抓好渡运、道路客运和危货运输的安全监管,确保交通安全稳定。一是抓好渡口、渡船安全专项整治,对全市渡口、渡船重新排查登记,完成渡船改造扫尾工作。查处非法载客渡船2艘,有力遏制违章渡运行为。坚持渡运安全渡工日小检、村委周巡检、乡(镇)旬抽检和局月排检以及部门联检制度,落实安全监管责任,保持交通安全平稳。二是抓好交通稳定工作落实,制定和印发《关于加强系统矛盾纠纷排查调处工作的通知》和《市交通系统矛盾纠纷排查化解和信访维稳责任落实分工》两个专项文件,明确和落实主管部门和企、事业单位维稳责任。把维稳责任落实到企业班子的每个成员。不定期调度督查企业维稳情况,帮助企业解决实际困难。坚持每月对企业安全稳定情况进行排查,把矛盾纠纷消除在萌芽状态。通过调研,根据企业实际情况,充分利用企业闲置场地和基础设施进行招商,稳定运输装卸主业,发展运输相关产业,保持交通稳定。

4. 精神文明建设有成果。市局先后印发《2008年党风廉政建设和反腐败工作重点》、《2008年党风廉政建设和反腐败工作任务分工》及《民主评议政风行风工作实施方案》,以建设服务型部门、预防行业不正之风为目标,以关注民生、服务群众为主线，把民主评议政风行风工作与“解放思想求突破、科学发展促赶超”主题教育活动和开展“优质服务年”活动结合起来，着力在巩固、深化、提高上下功夫。在解决行业突出问题上动真格，在防治不正之风上求实效，在建立健全长效机制上求突破。为推进交通科学发展，促进社会和谐，实现交通事业又好又快发展提供政治保障。2008 年，市交通局在开展民主评议政风行风工作中，被宜春市政府评为“人民群众满意执法单位”。

（樟树市交通局）

丰 城 市

2008 年，丰城市交通局在丰城市委、市政府坚强领导下，深入开展学习实践科学发展观活动，团结拼搏，克难奋进，圆满完成了交通各项工作任务。

交通基础设施建设。丰城赣江剑邑公路大桥建成通车，大桥全长 599 延米，桥宽 21 米，人行道 2 米，桥高 20 米，投资 6 亿元，大桥建成将为全市经济发展发挥重要作用。2008 年，为进一步改善交通条件，抓住国家加大农村公路建设投资力度机遇，采取多形式，多渠道筹集资金，加快交通基础设施建设。全市共新建农村水泥路项目 69 个，里程为 310 千米，投资 9300 万元。通水泥路行政村 428 个，占行政总数的 84.4%。建乡（镇）区间客运站 9 个，建筑面积 3822 平方米，投资 1490 万元；建农村候车亭 200 个，建筑面积 3400 平方米，投资 200 万元；改渡建桥 5 座，全长 430 延米，投资 818.1 万元；动工新建曲江码头 1 个，泊位 3 个，港口年货物吞吐量 300 万吨，投资 6 亿元。

交通运输产业。为贯彻《丰城市关于加快交通运输产业发展规划》精神，把发展运输产业当作第一要务来抓，采取举措，加快发展。一是制订优惠政策，简化手续，鼓励广大群众投资购车买船从事运输业。二是组织运输业户成立公司，实行办证、交费、组货、运费结标四统一。三是支持鼓励袁渡镇王家洲行政村群众筹资购船 200 多艘（吨位 3 万多吨）到长江运输化工产品。2008 年，全市拥有营运车辆 5032 辆，新增货车 507 辆；全年完成货运量 418 万吨，货物周转量 23680 万吨，同比分别增长 0.6% 和 1.2%；客运量 501 万人次，旅客周转量 20372 万人千米。拥有营运船 539 艘，吨位 348124 万吨；完成货运量 829.1 万吨，货物周转量 133837 万吨千米。营运船舶吨位，货物运量和货物周转量，同比分别增长 8.14%、4.25% 和 3.4%。

交通安全。2008 年，为进一步加强交通安全工作领导，实行一把手工程，强化监管力度，全面整顿交通安全和运输市场秩序。层层签订责任，把责任落实到人。采取突出 4 个重点，把住 4 个关口，培训 4 员等办法，落实渡工日查，乡村旬查，市局月查。由于措施有力，工作到位，全市实现运输企业无安全事故和渡运连续 23 年无死亡安全事故。在冰冻和春节运输期间，未发生一起旅客滞留现象。交通安全生产态势良好，为保稳定、建设和谐交通作出新贡献。

精神文明建设。通过深入开展“解放思想再突破，科学发展再创优”和“民主评议政风行风”等活动，进一步提高广大干部、职工公仆意识，创新服务意识。冰雪灾情发生后，全局党员、干部发扬不怕苦、不怕累精神，自觉投入到抗冻救灾第一线，积极参加破冰扫雪活动，确保全市公路、水路和渡运畅通，受到市政府表彰和人民群众赞扬。四川汶川发生特大地震后，一方有难，八方支援，局全体干部、职工和党员踊跃捐款和交纳特殊党费共计 32560 元，支援灾区人民建设家园。再次为拖船交管站职工熊国军身患重症病损款 18387 元，使其得到及时救治，受到社会各界好评。市局先后被宜春市评为港航管理先进单位和市政府跑项争资先进单位。

（丰城市交通局）

高 安 市

1. 农村公路建设快速推进。2008 年，320 国道大（城）至万（载）段高安境内一级公路建成通车。紧紧抓住国家扩大内需、加大交通建设投资力度的机遇，多形式、多渠道筹措资金，大搞农村公路建设。全市新建农村水泥路项目 60 个，里程为 148.4 千米，投资 4008 万元，通水泥路行政村

255个,占行政村总数的82%。渡改桥项目已全部通过省厅审批,八景牛嘴大桥开工筹建,预计投资120万元。道路客运基础设施逐步完善。2008年,累计投资400万元,建成汪家、村前、伍桥、石脑4个乡(镇)区间客运站;投资158万元,新建农村候车亭158个,建筑面积2686平方米,有效地改善了人民群众出行条件。

2. 道路运输产业快速发展。2008年,为全市道路运输企业健康有序发展,市交通局联合公安交警开展为期2个月的集中"打黑"整治活动,查处"黑车"、"下线报废车"等非法客运车辆23辆,强制报废6辆,进一步强化客运市场,维护合法经营者的权益。完成对城区三轮摩的置换工作,新增一家出租车公司,全市出租车达180辆,定价2元起步,进一步规范城市客运秩序。加大对运输纠纷的调处力度,调处中心调解运输纠纷58起,处理投诉交通运输事故17起,挽回公司、车主经济损失320万元。执法大队受理全国道路运输纠纷案件147起,办结涉外交通事故28起,暂扣恶意拖欠债务车辆68辆次,有效净化高安汽运发展环境,维护高安运输信誉,促进汽运业的快速发展。至年底,全市有1个物流集团,3个汽运集团和203个汽运公司,车辆保有量达12000辆,运力达6万吨,新增营运汽车3560辆,新增运力2.1万吨,缴纳养路费1.33亿元,同比增长15.8%,完成地方税收7727万元,同比增长42.6%。

3. 交通安全生产形势稳定。全年检查渡口886渡次,消除安全隐患3起,取缔非法渡运1起,投资15万元维修渡船4艘,对青州、彭家渡2个码头进行维修。全市25个渡口、29艘渡船未出现任何事故,实现第21个水上安全年。客运市场运行稳定,273辆营运客车未发生任何责任事故。"春运"平安有序。"春运"期间,适逢百年不遇的冰冻风雪,立即启动"春运"应急预案,投资10万余元,抢修道路、危桥30余处,投放食盐5吨。共投放营运客车279次,运送旅馆63.98万人次,做到站不留客,运疏送及时,确保"春运"安全稳定。

4. 精神文明建设有声有色。2008年,围绕打造"创新交通、活力交通、廉洁交通、文明交通"的工作作风,努力开创行业文明新局面。一是以汽车产业为平台,探索流动从业党员管理新模式。中央党校、省委组织部等领导先后到汽运产业协会考察流动党员管理工作。二是廉政教育进一步深入。组织中层以上干部到赣西监狱接受警示教育1次,聘请市检察院、纪委资深办案人员讲授反贪反腐课1次,观看警示纪录片6次,办公楼梯口悬挂廉政警句、漫画12幅。三是强化执法队伍建设。在全局开展人性化执法活动,进一步规范执法程序,增强执法透明,严格执法裁量权,举办为期30天的执法人员培训班,加大公路"三乱"治理力度,进一步明确一线执法负责人的执法责任,全年未出现公职人员违纪案件。为困难党员发放慰问金16000余元。

(高安市交通局)

上　高　县

交通基础设施建设突飞猛进。2008年,为抢抓国家对交通基础建设加大投资的机遇,采取多方筹集资金,加大交通基础设施建设。全县新建农村水泥公路项目36个,里程为101千米,投资2432万元。已通水泥路的行政村187个,占行政村总数的86%。大广高速公路上高段和320国道大(城)万(载)段上高辖区内一级高等级公路先后建成通车,县交通局全面完成以上两条公路征用土地,房屋拆迁和协调工作任务,改写上高无高速公路和一级公路的历史。撤渡建桥7座,全长1704.9延米,投资2900万元。共建乡(镇)区间客运站1个,建筑面积650平方米,投资73万元;共建成农村候车亭34个,建筑面积587平方米,投资34万元。在工程建设中,坚持质量第一,强化质量管理,全面开展工程质量年活动,所有建设项目严格执行项目法人制、招投标制、工程监理制、工程合同管理制,确保工程质量。

运输产业发展蒸蒸日上。根据《上高县关于加快交通运输产业发展规划》精神,县交通局把发展运输产业作为第一要务来抓,主要采取2条举措:一是制订《上高县发展运输产业实施方案》和优惠政策,作好协调工作,积极打造发展宽松环境。二是学习高安经验,在营运业户自愿前提下,组建汽车运输公司,实行办证、组货、运费结算和交费四统一,从面加快运输产业的发展。2008年,全县共有汽车运输公司10家,比上年增加1

家；拥有营运汽车2294辆，同比分别增长11%；其中，营运客车181辆，同比增长6%；拥有专业营运船舶11艘，吨位1880吨；沙石运输船96艘。全县完成道路运输货运量458万吨，货物周转量1290万吨千米，同比分别增长6.1%和6.2%。运输产业创税收超500余万元，运输产业从业人员近万人。道路运输市场秩序规范稳步推进，深入开展运输行业"隐患整治年"活动，重点打击道路客运市场超员、抢客、甩客、宰客、卖客等损害旅客合法权益的违法违章行为。所有班线客车均实行公司化经营，全县158辆客车全部投保承运人责任险。认真抓好了维修企业、驾驶员培训学校质量信誉考核工作，全年考核驾培学校3所，资质升级1所，考核二类以上汽车维修企业7家，合格率100%，审验三类维修业户298家。对全县货运配载部、信息部进行调查，建立健全业户档案。对县内锦河采沙场、挖沙、运沙船均逐一建立档案。

安全管理卓有成效。渡运安全继续保持零事故的良好态势，连续实现23个安全年。进一步完善县、乡、村、渡工四级渡运安全责任网络，建立并落实了"渡工每日一自查、乡村每周一检查、县局每月一排查"的安全监管长效机制。坚持了渡管干部、渡工安全知识学习和技能培训制度化。抓好农村渡口撤渡建桥，提高安全系数。认真落实道路客运安全"三关一监督"制度，强化客运驾驶员的再培训和再教育。抓好了驻站工作的"四严"管理，规范了客车综合性能检测，强化客车二级维护例检制度。经常性开展了客运车辆安全专项整治活动，道路客运杜绝了重特大事故的发生。

队伍素质迅速提高。进一步加强了干部、职工的学习教育，队伍素质得到了进一步提升。按照建一流班子、一流队伍、一流作风的要求，对本局班子建设和队伍作风建设中存在的问题进行认真查摆，制定了整改措施。围绕民主评议政风行风活动，进一步制定和完善了"严禁上班时间上网炒股和娱乐"、财务管理、值班、宾招、请假等12项制度，摸索建立政风行风长效管理机制，做到以制度约束人、以制度管理人。全局上下令行畅通、照章办事，工作作风呈现新变化。

（上高县交通局）

宜　丰　县

2008年，宜丰县交通局干部、职工以党的十七大精神和科学发展观为统领，围绕"建管并重、和谐交通"这一主题，抢抓机遇、克难攻坚，有利于促进宜丰交通惠民发展、和谐发展。

1. 交通基础设施建设全面推进。2008年，大广高速公路宜丰县段建成通车，县交通局全面完成征地、房屋拆迁和协调工作任务，为高速公路修建创造条件，改写宜丰无高速公路的历史。天宝至同安二级公路如期建成。前头至石市（320国道新连接线工程）完成测设、征地拆迁和招投标后，于12月开工建设。水厂至荷舍公路改造工程已完成路基和垫层铺设。棠浦宝成大道建设已完成路基土石方的90%。棠浦至官桥二级公路改建工程已完成路基土石方的80%。潭山至斜港公路建设已完成测设工作。全县完成农村公路水泥路建设项目25个，里程为110千米，投资3300万元。全县通水泥（油）行政村169个，占行政村总数的81.64%。渡改桥建设强力推进，积极制定并推动县政府办批转《关于加快宜丰县农村渡口改渡建桥实施方案》，对全县6个渡改桥建设项目作了统一规划和整体安排，并落实了县级领导的负责工作机制。渡改桥2座，全长195延米，投资714万元；新建乡（镇）区间汽车站2个，建筑面积700平方，投资120万元；农村候车亭23个，建筑面积390平方，投资23万元。进一步改善全县交通条件。

2. 运输市场秩序持续好转。围绕"创三城"工作目标，继续整顿出租车客运秩序，及时制止电动三轮车、二轮摩托车从事客运经营的行为，进一步改善宜丰县城区市容，提升宜丰县城市品位。加强客运班线的监督和驻站管理工作，切实做好宜丰车站搬迁至渊明大道后客运班线安全稳定工作，认真查处甩客、宰客、欺行霸市、擅自抬高运价等不正当经营行为和超速、超载、携运"三品"等违法行为。认真开展道路货运企业质量信誉考核工作，进一步加强对危货运输市场的监管，完善危货运输应急预案，积极组织危货从业人员培训，严厉查处危货违章运输，确保危货运输安全有序。

3. 交通安全监督全面加强。坚持“预防为主,安全第一”的方针,认真贯彻国家有关交通安全各项法规,全面开展道路客运秩序、水路运输秩序、道路安全设施三项整治。加强领导,强化监管,建立严格的管理制度,全县交通安全继续保持良好态势,水上交通安全实现38年无事故和公路运输企业运输生产零事故目标。

4. 狠抓班子和队伍建设。根据县委、县政府统一部署,扎实开展民主评议政风行风、“继续解放思想,推动科学发展”、“弘扬求真务实之风,推动交通发展”、“推动人性化执法,促进和谐交通建设”以及“读书月”活动,提升干部、职工素质。5月12日,四川汶川发生特大地震后,全局干部、职工与离、退休人员踊跃向四川灾区捐款,共为汶川大地震捐款15500元,缴纳特殊党费7787元。9月,积极组织机关干部、职工向丰城交通局拖船交管站患重病的熊国军同志捐款,共募集资金1100元。

(宜丰县交通局)

铜　鼓　县

交通基础设施建设。2008年,大广高速公路铜鼓县境内10.3千米竣工通车,实现高速公路“零”的突破。县重点工程大广高速公路铜鼓连接线38千米二级公路改造和新建县城环城路1.73千米全面竣工。国家中部地区县通乡项目:上庄至胆坑、排埠至梅洞界岭、金鸡桥至隘口3条公路,共46.3千米公路技术改造已通过省交通厅评审。县城新建丰润公路大桥项目主体工程完工,新建怀远公路大桥开工建设。全年完成农村公路水泥路项目12个,里程43.5千米,投资1130万元。至年底,全县9个乡(镇)均通油(水泥)路,硬化率为100%,全县103个行政村,通油(水泥)路行政村88个,硬化率达85.4%。为加快城乡道路客运基础设施建设,铜鼓汽车东站已动工兴建,建筑面积8500平方米,预计投资1600万元,新建农村候车亭31个,建筑面积527平方,投资31万元。撤渡建桥2座,全长180延米,投资200万元;进一步改善交通条件,为建设顺畅交通发挥积极作用。

交通运输产业。为把现代物流产业做大做强,促进全县经济快速发展。根据《铜鼓县关于加快道路运输产业发展规划》精神,县交通局与有关部门通力协作,把发展运输产业当作第一要务,作为财政增长、农民增收的重要任务来抓。加强领导,强化服务,简化手续,加快发展。2008年,全县货运企业8家,比上年增加1家,货运车辆196辆,比上年增加18辆,总吨位1342吨,比上年增长6.42%;全年完成货运量19.56万吨,货物周转量1780万吨千米,分别比上年增长11.2%和9%,从而进一步推动物流业发展。

安全生产。认真贯彻执行国家有关交通安全生产法规,坚持“预防为主,安全第一”的方针,加强领导,制定措施,强化监管,全面整顿交通安全秩序和运输市场秩序,做到思想早准备,工作早到位,措施早落实。县交通局年初与县运管所、客运企业签订交通客运安全责任状,严把客运市场准入关、车辆检测关、驾驶员从业资质关。“奥运”、重要节假日和冰雪灾害期间,坚持安全巡查制度和水上交通安全监管,对渡工进行2期业务和安全知识培训。更新渡船5艘,添置安全设施。投入资金50万元,对石桥至上庄、棋坪至港口、幽居、三枣岭、大段至双红等5条公路增设安全防护设施和安全警标牌。由于安全生产到位、措施有力,2008年,全县实现客运安全无重大责任事故,企业安全生产无事故和渡运连续21年“零”事故的好成绩,为维护稳定,保护国家财产和人民生命安全发挥一定作用。

行业文明建设。通过扎实开展民主评议政风行风活动,促进了精神文明建设,全县各交通行政服务窗口被县委、县政府评为文明窗口。民主评议政风行风被评为宜春市交通系统第2名。局党总支被县委评为抗冰救灾先进党组织。四川汶川特大地震发生后,全局干部、职工捐款5800余元,党员交纳“特殊党费”2500元。坚持开展强化“四种意识”,养成“四种作风”活动,机关效能明显提高、服务质量明显提升,作风明显改进,帮助农民工追回工资3万元。全年发展新党员4名,建党对象2名。办理“县长热线”9件、“县委书记交办函”2件和县信访局督办函12件,确保交通行业和谐稳定。

(铜鼓县交通局)

万 载 县

2008年,万载县交通局加强自身建设,紧紧围绕"改革创新,科学发展"的总体要求,抓住发展机遇,全力推进全县交通事业快速发展。

1. 强化公路基础设施建设。2008年,在320国道大(城)万(载)段万载县境内建成一级公路的同时,认真搞好全县公路基础设施建设,进一步改善交通条件。一是抓好国债公路建设,完成三兴至排埠国债公路17千米的建设任务;积极做好省养县道株(潭)铁(山界)油路施工协调工作,完成株铁公路沥青油路铺设9千米,占全线17千米任务的52.94%。二是抓好农村公路建设。全县新建农村水泥路项目25个,里程为130千米,投资3019万元。通水泥道路行政村167个,占行政村总数的83%。三是全县投入200多万元,做好农村水泥公路的修补,其中,投入80多万元对高城至岭东、谭埠至白水、研坡至双桥等水泥公路进行修补。对仙源、竹山洞和九龙等旅游公路增设标志牌、减速带等设施。四是新建乡村沙石公路20千米。五是做好撤渡建桥项目的实施。继续做好沙谭大桥和易家恼桥的施工,分别做好并完成长江渡改桥(全长134延米)、南庙渡改桥(全长146延米)、下棚渡改桥(全长134延米)、小溪口渡改桥(全长120延米)等项目的前期准备工作。

2. 大力发展运输产业。一是采取有效激励措施,促进道路货运企业发展。2008年,全县拥有营运汽车971辆,计3555吨位,同比分别增长21%和17%。新增货运车辆600辆,计2000多吨位。完成公路货运产业税1000万元。全年完成客运量330万人次,旅客周转量12580万人千米,运输农民工132200人次。完成货运量380万吨,货物周转量13328万吨千米,同比分别增长12%和12%。二是打造汽运城建设。县汽运城一期工程建设基本竣工,建设用地6.73公顷,建筑面积9200平方米,建有集营业、办公、餐饮、商住为一体的复式楼26栋,提供小区住宅375套,汽修专业商铺455间,有关部门和汽修厂商已进点办公和营业。三是加大农村客运设施建设。新建乡(镇)区间客运站4个,农村候车亭120个,建筑面积2040平方米,投资120万元。四是做好道路客运相关工作。万载县先后举办首届花炮文化节和全国农村社会工作人才队伍建设试点经验交流会。调派最好的车辆,保障与会代表和客商的通行,提供优质的交通服务,受到与会人员和上级领导的肯定和表扬。

3. 保障交通安全生产。一是分别组建、充实道路运输、渡口渡运、公路工程建设3个安全工作组,领导挂帅。将目标、责任、任务进行分解,实行分片包干、责任到人。二是采取形式多样的宣传教育活动,提高广大干部、群众交通安全防患意识。三是完善安全管理制度,细化"人盯人、人盯车(船)、人盯路"等安全管理网络,强化监管督查力度,及时有力地消除各种安全隐患,实现道路运输、公路工程建设安全目标,渡运实现22年无沉船、无翻船、无伤亡事故,为交通安全生产持续稳定作出新贡献。

4. 精神文明同步发展。以提高干部队伍素质和行业文明执法为重点,以民主评议政风行风活动为契机,加强机关作风建设,认真落实党风廉政建设责任制。在"5·12"四川大地震发生后,局、所干部、职工发扬"大难有大爱"的精神,先后3次向四川灾区捐款合计14250元,全体党员交纳"特殊党费"4540元,支援灾区人民重建家园。对救治身患尿毒症的丰城市交通局拖船交管站职工熊国军,局、所干部、职工弘扬中华民族传统美德,为其捐款3330元。2008年,万载县交通局精神文明建设同步推进,成效显著,被县委、县政府评为全县"社会治安综合治理"、"安全生产"、"创三城"、"计划生育"等工作先进单位。

(万载县交通局)

奉 新 县

2008年,奉新县交通局在奉新县委、县政府的正确领导下,以邓小平理论和"三个代表"重要思想为指导,深入贯彻党的十七大精神,坚持科学发展观,通过全体干部、职工的共同努力,全县交通事业又好又快发展。

交通基础设施建设有新突破。通过多方努

力,南昌至奉新、靖安高速公路获省政府批准立项并将在2009年开工建设,全长35.631千米,概算约18亿元,起点为南昌市新建望城镇青山村,终点与奉新县干洲镇省道干大线对接。建成后,将更好地把奉新融入“南昌半小时经济圈”。2008年,全县新建农村水泥路105.7千米,投资2642.5万元,新增22个通水泥路行政村,至年底,通水泥路的行政村总数达到158个,占行政村总数的82.3%。改渡建桥工作稳步推进,省政府9号文件发布后,奉新加快农村渡口改渡建桥工作的步伐,从2008年起至2009年底,将全面完成盘山、涂家、李家、招边、油落、张坊、塔前、谢家、下陈等9个渡口的渡改桥工作,至年底,已完成上述渡口改渡建桥的各项前期准备工作。新建农村候车亭20个,建筑面积340平方米,投资20万元。从而方便广大农民群众出行,为推进农村客运网络化建设迈出坚实步伐。

运输产业实现平稳发展。认真贯彻县政府《关于加快发展公路运输产业发展规划》的通知精神,县交通局制定发展输产业发展实施方案和优惠政策,强化服务,简化手续,县局成立道路配货服务部,在网络上为本县运输业配货,提高运输效益,深爱业主欢迎,从而加快运输产业发展。2008年,全县拥有道路营运汽车1065辆,计8051吨位,同比分别增长9%和10%。完成道路旅客运输量336.66万人次,旅客周转量13865.69万人千米,同比分别增长2.5%和2%;完成货运量159.96万吨,货物周转量29441.49万吨千米,同比分别增长4%和3%。全年新增道路营运货车258辆,计2223吨位。

安全生产形势持续好转。通过加强领导,加大投入,已逐步构建完善安全责任网络。强化日常监督检查,采取层层签订责任状方式,责任落实到人。全面整顿安全生产秩序和运输市场秩序,全面排查事故隐患。渡运安全坚持渡工日自查,乡村旬检查、县局月排查,确保全县渡口的渡运安全。渡运连续24年安全无事故。道路客运通过查驾驶员证件,查车辆设备,查规章制度,查“三品”,全面排除事故隐患,保障道路旅客运输安全和公路建设工程的施工安全。交通生产安全持续稳定。

精神文明建设谱写新篇章。2008年,全县交通系统全面扎实、深入细致地开展“民主评议政风行风”活动、“和谐文明单位”创建活动、“解放思想求突破,科学发展促赶超”主题教育实践活动,组织干部、职工积极为汶州地震灾区共捐款5万元。通过精神文明创建,树立了奉新交通人“廉洁、勤政、务实、高效”的良好形象,进一步强化干部、职工的大局意识、服务意识、依法行政、严格执法的意识,使干部、职工的综合素质和专业技能有显著提高,为交通事业又好又快发展提供强大的精神动力和智力支持。2008年,奉新县交通局先后被宜春市委、市政府、省交通厅评为“文明执法单位”、“抗冰救灾先进单位”、“抗寒救灾先进集体”。

(奉新县交通局)

靖　安　县

2008年,靖安县交通局在靖安县委、县政府的正确领导下,以邓小平理论和“三个代表”重要思想为指导,坚持科学发展观,认真贯彻党的十七大精神,按照“改革创新,协调发展”的总体要求,交通系统广大干部、职工齐心协力,奋力拼搏,战胜罕见的雨雪冰冻灾害和世界金融危机造成的影响,全县交通事业得到长足发展。

1. 交通基础设施建设。2008年,全县共完成交通基础设施建设投资5200余万元。完成万黄线躁都至中源主干线公路路基改造34.3千米;完成清华大桥全长291.6延米和全长1636米大桥引道路基建设;完成引道水泥路面1千米、中源寺下至白沙坪长9.6千米水泥路建设;万黄线灌洲至水口2千米沥青路面工程;三爪仑骆家坪旅游公路加宽改善工程10千米;新建农村水泥路项目26个,里程为64.9千米,投资1652万元。通水泥路行政村83个,占行政村总数的69.7%。撤渡建大桥4座,全长686延米,投资1000万元。新建农村建设示范自然村的进村及村内道路硬化44.28米。建候车亭15个,建筑面积255平方千米,投资15万元。新增6个行政村通班车,通达率87%,进一步改善交通条件,农村客运网络基本形成。

2. 道路运输管理。2008年,全县道路货运企业16家,比上年增加2家;全县11个乡(镇)有9

个组建汽运公司。全县营运货车612辆,总吨位9126吨,分别增长1.3%和3.5%;全年完成货运量98万吨,货物周转量27836.7万吨千米,同比分别增长10.2%和17.4%。归口交通局的道路运输企业年上缴税收1453.6万元。全县拥有营运客车67辆,全年完成客运量122.4万人次,旅客周转量达6759.3万人千米,分别比上年增长7.8%和10.5%。

3. 交通安全管理。2008年,全县实现道路客运安全无重大事故,继续保持渡运安全零事故的良好态势。一是抓好水上渡运安全。全县共有3个农村渡口,在年初,县、乡、村、渡工逐级签订安全责任状,明确渡船的安全责任领导、责任管理人员和安全措施,坚持排查制度,消除渡运安全隐患。二是狠抓了客运安全。交通运管部门坚持打击道路客运非法经营行为,建立道路客运长效安全机制,实行驻车站监管措施,认真落实客车发班前、收班后的安全例检制度,严禁"三品"上车,严禁超载,认真做好车辆的检测工作,严把营运人员从业资格关。"春运"期,加大排查力度,确保"春运"安全。三是抓危桥险路、施工现场安全。交通、公路部门对全县的公路进行全面排查,在危险路段、危险桥梁设置警示标志和防护栏。在工程施工现场,要求施工单位全面落实安全管理措施,规范安全操作程序,施工场地都设立明显标志,督促施工人员按章操作。尤其加强对雷管、炸药等易燃、易爆物品的储存、运输、保管和使用等各个环节的监管,所有工程项目没有发生一起安全事故。对渡改桥每个项目,县政府落实领导责任制,落实安全管理责任人员,深入施工现场,不断加强对施工单位的建设质量和施工安全的检查,发现问题,及时整改。

4. 精神文明建设。一是进一步完善党风廉政建设和反腐败工作制度,认真落实宜春市纪委"六条禁令"和靖安县纪委"十条禁令",组织干部、职工认真学习,对照检查,自查自纠。抓好反腐败源头治理,在工程项目上严格执行"四项制度",即法人责任制、工程招标投标制、工程监理制、工程合同制。做到廉政监督与质量监督同步进行,廉政合同与工程合同同步签订,廉政建设与工程建设同步验收。在资金管理上,实行"1个项目、1个账户"的管理模式,及时下拨资金,坚持跟踪检查,做到专款专用。同时,各乡(镇)充分发挥村民理事会的作用,公路建设资金向群众报告、张榜公布,公开透明。二是交通系统开展了民主评议政风行风活动。通过问卷调查、聘请行风监督员、接受来信来访、上门听取意见等形式广泛征求意见,对群众反映强烈的热点、难点问题及时进行梳理汇总,抓好整改和落实。以提升交通行业文明形象为重点,不断加强执法人员的业务培训,规范执法行为,防止和纠正公路"三乱"和"索、拿、卡、要"的行业不正之风。

(靖安县交通局)

抚 州 市

2008年,抚州市交通局在抚州市委、市政府的正确领导和省交通厅的指导下,以党的十七大和十七届三中全会精神为指针,弘扬抗震救灾和北京奥运精神,克服冰雪灾害和全球金融风暴影响,深入实践科学发展观,紧紧围绕全市赶超型发展战略和年度工作目标,齐心协力,奋力拼搏,出色地完成了年度各项工作任务。

1. 交通基础设施建设迈上新台阶。一是积极为鹰瑞高速公路建设做好协调服务工作。完成抚州境内198千米、投资约85亿元的鹰瑞高速公路征用土地1389.73公顷、拆迁房屋7万余平方米任务,协调解决了大量的征地拆迁矛盾和纠纷,确保了鹰瑞高速顺利开工建设,得到省委、省政府的高度评价。二是农村公路建设计划全面落实。完成通行政村水泥路建设860千米,占计划的101%;新建通村沙石公路382千米,占计划的

100%;新增181个行政村通油(水泥)路,行政村通达率达78%;创建农村文明公路110千米。超额完成全省造林绿化“一大四小”工程,农村公路植树866.67公顷,绿化里程1124千米。积极开展“农村公路质量年”活动,农村公路工程优良率达95%以上。三是客运站场建设步伐加快。全市新建成投入使用的乡(镇)汽车客运站6个,完成主体工程7个,动工在建7个,超额完成计划任务;建成农村候车亭350个,质量验收全部合格。四是改渡建桥计划稳步实施。已竣工15座,在建12座,完成招投标4座,完成设计6座,完成工可13座,编制工可4座。全年完成交通基础设施投资31.15亿元,是2007年的8.1倍。

2. 交通行业管理开创新局面。一是圆满完成“春运”工作任务。全市共投入客车1457辆、计26317座位,运送旅客356.3万人次。“春运”安全生产形势平稳,没有发生重大安全生产事故。二是客、货运力不断优化。新增、更新中、高级客车54辆,新增1320座位;2008年,全市有高级客车287辆,占全市营运客车的20%。抚州至南昌班线投入6辆高三级豪华客车。新成立的旅游运输公司,投入20辆高级客车,填补了抚州市专业旅游公司的空白。至年末,全市拥有客车2519辆、计33903座位,完成客运量3430万人次,完成货运量2007万吨,货物周转量达285063万吨千米。全年新增客车1038辆、计7148座位;新增货车7650辆、计7164吨位。三是农村客运发展迅速。新增农村客运班线40条,农村客运线路达328条,行政村通班车率达89.1%,比计划目标超过3.1百分点。四是出租车客运市场不断规范。通过加大市场监管力度,查扣违章车辆、“黑车”、“摩的”363辆次,有效维护了市场秩序。同时,共培训出租汽车司机988人,编印《服务手册》2000份,出租司机的整体素质显著提高。五是驾培市场形象进一步提升。全市4所驾校参加“全国机动车驾驶培训行业百所文明诚信优质服务品牌驾校”和“全省文明优质服务驾校”评选活动,抚州市兴隆驾校入选全国百优,其他3所驾校被评为全省文明优质驾校。六是“清挂”工作顺利完成。完成“清挂”验收客运企业4家,清理挂靠营运客车494辆,实现了“清挂”工作目标。

3. 交通规费征缴实现新突破。2008年,各项规费征收超额完成任务,其中:运管费完成1573.34万元,占计划的145.68%;拖养费完成436.56万元,占计划的124.73%;重建金完成320万元,占计划的106.67%;附加费完成125.96万元,占计划的125.96%;摩托车养路费征收完成1333.68万元,占计划的111.14%。水上规费完成158万元,占计划的210.67%。

4. 交通安全生产保持良好态势。通过加强源头监管,严把路桥质量关、车船资质关、从业人员资格关,开展各项安全整治活动,确保了交通安全。全年没有发生一起重、特大安全责任事故,渡运安全实现连续24年无事故目标。

5. 政风行风建设取得新成效。紧密结合民主评议政风行风工作,开展“提升行政效能、建设服务型政府”主题活动,坚持活动到位、责任到人、任务落实,确保了活动的顺利开展并取得明显成效。机关干部作风进一步改进,行政效能进一步提高,发展环境进一步优化。该项工作在全省考评中,荣获全省交通系统第1名,受到省、市政府和省交通厅的表彰。

6. 交通企业改制顺利完成。抚州市汽运总公司改制工作自启动后,抚州交通局坚持“积极稳妥、依法依规、阳光操作、公平合理”的原则,严格按照市政府批准的《抚州汽运公司企业改制方案》,稳步操作,分步实施,职工“三条保障线”得到落实,职工返聘率达80%以上,确保了改制工作顺利完成。改制后新成立的抚州长运公司经营效益、企业形象都有了大幅提高。

7. 全力参与抗灾救灾工作。面对历史罕见的雨雪冰冻灾害,全市交通部门按照“九保一平安”的总部署,积极调配运力,全力维护道路安全畅通,市区域内无1名滞留旅客,确保了抗冰救灾电力抢修人员、设备和物资的运送。同时,出色完成了党和国家领导人在抚州视察时交通安全保障任务,并得到了交通部部长李盛霖的充分肯定。在突如其来的“5·12”四川汶川大地震面前,积极开展了“我为灾区献爱心”活动,广大干部、职工踊跃捐款献物,支援灾区同胞重建家园,抚州市交通局机关党员、干部、职工共捐款和缴纳特殊党费76480元。

8. 招商引资和争资金、争项目取得新成绩。通过“走出去、请进来”的办法,成功引进江西长运投资1.5亿元,完成市汽运公司改制,引进抚州金安铀业和抚州乐之源食品饮料有限公司项目。

同时,争取上级部门无偿建设资金1.8亿元。

9. 机关党建和精神文明创建成果丰硕。一是加强党的思想政治建设。健全和完善理论学习领导责任制和考核制度,教育党员干部树立正确的人生观和价值观,自觉做到立党为公、执政为民。二是加强干部队伍建设。坚持正确的用人导向,按照干部四化方针和德才兼备的标准选用干部,努力改善队伍的专业知识结构,干部队伍素质进一步提高。三是加强党员廉政建设。加强廉政教育,遵守廉洁自律的各项规定,加大对违纪违规的查处力度。坚持标本兼治,加强监督,从源头上预防腐败,干部队伍中没有发现违规、违纪现象。四是强化信访维稳和社会治理工作,签订了综合治理责任状,及时处理群众来信来访62件,积极应对国家成品油税费改革,制订方案,维护好交通系统稳定,创建了一个和谐平安的交通工作生活环境。五是加大宣传力度。在江西电视台、《江西交通》、《抚州日报》、《临川晚报》等报纸杂志上发表作品100多篇;编印《抚州交通信息》、《运政信息》、《鹰瑞简报》等内部刊物50期,及时有效地宣传了全市交通改革、交通业绩、交通典型,并多次在江西电视台、抚州电视台、《抚州日报》作了专题宣传,营造出了良好的社会舆论氛围,树立了交通部门良好形象。抚州市交通局先后被省委、省政府授予"民主评议政风行风"工作先进单位、"文明单位"称号;被省政府评为"春运工作先进单位";被南京军区评为"抗雪救灾交通保障先进单位";被省交通厅评为"全省纠风工作先进单位";被抚州市委、市政府授予全市"抗冰救灾先进单位"、"综治工作先进单位"、"新农村建设先进单位";圆满完成了抚州金山"奥运"烟花进京运输保障任务,受到国家奥组委的表彰。

(抚州市交通局)

临　川　区

2008年,在临川区委、区政府和抚州市交通局的正确领导下,临川区交通局认真贯彻党的十七大会议精神,坚持以科学发展观统领全局,各项工作得到了长足发展。

农村公路建设稳步推进。全年完成水泥路建设174.15千米,超额完成了抚州市交通局下达的171.7千米水泥路建设任务。新增33个行政村通水泥路,全区行政村通水泥路率达77%,比上年增加7个百分点。切实抓好公路建设质量,实行班子成员和技术人员包路段责任制,收到良好效果,工程建设规模和质量均走在全市的前列。渡改桥工作有序进行。区政府下发了《临川区关于加快临川区渡口改渡建桥的实施意见》,从2008年到2010年,全区计划兴建26座桥梁。2008年,有3座桥梁正在兴建,有11座桥梁已完成了工可并经省交通厅批复,有12座桥正在做前期准备工作。

规费征收创历史新高。一是加大宣传力度,采取出动宣传车、散发宣传单、办征费法律讲座等办法,努力提高车主业户缴费意识。二是狠抓计划落实,将征费任务分解到各征费站,签订责任书,将任务与工资挂钩,增强了责任心和紧迫感。三是加强源头管理,严防费源流失,建立车辆台账,同时寓管理与服务之中,依法征费,提高了实征率。全年共完成各种规费征收1015万元,首次突破千万元大关,其中,"四费"完成483万元,摩托车养路费完成369万元。超额完成了抚州市交通局下达的830万元规费征收计划,创历史新高。

行业管理得到加强。一是客、货运力得到增长,全年新增客车24辆,货车516辆。全年共完成客运量689.85万人次,比上年增长5%,旅客周转量56786万人千米;完成货运量447.47万吨,比上年增长7%,货物周转量46256万吨千米。二是加强农村网络化建设,新建了文昌汽车站、东馆汽车站、大岗汽车站;新建40个乡村候车亭,为群众出行提供了便利。三是严厉打击非法营运,共查处违章车辆46辆,无证"摩的"52辆,非法经营"面的"31辆,客车18辆,进一步规范了道路客运市场秩序。

安全生产实现无事故的目标。一是渡口管理层层签订了责任书,强化了安全监管,落实班子成员挂点责任制,实现了连续23年安全无事故的好成绩。二是道路安全整治力度不断加大,按照"三把关一监督"的工作职责,做好道路运输安全的监管工作。三是认真开展公路桥梁专项整治活动,注重危桥改造和加固,保障了通行安全和人民生命财产免受损失。

扎实开展民主评议政风行风活动。全局干

部、职工执政为民的服务意识得到深化,交通部门的公信力得到提升,政务环境得到优化,被抚州市委、市政府、临川区委、区政府和抚州市交通局评为民主评议政风行风工作先进单位。突出加强队伍建设。出台了一系列规章制度,如《规费征收管理办法》、《禁酒令》、《四个一律不准》等,实行了班子成员挂点征费站(场),强化对干部职工的教育和各项制度的督促检查,收到了良好的效果。巩固和保持了市级文明单位的称号。加强党建、党风廉政建设。积极发展新党员,严把入党质量关。调整和创建党支部,便于党员开展活动。动员党员向四川地震灾区开展捐助活动。成立流动党员服务站。认真加强党风廉政建设和反腐败建设,廉洁自律,未出现违纪案件。狠抓计划生育工作,杜绝了计划外生育情况。2008 年,临川区交通局被抚州市交通局评为目标管理先进单位。

(临川区交通局)

南 城 县

在南城县委、县政府的正确领导和省、市交通部门的大力支持下,南城县交通管理局坚持以科学发展观为统领,紧紧围绕提高交通“三个服务”能力和水平,开拓创新,扎实工作,全面完成年初既定各项工作任务,交通事业保持又好又快的发展势头。

1. 农村公路建设稳步前进。2008 年,全县被列入国家农村公路改造项目共 17 项,全长 64.2 千米。除 2 个项目因高速公路建设需缓建外,其余的 15 个项目、全长 58.8 千米已全部竣工。新增通水泥路行政村 6 个,通水泥路行政村达 142 个,占全县行政村总数的 94%。鹰瑞高速公路征地拆迁工作,共征用土地 362 公顷,拆迁各类建筑物 12000 余平方米,搬迁坟墓 6532 穴,确保了工程顺利如期开工建设。渡改桥工程建设进展顺利。立项的 3 座渡改桥先后动工兴建,其中,建昌大桥和杨林渡大桥于 3 月 3 日同时开工建设,席家渡大桥于 7 月 31 日举行了开工奠基仪式,8 月中旬正式开钻。至年底,建昌大桥除建成 565 米便道、便桥、拌和场、预制场地外,已完成桥梁下部构造,正抓紧建设桥梁上部构造;杨林渡大桥除建成 775 米便道、便桥、拌和场、预制场地外,已完成桥梁下部构造 2780 立方米,占下部构造总量的 95%;席家渡大桥除建成一期围堰、拌和场、预制场地外,桥梁下部构造已完成 15 根桩基及 0 号台基础钢筋混凝土共 556 立方米,占下部构造总量的 40%。浔溪乡 2 座农村公路危桥已完成重建。县道养护进一步加强,因冰灾受损的 38 处公路塌方、6.5 千米断板路面、9 座被冻裂公路桥梁得到了及时的修复和加固,确保了县乡公路的安全畅通。创建绿色生态公路 6 条、计 24 千米,公路春季绿化植树 3 万余株,县、乡公路好路率达 85.5%,较上年同期提高 1 个百分点。

2. 汽车运输业发展再上新台阶。由于致力改善和优化发展软环境,提供优质服务,大力推介发展汽车运输业的扶持举措,有力地促进了汽车运输业的发展。2008 年,全县新增货车 400 辆,更新客车 8 辆,全县拥有货运物流企业 112 家,各类货车 1600 余辆、计 12000 吨位;各类客车 257 辆、3161 座位。其中,农村班车通村率达 82%,农村客运网络化建设进一步加快。已建成株良、浔溪、沙州、徐家 4 个客运站和 30 个候车亭。“春运”工作战胜了低温雨雪冰冻灾害影响,共投入客车 163 辆、钢质渡船 14 艘,发班 2400 余班次,加班 80 余班次,组织包车 84 余班次,发送旅客 32.8 万余人次,未出现一起客运事故和人为滞客现象,使旅客在千里冰封的恶劣运输环境下,走得安全、走得及时、走得放心、走得满意。全年共完成客运量 106 万人次,旅客周转量 14600 万人千米;完成货运量 750 万吨,货物周转量 58900 万吨千米。

3. 交通安全管理持续平稳。本着“排查要认真、整治要坚决、成果要巩固、杜绝新隐患”的工作原则,进一步强化安全生产责任主体,积极开展“安全隐患治理年”和百日安全督查专项活动,深化客运清理挂靠经营、危货运输、渡口渡船安全管理、公路险段危桥等项整治,加大监管力度,全局共出动执法人员 1300 余人次,检查渡口 210 余处次、车站 40 处次、公路桥梁 360 余座次,重修农村公路危桥 2 座,在危险路段安装广角镜 50 面,开展隐患排查 36 期次,查处非法营运行为 42 起,纠正各类违章营运行为 28 起,交通隐患及时得到了消除,全县客、货运未发生一例责任事故,渡运安全实现了连续 30 年零责任事故,保持了全县交通安全持续平稳的良好态势。

4. 规费征收任务圆满完成。在深挖费源的同时,着眼提高交通规费实征率,通过整合征费力量,改善征费方式,强化征费责任,严明征费纪律,加强稽查和调度,减少了规费的“跑、冒、漏、滴”,交通“四费”征收比上年同期略有增长,全年完成运管费征收402.11万元,占计划的196%,完成公路养路费征收182.94万元,占计划的261%,完成摩托车养路费征收120万元,占计划的141%,完成水路运管费征收47.6万元,占计划的529%。为交通建设筹集了宝贵的资金。

5. 招商引资工作取得新成绩。引进福建客商投资1亿元开发的洪门水库醉仙湖旅游项目;引进南昌客商投资6000万元建设的佳诚汽车服务项目已完成了土地平整,开始建设厂房;从长三角地区引进的1400多个吨位货车已落户纳税,超额完成年度政府下达的招商引资任务。

6. 政风行风与精神文明建设全面推进。以开展民主评议,政风行风,提升行政效能,建设服务型政府和优化交通服务环境活动为契机,广开言路,先后发放意见建议征求函和问卷调查表200多份,发放宣传手册300多份,走访服务对象100多户,征求意见建议19条,广泛收集意见,深入查找问题,并认真进行整改,切实解决人民群众关注的热点、难点问题,推动了交通政风行风的明显好转。全局依法行政更规范,交通政务更透明,行政审批更简捷,交通服务更优化,展示了交通人的良好形象。精神文明建设常抓常新,局机关被评为全市“第五届文明单位”;水路运输量调查、港口码头普查、公路运输量调查全面完成,特别是农用车运输量调查受到省、市好评;交通政务信息网络公开化基本完成,先后公开交通政务信息92条,居县直部门前列;全年报送交通信息32条,被市、县采用14条;高质量地办理人大代表和政协委员的意见建议8件,受到了代表们的好评;全局职工向汶川地震灾区捐款2万多元,交纳特殊党费2万余元;帮助下属企业未参加社保职工申报生活补助200多人次,受到职工们的赞扬。

(南城县交通局)

南　丰　县

2008年,在南丰县委、县政府的正确领导和上级交通部门的大力支持指导下,南丰县交通局认真贯彻落实全市交通工作会议精神和县政府经济工作会议精神,坚持以“执政为民,以人为本,严格执法,热情服务”为宗旨,研究制定本局工作方案,齐心协力,埋头苦干,积极组织实施,全县交通事业取得了较大发展。

交通基础设施建设进展顺利。2008年,全县农村水泥路建设任务72千米。截至年末,共完成农村水泥路建设67.85千米,同时,完成了没有计划但提前实施的农村公路10千米,超计划完成年度农村公路建设目标,投资1868.5万元。在桥梁建设方面,开工建设了县特大农村公路桥梁傩乡大桥(全长307.4延米,宽18米,每孔跨径30米,设计荷载公路Ⅰ级兼城市A级,设计洪水频率1/100,通航等级Ⅵ-1级),投资1500万元。已完成预制箱梁20片,完成工程投资600万元。并修建了便桥1座,便道180米,方便两岸群众出行。修建了市山镇2座中型桥梁,完成了曾巩大桥的前期准备工作,下坊大桥维修工程已做好前期勘测设计等工作。

运输行业管理进一步规范。以政风行风评议为契机,加强对运输业的管理力度,与交警、城管等单位联手,共同打击“黑车”、“摩的”市场,全年共查处违章车辆350辆次,“摩的”216辆次,“黑车”25辆次,有效地确保了运输安全。提高汽车维修服务质量和服务水平,汽车维修质检人员持证上岗率达100%,技术工人持证上岗率达95%。全年共年审车辆1150辆,其中,货车855辆,审验率98%;客车97辆,审验率100%;农用车198辆,审验率88%。圆满地完成了2008年“春运”及“五一”黄金周旅客运输工作,做到了安全、有序、畅通。加大客运市场管理,对站外乱停乱放、站外上下旅客、沿街兜圈揽客、不按核定时间发车、越线经营、超载等扰乱正常客运市场的各种违法经营行为进行了全面的清理和整顿,共查处违章车辆50余辆次,有效地净化了全县客运市场秩序,为众多外来客商、嘉宾及广大人民群众提供了良好的乘、候车及交通环境。通过努力运输市场保持平衡发展。全年新增货车337辆、计2760吨,全县货车达1323辆、总吨位7486吨。全年完成客运量296万人次,旅客周转量16842万人千米;货运量201万吨,货物周转量25869万吨千米。

交通规费征收迎难而上。为筹集更多的交通建设资金,更好地为公路建设服务,全局进一步加大了征费力度,组织精干力量,采取多种措施与耐心细致的工作方法,积极挖掘潜力,迎难而上。坚持依法征费,文明执法,做到应征不漏,全年实现征收运管费收入329万元,超额完成任务;农用车三费150万元;摩托车养路费185.8万元(含正三轮)。均超计划完成市交通局下达征收目标。

交通安全工作扎实有效。全局始终坚持"安全第一,预防为主"的方针,持之以恒地加强交通行业安全管理。年初,由县政府向各乡(镇)政府下达渡口安全责任书,明确职责。4月底,县交通局对全县设有渡口的乡(镇)分管领导、水库负责人和所有渡工进行了安全培训,加强了他们的业务能力和安全意识。同时,时一步健全和完善安全管理规章制度,坚持定期安全检查,杜绝无证无牌"黑"船、艇载客,要求各渡口做到救生器具齐全,不人货混载,不超载运行,发现问题,及时解决。全年未发生一起安全生产责任事故,水上安全实现连续47年无事故。

民主评议政风行风工作开展顺利。积极贯彻落实市、县关于开展民主评议政风行风暨"提升行政效能,建设服务型政府"主题活动精神,及时成立局"提升行政效能,建设服务型政府"主题活动领导小组,召开动员大会,制定民主评议政风行风工作和"提升行政效能,建设服务型政府"主题活动实施方案,开展"优化投资环境,提升服务水平"实践活动等一系列具有指导性的工作。组织全局干部、职工进行提升行政效能大讨论活动,进行中层干部测评,制定整改措施,并对全年民主评议政风行风工作进行了总结。使广大交通干部对民主评议政风行风与提升行政效能建设有了新的认识,政风行风大为好转,机关面貌大为改观,办事效能大为提高。2008年,被抚州市交通局评为交通目标管理先进单位,被县委、县政府评为帮扶新农村建设工作先进单位。

(南丰县交通局)

广 昌 县

2008年,广昌县交通局在广昌县委、县政府正确领导和抚州市交通局的关心指导下,围绕发展与改革两大主题,认真贯彻落实党的十七大精神,围绕广昌经济发展大局,坚持树立和落实科学发展观,求真务实,奋力赶超,全面完成年度各项任务。

1. 县、乡、村公路建设协调发展。2008年,全局紧扣交通基础设施建设这一工作中心,狠抓工程进度、工程质量和工程前期工作,全力加快交通基础设施建设。全年完成国家农村公路水泥路建设项目23个,计65.6千米,农村公路桥梁建设4座、计175延米,行政村沙石路建设10条,计39.6千米。投资2315万元。扎实做好公路建设的基础工作。为完成好国家农村公路改造硬化项目,积极组织技术人员认真编制了2008年度公路建设计划,及时向上级相关部门进行申报,并提供工程可行性研究报告,获得上级肯定及大力支持,批复的项目规模及投资均名列前茅。在施工过程中,逐项落实,使得全年农村公路改造硬化工程顺利实施。积极做好济广高速公路鹰瑞线广昌境内的协调服务工作。按期圆满完成鹰瑞段广昌境内52.6千米征地拆迁任务,共拆迁房屋36000立方米,迁移坟墓3000余座,征用耕地、山地等土地400余公顷,"三杆"迁移11.2万延米。积极配合高速公路指挥部筹备好施工动员大会,为江西省政府在广昌召开鹰瑞高速全线施工动员大会和项目办顺利进驻广昌做了大量工作。全力以赴地调解施工中各种群众纠纷,解决施工过程中出现的各类问题,确保了鹰瑞高速施工顺利进行。进一步加强工程质量管理工作。推行"项目法人责任制"、"工程质量终身制"和"质量事故追究责任制"、"工程招投标制"等,每个工程项目安排1名工程技术人员进行技术负责、质量把关、现场监理、技术服务;严把设计、施工队伍关,严格地貌勘探、严格工程设计,建立健全设计质量保证体系,加强工程全过程质量控制。在选择施工单位方面,遵照公开、公平、公正的原则,采取公开招投标的形式,坚持"谁主管,谁负责",严格按施工合同、技术规范和操作程序办理。在监理工作中采取旁站、抽检和工作指令相结合的手段,强化业主代表监督,从而使工程建设进度、质量、效益得到保证。重视农村公路绿化与文明路创建。完成70千米县、乡公路"一大四小"绿化造林任务,种植白杨、杜英树2.6万棵,成活率达95%以上,创建文明路10千米,进一步绿化、美化了农村公路。

2. 交通运输行业管理扎实有效。一是加强行业管理,大力发展农村客运。在交通行业管理中,坚持科学发展之路,不断规范行业秩序,道路运输保持快速发展的势头,农村客运网络化建设成效显著,行业秩序健康稳定。全年共吸引9500万元资金投入货运业,新增货运企业3家,新增货车199辆、计1143吨。全县拥有货运车1719辆,计8945.5吨,较上年增长14.65%,全年实现货运量270万吨,货物周转量57500万吨千米,创广昌历史新高。加强了货运业向第三物流发展的步伐,全县拥有物流公司1200家,年总产值超过200亿元,物流产业集团化的进程不断加快,货运支柱产业地位得到进一步巩固。全县将农村网络化建设作为交通建设"服务于新农村建设"的突破口,一手抓农村客运站(场)建设,一手抓农村客运网络覆盖,推进了农村客运网络化的系统工程。全年新增乡(镇)客运站1个,候车亭30个,投资80余万元。新增9个行政村通达客车,村村通客车率达85.3%,超额完成市交通局下达的农村客运网络化任务。二是严格落实安全措施,确保安全"春运"。通过对客运流量、流向进行全面摸底和分析,制定了完善的"春运"工作方案以及"春运"旅客紧急疏通方案。成立了"春运"工作领导小组,县运管所、县车站实行24小时值班制度。对全县客车进行严格的安全检测,检测率达100%,合格率达99%,对省际800千米以上班车技术状况须达到一级配备3名以上驾驶员,有效保证了"春运"安全。"春运"期间共发送客车10660班次,完成客运量27.3万人次,旅客周转量4142.8万人千米,未出现一起安全责任事故,取得了良好的社会效应和经济效益。全县拥有客运企业5家,客车120辆、计1978座位。有客运班线31条,全年完成客运量263万人次,旅客周转量28321万人千米。三是加强汽车维修行业的管理。对未达到资质的二类维修企业进行了整改,对未按期进行二级维护的200余辆运输车辆从严处罚,进一步规范了二级维护工艺流程。四是加强运输从业人员资格管理。对全县客、货驾驶员从业资格证换发了新版证件,进一步规范了从业资格证管理。五是大力规范驾驶员培训市场。通过招商引资投入500余万元,新建广昌平安机动车驾驶员培训公司,于年底正式投入使用。

3. 交通规费征收再获佳绩。全局通过认真总结几年来的征费工作经验,针对燃油税改革对交通规费征收带来的不利影响,采取了切实可行的措施,2008年,规费征收工作再上新台阶,圆满地完成了运管费、摩托车养路费、农拖"三费"的征收任务,为交通事业又好又快发展提供了有效的资金支持。

4. 民主评议政风行风、提升行政效能活动成效显著。通过广泛宣传,真抓实干,务求实效,狠抓行风建设,行政执法服务质量提高,使交通队伍的责任意识、文明服务意识显著增强,机关行政效能有了明显提高,有力地促进了各项工作的开展。在5月12日四川汶川大地震发生后,全局迅速响应县委、县政府的号召,组织全局干部、职工捐款捐物支援灾区,全局党员积极交纳"特殊党费",干部、职工向地震灾区捐款58970元,以实际行动支援灾区重建家园。2008年,广昌县交通局被市交通局评为全市目标管理先进单位,并受到江西省交通厅的表彰。

(广昌县交通局)

黎　川　县

在黎川县委、县政府与抚州市交通局的正确领导和大力支持下,黎川县交通局广大干部、职工坚持以"三个代表"重要思想为指导,以科学发展观为统领,紧紧围绕年初确定的目标任务,突出交通基础设施建设工作主线,真抓实干,较好地完成了年度各项工作任务。

农村公路建设稳步推进。通过全局上下共同努力,全年共争取农村公路建设计划项目22个,建设里程81.5千米,其中,千亿元项目20个、计78千米,通达项目2个、计3.5千米。至12月底,完成建设里程70千米。公路绿化成绩斐然。积极投身全配合县"一大四小"绿化工程建设,认真做好了公路沿线绿化规划的修订,全力抓好公路绿化、美化经费、苗木的落实,全年共完成公路沿线绿化里程180千米。重点工程建设进展顺利。完成丰杉县城至板桥段公路改造工程;向莆铁路黎川中间站项目争取工作取得新进展,江西省政府、铁道部已同意预留黎川中间站建设,并择机开工。提前完成了向莆铁路征地拆迁任务;完成了县黎滩河大桥、县污水处理厂道路设计任务。站(场)建设取得新进展。德胜汽车站竣工,宏村、厚村二个乡(镇)汽车站进入建设准备阶段,30个村级候车亭建设全面开工。

规费征收全面完成下达任务。完成运输管理费征收84.16万元,占年计划的260%;完成拖拉机养路费、重点建设基金、附加费征收90.55万元,占年计划的247%;完成摩托车养路费征收57.22万元,占年计划的252%,为全县交通事业发展提供了宝贵的资金支持,确保了事业编人员工资发放。

道路运输行业管理进一步加强。做好了驾驶员从业资格证换发、建档工作。加强了道路运输市场监管,坚决有力地打击各种严重违法违章经营行为,规范运政执法,有效维护道路运输市场秩序。完成2008年度客运、货运企业质量信誉考核工作。完成年度审验工作任务。积极开展道路运输量调查。2008年,全县营运货车数达1114辆、计11269个吨位(含营运农用货车200辆、计200吨位),比上年增长20.35%。完成客运量58662人次,旅客周转量13225610人千米。圆满完成2008年"春运"工作任务,全年未发生一起重大交通安全生产责任事故。

政风行风建设取得一定成效。认真开展了政风行风评议活动,按要求进行了自查自纠和广泛征求群众意见建议,对存在问题进行了认真整改,整改情况全部以书面形式答复建议人。认真做好群众满意度测评工作,采集调查样本,在抚州市交通局以及全县政风行风评议工作检查考核中均获得好评。积极开展了"提升行政效能、建设服务型机关"和"优化投资环境、提升服务水平"主题实践活动,全面推行政务公开,认真组织股级干部效能测评,进一步提高了干部的思想,推动干部队伍建设和工作开展。

招商引资等中心工作完成任务。全年完成招商引资进资额达5300万元(全年任务5000万元)。大力支持新农村建设,分别扶助德胜镇黎明村新农村建设资金10000元和茅店村帮扶资金1.7万元,帮助改善办公条件、兴办公益事业和发展烤烟生产,受到当地群众的一致好评。

(黎川县交通局)

资 溪 县

2008年,资溪县交通局紧紧围绕抚州市交通局下达的工作目标,在资溪县委、县政府的正确领导下,牢固树立科学发展观,团结一心,开拓进取,交通各项工作稳步推进。

1. 公路建、养、管协调发展。农村公路建设全面完成。2008年,抚州市交通局下达给资溪县的农村公路建设计划为66.1千米,其中,国家千亿元工程50千米,通乡项目16.1千米。为确保目标任务的完成,全局对千亿元工程早安排、早动员、早实施,全面完成50千米任务,占计划100%。通乡项目完成了工可的编制。全县70个行政村已有66个通水泥路,通达率94.3%。高速公路征地拆迁工作提前完成。为做好鹰瑞高速公路资溪段的征地拆迁工作,抽调精兵强将,通过广泛宣传相关政策,结合实际制订补偿方案,及时公布补偿标准,合理安排工作任务和进度,2008年5月15日完成了主线的征地拆迁工作,共征地51.5公顷,拆迁房屋3813.42立方米,保障了工程的顺利实施。年初,全县遭受了罕见的冰雪天气灾害,持续时间长,致使路面结冰,木竹被压,全县大部分公路都出现了中断、阻塞交通的情况。为此,全局组织30多人的抢险救灾应急分队和5台装载机,连续奋站在全县主要公路上,共抢修县、乡公路256千米,及时恢复了交通,保障了人民群众出行,为开展抗冰救灾提供了交通保障。圆满完成文明路和绿色生态公路创建。完成抚草线17千米的文明路创建任务,对大觉山、狮子山18千米旅游公路进行了绿化,完成了"一大四小"造林绿化工作。候车亭建设突出特色。根据县委、县政府关于将"316"国道打造成旅游景观道路的要求,在"316"国道旁和狮子山公路建设25个造型别致的候车亭,既满足了群众候车的需要,又成为一道景观点。

2. 道路运输管理进一步加强。一是加大打黑力度,强化对营运"黑车"的查处,严厉打击非法客运等严重扰乱客运市场行为,促进运输市场的健康发展;二是加强客运生产安全管理工作,特别是在节假日严格要求,从人、车、站、路等各方面全方位做好交通安全工作,有效地防范了客运安全事故,确保道路运输安全有序;三是坚持"三定四统一"管理,强化对现有车辆的监管。至年末,全县拥有营运客车63辆,出租车32辆,其中,跨省5辆,跨区11辆,县内23辆。全县完成客运量64.8万人次,旅客周转量1079.82万人千米,完成货运量21.74万吨,货物周转量105.78万吨千米。

3. 超额完成规费征收任务。为保障规费征收任务完成,坚持以规费征收为中心,加大征收管理力度。一是通过制定目标管理责任制,将任务进行分解落实,强化征收人员的征收意识。二是加大力度,通过张贴宣传单、电视宣传、出动宣传车宣传等方式,提高群众的缴费意识;三是建立健全车辆台账,通过部门互助、进村入户等形式,对车辆分布、车辆数量等基础数据进行摸底调查。四是加大征收服务力度,实行路上查和上门收,在征收过程中实行文明征收、热情服务,设立专门的征收服务窗口,优化对征收对象的服务。由于措施到位,服务一流,各项规费顺利完成任务。全年共完成交通规费征收135.67万元,占计划的158%。其中,运管费70.33万元,占计划的128%,拖养费40.34万元,占计划的672%,摩托车养路费25万元,占计划的100%。

4. 其他工作扎实有效。积极做好挂点村和新农村建设工作。为配合新农村建设,按照县新农村建设标准的要求,县局投入资金,安排专人负责新农村试点村的道路建设,及时对试点村内的道路进行了建设和整修,高标准完成新农村建设试点村内的道路建设。共建设进村主干道6.6千米,村内道路20.4千米。切实做好招商引资工作。以诚招商,以商招商,积极主动走出去,引进来,加大招商宣传力度,新引进王氏金属有限公司等企业,完成招商引资任务。同时,积极向上争项目,特别是做好花山界至里木高速公路项目的前期工作,加强与江西省交通厅和福建省交通部门的联系和沟通,此项目计划38千米,预计投资20亿元,已完成了预可。深入开展民主评议政风行风。坚持以建设服务型政府、提升交通行政效能、预防行业不正之风为目标,以关注民生、服务群众为主线,坚持纠建并举、重在建设、分类指导、统筹推进,把民主评议政风行风与政务环境考核评价工作相结合,为构建和谐交通、推动全县赶超发展营造良好环境。社会治安综合治理工作扎实有效,按照县综治委要求,开展社会治安基本情况大排查活动,围绕重点人、事、物、地4个方面,进行细致、认真的排查,及时发现和妥善处理不安定因素。继续按照职责划分,签订责任书,强调局属各部门根据自己的职责,切实管好自己的人,绝不能因工作不当产生任何不安定因素,确保全局工作稳步发展。继续搞好和谐平安创建工作,搞好治保、调解工作,争创安全小区,文明楼院。积极稳妥地处理好搬运公司职工所反映的社保问题,变被动接访为主动下访,及时下基层与职工面对面沟通,化解矛盾,维护稳定。

(资溪县交通局)

金 溪 县

2008年,金溪县交通局在金溪县委、县政府和抚州市交通局的正确领导下,以科学发展观为统领,以作风整顿暨效能建设活动为契机,紧紧围绕县域经济社会发展总体目标,进一步强化建、管、养、运四项基本职能,推进全县交通各项事业持续快速发展。

农村公路建设。一是建成农村水泥路85.2千米,其中,完成2008年计划目标72.1千米、续建2006年未完工项目4.5千米、续建2007年项目8.6千米,投入资金2215.12万元。二是工程质量全部合格,群众满意度高。三是农村公路运作规范,透明度高,抓好工程预算、工程监督、工程验收、资金拨付、用材用料等5个环节。技术员实行"公示牌"制度,村委会作为项目法人主体推荐施工单位。四是公路资料建档规范,管理到位,在全市第一个完成外业作业任务。积极支援鹰瑞高速公路建设,成立了支援鹰瑞高速公路金溪段建设领导小组,完成了境内红线划定及开挖(总长72693米),共征地192.05公顷,拆迁房屋21户,迁移坟墓1112穴,投入征地拆迁补偿资金达

3806.66万元,确保鹰瑞高速公路建设顺利进行。五是农村客运基础设施建设。全县14个乡(镇、场)都通了客车,兴建乡(镇)级客运站5个,行政村候车亭79个,招呼站13个,组建农村定线客运公司5个,客运车辆108辆,行政村通客车率达87%。六是农村公路造林绿化“一大四小”工程,安排造林面积38.67公顷,在316国道至东源段、316国道至合市段、316国道至琅琚段3条公路两边路肩植树20000余棵。

道路运输市场管理。一是围绕人、车、站、线、点5个重点部位,加强源头管理,加强对出租车客运市场的监管,严厉打击非法营运“黑的”、“摩的”,客运市场有序。全县新增客车50辆,更新出租车20辆,圆满完成了“春运”和两个黄金周旅客运输工作。二是进一步强化货运管理的基础工作,简化手续,放开市场,促进货运市场健康快速发展。全县新增营运货车74辆、计683吨位,同比分别增长9%和15%。全年完成客运量305万人次,旅客周转量16470万人千米,货运量264万吨,货物周转量34240万吨千米。

加大规费征收力度。深入开展优化经济发展环境工作,加大宣传力度,改进工作方法,严格内部管理,提高执法队伍素质,全年杜绝“四乱”与公路“三乱”现象的出现。全年共征收摩托车养路费65万元,农用车养路费41万元,公路运输管理费85万元,圆满完成年度规费征收计划任务,为交通事业又好又快发展提供了宝贵的资金支持。

开展民主评议政风行风活动。一是大力宣传,精心组织;二是客观真实地确定群众满意度调查对象;三是广泛征求意见,查摆存在问题;四是落实整改措施,做好情况反馈工作;五是认真开展中层干部测评活动;六是建章立制,资料汇编,总结上报,确保民主评议政风行风活动的扎实有效,全局干部、职工责任意识增强,服务意识明显提高;七是做到维稳工作,保持了三个交通企业1000多名员工的稳定,解决了航运公司106名退休人员生活费补助问题,搬运公司退休人员生活费补助问题也在落实之中,县汽运公司改制工作已提交县政府研究。

(金溪县交通局)

东乡县

2008年,东乡县交通局坚持以党的十七大精神为指针,认真贯彻落实科学发展观,强化管理,狠抓落实,交通各项工作取得新的成绩。

1. 农村公路建、养、管协调发展。全县公路建设投资额2400万元,完成水泥路建设96千米,占全年总任务的104%,新增21个行政村通水泥路,行政村水泥路通达率为90%。投资387万元,全面硬化黎圩镇王安石故里16.5千米旅游线路;完成东抚路至西隐寺水泥硬化1千米和吉和塔山路游步道775米铺设任务,促进了当地旅游路线的开通,带动了当地经济的发展。改渡建桥工作取得新的进展,在省交通厅、抚州市交通局的大力支持下,争取到马圩渡口桥改建项目并获准立项和顺利开工。公路管养工作进一步加强,认真制定了年度公路养护计划,狠抓养护责任制的落实。创建文明路15千米,绿化带24千米。投入资金19万元,抢修水毁路基9千米,修复路面10千米,清除路障30余处,集中对县、乡公路急弯、陡坡、视线不良等行车危险地段增设交通安全标志43处,消除了公路隐患,确保了道路安全畅通。

2. 招商引资工作取得新成绩。全局对招商引资工作进行了细化和量化,实行奖罚机制,制定招商引资工作实施方案,至年底,共接待客商30余人次,成功引进浙江台州客商朱先生投资2200万元兴办望仕服饰有限公司,已进资900万元,并顺利立项投产。老项目长盛化工续资380万元,完成全年任务105%。与广东肇庆灵莲畜牧有限公司签约500万元畜禽饲料生产和畜禽产品深加工项目协议书,正在申报立项。湖北客商液态胺生产、销售、运输等3个项目合同投资额达3800万元正在洽谈中。

3. 规费征收创历史新高。一是立足政策,强化宣传。一方面利用多种宣传媒体和舆论工具,大力宣传国家法规和省、市交通规费政策。2008年6月,和县团委共同举办交通规费征收法制宣传月活动,组织全局干部、职工深入各乡(镇)散发规费征收宣传单,做到家喻户晓。另一方面推行政务公开,公开征费标准,公开处理结果,赢得车主业户的信赖。二是强化征管、勤收细查，深入乡村摸底调查，健全了农用车、摩托车征费台账，重点加强对违规车辆的追缴，提高了车辆规费的实征率。至年底，实际完成交通规费征收657.9万元，其中，农用车养路费158.8万元，占任务的120%，摩托车养路费170.1万元，占任务的178%；运输管理费329万元，占任务的365%。

4. 交通运输行业管理进一步加强。一是对客运市场进行了专项整治，整顿客运车辆乱停乱放、倒客、宰客、窜线等非法违章经营行为，对"黑车"进行坚决打击，客运秩序井然。对汽车维修市场重点打击了无照经营、超范围经营，规范了维修市场。二是做大做强全县汽车运输业，重点加大培育力度，采取多种优惠措施，提供便捷服务，赢得了业户的信任。同时认真加强与各货运公司之间的联系，及时了解他们在发展过程中遇到的新问题，积极予以解决，促进了汽车运输业的发展。至年底，全县新增货车587辆，增长率为27%。共审验营运车辆2462辆，其中，客车140辆，出租车122辆，货车2200辆，客车审验率100%，货车审验率95%。全年完成货物周转量81000万吨千米，旅客周转量192万人千米。客运网络化建设得到全面发展，马圩客运站项目8月8日动工，12月底竣工，占圩、王桥等区乡客运站正在建设中，完成候车亭建设项目30个。

5. 民主评议政风行风活动扎实有效。认真开展了政风行风建设、提升行政效能建设、开展创建先进城市活动。一是局党、政领导亲自带队深入车站、客运企业和运输业户中，进行零距离接触，通过召开座谈会，征求意见，公布举报电话，请社会各界人士为交通部门"挑刺"，求教于民，问计于世。二是结合本单位、本行业的实际，及时召开班子民主生活会，认真剖析，层层梳理，制定整改措施，完善单位内部规章制度，认真贯彻落实省厅"八条禁令"，交通部门的自身建设、服务意识、交通工作有效性明显增强。三是积极开展创建先进城市活动，进行了学习动员部署，成立了东乡县交通局创建全省文明城市工作领导小组，形成了主要领导亲自抓、分管领导具体抓、业务部门协同配合的工作格局。四是积极开展了以"献爱心、援灾区"为主题的捐助活动，全局干部、职工踊跃捐款26240元，支援四川汶川灾区重建家园。

（东乡县交通局）

崇　仁　县

2008年，崇仁县交通局深入学习贯彻党的十七大和十七届三中全会精神，坚持科学发展观，积极实施交通基础设施建设项目，着力提升交通"三个服务"能力，行业文明程度进一步提高，有力地促进了县域经济的赶超发展。

1. 交通基础设施建设稳步推进。严格执行国家交通建设政策，制定相关优惠措施，认真落实项目计划，严格程序，精心管理，严把质量关。全年完成农村公路建设项目30个，里程76.5千米，投资1660.5万元。新增15个行政村通水泥路，硬化率达86%。"渡改桥"建设进一步加快，完成投资1089万元，其中，续建马鞍坪源桥1座，计595延米，完成总体工程90%；完成石庄冯家桥和桃源奥村桥2座，计225延米；南门渡改桥和巴山光明桥于6月22日动工兴建。农村客运站（场）、亭建设范围明显扩大，新建农村客运站3个，候车亭39个，客运网络化进一步完善，实现乡（镇）客运通车率达100%，行政村通客车率达85.5%，进一步方便了群众出行。加强公路管养，年末好路率达90%以上。完成公路植树率达总里程的36.3%，农村公路美化、绿化程度进一步提高。

2. 道路运输管理成效显著。加强道路运输管理，积极推动货运物流业发展。强化县域客运的监管力度，严厉打击"黑车"、"黑的"等非法营运车辆，净化了运输市场。全县拥有客运企业24户，客运车辆101辆、计1996座位，出租汽车50辆、计250座位；拥有货运业户273户，车辆548辆、计3895吨位。全年完成客运量285万人次，旅客周转量17500万人千米，与上年同比增长1.03%；完成货运量95万吨，货物周转量9800万吨千米，与上年同比增长1%。货运物流企业得到快速发展，全县达35户，实现税收4157万元，与上年同比增长114.94%。

3. 规费征缴超计划完成任务。坚持以人为本，文明执法、依法征费的原则，深入宣传交通规费征收政策，进一步理顺规费征缴关系，加强规费源头管理，加大征收和稽查力度，严厉打击"拖、欠、漏、逃”交通规费和无证经营的行为,促进规费征收工作的顺利开展。全年各项交通规费征收共计完成244.8万元,占年计划的124.26%。

4. 交通安全持续平稳。切实落实渡口渡运安全管理责任制,进一步改善和补充渡口、渡船的安全措施和设备,渡口渡运实现27年连续安全无事故。强化车辆运输安全的源头监督,增强运输企业的安全责任意识。全年实现道路运输安全无事故。开展“农村公路建设质量年活动”,进一步改善安全生产状况,把施工企业的安全生产纳入年度目标考核责任制,把安全设施建设纳入主体工程同时设计、同时施工、同时验收,做到“5个到位”,即:组织领导到位,上级安全精神贯彻到位,责任落实到位,质量安全检查到位,安全措施一步到位,至年底,交通建设过程中没有发生一起安全事故。

5. 政风行风评议成效显著。围绕交通中心工作,积极营造民主评议政风行风的良好氛围。主动开门纳谏,广泛征求意见和建议,接受社会监督。以开展“提升行政效能,建设服务型政府”主题活动为主线,落实党风廉政建设责任制,进一步完善“一岗双责”制度,强化领导责任。以继续开展商业贿赂专项治理工作和政风行风建设评议工作为着力点,对社会各界提出的意见、建议进行认真的整改,全局干部、职工的行为进一步规范,服务质量进一步提升,队伍素质进一步提高,工作思路更科学、作风更扎实、方法更符合实际。突出队伍建设、行政执法2个重点和抓好窗口服务,扎实开展“学、树、创”活动,充分调动广大干部、职工拼搏奉献,奋发有为的积极性,不断提高交通队伍的整体素质和行业文明程度,有力地促进了县域经济的赶超发展。

(崇仁县交通局)

宜黄县

2008年,宜黄县交通局以科学发展观统领工作全局,紧紧围绕党的十七大精神,按照全县经济工作会议和市交通工作会议的部署要求,紧扣全年工作目标,坚持以交通基础设施建设为中心,突出抓好交通行业管理,着力推进交通依法行政,进一步强化服务意识,圆满地完成了全年的各项工作任务。

交通基础设施建设。全县农村公路建设国改项目计划共26条,建设里程69.1千米,涉及全县12个乡(镇)的15个行政村(其中,霍源村、三陂村、干溪村、元坳村属续建项目)。至年底,已累计投入资金1508万元,完成10个行政村22条水泥路、计58.2千米的农村公路建设任务,全县138个行政村已有111个通水泥路行政村,占总数的80.43%,1032个自然村已有557个通水泥路,占总数的53.97%。积极做好县重点工程项目建设。2008年,宜黄县重点工程项目有新解放大桥、郑家坊大桥、新通济大桥3座。至年底,新解放大桥已完成桥面铺装、栏杆安装和大桥景观工程施工,预计2009年2月底竣工通车;郑家坊大桥下部构造已全部完成,预计2009年6月竣工;新通济大桥已完成箱梁吊装,预计2009年4月竣工。认真抓好改渡建桥工作。2008年,宜黄县改渡建桥项目共有6个,其中:桃陂乡戈坪大桥已竣工通车;凤冈镇郑家坊大桥下部构造已全部完成;凤冈镇沿坪人行桥已全面竣工;圳口乡晒嶂嵊人行桥现已完成下部构造;桃陂乡大港大桥已经完成初步设计并经省公路局审核,基础钻探工作已完成;凤冈镇水北大桥已由省交通规划勘察设计院完成工可编制。2009年计划建成的项目5个,其中:凤冈镇乌斗大桥已经完成工可评审,配套资金已经落实,基础钻探工作已完成;桃陂乡梅坊大桥、凤冈镇东井大桥、凤冈镇余家大桥已完成工程可行性研究报告的编制工作;桃陂乡邱坊渡口已撤,不再落实改渡建桥项目。加快农村客运站点建设,已完成1个乡(镇)汽车站(中港乡)和30个候车亭建设。强化县乡公路养护管理。2008年,宜黄县遭遇罕见冰冻灾害,县、乡公路多处受到严重侵害。宜黄县交通局及时派出公路养护人员赶到一线抢修,并将管理人员分线包片,责任落实到人,尽快恢复交通。共投入资金26万余元,完成了对桃上线、圳口至新丰、草鞋岗至新丰及山前至白竹等多处路段的水毁塌方清理、挡土墙建设和标志牌设立等工作,建筑挡土墙4处、580立方米,保证了全县公路交通畅通。同时加强对公路的日常养护管理,把公路养护任务分解到各乡(镇),制定各养路班的公路养护责任制,把民工出勤率、公路好路率与工资挂钩,使县、乡公路好路率达到80%。

交通规费征缴。宜黄县交通局按照“按章征费、文明征费、应征不漏”的原则,积极开展交通规费征缴工作。一是坚定信心,向广大车主和业户广泛宣传规费征收政策及法规,积极营造一个良好的征费环境。二是认真执行征费政策,对辖区内的车辆全面排查,依法上路稽查、上户催缴,堵塞漏洞,从源头上防止规费流失。三是继续做好摩托车养路费征收工作,严格收费标准,杜绝公路“三乱”行为,树立文明征费的良好“窗口”形象。至年底,已完成重点基金征收111032元、养路费66300元、附加费征收43022元、运管费征收487924元、摩托车养路费征收263755元。

交通行业管理。一是紧紧围绕“杜绝重特大事故,控制一般事故,消除事故隐患,确保交通安全”工作目标,落实安全生产责任制,签订安全生产责任书。开展“全国安全生产月”活动。加强交通安全宣传教育,加强重点时段、重点领域的安全排查,加强车、船驾驶员安全培训,严抓隐患整改,确保安全态势基本平稳,全年道路运输、渡口渡运和工程建设未发生任何事故。二是强化公路运输管理,加强车辆审验工作,送检客车82辆,送检率100%,合格率100%,送检出租车31辆,送检率78%,合格率100%;完成货车(普货、危货)审验310辆,合格率100%。加强规范客运秩序,积极发展运输市场。继续清理客运挂靠车辆,规范三轮摩托载客市场,查处倒客、甩客、宰客、恶性竞争等违章经营行为。全年新增农村客运线路2条,货车56辆、农用车40辆。全县138个行政村已有103个通班车,占总数的74.6%,全县共有营运客车118辆,计1317座位,营运货车1008辆,计3207吨位。全年共完成客运量142.5万人次,旅客周转量4404万人千米;完成货运量95万吨,货物周转量37086万吨千米。加强车辆维修市场的管理,打击维修市场无证经营活动,对全县三类以上维修企业进行质量信誉考核。加强了对从业人员的培训,举办了4批驾驶员从业资格证学习班,共有160余名驾驶员参加了学习并取得从业资格证书,合格率为98%。

其他各项工作。一是积极开展民主评议政风行风活动。通过聘请监督员、召开座谈会等形式开诚布公、广泛征求意见建议,采取有效措施进行整改,改变了工作作风,提高了服务质量,树立起“廉政、勤政、务实、高效”的交通部门形象。二是重视加强党风廉政工作。扎实开展“三项教育”、学习党章、重温入党誓词等理想信念教育活动,使干部、职工树立正确的世界观、人生观、权力观和立党为公、执政为民的公仆精神。坚持以制度建设为基础,狠抓民主议事制度、财务管理、工程建设招投标等3个工作重点,至2008年底,全局未发生一件违法违纪行为。三是严格行政执法。通过规范行政执法行为、落实行政执法责任、遵守行政执法程序,提高行政执法的质量。全年共办理行政许可项目595件,执行处罚案件1045起,没有发生行政复议和行政诉讼案件,无错案发生。四是切实做好社会治安综合治理工作。紧紧围绕“构建社会主义和谐社会”目标,认真开展了矛盾纠纷排查调处和治安专项整治“百日维稳”活动,及时排查可能诱发的群体事件,维护社会安全稳定。广泛开展“和谐平安单位”、“和谐平安家庭”创建活动,为全面建设小康社会营造安全稳定的社会环境。积极做好“奥运”期间信访工作,及时办理人大、政协提议,做到件件有签复,条条有落实。

(宜黄县交通局)

乐 安 县

2008年,乐安县交通局在乐安县委、县政府的正确领导和抚州市交通局的具体指导下,全面贯彻落实上级指示精神和工作布置,坚持科学发展观,顽强拼搏,开拓进取,各项交通事业实现较快发展。县交通局被县委、县政府评为全县目标管理工作先进单位;被抚州市交通局评为全市交通工作目标管理先进单位。

1. 抓好公路建设,夯实基础设施。2008年,全县开工建设农村公路25条、计87.1千米,全部竣工。完成农村公路桥梁170延米/4座,完成戴新战备公路10.1千米建设,使全县增加了1条较高等级的出县通道,缩短了通往赣西北的公路里程,密切了与周边县、市的联系。全县乡(镇)实现100%通油(水泥)路,72%的行政村通油(水泥)路。开工建设南安大桥,完成牛田官庄、公溪陈家改渡建桥任务。全县公路养护进一步加强,公路好路率达71.2%。投资130多万元,新建湖坪、谷岗2个乡(镇)客运站,至2008年底,全县已有乡(镇)运站9个;在丰洛线、石都线新建候车亭40个;为鳌溪客运站新建公共厕所,搭建新的候车棚。

2. 强化运输管理,维护社会和谐。克服了冰冻雨雪天气带来的困难,保证"春运"期间交通安全,维护客运畅通。安排加班、包车31辆次,运送旅客13.5万人次。全年完成客运量121.7万人次,旅客周转量22015.6万人千米;完成货运量132.6万吨,货物周转量2720万吨千米。完成装卸量130万吨。加大市场监管力度,打击各种违法违章经营行为,对9起无证经营行为进行了处罚,查处18辆非法营运的"面的"和"黑车",保障了道路运输市场有序运行。重视加强车辆安检工作。全县拥有客车121辆,检测率达100%;货车167辆,新增60辆,检测率为95%。全县维修厂家6家,三类52家,较上年减少26家。

3. 加强规费征收,超额完成计划任务。面对日益复杂的规费征收环境,乐安县交通局重视发挥人的主观能动性,加强征费队伍建设,提高征费人员政治业务素质,向管理要效益,从源头挖潜力,全年征收各项规费260万元,占计划的126.8%。

4. 加强作风建设,提高服务水平。深入开展民主评议政风行风和提升政府部门效能活动,面向社会各界召开了5个座谈会,面对面征求意见和建议。向40个单位发函征求意见建议,接受群众咨询35次,发放群众满意度调查表2000份。通过各种方式,共征集到意见建议26条,市局反馈11条,经认真梳理分析,合并为6条。对于群众的意见建议,全局高度重视,召开专门会议,研究解决的方法,制定具体整改措施,明确责任单位和责任人,确保整改工作落实到位,在全县行政执法单位民主测评中名列第二。积极招商引资,大力亲商扶商,提高办事效率,优化发展环境,增强服务意识,保障了各项工作任务的圆满完成。

(乐安县交通局)

上饶市

2008年,上饶市交通局认真贯彻落实科学发展观,紧紧围绕上饶市委、市政府打造"一个枢纽"、建设"四个基地"的重大决策部署和全年的目标任务,以重大项目为抓手,坚持依法行政,强化行业管理,坚定信心,克服困难,抢抓机遇,扎实推进各项工作,圆满完成了交通各项目标任务。

1. 全面加快交通基本建设。全市完成交通基本建设投资114813万元,其中,公路建设投资112223万元(农村公路及渡改桥75532万元、市养公路16527万元、市重点工程20164万元),站(场)建设投资2590万元。争取国、省补助资金25900万元。应对中央扩大内需政策,已争取项目补助资金1.89亿元。一是交通重大项目顺利推进。为加快提升4省交界区域地理中心的地位,把上饶打造成为真正的交通枢纽,积极策应省委、省政府提出的"建设环鄱阳湖生态经济区"的重大决策,确定了未来5年规划内的6大主攻方向和20个引领交通未来发展的重大项目,构建安全、高效、可持续的交通运输体系和全方位立体交通网络。上饶至武夷山高速公路,项目工可与立项批复前的各项必备要件已报送国家发改委,并将其列入督办项目,项目初步设计已通过省交通厅预审,并报交通运输部审批,定于2009年1月5日召开征地拆迁动员会议。上饶至德兴高速公路,项目工可报告已通过省交通厅预审,并已正式提请省发改委、省交通厅将此项目纳入国家高速公路网建设规划。德兴至南昌高速公路,配合省交通厅做好项目前期工作,已形成初步设计正式文本,12月份完成项目初步设计的省内评审工作。上德战备公路全线108.78千米建成通车。320国道路面重建工程,完成投资3348万元,完成水泥砼面层9.3千米,占总量的64%,完成沥青砼下面层21千米,占总量的42%。二是农村公路和渡改桥建设全面加快。2008年,省交通厅下达年度目标1647.44千米,市政府增加612.65千米,省、市目标共计2260.09千米。为此,出台了《上饶市关于进一步加快全市农村公路建设意见》和《上饶市关于印发全市农村渡口改渡建桥意见》,争取到相关政策支持。至年末,全市完成农村公路及渡改桥建设投资75532万元,完成硬化里程2552千米,占年计划的113%,新增通水泥(油)路行政村642个,行政村通水泥(油)路率达77%。46个渡改桥项目中,已完工项目3个,已开工建设项目30个(提前实施项目10个也已开工),完成工可41个、初步设计30个、施工图设计23个。三是场、站、港口建设力度不断加大。全年完成玉山县汽车站和25个乡(镇)客运站、34个候车亭的建设,投资达2590万元。加大推进港口基本建设力度,编制完成上饶市鄱阳湖港区建设目标及重大项目,鄱阳、万年港总体规划通过地方政府审核,余干港总体规划正在编制;万年港石镇综合货运码头工程"工可"已获评审通过,余干黄金埠货运码头和鄱阳县鄱阳湖国家湿地公园生态旅游码头项目已完成工可编制。四是交通建设工程质量管理进一步加强。认真做好了农村公路和部分渡改桥项目、候车亭的交工检测工作,至年底,共检测农村公路1182.16千米,农村客运候车亭340个。深入开展"农村公路建设质量年"活动,以市重点项目、渡改桥项目为重点,加大监督检查力度,全年完成市重点项目283.98千米,独立大中桥4800.06延米/22座、农村公路1934.57千米的质监任务,质监覆盖率达100%。加强农村公路建设从业人员培训工作,不断提高从业人员素质,共培训从业人员1000人次。公路养护管理进一步加强。年初,全市遭受特大雨雪冰冻灾害,4月份以来又连降暴雨,为确保道路安全畅通,交通公路部门广大养护人员加班加点作业,积极投身雨雪冰冻与水毁公路的检修工作和灾后重建工作,千方百计保障公路的安全畅通,并确保了公路路况稳中有升。全面完成市养公路路面养护大、中修工程,投入资金1911万元,完成12座危桥加固改建及359千米国、省干线公路安全设施的整治改造工程,并投入绿化经费120万元,对1081千米市养公路进行绿化。全市公路平均综合好路率77.4%,国、省道好路率达87.8%。

2. 全面提高交通运输保障水平。一是交通运输服务保障能力再上新台阶。全市道路运输完成客运量6027万人次、旅客周转量279865万人千米;货运量6783万吨、货物周转量503072万吨千米,分别比上年增长6.3%、8.4%、12.4%、18.2%。道路运输经济收入达10.2726亿元,比上年增长26%。全市水路运输完成客运量72.3万人次、旅客周转量2691万人千米;货运量282万吨、货物周转量50373万吨千米。二是汽车运力通过打造服务软环境,把外挂的运力"清"回来,争取有实力的道路货运企业落户上饶。全市拥有运输车辆20252辆,其中,客车2499辆、52411座位,货车17753辆、计130591吨,分别比上年增长14.1%、9%、13.1%、14.8%、13.6%。三是农村客运网络化工作再上新台阶。试点工作开展2年来,全市共新增农村客车304辆,新开通班车行政村数438个,行政村通班车率达92%,比2007年提高了22个百分点,全市农村客运车辆拥有量达1702辆,计29751座位。全市92%的农村客运车辆实行了公司化管理,广丰县、信州区、上饶县、弋阳县、铅山县、玉山县全面实行了农村客运车辆100%公车公营。四是交通运输市场监管水平再上新台阶。实行县(市、区)之间联合交叉执法工作机制,破解市场监管难题。全市共查处非法营运529起,纠正违章1260起,规范了道路运输市场秩序。推进道路运输市场监管方式改革,以质量信誉考核为抓手,引导企业树立诚信经营意识,切实强化企业的市场主体意识和经营责任,全面推进客货运输业、驾培、维修业健康发展。充分发挥GPS监控作用,实行每月对各县(市、区)运管所和运输企业GPS监控平台使用情况通报制,全市三类以上(含三类)班线客运车辆、危货车辆、旅游车辆共800多台安装了GPS终端,GPS监控平台在线率达到100%。进一步规范水路运输市场监管,开展港口经营秩序整顿、安全专项整治、港口经营资质审核,下达停业整顿通知书103份,取缔非法经营业户4家,发放临时岸线经营许可证48份,进一步营造了"统一、开放、竞争、有序"的良好港口市场环境。五是城区公交、出租车管理再上新台阶。在城区公交投入不足,油价上涨的情况下,克服重重困难,扩大公交服务范围,新开通和延伸4条公交线路,新建公交候车亭90个。配合行政中心北移,及时调整公交运力和线路,基本解决了公务员上、下班与市民办事的出行需求。加强出租车行业管理,维护行业稳定。

3. 全面完成交通规费征收任务。报请市政府出台《上饶市贷款路桥通行费征收管理办法》,加大了规费征缴力度,全年完成各类交通现费43527.24万元,占年计划的102.1%,其中,省管交通规费27769.92万元,占年计划的106.7%,又其中,养路三费26473.5万元,占年计划109.4%,省管通行费1296.42万元,占年计划的71.4%;市管交通规费15757.32万元,占年计划94.8%(又其中,完成运管费1940.8万元,占年计划的121.3%,完成养路三费3070.77万元,占年计划的109.7%,完成摩托车养路费征缴2619.64万元,占年计划的100.8%),完成通行费8126.11万元,占年计划的84.4%。完成港航规费539万元。

4. 确保交通安全态势平稳。全面贯彻落实安全生产工作的相关规定和要求,注重源头管理,抓好制度落实,加强督促检查,确保全市交通安全形势总体平稳,道路交通和水上交通均未发生安全责任事故,公路工程建设、养护施工的安全生产平稳有序。一是深入开展全市交通行业安全隐患排查治理行动和安全生产百日督查专项行动,制定治理方案,加大资金投入,狠抓整改落实,排查出道路运输隐患41项,取缔非法经营36起,落实治理资金2300万元。在公路、桥梁等设施方面,对排查出的危桥,制定3年整改计划,对国、省道上所有危桥、县道中桥以上、乡道大桥以上危桥全部进行改造,其他危桥采取限载通行或封闭交通措施以确保安全。从建养经费中挤出30余万元对国、省道的安全警示标志进行完善,并安排12万元用于购置养护职工的安全防护用品。水上交通方面,对省交通厅督办的17处水上交通安全隐患,市、县两级逐一进行核实和整改,对一些重点、难点采取责任落实、严密监控的措施,并采取疏导的办法,将其列入治理计划,防止反弹。二是加强交通运输安全监管,以"春运"、"两会"、"奥运会"等重要时段的安全监管为重点,进一步规范信息报送制度、领导带班制度和重点时段的值班制度,加强对安全生产的动态监管。进一步落实对全市客运和危货运输企业实行"人盯人、人盯车"安全责任监管工作制度,加大车站源头管理力度。采取责任主体落实、渡工待遇提高、市县补贴经费等办法加强对乡(镇)渡口的管理;组织力量对短途非法营运、水上旅游景点农用船载客等违法、违章行为给予打击。三是加强施工安全监督,建立健全施工安全档案,及时完善了施工安全监督手续,严格按照检查情况,逐步建立了施工安全隐患台账,对重点工程和在建独立大、中桥项目和市养面上工程与农村公路,做到了安全监督责任明确、任务到人、突出重点、兼顾一般。

5. 全面加强交通法制建设。继续把贯彻落实《上饶市全面推进依法行政实施纲要》摆在首位,进一步规范交通行政许可与行政执法,对现有9项行政许可按要求全部进入经济发展中心"窗口"办理。一是进一步增强法制观念,推行有交通特色的亲情化、交通化、人性化、阳光化的"四化服务",开展交通案卷评查活动,提高依法行政服务水平。二是进一步加大法制宣传教育力度,制定《上饶市交通系统法制宣传教育第5个五年规划》,认真学习宣传贯彻《江西省路政管理条例》,深入开展"12·4法制宣传日"活动,发放宣传资料33800份,组织各类执法人员岗位培训6期,参训率达100%,不断提高执法人员的综合素质。通过不断完善各项行政执法制度,规范运行机制,初步形成了集培训、考核、监督、评定为一体的法制工作管理体制。三是进一步加大路政管理和治理超限超载工作力度,路政上路巡查18669次,拆除违章建筑9893平方米/383处,处理路面堆积物37278立方米/7131处,案件查处率达100%;治超检测过往车辆10475辆,查处超限超载车辆862辆,卸载货物562.65吨,查处非法改装车辆20辆,有效保护路产、路权。四是加大治理公路"三乱"力度,全面落实治理公路"三乱"责任制,教育执法人员文明执法,严格执法,年内督查"三乱"工作6次,保证了"绿色通道"的畅通,确保了全市公路基本无"三乱"行为。五是认真贯彻落实国务院政府信息公开条例,扎实推进交通系统政府信息公开工作。

6. 全面加快交通企业发展。坚持创新,加强管理,不断增强交通企业发展活力。现代路桥工程总公司参与投标67次,收取资质动用费116.7万元;中标项目5个,工程概算3.16亿元;宏优设计院完成产值393万元,创收29万元。赣东工程咨询中心完成产值176万元,创收48万元。道路运输发展服务中心车辆检测总收入124.3万元。

7. 全面提升交通行业文明建设水平。一是切实抓好交通廉政建设,认真落实党风廉政建设责任制,严格执征交通系统“八条禁令”,加强惩治和预防腐败体系建设,推进治本抓源工作。加大党风廉政建设宣传和教育工作,加强领导干部廉洁自律工作,举办党风廉政建设知识讲座和知识竞赛,观看教育警示片,努力营造反腐倡廉的良好氛围。继续抓好治理交通建设领域商业贿赂工作,加大对公路工程建设的监督检查力度。二是加强交通政风行风建设,围绕群众关心的热点、难点问题,突出抓好整改落实,进一步增强服务意识,打造廉洁高效、求真务实的交通政务环境,树立交通新形象。三是大力宣传改革开放30周年交通工作的成就,举办“改革开放30周年交通成就”图片展,录制交通建设电视宣传专题片,并在《江西交通》杂志刊发了题为《解放思想借东风,深化改革铸辉煌》的专版,充分展示了改革开放以来上饶市交通发展的辉煌成就。四是深入开展“优化投资环境,提高服务水平”主题实践活动,推动精神文明创建工作上新台阶。市交通工程质量监督站荣获“省级文明”单位称号、市平安车辆检测公司荣获“省级青年文明号”称号。全年全市交通系统建制单位创建并保持省级文明单位16个,市级文明单位24个,县级文明单位16位。

(上饶市交通局)

信　州　区

2008年,信州区交通局以党的十七大精神为指导,学习和践行科学发展观,紧紧围绕年初确立的工作目标,解放思想,坚持改革开放,推动交通的科学发展,交通各项工作取得了可喜成绩。

农村公路建设和养护取得新成效。全年完成农村公路硬化57.63千米,占年计划56.73千米的101.6%,新增通水泥路行政村21个,实现100%的行政村通达水泥路。七沙公路的拓宽改造项目的工可已经完成,正在积极筹备各项前期工作。启动了信秦公路、西沙公路、七沙公路秦峰至沙溪段的全面绿化和养护,信秦、七沙公路绿化工程已基本完工。西沙公路路面维护初步完工。根据省政府“一大四小”工程建设要求,做到早部署、早安排,制定详细的绿化规划,层层落实责任,邀请林业部门专家进行技术指导,全年完成“一大四小”农村公路绿化整地13.33公顷。

渡改桥工作稳步推进。制订“十一五”改渡建桥项目计划,积极组织对渡改桥项目进行了调研,并邀请省交通厅有关专家进行了科学论证和评审。根据调研和评审结果,批准灵山底林大桥、张家大桥、白石墩大桥、丰溪大桥4个项目。灵山底大桥已近竣工;张家大桥完成下部结构;白石墩大桥工可已报省厅评审,正在着手编制行洪论证等相关配套资料;丰溪大桥项目因桥址拟调整而待定。

农村客运网络化进一步完善。全年全区新增5条农村客运班线,投放21辆客运班车,延伸蔡家至青金班线,惠及沿线群众的出行人数达2万余人。3月份,恢复开通了因路况差而停运的上饶至宋宅农村客运班线,全程约25千米。全年新增客车36辆,货车533辆,全区已拥有营运货车4054辆、计13040吨,客车325辆、计11485座位;客运班线68条。完成上广线、二上线上10个农村候车亭建设。

交通规费征收成绩斐然。从严执行《江西省公路养路费征收管理办法》和省交通厅《关于摩托车养路费授权委托征收管理工作的通知》精神,依法行政,文明执法,按时足额上缴了全部款项。全年共完成规费征收595.36万元,占年计划555万元的107.67%,其中,运管费征收241.23万元,占年计划205万元的117.67%;公路“三费”征收160.74万元,占年计划158万元的101.73%;摩托车养路费征收193.39万元,占年计划192万元的100.72%。

道路运输与水上交通持续保持安全运行态势。一是做好防冻抗灾保运输。“春运”期间,全区遭受冰冻灾害,面对恶劣的天气状况,成立了区交通局防冻抗灾保运输工作领导小组,加强了对道路、渡口和客运站的安全巡查,并多次深入到公路、车站、渡口、运输企业等基层一线,落实各项防冻抗灾措施,增加运力调配,加强巡查与监控力度,督促渡口加强现场管理。二是确保“奥运”交通畅通。为北京“奥运会”的举办创造安全、畅通、文明、和谐的交通环境。落实8项措施,通过提升文明执法水平,改进交通运政、路政和大厅服务项目,为车主和业户服务提供方便。做好道路客、货运输、水上交通安全和交通基础设施建设的安全集中整治,消除各类安全隐患。三是做好节日安全管理工作,保障群众的出行安全。在旅客运输上,运政人员兵分两路,在各个客运站及各条公路上开展客车超员超载检查、客车二级维护安检。在渡口安全上,对渡口安全管理做到思想、工作、责任、管理4到位,对渡船救生设施加以完善、严禁渡船带病渡运、严禁行人擅自摆渡,渡工必须持证上岗、坚守岗位,确保1名乡(镇)村干部在渡口现场值班,维护好渡运秩序。四是开展了安全生产月活动,以道路运输水上交通安全为重点,通过报刊、电视宣传了交通法律法规等相关法律知识,切实营造"迎奥运、治隐患、保安全"的浓厚氛围。6月15日,参加了市安监局在市中心广场统一组织的大型安全宣传月活动。对全区渡口全面检查8次,重点检查13次,签发检查通知书72份。

交通行风交通政务工作取得新进展。改进机关工作作风,推动运政、路政管理工作规范化建设,营造一个"勤政、廉政、高效、务实"的政务环境。信州区交通局以行风评议为契机,以促进交通文明执法为目的,树立交通新形象。一是抓行业作风的转变,从抓机关建章立制入手,制订学习、考勤、卫生管理等8项制度。二是抓服务环境的整治,进一步改善交通运政、路政和客运服务大厅的环境,完善各项办事制度。三是抓服务质量的提高,提高为民服务意识,以关注民生、服务群众和业户为主线,不断改进服务质量,通过业户代表以及市、区行风办测评,交通行风群众满意度为优。交通政务工作进一步规范,在公文处理上,严格执行公文处理有关规定,公文处理准确、规范、及时、安全、保密,文件使用准确、格式规范,文面整洁。在材料报送上,及时报送市交通局所要求的各项材料。推行办公自动化,办公室电脑、打印、传真、复印机等办公设备齐全,推进电子政务建设,并安装SOY29安全电子邮件系统,促进全局办公的高效快捷。宣传报道工作再上新台阶。全年省、市、区新闻单位用稿共34篇,《上饶交通信息》用稿7篇,新信州、信江网、上饶交通网等用稿54篇,并创办内部简讯《上饶市信州区农村公路建设简报》。

(信州区交通局)

上 饶 县

2008年,上饶县交通局以科学发展观为统领,紧紧围绕交通基础设施建设目标,全力推进公路建设、道路运输管理、港航管理、渡口安全管理、路政管理及交通规费征收,通过全局上下的共同努力,较好地完成了全年的各项工作任务。

1. 交通基础建设有新进展。全年共完成路面工程187.74千米,其中,通村公路128.02千米(含提前实施的31.51千米、通乡公路11.5千米),历史遗留项目路面工程15.3千米,新增项目路面工程44.47千米。15个乡(镇)、街道实现村村通,通村公路硬化率达92.9%。改渡建桥项目中,煌固樟宅、观上和黄沙岭赤坎3座大桥已开工,中洲大桥于年后动工,计划到2009年底前全部完工。积极做好上德公路建设协调工作,拆迁房屋33200平方米,全县投入征地拆迁资金674万元。养护与绿化的投入资金共190万元,其中,公路及桥梁养护资金158万元,公路绿化资金32万元。养护公路248.67千米,公路好路率达63%,新增绿化公路40千米,占已硬化公路75%。2月份,受寒冻灾害影响,多处公路损害严重,尤为严重的望仙公路严重塌方和皂头丰溪大桥发生裂缝,全局立即采取措施进行抢修,分别投入了35万元和60万元,仅用了1个多月的时间,恢复了公路和桥梁的通行。

2. 交通安全管理有新举措。年初,分别和各乡(镇)、街道办签订了交通安全责任书和水上交通安全责任书,公路施工企业与项目法人签订安全生产目标责任书,将安全生产的各项措施落到实处。深入开展安全宣传,交通工程各施工现场共悬挂施工安全横幅25条,在危险路段、桥梁设置了安全警示牌20块。在水上交通安全管理上,投入2万元资金,及时对五府山下会坑、董团马鞍山渡口的渡船进行了维修,并且在汛期和节假日等时段对重点渡口实行24小时全天候管理,做到发现隐患,及时整改,保障了交通安全稳定,取得了水上交通连续21年未发生安全责任事故的好成绩,得到省海事局高度评价。

3. 行业管理水平有新提高。一是强化客运管理工作,加强"春运"和"五一"和"十一"期间客运工作组织领导,确保了假日期间的安全畅通。严厉打击超速、甩客行为,加强客运站的管理,严格执行车辆进出站安全例检制度,有效控制了车辆超载和带"病"车辆出站。全年共完成客运量221万人次,完成旅客周转量5304万人千米,比上年增长8%。二是加强货运行业管理,每月对货运企业进行一次安全监督检查,指导运输企业对从业人员进行安全教育,对危货车辆技术状况与从业人员资质进行了审核,做好货运企业的服务工作,促进货运企业的稳定发展。全年共完成货运量584万吨,完成货物周转量44120万吨千米,比上年增长15%。三是有效整治和规范道路运输经营秩序,重点对客运班线的非法营运车辆进行严厉打击,在整治中,共纠正违章运输行为132起,有效维护全县道路运输市场经营秩序,使道路运输市场稳定发展。结合招商引资工作,把车业经济发展作为重点,专门成立招商引资办公室,做好车业经济发展的服务工作,积极鼓励民营企业和外省企业到本县投资,努力打造良好的车业经济发展环境,使上饶县的货运车辆总量占全市总量的31%。2008年,共新增车辆493辆,新增货运运力2368吨,货运车辆总量达到6340辆,运力总量23400吨,实现税收1830.6万元。

4. 交通规费征收有新成效。全年共完成农用车养路费征收387万元,占年计划109.2%,完成摩托车养路费征收319万元,占年计划108.9%,完成运管费征收358万元,占年计划190%,分别与上年同比增长0.6%、9%、12%。

5. 交通队伍建设有新面貌。一是进一步加强党员教育,通过深入开展"党员先锋岗"、"同心共建"与"深入学习实践科学发展观"等活动,使党员在各自岗位上起到了先锋带头作用。2月份抗冰抢险和"5·12"四川汶川发生地震时,党员带头、群众参与捐款3.3万元;在"同心共建"活动中,和挂点的清水乡常阜与洪家村困难党员建立结对帮扶制度,给予2400元的帮扶资金、拨付4万元资金支持2个村的基础设施建设。二是加强了党风廉政和机关作风建设。结合民主评议政风行风工作,广泛征求群众意见,切实解决了群众急需解决的交通问题79件;县长热线办理32件,征求群众意见13件。同时,给全局每个干部、职工发放反腐倡廉的一封信,并制作22块反腐倡廉格言警句在每个股室和办公楼上墙公示,使全局上下出现了廉洁勤政的好局面。

(上饶县交通局)

广 丰 县

2008年,广丰县交通局以科学发展观为统领,认真贯彻党的十七大和十七届三中全会精神,以加快社会主义新农村建设步伐为载体,以全年交通工作任务为目标,振奋精神,突出重点,迎难而上,克服了连续低温、雨雪冰冻等重大自然灾害的影响,交通基础设施建设进展顺利,行业管理力度不断增强,安全运行态势保持平衡,各项工作继续保持了良好的发展势头。

交通基础设施建设稳步推进。农村公路建设:2008年,省、市下达国家农村公路建设计划29.1千米(其中,森林工业局计划4.1千米),完成28千米,占年计划的96.2%;追加建设计划133.6千米,完成124.6千米,占年计划的73.4%。同时分别完成了2006、2007年度省交通厅计划项目的169.8%千米和69.1千米的电子地图数据核对上图工作。完成了省厅对全县2006年、2007年农村公路建设的验收工作。硬化农村公路建设152.6千米,全县行政村道路硬化率达99.05%。渡改桥建设:全县共有渡口18处,到2007年年底,已完成渡改桥3座(桐畈镇大洲、王家、沙田镇港口)。2008年,改渡建桥工程项目任务14座。全县加快推进改渡建桥工作步伐,建立了调度考核通报制度和奖励措施。即:公路桥梁、人行桥梁建设资金除省、市补助部分外,根据改渡建桥任务轻重,对乡(镇)分别给予建桥面积每平方米600元、650元、700元的配套补助。完成2007年项目的三宫殿大桥水下工程,桥长205延米、桥宽21.5延米,投资1000万元;十六都大桥已开工建设,完成投资50万元;五角塘裕丰大桥由于与规划的裕丰大道延伸段至大石乡一级公路相连接,基于征地拆迁和建设资金等原因,已调整被列入到2009年建设。何裕墩大桥、碧石大桥已开工建设;和尚大桥已完成招授标,即将开工建设。完成初步图纸设计的有5座大桥(湖丰镇石山、南山大桥、排山镇下余大桥、五都镇黄泥洲大桥、桐畈镇大湾大桥),预计2009年春季开工建设。

公路养护能力不断提升。一是构建了管养与预防、管养与安全工作体系,切实加强在特殊气象条件下的公路管理工作。年初罕见的雨雪冰冻灾害,使全县道路受阻,标志标设受损,班车停开,灾情严重。养护部门按照特殊气象条件下公路安全应急预案的要求,成立了应急分队,及时组织人力、物力、机械设备等,采取撒盐融雪、人工铲雪、路政车辆引路等多种措施,昼夜奋战在冰雪公路上,确保了辖区内公路畅通,未发生车辆和旅客滞留现象。二是加强了对乡村公路管养的指导,完成了对687.3千米通村水泥路管养情况的考核,并将"以奖代补"662060元资金拨付到位。三是创新管理办法,坚持路政和养护人员定期与不定期巡视制度和月度检查考核制度,并对考核结果进行通报,召开月度例会和实施一季召开1次沿线乡(镇)联席会议制度,进一步完善管养信息网络。四是建立路政、养护交叉巡查的联动机制,形成有效的管养合力,五是投入资金10余万元,种植7200多株白杨树,用于公路绿化新增与补植。

道路运输业健康发展。2008年,坚持"路、站、运、亭"四项工作统筹兼顾,着力加强行业管理,有效促进了道路运输市场的"统一、开放、竞争、有序"。"春运"期间,全县日均投放客车239辆,共开行35862个班次,完成旅客周转量101.8万人次,营运收入1700万元。查处各类违法营运车260辆,实现了保证旅客"走得了、走得好、走得安全、走得有序"的预期目标,连续保持5年无道路旅客运输安全责任事故和零死亡的记录。积极巩固农村客运网络化建设成果,不断延伸农村班线通达深度。继2006年通过农村客运班线第2期经营权配置,成功将原有的13家线型公司整合为4大片区公司后,通过短短2年的努力,全县农村客运网络化试点工作已达到了预期目标,农村客运业呈现出勃勃生机。通过农客线路延伸,对边远地区的蒋坞、二渡关、大坑、西坞、靖安5个行政村实施了班车通达,极大地方便了当地群众的出行。全县已建成五级客运站3个,四级客运站1个,三级客运站1个,二级客运站1个,累计完成县、乡公路风雨候车亭建设137个,乡(镇)和符合通班车行政村客车通达率分别达100%。在广丰县召开的全省农村客运网络化建设工作会议上,与会领导充分肯定了广丰县农村客运车辆"车型、颜色、标识、管理、票价、核算、停靠站点、司乘人员服装"的8个统一的运作模式,并在全省进行推广。加强机动车维修企业、驾培市场的整治力度,全年处罚并清理5家未经许可的维修点,对一、二类维修厂进行了安全生产信誉质量的考核;培训驾驶员4000余名,换发从业资格证2600分。大力发展道路运输产业,共新增客车22辆、计418座位,货车205辆、计897吨,全县客、货车总数分别达241辆、计5340座位和1071辆、计6946吨,出租车104辆;新许可二类纵企业1家,三类维修企业3家。

交通安全生产运行有序。始终坚持"安全第一、预防为主"的方针,把交通安全管理放在重要的位置上来抓。一是组织了相关部门、企业、人员的安全培训,落实了以乡(镇、街办)为责任主体的渡口安全管理责任制,并与渡工签订了《广丰县渡工报酬与安全管理责任挂钩兑现办法》。狠抓监督检查,建立和完善安全检查通报、隐患整改反馈、跟踪督查等制度,排除安全隐患。二是加大车辆超限超载专项治理力度,取缔了军潭条铺关水库中的无证旅游竹筏,确保交通安全形势的持续稳定。三是狠抓施工安全,进一步完善各项规章制度,落实安全生产责任制,确保工程施工安全,杜绝了工程施工安全事故的发生。四是加大对安全管理的投入,完善公路桥梁和危险路段的交通标志、标线和安全设施,并对影响行车安全的路基沉陷、路肩缺口等病害及时进行了处置,确保道路安全畅通。

交通规费征收稳步提升。严格执行《广丰县运政执法工作方案》和《严禁异地扣押非法营运车辆的若干规定》,按照"按章征费、文明征费、应征不漏"的原则,全年共完成各项交通规费征收882.868万元,其中,农用车养路费征收4680721元,占年任务的121.26%;运管费征收1519210元,占年任务的103.35%;摩托车养路费征收2628750元,占年任务的100.72%。

交通队伍素质不断提高。一是做好"三个服务",深入开展以民主评议政风行风活动,推进效能建设。全年组织召开了2次县内重点企业交通服务座谈会,主动征求相关企业、业主与行风监督员对运政执法、机关作风等情况的意见,现场解决业主在道路运输等存在的问题10余项;二是着力抓好便民通行工作,杜绝"三乱"发生。强化源头管理，最大限度地减少上路查车次数和时间，在处理超限运输和损坏路产路权问题时，无以罚代卸、以罚代管问题发生。

（广丰县交通局）

玉　山　县

2008年，玉山县交通局以邓小平理论和“三个代表”重要思想为指导，深入贯彻落实科学发展观，紧紧围绕年初提出的“理顺体制、加强征费、强化服务、提升形象”工作思路，精诚团结，开拓创新，求真务实，奋勇争先，在创新中提高，在平安中发展，胜利完成上级下达的各项任务目标，为区域经济发展提供了坚实的交通支持。

1. 公路建设。一是农村公路建设：领导重视，措施到位。县政府于9月初，召开了全县农村公路建设现场会，将农村公路建设任务逐个项目分别落实到各项目法人单位，并同各乡（镇）签订了目标责任状。11月中旬，又分片召开了农村建设调度会，进一步督促落实各乡（镇）实施农村公路建设项目情况，及时协调解决在实施过程中的困难和问题。县政府以玉府办［2008］115号文件，对农村公路建设实行每千米2万元的以奖代补。加强指导，服务到位。局公路站技术人员定期不定期到各项目施工现场协助项目业主、施工单位解决公路施工中的问题，提供了良好的支持。严保质量，管理到位。认真开展农村公路建设质量年活动，组织举办了项目业主单位，即乡村领导、施工单位、监理单位有关人员的工程质量培训班；继续狠抓项目法人制度、招投标制度、工程监理制度、合同管理制度，依托《公路工程质量监督规定》，进一步完善和强化“政府监督、专业抽检、群众参与、施工自检”的质量管理体系，实现农村公路建设质量监督主体的多元化。全年共完成农村公路建设178.5千米，完成投资3625万元，实现行政村通畅率70.94%。二是改渡建桥项目。文成镇三湖大桥于12月16日进行招标，并启动开工建设。三是县重点工程田畈至飞机场二级公路拓宽改造已全面完工，全长1.65千米，完成投资611.842万元。四是切实加强县、乡公路养护和桥梁安全检查，加大了县、级公路养护资金投入。加强与当地乡（镇）共同管理养护模式，实现县道好路率84.84%，乡道好路率63.38%，确保了县、乡道畅通。对全县桥梁，每月定期检查1次，实施1桥1卡，明确桥梁安检责任人，对存在重大隐患的会花线东津桥、十里山大桥，进行了限载通行处理。五是注重路政管理工作，通过加大宣传力度，加强路政执法，共查处各种路政案件20余起，提高了广大群众护路意识，确保了县、乡公路安全畅通。

2. 运输管理。在实施运管独立核算的内部机制改革中，通过责任分解，创新管理，理顺了运管工作关系，实现了运管工作新突破。一是战胜了雨雪冰冻天气影响，确保了“春运”安全。日均投入客车185辆，累计发车2.05万班次，运输旅客55万人次，共发放”春运”牌证702块。二是农村客运网络工作成绩斐然。12月22日，玉山新汽车站建成正式投入运营；完成下塘、临湖、下镇3个乡（镇）客运站，客运候车亭25个；更新客运车辆29辆；一、二类客运班线全部实行集体化经营和公司化经营，农村客运“八统一”全面实施到位。三是货运产业不断壮大。新增货运企业1家，货运汽车360辆，新增吨位700吨，全县货运运力达1582吨。四是加强了出租车管理工作。积极协调了出租汽车有限公司、出租车司机和农村客运班线经营者之间的经营矛盾和利益纠纷，出租车市场日趋稳定，为人民群众出行提供了快捷和便利。五是扎实做好了运政基础工作。本着公开、公平、公正的原则，对全县客运企业、营运客车、维修企业、货运企业进行了质量信誉考核，企业考核率、营运客车考核率、教练员考核率均达100%。认真开展了年度审验工作，通过深入一线，上门年审，营运客车年审率达100%，营运货车年审率达85%。整顿运输市场，依法责令原有5家非法驾校全部停业，维护了公平竞争的驾培市场秩序。严厉打击无证照非法经营的机动车维修业主，查处违法经营维修企业65家。加快了信息化建设步伐，建立客运、货运、维修驾培、规费征收、运班稽查标准数据库，GPS安全服务系统应用良好，三类以上班线客车、危货车辆安装率达100%。

3. 规费征收。求真务实、突出重点，充分发挥征费人员积极性、主动性，克服征费工作任务重、难度大等不利因素，征费工作呈现出整体推进的良好局面。全年共完成各项规费征收784.356万元,其中,拖养费完成385.75万元,占年任务113.45%;运管费完成157.2万元,占年任务110.7%;摩托车养路费完成242.406万元,占年任务105.39%。

4. 水上交通。全局牢牢紧扣安全这根弦,加大投入、加强督查、周密部署,狠抓落实,实现水上交通第13年安全无责任事故。一是县政府以玉府办字[2008]85号文件专门下达了《加强水上交通安全的通知》,为全年水上交通工作打下了思想基础。二是全面落实管理责任制,在完善水上交通安全"四级"管理体系基础上,实行横纵交叉管理,全县乡(镇)渡口、客、货运输船舶、农用手摇船的安全管理目标责任状做到层层签订,不留空当,没有断层。三是加大资金投入,全年为库区投入8000元,添置救生衣220件;对双明、紫湖镇各下拨2000元用于救生衣购置;对文成镇下拨3500元用于板桥渡口渡船的维修保养。

5. 民主评议政风行风和队伍建设。为解决制约交通事业发展和严重损害群众利益的不正之风,全面打造"廉洁、高效"的服务型交通,将民主评议政风行风工作和队伍建设相结合。一是真诚纳谏,广泛征求意见。通过电视台、报纸等媒体,向社会公布民评投诉电话、电子信箱,在局门口设立意见箱,主动接受社会各界监督,真诚向各界征询意见建议。7月份,局领导深入乡(镇)、村(组)、企业,以召开座谈会、个别谈话等方式,向当地交通企业、相关单位和当地群众征询意见。共走访乡(镇)、县直单位和交通业户200余家,发放征求意见表200余份。8月份,又邀请有关人大代表、政协委员、县直单位负责人和13家运输企业代表等40余人座谈,面对面向他们征求意见建议。二是制定并施行"三条禁令",把切实加强政风行风建设、提升服务水平、塑造交通队伍形象落到实处。三是认真梳理意见,狠抓整改落实。对各种渠道收集的意见建议,进行了认真梳理,根据"谁主管、谁负责"的原则,对每条问题进行逐一分解,制定了切实可行的整改措施和整改方案,明确做到定整改方案、定分管领导、定整改责任、定整改内容、定整改时限等"五定"。并建立整改落实情况全程跟踪制度,整改情况通报制度和整改结果反馈制度,确保整改工作落到实处。

(玉山县交通局)

铅 山 县

2008年,铅山县交通局以党的十七届三中全会精神为指导,全面落实科学发展观,按照上饶市交通局提出的建设目标,围绕铅山县委、县政府提出的总体工作要求,坚持依法行政,加快交通基础设施建设,强化行业管理,狠抓行风建设,促进交通事业又好又快发展。

农村公路与渡改桥建设。一是突出农村公路项目建设。全年共完成农村公路路面硬化183.77千米,路基改造82千米。全年共争取到81个交通建设项目。资金5377万元,其中,农村公路项目28个,计1292万元;重点工程项目7个,计3600万元;渡改桥项目2个,计335万元;农村客运站项目4个,计110万元;农村候车亭项目40个,计40万元。二是突出重点工程建设。少数民族3乡联通公路樟篁公路改建工程,正在进行路面硬化;铅山信江大桥已于8月15日开工建设;永平至陈家寨公路路基改造基本完成。三是突出渡改桥建设。6月,省政府提高渡改桥项目补助标准,乡(镇)负担大大降低,全局抓住机遇,实施了5个渡改桥项目建设,其中,吴家大桥主桥已全部完成;湖村畈大桥初步设计已经省公路局审批,现正准备招标;信江大桥已开工建设;安洲大桥、西洋大桥工可已经省交通厅评审,进入招标程序。四是农村客运站(场)建设有所新突破。在上分线、河虹线、上鹰线、汪陈线完成农村候车亭工程建设45个。同时,本着平等、互利、协作的原则,铅山县运管所与广告公司就公路候车亭广告位出租和日常维护达成相关管理协议,由广告公司安排专人对候车亭卫生每半个月清扫1次,每年5月份前粉刷1次,保证了候车亭的日常维护管理和候车亭广告资源的合理利用。天柱山、新滩、葛仙山等5个农村客运站相继落成。

道路运输。一是运管自身队伍建设体现在工作制度的执行上,严格机关考勤制度,建立和完善《行政许可公示制度》、《运政稽查工作纪律》、《工作人员文明服务行为准则》,树立了运管队伍良好形象。全年共投入培训资金2万余元,培训60余人次。添置了10台电脑,设立了GPS监控室,并入网江西省道路运政管理信息系统，实现办公现代化和传输网络化，在全市率先完成公路旅客运输市场供求状况信息录入工作，推动运管各项工作的顺利开展。在设施装备的投入上，为提高道路运政执法水平，统一了执法人员服装，添置了1台运政稽查专用车，配备了手提电脑、摄像机、照相机、录音笔。全年运政执法实现了零错办、零错罚、零错案的目标。二是坚持对驾校治标治本的原则，本着公正公开、沟通为主、打击为辅的工作方针，每月召集各驾校（筹建办）负责人开1次整治会，对没有申报立项的非法驾校，责令其停止一切驾驶员相关培训业务。已有2家驾校初步完成驾校基础建设，择时申请评审验收。三是货运企业招商有所突破，先后从浙江等地引进吉祥、通达、鸿运、东宇5家汽车运输服务有限公司在铅山落户，共投入资金2亿元，购置大、中型货车243辆，计5600吨。引进的5家货运企业，全年上缴税收近120余万元，为铅山县经济发展作出了积极的贡献。开展了"创建文明班线、文明班车、诚信维修企业"活动，评选出1条文明班线、4辆文明班车、2家诚信维修企业，使道路运输行业文明程度得到了提升。通过考核，县内道路客运企业中评选出AAA级企业3家，A级企业2家；货运企业中评选出AA级企业1家，A级企业5家。

规费征收。立足于早布置、早动手，从制度上、措施上进一步健全各项征费工作机制，全年"三费"征收共完成466万元，其中，运管费130万元、农用车规费180万元、摩托车规费156万元。

安全生产管理。铅山县交通局紧盯渡口、公路桥梁、道路运输安全工作不放松，编制《铅山县交通局安全生产精细化管理手册》，用以指导乡（镇）开展安全检查工作。年初，在遭遇冰冻雪灾天气面前，严格贯彻省政府提出的"九保一平安"的工作目标，出动人力850余人次，车辆79台次，扫雪除冰80千米，抛洒工业用盐50吨，免费发放1500余元的食品，及时供应开水，提供免费电话，提供16辆中巴车免费疏散旅客500余人，确保了全县公路畅通，取得了抗冻救灾工作的全面胜利，得到上级有关部门和领导的高度表扬。"春运"期间，共输送旅客48.01万人，投放客车141辆，其中：包车168台次，加班车239台次。安全渡运乘客16万人次，未发生任何安全事故。加强了道路运输的监管力度。做到"三不出站、五不进站"，制定出《铅山县道路运输安全监督管理规范》和《道路运输安全生产监督管理实施细则》，全面落实安全生产管理责任制，全县全年未发生一起道路运输安全伤亡事故。水上安全生产工作平稳推进，更新木质渡船3艘，新建钢渡渡船1艘，有效地保证了渡口的正常航运。加强了农村公路、桥梁的检测，维修桥梁12座，对5座危桥竖立了限载警示牌。

党风廉政建设。认真贯彻落实党的十七大、中纪委十七届二次全会、省纪委十二届三次全会精神，坚持"标本兼治、综合治理、惩防并举、注重预防"的方针，把反腐倡廉工作融入交通改革、发展、稳定的各项工作之中，按照"政治坚强、公正清廉、纪律严明、业务精通、作风优良"的要求，制定了纪检监察工作意见。开好民主生活会，组织中心组学习，提高领导干部的思想认识，增强党性观念，自觉遵守党的政治纪律。落实各项监督措施，打造"阳光工程"。认真贯彻党内监督条例，坚持党内监督、群众监督、社会监督和职能部门监督相结合。实行党务和政务公开，完善工程建设项目监督机制，做到项目实施方案公开、招投标公开、建设情况公开、资金使用情况公开、工程管理情况公开，提高透明度。

其他中心工作。全年完成国防交通专业保障队伍整组，圆满完成交通战备检查验收工作，落实战备机构编制，配合县人武部搞好交通专业保障队伍纳入民兵组织的工作，抓好汽车运输大队、综合保障大队司机、车辆、路桥抢修队的日常工作，适时组织专业性、适应性和应急性训练与演练，提升交通战备专业保障队伍的快速反应能力，推动县级交战工作正规化建设持续、协调、有序发展。社会综治齐抓共管，坚持专人负责，专人管理。在车站、码头、渡口等人群和旅客相对集中的地方悬挂《严禁旅客携带危险品和毒品上车、上船》横幅标语，在"12·4"法制宣传日，节假日、"春运"期间，开辟墙报专栏进行禁毒宣传，并且派人在车上和船上进行检查，对可疑的物品必须开包开箱检查，严格履行检查制度，从源头上遏制了毒品流通的渠道。在精神文明建设中，5月14日，全局人员为四川汶川地震灾区捐款9578元；捐资助学1000元给太源少数民族学校的小学生，添置学习用品。同时抽调6名老同志担任文化市场义务监督员，对网吧进行不定期的义务监督，促进了青少年的健康生活。

(铅山县交通局)

横　峰　县

2008年,横峰县广大交通职工认真学习贯彻党的十七大精神,坚持科学发展观,以构建和谐交通为目标,以"和谐、文明、服务、创新"主题创建活动为动力,抓住重点,求真务实,克难奋进,在公路建设、规费征收、行业市场管理、党风廉政建设、精神文明创建等方面都取得了骄人的成绩。

1. 基础设施建设加快。交通重点项目建设有序推进。横峰县重点工程有沪昆高速公路横峰挂线和岑阳大道建设项目。以"集中财力办大事,花小钱办大事"的理念,大胆创新工作模式,争取省交通厅指派江西公路开发总公司养护公司以"零利润"方式援建,直接节省工程投入1000余万元。全年农村公路建设任务90.10千米,已完成69.8千米,占任务的77%;提前完成2009年实施项目53.4千米;新增通水泥(油)路行政村21个,行政村通畅率已达96%。渡改桥项目新建莲荷乡信江大桥1座,全长280.06延米。农村客运网络化建设全面推进。已建设竣工农村候车亭48个,为广大农民群众创造了良好的候车出行条件。县、乡公路养护工作扎实。投入资金60余万元对葛新公路、山葛线、坑清线黄藤桥段冰雪灾害所损毁的公路进行了修复;组织专门人员对农村公路技术状况等级进行了调查,为农村公路养护的规范化提供了依据。县道好路率达到79.97%,乡道好路率达到68.13%。

2. 行政管理水平全面提升。一是加强客运市场管理,优化运输环境。1月10日,首家出租汽车公司在县城挂牌成立,40辆出租车投入运营,为百姓的出行提供了方便。加强客运源头管理,做好"车进站,人归点"工作,开通了县地至新汽车站的临时免费公交。加大执法力度,严厉打击非法运营行为,对从事非法营运的客车、"面的"以及从外地购进的淘汰老旧车辆从事客运进行严厉打击,共检查车辆453辆,处罚违章车辆59辆,取缔无证车4辆,拉客货车5辆,补征漏费车辆30辆,营造了良好的城市客运市场环境。二是做好抗冰救灾期间的运输保障。对重点线路和桥梁,实行全天候值勤,发送安全提示短信,散发安全宣传单,给滞留旅客提供免费食品,及时疏通车辆,确保交通线路畅行无阻。三是7月和11月,开展了"严厉打击'黑车'营运专项整治行动",共查处、取缔各类非法营运"黑车"55辆次,为经营者创造了公平、合理的市场经营环境。四是开展了文明出租车和劳动模范评比活动,强化了城市出租车司机的文明意识、服务意识和维权意识。五是积极招商,引进运力,"借鸡生蛋",引入外商车辆共计468辆、计4630吨。六是农村客运车辆"八统一"工作已经全面展开,全县农村客运班车45辆,其中,公司化运营的43辆,公司化率达到95%。七是开展危桥普查工作,设置警示标志牌,并及时组织力量维修加固,确保桥梁通行安全。利用各种形式,积极开展《中华人民共和国公路法》宣传,共发放违章通知单12分,责令停建违章建筑3处,清理路障22起。八是强化安全意识,确保安全生产。制定了年度安全工作责任制,层层签订了安全生产责任状,坚持节假日轮流值班制度,经常对车站、渡口进行安全大检查。发现问题及时整改。投入10000余元对破损的渡船进行了维修,并对渡船的安全设施进行了更新和添置。全年检查渡口码头达42次,安全宣传40余次,发出安全检查通知书30余分,实现了连续40年无渡运安全责任事故。全年完成客运量328万人次,旅客周转量19179万人千米,货运量267万吨,货物周转量28873万吨千米。

3. 规费征稽力度加大。一是强化了舆论攻势。年初,送发通知到户,把征收的要求、费额广而告之;二是强化了征收手段。积极争取地方政府的支持,借助部门的力量,发挥大交通的优势,争取了征收的主动权。三是强化了征收管理。坚持广征细收,加强了征费稽查,防止跑、冒、滴、漏,确保了规费征收任务的顺利完成。全年完成交通规费共计213.2404万元,其中,农用车养路费计97.7452万元,摩托车养路费计60.0045万元,运管费征收55.4907万元,分别完成计划任务的110.1%、100.5%和110%。

4. 党建、廉政及文明建设切实加强,一是在抗震救灾中党员先进性得到了充分体现,全局党员干部共交纳特殊党费12000元。二是以行业精神文明创建活动为载体,认真开展了"市级文明单位”、“人民满意单位”等创建活动。信息宣传工作得到加强，在新闻媒体发稿达50余篇条。三是开展了机关作风整顿活动，机关作风进一步转变，行业风气进一步好转，干部职工素质明显提高。四是办理信访15件，回复率、满意率100%。及时对主办的3项县人大提案进行了分解，责任到人，狠抓落实，并将文字回复完毕，得到了代表、委员的好评。

（横峰县交通局）

余 干 县

2008年，余干县交通局坚持以党的十七大精神为指针，以科学发展观为统领，以推动交通事业又好又快发展为己任，紧密围绕余干县委、县政府工作大局，认真打好农村公路建设、改渡建桥、交通规费征收“三场硬仗”，全面提高水陆运输、路政执法和公路养护、水上交通安全“三个管理”水平，交通规费征收稳步上升，党的建设、干部队伍建设、内部管理等工作得到加强，交通工作上了一个新的台阶。

精心组织，规范管理，农村公路建设与渡改桥工作快速推进。2008年，市政府下达的农村公路建设231千米（含历史遗留），完成201千米；其中，通乡项目6条、计18千米，通达工程11条、计38.1千米，以工代赈国债示范项目10千米。河埠信江大桥完成勘测、工可，预计2009年1月底前可开工建设；北斗湾大桥完成了工可；龙津大桥主体工程基本完工，大桥两端的引道工程已进入路面硬化施工阶段；中洲大桥下部结构基本完成，打桩14孔，浇注12根，大桥两端的引道工程正在施工中，整个工程进展顺利。从6月下旬开始，深入全县各乡（镇、场），对农村公路建设进行调查摸底，了解掌握各地群众对农村公路建设的迫切程度和乡、村两级自筹资金情况，为县政府科学安排年度农村公路建设目标任务提供第一手资料。9月初，全县农村公路建设攻坚战打响后，立即安排局班子成员与工程技术人员下到全县23个有工程建设任务的乡（镇、场），督导工程进展。一方面积极走省赴市争取项目和资金，另一方面为项目建设单位提供及时周到的服务。

加强监管，确保质量。建立并健全农村公路建设管理机制，制订《余干县农村公路建设工程项目开工审批表》，严把开工程序关，对不符合开工条件的坚决不予开工。要求项目建设单位严格按照交通部工程项目“四制”要求规范操作。在工程质量监管上，采取平时督查和不定期抽查相结合，对发现不符技术标准的在建项目，坚决做到了该停工的停工，该返工的返工，并实行工程质量通报制度，有效地保证了工程质量。坚持“建养并重”，加大了县、乡公路养护管理，及时对余江线和李管线进行了路面维护，对全县23条计82.3千米的县、乡公路进行了除草、绿化。加大了路政执法力度，强制拆除公路违章建筑3处、计50平方米，清除影响交通安全的广告牌2处，清理路障80余处，确保了县乡公路的安全畅通。

落实责任，强化监管，水上交通安全形势持续稳定。全县有渡口35个，分布在13个乡（镇、场）、29个行政村。为确保人民生命财产安全和社会的和谐稳定，切实履行监管职责，全面贯彻落实“安全第一、预防为主、综合治理”的方针。实现水上交通连续21年安全无事故。一是落实责任。县与乡、乡与村、村与渡口签订了水上交通安全工作责任状，层层落实责任。二是加大宣传。在全县各渡口添置大型渡口守则牌52块，小型铝合金守则牌100块，渡口乘客须知牌100块；在“两会”、“北京奥运会、残奥会”、抗冰灾、汛期、黄金周等重点时段、重点地区、重点场所适时散发宣传材料3500余份，张贴标语32条。6月15日，在县城东山大街举办了一期水上交通安全大型图片展。三是强化监督。对渡口、渡工知识掌握情况、持证上岗情况以及渡船安全设施配套情况进行经常性监督检查，6月中旬，组织了7个检查组进行为期2天的安全工作大检查活动。全年，共停航整治不适航渡船4艘，强制拆解非法渡运“三无”船舶2艘，切割违章安装渡船跳板7块，对1名违章操作的渡工进行了警告处分。对1个公路渡口进行了专项整治，改承包制为工资制，每个船员都交纳了安全工作风险抵押金，并从局机关抽调了1名同志作为安全员常驻轮渡，对渡口安全实行全程监管。对1名严重失职的渡口工作人员予以辞退。四是加大投入。先后投入21万余元，对河埠渡口轮渡和11艘不适航渡船进行了大检修，并添置救生衣200件，救生圈30个，灭火器94只，为安全渡运打下了坚实基础。

交通规费征收稳步上升。按照“抓费源、抓稽查、抓服务、促收费”的总体工作思路,加大征费人员的管理力度。7月,邀请了驻余武警、县委党校、县法制办专家对31名一线执法人员进行了为期1周的军训和执法知识培训。新成立的交通规费稽查大队,对全县所有营运车辆与摩托车缴交规费情况进行稽查,全年完成农用车养路费257万元,占计划任务的100.3%;完成运管费115万元,占计划任务的123.6%;完成摩托车养路费185.1万元,占计划任务的100.1%。

文明执法,优质服务,水陆运输行业管理日趋规范。水陆运管工作紧密围绕“外树形象,内强素质,务实创新,亲情服务”的工作思路和“和谐交通从我做起,规范执法从现在做起,服务群众从微笑做起”的工作要求,开创了行业管理新局面。全县拥有营运客车394辆,计7437座位;新增营运客车6辆;营运货车2904辆,计7336吨,新增营运货车240辆,计720吨;营运货船56艘,计24000吨位。水陆运输市场繁荣活跃。一是注重运管人员素质的培养,组织各类业务知识、法律法规知识培训5期,邀请驻余武警官兵进行军事训练1次,有力地提高了执法管理和服务水平。二是规范行业管理。全年审验营运客车362辆,发放油价补贴381万元;审验营运货车347辆,新办营运证240辆;审验营运货船56艘。加大了非法营运“黑车”的打击力度,全年查处各类违章车辆426辆,其中,非法营运出租车5辆,为运输市场创造了有序竞争的良好环境。同时,全力抓好“春运”工作,克服了冰雪灾害给“春运”工作带来的不利影响,共发客车班车5624班次,其中,加班车23个班次,运送旅客186128人次,其中,农民工55136人次,保障了广大旅客安全、便利、快捷、有序出行。三是完善基础设施,大力推进农村客运网络化建设。公路运管部门积极筹措资金,在建成农村客运车站5个、农村候车亭83个的基础上,又有30个候车亭正在全面建设中。

党的建设、干部队伍建设、内部管理等得以加强。一是继续抓好党的建设。结合交通工作的实际,在全系统党组织中开展了基层党建示范点创建活动,在广大党员中开展了“争先创优”活动,党组织的战斗堡垒作用得到充分发挥,党员的先锋模范带头作用得到充分体现。在抗冰灾战斗中,广大党员冲锋在前,顽强奋战,确保了全县境内交通安全畅通。四川汶川地震发生后,全系统共捐特殊党费36200元。二是大力加强领导班子建设和党风廉政建设。认真贯彻落实领导干部廉洁自律相关规定,凝聚力、战斗力得到进一步增强。加强干部、职工队伍建设和内部管理。结合民主评议政风行风开展工作,在干部、职工中开展了形势与任务教育、科学发展观教育和业务知识、法律法规知识教育,增强责任感、使命感,全体干部、职工立足本职、争创一流,服务基层、服务群众、服务社会。制订了《余干县交通局规范化建设手册》,出台了局机关内设股室与下属事业单位工作目标考核实施细则,内部管理走上了制度化、规范化轨道。三是加强了纪检监察。每个建设项目的招投标实行了全过程监督,对3名违反有关纪律的工作人员进行了通报批评。加大对外宣传力度,在抓好“余干交通网站”的基础上,创办了机关内部信息类刊物《余干交通》月刊,为社会各界了解交通进而关心支持交通工作的发展搭建了新的信息平台。四是抓好困难群体的帮扶工作。全年局机关先后筹措3.6万元对生活困难的职工进行资助,并会同有关部门解决了航运公司133户、400余人享受廉租住房补助以及402名1991年未纳入大集体编制人员选择投保或享受每月200元生活费问题,维护了社会的和谐稳定。

(余干县交通局)

鄱　阳　县

鄱阳县交通局按照“中国湖城·鄱阳”发展战略与鄱阳县委、县政府加快交通事业发展的总体要求,以项目建设为抓手,扎实而高效地推进全年各项交通工作的落实。

通村公路建设稳步实施。2008年,鄱阳县农村公路建设任务为456千米,涉及行政村123个,已完成通村公路356千米(其中,遗留项目87.7千米),尚有100千米通村公路正在实施,计划在2009年春节前全部完成。县、乡两级筹措资金342万元用于县、乡公路的养护管理和修复,完成修复县、乡公路8千米、38000平方米。修复中、小桥4座。其中,公路养护大、中修项目县道河大线凰岗至许家2千米,投入70万元。

重点交通项目高位推进。①湖城大桥。大桥长527延米,桥面宽23米,概算造价5787.8万元,于10月25开工建设,计划2010年4月竣工交付使用。桩基设备已开始架设,T梁开始预制。②昌洲大桥。桥长307延米,预算造价841.4万元。完成工程下部结构、引道涵洞和引道土方总量的70%;完成工程投资约420万元。③兴旺大桥。桥长217延米,引道全长943延米。造价703.054万元,于3月10日正式开工建设,已完成下部结构和8片箱梁预制和6片箱梁调装,完成投资近500万元。④鄱阳湖旅游公路。全长14千米,为公路一级标准,路基宽30米,路面宽23米。工可报告已经市发改委批复,工程设计评审已完成,10月底路基修复整理工作已开工,原8千米路面工程(路基宽12米,路而宽8米)于11月16日完成招投标,11月中旬全线路基土石方工程开工,11月20日路面开始浇筑。⑤鄱阳县湖城大道(城外段)。全长16.36千米(含鄱余公路挂线0.37千米),建设标准为城市主干道二级公路。初步设计已经完成。⑥景鹰高速凰岗挂线。全长2.55千米,按城市三级主干道公路标准建设,路基宽36米,路面宽16米。投资约2300万元。于10月12日正式开工建设。⑦张泗公路。全长9.8千米,按四级公路标准建设,路基宽7米,路面宽5米,投资440万元。路基、涵洞工程已开工建设。

交通规费征收全面完成。全年完成征收农用车"三费"450万元,超额任务近50%;完成运管费180万元,超额完成任务28%;完成摩托车养路费447万元。

道路运输管理成效明显。全县道路运输秩序良好,"春运"、冰雪灾害期间未发生一起交通责任事故。全年完成客运量达595万人次,旅客周转量18364万人千米;货运量998万吨,货物周转量56614万吨千米。共处理道路运输违章1000余起,罚没款160万元,办理运输证438本。全县有货运企业18家,车辆1492辆,吨位15097吨。完成农村客运站6座,候车亭102个;洪门口客运站正在建设中,古县渡客运站已在图纸设计。

水上交通安全平稳。按照县政府"精心组织、周密安排、落实责任、加强协调"的要求,在水上交通安全管理工作中,以保障"春运"、"两会"、汛期、"北京奥运会"和"十一"黄金周期间水上交通安全为重点,严格落实渡口现场值班制度,每个乡(镇)渡口缴纳1万元水上交通安全保证金。切实开展乡(镇)船舶专项整治、加大安全宣传和相关培训力度,检查督促全县54处乡、村渡口,保障了人民群众的渡运安全。在克服年初冰雪灾害天气中,采取主动应对措施,有力地维护了运输秩序和安全形势稳定。在四川汶川地震发生后,组织了全交通系统向四川地震灾区捐款活动,党员踊跃交纳特殊党费,共计募捐4.4万余元。按照省委提出的建设鄱阳湖生态经济区的要求,投入大量资金在实施全县公路主通道绿化工程,还挤出10余万元用于指导帮扶团林虎山生态渔村建设。

(鄱阳县交通局)

婺　源　县

2008年,婺源县交通局认真贯彻十七届三中全会精神,坚持以科学发展观为指导,紧紧围绕"打造文化生态大公园"的发展思路,以"村村通"与"旅游环线"公路建设为重点,规范行业管理,提高道路运输服务水平;以行风建设促交通发展,交通执法队伍建设、文明建设成效显著,一个和谐、平安的交通格局基本形成。

1. 公路建设。全年公路建设资金4337万元,完成固定资产投资6810万元。完成万田庄至许村、吴源、潘村等公路162千米路基改造,完成万田庄至许村、店太线太白镇驻地路段、新屋、荷田、白石源等公路共224.6千米的路面硬化。完成段莘至浙源、清华至沱州、段莘阆山等公路103.6千米勘测设计和汪中线西岸至中村段、万田庄至许村等公路路面工程的招投标工作。完成婺源兴婺公路养护有限责任公司资质申报。做好九景衢和京福铁路基础资料收集整理工作,协助完成车站选址和线路走向选线与工程预可行研究报告的初评。完成"一大四小"造林绿化工程县、乡通道绿化资源的调查摸底和初步规划设计,重点打造店太公路通道绿化精品工程。完成县、乡公路212.5千米路况技术评定和普查工作。喷泉、黄源、石枧、玉坦、金坑、虹冲等6座改渡建桥项目已开工2座,黄源大桥业已完工。

2. 交通规费征收。全年共完成交通规费征收542.55万元,全面超额完成市局下达任务。其中,摩托车养路费180.7万元,农用车“三费”185万元,运管费176.85万元,分别完成计划的120.47%、106.94%和151.15%。

3. 道路运输。加大运输市场整治力度,重点查处无证经营、超范围经营行为,全年共查处违法违章车辆400余车次,圆满完成“春运”、“奥运会”及黄金周时段的运输任务。做好燃油补助的审核工作,确保发放到位。加强出租车服务监管,加强车辆维修市场清理。加强对客运联营体的引导和管理,多次化解溪头、许村等客运线路纠纷和客运经营矛盾,运输服务投诉较上年下降80%。完成2008年全国公路、水路运输专项调查工作。40个候车亭建设顺利通过市运管处验收。义务代办从业资格证896余人。全年新增中、高档客运车辆10辆,更新中、高档次客车6辆,新增客运线路4条。全县共有大型货车120辆、吨位3000吨。客车及出租车的年审率达100%,货运车辆年审率达98%。新增4家客运公司,基本上实现个体客车公车公营。

4. 安全生产。加强日常监督管理,加大资金投入,实现全年水上、公路、道路运输安全生产零事故。水上运输安全。年初召开了全县水上交通安全工作会议,部署了全年水上安全工作,签订了县、乡政府“安全责任状”,层层落实安全责任;在大雪、台风、暴雨等恶劣天气时期,对存在安全隐患的渡口、渡船实施重点督查,全年渡口检查23次,重点抽查8次,下发隐患整改通知书10份,纠正一般违章22次,发放救生圈20个、救生衣25件、雨衣8件,维修渡船4只。举办了全县渡口安全管理人员培训班,参训率达100%,培养新机动渡工2人。公路建设施工安全。农村公路建设工程点多面广,加强工程施工现场安全监管,加大对施工安全生产合同落实情况和施工现场警示标志、防护设施的督查力度,确保工程施工安全,全年未发生一起安全生产事故。在全面排查中,设置各种警示标志牌、中英文指示牌30块,投入资金40万元购置减速带、安全警示标志,及时安置在太白、中云、思口、江湾大潋等各乡村公路关键路段。投资1.6万元在全县三级以下的山区公路设置禁止牌38块。道路运输安全。对道路运输客运市场(含出租车市场)进行综合整治,共查处了违法违规车辆127辆次,净化了客运市场运输秩序;加强对现有的客车和出租车的管理工作,要求客运企业严格按照《中华人民共和国道路运输条例》,依法经营,严格按照“三不进站”,“五不出站”进行管理。严禁客车在20:00至次日6:00通行。在抗击冰冻灾害中,疏通道路分流群众3600余人,洒工业盐33.5吨,投入机械设备600多个台班,清扫积雪600千米,确保道路运输安全。

5. 政风行风建设。通过纪律作风整顿、多种形式广泛征求意见、制订切实可行的整改目标和措施,开展执法整训、法制讲座和文明规范执法观摩活动,促进了文明执法,实现交通系统内无“三乱”行为。组织邀请人大代表、政协委员、党代会和社会各界代表对交通行风建设开展评议。在社会稳定工作中,按照“发现得早、化解得了、控制得住、处理得当”的要求,重点对可能诱发群众集体上访的不稳定因素进行排查,扎实做好综治、信访工作,配合县纪委、县长热线办对信访案件认真核实,积极排除矛盾隐患。及时处理和回复信访件,回复率及办结率100%。同时,挤出资金改造局老干部活动中心,改善条件和更新体育活动设施。在汶川大地震发生后,多次向灾区伸出援助之手,累计捐款达2万余元。挤出资金筹办“婺源交通局”网站,大力宣传交通法律法规,及时反映交通建设成果,树立婺源交通的良好社会形象。

(婺源县交通局)

德 兴 市

2008年,德兴市交通局在德兴市委、市政府的正确领导下,在上饶市交通局的关心指导下,以党的十七大精神为指导,坚持以交通基础设施建设为重点,运输市场管理为关键,组织和带领全局干部、职工开拓创新,锐意进取,克难奋进,交通工作得到了又好又快的发展。

1. 交通基础设施建设。一是抓住市通道建设。立足当前,着眼长远,强化项目争取意识,德昌高速、上德高速2条高等级公路德兴境内里程为85千米,投资达50亿元。基本完成初步设计。通过多次协调,新增2个互通,增设了1个服务区,解决了1条挂线,走向由北线调整到南线,预期2009年7月可开工建设。加快景婺常高速公路挂线、上乐公路银乐段、九德公路银泗段、皈大至港首、香屯至小港、占才至界首等6个重点项目建设。景婺常高速公路挂线全长3.58千米,投资2100余万元,年底已建成通车;上乐公路银乐段全长11.6千米,投资2300万元,已完成油路面建设;九德公路银泗段全长21.2千米,投资2.1亿元,全部完成路基、水稳层及7千米路面建设,完成投资1.65亿元;皈大至港首、香屯至小港、占才至界首等出市通道共计12.4千米,投资1000余万无,均已竣工。二是抓农村公路建设。2008年,全市农村公路建设100千米,共19个项目,投资3500余万元。为加快建设进度,确保工程质量,一方面,将农村公路建设列入各乡(镇)考核内容,充分调动乡(镇)积极性;另一方面,实行领导分片挂线负责制,加强工程质量监管,严把工程建设质量关。截至11月底,全年农村公路建设任务已全部完成。三是抓好公路管养。落实了养护队伍,签订了养护协议,明确了养护任务,设立了养护基金,并对李暖线进行大修。四是抓渡改桥建设。积极争取上级支持,将渡改桥建设纳入全市民生工程之中,并列入乡(镇)重点工作考核目标。交通局成立了渡改桥建设领导小组,各业主单位都成立了建设组织机构,确保了渡改桥建设顺利有序开展。至年末,海口渔潭大桥桥基与主体工程已全部完成;泗洲湾头大桥已完成初步设计和评审工作,现进入招标程序。五是抓农村客运站(场)建设。全市12个乡(镇)的客运站建设项目都已经上饶市发改委批复,争取到土地划拨的优惠政策,4个农村客运站已启动建设,20个候车建设已全部完成。

2. 规费征收。由于一系列征费工作制度严谨,目标任务明确,责任到人,奖罚分明,调度到位。全年共完成各项交通规费437.482万元,其中,运管费136.0943万元,农用车养路费142.59万元,分别占任务的123.73%和103.33%;完成摩托车养路费158.797万元,占任务的113.43%。

3. 交通行业管理,一是加大交通运输安全监管力度,认真开展安全生产百日督查专项行动与安全月活动,共出动人员132人次,检查各类企业67个次,渡口53个次,发出事故隐患整改通知书7份,纠正各种安全隐患20条,切实保障运输安全,创造了渡运33年无事故的佳绩。二是加大了客运市场管理工作力度,按照"三不进站,五不出站",抓好源头管理。以打击"客车异地经营、规范客运秩序"为重点,采取教育与查处相结合,集中整顿与区域治理相结合,年度审验与车辆检测相结合等办法,加大对乱班、乱线、乱牌、乱价的治理力度,客运秩序明显改观。全年共审验客运车辆259辆,共完成客运量321万人次,旅客周转量29077万人千米。三是狠抓货运市场管理。对全市的货运市场进行了集中清理,共审验货运车辆977辆。全年完成货运量270万吨,货物周转量23500万吨千米。四是对汽车维修市场的整顿,对三级以上汽修厂进行了审验、登记、办证和建档,通过检查,取缔了一批不合格维修厂家和不符合资质的路边店。加强了汽修检测的跟踪管理,使汽修的维护与驾培工作质量得到提高。

4. 交通队伍建设,一是严格执行党委中心组学习制度,落实民主集中制,按时召开民主生活会,开展批评与自我批评。根据班子成员特点,充分调动班子成员的积极性和创造性,建立高效、奋进、团结、廉洁的领导集体。二是提高干部、职工的整体素质。加强政风行风建设、文明窗口建设,建立和完善各项管理制度,以工作目标责任制、绩效考评工作为平台,强化长效管理机制。扎实开展"三项创建"、"党员义工活动"等工作。做到在创新体制中求活力,在形成合力中求和谐,在认真推进中求实效,在振奋精神中求作为。形成党、政齐抓共管、一岗双责、一级抓一级的良好局面。2008年,培养入党积极分子3人,列为发展对象1人,发展预备党员2人,预备党员转正2人。市交通局党委被中共德兴市委评为先进党委。

(德兴市交通局)

万　年　县

2008年,万年县交通局以党的十七大精神为指针,以科学发展观为统领,积极做好了交通各项工作,促进了交通建设又好又快发展。

交通基础设施建设稳步推进。①县域主干道建设力度加大。一是按国家二级公路标准设计的珠曹线拓宽改造工程投资8600万元,全长36千米(其中,万年段24千米),于10月26日建成通车。二是配合做好德昌高速公路勘测工作,主动衔接,商定中线及万年互通方案。三是完成精细化工园区主干道建设。四是完成"外环"和高速挂线立项测设工作。县城东外环(珠曹线延伸段)10.5千米,投资4689万元;县城西外环(锦黄线外移改造段)12千米,投资8178万元;"两环"已完成立项和测设等前期工作。德昌高速公路挂线11千米,投资13000万元,已完成立项和初步设计,其中,县城至冲里段已完成施工图设计。②农村公路建设完成投资3000多万元,硬化150千米,占任务数的150%,行政村通达率达86.3%。③抗冰雪保交通成绩显著。做到灾情日报制度,调用1万只草麻袋,5吨工业盐,铲和扫把自救工具100把,铺洒路面、桥面。2月5日,派出20多名党员干部前往青云镇李山坞配合县电力部门抢修1根35千伏电线杆,使附近4乡(镇)、8万多村民过上一个亮堂的新年。配合景鹰高速公司,征调3万只草麻袋铺设乐安河大桥桥面与重点路面。配合县公路局对国、省道路面桥梁清扫冰雪。派出60余名职工配合乐鹰线(万年段)500千伏电力抢修。连续奋战5昼夜,调集运输、工程车1100多辆次,抢修道路46千米,开辟牵引场地7000余平方米,在短短的3天,将塔材装运到33个塔基点。④客运网络化建设,全年共建候车亭60个和石镇、梓埠、齐埠、青云、陈营、大原等6个乡(镇)客运站;汪家、裴梅、苏桥等6个乡(镇)客运站正在筹建,县城城东车站已经完成了招投标程序,正在平整土地、兴建围墙。⑤全面完成了"清挂"工作,长、短途班车实现了公司化经营,做到了车辆车型、标识、颜色、票价、司乘人员服装五统一,全县行政村通班车率达到92%。⑥做好科学规划。委托省交通厅规划办规划设计和制定了《万年县交通发展规划》,9月获县人大批准。规划分近期(2008年~2010年)和远期(2011年~2020年)两个实施阶段,按照"未来引领、以人为本、统筹城乡、资源节约、环境友好、全面协调"的原则,科学规划公路、水路和站(场)建设蓝本。争取到德昌高速养护中心改设在万年县境内。⑦广开渠道筹集资金。和万年水泥厂合作,采用预拨水泥的方式解决资金;积极采取上级拨一点、财政支一点、社会捐一点、群众集一点的方法解决修路配套资金,石镇朱源村为了修路,户均集资800元外,还鼓励承包人带资建设。

创新公路养护机制。制定了《万年县道路林荫化实施方案》,下发了县、乡公路绿化计划通知。明确养护责任主体,落实专段专养。全年投入资金300余万元,养护县、乡公路178千米,并对黄桐路、青云至昌万公路进行了大修、改建,工程全面完成。小修保养万年至珠田、青云至苏桥、齐埠至湖云等县乡公路68千米,投入30万元。为11名养路工购买了社保,解决了20多年来没有解决的问题。

规费征收再创佳绩。2008年,完成农用车养路费征收165.51万元,占计划数117%;运管费80.65万元;占计划数126%;摩托车养路费181.73万元,占计划数134.7%;港航规费完成59万元,较上年增长近30万元。一是通过短信、电话、登门拜访等形式加强与业主沟通,时刻提醒车主按时缴费。二是充分利用法律手段,加大对个别"钉子户"的催缴力度,起到惩罚一个、震慑一片的效果。三是继续推行"3+1"规费征收机制,将任务完成情况和工作人员的奖金、福利挂钩,充分调动征费人员的积极性。四是接受业主、群众监督。

行业管理规范有序。①道路运输协调发展。推出了3项服务(窗口服务、主动上门服务和问询服务)、4种制度(首问责任制、过错追究制、行政审批公示制、行政处罚事先告知制),进一步规范道路运输市场、提高交通运输能力。全县共有各类运输车辆604辆,运力3119.78吨。其中,新增运输车辆127辆,计520.32吨。从事汽车运输产业的人数4000余人。②水上交通安全平稳。县境内水系为乐安河,长34千米,常年水深20米左右,最高水位达24.02米,最高流量达4680立方米/秒;一般情况下航线可通500吨以上货轮,枯水季节也能通过200吨左右的货轮。万年县港口、码头主要分布在梓埠、石镇境内,进入鄱阳湖,可通过长江上达湖南、湖北,下至安徽、江苏、上海与支流城镇。2008年,全县有水上交通运输民营企业3家,有各类万年籍船舶120多艘。万年县恒通航运有限公司有运输船舶44艘,其中,普货船35艘,危货船9艘;万年天龙航运有限公司船舶15艘,万年县河江海航运有限公司在组建中。2008年5~7月,联合公安、海事和渡口、码头所在的乡(镇)、村开展了水上交通百日督查专项行动,共检查船只46艘,下达整改通知书42份,取缔非法码头2座,临时许可经营码头8座。对全县8个渡口进行了集中整治,做到严禁“三无”船舶载客、严禁无证人员驾船摆渡、严禁渡船超载强渡。制定完善水上交通安全事故应急预案,有力确保了汛期和“奥运”期间水路交通安全,实现渡运47年安全无事故。③营运市场逐步规范。全县共有客车159辆,客位2793座位,班线46条。其中,跨省班线8条,营运车辆16辆,近500个座位;跨市班线7条,营运车辆20多辆,近500个座位;跨县班线8条,营运车辆30多辆,近600个座位:县内班线23条,营运车辆90余辆,计1000多个座位;公交线路10条,营运车辆24辆;出租车公司组建也在紧张有序进行中。

内强素质外树形象。一是组织干部、职工捐款捐物,支援雨雪冰冻和汶川地震灾区,2次捐款累计23000余元,捐衣物600套(件),党员交纳特殊党费4200元。二是积极开展行风政风建设,印发行评宣传资料600多份,民意调查、征求意见表300余份,聘请342名行风监督员;并主动接受人大、政协和社会监督。全年共开展了3次人大代表、政协委员、村干部代表座谈会,办理人大、政协提案、建议案32份,从反馈意见看,满意率达100%。

(万年县交通局)

弋 阳 县

1. 农村公路建设。2008年,弋阳县对于农村公路建设极其重视,成立了县农村公路建设领导小组,制定了发展农村公路建设的实施方案,安排了300万元的农村公路建设预算补助,完成150千米的水泥路建设,投资3348万元。全县16个乡(镇、场)100%通水泥路,155个行政村中86%通了水泥路。曹溪、花亭、樟树墩等实现了村村通。积极实施危桥改造工程,多方筹集资金18万元,新建了山葛线祝家桥1座,信江三桥建设前期工作准备完毕,已进入招投标阶段。筹建路政管理大队和公路养护公司,进一步加强对农村公路的管理,维护路产、路权,加大对超限运输和新建水泥路的养护力度,共修复了水毁公路路面3000平方米。

交通运输管理。一是“春运”工作由于准备充分,管理到位,并遵照省政府制定的“五个严管”、“五个严查”和“五个一律”的要求,切实保障了各项安全措施的落实,使“春运”工作运行平稳有序。全年共运送旅客28.6万人次,完成旅客周转量1528万人次。查处危险品40余件,查处各类违章事件300余起。二是做好抗冰救灾工作,启动应急预案,采取各种措施,加班加点,引领车辆,疏散旅客,铲雪除冰,确保交通安全畅通。三是开展运输量调查工作,深入各交通企业,确保数据的真实性、可靠性。四是对全县的各机动车维修企业、道路客运、货运企业、汽车站等进行了质量信誉考核工作,对各企业的安全运输、经营行为、服务质量、企业管理等方面进行了综合评估。通过考核,进一步规范了企业的经营行为,促进企业加强了自身的管理,达到了提升服务质量的目的。五是全年新增货车272辆,计1480吨位(其中,招商引资车89辆,计1293吨位);新增客车25辆,计525座位,货车年检498辆,客车年检162辆,出租车年检62辆。查处各类非法营运157起。

规费征缴工作。全年完成摩托车养路费征收199.7万元,占任务的117.5%;拖养费征收169万元,占任务的94.4%;运管费征收116万元,占任务的122.1%。

交通安全工作。坚持“安全第一,预防为主”的方针,对农村公路进行了全面彻底的安全大检查,对各线路的危桥、危涵、滑坡、挡墙、危险路段、急陡坡等采取了应急措施。并与客运企业、业户及车站签订了道路旅客运输安全责任状和安全生产监督管理目标责任书,做到有记录、有台账。加强了对渡船的更新、维修和对非法营运船舶的整治工作。认真实施《弋阳县渡口安全管理整治专项方案》和《弋阳县水上救援应急方案》,对辖区所有的渡船与渡口安全设施状况,逐个登记造册;与乡、村和渡口逐级签订了责任状,取得了连续27年渡运无事故的成绩。

深入开展民主评议、政风行风建设。成立了局政风行风评议工作领导小组,设立了行风评议办公室,聘请了行风监督员,进一步健全办事机构和人员,使每项评议工作都有具体责任人抓好落实,避免了讲形式、走过场,全县交通行业形象明显提升。

(弋阳县交通局)

交通统计资料

2008年全省交通基本情况

表28

指　标　名　称	计算单位	2008年	2007年	2008年为2007年%或增减
一、公路、水路与国民经济的关系				
1. 生产总值与公路、水路货运量				
生产总值（按当年价格计算）	亿元	6480	5469	112.80
全社会公路货运量	万吨	70270	30032	—
全社会水路货运量	万吨	4616	4406	—
每万元国内生产总值的全社会公路货运量	吨	10.84	5.49	—
每万元国内生产总值的全社会水路货运量	吨	0.71	0.81	—
2. 全省人口与公路、水路客运量				
全省人口数	万人	4400.1	4368.14	100.73
全社会公路客运量	万人	60573	38644	—
全社会水路客运量	万人	108	366	—
全省平均每人乘汽车数	次	13.77	8.85	—
全省平均每人乘轮船数	次	0.02	0.08	—
二、全省公路里程	千米	133815	130515	102.53
1. 按技术等级分				
（1）等级公路	千米	77343	72374	106.87
高速公路	千米	2284	2006	113.86
一级公路	千米	1199	872	137.50
二级公路	千米	8561	9258	92.47

续表 28

指　标　名　称	计算单位	2008 年	2007 年	2008 年为 2007 年%或增减
三级公路	千米	6641	6891	96.37
四级公路	千米	58658	53347	109.96
（2）等外公路	千米	56472	58141	97.13
等级公路占总里程比重	%	57.80	55.45	2.35
其中二级以上公路	%	9.00	9.30	-0.30
等外公路占总里程比重	%	42.20	44.55	-2.35
2. 按路面类型分				
有铺装路面里程	千米	62231	54136	114.95
其中沥青混凝土	千米	6868	5953	115.37
其中水泥混凝土	千米	55363	48183	114.90
简易铺装路面里程	千米	9952	11030	90.23
未铺装路面里程	千米	61632	65350	94.31
铺装路面里程（含简易）占总里程比重	%	53.94	49.93	4.01
3. 按行政等级分				
国道公路	千米	5086	4844	105.00
省道公路	千米	8266	7110	116.26
县道公路	千米	20531	22104	92.88
乡道公路	千米	28989	30166	96.10
专用公路	千米	587	792	74.12
村道公路	千米	70355	65500	107.41
4. 公路晴雨通车里程	千米	119730	116947	102.38
5. 公路养护里程	千米	120497	79275	152.00
6. 公路绿化里程	千米	27187	23959	113.47
三、全省公路桥梁、隧道				
1. 全省公路桥梁总计	座	21845	22043	99.10
	延米	815845	800586	101.91
其中：特大桥	座	26	24	108.33
	延米	52461	49203	106.62
其中：大桥	座	1394	1269	109.85
	延米	279713	253062	110.53
2. 全省隧道	处	128	109	117.43
	米	90469	67576	133.88
四、公路密度及通达情况				
公路密度：以国土面积算	千米/百平方千米	80.18	78.20	1.98
以人口数量算	千米/万人	30.63	30.02	0.61
全省通公路的乡镇比重	%	100.00	100.00	—
全省通公路的行政村比重	%	97.65	94.28	3.37
五、全省内河航道通航里程	千米	5716	5716	100.00
1. 等级航道	千米	2427	2427	100.00
一级航道	千米	156	156	100.00
二级航道	千米	—	—	—
三级航道	千米	250	250	—
四级航道	千米	—	—	—
五级航道	千米	271	271	100.00
六级航道	千米	589.7	589.7	100.00
七级航道	千米	1160	1160	100.00

续表 28

指 标 名 称	计算单位	2008 年	2007 年	2008 年为 2007 年%或增减
2. 等外航道	千米	3289	3289	100.00
等级航道所占比重	%	42.46	42.46	—
六、港口				
港口个数	个	59	65	90.77
泊位个数	个	1709	1875	91.15
码头长度	米	63061	60462	104.30
七、汽车站场				
汽车客运站	个	3743	2930	127.75
客运班线	条	6067	5479	110.73
八、民用汽车拥有量	辆	937836	810864	115.66
其中：客车	辆	531774	431064	123.36
货车	辆	272286	246930	110.27
九、营业性运输汽车拥有量	辆	186600	162095	115.12
其中：客车	辆	26047	24270	107.32
货车	辆	160553	137825	116.49
十、民用运输船舶拥有量				
艘数	艘	4971	5258	94.54
净载重量	亿吨位	146.3	141.1	103.69
载客量	客位	15013	14789	101.51
标准箱位	TEU	1405	1641	85.62
主机功率	千瓦	547859	543928	100.72
十一、运输量				
1. 全社会货运量	万吨	80277	40046	—
(1) 铁路	万吨	5389	5606	96.13
(2) 公路	万吨	70270	30032	—
(3) 水路	万吨	4616	4406	—
(4) 民航	万吨	2.00	2.00	100.00
公路运输在各种运输方式中所占比重	%	87.53	74.99	—
水路运输在各种运输方式中所占比重	%	5.75	11.00	—
2. 全社会货物周转量	万吨千米	2297.35	1026.92	—
(1) 铁路	万吨千米	683.94	680.52	100.50
(2) 公路	万吨千米	1494.16	240.57	—
(3) 水路	万吨千米	119.04	105.61	—
(4) 民航	万吨千米	0.21	0.22	95.45
公路运输在各种运输方式中所占比重	%	65.04	23.43	—
水路运输在各种运输方式中所占比重	%	5.18	10.28	—
3. 全社会客运量	万人	66064	43782	—
(1) 铁路	万人	5214	4606	113.20
(2) 公路	万人	60573	38644	—
(3) 水路	万人	108	366	—
(4) 民航	万人	169	166	101.81
公路运输在各种运输方式中所占比重	%	91.69	88.26	—
水路运输在各种运输方式中所占比重	%	0.16	0.84	—
4. 全社会旅客周转量	千米	806.78	716.70	—

续表 28

指　标　名　称	计算单位	2008 年	2007 年	2008 年为 2007 年%或增减
（1）铁路	亿人千米	529. 91	480. 10	110. 37
（2）公路	亿人千米	260. 66	219. 47	—
（3）水路	亿人千米	0. 29	0. 59	—
（4）民航	亿人千米	15. 92	16. 54	96. 25
公路运输在各种运输方式中所占比重	%	32. 31	30. 62	—
水路运输在各种运输方式中所占比重	%	0. 04	0. 08	—
十二、内河港口吞吐量				
1. 货物吞吐量	万吨	11993. 4	14087. 6	85. 13
其中：外贸	万吨	60. 2	72. 4	83. 18
2. 旅客吞吐量	万人	467. 6	460. 3	101. 58
其中：离港	万人	229. 1	228. 1	100. 45
十三、固定资产投资	亿元	180. 61	194. 8	92. 72
十四、船舶海损事故				
事故次数	件	8	11	72. 73
死亡人数	人	12	9	133. 33
受伤人数	人	—	—	—
沉没船舶	艘	5	7	71. 43

说明:1. 国内生产总值增长速度按可比价计算。2. 2008 年公路水路运输量采用全国公路水路运输量专项调查数据。按统计口径发生较大的变化,不宜进行历史对比。

2008 年全省公路里程(按技术等级分)

表 29　　单位:千米

地　区	总　计	等级公路						等外公路
		合计	高速公路	一级	二级	三级	四级	
全省合计	133815	77343	2284	1199	8562	6641	58659	56471
南昌市	9308	6888	41	108	535	478	5726	2420
景德镇市	3957	2616	—	46	321	397	1853	1340
萍乡市	5410	3509	—	43	382	141	2942	1902
九江市	16862	7806	—	121	551	1009	6125	9056
新余市	3879	2450	—	43	296	278	1832	1429
鹰潭市	3514	2177	—	8	151	336	1682	1338
赣州市	25054	12467	184	212	1677	758	9637	12587
吉安市	19234	12358	—	70	1294	968	10026	6876
宜春市	15391	9305	—	255	1386	677	6987	6086
抚州市	12111	7734	—	189	589	756	6199	4377
上饶市	17034	7975	—	104	1380	842	5649	9060
省高管局	760	760	760	—	—	—	—	—
省公路局	852	852	852	—	—	—	—	—
公路开发总公司	447	447	447	—	—	—	—	—

说明:因小数点取舍,故分项之和与总数略有差异。

2008 年全省公路里程(按路面类型分)

表 30　　　　单位:千米

地　区	总计	路　面　类　型			晴雨通车	绿化里程	养护里程
		有铺装路面(高级)	简易铺装路面(次高级)	未铺装路面(中级、低级、无路面)			
全省合计	133815	62231	9952	61632	119905	27187	120497
南昌市	9308	7060	63	2185	9207	1086	8582
景德镇市	3957	1928	589	1440	3859	555	3780
萍乡市	5410	3486	322	1602	5399	1086	5351
九江市	16862	5313	1894	9655	14694	1518	14611
新余市	3879	2171	375	1333	3690	309	3750
鹰潭市	3514	1747	32	1736	3507	659	3441
赣州市	25054	11543	840	12671	20121	5015	20689
吉安市	19234	8633	1743	8858	17072	4055	17191
宜春市	15391	6246	2044	7101	14458	6841	14450
抚州市	12111	5485	1174	5452	11667	1564	11733
上饶市	17034	6560	876	9598	14172	2757	14858
省高管局	760	760	—	—	760	666	760
省公路局	852	852	—	—	852	820	852
公路开发总公司	447	447	—	—	447	255	447

说明:因小数点取舍,故分项之和与总数略有差异。

2008 年全省公路里程(按行政等级分)

表 31　　　　单位:千米

地　区	合　计	国道公路	其中国家高速公路	省道公路	县道公路	乡道公路	专用公路	村道公路
全省合计	133815	5086	1971	8266	20531	28989	587	70355
南昌市	9308	304	41	114	1231	1100	73	6485
景德镇市	3957	132	—	260	824	1003		1737
萍乡市	5410	203	—	406	614	994	14	3180
九江市	16862	248	—	857	2103	3593	5	10057
新余市	3879		—	207	550	1337	8	1778
鹰潭市	3514	110	—	35	490	890	6	1984
赣州市	25054	1057	127	1541	4434	4414	215	13394
吉安市	19234	425	—	1220	3010	4345	67	10166
宜春市	15391	256	—	1082	2262	4541	9	7241
抚州市	12111	359	—	1006	2174	3467	58	5047
上饶市	17034	189	—	1291	2840	3304	124	9286
省高管局	760	539	539	213	—	—	8	—
省公路局	852	817	817	36	—	—	—	—
公路开发总公司	447	447	447	—	—	—	—	—

说明:因小数点取舍,故分项之和与总数略有差异。

2008 年全省公路桥梁(按使用年限分)

表 32

地区	总计		永久性		半永久性		临时性		总计中:危桥	
	数量(座)	长度(米)	数量(座)	长度(米)	数量(座)	长度(米)	数量(座)	长度(米)	数量(座)	长度(米)
全省合计	21845	815845	19857	773899	1759	36053	229	5893	3646	107940
南昌市	590	30180	570	29805	19	365	1	10	134	7280
景德镇市	575	23603	563	23150	12	452	—	—	35	1988
萍乡市	738	24129	738	24129		—	—	—	105	4008
九江市	2349	60979	1965	54840	331	4681	53	1458	783	16185
新余市	523	11184	443	10094	78	1069	2	21	6	524
鹰潭市	724	21351	614	19204	103	2008	7	139	195	5039
赣州市	5066	157286	4744	149659	257	5796	65	1831	587	17974
吉安市	3480	94487	2954	82641	457	10302	69	1544	622	16391
宜春市	2098	64668	1948	60340	139	3898	11	431	240	10378
抚州市	1615	47608	1461	44383	147	3096	7	129	449	12511
上饶市	2535	85102	2305	80385	216	4387	14	330	490	15664
省高管局	488	56937	488	56937	—	—	—	—	—	—
省公路局	644	103590	644	103590	—	—	—	—	—	—
公路开发总公司	420	34742	420	34742	—	—	—	—	—	—

说明:因小数点取舍,故分项之和与总数略有差异。

2008 年全省公路运输工具拥有量(总计)

表 33

地区	一、汽车合计(辆)	1. 载客汽车		2. 载货汽车						二、其他机动车		三、轮胎式拖拉机	
						(1)普通载货汽车		(2)专用载货汽车					
		辆	客位	辆	吨位	辆	吨位	辆	吨位	辆	吨位	辆	吨位
全省合计	186600	26047	437994	160553	682035	155464	632848	5089	49187	57839	63981	2874	3306
南昌市	40841	2477	51109	38364	117994	37833	113979	531	4015	3158	5042	419	494
景德镇市	5624	502	11221	5122	12916	5062	11995	60	921	262	154	198	198
萍乡市	9419	975	20787	8444	31293	7897	26361	547	4932	8296	9228	—	—
九江市	21181	5175	68784	16006	72106	15424	64770	582	7336	2733	3203	—	—
新余市	10875	1041	12465	9834	47018	9455	40960	379	6058	2356	1847	711	356
鹰潭市	3329	1095	16486	2234	7746	2075	6216	159	1530	2502	2502	—	—
赣州市	23600	3869	75472	19731	47555	19318	44391	413	3164	12916	12743	221	167
吉安市	15372	1696	40955	13676	64804	12652	54701	1024	10103	11166	12184	—	—
宜春市	22253	2686	41077	19567	128999	18900	124313	667	4686	4085	5901	384	1150
抚州市	14480	2519	33903	11961	66122	11501	61913	460	4209	4681	5136	643	643
上饶市	19626	4012	65735	15614	85482	15347	83249	267	2233	5684	6041	298	298

2008 年全省公路运输工具拥有量(个体)

表 34

地区	一、汽车合计(辆)	1. 载客汽车		2. 载货汽车		(1)普通载货汽车		(2)专用载货汽车		二、其他机动车		三、轮胎式拖拉机	
		辆	客位	辆	吨位	辆	吨位	辆	吨位	辆	吨位	辆	吨位
全省合计	51703	1321	17205	50382	125536	50306	124315	76	1221	54497	60105	2874	3306
南昌市	9588	658	6844	8930	18410	8928	18377	2	33	3158	5042	419	494
景德镇市	3187	—	—	3187	3933	3187	3933	—	—	262	154	198	198
萍乡市	3050	128	2216	2922	5043	2922	5043	—	—	8296	9228	—	—
九江市	3725	47	649	3678	12979	3678	12979	—	—	2308	2668	—	—
新余市	3083	10	209	3073	8878	3065	8755	8	123	2271	1755	711	356
鹰潭市	1308	121	2052	1187	1902	1187	1902	—	—	2502	2502	—	—
赣州市	10470	9	144	10461	22086	10427	21598	34	488	12916	12743	221	167
吉安市	5051	73	1204	4978	10225	4946	9648	32	577	9316	10062	—	—
宜春市	4269	87	1484	4182	27866	4182	27866	—	—	4085	5901	384	1150
抚州市	1817	0	0	1817	3244	1817	3244	—	—	3921	4255	643	643
上饶市	6155	188	2403	5967	10970	5967	10970	—	—	5462	5795	298	298

2008 年全省水路运输工具拥有量总计(一)

表 35

指标	合计						
	艘数(艘)	总吨(吨位)	总载重量(吨位)	净载重量(吨位)	载客量(客位)	标准箱位(TEU)	功率(千瓦)
全省总计	4927	125971	209939	1462702	15013	1405	547859
1. 按航区分:							
远洋合计	5	21758	33176	30300	—	—	13496
沿海合计	50	104213	176763	145320	—	—	58156
内河合计	4872	—	—	1287082	15013	1405	476207
2. 按单位分:							
南昌市	400	—	—	274289	296	954	95399
景德镇市	216	—	—	11844	—	—	5848
九江市	514	83863	138093	295190	5313	108	117505
新余市	210	—	—	6005	2015	—	5750
鹰潭市	439	—	—	13652	2216	—	5526
赣州市	966	11038	18995	69280	3332	—	38340
吉安市	529	—	—	130587	529	—	46029
宜春市	1016	4281	10902	438674	15	145	152305
抚州市	150	5031	8773	115501	—	—	38196
上饶市	482	—	—	77380	1297	198	29465
远洋公司	5	21758	33176	30300	—	—	13496

说明:总吨、总载重量只统计远洋和沿海数据。

2008 年全省水路运输工具拥有量总计(二)

表 36

指标	一、机动船							① 客轮		
	艘数(艘)	总吨(吨位)	总载重量(吨位)	净载重量(吨位)	载客量(客位)	标准箱位(TEU)	功率(千瓦)	艘数(艘)	载客量(客位)	功率(千瓦)
全省总计	4927	125971	209939	1447236	15013	1309	547859	496	15013	18204
1. 按航区分:										
远洋合计	5	21758	33176	30300	—	—	13496	—	—	—
沿海合计	50	104213	176763	145320	—	—	58156	—	—	—
内河合计	4872	—	—	1271616	15013	1309	476207	496	15013	18204
2. 按地区分:										
南昌市	400	—	—	270189	296	858	95399	3	296	997
景德镇市	216	—	—	11844	—	—	5848	—	—	—
九江市	514	83863	138093	284464	5313	108	117505	133	5313	8195
新余市	210	—	—	6005	2015	—	5750	65	2015	3343
鹰潭市	439	—	—	13652	2216	—	5526	125	2216	—
赣州市	966	11038	18995	69280	3332	—	38340	110	3332	2845
吉安市	529	—	—	130587	529	—	46029	13	529	611
宜春市	1016	4281	10902	438674	15	145	152305	3	15	88
抚州市	150	5031	8773	115501	—	—	38196	—	—	—
上饶市	482	—	—	76740	1297	198	29465	44	1297	2125
远洋公司	5	21758	33176	30300	—	—	13496	—	—	—

2007 年全省水路运输工具拥有量总计(三)

表 37

指标	② 货轮						③ 拖船		二、驳船		
	艘数(艘)	总吨(吨位)	总载重量(吨位)	净载重量(吨位)	标准箱位(TEU)	功率(千瓦)	艘数(艘)	功率(千瓦)	艘数(艘)	净载重量(吨位)	标准箱位(TEU)
全省总计	4410	125971	209939	1447236	1309	525368	21	4287	44	15466	96
1. 按航区分:											
远洋合计	5	21758	33176	30300	—	13496	—	—	—	—	—
沿海合计	50	104213	176763	145320	—	58156	—	—	—	—	—
内河合计	4355	—	—	1271616	1309	453716	21	4287	44	15466	96
2. 按地区分:											
南昌市	387	—	—	270189	858	92935	10	1467	12	4100	96
景德镇市	216	—	—	11844	—	5848	—	—	—	—	—
九江市	377	83863	138093	284464	108	107416	4	1894	28	10726	—
新余市	145	—	—	6005	—	2407	—	—	—	—	—
鹰潭市	314	—	—	13652	—	5526	—	—	—	—	—
赣州市	856	11038	18995	69280	—	35495	—	—	—	—	—
吉安市	513	—	—	130587	—	45065	3	353	—	—	—
宜春市	1013	4281	10902	438674	145	152217	—	—	—	—	—
抚州市	150	5031	8773	115501	—	38196	—	—	—	—	—
上饶市	434	—	—	76740	198	26767	4	573	4	640	—
远洋公司	5	21758	33176	30300	—	13496	—	—	—	—	—

2008年全省公路旅客运输量

表38

地区	客运量(万人)			旅客周转量(万人千米)		
	合　计	汽　车	其他机动车	合　计	汽　车	其他机动车
全省合计	60573	60573	—	2606642	2606642	—
南昌市	5531	5531	—	388991	388991	—
景德镇市	2510	2510	—	106543	106543	—
萍乡市	4428	4428	—	111400	111400	—
九江市	7822	7822	—	349136	349136	—
新余市	1789	1789	—	70391	70391	—
鹰潭市	4670	4670	—	65218	65218	—
赣州市	8928	8928	—	540743	540743	—
吉安市	3468	3468	—	199514	199514	—
宜春市	5211	5211	—	280304	280304	—
抚州市	3293	3293	—	191378	191378	—
上饶市	12924	12924	—	303025	303025	—

2008年全省公路货物运输量

表39

地区	货　运　量　(万吨)				货物周转量(万吨千米)			
	合计	汽车	其他机动车	轮胎式拖拉机	合计	汽车	其他机动车	轮胎式拖拉机
全省合计	70270	53568	15684	1018	14941575	14478645	441946	20984
南昌市	6105	5176	726	203	1559410	1539152	17578	2680
景德镇市	1355	1283	61	12	146438	144024	2006	408
萍乡市	5418	3654	1764	—	538927	514322	24605	—
九江市	6614	5804	810	—	1324189	1312081	12108	—
新余市	6507	5573	934	—	1180877	1153126	27751	—
鹰潭市	2473	1149	1324	—	316545	296660	19885	—
赣州市	12260	7642	4619	—	1298135	1147373	150762	—
吉安市	5403	3268	1518	618	2011433	1916544	80463	14426
宜春市	8578	8578	—	—	2593172	2593172	—	—
抚州市	5814	3702	1959	153	2432340	2366161	63527	2652
上饶市	9743	7740	1970	33	1540109	1496030	43261	818

2008 年全省水路客货运输量

表 40

地区	客运量（万人）	旅客周转量（万人千米）	货运量（万吨）	货物周转量（万吨千米）
全省合计	108.0	2935	4616.1	1190407
南昌市	—	—	402.6	109464
景德镇市	—	—	56.0	807
九江市	34.0	532	627.8	479893
新余市	9.0	332	82.1	361
鹰潭市	—	—	232.3	3719
赣州市	5.0	93	749.9	64055
吉安市	22.0	348	1077.1	126643
宜春市	—	—	1009.5	180608
抚州市	—	—	59.9	55021
上饶市	38.0	1630	278.0	62364
远洋公司	—	—	40.9	107472

2008 年全省港口吞吐量(按港口分)

表 41

港口	货物吞吐量							旅客吞吐量		利用自然岸坡完成船舶货物装卸量(万吨)
	合计（万吨）	外贸	其中：出港	外贸	集装箱			合计（万人）	出港	
					箱数（万 TEU）	重量（万吨）	货重			
全省总计	11993.38	60.22	7074.01	40.19	12.57	122.16	97.01	467.59	229.13	829.80
瑞昌	432.69	—	352.58	—	—	—	—	15.26	10.01	4.00
九江县	199.54	—	176.38	—	—	—	—	29.54	14.77	—
九江(城区)	287.39	—	169.48	—		—	—	—	—	—
九江(长航)	595.62	60.22	197.74	40.19	8.09	72.55	56.36	—	—	—
湖口	1227.48	—	1138.12	—	—	—	—	23.80	11.90	—
彭泽	411.65	—	397.70	—	—	—	—	51.80	24.20	—
庐山区	2190.00	—	2052.43	—	—	—	—	—	—	17.00
都昌	722.50	—	704.08	—	—	—	—	0.40	0.20	—
武宁	10.06	—	10.06	—	—	—	—	13.00	7.00	4.00
永修	66.54	—	65.79	—	—	—	—	15.20	7.60	—
星子	38.84	—	33.83	—	—	—	—	—	—	—
赣县	48.20	—	—	—	—	—	—	42.00	21.00	—
宁都	150.00	—	—	—	—	—	—	—	—	—
信丰	74.00	—	—	—	—	—	—	—	—	—
会昌	26.50	—	—	—	—	—	—	14.90	7.50	—
于都	90.00	—	—	—	—	—	—	—	—	—
赣州	156.70	—	5.78	—	—	—	—	—	—	—
南康	98.80	—	—	—	—	—	—	—	—	—
上犹	9.60	—	—	—	—	—	—	29.50	14.70	—

续表41

港口	货物吞吐量							旅客吞吐量		利用自然岸坡完成船舶货物装卸量(万吨)
	合计(万吨)	外贸	其中:出港	外贸	集装箱 箱数(万TEU)	重量(万吨)	货重	合计(万人)	出港	
龙南	35.00	—	—	—	—	—	—	0.90	0.40	—
寻乌	14.50	—	—	—	—	—	—	—	—	—
石城	48.40	—	—	—	—	—	—	—	—	—
兴国	89.00	—	—	—	—	—	—	7.90	4.00	—
瑞金	35.00	—	—	—	—	—	—	—	—	—
崇义	15.00	—	—	—	—	—	—	6.45	3.20	—
万安	101.45	—	1.43	—	—	—	—	8.00	4.20	—
泰和	228.37	—	3.19	—	—	—	—	—	—	—
吉安	168.27	—	5.27	—	—	—	—	7.90	5.80	—
古安县	63.80	—	0.80	—	—	—	—	—	—	—
吉水	98.36	—	5.29	—	—	—	—	3.20	1.80	—
峡江	40.09	—	0.81	—	—	—	—	1.50	0.90	—
新干	250.09	—	0.88	—	—	—	—	—	—	—
永丰	30.00	—	—	—	—	—	—	—	—	—
分宜	16.70	—	—	—	—	—	—	0.40	0.20	—
新余	66.80	—	—	—	—	—	—	45.80	22.90	—
樟树(赣)	34.82	—	3.38	—	—	—	—	—	—	—
丰城	1133.81	—	811.16	—	—	—	—	—	—	—
上高	33.60	—	—	—	—	—	—	—	—	—
高安	91.00	—	—	—	—	—	—	0.36	0.18	—
袁州	10.50	—	—	—	—	—	—	—	—	—
万载	19.80	—	—	—	—	—	—	—	—	—
奉新	13.51	—	—	—	—	—	—	—	—	—
宜丰	12.10	—	—	—	—	—	—	—	—	—
南昌	527.93	—	204.63	—	4.48	49.61	40.65	—	—	401.91
南昌县	327.95	—	298.75	—	—	—	—	—	—	23.79
新建县	206.50	—	202.50	—	—	—	—	—	—	112.30
进贤	83.00	—	—	—	—	—	—	—	—	39.00
景德镇	35.63	—	—	—	—	—	—	—	—	2.00
乐平	18.25	—	18.25	—	—	—	—	—	—	1.80
万年	115.38	—	53.78	—	—	—	—	1.62	0.74	28.90
波阳	241.52	—	97.63	—	—	—	—	57.68	27.04	69.30
弋阳	41.20	—	—	—	—	—	—	8.04	—	29.20
余干	144.64	—	62.29	—	—	—	—	0.18	0.09	50.30
横峰	29.00	—	—	—	—	—	—	—	—	18.10
铅山	34.90	—	—	—	—	—	—	0.01	—	19.60
上饶县	9.60	—	—	—	—	—	—	1.11	—	5.80
玉山	2.60	—	—	—	—	—	—	3.54	—	2.80
鹰潭	78.00	—	—	—	—	—	—	77.60	38.80	—
贵溪	103.90	—	—	—	—	—	—	—	—	—
余江	54.30	—	—	—	—	—	—	—	—	—
南城	95.00	—	—	—	—	—	—	—	—	—
临川	272.00	—	—	—	—	—	—	—	—	—
金溪	86.00	—	—	—	—	—	—	—	—	—

人物　先进集体

人物简介

郭　燚　男，1985年3月14日出生，江西南丰县人，中专文化，省公路管理局温沙高速公路管理处路政员，2008年1月29日殉职。

郭燚于2004年9月，由学校毕业后步入温沙高速公路管理处路政大队临川中队从事路政管理工作。他一边积极工作，一边努力自修，不久便通晓路政管理知识，尤其是相关法律法规和单位所辖高速公路地形、路况，被中队同事称为"活地图"。他一直文明执法、秉公办事。2006年6月中旬，他的好友驾车撞坏护栏，他即刻按实开出《路赔通知书》。这位朋友埋怨他"一点情面都不讲"。他却拍着朋友的肩膀说："赔偿不能少，这是纪律；我替你缴费，这是友谊。"2007年12月8日，一辆重庆载货车刚开到收费站，车上的一名30多岁妇女便下车满脸泪水哭诉："车坏了，无钱修，已经几餐没进食了，放我们走行不？"郭燚走上前去开导说："你的困难看来不假，但超载就不能放你走，处罚也不能免。我带你去吃饭，饿着开车不安全。"这位妇女止泪点头，饭后心悦诚服地接受了处罚。一直以来，郭燚急司乘人员所难，帮司乘人员所需。他屡次义务为司机修车，替司乘人员买饭，送伤员去医院，并垫付医药费等等。他与人为善，总是为他人着想，却很少考虑自己。2008年1月25日晚，天寒地冻，厚厚的冰雪覆盖大地。一些司乘人员受阻在途，他发起捐款购买方便面、饼干援助他们，共筹集资金300多元，他虽然工资低，却独自一人捐款200多元。他被中队和同事们誉为“高速公路上的活雷锋”和“高速公路上的形象大使”,并被组织列为入党考察对象。

2008年初,江西自1959年有气象记录以来,从未有过的特大雨雪冰冻灾害袭击全省各地,持续大半个月,严重威胁交通安全畅通和人民群众的生产生活。在这场突如其来的罕见重灾中,郭燚以责任与奉献谱写出一曲曲感天动地的英雄赞歌。他在高速公路坚持抗灾抢险中,连续拼搏15个日日夜夜,始终坚持不停地铲冰除雪、疏通交通、救助司乘,每天工作至深夜,有时仅仅在车上打个盹,心身极度疲劳,却对劝他休息一会的同事们说:“我不累,没事的。”1月24日,他协助交警疏导了300多辆受阻车辆。1月26日,他与前来救助的武警官兵一道,将省防总支援的25万只草袋散铺在大桥、特大桥、陡坡、弯道和匝道等重点部位上。1月29日上午,临川公路段多处10万伏高压线快被冰雪压断,受阻车辆排成数里长龙,严重威胁司乘人员和广大旅客生命安全,情况万分火急。10时30分,已经在南城段连续奋战了3天3夜,长达72小时没有休息的郭燚得知后,主动请缨前去支援,获准后,冒着路面异常滑的极大风险,以最快的速度直奔事故地段。10时36分,当车辆行至临川K449+10M公桩处时,车辆猛滑不止,猛烈撞到护栏上,郭燚重型脑颅损伤,头皮部分撕脱,口鼻出血不止。13时41分,经医院抢救无效,不幸殉职,年仅23岁。

郭燚牺牲的当天,省委常委、常务副省长凌成兴立即作出批示,向他的家属表示亲切慰问。交通部与省交通厅分别作出决定,号召全国与全省交通行业广大干部职工向郭燚学习。共青团江西省委追授郭燚“青年五四奖章标兵”称号,号召全省广大团员青年向郭燚学习。2月4日,由交通部规划司副司长蔡玉贺一行组成的交通部慰问组专程看望慰问了郭燚的父母。2月1日,中华全国总工会追授郭燚全国五一劳动奖章,并向郭燚家送去慰问金5万元。

万志群 男,1957年3月出生,江西省新建县人,初中文化,中共党员,省交通厅航务管理局南昌分局航标船船长。

他自1975年2月参加工作起,几十年如一日辛勤工作在千里赣江上,虽然家近咫尺,却30多

年来从未在家过一个节假日,主动放弃船员假累计达960天。他主持的航标船队历年来年年出色完成工作任务,年年均被评为先进集体、船舶保养优胜单位,2007年又被交通部授予“首届全国交通建设系统工人先锋号”和“全国水运系统安全优秀船舶”称号。

万志群曾先后7次被评为全省交通系统优秀航标员、青年标兵和青年突击手;6次被评为全省交通系统两个文明建设标兵;9次被评为省直机关优秀共产党员;14次被评为全省交通系统劳动模范、优秀共产党员;2次荣获全国海员工会颁发的“金锚奖”;2003年与2004年被评为全国交通系统劳动模范;2005年11月,被评为江西省劳动模范;2008年被评为江西省劳动模范,同年5月1日,荣获全国五一劳动奖章。他的先进事迹,经过中央电视台《劳动者之歌》栏目和多家新闻媒体报道以及《江西交通年鉴》详尽介绍后,传遍四面八方。

谢建国 男,1964年8月出生,浙江省临海县人,高中文化,中共党员,九江市公路管理局武宁分局杨州道班班长。

他自1981年5月参加工作后,一直从事公路管养事业,因工作出色受到组织和群众赞誉。先后荣获省、市、县颁发的各类奖项20多个。2007年1月,被省交通厅授予“全省交通系统劳动模范”称号;同年5月,荣获江西省五一劳动奖章;2008年被省政府评为江西省劳动模范;同年5月1日荣获全国五一劳动奖章。他的先进事迹,在《江西交通年鉴》2007年与2008年版已作详尽介绍。

2008年度全省交通行业先进个人

全国五一劳动奖章获得者

郭　燚　省公路管理局温沙高速公路管理处路政员

全国三八红旗手

左江岚　九江长江大桥公路桥管理局稽查监控科科长

全国抗雪救灾交通保障先进个人

颜卫民　宜春市交通局交通战备办公室主任

全国交通行业文明职工标兵

熊文清　江西公路开发总公司梨温高速公路公司玉山管理处玉山收费站“熊文清班组”班长

全国交通行业巾帼文明标兵

陈君华　赣州市公路管理局全南公路养护公司汶坑养路队队长
尹　平　鹰潭市汽车运输公司党委办公室主任

全国交通建设系统优秀工会干部

郭锦淅　省交通厅航务管理局吉安分局工会主席
衷淑萍　吉安市公路管理局万安分局工会干事
祝晓东　上饶市公路管理局铅山分局工会主席
谢　亮　江西新世纪汽运集团公司工会主席

江西省劳动模范

万志群　省交通厅航务管理局南昌分局航标船船长
谢建国　九江市公路管理局武宁分局杨州道班班长

全省抗灾救灾模范

颜杏生　江西公路开发总公司梨温高速公路公司经理

江西省青年五四奖章标兵

郭　燚　省公路管理局温沙高速公路管理处路政员

江西省第四届江西杰出青年卫士

熊文清　江西公路开发总公司梨温高速公路公司玉山管理处玉山收费站“熊文清班组”班长

江西省优秀工会干部

杨少林　上饶市公路管理局广丰分局工会主席
张国琳　江西交通工程咨询监理中心工会主席

2008 年度全省交通行业先进集体

全国五一劳动奖状获得者

省高等级公路管理局通远收费所

全国交通行业文明单位

江西公路开发总公司

2006～2007 年度全国文明行业示范窗口

萍乡市公共政务管理局运管处窗口
江西公路开发总公司梨温高速公路公司鹰西收费站

“全国巾帼文明岗”称号获得者

江西赣粤高速公路股份有限公司昌北收费所征费 B 班
鹰潭月湖交通稽查征费所

“全国交通行业巾帼文明岗”称号获得者

上饶市公路管理局罗灵公路收费管理处
新余市汽车运输公司汽车站售票组

全国交通系统“工人先锋号”称号获得者

九江市公路管理局黄堍收费站
景德镇长运股份有限公司高客分公司

全国“安康杯”竞赛优胜单位

江西新世纪汽运集团公司
景德镇长运股份有限公司

全国水运系统安全优秀班组、船舶

江西远洋运输公司船舶技术部
省交通厅航务管理局疏浚工程处船体组
省交通厅航务管理局赣州分局赣州航道段
省交通厅航务管理局赣州地方海事处赣海巡 118 号艇
省交通厅航务管理局疏浚工程处江洪号船
江西远洋运输公司瑞金轮

全国公路建设施工企业重点工程劳动竞赛优胜奖获得者

江西赣北公路工程有限公司(景鹰高速公路 B1 标)

全国交通系统农民工返乡安全优质服务竞赛先进集体

江西长运股份有限公司
江西新世纪汽运集团公司高客分公司
宜春市汽运总公司
省交通厅航务管理局赣州地方海事处
省公路管理局客运科

全国交通建设系统工会工作先进集体

省高等级公路管理局工会
江西长运股份有限公司工会
省公路管理局温沙高速公路管理处工会

全国“模范职工小家”称号获得者

江西公路开发总公司梨温高速公路公司东乡收费站

南京军区抗雪救灾交通保障先进单位

宜春市交通局

江西省五一劳动奖状获得者

江西新世纪汽运集团公司高客分公司

江西省第十一届(2006～2007年度)文明单位

萍乡市交通局
萍乡市运管处
萍乡市运管处湘东所
宜春市运管处
江西公路开发总公司
江西公路开发总公司梨温高速公路公司
梨温高速公路鹰西收费站
梨温高速公路公司上饶西收费站
梨温高速公路公司杨梅岭收费站
梨温高速公路公司玉山管理处
梨温高速公路公司东乡管理处

江西省群众性经济技术创新活动先进单位

省公路科研设计院

江西省“三八红旗集体”称号获得者

上饶市公路管理局罗灵公路收费管理处

2007年度江西省优秀企业

江西公路开发总公司

全省交通系统“工人先锋号”称号获得者

江西长运股份有限公司顾客服务中心
进贤县温圳超限超载车辆检查站

江西省省直"巾帼文明岗"称号获得者

省公路管理局昌金高速公路管理处新余收费管理所女子收费班

江西省"模范职工之家"称号获得者

江西新世纪汽运集团公司工会
九江市公路管理局工会

2008 年度省交通厅直属单位取得高级专业技术职务任职资格人员

2008 年度省交通厅直属单位取得高级专业技术职务任职资格人员一览

表 41

姓名	性别	单位	取得专业技术资格名称
邹晓春	女	省公路管理局	高级会计师
彭德清	男	省公路管理局	教授级高级工程师
林说平	男	省公路管理局	教授级高级工程师
陈正元	男	省公路管理局	教授级高级工程师
曾晓文	男	省公路管理局	教授级高级工程师
敖长华	男	省公路管理局	高级工程师
彭爱红	男	省公路管理局	高级工程师
万建军	男	省公路管理局	高级工程师
廖为云	男	省公路管理局	高级工程师
徐春霞	女	省公路管理局	高级工程师
张武剑	男	省公路管理局	高级工程师
彭淑清	男	省公路管理局	高级工程师
宋焕明	男	省公路管理局	高级工程师
易显阁	男	省公路管理局	高级工程师
李春景	男	省公路管理局	高级工程师
刘　强	男	省公路管理局	高级工程师
吴爱景	男	省公路管理局	高级工程师
刘松根	男	省公路管理局	高级工程师
何凌坚	女	省公路管理局	高级工程师
吴卫新	男	省公路管理局	高级工程师
张换水	男	省公路管理局	高级工程师
邓娟娟	女	省公路管理局	高级工程师

续表 41

姓名	性别	单位	取得专业技术资格名称
徐建平	男	省公路管理局	高级工程师
胡　君	女	省交通稽查征费局	高级经济师
熊燕霞	女	省交通稽查征费局	高级经济师
王　伟	男	省交通稽查征费局	高级经济师
谭生光	男	省高等级公路管理局	教授级高级工程师
胡曙光	女	省高等级公路管理局	高级工程师
方　屈	女	省高等级公路管理局	高级工程师
杨香黄	男	省高等级公路管理局	高级工程师
李卫星	男	省高等级公路管理局	高级工程师
陈广辉	男	省高等级公路管理局	高级工程师
文　勇	男	省高等级公路管理局	高级工程师
胡　敏	男	省高等级公路管理局	高级工程师
陈京珏	男	省高等级公路管理局	高级工程师
梁志爱	男	省高等级公路管理局	高级经济师
潘　卫	男	省高等级公路管理局	高级工艺美术师
朱广元	男	省高等级公路管理局	高级工艺美术师
廖根水	男	省交通厅航务管理局	教授级高级工程师
严春生	男	省交通厅航务管理局	教授级高级工程师
汪维银	男	省交通厅航务管理局	高级工程师
肖　军	男	省交通厅航务管理局	高级工程师
刘德明	男	省交通厅航务管理局	高级工程师
李国才	男	省交通厅航务管理局	高级工程师
刘　倬	男	省交通厅航运管理局	高级工程师
胡卫东	男	省交通厅航运管理局	高级经济师
徐青华	男	省交通设计院	教授级高级工程师
黄　俊	男	省交通设计院	教授级高级工程师
黄振华	男	省交通设计院	高级工程师
吴廷楹	男	省交通设计院	高级工程师
余少华	男	省交通设计院	高级工程师
温志剑	男	省交通设计院	高级工程师
刘国辉	男	省交通设计院	高级工程师
章冬保	男	省交通设计院	高级工程师
易宇舵	男	省交通设计院	高级工程师
刘　坚	男	省交通设计院	高级工程师

续表41

姓名	性别	单位	取得专业技术资格名称
李　强	男	省交通工程质量监督站	高级工程师
黄　鹃	女	省交通工程质量监督站	高级会计师
周小勇	男	省交通工程咨询监理中心	高级工程师
熊伟峰	男	省交通工程咨询监理中心	高级工程师
杨　锋	男	省交通工程咨询监理中心	高级工程师
舒小平	男	江西交通职业技术学院	高级工程师
陈晓明	女	江西交通职业技术学院	高职教授
王清娟	女	江西交通职业技术学院	高职教授
胡文英	男	江西交通职业技术学院	高职教授
梁庆民	男	江西交通职业技术学院	高职教授
李承霖	男	江西交通职业技术学院	高职教授
张智雄	男	江西交通职业技术学院	高职教授
李俊彬	男	江西交通职业技术学院	高职教授
王敏军	男	江西交通职业技术学院	高职教授
李　勇	男	江西交通职业技术学院	高职教授
李慧英	女	江西交通职业技术学院	高职副教授
熊　智	男	江西交通职业技术学院	高职副教授
彭　斌	男	江西交通职业技术学院	高职副教授
舒小平	男	江西交通职业技术学院	高职副教授
裘友凤	女	江西交通职业技术学院	高职副教授
冯炎莲	女	江西交通职业技术学院	高职副教授
贺美兰	女	江西交通职业技术学院	高职副教授
邱　萍	女	江西交通职业技术学院	高职高级实验师
江祥林	男	省交通科学研究院	研究员
袁桂兰	女	省交通科学研究院	研究员
陈　剑	男	省交通厅规划办	高级工程师
余力克	男	省交通厅信息中心	教授级高级工程师
陈红民	男	省交通厅外经办	译审
罗淑芬	女	省交通厅外经办	副译审
管　斌	女	江西远洋运输公司	高级会计师

文件　文献

中华人民共和国公路管理条例

（1987年10月13日国务院发布，根据2008年12月27日《国务院关于修改〈中华人民共和国公路管理条例〉的决定》修订）

中华人民共和国国务院令

第543号

现公布《国务院关于修改〈中华人民共和国公路管理条例〉的决定》，自2009年1月1日起施行。

总理　温家宝

二〇〇八年十二月二十七日

国务院关于修改《中华人民共和国公路管理条例》的决定

国务院决定对《中华人民共和国公路管理条例》做如下修改：

一、将第九条第一款修改为："公路建设资金可以采取以下方式筹集：国家和地方投资、专用单位投资、中外合资、社会集资、贷款和车辆购置税。"

二、将第三十三条改为第三十一条，删除该条中有关设立“公路征费稽查站卡”的规定,并将这一条修改为:“经省、自治区、直辖市人民政府批准,公路主管部门可以在必要的公路路口、桥头、渡口、隧道口设立收取车辆通行费的站卡。”

三、删除第十八条、第十九条、第三十五条。

此外,对其他条文的顺序做相应调整。

本决定自2009年1月1日起施行。

《中华人民共和国公路管理条例》根据本决定做相应修改,重新公布。

第一章 总 则

第一条 为加强公路的建设和管理,发挥公路在国民经济、国防和人民生活中的作用,适应社会主义现代化建设的需要,特制定本条例。

第二条 本条例适用于中华人民共和国境内的国家干线公路(以下简称国道),省、自治区、直辖市干线公路(以下简称省道),县公路(以下简称县道),乡公路(以下简称乡道)。

本条例对专用公路有规定的,适用于专用公路。

第三条 中华人民共和国交通部主管全国公路事业。

第四条 公路管理工作实行统一领导、分级管理的原则。

国道、省道由省、自治区、直辖市公路主管部门负责修建、养护和管理。

国道中跨省、自治区、直辖市的高速公路,由交通部批准的专门机构负责修建、养护和管理。

县道由县(市)公路主管部门负责修建、养护和管理。

乡道由乡(镇)人民政府负责修建、养护和管理。

专用公路由专用单位负责修建、养护和管理。

第五条 公路、公路用地和公路设施受国家法律保护,任何单位和个人均不得侵占和破坏。

第二章 公路建设

第六条 公路发展规划应当以国民经济、国防建设和人民生活的需要为依据,并与铁路、水路、航空、管道运输的发展规划相协调,与城市建设发展规划相配合。

第七条 国道发展规划由交通部编制,报国务院审批。

省道发展规划由省、自治区、直辖市公路主管部门编制,报省、自治区、直辖市人民政府审批,并报交通部备案。

县道发展规划由地级市(或相当于地级市的机构)的公路主管部门编制,报省、自治区、直辖市人民政府或其派出机构审批。

乡道发展规划由县公路主管部门编制,报县人民政府审批。

专用公路的建设计划,由专用单位编制,报上级主管部门审批,并报当地公路主管部门备案。

第八条 国家鼓励专用公路用于社会运输。专用公路主要用于社会运输时,经省、自治区、直辖市公路主管部门批准,可以改划为省道或者县道。

第九条 公路建设资金可以采取以下方式筹集:国家和地方投资、专用单位投资、中外合资、社会集资、贷款和车辆购置税。

公路建设还可以采取民工建勤、民办公助和以工代赈的办法。

第十条 公路主管部门对利用集资、贷款修建的高速公路、一级公路、二级公路和大型的公路桥梁、隧道、轮渡码头,可以向过往车辆收取通行费,用于偿还集资和贷款。

通行费的征收办法由交通部会同财政部和国家物价局制定。

第十一条 公路建设用地,按照《中华人民共和国土地管理法》的规定办理。

第十二条 根据公路发展规划,确定新建公路或者扩宽原有公路路基、增建其他公路设施需要的土地,由当地人民政府纳入其土地利用总体规划。

第十三条 修建公路影响铁路、管道、水利、电力、邮电等设施正常使用时,建设单位应当事先征得有关部门的同意。

第十四条 公路主管部门负责对公路建设工程的质量进行监督和检验。未按国家有关规定验收合格的公路,不得交付使用。

第十五条 修建公路,应当同时修建公路的防护、养护、环境保护等配套设施。

公路建成后,应当按规定设置各种交通标志。

第三章　公路养护

第十六条　公路主管部门应当加强公路养护工作,保持公路完好、平整、畅通,提高公路的耐久性和抗灾能力。

进行公路维修应当规定修复期限。施工期间,应当采取措施,保证车辆通行。临时不能通行的,应当通过公安交通管理机关事先发布通告。

第十七条　公路养护实行专业养护与民工建勤养护相结合的制度。

民工建勤的用工、用车数额不得超过国家规定的标准。

第十八条　公路交通遇严重灾害受阻时,当地县级以上人民政府应当立即动员和组织附近驻军、机关、团体、学校、企业事业单位、城乡居民协助公路主管部门限期修复。

第十九条　因公路修建、养护需要,在空地、荒山、河流、滩涂取土采石,应当征得县(市)人民政府同意。

在上述地点取土采石不得影响附近建筑物和水利、电力、通讯设施以及农田水土保持。

在县(市)人民政府核准的公路料场取土采石,任何单位和个人不得借故阻挠或者索取价款。

第二十条　公路绿化工作,由公路主管部门统筹规划并组织实施。

公路绿化必须按照公路技术标准进行。

公路两侧林木不得任意砍伐,需要更新砍伐的,必须经公路主管部门批准。

第四章　路政管理

第二十一条　公路主管部门负责管理和保护公路、公路用地及公路设施,有权依法检查、制止、处理各种侵占、破坏公路、公路用地及公路设施的行为。

第二十二条　禁止在公路及公路用地上构筑设施、种植作物。禁止任意利用公路边沟进行灌溉或者排放污水。

第二十三条　在公路两侧开山、伐木、施工作业,不得危及公路及公路设施的安全。

第二十四条　不得在大型公路桥梁和公路渡口的上、下游各200米范围内采挖沙石、修筑堤坝、倾倒垃圾、压缩或者扩宽河床、进行爆破作业。不得在公路隧道上方和洞口外100米范围内任意取土、采石、伐木。

第二十五条　通过公路渡口的车辆和人员,必须遵守渡口管理规章。

第二十六条　未经公路主管部门批准,履带车和铁轮车不得在铺有路面的公路上行驶,超过桥梁限载标准的车辆、物件不得过桥。在特殊情况下,必须通过公路、桥梁时,应当采取有效的技术保护措施。

第二十七条　兴建铁路、机场、电站、水库、水渠,铺设管线或者进行其他建设工程,需要挖掘公路,挖掘、占用、利用公路用地及公路设施时,建设单位必须事先取得公路主管部门同意,影响车辆通行的,还须征得公安交通管理机关同意。工程完成后,建设单位应当按照原有技术标准,或者经协商按照规划标准修复或者改建公路。

第二十八条　修建跨越公路的桥梁、渡槽、架设管线等,应当考虑公路的远景发展,符合公路的技术标准,并事先征得当地公路主管部门和公安交通管理机关同意。

第二十九条　在公路两侧修建永久性工程设施,其建筑物边缘与公路边沟外缘的间距为:国道不少于20米,省道不少于15米,县道不少于10米,乡道不少于5米。

第三十条　在公路上设置交叉道口,必须经公路主管部门和公安交通管理机关批准。

设计、修建交叉道口,必须符合国家规定的技术标准。

第三十一条　经省、自治区、直辖市人民政府批准,公路主管部门可以在必要的公路路口、桥头、渡口、隧道口设立收取车辆通行费的站卡。

第五章　法律责任

第三十二条　对违反本条例规定的单位和个人,公路主管部门可以分别情况,责令其返还原物、恢复原状、赔偿损失、没收非法所得并处以罚款。

第三十三条　当事人对公路主管部门给予的处罚不服的,可以向上级公路主管部门提出申诉;对上级公路主管部门的处理决定不服的,可以在接到处理决定书之日起15日内向人民法院起诉;期满不起诉又不履行的,公路主管部门可以申请人民法院强制执行。

第三十四条　公路管理人员违反本条例的,

由公路主管部门给予行政处分或经济处罚。

第三十五条 违反本条例应当受治安管理处罚的,由公安机关处理;构成犯罪的,由司法机关依法追究刑事责任。

第六章 附 则

第三十六条 本条例下列用语的含义是:

"公路"是指经公路主管部门验收认定的城间、城乡间、乡间能行驶汽车的公共道路。公路包括公路的路基、路面、桥梁、涵洞、隧道。

"公路用地"是指公路两侧边沟(或者截水沟)及边沟(或者截水沟)以外不少于1米范围的土地。公路用地的具体范围由县级以上人民政府确定。

"公路设施"是指公路的排水设备、防护构造物、交叉道口、界碑、测桩、安全设施、通讯设施、检测及监控设施、养护设施、服务设施、渡口码头、花草林木、专用房屋等。

第三十七条 本条例由交通部负责解释,交通部可以根据本条例制定实施细则。

第三十八条 本条例自1988年1月1日起施行。

中华人民共和国水路运输管理条例

（1987年5月12日国务院发布，根据1997年12月3日《国务院关于修改〈中华人民共和国水路运输管理条例〉的决定》第一次修订，根据2008年12月27日《国务院关于修改〈中华人民共和国水路运输管理条例〉的决定》第二次修订）

中华人民共和国国务院令

第544号

现公布《国务院关于修改〈中华人民共和国水路运输管理条例〉的决定》，自2009年1月1日起施行。

总理　温家宝

二〇〇八年十二月二十七日

国务院关于修改《中华人民共和国水路运输管理条例》的决定

国务院决定将《中华人民共和国水路运输管理条例》第二十四条修改为：

“水路运输企业和其他从事营业性运输的单位、个人必须按照国家规定缴纳税金、规费（港务费、船舶停泊费）；从事非营业性运输的单位和个人必须按照国家规定缴纳规费。

“规费的计征办法由交通部会同国务院有关主管部门制定。”

本决定自2009年1月1日起施行。

《中华人民共和国水路运输管理条例》根据本决定做相应修改，重新公布。

第一章　总　则

第一条　为加强水路运输管理，维护运输秩序，提高运输效益，特制定本条例。

第二条　本条例适用于在中华人民共和国沿海、江河、湖泊及其他通航水域内从事水路运输和水路运输服务业务的单位和个人。

第三条　水路运输分为营业性运输和非营业性运输。

营业性运输是指为社会服务，发生费用结算的旅客运输（含旅游运输，下同）和货物运输。

非营业性运输是指为本单位或本身服务，不发生费用结算的运输。

第四条　交通部主管全国水路运输事业，各地交通主管部门主管本地区的水路运输事业。

各地交通主管部门可以根据水路运输管理业务的实际情况，设置航运管理机构。

第五条　水路运输在国家计划指导下，实行地区、行业、部门多家经营的方针。保护正当竞争，制止非法经营。

第六条　从事水路运输和水路运输服务业务的单位和个人，必须遵守国家有关法律、法规及交通部发布的水路运输规章。

第七条　未经中华人民共和国交通部准许，外资企业、中外合资经营企业、中外合作经营企业不得经营中华人民共和国沿海、江河、湖泊及其他通航水域的水路运输。

第二章　营运管理

第八条　设立水路运输企业、水路运输服务企业以及水路运输企业以外的单位和个人从事营业性运输,由交通主管部门根据本条例的有关规定和社会运力运量综合平衡情况审查批准。审批办法由交通部规定。

对水路运输行业管理影响较大的非营业性船舶运输的审批办法,由交通部会同有关部门另行规定。

第九条 设立水路运输企业必须具备下列条件:

(一)具有与经营范围相适应的运输船舶;

(二)有较稳定的客源或货源;

(三)经营旅客运输的,应当落实客船沿线停靠港(站)点,并具备相应的服务设施;

(四)有经营管理的组织机构和负责人;

(五)有与运输业务相适应的自有流动资金。

第十条 设立水路运输服务企业,必须具备第九条第四项规定的条件,并拥有与水路运输服务业务相适应的自有流动资金。

第十一条 水路运输企业以外的单位和个人从事营业性运输,必须具备第九条第一、二、三、五项规定的条件,并有确定的负责人。

第十二条 交通主管部门应当根据水路运输企业和其他从事营业性运输的单位、个人的管理水平、运输能力、客源货源情况审批其经营范围。

第十三条 交通主管部门对批准设立的水路运输企业和其他从事营业性运输的单位、个人,发给运输许可证;对批准设立的水路运输服务企业,发给运输服务许可证。

第十四条 取得运输许可证和运输服务许可证的单位和个人,凭证向当地工商行政管理机关申请营业登记,经核准领取营业执照后,方可开业。

第十五条 水路运输企业、水路运输服务企业和其他从事营业性运输的单位、个人停业,应当向交通主管部门和工商行政管理机关办理停业手续。

第十六条 交通部和省、自治区、直辖市交通主管部门负责对水路运输计划分级进行综合平衡。

需要进行综合平衡的重点物资、联运物资、外贸物资的运输计划,属于全国性的,由交通部按国家计划组织综合平衡;属于长江、珠江、黑龙江水系干线省际间的,由交通部派驻水系的航运管理机构组织综合平衡;属于省、自治区、直辖市以内的,由省、自治区、直辖市的交通主管部门组织综合平衡。

第十七条 经综合平衡确定的运输计划以外的货源和客源,水路运输企业和其他从事营业性运输的单位、个人,可以在批准的经营范围内自行组织承运。任何单位和个人均不得实行地区或部门封锁,垄断客源、货源。

第十八条 营业性水路货物运输的承运方和托运方,必须按照《中华人民共和国经济合同法》和《水路货物运输合同实施细则》的规定,签订运输合同。

第十九条 水路运输企业和其他从事营业性运输的单位、个人,必须按国家有关规定计收运杂费用,并使用交通部规定的运输票据。

第二十条 从事营业性运输的个体(含联户,下同)船舶必须按照国家有关规定办理保险。

第二十一条 水路运输企业和其他从事营业性运输的单位、个人以及石油、煤炭、冶金、商业、供销、外贸、林业、电力、化工、水产部门,必须按规定向交通主管部门和统计主管部门提供营业性和非营业性运输统计表。

第二十二条 水路运输服务企业不得垄断货源,强行代办服务;不得超出规定的收费标准收取服务费用。

第二十三条 海、河民用港口应当按照国家港口管理规定和计划安排,向运输船舶提供港埠设施和业务服务。

船舶进出港口必须遵守港口规章,服从管理。

水路运输企业和其他从事营业性运输的单位、个人同港埠企业之间,可以根据自愿原则,按照有关规定签订业务代理合同。

第二十四条 水路运输企业和其他从事营业性运输的单位、个人必须按照国家规定缴纳税金、规费(港务费、船舶停泊费);从事非营业性运输的单位和个人必须按照国家规定缴纳规费。

规费的计征办法由交通部会同国务院有关主管部门制定。

第二十五条 全民、集体所有制单位和个体船民经营水路运输,其合法权益受国家法律保护,任何单位和个人均不得向其非法收取或摊派费用。

第三章　罚　则

第二十六条　违反本条例有下列行为之一的，由县级以上人民政府交通主管部门按照下列规定给予处罚：

（一）未经批准，擅自设立水路运输企业、水路运输服务企业，或者水路运输企业以外的单位和个人擅自从事营业性运输的，没收违法所得，并处违法所得1倍以上3倍以下的罚款；没有违法所得的，处3万元以上25万元以下的罚款；

（二）水路运输企业、水路运输服务企业超越经营范围从事经营活动的，没收违法所得，并处违法所得1倍以上3倍以下的罚款；没有违法所得的，处2万元以上20万元以下的罚款；

（三）违反国家有关规定收取运费或者服务费的，没收违反规定收取的部分，并处2万元以上15万元以下的罚款；

（四）未使用规定的运输票据进行营业性运输的，视情节轻重给予警告或者处1万元以下的罚款；

（五）未按照规定缴纳国家规定的规费的，责令限期缴纳；逾期仍不缴纳的，除责令补缴所欠费款外，处欠缴费款1倍以上3倍以下的罚款；情节严重的，并可以暂扣许可证；

（六）垄断货源，强行代办服务的，处1万元以上10万元以下的罚款；情节严重的，并可以暂扣或者吊销许可证。

第二十七条　当事人对交通主管部门的处罚决定不服的，可以向上一级交通主管部门申请复议；对上一级交通主管部门的复议决定不服的，可以自接到复议决定书之日起15日内向人民法院起诉。当事人期满不起诉又不履行的，交通主管部门可以申请人民法院强制执行。

第二十八条　违反本条例应当受治安管理处罚的，由公安机关处理；构成犯罪的，由司法机关依法追究刑事责任。

第二十九条　水路运输管理人员违反本条例，由交通主管部门给予行政处分或经济处罚。

第四章　附　则

第三十条　本条例下列用语的含义是：

水路运输企业，是指专门从事水路营业性运输的企业。

水路运输服务企业，是指从事代办运输手续、代办货物中转、代为组织货源的企业，但为多种运输方式服务的联运服务企业除外。

第三十一条　本条例不适用于国际航线水路运输和以排筏作为运输工具的水路运输。

第三十二条　本条例公布前已开业的水路运输企业、水路运输服务企业和其他从事营业性运输的单位、个人，应当于本条例公布之日起180天内申请补办审批手续。对不具备开业条件的，交通主管部门应当责令其停业或限期整顿；整顿无效的，由工商行政管理机关吊销营业执照。

第三十三条　本条例自1987年10月1日起施行。

中华人民共和国航道管理条例

（1987 年 8 月 22 日国务院发布， 根据 2008 年 12 月 27 日《国务院关于修改〈中华人民共和国航道管理条例〉的决定》修订）

中华人民共和国国务院令

第 545 号

现公布《国务院关于修改〈中华人民共和国航道管理条例〉的决定》，自 2009 年 1 月 1 日起施行。

总理 温家宝

二〇〇八年十二月二十七日

国务院关于修改《中华人民共和国航道管理条例》的决定

国务院决定对《中华人民共和国航道管理条例》做如下修改：

一、删除第二十四条。

二、将第二十五条作为第二十四条，修改为："经国家批准计征港务费的沿海和内河港口，进出港航道的维护费用由港务费开支。"

三、将第二十六条作为第二十五条，修改为："专用航道的维护费用，由专用部门自行解决。"

四、将第二十七条作为第二十六条，修改为："对中央、地方财政拨给的航道维护费用，必须坚持专款专用的原则。"

此外，对其他条文的顺序做相应调整。

本决定自 2009 年 1 月 1 日起施行。

《中华人民共和国航道管理条例》根据本决定做相应修改，重新公布。

第一章 总 则

第一条 为加强航道管理，改善通航条件，保证航道畅通和航行安全，充分发挥水上交通在国民经济和国防建设中的作用，特制定本条例。

第二条 本条例适用于中华人民共和国沿海和内河的航道、航道设施以及与通航有关的设施。

第三条 国家鼓励和保护在统筹兼顾、综合利用水资源的原则下，开发利用航道，发展水运事业。

第四条 中华人民共和国交通部主管全国航道事业。

第五条 航道分为国家航道、地方航道和专用航道。

第六条 国家航道及其航道设施按海区和内河水系，由交通部或者交通部授权的省、自治区、直辖市交通主管部门管理。

地方航道及其航道设施由省、自治区、直辖市交通主管部门管理。

专用航道及其航道设施由专用部门管理。

国家航道和地方航道上的过船建筑物，按照国务院规定管理。

第二章 航道的规划和建设

第七条 航道发展规划应当依据统筹兼顾、综合利用的原则，结合水利水电、城市建设以及铁路、公路、水运发展规划和国家批准的水资源综合规划制定。

第八条 国家航道发展规划由交通部编制，报国务院审查批准后实施。

地方航道发展规划由省、自治区、直辖市交通主管部门编制，报省、自治区、直辖市人民政府审查批准后实施，并抄报交通部备案。

跨省、自治区、直辖市的地方航道的发展规划，由有关省、自治区、直辖市交通主管部门共同编制，报有关省、自治区、直辖市人民政府联合审查批准后实施，并抄报交通部备案；必要时报交通部审查批准后实施。

专用航道发展规划由专用航道管理部门会同同级交通主管部门编制，报同级人民政府批准后实施。

第九条 各级水利电力主管部门编制河流流域规划和与航运有关的水利、水电工程规划以及进行上述工程设计时，必须有同级交通主管部门参加。

各级交通主管部门编制渠化河流和人工运河航道发展规划和进行与水利水电有关的工程设计时，必须有同级水利电力主管部门参加。

各级水利电力主管部门、交通主管部门编制上述规划，涉及运送木材的河流和重要的渔业水域时，必须有同级林业、渔业主管部门参加。

第十条 航道应当划分技术等级。航道技术等级的划分，由省、自治区、直辖市交通主管部门或交通部派驻水系的管理机构根据通航标准提出方案。一至四级航道由交通部会同水利电力部及其他有关部门研究批准，报国务院备案；四级以下的航道，由省、自治区、直辖市人民政府批准，报交通部备案。

第十一条 建设航道及其设施，必须遵守国家基本建设程序的规定。工程竣工经验收合格后，方能交付使用。

第十二条 建设航道及其设施，不得危及水利水电工程、跨河建筑物和其他设施的安全。

因建设航道及其设施损坏水利水电工程、跨河建筑物和其他设施的，建设单位应当给予赔偿或者修复。

在行洪河道上建设航道，必须符合行洪安全的要求。

第三章 航道的保护

第十三条 航道和航道设施受国家保护，任何单位和个人均不得侵占或者破坏。交通部门应当加强对航道的养护，保证航道畅通。

第十四条 修建与通航有关的设施或者治理河道、引水灌溉，必须符合国家规定的通航标准和技术要求，并应当事先征求交通主管部门的意见。

违反前款规定，中断或者恶化通航条件的，由建设单位或者个人赔偿损失，并在规定期限内负责恢复通航。

第十五条 在通航河流上建设永久性拦河闸坝，建设单位必须按照设计和施工方案，同时建设适当规模的过船、过木、过鱼建筑物，并解决施工期间的船舶、排筏通航问题。过船、过木、过鱼建筑物的建设费用，由建设单位承担。

在不通航河流或者人工渠道上建设闸坝后可以通航的，建设单位应当同时建设适当规模的过船建筑物；不能同时建设的，应当预留建设过船建筑物的位置。过船建筑物的建设费用，除国家另有规定外，应当由交通部门承担。

过船、过木、过鱼建筑物的设计任务书、设计文件和施工方案，必须取得交通、林业、渔业主管部门的同意。

第十六条 因紧急抗旱需要，在通航河流上建临时闸坝，必须经县级以上人民政府批准。旱情解除后，建闸坝单位必须及时拆除闸坝，恢复通航条件。

第十七条 对通航河流上碍航的闸坝、桥梁和其他建筑物以及由建筑物所造成的航道淤积，由地方人民政府按照“谁造成碍航谁恢复通航”的原则，责成有关部门改建碍航建筑物或者限期补建过船、过木、过鱼建筑物，清除淤积，恢复通航。

第十八条 在通航河段或其上游兴建水利工程控制或引走水源，建设单位应当保证航道和船闸所需要的通航流量。在特殊情况下，由于控制水源或大量引水影响通航时，建设单位应当采取相应的工程措施，地方人民政府应当组织有关部门协商，合理分配水量。

第十九条 水利水电工程设施管理部门制定调度运行方案，涉及通航流量、水位和航行安全时，应当事先与交通主管部门协商。协商不一致时，由县级以上人民政府决定。

第二十条 在防洪、排涝、抗旱时，综合利用水利枢纽过船建筑物应当服从防汛抗旱指挥机构统一安排。

第二十一条 沿海和通航河流上设置的助航标志必须符合国家规定的标准。

在沿海和通航河流上设置专用标志必须经交

通主管部门同意;设置渔标和军用标,必须报交通主管部门备案。

第二十二条 禁止向河道倾倒沙石泥土和废弃物。

在通航河道内挖取沙石泥土、堆存材料,不得恶化通航条件。

第二十三条 在航道内施工工程完成后,施工单位应当及时清除遗留物。

第四章 航道养护经费

第二十四条 经国家批准计征港务费的沿海和内河港口,进出港航道的维护费用由港务费开支。

第二十五条 专用航道的维护费用,由专用部门自行解决。

第二十六条 对中央、地方财政拨给的航道维护费用,必须坚持专款专用的原则。

第五章 罚 则

第二十七条 对违反本条例规定的单位和个人,县以上交通主管部门可以视情节轻重给予警告、罚款的处罚。

第二十八条 当事人对交通主管部门的处罚不服的,可以向上级交通主管部门提出申诉;对上级交通主管部门的处理不服的,可以在接到处理决定书之日起15日内向人民法院起诉。逾期不起诉又不履行的,交通主管部门可以申请人民法院强制执行。

第二十九条 违反本条例的规定,应当受治安管理处罚的,由公安机关处理;构成犯罪的,由司法机关依法追究刑事责任。

第六章 附 则

第三十条 本条例下列用语的含义是:

“航道”是指中华人民共和国沿海、江河、湖泊、运河内船舶、排筏可以通航的水域。

“国家航道”是指:(一)构成国家航道网、可以通航五百吨级以上船舶的内河干线航道;(二)跨省、自治区、直辖市,可以常年通航三百吨级以上船舶的内河干线航道;(三)沿海干线航道和主要海港航道;(四)国家指定的重要航道。

“专用航道”是指由军事、水利电力、林业、水产等部门以及其他企业事业单位自行建设、使用的航道。

“地方航道”是指国家航道和专用航道以外的航道。

“航道设施”是指航道的助航导航设施、整治建筑物、航运梯级、过船建筑物(包括过船闸坝)和其他航道工程设施。

“与通航有关的设施”是指对航道的通航条件有影响的闸坝、桥梁、码头、架空电线、水下电缆、管道等拦河、跨河、临河建筑物和其他工程设施。

第三十一条 本条例由交通部负责解释。交通部可以根据本条例制定实施细则。

第三十二条 本条例自1987年10月1日起施行。

收费公路权益转让办法

中华人民共和国交通运输部
国家发展和改革委员会　令
中华人民共和国财政部

2008 年第 11 号

《收费公路权益转让办法》已于 2007 年 6 月 15 日经第 7 次部务会议通过，现予以公布，自 2008 年 10 月 1 日起施行。

交通运输部部长　李盛霖
国家发展和改革委员会主任　张平
财政部部长　谢旭人
2008 年 8 月 20 日

第一章　总　则

第一条　为了规范收费公路权益转让行为，维护转让方、受让方以及使用者的合法权益，促进公路事业发展，根据《中华人民共和国公路法》（以下简称《公路法》）、《收费公路管理条例》（以下简称《收费条例》）制定本办法。

第二条　在中华人民共和国境内转让收费公路权益，应当遵守本办法。

第三条　本办法下列用语的含义是：

（一）收费公路，是指按照《公路法》和《收费条例》规定，经批准依法收取车辆通行费的公路（含桥梁和隧道）。收费公路包括政府还贷公路和经营性公路。

政府还贷公路，是指县级以上地方人民政府交通运输主管部门利用贷款或者向企业、个人有偿集资建成的收费公路。

经营性公路，是指国内外经济组织依法投资建设或者依法受让政府还贷公路收费权的收费公路。

（二）收费公路权益，是指收费公路的收费权、广告经营权、服务设施经营权。

（三）收费公路权益转让，是指收费公路建成通车后，转让方将其合法取得的收费公路权益有偿转让给受让方的交易活动。

转让方是指将合法取得的收费公路权益依法有偿转让给受让方的国内外经济组织，包括不以营利为目的的专门建设和管理政府还贷公路的法人组织和投资建设经营经营性公路的国内外经济组织。

受让方是指依法从转让方有偿取得收费公路权益的国内外经济组织。

第四条　国家允许依法转让收费公路权益，同时对收费公路权益的转让进行严格控制。

国家在综合考虑转让必要性、合理性、社会承受力等因素的基础上，严格限制政府还贷公路转让为经营性公路。

收费公路权益转让活动，应当遵守相关法律、法规、规章的规定，应当遵循公开、公平、公正和诚实信用的原则。

第五条　国务院交通运输主管部门主管全国收费公路权益的转让工作。国务院发展改革部门和财政主管部门依据各自职责，负责收费公路权益转让的相关管理工作。

第二章　收费公路权益转让条件

第六条　转让收费权的公路，应当符合《收费条例》第十八条规定的技术等级和规模。

第七条　有下列情形之一的，收费公路权益中的收费权不得转让：

（一）长度小于 1000 米的二车道独立桥梁和隧道；

（二）二级公路；

（三）收费时间已超过批准收费期限 2/3。

第八条 同一个收费公路项目的收费权、广告经营权、服务设施经营权,可以合并转让,也可以单独转让。

第九条 转让收费公路权益,不得有下列行为:

(一)将一个依法批准的收费公路项目分成若干段转让收费权;

(二)将收费公路权益项目与非收费公路权益项目捆绑转让;

(三)受让方没有全部承继转让方原对政府和社会公众承担的责任、义务;

(四)将政府还贷公路权益无偿划转给企业法人。

第十条 转让尚未偿清国际金融组织或者外国政府贷款的收费公路权益的,应当按照国家相关规定在申请转让审批前经原利用国外贷款审批部门同意。

收费公路权益转让的受让方应当按照国家有关投资管理的相关规定,在申请转让审批前将投资项目申请报告报有相应管理权限的投资主管部门核准。申请核准时应当同时提交收费公路权益转让合同。

第十一条 转让公路收费权,应当征得下列利害关系人同意:

(一)该公路的债权人;

(二)该公路收费权的质权人;

(三)该公路的所有投资人;

(四)公路的投资建设合同和转让公路收费权合同中约定转让及再转让时要征得其同意的人。

第十二条 公路收费权的受让方应当具备下列条件:

(一)财务状况良好,企业所有者权益不低于受让项目实际造价的35%;

(二)商业信誉良好,在经济活动中无重大违法违规行为;

(三)法律、法规规定的其他条件。

单独转让公路广告经营权、服务设施经营权时,其受让方应当具备的条件,按照地方性法规和省级人民政府规章执行。

第十三条 转让政府还贷公路收费权,可以向省级人民政府申请延长收费期限,但延长的期限不得超过5年,且累计收费期限的总和最长不得超过20年。国家确定的中西部省、自治区、直辖市政府还贷公路累计收费期限的总和,最长不得超过25年。

转让经营性公路收费权,不得延长收费期限,且累计收费期限的总和最长不得超过25年。国家确定的中西部省、自治区、直辖市经营性公路累计收费期限的总和,最长不得超过30年。

不得以转让公路收费权为由提高车辆通行费标准。

第三章 收费公路权益转让程序

第十四条 转让公路收费权,在办理转让审批前,转让方可以先向审批机关提出转让立项申请。

提出转让立项申请的,需要提交以下材料:

(一)转让收费权的公路概况,包括公路建设年限,技术等级和规模,投资来源和投资额,通车收费时间,近三年该收费公路的收支情况等;

(二)转让的原因和目的;

(三)转让政府还贷公路所得收入的投向;

(四)本办法第十一条规定的利害关系人同意转让的书面意见;

(五)转让尚未偿清国际金融组织或者外国政府贷款的收费公路权益的,出具原利用国外贷款审批部门的书面同意意见;

(六)省级人民政府批准收取车辆通行费的文件;

(七)经审计机关或者有资格的会计师事务所审计的上一年度会计报告;

(八)首次转让公路收费权的,提供该收费公路竣工财务决算和竣工审计报告;

(九)转让经营性公路收费权的,提供公司章程;

(十)再次转让公路收费权的,提供原转让协议;

(十一)审批机关认为需要提供的其他文件。

第十五条 审批机关收到转让立项申请后,应当对申请转让的收费权是否符合转让条件进行初步审查,并出具转让立项审查意见。

转让立项审查意见可以作为转让方在作转让前期准备工作时证明拟转让的公路收费权符合转让条件的依据。

转让立项审查意见自出具之日起一年内有

效。

第十六条　转让下列收费公路的收费权，转让方应当委托符合条件的资产评估机构，对收费权价值进行评估：

（一）政府还贷公路；

（二）有财政性资金投入的经营性公路；

（三）使用国有资本金投资的公路。

资产评估机构出具的评估报告，是确定前款规定收费公路的收费权转让最低成交价的依据。

转让方对资产评估机构出具的资产评估报告，应当按照国家有关资产评估的规定，报有关部门核准或者备案。

第十七条　转让方按照第十六条规定进行收费权价值评估的，应当委托符合下列条件的资产评估机构：

（一）具有法律、行政法规规定的资产评估资质；

（二）评估机构的人员具备与公路收费权价值评估相适应的专业知识和经验；

（三）评估机构和人员近三年未发生违规行为，未有违规不良记录。

第十八条　转让收费公路权益进行收费权价值评估，评估方法应当采用收益现值法，所涉及的收益期限由转让方与资产评估机构在批准的收费期限内约定。

第十九条　转让政府还贷公路收费权益和有财政性资金投入的经营性公路收费权益，应当采用公开招标的方式，公平、公正、公开选择受让方。

第二十条　收费公路权益转让的招标投标活动，应当严格执行《中华人民共和国招标投标法》等有关规定。

省级人民政府交通运输主管部门负责对收费公路权益转让招标投标全过程的监督管理。省级人民政府发展改革部门、财政主管部门依据各自职责，负责招标投标活动的监督。

第二十一条　进行收费公路权益转让招标的，转让方应当通过国家指定的报刊、信息网络或者其他媒介，发布招标公告。公告期不得少于20日。

第二十二条　转让政府还贷公路权益和有财政性资金投入以及使用国有资本金投资的经营性公路权益进行招标的，应当实行有底价招标。其中转让收费权的招标底价不得低于有关部门核准或者确认的收费权价值评估价。

第二十三条　转让方应当依法编制招标文件。招标文件应当包括下列内容：

（一）招标项目的基本情况，包括项目建设年限、通车时间、技术等级和规模、投资来源和投资额、近年收支情况等；

（二）受让方应当具备的条件及有关资格和资信要求。转让政府还贷公路权益和有财政性资金投入的经营性公路权益的，应当要求受让方承诺所成立的公路经营企业不对外提供担保，包括为受让方债务提供任何形式的担保，不承担受让方的债务；

（三）受让方的权利和义务；

（四）转让金的支付形式、期限（最长不超过合同生效后6个月）及担保要求；

（五）经营期间公路养护、绿化及水土保持要求；

（六）经营终结后解散和清算的程序，公路权益移交时公路及公路附属设施、服务设施的标准；

（七）受让方或其设立的公路经营企业破产，终止、解除转让协议的条件；

（八）政府终止收费公路权益转让协议的条件；

（九）投标文件的编制要求及其送达方式、地点和截止时间；

（十）开标地点及开标和评标的时间安排；

（十一）评标标准、评标办法、评标程序、确定废标的因素；

（十二）签订的转让合同的主要条款；

（十三）职工安置方案；

（十四）债权债务处理方案；

（十五）其他需要说明的问题。

第二十四条　受让方确定后，转让方和受让方应当依法订立收费公路权益转让合同。

转让合同应当包括下列条款：

（一）转让方与受让方的名称与住所；

（二）项目名称和经营内容；

（三）经营范围和转让期限；

（四）转让价格及支付价款的时间（最长不超过合同生效后6个月）和方式；

（五）有关资产交割事项；

（六）转让方涉及的职工安置方案；

（七）转让方的权利和义务；

(八)受让方的权利和义务;

(九)公路养护和服务质量保障措施(包括建立养护维修保证金等);

(十)经营风险的承担责任;

(十一)公路养护责任;

(十二)公路移交的方式和时间;

(十三)争议的解决方式;

(十四)各方的违约责任;

(十五)合同变更和解除的条件;

(十六)转让合同期满后公路收费权的归属和移交事项;

(十七)转让和受让双方认为必要的其他条款。

第二十五条 公路收费权益转让合同自公路收费权转让批准之日起生效。

第二十六条 转让国道(包括国道主干线和国家高速公路网项目,下同)收费权,应当经国务院交通运输主管部门批准。转让国道以外的其他公路收费权,应当经省级交通运输主管部门审核同意,报省级人民政府批准。

将公路广告经营权、服务设施经营权与公路收费权合并转让的,由具有审批公路收费权权限的审批机关批准。

单独转让公路广告经营权、服务设施经营权的审批,按照地方性法规和省级人民政府规章执行。

第二十七条 申请转让公路收费权的,转让方应当向审批机关提交申请文件,内容应当包括:

(一)提出过立项申请的,需提交转让立项审查意见;未提出过立项申请的,需提交第十四条规定的相关材料;

(二)转让前期按照规定进行收费权价值评估的有关材料和资产评估报告的核准或者备案文件等;

(三)转让前期招标投标情况和受让方的确定情况;

(四)审计部门或者会计师事务所出具的受让方上年度会计报告和受让方的法人营业执照副本;

(五)按照第十条规定办理的相关手续和书面同意意见;

(六)转让收入的具体投向;

(七)公路收费权益管理情况;

(八)转让方、受让方签订的公路收费权益转让合同;

(九)审批机关认为需要提供的其他文件。

第二十八条 审批机关应当按照《行政许可法》和相关规定的要求,办理公路收费权转让审批。

审批机关在审查收费公路权益转让申请时,应当综合考虑维护国家利益、社会公共利益的因素。

同意转让公路收费权的,审批机关应当出具公路收费权转让批准文件。

第二十九条 由省级人民政府批准转让公路收费权的,转让方自批准之日起30日内,应当将省级交通运输主管部门审核意见、省级人民政府批准文件和转让合同报国务院交通运输主管部门备案。

第三十条 国务院交通运输主管部门应当自批准公路收费权转让之日起30日内,将批准文件抄送国务院发展改革主管部门和财政主管部门。

第三十一条 转让方应当对所提交申请材料的真实性、合法性负责。

第四章 转让收入使用管理

第三十二条 转让政府还贷公路权益的收入,除用于偿还公路建设贷款和有偿集资款外,应当全部用于公路建设。任何单位不得将转让政府还贷公路权益的收入用于公路建设以外的其他项目。

转让有财政性资金投入的经营性公路权益取得的收入中与财政性资金投入份额相应的收入部分,除用于偿还公路建设贷款外,主要用于公路建设。

第三十三条 转让全部由社会资金投入的经营性公路权益取得的收入,由投资者自行决定转让收入使用方向。

国家有关部门应当鼓励投资者将这部分收入继续投入公路建设项目。

第三十四条 转让政府还贷公路权益和转让有财政性资金投入的经营性公路权益取得的收入中与财政性资金投入份额相应的收入部分,纳入预算管理。转让方应当在取得上述转让收入的3个工作日内,按照规定的预算级次上缴财政。实行非税收入收缴管理制度改革的,按照改革的相关规定执行。财政主管部门应当将转让收入纳入当年财政收支预算，资金拨付按照财政国库管理制度有关规定执行。

第五章　收费公路权益转让后续管理及收回

第三十五条　受让方依法拥有转让期限内的公路收费权益，转让收费公路权益的公路、公路附属设施的所有权仍归国家所有。

第三十六条　收费公路权益转让合同约定的转让期限届满，转让收费公路权益的公路、公路附属设施以及服务设施应当处于良好的技术状态，由国家无偿收回，由交通运输主管部门管理。

收费公路权益转让期限未满，因社会公共利益需要等原因国家提前收回转让的收费公路权益的，接收收费公路权益的交通运输主管部门依法给予受让方补偿。最高补偿额按照原转让价格和提前收回的期限占原批准转让期限的比例计算确定。

第三十七条　收费公路权益转让后，该公路路政管理的职责仍然由县级以上地方人民政府交通运输主管部门或者公路管理机构的派出机构、人员行使。

第三十八条　受让方在依法取得收费公路权益后，依法成立的公路经营企业应当按照国家规定的标准和规范要求，做好公路养护管理、绿化以及公路用地范围内的水土保持工作，并对收费公路及沿线设施进行日常检查、检测、维护，保证收费公路处于良好的技术状态。

公路经营企业应当根据交通运输主管部门要求，定期提供公路技术状况检测报告。

第三十九条　公路经营企业应当接受国务院交通运输主管部门和省、自治区、直辖市人民政府交通运输主管部门的行业管理，按要求实行联网收费，并遵守路网的其他统一要求，及时提供统计资料和有关经营情况。

第四十条　收费公路权益转让后，省、自治区、直辖市交通运输主管部门应当对该收费公路的收费管理和养护情况实施监督检查。

收费公路权益转让合同约定的转让期限届满前6个月，省、自治区、直辖市人民政府交通运输主管部门应当对转让权益的收费公路进行鉴定和验收。经鉴定和验收，公路符合收费公路权益转让时核定的技术等级和标准的，公路经营企业方可按照国家有关规定，在转让期限届满时向交通运输主管部门办理公路移交手续；不符合转让收费公路权益时核定的技术等级和标准的，公路经营企业应当在交通运输主管部门确定的期限内进行养护，达到要求后，方可按照规定办理公路移交手续。转让期限届满仍未达到要求的，交通运输主管部门应当收回公路收费权，办理公路移交手续，指定其他单位进行养护，养护费用由原公路经营企业承担。

第六章　法律责任

第四十一条　违反本办法的规定，擅自批准收费公路权益转让的，按《收费条例》第四十七条的规定查处。

第四十二条　违反本办法第九条的规定，由国务院交通运输主管部门或者省级交通运输主管部门依据职权，责令改正；对负有责任的主管人员和其他直接责任人员依法给予行政处分；构成犯罪的，依法追究刑事责任。

第四十三条　违反本办法的规定，转让方应当通过招标选择受让方而未进行招标，或者招标的程序、内容不符合本办法的规定，按照《中华人民共和国招标投标法》的有关规定查处。

第四十四条　违反本办法的规定，社会中介机构在对收费公路权益转让项目进行审计或者评估时弄虚作假，或者出具的会计报告和评估报告严重失实的，根据其情节轻重，由有关机构按照国家有关法律、法规的规定处罚。

第四十五条　违反本办法的规定，有下列行为之一的，按照《收费条例》第五十二条的规定查处：

（一）转让方未将转让政府还贷公路权益的收入和转让有财政性资金投入的经营性公路权益取得的收入中与财政性资金投入份额相应的收入部分全额缴入国库的；

（二）交通运输主管部门、财政主管部门将转让政府还贷公路权益的收入和转让有财政性资金投入的经营性公路权益取得的收入中与财政性资金投入份额相应的收入部分，未用于偿还贷款或者偿还有偿集资款及未用于公路建设，将转让收入挪作他用的。

第四十六条　违反本办法的规定，受让方未履行公路养护、绿化和公路用地范围内的水土保持义务,按照《收费条例》第五十四条和第五十五条的规定查处。

第四十七条 违反本办法的规定,审批机关及其工作人员有下列情形之一的,按照《中华人民共和国行政许可法》第七十二条和第七十四条的规定查处:

(一)不在本办法规定的期限内出具审批意见的;

(二)对不符合法定条件和程序的收费公路权益转让申请予以批准,或者超越法定职权予以审批的;

(三)在受理、审查过程中,未向转让方一次告知必须补正的全部内容的。

第四十八条 审批机关工作人员在办理收费公路权益转让审批过程中,索取或者收受他人财物或者谋取其他利益,按照《中华人民共和国行政许可法》第七十三条的规定查处。

第七章　附　则

第四十九条 本办法规定的时限以工作日计算,不含法定节假日。

第五十条 本办法自2008年10月1日起施行。交通部于1996年10月9日以交通部第9号令发布的《公路经营权有偿转让管理办法》同时废止。

道路货物运输及站场管理规定

中华人民共和国交通运输部令

2008 年第 9 号

《关于修改〈道路货物运输及站场管理规定〉的决定》已于 2008 年 7 月 8 日经第 8 次部务会议通过，现予公布，自公布之日起施行。

部长　李盛霖

2008 年 7 月 23 日

第一章　总　则

第一条　为规范道路货物运输和道路货物运输站（场）经营活动，维护道路货物运输市场秩序，保障道路货物运输安全，保护道路货物运输和道路货物运输站（场）有关各方当事人的合法权益，根据《中华人民共和国道路运输条例》及有关法律、行政法规的规定，制定本规定。

第二条　从事道路货物运输经营和道路货物运输站（场）经营的，应当遵守本规定。

本规定所称道路货物运输经营，是指为社会提供公共服务、具有商业性质的道路货物运输活动。道路货物运输包括道路普通货运、道路货物专用运输、道路大型物件运输和道路危险货物运输。

本规定所称道路货物专用运输，是指使用集装箱、冷藏保鲜设备、罐式容器等专用车辆进行的货物运输。

本规定所称道路货物运输站（场）（以下简称“货运站”），是指以场地设施为依托，为社会提供有偿服务的具有仓储、保管、配载、信息服务、装卸、理货等功能的综合货运站（场）、零担货运站、集装箱中转站、物流中心等经营场所。

第三条　道路货物运输和货运站经营者应当依法经营，诚实信用，公平竞争。

道路货物运输管理应当公平、公正、公开和便民。

第四条　鼓励道路货物运输实行集约化、网络化经营。鼓励采用集装箱、封闭厢式车和多轴重型车运输。

第五条　交通运输部主管全国道路货物运输和货运站管理工作。

县级以上地方人民政府交通运输主管部门负责组织领导本行政区域的道路货物运输和货运站管理工作。

县级以上道路运输管理机构具体实施本行政区域的道路货物运输和货运站管理工作。

第二章　经营许可

第六条　申请从事道路货物运输经营的，应当具备下列条件：

（一）有与其经营业务相适应并经检测合格的运输车辆：

1. 车辆技术要求：

（1）车辆技术性能应当符合国家标准《营运车辆综合性能要求和检验方法》（GB18565）的要求；

（2）车辆外廓尺寸、轴荷和载质量应当符合国家标准《道路车辆外廓尺寸、轴荷及质量限值》（GB1589）的要求。

2. 车辆其他要求：

（1）从事大型物件运输经营的，应当具有与所运输大型物件相适应的超重型车组；

（2）从事冷藏保鲜、罐式容器等专用运输的，应当具有与运输货物相适应的专用容器、设备、设施，并固定在专用车辆上；

（3）从事集装箱运输的，车辆还应当有固定集装箱的转锁装置。

(二)有符合规定条件的驾驶人员:

1. 取得与驾驶车辆相应的机动车驾驶证;

2. 年龄不超过60周岁;

3. 经设区的市级道路运输管理机构对有关道路货物运输法规、机动车维修和货物及装载保管基本知识考试合格,并取得从业资格证。

(三)有健全的安全生产管理制度,包括安全生产责任制度、安全生产业务操作规程、安全生产监督检查制度、驾驶员和车辆安全生产管理制度等。

第七条 申请从事货运站经营的,应当具备下列条件:

(一)有与其经营规模相适应的货运站房、生产调度办公室、信息管理中心、仓库、仓储库棚、场地和道路等设施,并经有关部门组织的工程竣工验收合格;

(二)有与其经营规模相适应的安全、消防、装卸、通讯、计量等设备;

(三)有与其经营规模、经营类别相适应的管理人员和专业技术人员;

(四)有健全的业务操作规程和安全生产管理制度。

第八条 申请从事道路货物运输经营的,应当向县级道路运输管理机构提出申请,并提供以下材料:

(一)《道路货物运输经营申请表》(见附件1)。

(二)负责人身份证明,经办人的身份证明和委托书。

(三)机动车辆行驶证、车辆检测合格证明复印件;拟投入运输车辆的承诺书,承诺书应当包括车辆数量、类型、技术性能、投入时间等内容。

(四)聘用或者拟聘用驾驶员的机动车驾驶证、从业资格证及其复印件。

(五)安全生产管理制度文本。

(六)法律、法规规定的其他材料。

第九条 申请从事货运站经营的,应当向县级道路运输管理机构提出申请,并提供以下材料:

(一)《道路货物运输站(场)经营申请表》(见附件2);

(二)负责人身份证明,经办人的身份证明和委托书;

(三)经营道路货运站的土地、房屋的合法证明;

(四)货运站竣工验收证明;

(五)与业务相适应的专业人员和管理人员的身份证明、专业证书;

(六)业务操作规程和安全生产管理制度文本。

第十条 道路运输管理机构应当按照《中华人民共和国道路运输条例》、《交通行政许可实施程序规定》和本规定规范的程序实施道路货物运输经营和货运站经营的行政许可。

第十一条 道路运输管理机构对道路货运经营申请予以受理的,应当自受理之日起20日内作出许可或者不予许可的决定;道路运输管理机构对货运站经营申请予以受理的,应当自受理之日起15日内作出许可或者不予许可的决定。

第十二条 道路运输管理机构对符合法定条件的道路货物运输经营申请作出准予行政许可决定的,应当出具《道路货物运输经营许可决定书》(见附件3),明确许可事项。在10日内向被许可人颁发《道路运输经营许可证》,在《道路运输经营许可证》上注明经营范围。

道路运输管理机构对符合法定条件的货运站经营申请作出准予行政许可决定的,应当出具《道路货物运输站(场)经营许可决定书》(见附件4),明确许可事项。在10日内向被许可人颁发《道路运输经营许可证》,在《道路运输经营许可证》上注明经营范围。

对道路货物运输和货运站经营不予许可的,应当向申请人出具《不予交通行政许可决定书》。

第十三条 被许可人应当按照承诺书的要求投入运输车辆。购置车辆或者已有车辆经道路运输管理机构核实并符合条件的,道路运输管理机构向投入运输的车辆配发《道路运输证》。

第十四条 道路货物运输经营者和货运站经营者应当持《道路运输经营许可证》依法向工商行政管理机关办理有关登记手续。

第十五条 道路货物运输经营者设立子公司的,应当向设立地的道路运输管理机构申请经营许可;设立分公司的,应当向设立地的道路运输管理机构报备。

第十六条 从事货运代理(代办)等货运相关服务的经营者,应当依法到工商行政管理机关办理有关登记手续,并持有关登记证件到设立地的道路运输管理机构备案。

第十七条　道路货物运输和货运站经营者需要终止经营的，应当在终止经营之日30日前告知原许可的道路运输管理机构，并办理有关注销手续。

第十八条　道路货物运输经营者变更许可事项、扩大经营范围的，按本章有关许可规定办理。

道路货物运输和货运站经营者变更名称、地址等，应当向作出原许可决定的道路运输管理机构备案。

第三章　货运车辆管理

第十九条　道路货物运输经营者应当建立车辆技术管理制度，按照国家规定的技术规范对货运车辆进行定期维护，确保货运车辆技术状况良好。

货运车辆的维护作业项目和程序应当按照国家标准《汽车维护、检测、诊断技术规范》(GB18344)等有关技术标准的规定执行。

严禁任何单位和个人为道路货物运输经营者指定车辆维护企业；车辆二级维护执行情况不得作为路检路查项目。

第二十条　道路货物运输经营者应当定期进行货运车辆检测，车辆检测结合车辆定期审验的频率一并进行。

道路货物运输经营者在规定时间内，到符合国家相关标准的机动车综合性能检测机构进行检测。机动车综合性能检测机构按照国家标准《营运车辆综合性能要求和检验方法》(GB18565)和《道路车辆外廓尺寸、轴荷和质量限值》(GB1589)的规定进行检测，出具全国统一式样的检测报告。并依据检测结果，对照行业标准《营运车辆技术等级划分和评定要求》(JT/T198)评定车辆技术等级。货运车辆技术等级分为一级、二级和三级。

车籍所在地县级以上道路运输管理机构应当将车辆技术等级在《道路运输证》上标明。

第二十一条　县级以上道路运输管理机构应当定期对货运车辆进行审验，每年审验一次。

审验内容包括车辆技术档案、车辆结构及尺寸变动情况和违章记录等。

审验符合要求的，道路运输管理机构在《道路运输证》审验记录中注明；不符合要求的，应当责令限期改正或者办理变更手续。

第二十二条　机动车综合性能检测机构应当使用符合标准的设施、设备，严格按照国家有关营运车辆技术检测标准对货运车辆进行检测，对出具的车辆检测报告负责，并对已检测车辆建立检测档案。

第二十三条　禁止使用报废的、擅自改装的、拼装的、检测不合格的和其他不符合国家规定的车辆从事道路货物运输经营。

第二十四条　道路货物运输经营者和县级以上道路运输管理机构应当分别建立货运车辆技术档案和管理档案，并妥善保管。对相关内容的记载应当及时、完整和准确，不得随意更改。

道路货物运输经营者车辆技术档案主要内容为：车辆基本情况、主要部件更换情况、修理和二级维护记录(含出厂合格证)、技术等级评定记录、车辆变更记录、行驶里程记录、交通事故记录等。

道路运输管理机构管理档案主要内容为：车辆基本情况、二级维护和检测情况、技术等级记录、车辆变更记录、交通事故记录等。

道路货物运输车辆办理过户变更手续时，道路货物运输经营者应当将货运车辆技术档案完整移交。县级以上道路运输管理机构对经营者车辆技术档案建立情况实施监督管理。

第二十五条　道路货物运输经营者对达到国家规定的报废标准或者经检测不符合国家强制性标准要求的货运车辆，应当及时交回《道路运输证》，不得继续从事道路货物运输经营。

第四章　货运经营管理

第二十六条　道路货物运输经营者应当按照《道路运输经营许可证》核定的经营范围从事货物运输经营，不得转让、出租道路运输经营许可证件。

第二十七条　道路货物运输经营者应当对从业人员进行经常性的安全、职业道德教育和业务知识、操作规程培训。

第二十八条　道路货物运输经营者应当按照国家有关规定在其重型货运车辆、牵引车上安装、使用行驶记录仪，并采取有效措施，防止驾驶人员连续驾驶时间超过4个小时。

第二十九条　道路货物运输经营者应当要求

其聘用的车辆驾驶员随车携带《道路运输证》。

《道路运输证》不得转让、出租、涂改、伪造。

第三十条 道路货物运输经营者应当聘用持有从业资格证的驾驶人员。

第三十一条 营运驾驶员应当驾驶与其从业资格类别相符的车辆。驾驶营运车辆时,应当随身携带从业资格证。

第三十二条 运输的货物应当符合货运车辆核定的载质量,载物的长、宽、高不得违反装载要求。禁止货运车辆违反国家有关规定超限、超载运输。

禁止使用货运车辆运输旅客。

第三十三条 道路货物运输经营者运输大型物件,应当制定道路运输组织方案。涉及超限运输的应当按照交通部颁布的《超限运输车辆行驶公路管理规定》办理相应的审批手续。

第三十四条 从事大型物件运输的车辆,应当按照规定装置统一的标志和悬挂标志旗;夜间行驶和停车休息时应当设置标志灯。

第三十五条 道路货物运输经营者不得运输法律、行政法规禁止运输的货物。

道路货物运输经营者在受理法律、行政法规规定限运、凭证运输的货物时,应当查验并确认有关手续齐全有效后方可运输。

货物托运人应当按照有关法律、行政法规的规定办理限运、凭证运输手续。

第三十六条 道路货物运输经营者不得采取不正当手段招揽货物、垄断货源。不得阻碍其他货运经营者开展正常的运输经营活动。

道路货物运输经营者应当采取有效措施,防止货物变质、腐烂、短少或者损失。

第三十七条 道路货物运输经营者和货物托运人应当按照《合同法》的要求,订立道路货物运输合同。

道路货物运输可以采用交通部颁布的《汽车货物运输规则》所推荐的道路货物运单签订运输合同。

第三十八条 国家鼓励实行封闭式运输。道路货物运输经营者应当采取有效的措施,防止货物脱落、扬撒等情况发生。

第三十九条 道路货物运输经营者应当制定有关交通事故、自然灾害、公共卫生以及其他突发公共事件的道路运输应急预案。应急预案应当包括报告程序、应急指挥、应急车辆和设备的储备以及处置措施等内容。

第四十条 发生交通事故、自然灾害、公共卫生以及其他突发公共事件,道路货物运输经营者应当服从县级以上人民政府或者有关部门的统一调度、指挥。

第四十一条 道路货物运输经营者应当严格遵守国家有关价格法律、法规和规章的规定,不得恶意压价竞争。

第四十二条 货运经营者(含危险货物运输经营者、国际道路货运经营者)、货运站经营者、货运相关服务经营者及搬运装卸经营者应当按照国家有关规定缴纳道路运输管理费。

第五章 货运站经营管理

第四十三条 货运站经营者应当按照经营许可证核定的许可事项经营,不得随意改变货运站用途和服务功能。

第四十四条 货运站经营者应当依法加强安全管理,完善安全生产条件,健全和落实安全生产责任制。

货运站经营者应当对出站车辆进行安全检查,防止超载车辆或者未经安全检查的车辆出站,保证安全生产。

第四十五条 货运站经营者应当按照货物的性质、保管要求进行分类存放,危险货物应当单独存放,保证货物完好无损。

第四十六条 货物运输包装应当按照国家规定的货物运输包装标准作业,包装物和包装技术、质量要符合运输要求。

第四十七条 货运站经营者应当按照规定的业务操作规程进行货物的搬运装卸。搬运装卸作业应当轻装、轻卸,堆放整齐,防止混杂、撒漏、破损,严禁有毒、易污染物品与食品混装。

第四十八条 货运站经营者应当严格执行价格规定,在经营场所公布收费项目和收费标准。严禁乱收费。

第四十九条 进入货运站经营的经营业户及车辆,经营手续必须齐全。

货运站经营者应当公平对待使用货运站的道路货物运输经营者,禁止无证经营的车辆进站从事经营活动,无正当理由不得拒绝道路货物运输经营者进站从事经营活动。

第五十条　货运站经营者不得垄断货源、抢装货物、扣押货物。

第五十一条　货运站要保持清洁卫生，各项服务标志醒目。

第五十二条　货运站经营者经营配载服务应当坚持自愿原则，提供的货源信息和运力信息应当真实、准确。

第五十三条　货运站经营者不得超限、超载配货，不得为无道路运输经营许可证或证照不全者提供服务；不得违反国家有关规定，为运输车辆装卸国家禁运、限运的物品。

第五十四条　货运站经营者应当制定有关突发公共事件的应急预案。应急预案应当包括报告程序、应急指挥、应急车辆和设备的储备以及处置措施等内容。

第五十五条　货运站经营者应当建立和完善各类台账和档案，并按要求报送有关信息。

第六章　监督检查

第五十六条　道路运输管理机构应当加强对道路货物运输经营和货运站经营活动的监督检查。

道路运输管理机构工作人员应当严格按照职责权限和法定程序进行监督检查。

第五十七条　道路运输管理机构及其工作人员应当重点在货运站、货物集散地对道路货物运输、货运站经营活动实施监督检查。此外，根据管理需要，可以在公路路口实施监督检查，但不得随意拦截正常行驶的道路运输车辆，不得双向拦截车辆进行检查。

第五十八条　道路运输管理机构的工作人员实施监督检查时，应当有2名以上人员参加，并向当事人出示交通部统一制式的交通行政执法证件。

第五十九条　道路运输管理机构的工作人员可以向被检查单位和个人了解情况，查阅和复制有关材料。但是，应当保守被调查单位和个人的商业秘密。

被监督检查的单位和个人应当接受道路运输管理机构及其工作人员依法实施的监督检查，如实提供有关情况或者资料。

第六十条　道路运输管理人员在货运站、货物集散地实施监督检查过程中，发现货运车辆有超载行为的，应当立即予以制止，装载符合标准后方可放行。

第六十一条　道路货物运输经营者在许可的道路运输管理机构管辖区域外违法从事经营活动的，违法行为发生地的道路运输管理机构应当依法将当事人的违法事实、处罚结果记录到《道路运输证》上，并抄告作出道路运输经营许可的道路运输管理机构。

第六十二条　道路货物运输经营者违反本规定后拒不接受处罚的，县级以上道路运输管理机构可以暂扣其《道路运输证》等道路运输管理机构颁发的相关证件，签发待理证，待接受处罚后交还。

第六十三条　道路运输管理机构的工作人员在实施道路运输监督检查过程中，对没有《道路运输证》又无法当场提供其他有效证明的货运车辆可以予以暂扣，并出具《道路运输车辆暂扣凭证》（见附件5）。对暂扣车辆应当妥善保管，不得使用，不得收取或者变相收取保管费用。

违法当事人应当在暂扣凭证规定时间内到指定地点接受处理。逾期不接受处理的，道路运输管理机构可依法作出处罚决定，并将处罚决定书送达当事人。当事人无正当理由逾期不履行处罚决定的，道路运输管理机构可申请人民法院强制执行。

第七章　法律责任

第六十四条　违反本规定，有下列行为之一的，由县级以上道路运输管理机构责令停止经营；有违法所得的，没收违法所得，处违法所得2倍以上10倍以下的罚款；没有违法所得或者违法所得不足2万元的，处3万元以上10万元以下的罚款；构成犯罪的，依法追究刑事责任：

（一）未取得道路货物运输经营许可，擅自从事道路货物运输经营的；

（二）使用失效、伪造、变造、被注销等无效的道路运输经营许可证件从事道路货物运输经营的；

（三）超越许可的事项，从事道路货物运输经营的。

第六十五条　违反本规定，道路货物运输和货运站经营者非法转让、出租道路运输经营许可证件的，由县级以上道路运输管理机构责令停止违法行为,收缴有关证件,处2000元以上1万元以下的罚款;有违法所得的,没收违法所得。

第六十六条 违反本规定,取得道路货物运输经营许可的道路货物运输经营者使用无道路运输证的车辆参加货物运输的,由县级以上道路运输管理机构责令改正,处3000元以上1万元以下的罚款。

违反本规定,道路货物运输经营者不按照规定携带《道路运输证》的,由县级以上道路运输管理机构责令改正,处警告或者20元以上200元以下的罚款。

第六十七条 违反本规定,道路货物运输经营者、货运站经营者已不具备开业要求的有关安全条件、存在重大运输安全隐患的,由县级以上道路运输管理机构限期责令改正;在规定时间内不能按要求改正且情节严重的,由原许可机关吊销《道路运输经营许可证》或者吊销其相应的经营范围。

第六十八条 违反本规定,道路货物运输经营者有下列情形之一的,由县级以上道路运输管理机构责令改正,处1000元以上3000元以下的罚款;情节严重的,由原许可机关吊销道路运输经营许可证或者吊销其相应的经营范围:

(一)强行招揽货物的;

(二)没有采取必要措施防止货物脱落、扬撒的。

第六十九条 违反本规定,道路货物运输经营者不按规定维护和检测运输车辆的,由县级以上道路运输管理机构责令改正,处1000元以上5000元以下的罚款。

第七十条 违反本规定,道路货物运输经营者使用擅自改装或者擅自改装已取得《道路运输证》的车辆的,由县级以上道路运输管理机构责令改正,处5000元以上2万元以下的罚款。

第七十一条 违反本规定,有下列行为之一的,由县级以上道路运输管理机构责令停止经营;有违法所得的,没收违法所得,处违法所得2倍以上10倍以下的罚款;没有违法所得或者违法所得不足1万元的,处2万元以上5万元以下的罚款;构成犯罪的,依法追究刑事责任:

(一)未取得货运站经营许可,擅自从事货运站经营的;

(二)使用失效、伪造、变造、被注销等无效的道路运输经营许可证件从事货运站经营的;

(三)超越许可的事项,从事货运站经营的。

第七十二条 违反本规定,机动车综合性能检测机构不按国家有关技术规范进行检测、未经检测出具检测结果或者不如实出具检测结果的,由县级以上道路运输管理机构责令改正,没收违法所得,违法所得在5000元以上的,并处违法所得2倍以上5倍以下的罚款;没有违法所得或者违法所得不足5000元的,处5000元以上2万元以下的罚款;构成犯罪的,依法追究刑事责任。

第七十三条 违反本规定,货运站经营者对超限、超载车辆配载,放行出站的,由县级以上道路运输管理机构责令改正,处1万元以上3万元以下的罚款。

第七十四条 违反本规定,货运站经营者擅自改变道路运输站(场)的用途和服务功能,由县级以上道路运输管理机构责令改正;拒不改正的,处3000元的罚款;有违法所得的,没收违法所得。

第七十五条 违反本规定,货运经营者(含危险货物运输经营者、国际道路货运经营者)、货运站经营者、货运相关服务经营者及搬运装卸经营者未按规定期限缴纳道路运输管理费的,由县级以上道路运输管理机构责令补交,按日收取道路运输管理费1%的滞纳金,并处500元以上1000元以下的罚款。

违反本规定,货运经营者(含危险货物运输经营者、国际道路货运经营者)、货运站经营者、货运相关服务经营者及搬运装卸经营者使用伪造、转让、涂改道路运输管理费专用收据或者缴讫证的,由县级以上道路运输管理机构收缴其非法收据和缴讫证,并处500元以上1000元以下的罚款。

第七十六条 违反本规定,有下列行为之一的,由县级以上道路运输管理机构责令限期整改,整改不合格的,予以通报:

(一)没有建立货运车辆技术档案的;

(二)没有按照国家有关规定在货运车辆上安装行驶记录仪的;

(三)大型物件运输车辆不按规定悬挂、标明运输标志的;

(四)发生公共突发性事件,不接受当地政府统一调度安排的;

(五)因配载造成超限、超载的;

（六）运输没有限运证明物资的；

（七）未查验禁运、限运物资证明，配载禁运、限运物资的。

第七十七条　道路运输管理机构的工作人员违反本规定，有下列情形之一的，依法给予相应的行政处分；构成犯罪的，依法追究刑事责任：

（一）不依照本规定规定的条件、程序和期限实施行政许可的；

（二）参与或者变相参与道路货物运输和货运站经营的；

（三）发现违法行为不及时查处的；

（四）违反规定拦截、检查正常行驶的道路运输车辆的；

（五）违法扣留运输车辆、《道路运输证》的；

（六）索取、收受他人财物，或者谋取其他利益的；

（七）其他违法行为。

第八章　附　则

第七十八条　道路货物运输经营者从事国际道路货物运输经营、危险货物运输活动，除一般行为规范适用本规定外，有关从业条件等特殊要求应当适用交通部制定的国际道路运输管理规定、道路危险货物运输管理规定。

第七十九条　中外合资、中外合作、独资形式投资道路货物运输和货运站经营业务的，按照《外商投资道路运输业管理规定》办理。

第八十条　道路运输管理机构依照规定发放道路货物运输经营许可证件和《道路运输证》，可以收取工本费。工本费的具体收费标准由省级人民政府财政、价格主管部门会同同级交通运输主管部门核定。

第八十一条　本规定自2005年8月1日起施行。交通部1993年5月19日发布的《道路货物运输业户开业技术经济条件（试行）》（交运发〔1993〕531号）、1996年12月2日发布的《道路零担货物运输管理办法》（交公路发〔1996〕1039号）、1997年5月22日发布的《道路货物运单使用和管理办法》（交通部令1997年第4号）、2001年4月5日发布的《道路货物运输企业经营资质管理规定（试行）》（交公路发〔2001〕154号）同时废止。

（附件略）

道路旅客运输及客运站管理规定

中华人民共和国交通运输部令

2008 年第 10 号

(2008 年 7 月修订后实施)

第一章 总 则

第一条 为规范道路旅客运输及道路旅客运输站经营活动,维护道路旅客运输市场秩序,保障道路旅客运输安全,保护旅客和经营者的合法权益,依据《中华人民共和国道路运输条例》及有关法律、行政法规的规定,制定本规定。

第二条 从事道路旅客运输(以下简称道路客运)经营以及道路旅客运输站(以下简称客运站)经营的,应当遵守本规定。

第三条 本规定所称道路客运经营,是指用客车运送旅客、为社会公众提供服务、具有商业性质的道路客运活动,包括班车(加班车)客运、包车客运、旅游客运。

(一)班车客运是指营运客车在城乡道路上按照固定的线路、时间、站点、班次运行的一种客运方式,包括直达班车客运和普通班车客运。加班车客运是班车客运的一种补充形式,在客运班车不能满足需要或者无法正常运营时,临时增加或者调配客车按客运班车的线路、站点运行的方式。

(二)包车客运是指以运送团体旅客为目的,将客车包租给用户安排使用,提供驾驶劳务,按照约定的起始地、目的地和路线行驶,按行驶里程或者包用时间计费并统一支付费用的一种客运方式。

(三)旅游客运是指以运送旅游观光的旅客为目的,在旅游景区内运营或者其线路至少有一端在旅游景区(点)的一种客运方式。

本规定所称客运站经营,是指以站场设施为依托,为道路客运经营者和旅客提供有关运输服务的经营活动。

第四条 道路客运和客运站管理应当坚持以人为本、安全第一的宗旨,遵循公平、公正、公开、便民的原则,打破地区封锁和垄断,促进道路运输市场的统一、开放、竞争、有序,满足广大人民群众的出行需求。

道路客运及客运站经营者应当依法经营,诚实信用,公平竞争,优质服务。

第五条 国家实行道路客运企业等级评定制度和质量信誉考核制度,鼓励道路客运经营者实行规模化、集约化、公司化经营,禁止挂靠经营。

第六条 交通运输部主管全国道路客运及客运站管理工作。

县级以上地方人民政府交通运输主管部门负责组织领导本行政区域的道路客运及客运站管理工作。

县级以上道路运输管理机构负责具体实施道路客运及客运站管理工作。

第二章 经营许可

第七条 班车客运的线路根据经营区域和营运线路长度分为以下四种类型:

一类客运班线:地区所在地与地区所在地之间的客运班线或者营运线路长度在 800 公里以上的客运班线。

二类客运班线:地区所在地与县之间的客运班线。

三类客运班线:非毗邻县之间的客运班线。

四类客运班线:毗邻县之间的客运班线或者县境内的客运班线。

本规定所称地区所在地,是指设区的市、州、盟人民政府所在城市市区;本规定所称县,包括县、旗、县级市和设区的市、州、盟下辖乡镇的区。

县城城区与地区所在地城市市区相连或者重

叠的,按起讫客运站所在地确定班线起讫点所属的行政区域。

第八条　包车客运按照其经营区域分为省际包车客运和省内包车客运,省内包车客运分为市际包车客运、县际包车客运和县内包车客运。

第九条　旅游客运按照营运方式分为定线旅游客运和非定线旅游客运。

定线旅游客运按照班车客运管理,非定线旅游客运按照包车客运管理。

第十条　申请从事道路客运经营的,应当具备下列条件:

(一)有与其经营业务相适应并经检测合格的客车:

1. 客车技术要求:

(1)技术性能符合国家标准《营运车辆综合性能要求和检验方法》(GB18565)的要求;

(2)外廓尺寸、轴荷和质量符合国家标准《道路车辆外廓尺寸、轴荷和质量限值》(GB1589)的要求;

(3)从事高速公路客运或者营运线路长度在800公里以上的客运车辆,其技术等级应当达到行业标准《营运车辆技术等级划分和评定要求》(JT/T198)规定的一级技术等级;营运线路长度在400公里以上的客运车辆,其技术等级应当达到二级以上;其它客运车辆的技术等级应当达到三级以上。

本规定所称高速公路客运,是指营运线路中高速公路里程在200公里以上或者高速公路里程占总里程70%以上的道路客运。

2. 客车类型等级要求:

从事高速公路客运、旅游客运和营运线路长度在800公里以上的客运车辆,其车辆类型等级应当达到行业标准《营运客车类型划分及等级评定》(JT/T325)规定的中级以上。

3. 客车数量要求:

(1)经营一类客运班线的班车客运经营者应当自有营运客车100辆以上、客位3000个以上,其中高级客车在30辆以上、客位900个以上;或者自有高级营运客车40辆以上、客位1200个以上;

(2)经营二类客运班线的班车客运经营者应当自有营运客车50辆以上、客位1500个以上,其中中高级客车在15辆以上、客位450个以上;或者自有高级营运客车20辆以上、客位600个以上;

(3)经营三类客运班线的班车客运经营者应当自有营运客车10辆以上、客位200个以上;

(4)经营四类客运班线的班车客运经营者应当自有营运客车1辆以上;

(5)经营省际包车客运的经营者,应当自有中高级营运客车20辆以上、客位600个以上;

(6)经营省内包车客运的经营者,应当自有营运客车5辆以上、客位100个以上。

(二)从事客运经营的驾驶人员,应当符合下列条件:

1. 取得相应的机动车驾驶证;

2. 年龄不超过60周岁;

3. 3年内无重大以上交通责任事故记录;

4. 经设区的市级道路运输管理机构对有关客运法规、机动车维修和旅客急救基本知识考试合格而取得相应从业资格证。

本规定所称交通责任事故,是指驾驶人员负同等或者以上责任的交通事故。

(三)有健全的安全生产管理制度,包括安全生产操作规程、安全生产责任制、安全生产监督检查、驾驶人员和车辆安全生产管理的制度。

(四)申请从事道路客运班线经营,还应当有明确的线路和站点方案。

第十一条　申请从事客运站经营的,应当具备下列条件:

(一)客运站经有关部门组织的工程竣工验收合格,并且经道路运输管理机构组织的站级验收合格;

(二)有与业务量相适应的专业人员和管理人员;

(三)有相应的设备、设施,具体要求按照行业标准《汽车客运站级别划分及建设要求》(JT/T200)的规定执行;

(四)有健全的业务操作规程和安全管理制度,包括服务规范、安全生产操作规程、车辆发车前例检制度、安全生产责任制、危险品查堵、安全生产监督检查的制度。

第十二条　申请从事道路客运经营的,应当按照下列规定提出申请:

(一)从事县级行政区域内客运经营的,向县级道路运输管理机构提出申请;

(二)从事省、自治区、直辖市行政区域内跨2个县级以上行政区域客运经营的,向其共同的上一级道路运输管理机构提出申请;

(三)从事跨省、自治区、直辖市行政区域客运经营的,向所在地的省、自治区、直辖市道路运输管理机构提出申请。

第十三条 申请从事客运站经营的,应当向所在地县级道路运输管理机构提出申请。

第十四条 申请从事道路客运经营的,应当提供下列材料:

(一)申请开业的相关材料:

1.《道路旅客运输经营申请表》(见附件1);

2.企业章程文本;

3.投资人、负责人身份证明及其复印件,经办人的身份证明及其复印件和委托书;

4.安全生产管理制度文本;

5.拟投入车辆承诺书,包括客车数量、类型及等级、技术等级、座位数以及客车外廓长、宽、高等。如果拟投入客车属于已购置或者现有的,应当提供行驶证、车辆技术等级证书(车辆技术检测合格证)、客车等级评定证明及其复印件;

6.已聘用或者拟聘用驾驶人员的驾驶证和从业资格证及其复印件,公安部门出具的3年内无重大以上交通责任事故的证明。

(二)同时申请道路客运班线经营的,还应当提供下列材料:

1.《道路旅客运输班线经营申请表》(见附件2);

2.可行性报告,包括申请客运班线客流状况调查、运营方案、效益分析以及可能对其他相关经营者产生的影响等;

3.进站方案。已与起讫点客运站和停靠站签订进站意向书的,应当提供进站意向书;

4.运输服务质量承诺书。

第十五条 已获得相应道路班车客运经营许可的经营者,申请新增客运班线时,除提供第十四条第(二)项规定的材料外,还应当提供下列材料:

(一)《道路运输经营许可证》复印件;

(二)与所申请客运班线类型相适应的企业自有营运客车的行驶证、《道路运输证》复印件;

(三)拟投入车辆承诺书,包括客车数量、类型及等级、技术等级、座位数以及客车外廓长、宽、高等。如果拟投入客车属于已购置或者现有的,应当提供行驶证、车辆技术等级证书(车辆技术检测合格证)、客车等级评定证明及其复印件;

(四)拟聘用驾驶人员的驾驶证和从业资格证及其复印件,公安部门出具的3年内无重大以上交通责任事故的证明;

(五)经办人的身份证明及其复印件,所在单位的工作证明或者委托书。

第十六条 申请从事客运站经营的,应当提供下列材料:

(一)《道路旅客运输站经营申请表》(见附件3);

(二)客运站竣工验收证明和站级验收证明;

(三)拟招聘的专业人员、管理人员的身份证明和专业证书及其复印件;

(四)负责人身份证明及其复印件,经办人的身份证明及其复印件和委托书;

(五)业务操作规程和安全管理制度文本。

第十七条 县级以上道路运输管理机构应当定期向社会公布本行政区域内的客运运力投放、客运线路布局、主要客流流向和流量等情况。

道路运输管理机构在审查客运申请时,应当考虑客运市场的供求状况、普遍服务和方便群众等因素。

第十八条 道路运输管理机构应当按照《中华人民共和国道路运输条例》和《交通行政许可实施程序规定》以及本规定规范的程序实施道路客运经营、道路客运班线经营和客运站经营的行政许可。

第十九条 道路运输管理机构对道路客运经营申请、道路客运班线经营申请予以受理的,应当自受理之日起20日内作出许可或者不予许可的决定;道路运输管理机构对客运站经营申请予以受理的,应当自受理之日起15日内作出许可或者不予许可的决定。

道路运输管理机构对符合法定条件的道路客运经营申请作出准予行政许可决定的,应当出具《道路客运经营行政许可决定书》(见附件4),明确许可事项,许可事项为经营范围、车辆数量及要求、客运班线类型;并在10日内向被许可人发放《道路运输经营许可证》,并告知被许可人所在地道路运输管理机构。

道路运输管理机构对符合法定条件的道路客

运班线经营申请作出准予行政许可决定的，应当出具《道路客运班线经营行政许可决定书》（见附件5），明确许可事项，许可事项为经营主体、班车类别、起讫地及起讫站点、途经路线及停靠站点、日发班次、车辆数量及要求、经营期限；并在10日内向被许可人发放《道路客运班线经营许可证明》（见附件8），告知班线起讫地道路运输管理机构；属于跨省客运班线的，应当将《道路客运班线经营行政许可决定书》抄告途经上下旅客的和终到的省级道路运输管理机构。

道路运输管理机构对符合法定条件的客运站经营申请作出准予行政许可决定的，应当出具《道路旅客运输站经营行政许可决定书》（见附件6），并明确许可事项，许可事项为经营者名称、站场地址、站场级别和经营范围；并在10日内向被许可人发放《道路运输经营许可证》。

道路运输管理机构对不符合法定条件的申请作出不予行政许可决定的，应当向申请人出具《不予交通行政许可决定书》。

第二十条　受理跨省客运班线经营申请的省级道路运输管理机构，应当在受理申请后7日内发征求意见函并附《道路旅客运输班线经营申请表》传真给途经上下旅客的和目的地省级道路运输管理机构征求意见；相关省级道路运输管理机构应当在10日内将意见传真给受理申请的省级道路运输管理机构，不予同意的，应当依法注明理由，逾期不予答复的，视为同意。

相关省级道路运输管理机构对跨省客运班线经营申请持不同意见且协商不成的，由受理申请的省级道路运输管理机构通过其隶属的省级交通运输主管部门将各方书面意见和相关材料报交通运输部决定，并书面通知申请人。交通运输部应当自受理之日起20日内作出决定，并书面通知相关省级交通运输主管部门，由受理申请的省级道路运输管理机构按本规定第十九条、第二十二条的规定为申请人办理有关手续。

第二十一条　被许可人应当持《道路运输经营许可证》依法向工商行政管理机关办理登记手续。

第二十二条　被许可人应当按确定的时间落实拟投入车辆承诺书。道路运输管理机构已核实被许可人落实了拟投入车辆承诺书且车辆符合许可要求后，应当为投入运输的客车配发《道路运输证》；属于客运班车的，应当同时配发班车客运标志牌（见附件7）。正式班车客运标志牌尚未制作完毕的，应当先配发临时客运标志牌。

第二十三条　已取得相应道路班车客运经营许可的经营者需要增加客运班线的，应当按本规定第十二条的规定进行申请。

第二十四条　向不同级别的道路运输管理机构申请道路运输经营的，应当由最高一级道路运输管理机构核发《道路运输经营许可证》，并注明各级道路运输管理机构许可的经营范围，下级道路运输管理机构不再核发《道路运输经营许可证》。下级道路运输管理机构已向被许可人发放《道路运输经营许可证》的，上级道路运输管理机构应当按上述要求予以换发。

第二十五条　中外合资、中外合作、外商独资形式投资道路客运和客运站经营的，应当同时遵守《外商投资道路运输业管理规定》。

第二十六条　道路客运经营者设立子公司的，应当按规定向设立地道路运输管理机构申请经营许可；设立分公司的，应当向设立地道路运输管理机构报备。

第二十七条　对同一客运班线有3个以上申请人的，或者根据实际情况需要，道路运输管理机构可采取服务质量招投标的方式实施道路客运班线经营许可。

相关省级道路运输管理机构协商确定通过服务质量招投标方式，实施跨省客运班线经营许可的，可采取联合招标、各自分别招标等方式进行。一省不实行招投标的，不影响另外一省进行招投标。

道路旅客运输班线经营权服务质量招投标管理办法另行制定。

第二十八条　在道路客运班线经营许可过程中，任何单位和个人不得以对等投放运力等不正当理由拒绝、阻挠实施客运班线经营许可。

第二十九条　客运经营者、客运站经营者需要变更许可事项或者终止经营的，应当向原许可机关提出申请，按本章有关规定办理。

客运班线的经营主体、起讫地和日发班次变更和客运站经营主体、站址变更按照重新许可办理。

客运经营者和客运站经营者在取得全部经营许可证件后无正当理由超过180天不投入运营或

者运营后连续180天以上停运的,视为自动终止经营。

第三十条 客运班线的经营期限由省级道路运输管理机构按《中华人民共和国道路运输条例》的有关规定确定。

第三十一条 客运班线经营者在经营期限内暂停、终止班线经营,应当提前30日向原许可机关申请。经营期限届满,需要延续客运班线经营的,应当在届满前60日提出申请。原许可机关应当依据本章有关规定作出许可或者不予许可的决定。予以许可的,重新办理有关手续。

客运经营者终止经营,应当在终止经营后10日内,将相关的《道路运输经营许可证》和《道路运输证》、客运标志牌交回原发放机关。

第三十二条 客运站经营者终止经营的,应当提前30日告知原许可机关和进站经营者。原许可机关发现关闭客运站可能对社会公众利益造成重大影响的,应当采取措施对进站车辆进行分流,并向社会公告。客运站经营者应当在终止经营后10日内将《道路运输经营许可证》交回原发放机关。

第三十三条 客运经营者在客运班线经营期限届满后申请延续经营,符合下列条件的,应当予以优先许可:

(一)经营者符合本规定第十条规定;

(二)经营者在经营该客运班线过程中,无特大运输安全责任事故;

(三)经营者在经营该客运班线过程中,无情节恶劣的服务质量事件;

(四)经营者在经营该客运班线过程中,无严重违法经营行为;

(五)按规定履行了普遍服务的义务。

第三章 客运车辆管理

第三十四条 客运经营者应当依据国家有关技术规范对客运车辆进行定期维护,确保客运车辆技术状况良好。

客运车辆的维护作业项目和程序应当按照国家标准《汽车维护、检测、诊断技术规范》(GB18344)等有关技术标准的规定执行。

严禁任何单位和个人为客运经营者指定车辆维护企业;车辆二级维护执行情况不得作为道路运输管理机构的路检路查项目。

第三十五条 客运经营者应当定期进行客运车辆检测,车辆检测结合车辆定期审验的频率一并进行。

客运经营者在规定时间内,到符合国家相关标准的机动车综合性能检测机构进行检测。机动车综合性能检测机构按照国家标准《营运车辆综合性能要求和检验方法》(GB18565)和《道路车辆外廓尺寸、轴荷和质量限值》(GB1589)的规定进行检测,出具全国统一式样的检测报告,并依据检测结果,对照行业标准《营运车辆技术等级划分和评定要求》(JT/T198)进行车辆技术等级评定。客运车辆技术等级分为一级、二级和三级。

车籍所在地县级以上道路运输管理机构应当将车辆技术等级在《道路运输证》上标明。

第三十六条 机动车综合性能检测机构应当使用符合国家和行业标准的设施、设备,严格按照国家和行业有关营运车辆技术检测标准对客运车辆进行检测,如实出具车辆检测报告,并建立车辆检测档案。

第三十七条 县级以上道路运输管理机构应当定期对客运车辆进行审验,每年审验一次。审验内容包括:

(一)车辆违章记录;

(二)车辆技术档案;

(三)车辆结构、尺寸变动情况;

(四)按规定安装、使用符合国家标准的行车记录仪情况;

(五)客运经营者为客运车辆投保承运人责任险情况。

审验符合要求的,道路运输管理机构在《道路运输证》审验记录栏中注明;不符合要求的,应当责令限期改正或者办理变更手续。

第三十八条 鼓励使用配置下置行李舱的客车从事道路客运。没有下置行李舱或者行李舱容积不能满足需求的客运车辆,可在客车车厢内设立专门的行李堆放区,但行李堆放区和乘客区必须隔离,并采取相应的安全措施。严禁行李堆放区内载客。

第三十九条 营运客车类型等级评定由县级以上道路运输管理机构依据行业标准《营运客车类型划分及等级评定》(JT/T325)和交通部颁布的《营运客车类型划分及等级评定规则》的要求实施。

第四十条　禁止使用报废的、擅自改装的、拼装的、检测不合格的客车以及其他不符合国家规定的车辆从事道路客运经营。

第四十一条　客运经营者和县级以上道路运输管理机构应当分别建立客运车辆技术档案和管理档案，并妥善保管。对相关内容的记载应当及时、完整和准确，不得随意更改。

客运经营者车辆技术档案主要内容应当包括：车辆基本情况、主要部件更换情况、修理和二级维护记录（含出厂合格证）、技术等级评定记录、类型及等级评定记录、车辆变更记录、行驶里程记录、交通事故记录等。

道路运输管理机构车辆管理档案主要内容应当包括：车辆基本情况、二级维护和检测记录、技术等级评定记录、类型及等级评定记录、车辆变更记录、交通事故记录等。

第四十二条　客运车辆办理过户变更手续时，客运经营者应当将车辆技术档案完整移交。县级以上道路运输管理机构应当对经营者车辆技术档案的建立情况实施监督管理。

第四十三条　客运经营者对达到国家规定的报废标准或者经检测不符合国家强制性标准要求的客运车辆，应当及时交回《道路运输证》，不得继续从事客运经营。

第四章　客运经营管理

第四十四条　客运经营者应当按照道路运输管理机构决定的许可事项从事客运经营活动，不得转让、出租道路运输经营许可证件。

第四十五条　道路客运企业的全资或者绝对控股的经营道路客运的子公司，其自有营运客车在10辆以上或者自有中高级营运客车5辆以上时，可按照其母公司取得的经营许可从事客运经营活动。

本条所称绝对控股是指母公司控制子公司实际资产51%以上。

第四十六条　道路客运班线属于国家所有的公共资源。班线客运经营者取得经营许可后，应当向公众提供连续运输服务，不得擅自暂停、终止或者转让班线运输。

第四十七条　客运班车应当按照许可的线路、班次、站点运行，在规定的途经站点进站上下旅客，无正当理由不得改变行驶线路，不得站外上客或者沿途揽客。

经许可机关同意，在农村客运班线上运营的班车可采取区域经营、循环运行、设置临时发车点等灵活的方式运营。

本规定所称农村客运班线，是指县内或者毗邻县间至少有一端在乡村的客运班线。

第四十八条　客运经营者不得强迫旅客乘车，不得中途将旅客交给他人运输或者甩客，不得敲诈旅客，不得擅自更换客运车辆，不得阻碍其他经营者的正常经营活动。

第四十九条　严禁客运车辆超载运行，在载客人数已满的情况下，允许再搭乘不超过核定载客人数10%的免票儿童。

客运车辆不得违反规定载货。

第五十条　客运经营者应当遵守有关运价规定，使用规定的票证，不得乱涨价、恶意压价、乱收费。

第五十一条　客运经营者（含国际道路客运经营者）、客运站经营者及客运相关服务经营者应当按照国家有关规定缴纳道路运输管理费。

第五十二条　客运经营者应当在客运车辆外部的适当位置喷印企业名称或者标识，在车厢内显著位置公示道路运输管理机构监督电话、票价和里程表。

第五十三条　客运经营者应当为旅客提供良好的乘车环境，确保车辆设备、设施齐全有效，保持车辆清洁、卫生，并采取必要的措施防止在运输过程中发生侵害旅客人身、财产安全的违法行为。

当运输过程中发生侵害旅客人身、财产安全的治安违法行为时，客运经营者在自身能力许可的情况下，应当及时向公安机关报告并配合公安机关及时终止治安违法行为。

客运经营者不得在客运车辆上从事播放淫秽录像等不健康的活动。

第五十四条　客运经营者应当为旅客投保承运人责任险。

第五十五条　客运经营者在运输过程中造成旅客人身伤亡，行李毁损、灭失，当事人对赔偿数额有约定的，依照其约定；没有约定的，参照国家有关港口间海上旅客运输和铁路旅客运输赔偿责任限额的规定办理。

第五十六条　客运经营者应当加强对从业人员的安全、职业道德教育和业务知识、操作规程培训。并采取有效措施,防止驾驶人员连续驾驶时间超过4个小时。

客运车辆驾驶人员应当遵守道路运输法规和道路运输驾驶员操作规程,安全驾驶,文明服务。

第五十七条 客运经营者应当制定突发公共事件的道路运输应急预案。应急预案应当包括报告程序、应急指挥、应急车辆和设备的储备以及处置措施等内容。

发生突发公共事件时,客运经营者应当服从县级及以上人民政府或者有关部门的统一调度、指挥。

第五十八条 客运经营者应当建立和完善各类台帐和档案,并按要求及时报送有关资料和信息。

第五十九条 旅客应当持有效客票乘车,遵守乘车秩序,文明礼貌,携带免票儿童的乘客应当在购票时声明。不得携带国家规定的危险物品及其它禁止携带的物品乘车。

第六十条 客运车辆驾驶人员应当随车携带《道路运输证》、从业资格证等有关证件,在规定位置放置客运标志牌。客运班车驾驶人员还应当随车携带《道路客运班线经营许可证明》。

第六十一条 遇有下列情况之一,客运车辆可凭临时客运标志牌运行:

(一)原有正班车已经满载,需要开行加班车的;

(二)因车辆抛锚、维护等原因,需要接驳或者顶班的;

(三)正式班车客运标志牌正在制作或者不慎灭失,等待领取的。

第六十二条 凭临时客运标志牌运营的客车应当按正班车的线路和站点运行。属于加班或者顶班的,还应当持有始发站签章并注明事由的当班行车路单;班车客运标志牌正在制作或者灭失的,还应当持有该条班线的《道路客运班线经营许可证明》或者《道路客运班线经营行政许可决定书》的复印件。

第六十三条 客运包车应当凭车籍所在地县级以上道路运输管理机构核发的包车客运标志牌,按照约定的时间、起始地、目的地和线路运行,并持有包车票或者包车合同,不得按班车模式定点定线运营,不得招揽包车合同外的旅客乘车。

客运包车除执行道路运输管理机构下达的紧急包车任务外,其线路一端应当在车籍所在地。

单程的去程包车回程载客时,应当向回程客源所在地县级以上道路运输管理机构备案。

非定线旅游客车可持注明客运事项的旅游客票或者旅游合同取代包车票或者包车合同。

第六十四条 省际临时客运标志牌(见附件9)、省际包车客运标志牌(见附件10)由省级道路运输管理机构按照交通部的统一式样印制,交由当地县以上道路运输管理机构向客运经营者核发。省际包车客运标志牌和加班车、顶班车、接驳车使用的省际临时客运标志牌在一个运次所需的时间内有效,因班车客运标志牌正在制作或者灭失而使用的省际临时客运标志牌有效期不得超过30天。

省内临时客运标志牌、省内包车客运标志牌样式及管理要求由各省级交通运输主管部门自行规定。

第六十五条 在春运、旅游"黄金周"或者发生突发事件等客流高峰期运力不足时,道路运输管理机构可临时调用车辆技术等级不低于三级的营运客车和社会非营运客车开行包车或者加班车。非营运客车凭县级以上道路运输管理机构开具的证明运行。

第五章 客运站经营

第六十六条 客运站经营者应当按照道路运输管理机构决定的许可事项从事客运站经营活动,不得转让、出租客运站经营许可证件,不得改变客运站用途和服务功能。

客运站经营者应当维护好各种设施、设备,保持其正常使用。

第六十七条 客运站经营者和进站发车的客运经营者应当依法自愿签订服务合同,双方按合同的规定履行各自的权利和义务。

客运站经营者应当按月和客运经营者结算运费。

第六十八条 客运站经营者应当依法加强安全管理,完善安全生产条件,健全和落实安全生产责任制。

客运站经营者应当对出站客车进行安全检查,采取措施防止危险品进站上车,按照车辆核定载客限额售票,严禁超载车辆或者未经安全检查的车辆出站,保证安全生产。

第六十九条　客运站经营者应当禁止无证经营的车辆进站从事经营活动，无正当理由不得拒绝合法客运车辆进站经营。

客运站经营者应当坚持公平、公正原则，合理安排发车时间，公平售票。

客运经营者在发车时间安排上发生纠纷，客运站经营者协调无效时，由当地县级以上道路运输管理机构裁定。

第七十条　客运站经营者应当公布进站客车的班车类别、客车类型等级、运输线路、起讫停靠站点、班次、发车时间、票价等信息，调度车辆进站发车，疏导旅客，维持秩序。

第七十一条　进站客运经营者应当在发车30分钟前备齐相关证件进站等待发车，不得误班、脱班、停班。进站客运经营者不按时派车辆应班，1小时以内视为误班，1小时以上视为脱班。但因车辆维修、肇事、丢失或者交通堵塞等特殊原因不能按时应班、并且已提前告知客运站经营者的除外。

进站客运经营者因故不能发班的，应当提前1日告知客运站经营者，双方要协商调度车辆顶班。

对无故停班达3日以上的进站班车，客运站经营者应当报告当地道路运输管理机构。

第七十二条　客运站经营者应当设置旅客购票、候车、乘车指示、行李寄存和托运、公共卫生等服务设施，向旅客提供安全、便捷、优质的服务，加强宣传，保持站场卫生、清洁。

在客运站从事客运站经营以外的其他经营活动时，应当遵守相应的法律、行政法规的规定。

第七十三条　客运站经营者应当严格执行价格管理规定，在经营场所公示收费项目和标准，严禁乱收费。

第七十四条　客运站经营者应当按规定的业务操作规程装卸、储存、保管行包。

第七十五条　客运站经营者应当制定公共突发事件应急预案。应急预案应当包括报告程序、应急指挥、应急设备的储备以及处置措施等内容。

第七十六条　客运站经营者应当建立和完善各类台账和档案，并按要求报送有关信息。

第六章　监督检查

第七十七条　道路运输管理机构应当加强对道路客运和客运站经营活动的监督检查。

道路运输管理机构工作人员应当严格按照法定职责权限和程序进行监督检查。

第七十八条　道路运输管理机构及其工作人员应当重点在客运站、旅客集散地对道路客运、客运站经营活动实施监督检查。此外，根据管理需要，可以在公路路口实施监督检查，但不得随意拦截正常行驶的道路运输车辆，不得双向拦截车辆进行检查。

第七十九条　道路运输管理机构的工作人员实施监督检查时，应当有2名以上人员参加，并向当事人出示交通部统一制式的交通行政执法证件。

第八十条　道路运输管理机构的工作人员可以向被检查单位和个人了解情况，查阅和复制有关材料。但应当保守被调查单位和个人的商业秘密。

被监督检查的单位和个人应当接受道路运输管理机构及其工作人员依法实施的监督检查，如实提供有关资料或者说明情况。

第八十一条　道路运输管理机构的工作人员在实施道路运输监督检查过程中，发现客运车辆有超载行为的，应当立即予以制止，并采取相应措施安排旅客改乘。

第八十二条　客运经营者在许可的道路运输管理机构管辖区域外违法从事经营活动的，违法行为发生地的道路运输管理机构应当依法将当事人的违法事实、处罚结果记录到《道路运输证》上，并抄告作出道路客运经营许可的道路运输管理机构。

第八十三条　客运经营者违反本规定后拒不接受处罚的，县级以上道路运输管理机构可以暂扣其《道路运输证》等道路运输管理机构颁发的相关证件，签发待理证，待接受处罚后交还。

第八十四条　道路运输管理机构的工作人员在实施道路运输监督检查过程中，对没有《道路运输证》又无法当场提供其他有效证明的客运车辆可以予以暂扣，并出具《道路运输车辆暂扣凭证》（见附件12）。对暂扣车辆应当妥善保管，不得使用，不得收取或者变相收取保管费用。

违法当事人应当在暂扣凭证规定的时间内到指定地点接受处理。逾期不接受处理的，道路运输管理机构可依法作出处罚决定，并将处罚决定书送达当事人。当事人无正当理由逾期不履行处罚决定的,道路运输管理机构可申请人民法院强制执行。

第七章 法律责任

第八十五条 违反本规定,有下列行为之一的,由县级以上道路运输管理机构责令停止经营;有违法所得的,没收违法所得,处违法所得2倍以上10倍以下的罚款;没有违法所得或者违法所得不足2万元的,处3万元以上10万元以下的罚款;构成犯罪的,依法追究刑事责任:

(一)未取得道路客运经营许可,擅自从事道路客运经营的;

(二)未取得道路客运班线经营许可,擅自从事班车客运经营的;

(三)使用失效、伪造、变造、被注销等无效的道路客运许可证件从事道路客运经营的;

(四)超越许可事项,从事道路客运经营的。

第八十六条 违反本规定,有下列行为之一的,由县级以上道路运输管理机构责令停止经营;有违法所得的,没收违法所得,处违法所得2倍以上10倍以下的罚款;没有违法所得或者违法所得不足1万元的,处2万元以上5万元以下的罚款;构成犯罪的,依法追究刑事责任:

(一)未取得客运站经营许可,擅自从事客运站经营的;

(二)使用失效、伪造、变造、被注销等无效的客运站许可证件从事客运站经营的;

(三)超越许可事项,从事客运站经营的。

第八十七条 违反本规定,客运经营者、客运站经营者非法转让、出租道路运输经营许可证件的,由县级以上道路运输管理机构责令停止违法行为,收缴有关证件,处2000元以上1万元以下的罚款;有违法所得的,没收违法所得。

第八十八条 违反本规定,客运经营者有下列行为之一,由县级以上道路运输管理机构责令限期投保;拒不投保的,由原许可机关吊销《道路运输经营许可证》或者吊销相应的经营范围:

(一)未为旅客投保承运人责任险的;

(二)未按最低投保限额投保的;

(三)投保的承运人责任险已过期,未继续投保的。

第八十九条 违反本规定,取得客运经营许可的客运经营者使用无《道路运输证》的车辆参加客运经营的,由县级以上道路运输管理机构责令改正,处3000元以上1万元以下的罚款。

违反本规定,客运经营者不按照规定携带《道路运输证》的,由县级以上道路运输管理机构责令改正,处警告或者20元以上200元以下的罚款。

第九十条 违反本规定,客运经营者(含国际道路客运经营者)、客运站经营者及客运相关服务经营者不按规定使用道路运输业专用票证或者转让、倒卖、伪造道路运输业专用票证的,由县级以上道路运输管理机构责令改正,处1000元以上3000元以下的罚款。

第九十一条 违反本规定,客运经营者有下列情形之一的,由县级以上道路运输管理机构责令改正,处1000元以上3000元以下的罚款;情节严重的,由原许可机关吊销《道路运输经营许可证》或者吊销相应的经营范围:

(一)客运班车不按批准的客运站点停靠或者不按规定的线路、班次行驶的;

(二)加班车、顶班车、接驳车无正当理由不按原正班车的线路、站点、班次行驶的;

(三)客运包车不按约定的起始地、目的地和线路行驶的;

(四)以欺骗、暴力等手段招揽旅客的;

(五)在旅客运输途中擅自变更运输车辆或者将旅客移交他人运输的;

(六)未报告原许可机关,擅自终止道路客运经营的。

第九十二条 违反本规定,客运经营者、客运站经营者已不具备开业要求的有关安全条件、存在重大运输安全隐患的,由县级以上道路运输管理机构责令限期改正;在规定时间内不能按要求改正且情节严重的,由原许可机关吊销《道路运输经营许可证》或者吊销相应的经营范围。

第九十三条 违反本规定,客运经营者不按规定维护和检测客运车辆的,由县级以上道路运输管理机构责令改正,处1000元以上5000元以下的罚款。

第九十四条 违反本规定,客运经营者使用擅自改装或者擅自改装已取得《道路运输证》的客运车辆的,由县级以上道路运输管理机构责令改正,处5000元以上2万元以下的罚款。

第九十五条　违反本规定，机动车综合性能检测机构不按照国家有关技术规范进行检测、未经检测出具检测结果或者不如实出具检测结果的，由县级以上道路运输管理机构责令改正，没收违法所得，违法所得在 5000 元以上的，并处违法所得 2 倍以上 5 倍以下的罚款；没有违法所得或者违法所得不足 5000 元的，处 5000 元以上 2 万元以下的罚款；构成犯罪的，依法追究刑事责任。

第九十六条　违反本规定，客运站经营者有下列情形之一的，由县级以上道路运输管理机构责令改正，处 1 万元以上 3 万元以下的罚款：

（一）允许无经营许可证件的车辆进站从事经营活动的；

（二）允许超载车辆出站的；

（三）允许未经安全检查或者安全检查不合格的车辆发车的；

（四）无正当理由拒绝客运车辆进站从事经营活动的。

第九十七条　违反本规定，客运站经营者有下列情形之一的，由县级以上道路运输管理机构责令改正；拒不改正的，处 3000 元的罚款；有违法所得的，没收违法所得：

（一）擅自改变客运站的用途和服务功能的；

（二）不公布运输线路、起讫停靠站点、班次、发车时间、票价的。

第九十八条　违反本规定，客运经营者（含国际道路客运经营者）、客运站经营者及客运相关服务经营者未按规定期限缴纳道路运输管理费的，由县级以上道路运输管理机构责令补交，按日收取道路运输管理费 1% 的滞纳金，并处 500 元以上 1000 元以下的罚款。

违反本规定，客运经营者（含国际道路客运经营者）、客运站经营者及客运相关服务经营者使用伪造、转让、涂改道路运输管理费专用收据或者缴讫证的，由县级以上道路运输管理机构收缴其非法收据和缴讫证，处 500 元以上 1000 元以下的罚款。

第九十九条　道路运输管理机构工作人员违反本规定，有下列情形之一的，依法给予行政处分；构成犯罪的，依法追究刑事责任：

（一）不依照规定的条件、程序和期限实施行政许可的；

（二）参与或者变相参与道路客运经营以及客运站经营的；

（三）发现违法行为不及时查处的；

（四）违反规定拦截、检查正常行驶的运输车辆的；

（五）违法扣留运输车辆、《道路运输证》的；

（六）索取、收受他人财物，或者谋取其他利益的；

（七）其他违法行为。

第八章　附　则

第一百条　出租汽车客运、城市公共汽车客运管理根据国务院的有关规定执行。

第一百零一条　客运经营者从事国际道路旅客运输经营活动，除一般行为规范适用本规定外，有关从业条件等特殊要求应当适用交通部制定的国际道路运输管理规定。

第一百零二条　道路运输管理机构依照本规定发放的道路运输经营许可证件和《道路运输证》，可以收取工本费。工本费的具体收费标准由省、自治区、直辖市人民政府财政、价格主管部门会同同级交通运输主管部门核定。

第一百零三条　本规定自 2005 年 8 月 1 日起施行。交通部 1995 年 9 月 6 日发布的《省际道路旅客运输管理办法》（交公路发〔1995〕828 号）、1998 年 11 月 26 日发布的《高速公路旅客运输管理规定》（交通部令 1998 年第 8 号）、1995 年 5 月 9 日发布的《汽车客运站管理规定》（交通部令 1995 年第 2 号）、2000 年 4 月 27 日发布的《道路旅客运输企业经营资质管理规定（试行）》（交公路发〔2000〕225 号）、1993 年 5 月 19 日发布的《道路旅客运输业户开业技术经济条件（试行）》（交运发〔1993〕531 号）同时废止。

江西省公路路政管理条例

(2008年8月1日江西省第十一届人民代表大会常务委员会第四次会议通过)

第一章 总 则

第一条 为了加强公路路政管理,保障公路完好、安全和畅通,根据《中华人民共和国公路法》(以下简称公路法)等有关法律、行政法规的规定,结合本省实际,制定本条例。

第二条 本省行政区域内国道、省道、县道、乡道的路政管理,适用本条例。

《江西省高速公路管理条例》对高速公路路政管理另有规定的,从其规定。

第三条 公路路政管理应当遵循统一管理、分级负责的原则。

第四条 县级以上人民政府应当加强对公路路政管理工作的领导。

省人民政府交通主管部门主管全省公路路政管理工作,负责本条例的组织实施和监督执行。省公路管理机构具体负责监督、指导全省公路路政管理工作。

设区的市、县(市、区)人民政府交通主管部门(以下简称交通主管部门)按照职责主管本行政区域内所辖路段的公路路政管理工作。设区的市公路管理局、县(市、区)公路管理分局(站)(以下简称公路管理机构)按照职责负责实施所辖路段的公路路政管理工作。

第五条 县级以上人民政府公安、规划、建设、国土资源、工商行政管理、质量技术监督、环境保护、农业、水利、林业等有关部门,应当按照各自职责依法做好公路路政管理的相关工作。

乡镇人民政府应当协助做好本行政区域内的公路路政管理工作。

第六条 县级以上人民政府应当采取措施,加强对公路的保护。交通主管部门、公路管理机构应当认真履行职责,依法做好公路保护工作,并努力采用科学的管理方法和先进的技术手段,提高公路管理水平,保障公路的完好、安全和畅通。

第七条 负责公路建设、养护、管理的单位应当按照国务院交通主管部门规定的技术规范和操作规程对公路进行养护,发现公路损坏的,及时组织修复,保证公路经常处于良好的技术状态。

第八条 公路作为公益性基础设施受国家保护。任何单位和个人不得破坏、损坏或者非法占用公路、公路用地及公路附属设施。

任何单位和个人都有爱护公路、公路用地及公路附属设施的义务,有权检举和控告破坏、损坏公路、公路用地、公路附属设施以及影响公路安全的行为。

第二章 管理职责

第九条 交通主管部门、公路管理机构依法行使下列公路路政管理职责:

(一)宣传、贯彻执行公路路政管理的法律、法规和规章;

(二)管理和保护公路、公路用地及公路附属设施;

(三)实施公路路政监督检查,维护公路安全、畅通;

(四)审查批准挖掘、占用、利用公路或者公路用地,以及超限运输等申请事项;

(五)管理公路两侧建筑控制区;

(六)法律、法规、规章规定的其他职责。

第十条 交通主管部门、公路管理机构、公安交通管理部门应当建立健全为民服务制度,逐步完善服务设施,为司乘人员提供服务。

交通主管部门、公路管理机构、公安交通管理部门应当加强对公路的巡查,发现公路路障的,按照职责及时排除。

第十一条　交通主管部门、公路管理机构应当加强对所属公路路政监督检查人员的教育和管理,提高公路路政监督检查人员的素质和行政执法水平。

第十二条　公路路政监督检查人员执行公务,应当着装整齐,佩戴标志,持证上岗。

用于公路监督检查的专用车辆,应当设置统一的标志和示警灯。

第十三条　公路路政监督检查人员执行公务,应当恪尽职守、公正廉洁、文明执法、热情服务,不得有下列行为:

(一)擅自设置收费、罚款项目,改变收费、罚款范围和标准;

(二)收费、罚款不出具有效票据;

(三)强制提供有偿服务;

(四)刁难、勒索管理相对人;

(五)其他违法行为。

第十四条　公路路政监督检查人员在公路、公路用地、公路两侧建筑控制区依法实施监督检查时,有关单位和个人应当予以配合,接受检查。

第三章　公路路产管理

第十五条　交通主管部门、公路管理机构应当建立公路路产登记制度,对公路路产登记造册。

交通主管部门、公路管理机构应当按照技术规范划定公路标线,设置公路标志等附属设施。

第十六条　在公路、公路用地范围内禁止下列行为:

(一)挖砂、采石、取土;

(二)堵塞、填埋公路排水设施;

(三)损坏公路标志、标桩等设施;

(四)挖沟引水、利用公路边沟排放污物;

(五)摆摊设点、堆放或者摊晒物品、倾倒垃圾、设置障碍;

(六)搭棚建屋,设置集贸市场、停车场、洗车点;

(七)拌料、拉钢筋等占道作业;

(八)其他损坏、污染公路、公路附属设施和影响公路畅通的行为。

第十七条　在大中型公路桥梁和渡口周围200米、公路隧道上方和洞口外100米范围内,以及在公路两侧一定距离内禁止下列行为:

(一)挖砂、采石、取土;

(二)倾倒废弃物;

(三)爆破作业;

(四)其他危及公路、公路桥梁、公路隧道、公路渡口安全的行为。

第十八条　在公路上行驶的货运车辆应当规范装载,装载物不得触地拖行、遗洒。

第十九条　车辆在公路上需要进行临时检修等作业的,应当先设置规范的标志,保证交通安全,并采取保护措施,防止损坏、污染公路或者公路附属设施。检修结束后,应当及时清理路面。

第二十条　机动车制造厂和其他单位不得将公路作为检验机动车制动性能的试车场地。

国道不得作为机动车驾驶员培训场地。在其他公路上进行机动车驾驶员培训的,应当遵守公安交通管理部门对行驶时间、路段的规定。

第二十一条　在公路、公路用地范围内进行下列活动,应当依照公路法的有关规定,事先经交通主管部门或者公路管理机构审批,并采取相应的保护措施:

(一)修建铁路、机场、电站、通信设施、水利工程以及进行其他建设工程需要占用、挖掘公路或者使公路改线的;

(二)跨越、穿越公路修建桥梁、渡槽或者架设、埋设管线、电缆等设施的;

(三)设置公路平面交叉道口的;

(四)除法律另有规定外,铁轮车、履带车和其他可能损害公路路面的机具确需在公路上行驶的;

(五)更新砍伐树木的;

(六)设置广告牌、标牌等非公路标志的。

第二十二条　申请办理第二十一条第一项至第三项规定的审批事项,申请人应当提交下列材料:

(一)载明施工的理由、地点、期限等内容的申请书;

(二)符合公路工程技术标准的设计方案;

(三)符合保障公路安全、畅通要求的施工方案;

(四)法律、法规、规章规定应当提交的其他材料。

第二十三条　申请办理第二十一条第四项

规定的审批事项,申请人应当提交下列材料:

(一)载明车辆或者机具确需行驶的理由、保护措施等内容的申请书;

(二)车辆或者机具行驶证件;

(三)法律、法规、规章规定应当提交的其他材料。

第二十四条　申请办理第二十一条 第五项规定的审批事项,申请人应当提交下列材料:

(一)载明砍伐树木的理由、位置、种类、数量等内容的申请书;

(二)符合公路绿化工程技术标准的补种方案;

(三)符合保障公路安全、畅通要求的作业方案;

(四)法律、法规、规章规定应当提交的其他材料。

第二十五条　申请办理第二十一条 第六项规定的审批事项,申请人应当提交下列材料:

(一)载明设置广告牌、标牌等非公路标志的理由、地点、时间及保持期限的申请书;

(二)广告牌、标牌等非公路标志的外廓尺寸、结构及安全性能的说明;

(三)法律、法规、规章规定应当提交的其他材料。

第二十六条　本章规定的审批权限涉及国道、省道的,由设区的市公路管理机构行使;涉及县道、乡道的,由县(市、区)交通主管部门或者公路管理机构行使。

前款规定的审批机关应当自受理申请之日起15个工作日内作出是否审批的决定。涉及收费公路的,应当征求收费公路经营管理者的意见。予以审批的,办理审批手续;不予以审批的,书面告知申请人并说明理由。

第二十七条　经依法审批进行本条例第二十一条所列活动的单位和个人,占用、挖掘公路,使公路改线或者对公路造成损坏的,应当根据公路法的有关规定,按照不低于该段公路原有的技术标准予以修复、改建或者给予补偿。

第二十八条　驾驶车辆对公路及公路附属设施造成较大损害的,必须立即停车,保护现场,报告交通主管部门或者公路管理机构,接受调查处理;情节严重又拒不接受调查处理的,交通主管部门或者公路管理机构可以指定地点强制其停车,接受调查处理后方可驶离。

第二十九条　公安交通管理部门在处理交通事故时,涉及损坏公路路产的,应当及时通知交通主管部门或者公路管理机构参与处理。

第四章　超限运输车辆行驶管理

第三十条　在公路上行驶车辆的车货总高度、总长度、总宽度和轴载质量以及总质量,应当符合国家道路车辆外廓尺寸、轴荷以及质量限值的规定。

在有限定要求的公路、公路桥梁、公路隧道以及公路渡口,交通主管部门、公路管理机构应当设置限载、限高、限宽、限长标志。

第三十一条　超过公路、公路桥梁、公路隧道或者汽车渡船的限载、限高、限宽、限长标准的车辆,不得在有限定标准的公路、公路桥梁上或者公路隧道内行驶,不得使用汽车渡船。车辆超过公路或者公路桥梁限载标准确需行驶的,必须经有关交通主管部门或者公路管理机构批准,并按照要求采取有效的防护措施;运载不可解体的超限物品的,应当按照指定的时间、路线、时速行驶,并悬挂明显标志。

申请办理前款规定的批准事项,申请人应当提交下列材料:

(一)载明货物运输的起讫点、拟经过的路线和运输时间的申请书;

(二)货物名称、重量、外廓尺寸及必要的总体轮廓图;

(三)运输车辆的厂牌型号、自载质量、轴载质量、轴距、轮数、轮胎单位压力、载货时总的外廓尺寸等有关资料;

(四)车辆行驶证;

(五)法律、法规、规章规定应当提交的其他材料。

第三十二条　前条规定的批准权限,按照下列规定执行:

(一)跨省(自治区、直辖市)行政区域进行超限运输的,由省公路管理机构行使,必要时可转报国务院交通主管部门统一进行协调;

(二)跨设区的市行政区域进行超限运输的,由省公路管理机构行使;

(三)跨县(市、区)行政区域进行超限运输的,由设区的市公路管理机构行使;

（四）在县（市、区）行政区域内进行超限运输的，由县（市、区）交通主管部门或者公路管理机构行使。

前款规定的批准机关应当自受理申请之日起15个工作日内作出是否批准的决定。予以批准的，向申请人颁发《超限运输通行证》；不予以批准的，书面告知申请人并说明理由。

第三十三条　交通主管部门、公路管理机构在审查超限运输申请时，应当根据实际情况，对需经路线进行勘测，选定运输路线，制定通行与加固方案，并与申请人签订有关协议。申请人应当根据通行与加固方案，对需要加固的运输路线、桥梁等进行加固，保障超限运输车辆安全行驶，或者由交通主管部门、公路管理机构帮助其采取加固措施，所需费用由申请人承担。

第三十四条　超限运输的承运人应当随车携带有效《超限运输通行证》。

超限运输车辆的实际型号、运载物品应当与《超限运输通行证》载明内容相一致。

禁止涂改、伪造、租借、转让或者超期使用《超限运输通行证》。

第三十五条　经省人民政府批准，交通主管部门或者公路管理机构可以在公路上设置运输车辆轴载质量及车货总质量的检测装置，对超限运输车辆进行检测。

经省人民政府批准，收费公路经营管理者可以在收费公路出口处设置计重收费装置，实行计重收费。

第三十六条　交通主管部门、公路管理机构应当规范检测行为，进行科学检测；对超限运输车辆进行检测时，不得影响其他车辆通行。

未办理《超限运输通行证》的超限运输车辆，承运人应当卸去超限的部分物品，未按照要求卸载的，不得继续上路行驶。运输不可解体的超限物品的运输车辆，未办理《超限运输通行证》的，承运人应当按照本章的规定补办《超限运输通行证》。

第三十七条　交通主管部门或者公路管理机构依法对在公路上行驶的超限运输车辆进行检查时，被检查人员应当配合，接受检查，不得强行通过。对不接受检查，堵塞超限运输检测装置通行车道的，可以强制拖移。

第五章　公路两侧建筑控制区管理

第三十八条　公路两侧建筑控制区的范围按照下列规定划定：

（一）国道不少于20米；

（二）省道不少于15米；

（三）县道不少于10米；

（四）乡道不少于5米。

第三十九条　国道、省道两侧建筑控制区，由沿线设区的市人民政府划定；县道、乡道两侧建筑控制区，由沿线县（市、区）人民政府划定。

交通主管部门、公路管理机构应当在依法划定的公路两侧建筑控制区外缘设置标桩、界桩。任何单位和个人不得损坏、擅自挪动标桩、界桩。

第四十条　除公路防护、养护需要外，禁止在公路两侧建筑控制区内修建建筑物和地面构筑物；需要在公路两侧建筑控制区内埋设管线、电缆等设施，应当事先经有关交通主管部门或者公路管理机构批准。

申请办理前款规定的审批事项，申请人应当提交本条例第二十二条规定的材料。

本条规定的批准权限，按照本条例第二十六条的规定执行。

第四十一条　在公路两侧建筑控制区填土或者在公路两侧房屋门前铺筑地面的，其标高应当低于公路路肩外缘标高30厘米，并且应当按照公路工程技术标准修建排水设施。

第四十二条　公路两侧建筑控制区内的违法建筑，应当依照有关法律、法规的规定予以拆除。

在公路两侧建筑控制区划定前，已依法在公路两侧建筑控制区内修建的建筑物和地面构筑物，不影响交通安全及公路建设的，可以保留，但不得在原地扩建或者重建；因影响交通安全或者公路建设等原因需要实施拆迁的，应当依法予以补偿。

第四十三条　规划、建设、国土资源等主管部门，在实施有关行政许可或者建设用地审批时，涉及公路两侧建筑控制区的，应当严格按照本条例第三十八条的规定办理，并在批准文件中注明建筑物与公路的控制距离。

第四十四条　规划和新建村镇、开发区以及集贸市场等，应当与公路保持规定的距离，避免在公路两侧对应建设，防止造成公路街道化，保证公路的运行安全与畅通。

本条例施行前已经在公路两侧建设的村镇、开发区以及集贸市场等,不得再沿公路平行扩建。

第六章 法律责任

第四十五条 违反本条例的规定,有关法律、行政法规有法律责任规定的,从其规定。

第四十六条 违反本条例第十八条规定的,由交通主管部门或者公路管理机构责令停止违法行为,限期清除障碍或者恢复路面;对公路造成污染或者损坏的,可以处500元以上2000元以下罚款;情节严重的,可以处2000元以上5000元以下罚款。

第四十七条 违反本条例第三十一条规定的,车辆超限使用汽车渡船或者未经批准在公路上擅自超限行驶的,由交通主管部门或者公路管理机构责令承运人停止违法行为,接受调查、处理,并可以处1000元以上5000元以下罚款;情节严重的,可以处5000元以上1万元以下罚款。

第四十八条 违反本条例第三十四条第一款规定的,由交通主管部门或者公路管理机构核实后放行,并可以处100元以上500元以下罚款。

违反本条例第三十四条第二款、第三款规定的,由交通主管部门或者公路管理机构按照擅自超限运输处罚。

第四十九条 违反本条例规定,对公路、公路用地及公路附属设施造成损害的,须缴纳公路路产赔(补)偿费;对公路、公路用地及公路附属设施造成污染的,应当负责清除或者承担清除费用。

第五十条 交通主管部门、公路管理机构及其公路路政监督检查人员有下列行为之一的,对直接负责的主管人员和其他直接责任人员依法给予处分;造成损失的,依法承担赔偿责任;构成犯罪的,依法追究刑事责任:

(一)擅自设置收费、罚款项目,改变收费、罚款范围和标准;

(二)收费、罚款不出具有效票据;

(三)强制提供有偿服务;

(四)刁难、勒索管理相对人;

(五)其他玩忽职守、徇私舞弊、滥用职权的行为。

第五十一条 违反本条例第四十三条规定办理有关行政许可或者建设用地审批的,该行政许可或者审批无效,对行政许可实施机关和审批单位直接负责的主管人员和其他直接责任人员,依法给予处分;造成损失的,依法承担赔偿责任。

第七章 附 则

第五十二条 本条例下列用语的含义:

(一)公路路政管理,是指为保障公路完好、安全和畅通,依法保护公路、公路用地及公路附属设施,管理公路两侧建筑控制区的行政管理行为。

(二)公路路产,是指公路、公路用地和公路附属设施。

(三)公路用地,是指公路两侧边沟(截水沟、坡脚护坡道)外缘起不少于1米范围内的土地。

(四)公路附属设施,是指为保护、养护公路和保障公路安全畅通所设置的公路防护、排水、养护、管理、服务、交通安全、渡运、监控、通信、收费等设施、设备以及专用建筑物、构筑物等。

(五)超限运输,是指在公路、公路桥梁上、公路隧道内行驶或者通过公路渡口的车辆,超过公路、公路桥梁、公路隧道或者汽车渡船对其轴载质量、高度、宽度或者长度的限制。

(六)收费公路,是指符合公路法和收费公路管理条例规定,经批准依法收取车辆通行费的公路(含桥梁、隧道)。

(七)公路两侧建筑控制区,是指以公路两侧边沟外缘为界,向外延伸一定距离的区域。

第五十三条 公路路产赔(补)偿费标准,由省人民政府交通主管部门会同省人民政府财政、价格主管部门根据公路工程造价定额标准制定。收取赔(补)偿费,必须使用省人民政府财政部门统一印制的专用票据。

收取的赔(补)偿费,应当专项用于公路路产的恢复和公路养护,任何单位和个人不得平调、挪用或者截留。

第五十四条 村道和林区公路的路政管理参照本条例执行。

第五十五条 本条例自2008年9月1日起施行。省人民政府1993年11月6日发布、1998年2月10日修正的《江西省公路路政管理办法》同时废止。

江西省港口管理办法

江西省人民政府令第166号

《江西省港口管理办法》已经2008年1月11日省人民政府第69次常务会议审议通过,现予公布,自2008年3月1日起施行。

省长 吴新雄

2008年1月15日

第一章 总 则

第一条 为了加强港口管理,维护港口的安全与经营秩序,保护当事人的合法权益,促进港口的建设与发展,根据《中华人民共和国港口法》等法律、法规,结合本省实际,制定本办法。

第二条 在本省行政区域内从事港口规划、建设、维护、经营、管理及其相关活动,应当遵守本办法。

第三条 港口所在地县级以上人民政府应当将港口建设和发展纳入国民经济和社会发展规划,依法保护和合理利用港口资源。

第四条 鼓励国内外经济组织和个人依法投资建设、经营港口,保护投资者的合法权益。

第五条 省交通主管部门主管全省的港口工作,其所属的港航管理机构承担全省港口管理的具体工作。

设区市、县(市、区)负责港口行政管理工作的部门,具体实施对本级人民政府管理的港口的行政管理。

省交通主管部门,设区市、县(市、区)负责港口行政管理工作的部门,以下统称港口行政管理部门。

第二章 港口规划

第六条 港口规划应当根据国民经济和社会发展的要求以及国防建设的需要编制,体现合理利用岸线资源的原则,符合城镇体系规划,并与土地利用总体规划、城市总体规划、江河流域规划、防洪规划、水路运输发展规划和其他运输方式发展规划以及法律、行政法规规定的其他有关规划相衔接、协调。

编制港口规划应当组织专家论证,征求发展改革、规划、国土资源、水利等部门和有关军事机关的意见,并依法进行环境影响评价。

第七条 港口规划包括全省港口布局规划和港口总体规划。

全省港口布局规划是指全省港口的分布规划,主要明确各港口的地位、作用、主要功能等内容,促进全省港口岸线资源的合理利用。

港口总体规划是指一个港口在一定时期的具体规划,包括港口的水域和陆域范围、港区划分、吞吐量和到港船型、港口的性质和功能、水域和陆域使用、港口设施建设岸线使用、建设用地配置以及分期建设序列等内容。港口总体规划应当符合全省港口布局规划。

第八条 全省港口布局规划,由省人民政府根据全国港口布局规划和全省经济社会发展情况组织编制,按照《中华人民共和国港口法》的规定征求国务院交通主管部门意见后公布实施。

第九条 本省列入国家主要港口名录的港口总体规划,由港口所在地的设区市港口行政管理部门组织编制,经本级人民政府审核同意,报省人民政府和国务院交通主管部门,依法由国务院交通主管部门征求国务院有关部门和有关军事机关的意见后,会同省人民政府批准并公布实施。

省人民政府确定的重要港口的总体规划,由港口所在地的设区市港口行政管理部门组织编制,经本级人民政府审核同意,报省人民政府,由省人民政府征求国务院交通主管部门意见后,批准并公布实施。

前两款规定以外的港口的总体规划,由港口所在地的县(市、区)港口行政管理部门组织编制,经港口所在地的县(市、区)人民政府征求省、设区市港口行政管理部门意见后,批准并公布实施,并报省人民政府备案。

第十条 任何单位和个人不得擅自修改经批准公布的港口规划。因经济、社会发展需要修改港口规划的,应当按照港口规划制定程序办理。

第三章 港口建设

第十一条 港口建设应当符合港口规划,不得违反港口规划建设任何港口设施。

第十二条 建设港口设施需要使用港口岸线的,申请人应当向港口所在地的设区市港口行政管理部门提出书面申请。但是,由国务院或者国务院经济综合宏观调控部门批准建设的项目使用港口岸线,不再另行办理使用港口岸线的审批手续。

设区市港口行政管理部门应当自受理申请之日起20日内,将初步审查意见和全部申请材料报送省港口行政管理部门。省港口行政管理部门应当自收到设区市港口行政管理部门报送的申请材料之日起20日内,对属于申请使用港口非深水岸线的,作出许可或者不予许可的决定;对属于申请使用港口深水岸线的,提出审查意见,报国务院交通主管部门审批。省港口行政管理部门审查申请时,应当对使用港口岸线的合理性组织评估,并征求省发展改革部门意见。

第十三条 因港口设施建设、货物装卸等需要临时使用港口岸线的,应当向港口所在地的设区市港口行政管理部门提出书面申请。设区市港口行政管理部门应当自受理申请之日起20日内,依法作出许可或者不予许可的决定。临时使用港口岸线,不得修建永久性建筑物、构筑物和设施。

第十四条 港口行政管理部门对符合条件,许可使用港口岸线或者临时使用港口岸线的,应当向申请人颁发港口岸线使用证件;不予许可的,应当书面通知申请人,并说明理由。

港口岸线使用期限最长不超过50年,港口岸线使用人在使用期限届满后需要继续使用的,应当在使用期限届满60日前办理延期使用手续。

临时使用港口岸线期限不超过一年,港口岸线使用人在使用期限届满后需要继续使用的,应当在使用期限届满30日前办理延期使用手续。

第十五条 港口岸线使用人应当按照许可的范围和用途使用港口岸线,不得擅自改变港口岸线的使用范围和使用功能。

港口非深水岸线使用人自取得许可之日起连续两年未开工建设的,港口行政管理部门可以收回其港口非深水岸线使用权。港口深水岸线使用权的收回,按照国家有关规定办理。

港口岸线使用人终止使用港口岸线的,应当向港口行政管理部门办理港口岸线使用注销手续。

第十六条 港口建设项目应当按照国家和省有关规定向政府投资主管部门申请办理审批、核准或者备案手续,并符合国家有关标准和技术规范。

建设港口工程项目应当依法进行环境影响评价和防洪影响评价。港口建设项目的安全设施、环境保护设施必须按照设计要求与主体工程同时设计、同时施工、同时投入使用。

港口建设使用土地和水域,应当依照有关土地管理、河道管理、航道管理、军事设施保护管理的法律、法规以及其他有关法律、法规的规定办理。

第十七条 港口工程依法实行施工安全监督和质量监督制度。港口建设工程安全监督机构应当按照有关规定,对港口工程建设安全开展监督工作。港口建设工程质量监督机构应当按照法定程序和技术标准对港口工程建设质量进行监督管理。

第十八条 港口设施建设项目竣工后,项目法人应当按照国家有关规定对港口设施建设项目进行试运行,并在试运行前向港口行政管理部门备案。港口设施建设项目试运行完毕,并具备竣工验收条 件的,项目法人应当按照国家和省有关规定办理项目竣工验收手续,经验收合格,方可投入使用。

第十九条 港口所在地县级以上人民政府应当保证必要的资金投入,用于港口公用的航道、锚地等基础设施的建设和维护,并采取措施,组织建设与港口相配套的航道、铁路、公路、给排水、供电、通信等设施。

港口行政管理部门应当加强港口公用基础设施的管理维护,并根据情况变化对港区内的船舶停泊地、锚地适时进行调整。

第四章 港口经营

第二十条 从事港口经营,应当具备法律、法规、规章规定的经营条件,向港口行政管理部门申请取得《港口经营许可证》,并依法办理工商登记。

港口经营包括码头和其他港口设施的经营,港口旅客运输服务经营,在港区内从事货物的装卸、驳运、仓储的经营和港口拖轮经营等。

第二十一条 在设区市人民政府管理的港口申请从事港口经营的,应当向该设区市港口行政管理部门提出书面申请。设区市港口行政管理部门应当自受理申请之日起30日内依法作出许可或者不予许可的决定。

在县级人民政府管理的港口申请从事港口经营的,应当向港口所在地的县(市、区)港口行政管理部门提出书面申请。县(市、区)港口行政管理部门应当自受理申请之日起10日内提出审查意见,报设区市港口行政管理部门审批。设区市港口行政管理部门应当自收到申请之日起20日内依法作出许可或者不予许可的决定。

申请从事国际集装箱装卸、港口汽车滚装业务应当向港口所在地的设区市港口行政管理部门提出书面申请。设区市港口行政管理部门应当自受理申请之日起10日内提出审查意见,报省港口行政管理部门审批。省港口行政管理部门应当自收到申请之日起20日内依法作出许可或者不予许可的决定。

第二十二条 港口行政管理部门实施港口经营许可,应当遵循公开、公正、公平的原则。对符合条件,许可从事港口经营的,应当向申请人颁发《港口经营许可证》;不予许可的,应当书面通知申请人,并说明理由。

港口经营许可期限不得超过港口岸线使用期限。

第二十三条 港口经营人从事经营活动,应当遵守有关法律、法规、规章和港口作业规则的规定,依法履行合同约定的义务,为客户提供公平、良好的服务。

从事港口旅客运输服务的经营人,应当采取保证旅客安全的有效措施,向旅客提供快捷、便利的服务,保持良好的候船环境。

港口经营人应当依照有关环境保护的法律、法规、规章的规定,采取有效措施,防治对环境的污染和危害。

第二十四条 对载运抢险物资、救灾物资和国防建设急需物资的船舶,港口经营人应当优先安排作业。

第二十五条 港口经营人不得实施垄断行为和不正当竞争行为,不得以任何手段强迫他人接受其提供的港口服务,不得为不具备经营资格、超范围经营的船舶提供装卸服务。

第二十六条 港口经营人应当遵守国家有关港口经营价格和收费的规定,并在其经营场所公布经营服务收费项目和收费标准,使用国家规定的港口经营票据;未公布经营服务收费项目和收费标准的,不得收费。

第二十七条 港口规费由财政部门委托港口行政管理部门征收,其收费项目、标准及管理办法,按照国家和本省的规定执行。港口行政管理部门不得擅自提高港口规费征收标准或者重复征费。

第二十八条 港口行政管理部门应当收集和定期发布港口公共信息,为港口经营人、船东、货主、旅客等提供信息咨询服务。

第五章 港口安全与监督管理

第二十九条 港口所在地县级以上人民政府应当加强对港口安全管理工作的领导,及时协调、解决港口安全管理工作中存在的重大问题。

第三十条 港口行政管理部门应当依法制定可能危及社会公共利益的港口危险货物事故应急预案、重大生产安全事故的旅客紧急疏散和救援预案以及预防自然灾害预案,建立健全港口重大生产安全事故的应急救援体系。

港口发生安全事故或者紧急情况时,港口行政管理部门应当根据事故等级和危害影响程度,启动相应的预案,组织实施应急处置和救援。

第三十一条 港口经营人应当依照有关法律、法规、规章和港口安全作业的规定,加强安全生产管理,建立健全安全生产责任制等制度,完善安全生产条件,采取有效措施,确保安全生产。

港口经营人应当在港口行政管理部门的指导下,依法制定本单位的危险货物事故应急预案、重大生产安全事故的旅客紧急疏散和救援预案以及预防自然灾害预案,报港口行政管理部门备案。

港口发生安全事故或者紧急情况时,港口经营人应当按照预案进行应急处置,防止和控制事故蔓延,并及时报告港口行政管理和安全生产监督管理等部门。

第三十二条　港口经营人应当按照有关规定在码头、仓库、货场、候船厅、停车场等场所配备消防器材和安全检查设施,加强安全检查,及时排除安全隐患。

第三十三条　港口经营人从事危险货物港口作业,应当具备国务院交通主管部门规定的条件,并向所在地港口行政管理部门申请危险货物港口作业资质认定。未取得危险货物港口作业资质的,不得从事危险货物港口作业。

第三十四条　货物或者其他物体落入港口水域可能影响港口安全或者有碍航行的,相关责任人应当立即向港口行政管理部门报告,并负责清除。

港口行政管理部门发现货物或者其他物体落入港口水域的,应当责令相关责任人限期清除;逾期未清除的,可以代为清除;情况紧急的,应当直接予以清除。清除所需费用由相关责任人承担。

第三十五条　遇有旅客滞留、货物积压阻塞港口的情况,港口行政管理部门必须采取有效措施,统一调配港口内运输工具、码头、库场、装卸设备和人员,进行疏港;阻塞港口情况严重的,港口行政管理部门应当及时报告港口所在地人民政府。港口所在地人民政府认为必要时,可以调配社会资源,进行疏港。

第三十六条　港口行政管理部门应当依法履行港口安全监督管理职责,加强对港口安全生产的监督检查,发现安全隐患的,应当责令被检查人立即排除或者限期排除。

被检查单位和有关人员应当接受港口行政管理部门依法实施的监督检查,如实提供有关情况和资料,不得拒绝检查或者隐匿、谎报有关情况和资料。

第六章　法律责任

第三十七条　违反本办法规定,《中华人民共和国港口法》及其他有关法律、法规已有法律责任规定的,从其规定。

第三十八条　违反本办法第十三条的规定,未经许可,擅自临时使用港口岸线的,由港口行政管理部门责令停止使用,可以处1000元以上5000元以下的罚款。

第三十九条　违反本办法第十五条第一款的规定,擅自改变港口岸线使用范围和使用功能的,由港口行政管理部门责令限期改正,可以处5000元以上2万元以下的罚款。

第四十条　违反本办法第二十五条的规定,为不具备经营资格、超范围经营的船舶提供装卸服务的,由港口行政管理部门责令限期改正,可以处3000元以上1万元以下的罚款。

第四十一条　港口行政管理部门有下列行为之一的,对直接负责的主管人员和其他直接责任人员依法给予处分;构成犯罪的,依法追究刑事责任:

(一)违反规定擅自修改经批准公布的港口规划的;

(二)未按照规定的条件、程序和期限实施行政许可的;

(三)不依法履行监督检查职责,对违反港口规划建设港口、码头或者其他港口设施的行为,未经依法许可从事港口经营的行为,不遵守安全生产管理规定的行为,危及港口作业安全的行为,以及其他违反本办法规定的行为,不依法予以查处的;

(四)其他滥用职权、玩忽职守、徇私舞弊的。

第七章　附　则

第四十二条　本办法自2008年3月1日起施行。

2008 年重要交通运输文件、文献辑录

1. 中华人民共和国公路管理条例(国务院令　第 543 号);

2. 中华人民共和国水路运输管理条例(国务院令　第 544 号);

3. 中华人民共和国航道管理条例(国务院令　第 545 号);

4. 收费公路权益转让办法(中华人民共和国交通运输部、国家发展和改革委员会、中华人民共和幽财政部令　2008 年第 11 号);

5. 航道工程竣工验收管理办法(中华人民共和国交通运输部令　2008 年第 1 号);

6. 国内水路运输经营资质管理规定(中华人民共和幽交通运输部令　2008 年第 2 号);

7. 邮政普遍服务监督管理办法(中华人民共和国交通运输部令　2008 年第 3 号);

8. 快递市场管理办法(中华人民共和国交通运输部令　2008 年第 4 号);

9. 公路、水路交通实施《中华人民共和国节约能源法》办法(中华人民共和国交通运输部令　2008 年第 5 号);

10. 中华人民共和国船员服务管理规定(中华人民共和国交通运输部令　2008 年第 6 号);

11. 游艇安全管理规定(中华人民共和国交通运输部令　2008 年第 7 号);

12. 道路旅客运输班线经营权招标投标办法(中华人民共和国交通运输部令　2008 年第 8 号);

13. 道路货物运输及站场管理规定(中华人民共和国交通运输部令　2008 年第 9 号);

14. 道路旅客运输及站场管理规定(中华人民共和国交通运输部令　2008 年第 10 号);

15. 江西省公路路政管理条例(江西省第十一届人大常委会 2008 年 8 月 1 日公布);

16. 江西省港口管理办法(江西省人民政府令　第 166 号);

17. 关于印发《江西省交通行政处罚自由裁量权适用规则(试行)》和《江西省交通行政处罚自由裁量权细化标准(试行)》的通知(江西省交通厅赣交法字〔2008〕24 号);

18. 关于授予江西蓝天驾驶学校"江西省示范性驾校"荣誉称号的决定(江西省道路运输管理局赣运驾培字〔2008〕15 号);

19. 关于在全省统一实施投保驾校责任险的通知(江西省道路运输管理局赣运驾培字〔2008〕11 号);

20. 关于 2007 年度全省一级和二级汽车客运站质量信誉考核情况的通报(江西省道路运输管理局赣运法字〔2008〕24 号);

21. 关于 2007 年度全省道路客运企业质量信誉考核结果的通报(江西省道路运输管理局赣运客字〔2008〕7 号);

22. 关于 2007 年度全省道路货运企业质量信誉考核情况的通报(江西省道路运输管理局赣运货字〔2008〕10 号);

23. 关于 2007 年度全省一、二类汽年维修企业质量信誉考核情况的通报(江西省道路运输管理局赣运车技〔2008〕15 号);

24. 关于公布 2007 年度全省机动车维修质量信誉考核 AAA 级企业的通报(江西省道路运输管理局赣运车技〔2008〕13 号);

25. 加强全省道路运输应急管理的通知(附件一)(江西省道路运输管理局赣运货字〔2008〕7 号);

26. 关于印发《江西省道路运输管理局政府信息公开目录、指南、制度》的通知(江西省道路运输管理局赣运办字〔2008〕21 号);

27. 关于推进我省汽车快修业发展的指导意见(江西省道路运输管理局赣运车技〔2008〕10 号);

28. 关于印发《江西省道路运输行业安全生

产督查专项行动方案》的通知(江西省道路运输管理局赣运安稽字〔2008〕7号);

29. 关于表彰江西省"文明诚信、优质服务"驾校的通报(江西省道路运输管理局赣运驾培字〔2008〕4号);

30. 关于印发《2008年道路运输行政执法检查工作方案》的通知(江西省道路运输管理局赣运法字〔2008〕10号);

31. 关于开展规范统一全省农村客运班车标志、标语工作的通知(江西省道路运输管理局赣运计基字〔2008〕9号);

32. 关于印发《江西省道路客运班线经营权服务质量招投标履约保证金提交和管理暂行办法》的通知(江西省道路运输管理局赣运客字〔2008〕4号);

33. 关于印发《江西省道路旅游客运市场安全专项整治工作方案》的通知(江西省道路运输管理局赣运安稽字〔2008〕4号);

34. 关于印发《江西省汽车客运站质量信誉考核办法(试行)》的通知(江西省道路运输管理局赣运法字〔2008〕8号);

35. 关于表彰2007年度道路旅客运输安全生产先进单位的通知(江西省道路运输管理局赣运安稽字〔2008〕3号);

36. 关于表彰2007年度全省道路运输系统先进单位和全省道路运输市场管理先进单位的通报(江西省道路运输管理局赣运办字〔2008〕8号);

37. 关于表彰2006~2007年度省级文明汽车站的决定(江西省道路运输管理局赣运法字〔2008〕7号);

38. 关于印发《(江西省道路运输管理局档案管理办法(试行)》的通知(江西省道路运输管理局赣运办字〔2008〕2号)。

附　录

2008 年交通运输十大新闻

海峡两岸实现直接"三通",成品油价格和税费改革启动,中国军舰护航亚丁湾、索马里海域,入选 2008 年中国产业经济十大新闻。

2009 年 1 月 5 日,《中国交通报》编辑部评出了 2008 年交通运输行业十大新闻。

1. 在抗击低温雨雪冰冻灾害中取得保通胜利。2008 年 1 月中旬,历史罕见的低温雨雪冰冻极端灾害天气突然降临南方大部分地区,最多时 21 条国道近 4 万千米路段通行不畅,上万车辆和人员被困。交通部门干部职工 368.4 万人次上路除雪破冰,投入机械 29 万多台次、应急运力 18.6 万辆,取得了抗灾保通的最后胜利。

2. 国务院实施机构改革,交通运输部成立。根据十一届全国人大一次会议审议通过的《国务院机构改革方案》,2008 年 3 月 23 日,新组建的交通运输部挂牌。交通运输部整合了原交通部、原中国民用航空总局的职责以及原建设部指导城市客运的职责,并负责管理国家邮政局和新组建的中国民用航空局。

3. 在抗震救灾及灾后重建中保障人员和物资运输。2008 年 5 月 12 日,四川汶川发生 8.0 级强烈地震,交通运输部党组按照党中央、国务院的统一部署和要求,迅速启动国家公路水路交通运输突发事件应急一级预案,千方百计抢通保通救灾"生命线",保障抗震救灾物资和人员的运输。温家宝总理对交通抗震救灾工作给予高度评价:交通部门的干部职工以顽强拼搏的精神创造了修复、修建公路史上的奇迹,他们的业绩是史无前例的,他们的精神也是史无前例的。

4. 奥运交通保障圆满成功。为保障北京第二十九届奥运会圆满举行,全国交通运输系统广大干部职工完成了奥运会运输保障和安保反恐工作,完成了进京货车绕行路线方案、112 国道改造工程、省际客运进京班车尾气改造治理、奥运应急运力保障组织、火炬国内传递公路转场和保障、奥帆赛青岛赛区海域安全保障和浒苔清除工作,提供了火炬接力境内外传递航空运输保障以及奥运专包机、公务机保障,加强了奥运邮政设施建设及监督服务。

5. 水监体制改革十周年和救捞体制改革五周年成绩显著,我国水上安全监管和救助能力大幅提升。2008 年,组织搜救 1784 次,19565 人和 1260 艘次船舶脱险,救助成功率达 96.5%。中韩海上溢油应急联合演习、厦金航线两岸合作搜救演习、部际合作大规模救助演习成功举行,进一步提高了我国海上搜救水平和能力。

6. 海峡两岸实现直接通航通邮。2008 年 12 月 15 日,两岸人民期盼已久的海运直航、空中直航、直接通邮正式启动,两岸"三通"迈出历史性步伐。两岸共开放 74 个海运直航港口(含港区);空中直航客运包机航点共 29 个,货运包机航点共 4 个;邮件分发局共 13 个。

7. 国务院决定实施成品油税费改革。2008 年 12 月 18 日,国务院决定,自 2009 年 1 月 1 日起实施成品油税费改革,取消原在成品油价外征收的公路养路费、航道养护费、公路运输管理费、公路客货运附加费、水路运输管理费、水运客货运附加费等六项收费,逐步有序取消政府还贷二级公路收费。

8. 国家加大交通基础设施建设投资,拉动内需。2008 年 11 月 5 日,国务院常务会议部署了当前进一步扩大内需、促进经济增长的十项措施,明确到 2010 年年底,投资 4 万亿元加快建设进度。这十项措施中有三项措施与交通运输密切相关,一是农村公路建设,二是包括铁路、公路和机场在内的重大基础设施建设,三是针对地震灾区的灾后重建工作。

9. 在纪念改革开放 30 周年的 2008 年,交通基础设施建设和运输生产取得显著成绩。一大批交通基础设施建成投产,苏通大桥、杭州湾跨海大桥等世界级桥梁建成通车;新增湛江港、唐山港、连云港港 3 个亿吨大港,我国大陆亿吨大港增加到 17 个。

10. 交通运输部积极协助配合海军护航行动,防范索马里海盗,保护中国远洋船舶和船员安全。2008 年 12 月 26 日,载有 800 余名官兵的中国海军舰艇编队 3 艘军舰奔赴亚丁湾、索马里海域执行护航任务。自 2009 年 1 月 6 日起,进入亚丁湾和索马里海域的我国船舶可提出护航请求。

(原载《中国交通报》2009 年 1 月 5 日版)

铁　路

【南昌铁路局概况】 南昌铁路局管内铁路东起台湾海峡西岸,西至湘赣省界,北起鄂皖赣省界,南至赣粤省界。京九、沪昆两大铁路干线,纵贯南北、连接东西,在全国铁路"八纵八横"的路网骨架中处于重要的位置。2008 年南昌铁路局线路分界站(点):京九线北端(蔡山)1277.000 千米处与武汉铁路局分界,京九线南端(定南)2008.200 千米处与广州铁路集团公司分界;沪昆线西端与广州铁路集团公司分界从醴陵站调整到株洲站(K1102.700 千米),把广铁集团管辖的沪昆线株洲至醴陵 52.386 千米和醴陵至茶陵支线 116.9 千米以及清璐线 12 千米整体划归南昌铁路局管辖;沪昆线东端(新塘边)502.200 千米处与上海铁路局分界,沪昆线西端(株洲)与广州铁路集团公司分界;皖赣线北端(倒湖)342.500 千米处与上海铁路局分界;武九线(西河村)185.809 千米处与武汉铁路局分界;合九线(孔垄)279.900 千米处与合九铁路公司分界,漳龙线

(琥市)K143.037千米处与广州铁路集团公司分界;2008年铜九线建成投入运营,与上海铁路局分界口为马当站。

2008年,南昌铁路局国家铁路营业里程3743.8千米,比上年增加89.3千米,总延展里程7355.7千米,比上年增加123.6千米。另铁道部与福建省合资铁路营业里程601.2千米(江西境内35.2千米),其中武夷山铁路有限责任公司营业里程220.2千米(福建省境内185千米,泉州铁路有限责任公司营业里程237.7千米,龙岩铁路有限责任公司营业里程143.3千米。2008年末江西省营业里程(省界)为2548.6千米(南昌境内284千米),福建省营业里程为1618.4千米。桥梁1660座198451延长米。配属机车1058台(电力机车268台、内燃机车778台、蒸汽机车12台),其中南昌地区机车761台(其中电力机车80台、内燃机车669台、蒸汽机车11台);车辆2800辆;车站371个(南昌地区16个)。

2008年末,南昌铁路局职工总数88064人,比上年减少1232人。全年完成运输营业收入187.92亿元,全局运输业劳动生产率15.6万元/人,同比增长9.4%。

2008年,南昌铁路局发送旅客7416.9万人,比上年增长11.9%,为年计划的103.9%。发送货物9187.9万吨,比上年下降2.3%,为年计划的94.7%;完成换算周转量1590.6亿吨千米,比上年增长2.4%,为年计划的95.9%。完成运输收入120.3亿元,比上年增长6.7%,为年计划的100.1%。其中,南昌地区发送旅客1800.3万人,发送货物396.6万吨。与此同时,坚持从大局出发,实施运力倾斜,确保抗灾救灾物资运输,圆满完成了煤炭、石油、粮食等重点物资运输和专特军运任务。多元经营营业收入51亿元,实现利润8000万元,接收安置主业职工933人。完成集体经济收入5.6亿元,实现利润800万元。

【铁路建设投资完成220亿元】　2008年,南昌铁路局抓住国家扩内需保增长的机遇,在赣闽两省境内加快大规模高标准铁路建设速度。全年完成基本建设投资219.95亿元,创历史之最。其中,铜九铁路提前竣工并投产运营。昌九城际、南昌枢纽西环线、温福、福厦、龙厦、厦深、向莆和京九、峰福线电气化改造等在建项目进展顺利,部分工程接近尾声。衡茶吉铁路正式开工建设,杭南长客专、合福铁路、九景衢铁路和皖赣、赣龙复线等项目前期工作加快推进,厦门前场、福州杜坞货场以及湄州湾北岸、可门、江阴港口支线建设有序展开。

【南昌铁路局百分百兑现电煤装车】　2007年下半年以来,江西经济快速增长,工农业和居民用电增长15%,全省由9个大电厂增加到11个大电厂,电煤需求骤增。2007年12月13日,江西省经贸委给南昌局发来《关于加大省内电煤供应的紧急函》,恳请南昌局对江西省内电煤日均装车按450辆以上予以确保安排。路局运输处接到来函和领导批示后,恢复碰头会制度。每日11时由运输处组织牵头,江西省经贸委、煤炭集团、电力公司派员参加,共同确定电煤装运计划,每日安排电煤装车500辆以上,并将任务分别下达有关站段,重点掌握电煤请求、审批、配空、装运、卸车情况。路局规定站段不得限制电煤运输请求上报,做到有多少报多少。入冬以来,路局规定站段不得限制电煤运输请求上报,做到有多少报多少。南昌局对电煤实行优先计划、优先配空、优先装运、优先卸车,有请必装,请求车装车兑现率达到100%,确保各大电厂迎峰度冬储煤及生产供需。2008年1月1日至6日,南昌局共运送电煤3487车,装车兑现率达100%。1至4月份发送煤炭56468车,338.80万吨,同比增加5012车,增长17%。

(张贵锋、何卫东、龚人宙)

【铜(陵)九(江)铁路正式开通运营】　2008年7月1日上午,九江站鼓乐喧天,彩旗招展。9时58分,45066次货物列车鸣笛启程,标志着国家重点工程——铜(陵)九(江)铁路正式开通运营。铜九铁路东起芜铜线的狮子山站,西接江西九江铁路枢纽,线路全长262千米。其中江西境内90千米。该铁路为国家I级铁路,设计旅客列车最高时速为每小时140千米。

【向莆铁路全线开工】　向莆铁路西起南昌向塘,东至福建莆田,由铁道部和江西、福建两省以及大唐国际发电股份有限公司共同出资建设。项目投资估算总额约518亿元(含南昌枢纽投资96.4亿元),资本金为259亿元。建设工期五年,先行工程于2007年11月开工。2008年2月27日,四方发起人举行签字仪式,标志着向莆铁路股份有限公司组建迈出关键性的一步,标志着江西省引进战略投资者建设铁路模式取得零的突破,标志着部省合资共建铁路又开创新模式。2008年8月向莆铁路全线开工。至年底,累计完成投资60亿元。

【京九铁路电气化改造全面启动】 京九铁路电气化改造工程北起北京西,南至江西乐化,包括津霸、麻武联络线,正线全长1422.2千米,是中国铁路既有线电气化改造中一次性投资建设规模最大的工程项目。其中南昌铁路局管内自蔡山至乐化,正线总长144.7千米。8月6日,京九铁路电气化改造工程在全国6个铁路局管段的共青城、霸州、聊城、商丘、麻城、阜阳站同步开工建设。至年底,南昌铁路局管内完成投资2亿元。

【南昌枢纽西环线开始架梁】 南昌枢纽西环线是铁道部投资项目,该线路起点为京九铁路乐化站,沿京九线西侧南下,利用北环线接入向塘站。项目总投资27.7亿元,工期3年。中铁二十四局承担南昌枢纽西环线Ⅰ标工程及全线铺架施工。自2007年8月进场施工以来,克服重重困难,坚持以"标准高、讲科学、不懈怠"为全部工作的出发点,多次在西环线建设指挥部组织的季度评比及信誉评价中名列前茅。为实现江西省政府和南昌铁路局要求的2009年通车运营的目标,指挥部加大投入,在向塘、昌北设两个铺架基地,南北同时架梁。针对铺架工程的要求,制定详细的推进时间表,确定科学的铺架方案和施工组织方案,上足人员和设备,强力推进。2008年9月19日上午10点18分,西环线以架桥梁为标志的铺架施工在南昌下汪村正式开始。西环线建成后,将进一步提高南昌枢纽的通过能力,打通"瓶颈"。

(张卫东、陈　明)

【昌九城际铁路施工进入桥梁铺架阶段】 昌九城际铁路由铁道部和江西省合资建设,全长96.648千米,投资总额58.32亿元,铁道部、江西省各出资50%,建设工期3年,预计2010年投入运营。该工程起于九江庐山站,沿京九铁路东侧而行,终点为南昌北站,与现有的京九铁路相连,引入南昌站。该工程建成后,将缓解京九线昌九段运输能力紧张局面,南昌至九江的列车运行时间将在40分钟左右,将南昌和九江融为一体,有力地促进区域化经济快速发展。11月19日,昌九城际铁路开始进入桥梁的上部铺架阶段。是日,昌九城际铁路工程陈家大屋大桥箱梁铺架。大桥架设的单箱双室整孔双线箱梁是国内首片长32米、重750吨的箱梁,是目前国内铁路桥梁施工中最新型的梁型,也是在国内首次采用。该梁由中铁四局昌九铁路项目部九江制梁场负责浇制。安装高度误差不得超过2毫米。

(张卫东、陈黎明)

【峰福铁路峰南段电气化改造工程开工】 峰福铁路起于江西横峰,止于福建福州,全长430.46千米。其中,南平南至福州段已于2000年12月实现电气化。峰(横峰)南(南平)段由于建设标准低、机车牵引类型与相邻线路不统一,严重影响运输效率。在铁道部与闽赣两省政府的共同努力下,峰福铁路峰南段电气化改造工程项目从批复立项到正式开工仅用了8个月时间。2008年11月18日,工程开工动员大会在武夷山南站举行。工程建设包括新建接触网482.1千米,新建5座牵引变电所、4个接触网工区,电力线路改造297.036正线千米,新建通信长途光缆348.28千米及21个车站到发线延长、7处道口平改立。工程总投资约9亿元,建设工期1年。预计在2009年10月竣工投入运营。

(李其荣)

【衡茶吉铁路开工】 衡茶吉铁路是国家中长期铁路网规划和铁路"十一五"规划的重点项目,是连接京九与京广两大繁忙干线的又一重要通道,铁路西起京广铁路衡阳站,途经湖南省的衡南、安仁、攸县、茶陵、炎陵,穿越罗霄山脉,进入江西省井冈山,接吉井线井冈山站。新线正线全长211千米,其中湖南境内长162千米,江西境内长49千米,建设工期为42个月。2008年12月28日,衡茶吉铁路建设动员大会在湘赣交界处、罗霄山下的井冈山龙市镇举行。上万名老区群众在80年前的"朱毛会师"地参加大会。江西省委书记苏荣,湖南省委书记张春贤和铁道部党组书记、部长刘志军共同启动工程开工按钮，并与江西省省长吴新雄、湖南省省长周强，及王宪魁、凌成兴、卢春房、徐宪平、洪礼和、胡幼桃等部省领导，为衡茶吉铁路开工奠基。

（况 芸、何卫东）

【南昌铁路局大力支持红色旅游博览会】 10月7日，2008中国（江西）红色旅游博览会在井冈山开幕，系列活动从10月至12月分别在南昌、赣州、上饶等地陆续推出，南昌铁路局陆续开行北京西到赣州、南昌、萍乡的旅游列车。路局调度所加强对旅游列车的组织工作，要求列车调度员实行"一条龙铺点"，准确预见旅客列车晚点情况，将其在四小时内传达给车站，保证旅客列车的正点。客运部门提供优质服务，专门派出列车员，在旅客相对集中的车厢，讲解井冈山历史，宣传井冈山革命精神。车辆部门加强了对车辆的检修和整备工作，确保上线的旅游列车车况良好。南昌铁路局给予大力支持，确保走铁路参加博览会的游客顺利到达目的地。

（况 芸、何卫东）

2008年南昌局请求车与装车比较

表43

月份	全局			江西（含湖南）			福建		
	日均请车	日均装车	装车满足率%	日均请车	日均装车	装车满足率%	日均请车	日均装车	装车满足率%
1	5770	4446	77.1	3913	2880	73.6	1857	1566	84.3
2	3755	3481	92.7	2487	2279	91.6	1268	1202	94.8
3	4053	4006	98.8	2455	2412	98.2	1598	1594	99.7
4	4311	4280	99.3	2659	2623	98.6	1652	1657	100.3
5	4926	4323	87.8	3162	2630	83.2	1764	1693	96.0
6	4701	4408	93.8	3068	2794	91.1	1633	1614	98.8
7	4482	4315	96.3	2897	2761	95.3	1585	1554	98.0
8	4377	4315	98.6	2840	2747	96.7	1537	1568	102.0
9	4553	4306	94.6	2840	2670	94.0	1713	1636	95.5
10	4427	4214	95.2	2680	2526	94.3	1747	1688	96.6
11	5013	4253	84.8	3172	2492	78.6	1841	1761	95.7
12	5392	4258	79.0	3327	2565	77.1	2065	1693	82.0
全年	4654	4222	90.7	2963	2617	88.3	1691	1605	94.9

（宋文艳）

【南昌站发送旅客1671.05万人】 南昌车站有职工667人，其中干部89人，高、中级技术职称31人，为客运一等站。车站有候车室7个，旅客候车面积7940平方米。车站售票大厅设24个售票窗口（其中一个残障人士售票窗口），在和谐号候车室设立4个动车组、直达车售票专窗，与市内及市郊县的74个售票网点形成覆盖面广的售票网络。车站配有电子引导、票额显示、电子监控、手机自动充电器、电子寄存柜、自动擦鞋机等先进的客运服务设备设施。有4个站台，其中2、3站台为高站台，7股到发线、2股正线、1股机车走行线。车站日均接发图定列车147对，其中客车88对（动车组6对，始发直达列车2对），货车57对，行包2对。客车每日开往或经由全国各大城市有北京、上海、广州、西安、沈阳、青岛、济南、成都、重庆、南宁、柳州、桂林、长沙、武昌、郑州、石家庄、合肥、南京、杭州、温州、汕头、深圳以及南昌至福州、厦门、九江、赣州、萍乡、玉山、景德镇、江边村等管内列车。

2008年，南昌站先后经受雨雪冰冻灾害和奥运安保的严峻考验，确保车站安全持续稳定、增运增收。截至12月31日，车站实现运输安全3762天。全年发送旅客1671.05万人，比上年增长16.00%；完成运输收入12.04亿元，比上年增长15.12%；国旅分社完成收入2402万元，实现利润16.4万元；铁宏分公司完成收入2028万元，实现利润14.9万元;集体企业完成经营收入1582万元,利润14万元。全年实现"零"投诉,"零"负面新闻报告。

【南昌站抗击严重雨雪冰冻灾害保畅通】 年初,面对突如其来的严重雨雪冰冻灾害,南昌站迅速启动预案,以超负荷的劳动强度、以超坚强的意志品质,紧急备足各种设备工具,以雪为令日夜守护清扫道岔,实现了"零冻岔"的目标,确保京九大动脉的畅通。其间,日接发列车最高峰达412列,创建站最高纪录,共疏运自南昌迂回中转旅客2万余人,办理旅客退票9.4万张。2月14、15、16、23、24日,发送旅客均在10万人以上,其中2月23日发送旅客12.02万人,均创建站以来历史最高纪录。

冰冻灾害期间,中共中央政治局常委、中央纪委书记贺国强、原国务院副总理吴仪先后到南昌站视察春运工作及抗击冰雪灾害情况,对该站为抗击冰雪灾害作出的贡献,给予高度评价。

(黄海峰、章嘉魁)

【南昌南站实现运输收入25990万元】 南昌南车站是综合性铁路货运站,下辖南昌北、南昌西、南昌南、莲塘、横岗等5个自然站。有干部职工1182名,其中工人1054名,工人技师43名;干部128名,大专以上学历87名。

2008年,该站深度开发西南方向和乌鲁木齐五定班列、北方六局直达班列3趟轻泡货物品牌列车,优化货源结构,吸引南昌市36%的市场份额,货运收入率有较大幅度的提高。同时不断优化货运精品专线,南昌至深圳北海铁联运、南昌至厦门北城际、南昌北至芦潮港3趟集装箱班列初具规模,全年开行班列261列,发送7848个集装箱。

该站全年计划货物发送300万吨,实际完成299.5万吨,比上年减少43.6万吨;实现运输收入25990万元。全年装运优质货源8307车,比上年增长15.6%,吨收入率达56.36元/吨。全年消灭一般D类及其以上事故。截至12月31日,全站实现运输安全2729天。

(夏文华)

【南昌客运段完成四川地震伤员运送任务】 5月18日10时,南昌铁路局在接到转运地震灾区伤员的命令后,第一时间调集18辆由卧铺车厢组成的25G型新型空调车组。南昌客运段抽调京鹏、北京车队的2个整建制车班,共91名随车工作人员。23时,南昌局首趟赴灾区协助伤员转移的L392次专运列车从南昌站始发开往成都。

5月23日0时50分,车组在成都接到命令,将成都、绵阳地震伤员265名运送至武汉,另有陪护人员270名,医务人员101人,成都局添乘干部2名,全列共计人员730余人。5月24日12点15分,列车到达汉口。17点35分由汉口返回成都。

5月27日4点55分,车组由成都站发绵阳,6时50分开始组织伤员上车,9时开车。共计上伤员189人,另家属陪护180人,医护人员148人,合计517人。5月28日8时20分到达太原,组织下伤员189人。18时05分到达北京西。22点30分,车组由北京西至成都开行临客,始发有500余人。5月30日3时20分,列车终到成都。

5月31日上午,卫生部部长陈竺在四川省政府副省长陈宁的陪同下视察12、11号车厢和餐车的情况,对工作给予了肯定,并慰问工作人员。9时17分,车组开由成都送伤员到厦门的救40/41次列车。6月1日20时35分,列车安全到达终点站厦门,共运送伤员280名。

从5月18日到6月2日,在执行此次任务的16天时间里,抢运专列的全体人员克服重重困难,圆满地完成了三批任务,全部行程12500余千米,途经13个省市,共运送734名地震伤员出川治疗。

(彭文斌)

【九景衢及皖赣铁路改造工程正式拉开序幕】 2月18日~20日,由江西省铁路建设办公室、铁道部第四勘察设计院和中铁上海设计院集团有限公司组成的专家组在景德镇市考察,并就九景衢及皖赣铁路改造工程预可行性研究报告的勘察设计及两条铁路在景德镇市境内的走向、客货站位置等问题提出初步勘察设计意见。

19日上午,景德镇市市政府在市发改委会议室组织召开九景衢及皖赣铁路改造工程预可行性研究报告勘察设计工作会。专家组认为,九景衢铁路及皖赣线铁路改造工程事关景德镇市的长远发展,是江西省铁路网的重要组成部分。此次勘察设计考察的最终目的是提出一份科学的勘察设计意见,达到"打通景德镇南北铁路通道和促进景德镇市经济社会又好又快发展"的双重效果。下一步将重点研究此次勘察设计工作会上所收集到的情况,认真考虑线路走向、线形、技术标准等有关问题,科学布局客货站位置,造福景德镇人民。

根据初步勘察,九景衢铁路在景德镇市境内建设里程48千米,投资约27亿元,皖赣线复线改造在景德镇市境内建设里程173千米,投资约32亿元。

(涂 强)

【赣州车务段】 赣州车务段地处京九铁路南段、赣龙铁路的西段。管辖里程536千米。管辖京九线三江镇—定南站、赣龙线赣州东—瑞金站和一条吉井线,共42个车站(其中一等站1个、即井冈山站,二等站3个、即吉安、赣州、赣州东3个站,三等站6个、即新干、泰和、兴国、信丰、定南、瑞金6个站,四等站22个、即三江镇、丰城南、樟树东、大洋洲、峡江、八都、吉水、吉安南、冠朝、沙村、龙口、南塘镇、赣县、赣州南、南康、龙回、大塘埠、铁石口、小江、龙南、于都、西江22个站,五等站10个、即张巷、酽桥、石坑、营盘上、高兴镇、关西镇、茅店、罗坳、黄麟、石门圩)。一个乘务室、一个客车队,运营里程745千米,乘务里程1210千米。

2008年,在南昌铁路局和赣州市政府的正确领导和关心帮助下,南铁赣州车务段全体干部职工认真贯彻"标准高、讲科学、不懈怠"的要求,紧紧抓住"安全、效益、发展、民生"四个重点,有序应对冰雪、地震灾害和全球经济危机等诸多大事、难事、急事和突发任务的重大考验,克服自然灾害、经济宏观调控和运能紧张、货源不足等影响,进一步落实生产经营责任,统一思想、迎难而上,努力挖潜提效,增运增收,完成年度运输生产经营任务。全年该段共发送旅客964.43万人,较2007年同期多发送141.7万人,增长14.7%;货物发送345.4万吨,较2007年同期少发送43万吨,下降了11.1%;运输收入完成6.76亿元,较2007年同期增收1661.5万元,增长2.5%。全段实现运输安全162天。

面对客货运输市场激烈的竞争,通过加强对外营销力度,开展客货宣传和市场调研,始终坚持以市场为导向,以优质服务为前提,紧紧抓住春运、暑运、和"五一"、"十一"黄金周等有利时机,积极创收,努力完成运输经营任务。客运部门加强新图宣传,扩大提速调图影响,加快新图与市场对接,使旅客发送量和客票收入均有较大幅度的增长。该段共发送旅客964.43万人,较2007年同期多发送141.7万人,增长14.7%;货物发送345.4万吨,较2007年同期少发送43万吨,下降了11.1%;运输收入完成6.76亿元,较2007年同期增收1661.5万元,增长2.5%;段还大力扶持"两经"发展,推进多经重组,拓展多经营业范围,保障集经健康发展,保持了不断赢利的势头。

(杨河良)

南昌火车站始发列车时刻表

表44 2009年4月

车次	车种	起终点站	时刻		车次	起终点站	时刻		票价(元)	
			开车	终到			开车	终到	硬座	下卧
Z66	空调特快	南昌—北京西	20:09	08:00	Z65	北京西—南昌	19:34	07:25	—	308
Z68	空调特快	南昌—北京西	19:10	07:10	Z67	北京西—南昌	20:30	08:30	175	308
T168	空调特快	南昌—北京西	19:29	13:06	T167	北京西—南昌	15:01	08:10	191	335
1454	空调普快	南昌—北京西	17:10	10:40	1453	北京西—南昌	12:12	06:07	154	287
T147/6	空调特快	南昌—北京西	13:20	10:20	T145/8	北京西—南昌	12:17	10:16	226	395
K288	空调快速	南昌—上海南	21:12	07:04	K287	上海南—南昌	21:00	06:50	106	191
2136	空调普快	南昌—上海南	18:01	05:20	2135	上海南—南昌	09:56	20:30	94	179
T171	空调特快	南昌—广州东	18:41	06:29	T172	广州东—南昌	19:29	06:57	137	242
2240	普快	南昌—南京西	14:24	06:28	2239	南京西—南昌	13:08	06:00	55	117

续上表

车次	车种	起终点站	时刻		车次	起终点站	时刻		票价(元)	
			开车	终到			开车	终到	硬座	下卧
K790/1	空调快速	南昌—西安	19:36	15:12	K792/89	西安—南昌	16:46	13:13	170	300
K8716/7	空调快速	南昌—福州	20:36	06:21	K8718/5	福州—南昌	20:26	06:44	87	157
1557	空调普快	南昌—南宁	17:22	13:25	1558	南宁—南昌	19:01	16:01	145	271
K196	快速	南昌—合肥	07:07	13:54	K195	合肥—南昌	15:10	21:51	39	80
K8708/7	空调快速	南昌—厦门	18:19	11:13	K8706/5	厦门—南昌	13:01	06:10	113	201
K342/3	空调快速	南昌—青岛	16:51	11:58	K344/1	青岛—南昌	13:11	08:43	191	335
T276	空调特快	南昌—武昌	13:31	17:13	T275	武昌—南昌	08:30	12:08	55	81
T278	空调特快	南昌—武昌	07:52	11:28	T277	武昌—南昌	13:40	17:09	52	106
T291	空调特快	南昌—武昌	15:19	19:49	T292	武昌—南昌	10:08	14:50	55	87
2532/3	普快	南昌—宁波	21:37	11:25	2534/1	宁波—南昌	12:52	05:17	62	131
2208/5	普快	南昌—温州	19:16	07:20	2207/6	温州—南昌	17:45	07:09	87	165
D92	动车组	南昌—上海南	08:15	13:45	D93	上海南—南昌	15:27	20:47	253	303
D96	动车组	南昌—杭州	08:05	12:05	D95	杭州—南昌	12:34	16:34	199	239
D205/8	动车组	南昌—长沙	16:52	19:52	D207/6	长沙—南昌	20:08	23:07	130	156
K506	空调快速	南昌—南京	20:58	08:07	K505	南京—南昌	09:35	18:16	82	149
K787/6	快速	南昌—成都	11:02	13:05	K788/5	成都—南昌	14:31	16:42	116	222
2186	空调普快	南昌—杭州	21:33	07:37	2185	杭州—南昌	19:46	05:34	81	154
2188	普快	南昌—杭州	12:41	22:08	2187	义乌—南昌	19:55	04:31	31	79
1235	普快	南昌—昆明	15:09	21:45	1236	昆明—南昌	12:28	22:17	107	221
1122/3	普快	南昌—哈尔滨	14:25	08:06	1124/1	哈尔滨—南昌	15:27	08:18	141	287
K8702	空调快速	南昌—九江	08:00	09:27	K8701	九江—南昌	10:40	12:16	22	73
K8722	空调快速	南昌—玉山	07:24	11:27	K8721	玉山—南昌	11:57	15:34	44	95
K8723	空调快速	南昌—赣州	08:21	12:43	K8724	赣州—南昌	13:08	17:37	63	115
K8727	空调快速	南昌—醴陵	07:04	11:47	K8728	醴陵—南昌	13:50	18:54	51	102
K8730	空调快速	南昌—景德镇	08:35	13:05	K8729	景德镇—南昌	13:50	18:09	47	
K8731	空调快速	南昌—井冈山	17:33	20:55	K8732	井冈山—南昌	09:03	12:27	47	
5201	普快	南昌—萍乡	14:55	19:06	5202	萍乡—南昌	07:00	10:59	22	
5204	普快	南昌—上饶	15:52	19:42	5203	玉山—南昌	09:42	13:56	22	
5206	普快	南昌—景德镇	15:24	19:50	5205	景德镇—南昌	07:44	12:19	24	
7205	普慢	南昌—江边村	13:26	17:35	7206	江边村—南昌	06:46	10:47	10	
8551	普慢	南昌—向塘	06:34	07:04	8552	向塘—南昌	19:34	20:02	2.5	
7210	普慢	南昌—九江	14:46	17:44	7209	九江—南昌	11:52	14:06	9	
7213	普慢	南昌—吉安	15:37	20:02	7214	吉安—南昌	08:08	11:42	16	
7201	普慢	南昌—茶陵	11:37	20:34	7202	茶陵—南昌	07:42	17:02	27	
L47	普快	南昌—深圳	16:15	11:16	L48	深圳—南昌	12:20	07:40	71	149
L8801	普快	南昌—萍乡	16:37	22:50	L8802	萍乡—南昌	10:30	15:28	22	
L8806	普快	赣州—南昌	08:06	13:48					55	

说明:根据有关资料整理,以车站公告为准。

(周国祥)

南昌火车站中转列车时刻表

表 45　　2009 年 4 月

车次	车种	区间	南昌站		终点站	车次	区间	南昌站		终点站
			到达	开车				到达	开车	
K254/1	空调快速	宜昌—上海南	03:19	03:27	13:29	K253/2	上海南—宜昌	01:34	01:42	15:31
1586/7	空调普快	温州—武昌	01:26	01:36	06:39	1585/8	武昌—温州	20:47	20:58	07:40
K352/3	空调快速	成都—上海南	03:11	03:20	14:19	K351/4	上海南—成都	04:11	04:21	09:27
K321/0	空调快速	合肥—福州	01:45	01:58	12:28	K322/9	福州—合肥	01:41	01:52	09:16
K799/8	空调快速	武昌—汕头	19:42	19:52	09:08	K800/797	汕头—武昌	06:24	06:34	11:50
1020	空调普快	东莞东—合肥	02:58	03:08	10:05	1019	合肥—东莞东	19:14	19:23	07:25
K392/89	空调快速	福州—成都	23:16	23:25	05:14	K391/90	成都—福州	15:21	15:31	05:06
K32/29	快速	洛阳—福州	03:05	03:13	14:10	K30/31	福州—洛阳	03:13	03:22	17:35
K304/1	空调快速	连云港—广州	01:58	02:12	14:26	K302	广州—徐州	10:36	10:48	22:17
T108	空调特快	深圳—北京西	00:33	00:42	14:13	T107	北京西—深圳	09:41	09:50	19:45
T162/59	空调特快	青岛—广州东	02:09	02:20	12:45	T161/0	广州东—青岛	01:54	02:04	20:15
K524/5	空调快速	福州—武昌	00:41	00:51	05:30	K523/6	武昌—福州	21:38	21:47	10:08
K105	空调快速	北京西—深圳	15:53	16:02	05:02	K106	深圳—北京西	23:00	23:10	15:58
K307/6	空调快速	北京西—厦门	03:59	04:07	19:32	K308/5	厦门—北京西	14:43	14:54	07:00
K133	空调快速	北京西—井冈山	04:43	04:51	08:41	K134	井冈山—北京西	15:36	15:46	09:11
K751/4	快速	上海南—麻城	06:18	06:28	11:21	K753/2	麻城—上海南	21:57	22:05	11:38
1533/2	空调普快	杭州—武昌	03:06	03:15	08:28	1531/4	武昌—杭州	21:10	21:18	05:44
1537/40	空调普快	深圳—郑州	21:41	21:49	09:36	1538/9	郑州—深圳	09:24	09:32	21:42
K85/8	空调快速	广州—九江	07:22	07:32	09:11	K87/6	九江—广州	19:02	19:10	07:52
K309/12	空调快速	广州东—合肥	23:26	23:37	06:13	K311/10	合肥—广州东	20:34	20:43	08:57
K242/3	空调快速	西安—厦门	13:44	13:52	06:09	K244/1	厦门—西安	10:53	11:04	06:21
K11/4	快速	上海南—武昌	05:47	05:55	10:43	K13/2	武昌—上海南	21:31	21:41	07:46
T186/7	空调特快	深圳—沈阳北	06:30	06:41	06:49	T188/5	沈阳北—深圳	18:46	18:55	05:13
T128/5	空调特快	东莞东—成都	06:36	06:47	08:29	T126/7	成都—东莞东	20:22	20:30	06:03
K804/5	空调快速	福州—重庆北	05:08	05:18	08:20	K806/3	重庆北—福州	12:50	13:00	23:38
K116	空调快速	深圳—九江	04:38	04:46	06:35	K115	九江—深圳	17:30	17:40	05:45
K448/5	空调快速	西安—深圳	16:48	16:58	04:50	K446/7	深圳—西安	20:40	20:51	15:06
1506	空调普快	深圳西—合肥	05:28	05:38	13:12	1505	合肥—深圳西	02:35	02:46	15:26
K571	空调快速	北京西—龙岩	09:13	09:22	17:49	K572	龙岩—北京西	21:21	21:30	12:44
K666/7	空调快速	福州—沈阳北	18:02	18:10	20:57	K668/5	沈阳北—福州	19:35	19:45	05:42
1435	普快	阜阳—东莞东	17:56	18:10	06:20	1436	东莞东—阜阳	01:17	01:26	08:31
1177/6	普快	麻城—广州东	20:12	20:21	09:36	1175/8	广州东—麻城	02:34	02:44	07:36
K11/14	空调快速	上海南—武昌	05:47	05:55	10:43	K13/12	武昌—上海南	21:31	21:41	07:46

续上表

车次	车种	区间	南昌站		终点站	车次	区间	南昌站		终点站
			到达	开车				到达	开车	
K730/1	空调快速	大同—赣州	13:28	13:39	18:59	K732/29	赣州—大同	15:52	16:06	16:32
K397/6	快速	武昌—泉州	15:59	16:09	10:20	K398/5	泉州—武昌	11:05	11:14	16:31
1202/3	普快	信阳—深圳西	19:28	19:36	10:02	1204/1	深圳西—信阳	03:20	03:30	11:37
K1622/19	空调快速	天津—深圳西	17:22	17:46	07:17	K1620/1	深圳西—天津	22:08	22:18	15:55
K686/7	空调快速	郑州—东莞东	02:41	02:52	14:17	K688/5	东莞东—郑州	01:48	01:56	13:42
K555	空调快速	武昌—深圳西	20:57	21:05	09:32	K556	深圳西—武昌	03:26	03:36	09:17
K92/3	空调快速	深圳西—泰州	05:53	06:05	15:20	K94/1	泰州—深圳西	02:26	02:38	14:40
K1191	空调快速	南京—南宁	10:31	10:41	09:00	K1192	南宁—南京	11:14	11:22	21:27
1144/1	普快	厦门—太原	04:06	04:54	10:06	1143/2	太原—厦门	14:28	14:39	06:25
1280/1	普快	济南—深圳西	01:51	02:05	14:06	1282/79	深圳西—济南	04:17	04:30	19:31
K123/2	空调快速	上海南—襄樊	00:51	00:59	10:00	K124/1	十堰—上海南	01:39	01:52	11:49
1218/5	普快	西安—福州	13:22	13:33	23:55	1216/7	福州—西安	21:48	21:58	15:40
1282/3	普快	兰州—深圳西	17:39	17:52	08:37	1284/1	深圳西—兰州	22:42	22:55	07:09
1338/5	普快	南宁—青岛	02:05	02:15	05:00	1336/7	青岛—南宁	14:44	15:02	16:56
L49/52	普快	九江—广州东	14:38	14:48	06:08	L51/50	广州东—九江	04:54	05:02	06:55

说明:根据有关资料整理,以车站公告为准。

(周国祥)

民用航空

【概况】 2003年12月18日,江西省机场集团公司(以下简称机场集团公司)在原民航江西省管理局基础上,以南昌昌北国际机场为龙头,联合赣州黄金机场、吉安井冈山机场、景德镇罗家机场、九江庐山机场组建国有独资机场集团公司。公司隶属首都机场集团公司,拥有固定资产近26亿元,员工总数1800余人;以航空运输保障为主业,涵盖省内民用机场规划、建设、物流、餐饮、商贸、票务、广告等相关辅业,并在旅游、酒店、生态、地产等行业进行投资;公司以服务地方经济发展为己任,不断开拓市场,引进航线,增加运力,有效地提升江西的对外开放水平,展示江西人善谋实干、与时俱进的精神风貌。2008年,全公司累计完成固定资产投资21698.57万元,投入安全运行保障项目资金为5312.98万元。得到国家雪灾重建项目资金7630余万元。已完成Ⅰ、Ⅱ、Ⅲ类安全专项整治项目1759.32万元,雪灾重建项目3030.72万元。

(李　思)

【运输生产保持快速增长】 2008年,机场集团公司克服巨大自然灾害及世界金融危机等多种不利因素的影响,在全行业运输生产增速降低的情况下,及时调整发展目标和营销策略,加快"航旅假期"的实施,助推江西省人民政府与深航签订旅游航空合作框架协议,说服地方政府出台航空业的扶持政策,使"航旅互动"、"地空衔接"、"政府支持支线运输"等取得阶段性成果,运输生产保持比较平稳的增长。全年完成旅客吞吐量3748773人次,同比增长11.34%,增速高于首都机场集团公司成员机场平均增速3.74%;完成货邮吞吐量24512.3吨,比上年下降5.2%;保障起降41979架次,比上年增长11.6%,增速高于首都机场集团公司成员机场平均增速3.3%。其中,南昌昌北机场完成旅客吞吐量3,331,776人次,比上年增长8.58%;完成货邮吞吐量23571.3吨,比上年下降7.34%;保障起降34292架次,比上年增长7.16%。九江、赣州、井冈山、景德镇等4个支线机场的运输生产平均发展速度超干线机场,完成旅客吞吐量分别比上年增长576.49%、39.72%、29.75%、21.77%。赣州(新)黄金机场顺利完成迁建工程,并有序完成新、老机场转场衔接,确保新机场的安全运行。

(李 思)

【南昌昌北国际机场二期扩建工程正式开工】 根据国家发改委批复的南昌昌北国际机场总体规划,机场集团公司启动昌北国际机场二期扩建工程。二期扩建工程预可行性研究报告、环境影响评估报告、可行性研究报告先后获得批准。成立扩建工程项目部和扩建工程招标领导小组,严格推行公平、公正、公开的招标管理制度,按照"总体规划科学、运行功能完善、施工安全有序、工程质量可靠、节约建设成本、队伍勤政廉洁"的总体建设目标,稳步推进各项建设工作。为配合全国第十一届城运会2010年在南昌召开,合理节约工期,江西省发改委同意二期扩建部分基础工程先期开工。7月28日,南昌昌北机场二期扩建工程正式开工建设。8月29日,新航站楼基础工程合同签订,成为第一个正式签订合同的扩建工程项目,工程建设进入实质性的施工阶段。至年底,工程量完成15000万元。

(李 思)

【景德镇机场改扩建项目完成前期准备工作】 根据民航华东管理局批复的景德镇机场总体规划,景德镇机场改扩建项目进入前期准备阶段,扩建工程项目立项建议书(代可研报告)已获民航局批准,整个项目投资1.41亿元,并获得3600万元国债资金。2008年12月7日,景德镇机场新航站楼开工奠基仪式在景德镇机场举行,至年底已完成900万元。

(李 思)

【深化企业内部改革】 机场集团公司在深化企业内部改革中,努力在调整业务模块、优化产业链条,降低管理风险、提高资产效率上下功夫。为集约零散航空旅客的商业资源,形成完整的服务产业链,在整合支线机场客票销售资源的基础上,将旅游业模块、客票销售模块一起组成新的民航国旅,在做优服务、做强辅业公司方面迈出可喜的一步。整合南昌昌北机场货运公司,合并机场货运业务,将货运公司整体划归地服公司,建立收装一体的产业链,集约开发货运业务资源,降低管理协调成本;为实现机场集团公司利润中心和成本中心各司其职的管理目标,根据职责和市场对资源配置的基本要求,对物业公司按照经营性和保障性的属性进行业务整合,经营性业务由空港公司承接,保障性业务中的绿化、物业纳入新组建的物业管理部,通过招标将保障性业务中的保值业务改由外聘的专业公司实施,降低管理风险与成本,保证服务质量与标准。

(李 思)

【经营管理效能得到提升】 机场集团公司完善财务管控,继续严格实行全面预算管理和资金管理;强化资源管理,开展资源普查,完成企业资源分类识别手册;强化人力资源管理,建立集团公司管理权限下的员工用工信息报送规定,全面实施新的薪酬制度,各支线机场将按计划实施;对部分单位的机构、编制进行调整,有效控制人员增长;加强人力资源培训工作,全面开展干部管理培训及员工技能培训;围绕加快推进"建设资源节约型机场"的主线,以水、电、油的管理和使用为重点,建立和完善节能减排目标责任制和评价考核体系。

(李 思)

【安全服务质量工作全面提高】 2008年,机场集团公司以奥运安保为重点,全面强化航空保安工作,以安全审计为契机,扎实推进安全监察工作,以隐患排查为基础,积极开展风险管理工作,以安全活动为平台,着力构建机场安全文化,以开展

“奥运安全正常优质服务年”为契机,着力改善服务保障机制,狠抓安全服务责任制的落实,实行逐级负责,层层管理,安全服务运行始终处于受控状态,构筑较为牢固的安全防线,建立较为有效的服务保障平台,实现全集团安全形势的总体平稳,夺取抗雨雪冰冻灾害的胜利,圆满完成奥运火炬传递、抗震救灾、奥运期间等各项安全生产保障任务。南昌、吉安两机场分别顺利通过安全审计和保安审计,改善服务保障的软硬件环境,防止有效投诉事件的发生。全年杜绝各类航空安全事故及事故征候,实现机场集团公司第5个安全年;没有发生重大服务质量事件,圆满完成服务工作预定目标。

(李　思)

【为抗震救灾捐款150多万元】 机场集团公司在完成抗震救灾运输生产,确保运输安全的同时,积极为四川地震灾区捐款,全集团公司捐款累计150多万元,其中特殊党费、特殊团费20余万元,自愿一次性缴纳“特殊党费”1000元以上党员的达97人,占党员总数的18%。

(李　思)

【北京至景德镇航线成功首航】 7月11日17时10分,一架B737—800飞机从北京首都机场腾空而起,经过近2个小时的飞行,晚19时10分,稳稳地停靠在景德镇机场的停机坪上,这标志着北京至景德镇航线首航取得圆满成功。景德镇市委书记许爱民,市委副书记、市长李放,市委常委、副市长卢正大,副市长黄康明及市委秘书长余振泰、市政府秘书长张春萍等在停机坪前迎接首航乘客。国航副总裁李虎晓、国航市场部总经理张春枝等国航领导也随首航班机抵景,祝贺北京至景德镇航线的开通。

北京至景德镇直飞航线由国内第一品牌航空公司中国国际航空公司执行,机型为B737—300,每周一、三、五、日4班。北京到景德镇的航班号为Ca1887,北京(首都机场)起飞时间为17:10,到达景德镇时间为19:20;景德镇到北京的航班号为Ca1888,景德镇起飞时间为20:10,到达北京(首都机场)时间为22:20。

(涂　强)

【景德镇市开通多条空中航线】 继7月11日北京至景德镇航线首航成功,景德镇市于7月中旬先后新开通景德镇—南京—厦门、景德镇至广州的直飞航线,南京航班和厦门航班由东方航空公司执行,机型为EMB,每周一、四2班,南京起飞时间为8:00,到达景德镇时间为9:05;景德镇起飞时间为9:40,到达厦门时间为10:50;厦门起飞时间为18:50,到达景德镇时间为20:00;景德镇起飞时间为20:35,到达南京时间为21:40。景德镇至广州的直飞航班由中国南方航空公司执行,每周一、三、五、日4班。这3条新航线开通后,加上原有的景德镇至北京、景德镇至上海、景德镇至深圳航线,该市共开通6条航线,每周始发航班达26班,景德镇机场将与周边的黄山机场、昌北机场等共同成为国内重点旅游热线机场。

(涂　强)

【景德镇市开通至温州直达航班】 9月2日,景德镇—温州航线直达往返航班开通。景德镇一温州航班为每周3班,分别为每周二、五、日,时间段为9:30～10:25;温州一景德镇航班时间为每周二、五、日,时间段为11:00～11:50。

(徐　啸)

【深航一客机冠名“景德镇号”】 11月21日9点40时,一架标有“景德镇”名称的波音737—800新客机首次满载乘客降落景德镇机场,鲜花、礼乐和欢迎的标语,迎接了步下客机的全体机组乘务人员。景德镇市委、市政府在机场举行了隆重仪式,庆贺刚冠名的“景德镇号”回家。从此,这架能装载160多人的新客机,将成为千年瓷都“景德镇”的空中名片,飞越祖国的大江南北。

景德镇市委书记许爱民,市长李放,副市长黄康明和市委秘书长余振泰、市政府秘书长张春萍,深航党委副书记刘航以及有关部门负责人出席冠名暨接机仪式。李放和刘航致辞,许爱民、李放、刘航共同为“景德镇号”客机揭幕。

李放在致辞中首先感谢深航多年来对景德镇市民航事业发展的支持和关心,回顾了多年来深圳航空公司与景德镇市的友好合作关系,高度肯定对方近几年的高速发展有力促进了景德镇市交通运输事业的发展,为推动景德镇市及赣东北地区经济的繁荣发挥了积极作用,并预祝深航事业兴旺发达，在今后取得更大发展。

李放强调，景德镇是中外闻名的瓷都，有着千年瓷都独有品牌，其悠久的制瓷历史、独特的陶瓷文化、优越的地理位置和优美的生态环境，是得天独厚、独具特色的旅游资源。深航与景德镇市有着长期的密切合作关系，将经营的深圳—景德镇—上海虹桥航线交由深航国旅，作为旗下第10条旅游包机航线进行独家运营，充分说明了深航和深航国旅对景德镇市旅游资源和旅游产业未来发展潜力给予的肯定和厚望。此次冠名合作意义十分深远，进一步强化了双方战略合作关系，推进了景德镇市航空旅游事业的发展，使景德镇拥有了空中名片，城市形象和千年陶瓷文化将得到更广泛的传播。希望双方以此为契机，进一步加强合作，共谋发展。景德镇市也将更加关心和支持深航在景德镇的发展，为深航的发展创造良好的环境。同时，也希望深航继续加大投入，开辟更多航线航班，景德镇市将全力给予政策支持，以便为瓷都及赣东北地区人民提供更高品质的航空运输服务。

深航成立15年来，发展成为全国第五大航空公司，长期独家经营深圳—景德镇—上海虹桥之间的航线，在双方共同努力合作下，航班客座率不断攀升，班次也由初期的每周4班增加为每天一班。

（涂　强）

【景德镇机场新航站楼开工建设】 12月7日，景德镇机场新航站楼开工奠基典礼在景德镇机场举行。该项目总投资14111万元，是国家民航局和江西省政府“十一五”重点项目。该工程建成后，可满足年旅客吞吐量60万人次，货邮吞吐量20吨，飞机起降6593架次需要。

新航站楼将新建一座6200平方米、有两座登机廊桥的充分体现景德镇陶瓷文化特色的航站楼及相配套的停机坪，同时新建旅客候机用停车场3200平方米，平整飞行区场地、更新改造围场路、围界及排洪沟，更新部分空管设施、配套公用设施等。

（徐　啸）

【赣州机场简况】 2008年，机场分公司紧紧围绕民航“规章落实年”这一主题，紧紧抓住又好又快发展这根主线，按照年初工作部署，重点明确，扎实有效地狠抓落实，克服了老机场净空环境恶劣，人员紧张，冰雪天气等造成保障难度大的困难，无条件地配合，积极地参加新机场建设，完成了新机场校飞、试飞及通航这几个关健节点的时间要求，实现了新老机场平稳转场和3月26日新机场通航的目标。夺取了抗雨雪冰冻灾害的胜利，圆满完成奥运火炬传递、抗震救灾、奥运期间等各项安全生产保障任务和国家副主席习近平、中央军委副主席郭伯雄上将到赣州考察的专机保障任务。

机场全年共保障各类飞行3192架次，确保了元旦、“春运”、“五一”、“十一”等重大节假日旅客运输安全，顺利实现了安全年，也是赣州机场连续实现的第15个安全年。

为确保完成江西省集团公司下达的生产任务，2008年年初制定了发展的各项举措，机场通航城市（北京、上海、广州、深圳、厦门、南京、重庆、南昌、景德镇）达9个，截至12月31日，机场累计完成旅客吞吐量120497人次，与上年同期比增长39.7%；累计保障航班3192架次。与上年同期比增加了55%；累计完成货邮810.3吨，与上年同期比增加了191.2%。

（杨河良）

【赣州航空运输生产效益快速增长】 2008年赣州机场累计完成旅客吞吐量120497人次，与上年同期比增长39.7%；累计保障航班3192架次，与上年同期比增加了55%；累计完成货邮810.3吨，与上年同期比增加了191.2%。1. 加快了销售网点的铺设以及加大了市场营销力度和航线效益的跟踪分析工作，千方百计的拓宽销售渠道。在赣州18个县市及周边地区设立了22个售票处。与全市20多家企事业单位签订了电子客票大客户协议，以满足客户需求，增加销售收入。在完善南航广州中转的基础上，继续完善联航北京中转，东航厦门南京中转，华夏航南昌中转这些航线产品，提高航班客座率，提高机场收益。对各县市及邻省各县市旅行社定时发放团队及散客销售政策，增强了航线航班宣传造势效果，和赣州移动公司合作，建立了机场的手机短信发布平台，每周定期向客户发布航班信息。与赣州电视台、《赣南日报》、《赣州晚报》、《赣州广播电视报》合作，每天发布赣州机场的航班信息，定期专版宣传机场，18个县市的电视台和当地报纸也大量宣传民航。

2. 恢复了深圳航线,加密了至南昌、上海、厦门航线。

3. 严格控制了人工成本和各项变动费用支出,加大了财务预算管控力度。

4. 加大了辅业创收的力度,归口了停车场、班车票等收费项目的管理,规划了机场广告并对广告经营、候机楼商贸进行了外包尝试。

5. 创新发展环境,争取市委、市政府支持机场发展。在原有航空发展基金2000万元的基础上,再次争取到2000万元航班航线的补贴额度,为机场发展创造了很好的外部环境。

(赣州机场)

【赣州机场安全保障】 2008年,赣州机场共保障飞行3333架次(其中航班3192架次,调机41架次,专机4架次,校飞44架次,试飞4架次,航摄14架次,森林巡场4架次,灭火16架次、备降2架次,包机6架次,其他6架次)。通讯导航时间计21829小时,收发报665383份,设备正常率100%。机务排故75次,提供特种车辆服务371次,安检旅客63984人次,行李86591件,查出各类违禁品448件次。公安立刑事案件1起,破案1起,受理安检移交事件5起,协外办案9起,查处治安案件3起,处理非法入侵飞行区事件1起,处置旅客群体性事件(强占飞机)1起,纠正各类交通违章135起,飞行区灭火3起,完成二级以上专机警卫工作任务2次,确保进出港航班要客安全858人次。车辆保障部安全行车225382千米无事故。

确保了"元旦"、"春运"、"五一"、"十一"等重大节假日旅客运输安全,圆满完成奥运火炬传递、抗震救灾、奥运期间等各项安全生产保障任务和国家副主席习近平、中央军委副主席郭伯雄上将到赣州考察的专机保障任务。顺利实现了2008安全年。

(杨河良)

南昌昌北国际机场航班时刻表

表46　　2009年4月

机场名	航班号	机型	南昌始发		返程始发		班期	票价(元)	机场
			起飞	到达	起飞	到达			
北京	MU5173/4	空客320	08:25	10:45	11:25	13:45	每日	1300	首都
	CA1582/1	波音738	08:40	10:40	19:20	21:35	每日	1300	
	MU5187/8	空客320	14:00	16:00	17:00	19:30	每日	1300	
	CA1512/1	波音738	15:00	17:20	11:50	14:00	每日	1300	
	HU7194/3	波音734	20:50	23:10	18:10	20:20	每日	1300	
	MU5175/6	空客319	17:40	20:00	21:05	23:20	每日	1300	
	CA1574/3	波音738	11:25	13:45	11:35	13:55	每日	1300	
上海	MU5572/1	空客320	08:10	09:15	10:30	11:50	每日	710	虹桥
	MU5568/7	空客320	14:10	15:25	07:45	09:10	每日	710	
	FM9246/5	波音738	10:10	11:20	08:30	09:50	每日	710	
	MU5570/69	空客319	12:50	14:00	20:20	21:45	每日	710	浦东
	MU5566/5	空客320	20:20	21:35	16:00	17:20	每日	710	
	FM9300/9299	空客319	16:10	17:20	19:30	20:50	每日	710	

续上表

机场名	航班号	机型	南昌始发		返程始发		班期	票价(元)	机场
			起飞	到达	起飞	到达			
广州	CZ3540/39	波音733	10:15	11:15	08:30	09:35	每日	730	白云
	CZ3536/5	空客320	15:50	17:15	13:40	14:50	每日	730	
	MU5231/2	空客319	17:25	18:45	19:45	21:15	每日	730	
	CZ3546/5	空客320	21:15	22:40	19:20	20:25	每日	730	
	MU5255/6	空客320	08:30	09:45	10:25	11:45	每日	730	
	HU7164/3	空客319	14:45	16:10	16:40	18:10	每日	730	
	CZ3626/5	空客320	18:10	19:20	15:50	17:15	每日	730	
	ZH9676/5	空客320	19:30	21:05	17:05	18:30	每日	730	
厦门	MF8428/7	波音737	14:15	15:15	07:30	08:35	每日	610	高崎
	MF8208/7	波音737	22:55	23:55	16:10	17:25	每日	610	
	MU2281/2	空客320	10:05	11:15	12:00	13:10	1 3 5 7	610	
重庆	MF8485/6	波音737	18:15	19:55	20:45	22:05	2 4 5 7	990	江北
	NU5567/8	空客319	09:15	10:55	11:50	13:25	每日	990	
南京	MU2756/5	空客320	14:20	15:25	07:50	08:55	每日	660	禄口
	CZ3263/4	波音738	10:15	13:25	19:10	20:25	1 3 5 7	660	
	CZ6582/1	M90	19:00	20:05	18:20	19:25	除周一	660	
深圳	CZ3584/3	空客320	10:10	11:15	08:15	09:20	每日	850	黄田
	MU5261/2	空客319	18:30	20:00	21:05	22:25	每日	850	
	ZH9870/69	波音733	19:35	21:20	17:35	18:55	每日	850	
昆明	MU5796/5	波音733	10:40	13:00	07:50	09:50	每日	1180	巫家坝
	MU2619/20	波音733	17:10	19:15	20:05	21:45	1 3 5 7	1180	
成都	MU5451/2	空客319	08:00	09:55	10:45	12:50	每日	1200	双流
	CA4508/7	空客319	19:50	22:00	17:10	18:55	2 4 5 7	1200	
	3U8928/7	空客319	18:05	20:05	09:00	10:50	每日	1200	
贵阳	MU2755/6	空客320	10:15	11:45	12:30	13:50	每日	880	龙洞堡
	MF8427/8	波音757	17:50	19:30	20:15	21:50	1 3 5	880	
海口	MU5339/40	空客320	20:15	22:10	22:55	00:45	每日	1190	美兰
	HU7072/1	波音738	23:00	00:55	20:25	22:15	每日	1190	
	HU7174/3	波音738	10:20	12:15	07:40	09:35	每日	1190	
大连	MF8077/8	波音737	08:05	11:15	12:05	15:30	1 3 5 7	1340	周水子
	CZ3729/8	波音737	11:05	13:55	17:55	20:05	2 4 6	1340	
福州	MF8486/5	波音758	22:50	23:55	16:20	17:30	2 4 5 7	450	长乐
青岛	MF8075/6	空客320	08:05	09:40	13:40	15:20	每日	1280	流亭
三亚	JD5146/5	空客319	15:00	17:10	07:55	10:20	每日	1350	凤凰
沈阳	MF8555/6	波音737	10:20	11:45	12:30	13:55	除周一	1610	桃仙

续上表

机场名	航班号	机型	南昌始发		返程始发		班期	票价(元)	机场
			起飞	到达	起飞	到达			
西安	MF8207/8	波音 737	18:05	19:45	20:35	22:05	每日	1010	咸阳
	MU2282/1	空客 320	14:00	15:40	07:50	09:20	1 3 5 7	1010	
晋江	MF8410/09	波音 737	22:55	23:55	15:05	16:00	每日	660	晋江
温州	G52729/20	CRJ	08:55	10:00	10:40	11:50	1 4 6	780	永强
济南	JD5145/6	空客 319	10:50	12:20	13:00	14:20	每日	1180	遥墙
宁波	3U8927/8	空客 319	14:15	15:25	16:15	17:25	每日	550	栎社
南宁	CZ3264/3	波音 738	14:00	15:30	08:00	09:30	1 3 5 7	1050	吴墟
哈尔滨	MF8075/6	波音 733	08:05	12:05	12:50	16:55	2 4 6	1980	阎家岗
香港	MU5017/8	空客 320	08:30	10:25	11:25	12:45	2 4 5 7		香港

说明:根据资料整理,供参考,以机场公告为准。

(周国祥)

说　明

1. 本索引内容为条目主题词及相关人名、地名、单位、文件与事物名称
2. 词条按汉语拼音首字母顺序排列。
3. 词条后的数字表示所在页码,a 代表左栏,b 代表右栏。重复出现的词以多个页码表示。
4. 年鉴的特载、专文、文献文件与附录未编入索引。

D

E

F

G

H

J

K

L

M

N

P

Q

R

S

T

W

Y

Z

江西恒泰路桥工程有限公司

公司董事长兼书记　黄强

公司总经理　游思权

团结奋进的团队

江西恒泰路桥工程有限公司于2003年12月注册成立，是江西公路开发总公司对专业技术力量进行的重组整合。公司于2009年取得了公路工程施工总承包二级资质，于2005年4月取得了公路养护一类、二类甲、三类甲级资质。公司主要从事公路、桥梁、建筑工程施工；机械设备租赁；建筑材料销售；沥青仓储改性加工；高速公路养护；房地产开发等业务。

六年来，恒泰公司以“竞争、创新、合作、互益”为企业理念；坚持“质量第一、信守合同、信誉至上”的服务方针；锐意进取，深化改革，走技术型、专业型、产业化、多元化的发展道路，以技术创新、管理创新作为企业发展动力，完成了梨温、景鹰等高速公路养护、公路工程施工、材料供应等项目，年均完成产值1.5亿元，得到了业主的一致好评，树立了文明形象，塑造了企业品牌。

公司领导检查施工工地

沥青生产库

三清山服务区绿化工程

康庄大道

路面摊铺

江西恒辉物业有限责任公司

省委常委、常务副省长凌成兴视察梨温高速公路服务区整治推进工作

公司总经理　韩峰

公司所取得的荣誉

江西恒辉物业有限责任公司隶属于江西公路开发总公司，主要负责梨温、景鹰高速公路沿线服务区、加油站、广告媒体、通讯管道的经营管理以及总公司红谷滩基地大楼、总公司滨江路办公楼、恒辉物业公司综合楼的物业服务和后勤保障，具备物业管理三级资质和道路运输经营许可证。

随着公司业务的不断扩大，员工队伍素质的不断提高，公司的管理水平、服务质量、服务保障功能得到较大幅度的提升。2008年，公司所辖高速公路服务区连续第二年被评为全省高速公路服务区“先进单位”，公司被南昌市评为“内保”先进单位，公司综合部被交通运输厅授予“巾帼文明岗”光荣称号。

公司以科学发展观为指导，以实现“六保”为高速公路服务区管理目标，大力推行“以人为本、优质服务、科学管理、精益求精”的服务理念，不断创新管理模式，提高服务质量，强化服务保障功能，全力提高公司物业服务水平；并通过完善服务设施，优化服务环境，规范服务标准和内容，建立长效管理机制和监管网络等措施，对所辖梨温高速公路三清山服务区实施自主经营，其他四对服务区实行物业服务、监督管理相结合的多种经营管理模式，秉乘“开拓物业市场、提高经济效益、增强竞争实力、拓宽发展空间”的经营理念，致力于服务社会、服务当地经济、服务过往司乘人员，努力打造典范服务区，树立恒辉物业服务品牌形象，全力推动公司全面协调可持续发展。

清凉服务伴你行

丰富的商品

服务区宽敞的餐厅

南昌市交通局

省委书记苏荣、省委常委、市委书记余欣荣视察南昌交通客运枢纽站

局党委书记、局长陈国凤参加咨询活动

江西国际集装箱码头

山区农村公路

南昌，临山靠水，滨江依湖，是中部地区唯一一座与“长江三角洲”、“珠江三角洲”、“闽东南三角区”都相毗邻的省会城市。

自古以来，南昌既是西江水道要津，又是客货中转枢纽，水路交通相对发达。解放前期，境内公路仅350千米，铁路131.96千米，民航运输停运。

新中国成立以来，60年建设，60年辉煌，南昌交通发生了历史巨变，公路、铁路、水运、城市公交和航空五大运输方式协调发展。尤其是公路建设日新月异，上海～昆明、福州～银川两条国道主干线在南昌交汇，与铁路线构成双金十字架。现在，南昌已经建成7条高速公路、3条国道、4条一级公路、7条省道和众多的县道、乡村道路，形成了一个四通八达的公路网络，成为中部地区的区域性交通枢纽城市。

2008年，全市通车公路10018.97千米，其中高速公路276.63千米，国道232.97千米，省道157.99千米，县道1207.6千米；乡道1114.96千米；村道6963.48千米，专用道64.42公里。全市营运载客汽车2477辆，客位5.11万座；公路客运线路526条，其中省内243条，跨省111条，高速班线23条；营运载货汽车4.3万辆，运力13. 2万吨位；全年旅客发送量5531万人次，货物运输量5176万吨。

城市客运拥有公交线路132条，公交车2581辆，全年运送乘客约5.23亿人次，主营运收入4. 32亿元。出租汽车3569辆。

拥有航道461.8千米，岸线36.5千米，码头47座，111个泊位，总延长4323米，2000吨级的船舶可以驶入南昌港，1000吨级的船舶可以常年驶入南昌港，是全国28个重点内河港口之一。全市各类营运船舶226艘、17.66万载重吨、95399千瓦。货物吞吐量1145. 4万吨，集装箱吞吐量4. 48万标箱。

南昌铁路局管内线路营运里程3654.557千米（其中南昌辖内有铁路线284千米），火车机车1033台，车辆2800辆。南昌火车站是国内重要客流中心之一，日均接发固定列车147对，其中客车88对（动车组6对，始发直达列车2对），货车57对，行包2对。全年发送旅客1671.05万人，运输收入12.04亿元，货物发送量299.5万吨，运输收入25990万元。

南昌昌北国际机场是省内最大的民航机场，可起降大型客机。开辟有飞往北京、上海、广州、成都、香港、新加坡等国内、地区和中转联程国际航线，保障起降34292架次。全年完成旅客吞吐量333.2万人次，货邮吞吐量2.357万吨%。

独特的区位优势和良好的发展机遇，极大的提升了南昌的交通地位，已形成了一个以南昌为中心、公路为主骨架、水路为主通道、港站为主枢纽，干支衔接，水陆相连，铁路、公路、水路、民航为一体的立体交通网络。

赣州市交通局

赣州开通至香港的客运班线

该局全力推进十大体系建设，科学开发综合物流园区，被赣州市委、市政府评为物流服务体系建设先进单位

加快新农村公路建设

2008年，赣州市交通局以十七大精神为指导，深入贯彻落实科学发展观，紧紧围绕构建赣粤闽湘四省通衢的立体交通枢纽这一目标，按照“稳中求进，科学发展，好字优先”工作要求，攻艰克难，真抓实干，全面加快交通基础设施建设，大力发展交通运输生产，进一步提高了交通“三个服务”的能力和水平。

赣州市规划建设高速公路总里程1071千米，目前在建和已建成的达644千米，年内能开工建设303千米，正向1000千米迈进。全市有国省道2482千米，其中已改造成二级路以上里程2012千米，完成了206国道会昌筠门岭至寻乌段路面大修、信分线、崇丰线、长主线、周版线、赖坊至燕首、天心至龙布等公路改建工程。全年农村公路总里程达22800千米，其中已硬化12921.19千米，2008年硬化农村公路3308.2千米。新增374个行政村通水泥路，新增161个行政村通公路，全市行政村通公路率达95.7％，行政村通水泥路率达75.5%。截止年底，全市累计完成渡改桥35座，在建22座，完成前期工作36座。赣县攸镇客运码头站房工程开工建设；会昌汉仙岩旅游码头站房工程的设计变更资料已上报审批；《赣州港总体规划》环境评估基本资料收集等前期工作基本完成。

年初，面对严峻的冰雪灾害天气，确保了全市境内国省道的安全畅通，没有出现一起因冰雪造成的安全生产责任事故和交通事故。市公路管理局被省委、省政府授予“抗冰救灾先进集体”荣誉称号。圆满完成了奥运圣火在赣州的转场和传递。我市至港澳、广东、浙江、湖北、上海、湖南及省内设区市的高速客运网络已基本形成，实现了400—500千米以内当日往返。全市共有962辆客运车辆和224辆危险货物运输车辆安装了GPS车载终端设备。共有15所驾校安装205台模拟驾驶器。

物流产业发展取得了突破性进展。目前，全市共有26家规模以上汽车货运企业，已成为货运产业的龙头，年收入超亿元的有6家。铁路建设再次加速。成立了地方铁路公司，新编制了《赣州市中心城区铁路建设总体规划》。赣龙铁路复线建设前期工作已经完成，赣韶铁路建设已开工建设，力争2011年建成。综合治理方面，被市委、市政府评为“综合治理先进单位”。政务工作水平全面提高，被市政府评为“政务工作先进单位”。

赣大高速公路建设

江西省赣南公路勘察设计院

书记　魏长荣

院长　刘开健

赣州西河大桥

江西省赣南公路勘察设计院(原赣州公路分局科研设计室)创建于1962年。经过近半个世纪的艰苦创业，现已发展成一家具有国家工程勘察甲级、工程设计甲级、工程咨询甲级、工程招投标代理乙级的勘察设计单位。主行业为道路、桥隧的勘察设计与工程咨询。

赣南公路勘察设计院人才济济，专业门类齐全、技术设备先进、业务水平精良。拥有GPS全球定位仪、全站仪、数字化仪等数字化配套设备。在2001年通过ISO9001、2000国际质量体系认证。业务范围立足江西，并进入广东、湖北等外省市场，取得了良好的经济效益和社会效益。近几年来，连续荣获省级勘察设计奖五项、厅（市）级勘察设计奖十多项、科研项目奖十多项。

纵观整个发展历程，无不凝聚着各级领导的关怀，各界朋友的支持，历届同仁的努力和广大干部职工的智慧与心血。展望新世纪的美好前程，赣南公路勘察设计院将认真实施“改革兴院、科技立院”的方针，本着“一流的勘察，一流的设计，一流的服务”思想，服务于交通建设，把勘察设计事业推向一个历史新阶段。

地址：江西省赣州市东阳山路15号
邮编：341000
电话：0797—8282509
传真：0797—8219188
电子信箱：gnglkcsjy@126.com

大梅关隧道

赣州至大余高速公路（三益至梅关段）

美丽的赣州市章江大道

赣州市高等级公路管理处

隧道施工

桥梁施工

赣州市高等级公路管理处是全市高速公路建设的行业管理单位。2004年成立以来，该处坚决贯彻执行赣州市委、市政府作出的“对接长珠闽、建设新赣州”发展战略，紧紧围绕市委确定的经济社会科学和谐的追赶型、跨越式发展目标，全力推进我市高速公路建设，为加快我市高速公路建设乃至经济社会发展作出了重要贡献。几年来，该处在市委、市政府的正确领导下，在市高速公路建设领导小组和市交通局的直接指挥下，紧紧围绕全省高速公路建设规划，以做好在建项目征地拆迁工作为核心，以加快推进待建项目前期工作为重点，以加强队伍建设为基础，着力发扬苏区革命精神，顽强拼搏，开拓创新，全面加快高速公路发展。截止目前，该处累计拆迁房屋80万平方米，几年来未发生一起影响较大的群体上访或恶性阻工事件，在加快工程建设推进的同时，维护了社会稳定。该处的工作多次得到了省高速公路建设领导小组和赣州市委、市政府的表扬。

经过不懈努力，赣州市高速公路建设成绩辉煌。2007年，该市建成了57千米长的康大高速公路；2009年，瑞金至赣州高速公路建成通车。截止目前，赣州市建成高速公路里程372千米，在建里程492千米，即将开工建设里程87千米。2009年，赣州市累计建成、在建或新建的高速公路总里程达609千米，占全省同期的40%左右，是全省高速公路建设的主战场，成为全国开工建设高速公路里程最多的设区市之一。

樟树公路分局

省厅领导在樟树视察工作

科学实践活动现场会在分局召开

深入学习科学发展观经验交流会

樟树公路分局按照江西省交通厅、省公路局、宜春市公路局党委部署要求，紧紧围绕“党员干部受教育、科学发展上水平、长治久安固根基、人民群众得实惠”的总体要求，为樟树经济建设提供良好的公路环境。积极参与地方的道路工程建设，先后修建了樟树市四特大道、开源路、育才路、葛玄路、光黄线、清宜线、高清线、工业园区等道路工程，还积极协助相关部门搞好梨樟树双桥前期准备工作，圆满地完成了各项目标任务，确保了道路安全畅通，为地方经济建设提供了良好的道路交通环境。该局还从“安居”上入手，从2003年至今投资300多万元加强道班向“公寓化、庭院化、规范化、花园化”发展，将已建成的昌付、刘公庙、让山等新道班逐年加大规范化建设力度，让公路职工有一个良好的居住环境。曾多次获得江西省委、省政府和宜春市委、市政府表彰的文明单位称号，获得江西省交通厅和宜春市公路管理局表彰的先进单位称号。

樟树公路分局将积极投入到“创业兴赣”的大潮中，解放思想，实事求是，与时俱进，围绕中心，突出重点，狠抓落实，以科学发展观为统领，求真务实的思想，扎实推进三个文明建设，不断开创工作新局面。

于　都　交　通　局

席芳柏巡视员等省市领导为东坑渡改桥奠基

张卫东局长陪同县领导视察渡改桥建设工地

修葺一新的农村公路

2008年，在于都县委、县政府的正确领导和赣州市交通主管部门的关心指导下，于都县交通局围绕“十一五”交通发展规划和县委、县政府“一个战略、一个重点、五大载体”工作要求，克难攻坚，真抓实干，交通基础设施建设稳步加快，渡改桥建设进展顺利，交通运输生产平稳发展，各项工作取得了新的进步。

于都县位于江西省东南部，赣龙铁路穿越于都县境内。全县现有公路通车总里程2558.15千米。有323、319两条国道穿境而过，两条国道总长91.94千米。基本形成以县城为中心，以国道319线、323线、省道银于线为主骨架，县道为支架，乡道为延伸的四通八达公路运输网络。已实现市至县通二级公路，有23个乡(镇)通水呢(油)路，有395个行政村通公路，行政村公路通达率为98.3%。有291个行政村通水泥路，行政公路通畅率为72.4%。

深入乡村的农村公交

农村公路施工现场

渡江大桥吊装最后一片梁

峡山渡改桥施工现场

九江市港航管理处

处领导走访水运企业

慰问鄱阳湖区一线干部职工

赛得利硫酸泄露应急处置演练

向港航希望小学捐赠教学用品

文明礼仪知识讲座

九江市港航管理处是九江市交通局的职能部门，负责辖区内港口、水路运输和水路运输服务的行业管理。下设14个所、站。现有职工267人，其中在职149人，离休4人，退休114人。该处始终坚持以邓小平理论和“三个代表”重要思想为指导，认真落实科学发展观，以加强港航职工队伍建设为重点，以强化政风行风建设为核心，以业户满意为标准，不断规范水运市场秩序，热情为群众办实事办好事，努力建设效能型、服务型、责任型的港航管理队伍，有效地促进水运事业发展，全心全意为地方经济建设服务。

两年来，在上级的正确领导下，积极应对鄱阳湖禁采和税费改革带来的影响，港航管理各项工作依然取得可喜成绩。2008年规费征收3906万元，占省局下达计划的283.04%。港站发出量3867万吨，货运量632.2万吨，货运周转量443104.6万吨千米。

强化水运市场监管，规范市场经营行为。一是加强水运市场稽查，严把市场经营资质核查关，水运市场规范有序。二是加强对水运业户引导，实现水运经济的稳步增长。全市新增水运企业14家，新增水运服务企业9家，新增船舶97艘，净增8.28万载重吨。三是策应环鄱阳湖经济圈建设，积极做好鄱阳湖区港口规划编制工作。组织编写《九江市环鄱阳湖港口总体规划》，完成辖区内港口规划修编工作。四是严格港口经营管理，严把审批关。五是安全管理长抓不懈。制定《安全管理奖惩办法》、组织应急预案演练，定期召开安全例会，责任到岗、到人，做到有部署，有检查，有考评。

不断加强职工教育，提高职工素质。以创建学习型港航读书活动为基础，先后开展文明礼仪规范教育活动和港航管理文化创建活动。职工文化生活丰富多彩，摄影书画展评、演讲比赛、理论研讨、文艺汇演等形式多样。在市直单位纪念改革开放30周年诗文朗诵会上荣获一等奖。市级以上媒体发表稿件61篇。村建、扶贫济困、奉献爱心共计捐款26.56余万元，其中为汶川地震捐款8.5万元。

近年来，全处未发生治安刑事案件和安全责任事故，干部职工无违反计划生育的行为。全市港航系统连续5年取得零举报、零投诉、零错案的好成绩。

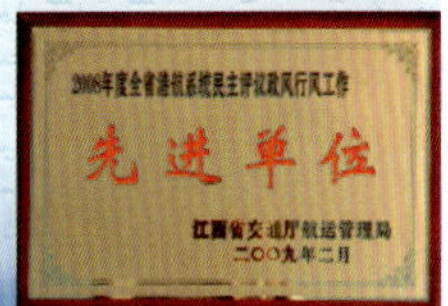

九江市纪念改革开放三十周年诗文朗诵会荣获一等奖

中铁三局集团第一工程有限公司

证书

二〇〇八年度火车头优质工程

二等奖

工程名称：临汾市鼓楼西汾河大桥工程

获奖单位：中铁三局集团第一工程有限公司

中国铁道工程建设协会

二〇〇九年一月十五日

2009年临汾鼓楼西汾河大桥获中国铁路工程建设协会颁发的“火车头二等奖”证书

宁溪大桥在石吉高速C段率先半幅贯通，项目办钟静副主任及其它领导莅临祝贺

中铁三局集团第一工程有限公司是一个以铁路、公路、市政工程、工业和民用建筑、水利、机场、港口、城市轨道交通、地基处理、结构加固等建筑工程施工为主，同时兼有工程监理、技术咨询等功能的国家一级建筑施工企业。具有市政公用工程施工总承包一级、桥梁工程专业施工承包一级、隧道工程专业施工承包一级、土石方工程专业施工承包一级资质，公司年施工生产能力达到30亿元人民币。

公司作为一支老牌的铁路施工劲旅，先后参加了40多条国家新线、复线铁路建设，总里程达到 800 余千米；同时还先后参加了20余项国际工程项目建设；改革开放以来，先后承建了一系列市政建设和地方重点工程。公司承建的江西石吉高速公路C6标项目获得百日大干第一名，质量活动月评比第三名，三月份月度评比第二名，五月份月度评比第二名，第一阶段评比第二名。

中铁三局集团第一工程有限公司竭诚为用户奉献精品工程，赢得了社会的赞誉和信任。从邯长铁路浊漳河斜拉钢构桥夺得“国家质量奖”、上海南浦大桥、洋浦大桥连续荣膺该市建筑最高奖“白玉兰奖”到重庆轻轨获得该市最高奖“三峡杯”优质结构奖，再到青藏铁路长江源特大桥荣获“鲁班奖”，还有60余项优质工程项目、科技公关成果获得省部级奖……自强不息的中铁三局一公司全体员工一步一个脚印，一次又一次为企业插上了腾飞的翅膀，在追求卓越中不断实现着他们的光荣与梦想。

临汾大桥全景

板梁预制场

泰岭隧道

落步溪大桥

沪蓉西高速公路马家沟1号桥

中国中铁五局第一

省交通厅厅长马志武在石吉B11标施工现场向项目经理宋贵明了解施工情况

省交通厅副厅长许润龙在石吉项目办副主任李文华等陪同下检查中铁五局建设标工地

经理部在各施工作业区制作安装了各种大型警示标语、警示牌和警示宣传画

中国中铁五局第一工程有限责任公司是国家铁路综合性一级大型施工企业，具有从事铁路、公路、市政施工总承包一级资质，桥梁、隧道、路基专业承包一级资质，年施工产值在10亿元以上。

公司固定资产达2.8亿元。拥有各类国产、进口机械设备680台（套），具有人员配备齐全、设备配套的专业施工队伍28支。公司已有50多年的光荣历史和优良传统，曾援建过坦桑尼亚、赞比亚、伊拉克、尼泊尔等国外铁路、公路工程建设项目，参加了国内73条铁路的新建和改造，特别是在隧道施工中具备国际先进施工技术水平。在海拔高达4732米的青藏铁路冻土隧道——昆仑山隧道施工中，解决了世界高原常年冻土隧道多项施工技术难题。

架梁现场

文明规范的桥面铺装施工现场

路基施工现场

为确保施工工期，全体施工人员在确保施工安全质量的前提下，不分昼夜加班加点，不断掀起大干施工高潮

工程有限责任公司

石吉项目办彭发根主任听取A4标项目经理谢本峰汇报工作

经理部向当地小学捐赠学习用品、课桌、椅子、打字复印一体机等

近年来，中铁五局集团一公司承揽工程任务超60亿元，完成建安产值、实现利润都取得了显著成绩。公司先后多次荣获“全国优秀施工企业”、“全国用户满意施工企业”。在国家重点工程——泉州至南宁国家高速公路建设中，公司承担了(江西境内)石城至吉安段新建工程A4合同段、B11合同段、C1合同段的施工任务，三个合同段线路全长12.795千米，中标合同价合计5.36亿元。

公司确立了“做大做强、规模经营”的发展战略，坚持走持续协调发展之路，坚持依靠科技打造竞争力，以一流的产品、一流的服务、一流的信誉打造一流的企业品牌，用品牌铸就企业新的辉煌。

新老党员重温入党誓言，庆祝建党88周年

一丝不苟铺设土工格栅

边坡绿化施工图

已实现全幅架通的石吉B11标东安子大桥

中铁十三局集

省交通厅党委书记程受锭听取石吉高速B4标项目经理张仕才的施工情况汇报

省交通厅许润龙副厅长听取张仕才经理的施工汇报

鹰瑞高速公路金溪隧道贯通仪式

中铁十三局集团有限公司拥有27个类别的61项施工资质，其中铁路工程施工总承包为特级，有公路、市政、房建、水利水电、矿山、桥梁、隧道、机场、城市轨道、水工隧洞等一级资质44项，其它资质16项，并具有承包境外工程和境内国际招标工程资质。企业先后参加了大秦、京九、内昆、渝怀、青藏等60多条铁路和沈大、石中、广渝、京珠等60多条高速公路建设，以及多项特大桥、长大隧道施工和水利水电、工民建、矿山、钢结构、市政等工程的施工。

几十年的发展历程，集团曾在全国500家大型建筑企业中排名第24位，全国建设系统综合经

团 有 限 公 司

石吉高速 B14 标项目经理刘治代表施工单位与项目办签订大干目标责任状

石吉高速 B4 标张仕才经理在领奖台上

营百强企业排序中名列第13位，连续多年被吉林省、长春市评为“建筑业优秀企业”和“精神文明建设先进单位”，被评为全国和谐劳动关系优秀企业，全国工程建设质量管理小组活动优秀企业、诚信“AAA”企业。

近年来，企业施工领域不断向高、新、难、尖拓展，在新型大跨度桥梁、长大隧道、深水桥梁基础、高层建筑、地下工程及土石方大爆破等众多施工领域积累了丰富的经验。在深水取水、水下隧道、风积沙隧道、连续箱梁多点顶推、移动支架法造桥技术、悬灌桥梁施工等高难项目取得了领先国内同行业的科技成果，先后获得国家级优质工程奖8项，其中5项工程获鲁班奖，1项获鲁天佑大奖，1项获国家市政工程金杯奖；省、部级优质工程奖40余项。取得国家级科技成果3项，省、部级科技成果15项，填补国内技术空白20余项。

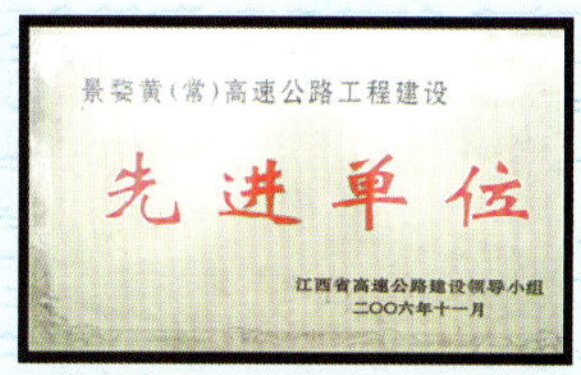

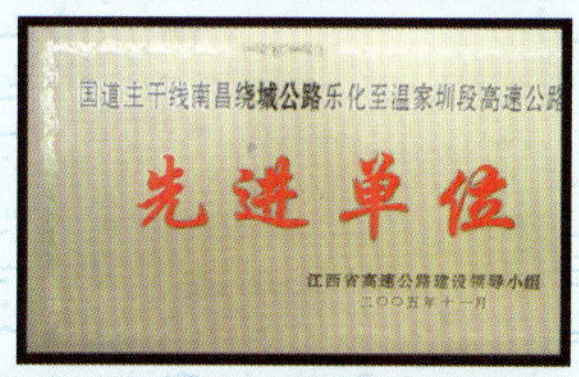

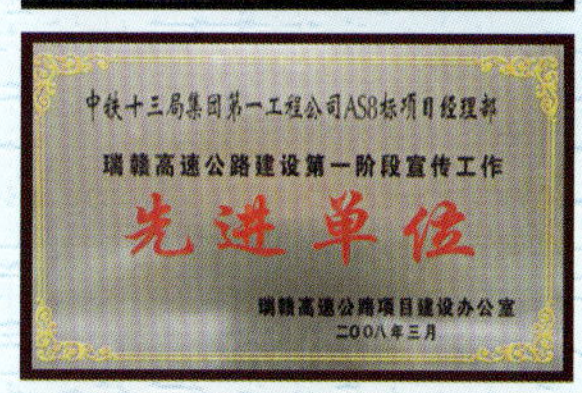

路基土石方施工

隧道施工

景鹰高速公路洪家坂隧道

瑞赣高速公路

中 铁 十 五 局

省长吴新雄视察武吉高速中铁十五局建设工地

省委常委、常务副省长凌成兴慰问中铁十五局建设者

江西第一长公路隧道九岭山隧道建设中

项目经理接受媒体采访

江西第一长公路隧道九岭山隧道通车后

武宁至吉安高速公路工程建设

先进单位

江西省高速公路建设领导小组
二〇〇八年一月

公司荣誉

江西第一长公路隧道九岭山隧道全景图

集团有限公司

石吉高速公路金龙高架桥第一片梁架设现场

半幅架通的金龙高架桥

金龙高架桥梁场

中铁十五局集团有限公司是集施工、设计、科研为一体的国家铁路工程施工总承包特级企业，房屋建筑工程施工、公路工程施工、水利水电工程施工、市政公用工程施工总承包一级企业，隧道工程专业承包，桥梁工程专业承包，公路路面专业承包，铁路铺轨架梁专业承包一级资质，城市轨道交通专业承包资质和地质灾害治理工程甲级施工企业，具有开展国外经济合作业务的资格。

中铁十五局集团有限公司年施工能力可达300亿元以上，资产总额116亿元，2003年通过了“质量，环境，职业健康安全管理三标一体”认证。集团公司先后参加50多条国铁干线和300多条高速公路建设，现为“全国优秀施工企业”，“全国质量效益型先进企业”，“全国精神文明建设工作先进单位”，“中央企业先进集体”，“全国五一劳动奖状”获得者，先后获国家级优质工程30余项，其中鲁班奖9项，詹天佑大奖3项，省部级优质工程72项，完成科技开发项目91项，获部级工法11项，国家级工法3项，国家和省部级科技进步奖18项，承建的青藏铁路高原湿地综合工程，被中国建筑业协会评为鲁班奖，也获得了国家科技进步特等奖。

由中铁十五局集团有限公司承建的石吉高速公路C3标，集路基、桥涵、隧道于一体，全长8千米，中标价4.3亿元，是江西省公路有史以来最大的“标王”标段。项目部全体参建员工严格按照合同文件及业主、监理的要求，克服重重困难，努力为江西省“对接长珠闽，连结港澳台，融入全球化”战略目标的实现做出新的贡献。

江西第二长公路隧道五峰山一号隧道（石吉高速目前在建）

石吉高速五峰山三号隧道

金龙高架桥

石吉高速金龙高架桥全景

中铁十七局集

中铁十七局集团江西指挥部负责人　王领勤（中）

路基土石方施工

中铁十七局集团有限公司是中国铁建股份有限公司独资的大型建筑施工企业，前身为中国人民解放军铁道兵第七师，集团公司是铁路工程施工总承包特级企业，并具有公路、市政公用、水利水电、房屋建筑工程施工总承包一级资质和桥梁、隧道、机场场道、铁路铺轨架梁、城市轨道交通工程、地质灾害治理甲级等专业承包资质；拥有承包境外工程、勘测、设计、监理项目、设备材料进出口和对外派遣劳务等经营权。集团公司现有第一、二、三、四、五、六、建筑、电气化、上海轨道交通工程有限公司和物资有限公司10个独资公司；现有员工4600人，具有各类专业职称的技术经济管理人员5861名，其中高、中级技术职称人员3837人；企业资产总额84.88亿元，拥有各类大型机械设备2774台套，人均动力装备率19千瓦；企业年施工能力150亿元以上。

中铁十七局集团有限公司先后承建了一大批铁路、公路、市政、房建、机场、水利水电、城市轨道交通和“四电”等工程建设项目，尤其在长大隧道、高难度桥梁、铁路客专、高速铁路、高等级公路、城市地铁、城市轻轨、大型市政、房屋建筑和铁路“四电”工程等领域具有较强的技术优势。

集团公司累计建成铁路4537.52千米、公路3537.1千米、隧道352千米、桥梁536千米，建成各类房屋

特大桥施工

团　有　限　公　司

桥梁施工

泰赣高速公路

351 万平方米。所有工程质量合格率均为 100%，优良率达 90% 以上，荣获“中国工程建筑鲁班奖”工程 7 项、“国家优质工程奖”7 项、省（部）优质工程 7 项、“詹天佑土木工程大奖”1 项，荣获省部级以上优秀科技成果奖 22 项，开发先进实用工法 141 项，集团公司 2002 年被批准为高科技建筑企业，集团公司技术中心 2007 年 10 月被认定为山西省省级技术中心。

中铁十七局集团有限公司先后多次荣获“全国先进施工企业”、“全国优秀施工企业”和“全国质量效益型先进施工企业”称号。1997 年通过 ISO9000 质量体系和英国 UKS 国际标准认证，2001 年被国家工商总局命名为首批“守合同重信用企业”，2002 年通过了 ISO14001 环境管理体系和 GBT28001 职业安全健康体系认证，2003 年荣获“全国模范职工之家”荣誉称号，2005 年荣获“山西省精神文明建设标兵单位”、“全国精神文明建设工作先进单位”和“全国企业文化建设先进单位”2006 年荣获“十五”全国建筑业技术创新先进企业，并被授予“全国五一劳动奖状”。2007 年被山西省工商行政管理局认定为“AAA 级守合同重信用企业”，同时荣获山西省“文明和谐单位标兵”、“全国企业文化建设优秀单位”、“全国厂务公开民主管理先进单位”和“创鲁班奖工程特别荣誉企业”荣誉称号。并连续 4 次被评为山西省级质量信誉评价前 3 名。

石吉高速广石隧道

隧道施工

中交四航局第一

公司江西鹰瑞高速C13标项目经理部组织生产调度会

泉厦高速公路

中交四航局第一工程有限公司是以路桥为主的国有大型建筑施工企业，拥有市政公用工程施工总承包一级、公路工程施工总承包一级、桥梁工程专业承包一级、公路路基工程专业承包一级、混凝土预制构件专业承包二级、隧道工程专业承包二级、港口与海岸工程专业承包二级的资质等级。连年被评为“重合同守信用单位”，评为“全国用户满意施工企业”，被广东省委和省政府授予“文明单位”的光荣称号。公司有效运行“质量、环境、职业健康安全”三标合一的综合管理体系，同时取得了安全生产许可证。公司现有员工近1200人，其中各类专业技术人员700余人，一级项目经理100多人，具有中、高级技术职称的管理人员400余人。公司下辖30多个工程项目部和3个子公司，年主管生产总值20多亿元。

公司施工涉及的地域包括：广东、广西、湖北、湖南、山西、浙江、福建、河南、宁夏、重庆、贵州、港澳等省区以及马来西亚、埃及、安哥拉等境外国家。完成了近1500千米的一般等级公路和高速公路施工任务，参与了广东广深、广清、广惠、广梧、广明、广韶、广珠、河龙、梅河、天汕、韶赣、深圳机荷、南光、丹平、广州环城、北二环、新联、梅州西环、山西原新、晋侯、湖北汉英、福建长乐机场、河南郑少、广西隆百、贵州贵都等若干条高速公路建设；承建了广州华南大桥、鹤洞大桥、下横沥特大桥、顺德德胜大桥、五沙大桥、东莞大王洲大桥、石龙南岸大桥、肇庆大桥、西江大桥、重庆李渡长江大桥、朝天门大桥立交、广西南宁桃源大桥、北大大桥、佛山高明大桥、富湾大桥、中山长江大桥、宁夏黄河大桥、湖南莲城大桥、湖北武湖特大桥、浙江舟山大陆连岛工程金塘大桥、澳门友谊大桥等近150座大型桥梁工程；承建了广东丰顺、广州北二环、广州珠江、广州黄埔大道、广州大观路、湖南坪南（铁路隧道）、福建南平、湖北恩利乌池

广州市黄州大桥

工 程 有 限 公 司

高速互通立交

上海高尔夫球场

坝、山西离军、山西太中铁路等近20多条隧道工程；参与广州地铁二、三、四、五、八号线施工；完成黄埔新港三个2.5万吨位的集装箱码头、广东沙角电厂A厂3.5万吨和C厂5万吨煤码头近20余座。现正施工的铁路项目有山西太中银、吉林哈大高速铁路等；现正施工的海外项目有马来西亚槟城二桥、埃及赛德东港、安哥拉洛比托道路堆场、安哥拉LOBITO扩建等项目。有多项工程被评为国家、省、部、市级优质工程，如沙角电厂A厂卸煤码头及通道工程、广州市内环路主线桥梁工程获国家优质工程银质奖，广州珠江隧道工程获中国市政工程金杯奖。

公司鹰瑞高速公路C13标项目经理白云龙走马上任的一次调度会上响亮地喊出了“打造精品工程，创建一流业绩”的口号，建设经得起运营考验、经得起历史考验的工程。根据鹰瑞项目涉及面广、施工难度大等实际情况，他们提出“以人为本、和谐建设”的理念，并把这一理念贯穿到工程建设的每个细节之中。

项目部根据全线的工期要求，号召参战员工必须保质保量，不能讲任何客观因素，必须背水一战。同时，他们还就技术攻关、对外协调、线路定测、队伍安排、合同管理、工资保证、文明施工、项目文化、党建思想政治工作和监督保障机制等，制定了工作标准和奋斗目标。鹰瑞项目部精细铸就精品，精品展示精神，千方百计为中交四航局第一工程有限公司荣誉而战，创造出了一个个亮点。

鹰瑞高速施工现场

江西交建工程集团有限公司

交建公司领导视察石吉工地

项目经理部迎接项目办检查

江西交建工程集团有限公司是拥有中华人民共和国交通部审核批准、建设部登记发证的公路工程施工总承包一级资质、市政公用工程、房屋建筑工程施工总承包二级资质、铁路工程施工总承包资质大型集团公司。注册资本金11288万元，企业年产值6亿多元人民币。现有各类专业职称人员750人，高级工程师60人，中级职称240人，专业技术人员450人；主要工程机械设备625台/套，其中，混凝土搅拌站6座，沥青拌和楼4座，德国ABC423摊铺机8台，大型挖掘机25台，压路机30台，推土机40台及一批施工设备。

石吉高速阶段评比第一名

自1984年起公司在江西省先后承建了江西铜业公司德兴铜矿基地、皖赣铁路、江西广丰七星电站工程累计承建了高等级公路300多千米，桥梁工程总长度8000多米，房屋建筑工程150万多平方米，工程质量合格率达100%，所承建的建设工程均获得部优、省优荣誉称号。2004年8月取得上海市建设工程“白玉兰”奖和“浦江杯”奖。公司先后在海南、广东、福建、上海、贵州成立了多个分公司。

公司企业精神为“聚交建精英、兴科技伟业、创精品工程、铸朝代丰碑”，依托国家建筑劳务基地的优势，以市场、技术、资本、装备为纽带，外争市场重经营，内抓现场强管理，以发展外向型经济为主导，灵活多样化经营方式为发展方向，力控成本增长效益，理顺机制谋发展，在激烈的建筑市场竞争中，紧紧抓住交通大发展的良好机遇。严格遵循“以人为本、路桥为业、科技领先、优质取信”的质量方针。按照现代企业管理机制搞好企业管理工作，以“一流的人才、一流的管理、一流的技术、一流的设备”，积极开拓国内外建筑市场，不断扩大市场占有率，为促进交通建设事业的发展作出更大的贡献。

精心施工　一丝不苟

江西中煤建设工程有限公司

公司领导深入石吉高速施工现场一线检查安全工作

公司领导视察石吉高速 C5 标工地

江西省中煤建设工程有限公司是江西省大型建筑施工企业，公司成立于1999年，现已发展成为集市政、房建、公路、桥梁、轻轨、矿山隧道、园林绿化、公路设计、试验检测、监理于一体的综合性集团公司。公司注册资金15030万元，拥有先进的大型工程机械设备及专业施工监测设备等500多台（套），具有年综合施工生产能力20亿元以上。

公司自成立以来，高速优质地完成了一批国家、省级重点工程，获国家鲁班奖一项、省优工程12项、市优工程30项。公司先后中标施工了沪昆、京福、赣粤、昌金、武吉、广巴、张石、昌德、上武等高速公路和高等级公路。公司承建的石吉高速公路C5合同段中标价为75255788元，路线全长7.3千米，工期为16个月。

南昌市阳明路

多年来，公司积极开拓海外市场，先后在赞比亚、埃塞俄比亚、加纳等国家开展公路、桥梁和房建工程，从而使公司的业务突破了区域局限，实现了“立足国内，走向海外”的战略。2008年公司一举中标的埃塞俄比亚，阿法公路建设项目，总造价5.5亿人民币，是目前江西省海外工程一次性中标最大的项目，省委书记苏荣在埃塞访问期间专程到中煤公司驻埃塞办事处看望和慰问参与阿法项目建设的全体干部职工，并赠送锦旗一面，上绣“建设精品工程，发展中埃友谊”。

南昌市昌南高架立交桥

近年来，公司以崭新的理念，科学的管理和优质服务为宗旨，先后荣获了“全国优秀施工企业”、“全国优秀市政工程施工企业”、“江西省‘十五’重点工程建设先进单位”、“江西省先进施工企业”、“江西省市政施工企业先进单位”、“全国煤炭工业优秀企业”、等数十项荣誉称号。公司董事长周锦中先生荣获“全国优秀施工企业家”、“全国煤炭工业劳动模范”、“全国煤炭行业先进企业优秀经营者”、“南昌市劳动模范”等荣誉称号。

作为江西省大型建筑施工企业，公司将以丰富的施工经验、雄厚的技术资源、先进的施工生产设备和科学的现代化管理体系铸造精品工程，回报用户，回报社会。

昌金高速公路

昌万公路

福建省闽西交

省委常委、常务副省长凌成兴在石吉高速B7标考察

漳龙高速龙岩二期C合同段

福建省闽西交通工程有限公司具有公路工程施工总承包一级、市政公用工程总承包一级、公路路面工程专业承包一级、公路路基工程专业承包一级、隧道工程专业承包一级。桥梁工程专业承包一级资质，是福建省公路建设的一支主力军。

公司现有注册资本1.8亿元，拥有工程技术管理人员251人，公司拥有各类大型施工设备223台（套），年施工能力20-30亿元。在建工程28亿，工程遍及福建、河北、广东、山西、内蒙、广西等地。近几年，公司承建了漳龙高速，福宁高速、京福高速、江西石吉高速、张石高速、福建双永高速、宁武高速等，工程优良率100%，共有20多个项目被评为省、市优良工程，其中厦门云顶隧道荣获福建省质量最高奖"闽江杯"奖和2007年国家优质工程银质奖。公司曾多次被省政府、省重点工程建设领导小组授予"安全生产先进单位"、"先进工程建设先进单位"。

公司承建的江西省石吉高速公路B7合同段共四座大桥，其中兴莲大桥为全线最高桥，也是全线重点控制性工程之一。由于施工难度大，危险系数高，项目部全体人员在项目经理龚福良的带领下，上下一心，同甘共苦，克服重重困难，发扬公司"实干硬干"和"用实际行动证明一切"的工作理念，在一阶段评比中荣获第二名的

福宁高速福州段FA4合同段

石吉高速B7兴莲大桥

通工程有限公司

京福高速三明SA2合同段

京福高速三明段东坑洋大桥

好成绩。项目部秉承公司优良传统，必将在后续工作中获得更大的胜利，用实际行动造福一方，以优异的成绩回报江西人民。

该公司推陈出新，专项施工能力不断提升，管理机制不断革新，科技应用越加广泛，企业步入了良性发展的快车道。公司以诚信为本，信誉至上，公司董事长曹桂祥，总经理刘福新携全体员工愿与各界朋友精诚合作，互信互利，共创美好的明天。

福宁高速蔡家山隧道

杏林大桥路面

中铁十一局集团第二工程有限公司

公司石吉高速B9标项目领导班子成员

牛尖隧道胜利贯通

中铁十一局集团第二工程有限公司具有公路工程总承包一级、市政公用工程总承包一级、铁路工程总承包二级、房屋建筑工程总承包三级以及桥梁工程专业承包一级、隧道工程专业承包一级、公路路面工程专业承包一级、公路路基工程专业承包一级、水工隧洞专业承包一级资质。公司注册资金1亿元。年施工能力在20亿元以上。

牛尖隧道拌合站

公司先后参加建设了神朔、南昆、京九等20余条铁路，分别参加了4条客运专线及京秦、沪宁、武九铁路提速改造建设。参加建设了宜黄、京珠等20余条公路项目。在重庆江北机场、上海轻轨、广州地铁等重难点工程施工中发挥了重要作用。其中参建重庆江北机场获国家建筑工程鲁班奖、京珠高速公路获铁道部优质工程二等奖、京九铁路向吉段吉水大桥与吉安车站两项工程获铁道部优质样板工程奖等。

公司注重抓管理，不断增强竞争能力，相继通过了ISO 9001质量管理体系、ISO 14001环境管理体系和OHSA18001职业健康安全管理体系认可，通过了国家计量认证，档案管理国家一级评审。

由中铁十一局二公司承建的石吉高速公路B9标段工程，路线全长3.5千米。工程计划总投资为1.59亿元。总工期为18个月。项目部领导4人，项目经理徐立琼、党工委书记陈清标、副经理陈彦发、总工程师陈军。上场伊始，该项目部坚持以干好工程为基础，以管好项目为核心，以提高效益为目的，以创信誉树形象为目标，面对工期紧，任务重，环境差的严峻形势，迎难而上，以超常的毅力，超常的组织，超常的干劲，在较短的时间内迅速摆开了战场，形成了大规模的施工。重点控制工程牛尖隧道全线贯通，比计划工期提前28天完成，确保第一阶段全线半幅贯通目标，快速向第二阶段目标迈进。

联新1号高架桥雄姿

牛尖隧道洞内景观

联新1号高架桥制梁场

中铁十四局集团第三工程有限公司

中铁十四局第三工程有限公司石吉高速公路项目部领导班子

2008年11月13日，赣江特大桥副孔第一个墩柱浇筑成功

中铁十四局集团三公司前身是中国人民解放军铁道兵第四师第十八团，组建于1951年3月。1984年1月1日奉国务院、中央军委命令，集体转业并入铁道部。1999年12月企业名称变更为“中铁第十四工程局第三工程处”，2001年11月通过企业改制经国家工商局核准注册而设立。

2008年12月，赣江特大桥副孔墩柱施工掀起高潮

公司现拥有铁路、公路、市政等3个总承包一级资质，机场场道、路基、路面、桥梁、隧道等5个专业承包一级资质和房屋建筑、水利水电2个总承包二级资质。1997年顺利通过ISO9002质量体系认证。

2009年月1日，赣江特大桥副孔及引桥左副架梁顺利贯通

2008年末，公司共有职工总数2125人，各类专业技术人员690人，其中具有中、高级职称的工程技术人员236人，一级项目经理23人，考核或考试通过各专业一级建造师91人次。拥有各类大型施工设备266台（套），年完成施工产值在20亿元以上。公司连续19年被授予省、市两级“文明单位”和“守信用重合同企业”称号。

2008年12月，赣江特大桥施工全景

中铁十六局集团第四工程有限公司

组织青年突击队施工

进行爱国主义教育

项目经理　瞿永昌

中铁十六局集团第四工程有限公司多年来始终坚持“兑现合同承诺，留下时代精品”的质量方针，以“用户满意是我们不懈的追求”为宗旨，先后参加了大秦、京九、西南、武九、兰渝等几十条铁路、高速铁路和客运专线的建设。参与修建了八达岭、龙长、沪蓉西、泰井、石吉等高等级公路和110国道包头过境、溪洛渡对外交通等公路工程。参建了保定市滨江大道、南昌西外环、黑龙江鸡西东山立交桥等市政工程。承建了北京城市地铁车站西单、王府井、乌鞘岭、野三关、三联、曹家沟等国内著名隧道。承担了北京蓝岛、北京市公安局指挥中心、首钢设计院、朝阳规划局综合楼、首都机场口岸信息楼等高层豪华建筑和三峡莲沱大桥、岳阳洞庭湖大桥、信阳史河大桥、赣江防洪大堤、三峡机场、昌北机场等工程的建设，为祖国的现代化建设事业作出了贡献。

近年来，公司坚持“不畏艰险，勇攀高峰，领先行业”的企业精神和“诚信、创新永恒，精品、人品同在”的企业价值观，倡导和推行了以“超常规，争第一”为核心的六大经营理念，增强了企业凝聚力，提升了企业竞争力，迈上了新台阶。

实现高效率网上办公

石吉高速五锋山隧道

中铁二十三局第一工程有限公司

省交通厅党委书记程受锭在省高管局局长谢来发、彭湖高速项目办主任孙斌等陪同下检查A7标工地

项目经理潘学忠在工地现场

中铁二十三局第一工程公司是国家综合施工（大型）一级企业，具有公路、铁路、机场、码头、水利、市政工程、房屋建筑等资质的大型专业化施工队伍。拥有大型土石方施工、混凝土及钢筋施工、铁路线上作业、公路黑色路面和混凝土路面等多条机械化专业生产线，形成公路、铁路、桥梁、软土地基处理、房屋建筑、水电安装、机场码头等工程建设的综合施工能力，为国有大型建筑施工企业。

中铁二十三局第一工程公司为山东省级先进企业，省级文明单位，山东省重合同守信用企业和中国建设银行山东省分行资信“AAA”企业。在进入江西市场以来，这支“钢铁之师”在项目经理潘学忠的带领下，抓住千载难逢的天时、地利、人和的发展机遇，大胆开拓，不断探索、进取，为公司站稳江西高速公路建设市场打下了坚实的基础。

扎制钢筋笼

施工现场

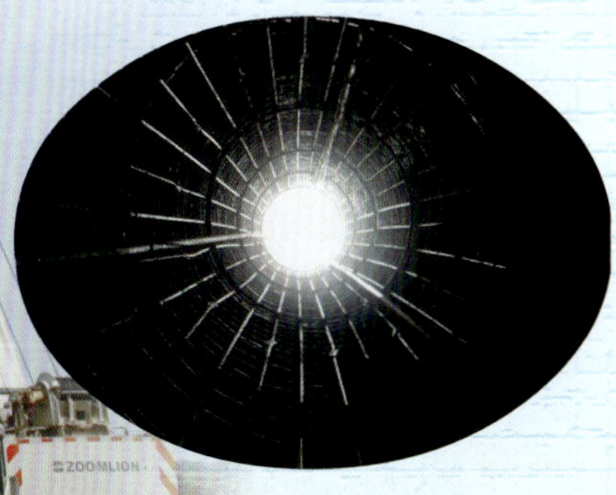

石吉高速公路B1标项目经理部

项目经理张龙生在现场指挥

月度检查

江西石吉高速公路工程起于江西石城县东南10千米处的赣闽省界五里亭，与福建境内永安至宁化高速公路相接，途经石城、宁都、兴国、泰和，终于泰和县以北11千米处的石山镇，与大庆至广州高速及泉南高速公路相连，全长190.719千米。

石吉高速公路B1标项目经理部承B1合同段的施工任务，合同段的起讫桩号为K63+800～K67+259，路线全长3.459千米。

石吉高速公路B1合同段项目正式开工后就遇到了一个又一个意想不到的困难。项目部管段内山势连绵起伏，山峦叠嶂，沟谷深切，这些都严重的影响了正常的施工生产。然而，越是艰险越向前，越在困难面前越能够显示出一支队伍的实力与素质。

为了干好这项工程，项目部经理张龙生、总工胡钊等一班人审时度势，以高超的管理水平，丰富的施工经验，在施工过程中充分显示出了其严谨的工作作风和团结协作，发挥了能打硬仗的战斗堡垒作用。

在建设者的拼搏与奉献中，一条现代化的高速公路将为这里增添一道亮丽的风景线，赣南老区深山的景色更美了！石吉高速公路B1标项目部参建员工"筑完美之路，建精品工程"的追求正在一步步的变成现实……

隧道施工

挑灯夜战

及时发放农民工工资

严把质量关

专注

石吉高速公路B3标项目经理部

省交通厅厅长马志武检查B3标施工工地

公司领导检查B3标施工工地

路床校验

石吉高速公路B3标于2008年8月17日进场，工程自进场以来，克服了工期紧、难度大、要求高和征地遗留问题多等一系列困难，使项目的安全生产、队伍管理、施工技术和工程质量不断推向新台阶，从而体现出了项目部在石吉高速公路建设的良好形象。

进场之初，为了赶上石吉高速公路建设步伐，为了打造江西省交通工程集团公司的企业品牌，面对如此巨大责任和困难，项目经理熊经辉带领项目领导班子和全体员工，本着“差距就是挑战，机遇就是考验，优胜就是本事”的作风，不断鼓劲加压，抓紧每一天，做好每一步，打好每一仗。通过签订目标责任状，制订内部奖罚措施等各种行之有效的强有力措施和手段，充分调动了参建员工的劳动积极性。迅速掀起大干高潮，在“大干一百天”活动中取得了可喜的成绩，并在B段10月份、12月份连续两月检查评比中获得第一名好成绩。

边坡绿化

江西省交通工程集团公司石吉高速B3合同段项目经理部的管理者不仅按项目整体进度组织施工，而且还在工程质量、安全、文明施工和廉政建设等方面严格管理。由于措施得力，管理有方，该项目给业主留下一个“大企业干大事”的良好形象。为公司在石吉高速公路建设上赢得了荣誉，树立了江西省交通工程集团公司的品牌。

荣誉奖状

路基土方施工

浙江省交通工程建

集团董事长来江西工地指导工作

石吉高速项目办检查工地

项目经理现场检查指导

浙江省交通工程建设集团是浙江省唯一一家具有国家公路工程施工总承包特级资质的专业公路施工企业，同时具有公路路基工程专业承包一级、公路路面工程专业承包一级、桥梁工程专业承包一级、市政公用工程施工总承包一级、隧道工程专业承包一级、公路交通工程专业承包交通安全设施资质，是浙江省内规模最大、实力最强的交通工程施工企业。

集团现有职工4000余名，各类专业技术人员近1500名，其中具有高、中级技术职称的达400余名；有各种先进施工机械及试验检测仪器3000余台(套)。公司总资产近30亿元，年施工产值超50亿元。

集团在上世纪50年代至80年代期间，主要从事国道、省道的公路与桥梁建设，其中有多项工程获鲁班奖、全国科学大会奖、浙江省科学技术奖、钱江杯优质工程奖和国家优质工程奖。从上世纪90年代起，相继承担了杭甬、沪杭、甬台温、同三、上三、杭金衢、金丽温、杭宁、申苏浙皖、甬金、台金、杭千、龙丽龙、杭州湾跨海大桥等浙江省内各条高速公路的施工以及江西、云南、河南、湖北、江苏、安徽、青海、福建、陕西等地高速公路及其他交通工程建设，已建和在建高速公路总里程近2000千米。集团近年还先后获得"全国交通系统先进集体"、"公路建设行业优秀企业"、"全国交通企业百强"、"浙江省重点建设先进集体"等荣誉称号，并三届蝉联"浙江省先进建筑施工企业"称号，连续4年被浙江省工商局评为"信用AAA级单位"。

集团一直注重制度化、规范化管理，2000年6月通过ISO质量管理体系认证；2003年6月1日质量管理体系ISO9001：2000版换版成功，2003年集团测试中心通过计量认证，2005年9月通过质量、环境、职业健康安全"三合一"体系认证。集团主要经营：道路、桥梁、隧道、港口、航道、船闸、机场、市政等交通工程施工、公路养护、技术服务，材料试验，商品混凝土，工程机械的修造和租赁。集团坚持以交通工程建设为主业，同时发展多种经营；愿竭诚与海内外朋友携手合作，共创美好未来。

设集团有限公司

公司石吉高速 A1 标生产调度会

公司彭湖高速 AP1 标荣获阶段评比第一名

高标准、规范化的公司彭湖高速 AP1 标工区

立柱施工

过龙陂高架桥

边坡施工

盖梁施工现场

路基施工现场

路基土方施工

中铁隧道集团四处有限公司

江西石吉高速 B6 标项目经理柴正富指导现场工作

大桥高墩架设

中铁隧道集团四处有限公司是经国家建设部批准，具有铁路工程总承包特级资质、公路工程、隧道工程、桥梁工程、房屋建筑工程、城市轨道交通专业承包一级资质的大型国有施工企业。公司注册资本金5500万元，年施工生产能力在10亿元以上。

中铁隧道集团四处有限公司在施工领域业绩卓著。先后参加了成昆、京九、南昆、宝成复线、甬台温客运专线等20余条铁路干线建设；参加了川藏公路、广渝高速公路等30余条公路建设；在多省市承建了众多结构复杂的高层商业楼和综合住宅楼；参与了北京地铁、上海地铁、广州地铁、深圳地铁和重庆轻轨等工程的车站和区间建设。

多年来，中铁隧道集团四处有限公司在铁路、公路、隧道及地下工程、房建市政、水利水电等领域积累了丰富施工经验，在新技术、新工艺、新设备的开发和运用方面取得了可喜成果。多次荣获国家建筑工程鲁班奖、国家土木工程詹天佑大奖等奖项。

与时俱进，开创未来。中铁隧道集团四处有限公司始终恪守“至精、至诚、更优、更新”的企业精神，在“和谐四处、活力四处、效益四处”的企业核心理念引领下，愿与社会各界共谋大业，致力于合作共赢。

大瑶山隧道

保（山）龙（陵）高速公路

北京地铁天安门东站全长218.3米，宽24.2米，高15.25米。工程主体结构为三跨两柱三层箱形钢筋混凝土结构。车站主体结构底板埋深16.5米－17.2米，采用“条形基础盖挖逆作法”施工，1992年12月开工，1996年1月竣工。获北京市优质工程长城杯奖、中国建筑鲁班奖、中国土木工程詹天佑大奖

整洁的洞内文明施工

河南洛阳市污水处理厂工程建筑面积6526平方米，工程于1998年10月开工，2000年5月竣工，获洛阳市“优质工程”奖。